U0467088

“十四五”国家重点出版物出版规划项目

DUNHUANG GUZANGWEN WENXIAN SHIDU YU YANJIU

DUI ZHONGGU SHIQI YUTIAN LISHI DE JIEDU

# 敦煌古藏文文献释读与研究

## ——对中古时期于阗历史的解读

丹 曲 著

读者出版传媒股份有限公司
甘 肃 人 民 出 版 社

**图书在版编目（CIP）数据**

敦煌古藏文文献释读与研究：对中古时期于阗历史的解读 / 丹曲著. -- 兰州：甘肃人民出版社，2023.6
ISBN 978-7-226-05786-5

Ⅰ.①敦… Ⅱ.①丹… Ⅲ.①敦煌学—藏语—文献—研究 Ⅳ.①K870.64

中国版本图书馆CIP数据核字(2021)第277336号

策划编辑：李青立
责任编辑：李青立
特邀编辑：隆英忠
装帧设计：雷们起

**敦煌古藏文文献释读与研究——对中古时期于阗历史的解读**

丹曲　著

甘肃人民出版社出版发行
(730030　兰州市读者大道568号)

甘肃澳翔印业有限公司印刷

开本 889毫米×1194毫米　1/16　印张 41.75　插页 6　字数 880千
2023年6月第1版　2023年6月第1次印刷
印数：1~1000

ISBN 978-7-226-05786-5　　定价：188.00元

# 序　言

藏族是个富有史学传统的民族，由于历史的原因，佛教历史上很长一段时间在藏族社会中一直占有很重要的思想地位。所以，我们会发现藏文史籍从内容到形式都与宗教有一定的联系，成了所有藏文史籍共同的也是最显著的特点。伴随着藏族史学水平和文学表达能力的不断提高，及中原王朝历代史学方法的影响，先后出现了名目繁多、不同体裁的史书，如编年史、史册、教法史、王统史、世系史、人物传、地理志、寺庙志、年表、高僧全集、名录等。上述这些史书大都有于阗相关历史、宗教、文化等方面的记载。在古藏文文献中，于阗被称为“李域”（ལི་ཡུལ།），且有klu-yul、yul-li等不同的写法，而历代藏族学者在他们的著作中又给“李域”以各种不同名称，对其地理方位的理解也有所差异。历史上于阗是一个佛国，玄奘法师曾到天竺取经的故事几乎是家喻户晓、人人皆知。而比玄奘取经尚早200多年、行程远于玄奘的晋僧法显大师取经的历史却很少有人知晓。玄奘取经为人们留下了《大唐西域记》，带回并翻译了许多佛教经典；而法显同样带回了不少佛教典籍，为后世留下了我国历史上第一部描述游历西域包括于阗、天竺的游记《佛国记》（又名《佛游天竺记》《历游天竺记传》等）。《佛国记》在世界学术史上占据着重要的地位，不仅是一部传记文学的杰作，而且是一部重要的历史文献，是研究当时西域极为重要的史料。佛教在于阗的兴盛发展有近千年的历史，历史上的于阗人，创造了灿烂的于阗文化，也为佛教的传播和发展作出了重要的贡献。作为文化重镇和文化中转站的古于阗，不仅将佛教从于阗传播到了中原大地，也传入了雪域高原的吐蕃。古代西域大乘佛教的中心——于阗，深远地影响了中原地区和吐蕃佛教的发展，于阗历史和文化在中华文明史上写下了重要的篇章，已经成为中华文明史的重要组成部分。

我与丹曲教授相识多年，相遇是缘起，相识是缘续，相知是缘定。我们俩人在北京相遇，在藏学领域相识，在人生的道路上相知，具有甚深的缘分。他既是我的同行也是我最好的朋友。

他从事藏学研究与教学工作三十多年来，不仅讲授了藏学方面的多门课程，还先后多次到西藏、青海、甘肃、四川、云南等省区涉藏地区进行调查和研究，并收集了大量第一手资料。《敦煌古藏文文献释读与研究——对中古时期于阗历史的解读》就是丹曲教授多年来调查、研究的成果。其内容以敦煌藏经洞及周边所发现的古藏文文献作为基础资料，重点根据敦煌古藏文历史文献，对有关于阗的藏文文献，于阗的名称考释及其历史地理、于阗佛寺记载文献进行了翔实研究，并对敦煌古藏文写卷 P.T.960《李域教法史》（前人多称为《于阗教法史》，也有少数称为《李域授记》——编者注）、P.T.953、P.T.961《牛角山授记》以及西藏档案馆所藏手抄本《李域文书》、藏文大藏经中涉及于阗历史内容的文献，也精心进行了翻译和论述。本书不仅对中古时期于阗的历史、佛教信仰、历史人物等进行了阐释，而且对于阗的历史地理和人文环境进行了系统梳理；从而对佛教在于阗地区的产生、发展、兴盛及消亡的历史脉络进行了多方位、多角度的展示，从各个层面充分说明了于阗历史的悠久、文化的博大精深。我认为本书的学术价值主要有以下三个方面：

1. 文献学的价值

藏文历史文献的内容十分丰富，编纂的形式多种多样，藏族史学家在编纂史学著作时已经特别注重于阗有关历史、宗教、文化等方面的记载。从敦煌古藏文历史文献记载的内容来看，充分反映了中古时期的于阗佛教历史与文化。本书以敦煌藏经洞及周边所发现的古藏文文献作为基础资料，重点依据敦煌古藏文历史文献，对有关于阗的藏文文献、于阗的名称考释及其历史地理进行了全面的诠释，并从《李域教法史》《李域授记》《李域文书》等文献中分析、梳理出有关于阗的历史史实，研究和证明了《新疆的若干历史问题》白皮书中提出的“新疆历来是多种宗教并存的地区”这一符合历史事实的观点，有力地证实了于阗历史是中华文明史的重要一页、古代于阗地方是中国的一部分。此外，通过对藏文文献中的于阗史料进行系统整理、释读、翻译和研究，开拓了历史研究的视野，提供了丰富的于阗史料，对研究中古时期于阗的历史与文化，以及铸牢中华民族共同体意识具有重要的学术价值和意义。

2. 历史学的价值

丰富而又神秘的于阗历史渊源流传，是中华民族历史的重要组成部分。从有记载至今，于阗历史的再现描述与研究都是建立在内容与数量非常丰富的于阗历史文献的基础上，于阗历史文献是研究和认识于阗历史发展最基本和最重要的史料，是研究中国历史及民族关系史的重要史料。同时，从藏文文献中所记载的于阗探寻中华民族是一个不可分割的多元一体的整体，是很好的视角。于阗作为佛教传入我国的第一站，产生了一系列价值珍贵的藏文历史名著，是现在研究于阗的重要史料支撑，也是研究中国历史及民族关系发展的重要史料。多民族统一格局是我国自秦汉以来就基本形成的历史传统和独特优势。古代的于阗，坐落在今天新疆的和田地区，自古以来就是伟大祖国不可分割的一部分。在不同的历史时期，新疆各民族就世代繁衍生息在这片广袤富饶的土地上，共同兴修水利、开荒造田，使用、推广先进的生产技术和生产工具，建立了共有的美丽家园。历史长河中，中国五十六个民族的人民，经过长期交往、交流、交融，形成了血浓于水、休戚与共的民族关系，为开发、建设、保卫祖国边疆作出了重要贡献。

3. 宗教学的价值

佛教发源于印度，传入我国的第一站便是于阗，佛教在于阗的兴盛发展有近千年的历史。佛教不仅从于阗传入了中原大地，而且也传入了雪域高原，佛教不仅深远地影响了中原地区佛教的发展，也为雪域高原藏传佛教的传承、发展、弘扬提供了条件。本书通过对佛教在于阗的兴盛、发展以及传入中原大地和雪域高原等方面丰富而翔实的史料的挖掘、整理和记载，以及对藏文大藏经中涉及于阗历史内容文献的精心释读和翻译，加深了人们对于阗佛教的了解，有着重要的历史价值和宗教学价值。在宗教史观之影响下，凸显出于阗发展中以佛教为中心的各类因素与史书编纂之间的互动关系。这不仅体现出史书与当时社会的互动，同时体现出古于阗人的心理与认同意识。此外，本书不仅对中古时期于阗的佛教历史、信仰、人物等进行了论述，而且对于阗的历史地理和人文环境进行了系统的梳理，从而对佛教在该地区的产生、发展、兴盛及消亡的历史脉络进行了诠释。这就大大开拓了研究于阗的视野，也为细致、深入、广泛研究于阗提供了丰富的史料，开拓了广阔的前景。因此，本书不仅为研究于阗佛教提供了新的视角、新的资料，也为中国宗教学的发展及有关宗教问题的研究提供了有重要价值的资料。

综上所述，此书不仅在文献学、历史学、宗教学等方面有重要的学术价值，而且也对有关于阗重要的学术问题作出了系统描述、分析和概括，并提出了系统理论观点以及新的资料。该书资料全面、信息丰富、视野开阔、论据充分，不仅阐述全面、精当，概念明确，逻辑严密，文字简洁通俗，而且从资料的占有、研究的方法、提出的观点诸方面具有一定的创新性和学术价值。本书为广大读者提供了一部难得的了解于阗历史、认识于阗文化的书籍，可赞可贺！

周润年于北京

2022年6月28日

# 目　录

## 下编 文献释读与翻译

# 前 言

世界四大文明中，唯有中华文明一脉相承，从未中断，一个重要的原因就是中华民族用文字书写自己的历史。浩如烟海的书籍镌刻着人们的精神追求，形成了中华民族绵延发展的精神密码，维系着中华文明的薪火相传，跨越时空，超越国度，散发出永恒的魅力，形成的灿烂文明，绽放着永恒的辉煌。

仅就敦煌学而言，20世纪初，敦煌藏经洞被发现后，西方列强以考察和探险为由纷至沓来，以法国的伯希和、英国的斯坦因为首者，窃取了弥足珍贵的各类文书，其中也包括吐蕃古藏文历史文献，运到法国和英国，分别馆藏于法国国家图书馆和英国国家图书馆等处，成为他们的专属品。大量的敦煌文献流失海外，成为国人近百年来的切肤之痛。也正是这批藏文历史文献被西方学者所研究和认知，之后研究成果陆续公布于世，受到了国际学术界的高度重视，也引起了世人的广泛关注。

1949年10月1日，中华人民共和国成立，中国进入了一个崭新的历史阶段，党和国家高度重视敦煌文献的整理和发掘。特别是改革开放以来，在广大藏学工作者的努力下，开启了敦煌学研究的新征程，大规模、全方位地寻找和搜集了流失海外的古藏文文献，成规模地进行了整理和研究。与此同时，也深入细致地发掘和整理了汉文文献中的藏学文献，系统地由各大出版社出版、发行。同时，我国培养了大批藏学人才，极大地推动了藏学事业的蓬勃发展，形成了今天新时代事业的盛景。正是这一批批文献典籍的整理和研究，不仅成为人们了解、学习和认同中华优秀传统文化的重要载体，也使中华优秀传统文化焕发出了新的生命力，从而重温了中华优秀传统文化精髓，开拓了藏学研究的新领域，铸牢了中华民族共同体意识，重新书写着各民族交往、交流、交融的历史，建立了我国的文化自信。

2016年，习近平总书记强调：“我们要坚定中国特色社会主义道路自信、理论自信、制度

自信，说到底是要坚持文化自信。”“在5000多年文明发展进程中，中华民族创造了博大精深的灿烂文化，要使中华民族最基本的文化基因与当代文化相适应、与现代社会相协调，以人们喜闻乐见、具有广泛参与性的方式推广开来，把跨越时空、超越国度、富有永恒魅力、具有当代价值的文化精神弘扬起来，把继承传统优秀文化又弘扬时代精神、立足本国又面向世界的当代中国文化创新成果传播出去。要系统梳理传统文化资源，让收藏在禁宫里的文物、陈列在广阔大地上的遗产、书写在古籍里的文字都活起来。”这些重要思想，对我们构建世界文化命运共同体具有重大意义。

笔者所著《敦煌古藏文文献释读与研究——对中古时期于阗（ལི་ཡུལ།）历史的解读》一书，通过搜集、整理、编纂、释读和研究，呈现出以下五个重要特点：

**（一）敦煌学是中华文化灿烂的篇章**

20世纪初自敦煌莫高窟藏经洞开启的那一刻，尘封的故事也被重新唤醒。百多年前现世以来的敦煌文书，便一直是中外学者珍视的重要文献。尤其是对唐代西域史研究来说，敦煌古藏文文献提供了很多非常关键的史料。自唐太宗贞观年间至德宗贞元年间，唐朝经营西域达百余年，丝绸之路的繁荣以及唐朝与突厥、突骑施、吐蕃的角逐，都是人类文明史上的灿烂篇章。如果仅凭传世史料中的记载，无法窥其全貌，借助敦煌古藏文文献可让人们更加深入地了解这一光辉的历史画卷。敦煌古藏文文献丰富了我们对古代丝绸之路的理解，也为研究古代西域历史打开了一扇窗户，更重要的是重新构建了世人对我国西部地区历史上很多历史盲区的认知。敦煌古藏文文献的大量遗存，反映了吐蕃对西域地区的政治、经济、文化以及生活习俗产生了深远影响，即便在西域的历史舞台上只是昙花一现，但各民族交往、交流、交融的文化基因延续至今，历史意义重大。

**（二）于阗历史是中华文明史的重要一页**

历史上的于阗，曾经是一个佛国。玄奘法师曾到天竺取经的故事几乎是家喻户晓、人人皆知。而比玄奘取经还早200多年、行程远于玄奘的晋僧法显法师取经的历史却很少有人知晓。玄奘取经为人们留下了《大唐西域记》，带回并翻译了许多佛教经典；而法显同样带回了不少佛教典籍，为后世留下了我国历史上第一部描述游历西域包括于阗、天竺的游记——《佛国记》。玄奘取经时值29岁盛年，沿途国家接待迎送。而法显以64岁高龄，穿过争战不休的陇西高原，越过“上无飞鸟，下无走兽，唯以枯骨为标识”的大漠，翻过世界屋脊帕米尔山脉，爬过绝壁上的石梯和悬索，尽管同伴们死的死、走的走，而活着的他及同伴以坚毅的信念、执着的追求，历经中亚、南亚次大陆等30余国，学梵语梵文，置生死于度外，13年后只身满载而归。正如《佛国记》中的感言：“诚之所感，无穷否而不通；志之所奖，无功业而不成。成夫功业者，岂不

由忘失所重，重夫所忘者哉！”不管是法显西行、玄奘取经，还是鉴真东渡，他们之所以有着坚忍不拔之志，都是因为虔诚的信仰和锲而不舍的追求。法显花甲之年为“弘法扬道，整肃佛律”毅然西行求法，年逾古稀踽踽独行携律东归，就是依仗着信仰的拐杖走下去的。这些感人至深的故事，构筑了中华民族伟大的求索精神，也展示了一幅幅壮丽的画卷，构筑了中华民族共同的精神长城，成为中华文明史的重要组成部分。

**（三）于阗是佛教传入我国的第一站**

产生于印度的佛教传入中国后，与中国的传统文化互相影响、吸收，汉传佛教成为我国不少民众信仰的宗教之一，也成为中华文化的重要组成部分。佛教自传入中国以来，对中国古代社会，对哲学、文学、艺术等其他文化形态，都产生了深远的影响。民国时期的《中国佛教史》作者蒋维乔认为“我国知有佛教，应在武帝通西城后”。佛教的传入和发展大约在两汉之际，佛教开始传入中原地区（约在公元纪元前后）。佛教发源于印度，传入中国的第一站却是于阗。佛教在于阗的兴盛发展有近千年的历史。历史上的古于阗人，创造了灿烂的于阗文化，也为佛教的传播和发展作出了重要的贡献。作为文化重镇和文化中转站的古于阗国，不仅将佛教从于阗传播到了中原大地，也传入了雪域高原的吐蕃。古代西域大乘佛教的中心于阗，深远影响了中原地区和吐蕃地方佛教的发展，一定程度上也成为藏传佛教的参照系。佛教在于阗的发展大致经历了初始阶段两汉时期，发展阶段魏晋时期，成熟阶段唐朝时期。这三个历史阶段，无论哪一个阶段，于阗历史和文化在中华文明史上都有着举足轻重的地位。

**（四）于阗是祖国不可分割的组成部分**

多民族统一格局是我国自秦汉以来就基本形成的历史传统和独特优势。古代的于阗，坐落在今新疆南部的和田地区，自古以来就是伟大祖国不可分割的一部分。在不同的历史时期，新疆各民族就世代繁衍生活在这片广袤富饶的土地上，共同兴修水利、开荒造田，使用并推广先进的生产技术和生产工具，建立了共有的美丽家园。历史长河中，新疆各族人民，经过长期诞育、交融，形成了血浓于水、休戚与共的民族关系，为开发、建设、保卫新疆作出了重要贡献。

**（五）敦煌古藏文历史文献是铸牢中华民族共同体意识的重要史料**

回顾学术史，在治于阗历史的过程中，无论是国外学者还是国内学者均用笔极勤，他们依靠汉、吐火罗、于阗、西夏、回鹘、突厥等民族古文献整理研究出了大量的优秀作品，为研究于阗历史、建立于阗史的学术架构发挥了重要作用。在敦煌学的研究中，敦煌古藏文历史文献如《于阗教法史》（P.T.960）等文献资料，成为研究于阗史最基础的资料，被国内外学者广泛引用。通过进一步深入研究，在早期藏文文献、藏文大藏经（《甘珠尔》《丹珠尔》）中也有为数颇多的专述于阗的历史文献。这大大拓展了我们的视野，也为进一步细致、深入、广泛研究

提供了丰富的史料，开拓了广阔的前景。系统地整理、释读、翻译和研究这些藏文文献，复原中古时期于阗的历史，对铸牢中华民族共同体意识具有重要意义。同时也会对继承和弘扬中华优秀文化成果，推动中华文化的繁荣发展发挥积极作用。

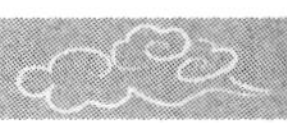

# 凡 例

《敦煌古藏文文献释读与研究——对中古时期于阗（ལི་ཡུལ།）历史的解读》一书，在研究的过程中，遵循了如下惯例：

一、保持原编号。敦煌本古藏文写卷保持原来的序列号，如原法国国立图书馆收藏的敦煌藏文写本（伯希和收藏部分）以 P.T. 表示，《李域教法史》（即《于阗教法史》）的编号为 P.T.960。

二、藏文的拉丁文转写。藏文文献中的拉丁文字母转写采用以下方案：

藏文三十个字母（ཀ་ཁ་སུམ་ཅུ།）：

ཀ ka　ཁ kha　ག ga　ང nga　ཅ ca　ཆ cha　ཇ ja　ཉ nya

ཏ ta　ཐ tha　ད da　ན na　པ pa　ཕ pha　བ ba　མ ma

ཙ tsa　ཚ tsha　ཛ dza　ཝ wa　ཞ zha　ཟ za　འ va　ཡ ya

ར ra　ལ la　ཤ sha　ས sa　ཧ ha　ཨ a

四个元音（དབྱངས་བཞི།）：

ི i　ུ u　ེ e　ོ o

本书涉及的藏文，原计划全部用藏文书写，因藏文软件与汉文软件不匹配，部分藏文不便书写，只好用了拉丁文转写。

三、本书引用的藏文文献大藏经文本，基本采用的是德格版。

四、本书附有藏文文献的对译和注释。藏文中凡是梵夹页，如大藏经中的《李域授记》《牛角山授记》，以及《李域阿罗汉授记》等，每张都用“叶”来表示，注有 A 面的表示正面，注有 B 面的表示背面。

五、A 面和 B 面前面的序号，是文献所属函的总页码排号；文献本身的页码序列号，皆刻印在文本的方框内。

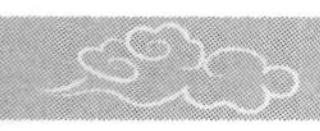

六、藏文文献原文部分的行数，采用以下标注：如正文是从第三行开始，序列号就从1行起始标注，如《月藏经》总计11行，就按顺序1~11行排列；如《李域阿罗汉授记》总计99行，就按顺序从1至99行。

七、对符号的运用：

1. 圆括号中除拉丁文或藏文为笔者所加外，均为藏文文献固有的缺字，在汉文表达过程中为了达到流畅，均为笔者所加。如德格本《李域授记》中原文为“李”，为使明了就处理为“李（域）”，“然后化作老翁”处理为“然后（龙王）化作老翁”等。原译者或作者所加的圆括弧，笔者均注明了“原注”，如灵塔“高玛萨拉干达（扎）”（原注：如今称为“帕巴香更塔”）。

2. 文本中的段落，基本按照汉文的上下文意思划分段落，并没有完全按照藏文的 ཚིག་ཤེད། 来分段。

3. 省略号……表示引用文本时缩略的内容。

4. 方括弧［ ］中的字表示字库中没有的字，用两个字来表示一个字。如43页的“［食麦］”。

5. □号表示原文残损内容。

八、藏文典籍或地名、人名等的互用：如藏文文献中出现的牛角山（གླང་རུ།）和牛头山（གླང་མགོ་རི།），藏文原文是根据语言表述的环境不同而互用，实际在文献中两者的指涉是一致的；在汉译时，依藏文原文翻译，所以在表述中，为以示藏文原文即不同，故没有予以统一。

九、文本中出现的特别是出现在引文中的□□□符号，表示缺字或无法辨认的字。

十、“李域”藏文文献的使用：本书采用了“李域文献”一称，而没有使用学界惯用的“于阗文献”称法，这是笔者在翻译了大量古藏文文献后，经过慎重考虑使用的。现将理由略述如下：

1. 文献中凡文末题记中述及经名者，均用了 ལི་ཡུལ།，如 ལི་ཡུལ་ལུང་བསྟན།（李域授记）、ལི་ཡུལ་ཆོས་ཀྱི་ལོ་རྒྱུས།（李域教法史）。

2. 在藏文文献中，李域（Li–yul）和于阗（u–ten/u–then）有时同时出现，二者所指却有所不同，后者在典籍中有这样的记录，“……抵达了和田玉河”，很明显，二者所指代的地域范围不尽相同。而作者的定名用了李域（Li–yul），而不是于阗或和田（lu–ten/u–then）。

3. 在手抄本《李域文书》中，专门就李域作为地名的合理性做了长篇的阐述，并认为“闻名遐迩且佛法昌隆的福田之一被称作李域，总之，李域在佛经和文献中出现是合乎情理的”。

因此，将藏文文献 Li–yul 直译为“李域”，是合乎情理的。同时，学界有建议，为了避免“李域”一称与李唐王朝有关的误解，改称“黎域”或“里域”者，但考虑到“李域”已经是一个约定俗成的名称，且相关研究成果已经成熟，误解早已冰释，故这里仍选用“李域”史料，而不再如学界前辈所用的“于阗”史料。

上编

# 文献分析与研究

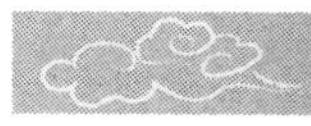

# 绪 论

在敦煌、和田发现于阗文文书、汉文文书之前，人们是靠丰富、系统的汉文史籍中有关于阗的记载来研究中古于阗史的。随着在敦煌、和田的于阗文书、汉文文书以及吐蕃文书的陆续发现，人们开始致力于破译那些非汉文以外的其他民族古文字，吐蕃文也是其中研究的文字之一。解读于阗史最完整的吐蕃文文书当推《李域教法史》。后来人们开始关注和田、敦煌出土的那些汉文文书，并在此研究领域取得了可喜的成果。然而从今天来讲，仅仅从正史、佛传中钩稽资料、排比事实已经远远不够了，我们认为，复原于阗的历史，更应关注吐蕃藏文文献。

藏文文献中的“李域”，指于阗及其周边地区，也就是指今天新疆南部昆仑山以北和塔克拉玛干沙漠一带，包括今和田、墨玉、皮山、洛浦、策勒、于田、且末、民丰和若羌等广大地区。关于“李域”即古代于阗王国的历史，在藏文文献中多有记载，除敦煌的古藏文文献中有专门的记载外，更多的资料则收录在藏文大藏经的《甘珠尔》和《丹珠尔》中。此外，在其他藏文文献如《贤者喜宴》《拔协》《红史》《汉藏史集》《土观宗派源流》《白史》等中也有或多或少的记载。

本书第一编拟以敦煌的古藏文文献和藏文大藏经（《甘珠尔》《丹珠尔》）以及其他藏文文献作为文本资料，重点从“李域”的藏文文献、“李域”的名称考释及其历史地理、“李域”藏文文献中的佛教记载、《李域教法史》与《李域授记》以及手抄本《李域文书》于阗史研究的几点补充等问题展开研究和讨论，并在第二编中，收集、整理、释读和翻译相关记载于阗历史的藏文文献。

## 第一节 国外研究概况

敦煌、新疆部分地区发现的古藏文文书为研究吐蕃社会、历史与文化以及周边地区的国家

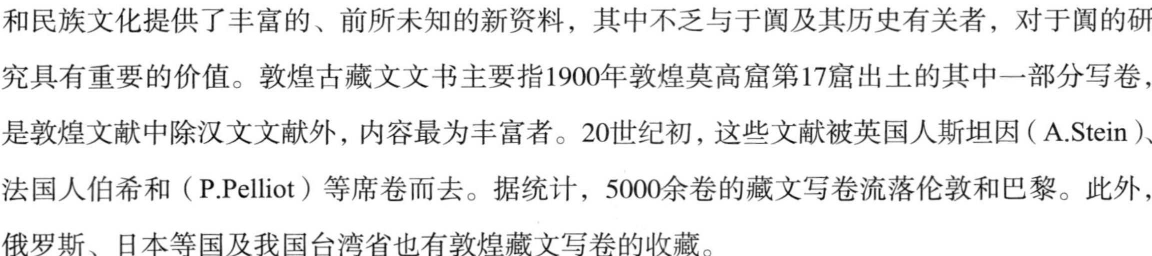

和民族文化提供了丰富的、前所未知的新资料，其中不乏与于阗及其历史有关者，对于阗的研究具有重要的价值。敦煌古藏文文书主要指1900年敦煌莫高窟第17窟出土的其中一部分写卷，是敦煌文献中除汉文文献外，内容最为丰富者。20世纪初，这些文献被英国人斯坦因（A.Stein）、法国人伯希和（P.Pelliot）等席卷而去。据统计，5000余卷的藏文写卷流落伦敦和巴黎。此外，俄罗斯、日本等国及我国台湾省也有敦煌藏文写卷的收藏。

## 一、敦煌古藏文文献和非佛教文献的馆藏

20世纪初，斯坦因、伯希和把敦煌莫高窟藏经洞的文物运到欧洲以后，产生的一个奇特现象是：每一个研究者想要接触或研究这些卷子，首先要了解英、法两国收藏文物的数量和研究状况。而这其中包括敦煌古藏文文献和西域古藏文非佛教文献。究竟流失到欧美国家的藏文文献有多少，近年来随着敦煌学研究的不断深入，也有不少学者做过确切的统计。荣新江在20世纪90年代中期做了初步的统计，他认为散落在海外的敦煌藏文写本总数应在6000件以上，主要收藏于法国、英国，其中英国就收藏了约3500件。[1] 日本学者武内绍人（T.Takeuchi）在1997年出版的《英国国家图书馆藏斯坦因收集品中的新疆出土古藏文写本》一书中记载，斯坦因头三次考察带走的藏文文献没有完整的目录，第二次考察所得的数量最多。其中，在印度事务部图书馆（India Office Library and Records，简称 I.O，位于伦敦）的藏文文献中，斯坦因第二次考察所获的写本（IOL TibJ）共有3094件，第三次所获的写本（IOL Tib M）有1037件，简牍（IOL Tib N）数量共2457件。武内绍人统计，最终收藏于英国国家图书馆出自敦煌西域的藏文写本共计4131件。[2] 据杨富学不完全的估算，认为敦煌古藏文文献以伦敦印度事务部图书馆（1370件）和巴黎法国国立图书馆（3375件）所藏最为集中。我国国内所藏主要集中于甘肃地区，有编号者为6656件，其中敦煌市博物馆所藏最多达6050件。国内其他地区也有敦煌藏文写本馆藏，有300多件，其中北京国家图书馆收藏200余件。再加上其他流散的，海内外的敦煌古藏文写卷的数量应在12000件左右。[3] 胡静和杨铭查阅英国国家图书馆“国际敦煌学项目”（The International Dunhuang Project）网站，披露其馆藏的敦煌古藏文写本共编号3014个，出自和田麻札塔格、若羌米兰的古藏文写本编号1306个。[4] 这就是目前国际学界古藏文写本和简牍馆藏的基本概貌，无

① 荣新江：《英伦印度事务部图书馆藏敦煌西域文献纪略》，《敦煌学辑刊》1995年第2期。

② Takeuchi, Old Tibetan Manuscripts from East Turkestan in The Stein Collection of the British Library, The Centre for East Asian Cultural Studies for Unesco, The Toyo Bunko–The BritishLibrary, 1997–1998.

③ 赵天英、杨富学：《敦煌文献与唐代吐蕃史的构建》，《中南民族大学学报》2009年第1期。

④ 胡静、杨铭：《英国收藏新疆出土古藏文文献叙录》，社会科学文献出版社，2017年，第1~2页。

疑是经过国内外敦煌学、藏学界几代学者近百年的整理、刊布和研究的心血，弥足珍贵。

## 二、敦煌吐蕃古藏文文献研究

巴黎所藏的藏文写卷由法国的拉露女士（M.Lalou，1890—1967年）予以编目，分别于1939、1950、1961年，出版了三卷本的《法国国家图书馆所藏敦煌古藏文卷子目录》，法国科学院与巴黎国立图书馆合作，在巴黎影印出版了两册的《法藏敦煌藏文写卷选刊》(Choix de documents tibetains conseves a la Bibliotheque Nationale)；接着比利时人瓦累·普散（Louis de la Vallee poussin，1869—1938年）编的《(英国)印度事务部图书馆所藏敦煌藏文卷目录》① 正式刊行。自此，敦煌古藏文文献的主要内容为世人所知。② 日本大谷光端所盗藏文写本，原存放在日本阿瑟港，后来下落不明，其中的一部分写本存在京都的龙谷大学。③ 列宁格勒(今彼得格勒)收藏有214件手抄本，收藏编号为“敦煌·藏文”，内容主要为藏文手写本佛教文献。④ 近年来，《英藏敦煌文献》《俄藏敦煌文献》《法藏敦煌文献》及其他一些敦煌卷子，陆续公布于世，展现了敦煌文献的总体面貌。

新疆的南部和东部地区的哈达里克、麻札塔格和米兰也出土了古藏文文书，早为学界所关注。这部分文书对研究古代于阗和楼兰的历史地理以及中亚历史地理有着重要价值。⑤ 这些文献主要刊布于斯坦因的《西域》⑥ 和《亚洲腹地》⑦。相关的刊布及研究成果有托马斯《有关新疆的

---

① Catalogue of the Tibetan manuscripts from Tun-huang in the India Office Library, London, Oxford University Press, 1962.

② 有关古藏文文献的目录或解题还有：日本东洋文库西藏委员会编有《斯坦因搜集的藏语文献解题目录》1~5（未完稿）(1977—1987)；日本木村隆德曾编《敦煌藏文禅宗文献目录初稿》，1981年（汉泽文见向红笳译《敦煌藏文文献目录初稿》,《国外藏学研究译文集》第13辑，西藏人民出版社，1997年，第166~228页）；齐美热达著，彭陟焱节译，《英国馆藏斯坦因集品以外的藏文文献史料》,《国外藏学研究译文集》第7辑，西藏人民出版社，1990年，第115~120页；杨铭《英藏敦煌藏文写卷选介（1~2）》,《敦煌学辑刊》1997年第1期，第120~126页，《敦煌学辑刊》1998年第2期，第69~72页。

③ 对这里的古藏文文献的研究文章有芳村修基《龙大西域资料中的藏语警觉文献残叶》,《印度学佛教学研究》第5卷1期，1957年。

④［苏］姆·伊·沃罗比耶蛙、杰夏托夫斯卡娅、勒·斯·萨维基著，尹伟先译：《苏联科学院列宁格勒分院的藏文文献收藏》,《甘肃民族研究》1990年第3、4期合刊，第119~122页；张广达《欧美汉学论著选介·苏联科学院东方研究所收藏敦煌藏文写卷注记目录》,《汉学研究通讯》第10卷3期，1991年，第182~188页；［苏］М.И. 沃罗比耶蛙 - 杰夏托夫斯卡娅、Л.С. 萨维斯基著，何荣参、杨绍林译《苏联科学院东方学研究所列宁格勒分所藏文藏书》,《国外藏学研究论文资料选编》，中国社会科学民族研究所《民族译从》编辑部编印，1991年，第187~210页；［苏］沙维特斯基著，沈卫荣译：《列宁格勒东方研究院所藏敦煌吐蕃文献》,《国外敦煌吐鲁番文书研究选译》，甘肃人民出版社，1992年，第390~399页。

⑤ 王尧、陈践：《敦煌本〈吐蕃法制文献〉译释》，载《法藏藏文文献解题目录》；强巴赤列编：《敦煌本吐蕃医学文献选编》，载罗秉芬、黄布凡编译《敦煌本吐蕃医学文献选编》(藏汉文)等。

⑥ Serindia, Detailed Report of Exploration in Central Asia and Western Most China, 1921.

⑦ Serindia, Detailed Report of Exploration in Central Asia and Western Most China, 1928.

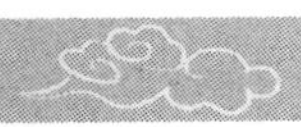

藏文文献和文书》[①]、德国弗兰克（A.H.Francke）的《新疆的藏文文书》[②]《吐鲁番出版的藏文写卷》[③] 等。其中保存了大量与于阗有关的文书，托马斯等对之有较详细的翻译、整理与研究。[④]

对古藏文文献进行系统研究的成果很多，如托马斯（F.W.Thomas）、巴考（J.Bacot）、杜散（G.–C.Toussaint）1946年出版的《敦煌吐蕃历史文书》（Documents de Touen–Houang elatifs a I'histoire du Tibet Paris 1940–1946）[⑤]，其成就在学界取得了一致的认可，即："对卷子的绝大部分的翻译和部分历史、地理的解释仍然站得住脚。因此，他的著作今后在很长时间里也仍将被藏学家当作手册来使用。"[⑥] 此文献反映了中古时期吐蕃的历史，及吐蕃与周边政权、民族间，如与唐、大食、突厥、于阗、吐谷浑、羌、南诏以及泥婆罗、天竺等国家和地区的交往关系，具有重要的学术价值。

藏文文献中有关于阗的内容，自被发现起，即引起学界的极大关注：一则为史料匮乏的于阗史研究注入了新的养料；一则为吐蕃时期的宗教史、对外关系史研究开辟了新的方向。故治西域史与吐蕃史者，不得不极力着墨于藏文文献中有关李域的部分，译释、解读、深挖、细析。但是，由于语言障碍，这方面的研究还显不够，有待于进一步深入。尽管如此，就目前的研究状况，在一些领域已有相当成熟的结论。

因对藏文文献中于阗部分的重视，学界对其的搜集与整理用力极勤。由于文献多被劫往国外，西方国家的学者得以较早接触这些文献。乌瑞的《有关公元751年以前中亚史的藏文史料概述》[⑦] 中，对藏文文献中记载于阗史料的部分进行了最早整理。

---

① Tibetan Literary Texts and Documents Concerning Chinese Turkestan, I–IV, London1935, 1951, 1955, 1963.

② Tibetan Documents front Chinese Turkestan; JRAS 1994, pp.37–59.

③ Tibetische Hanschrftenfunde aus Turfan. Sitzungsber. Prenss. Akad. Wiss. Phi1–Hist.Kl. III, 1924.

④［英］F.W. 托马斯编著、刘忠译注：《敦煌古藏文社会历史文献》，民族出版社，2003年。

⑤《敦煌本吐蕃历史文书》由 P.T.1286、1287、1288、1047、1029与 Stein ch.79viii7(I.O.750）和 Or.8212(187）诸号合辑而成。除了托马斯、巴考、杜散的研究外，对之进行专门研究的还有张棍《敦煌本吐蕃纪年之分析》（An Analysis of the Tunhuang Tibetan Annals, JOS Vol.5, No.1–2, 195911960, pp.122–173）；伯戴克（L.Petech）《敦煌纪年注释》（Glosse agli Annali di Tun–huang, rso xlii, 1967, pp.241–279）；麦克唐纳（A.W.Macdonald）《关于伯希和1286、1287、1038、1047及1290号藏文卷子的解释》（Une lecture des Pelliot tibetain 1286, 1287, 1038, 1047 et 1290. ETML 1971, pp.190–391）。国内王尧、陈践先生汉译了该文献，1992年由民族出版了《敦煌本吐蕃历史文书》增订本。黄布凡、马德又对之做了更为详细译注，载《敦煌藏文吐蕃史文献译注》，甘肃教育出版社，2000年。

⑥［匈］乌瑞著，荣新江译，张广达校：《有关公元751年以前中亚史的古藏文史料概述》，载《藏族研究译文集》，中央民族大学藏学研究所编，1983年，第94页；又载《国外藏学研究译文集》第5辑，西藏人民出版社，1989年，第41页。

⑦ G.Uray, The old Tibetan Sources of the History of Central Asia up to 751A.D.: A Survey, Prolegomena to the Sources on the History of Pre–Islamic central Asia, Budapest 1979. 荣新江译：《有关公元751年以前中亚史的藏文史料概述》，《国外藏学研究译文集》第五辑，西藏人民出版社，1989年。

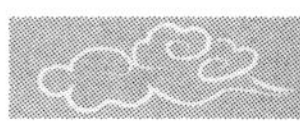

## 三、于阗建国缘由研究

藏文文献中的于阗史料的个案研究也不少，特别是对最著名的敦煌古藏文写卷 P.T.960《于阗教法史》，由于其为目前保存的最早关于于阗的教法史资料，国内外研究相当广泛。最早有英国藏学家托马斯（F.W.Thomas）做了开拓性的工作。[①] 接着，英国于阗语学家埃默瑞克（R.E.Emmerick）对此文书进行了详细的语言学研究。[②] 对此文献的价值和意义还有提及的有埃默瑞克的《和阗语文书的历史价值》[③]。于阗建国的研究还有山崎元一的《于阗建国传说之一考察》[④]《于阗建国传说成立之背影》[⑤]。美国学者柔克义（Rockhill）认为 li 在藏文里为铜钟之义，藏文典籍称于阗为"李域"，其含义是铜钟之国（beumetal country）。[⑥] 瓦尔特认为 li 即犁，与于阗产牦牛有关。[⑦] 日本学者白鸟库吉则释于阗为藏语 gyu-vong，意为"玉村"。[⑧] 藏文文献中的于阗史料在于阗国人种的断定上所起的作用也为学界所重视。这在英国埃默瑞克的《和阗语文书的历史价值》中有所提及。[⑨]

## 四、于阗佛教传播研究

在于阗历史地理研究中，于阗国都是一个热门话题，且学界观点亦不尽相同。日本学者羽溪了谛在其著作《西域之佛教》[⑩] 一书中对于阗国的人种也作过讨论。斯坦因等西方学者多认为在今约特干 [⑪]，这一观点为日本学者所认可。藏文文献中的于阗史料对研究吐蕃与于阗的关系提供了不少帮助，如法国学者石泰安《古代吐蕃和于阗的一种特殊密教论述法》[⑫] 等文章就做了详尽的研究。克劳斯·威勒（Klaus Wille）的《于阗的佛教梵文资料》[⑬] 一文，对在于阗发现的梵

① F.W.Thomas, Tibet Literary Texts and Documents concerning Chinese Turkestan, I, London 1935.

② R.E.Emmerick, Tibetan Texts concerning Khotan, London 1967.

③［英］R.E. 埃默瑞克著，王冀青译：《和阗语言书的历史价值》，《敦煌学辑刊》1990年第2期，第135页。

④［日］山崎元一：《于阗建国传说之一考察》，载《山本博士还历纪念东洋史论丛》，东京，1972年，第469~480页。

⑤［日］山崎元一：《于阗建国传说成立之背影》，《国学院杂志》第73卷第3号，1972年。

⑥ W.W.Rockhill, The Early History of Li Country[Khotan], in The Life of the Buddha, chapter VIII, New York 1935, p.230~248.

⑦ Walters, On Yuan Chwang's Travels in India, vol.2, p.300.

⑧［日］白鸟库吉著，王直古译：《塞外史地论文译丛》第2辑，第139页。

⑨［德］R.E. 埃默瑞克著，王冀青译：《和阗语言书的历史价值》，《敦煌学辑刊》1990年第2期，第135页。

⑩［日］羽溪了谛著，贺昌群译：《西域之佛教》，商务印书馆，1956年，第199~201页。

⑪ M.A.Stein, Sand buried Ruius of Khotan: personal narrative of a journey of Archaeological and Geographical exploration in Chinese Turkestan, chapter XIV, London 1919.

⑫ 耿昇译：《国外藏学研究译文集》第7辑，西藏人民出版社，1992年。

⑬ Klaus Wille, "Buddhist Sanskrit Sources from Khotan", in Seishi Karashima and Klaus Wille eds.,Buddhist Manuscripts from Central Asia:

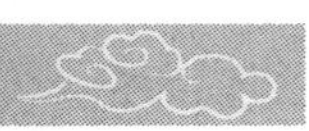

文佛教经典资料进行了研究。

## 五、于阗对外经济、文化交流研究

研究于阗经济交流以及对外贸易、对外交流等方面的相关文章较多，其中有芮乐伟·韩森（Valerie Hansen）的《于阗的朝贡贸易——基于敦煌藏经洞发现的资料》①《契丹与国际馈赠（907—1125年）》②，施杰我（Prods Skjærvø）的《大英图书馆收藏的新疆于阗语写卷：完整的原文和译文目录》③《大英图书馆收藏的新疆于阗语写卷》④《大英图书馆收藏的新疆于阗语写卷》⑤，Anya King 的《早期伊斯兰教资料中的北辽：贸易的角色》⑥，H.W. 贝利的《于阗塞语旅行记》、毕汉思（Hans Bielenstein）的《中国的外交和贸易》⑦，米哈尔·比兰的《喀喇汗王国研究：对西辽边界的看法》⑧，费正清主编的《中国的世界秩序：传统中国的对外关系》⑨，米华健（James A.Millward）的《欧亚十字路口：新疆历史》、斯波义信（Yoshinobu Shiba）的《宋朝对外贸易：组织和规模》⑩，薛爱华（Edward H.Schafer）的《撒马尔罕的金桃：唐代舶来品研究》⑪ 等。这些研究成果都从不同的角度研究了于阗的经济与对外文化交流。

---

The British Library Sanskrit Fragments, Vol.II.1, Texts, Tokyo: The International Research Institute for Advanced Buddhology, Soka University, 2009, p.30.

① Valerie Hansen, "The Tribute Trade with Khotan in Light of Materials found at the Dunhuang Library Cave", Bulletin of the Asia Institute, Vol.19, 2005, p.41.

② James A.Millward, Eurasian Crossroads: A History of Xinjiang, New York: Columbia University Press, 2007, p.73; Valerie Hansen, "International Gifting and the Khitan World, 907–1125", Journal of Song–Yuan Studies, Vol.43, 2013, pp.273–302.

③ Prods Skjærvø, Khotanese Manuscripts from Chinese Turkestan in the British Library: A Complete Catalogue with Texts and Translations, London: British Library, 2002, p.520.

④ Prods Skjærvø, Khotanese Manuscripts from Chinese Turkestan in the British Library, p.60.

⑤ IOL Khot S.21（Ch.i.0021a.b）. 见 Harold W.Bailey, "An Itinerary in Khotanese Saka", Acta Orientalia, Vol.14, 1936, pp.261–262; Prods Skjærvø, Khotanese Manuscripts from Chinese Turkestan in the British Library, pp.524–526. 据研究，这件文书年代在958~972年之间。

⑥ Anya King, "Early Islamic Sources on the Kitan Liao: The Role of Trade", Journal of Song–Yuan Studies, Vol.43, 2013, p.256.

⑦ Hans Bielenstein, Diplomacy and Trade in the Chinese World, 589–1276, Leiden: Brill, 2005, p.320.

⑧ Michal Biran, "Qarakhanid Studies: A View from the Qara Khitai Edge", Cahiers d'Asie centrale, Vol.9, 2001, p.82; Idem, "The Qarakhanids' Eastern Exchange: Preliminary Notes on the Silk Roads in the Eleventh and Twelfth Centuries", in Jan Bemmann, Michael Schmauder ed, Complexity of Interaction along the Eurasian Steppe Zone in the First Millennium CE, Universität Bonn, 2015, p.575.

⑨ John K.Fairbank ed., The Chinese World Order: Traditional China's Foreign Relations, Cambridge, Mass.: Harvard University Press, 1968.

⑩ Shiba Yoshinobu, "Sung Foreign Trade: Its Scope and Organization", in Morris Rossabi ed., China among Equals, pp.89–115.

⑪ Edward H.Schafer, The Golden Peaches of Samarkand: A Study of T'ang Exotics, University of California Press, 1985, p.218.

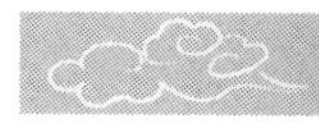

# 第二节 国内研究概况

藏文文献中的于阗史料，内含大量于阗历史文化研究内容，亦取得了丰硕的研究成果，但对藏文文献的利用却相对要逊色一些，如果能很好地结合藏文文献中的相关记载，则可以复原中古时期于阗更多的疑难问题。

## 一、有关于阗的藏文等文献的研究

有关于阗的藏文文献，主要收藏在藏文大藏经之《甘珠尔》和《丹珠尔》中，《甘珠尔》有四部，即《无垢光经》《月藏经》《日藏经》《牛角山授记》;《丹珠尔》有四部，即《李域阿罗汉授记》《僧伽弹那授记》《善友传》《李域授记》。两者加起来总计有8部。敦煌吐蕃古藏文历史文献中有《李域教法史》、新发现的《李域文书》等。这些文献构成了研究“李域”的重要支撑材料。此外，藏文史料中《贤者喜宴》《汉藏史集》《红史》《土观宗派源流》《白史》《东嘎藏学大辞典》也有专门篇章，介绍和记录了于阗的历史。

巴桑旺堆《藏文文献中的于阗史料》[①] 一文，在国内较早系统介绍了这部分史料，并利用藏文文献中的相关内容对于阗国的形成、于阗国名“李域”、于阗王世系以及于阗的地理位置等做了简略梳理。

杨铭《有关于阗地区的藏文文书》[②] 则对于阗地区出土的藏文文书予以介绍，对于阗史的研究提供了方便。杨铭《吐蕃简牍中所见的西域地名》[③]，对西域的藏文地名予以复原。

我国著名藏学家王尧、陈践践（又名陈践）利用敦煌古藏文文献《于阗教法史》文书的原件，进行了更为深入的研究，撰写了《〈于阗教法史〉——敦煌古藏文写卷 P.T.960译解》[④]，详细译释、考证了于阗的历史，对于阗史研究作出了有益的探索。对此文献的价值和意义进行简要介绍的还有索黛的《吐蕃时期文献浅议》[⑤] 等。藏文文献中的于阗史料，是载录于阗王世系最丰富者，相关研究也不在少数。《于阗国授记》（ལི་ཡུལ་ལུང་བསྟན་པ།）是有关古代于阗的一部非常重要的教法史类作品，收于藏文大藏经的《丹珠尔》（བསྟན་འགྱུར།）部。文章以德格版（སྡེ་དགེ།）为底本，汇校以卓尼版（ཅོ་ནེ།）、北京版、那塘版（སྣར་ཐང་།）、金汁写本（བཀའ་བསྟན།）

① 巴桑旺堆 :《藏文文献中的于阗史料》,《敦煌学辑刊》1987年第2期，第69~73页。

② 杨铭 :《有关于阗地区的藏文文书》,《新疆文物》1992年第3期。

③ 杨铭 :《吐蕃简牍中所见的西域地名》,《新疆社会科学》1989年第1期。

④ 王尧、陈践践 :《〈于阗教法史〉——敦煌古藏文写卷 P.T.960译解》,《西北史地》1982年第2期，第18~25页。

⑤ 索黛《吐蕃时期文献浅议》,《敦煌研究》1997年第3期，第158页。

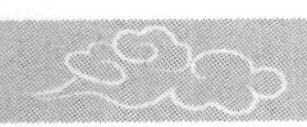

《甘珠尔》《丹珠尔》，以及近年中国藏学研究中心完成的对勘本《中华大藏经・丹珠尔》。朱丽双的《〈于阗国授记〉译注》[①]一文，在王尧先生等前辈文献研究的基础上，参考近年学界在于阗研究领域取得的成果，重新翻译了这部文献。

张广达、荣新江的《关于敦煌出土于阗文献的年代及其相关问题》[②]考证P.2958书信的写作时间是10世纪。

白玉冬、杨富学的《新疆和田出土突厥卢尼文木牍初探——突厥语部族联手于阗对抗喀喇汗朝的新证据》[③]一文，释读和研究了一份突厥卢尼文木牍[④]，内容是由于祝（ˇcü，今新疆乌什县）地方的某突厥语部族首领上达给某重要人物的书信，言捕获了对“于术”（ˇcür，今新疆焉耆七个星镇）构成威胁的25个敌人。木牍文书的年代约在10世纪中后期。木牍文中提到的 qan“汗”可能为于阗国王或某部族首领，发信人应是塔里木盆地一带处于半独立状态的操突厥语部落首领。木牍文书所言侵犯于术的敌人，有可能来自喀喇汗王国。

杨铭的《英藏敦煌西域古藏文非佛教文献的刊布与研究》[⑤]一文，系统梳理了英国国家图书馆斯坦因藏品中的敦煌西域古藏文非佛教文献的刊布与研究情况，讨论了这些写本的编号、数量、主要内容，以及国内外学术界具有代表性的成果。其中涉猎于阗的相关藏文文献。

朗措的《论述古藏文文献研究的重要性》[⑥]一文，对敦煌文献及于阗简牍中的古藏文内容进行了分析，阐述了古藏文文献的特点、价值，呼吁学界关注古藏文文献的抢救、整理和研究工作。

此外，相关李域的研究成果尚有闫珠君的《敦煌西域古藏文社会历史文献》（增订本）[⑦]，杨铭和贡保扎西的《丝绸之路沿线所出古藏文契约文书概说》[⑧]，陈践的《敦煌古藏文 ཞུགས་ཡོང་དམར་པོ། 疏译》《吐蕃文献解读及古藏文厘定疏释》[⑨]，任小波的“古藏文文献在线丛刊”卷Ⅱ《古藏文

① 朱丽双：《〈于阗国授记〉译注》（上），《中国藏学》，2012年第1期，第223~268页；《〈于阗国授记〉译注》（下），《中国藏学》2014年第1期，第121~268页。

② 原载北京大学中国古代史研究中心编：《纪念陈寅恪先生诞辰百年学术论文集》，北京大学出版社，1989年；此据作者《于阗史丛考》（增订本），中国人民大学出版社，2008年，第76页。

③ 白玉冬、杨富学：《新疆和田出土突厥卢尼文木牍初探——突厥语部族联手于阗对抗喀喇汗朝的新证据》，《西域研究》2016年第4期，第39~49页。

④ 2000年3月在新疆和田地区策勒县达玛沟乡一牧羊人意外发现佛寺遗址并进行盗掘发现的4片突厥卢尼文木牍。

⑤ 杨铭：《英藏敦煌西域古藏文非佛教文献的刊布与研究》《西域研究》2016年第3期，第121~131页。

⑥ 朗措：《论述古藏文文献研究的重要性》，《西藏研究》2004年第3期，第84~98页。

⑦ 闫珠君：《敦煌西域古藏文社会历史文献》（增订本），《敦煌研究》2020年第3期。

⑧ 杨铭、贡保扎西：《丝绸之路沿线所出古藏文契约文书概说》，《西南民族大学学报》2017年第7期。

⑨ 陈践：《吐蕃文献解读及古藏文厘定疏释》，《民族翻译》2017年第4期。

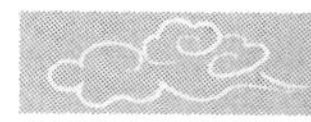

碑铭》[①]《古藏文碑铭学的成就与前景——新刊〈古藏文碑铭〉录文评注》[②]，束锡红的《敦煌古藏文文献的史料价值和出版意义》[③]，巴桑旺堆的《关于古藏文写本研究（二）》[④]，陈于柱和张福慧的《敦煌古藏文写本 P.T.1055+IOL Tib J 744〈十二钱卜法〉题解与释录——敦煌汉、藏文术数书的比较历史学研究之一》[⑤]，公却才让的《论敦煌古藏文中多思麦的一些重要地名》[⑥]，扎西《敦煌古藏文吐蕃书函研究》（硕士论文）[⑦]，贡保南杰《敦煌古藏文文契的类型及价值研究》（硕士论文）[⑧]、《敦煌古藏文文献中的数字密码解读》[⑨]、《有关敦煌西域出土的古藏文契约文书的若干问题》[⑩] 等，均是依据藏文文献考证李域历史的相关新成果。

## 二、于阗国的形成及王统世系研究

对于阗国名——李域（Li–yul），及王统、其国名由来的研究，学界也是众说纷纭。孟凡人的《汉魏于阗王统考》[⑪] 一文，除利用汉文史书对汉代的于阗王统加以考述外，还结合佉卢文简牍对魏晋南北朝时期的于阗王统详加认证，在《隋唐时期于阗王统考》[⑫] 中考述了隋唐时期于阗的王统世系情况。杨铭的《和田出土的有关于阗王的藏文写卷研究》[⑬] 一文，对 M.Tagh.b, I, 0092和 M.Tagh.a, iv, 00121两份写卷在托马斯的基础上进行了进一步汉译注解，不论在文字考释还是写卷年代及相关问题的研究上都向前推进了一步。

李吟屏的《于阗牛角山新考》[⑭]，根据《于阗教法史》的传说、汉文史籍及实地考察资料与新考古发掘物，提出了今和田市西南喀拉喀什河畔的库玛尔山与玄奘记载的佛教圣地瞿室［食凌］伽山是同一地望的同一座山，库玛尔山即古于阗牛角山。此外，相关的研究还有田卫疆《简

① 陈践：《敦煌古藏文 ཞུགས་ལོང་དམར་པོ། 疏译》，《民族翻译》2014年第2期。

② 任小波：《古藏文碑铭学的成就与前景——新刊〈古藏文碑铭〉录文评注》，《敦煌学辑刊》2011年03期。

③ 束锡红：《敦煌古藏文文献的史料价值和出版意义》，《图书馆理论与实践》2008年第3期。

④ 巴桑旺堆：《关于古藏文写本研究（二）》，《西藏研究》2008年第5期。

⑤ 陈于柱、张福慧：《敦煌古藏文写本 P.T.1055+IOL Tib J 744〈十二钱卜法〉题解与释录——敦煌汉、藏文术数书的比较历史学研究之一》，《敦煌学辑刊》2015年第4期。

⑥ 公却才让：《论敦煌古藏文中多思麦的一些重要地名》（硕士论文），西藏大学，2019年。

⑦ 扎西：《敦煌古藏文吐蕃书函研究》（硕士论文），西藏大学，2012年。

⑧ 贡保南杰：《敦煌古藏文文契的类型及价值研究》（硕士论文），中央民族大学，2020年。

⑨ 华青道尔杰、何金江：《敦煌古藏文文献中的数字密码解读》，《藏学学刊（第9辑）2014年。

⑩［日］武内绍人著，杨铭、杨公卫译：《有关敦煌西域出土的古藏文契约文书的若干问题》，《藏学学刊》（第13辑）2015年。

⑪ 孟凡人：《汉魏于阗王统考》，《西域研究》1993年第4期，第39~76页。

⑫ 孟凡人：《隋唐时期于阗王统考》，《西域研究》1994年第2期。

⑬ 杨铭：《和田出土有关于阗王的藏文写卷研究》，《西域研究》1993年第4期，第66~72页。

⑭ 李吟屏：《于阗牛角山新考》，《新疆大学学报》1992年第3期，第61~64页。

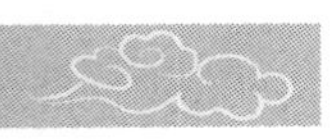

述伯希和氏对于古代于阗地名的研究》[①]等。

于阗国都是一个热门话题，斯坦因等西方学者多认为在今和田的约特干，被我国学者冯承钧等人所认可；黄文弼先生在《古代于阗国都之研究》一文中，主张在今和田洛浦县的阿克斯皮力（又叫阿克斯皮尔）[②]；黄文弼先生后来主张于阗国都在买里克阿瓦提（即库马提）[③]，李遇春的《新疆和田县买力克阿瓦提遗址的调查和试掘》一文，亦支持此说[④]；殷晴先生在《于阗古都及绿洲变迁之探讨》一文中则认为在奈加拉·哈奈[⑤]；李吟屏在《古代于阗国都再研究》一文则考证在阿拉勒巴格[⑥]。劳心的《敦煌出土于阗使者文书和尉迟僧伽罗摩年代考——张广达、荣新江〈于阗史丛考〉补正》[⑦]一文，认为学界对敦煌出土于阗使者文书年代争论较大。文章在前贤研究基础上全面综合分析，对张广达、荣新江《于阗史丛考》中提出这些文书年代为张承奉902—904年称司空尚书时的说法进行了补正，认为：有些使者文书纪年虽晚到10世纪中期，但实为后代学生练字产物，其中所反映的事实还应是9世纪末期；于阗王尉迟僧伽罗摩为李圣天之父；张承奉在911年称帝前有过称王阶段；于阗和甘州回鹘早期世系必须调整。杜海的《敦煌"于阗太子"与"曹氏太子"考》[⑧]一文认为，曹氏归义军时期，敦煌文献中出现了大量"太子"称号，所指既有于阗太子，也有曹氏太子。敦煌文书关于"太子"的记载中，部分有明确的"于阗太子"称号；部分我们根据文书中的人名、于阗"天子窟"、于阗使者、于阗僧人等信息，可以推断相关"太子"称号为于阗太子。受到于阗"太子"称号影响，归义军政权也称节度使的儿子为"太子"。敦煌文书中，曹元忠应该有三个儿子被称为"太子"，曹延禄至少有两个儿子被称为"太子"。

于阗是古代西域丝绸之路南道上的主要绿洲王国之一。7世纪中，于阗归附唐朝。8世纪末9世纪初，吐蕃占领于阗。9世纪中叶吐蕃崩溃，848年沙州张议潮（851—872年执政）举兵赶走吐蕃守将，建立归义军政权。861年张议潮收复凉州，吐蕃在敦煌及河陇的统治相继结束。866年仆固俊部攻克西州等地，建立西州回鹘政权。推测在此前后于阗亦从吐蕃的羁绊中脱离出来，成为地方政权。[⑨]9世纪后半叶，于阗的情况人们一无所知。于阗脱离吐蕃统治的时间

① 田卫疆：《简述伯希和氏对于古代于阗地名的研究》，《和田师专教学与研究》1983年第6期。

② 黄文弼：《古代于阗国都之研究》，《史学季刊》第1卷1期，1940年。（又载氏著《西北史地论丛》，上海人民出版社，1984年）

③ 黄文弼：《塔里木盆地考古记》第5章，科学出版社，1958年，第53~54，138~139页。

④ 李遇春：《新疆和田县买力克阿瓦提遗址的调查和试掘》，《文物》1981年第1期。

⑤ 殷晴：《于阗古都及绿洲变迁之探讨》，《和田师专教学与研究》1983年第6期。

⑥ 李吟屏：《古代于阗国都再研究》，《新疆大学学报》1998年第3期，第40~47页。

⑦ 劳心：《敦煌出土于阗使者文书和尉迟僧伽罗摩年代考——张广达、荣新江〈于阗史丛考〉补正》，《科学大众·科学教育》2017年第10期，第185~186页。

⑧ 杜海：《敦煌"于阗太子"与"曹氏太子"考》，《敦煌研究》2019年第6期，第58~64页。

⑨ 荣新江，朱丽双：《于阗与敦煌》，甘肃教育出版社，2013年，35页。

是10世纪。其依据为20世纪初敦煌藏经洞发现的于阗语、汉语和藏语文书，另外传世汉文文献也保存了一些记录。从这些零散材料得知，10世纪的于阗王分别是李圣天（Vis´a'Saṃbhava，912—966年在位）、尉迟苏罗（Vis´a'S´ūra，967—977年在位）、尉迟达磨（Vis´a'Dharma，978—982年在位）和尉迟僧伽罗摩（Vis´a'Saṃgrama，983—1006在位）。10世纪时于阗王国与其周边地区，特别是和敦煌归义军政权，有频繁的往来活动。大约1006年前后，喀喇汗王国攻破于阗，于阗灭亡。

## 三、于阗的宗教研究

藏文文献中对于阗史记载贡献较多的是对于阗建国的传说及佛教传入于阗时间的记载，这也是学界最为关注的问题之一。有关于此，目前基本上认为在公元前1世纪，如程溯洛在《〈宋史·于阗传〉中几个问题补证》一文[①]、羽溪了谛在《西域之佛教》[②]一书中都有谈及。后来魏长洪根据藏文文献《于阗授记》的记录具体推测于阗第一座佛塔竖立之时间在公元前80年，此为佛教传入于阗之始。孙斌的《于阗佛教初探》一文，以《西藏传》记载指出以毗卢遮那来于阗传播佛教之公元前74年为佛教传入之始。[③]这些推测都不无道理。此外，尕藏加《吐蕃佛教与西域》一文，利用《汉藏史集》和《宗派源流史》等推算佛教最初传入西域的时间[④]，由于将“于阗建国百六十五年”误作“六十五年”而将时间提早到公元前166年，相错一个世纪。尕藏加的《藏文文献中所见西域佛教之比较研究》[⑤]重点对佛教文化进行了研究。藏文文献中的于阗历史，更多地反映了宗教方面的内容，这方面的研究也相当深入。相关研究有张广达、荣新江《于阗佛寺志》[⑥]，李吟屏《古代西域的自然崇拜》[⑦]，广中智之的《汉唐于阗佛教研究》[⑧]等。

## 四、于阗与周边地区的文化交流研究

随着中原王朝与边疆地区经济和文化的密切往来，一些僧人成为文化交流的使者。如10世

① 程溯洛：《〈宋史·于阗传〉中几个问题补证》，《西北史地》1990年第1期，第1~17页。

② ［日］羽溪了谛著，贺昌群译：《西域之佛教》，商务印书馆，1956年，第201页。

③ 孙斌：《于阗佛教初探》，《说古道今》，第56~60页。

④ 尕藏加：《吐蕃佛教与西域》，《西藏研究》1993年第1期，第67~68页。

⑤ 尕藏加：《藏文文献中所见西域佛教之比较研究》，《敦煌学辑刊》1993年第3期，第50~57页。

⑥ 张广达、荣新江：《于阗佛寺志》，《世界宗教研究》1986年第3期，第140~149页

⑦ 李吟屏：《古代西域的自然崇拜》，《西域研究》1997年第1期，第105~111页。

⑧ ［日］广中智之：《汉唐于阗佛教研究》，新疆人民出版社，2013年。

纪时，于阗有僧人使者，往来于于阗与敦煌之间。冯培红的《归义军时期敦煌与周边地区的僧使交往》[①]一文对此问题进行了梳理。另外于阗僧也充使到了中原。史载后唐庄宗（923—926年在位）时有“胡僧自于阗来”，推测这位胡僧可能为于阗王所派。《续资治通鉴长编》卷六载乾德三年（965年）：“于阗国宰相因沙门善名等来京师，致书于枢密使李崇矩，愿结欢好。上令崇矩报书，赐以器币。”[②]善名显然是肩负了政治使命往来于于阗和宋朝之间。山东兖州兴隆塔地宫发现的舍利塔，其铭文称于阗僧法藏于开宝三年（970年）去西天取经，获“释迦形像、世尊金顶骨真身舍利、菩提树叶”。后来法藏入宋，圆寂于中原，嘉祐八年（1063年）龙兴寺众僧将其舍利安葬。碑文说法藏曾进奉给朝廷白玉390斤、细马3匹，[③]显示他可能非寻常人物。材料还表明法藏曾远游“西天”，很大程度上“西天”多半指印度或其周边地区。

10世纪，于阗僧西行的活动亦见于于阗语文书。[④]由此可见，于阗所遣出使宋朝的使者，也常常携带经书作为礼品，这可谓一种高雅而又特殊的礼物。淳化五年（994年），于阗僧吉祥献《大乘秘藏经》二卷，诏法贤等定其真伪。法贤等言，吉祥所献经是于阗书体，经题是“大乘方便门三摩题经”，且非“大乘秘藏经”也。其经中文义无请问人及听法徒众，非法印次第，前后六十五处，文义不正，互相乖戾，非梵文正本。帝召见法贤等及吉祥，谕之曰：“使邪伪得行，非所以崇正法也。宜令两街集义学沙门，将吉祥所献经搜检前后经本，对众焚弃，从之。”[⑤]于阗僧吉祥曾于开宝中（968—976年）持于阗王书到宋朝，献梵文佛经，[⑥]故非一般僧人。引文中有“搜检前后经本”之语，看来吉祥进献的经书不仅《大乘方便门三摩题经》一种。于阗以佛国著称，于阗僧携经书出使，既传播教义，又可作为礼物。吉祥所献的于阗字体经书，若道圆尚在世，当不致被付之一炬。于阗经书最直接的传播之地当是敦煌。敦煌藏经洞发现的文书中有许多于阗语佛典，是于阗语佛经对外传播的最好例证。[⑦]敦煌文书P.3184v记：“甲子年八月七日，于阗太子三人来佛堂内，将《法华经》第四卷。”《法华经》全称《妙法莲华经》，和

---

① 冯培红：《归义军时期敦煌与周边地区的僧使交往》，载郑炳林主编《敦煌归义军史专题研究续编》，第615~616页。

②《续资治通鉴长编》卷六乾德三年五月条，第154页。同事又见《宋史》卷四九〇《外国传》于阗条，第14107页。

③ 谭世宝：《兖州兴隆塔地宫宋嘉祐八年十月六日“安葬舍利”碑考释》见《兴隆文化论坛——兖州佛教历史文化研讨会论文集》，2009年，第251~252页。

④ IOL Khot S.21（Ch.i.0021a.b）. 见 Harold W.Bailey, “An Itinerary in Khotanese Saka”, Acta Orientalia, Vol.14, 1936, pp.261–262; Prods Skjærvø, Khotanese Manuscripts from Chinese Turkestan in the British Library, pp.524–526. 据研究，这件文书年代在958—972年之间。

⑤《宋会要辑稿》道释二，见郭声波点校：《宋会要辑稿·蕃夷道释》，第622~623页；又见志磐撰：《佛祖统纪》卷四三，CBETA, T49，第401a 页。

⑥《宋史》卷四九〇《外国传》于阗条，第14106页。

⑦ 荣新江、朱丽双：《于阗与敦煌》，第348~360页。熊本裕指出：敦煌发现的于阗语文献多为居住在敦煌的于阗人所写。Hiroshi Kumamoto, “The Khotanese in Dunhuang”, in A.Cadonna and L.Lanciotti ed., Cine e Iran da Allessandro Magno alla dinastia Tang, Florence, 1996, pp.79–101.

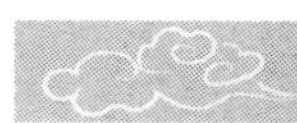

田发现的梵语佛典写本中最有分量的即《妙法莲华经》，表明此经曾在于阗广泛流行。不过和田出土的《妙法莲华经》主要是梵语，而非于阗语；敦煌文书中也未发现此经纯粹的于阗语译本，只有此经的“纲要”[①]。

## 五、于阗与周边地区的经济贸易研究

在研究于阗历史的过程中，于阗的经济和对外物质交流也是一个重要内容。殷晴曾以玉石贸易为例，《唐宋之际西域南道的复兴——于阗玉石贸易的热潮》[②]一文，说明10世纪时通过于阗的丝绸之路商道不仅没有衰败，且有兴旺之势。林梅村在《于阗花马考——兼论北宋与于阗之间的绢马贸易》[③]一文中，探讨了北宋与于阗之间的绢马贸易。荣新江《于阗花毡与粟特银盘——九、十世纪敦煌寺院的外来供养》[④]一文中，介绍了9、10世纪时敦煌寺院中供养的于阗花毡以及于阗与敦煌之间的丝织品[⑤]往来。荣新江、朱丽双所著《从进贡到私易：10—11世纪于阗玉的东渐敦煌与中原》[⑥]中，讨论了于阗的玉石贸易，指出10世纪时于阗玉进入中原的方式发生过从朝贡到私易的变化。荣新江的《敦煌文献所见晚唐五代宋初的中印文化交流》，郑炳林、冯培红的《唐五代归义军政权对外关系中的使头一职》，冯培红的《归义军时期敦煌与周边地区的僧使交往》，集中研究了10世纪时，统一王朝掌控下的丝绸之路交通不复存在，河西和西域各地由不同部族和不同政权割据掌控，时有征战劫掠发生。但是，丝绸之路上使节、客商与僧侣的往来活动并未因此中断，只是旅途比以往更加艰险不易。[⑦]朱丽双的《10世纪于阗的对外物质交流》[⑧]一文，结合上述几篇，探讨了公元10世纪时，于阗与周边政权及中原地区

---

① Klaus Wille, “Buddhist Sanskrit Sources from Khotan”, in Seishi Karashima and Klaus Wille eds., Buddhist Manuscripts from Central Asia: The British Library Sanskrit Fragments, Vol.II.1, Texts, Tokyo: The International Research Institute for Advanced Buddhology, Soka University, 2009, p.30；广中智之：《汉唐于阗佛教研究》，新疆人民出版社，2013年，第82~90页。

② 殷晴：《唐宋之际西域南道的复兴——于阗玉石贸易的热潮》，《西域研究》2006年第1期，第38~50页。

③ 林梅村：《于阗花马考——兼论北宋与于阗之间的绢马贸易》，《西域研究》2008年第2期，第44~54页。

④ 荣新江：《于阗花毡与粟特银盘——九、十世纪敦煌寺院的外来供养》，载胡素馨主编《佛教物质文化：寺院财富与世俗供养国际学术研讨会论文集》，上海书画出版社，2003年，246~260页；英文版见 Rong Xinjiang, “Khotanese Felt and Sogdian Silver: Foreign Gifts to Buddhist Monasteries in Ninth-and Tenth-Century Dunhuang”,Asia Major, 3rd series, Vol.17.1, 2004, pp.15-34.

⑤ 荣新江：《绵绫家家总满：谈十世纪敦煌于阗间的丝织品交流》，载包铭新主编《丝绸之路·图像与历史》，东华大学出版社，2010年，第35~46页。

⑥ 荣新江，朱丽双：《从进贡到私易：10—11世纪于阗玉的东渐敦煌与中原》，《敦煌研究》2014年第3期，第190~200页。

⑦ 荣新江：《敦煌文献所见晚唐五代宋初的中印文化交流》，载李铮等编《季羡林教授八十华诞纪念论文集》，江西人民出版社，1991年，第955~968页；郑炳林，冯培红：《唐五代归义军政权对外关系中的使头一职》，《敦煌学辑刊》1995年第1期，第17~28页；冯培红：《归义军时期敦煌与周边地区的僧使交往》，收入郑炳林主编的《敦煌归义军史专题研究续编》，兰州大学出版社，2003年，第604~620页。

⑧ 朱丽双：《10世纪于阗的对外物质交流》，《西域研究》2020年第1期。

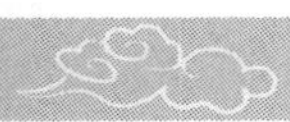

存在广泛的物质交流网络。认为于阗与西域其他绿洲政权物质交流的形式有互赠礼品和直接贸易两种可能。于阗与中原王朝之间的物质交流，早期以朝贡为主，10世纪中叶以后则发生了从朝贡到朝贡与私易并行的变化，且私易有超过朝贡之势。从于阗来看，尽管其西边有回鹘、葛逻禄等部族，东边先后有璨微、仲云及其他吐蕃余部，但于阗与西域及中原各地仍存在广泛的物质交流。《宋史》记开宝二年（969年）于阗国遣使直末山至宋廷："言本国有玉一块，凡二百三十七斤，愿以上进，乞遣使取之。［于阗僧］善名复至，贡阿魏子，赐号昭化大师，因令还取玉。"①

杨宝玉的《达外国之梯航——曹氏归义军与五代时于阗首次入贡中原之关系再议》②一文，探讨了后晋天福三年（938年）于阗对五代中原王朝的首次入贡。在梳理于阗该次入贡情形及其后续活动、曹氏归义军与于阗答谢使同行入奏的过程与收获的基础上，进一步追寻了于阗对五代时中原王朝首次入贡活动的起因、背景。提出并论证了于阗该次入贡起源于曹氏归义军的引领与帮助，认为早在后唐长兴年间各方即已开始筹划于阗的该次入贡，其中曹氏归义军"达外国之梯航"的积极作用尤其值得关注，只是后来因曹议金去世等原因，归义军的实力与影响力减弱，中原又发生了后晋取代后唐的重大变故，于阗的入贡对象也随之从出发时拟想的后唐变为后晋。

敦煌位于丝绸之路的咽喉要冲，在古代东西方政治经济文化交往中曾经发挥过无可替代的作用。张骞开通的丝绸之路，带来了东西方物质文化的交流。自此以后，大到狮子、猎豹，小到苜蓿、葡萄，有西去的丝绸、漆器，有东来的金杯、银币，各种各样的物品，双向往来，为人类的生产、生活、文化等诸多方面，作出了贡献。陈春晓的《中古于阗玉石的西传》③一文，探讨了玉在中华文化中具有的特殊含义和地位。玉石及其制品的外输带动了中华玉石文化在世界的传播。于阗玉石自上古时期就开始输入伊朗地区，被用于制作刀剑配件、带饰、戒指、杯碗等物件。中古以来，亚洲大陆上次第西迁的游牧部族将东方的玉石文化传至伊朗。波斯、阿拉伯语文献记载了有关于阗玉石种类、产地、用途及制造工艺的丰富信息。契丹人在中亚建立西辽地方政权后，中国的玉器风格也传入伊朗东部地区。至13世纪蒙古人征服伊朗，伊利汗国受元朝玺印制度的影响，将中国中原地区的玉石文化移植到伊朗，形成了"以玉为尊"的政治文化风尚。在多民族文化的交互影响下，中古时期的中国与伊朗之间，铺就了一条多元多彩的中华文化传播之路。中国昆仑山一带自古就是玉石的出产地，其中尤以于阗美玉最负盛名。这

①《宋史》卷四九〇《外国传》于阗条，第14107页。

② 杨宝玉：《达外国之梯航——曹氏归义军与五代时于阗首次入贡中原之关系再议》，《敦煌研究》2019年第1期，第1~6页。

③ 陈春晓：《中古于阗玉石的西传》，《西域研究》2020年第2期，第1~16页。

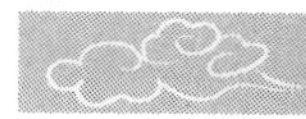

里出产的玉石很早就源源不断地输送到世界各方。于阗玉大量流入中原地区，逐渐成为中华文明中不可或缺的审美元素。文章以多语种文献记载为基础，同时结合考古资料和艺术史的研究成果考察了中古时期于阗玉石在伊朗地区的传播历史，并探讨了多民族文化影响下的中华文化传播路径。

关于于阗玉东传中原的研究成果有很多，较具代表性的有程越的《古代和田玉向内地输入综略》[①]，杨伯达的《“玉石之路”的布局及其网络》[②]，殷晴的《唐宋之际西域南道的复兴——于阗玉石贸易的热潮》[③]，张文德的《明与西域的玉石贸易》[④]，闫亚林的《关于“玉石之路”问题的探讨》[⑤]，荣新江、朱丽双的《从进贡到私易：10—11世纪于阗玉的东渐敦煌与中原》[⑥]等。

于阗作为陆上丝绸之路南道交通重镇，除玉石、马匹等之外，乳香也是其与北宋进行贸易交流的一个重要内容。因不断的丰厚回赐以及开支不少的贡使接待，北宋政府自身财政困难加剧，不得不对于阗频繁的乳香朝贡贸易实行限制。北宋政府的限制促使当时于阗贡使商人在西北边地进行的民间乳香货物贸易发展和兴盛，并在一定程度上超过朝贡贸易，这也折射出当时陆上丝绸之路贸易的一种新景象。于阗作为陆上丝绸之路南道交通重镇，汉唐时期与中原地区的经济文化交流频繁。然而唐中期安史之乱以后，吐蕃占据河陇地区，与中原地区的交流一度几乎中断。到五代后晋时，于阗国王李圣天遣使来贡，被册封为大宝于阗国王，表明于阗又开始恢复与中原的经济文化交流。进入北宋时期，于阗与中原的经济贸易十分频繁，引起一些学者的关注。其中，对于这一时期于阗与中原地区之间的玉石、绢马等贸易问题，学界已有学者做了一些研究：夏时华、王春的《于阗与北宋的乳香贸易探略》[⑦]一文，探讨了11世纪初，随着陆上丝绸之路西段重新畅通，来自阿拉伯的乳香不断输入，从此成为于阗对北宋进行朝贡贸易的主要货物之一，且规模较大。乳香，别名薰陆香，系乳香树胶脂，既是日常使用的香料，又是常用的芳香类药物，主要产于阿拉伯半岛。如赵汝适《诸蕃志》卷下记载：“乳香，一名薰陆香，出大食之麻罗拔、施曷、奴发三国深山穷谷中。”[⑧]

迄今为止，对于北宋时期于阗与中原地区的乳香贸易尚少有研究。杨瑾的《于阗与北宋王

---

① 程越：《古代和田玉向内地输入综略》，《西域研究》1996年第3期，第36~42页。

② 杨伯达：《“玉石之路”的布局及其网络》，《南都学坛》2004年第3期，第113~117页。

③ 殷晴：《唐宋之际西域南道的复兴——于阗玉石贸易的热潮》，《西域研究》2006年第1期，第38~50页。

④ 张文德：《明与西域的玉石贸易》，《西域研究》2007年第3期，第21~29页。

⑤ 闫亚林：《关于“玉石之路”问题的探讨》，《考古与文物》2010年第3期，第38~41页。

⑥ 荣新江，朱丽双：《从进贡到私易：10—11世纪于阗玉的东渐敦煌与中原》，《敦煌研究》2014年第3期，第190~200页。

⑦ 夏时华，王春：《于阗与北宋的乳香贸易探略》，《上饶师范学院学报》2020年第1期，第47~51页。

⑧ 赵汝适：《诸蕃志校释》（卷下），杨博文校释，中华书局，2000年，第163页。

朝的乳香贸易及其影响》[1]一文，指出于阗与北宋王朝的乳香贸易体现出陆上丝绸之路中转贸易特点，并简要述及乳香贸易对于阗和宋朝政治、经济、文化方面的影响。另外，殷晴《唐宋之际西域南道的复兴——于阗玉石贸易的热潮》[2]一文也提及于阗与北宋的乳香贸易。作者在前人基础上对于阗与北宋的乳香朝贡贸易、西北边地民间乳香贸易等问题进行了探讨，侧面反映了当时陆上丝绸之路贸易状况。此外，涉及这一贸易问题的研究还有林梅村《于阗花马考——兼论北宋与于阗之间的绢马贸易》[3]，任树民《北宋时期的于阗》[4]，王欣《唐末宋初于阗王国的社会经济》[5]，黄纯艳《于阗与北宋的关系》[6]，荣新江《敦煌文献所见晚唐五代宋初的中印文化交流》[7]，陈明《汉唐时期于阗的对外医药交流》[8]，毕波《古代于阗的一种织物——白氎》[9]，李昀《公元7—11世纪胡药硇砂输入中原考》[10]等论文或专著。安北江的《北宋朝贡贸易中的于阗社会经济》[11]一文，认为贡赐贸易是中原封建王朝维持朝贡体系的重要贸易手段之一，北宋时期的于阗尽管臣服于喀喇汗王国，但仍作为一个相当自治的地方政权与中原王朝保持着亲密的贡贸关系。考察北宋一朝于阗的入贡情况，可以更好地把握10至12世纪西域与中原王朝的政治、经济关系。

## 六、于阗的名称和人种研究

关于“于阗”的名称和藏文文献中“李域”的由来，也是专家、学者重点考察的话题。于阗地名的由来及其发展演变，备受学术界关注，其在梵文、印度俗语、佉卢文、突厥文中都有不同的写法或称法。岑仲勉先生主张，li 字为边鄙之义，与汉文俚字有关。[12]巴桑旺堆则主张，li 字本义为钟铜，引申为合成、混一之义，乃藏族人把于阗看作是源于印度之佛教文字和来自汉王朝之人混合在一起之国家，故称之为“李域”。[13]日本学者白鸟库吉则释于阗为藏语 gyu-

① 杨瑾：《于阗与北宋王朝的乳香贸易及其影响》，《新疆师范大学学报》2009年第1期，第88~92页。

② 殷晴：《唐宋之际西域南道的复兴——于阗玉石贸易的热潮》，《西域研究》2006年第1期，第38~50页。

③ 林梅村：《于阗花马考——兼论北宋与于阗之间的绢马贸易》，《西域研究》2008年第2期，第75~87页。

④ 任树民：《北宋时期的于阗》，《西域研究》1997年第1期，第63~76页。

⑤ 王欣：《唐末宋初于阗王国的社会经济》，《中国历史地理论丛》2004年第19卷第1辑，第27~32页。

⑥ 黄纯艳：《于阗与北宋的关系》，《生命、知识与文明》，上海人民出版社，2009年，第136~143页。

⑦ 荣新江：《敦煌文献所见晚唐五代宋初的中印文化交流》，载李铮等编《季羡林教授八十华诞纪念论文集》，江西人民出版社，1991年，第955~968页。

⑧ 陈明：《汉唐时期于阗的对外医药交流》，《历史研究》2008年第4期，第25页。

⑨ 毕波：《古代于阗的一种织物——白氎》，《中国经济史研究》2018年第3期，第168~169页。

⑩ 李昀：《公元7—11世纪胡药硇砂输入中原考》，载《敦煌吐鲁番研究》第18卷，上海古籍出版社，2019年，第583~601页。

⑪ 安北江：《北宋朝贡贸易中的于阗社会经济》，《和田师范专科学校学报》，2016年第4期，第69~73页。

⑫ 岑仲勉：《汉书西域传地理校释》，中华书局，1981年，第74页。

⑬ 巴桑旺堆：《藏文文献中的若干古于阗史料》，《敦煌学辑刊》1986年第1期，第71页。

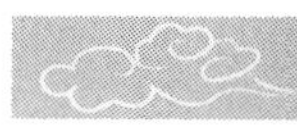

vong，意为“玉村”。我国学者褚俊杰基本支持这一说法，认为《李域教法史》（作者称之为《李域历史》）中的 hu–then 一词为 gyu–tonh 的变音。[①]

笔者与朱悦梅教授针对于阗的名称撰写了《藏文文献中的于阗称谓》[②]，文章充分利用藏文文献，考释了于阗的藏文名称。于阗被称为“李域”（Li–yul），且有 Li–yul、klu–yul、yul–li 等不同的写法，而历代藏族学者在他们的著作中又给李域以各种不同名称，对其地理方位的理解也有所差异。文章整理了藏文文献中出现的于阗（vu–atn）、新疆（zhi–cang）、泥婆罗（bal–yul）、瓦洛（bal–lho）、杂丹吉域（rtsa–ldan–gyi–yul）、萨勒尼玛尼之域（sa–las–nu–mavi–yul），以及鲁域（klu–yul）、域李（yul–li）等若干种“李域”的不同名称，分析了各种写法及不同名称出现的历史背景和文化意蕴，在学界引起了反响。

《大唐西域记》卷十二《斫句迦国》载：“从此而东，踰岭越谷，行八百余里，至瞿萨旦那国。”玄奘自注：“唐言地乳，即其俗之雅言也。俗语谓之汉那国，匈奴谓之于遁，诸胡谓之豁旦，印度谓之屈丹，旧曰于阗，讹也。”玄奘对于阗国名的这段记载引起了后世学者的广泛关注，他们从不同角度加以解读，提出了很多有价值的见解。关于于阗一词的名称，尽管法国的伯希和（Pelliot）、英国剑桥的贝利（Bailey），以及汉堡大学的埃默瑞克（Emmerick）等外国学者早就进行过深入细致的探讨和研究，但是没有得出一个确信的结论。段晴的《于阗王国之名新考》[③]一文，再次就古代于阗王国之国名进行了讨论。文章依据自20世纪初敦煌、和田地区出土的于阗文、佉卢文、梵文写本为佐证，重新考察了玄奘所谓于阗王国之“雅言”“俗谓”背后的语言现象，并引用汉语音韵学家的观点，提出汉文史籍的“于寘”“于阗”正是最古老的于阗王国国号的音译。认为佉卢文的 khotana 以及梵语的 khottana 与“于阗”相承一脉。而玄奘笔下的“瞿萨旦那国”，虽然有于阗建国传说的背景，但始终未见应用于官方、民间以及佛教文献。向筱路也撰文《于阗国名对音补论》[④]，重点从语言学的角度，对段晴文章中的相关看法做了进一步的论证和补充。文章提出了以下几点结论：第一，汉文史籍中的“于阗”是早期于阗语 hvatana 的对音，这个对音至晚在后汉三国时期就已经出现。第二，玄奘记载的“涣那”“汉那”是晚期于阗语 hvaṃna 的对音，之所以玄奘将旧译“于阗”判定为“讹也”，可能是由于于阗国名本身有不同的源语言形式，也可能是由于汉语自身的语音变化。第三，“屈丹”有可能是梵语、犍陀罗语 khotana 等形式的对音。

① 褚俊杰：《羌人西迁与和阗起源》，《西藏民族学院学报》1982年第3期，第76页。

② 丹曲、朱悦梅：《藏文文献中的于阗称谓》，《中国藏学》2008年第4期。

③ 段晴：《于阗王国之名新考》，《西域研究》2020年第1期，第79~89页。

④ 向筱路：《于阗国名对音补论》，《西域研究》2020年第1期，第90~95页。

在于阗国人种的断定上，藏文文献发挥了重要作用。褚俊杰《羌人西迁与和阗起源》[①] 一文，将汉文史籍、佛教典籍和包括《李域教法史》（文中称作《李域历史》）在内的藏文文献的相关史料相结合作为材料证据，认为7世纪前的于阗人与西藏人所以在语言、人种上有很大相似性，与他们当中都融入了羌人的成分有关，到后来又融合了西来的印度人；荣新江的《上古于阗的塞种居民》[②] 一文，结合古今中外的文献资料和考古学、人类语言学资料，阐明古代于阗的早期居民主体应是塞种。

## 七、于阗的宗教神祇及其图像研究

于阗宗教神祇及其图像，也是学者们研究的重要内容。孙修身的《敦煌佛教艺术和古代于阗》[③] 一文，对敦煌佛教艺术壁画中所表现的于阗历史故事、佛教传说进行了考证，认为这些至今还能为人们所见的艺术品，不仅是各民族友好往来的见证，而且也是我们研究历史文化和中西交通史极为可贵的形象资料。朱钇宣的《于阗坚牢地神壁画残片的构图形象与内蕴理念》[④] 一文，对出土的坚牢地神壁画 [⑤] 做了考证。文章探究了于阗地神崇拜主要是自然地理环境、统治阶级推动、佛教文化盛行三方面原因，其内蕴理念的变化反映出人类的主体欲望，作为二十诸天之一的坚牢地神，梵文为 Prthivi，又因为“坚牢”与“坚固”词义相近，也被译为坚固地神、地神、持地神等。佛经有曰：“此大地神女名曰坚牢，于大众中从座而起，顶礼佛足，和掌恭敬。” [⑥] 现出土的坚牢地神雕塑和壁画也以女性造型居多。

20世纪初，在鄯善古国地域若羌县米兰佛寺遗址，斯坦因发掘出一组担花纲人物壁画。21世纪初，在于阗古国地域于田县胡杨墩佛寺遗址，又一组同类壁画面世。这些壁画犹如文明密码，中古东西文化交流实况浮现于其间。学界也有人以米兰和胡杨墩佛寺遗址壁画中的花纲人物图像为切入点，探讨了壁画的内容、年代和功能。朱己祥的《鄯善和于阗古国佛寺壁画花纲人物图像分析》[⑦] 一文，着重分析了若羌米兰、于田胡杨墩佛寺遗址壁画中的花纲人物图像，以

① 褚俊杰：《羌人西迁与和阗起源》，《西藏民族学院学报》1982年第3期，第74~77页、第93页。

② 荣新江：《上古于阗的塞种居民》，载《于阗史丛考》，上海书店，1993年，第191~211页。

③ 孙修身：《敦煌佛教艺术和古代于阗》，《新疆社会科学》1986年第1期，第52~59页。

④ 朱钇宣：《于阗坚牢地神壁画残片的构图形象与内蕴理念》，《美与时代》2019年第8期，第52~54页

⑤ 2000年3月，中国社会科学院考古研究所在新疆的达玛沟乡南部托普鲁克墩地区陆续发掘出大约建于7至9世纪的古于阗的宗教遗址。遗址中的大量壁画虽因年月久远而多残损，但依旧可以管窥当年于阗佛教艺术的辉煌。2015年年末，上海博物馆展出了其中的52件真迹。这块壁画残片造型体现了地神崇拜从印度传入于阗后的本土化发展。

⑥ 义净译：《金光明最胜王经》，《大正藏》卷一六，第40页。

⑦ 朱己祥：《鄯善和于阗古国佛寺壁画花纲人物图像分析》，《敦煌研究》2018年第4期。

及犍陀罗浮雕同类图像的继承和发展情况，作者认为米兰图像大体沿袭了犍陀罗担花纲因素，胡杨墩图像已从担花纲模式解放出来，并界定了二者的年代，认为米兰花纲人物具有右绕供养佛塔的设计意图，其跷脚担花纲者造型反映了古印度特有的供养形式，胡杨墩花纲人物依然属于佛寺供养内容，并非当前学界所谓古印度神话故事之表现。其人物形态灵活多变，在柔韧的线描轮廓中加入了凹凸有致的晕染色彩，表现出朝气无限的生命力，展现了独特的于阗古国艺术世界。

佛教在李域国最后灭尽的故事，也是治于阗史研究者研究的议题。朱丽双的《9世纪于阗的法灭故事》[①]一文，依据汉、藏文献认为这些故事[②]最初可能编纂于西北印度或其周边地区，今保存在汉语、藏语、于阗语等各种语言的佛经中。与此同时，探讨了《阿罗汉僧伽伐弹那授记》《于阗阿罗汉授记》和P.T.960《于阗教法史》三种不同文本的形成年代：《阿罗汉僧伽伐弹那授记》编成于811年前后；《于阗阿罗汉授记》是9世纪50年代于阗人创作的作品；《于阗教法史》则很可能成书于9世纪中后期于阗从吐蕃统治下重新获得独立之后。文章认为，8、9世纪之际法灭故事在于阗颇为盛行，这和5世纪以降吐谷浑、柔然、丁零、突厥、吐蕃等势力先后对于阗的侵扰与控制有关。

于阗画派在历史上是一个影响甚大的画派，兴于于阗，通过丝绸之路而流传四方。纵览其发展史，可知此派在兴起过程中，广泛吸收印度、波斯、粟特、希腊、罗马及我国中原文化等各种文明要素，并有机融合，终成独具一体的画派。于阗画派的多元性特征也使其得到广泛传播，对世界绘画史产生了重要影响。孙振民、刘玉芝的《于阗画派的形成与传播探析》[③]一文，探讨了于阗画派，认为于阗地处丝绸南路咽喉之地，东西往来的使节、客商、僧侣频繁往来于此，各国各民族的优秀文化也交汇于此，不断地碰撞与融合。于阗画派得天时地利人和之便，广泛吸收了周边地区多种绘画艺术的影响，形成了独具特色的画派。周菁葆的《丝绸之路上的于阗雕塑艺术》[④]一文认为：西域地处东西交通要冲，公元3世纪以后佛教盛行（佛教传入时间约公元前1世纪）。当时西域各族人民受到虔诚信仰的激励，以极大的热情、惊人的聪明才智吸收了随着佛教涌入的种种外来艺术元素，用灵巧的双手创造出灿烂的佛教雕塑艺术，形成了西

---

① 朱丽双：《9世纪于阗的法灭故事》，《中山大学学报》2019年第5期。

② 佛教文献中，有一些与佛法最后灭尽相关的研究成果。其故事梗概说：未来某时，一方面由于僧人不守戒法，入世营利；另一方面由于世人不再信奉正法，不喜佛僧，致使佛教逐渐衰落。当时出现三位不信正法的恶王，攻占了广大国土。后来他们带领大军攻打天竺俱闪弥国，但被俱闪弥国王全部消灭。而后，为消弭杀戮众兵之罪，国王召请世上所有僧众至俱闪弥国，欲忏悔己罪并为僧众举行供养。但僧众聚集俱闪弥国后，内部发生纷争，自相残杀，全部死亡，佛法自此灭尽。佛教于俱闪弥国最后灭尽的故事很早即已存在。其最早编成的时间不晚于公元2世纪，最初编纂之地可能在西北印度或其周边地区，依据汉藏文文献而成。

③ 孙振民、刘玉芝：《于阗画派的形成与传播探析》，《美学》2019年第5期，第123~125页。

④ 周菁葆：《丝绸之路上的于阗雕塑艺术》，《新疆艺术》2019年第4期，第4~10页。

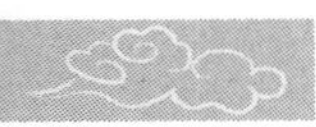

域古代雕塑艺术的主流。与此同时，原有的各种雕塑艺术，也在佛教雕塑的影响下不断地向前发展，使公元3至10世纪左右成为西域雕塑艺术的黄金时期。

陈粟裕的《吐蕃统治时期敦煌石窟中的观音图像与信仰研究》一文，探讨了随着吐蕃在青藏高原的崛起，8世纪后半叶至842年，河西、敦煌以及丝绸之路西域南道的部分地区先后为吐蕃所统治。在这个战争频繁、多民族相互交流的特殊时期，救难拔苦的观音菩萨成为民众重要的精神寄托。敦煌石窟中的壁画以及藏经洞出土的文书、绢画、纸画保存了这一时期多个民族关于观音信仰的图像与文献。文章通过对这些材料的解读，阐述了观音图像的前后传承，与西域、吐蕃在观音信仰上的交流，从吐蕃传入的新的菩萨样式的几条线索，从而展示了吐蕃统治时期观音信仰的状况。李永康的《热瓦克佛寺遗址雕塑初论》[①]一文，根据遗存的塔形[②]判断出了其形制类似印度西北部和犍陀罗地区的覆钵式窣堵波塔。认为于阗热瓦克佛寺的地理位置，由于沙漠的阻隔，以及临近的游牧民族对这个不适合游牧的地方生不起贪念，使其得以在文化方面吸纳各个地区的多样文化，从而形成了自己独特的艺术形态。张小刚的《敦煌壁画中于阗白衣立佛瑞像源流研究》[③]一文，认为在敦煌壁画中，于阗白衣立佛瑞像图题材丰富、数量众多，背光中布满化佛或者头上戴冠系带是其显著特征；在和田地区考古遗迹、石窟壁画中发掘的白衣立佛可推断为敦煌壁画中相关造像的原型；而这种背光中布满化佛造像样式，可能与舍卫城神变故事对佛教造像的影响有密切关系，在犍陀罗艺术中也有这种造像形式的原型。由此人们能够了解白衣立佛造像从印度到西域，再到敦煌的传播情况。

## 八、于阗的神话故事研究

神话在世界各国、各民族的本源性讨论中历来处于一个关键位置，其外在的语言表述往往隐含着繁复的哲学内涵以及差异性的逻辑表述。对作为古丝绸之路的要冲以及享有小西天美誉的于阗国而言，神话成为构建古国起源的必不可少的表达范式之一，同时也恰如其分地构建出了于阗建国神话的“元语言”。关于于阗的神话和故事，往往表现在敦煌壁画中。正如孙修身先生所言：在敦煌莫高窟诸石窟群里，画有许多和新疆和田地区（古代于阗）有关的故事。这些故事首先出现于沙州（敦煌）陷蕃之后的中唐时期，止于西州回鹘政权占据沙州前后，即自

① 李永康：《热瓦克佛寺遗址雕塑初论》，《收获》2020年第1期，第94~103页。

② 热瓦克佛寺遗址坐落于我国新疆白玉河东部的沙漠中，距离和田市约50公里。现存建筑遗址是以佛塔为中心的长方形寺院，四周围有墙垣，属塔院式建筑布局。塔基方形，两层，底边长23. 8 米，高约 9 米，每边设有踏道可供登临。塔身圆形，直径9.6米，高 7 米，覆钵形顶部已残缺，原有的塔刹等构件早已不存在。

③ 张小刚：《敦煌壁画中于阗白衣立佛瑞像源流研究》，《佛教美术》2018年第1期，第21~30页。

建中二年（公元781年）至于北宋真宗天禧三年（公元1019年）前。中间历时近两个世纪。[①]颜亮的《哲学视域下于阗起源神话阐释——基于汉、藏、西域文献的叙事》[②]一文认为,《大唐西域记》《大慈恩寺三藏法师传》《牛角山授记》《于阗教法史》《于阗国授记》是具有典型性的于阗起源神话文本。文章以不同于以往历史文献考据的方法，利用西方现当代符号学、神话学、解释学、后现代哲学等前沿理论，从元神话文本、神话事件、差异性文本、总体神话文本，多个角度展开哲学意义上的分析和阐释：单个神话的文本结构、符号、逻辑，以及整体于阗神话的文本特征及功能化阐述。于阗的本族语神话凸显出原型模式特征，具有自身特性结构，又是一种文化系统，整个系统中蕴含着象征、转换、凝聚、生成、异延，而且富有构拟性质和情势。文章就于阗国神话元语言所隐含的哲学观念、历史事件、叙述逻辑、文化现象逐一进行了阐述。

## 九、于阗国的历史地理研究

关于吐蕃与于阗的关系研究，张亚莎的《吐蕃与于阗关系考》侧重二者间文化联系的研究。[③]殷晴《古代于阗的南北交通》[④]根据史料记载和实地考察，对古代以于阗为中心的南北交通线路做了详细的考论。历来有关唐代西域史的研究，大多围绕着安西四镇的设置、焉耆与碎叶的交替等问题展开论述，对与此有关的历史事件及其前因后果的解释日趋合理。然而四镇，不论是最先设置的龟兹、于阗、焉耆、疏勒，还是后来代焉耆备四镇的碎叶，均各有其独特的战略地位，是值得一一做个案研究。迄今为止，除了碎叶有许多研究成果问世外，其他四镇却很少有人研究。荣新江的《于阗在唐朝安西四镇中的地位》[⑤]一文，深入研究和探讨了于阗在安西四镇的地位。朱丽双的《唐代于阗的羁縻州与地理区划研究》[⑥]一文，对唐代于阗毗沙都督府属下十个州，通过汉语、藏语和于阗语材料的比勘，指出其中六城及西河州、东河州、河中州等四个州的地望和辖区可以考定。六城由 Cira（质逻，Tib.Jila），Birgamdara（拔伽，Tib.Bergadra），Pa，skūra（Tib.Osku），Phama（潘野，Tib.Phanya）和 Gaysāta（杰谢）组成，分布在达玛沟河（Domokoriver）沿岸南北走向的狭长灌溉区中，地域与今和田地区策勒（Cira）县辖境大致相同。西河州（Tib.Shel chab gongma）位于喀拉喀什河（Kara kash）以西，辖区大致在今

① 孙修身：《敦煌佛教艺术和古代于阗》,《新疆社会科学》1986年第1期，第52页。

② 颜亮：《哲学视域下于阗起源神话阐释——基于汉、藏、西域文献的叙事》,《集宁师范学院学报》2019年第2期，第1~9页。

③ 张亚莎：《吐蕃与于阗关系考》,《西藏研究》1999年第1期，第29~37页。

④ 殷晴：《古代于阗的南北交通》,《历史研究》1992年第3期，第85~99页。

⑤ 荣新江：《于阗在唐朝安西四镇中的地位》,《西域研究》1992年第3期，第56~64页。

⑥ 朱丽双：《唐代于阗的羁縻州与地理区划研究》,《中国史研究》2012年第2期，第78~80页。

和田地区墨玉（Kara kash）县一带。东河州（Shel chab'og ma）位于玉龙喀什河（Yurung kash）以东，辖区大致在今洛浦（Lop）县一带。河中州（Tib.She lchab dbus）位于喀拉喀什河和玉龙喀什河的中间地带，即今和田县辖区。另有猪拔州见于新出土和田汉文文书，但地望尚不得而知。其余五个州，具体地望待进一步研究考定，一在东部坎城（Kh.Kamdva; Tib.Kham sheng）和蔺城（Kh.Nīa）地区，地在今克里雅河（Keriya）至民丰一带；西部吉良镇（Tib.Gyil yang，今克里阳 /Kilian）和固城（Kh.Gūma; Tib.Kosheng）镇所在的地区有一或两个州；西南以皮山城 / 镇为中心有一个州；北部以神山（Kh.Gara; Tib.Shing shan，今麻扎塔格 /Mazar Tagh）为中心有一个州；另外一个州在南部或东南部。

## 第三节　学术价值与研究方法

于阗古国在中西文化交流史上发挥了重要作用，佛教以及其他宗教，都曾经取道于阗而入中原。目前研究于阗史的资料（包括文献材料和文物资料）多集中在唐代到宋初的中古于阗王国阶段。而中古于阗史上，特别是于阗沦陷吐蕃时期的历史，由于汉文文献的缺载，加之西域胡语文献的语言限制，始终未能明了。因此，将西藏、和田、敦煌所出的吐蕃文文献中与于阗有关部分加以收集、整理、识别和翻译，将是破译中古于阗史的重要环节和途径。解读这部分藏文史料具有极为重要的学术价值，也是今后治中古于阗史、西域史乃至中亚史所不可或缺的重要组成部分，是解决前人付出无数心血试图解决而又因受资料限制而无法解决的困惑的基石。事实上，学界对此关注颇多，而且成绩斐然。

### 一、学术价值

目前对于阗史的研究，国内学者利用敦煌出土的汉文文书进行研究较多，且常集中在于阗陷蕃以前的历史概况。此外西域、敦煌出土的于阗文文书多为世俗文书，仅国外的霍恩雷、洛伊曼、斯坦·柯诺夫、贝利等学者解读出其中的一部分，为于阗古王国史的研究增加了新的内容，但由于释读等问题，其中矛盾、错误之处颇多，成为治于阗史的障碍。而古藏文文献中保存着许多相关资料，但其利用情况却一直是这一领域中相对薄弱的环节。7世纪初兴起的吐蕃王国长期与唐王朝争夺包括于阗在内的安西四镇，终唐之世，吐蕃至少两次占领于阗地区，并产生很大影响。吐蕃统治于阗时期，吐蕃和于阗精通藏文的佛学翻译家除了将一些佛教经典译为于阗

文外，还将于阗与佛教有关的事件和历史资料译为藏文，介绍到吐蕃统治地区。这些吐蕃文献有的现存于西藏，有的仍留存于和田，还有的从敦煌藏经洞出土，传至今日，为国内外学者研究古于阗的历史提供了正史以外的系统资料线索。这些吐蕃文书，不论是佛教经典还是世俗文书，都成为研究于阗史的直接史料，是研究于阗历史地理、语言文学不可缺少的参考资料。

本书拟对现有的有关于阗的藏文文献加以收集、整理和翻译，并详加注释，在此基础上，利用汉文资料和已释读的于阗文文书，与藏文文书互相参照，并结合相关的出土文献，为于阗史、西域史的进一步深化研究提供新的资料，并以此为契机，力图对古于阗王国特别是陷蕃时期的于阗历史理出一个较为清晰的脉络。这一研究方向的设计无论在国内还是国外学术界都具有创新意义。

## 二、研究方法

本书主要采用历史研究的多重证据法、历史文献考据法等研究方法，结合西方学者释读古文字文书的经验，从事此项研究的科学攻关。首先，收集涉藏地区各馆藏（包括寺院收藏），遍访公私收藏以及和田、敦煌出土的有关于阗的古藏文资料。在对这些文献收集整理的基础上，释读、翻译其中记载于阗的古藏文文献。同时采集已释读刊布的于阗文、汉文文献和国内外有关于阗王国史、于阗佛教史研究的最新成果，在这些先贤研究的基础上，将汉文、于阗文、藏文文献与相关的出土文献相结合，对比研究，最终达到完成撰写本书的目的。

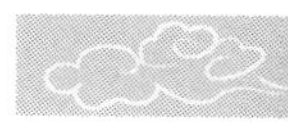

# 第一章
# 有关记载“李域”的藏文文献

据有关史料记载，早在公元7世纪初，吐蕃人就入居西域，并一度统治了“李域”地区。到了藏王赤松德赞（ཁྲི་སྲོང་ལྡེ་བཙན། 742—797年）统治时期，“李域”曾几度陷于吐蕃，尤其吐蕃夺取安西四镇并统治西域后，虽整个西域包括“李域”地区在内的社会结构和文化习俗亦发生了重大变化，然而佛教文化得以发展、繁荣，并产生了深远影响，更加焕发出了崭新的姿态。这时的西域各民族和睦共处、共生光荣，呈现出一种多民族共存、多元文化并举的局面。藏文文献的记载中，保留了宗教发展史的诸多内容。因此，记载“李域”（于阗）的藏文文献不仅是我们研究吐蕃和“李域”之间历史、语言、文学、宗教等领域不可多得的珍贵史料，也是研究西域民族关系史的第一手资料。

是何原因使这么多的吐蕃文书被藏在敦煌莫高窟当中呢，也有学者通过研究给出了答案。据荣新江的《再论敦煌藏经洞的宝藏——三界寺与藏经洞》研究认为，在研究于阗史和归义军史的过程中，敦煌藏洞封闭原因是难解之谜。1994年，他写了《敦煌藏经洞的性质及其封闭原因》一文。他首先根据斯坦因的原始记录，然后根据对藏经洞出土唐五代宋初敦煌文书的记载，考察晚唐至宋初敦煌大小寺院经藏、绢书等供养具的保存情况，推测藏经洞内的文献物品等原本应当是莫高窟前三界寺的物品，并分析了藏经洞中出土的完整经卷、经帙、绢书、刺绣、胡语文献等，因1002年以后西北地区的政局变动，认为最有可能促使敦煌僧人把这么一大批佛教供养具封存在洞中的原因，是1006年与敦煌归义军节度使家族联姻的于阗王国灭于信仰伊斯兰教的喀喇汗王国，经过近四十年血战之后败逃沙州的于阗人，不仅促使了敦煌三界寺供养具的封闭，也把一批于阗文佛典封存其中。[①] 当然，收藏的文献中包括吐蕃古藏文历史文书。

① 荣新江：《再论敦煌藏经洞的宝藏——三界寺与藏经洞》，载郑炳林主编《敦煌佛教艺术文化论文集》，兰州大学出版社，2002年，

我们已知的大多数藏文文献都是吐蕃文献，由于古奥难解，文辞不规范，加之千余年来语言的不断演变，今人翻译无疑颇具难度，可一旦翻译就绪，便意义深远，可为学界提供一份治于阗史的佐证资料。由于受语言等各种条件的限制，人们一般认为，解读于阗史最完整的吐蕃文文书当推敦煌吐蕃历史文书中的《李域教法史》，通过我们一个阶段的搜集、整理和研究发现，事实并非如此。当我们仔细翻阅藏文文献时，关于于阗即“李域”的记载，除我们在和田、敦煌发现的藏文文献外，在藏文大藏经等文献中也不乏对于阗的记载。其中藏文大藏经《甘珠尔》和《丹珠尔》中便有：在“王统记”中有，而更多的记载则出现在“教法史”中。充分利用藏文文献的优势，对解读和复原中古于阗史，具有至关重要的作用。

## 第一节　敦煌吐蕃古藏文历史文献中的《李域教法史》

敦煌古藏文写卷P.T.960《李域教法史》（即《于阗教法史》）藏语称为“ལི་ཡུལ་ཆོས་ཀྱི་ལོ་རྒྱུས།”，该文献除托马斯、埃默瑞克翻译研究外，在我国已由中央民族大学的王尧先生和陈践践（又名陈践）先生释读汉译，以题为《〈于阗教法史〉敦煌古藏文写卷P.T.960译解》①发表于《西北史地》。同时，藏文校注本收录在《敦煌本藏文文献》（藏文）②，由民族出版社出版。

这份卷子的重要价值、在国外的流传以及研究情况正如王先生和陈先生所介绍的：“《于阗教法史》是敦煌古藏文文献中最著名的卷子之一，编录在巴黎国立图书馆所藏伯希和搜集的藏文文书中P.T.960号。这一卷子与藏文大藏经《丹珠尔》部的《于阗国授记》（ལི་ཡུལ་ལུང་བསྟན།）互相印证，对了解于阗的历史和佛教史颇有价值。托马斯于1935年曾将这两种译成英文汇在一起，编成《关于新疆的藏文文献集》第一集出版。后，埃默瑞克氏感到有重新注释的必要，于1967年作为“敦煌东方丛书”第19种在牛津大学重新出版，名之为《关于于阗的藏文文献》（Tibetan texts concerning khotan），在这以前日本人寺本婉雅曾译成日文，于1921年在日本出版，名之为《于阗国悬记和于阗教史》。1979年，埃默瑞克氏在其新著《于阗文学指南》一书中说：“据统计，（从）我们得到的两份汉文文献和两份藏文文献来看，最早的文献是汉族佛教旅行家玄奘在他的《西域记》中，属于公元7世纪，藏文文献称之为《牛角预言，Go'srnga vyakarana》者，可能是在同一时期。其后，《玄奘传》，是其弟子慧立和彦悰所著，而藏文的《于阗授记》也是这一时期的。因之，这些早期的文献能很好地反映出于阗地区在7世纪的流行的传统，这些都

---

第17~18页。

① 王尧、陈践践：《〈于阗教法史〉敦煌古藏文写卷P.T.960译解》，《西北史地》1982年第2期。

② 陈践、王尧编注：《敦煌本藏文文献》（藏文版），民族出版社，1985年。

在一千年以上。根据以上的考订，我们倾向于把目前我们研究的这个卷子定在公元8至9世纪之间。由于法国科学院西藏学研究中心和法国图书馆联合出版了他们收藏的敦煌藏文写卷，使我们能利用原卷进行研究工作，十分令人高兴。”①

西域、敦煌出土的古藏文写卷，除了P.T.960《李域教法史》外，新疆出土的大批藏文木简中部分也记载有李域的内容。英国人F.W.托马斯的《敦煌西域古藏文社会历史文献》② 的附录部分第四章有一部分藏文文献的拉丁文转写。以上这些写卷与简牍，学界虽已进行过一些释读、翻译、研究工作，但由于各方面条件的限制，诸如语言障碍、民族习俗的了解等，错译、漏译现象不少，许多地方还有待进一步推敲。

## 第二节　藏文大藏经及其有关记载“李域”的文献

### （一）藏文大藏经

大藏经③ 是佛教典籍汇编的总称，最初称作“众经”“一切经”，后称作“经藏”“藏经”或“大藏”。它由“经、律、论”三部分组成，因此又称作“三藏经”，分别称经藏、律藏、论藏。大藏经内容涉及哲学、历史、民族、中外关系、语言、文学、艺术、天文、历算、医药、建筑等诸多学科领域。它是中外文化交流的结晶，对世界文化的发展产生过深远的影响，也是当今研究佛教文化不可或缺的重要文献。

藏文大藏经藏语称为“甘丹”（བཀའ་འགྱུར།），是与汉文大藏经、巴利文大藏经并行，流传于世界、自成体系的佛教大藏经之一。佛教从印度传入西藏后，与吐蕃固有的传统文化相融合，逐步发展成藏族文化的重要组成部分，也成为藏传佛教文化的有机组成部分。自公元8世纪开始，藏族历代优秀的佛经翻译家长期从事编译工作，起初所译佛经都是手抄本，后来编译大型丛书大藏经。17世纪至18世纪前半期，随着藏族雕版印刷业的发展，在西藏、青海、云南、四川、

① 王尧、陈践践：《〈于阗教法史〉敦煌古藏文写卷P.T.960译解》，《西北史地》1982年第2期，第18页。

② ［英］F.W.托马斯编著，刘忠、杨铭译注：《敦煌西域故藏文社会历史文献》，民族出版社，2003年。

③ 汉文大藏经由“经、律、论”三部分组成，经指佛家修行的理论，律是佛教徒遵守的法规戒律，论是对佛经理论的各家著述，藏则为容纳收藏之义。汉译大藏经最早是后汉（公元1世纪）以来，根据印度和西域各国的贝叶经翻译，以手抄本形式流传，到晚唐公元868年，《金刚经》被刻印问世。这可以说是我国最古老的印刷书籍。公元730年，唐长安西祟福寺沙门智升撰写的《开元释教录》是我国现存的经录中最为精详者。他把当时流传的佛经、著录共5048卷、收经1076部，分作480帙，初为汉文大藏经的规模。《开元释教录》在以后的千余年中一直被奉为释门圭臬，为汉文大藏经的发展作出了巨大的贡献。汉文大藏经整部雕印，始于宋开宝年间（10世纪末），版雕于四川成都，运至河南开封印刷，故称为《开宝藏》。继《开宝藏》之后，宋代又刻了福州本《祟宁万寿大藏》、平汇本《碛砂藏》。辽代则刻了《契丹藏》，金代有山西《赵城藏》，元代有杭州《普宁藏》，明代有洪武刻《南藏》、永乐刻《北藏》。清代雍正、乾隆又刻了一部《龙藏》，这是一部最后刻的大藏经经版，今保存于北京。

甘肃等地规模较大的寺院先后创办印经院，调用大量人力、投入巨额资金雕刻印刷大藏经等佛学典籍，以适应藏传佛教传播发展的需要。从8世纪藏文大藏经手抄本的产生，到明清时期佛教文化的传播发展，加之雕版印刷术的传入，藏文大藏经，先后以不同版本流传于世，其中最主要的有：

①那塘版大藏经[①]；②蔡巴版大藏经[②]；③理塘版大藏经[③]；④卓尼版大藏经[④]；⑤德格版大藏经[⑤]；⑥拉萨版大藏经[⑥]；⑦北京版大藏经[⑦]。除以上七种版本流传外，还有库伦、南京、晋那卡、昌都、拉卜楞版等。

《甘珠尔》和《丹珠尔》版本各自有其传承版系：《甘珠尔》依次是永乐、北京、那塘（旧、新）、卓尼、拉萨版；另一种版系是理塘和德格版。《丹珠尔》部分是北京、那塘版；另一版系是德格和卓尼版。

就藏文大藏经的内容来讲，在编写藏文大藏经时，不但吸收了汉族文化，而且还吸收了印度文化，同时汇集了藏传佛教诸家之言。就其源流来讲有三部分：一部分为直接从印度梵文中翻译过来；一部分是翻译自汉文佛经；另一部分则是藏族高僧大德编写的。藏文大藏经包括两个部分，即《甘珠尔》和《丹珠尔》：

---

① 那塘版大藏经，公元13世纪初，藏族僧人江阿噶希把藏文律部的藏经同汉文版做了较勘，后来藏僧嘉央把经、论二部分加入后，进行刊刻，构成三藏完备的藏文大藏经。藏于那塘寺，通称为“那塘古版”。古版早已湮灭，据说西藏色拉寺还存有古版的残卷。18世纪，七世达赖喇嘛补全那塘古版，此为那塘新版。

② 蔡巴版大藏经，由西藏十三万户中最后一任蔡巴万户长蔡巴·贡噶多吉出资，多叶罗士等人根据那塘版《甘珠尔》为底本，经与异本较勘后，进行雕版。该版已毁，后来的那塘新版、德格版、北京康熙版《甘珠尔》都是由此承袭而来，故在藏文大藏经中占有非常重要的地位。

③ 理塘版大藏经，由噶玛派的黑帽系第十世活佛却英多吉在云南避难时，在纳西族土司木增的支持下，以蔡巴版为底本，于公元1650年前后在云南中甸、理塘大寺主持雕刻。

④ 卓尼大藏经创刻于甘肃省卓尼禅定寺，由第十一代卓尼土司玛索贡保主持于公元1721年创刻，历时10年刊刻完毕卓尼版大藏经《甘珠尔》。在第十三代土司丹松次勒主持下，从公元1753年开始，刊刻卓尼版大藏经《丹珠尔》，历时21年。卓尼版大藏经由扎巴谢珠等十名著名格西、学者负责校对、整理、编辑工作，以北京、那塘、德格版大藏经《甘珠尔》和拉萨手抄本《甘珠尔》为蓝本，编辑整理而成。根据美国地理学家乔治·洛克在1929年美国国际地理杂志上发表的《生活在卓尼喇嘛寺》一文中说：“卓尼版大藏经雕刻文字秀丽，历历在目，内容准确无误，独具风格，在藏文大藏经诸版中可称善本之一，该版共有三百一十七卷。”卓尼禅定寺为除拉萨以外唯一拥有《丹珠尔》版的格鲁派寺院。卓尼版大藏经印版在民国十年和十八年间被马忠英焚毁禅定寺时所毁灭，现在美国华盛顿国立图书馆收藏有一部卓尼版大藏经。

⑤ 德格版大藏经，由德格第四十二代土司却吉·登巴才仁于清雍正七年（1729年）创刻，它是以理塘版大藏经作为蓝本，参照其他版本，并根据布敦目录加以补充而刻印的，共有326部，4569种。德格版大藏经内容相当丰富，收集了佛教诸派之言。在雕版工艺上精细考究，字体清晰。距今已有200多年的历史，在大藏经各版本中享誉国内外。

⑥ 拉萨版大藏经，为1916年至1931年由十三世达赖喇嘛命喜饶嘉措大师在拉萨主持，重新编纂的，故称拉萨版。它以那塘新版为样本，参照德格等版本，经严格校勘后雕刊而成。拉萨版大藏经是诸版本中最佳版本之一，印版现存于布达拉宫。

⑦ 北京版大藏经有四种版本：第一种为明永乐版，成版于永乐八年（1410年），由北京嵩祝寺内蕃汉两厂共同完成，为那塘古版的复刻。现五台山和西藏色拉寺藏有该版大藏经。第二种为万历版，是永乐版的复刻，刻成于明万历三十三年（1605年），雕版前又加入“四十二轶续添藏”。现西北民族学院图书馆所藏大截经初步认定为万历版。第三种为康熙版，为康熙帝钦命而刻。刻板是现在的北京版。经版毁于八国联军之手。第四种为乾隆版，刻板后进行过修补，故又称乾隆修补版。

《甘珠尔》（བཀའ་འགྱུར།）系藏语，即“佛说部”，由译成藏文的佛说三藏（བཀའ་སྡེ་སྣོད་གསུམ།）[①]、四续（རྒྱུད་སྡེ་བཞི།）[②]等经典汇编而成的一部丛书，全书有104或108函。《丹珠尔》（བསྟན་འགྱུར）系藏语，即“注疏部”，由已经译成藏文的包括语言、文学、因明学、天文、历算等各类学科和注释显密佛教的著作汇编而成的一部丛书，全书约有218函。因此，藏文大藏经中收集了很多在汉文大藏经和印度失传的佛教文献，得到了国内外学者的重视。

藏文大藏经不同于汉文大藏经，它除具备经、律的《甘珠尔》外，还有一部分叫《丹珠尔》。藏文大藏经共有326部（德格版）4569种。

第一部分《甘珠尔》又称正藏。“甘”（བཀའ）为“言教”的意思，“珠尔”（འགྱུར）是“翻译”，就是“言教”的“翻译”，包括经和律，有书籍1108种，是收集佛教徒认为是释迦牟尼亲自口授经典的一部佛教丛书。

《甘珠尔》部分包括：① 律部；② 般若；③ 华严；④ 宝积；⑤ 经部；⑥ 续部；⑦ 总目录（德格版）。

第二部分《丹珠尔》，又称付藏。“丹”的意思是“论著”，就是论著的翻译，内容包括经律的阐述及注疏、密宗仪轨和五明杂著等。另外，还有佛教经典著作、译著、传记和历史专著。共有书籍3461种，是涵盖佛教文化和藏族文化的一套丛书。

《丹珠尔》部分包括：① 赞颂；② 续部；③ 般若；④ 中观；⑤ 经疏；⑥ 唯识；⑦ 俱舍；⑧ 律部；⑨ 本生；⑩ 书翰；⑪ 因明；⑫ 声明；⑬ 医方明；⑭ 工巧明；⑮ 修身部；⑯ 杂部；⑰ 阿底峡小部集；⑱ 总目录（德格版）。

**（二）《甘珠尔》中记载“李域”的文献**

《甘珠尔》中涉及“李域”内容的总计有四部，即《无垢光经》《月藏经》《日藏经》《牛角山授记》。

（1）《无垢光经》，又称《无垢光所问经》，藏语称为“智玛麦贝奥”（དྲི་མ་མེད་པའི་འོད་ཀྱིས་ཞུས་པ།），经函部（མདོ་སྡེ།），德格木刻板，达函（ད），藏文梵夹页（211A1~259B7），总计49页。汉文大藏经中缺，藏译者缺。

（2）《月藏经》[③]，藏语称为“达贝多”（ཟླ་བའི་མདོ།），经函部，萨函（ཟ），德格木刻板，藏文

① 三藏，一切佛语、依所诠释之文字分为三藏，谓经藏（མདོ་སྡེའི་སྡེ་སྣོད།）、律藏（འདུལ་བའི་སྡེ་སྣོད།）和论藏（མངོན་པའི་སྡེ་སྣོད།）三者。十二分教一切文义、色法乃至遍智之间一切所知，总集于此三者之中，故名为藏。

② 四续，四续部。佛教密宗的事部（བྱ་བའི་རྒྱུད།）、行部（སྤྱོད་པའི་རྒྱུད།）、瑜伽部（རྣལ་འབྱོར་གྱི་རྒྱུད།）和无上瑜伽部（རྣལ་འབྱོར་བླ་ན་མེད་པའི་རྒྱུད།）。

③ 在汉文大藏经《大集部》（Mahāsamnipāta）中亦有《日藏经》（Sūryagarbha-sūtra）和《月藏经》（Candragarbha-sūtra），其中包含了大量出自塔里木盆地本部地区的内容。参见列维《汉籍有关印度的资料》，《法国远东学院学刊》（BEFEO）第二至四卷，1902—1905年；冯承钧节译《大藏方等部之西域佛教史料》，载《西域南海史地考评译丛九编》，中华书局，1958年；张广达、荣新江《于

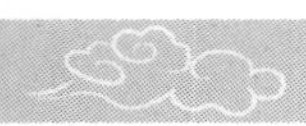

梵夹页（90B6~91A5），总计1页。按照传统的说法，《甘珠尔》部分是佛陀释迦牟尼所说，那么作者就算是释迦牟尼了。故一般这部分所有经典都未曾提及作者，就译者而言，从《藏汉对照西藏大藏经总目录》看这部经典的译者为宋代的求那跋陀罗[①]。而藏文本文末的题记是多闻译师释迦比丘尼玛坚赞译自华塔尔瓦篮寺。《月藏经》内容讲述了薄伽梵在舍卫祇陀林给孤独园安住时，当天神之子月亮被阿修罗王罗睺所擒，于是忆起了薄伽梵，在薄伽梵的感念下月亮得到了解脱。

（3）《日藏经》，藏语称为“尼麦多”（ཉི་མའི་མདོ།），21卷，德格木刻板，聂函（ཉ），藏文梵夹页（90A6~90B6），总计1页。从《藏汉对照西藏大藏经总目录》看这部经典的译者也为宋代的求那跋陀罗。藏文文本的译者同《月藏经》。《日藏经》内容讲述了薄伽梵在舍卫祇陀林给孤独园安住时，天神之子太阳被阿修罗王罗睺所擒。这时太阳忆起了薄伽梵，并声称若得到解脱，可以皈依佛，于是太阳得到了解脱。

（4）《牛角山授记》，又称《圣牛角授记大乘经》，藏语称为“朗日隆丹”（འཕགས་པ་གླང་རུ་ལུང་བསྟན་པ་ཞེས་བྱ་བ་ཐེག་པ་ཆེན་པོའི་མདོ།），德格木刻板，宝积部，帕函（པ），藏文梵夹页（220B6~232A7），总计14页。从《藏汉对照西藏大藏经总目录》看译者为唐代的菩提流志[②]。《牛角山授记》讲述了薄伽梵曾亲临牛角山嘎拉瓦，并做了授记，在他涅槃过百年时，赡部洲阿育王生地乳，长大后抵达李域，就任李域国王，历代国王们就逐步在各地修建了寺院，人们纷纷出家为僧，后来佛法毁灭，李域变成了旷野。文中还讲述了松巴、朱固、霍尔的不信仰佛教者曾到达“李域”，互相发生内战。后吐蕃的军队统治了李域。此外，还简述在未来时，李域威力渐小，自身护持不了国土，在吐蕃王和汉王等的帮助下保护地方，使得李域渐成为菩萨之地，人们崇信大乘佛教。

### （三）《丹珠尔》中记载“李域”的文献

《丹珠尔》中涉及“李域”内容的总计有四部，即《李域阿罗汉授记》《僧伽弹那授记》《善友传》《李域授记》。

（1）《李域阿罗汉授记》，汉文文献和研究成果中又称为《李域阿罗汉僧众授记》，藏语称为 དགྲ་བཅོམ་པ་དགེ་འདུན་འཕེལ་གྱི་ལུང་བསྟན།，为僧增所著[③]，该文收录在书翰部（སྤྲིང་ཡིག），额函（ངེ），但《丹珠尔》本并非单独存在，而是作为《李域授记》的一部分编入《李域授记》内容之前。

（2）《僧伽弹那授记》，德格木刻板，藏文梵夹页61B4~68B2。

---

阗华寺志》，载《于阗史丛考》，上海书店，1993年，第280页。

① 黄显铭编译：《藏汉对照西藏大藏经总目录》，青海民族出版社，1993年，第53页。

② 黄显铭编译：《藏汉对照西藏大藏经总目录》，青海民族出版社，1993年，第156页。

③ 黄显铭编译：《藏汉对照西藏大藏经总目录》，青海民族出版社，1993年，第18页。

（3）《善友传》，汉文又称《圣·欢喜友阿波陀那》，藏文称“འཕགས་པ་དགའ་བའི་བཤེས་གཉེན་གྱི་རྟོགས་བརྗོད།”，收录在律部（འདུལ་བ།），苏函（སུ），德格木刻板，藏文梵夹页240A4~244B1，总计5页。

（4）《李域授记》，汉文中称作《于阗国授记》，在有些汉文文献中也称《于阗国悬记》，藏语称为ལི་ཡུལ་ལུང་བསྟན།，收录在书翰部（སྤྲིང་ཡིག），额函（ངེ），德格木刻板，藏文梵夹页168B2~188A7，总计20页。这部经典被唐代著名的翻译大师管·法成（འགོས་ཆོས་གྲུབ།）[①]汉译，名为《释迦牟尼如来像法灭尽之记》。汉译文收录在《大正新修大藏经》中。汉译文还见于日本羽田亨等编《敦煌遗书》第一集。从藏文和管·法成汉译文来看，管·法成只做了简译，我们在文末的附录中也可看到。德国学者埃默瑞克的《和阗的预言》也载有此原文，并且做了相关的研究。[②]

《李域授记》（后简称《授记》）讲述了在第七代国王布杂雅格迪时，在索嘎雅吉日雅山附近的萨嘎雅贝哈那寺的一位称作桑嘎巴达那的罗汉对其弟子的授记。授记简述了佛释迦牟尼圆寂后，佛教的尊像和舍利等过千年会毁灭。有东玛尔（赤面）、索西、朱固、霍尔等敌人入侵李域、疏勒、安息等地区，该地区佛教衰微。其中尤其是安息、疏勒被不信佛法的众多外道所蹂躏，大都焚毁一空。佛教复兴时，僧众又来到李域，各王公和大臣又成为李域的大施主，给予不灭不衰的供奉。吐蕃赞普凭借权势和威力，征服了诸多地区，在吐蕃传播佛教，并从异地迎请了信仰佛法的堪布和佛教经典等，建起许多寺院和佛塔，国王、大臣等皆信奉护持佛法，后来吐蕃统治了李域。

在《授记》中还记述了，第八代赞普迎娶“汉地”[③]国王的公主，公主崇信佛法，当李域佛法毁灭后，大批僧人抵达吐蕃，公主供养僧人，后来公主患天花去世。此后，当吐蕃灭佛后，大批僧侣逃亡。传说，当出逃僧人到达甘达热地区时，得到了龙王的救助。后僧侣到达甘达拉，得到了该国国王救助。之后，僧侣再次出逃。《授记》还讲述了佛灭寂234年之后，印度有称作阿育王的国王，崇信佛法，建寺立塔，王妃生得萨尼，萨尼长大后抵达李域，成为第一代国王。形成了李域文字，由比丘毗卢遮那教授，过若干年堪布毛尔古岱谢等，厘定李氏王统的文字。李域产生165年后，国王尧里之子称作尉迟萨木巴者就任国王，五年后李域首次产生佛教。此外，《授记》还讲述了历代王统信仰佛法建立寺院的记载，另有当时佛教寺院的统计数据。上述内

① 管·法成是藏语“འགོས་ཆོས་གྲུབ”的意译，在汉文研究成果中写法不一。王尧先生在《西藏文史考信集》中，专门对其进行过考证，写作“管·法成”（《吐蕃译师管·法成身世事迹考》，第17~33页）；在《东嘎汉藏大辞典》中写作“郭·法称”，并考证“郭”（འགོས），是古代西藏一氏族名，领地在今山南地区琼结县属钦阿一带，藏族译师郭·法称和郭·童祥等皆出生于此族（见该书上册，第503页）；还有写成“桂·法称”（黄颢译《新红史》注释，第240页）或“法称”的（董多杰编译的《大藏经〈甘珠尔〉目录》）。

② Reemmerck：《Tibetan texts Concerning Khotan》，London，1967年。

③ 汉地：为阐述准确不致产生学术歧义，本书保留并使用文献典籍中使用的“汉地”“藏地”等词。

容均可为治于阗史、吐蕃史提供佐证材料。

## 第三节　新发现的手抄本《李域文书》

在研究过程中，笔者搜集到了一部馆藏在西藏自治区博物馆的手抄本藏文文献。这部藏文文献没有封面（标题），依据内容初步定名为《李域文书》。文献由吾麦体（དབུ་མེད། 行书）写就，现保存基本完好，有个别地方字迹模糊不清，大部分字迹清晰，文中有部分错别字和异体字出现。作者为比丘布奈雅（དགེ་སློང་བུ་ཉི།），从题记中可以看出，其写经的目的是为“佛法施主郡王贡保坚赞（སྦྱིན་བདག་མགོན་པོ་རྒྱལ་མཚན།）而献”。

手抄本《李域文书》的写作年代，文本中没有明确记载，从其中反映的若干相关的信息来判断，写作的年代不会早于13世纪初的布敦大师，不能晚于15世纪初。（详细考证见第五章）

手抄本《李域文书》，讲述了印度国王阿育王在赡部洲朝拜佛加持的所有佛塔时，曾抵达过历史上的李域，贤妃丹巴得到毗沙门天王的加持生得“地乳王”，后由毗沙门天王将其施予“汉地”国王，由于不肯出任汉地国王，率军赴西方寻找出生之地，与从印度率军而来的阿育王之臣亚夏同时抵达了和田（ལི་ཡུལ།），双方达成共识，立国建城。《李域文书》还根据各种经典，讲述了与“李域”相关的佛教传说，李域王建立佛塔和寺院等弘传教法的事迹。作者依据各家之说，证明了“李域”和“泥婆罗”之不同，就“李域”的地理位置以及“李域”与“泥婆罗”相互混淆的传讹予以纠正。

## 第四节　藏文苯教[①]大藏经及其“李域”文献

### 一、苯教大藏经

大部分苯教典籍形成于10世纪之后，典籍中伏藏文献占有相当大的比例。从伏藏的形式看，有土藏、岩藏、柱藏等；从发掘的地方来讲，有北藏、南藏、卫藏、康藏、新藏等五个种类。20世纪80年代末，日本的光岛督和钟美珠撰写了题为《吐蕃时期的苯教及其典籍》[②]一文，专门

① 本书使用现使用较多的“苯教”；但原文或原著作名中为“本教”者，为尊重原文、原著作，不进行更改。

② ［日］光岛督、钟美珠：《吐蕃时期的苯教及其典籍》，《甘肃民族研究》1986年第1期，第117页。

作过介绍。到了20世纪90年代初，才让太的《本教文献及其集成》[①]，详细介绍了苯教的前弘期、中弘期以及后弘期的伏藏与掘藏及其苯教典籍情况。

北藏也即北部古传典籍。相传，有三个尼泊尔香客从桑耶寺盗出三个皮袋，分别为虎、豹、熊皮袋。其中，虎皮袋中装有戒律及有关奥义的苯教典籍；熊皮袋中装有关于曼陀罗的典籍。在桑耶寺附近还发现了一些关于大圆满派（རྫོགས་ཆེན།）的典籍。

南藏也即南部古传典籍，主要为木（དམུ།）族在娘（ཉང་།）地佳布的典籍，内容有法相（མཚན་ཉིད།）与因缘（བརྒྱུད་པ།）之作。还有传记、祭仪、宇宙论之作。有些是在尼泊尔、印度锡金邦、不丹边界处发现的，其中还有医学典籍。

卫藏也即中部古传典籍，主要为印度苯教典籍，内容反映怛特罗、雷、雨、冰雹等自然现象，还有心术及宇宙志，另外包括咒术及医典等。

康藏也即康部古传典籍，这部典籍价值较大，内容有佛像、建筑、寺院、绘画的艺术风格及葬仪、密咒等。

新藏也即后出古传典籍，这部分典籍时代不一，种类繁多，内容庞杂。

苯教大藏经，是藏族苯教文献之集大成，和藏传佛教大藏经一样，也分《甘珠尔》[②]和《丹珠尔》两部分，是苯教鼻祖辛饶弥沃的遗训及其释疏。但苯教《丹珠尔》的藏文写法与佛教《丹珠尔》的藏文写法略有不同。佛教为 བསྟན་འགྱུར། 苯教为 བརྟན་འགྱུར།，前者词义为经典译文集，后者为释疏译文集之义。

据研究表明，关于苯教大藏经最早的目录：“从《本教志》的记载中我们可以知道，辛钦鲁噶将他的伏藏目录传给后人，这可能是本教史上最早的文献目录。但现在我们无法看到它。从现在的材料上看，在本教史上最早集本教文献之大成者应首推18世纪本教大师贡珠扎巴，也就是上节中提到的新藏三化身之最末一位，这位乡间学者以他的《雍仲本教遗训目录·十万日光》和另一部《本教源流如意宝藏》著称本教史，他的这部目录成书于1751年，是作为本教史上第一部‘本教大藏经’的目录形成的，所以它的价值不仅在目录学意义上，而且对‘本教大藏经’这套大型综合丛书的形成也是具有开拓意义的。”[③]

苯教大藏经曾有两套木刻板传世，即绰斯加版和金川版，均于19世纪刊行问世，现木版不存，函数不详。据说清乾隆十六年（1751年），被贡珠扎巴完成的《雍仲苯教遗训目录·十万

① 才让太：《本教文献及其集成》，《中国藏学》1990年第2期，第90~94页。

② 根据《雍仲苯教甘珠尔大藏经目录》来看，苯教大藏经的《甘珠尔》主要包括四部分：第一部分为教言圆满经部，其中有伏藏33部、心间伏藏1部、耳传16部、经典1部。第二部分为大品般若部，其中有伏藏12部。第三部分为深道蜜咒续部部，其中有伏藏36部、耳传4部、经典3部。第四部分为无上品库藏部，该部共有四函：第一函大圆满象雄耳传教典四种，第二函方便明镜明点收放藏，第三函续部为续王金龟续，第四函续部为六续部粗略统计。这些细目中伏藏为85部、耳传为16部、经典为4卷、其他多部，不同弘传人有67位。从经文类别上看，其中伏藏占有相当大的比例，而且其伏藏的许多经文名称都与佛教经典相似。

③ 才让太：《本教文献及其集成》，《中国藏学》1990年第2期，第94页。

日光》所收；据尼玛丹增的《雍仲苯教遗训及其释疏目录·弘扬辛教日光》《甘珠尔的编目和章节分类法》记载，辛饶苯遗训为13函，释疏为293函，共406函；据顿堆的《始祖遗让及其释疏如意宝库的目录·度根心钥》记载，共有494函；1751年，仁增更卓扎巴所著《雍仲苯教志》共分13章，其中介绍了苯教大藏经有关情况，计经藏55函、波罗蜜多108函、密宗经88函、心识部30函，共281函。

## 二、手抄本藏文苯教大藏经

在甘孜发现并由四川民族研究所胶印出版的手抄本苯教大藏经共157函。由西藏自治区那曲佛教协会主持印刷的苯教大藏经《甘珠尔》部分有380函，6822卷，108957叶，佛像插图78幅。其中大部分为手写体草书，少部分为手写体楷书；由阿洋大师整理刊印的藏文手写体苯教经《甘珠尔》共有150函，372卷，45998叶。由西藏古籍出版社整理刊印的藏文手写体苯教大藏经《甘珠尔》179函，388卷，44578叶，佛像插图355幅。四川阿坝藏族羌族自治州囊希寺所存苯教大藏经《甘珠尔》部分192函，1249卷，62613叶，佛像插图112幅；其中大部分为手抄本，少部分为印刷体。[①] 上述不同版本的苯教大藏经除大量的原始宗教内容外，还涉及天文、地理、医学、历算、工艺等人文学科的诸多领域，堪称研究藏族古老文化的百科全书。

## 三、苯教大藏经中记载“李域”的文献

苯教大藏经《威严垢经》（མདོ་དྲི་མའི་གཟི་བརྗིད།）中的《东巴李域苯教经》（སྟོན་པའི་ལི་ལ་བོན་བསྟན་པའི་མདོ），总计12部，专门讲述了苯教在李域的传播情况。这部经典均收录在苯教大藏经中，篇幅长，内容繁杂。在研究过程中我们将参照这个本子来与藏传佛教藏文大藏经中有关“李域”的记载加以对比研究，定会得到意想不到的收获，比如说“李域”的名称问题、早期的建国以及王统等问题。

① 才让太：《本教文献及其集成》，《中国藏学》1990年第2期，第87~100页。

# 第五节　其他记载“李域”的藏文文献

## 一、教法史

何谓教法史？在藏语中称为“ཆོས་འབྱུང་།”，“ཆོས”有“佛法”之义，“འབྱུང”有“产生”之义，直译为“宗教源流”或“宗教史”。这类藏文文献多为藏传佛教后弘期问世。教法史的概念，有学者也对此做了界定：“教法史料，为藏传佛教后弘时期问世的藏文文献，以僧院式史观或唯宗教史观所写成的史书，即基于使佛教更为发扬光大，以叙述佛教弘通经过为中心，引用佛教教义立证，站在信仰的角度来看历史的进展。其体裁并不按逐年顺序编纂史实，以通史方式，采用高雅文学材料，类似佛教圣徒的回忆录，其架构是大乘佛教的编辑模式：历史事件充满了丰富的奇迹及灵异，事实与想象、神话传说常纠缠不清，疏略政治、军事、经济，社会等俗世事物，其大部分不说明引用资料出处，不列参考书目，没有确切纪年等。而且教法史料所引用的材料层面有限，因佛教后弘期之史家，较喜引用属正统教派的作品，对不属正统教派或不为其教派承认的作品，均以明显的偏见排斥。”①

通过阅读藏文文献，我们看到，涉及李域的教法史有十部之多，即《佛教史大宝藏论》《红史》《汉藏史集》《青史》《白史》《如意宝树史》《土观宗派源流》《贤者喜宴》《印度佛教史》《德吾政教史》等，都或多或少地记载了李域的佛教发展历史，这就不可避免地引出了对于阗王统和于阗历史的叙述。

（1）**《佛教史大宝藏论》**。《佛教史大宝藏论》又称《布敦佛教史》，作者布敦·仁钦珠（1290—1364年）。布敦·仁钦珠亦作“布敦宝成”，元人译为“卜思端”，藏文大藏经《丹珠尔》的编订者，著名佛学大师。一生中修习过宁玛派一切密咒宁玛法、莲花生大师的伏藏等18种经典、《沙弥律仪》、《律经根本律》、《波罗蜜多心经》②，以及医方明、工巧明、摄生术等。布敦法师还是一位颇负盛名的大译师和学者。藏历金猴年（元延祐七年，1320年）秋，布敦大师到夏鲁寺后，撰写了《量抉择论》《波罗蜜多经》《阿毗达摩集论》等经典的注释，一生著述共有30余函，200余种（不包括他编写整理大藏经时的有关著述和大藏经目录）。他翻译、整理和编订了大藏经目录，所编撰的夏鲁寺《丹珠尔》目录中有从各处求得的诸类密法的记载，颇具资料价值。《布敦全集》被誉为元以及元以前藏传佛教的百科全书。此后，夏鲁寺亦成为乌思藏（也

① 林冠群：《论唐代吐蕃史及其史料》，“蒙藏专题研究丛书”第四十七期，台湾汎亚印刷打字公司，1979年，第23页。

② 波罗蜜多：佛教名词，指从生死此岸到达涅槃彼岸。

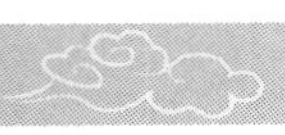

写作乌斯藏）的一个教法中心，“布鲁派”（即夏鲁派）应运而生。

《佛教史大宝藏论》是布敦大师于1322年写成的，是西藏历史上第一部成型的教法史，后期同类著作都是以它为蓝本。该书分为三大部分：第一部分极为细致地阐述了正法之功德、经义，对佛教的各种基本教法、教义，所传经典的基本内容、意义及其修炼方法、礼拜仪式等做了简明的说明。第二部分是历史类，对印度及我国西藏地方佛教的产生、发展，各教派的演变、传承，佛陀和许多高僧的生平，做了详细的记述，是后人研究印度和藏传佛教历史不可多得的珍贵史料。此书后面还附有入藏弘法的93名班智达和西藏的192名大译师名单以及当地译出的《甘珠尔》《丹珠尔》目录。其中涉及李域建国、佛教的传播以及王统世系的情况。

（2）**《红史》**。作者是蔡巴・贡噶多吉（ཚལ་པ་སི་ཏུ་ཀུན་དགའ་རྡོ་རྗེ། 1390—1364年），藏族著名史学家。蔡巴・贡噶多吉于藏历第五饶迥土鸡年（元至大二年，1309年）生于乌思藏，精修蔡巴噶举派的教理和其他显密教籍，其在发展藏族文化方面的贡献令人注目。蔡巴・贡噶多吉曾被元朝皇帝封为“司徒”，因此被尊称为“遍知一切大司徒”誉满涉藏地区。藏历木蛇年（元至正二十四年，1364年），蔡巴・贡噶多吉不幸去世，时年56岁。蔡巴・贡噶多吉学识渊博，著作颇丰，除著名的《红史》外，还编定了大藏经《甘珠尔》目录，并著有《白史》《贡塘祥上师传》《先父莫兰多吉传》《红史补——贤者意乐》等著作。

《红史》藏语称为“དེབ་ཐེར་དམར་པོ།”，藏语全称为དེབ་ཐེར་དམར་པོ་རྣམས་ཀྱི་དང་པོ་ཧུ་ལན་དེབ་ཐེར་འདི་བཞུགས་སོ།།。该书结构完整，内容涵盖印度，我国西藏、中原地区以及李域、蒙古、西夏历史，是一部划时代的作品。《红史》是古代藏族历史名著，是藏族历史上第一部由私人撰写的历史著作，可说是西藏最早的一部史书，对后世影响很深。得到了藏族史学家，还有一些蒙古族史学家们的高度重视，对后来大学者桂・熏奴贝的《青史》和巴卧・祖拉陈瓦的《贤者喜宴》等作品都产生过影响。全书共四部分，其中《汉地由周至唐的历史简述》一节中，有关于于阗早期的附有神话成分的内容，内容虽短，却也颇有意味。

《红史》早在20世纪60年代就受到了国外学术界的重视，出版了日、英等文本。国内有著名藏学家东嘎・洛桑赤列根据国内外众多版本进行了多次对比和校勘的最为完整的藏文本，由民族出版社1981年正式出版。其中东嘎先生补充了噶玛噶举、蔡巴噶举的史料，增加了680条注释。该书由陈庆英、周润年翻译成汉译本，已由民族出版社于1989年出版发行。附录中的译文是根据民族出版社1993年2月出版本子的第12~17页翻译的。

（3）**《汉藏史集》**。作者是达仓宗巴・班觉桑布（སྟག་ཚང་རྫོང་པ་དཔལ་འབྱོར་བཟང་པོ།）。他是15世纪初藏族著名的学者。《汉藏史集》（རྒྱ་བོད་ཡིག་ཚང་ཆེན་མོ།）全名为《汉藏史集・贤者喜乐赡部洲明鉴》（རྒྱ་བོད་ཡིག་ཚང་མཁས་པ་དགའ་བྱེད་ཆེན་མོ་འཛམ་གླིང་གསལ་བའི་མེ་ལོང་།）。该书著于藏历第七饶迥木虎年（明

宣德九年，1434年）。

《汉藏史集》，分上下两编：上编25章，详细叙述了赡部洲王统、印度王统、释迦牟尼十二功业、佛法分期、佛教结集、于阗王统、汉地王统、木雅王统、吐蕃王统、吐蕃医学历史、吐蕃七良臣事迹、蒙古王统、吐蕃驿站、丞相桑哥的故事等；下编23章，讲述了萨迦世系、各部弟子历史、历任本钦朗钦，以及其他各派世系及人物事迹等，详细记载了元明两代西藏历史、西藏与中央政府的关系史、中央治理西藏的各项政策与各种具体措施，是研究西藏古代的历史、元明断代史的重要文献。1985年四川民族出版社出版了藏文版，1986年西藏人民出版社出版了陈庆英的汉译本。此书涉猎的有关“李域国王统”是参照1985年6月由四川民族出版社出版的藏文本翻译。

《汉藏史集·贤者喜乐赡部洲明鉴》记述了迦叶佛出世，李域佛教非常盛行，迦叶佛涅槃后，佛法毁灭，李域变成汪洋大海。佛陀释迦牟尼出世于印度，利乐众生。佛陀临近涅槃，于各个地方托付诸护法护持。李域托付给多闻子、施碍正力。自释迦牟尼涅槃后二百五十四年时，印度国王阿育王在南赡部洲兴建佛寺，时李域海水枯竭成为空旷之地。此时，阿育王来到和田城，王妃生得一子地乳。后地乳抵达李域，立国建城。李域国产生后的六十五年，国王尉迟桑布瓦王执政五年后，李域初传佛法，尊者毗卢遮那，先教给牧人文字和语言，然后佛法才逐步传播。

此外，该书还讲述了李域王统以及历代国王弘扬佛法的情况，以及吐蕃王统治李域后大相噶东赞曾到达李域修建了寺院的历史。在藏文文献中，除了敦煌本《李域教法史》和藏文大藏经中有关李域的记载外，《汉藏史集》记载最为详细，文献价值较高。

（4）**《青史》**。《青史》藏语称其为“དེབ་ཐེར་སྔོན་པོ།”，作者桂·熏奴贝（1392—1481年），是著名历史学家、翻译家、藏传佛教噶举派著名高僧。其传世作品有文集十函，著名的有《时轮续大疏》《时轮释难》《宝性论大注释》《青史》等，最为后人推崇的是《青史》，写于成化十二至十四年（1476—1478年），成化十七年（1481年）经过校正，刻板刊行（原版藏于羊八井宁玛派主寺，乾隆年间转归功德林）。全书共15章，内容包括教法来源、中原王朝及乌思藏王国世系，前、后弘期佛教史，尤其对后弘期佛教的传播、教派形成、传承系统、各派名僧、寺院、经典的记叙尤为翔实。由于他本人是噶举派僧人，因此该派教法史等在其笔下占有较大篇幅。他精通教法，学识渊博，对各教派情况了如指掌，因此此书真实可信，为后来者所重视。

《青史》采用的是编年体写法，在记叙教派源流及其历史时，以传承关系为纲，以时间先后为序，中心突出。一些名僧大德的生平活动，多有明确纪年，生卒年及重大历史事件的年代一般准确可靠；对一些不太明确者，也通过考证辨析，作出自己的判断。当然，《青史》也和

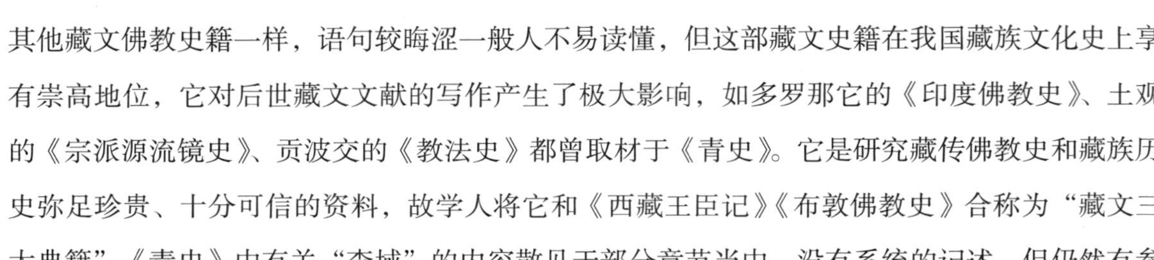

其他藏文佛教史籍一样，语句较晦涩一般人不易读懂，但这部藏文史籍在我国藏族文化史上享有崇高地位，它对后世藏文文献的写作产生了极大影响，如多罗那它的《印度佛教史》、土观的《宗派源流镜史》、贡波交的《教法史》都曾取材于《青史》。它是研究藏传佛教史和藏族历史弥足珍贵、十分可信的资料，故学人将它和《西藏王臣记》《布敦佛教史》合称为“藏文三大典籍”。《青史》中有关“李域”的内容散见于部分章节当中，没有系统的记述，但仍然有参考价值。

（5）**《贤者喜宴》**。《贤者喜宴》因刻板于山南洛扎代哇宗拉隆寺，故又称之为《洛扎佛教史》。作者为巴卧·祖拉陈瓦（又写作巴俄·祖拉陈瓦，1503—1565年），著名历史学家。他学识渊博、博览群书，“专重研究外明诸论”，一生著述颇丰，“著有八行论大疏，历算数学论，佛教史等”。《贤者喜宴》是他在42岁时才动笔，但凝结了他半生的心血而成，他自己也颇为看重，于60岁时再次撰写修改，于藏历木鼠年（嘉靖四十三年，1564年），终于完成了这部名著。

全书共有5大编，17章，木刻本有791页，主要谈论的是吐蕃王室的传承以及佛教在藏族地区传播、发展的历史。内容十分丰富，除乌思藏本身外，还对汉地、突厥、苏毗、吐谷浑、于阗、南诏、西夏、蒙古，以至于天竺、泥婆罗、克什米尔、勃律、大食等地的历史情况进行了论述，称得上是一部集政治、经济、宗教、历史、文化及自然科学大成的重要典籍。它广征博引，注重史实，收集了大量今天难以见到的原始史料，尤其是书中ja字卷内的155页记录了许多极为珍贵的史料，与敦煌古藏文历史文献大都可相互印证。书中还收录了数通古藏文碑铭石刻，吐蕃时期的赞普诏书、盟书，形成了自己以史料为主、以论为辅的史学风格。在著述中，从不拘泥于旧说，而是在掌握大量史料的基础上，小心求证，注重考据，潜心钩沉。如对“牟尼赞普一年内三次均贫富”等传统说法，大胆提出质疑。正是因为他目光犀利，提出了不少独特的，甚至“离经叛道”的观点，而不为当时社会所容，遭到一些人的非议，被斥为“异端”。今天看来，这恰恰是他的高明之处，也是《贤者喜宴》的价值所在。其中第四章的第一节中专门讲述了李域国的最初建立、佛教的弘传及王统的世系情况。《贤者喜宴》与其他教法史所不同的是对“李域”名称也做了考释，并就各《授记》做了对比。东嘎教授的辞典中也引用了其中的观点，故这部分内容值得研读推究。

《贤者喜宴》的史料价值及其在藏族文史著作中的地位，已经引起国内外藏学界人士的广泛重视。目前除有正版外，尚有打印、刻印等复印本。1987年，民族出版社再次出版了此书。国外有印度钱德拉·拉克拾（Chandna·Lokesh）的手抄楷书兰藏本（其中ji函为原木刻板的影印本）。

（6）**《印度佛教史》**。《印度佛教史》藏语称为“རྒྱ་གར་ཆོས་འབྱུང་།”，作者觉囊巴·多罗那它（ཇོ་

ནང་པ་ཏཱ་ར་ནཱ་ཐ། 1575—1634）[①]，是明代史学家兼梵语学家，藏传佛教觉囊派高僧。据夏鲁的日珠活佛所编制的《多罗那它全集目录——清晰明鉴》，多罗那它的全集从 ka 函至 tsa 函共计17函，文章272篇，7850叶。藏历第十六饶迥土猪年（1959年）所编的《拉卜楞寺藏书总目》[②]中录有多罗那它著作从 ka 函到 tsa 函共17函，文章271篇，总计7842叶。北京民族文化宫的民族图书馆收藏的多罗那它全集，按目录有从 ka 函至 tsa 函的17函，文章278篇，总计7958叶。上述都是达丹丹却林的木刻板本，每面文字为7行或6行，木版长42厘米、宽7厘米，纸边的长短不一，所以印出的书长短不一。《印度佛教史》《度母传——信仰之种》等书在德格印经院也有印版。达丹丹却林的版本没有在每一函上刻该函的标记，似乎是后来从日珠活佛编制目录以后，才有了函数顺序的记号。此书中亦保留了有关李域的内容。

国内王沂暖先生和张建木先生依据木刻板汉译：王沂暖先生于1945年汉译后，1946年由商务印书馆印行；张建木先生1963年的汉译本，1988年3月由四川民族出版社出版。

**（7）《如意宝树史》**。《如意宝树史》（ཆོས་འབྱུང་དཔག་བསམ་ལྗོན་བཟང་།），又依作者名而称《松巴佛教史》（སུམ་པ་ཆོས་འབྱུང་། 后又有称为《松巴教法史》等出版者）。作者松巴堪布·益西班觉（སུམ་པ་མཁན་པོ་ཡེ་ཤེས་དཔལ་འབྱོར། 1704—1788），青海蒙古族人。他治学严谨，不因循守旧，敢于提出自己的独特见解，并十分注意吸收民间传闻及轶事，一生著述极为丰富，是18世纪闻名蒙藏地区的学者、著名佛学家、史学家，青海佑宁寺[③]第32任赤巴。《如意宝树史》为作者历时13载，呕心沥血完成的代表作，其特点是运用了丰富的史料。他的另一部名著是乾隆五十一年（1786年）撰就的《青海历史梵曲新音》，通称《青海历史》。该书记载了从藏历第十饶迥铁马年（1570年）至第十三饶迥火马年（1786年）这200多年间，涉藏地区尤其是青海一带发生的重大历史事件、著名人物以及这块地域的地物风貌，对青海地方史及蒙藏关系的研究不无益处。

《如意宝树史》前半部分主要叙述了印度古代帝王传承及佛法传播经过。后半部分则着重记述西藏、中原地区及蒙古等地的佛教历史。这部佛教史著作中的“方格年表”，记载了藏历第一饶迥火兔年（1027年）至第十二饶迥火虎年（1746年）的简史。该书全面系统地讲述了佛教在印度及我国藏族、蒙古族以及汉族地区的传播、发展情况，内容极为丰富，叙事扼要，汇总了大量的史料，纠正了年代等方面的不少错误，对现今研究印度佛教史、藏族历史、藏传佛

---

① 觉囊派：14世纪时，乌思藏高僧宇摩·米觉多吉创“他空见”，传至贡邦土杰尊珠时，建觉囊寺弘扬此教法，始创觉囊派。又三传至笃布瓦·罗桑喜饶坚赞，他于1322年到觉囊寺听经，后任堪布。自是，法嗣相承此名。该派说一切诸法胜义谛不空，常恒坚固。“觉囊派”的名称来历按土观·罗桑却吉尼玛所著的《教派源流》的说法是：“衮滂巴·突结尊哲在觉莫囊地方建立寺院，朵浦巴在该寺驻锡，宗派发展，因而称为觉囊派。”

②《拉卜楞寺藏书总目》1985年已由青海民族出版社铅印出版，书名为《藏文典籍要目》。

③ 佑宁寺：甘青地区名刹，藏语称“隆务寺”，在今青海省互助土族自治县境内。明万历三十二年（1604年），三世达赖喇嘛索南嘉措派遣顿月却杰嘉措所建。雍正元年（1723年）焚于战火。雍正十年（1732年）重新修复，雍正帝钦赐“佑宁寺”名。

教史、蒙古史等都具有重要的参考价值。而与于阗有关的内容，被安排在《如意宝树史》前半部分印度古代帝王传承和佛法初起及弘传经过中，主要是叙述了李域在佛教宇宙中的位置。

1908年，印度学者达斯曾将《如意宝树史》中有关印度及我国西藏的部分译成英文，连同原文加以注释一并印行于加尔各答，易名为《印藏佛教史》。他还将《方格年表》易名为《西藏年表》，发表后颇受学术界的重视。1990年10月由西北民族学院（今西北民族大学）少数民族语言文学系的贡却乎才旦教授校订了《松巴佛教史》（藏文版），1992年12月由甘肃民族出版社出版。蒲文成和才让根据西北民族大学图书馆藏《如意宝树史》木刻本翻译为汉文，于1994年7月由甘肃民族出版社出版发行。

（8）**《土观宗派源流》**。作者土观·罗桑却吉尼玛（1737—1802年），是三世土观活佛，清代青海驻京的八大呼图克图[①]之一，著名佛学大师、宗教史学家、文学家。他“学通番汉，著作极丰”，有各种传记、故事、历算、诗词、文书、教派教义、密咒等方面的论著500余篇，辑成《罗桑却吉尼玛全集》，共计17函，5764页。著名的作品有《三世章嘉呼图克图若必多吉传》《佑宁寺志》《塔尔寺志》《贡巴饶萨传》《二世土观却吉嘉措传》《密宗经义》《自传》《诗集》等，其中影响最大的要数《土观宗派源流晶镜史》（又简称《土观宗派源流》《土观教法史》）。

《土观宗派源流》，藏语称作“土观智木塔”（ཐུའུ་བཀྭན་གྲུབ་མཐའ།），全名为《所有宗派之源如意喜筵善说晶镜》（གྲུབ་མཐའ་ཐམས་ཅད་ཀྱི་ཁུངས་དང་འདོད་ཚུལ་སྟོན་པ་ལེགས་བཤད་ཤེལ་གྱི་མེ་ལོང་།）。此书木刻印版原存佑宁寺，后下落不明，幸四川德格印经院尚有完整印版。土观·罗桑却吉尼玛的著作在国内外颇有名气，其《土观宗派源流》早在19世纪即由印度学者达斯译成英文，取名《关于西藏宗教、历史的文献》刊载于1881—1882年的《孟加拉亚洲学会会报》，国内有刘立千先生的汉译本。

本书对印度佛教、我国西藏佛教前弘期及后期流行的宁玛，噶当、噶举、萨迦、格鲁等大小教派，以及西藏苯教，中原儒、道等派的历史和教义均有精辟的论述，涉及面颇广，为研究佛教尤其是研究西藏佛教史的重要典籍。该书共12卷，300页左右。因成书时间较晚，且作者通晓汉、蒙古、藏诸语文，加之在京期间条件优越，阅览了较多的资料，故书中叙事较为翔实，在藏文史籍中被列为上选，名扬中外。

《土观宗派源流》的第四章第二节中专门讲述了李域（于阗）地区佛教兴起的情况。它参

① 土观呼图克图系清代青海著名转世活佛，为甘青涉藏地区八大驻京呼图克图之一。第一世土观呼图克图罗·桑拉丹，出身于今青海互助县李土司家，故其转世系统名为“土官”，后改为土观。第二世土观呼图克图·阿旺却吉嘉措（1680—1730年），藏历金虎年（康熙四十九年，1710年）任佑宁寺第24任法台。藏历金鼠年（康熙五十九年，1720年，），奉诏护送七世达赖喇嘛格桑嘉措从青海塔尔寺去拉萨“坐床“，得到西藏和蒙古各部上层人士的敬重，藏历火蛇年（乾隆二年，1737年）被皇帝追封为“静修禅师”，并赐印信。

照了《李域授记》《牛角山授记》等经典薄伽梵的授记，讲述了李域在佛圆寂117年后法王阿育王之子萨勒尼玛尼、多闻子又将佛法授予汉地皇帝。后来，萨勒尼玛尼在率众寻找本土的过程中，与阿育王的宰相耶舍率领的部众在李域相会的情况。同时，讲述了比丘毗卢遮那创造了李域文字及李域王弘扬佛法的情况。

（9）《**白史**》。《白史》的作者根敦群培（དགེ་འདུན་ཆོས་འཕེལ། 1905~1951，也写作更敦群培），原名阿勒合·吉扎，亦通晓英文，见闻博广，他对藏族历史、佛教哲学、美术、逻辑学、语言学、地理学，均有造诣，堪称一位学识渊博的学者。他的许多重要著作，在国内外享有盛名。

《白史》是作者的一部历史类名著，拉萨刻本仅包括松赞干布以下历代赞普。目前国外也只有此未完本。[①]《白史》记述了松赞干布时期至芒松芒赞赞普时期的吐蕃历史，采用了与以往任何藏族史学家不同的写作手法，将宗教和历史严格区分开来，与过去带有许多浓厚神话色彩的藏文史书截然相反。作者详细地考证了赞普们的年代，论述了他们各自的功绩和在藏族古代历史上所发挥的作用，对当时的重大历史问题做了恰如其分的结论。根敦群培是第一位运用敦煌古藏文文献考证西藏古代历史的藏族学者，他的这本书因而也开创了藏族学者科学地利用古代文献资料的先河。该书的重大意义还在于作者将7世纪以来吐蕃在宗教上同印度的关系、政治上同唐朝中央政府之间的密切联系做了正确的论述，为13世纪西藏正式纳入祖国版图这一历史事实提供了有力可靠的理论依据，为此受到国内外学者的高度评价。

《白史》中有关李域的记载只是有所提及，并没有涉及多少内容，但却极为重要，作者依据藏文文献，就“李域”的名称及其地理位置做了考释，对我们进一步研究“李域”提供了重要的文献依据。

## 二、王统记

佛教传入吐蕃后，得到了很大的发展和弘扬，吐蕃文化中注入了浓郁的佛教文化色彩，就连历代赞普也称为“曲嘉”（ཆོས་རྒྱལ།）即“法王”，被视为观世音菩萨等佛和菩萨的化身。就藏文文献的具体归类问题，也是学界直接探讨的问题。在王统记中尽管有许多宗教的成分，但将其单列划分为王统记较为科学。在林冠群先生的《论唐代吐蕃史及其史料》一文中就将王统记归属到教法史内。他认为：“教法史料涉及唐代吐蕃历史之文献，常见者有王统传承本纪（རྒྱལ་རབས།）、历史纪录（དེབ་ཐེར།）及教法源流（ཆོས་འབྱུང་།）等形式，但由于记述乃着重于宗教，或以

① 李有义：《藏族历史学家根敦群培传略》，《青海社会科学》1983年第6期。

佛教徒之眼光，探究历史之演进，因此也将帝王本纪、历史纪录等形式之书，归于教法源流（ཆོས་འབྱུང་）之流，总名之为‘教法史料’。”① 虽具有浓郁的佛教文化色彩，但毕竟记述的是历史上吐蕃的王统传承、历史事件等重大历史问题。按内容划分顺理成章，不能按执笔人的身份和宗教信仰来划分文献的类别。

记载或提及李域的王统记主要有五部，即《拔协》（亦写作《巴协》）《西藏王臣记》、《西藏王统记》、《拉达克王统记》、《郡王贡布坚赞之问答・王子欢乐之花朵》。

（1）**《拔协》**。作者拔・塞囊（亦写作巴・塞囊、8世纪时人），具体生卒年不详，藏传佛教前弘期领袖之一，著名历史学家。赤松德赞曾派使者前往当时盛行佛教的中原地区取经，他是其中之一。重任在肩的他千里迢迢赶到长安，受到唐朝君臣的欢迎。拔・塞囊等人的长安之行，对佛教在吐蕃的传播、吐蕃与中原地区的联系发挥了重要作用。

《拔协》是作者在历史文学上所作出的卓著成绩。这本书自赞普赤德祖赞（704—755年在位）兴佛说起，直到其子赤松德赞建成桑耶寺为止。增广本则写到阿底峡大师入吐蕃（1038年）时为止。该书对唐朝金城公主入吐蕃、桑耶寺修建等记载颇详。其记叙史实较翔实，成为后世藏族史学家研究历史的重要依据。《拔协》并没有专篇介绍“李域”的情况，但其中有涉及吐蕃与“李域”的内容。文中大概讲述了赤祖德赞（815—841年）时期，赞普召集臣属商议创建乌香多寺，于是邀请了汉地、印度、尼泊尔、克什米尔、李域、吐蕃等地的能工巧匠。还记述了赞普专门派使者带着信件和礼物请李域工匠的过程。后来使者终于完成赞普交付的使命，将李域工匠李・觉白杰布及其儿子请到了吐蕃，李・觉白杰布做了修建寺院的规划呈献赞普，建起了规模宏伟的大寺。

（2）**《西藏王统记》**。作者萨迦巴・索南坚赞（1312—1409年），著名史学家、文学家。他17岁时皈依佛门，拜师布敦大师及蚌译师洛哲丹巴等高僧门下学法，主要研习讲经、辩难、著述，成绩突出，对因明、般若、中观、密宗以及历史等都很有研究。索南坚赞通达五明，显密双解，担任过帕木竹巴的导师，以后还曾任第七世萨迦法王。

索南坚赞一生勤奋著书，除量论、般若、波罗蜜多、中观、密乘等方面的著述外，还有历史、宗教史专著。其中最为后人推崇的便是他融历史、文学于一体的《西藏王统记》。这部著作成书于明洪武二十一年（1388年），全书木刻本104页，共分18章，系统叙述了古代藏族吐蕃及王室历代传承的历史，作者广征博引藏汉文史籍如《新唐书》《旧唐书》）达17种之多，可称得上为一部信史。对文成公主、金城公主远嫁吐蕃、汉藏民族经济文化交流的历史也有叙述，是藏

① 林冠群：《论唐代吐蕃史及其史料》，“蒙藏专题研究丛书”第四十七期，台湾汎亚印刷打字公司，1979年，第24页。

族史书典范之一。书中首先概述了远古世界的形成、历史的起源、古印度历代王朝和佛教的创兴，然后详细叙述了吐蕃历代赞普，西藏前弘期佛教的传入、发展及后弘期的历史等。

本书汉译本最初是刘立千先生于1940年翻译的，当时由任乃强先生在《康导月刊》上发表过。直到1981年，刘先生接受中国社会科学院民族研究所研究员之聘后，才由院方提出把整理此稿作为研究工作的计划之一。1983年底刘先生完成《土观宗派源流》的审定工作后，又继续校订此稿，经过近一年时间的审定交付出版社。此书藏文原名为《吐蕃世系明鉴正法源流史》，鉴于书名太长出版社依任先生的意见改为《西藏政教史鉴》，后又觉得不合适，沿用了习惯所称的《西藏王统记》之名。当时20世纪40年代的译稿是根据德格版本译的，最终稿交付西藏人民出版社时又根据民族出版社的藏文版本进行了审订。

《西藏王统记》由民族出版社1981年5月出版藏文版第一版，1988年5月出版第三版，32开本，250页，原文分为18章，后为了便于阅读，译者将最后一章编为16章，译本成为33章。附有813条注释，卷首附有目录。后由藏学家刘立千汉译注解，于1985年7月西藏人民出版社出版汉译版，32开本，235页。后，国务院古籍整理出版规划小组、教育部和国家民委组织中央民族学院少数民族古籍整理出版规划领导小组策划编纂一套《民族古籍丛书》，陈庆英和仁庆扎西两位先生重新翻译了索南坚赞的这部著作，以《王统世系明鉴》为名，于1985年11月由辽宁人民出版社出版发行，32开本，235页。

（3）**《西藏王臣记》**。作者阿旺罗桑嘉措（1617—1682年），第五世达赖喇嘛，著名学者。他一生功绩卓著、加强了西藏地方与中原中央王朝的关系，密切了同蒙古诸部的交往，晚年则专心著书立说，一生共有著作30余卷之多，内容涉及梵文、蒙古文、历史、诗歌、天文、射箭、马术等。最著名的有《西藏王臣记》《相性新释》《菩提道次第论讲义》《引导大悲次第论》等。

《西藏王臣记》成书于明崇祯十六年（1643年），有拉萨木刻本。这部史书收在五世达赖喇嘛全集中，亦有单行本传世。内容叙述了西藏有史以来直到17世纪固始汗统治时期藏族历代王国和王统的传承变迁。其特点是详于政而略于教，对朗达玛以后情况叙述较多，尤详于萨迦和帕莫竹巴两教派的政权兴衰。五世达赖喇嘛的30余卷著作中，以《西藏王臣记》《相性新释》《菩提道次第论》《引导大悲次第论》等流传最广。1982年民族出版社出版了32开本的藏文本，总计202页。1983年7月民族出版社出版了32开本的汉译本；1993年3月第二次印刷，总计190页。

（4）**《拉达克王统记》**。《拉达克王统记》，藏语称“拉德合嘉热布”（ལ་དྭགས་རྒྱལ་རབས།），全书主要反映吐蕃解体后割据的几十年中，由于社会动荡不安，康区爆发的农牧民反抗斗争延伸到卫藏地区的情况。并且记载了巴科赞之子吉德尼玛贡逃往后藏阿里地区，并控制阿里三区，及吉德尼玛贡之子后来在拉达克、布让（普兰）、象雄等地执政的历史。1986年西藏人民出版

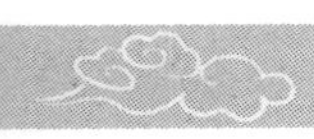

社出版了藏文本。

（5）**《郡王贡布坚赞之问答·王子欢乐之花朵》**。该书藏文名为“མིའི་དབང་པོ་མགོན་པོ་རྒྱལ་མཚན་ཀྱི་དྲི་ལན་རྒྱལ་སྲས་བཞད་པའི་མེ་ཏོག”。该书在东嘎先生的《东嘎藏学大辞典》中有专门的词条介绍，并提到有李域的内容，但其文本却遍搜难求。后本人在研究的过程中，发现《李域文书》有可能就是为此书。

## 三、当代辞书中的“李域”文献记载

当代辞书中，东嘎先生所编的《东嘎藏学大辞典》也将“李域”作为词条编写了进去，并详细罗列了李域历史变迁的内容。

东嘎·洛桑赤列（དུང་དཀར་བློ་བཟང་འཕྲིན་ལས།），西藏林芝人，1947年获格西拉让巴学位，后任东嘎寺活佛。1960年调中央民族学院任教，历任中央民族学院教授、西藏社会科学院名誉院长、甘肃省藏学研究所名誉所长、西藏大学教授等。其主要学术论著、论述有：《汉藏历史词典》《汉藏历史年表》《布达拉宫和大昭寺历史介绍》《西藏政教合一的历史实现》《西藏目录学》〈西藏自古以来就是中国领土的一部分〉，还编著了《西藏的教育发展概况》《拉萨志》《论西藏政教合一的封建农奴制度》等书，并注释了《西藏王臣论》《藏文文法》《颇罗鼐传》等，是国家级的著名专家和藏族教育家。

东嘎·洛桑赤列生前编写了藏学辞典，原名《东嘎藏学大辞典》，所收共1.4万余条词目，280多万字。内容涉及藏族历史人物和历史事件、历代中央王朝与西藏地方政权之间的关系、藏族古代法律、原西藏地方政府机构及专用公文、涉藏地区名胜古迹和重点寺庙、藏族民俗与宗教、藏学基础知识等。编选词汇丰富，内容解释翔实，分类科学合理，便于检索使用，是一部较全面的藏学百科性质的辞书。该书于2002年4月由中国藏学出版社出版发行，精装16开本，全书总计2388页，关于李域词条在第1956页。

# 第二章
# “李域”名称考释及其历史地理

历史地名与其他类型的地名一样，本质上都是一种文化现象，它既是地域方位的符号，又是历史文化的重要组成部分，因为它承载的是历史，是历史上民族和地区的发展轨迹。藏语地名中的“李域”即古代西域的“于阗”亦然。历史上它既是古代东西交通、经济文化交流的枢纽和佛教最早传播的中心之一，也是唐代吐蕃所关注和统治过的重要地区。

当佛教文明在“李域”广泛传播开，该地区成为佛教传入中国的主要门户时，崛起在青藏高原的吐蕃，同样也抱着一种渴望和企及关注着这一地区。喜马拉雅山这块天然屏障无法逾越使之不能抵达佛教的发祥地天竺时，这块绿洲势必成为吐蕃视野中的亮点。从此，无论是东方的大唐，还是西南的吐蕃等，在佛教信众心中都将这一净土看作与天竺一样神圣。斗转星移，吐蕃与“李域”之间就形成了一种特殊关系，“李域”这一名称在吐蕃佛教信徒心目中便是一种神圣的象征。为什么这个西域小国会给吐蕃留下如此深刻的印象和记忆？也许这正是今天我们所要研究和解决的问题。

众所周知，藏文文献的重要价值还在于其古老性。为何这样讲呢？自10世纪喀喇汗王国建立后，就大规模实施伊斯兰文化的推行运动，西域包括“李域”在内的佛教文明当属被代替甚至摧毁的对象。这时西域诸国人们所面临的是文化上的裂变和宗教信仰上的改变、生活习俗上的转换，这个过程对每个人而言是相当痛苦的。面对新的宗教和文化的挑战，与之相伴随的是烽火连天的战火，固有的佛教文化遭到灭顶之灾，包括佛教的寺院、佛殿、佛塔、经籍等都是被毁灭的对象，那些带有浓郁佛教色彩的历史地理名称也被更改。每个历史进程，就像考古学上的一个文化层，伊斯兰文化在当地的推行过程就是一个文化层，它在于阗是覆盖了佛教的文

化层。藏文文献中所出现的历史地理名称，就是没有被覆盖的文化现象。为此，这就是我们所涉猎的藏文文献本身价值所在。

本章依据藏文文献重点对“李域”名称的藏族文化背景、“李域”名称的藏文含义及其在藏文文献中的不同名称、“李域”的地理概念、“李域”的内部交通、“李域”的周边、“李域”与西域等问题展开探讨。

## 第一节 “李域”名称的藏族文化背景

佛教在藏族的心目中有着举足轻重的位置，故历史上一些佛教文化中心区域的地名中，注入了浓郁的佛教文化色彩。甚至在一些藏文典籍中，将之提升到一个佛教哲学宇宙观的理念来认识和阐释，“李域”也不例外。

### 一、佛教宇宙观中“李域”的地理位置

早期的藏文文献中，我们没有见到李域在藏传佛教宇宙观中的位置。清代的藏文文献《松巴佛教史》开篇总目“简论佛陀出世说法及佛法住世情形”中，谈到了李域在佛教宇宙观中的确切位置：

> 须弥山周围，中品（之物）聚集成持双山、持轴山、担木山、善见山、马耳山、象鼻山、持边山等七金山。持边山与铁围山之间为咸水海，其内下品杂品杂聚，成十二洲，即周边由水环绕或二水夹地者，谓之洲。咸水海之东，谓之身胜洲，咸水海之南，谓之赡部洲，咸水海之西，谓之牛货洲，咸水海之北，谓之俱卢洲。①

而我们所说的李域就在南赡部洲②。

---

① 松巴堪布著、贡却乎才旦校订：《松巴佛教史》（藏文版），甘肃民族出版社，1992年，第4~5页。

② 南赡部洲系佛教四大部洲之一，四大部洲又称四洲、四大洲、四天下，是佛教理论中认为的在须弥山周围咸海中的四大洲，分别为东胜身洲、西牛货洲、南赡部洲、北俱卢洲。佛教四大部洲是梵文的意译，略称“四洲”。按《阿含经》所说，人间有四个天下，亦即四大部洲，分别表法四类社会阶层里的人道众生。一是东胜身洲，二是南赡部洲，三是西牛货洲，四是北俱卢洲。在须弥山四方的咸海之中。“东胜身洲，梵语弗于逮。亦云弗婆提。华言胜身。以其身胜南赡部洲故也。又翻为初。谓日初从此出也。在须弥山东。其土东狭西广。形如半月。纵广九千由旬。人面亦如半月之形。人身长八肘。人寿二百五十岁。梵语须弥。华言妙高。梵语由旬。亦云逾缮那。华言限量。身长，代表造作诸业之能力。寿命，代表福报的多少。土，代表法；弗于逮相比阎浮提土极广大且妙。南赡部洲，梵语阎浮提。华言胜金洲。阎浮是树。提是洲名。因树立称。故名阎浮提。在须弥山南。其土南狭北广。形如车厢。从广七千由旬。人面亦像地形。人身多长三肘半。于中有长四肘者。人寿百岁。中夭者多。西牛货洲。梵语瞿耶尼。华言牛货。为彼多牛。以牛为货。故名牛货。佛言其多牛，多马，多珠玉。在须弥山西。其土形如满月。纵广八千由旬。人面亦如满月。人身长十六肘。人寿五百岁。北俱卢洲，梵语郁单越。华言胜处。以其土胜三洲故也。在须弥山北。其土正方。犹

在南赡部洲，作为佛法中心（自金刚座向各方十六由旬）的印度中部，是三世佛的住地摩揭陀，为佛法之源地；东面有妙吉祥文殊的住地，即汉地之五台山；南部有观世音及度母之住地普陀地或名持舟山，另有吉祥山和米骤塔；西面为金刚手之刹土，有空行密库、欧提地耶那、喀什米尔（克什米尔）或名迦湿弥罗赤丹之地；北面有七法王及二十五代法胤之住地香巴拉和霍尔之地；东北方即藏地雪域。以上诸地中，印度（天）之地，似剪出的锦缎垂帷，为珍宝地；大食、李域之地，形若车厢为所欲地；霍尔（非天）和汉地（龙种姓），如开放之花，为美丽地；藏地（各种）状若罗刹仰卧，为雪域。自摩揭陀向北，度九黑山，在山之北面，有大自在天所住的冈底斯雪山（གངས་ཆེན་ཏི་སེ།）和香醉山（སྤོས་ངད་ལྡན།）之间有无热龙王居住、《摄论经》等中所赞美的天热池，长宽各五十由旬。以此池四面状若象、牛、马狮的石岩中流出恒河、信度河、缚刍河和悉恒河。此四河分别出银、金、琉璃、金刚沙，各汇集五百支流，右绕天热池七匝，各自流入大海。此池右侧，有赡部树，果实堕地，发出“赡部”之声响，并变为纯金；池之左侧，有四类妙翅鸟所棲息之夏罗摩罗铁刺树等。香醉山之北（二十由旬），有方形的金鸡岩，各边长五十由旬，周围又有小金鸡崖窠数千百个。其北有婆罗树王极坚，由七重婆罗树周匝围绕；其东有缓流池，由五百小池环围。以上三处之附近，居有帝释坐骑伊罗婆那象王。所谓四大山者，即北部的冈底斯雪山和底则雪山，南部的宾陀山和摩罗耶山。①

这里为我们更进一步说明，李域的地位与当时的“印度”“大食”“霍尔”“汉地”以及“藏地”可相提并论。至于其相对应的确切位置记载如下：

另外，有天、人、寻香、密修者等二足者所居之金洲、铜洲、僧伽罗洲、月洲、支央拘洲、楞伽洲、柏树洲或名多罗湖等（跋那室利、飞行洲）。各洲之间，以水相割。

---

如池沼。纵广一万由旬。人面亦像地形。人身长三十二肘。人寿一千岁。命无中夭。南赡部洲位于须弥山南方，此洲盛产阎浮树，又出产阎浮檀金。其地形如车箱，人面亦然。此洲人民，勇猛强记而能造业行、能修梵行、有佛出世其土地中，因此三事胜于其他三洲及诸天。旧称阎浮提、秽洲、秽树城，新称赡部洲。当须弥山之南方大洲名。即吾人之住处。阎浮者新称赡部。此洲之中心，有阎浮树之林，故以为洲名，乃盛产阎浮树之国土。又出产阎浮檀金，故又称胜金洲、又属南方，故曰南阎浮提。”《智度论》三十五曰：“如阎浮提者，阎浮树名，其林茂盛，此树于林中最大，提名为洲。”《俱舍论》十一曰：“大雪山北，有香醉山，雪北香南有大池水，名无热池。（中略）于此池侧，有赡部林，树形高大。其果甘美，依此林故，名赡部洲。”《玄应音义》十八曰：“剡浮或云阎浮提，或作谵浮，又云赡部，皆梵音讹转也。剡浮者从树为名，提者略也，应言提鞞波，此云洲也。”《西域记》一曰：“南赡部洲，旧曰阎浮提洲讹也。”《长阿含》卷十八阎浮提洲品载：“其土南狭北广，纵广七千由旬，人面亦像此地形。又阿耨达池之东有恒伽（殑伽）河，从牛之口出，从五百河入于东海。南有新头（信度）河，从狮子之口出，从五百河入于南海。西有婆叉（缚刍）河，从马之口出，从五百河入于西海。北有斯陀（徙多）河，从象之口出，从五百河入于北海。”《大楼炭经》卷一、《起世经》卷一、《起世因本经》卷一等之说亦同。《俱舍论》卷十一载：“四大洲中，惟此洲中有金刚座，一切菩萨将登正觉，皆坐此座。”

① 松巴堪钦著，贡却乎才旦校订：《松巴佛教史》（藏文版），甘肃民族出版社，1992年，第6~8页。

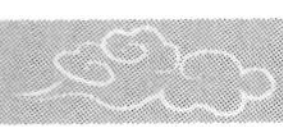

赡部洲由以上诸洲等五百岛屿围绕，有岗丹、香巴拉、印度、迦湿弥罗、泥婆罗、李域……大小博、萨尔叟、赡波迦、者邬、金目、柔摩、然摩、摩喀、卡夏、吉姜、象雄、勃律、阿夏、松波、萨霍尔、木雅、绛、裕固、托噶尔、乌杖那、飞行地、盲人地；佐罗、迦楞伽地等诸大地域；另有迦夏、婆诃婆、托噶尔地、罗婆那甘婆耆、卡夏、诃那、多罗陀、乌罗夏、巴迦、狗脸地、狐脸地、刀割脸地、吉邬粗波、天容地、外面容地、北界容地、后跑地、海热地、接边地、昂拘罗、芒拘罗、无鼻地、花肺地、方裸地、持翼裸地、衰行地、能满形地、居世间中地等一千小地域。总括有十八或十六大域、九十一处边缘地、三百六十处再边缘地和十八深谷地带。①

从这段记述来看，李域不在天、人、寻香、密修者等二足者所居之金、铜、僧伽罗、月、支央拘、楞伽、柏树或名多罗湖等（跋那室利、飞行洲）等各洲之间，而在岗丹、香巴拉、印度、迦湿弥罗、泥婆罗、大小博等一千小地域之列。

以上是《俱舍论》中对“李域”在佛教宇宙观中之地理位置的记载，其与《时轮经》记述的又有所不同：

关于所依器世界和触依情世界以及三十一界的形成情况，则云下部四轮，各分为半（即共八分），下部七分自下而上，风轮下为大呼号，其则为金刚针尖（火舌），其上为大黑暗；火轮下为火，上为猛烟；水轮下为泥浆（具泥水），上为具沙水；土轮下为砾石水狱，即风、火、水、土之八狱，土轮上部二十五千由旬又分为二，下面住着非天，上住五种龙。土轮上面六洲住人，第七洲中土赡部洲十二块地上，也住人，傍生和饿鬼。其中，小赡部洲或名南洲中土者，其南北之间，长二万五千由旬。此复分二，北部六块地，自北向南，为雪山聚、香巴拉（格罗莎即雪山围绕之乡）、汉地、李域、藏地和印度等之地；另一半为楞伽地或无人区。②

这里可以看出，李域在下部四轮的土轮上面的六洲之上，也就是小赡部洲的北部六块地之一上，除了“李域”，还有雪山聚、香巴拉、汉地、藏地和印度等地，从地理位置上而言，应为自北向南。正如汉文文献记载：

于阗国去玉门阳关三百余里，王治西城，去长安九千六百七十里，户三千三百，口万九千三百，胜兵二千四百人。东北至都护治所三千九百四十七里，南与婼羌接，北与姑墨接，一说去雒阳万一千七百里，东去鄯善千五百里，南去女国三千里，北去朱俱波千里，北去龟兹国千四百里，东北去瓜州二千八百里。又云，在葱岭之北二百

① 松巴堪布著，贡却乎才旦校订：《松巴佛教史》（藏文版），甘肃民族出版社，1992年，第8~9页。

② 松巴堪布著，贡却乎才旦校订：《松巴佛教史》（藏文版），甘肃民族出版社，1992年，第17页。

里，南带葱岭，与婆罗门接，相去三千余里，所都城方八九里，南与吐蕃接，西北至疏勒二千余里。[①]

任何一种宗教的形成、传播和发展都离不开特定的空间范围，受到地理环境的影响；另一方面，宗教一经形成就会对地理环境产生一定的影响，并成为地理环境的组成部分。《松巴佛教史》中对藏传佛教宇宙观的描述正说明了这个问题。它不仅反映了佛教哲学理念中宇宙的构架和描绘，也反映了古代藏民族对佛教传播的国家和地区以及青藏高原的地理位置的描述和记录。

另外，“李域”的海洋变陆地、陆地变海洋的传说以及龙的传说带有浓郁的宗教色彩，但也反映了古代人们对洪荒时期自然灾害的忠实记录和审美情趣的表达，具有远古的含义和象征意义。如果我们从民俗学的视角来看，也是古代人们图腾崇拜的一种表现；这种表现，往往反映在历史地理的名称上面。

## 二、宗教心理中“李域”的地理位置

新发现的手抄本《李域文书》所引用的《遍入佛法门》有当时人们对李域地域的认识：“那时高僧大德们在印度、卡切、汉地、李域以及尼波罗（泥婆罗）等地，广传佛法。”

首先，“李域”是我国佛光东渐的门户。佛教传入西域的确切时间尚无定论，若根据佛经故事记载，公元前3世纪印度阿育王时期，佛教便传入了当时的于阗（今和田）、龟兹（今库车）等地，学术界多依据藏文《于阗教法史》《大唐西域记》等史籍推论，大约在公元前80年以毗卢遮那阿罗汉在西域创建第一座佛寺为标志，这也是佛教小乘说一切有部从北印度（今克什米尔）传入于阗之开始。印度大乘佛教兴起之后，约在公元2—3世纪即传入了西域各地，出现了大小乘并弘的局面，逐步发展形成了以于阗、龟兹、高昌（今吐鲁番）以及莎车、疏勒（今喀什）等地为中心的佛教圣地，从而揭开了佛教史上辉煌的篇章。有关文献表明，最初传入西域的小乘说一切有部思想，多追求个人的解脱，缺乏广大悲愿所带来的积极进取精神，由于小乘佛教的这种缺陷，容易产生对新生事物产生排斥性，从而束缚自身的发展，也不利于社会的健康和进步；而佛教大乘思想以其积极入世的实践，开放、宽容，利益众生，这为佛教在当时融入并净化现实生活奠定了思想基础，客观上一定程度地为促进社会文明提供了平台。

魏晋时期（公元3—5世纪），西域社会生产力提高，农业、手工业、商业都有长足的进步，由奴隶社会向封建社会转变，各自为政的诸多城郭小国出现了统一的趋势，而且进一步加强了

①《册府元龟》，卷九五八，外臣部国邑。

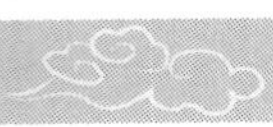

与中原地区的密切联系，从公元260年僧人朱士行第一次西行于阗寻求大乘经典开始，西行求法与东来弘法的佛教高僧不绝如缕。尤其是东晋时期高僧法显的西行与鸠摩罗什的东来，掀起了西域佛教弘传的高潮，加速了东西方民族文化的交流、融合和发展。印度佛教、西域佛教融入中国文化之中，形成了崇尚并弘扬大乘思想的中国佛教。

魏晋南北朝时，西域佛教达到了鼎盛，佛教成为当时社会最富生机的社会信仰体系，铸造出当时最进步的人类文明，因而得到了统治者的大力支持和民众的普遍信仰。《高僧传》等众多史籍记载，大批王公贵族出家事佛，成为一种社会时尚，使主持正法的僧人具有崇高的社会地位。他们推动了佛教的发展，提高了佛教徒的社会地位，扩大了佛法的社会影响。与此同时，这一时期，利用河西走廊、祁连山和西域境内特殊的自然地貌开凿了众多规模宏大的石窟，兴建了雄伟壮观的佛寺，广纳四方贤才，讲经说法，使佛寺成为当时社会政治、经济、文化中心。从现存高昌等地的石窟群及佛寺遗址可知，它们大多或依山傍水，拥有十分优美的自然环境，或耸立在城市中心，近距官府和繁华街市，出入凡尘世间，不即不离，自然成为人们向往之处。寺院是佛教融入社会和化导凡夫的载体，也是社会人群探视佛法的窗口，承担着佛教的荣辱兴衰，这关键取决于佛教徒特别是出家人信仰的价值取向。以鸠摩罗什为代表的大乘高僧们，用自己的人格和智慧，勤勤恳恳，弘扬佛法教义，并激励人们精通五明，接纳在当时而言先进文化的滋养，洗涤自私好斗的心胸，创造友善和平的社会氛围。鸠摩罗什大师在西域对大乘佛法的阐扬，奠定了西域与中原王朝相一致的思想基础之一。他在到达中原之后，翻译了大量的佛经，第一次厘清了佛教大小乘的差异，开启了中国佛教的坦途。

其次，“李域”是东西方文明的交汇点。新疆地处欧亚大陆的中心，是东西方社会交流的枢纽，境内山峰与盆地夹峙，沙漠与绿洲相间，西越帕米尔高原与中亚细亚连成一片，东邻河西走廊与祖国内地浑然一体，自张骞开通“丝绸之路”之后，各民族文化在这里“异花授粉”，各种社会文明在这里砥砺消长，形成了五彩缤纷而独具特色的西域文化，吸引着古往今来无数朝圣者的目光。随着19世纪末、20世纪初西方探险家们的考古发现，“西域学”风靡全球。其中，西域佛教成为人们研讨的焦点，这不仅因为大量的考古发现与佛教有关，而是因为佛教与西域社会的兴衰更替息息相通。

《阿毗达摩俱舍论》中的南赡部洲在诸洲等五百岛屿围绕的诸国家和《时轮经》中记载的土轮上面，第七洲中土赡部洲十二块地上的小赡部洲或名南洲中土即北部六块地，此地自北向南，那么吐蕃和“李域”自然也当在其列。从《松巴佛教史》中可看出，藏文中的“李域”（于阗）不等于现在概念上的“西域”，如果等同那么其中所提及的“霍尔”“裕固”“萨霍尔”“和田”（ཧུ་ཐེན།）等又指哪里？

# 第二节 “李域”的名称含义及不同名称

关于“李域”名称的确切含义，目前无论在汉文文献还是藏文文献，无论在古代还是今天，学界均有不同的解释。下面我们依据藏文文献，就“李域”不同的名称加以罗列和阐述。

## 一、“李域”的藏文名称含义

“李域”藏语称作“ལི་ཡུལ།”，“李”（ལི།），《藏汉大辞典》解释为“钟铜”或“响铜”，是一种以铜为主要成分的合金，可以铸造各种乐器或其他器物。如“李玛”（ལི་མ།）即“响铜器物”，“李嘎尔”（ལི་དཀར།）即白响铜，“李塞尔”（ལི་སེར།）即“黄响铜”，“李玛尔”（ལི་དམར།）即“紫响铜”，“李那合”（ལི་ནག）即“黑响铜”。[①]除此之外，没有什么具体的含义。而“域”有“地方”“处所”“范围”“故土”，甚至有“国”等意。

自古迄今，在涉藏地区的历史地名中，以“李”打头而命名的地名除了“李域”外，还有“理塘”（ལི་ཐང་།）。已知的“理塘”有两个：一个在四川甘孜藏族自治州的理塘县，一个在甘肃甘南藏族州夏河县西南郊。两个地名在藏文中写法一致。甘孜的“理塘”，位于流经理塘的“理曲”（ལི་ཆུ།）河岸上，这个地名是依照河流而命名的，还是说这条河是依照地名而命名的？我们无从查考。而甘南夏河县的“理塘”，则因拉卜楞寺的第四世嘉木样活佛嘎藏图丹旺徐（1856—1916年）祖籍是甘孜，被认定为该寺第三世嘉木样活佛的转世灵童来到拉卜楞寺后，四川甘孜地方的部分藏族也随之迁来。因为康区是藏族歌舞之乡，他们同时也带来了当地的歌舞和音乐。这些人迁来后就定居在寺院西南郊区，这个地方也就被称为“理塘”。[②]这如同木雅的命名一样：西夏被元灭亡，部分部族迁徙到康区，如今的人名和地名中仍旧保留有“木雅”。西夏在藏语中称作“木雅”（མི་ཉག），人名如“木雅贡布”（མི་ཉག་མགོན་པོ།）[③]，地名如“木雅寺”（མི་ཉག་དགོན།）“木雅塔”（མི་ཉག་མཆོད་རྟེན།）[④]。

在藏族历史上，有西夏人迁徙至今涉藏地区的传说，却迄今没有听说“李域”人迁徙至今涉藏地区的说法。从地理坐标来看，“李域”位于“协洽布”（汉文文献称作“玉河”）河岸，从藏文词性上看虽然它与这条河的命名没有任何联系，但却与这条河以及位于这条河岸上的“གླང་མགོ་རི།”（汉文文献中的“牛头山”或“牛角山”）为一体，组成了灿烂的古代“李域”的地

① 张怡荪主编：《藏汉大辞典》（下册），民族出版社，1993年，第2779页。

② 夏河县民政局编：《夏河县地名普查资料》，油印本，1987年。

③ 北京民族文化宫已故著名藏族学者。

④ 坐落在青海省贵德县城。

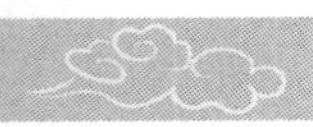

域文化。"理塘"中的"理"和"李域"的"李"，虽然汉文音译时写法不同，但在藏文中写法是一样的，都是ལི。

将"李域"单纯地解释为"响铜之地"或"响铜之国"也不可取。虽有人认为南疆一带古代产铜，藏语li即为青铜合金之义，因而称该地为"产铜之地"。[①]格勒在《藏族早期的历史与文化》中谈到古代藏族与于阗的关系问题时也持此说："藏族之所以称于阗为Li-yul是因为古代南疆一代产铜，藏语li即为青铜合金之义，yul为地方之义，Li-yul则为'产铜之地'。"[②]但"产铜之国"一说，至今尚没有具有说服力的佐证。

在《东嘎藏学大辞典》中有一个"李"（ལི）的词条，这是一个地名名称，是属于阿里地区的一个地名。"这在历史中很清楚，但在今天有无称作'李'的地方还尚待考证。"[③]"李域"在自然地理位置上与阿里地区相距很近，几乎就是一山之隔，依据这条线索，是否与"李域"有必然的联系，也有待于进一步考证。就"李域"名称的由来，手抄本《李域文书》中解释：

> 《香更志》（ཤིང་ཀུན་གྱི་དཀར་ཆག）记载，国王玛哈代瓦（མ་ཧཱ་དེ་བ）生有千子，其中最小者被唤作"李域王李"（ལིའི་རྒྱལ་པོ་ལི།）。其名也被冠于地名，故称之为"李域"，其为当时所起地名而无可非议。[④]

东嘎先生这里将李域与阿里联系起来考证不无道理，也许还能为此一说法提供一点旁证材料。据文献记载，象雄的国王及其嫁悉补野家族的王妹都以"ལིག"字为名字之首，即象雄的王室以ལིག为标志。这与将于阗南山之北称为"李域"是否有内在的联系呢？据吐蕃历史文书记载：（641年）过了三年，赞普赤松赞（ཁྲི་སྲོང་བཙན།）之时，灭李聂秀（ལིག་སྙ་ཤུར།），使象雄全部成为属民而领有之。象雄也即汉文文献中所说的大羊同国，这时的吐蕃基本就与塔里木盆地南缘的于阗直接接壤。《新红史》载："松赞干布十八岁时，派遣噶尔等大臣、骑士百人，前往迎请唐朝帝狮子赞普（སེང་གེ་བཙན་པོ།）之女文成公主抵达森辛宫（པོ་བྲང་ཟིམ་ཤིང་།）……其时二妃子无子。依次所娶之其他二妃子也无子。"[⑤]其中所说的"其他二妃子"指象雄王之女象雄妃李图曼（ཞང་ཞུང་བཟའ་ལི་ཐིག་སྨན།）以及西夏王之女茹雍妃嘉摩尊（རུ་ཡོང་བཟའ་རྒྱལ་མོ་བཙུན།）。[⑥]象雄王室"李"ལིག或ལི之姓氏与"李域"之"李"有没有必然的联系？也有待于我们做进一步的探讨。

此外，在一些研究成果中，因受语言的限制，对"李域"一词的理解都有偏颇，如"吐蕃

---

① 王尧、陈践践：《〈于阗教法史〉——敦煌古藏文写卷P.T.960译解》，《西北史地》1982年第2期，第19页。

② 格勒：《藏族早期的历史与文化》，商务印书馆，2006年，第362页。

③ 东嘎·洛桑赤列编纂：《东嘎藏学大辞典》（藏文版），中国藏学出版社，2002年，第1955页。

④ 手抄本《李域文书》。

⑤ 班钦·索南札巴：《新红史》，西藏人民出版社，1989年，第18~20页。

⑥ 巴卧·祖拉陈瓦著，黄颢、周润年译：《贤者喜宴》，中央民族大学出版社，2010年，第63页。

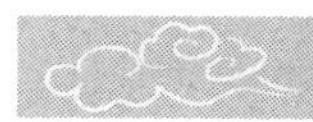

语中又称于阗为ལི་ཡུལ།，意为'ལི之国'，ལི即牦牛"[①]等，都是对藏文的基本含义没有完全理解而造成了曲解。

## 二、学界对"李域"名称的考释

至于汉文文献中的"于阗"名称，利用汉文文献考释的研究成果虽很多，但为何称之为"李域"并未作出解释。

蒲立本认为藏文之称于阗为Li-yul，是因为于阗国王在唐朝被赐为李姓，如于阗王李圣天，以王姓冠于地域，遂称为"李域"。[②]但正如王尧、陈践践先生所指出的，此说之缺点在于时间过晚。[③]所说甚是。李圣天称王，并被赐李姓是在10世纪，即912—966年。李吟屏先生也考证："公元10世纪初，于阗国王以李姓出现在汉文史料中。一般认为李氏王室仍是尉迟氏的继续。李氏王朝中首见其名者为李圣天，据考证，他在位时代为公元912年至966年，即于阗文书中的尉迟娑缚婆。"[④]单从目前我们在藏文文献中所见到的ལི་ཡུལ一名的出现，要早于这一时间很多。李域王在后期的唐代，随着经济的发展和对外的文化交流，他们也自称姓李，缘由何在？在一些研究成果中也给我们做了回答。在《和田春秋》中认为有四种可能：（1）既然自称"唐之宗属"，故假托李姓；（2）于阗在藏文文献中被称作Li-yul即li国，故于阗人冠以li姓，li即李的对音；（3）毗沙门天神系于阗保护神，于阗王历来自称是毗沙门天的后裔，中原地区的汉族人认为北方天王毗沙门天姓李，故于阗王采用汉字"李"姓；（4）可能是唐朝赐姓。其实，从于阗文文书看，于阗王族的姓氏仍是尉迟。[⑤]

目前对"于阗"名称含义比较权威的论证见季羡林等校注的《大唐西域记》：

> 瞿萨旦那国：《史记》作于寘，《汉书》《后汉书》《魏书》《梁书》《周书》《隋书》《旧唐书》《新唐书》《旧五代史》《新五代史》《宋本》以及《法显传》《洛阳伽蓝记》《续高僧传》等皆作于阗；《西游录》作五端；《元朝秘史》作兀丹；《元史》作斡端，又作忽炭；即今之和阗。回鹘文作udun(见土古舍娃《玄奘传回鹘文译本残卷》，第16页)现代维吾尔语称为Hotan。清代由于某些考据家的错误，误置于阗于今之克里雅县；

① 李吟屏：《和田春秋》，新疆人民出版社，2006年，第5页。

② 蒲立本：《论钢和泰卷子的时间》，《泰东》第四卷，转引自王尧、陈践践《〈于阗教法史〉——敦煌古藏文写卷P.T.960译解》，《西北史地》1982年第2期，第19页。

③ 王尧、陈践践：《〈于阗教法史〉——敦煌古藏文写卷P.T.960译解》，《西北史地》1982年第2期，第19页。

④ 李吟屏：《和田春秋》，新疆人民出版社，2006年，第109页。

⑤ 李吟屏：《和田春秋》，新疆人民出版社，2006年，第136~137页。

遂有于阗（克里雅）、和阗之分。

瞿萨旦那当为梵文化的名称，原文应为Gostana（不是以前人们认为的Kustana）。原注中的汉那即为当地古代和阗塞语文献中的Hvamna或Hvana。豁旦应为穆斯林传统之*Huatan〉Hotan（《突厥语辞典》作Hotan）。所谓“印度谓之屈丹”当然非指梵文，而应指印度俗语。汉代于阗古音以为*ódan，匈奴之于遁当因其原始阿尔泰语圆唇音谐和规律之影响变为*ódun。此外，唐代龟兹人礼言所著《梵语杂名》中，于阗“矫引嚟二合曩Korttana”，也即古代突厥碑铭《暾欲谷碑》十四行中的qortan……藏文文献中通常称和阗为Li-yul，意为“李国”。

伯希和对和阗一名的含义曾作下列解释：“总之，和阗一名的古音（公元前2世纪）当为Godan。到公元初又有作Gostāna〉Gostana的，与前一名称同时存在。二者都为*‘Go地（国）之义，*Go是和阗地区地名中觉的成分，如梵文化的*Gomati(按：即《法显传》中的瞿摩帝，和阗地区寺院名），Gośṛṅga（按：即《西域记》中之瞿室［食麦］伽山，玄奘注‘唐言牛角’），*Gomasālagandha（按：即《日藏经》中之瞿摩娑罗香）等，但目前尚不能解释。*Go可能为该地民族之名称。”[①]

此外，张广达和荣新江在《于阗史丛考》中也做了补充考释：“和田，古名于阗，在古代于阗文中作hvatana……”[②]“于阗又名和阗，但在汉文文献中统称‘于阗’，例如从《史记》到《明史》都是如此。至于于阗的当地名称，在较早的佉卢文字中叫作Khotana，在于阗文书中作Hvamna和Hvam，后者也就是玄奘在《大唐西域记》中所称之‘涣那’。在周围文明的影响下，当地还有源于梵语的Gaustana（瞿萨旦那）和源于汉语的Yūttina等叫法。”[③]

对李域（Li-yul）名及其意义的研究，美国学者柔克义（Rockhill）认为，li在藏文里为钟铜之义，藏文典籍称于阗为“李域”，其意是钟铜之国（beumetal country）。[④]瓦尔特认为li即犁，与于阗产牦牛有关。[⑤]岑仲勉先生主张，li字为边鄙之义，与汉文俚字有关。[⑥]巴桑旺堆则主张，li字本主为钟铜，引申为合成、混一之义，乃藏族人把于阗看作是发源于印度之佛教、文字和来自汉王朝之俗意人群混合在一起之国家，故称之为“李域”。[⑦]日本学者白鸟库吉则释于阗为

① 玄奘、辩机原著，季羡林等校注：《大唐西域记》，中华书局，1985年，第1002~2003页。

② 张广达、荣新江：《于阗丛考》，上海书店，1993年，第197页。

③ 张广达、荣新江：《于阗丛考》，上海书店，1993年，第52页。

④ W.W.Rockhill, The Early History of Li Country[Khotan], in The Life of the Buddha, chapter VIII, New York 1935, p.230~248。

⑤ Walters, On Yuan Chwang's Travels in India, vol.2, p.300.

⑥ 岑仲勉：《汉书西域传地理校释》，中华书局，第74页。

⑦ 巴桑旺堆：《藏文文献中的若干古于阗史料》，《敦煌学辑刊》1986年第1期，1981年，第71页。

藏语 gyu–vong，意为“玉村”。[①] 褚俊杰基本支持这一说法，认为《李域教法史》(作者称之为《李域历史》) 中的 hu–then 一词为 gyu–tonh 的变音。[②]

关于于阗人的李姓之由来，在《和田春秋》中做了考释：851年后，于阗摆脱了吐蕃的统治，以“大于阗汉天子”的称号与沙州政权互致书函。后梁乾化二年（912年），于阗王李盛天自称“唐之宗属”，史学界把他比定为于阗文文书中的于阗狮子王尉迟娑缚婆（visa sambhava），visa 就是尉迟。至于于阗王为什么自称姓李呢？如前所述，《和田春秋》中给出了四种可能。但其实，从于阗文文书看，于阗王族的姓氏仍是尉迟。[③]

前贤对于阗的名称及其来源考论精湛，令人叹服，唯因藏文文献的阙如，却留下一个小小遗憾。本书力求将藏文文献中的相关内容提炼出来，试图来进一步探讨，以期抛砖引玉，希望对探讨“ལི་ཡུལ།”一称之由来有所裨益。

## 三、“李域”在藏文文献中的不同阐释

关于“李域”（ལི་ཡུལ།，于阗）指新疆南部昆仑山以北和塔克拉玛干沙漠之间一带的于阗地区，藏学界亦有不同观点：有的学者认为“李域”是指现在的尼泊尔；有些文献中还称李域为“瓦洛”，即指“南部尼泊尔”；有的认为就是新疆的于阗地区；而有些权威学者认为是指今天的“新疆”。总之，“李域”名称的阐释总计有超过十种之多：

### （一）“李域”是“尼泊尔”之说

《牛头山授记》记载：“泊域”和“李域”两者为一。[④] 成书于明代的《汉藏史集》中作者在“李域王统”（ལི་ཡུལ་གྱི་རྒྱལ་རབས།）的标题之下，记载的内容却是“尼泊尔王统”（བལ་པོའི་རྒྱལ་རབས།），并在著作中进一步诠释：

> 在这被称为“泥婆罗”（བལ་པོ།）的“李域”之地，佛教及执法大德、王臣有如下述：佛陀释迦牟尼为利乐众生而觉悟成佛后有二十一座宫殿，最后一座为李域国，故与别国相比功德更为广大。初时，迦叶佛出世，李域被称为“杂丹吉域”（ཙ་དན་གྱི་ཡུལ།），佛教非常盛行。[⑤]

这段文字给了我们一个强烈的信号，即“泥婆罗”就是“李域”，这到底是作者理解的偏

① 白鸟库吉著、王直古译：《塞外史地论文译丛》第2辑，第139页。

② 褚俊杰：《羌人西迁与和阗起源》，《西藏民族学院学报》1982年第3期，第76页。

③ 李吟屏：《和田春秋》，新疆人民出版社，2006年，第136页。

④ 德格本《牛头山授记》。

⑤ 达仓宗巴·班觉桑布：《汉藏史集》（藏文版），四川民族出版社，1985年，第84页。

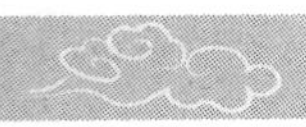

差还是当时就存在这种说法，是个很难判断的问题。因为在手抄本《李域文书》中，就对“李域”是指的“泥婆罗”说法提出了不同的看法：

《日藏经》载：“喀夏地方是地乳王之驻地，在牛头山脚下高玛达河岸（གོ་མ་ཏི），称作仙人罗汉圣地的‘高玛萨拉干达’，即喀夏地方与李域所属仲迪地方。”因一阿罗汉幻化成为一匹金色的鹿羔，故也就形成如此名称的地方名。总之，“喀夏”和“李域”不同。法王萨迦班智达曰：“在《佛的教问经》中，有‘卡切等，玛卡和李域’不同之说。”但是，有说各种圣迹存在共计有六千八百一十八年。在泥婆罗没有发现如此之多的印迹，但是，国王尉迟布尔玛在牛头山上也□□□□□□□建立了豪兜汗佛殿，如今均供置有佛陀释迦牟尼大佛像的说法，而泥婆罗就没有。据说此佛塔和佛寺的护法为多闻子和夜叉之掌托真巨智以及龙王玛哲巴。泥婆罗香更寺的护法承认是魔王布纳雅嘎，这一点，也能看出它们的不一样。高玛萨拉干达是饮光佛之（舍利）塔。泥婆罗香更是国王奥瑟尔高恰在泥婆罗王城四大街道皆所能见之处所创建的大佛塔之一。国王问道：“允许进入泥婆罗？”护臣们答：“为了护佑可以建。”这在《道果夏玛派》所述的几则故事中有记载。

坐落在李域仲迪寺此方土地，从前是月光王头颅施舍地，在此处建有南摩布达栋德佛塔之地是据说众月光王施舍子女的地方，在泥婆罗有这些的说法没见过出处。在《牛角山授记》等典籍和上面所讲的祈愿经典中，“泥婆罗”之名尚若有，却也不能成为同一地方的理由。“高萨拉”是净善地，与李域国都萨杰两者，同名而不同义，就像印度的那烂扎①和吐蕃那烂扎。②

就“李域”是“尼泊尔”之说，东嘎·洛桑赤列先生也作过考证，认为尊者日贝热智所说的“地乳统治的李域，不是印藏交界的泊域”一说可信，并进一步强调：

更钦卓隆巴（ཀུན་མཁྱེན་གོ་ལུང་པ།）、萨迦班钦（ས་སྐྱ་པཎ་ཆེན།）、郡丹日热（བཅོམ་ལྡན་རིག་རལ།）、结尊热达瓦（རྗེ་བཙུན་རེད་མདའ་པ།）等大多学者不但认定“李域”与“泊域”（བལ་ཡུལ། 即泥婆罗）不同，而且奥堪钦索南隆珠提出了“泊域”与“李域”有许多不同原因的实例，可参见其著述《郡王贡布坚赞之问答·王子欢乐之花朵》（手抄本）……卓隆巴罗哲迥纳道：“在印度的东北部为‘李’和‘泥婆罗’之域。”“泊域”和“李域”各异。③

① 即那烂陀。

② 手抄本《李域文书》。

③ 东嘎·洛桑赤列：《东嘎藏学大辞典》（藏文版），中国藏学出版社，2002年，第1956页。

那么,《牛角山授记》与《汉藏史集》的作者为何会将这么大的地域概念混淆呢?这究竟是误写还是后人在传抄或雕版时误写了。经过考量两者都不是,这应当说当时在明代藏族学者中,对“李域”地名确实有这样的写法和称法,理由很简单:《汉藏史集》著于藏历第七饶迥木虎年(1434年,明宣德九年),作者是达仓宗巴·班觉桑布,他是15世纪初期著名的学者。藏族学者以惊人的记忆力而闻名,传统的基础性和经典性知识都要背诵。所以说一个知名的学者,将著名的历史地名混淆了是不可能的。我们的这一判断在东嘎·洛桑赤列的《东嘎藏学大辞典》中得到了更进一步的证实:

> 巴卧·祖拉陈瓦的《贤者喜宴》中认为,李域的历史,国王阿育王之子地乳统治的李域和《牛角山授记》记载的山和佛塔等是在“泊域”时期的。可见,历史时期,可能有过“李域”属于“泊域”地区的概念。《时轮经》中所指的内外七域和六域时论说的李域是坐落在吐蕃北方的李域。[①]

正是由于这种历史上的演变,以致在史书记载上欠清晰明确,造成了后世学者对李域国区域范围的争论和不懈探求。东嘎先生试图解释文献中将“李域”与“泊域”视为一地的现象,因此推测“李域”在历史上可能曾经隶属于泥婆罗。但其提出的根据却非常牵强。将“泊域”与“李域”作为一地的记载在藏文文献中确实存在而且对后世影响很大,甚至给我们今天的判断也造成了一定的混乱和麻烦。但这毕竟与事实不相符合,故在后世著述中产生了诸多的辩证和辨伪之作。这些争论有时会使问题变得更加复杂,但同时也说明,人们还是不肯轻易相信不真实的东西。

可见,“泊域”与“李域”很可能是在不同时期,所指代的区域范围有所不同,早期的“泊域”可能是与“李域”在地理范围上有过重叠,故在早期文献,准确地说是《牛角山授记》与《汉藏史集》的成书时代,作者所能见到的文献中确有明确的记载说“泊域”与“李域”为一地,故为作者所接受,并反映在作者的著作当中。无论如何,这种说法为我们今天考查中古时期“李域”在不同时期的地理范围提供了可贵的信息,是值得仔细讨论的。

在藏文文献中,“李域”的地理概念只是一个大概的范围,对“李域”疆域描述也是极为简单,尤其10世纪逐步被伊斯兰化的“李域”,在后期的藏文佛教经典中就几乎很少提及了。在手抄本《李域文书》中,“李域”这一地域所处的位置,为坐落在“汉地”和吐蕃交界之北,印度地域中的西北交界。[②]《汉藏史集》记载,在这被称为“泥婆罗”的“李域”之地,佛教及执法大德、王臣有如下述:佛陀释迦牟尼为利乐众生而建,成佛后有二十一座宫殿,最后一座

---

① 东嘎·洛桑赤列:《东嘎藏学大辞典》(藏文版),中国藏学出版社,2002年,第1956页。

② 手抄本《李域文书》。

为李域国，故与别国相比功德更为广大。[①] 近代学者所写的《白史》中阐述：李域在西藏以北，俄罗斯以南，印度称它为“冈萨得夏”，别的国家则曰“土耳其斯坦”，汉族人则称之为“新疆”。此地之东界，与青海之北部相连，西界则为拉达克和商旅往还之叶尔羌。[②]

至于当今学界的认识上，将“李域”与古代的“西域”对等，就更应该商榷了。事实上，西域是汉朝以后对玉门关、阳关以西地区的总称，始见于《汉书·西域传》。在汉文文献中，西域有广义和狭义之分：狭义的“西域”东则接中原地区，以玉门关、阳关为限，西则以葱岭为限；广义“西域”则包括亚洲中、西部，印度次大陆，欧洲东部和非洲北部。无论是广义或狭义，其范围远远超出藏文文献中“李域”的范围。既然如此，我认为“李域”也有其狭义和广义之分。那就是狭义的“李域”应该指就是当今和田市的范围，也就是藏文文献中所指的“协洽布河”（ཤེལ་ཆབ།），即汉文文献中的“玉河”两岸以及牛头山（གླང་མགོ་རི།）周围。而广义的“李域”，指今天的“和田”周边地区，更进一步讲就是限定在今新疆的南部地区较为妥当[③]，与“西域”完全不可能混淆。

**（二）“李域”为“瓦洛”（南部尼泊尔）之说**

顾名思义，“瓦洛”（བལ་ལྷོ།）的“瓦”（བལ།）就是“瓦布”（བལ་པོ།）即“泥婆罗”的简称，“洛”（ལྷོ།）即“南”的意思，连起来就是“南部泥婆罗”。尼泊尔曾经是吐蕃的附属国，位于我国喜马拉雅山南麓，与西藏一山之隔。据相关资料记载，尼泊尔的几个民族中，其中的“夏尔巴人”“达玛人”都是历史上迁徙过去的藏族。如今他们仍然操藏语，使用藏文。藏族人称尼泊尔人为“瓦布”（བལ་པོ།）或“泊波”，他们的工匠如石匠和铁匠著称于世，自佛教传入涉藏地区后，大批能工巧匠被请来，从事佛寺的修建工程。直到18世纪末，仍然有大批尼泊尔工匠来藏，部分还留住下来[④]，人们称这部分尼泊尔人为“瓦波”。“李域”为“瓦洛”即“南部尼泊尔”虽不见经传，但在藏族人中有这样的说法，故于此略备一说。

一般来说，即便是第一种说法“李域”曾经是属于“尼泊尔”所辖成立的话，“瓦洛”顾名思义就是“南部尼泊尔”，应该在“尼泊尔”的南部，而“李域”不但在吐蕃的北部，而且也在尼泊尔的北部，这显然是地理方位的错误；即便尼泊尔曾经统治过该地区，但也没有理由将其称为“瓦洛”。

有关研究资料表明，“尼泊尔王国位于西藏的西南。在古代，西藏人称其为拍隅或洛拍。

---

① 达仓宗巴·班觉桑布：《汉藏史集》（藏文版），四川民族出版社，1985年，第84~87页。

②《根敦群培文选》（藏文版），四川民族出版社出版，1988年，第50页。

③ 这一提法，在尕藏加的《吐蕃佛教与西域》（第67页）一文中也有相同的说法。

④ 拉卜楞寺的大金瓦寺（弥勒佛殿）建于1788年，三个尼泊尔工匠将该寺建成后，定居在拉卜楞寺附近的霍尔卡加村，如今大约有400多名后裔，藏语称他们为“泊吾仓”（bal-po-tshang）。（参见丹曲《拉卜楞史话》，民族出版社，1998年，第122页）

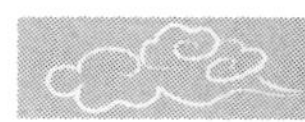

敦煌文献吐蕃史料记载：‘猴年，赞普（吐蕃国王）夏季居住在拍波（尼泊尔）。’在洛钦·汤拉的记载中：‘我们在洛拍（南部尼泊尔）是胜利者。’尼泊尔称西藏为蕃。在公元695年尼泊尔所颁布的古代历史文件中，称西藏为蕃、卫斯提。当时这一文件明白无误地宣称，吐蕃占领着波和达这两个地方。”[①] 尼泊尔在历史上曾经是吐蕃的附属国也是无可厚非的。

“瓦洛”有时还可写作“洛瓦”（ལྷོ་བལ།）。该词的含义，石泰安一度认为赤松德赞第二诏书中的“洛巴”人所奉的宗教更应该是“胡人”的宗教，很可能是指敦煌地区汉族人的宗教。[②] 后来，石泰安又认为，“洛巴”实际上是一种泛指，即对异邦人、陌生人的一种泛指，其中可能还带有“野蛮人”的贬义，其地理方位并不仅限于南方，而更多地指向吐蕃的北方或东北地区。罗伯托·维塔利则认为“洛巴”一般是对相对于吐蕃人而言的外邦人的泛指，但在某些场合则特指于阗人。[③] 国内学界对洛瓦（lho-bal）一名的研究，详见杨铭《国内外关于敦煌藏文卷子中 Lho Bal 的研究》及相关论文。[④] 总之，泥婆罗与李域在文献记载中既相区别又相混淆，其中的疑惑困扰着人们。

### （三）“李域”是指“和田”说

在藏文文献中有“和田”（ཧུ་ཏན།）这一名称，就目前我们看到的资料，的确没有见到“于阗”之称，而在汉文文献中“于阗”“和阗”以及“和田”三种称法都有。[⑤] 所以在对藏文文献的翻译过程中，可以发现，凡是遇到“李域”，都将其翻译成“于阗”。其实，藏文文献中的“李域”能否与汉文文献中的“于阗”在地域范围上对等，这仍需慎重考证定夺。藏文大藏经中的《李域授记》，在汉文目录中就翻译为《于阗国授记》或《于阗国悬记》，敦煌古藏文写卷 P.T.960 的《李域教法史》，就译成《于阗教法史》等。管·法成将《李域授记》译成汉文，并起名为《释迦牟尼如来像法灭尽之记》[⑥]，其中将“李域”翻译为“于阗”。王尧先生曾对管·法成作过考证：“管·法成（vgos-chos-grub）是公元9世纪间一位藏族翻译家，出生于吐蕃贵姓管氏家族。这一家族在吐蕃地方政权里有过一些声势煊赫的人物，如：赤都松芒保杰赞普（vgos-gyag-chung）时的七大权臣之一，出自管氏家族的管·雅琼……”[⑦] 法成成年以后辗转到了沙洲（今敦煌），

① 陈践、王尧编注：《敦煌本藏文文献》（藏文版），民族出版社，1985年。

② 石泰安：《有关吐蕃佛教起源的传说》，耿昇译，载《国外藏学研究译文集》第7辑，1990年，第293页。

③［英］罗伯托·维塔利：《早期卫藏地区的寺庙》（Early Temples of Central Tibet），London，1990.p.7~8。

④ 杨铭：《国内外关于敦煌藏文卷子中 Lho Bal 的研究》，《国外藏学动态》第7期，第21~27页。

⑤ “于阗”一名最早见于《史记·大宛列传》：“……其北则康居，西则大月氏，西南则大夏，东北则乌孙，东则于罙（弥），于阗。”“此后，直到宋代，我国的正史、野史均统一写作于阗，阗又写作寘。”“明朝士大夫文人又取传统的译音‘于阗’，清代翻译成‘和阗’，1959年又将‘阗’字简化为‘田’。”（见李吟屏《和田春秋》，新疆人民出版社，2006年，第2~3页）

⑥ 此经文收录在《大正新修大藏经》第51册 No.2090《释迦牟尼如来像法灭尽之记》（因缘一卷）。版本记录：CBETA 电子佛典 Rev.1.9（Big5），完成日期：2004/11/14。编辑说明：本数据库由中华电子佛典协会（CBETA）依《大正新修大藏经》所编辑。

⑦ 王尧：《吐蕃译师管·法成身世事迹考》，《西藏文史考信集》，中国藏学出版社，1994年，第17页。

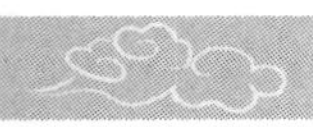

住在永康寺，开始了他的译经事业。“总之，直到公元859年以前还可以见到法成活动的踪迹。从这以后，就没有他的消息了。”[①] 这就是说，9世纪中叶，在佛经文献中就将藏文文献中的“李域”翻译成“于阗”了。到底“李域”始于何时，也无法考证。

藏族著名学者东嘎·洛桑赤列在《东嘎藏学大辞典》中解释：“李域，在今天的新疆地区，从古代赞普（བཙན་པོ།）时期，就称作李域（ལི་ཡུལ།）。”[②] 赞普，吐蕃君主的称号，《新唐书·吐蕃传》记载：“其俗谓雄强曰赞，丈夫曰普，故号君长曰赞普。”[③] 赞普时期，最先是西藏雅隆悉勃野部落的酋长采用此称号，吐蕃建立后仍然沿用此称号，藏文文献称最早的赞普始于天赤七王（གནམ་གྱི་ཁྲི་བདུན།）的聂赤赞普，之后又有上丁二王、中列六王、地德八王等。《敦煌本吐蕃历史文书》称聂赤赞普三十传至松赞干布，松赞干布开始的吐蕃赞普共十人。松赞干布在位时间是650年前后。据有关专家学者推算，聂赤赞普在位时间大约是公元前360年即周显王九年、秦孝公二年，大致与藏族史书相符。[④] 如果按照这个时间来看，则“李域”一名历史悠久。

**（四）“李域”是“新疆”之说**

这一说法就很晚了，藏族近代著名学者根敦群培的著作《白史》中，就“李域”的名称和地理范围做了一番考察，他认为：

> “李域”在西藏以北，俄罗斯以南，印度呼它为“冈萨得夏”，别的国家则曰“土耳其斯坦”，汉（族）人则称之为“新疆”，此地之东界，与青海之北部相连，西界则为拉达克和商旅往还之叶尔羌。[⑤]

东嘎·洛桑赤列先生则指出：

> 按照郡丹日贝热智所说的“地乳统治的李域，不是印藏交界的泊域”来看，李域在藏区[⑥]的北部、俄罗斯的南部地域，印度语称为“噶穆萨戴夏”，另外地方称“迪尔格斯坦”，汉语称“新疆”。此地的东部为青海省的北部，与其毗邻的是阿里与拉达克的商道即称为“叶尔克”的地区。古代在此地区佛教盛行，松赞干布时期，佛教渐衰，此地的僧人逃至吐蕃和印度。自此变为外道之中心。目前仍有高恰岗牛头山佛殿的遗址，另外尚有一个佛塔，古代的寺院遗址很多。此地的民族是蒙古后裔。[⑦]

从上述记载来看，“李域”是“新疆”也是成立的，但不确切。在研究中我们得知，一些

---

① 王尧：《吐蕃译师管·法成身世事迹考》，《西藏文史考信集》，中国藏学出版社，1994年，第21页。

② 东嘎·洛桑赤列编纂：《东嘎藏学大辞典》，中国藏学出版社，2002年，第1956页。

③《新唐书·吐蕃传》。

④ 段克兴、胡东柱、朱解琳编：《西藏历史年表》，西北民族学院研究室，1980年。

⑤《根敦群培文选》（藏文版），四川民族出版社，1988年，第50页。

⑥ 今规范称为涉藏地区。

⑦ 东嘎·洛桑赤列编纂：《东嘎藏学大辞典》，中国藏学出版社，2002年，第1957页。

学者都是犯了同样的错误：他们在考证早期疆域时，往往忽视了历史地理的变迁，将早期的一些地名、部落以及国家名同晚期的等同起来，这样不仅造成了我们今天在研究成果中的诸多笔误，更重要的是历史自然地名的相互混淆。无论是广义的“李域”还是狭义的“李域”，是不能与“新疆”或“西域”地名概念所等同的。因为从乾隆时期西域才被称作“新疆”，嘉庆时期西域才完全被新疆一名所代替。[①] 严格意义上来讲：“魏晋以前的于阗只包括现今和田河流域的和田、墨玉、洛浦三县地域，魏晋以后于阗逐渐强大，兼并了临近的皮山、渠勒、戎卢、扜弥、精绝等城郭之国，领地大致相当于今和田地区。这片地域，东西长约670公里，南北宽约600公里，总面积24.78万平方公里。”[②]

### （五）“李域”为“杂丹吉域”之说

这一说法见载于《汉藏史集》之中：“李域”被称为“杂丹吉域”（ཙ་ལྡན་གྱི་ཡུལ།）”[③]。

从藏文字面的本意来看，“杂”（ཙ），即“杂瓦”（ཙ་བ།），有“根”“根基”“源头”“关键”之义，“丹”（ལྡན）有“具备”“者”之义，“域”（ཡུལ）就是“李域”之“域”，“地方”和“国”的意思。此名称连起来汉译为“根基之地”或“源头之地”。这样的名称做何解释？这与佛教传入“李域”有极大的关系。就此问题，上面我们也曾谈到过：当佛教由印度向四面传播开来时，最初传入“李域”后，喜马拉雅山的天然屏障阻挡了吐蕃人求法的道路，那么最先传入佛法的“李域”自然在吐蕃人的心目中是至高无上的，将其称为佛教文明的“根基之地”或“源头之地”也自然解释得通。

如果说“根基之地”或“源头之地”的含义成立，那便有可能与佛教文化的传播中心地带有关系。就第五种情况来说，这种名称虽然在藏文文献中不多见，但从藏文语法构词上能讲得通，如在藏文文献和藏语语言习惯上称“汉地”为“嘉那合”（རྒྱ་ནག）或“嘉那合吉域”（རྒྱ་ནག་གྱི་ཡུལ།），“吉”（གྱི）为藏语语法（བོད་ཀྱི་བརྡ་སྤྲོད།）中的《三十颂》（སུམ་བཅུ་པ།）中的第六格所属格（རྣམ་དབྱེ་དྲུག་པ་འབྲེལ་སྒྲ།），相当于汉语中的“的”或“之”，“域”（ཡུལ）指“地方”或“国”，有时也可将“地方”或“国”冠在名词前面如“域嘉那合”（ཡུལ་རྒྱ་ནག），所以说是符合藏语语序排列。

### （六）“李域”还被称为“域李”

东嘎·洛桑赤列在《东嘎藏学大辞典》中考释：

> 古代在此地区佛教盛行，松赞干布时期，佛教渐衰，此地的僧人逃至吐蕃和印度。自此变为外道之中心。目前仍有高恰岗牛头山佛殿的遗址，另外尚有一个佛塔，古代

---

① 牛汝辰著：《新疆地名概说》，中央民族大学出版社，1994年，第14页。

② 李吟屏著：《和田春秋》，新疆人民出版社，2006年，序言。

③ 达仓宗巴·班觉桑布著：《汉藏史集》（藏文版），四川民族出版社，1985年，第84页。

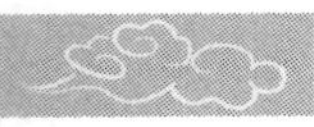

的寺院遗址很多。此地的民族是蒙古后裔。更钦朗钦巴说“坚热穆保”等地的蒙区。此地安多地区称作“域李”，其意与称作“李域”之词的头尾相倒置，也与所谓的“印度”的“印度之域”相同。①

**（七）“李域”为西夏说**

西夏藏语称为“མི་ཉག”，安多语记音为“木聂合”，在汉文文献中一般称为“木雅”。也有人将“李域”说成是西夏的，其理由是西夏人姓李。英人罗伯托·维塔利在谈到《早期卫藏地区的寺庙》时，他对“波罗—中亚艺术样式”中“中亚”的解释与杜齐不同，他认为这里的“李域”，与其说是于阗，莫若说是西夏更合适些，因为西夏的君主也为李姓。②

总之，这种说法且可以作为书写过程中出现的一种现象，不致对“李域”一词的叫法产生错乱。

**（八）“李域王李”之源说**

这是在新发现的手抄本《李域文书》中所引用的《香更志》的说法：

> 国王玛哈代瓦生有千子，其中最小者被唤作“李域王李”（ལིའི་རྒྱལ་པོ་ལི།）。其名也被冠于地名，故称之为“李域”，其为当时所起地名而无可非议。

藏文文献中提及的《香更志》本人在研究过程中始终没能找到，但这也许可能是较晚期的说法，因为《香更志》的文献在早期的敦煌本《李域教法史》和德格版式《李域授记》中都未引用过。所以，这里是否与后世于阗王冠以李姓而附会不得而知。

**（九）“李域”为“萨勒尼玛尼之域”说**

这一说法见载于《牛角山授记》。“萨勒尼玛尼之域”（ས་ལས་ནུ་མ་ནུའི་ཡུལ།）中的“萨”是“地”或“土”之义；“勒”藏语语法“从由格”中的“从”或“由”之义；“尼玛尼”是“乳头”或“乳”之义；“尼”，动词“吮吸”；“域”是“地”或“国”之义。那么“萨勒尼玛尼之域”可译为“吮吸地中产生乳头之地（国）”，可简称为“地乳之地（国）”。从《牛角山授记》记载来看这便是李域国即于阗国刚刚建立后的名称。

> 此时，汉王捡到了多闻子之子。多闻子也在此世间赡部洲称作阿育王之国王处为其所生之子，影佳行美，漂亮。……此子遭王所弃……为了此子，地生一乳，此子以先前的福泽善业根基之力量，得乳头将其抚育，于是其子名为“萨勒尼玛尼”（ས་ལས་ནི་མ་ནུ，地乳）。此子速快成长，接替汉地父王的王权，拥有了诸多财富，诸多大臣围他而转。王子萨勒尼玛尼随一称作姜肖的大臣，与几个士兵一起从汉地来到了此地。

① 东嘎·洛桑赤列编纂：《东嘎藏学大辞典》，中国藏学出版社，2002年，第1957页。

② ［英］罗伯托·维塔利：《早期卫藏地区的寺庙》（Early Temples of Central Tibet），London，1990。

然后，依次为根据地，国王萨勒尼玛尼为管理此地，为此，将此地起名为“萨勒尼玛尼之地”（ས་ལས་ནི་མ་ནུའི་ཡུལ།）。当时，从西方一些地方的许多天竺人也来到了此地，做了国王萨勒尼玛尼的臣民，形成了几种政治（制度）。汉地大臣姜肖等将逐步兴建（类似）汉区与天竺的城市、村庄。[①]

**（十）“李域”为“鲁域”之说**

“鲁域”，藏文写作“ཀླུ་ཡུལ།”。“鲁”（ཀླུ།），在《藏汉大辞典》中解释为“龙”，梵音译作“那伽”，佛教典籍中所说八部众中一类水栖的人首蛇身者。加上“域”，如上文所解释的“地域”“地方”和“国”的意思。连接起来就有“龙宫”和“龙栖息之地”。这一解释也是藏族最传统的解释。“鲁域”这个名称可能与古代汉族地区、吐蕃、喜马拉雅山周边地区各国龙的传说和龙图腾崇拜有很大的关系。藏文文献《李域授记》记载：

这时汉地、赤面国、印度、李（域）等恒河流域以外的地方佛法衰灭，恒河彼岸的固夏布地区三月内衰灭，僧众们抵达甘达热地区附近的龙王艾拉巴哲圣湖岸边，三宝的加持将湖水变得污浊而浪滚。龙王想：“我之境地怎么如此污浊而浪滚？”瞪着幻化的眼神，知道释迦牟尼的教诫、教法临近灭了。大多僧侣看到时，知道就是如此，然后（龙王）化作老翁，出现在湖边，来到众僧侣面前，向僧众挥手问曰：“这些僧伽从何而来，到哪里去？”僧伽道：“我等从赤面之地寺院而来，寻找施主和佛法依业处，我等往甘达尔钦布去。”老翁曰：“僧伽此次寻觅生活何等艰难？徒步去此甘达尔钦布需四十天的路程。僧伽不具备二十天的生活用品能去吗？”众僧伽号啕大哭，龙王看到后生出怜悯对僧伽道：“在此前方，有一近路蟒蛇之桥，若能行走将很快抵达！”说完老翁随即消失。于是，龙王在山旁搭建通道，自身变作一巨蟒，海上搭桥让僧伽通过。前世所做的恶业被现在消除，此乃最终的想法，祈愿后搭建蟒桥。此时，走了十五个昼夜，人畜通过，有一人畜从蟒桥坠落而亡。太多人畜通过，蟒的脊背部分破漏，部分破裂，黑血如雨而流，染红海子，僧伽大多通过了蟒桥而变得脸面通红。此后，巨蟒掉入大海，恒久以后，湖水干涸，形成了吉祥的圣地。

从以上记述来看，佛教在汉地、吐蕃、印度、李域等恒河流域以外的地方衰灭后，僧众四处逃难，抵达甘达热地区附近的龙王艾拉巴哲圣湖岸边时，曾得到了龙王的救助，先后得到龙王化作“老翁”指路，又化作巨蟒搭桥得以通过，最后，化作巨蟒的龙王（ཀླུའི་རྒྱལ་པོ།）为了佛法而掉入大海，恒久以后，湖水干涸，形成了吉祥的圣地“李域”。

①《牛角山授记》德格木刻板。

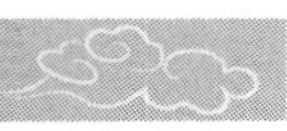

这个传说带有浓郁的佛教色彩，如果剔除宗教的色彩，从古代印度人、藏族人的审美观念来看，龙既是财富的象征，也是生育的象征。佛教盛行的富饶而又美丽的绿洲“李域”，在宗教徒的心目中，它是龙宫“鲁域”，也犹如佛教圣地。为此才有了第一代国王“萨尼”（地乳）[①]的传说和“李域”最初是“海”的记载。正如敦煌古藏文写卷P.T.960《李域教法史》记载：

当初，当地的国王名叫地乳，为印度国王阿育王之子，印度国王阿育王为寻地游方，率众多印度军队及随从走着走着，抵达和田之地，想：有海子之处有绿洲[②]吗？……见有占赛（婆罗门）及相士会集。相士看相后道：“具备殊胜之名，此王子将来比大王您的权势还要强大！”国王产生妒忌而恼怒，乃将其子扔在当初出生之地。国王弃子之地，就是现在和田的北门之内长神殿附近，供奉观世音菩萨之后面的依怙护法殿。

国王弃子时，北方贡布夏热玛（柏哈热玛鼐）指示吉祥天女使地中流出了乳汁，喂养王子使其不死，因而取名为地乳。[③]

从上述记载可以看出，“李域”是将藏族的原始宗教信仰及传说紧密地与地理现象糅合在一起的结果。这些传说虽说是附会了佛教的内涵，但在佛教尚未传播到吐蕃时，在吐蕃的原始苯教中也有许多“鲁”（龙）的信仰和记载，当然我们不能排除“鲁域”这一地名在信仰苯教的吐蕃早期就有的可能性。此外，据说大乘佛教开山祖师龙树[④]也曾到达“李域”取经。龙树大师的“龙树”系汉语，在藏语中称为“鲁智布”，其中的“鲁”和“鲁域”的“鲁”在藏文中是同一个字，究竟两者有何联系，也是我们以后进一步研究的问题。

通过以上考述，我们认为：“鲁域”是“李域”最古老的名称。正如《汉藏史集》记载：

据说，在雪域吐蕃之国与四邻各国之交界处，有什巴神所立的四座大碑。在东面，在汉地与吐蕃交界的夏普岗噶天神之地方，有准布白螺之碑，以上为吐蕃。在南面，在印度与吐蕃交界的什穆克马库尔魔之地方，有篮色玉石之碑，以内为吐蕃。在西面，在大食与吐蕃交界的岗玛岗久鲁域（ཀླུ་ཡུལ）之地方，有夏孜白银之碑，以下为吐蕃。在北方冲木格萨尔与吐蕃交界的玛梅鲁居曼地方，有热干黄金之碑，以内为吐蕃。[⑤]

其中“大食与吐蕃交界的鲁域之地方”的“鲁域”很有可能就是“李域”的最初写法。

① 敦煌古藏文写卷P.T.960的《李域教法史》，《敦煌本藏文文献》，民族出版社，1985年，第259~261页。

② 翻译也有出入，原译为“想：此地昔曾有人居住……，见有印度军人、婆罗门及占卜相士多人会集一起”，实为想：“有海子之处有绿洲吗？……见有占赛（婆罗门）及相士会集”。

③ 敦煌古藏文写卷P.T.960的《李域教法史》，《敦煌本藏文文献》，民族出版社，1985年，第259~261页，藏文原文第19~32行。

④ 汉文佛经记龙树的年代为佛灭后七百年，而藏文经典言其出生于佛灭后四百年，这种差异也可能为佛教经典传播时间和版本的研究线索，备此。

⑤ 达仓宗巴·班觉桑布：《汉藏史集》（藏文版），四川民族出版社，1985年，第14~15页。

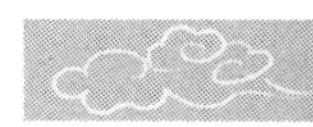

此外，《新红史》记载，吐蕃初创文字时，吞弥·桑布札等人前往天竺，拜见了名叫李敬的学者：

> 吞弥被派往印度，向婆罗门李敬（ལི་བྱིན།）及班智达拉日巴僧格学习文字、声明及颂等。返回吐蕃后，将印度五十个字母创制成藏文三十个字母，并将字母献给赞普松赞干布，复教诸位大臣（学字）。翻译了《宝云经》。吞弥还著有《声明学》等诸多著作。因此，吞弥对吐蕃功德无量。①

《西藏王统记》中也有同样的记载，吞弥·桑布札等人抵达天竺拜见了李敬，并敬承黄金礼物：

> 遂引导吞弥进入于无量珍宝宫中，以示以文字之单体。于是，大臣吞弥则顿开睿敏之机，遂高擎智慧之炬，而为学习文字。唯因纳嘎热文（ན་ག་ར）及嘎达文（ག་ཏ）等种类殊多，为使能在吐蕃固定不变而别制声韵，又仿兰扎（ལཉྫ）天文字体和乌尔都（ཨུརྡུ།）鲁之字体遂创造，成圆满俱足之吐蕃文字。②

其中所说的“乌尔都鲁之字体”我认为有可能就是当时的“李域”文即于阗文。王忠在《新唐书·吐蕃传笺证》中也认为：“李敬（ལི་བྱིན——李瑾）之李（ལི）即李域（ལི་ཡུལ།）之李（ལི），李域为和阗，藏文与古和阗文最为接近。”黄颢在译注的《新红史》中认为：“至于从和阗古文字看，如果说藏文更接近和阗文是有物为证的。因此，藏文取自和阗文之说是有相当说服力的。”③黄振华在《于阗文》中也认为：“早有文字学家指出，于阗文字也许就是古藏文之所本。单从字形比较而言，这也不是不可能的。”④关于藏文的创制，国内外学术界除了仿天竺（印度）文及象雄两种假说，尚有仿于阗文之说。⑤尽管这些说法尚待更进一步的考究，但藏文中的确保存着一些于阗语借词。⑥

“鲁”（龙）神崇拜，在藏族人当中由来已久。苯教经典《十万经龙》中就有“鲁”（龙）神的记载，“鲁”（龙）神崇拜是符合当时吐蕃人的宗教信仰习俗的。这一点从有关记载“李域”的藏文文献中大量出现“鲁”（龙）神的内容来看，也是说得通的。

地名是一种地理现象，又是一种语言现象。不同社会、民族，地名的构造类型、特征是有

---

① 班钦·索南札巴：《新红史》（藏文版），民族出版社，1989年，第18页。

② 萨迦·索南坚赞：《西藏王统记》（藏文版），民族出版社，1981年，第70页。

③ 班钦·索南札巴著，黄颢译：《新红史》，西藏人民出版社，2002年，第107页。

④ 黄振华：《于阗文》，《中国史研究动态》，1981年第三期。本文又载于中国民族古文字研究会编的《中国民族古文字》，1982年，铅印本，第163~169页。

⑤［意］杜齐著，杨元芳、陈宗祥译：《冈底斯山区的古代文明》，《石棺葬译文资料集》，四川文物管理委员会编印。

⑥［英］埃默瑞克著，荣新江译：《于阗语中的藏文借词和藏语中的于阗语借词》，《国外藏学研究译文集》（第六集），西藏人民出版社，1989年，第84~106页。

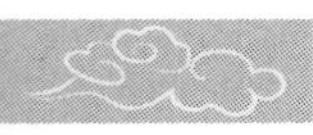

差异的；即使同一种民族语言，在不同时代和不同地域也不尽相同。每个民族在地理名称中不同程度地留下了自己的痕迹。藏文文献中有关“李域”的名称也是一样的。虽然我们看不到古代“李域”地名体系的原貌，但从藏文文献中可以略见一斑。

从地理坐标来看，“李域”位于玉河流域，从藏文词性上看虽然它与这条河的命名没有任何联系，但却与这条河以及位于这条河岸上的牛角山为一体，组成了灿烂的古代“李域”地域文化。这一地域文化运用藏文表现出来后，就带有浓郁的藏文化构词特征。如上面我们所提到的玉河，从字面上看是汉语，而在藏文的书写上就完全按照藏文的确切含义表达成“协洽布”河；而这条河岸上的牛头山，也没有停留在音译的水准上，而是准确地翻译为“朗告日”（牛角山）。如果前面所说的，“李域”的名称最早为“鲁域”的说法成立的话，“龙”“鲁”“李”的发音音调基本一致，“鲁”不仅有地名的实际意义，而且还包含了深刻的文化意蕴，这就保持了地名原本的字面意义、指位意义和指类意义，带有明显的时代文化特征。

## 四、“李域”在藏文文献中的不同写法

从我们目前的研究可以看出，“李域”有三种写法：

（1）“ལི་ཡུལ”。就“李域”的写法而言，无论在敦煌古藏文文献中，还是在藏文文献大藏经或是王统记中，书写是一致的，那就是“ལི་ཡུལ”，这种写法较为普遍。

（2）ཀླུ་ཡུལ 这一写法很少见，唯见于《松巴教法史》中（汉译本第152页）。为何这样书写？我认为有这样一种可能，是藏文的异体字。藏文自发明以来，虽然历史上经过了三次厘定，但是在藏文古籍中仍然有异体字的出现，这说明文字的厘定工作还有待进一步完善。

综上所述，根据藏文文献资料我们可以看出，归结起来，有“鲁域”“李域”“泥婆罗”“瓦洛（南部尼泊尔）”“杂丹吉域”“新疆”以及“域李”之说，但在我看来：第三种说法原本是地域上的误称，但历史上尼泊尔与“李域”有无附属关系？如果这种关系成立，那么也可解释得通。第四种说法严格意义上讲，是不能对应的，也是不准确的。第五种说法是“李域”名称的别名，藏文有自身的辞藻学，别名在不同场所运用，在汉文文献中，仅“于阗”的别名就多达数十个，而藏文中有以上几种也不足为奇。第六种说法不准确，因为新疆的概念大于“李域”的概念。第七种说法，也是成立的。

## 五、汉文研究成果中"李域"的不同含义

对于于阗（或和阗）一词的含义，从汉文资料来看，也有各种阐释。正如李吟屏先生研究：自唐迄今，1300多年来众说纷纭，莫衷一是。截至目前，学者们的解说至少有七种。① 依次为"地乳"、"牛地"（或"牛乳"）、"非常有力的"、"花园"、"玉邑"、"汉人"、"葡萄"等。

（1）"地乳"说：此说来源于玄奘的《大唐西域记》和藏文大藏经的《于阗国授记》、敦煌吐蕃历史文献《于阗教法史》等。持此说者比较普遍。玄奘在《大唐西域记》中说瞿萨旦那国，"唐言地乳"。这来源于古于阗的一个传说，被玄奘记录在《大唐西域记》中。② 藏文史料中地乳作"Sa-nu"，它和汉文名称地乳一样，也是意译。《于阗国授记》和《于阗教法史》也有内容大致的记载③，只不过《于阗教法史》的叙述更为详细。现代的研究者以为"瞿萨旦那"为梵文"kustanm"的对音，"ku"言地，"stana"言妇女乳房，合之即"地乳"之义。

（2）"牛地"或"牛乳"说：英国学者瓦特在其所著《玄奘旅行记》一书中经考证，认为于阗的含义是"放牛的牧场"或"放牛的地方"。在吐蕃语中于阗为 ལི་ཡུལ།，与上述名称的含义相同。我国也有人步其后尘，认为 Gostāna 原义是"牛地"，另一个是因 Gostan 原义是"牛乳"。他们认为玄奘舍弃这两个复合词前一成分 Go（牛），将两词后一成分——Stāna（地）和 Stana（乳），拼凑在一起，完全是为了附会"地乳所育，因为国号"的荒诞无稽的传说。因此瞿萨旦那的含义是"牛地"。法国汉学家伯希和否认上述解释，认为瓦特的突厥语形式是虚构的，Go+stana 仍是"地乳"的意思。

（3）"非常有力的"说：据国外有的学者考证，"于阗"一词的原形应是 hu-vat-ana，意为"非常有力的"。古代于阗民族属于伊朗语族，所以于阗的世居居民应是塞种人。而塞种（Saka）一词的原形 Sak 的本意即"有力的"。"于阗"之名大约取意于此。

---

① 李吟屏：《和田春秋》，新疆人民出版社，2007年，第3页。

② 传说内容是：东土帝子获罪被流放到于阗地方，与呾叉始罗国移民相遇，经过一番武力较量，东土帝子打败了呾叉始罗国移民，统一为一部，遂"迁作邑，建国安人，功绩已成，齿耋云暮，未有胤嗣，恐绝宗绪，乃往毗沙门天神所祈祷请嗣，神像额上剖出婴孩，捧以回驾，国人称庆。既不饮乳，恐其不寿，寻诣神祠，重请育养。神前之地，忽然隆起，其状如乳，神童饮吮，遂至成立……地乳所育，因为国号"。

③《于阗国授记》中记载："达摩阿输迦（Dharmāsoka）之治世第十三年，其皇后生一男。占者多以为此儿将夺其位，遂下命弃之。而母后恐此儿不弃，王将杀之，勉从其命。然王子被弃之时，地上出生一乳房，以乳养之，得不死。由是呼此儿为瞿萨旦那（kustana）即地乳之义也。"《于阗教法史》记载，"当初，当地的国王名叫地乳，乃古印度天竺国阿育王之子。阿育王为寻地游方，率众多天竺军丁及扈从前行，抵达于阗有海子之处，想：此地昔曾有人居住……见有印度军人，婆罗门及占卜相士多人会集一起，王命他们让占卜相士看相。相士见小王子地乳相貌非常端好，说：'此王子将来比大王您的权势还要强大哩！'国王听了产生了妒忌。恼根之心驱使，乃将其子扔在当初出生之后面，护法神依怙殿即是……因王的（毗沙门天）和吉祥仙女使土中流出乳汁喂养王子……取名为'地乳'。"

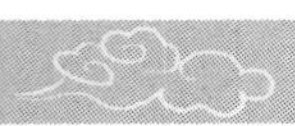

（4）“花园”说：汉文古籍《翻梵语》一书将于阗（Yü–tien）译为“优地耶那”（udyāna），并注其意为“后堂”。伯希和以为梵语 udyāna 真正的含义是“遐意的果园”或“花园”。

（5）“玉邑”说：倡此说者为俄国的布锡尔博士。后来日本的白鸟库吉解释道：于阗一词为吐蕃语。藏语中玉石一词作 gyu（yu），古音“于”为 khu 或 gu，所以“于”有玉石之义，又藏语中城邑、村落称为 tong，与 tan 相对应，因此其含义是玉城或玉邑的意思。

（6）“汉人”说：这种说法出现于清代的汉文文献。最早的文字记录见于椿园的《西域闻见录》《新疆纪略》卷之二《和阗》一节：“和阗即古于阗，而回（族）人称汉（族）人为赫探，汉任尚都护西域，遗其人众于此，和阗回子皆其遗种，故回子呼之赫探城。和阗，赫探之讹音也。”后来的清朝方志及史籍皆沿袭此说。但这种说法是经不起推敲的，因东汉任尚在汉安帝时（107—125年）担任西域都护，而成书于公元前104年至公元前91年的《史记》中早有于阗（和阗）之名。

（7）“葡萄”说：法国学者列维认为，唐代玄奘所用“瞿萨旦那”一词中的“瞿”，应还原成“qu”，而不应还原成 ko 或 ku。在印度语辞典里，qustani 即 kustan，qustani 的含义是葡萄。

各国学者提出的解说比定的语种有梵语、塞语、吐蕃语、突厥语、维吾尔语等五种。在各种说法中，最流行的是“地乳”说。①

## 第三节 “李域”的地理概念

在藏文文献中，“李域”的地理概念只是一个大概的范围，对“李域”疆域的描述也极为简单。《红史》中所描述的“李域”，纯粹是从佛教的宇宙观来看“李域”的，而从现代的地理学概念来看，在藏文文献中也不乏这样的记载，如手抄本《李域文书》和《汉藏史集》。当今藏族学者，更多关注的是佛教传播地带的宗教和文化现象，至于完全被伊斯兰化的“李域”几乎就淡忘了，所以对“李域”的地域范围渐渐地含糊不清了。

手抄本《李域文书》：昔日佛法产生之大地出现过诸多出家人，其中闻名遐迩且佛法昌隆的地区之一被称作“李域”。总之，起名为“李域”在佛经（བསྟན་བཅོས།）和文献（ཡིག་ཚང་།）中出现是合乎情理的。但是，按照《日藏经》（ཉི་མའི་སྙིང་པོའི་མདོ།）、《月藏经》（ཟླ་བའི་སྙིང་པོའི་མདོ།）、《牛角山授记》（གླང་རུ་ལུང་བསྟན།）、《僧伽弹那授记》（འཕགས་པའི་དགེ་འདུན་འཕེལ་གྱི་ལུང་བསྟན་པ།）、《善友传》（དགའ་བའི་བཤེས་གཉེན་གྱི་རྟོགས་བརྗོད།）、《李域授记》（ལིའི་ཡུལ་དུ་ལུང་བསྟན།）等典籍的说法，阿育王（རྒྱལ་པོ་

① 李吟屏：《和田春秋》，新疆人民出版社，2006年，第3~5页。

མྱ་ངན་མེད།）[①] 在赡部洲朝拜佛加持的所有佛塔时，也曾到达过李域。这在很大程度上说明，佛教僧人在尽力地将李域的佛教地位向上抬升。

## 一、“李域”的确切方位

关于“李域”确切的地理方位，综合诸经典之内容，仅有粗浅的认识，基本上与汉文史籍的内容相印证。手抄本《李域文书》中这样描述：

坐落在李域仲迪寺此方土地，从前是月光王头颅施舍地，在此处建有南摩布达栋德佛塔之地是据说众月光王施舍子女的地方，在泥婆罗有这些的说法没见过出处。在《牛角山授记》等典籍和上面所讲的祈愿经典中，“泥婆罗”之名尚若有，却也不能成为同一地方的理由。“高萨拉”是净善地，与李域国都萨杰两者，同名而不同义，就像印度的那烂扎和吐蕃那烂扎。先前，如何认知李域所处之地，这仅依佛陀的授记，不以今人所见到。所以，谁都难以断定。这一地域所处位置，在此依佛授记言，坐落在汉地和吐蕃交界之北，印度地域中的西北交界。

手抄本《李域文书》同样记载：

这里两地分别讲述。杰增泽摩在《遍入佛法门》：“如是高僧大德们在印度、卡切、汉地、李域以及泥婆罗等地，佛法广传。”李域系印度和汉地之民族的融合体，而泥婆罗（8a）却无此种情况，出现了泥婆罗王统（བལ་པོའི་རྒྱལ་རྒྱུད།）和李域王统（ལིའི་རྒྱལ་རྒྱུད།）完全不同的名称。问：“几人从上方而来？”答曰：“邀请了国王。”相同的缘由是据说噶朗噶之域在李域（ཀ་ལིང་ཀའི་ཡུལ་ལི་ཡུལ།）的说法。噶朗噶（在哪里）呢？自古格芒域（གུ་གེ་མང་ཡུལ།）之后方的金刚座十二由旬处，有称作大象把持地的圣地，这在遍知布敦的《大轮胜乐佛教史》（里有）记载。其与认定的大轮胜乐之外围圣地三十五处大概相符。但是，从金刚座按十二由旬计算未免太近，所以，在别的记载有六十二（旬）之说在我看来比较符合逻辑。理由呢？传说遗迹中亦间接可知。《李域授记》记载，向从李域而来的比丘们问道：“您的故乡的学者有吗？”回答：“安西、疏勒（ཤུ་ལིག）、智夏（འབྲུ་ཞ）、卡切（ཁ་ཆེ།）等地这样的高僧很多。”依如此之说，可以看出西方之地，也就是他们自己的故乡，如若与此地不相接近的话，他们对此的详细历史不会了解，道出对方历史来。理由是他们认为泥婆罗和李域是一者的想法无可辩

① 阿育王藏语称“念鄂麦”，梵音译作“阿育”或“阿输迦”，是古印度一国王名。

驳地破灭。[①]

《汉藏史集》记载：

在这被称为“泥婆罗”的“李域”之地，佛教及执法大德、王臣有如下述：佛陀释迦牟尼为利乐众生而建成，佛有二十一座宫殿，最后一座为李域国，故与别国相比功德更为广大。最初，迦叶佛出世，李域被称为“杂丹吉域”，佛教非常盛行。迦叶佛涅槃后，修建了存放遗体的灵塔“高玛萨拉干达”（原注：如今称为“帕巴香更塔”）。仙人卡热夏等人长期驻守李域之山，进行供奉灵塔时，邪见之徒迫害，仙人飞上天空，去往别处。后来，由于佛法毁灭，李域变成海洋。此后的很长一段时间，佛陀释迦牟尼出世于印度，利乐众生。佛陀临近涅槃，各个地方，托付诸护法护持。李域托付给多闻子、施碍正力。佛陀本人与诸弟子等飞上天界，抵达了变成沧海的李域，在如今上协洽布河俄乎木德之塔前方之上空，坐于莲座，加持、放光，十方佛和菩萨就以光明投入释迦牟尼的顶髻，发出“善哉！”之声。之后，做了产生佛法幻化和诸多预言。佛使舍利子的禅杖和多闻子的短枪变作曼巴瓦热那和巴热瓦达，站在脓山巅，将晶木香抛向藏布江中，二人遵命去做，释迦牟尼本人在牛头山佛曾下榻的左面佛殿，如今有一座小塔的之地住了七天七夜，阿难问道：“何故如此做？”答曰：“海竭之陆地，吾涅槃后，此地会称为李域，称作和田五城的大城出现，热杂扎玛护卫时，有一旃檀佛像，能自除尘垢，自印度运来，信仰佛法的王臣建大乘佛法之比丘及比丘尼居住的寺院363座，供奉灵塔的菩萨、比丘、比丘尼以及居士居住，一半的五百人常住。此外，大概不复返的菩萨、修大乘者也在此安住。此地成为三世佛之界。”吩咐并托付诸护法，长期护持。此后，海水退去，显露出了迦叶佛的高玛萨拉干塔、牛头山格瓦城遗址。此后，自释迦牟尼涅槃后二百五十四年时，印度国王达尔玛阿育王罪大恶极，后又悔过自新，在南赡部洲奉建佛寺、佛塔八万四千座，时海已干涸，李域成为空旷之地。[②]

由此可见，于阗是古代西域著名大国之一，也是中国西部边陲的一处重镇。它地处欧亚大陆中部，丝绸之路的要冲，西逾帕米尔可到达克什米尔、中亚各国乃至南次大陆和欧洲，东沿塔里木盆地南缘可入中原。该地确切的地理位置正如据《和田春秋》记载：于阗即现在新疆的和田地区，清代以来汉语改称和阗（田），两千多年来或统一于中原王朝，或割据一隅，自古以来就是我国西部边陲一块蕴金藏玉、宜农宜牧的宝地。魏晋以前的于阗只包括现今和田河流

① 手抄本《李域文书》。

② 达仓宗巴·班觉桑布著：《汉藏史集》（藏文版），四川民族出版社，1985年，第84~87页。

域的和田、墨玉、洛浦三县地域，魏晋以后于阗逐渐强大，兼并了邻近的皮山、渠勒、戎卢、打弥、精绝等城郭之国，领大致相当于今和田的地区。地域东西长约670公里，南北宽约600公里，总面积24.78万平方公里。南为连绵的喀喇昆仑山和昆仑山脉，北为广袤的塔克拉玛干大沙漠。发源于喀喇昆仑山和昆仑山的桑株河、喀拉喀什河、玉龙喀什河、策勒河、克里雅河和尼雅河等大小河流，孕育和浇灌着昆仑山北麓的一片片绿洲，古于阗人便世世代代劳动、生息、繁衍在这块土地上。[①]

## 二、藏学界对“李域”疆域的认识

### （一）近代学者的认识

在近代最先利用敦煌藏文历史文书来研究和认识“李域”的藏族学者推当根敦群培。他是一位学通藏文、英文，见闻博广的藏族学者。根敦群培出生在青海同仁，曾在青海、甘肃、西藏等地著名寺院系统精修过因明和其他佛教经典。1934年他抵达印度，后先后到尼泊尔、锡兰，精通汉、梵、英、僧伽罗、巴利等多种语言文字，接触了失散在国外的敦煌吐蕃历史文书，利用语言和资料优势，积极准备《白史》的写作。

1945年，根敦群培回到西藏，四处拜师求教，亲自前往热玛岗、吴香多等吐蕃历史遗迹进行实地考察和研究。经过3年努力，他终于编撰出为后人所颂扬的藏族著名史书——《白史》。在书中作者采用了与以往任何藏族史学家不同的写作方法，即将宗教和历史严格区分开来，与过去带有许多浓厚神话色彩的藏文史书截然相反，详细地考证了赞普们的年代，论述了他们各自的功绩和在藏族古代历史上所起的作用，对当时的重大历史问题做了恰如其分的结论。

他是第一位运用敦煌古藏文文献考证西藏古代历史的藏族学者，他的这本书因而也就开创了藏族学者科学地利用古代文献资料的先河。“李域”的地理位置在《白史》中就做了阐述：

> 李域在西藏以北，俄罗斯以南，印度称它为“冈萨得夏”，别的国家则曰“土耳其斯坦”，汉族人则称之为“新疆”，此地之东界，与青海之北部相连，西界则为拉达克和商旅往还之叶尔羌。[②]

表明了在近代，人们将于阗的范围等同于今新疆的范围了。

### （二）现代学人的认识

在有些研究成果中，将“李域”与古代的“西域”对等，就更应该商榷了。而在藏文文

① 李吟屏：《和田春秋》，新疆人民出版社，2006年，第1页。

②《根敦群培文选》（藏文版），四川民族出版社出版，1988年，第50页。

献中也没有“西域”这一概念。故“西域的概念，在藏文史籍中比较含糊”[①]的说法就根本无法成立。在藏文文献中没有“西域”的概念，不等于“西域”就不存在。西域是汉朝以后对玉门关、阳关以西地区的总称，始见于《汉书·西域传》。在汉文文献中，西域有广义和狭义之分：狭义的“西域”东则以玉门关、阳关为限，西则限以葱岭；广义“西域”则包括亚洲中、西部，印度次大陆，欧洲东部和非洲北部。无论是广义或狭义，其范围远远超出藏文文献中“李域”的范围。既然如此，“李域”也有其狭义和广义之分。那就是狭义的“李域”应该就是指当今和田市的范围，也就是藏文文献中所指的“协洽布河”（ཤེལ་ཆབ།），即汉文文献中的“玉河”两岸以及牛头山（གླང་མགོ་རི།）周围。而广义的“李域”，指今天的“和田”周边地区。更进一步讲就是限定在今新疆的南部地区较为妥当。[②]“李域”在《藏汉大辞典》释作：“里域，指新疆南部昆仑山以北和塔克拉玛干沙漠之间一带地区总名。包括和田、且末、民丰和若羌等地。特指和田、于田地区古名。一说为龟兹。这一带地区佛教曾十分盛行。”也即今天人们汉语所说的“于阗”。

**（三）古代文献的记载**

至于“李域”确切的地理方位，在汉文史料中也颇多记载。相传，早在公元前10世纪时周穆王（约前1001—前947年在位）曾和于阗有所接触，同时考古发掘证明殷商时期于阗已经和中原有了物质交换。但秦汉以前于阗对中原人实际是陌生的异域。汉朝建立后，武帝刘彻即位后，政局稳定，生产得到恢复和发展，于是开始反击匈奴，西域五十余国内属汉朝。汉建元三年（前138年），武帝刘彻派张骞偕堂邑氏故胡奴甘父等百余人赴西域联络月氏，共同打击匈奴。张骞等人于途中被匈奴捉获，留难十余年，后趁机逃走，经今新疆地区终于到达月氏。这次出使虽没到达于阗，但张骞沿途收集了西域各国的大量情报，归国后向成帝做了汇报。约在汉元狩四年（前119年），武帝为联络乌孙，断匈奴右臂，又派张骞出使乌孙。这次张骞派遣了许多副使分赴各国，其中即有派往于阗的副使，从此官方沟通了与中原的联系。

自汉元光二年（前133年）起，汉朝开始对匈奴的战争，经过40多年的角逐，极大地削弱了匈奴努力，西部日逐王降汉，摆脱了匈奴的控制。约在汉神爵二年（前60年），汉朝任命郑吉为西域都护，设置了西域都护府，管辖西域诸国，并护西域通道。至此，于阗与西域各国正式纳入了汉朝的版图。西域初为三十六国，公元初分至五十余国，官吏由汉朝中央政府任命，“皆佩汉印绶”。此三十六国中，后来统一于于阗国的，由东向西有：精绝国、戎卢国、打弥国、

① 尕藏加：《吐蕃佛教与西域》，《西藏研究》1993年第1期，第67页。

② 这一提法，在尕藏加的《吐蕃佛教与西域》（第67页）一文中也有相同的说法。

渠勒国、于阗国、皮山国，凡六国。[①] 于阗国的疆域、人口、军队正如《汉书》记载：

> 于阗国，王治西城，去长安九千六百七十里。户三千三百，口万九千三百胜兵二千四百人。辅国侯、左右将、左右骑君、东西城长、译长各一人。东北都护治所三千九百四十七里，南与若羌接，北与姑墨接。于阗之西，水皆西流注西海；其东，水东流，注盐泽，“河”源出焉。多玉石。西通皮山三百八十里。[②]

吐蕃初期，象雄国是首先被征服的部落和小邦国之一，其在吐蕃的西面。从地理位置上来讲，于阗国恰恰就在象雄的正北方。正如《册府元龟》记载：“大羊同国，东接吐蕃，西接小羊同，北直于阗，东西千余里，胜兵八九万。”[③]

关于于阗的名称，藏文文献资料为我们保存了丰富的内容，归结起来，有“李域”“域李”“于阗”“新疆”“泥婆罗”“瓦洛（南部尼泊尔）”“杂丹吉域”“萨勒尼玛尼之域”，以及“鲁域”等不同说法。其中，“李域”无疑得到了最广泛的使用；“域李”只是藏文“李域”的异写形式；“于阗”一称的出现当受汉文的影响而来，且藏文“于阗”较“李域”地域范围要小；“新疆”说是一种对地理区域在不同时代认识有所不同的反映；“泥婆罗”“瓦洛”二说的出现，或是由于佛教圣迹的重名现象造成，或因人员流动因素造成，今天我们研读藏文文献时，应当根据情况酌情甄别；“杂丹吉域”的名称是对汉代于阗古音的反映；“萨勒尼玛尼之域”为对传说中“地乳之国”的藏语直译，宗教意味较为浓厚；“鲁域”与“李域”有音转之嫌，如果不是误写的话，则文化内涵相当丰富，特别是与于阗历史上的宗教传说相契合。以上对不同名称的理解，仍有待从文献中找寻更加确凿的资料来考论，以杜绝望文生义。在汉文文献中可见到的“于阗”的名称、别名，包括其他民族语言的音译名在内多达数十个，而藏文文献中对“李域”的名称亦有多种，包括音译名、意译名，大大地丰富了有关于阗古地名的资料。所有这些，对了解于阗的历史、文化有着重要价值。[④]

## 第四节 藏文文献中有关“李域”的地理内容

就“李域”的内部交通而言，在古代西域占有一席不可替代的重要地位。正如殷晴所言：“古代于阗，即今塔里木盆地南缘的新疆和田地区，在历史上声名显赫。不仅因其位于中西交

① 李吟屏：《和田春秋》，新疆人民出版社，2006年，第25~26页。

② 班固：《汉书》，中华书局，1962年。

③ 苏晋仁、肖鍊子校证：《册府元龟》，卷九五八外臣部国邑二，四川民族出版社，1981年，第24页。

④ 丹曲、朱悦梅著：《藏文文献中“李域”（Li-yul）的不同称谓》，《中国藏学》2007年第2期，第94页。

通要冲，系跨欧亚大陆的丝绸之路南道重镇；而且它还地扼南北交通孔道，北可横穿塔可拉玛干大沙漠，与天山南北各地相连，同时南越昆仑，即可通西藏，也可至印巴次大陆，为各路交通的咽喉之地。作为重要的交通枢纽，于阗繁盛多时，使丝路与其支线纵横交错，在促进经济文化交流方面，发挥了重要作用。”[①]“李域”的产生和形成，经过历史的演化，具有浓郁的文化色彩，呈现出一定的阶段性和规律性特征。以“李域”为中心，向四面辐射，形成了一组极具特色的历史地名，基本都有地名性质和地理范围、方位指称意义。藏文文献中所涉猎的“李域”或与“李域”相关的地名，有些在汉文文献中可以找到，而大部分无法找到可对应的名称，且也无法考证。下面对藏文文献中出现的可以判断出为“李域”境内的地名、山川与道路、河流、胜迹、城镇、林苑、海子与陆地等自然地理和人文历史名称略作整理，以期勾勒出“李域”的自然环境和人文环境概貌。

## 一、藏文文献中“李域”的自然地理内容

### （一）“李域”的山川

有关山川记载很多，有脓山、扎道尔盆地、桑木嘎亚基达尔山谷、香相山谷、桂迪山的山顶雄甲，以及牛头山、香相（更）山谷、高岱山，其中在文献中多次出现的当属牛头山与脓山。

#### 1. 牛头山

《牛角山授记》记载：

> 尔时，世尊佛薄伽梵对所有随从做了感恩，牛角山薄伽梵之宫殿、高玛萨拉干达佛塔等地域，是所有贤劫佛薄伽梵的标志（胜迹），达到了不混、不共；因此称此地为净土。[②]

《李域授记》记载：

> 于是薄伽梵对尊者舍利子、毗沙门天王教诫：“尔等将称作‘曼萨尔那瓦热拉达’的黑山之色一样的海毁了！”于是，尊者舍利子用禅杖、毗沙门天王用矛头毁海。薄伽梵也在牛头山巨大的身躯上安住于雍洛寺中，即如今供奉着一小佛塔的地方。[③]

手抄本《李域文书》记载：

> 李域最初变成海之时，在山顶的高玛萨拉干达塔环山海水不会侵蚀，后来此地

① 殷晴：《古代于阗的南北交通》，《历史研究》1992年第3期，第85页。

②《牛角山授记》德格版。

③《李域授记》德格版。

又变成海洋，此塔依然如故，直到弥勒佛出世时依然巍然挺立。“《日藏经》载：喀夏地方是地乳王之驻地，在牛头山脚下高玛达河岸，称作仙人罗汉圣地的‘高玛萨拉干达’即喀夏地方与李域所属仲迪地方，因一阿罗汉幻化成为一匹金色的鹿羔，故也就形成如此名称的地方名。”①

《汉藏史集》记载：

此后的很长一段时间，佛陀释迦牟尼出世于印度，利乐众生。佛陀临近涅槃，各个地方，托付诸护法护持。李域托付给多闻子、施碍正力。佛陀本人与诸弟子等飞上天界，抵达了变成沧海的李域，在如今上协洽布河俄乎木德之塔前方之上空，坐于莲座，加持、放光，十方佛和菩萨就以光明投入释迦牟尼的顶髻，发出“善哉！”之声。之后，做了产生佛法幻化和诸多预言。佛使舍利子的禅杖和多闻子的短枪变作曼巴瓦热那和巴热瓦达，站在脓山巅，将晶木香抛向藏布江中，二人遵命去做，释迦牟尼本人在牛头山佛曾下榻的左面佛殿，如今有一座小塔的之地住了七天七夜……②

从《牛角山授记》的记载来看，牛角山上的重要胜迹是薄伽梵之宫殿以及高玛萨拉干达佛塔等，同时也是薄伽梵的标志，因此称此地为“净土”。从手抄本《李域文书》和《汉藏史集》的记载来看，牛头山顶上的主要标志是高玛萨拉干达佛塔，另外还建有牛头山格瓦城，此城为“李域”王城（详见后文），此外还有寺院即雍洛寺，传说佛释迦牟尼还驻锡过牛头山的佛殿。

上面几部文献所记的牛头山与牛角山同为薄伽梵之宫殿，这座山上有主要标志性建筑高玛萨拉干达佛塔，因此我们可以断定为同一座山。在藏文文献中，该山的山势地貌没有记载，而在汉文文献《大唐西域记》中却有详细的描述：

王城西南二十余里，有瞿室［食麦］伽山。唐言牛角。山峰两起，岩阶四绝，于崖谷间建一伽蓝。其中佛像时烛光明。昔如来曾至此处，为诸天人略说法要，悬记此地当建国土，敬崇遗法，尊习大乘。

牛角山岩有大石室，中有阿罗汉，入灭心定，待慈氏佛，数百年间，供养无替。近者崖崩，掩塞门径。国王兴兵欲除崩石，即黑蜂群飞，毒螫人众，以故至今石门不开。③

牛头山的名称，在季羡林等校注的《大唐西域记校注》解释梵文称作 Gośṛṇga 意为牛角。而就牛角山的地理位置，据黄文弼考证，此山当在什斯比尔古城南10公里许④，而斯坦因则认为

①《李域文书》手抄本。

② 达仓宗巴·班觉桑布著：《汉藏史集》（藏文版），四川民族出版社，1985年，第85~87页。

③ 玄奘、辩机原著，季羡林等校注：《大唐西域记校注》，中华书局，1985年，第1013~1014页。

④ 黄文弼：《塔里木盆地考古记》，科学出版社，1958年，第54页。

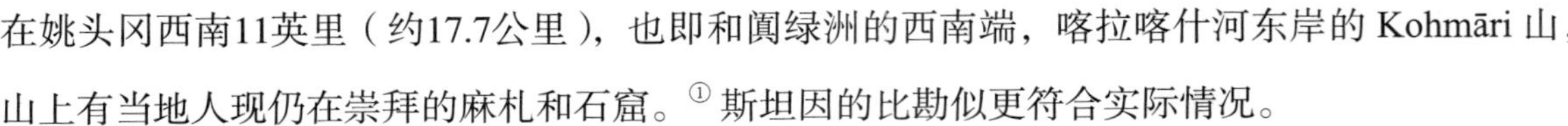

在姚头冈西南11英里（约17.7公里），也即和阗绿洲的西南端，喀拉喀什河东岸的Kohmāri山，山上有当地人现仍在崇拜的麻札和石窟。[①]斯坦因的比勘似更符合实际情况。

**2. 脓山**

《汉藏史集》记载：

佛陀临近涅槃，各个地方，托付诸护法护持。李域托付给多闻子、施碍正力。佛陀本人与诸弟子等飞上天界，抵达了变成沧海的李域，在如今上协洽布河俄乎木德之塔前方之上空，坐于莲座，加持、放光，十方佛和菩萨就以光明投入释迦牟尼的顶髻，发出“善哉！”之声。之后，做了产生佛法幻化和诸多预言。佛使舍利子的禅杖和多闻子的短枪变作曼巴瓦热那和巴热瓦达，站在脓山巅，将晶木香抛向藏布江中，二人遵命去做。[②]

脓山可能为濒临藏布江之山，应为佛教徒敬畏之圣山。

**（二）“李域”的河流**

藏文文献中记载的河流有协洽布河、协曲河、藏布江、高姆达河、甘嘎（恒河）等河流。

**1. 协洽布河、协曲河**

协洽布河与协曲河，在有关李域的文献中多有述及。如德格版《李域授记》记载：

于是，王子萨尼和其臣亚夏联合，萨尼为王，亚夏为相。国王萨尼的庶民汉人们驻扎在和田之上协河[③]以下多罗贡（མདོ་ལོ་སྐོར།）和嘎木谢（སྐམ་ཤིང་།）以上；大臣亚夏的庶民印度人驻扎在上协河以上嘉（རྒྱ།）、贡香（ཀོང་ཤིང་།）以下；协河中间杂居着印度、汉等的臣民数千杂居，立国建城。印度和与之临近之地称作“李”，言语不同于印度和汉地，宗教及其术语大体与印度相符。

手抄本《李域文书》记载：

尔时，汉地国王千子缺一，由多闻子将其（地乳王）施予。于是，他在李域不肯出任国王，率领万军赴西方寻找出生之地，阿育王之臣亚夏率军七千从印度（རྒྱ་གར།）出发，由西向东苦苦行进，抵达了和田（ཧུ་ཐེན།）上协洽布河（ཤེལ་ཆབ། 玉河），在此与地乳王相逢。地乳王与大臣（亚夏）二人逐步达成协议，依上、下协河（ཤེལ་ཆུ།）之间全程为营，构成连接印度和汉地之通道，立国建城，语言以印度语和汉地语两种相糅而播教。文字不同，而世间事大体类同，宗教和术语大体依汉地而行。传说，此

① 奥雷尔·斯坦因：《古代和阗》，山东人民出版社，2000年，第187页。

② 达仓宗巴·班觉桑布：《汉藏史集》（藏文版），四川民族出版社，1985年，第85~87页。

③ 即协洽布河，依原藏文写法而译，后同，此类不再一一标注。

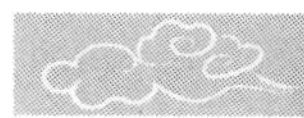

文字和术语的教授者是尊者文殊菩萨化现的比丘毗卢遮那。

《汉藏史集》记载：

佛陀临近涅槃，各个地方，托付诸护法护持。李域托付给多闻子、施碍正力。佛陀本人与诸弟子等飞上天界，抵达了变成沧海的李域，在如今上协洽布河俄乎木德之塔前方之上空，坐于莲座，加持、放光，十方佛和菩萨就以光明投入释迦牟尼的顶髻，发出“善哉！”之声。……此王长大，受汉王之命，率军一万，自西方来。当抵达李域的梅嘎尔地方时，印度的达尔玛阿育王治罪于大臣亚合恰，将亚合恰及其兄弟、仆从等七百人流放，到东方寻地安住，来到和田的上协洽布河，与阿育王寻找丢失黄乳牛的两随从相遇，互问由来，地乳王道：“从前，我们两家是王臣的后代，如今也当属君臣关系，在此和田之地，新建一国。”于是，在高镍下方的韩谷泽地方会晤，建立臣属关系。和田协曲河以下、朵洛梅嘎尔、贡相之上，分给了地乳王的汉（族）人随从；上协曲河以上，分给了亚合恰的印度人；协曲河中间，由王子，以及其印度、汉地臣民掌管。自两者融合后，立国建城，是印度、汉地交流之始，互通语言。①

这些文献中的协洽布河即玉河，与之相像的河流名还有“协曲河”。

“协洽布河”即汉文文献中的“玉河”，这是毫无疑问的，是按照藏文的词义直接翻译的，“协洽布河”，“协”（ཤེལ）指“水晶”或“玻璃”，“洽布”（ཆབ）指藏文敬语中的“水”“河”或“江”，正好可译为“玉河”，这一点斯坦因也早注意到了；“协曲”，“协”与上面的意思一样，同样有“玻璃”“水晶”之义，“曲”一般意义上是“水”“河”或“江”的意思。上面出现的“协洽布”的“协”和“协曲”中的“协”同义，而“洽布”虽发音不同，其意与“曲”一样，是“水”和“河”的敬语。从这里可判断“协洽布河”与“协曲河”是同一个名称的两条不同的河，这两条河称上、下玉河，而城的建址就设置在两河流域之间。正如上述记载，阿育王的大臣亚合恰及其兄弟、仆从等人来到和田的上协洽布河，“李域”地乳王建国时，将协曲河以下、朵洛梅嘎尔尔、岗香之上，分给了汉族人随从；上协曲河以上，分给了亚合恰带领的印度人；两河之间，由王子，以及其印度、汉地臣民掌管。按照文献的说法，“协洽布河则由龙神苏木宏守护”②。

关于上协洽布河和下协洽布河的实际名称，根据托马斯的研究表明，两条河流，上河即指东河喀拉玉龙河（yurungkash），下河即指西河喀拉喀什河（karakash）。③ 至于上、下的翻译等同于“东”和“西”的说法④，还需根据当地的地势之高低来具体判断。按照藏族的习俗，一般

① 达仓宗巴·班觉桑布著：《汉藏史集》（藏文版），四川民族出版社，1985年，第85~89页。

②《李域授记》德格本。

③［英］F.W. 托马斯编著，刘忠译注：《敦煌古藏文社会历史文献》，民族出版社，2003年，第149~150页。

④［英］F.W. 托马斯编著，刘忠译注：《敦煌古藏文社会历史文献》，民族出版社，2003年，第150页。

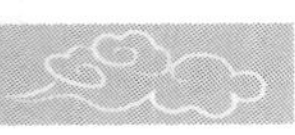

上（གོང་མ།）和下（འོག་མ།）是按照地势高低上来说的，并非按照东南西北方向来说。

2. **高玛达河**（གོ་མ་ཏི།）

高玛达河见于以下两条引文中，德格版《牛角山授记》记载：

> 尔时，世尊佛释迦牟尼做了后世域盖瓦观想。给众随从指示，善男子在北方一侧。于牛角山附近的高玛（达）河畔，有释尊大觉仙[①]的宫殿和高玛萨拉干达佛塔，彼处有一确信无疑之功业。
>
> ……
>
> 能仁大仙（佛）的圣地，称作如来的所行处高玛萨拉干达佛塔，因为其所在为与牛角山很近的高玛（达）河畔。此塔在经典中称作“高玛萨拉干达”，世间又称作“曲吾高玛札木”，如此曲吾高玛河岸，乃饮光佛塔也。此塔所在为世间净地，因此更加庄严而美丽，接受供奉。此塔衰败时，此地也衰败而变成了旷野。

手抄本《李域文书》：

> 《日藏经》载：喀夏地方是地乳王之驻地，在牛头山脚下（གླང་རུ།）高玛达河岸（གོ་མ་ཏི།），称作仙人罗汉圣地的‘高玛萨拉干达’，即喀夏地方与李域所属仲迪地方，因一阿罗汉幻化成为一匹金色的鹿羔，故也就形成如此名称的地方名。

按照上述文献，高玛达河岸（གོ་མ་ཏི།）在牛头山脚下（གླང་རུ།），河岸上坐落着地乳王之驻地喀夏（ཁ་ཤ།）。两条协洽布河，在藏文文献上都称作“协洽布”，我认为即便是古代，还是有各自的名称。托马斯的“西河的名字已知是གོ་མ”说法可靠的话，那么“高玛达河”便是喀拉喀什河。高玛萨拉干达塔的名称，也是以高玛达河名而命名的。牛角山也坐落在这条河流的岸上，最初的地乳王的王城也就在牛角山脚下。

3. **甘嘎**（གང་ག）

《牛角山授记》曰：

> 尔时，薄伽梵对众神呼唤三遍并作如是教诲：善男子等发愿者们无精进者无成功。善男子们，我于三无数大劫间于此苦修之教法，对高玛萨拉干达佛塔地向汝等广遍交付，并一心守护！尔等无论如何须牢记在心，守持教法者将此教法传授予出家人等使之普遍护持！何故如此？有些在家人，在百年中每天都做大的善业福泽。有些出家守戒者无如此，而两者相比，前者的福泽不到后者的百分之一何故如此？“甘嘎”沙数多的一切佛通过出家修行，才证得大菩提，我也圆满了六度、证得十地，最后有时。

① 大觉仙，大仙，佛的别名。

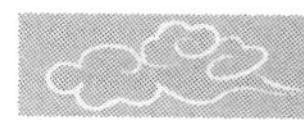

《李域授记》言：

> 这时汉地、赤面国、印度、李（域）等甘嘎流域以外的地方佛法衰灭，甘嘎彼岸的固夏布地区三月内衰灭，僧众们抵达甘达热地区附近的龙王艾拉巴哲圣湖岸边，三宝的加持将湖水变得污浊而浪滚。

很明显，藏文文献中，甘嘎就是恒河。关于恒河的记载也有，这条河位于今印度与孟加拉国境内，两岸约有1500公里的地方为神圣的朝拜地区，在此河的两岸建立着无数座宗教寺院，印度教教徒常常到此巡礼、沐浴，佛教也视其为“福水”，相传佛常到岸旁说法，以恒河沙比喻数量之多。按照上述文献记载，恒河以外指的是恒河以东地区，这就包括汉地、吐蕃、印度、李域，那么恒河以内就是恒河的以西地区，包括今印度南部地区、巴基斯坦等地。

**（三）海子与陆地**

在相关记载“李域”的藏文文献中，以大量的篇幅记载了“李域”由海变成陆地，又由陆地变成海，并将“鲁”神即“龙王”提到了一个很高的层面，不仅能够使海子变成陆地，而且当佛法受到外道的毁灭僧侣四处逃难渡过海水时，他也化作老翁和蟒蛇，指路并搭桥，为了佛法大业，使信徒化险为夷，渡过劫难。

本文中出现了艾拉巴哲圣湖（ཨེ་ལ་པ་ཏྲ།），正如《李域授记》记载：

> 这时汉地、赤面国、印度、李（域）等甘嘎流域以外的地方佛法衰灭，甘嘎彼岸的固夏布地区三月内衰灭，僧众们抵达甘达热地区附近的龙王艾拉巴哲圣湖岸边，三宝的加持将湖水变得污浊而浪滚。龙王想：“我辖境地怎么如此污浊而浪滚？”瞪着幻化的眼神，释迦牟尼的教诫、教法临近灭了。大多僧侣看到时，知道就是如此，然后（龙王）化作老翁，出现在湖边，向僧众挥手问曰：“这些僧伽从何而来，到哪里去？”僧伽道：“我等从赤面之地寺院而来，寻找施主和佛法依业处，我等往甘达尔钦布去。”老翁曰：“僧伽此次寻觅生活何等艰难？徒步去此甘达尔钦布需四十天的路程。僧伽不具备二十天的生活用品能去吗？”僧伽大多号啕大哭，龙王看到后顿生怜悯对僧伽道：“在此前方，有一近路蟒蛇之桥，若能行走将很快抵达！”说完老翁随即消失。于是，龙王在山旁搭建通道，摇身变作一巨蟒，海上搭桥让僧伽通过。前世所做的恶业被现在消除，此乃最终的想法，祈愿后搭建蟒桥。此时，走了十五个昼夜，人畜通过，有一人畜从蟒桥坠落而亡。大多人畜通过，蟒的脊背部分破漏，部分破裂，黑血如雨而流，染红海子，僧伽大多通过了蟒桥而变得脸面通红。此后，巨蟒掉入大海，恒久以后，湖水干涸，形成了吉祥的圣地。

从引文看，此湖位于甘达热地区，而甘达热地区又位于恒河北岸的固夏布地区与甘达热钦

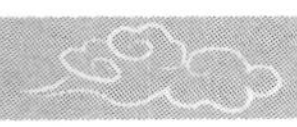

布地区之间。我们认为固夏布在恒河北岸，是因为文中所言，汉地、印度、赤面国、李域等地区域在恒河北岸流域以外之地，故这个“甘嘎彼岸”就应当是恒河北岸。如果固夏布地区就是恒河北岸的某地，那么僧侣们逃难的方向就是自南向北。但是，甘达热和甘达热钦布应该在哪一区域暂时无法考证。

关于海水、陆地变更的记载很多，《李域授记》记载：

（1）李域之历史，寺院，僧侣伽蓝二部的数量。先前饮光佛出世时，李域之地随之产生，在此驻锡的人们从此信佛。后来饮光佛之教法被灭时，李域之教法，也从此称作喀尔夏，是凯热丹等许多仙人在不长的时间里传播于李域之地的。除了格西的努力，后来的仙人们中，一恶人谗言蔑视，未能恭敬和承侍，仙人们也不喜欢，（佛法遂在）李域失传，升入天空去别的地区流传。自此，李域的人们因不信仰佛法而丧失正确的信念，龙神不悦水变大，李域又成汪洋。

汪洋留住很长一段时间，后来释迦牟尼佛在印度诞辰，为了众生的利益初转法轮等，建立佛之事业。临近圆寂时，佛薄伽梵在释迦牟尼王土的灵鹫山安住。授《月藏经》时，各界怙主、天神龙神等护法们托付时，（对）李域也做了授记，托付于毗沙门天王、施碍大将正知、阿阇世王之女无垢光、雄努多吉戴、天女洛热布丹、愤怒天女等随从。薄伽梵也率四大随从数万从天空降到李域。如今建立在格木迪（瞿摩帝）大塔的塔嘎尔错之上，在达拉登斯的天锤之天空安置莲花座。十方佛的各个净土如来佛等为了加持李域，释放出的光芒照射四方；十方安住的所有如来佛也为了加持李域，从佛的各个净土对释迦牟尼做了供奉的菩提大士轮；地方保护净土加持的密咒心要，释放光芒，顿时汇聚到了释迦牟尼顶髻加持，大声道“善哉！”于是薄伽梵释迦牟尼也变作李域海子光芒四射。光芒照射处，水面出现三百六十三朵莲花，每朵莲花吐出团团火焰，于是光芒聚集一起，水面右向旋转三圈便自水中间自行消失。

于是薄伽梵对尊者舍利子、毗沙门天王教诫：“你等将称作‘曼萨尔瓦热那瓦达’的黑山之色一样的海毁了！”于是，尊者舍利子用禅杖、毗沙门天王用矛头毁海。薄伽梵也在牛头山巨大的身躯上安住于雍洛寺中，即如今供奉着一小佛塔的地方。为了利乐众生，薄伽梵安住七年。此后，尊者阿难陀向薄伽梵请示。薄伽梵何因何果释放光芒、莲花、火焰，又何因何果释放光芒被汇聚一起，右向旋转三圈于水中间自行消失？薄伽梵告阿难陀：“舍利子用禅杖、毗沙门天王用矛头毁海，海水枯竭。我圆寂后，又于此称作李域地方复生。光芒释放三次之地——“和田”周围，最后化作一五位一体之大城；水中间消失光芒之地，受地方加持而保护的热杂扎玛的佛像，我将之

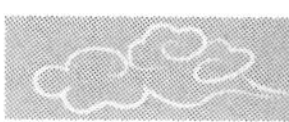

隐晦在檀香中，并予以加持，一来自印度的小孩从天空中降抵而安住；水中莲花和火焰出生的地方，是后来修行大乘的比丘僧尼们居住的三百六十三座寺院，其中有国王和信仰者等施主们建造的供奉如来佛的舍利，以及驻锡着菩提大士比丘僧尼二百五十人、在家俗人（弟子）的二百五十人等总计整五百位。此外，不可教化之地，亦因居住的菩提大士而使大乘佛教广为传播。此乃三世如来佛之净土。对菩提大士文殊、观音自在等八大菩提大士、毗沙门天王、施碍大将明知、善女人无垢光、童子金刚姊妹、天神龙等永远护持！”如来佛如是告诫。

敦煌古藏文写卷P.T.960的《李域教法史》记载：

（2）当李域地方还是海子时，世尊向北方天王柏哈热玛鼐（即柏恰玛那）和比丘舍利子二人旨意：“目前的这个海子地方，作为三世佛的教化之地为佳，此后变成了陆地，莲花生长之处，将产生一座座寺院，也会出现许多菩萨，你把海子蒸空，变成陆地吧！”北方天王柏哈热玛鼐和比丘舍利子在香相（即香更）用禅杖的尖端和矛把海底刺穿，海水干涸，佛涅槃后，过一百年变成了陆地。[①]

敦煌古藏文写卷P.T.960的《李域教法史》又载：

（3）李域和田复次变为海子时，未行十善时，地方护法神贡布发誓者们和护法“鲁”神们将香相（更）山谷再次堵塞，上下协水乃汇集在和田大城之内，如今的大集市之上面，瞿摩帝大伽蓝之处即供奉扎瓦夏神之寺前，复次海浪翻滚，变成海子时，舍利和别的（供品）被鲁带去，供在各自住地。

（4）七世佛之一舍利佛[②]的舍利子和如今供奉文殊的桂迪山寺两者之间，有一个不大的山沟内，即国王在遗失儿子处又重新找到之处“修建的一座寺院为好”，如今供奉三世佛的寺院被命名为“阿尔雅达纳”，在此也供奉舍利佛的舍利子。李域复次变为海子时，修建阿尔雅达纳寺的山谷，复次堵塞，此地供奉之舍利便无人所知。弥勒佛来到世间时，李域之海子复次干枯成为大地，供奉舍利子的寺院的山谷，复次得到开启，变成弥勒常转法轮等供奉的圣地。[③]

《李域教法史》记载：

（5）李域和田的中心的海心，在和田城内，集会场的上方，瞿摩帝寺供奉扎瓦夏佛像的下面。海心在现在还有扎瓦夏化身佛的跏趺印。[④]

---

① 敦煌古藏文写卷P.T.960《李域教法史》，《敦煌本藏文文献》，民族出版社，1985年，第259页，藏文原文第16~19行。

② 此处的“舍利佛”依原文翻译，非佛弟子“舍利弗”，但未知具体指七世佛中哪一位，特此说明。

③ 敦煌古藏文写卷P.T.960《李域教法史》，《敦煌本藏文文献》，民族出版社，1985年，第262页，藏文原文第41~47行。

④ 敦煌古藏文写卷P.T.960《李域教法史》，《敦煌本藏文文献》，民族出版社，1985年，第274页，藏文原文第109~110行。

手抄本《李域文书》：

（6）据授记：李域最初变成海之时，此塔环山海水不会侵蚀，后来此地又变成海洋，此塔依然如故（环山海水不会侵蚀），直到弥勒佛出世时（依然巍然）挺立。此塔装藏之情况，据说翠玉制作的宫殿之上有牛头檀香制作的佛塔，内置四佛[①]舍利子，致使那些信徒们对所有的圣物流连忘返。这座塔就是佛（释迦牟尼）加持过的二十一圣地之一的"高玛萨拉干达"塔，据说"高玛萨拉"是善好的檀香或牛头山檀香，"干达"是"香味"，即檀香圣地所产檀香而制的佛塔。[②]

《汉藏史集》曰：

（7）最初，迦叶佛出世，李域被称为"杂丹吉域"，佛教非常盛行。迦叶佛涅槃后，修建了存放遗体的灵塔"高玛萨拉干达"〔原注：如今称为"帕巴香更塔"〕。仙人卡热夏等人长期驻守李域之山，进行供奉灵塔时，邪见之徒迫害，仙人飞上天空，去往别处。后来，由于佛法毁灭，李域变成海洋。此后的很长一段时间，佛陀释迦牟尼出世于印度，利乐众生。佛陀临近涅槃，各个地方，托付诸护法护持。[③]

…………

李域托付给多闻子、施碍正力。佛陀本人与诸弟子等飞上天界，抵达了变成沧海的李域，在如今上协洽布河俄乎木德之塔前方之上空，坐于莲座，加持、放光，十方佛和菩萨就以光明投入释迦牟尼的顶髻，发出"善哉！"之声。之后，做了产生佛法幻化和诸多预言。佛使舍利子的禅杖和多闻子的短枪变作曼巴瓦热那和巴热瓦达，站在脓山巅，将晶木香抛向藏布江中，二人遵命去做，释迦牟尼本人在牛头山佛曾下榻的左面佛殿，如今有一座小塔的之地住了七天七夜，阿难问道："何故如此做？"答曰："海竭之陆地，吾涅槃后，此地会称为李域，称作和田五城的大城出现，热杂扎玛护卫时，有一旃檀佛像，能自除尘垢，自印度运来，信仰佛法的王臣建大乘佛法之比丘及比丘尼居住的寺院三百六十三座，供奉灵塔的菩萨、比丘、比丘尼以及居士居住，一半的五百人常住。此外，大概不复返的菩萨、修大乘者也在此安住。此地成为三世佛之界。"吩咐并托付诸护法，长期护持。此后，海水退去，显露出了迦叶佛的高玛萨拉甘塔、牛头山格瓦城遗址。此后，自释迦牟尼涅槃后二百五十四年时，印度国王阿育王罪大恶极，后又悔过自新，在南赡部洲奉建佛寺、佛塔八万四千座，时

① 按照佛教的说法，初劫产生的有毗婆尸佛、尸弃佛、毗舍浮佛三佛，次劫产生的有拘留孙佛、迦那迦牟尼佛、迦叶佛和释迦牟尼佛四佛。这七佛称作过去七佛。文中所讲的是后四位佛。

② 手抄本《李域文书》。

③ 达仓宗巴·班觉桑布：《汉藏史集》（藏文版），四川民族出版社，1985年，第84~85页。

海已干涸，李域成为空旷之地。[①]

当我们仔细揣摩"李域"的地理环境时，这个地处古代西域的繁华而又著名的绿洲，有着丰富的自然资源包括水力资源。喀喇昆仑上流出的喀拉喀什、玉龙喀什以及克里雅三条河流，滋润了整个绿洲，也养育了这方土地上的人们。受自然灾害的影响，也不时给绿洲蒙上了灾难的阴影，藏文文献中海的记载，正是当时洪水泛滥的再现。

（1）于阗洪水泛滥的时间是在释迦牟尼出生前很久的上古时代，这从（7）中所说的"李域变成海洋。此后的很长一段时间，佛陀释迦牟尼出世于印度带给我们的信息可看出。但由于宗教记载中的时间概念常常是泛指的，所以这个洪水泛滥的时间到底是何时，需要与当地的地质灾害资料去做查对。

（2）从资料（4）我们可以知道，于阗出现的洪水泛滥不止一次，应该至少有两次。这也需要地质年代资料来佐证研究。

（3）于阗的洪水泛滥并没有将于阗地区全部淹没，一些高地及其上面的建筑依旧完好保存着。如资料（6）中所言，"后来此地又变成海洋，此塔依然如故（环山海水不会侵蚀），直到弥勒佛出世时（依然巍然）挺立"，就说明了这个问题。

（4）古人类在于阗地区的活动，可以上溯到相当早的年代，因为资料（3）显示第二次泛滥时就淹没了所谓的和田大育城，也即后来的和田大集市所在地。"自然环境的恶化常常集中表现为自然灾害的突然发生，如洪水、地震、干旱、瘟疫等。灾变事件是一种突变行为，它是自然环境的量变累积到一定程度而爆发的质变现象。一次大规模的自然灾害后，如果居住地生存资源受到毁灭性破坏，往往引致大规模的（人口）迁徙。因而灾变事件在文化扩散过程中有重要的作用。"[②] 也许于阗的洪水泛滥的记载就是文化扩散的历史再现。

实际上这是于阗居民战胜自然灾害，求取生存的真实历史。在人类的幼年时期，生产工具是粗劣的，生产技术是低下的，洪水、风沙灾害等，对于人们的威胁是相当严重的。为了战胜这些自然灾害，人们在进行着求生存的顽强斗争，为了鼓舞人们的斗志，创造了许多长有幻想翅膀的理想人物，以借助神和法物去征服自然，这就是人们所称说的神话人物，述说这些人物的故事，就是神话故事。世界上许多国家和民族都经过这个时期，于阗也莫能例外。在敦煌壁画中我们看到可于阗古代居民同洪水和风沙进行斗争的故事多则。《毗沙门天王决海》，就是一则于阗居民和洪水斗争，求得生存的故事。[③]

---

① 达仓宗巴·班觉桑布：《汉藏史集》（藏文版），四川民族出版社，1985年，第85~86页。

② 王康弘、耿侃：《文化信息的空间扩散》，《人文地理》1998年第3期，第52页。

③ 其故事的内容大意是说，在很早的古代，于阗原是一个大的水湖，其中居有毒龙，经常为害，人们衣食无着，苦难多端。后来从印度来了一位仙人，以其特有的咒龙术，制伏毒龙，使其按人们的需求，及时行云布雨，保证了农业的丰收。人们为感谢仙人和

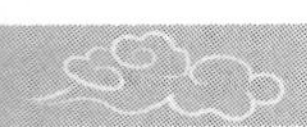

五、喜马拉雅山周边地区，普遍都有水泽变旱地的神奇传说。位于喜马拉雅山南北两侧的泥婆罗国、罽宾国和羯湿弥罗、于阗诸地，都有变水泽为旱地的神奇传说。这是在遥远的古代喜马拉雅山造山运动所形成的自然现象。佛教创立之后，把这种现象拿来编成奇异的故事，来为自己的宗教宣传服务，如在敦煌莫高窟许多洞窟中所见的“于阗王毗沙门天王和舍利弗决海故事”即是证明，此故事在藏文文献中也有有趣的叙说。①据日本国高僧圆仁撰《入唐求法巡礼行记》记载可知，在其到五台山之时，曾见到泥婆罗的高僧巡礼五台山。这是中尼文化交流，也是佛教文化交流的一证。说明泥婆罗国对五台山和文殊菩萨信仰的重视，亦说明了中国佛教对泥婆罗国影响之大。事实上，泥婆罗国的《苏瓦普扬史》记载了五台山的文殊菩萨曾至其国，放出积水，使其变为适于人民生存和居住之地的神奇传说故事。更值得我们注意的是，在《苏瓦普扬史》中，将原来传说的地点和人物都有所改变，由毗沙门天王和舍利弗变为五台山的文殊菩萨。这一改变向我们清楚地表明，这时的中国佛教已取印度佛教而代之，成为世界佛教文化的中心，以至直到今天，他们仍对五台山和文殊菩萨有着很深的信仰。②

## 二、藏文文献中“李域”的政区地理内容

### （一）藏文文献中与“李域”相关联的地名

在藏文文献出现的地名中，有杂丹吉域、疏勒、安西、赞摩丹、奔丹、梅嘎尔、贡聂、蔡吉、安西、智夏、洛波、梅之国、喀夏等。

#### 1. 梅之国

据敦煌古藏文写卷 P.T.960《李域教法史》记载：

> 教法产生已逾一千七百三十三年，自地乳王到李杰赞勒王之间，王统传至五十六代。……此后，菩提心者弥勒与殊圣文殊二者，悉知于阗乃为三世佛福田，降生于李域并为了作李域人众之善知识，初次降世到被称作“赞摩居理”之苑。菩提心

神龙，每家年税斗米以祭神龙，并成为定式。由于他们信奉神龙，故称龙族。到迦叶佛时，佛教开始从印度传到于阗地区，并普遍地获得人们的信奉。佛教徒多不从事生产，过着依靠他人供奉的寄生生活。佛教徒的增多，使纳税人锐减，一年一度的祭神活动，终被停废。祭祀的停废，触怒毒龙，它在盛怒之下，变此干涸之国复为一大湖，使人们受尽其苦。到了释迦牟尼佛时期，他以其慈悲之心，发现于阗人为毒龙所害。于是，便命其弟子舍利弗和毗沙门天王来到此国。佛以其光芒复罩于湖面，计有三百六十三道光芒，绕湖周三次，集中于睡莲之上而没于水中。释迦牟尼佛预言，光芒数为将来于阗地区建筑佛寺之数。然后他命令舍利弗以其所执锡杖的尖端、毗沙门天王以其所执的锐枪之尖，突刺湖岸，放出积水，使于阗再度变为一适于人们居住的干涸之地。佛教也就在于阗地区发展了起来。如果以人们普遍公认的释迦牟尼涅槃的时间，对照上述记载，是佛教在公元前3世纪的中期，已通信息于于阗地区。（参见孙修身：《敦煌佛教艺术与古代于阗》，《新疆社会科学》1986年第1期，第52页）

① 孙修身：《唐初中尼交通四题》，《中国藏学》2000年第4期，第72页。

② 孙修身：《唐初中尼交通四题》，《中国藏学》2000年第4期，第72页。

者弥勒（化现）为称作国王尉迟桑巴瓦……做了梅之国王。[①]

“梅之国”似即德格版《李域授记》中的“梅嘎尔”，其曰：

> 此后，菩萨大士之汉地国王欲得千子，然仅有九百九十九子，千子缺一。向毗沙门天王祈求而得，毗沙门天王曰：“看来，您看到了有福德者萨尼被弃而又得，满足汉王要儿子的心愿吧！”于是汉王将千子之数填满。后来（人们）问：“你长大后与汉人的兄弟小孩玩耍争辩，难道不说你不是汉王的儿子吗？”“你那样不悦，对别人也讲述如此历史。”（萨尼）向国王请求：“我首先寻找出生地。请允许去寻找！”国王曰：“你是我的儿子，对此地也不要如此不喜欢！”然几次告诫不听，王子萨尼王动身，率一万军队向西方寻去，找到了李域的梅嘎尔。

记载中的“梅之国”，在汉文文献中未能见到，“李域”即于阗国在早期没有建立和田城时，有可能称为“梅之国”。从上述的“率一万军队向西方寻去，找到了李域的梅嘎尔”的记载看，“梅之国”因地名而得名，似即指“李域”。而从德格版《李域授记》另一处记载看，“梅嘎尔”似乎在吐蕃境内，或至少也是与李域相邻，或在李域之边境。《李域文书》记载：

> 尔时，李域王尚年幼且不信仰佛法，诏令李域的比丘，要么成为俗人，要么变得随心所欲。众僧伽会聚到称作赞摩的佛殿内商讨时，佛殿内众僧中央出现了七套金袈裟和金包袱。国王断绝了五千比丘的生活来源，贫穷者乞讨觅食三个月，此时，（他们）当中有些变成俗人。趋于衰微的众生不喜欢与父母、亲属、故乡分离，遍野号啕。大多僧伽留住路旁，行止称作吐蕃的寺院，在此建有一巨型佛塔，并被信仰佛法的风之王召见，（国王给予）盈满金钵的珍珠，敬献众僧。此外，其他信仰（佛法）的施主也敬献生活用品，于是，将众僧迎到梅嘎尔尔（梅嘎尔）之地，用珍珠来供养着，过了半月的受供养的生活。然后从梅嘎尔尔出发，在称作“郭尔聂”的寺院，众僧驻锡时，毗沙门天王和吉祥天女化作一夫妇驻锡此地，所有众僧祈祷：“此乃我等的福分。”（接下来的）半月中，僧伽举行供施法会，吉祥天女向僧众赐一衣襟的金钱。众僧又抵达贡玛尔之地，在贤吉绒遇见的守关人言：“哎呀，到别的路上去！”这时毗沙门天王幻化为白牦牛，僧众见了言道：“此牦牛为家畜，它哪儿去我们在后面追。”随后，牦牛引路，经过四五天，抵达赤面之地称作“擦奇”的地方。

上述的梅嘎尔到底是李域，还是李域的范围包括了梅嘎尔尔，由于资料的限制，尚难作进一步的推断。

---

① 敦煌古藏文写卷 P.T.960《李域教法史》，《敦煌本藏文文献》，民族出版社，1985年，第256页，藏文原文1~4行。

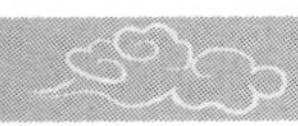

2. **喀夏**

手抄本《李域文书》记载：

> 《日藏经》载："喀夏（ཁ་ཤ）地方是地乳王之驻地，在牛头山脚下高玛达河岸，称作仙人罗汉圣地的'高玛萨拉干达'即喀夏地方与李域所属仲迪地方"因一阿罗汉幻化成为一匹金色的鹿羔，故也就形成如此名称的地方名。①

从上述记载中，"喀夏"（ཁ་ཤ）是一个地名，在藏语中的确切含义是鹿的一种，指"麂"，"雪鹿""斑鹿"名称由来也源于此，可能此地有麂出没。此名称的形成带有浓郁的佛教色彩，它是"李域"即于阗国第一个国王地乳王时期的国都所在地，亦即牛头山脚下的一地名，可以推测，"喀夏"一名与李域的不同在于，其为李域区域内的一个著名地方，而且与高玛萨拉干达有关。

这里的"李域"，似指和田王城，在人们心目中，地名概念已经缩小。

《东嘎藏学大辞典》中的"李域"词条解释为"喀夏是印度北方地区的一个村落"。其中的"喀夏"似乎与本文所指的喀夏非为一地。有没有可能是印度移民的聚居区，也很难判断。

**（二）城**

关于城镇，在藏文文献中提及的很多，如安丹城、牛头山格瓦城、李域国都萨杰、和田、和田城、和田城楼、旺城、和田大育城、和田五城等。

1. **和田城**（ཧུ་ཐེན་གྱི་སྐུ་མཁར།）

敦煌古藏文写卷《李域教法史》中的"和田城"记载主要有：

> 许多印度军队和随从也向李域进发，在上协洽布（玉河）的杭格觉（两队人马）相遇，开始双方并不相识，各自成阵，进行交兵。柏哈热玛鼐（柏恰玛那）和吉祥天女及大地仙女等从中出现，将当初经过详细叙述，让被流放的君臣相识，彼此联合。首先萨尼和阿玛杂耶西君臣相会，联手治理其地，和田之地如此经营而建。
>
> …………
>
> 李域和田复次变为海子时，未行十善时，地方护法神贡布发誓者们和护法拉鲁们将香相（更）山谷再次堵塞，上下协水乃汇集在和田大城之内，如今的大集市之上面，瞿摩帝大伽蓝之处即供奉扎瓦夏神之寺前，复次海浪翻滚，变成海子时，舍利和别的（供品）被鲁带去，供在各自住地。
>
> …………

① 比丘布奈雅：《李域文书》（藏文手抄本），西藏自治区博物馆藏文部馆藏，第3~4页，藏文原文第28~38行。

李域和田的中心的海心，在和田城内，集会场的上方，更姆迪尔寺供奉扎瓦夏佛像的下面。海心在现在还有扎瓦夏化身佛的跏趺印。①

手抄本《李域文书》：

阿育王在赡部洲朝拜佛加持的所有佛塔时，也曾到达过李域。在此路途中，其中一贤妃得到多闻子的加持生得威力强大的一子，称为“地乳王”。此时，汉地国王千子缺一，由多闻子将其（地乳王）而施。于是，他不肯任国王，领万军赴西方寻找生存地，于是来到李域。阿育王之臣亚夏率军七千从印度而至此地，由西向东苦苦行进，抵达了和田上协洽布河相逢，地乳王与大臣二者逐步达成协议，依所有上、下协河之间为营，连接印度和汉地之通道，立国建城，语言以印度语和汉地语两种相糅而教言。文字不同，而世间事大体类同，宗教和术语大体依汉地而行。②

敦煌古藏文写卷《李域教法史》给我们提供了以下几个信息：

（1）建城的缘起。当初地乳王带领汉地士兵和印度军队同时抵达李域，在上协洽布河的杭格觉相遇，并各自成阵，双方交兵。后来，双方达成共识，彼此联合，联手治理其地，建立了和田城。

（2）和田城的规模很大。传说中“李域”是一片汪洋大海，而后来海水干枯后，当地乳王和印度军队抵达此地时，建立了和田城，海心就在和田城内。城内有瞿摩帝寺，寺内供奉扎瓦夏佛像，扎瓦夏化身佛的跏趺印就在海心。城内还有集会广场。

而手抄本《李域文书》给我们同时也提供了以下几个信息：

（1）阿育王也曾到达过李域。并在“李域”生得一子称“地乳王”。

（2）两个不同地区的人迁徙到“李域”。至于说汉地国王千子缺一等，都可能是宗教牵强附会的一种说法，但两个不同地域之人——汉地之人和印度人，迁徙到“李域”的可能性极大。

（3）居住区域。他们的居住区域是以和田的上下协洽布河之间为营，立国建城，这个地方遂成为连接印度和汉地的交通枢纽。

**2. 和田大育城**

据敦煌古藏文写卷《李域教法史》记载：

国王萨尼之孙，称作玉拉王乃建起和田大育城（ཨུ་ཐེན་གྱི་མཁར་དངར་ལྡན་གྱི་གྲོང་ཁྱེར་ཆེན་པོ།）。然后国王还曾在城楼观望。此后，国王尉迟森缚瓦登上和田城楼，向东南方望去，

① 敦煌古藏文写卷P.T.960《李域教法史》，《敦煌本藏文文献》，民族出版社，1985年，第274~275页，藏文原文第109~113行。

②《李域文书》藏文手抄本。

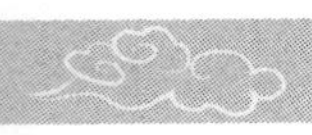

在城外有一金银色麋鹿。[①]

和田大育城，应为王城所在。

**3. 和田五城**

关于和田五城，可见于多处。《李域授记》记载：

> 薄伽梵告阿难陀："舍利子用禅杖、毗沙门天王用矛头毁海，海水枯竭。我圆寂后，又于此称作李域地方复生。光芒释放三次之地——和田周围，最后化作一五位一体之大城。"

《汉藏史集》所记最详：

> 迦叶佛涅槃后，修建了存放遗体的灵塔"高玛萨拉干达"〔原注：如今称为"帕巴香更塔"〕。仙人卡热夏等人长期驻守李域之山，进行供奉灵塔时，邪见之徒迫害，仙人飞上天空，去往别处。后来，由于佛法毁灭，李域变成海洋。此后的很长一段时间，佛陀释迦牟尼出世于印度，利乐众生。佛陀临近涅槃，各个地方，托付诸护法护持。李域托付给多闻子、施碍正力。佛陀本人与诸弟子等飞上天界，抵达了变成沧海的李域……海竭之陆地，吾涅槃后，此地会称为李域，称作和田五城的大城出现，热杂扎玛护卫时，有一旃檀佛像，能自除尘垢，自印度运来。[②]

综上所引，和田城、和田城楼、和田大育城、和田五城等名称中的"和田"，藏文发音与汉语"和田"发音一致。"和田城"是"和田"这一区域的中心城；"和田城楼"是"和田城"中"李域"王居住的城楼；"和田大育城"是国王萨尼之孙即称作玉拉王所建的城，即和田中的一城；和田五城是指和田地区有五个城，也是和田最盛时期的繁华写照。文献中的"一五位一体之大城"（ཨཁར་ལྔ་ལྡན་གྱི་གྲོང་ཁྱེར་ཆེན་པོ།），从字面上来看，这五个城是连成一体的，在当时，也或许是具有五个大型建筑的大城，并不是有现代意义上的五个城市的一个大城。从上述城的记载可看出，就"李域"的中心都城，并不是仅仅一个"和田城"，而是在不同的时期，"李域"王有各自的王宫和都城。如地乳王最初的王宫就在牛头山的格瓦坚，也就是"喀夏"，此城为"李域"王城。后代的王城，都建在上下协洽布河（玉河）之间。在汉文文献中，魏晋时期的于阗成为"东去鄯善遣千五百里，南去女国二千里，西去朱俱波千里，北去龟兹千四百里"的大国，"其地方亘千里，连山相次。所都城方八九里，部内有大城五，小城数十"。[③]藏文中的"一五位一体之大城"可能就是汉文文献中的"五大城"。

---

① 敦煌古藏文写卷P.T.960《李域教法史》，《敦煌本藏文文献》，民族出版社，1985年，第257页，藏文原文第6~7行。

② 达仓宗巴·班觉桑布著：《汉藏史集》（藏文版），四川民族出版社，1985年。

③ 转引自李吟屏：《和田春秋》，新疆人民出版社，2006年，第46页。

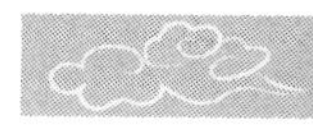

### （三）地名

文献中出现的地名极多，但地理方位绝大多数不确切，不过通过文献间所记内容的对比，有些地名还是可以推测其大概方位的。这里仅就能够判断的部分地名予以论述，对于大部分尚无法判断的地名，只能略去，留待以后有条件时再进行探讨。

（1）本文所能略做考察的地名有吉央、敦尔雅、噶木香、高香、蔡、多罗、梅嘎尔、帕聂、柏尔嘎扎、奥格雅且吉、拉若、贡香、绕吉擦等。这些地名之所以能作一个大致的推断，是因为其以两种形式，在不同的经典中被述及，这给了我们一个推论的机会。

如 P.T.960的《李域教法史》云：

在李域[①]，比丘篮伽二部之数，比丘及比丘尼两者有四千七百余人。在吉央（གྱིལ་ཡང།）以下，高香（གོ་ཤེང།）和度尔雅（ཏུང་ཙ།）以上，有比丘及丘尼两者五百三十余人。在噶木香（ཀམ་ཤེང།），比丘篮伽二部有二百五十余人。吉央以下，高香与和田（ཨུ་དན།）以下和噶木香以上，总计比丘篮伽二部，因缘、生活私产以上的（比丘）共五千四百八十余人。

德格版《李域授记》载：

在和田，僧侣伽蓝二部安住于此的大寺在王宫内，外者有大寺六十八座、中等寺院九十五座、小寺院一百四十八座、家家供奉的小佛殿、无施主的佛殿，在城内有佛塔若干；在城外的蔡（ཚར）以上有三千六百八十八座，在和田的僧伽告措（སྐོས་འཚོ།）以上鼠年算起住世一万年，多罗（མདོ་ལོ།）、梅嘎尔（མེ་སྐར།）地方大寺四座，家家佛殿、没有施主的小佛殿一百座，有僧侣二十多个，嘎木谢（ཀམ་ཤེད།）、帕聂（ཕོ་ཉ།）、柏尔嘎扎（བེ་ཀ་འདྲ།）、奥格雅（ཨོ་རྒྱ།）以下王城内，拉若吉擦（སྣང་རོལ་གྱི་ཚར།）以上，建有大佛寺二十三座、中等佛寺二十一座、小寺二十三座，家家供奉的小佛殿、小佛塔总的有八百三十九座，僧侣伽蓝二部善缘，郭措（སྐོ་འཚོ།）以上总的有四百三十八座，吉以下贡香（ཀོང་ཤེང།）、敦尔雅（ཏུ་ཙ།）以上王城内，绕吉擦（རོལ་གྱི་ཚར།）以上有佛寺十五座，家家佛龛、没有施主的小佛殿，以上供奉。僧侣伽蓝二部善缘，郭措以下总的有九百六十三座。

---

① 这里的“李域”一词，根据上下文意思，可以看作是于阗王城的指代，而非整个于阗地区。这一点从僧尼数的统计结果也能看得出来。之所以会有这样的地理概念的错置，很可能是作者以当时约定俗成的、大家都那样用的、在当时谁也不会弄错的称呼去写作而导致的。

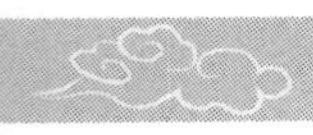

将二者所述及的地名及其区域范围可以归纳如下：

| | P.T.960《李域教法史》 | 德格版《李域授记》 |
|---|---|---|
| 区域一 | 高香（ཀོ་ཤེང་།）、度尔雅（དུང་ཏྲ།） | 蔡（ཚར།）、多罗（མདོ་ལོ།）、梅嘎尔（མེ་སྐར།） |
| 区域二 | 噶木香（ཀམ་ཤེང་།） | 嘎木谢（ཀམ་ཤེད།）、帕聂（ཕོ་ཉ།）、柏尔嘎扎（ཕོ་ཉ།）、奥格雅（ཨོ་རྒྱ།）、拉若（སླད་རོལ་གྱི་ཚར།） |
| 区域三 | 吉央（གྱིལ་ཡང་།）、高香、噶木香 | 贡香（ཀོང་ཤེང་།）、敦尔雅（དུཏྲ།）、绕吉擦（རོལ་གྱི་ཚར།） |

其中，高香（ཀོ་ཤེང་།）与贡香（ཀོང་ཤེང་།）为后加字省略，实为一地；度尔雅（དུང་ཏྲ།）与敦尔雅（དུཏྲ།）字根相合；噶木香（ཀམ་ཤེང་།）与嘎木谢（ཀམ་ཤེད།）字根相合，后加字变音；多罗（མདོ་ལོ）在他文中又写作多拉罗贡（མདོ་ལོ་སྐར།）；拉若吉擦（སླ་ཆ་གྱི་མཚར།）与绕吉擦（རོལ་གྱི་ཚར།）应指一名，后者丢失一个 sla 的可能性极大；嘎木谢（ཀམ་ཤེད།）又可写作岗木谢（སྐམ་ཤེང་།），后者为前加字省略。这里出现的现象，都在藏文音读外来专有名词的拼读范围之内。

这里比较明显地可以判断：首先，两部经典中分的三个区域基本是一致的，有相对应的关系，这就为三个区域间的位置关系提供了帮助；其次，区域一和区域三是相邻两片，甚至在不同时期（即两部经典写作时间）两区域几乎是不分的，区域二与区域三亦相邻。这样看来，三个区域间都存在相邻和相重的关系。

区域二的范围，噶木香与嘎木谢为一地，故可知，这个区域内所包含的地方除噶木香外，还有帕聂、柏尔嘎扎、奥格雅且吉、拉若等地。

这些地方的具体方位在藏文文献中也能找到。如德格版《李域授记》：

> 于是，王子萨尼和其臣亚夏联合，萨尼为王，亚夏为相。国王萨尼的庶民汉（族）人们驻扎在和田之上协河以下多罗贡（མདོ་ལོ་སྐར།）和岗木谢（སྐམ་ཤེང་།）以上；大臣亚夏的庶民印度人驻扎在上协河以上嘉（རྒྱ།）、贡相（ཀོང་ཤེང་།）以下；协河中间杂居着印度、汉等的臣民数千杂居，立国建城。印度和与之临近之地称作“李”，言语不同于印度和汉地，宗教及其术语大体与印度相符。

前面有了三个区域之间的关系，这里又提供了具体方位的资料。其中，多罗贡（མདོ་ལོ་སྐར།）和岗木谢（སྐམ་ཤེང་།）在上协河以下，按照于阗地区地势之上、下方位的判断，当为喀拉喀什河，那么多罗贡和岗木谢在喀拉喀什河以东；嘉（རྒྱ།）、贡相（ཀོང་ཤེང་།）则在喀拉喀什河以西。多罗贡和岗木谢又属于上述区域一与区域三相结合部，嘉和贡相则亦是如此，则可以推测，这里的“多罗贡和岗木谢”与“嘉和贡相”是以上协河为轴的东西关系，而区域一与区域三是南北关系。这样，区域二则又与区域一和区域三中的噶木香相邻接，地当在两河之间。这一分析可能基本

上合理，因为在区域二中的一个地名——柏尔嘎扎（བེ་ཀ་འཛ།），与今天布扎克乡的名字是否有关联，值得考证。

（2）麻射。

麻射见于《李域授记》：

于是此后期间，称作尉迟杂雅的国王将汉王之公主吾聂香额娶到宫中。汉王公主在李域找到了小虫的种子（即蚕——译者注），在称作麻射（ma–zha）① 的地方养虫。

这里的麻射，即《大唐西域记》中的麻射，又有写作“鹿射”者，据李吟屏先生考证，为今和田之巴塞。② 此处所引这条资料，对于阗国都的判断亦具有价值，能够对李吟屏先生所主张的于阗王都阿拉勒巴格之说提供又一佐证。汉王之公主被娶入宫中后，其养蚕之所并非在于阗王宫，而是在王宫以外之地。按照常理，王妃外出，不可能去很远的地方，此麻射距阿拉勒巴格四五里对王妃来说，供其养蚕为较为合适的路途。从这一点上看，巴塞与阿拉勒巴格与《大唐西域记》中所载“王城东南五六里，有鹿射僧加伽蓝”之语相适应。而《李域授记》所载之麻射亦如玄奘所言，为一伽蓝所在之地，因为这里有麻射塔。

从印度比丘尊者桑嘎告恰来到李域，迎请善知识，罗刹大多杀死，孽障消除，修建普陀尔雅、麻射塔、大寺，装藏了许多如来佛的真身舍利。

故，《李域授记》中的这些资料，恰好印证了《大唐西域记》的记载，也证实了李吟屏所考于阗国都的观点。

## 三、“李域”的宗教文化地理

### （一）“李域”的宗教区域及其划分

在敦煌古藏文写卷P.T.960的《李域教法史》中，有一段关于佛教寺院的内容，这段内容不仅有对李域僧尼数量的统计，有若干于阗古地名出现，更可宝贵的是，为我们提供了一份于阗宗教区域的划分建置情况。这段内容是这样的：

在李域③，比丘篮伽二部之数，比丘及比丘尼两者有四千七百余人。在吉央以下，

① 麻射，又见《大唐西域记》，还有写作“鹿射”者，据考为今和田之巴塞，详考见李吟屏《古代于阗国都再研究》，《新疆大学学报》1998年第3期，第45页。

② 李吟屏：《古代于阗国都再研究》，《新疆大学学报》1998年第3期，第45页。

③ 这里的“李域”一词，根据上下文意思，可以看作是于阗王城的指代，而非整个于阗地区。这一点从僧尼数的统计结果也能看得出来。之所以会有这样的地理概念的错置，很可能是作者以当时约定俗成的、大家都那样用的在当时谁也不弄错的称法去写作了，这种现象就仿佛现在外国人用首都北京指代中国，也可以认为中国就是首都北京一样。

高香和度尔雅以上，有比丘及丘尼两者五百三十余人。在噶木香，比丘篮伽二部有二百五十余人。吉央以下，高香与和田以下和噶木香以上，总计比丘篮伽二部，因缘、生活私产以上的（比丘）共五千四百八十余人。现在这些比丘里，化现为菩萨替众生行善者很多。

从上述记载可以看出，于阗似乎被划分为三个规模较大的宗教活动区域。如果把文中出现的“李域”视为于阗王城，将以于阗王宫为中心的区域也视为一个宗教区域的话，则是四个宗教区域。这四个区域分别是：一，“李域”，僧尼4700余人；二，在吉央以下，高香和度尔雅以上，有比丘及丘尼两者530余人；三，在噶木香，比丘篮伽二部有250余人；四，吉央以下，高香与和田以下和噶木香以上，总计比丘篮伽二部，因缘、生活私产以上的（比丘）共5480余人。

关于宗教区域的问题，托马斯在《敦煌西域古藏文社会历史文献》中借助出土的藏文简牍和残破文本，也曾作过专门的研究。在讲到第四章的《于阗地区》时，他将藏文文献中的“Tsar”，释读为“教区”。[①] 他依据麻札塔克 b.i. 0048号木简，将“Tshar–Shi–ro–nya”释为“悉诺列教区”，将“Has–ma–ro–nya”释为“巴麻列诺教区”。[②] 依据麻札塔克，b.i. 0054号纸张残片，将“Tshar–Wam–na”解释为“于汪纳”教区，将“Tshar–Men–ko–nya”解释为“门科列“教区，将“Tshar–Va–ti–ko 解释为“阿提科”教区，将“Tshar–Bun–bo–do–nya”释为“奔波多列”教区。[③]

首先，应该佩服托马斯对教区问题的敏锐；但同时，托马斯对所谓藏文词汇“教区”一词的考证，需要校正。在确定这一术语的前期过程中，他说：“术语 tshar 出现在一些残破和难以辨读的文书中，这些文书看来是驻扎在各地的兵士和官吏的名单。”依据藏文的词性，可以断定此词有军队最小单位“ru”的含义，有“片断”“单元”“队”的意思。如果按照藏文的词义可理解为军队的最小单位。但完全没有“教区”的意思。而后面他又讲：“也许最古老的于阗圣地 Tsar–ma 其意就是下教区；事实上，它是 Tshar–ma–vjo‘下教区庙宇’的简称。”[④] 这就犯了一个原则性的错误，那就是将“Tsar”混淆为“Tshar”，两个词分别为不同的写法和发音，于阗圣地 Tsar–ma 是指一个地名，这个地方的寺院也称作“赞摩寺”或“赞摩殿”。这是敦煌古藏文写卷 P.T.960的《李域教法史》和德格版《李域授记》中提及最多的一个寺院。而且，“Tsar”一词完全没有任何意义，与 ma 结合，才能构成地名，“Tsar”只是一个标音字，从这里看，可以对应汉文的“赞”字。所以说，不管是简牍或残破文本中的“Tshar”，还是 Tsar–ma 地方

① [ 英 ] F.W. 托马斯编著，刘忠译注：《敦煌古藏文社会历史文献》，民族出版社，2003年，第149~151页。

② [ 英 ] F.W. 托马斯编著，刘忠译注：《敦煌古藏文社会历史文献》，民族出版社，2003年，第150~151页。

③ [ 英 ] F.W. 托马斯编著，刘忠译注：《敦煌古藏文社会历史文献》，民族出版社，2003年，第156~157页。

④ [ 英 ] F.W. 托马斯编著，刘忠译注：《敦煌古藏文社会历史文献》，民族出版社，2003年，第151页。

和寺院的“Tsar”，与教区都是风马牛不相及。

尽管托马斯歪打正着地关注了“教区”（宗教区域）问题，但并未能真正解决“教区”问题。这里，我们暂且抛开藏文文献中神话的、虚构的成分，权且将之当作一份史料看待，其结果对我们复原古代于阗佛教情况，依然是有帮助的。

涉及宗教区域划分的内容，不仅见于《李域教法史》，在德格版《李域授记》中也与之对应的记录，更为可贵的是，后者不是对前者的一般的照搬与引用，而是从另一个角度对于阗教区的划分及佛教在当时发展的状况给予了记录：

> 在和田，僧侣伽蓝二部安住于此的大寺在王城内，外者有大寺六十八座、中等寺院九十五座、小寺院一百四十八座、家家供奉的小佛殿、没有施主的佛殿，在城内有佛塔若干；在城外的蔡以上有三千六百八十八座，在和田的僧伽告措以上鼠年算起住世一万年，多罗、梅嘎尔尔地方大寺四座，家家佛殿、没有施主的小佛殿一百座，有僧侣二十多个，嘎木谢、帕聂、柏尔嘎扎、奥格雅且吉以下王城内，拉若以上，建有大佛寺二十三座、中等佛寺二十一座、小寺二十三座，家家供奉的小佛殿、小佛塔总的有八百三十九座，僧侣伽蓝二部善缘，郭措以上总的有四百三十八座，吉（gyil）以下贡香、敦尔雅以上王城内，绕吉擦以上有佛寺十五座，家家佛龛、没有施主的小佛殿，以上供奉。僧侣伽蓝二部善缘，郭措以下总的有九百六十三座。

这里虽然是以寺院数目为统计对象，但宗教区域的划分也分为四个，即：

（1）和田王宫内外，在宫外有大寺68座、中等寺院95座、小寺院148座，家家供奉的小佛殿、无施主的佛殿、佛塔若干；

（2）在宫外的蔡以上有3688座，多罗、梅嘎尔尔地方大寺4座，家家佛殿、没有施主的小佛殿100座；

（3）嘎木谢、帕聂、柏尔嘎扎、奥格雅且吉以下王宫内，拉若以上，建有大佛寺23座、中等佛寺21座、小寺23座，家家供奉的小佛殿、小佛塔总的有839座，僧侣伽蓝二部勒坚、郭措以上总计有438座；

（4）贡香、敦尔雅以上王宫内，绕吉擦以上有佛寺15座，家家佛龛、无施主的小佛殿以上，僧侣伽蓝二部勒坚、郭措以下总计有963座。

### （二）寺院与胜迹

#### 1. 寺院

源于于阗的佛教寺院，荣新江先生已经在其《于阗佛寺志》中作过详尽的考论，本文仅就在文献翻译过程中的一些感受，及新发现的手抄本《李域文书》对前人研究略作补充，实属狗

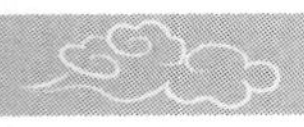

尾续貂，如能对相关研究有一丝益处，则为莫大的欣慰。

“李域”是佛教文化发展和传播的中心，在于阗佛教史上，于阗的佛教寺院对佛教传播、经典翻译、于阗独立体系的经籍的著述等都起到过重要的作用，故这里根据文献所反映的内容，择其要者略作备述。

于阗的寺院和僧侣以规模及数量而著称于世。在藏文文献中出现的寺院有格木迪尔寺、吉贤寺、可汗哉寺、达尔玛迪寺、古善寺、夏赛尔玛寺、索木尼寺、桑戴尔寺、斯涅寺、雅萨玛寺、巴瓦涅寺、杂尔梅寺桂迪山的山顶雄甲、居念、桂仲、桂迪山、卓迪尔、朵隆桑格保隆、巴诺焦、威诺聂、吉喜玛瓦寺、雍洛寺等几十个寺院。这些寺院不仅规模宏大，而且都有各自的主供佛像和护法神像。就寺院的数量，远远不止我们在文献中所提及的，正如《李域教法史》所统计的，仅仅“灵验之寺总计三百三十三座”[①]。

于阗的佛寺，张广达和荣新江先生在《于阗佛寺志》中，参照诸多汉藏文等文献资料，辑录和考释了14座寺院，其名有：①赞摩寺（桫摩寺、匝摩寺）；②瞿摩帝寺；③牛头山寺；④娑摩若寺；⑤毗沙门天王神庙；⑥麻射寺；⑦龙兴寺；⑧Dro-tir寺；⑨Hgu-zan寺（净土寺）；⑩地迦娑缚那寺；⑪护国寺；⑫金轮寺；⑬萨迦耶仙寺；⑭毗摩寺。其中在藏文文献中就有赞摩寺、瞿摩帝寺、牛头山寺、Dro-tir寺（仲迪寺）、净土寺。[②]Dro-tir寺就是仲迪寺，牛头山盖瓦坚寺就是净土寺。这些寺院，在汉文文献中也多有记载。

（1）赞摩寺（匝摩寺）。

赞摩寺在《洛阳伽蓝记》卷五引《宋云惠生行记》称：“于阗国王不信佛法，有商胡将一比丘名毗卢旃（Vairocana），在城南杏树下，向王服罪云：‘今辄将异国沙门来在城南杏树下。’王闻忽怒，即往看毗卢旃。旃语王曰：“如来遣我来，令王造覆盆浮图（浮屠）一躯，使王祚永隆。王言：‘令我见佛，当即从命。’毗卢旃鸣钟告佛，即遣罗睺罗（Rshula）变形为佛，从空而现真容。王五体投地，即于杏树下置立寺合，画作罗睺罗像，忽然自灭。于阗王更作精舍笼之，令覆舍之影恒出屋外。见之者无不回向。其中有辟支佛（Pratyeka）靴，于今不烂，非皮非缯，莫能审之。”[③]《大唐西域记》（以下简称《西域记》）和藏文《于阗国授记》都记载了相似而更加繁杂的故事，后者给我们留下此寺的名称Tsar-ma。[④]前人早已将这里的Tsar-ma比定为卷九十七《西域传》于阗条的“赞摩寺”。该传称：“城南五十（应作，“十五”）里有赞摩寺，

① 敦煌古藏文写卷P.T.960的《李域教法史》，《敦煌本藏文文献》，民族出版社，1985年，262页，藏文原文第37~39行。

② 张广达、荣新江著：《于阗佛寺志》，《于阗史丛考》，中国人民大学出版社，2008年，第224~239页。

③ 范祥雍：《洛阳伽蓝记校注》，古籍出版社1958，第271~272页。

④ 玄奘：《大唐西域记》，章巽校点本，上海人民出版社，1977年，第297~28页。《于阗国授记》（Liyu lung bastan pa，下文简称《授记》），埃默瑞克最新译本（Tibetan Texts Concerning Khotan），伦敦，1967年，第23~29页。

即昔罗汉比丘［毗］卢旃为其王造覆盆浮图之所，石上有辟支佛跣（据《周书》应作"趺"）处，双迹犹存。"[①] 显然，《北史》和《洛阳伽蓝记》一样也是来源于《宋云惠生行记》，而可贵的是给我们提供了它的名称，使人们很容易地将汉藏文书的有关记载联系在一起。赞摩寺是佛教传入于阗的标志，乃"最初之立也"，因此在于阗佛寺中居突出的地位。由此看来，《宋云惠生行记》《西域记》和《授记》都以大量的篇幅和首要的位置记载此寺，并非偶然。由上引材料可以看出，从北魏甚至更早，直到唐初，赞摩寺一直是于阗一所鼎盛的寺院。

敦煌卷子中也保存了一些宝贵的材料。P.2139《释迦牟尼如来像法灭尽之记》，是公元9世纪前后由吐蕃三藏法师法成从藏文《于阗国阿罗汉授记》（Leyulgsi dgratbcom–pas ibstan–pa）译为汉文的一部文献[②]，主要是记载一位于阗阿罗汉对于阗像法毁灭的预言。其中讲到当于阗王不信佛法时，众僧走投无路，"集梣（音 zǎn）摩寺评议是事"，然后奔向赤面国（即吐蕃）。这里的梣摩寺相对应的藏文原文作 Tsar–ma[③]，也即赞摩。这篇预言虽然是佛教徒们的捏造，但恰好反映了赞摩寺在于阗佛寺中的主导地位：在他们眼里，这座最早兴建的伽蓝，也将最后一个被毁灭。此外，S.6264《天兴十二年正月八日南阎浮提大宝于阗国匝摩寺八关戒牒》，授戒师是后晋天福（936—943年）中入天竺求法，于宋初回到于阗的"左街内殿讲经谈论兴教法性大师赐紫沙门道圆"，受戒弟子为于阗人曹清净，年代是大宝于阗国王李圣天（Visa'Sambhava）天兴十二年（961年）正月八日，地点在于阗国匝摩寺。[④] 这里的"匝摩"无疑是"赞摩"的同音异译。可见，直到宋初，此寺仍是于阗国的重要寺院，它不但是宣讲佛法的场所，而且还是招待东往西去的行脚僧人的地方。赞摩又作梣摩、匝摩，藏文作 Tsar–ma，于阗文作 Tcarma。赞摩寺是于阗国兴建的第一座寺院，而且一直是于阗重要的寺院之一。

据敦煌古藏文写卷 P.T.960《李域教法史》记载：

> 殊圣文殊，为比丘毗卢遮那化身，驻锡在赞摩居理之苑，首先教牧童们文字和

---

①《周书》卷五十《异域传》下于阗条略同。

② 汉文本见伯希和、羽田亨编《炖煌遗书》影印本第1集；藏文英译本见托马斯（F.W.Thomas）《有关西域的藏文文献和文书》（Tibetan Literary Texts and Documents Concerning Chinese Turkestan）第1卷，伦敦，1935，第77~78页。参看乌瑞（G.Uray）：《有关公元751年以前中亚史的藏文史料概述》（The Old Tibetan Sources of the History of Central Asiaup to 751 A.D.: A Survey），载哈玛塔（J.Harmatt）编《伊斯兰时代以前中亚史史料导论》（Prolegomena to the Sources on the History of pre–Islamic–Central Asia），第289页；汉译文载中央民族学院藏族研究所编《藏族研究译文集》第2集，北京，1983年，第98页。

③ 托马斯上引书第1卷，第80页。

④ 录文见张广达、荣新江：《关于唐末宋初于阗国的国号、年号及其王家世系问题》，载北京大学中国中古史研究中心编《敦煌吐鲁番文献研究论集》，北京，1982，207页；文书的年代参看文章第二、三节。按：文书中将"匝摩"录作"迎摩"，是沿袭日本学者井之口泰淳《于阗语路料所记之尉暹王家的系谱和年代》一文中录文的错误，见《龙谷大学论集》第36册，第2~43页；刘铭恕先生小误，见《敦煌道书总目索引》，第238页。土肥义和撰《晶义代也作迎摩寺，办是敦煌的雁史》，大出版社，1980，22~e（ue of the Chinesaies）idh Musun）有："于阗事摩尼教，故其寺名曰'迎摩寺'。"（《选堂集林·史林》上册，香港，1982，第415~416页）此说恐怕难以成立。

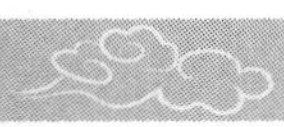

> 语言，于是出现了教法。后国王尉迟桑巴瓦为殊圣文殊菩萨化身，比丘毗卢遮那首先修建李域赞摩寺（tsar-mavi-gtsug-lag-khang）。①

赞摩寺是李域历史上最著名的寺院，在多部藏文文献中都有详述。手抄本《李域文书》：

> 此地国王等出现的时间是从佛涅槃后的二百三十四年。第一个国王是地乳（萨拉），其子称作玉拉，建庄严城市。其子尉迟桑巴国王时期，供养比丘毗卢遮那，在李域的仓参赞摩（tshang-mtshan-rtsar-ma）创建诸多佛殿（gtsug-lag-khang）和佛塔（mchod-rten），其中无一不供如来佛之舍利。
>
> 当时，比丘毗卢遮那化现为佛陀，将十六罗汉请到了国王的圣地。征服卡切并从天空中请来了装藏有如来佛的七座佛塔，供奉在赞摩佛殿。

可见，赞摩寺是于阗地区佛教传入后最早建立的寺院。通过以上记述我们可以看到，“李域”有许许多多的寺院，是一座规模盛大的佛殿群组。

赞摩寺藏语称为“赞摩祖拉康”（ཙར་མའི་གཙུག་ལག་ཁང་།）。“赞摩”，在藏文中没有实际意义，不知是不是“རྩ་མ།”的异体字，如是，则有“根本”“当初”和“基础”的意思，“祖拉康”雷同内地的“寺院”，如桑耶寺称为“桑耶祖拉康”（བསམ་ཡས་གཙུག་ལག་ཁང་།），大昭寺称为“热萨赤囊祖拉康”（ར་ས་འཕྲུལ་སྣང་གཙུག་ལག་ཁང་།），很少称为“贡”（དགོན།）或“贡巴”（དགོན་པ།）者。“赞摩”如果是异体字的话，那么也就不难解释了，将其解释为“根本寺”或“最初寺”也不为过，因为赞摩寺为“李域”（于阗）国的第一座寺院。该寺的修建者为比丘毗卢遮那，该寺供奉着比丘毗卢遮那请来的装藏如来佛舍利的七座佛塔。而赞摩寺的地点，据手抄本《李域文书》，在牛头山脚下的高玛达河岸边。

> 《日藏经》载：喀夏地方是地乳王之驻地，在牛头山脚下（glang-ru）高玛达河岸（go-ma-ti），称作仙人罗汉圣地的‘高玛萨拉干达’，即喀夏地方与李域所属仲迪地方，因一阿罗汉幻化成为一匹金色的鹿羔，故也就形成如此名称的地方名。总之，“喀夏”和“李域”不同。

高玛达河岸（གོ་མ་ཏི།）之“高玛”与“高玛萨拉干达”（གོ་མ་ས་ལ་གན་དྷ།）塔之“高玛”为同一词根。高玛达河与牛头山，山水相依。

关于赞摩寺，荣新江先生已将史籍及出土文献中的资料汇集殆尽，② 这里仅将新发现的藏文手抄本《李域文书》的相关内容择出备查。

① 敦煌古藏文写卷P.T.960的《李域教法史》，《敦煌本藏文文献》，民族出版社，1985年，256页，藏文原文第6~7行。

② 张广达、荣新江：《于阗佛寺志》，《于阗史丛考》，上海书店，1993年，第281~283页。

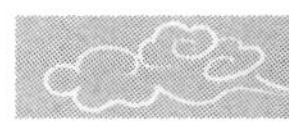

（2）仲迪寺。

在手抄本《李域文书》中仲迪寺写作 འདྲོན་ཏིར། 与荣新江先生从《李域授记》搜得的 ཛོ་ཏིར[1] 当为同一。在藏语里，音译专有名词时，前加字和后加字不影响词根的音读。

仲迪寺是以地名命名的。在手抄本《李域文书》中记道：

……即喀夏地方与李域所属仲迪地方（vdron-ti）……

可见，仲迪不仅是一地名，而且，与喀夏地方相连，即距牛角山不会很远。手抄本《李域文书》又载：

李域仲迪寺（vdron-tir）所在的此方土地，从前是月光王头颅施舍地，在此处建有南摩布达栋德佛塔（na-mo-budha-gdong-bad），此地据说是众月光王施舍子女的地方，在尼泊罗有同样的说法，但未知出于何经典。

如前文所述，如果这里的“李域”在此一时期仅指和田王城这一小区域的话，则仲迪寺在于阗王室的控制区之内。且此仲迪地方与卡切地方相接邻，则这里的南摩布达栋德佛塔当与牛角山的高玛萨拉干达塔遥相呼应。

（3）毛尔古岱寺。

据敦煌古藏文写卷 P.T.960《李域教法史》记载：

当王建瞿摩帝寺时，一直带着一个小儿子，走失后怀念而寻找，在如今的高岱山以上和文殊菩萨住地之间的一个小山沟里找到了。国王就在找到王子之处的山沟修建了一座寺院，安置七世佛的舍利子，供三世佛之地，取名为“阿尔耶达那寺”。于是，国王不仅使王子出家，而且也获得阿罗汉果。第一个在李域证得阿罗汉果的除他之外再没有出现。于是起名为“玛闹尔瓦尔懂巴”（“无歧途释迦牟尼”），即毛尔古岱寺，首次产生了毛尔古岱寺的名字。后来，（他）在毛尔古岱寺严守戒律，刻苦勤勉，被毛尔古岱寺任命为（堪布）。[2]

从上述记载的信息中我们看出，毛（摩）尔古岱寺虽没有确切的建寺年代，但点明了该寺是国王尉迟森缚瓦时期创立，与瞿摩帝寺是同一个时期修建，该王为了感念找到了走失的儿子，在找到儿子的地点，即高岱山以上和文殊菩萨住地之间的小山沟，修建了这座寺院，该寺院主供了七世佛的舍利子，取名为“阿尔耶达那寺”。国王不仅使王子出家，而且自己也获得阿罗汉果后又起名为“玛闹尔瓦尔懂巴”（意为“无歧途释迦牟尼”）即毛尔古岱寺，后来，儿子被毛尔古岱寺任命为（堪布）。

---

① 张广达、荣新江：《于阗佛寺志》，《于阗史丛考》，上海书店，1993年，第289页。

② 敦煌古藏文写卷 P.T.960《李域教法史》，《敦煌本藏文文献》，民族出版社，1985年，256页，藏文原文第11~16行。

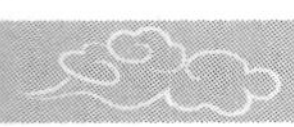

（4）雍洛寺。

《李域授记》记载：

> 于是薄伽梵对尊者舍利子、毗沙门天王教诫："你等将称作'曼萨尔那瓦热拉达'的黑山之色一样的海毁了！"于是，尊者舍利子用禅杖、毗沙门天王用矛头毁海。薄伽梵也在牛头山巨大的身躯上安住于雍洛寺中，即如今供奉着一小佛塔的地方。

（5）瞿摩帝寺（vgum–tir）。

瞿摩帝寺的记载最早见于《高僧法显传》："国主安顿供给法显等于僧伽蓝，僧伽蓝名瞿摩帝，是大乘寺。……瞿摩帝僧是大乘学，王所敬重，最先行像。"[①] 藏文文献《于阗授记》记载，寺内有殿堂名光明殿（Pra–ba–sa）。公元4世纪末、5世纪初，由于国王崇信大乘，所以行大乘学的瞿摩帝寺较其他诸寺更受敬重，在行像时，重大承，寺为首。其后，北凉王沮渠蒙逊从弟沮渠京声曾渡流沙至于阗，于瞿摩帝大寺遇天竺大乘法师佛驮斯那，从授禅法，而《禅法要解》二卷当即佛驮斯那于瞿摩寺所传授。[②] 这表明此寺一直以大乘学著称于世，而且还是印度与西域学者交流思想、传授学问的场所。《授记》在赞摩寺后接着记载，瞿摩帝（藏文 Hgum–tir）寺是于阗王尉迟毗梨耶（Vijaya Virya）时创建的。[③] 敦煌出土的晚期于阗语文书中，也常见瞿摩帝一名，于阗文写作 Gūma–ttirä。如925年于阗使者在沙州书写的《钢和泰杂卷》第41~42行载："张都督命人为瞿摩帝塔制一新帐，长二十丈。"[④] 因为这是于阗使臣在沙州做的一种功德，所以，此处的瞿摩帝塔应是著名的于阗瞿摩帝大塔的一个敦煌仿制品，这也正好可以看出瞿摩帝寺大塔在佛教徒心目中的地位。此外，Ch.00296和 P.2958两份于阗使臣报告中，分别提到了瞿摩帝的太子和大师。[⑤]Or.8212.162号于阗文杂纂中，不仅提到了两位瞿摩帝的阿阇梨的名字，而且还记载了 Vijita Sagrauma 王在瞿摩帝一带兴建伽蓝的事情。[⑥] 由以上于阗文写卷可以看出，瞿摩帝寺和赞摩寺一样，直到五代宋初仍然香火不绝。这对于中原、河西和于阗佛教文化的传播、交流必然具一定的积极作用。[⑦]

瞿摩帝寺，若按藏文音译，则称作"更迪"。瞿摩帝寺，是于阗的一座著名佛教寺院，许

---

①《大正藏》第51卷，第857页；《法华传记》卷七天竺于阗国瞿摩帝寺沙弥条："于阗国有僧伽蓝，名瞿摩帝，是大乘寺，三千僧居，揵搥而食。"见《大正藏》第51卷，第79页。

②《高僧传》卷二《昙无识传》，见《大正藏》第50卷，第337页；《开元释教录》卷四"禅法要解"条，见《大正藏》第55卷，第521页。

③ 埃默瑞克：《有关于阗的藏文文献》，第29~31页。

④ 贝利：《钢和泰杂卷》（The Stael–Holstein Miscelany），《泰東》新辑第2卷第1，1951年，第4页。

⑤ 贝利：《七王子》（The Seven Princes），《伦敦大学亚非学院学报》（BSOA59）第7卷第3~4期，第143页、621页；又见贝利：《塞语文书（原文转写卷）》（Dictionary of khotan saka），剑桥，1979年，第471页，hasirma 条。

⑥《塞语文书（原文转写卷）》，第25~29页。

⑦ 张广达、荣新江：《于阗佛寺志》，《于阗史丛考》，中国人民大学出版社，2008年，第228~230页。

多汉文佛教著述均有载录。《李域授记》亦对之详加追述：

于是，从赞摩尔文殊菩萨的化身比丘毗卢遮那在法王国王尉迟桑巴瓦建立寺院以来，国王李氏王统七代中未建其他寺院。此后的时间里，来自印度地方的尊者阿罗汉布达尔达、卡嘎达、卡嘎卓等四位出现，在桂德香的阿尔雅达那驻锡。当时，菩萨大士弥勒变成了尉迟布尔雅。从国王的瞭望楼上可以看到，城外有金光和银光闪闪；再去现在仍坐落着的瞿摩帝大佛塔一看，麋鹿变成了施碍大将。对国王道：“哎国王，你依照佛的授记在此建一寺院很合适！”国王问道：“为谁而建？”吩咐曰：“为了称作佛的使者尊者薄伽梵布达达等四者，为您的善知识到来而建！”那尊者薄伽梵也到了国王尉迟布尔雅尊前说法，国王曾在前世所作的祈愿即刻证疑之镢，于是在此铸造而建成瞿摩帝寺。于是国王尉迟布尔雅在瞿摩帝寺去作朝拜时，一童子丢失，遍寻，于桂迪香之谷中装藏有伽叶佛之舍利塔前寻到了。于是，国王问道：“此塔何时由谁而建？”答：“善知识尊者在迦叶佛灭迹时亲自创建，供奉着伽叶佛的舍利。”李域从前变成海时，此塔覆布未被水淹没，后来此地又变成海，此塔依旧覆布未被水淹没。弥勒佛出现时，海又枯竭变成陆地时，此塔产生了。此圣地三世之如来佛们，佛的净土中此桂德香也算是宫殿之一。三世之佛也普遍来此而授记，利乐众生。来自十方佛的各个净土的两万个菩萨也到三世牛头山朝供然后返回。

这里的尉迟布尔雅（bhizw-birya）即汉文典籍中的尉迟毗梨耶（Vijaya Virya）。瞿摩帝寺除在《李域授记》中有所反映外，在敦煌本《李域教法史》中亦有载录：

李域和田中心即为海心，在和田城内，集会场的上方，瞿摩帝寺供奉扎瓦夏佛像的下面。海心处现在还有扎瓦夏化身佛的跏趺印。

从这里可以看出，瞿摩帝寺是于阗地区地势最高的地方。在藏语习惯当中，海心不是我们所认为的海底最深处，而是类似湖心岛那样的突出点。如藏语中至今仍称青海湖的湖心岛为“海心山”。这里也是一样的，说明瞿摩帝寺恰恰在于阗地区，是一个标志性高地，而这个高地，正是牛角山。这样的话，瞿摩帝寺当在牛角山较高处，这可以海心处有扎瓦夏化身佛的跏趺印可资证明。如果此说不误的话，则此瞿摩帝寺是否就是荣新江先生所说的瞿摩帝河岸边的那座寺院①，当需再考。

（6）巴瓦涅寺。

此寺为吐蕃统治李域时期，由吐蕃的著名大相噶东赞所建，正如《汉藏史集》：

① 张广达、荣新江：《于阗佛寺志》，《于阗史丛考》，上海书店，1993年，第285页。

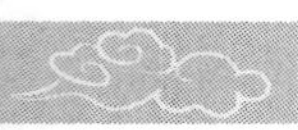

之后国王尉迟格迪，遵照龙王之命，建巴瓦涅寺。这时吐蕃王将李域纳入其治下，此寺是吐蕃的大相噶东赞来到李域时修建的。[①]

（7）牛头山盖瓦坚寺。

《李域授记》记载：

安丹城的盖瓦坚之东方，供奉着殊胜之圣地被佛授记且加持的阿达玛佛塔铁绳者，护卫怙主三十三罗汉、天龙八部等在汇聚于四季苑中的大会场，僧侣伽蓝二部、地方官员们言："此古代佛塔自古迄今于世间可在四季苑经常供奉。于经教之中，亦会在李域本部和外敌等产生不佳之时期。

手抄本《李域文书》记载：

在《牛角山授记》等典籍和上面所讲的祈愿经典中，"泥婆罗"（bal-po）之名尚若有，却也不能成为同一地方的理由。"高萨拉"是净善地，与李域国盖瓦坚，两者同名而不同义，就像印度的那烂扎和吐蕃那烂扎。

《汉藏史集》记载：

此后，海水退去，显露出了迦叶佛的高玛萨拉甘塔、牛头山格瓦城遗址。此后，自释迦牟尼涅槃后二百五十四年时，印度国王达尔玛阿育王罪大恶极，后又悔过自新，在南赡部洲奉建佛寺、佛塔八万四千座，时海已干涸，李域成为空旷之地。[②]

牛头山盖瓦坚，顾名思义是坐落在牛头山。"盖瓦坚"藏文写作"དགེ་བ་ཅན།"，"盖瓦"（དགེ་བ།）有"好的"或"佳者"之义，"坚"（ཅན།）在藏文文法中为"主格"，表示动作的作者和事物的所有者，连起来汉语可翻译为"净善者"或"净善地"或"净土"。

（8）仲迪寺（Dro-tir）。

在藏文文献《于阗授记》中记载，这座寺院是尉迟达磨（Vijaya Dharma）王为其兄尊者达磨难陀（Dharmānanda）建立的，是于阗城和坎城周围十六所奉行摩诃僧伽部（Mahāsānghika，大众部）的寺院之一。[③] 在汉文文献中没有找到有关此寺的材料。但在晚期于阗文书写的敦煌卷子 P.2958中，找到了一位 Dro-tir（于阗文 Drūtir）寺的阿阇梨，他和一位瞿摩帝寺的法师一起，作为于阗的使臣来到沙州，之后又继续向东到朔方。[④] 另外，Or.8212.162杂纂的最后一件状文中，两次提到一位 Dro-tir 寺的法师。[⑤] 表明此寺和瞿摩帝寺一样，这里的僧人在于阗的政治生活中

① 达仓宗巴·班觉桑布著：《汉藏史集》（藏文版），四川民族出版社，1985年，第92页。

② 达仓宗巴·班觉桑布著：《汉藏史集》（藏文版），四川民族出版社，1985年，第87~88页。

③ 埃默瑞克：《有关于阗的藏文文献》，第35~41页。

④ 贝利：《金汗》，《伦敦大学亚非学院学报》第30卷第1期，第98页。

⑤《塞语文书（原文转写卷）》，第28~29页。

起着一定的作用。然而，Dro-tir 寺最引人注目的是它的僧众属于摩诃僧伽部。《于阗授记》还记载，尉迟达磨王时期，小乘萨婆多部（Sarvāstivada，说一切有部）也传入于阗。① 玄奘至于阗，即被“延入城，安置于小乘萨婆多寺”②。由此可见，于阗虽说是大乘佛教的中心，但对于佛教的其他派别兼容并蓄。因此，从 Dro-tir 寺的兴盛情况看，仅仅把于阗理解为大乘佛教王国是不够的，于阗佛教其他派别的状况如何，更应引起我们的注意。③

（9）净土寺（Hgu-zan 寺）。

根据《于阗授记》，此寺是尉迟散瞿罗摩（Vijaya Sangrāma）王率军攻城曾经侵扰于阗的游牧族诸国后，回还至于阗玉河下游时，发信心为七位尊者阿罗汉所建④，藏文 Hgu-zan 又作 Hgu-zanta，意为“净土”，贝利教授比定为于阗文的 Gūśūm'dā.⑤，此词作为地名四次出现于 Or.8212.162杂纂中。同文书的最后一件状文中，还提到了一位出使沙州的 Hgu-zan 寺的大德，名叫 Nāgaidravarda。⑥ 此人或许就是2528号文书所记载的“于阗僧龙大德”⑦，他在沙州请求令公节度使发给公函，准备继续自己的旅程。Hgu-zan 寺虽然还没有找到汉文材料的记载，但从藏文、于阗文的材料也可以看出，它是于阗较大的寺院之一。⑧

**2. 佛殿**

在汉传佛教的佛教圣地中，寺庙、寺、佛殿似乎没有多大区别，而在吐蕃佛寺中，寺院和寺大致相同，而寺院与佛殿就各不相同。寺院或称“祖鲁康”（གཙུག་ལག་ཁང་།），或称“贡巴”（དགོན་པ།）、“贡戴”（དགོན་སྡེ།），有时还称之为“蓝”（གླིང་།），是一个大的概念。寺院内有扎仓（གྲྭ་ཚང་།，学院）、佛殿、佛塔、僧舍和僧众等；扎仓（学院）是用于某个学科寺僧专供诵经、聚会和宗教活动之场所，而佛殿，藏语称之为“拉康”（ལྷ་ཁང་།），只是寺僧诵经供奉佛像之场所，与寺和“扎仓”有着本质的区别。⑨ 佛殿和护法殿又有所不同，护法殿藏语称之为“赞康”（བཙན་ཁང་།），是专门用来供奉护持本寺的神像的，其中有内护法殿和外护法殿之分：内护法殿指供奉护持某个学院的护法神之处，在学院殿堂内的左侧小室内；外护法殿指供奉护持全寺院的护法神之处。在有关“李域”的藏文文献中，寺院和佛殿有时无法区分，我们只能从其主要供奉的佛像来区分，

① 埃默瑞克：《有关于阗的藏文文献》，第41~45页。

②《大慈恩寺三藏法师传》，第121页。

③ 张广达、荣新江：《于阗佛寺志》，《于阗史丛考》，中国人民大学出版社，2008年，第235~236页。

④ 埃默瑞克：《有关于阗的藏文文献》，第51~53页。

⑤《于阗语文书集》第4卷，第9页。

⑥《塞语文书（原文转写卷）》，第25~29页。

⑦《英国博物馆所藏敦煌汉文写本注记目录》，第255页；图版见《讲座敦煌》2卷《敦煌的历史》，第240页。

⑧ 张广达、荣新江：《于阗佛寺志》，《于阗史丛考》，中国人民大学出版社，2008年，第236页。

⑨ 张怡荪主编的《藏汉大辞典》（下册第3079页）解释为“平时无僧团定居的寺庙”不确切。

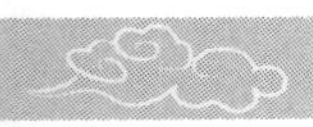

常常这种判断也不太准确。虽然如此，但专门提及的佛殿却不少，如迦茂嘎高戎鄂佛殿、弥勒佛殿。

**3. 佛塔**

在藏文文献中，除了有大量的寺院和佛殿外，就是佛塔了。其中的佛塔有高玛萨拉干达（帕巴香更塔）、俄乎木德之塔、噶乎木德之塔、玛霞塔、玛纳迪佛塔、斯多涅大佛塔等。其中记载最为详细者为俄乎木德之塔、瞿摩帝寺大佛塔、高玛萨拉干达塔（帕巴香更塔）、斯多涅大佛塔。

（1）俄乎木德之塔。

《汉藏史集》记：

佛陀临近涅槃，各个地方，托付诸护法护持。李域托付给多闻子、施碍正力。佛陀本人与诸弟子等飞上天界，抵达了变成沧海的李域，在如今上协洽布河俄乎木德之塔前方之上空，坐于莲座，加持、放光，十方佛和菩萨就以光明投入释迦牟尼的顶髻，发出“善哉！”之声。之后，做了产生佛法幻化和诸多预言。

（2）瞿摩帝寺大佛塔。

据敦煌古藏文写卷 P.T.960《李域教法史》记载：

国王萨尼之孙，称作玉拉王乃建起和田大育城。

此后，国王尉迟森缚瓦登上和田城楼，向东南方望去，在城外有一金银色麋鹿。国王乃与随从等追逐，至现在的桂戴香雪的瞿摩帝大塔处，见那麋鹿却又变成夜叉王遍胜。夜义王遍胜向王说道：“啊！大王，您在这里建一大塔很合适啊。”国王说：“为谁而修？”“为佛的使者阿罗汉布达度达、僧格达、僧格吾央、僧格达那这四位，他们是作为您的善知识者而来，为他们而建塔呀！”四位阿罗汉果真立即到此，讲经，国王顿生敬信，在此地竖起建塔的橛子，在下面建起了瞿摩帝寺之大佛塔。[①]

瞿摩帝寺大佛塔为尉迟森缚瓦所建，位置就在和田城不远处。

（3）高玛萨拉干达塔（帕巴香更塔）。

手抄本《李域文书》记载：

李域最初变成海之时，此塔环山海水不会侵蚀，后来此地又变成海洋，此塔依然如故（环山海水不会侵蚀），直到弥勒佛出世时（依然巍然）挺立。此塔装藏之情况，据说翠玉制作的宫殿之上有牛头檀香制作的佛塔，内置四佛舍利子，致使那些信徒们

① 敦煌古藏文写卷 P.T.960《李域教法史》，《敦煌本藏文文献》，民族出版社，1985年，第257页，藏文原文第6~11行。

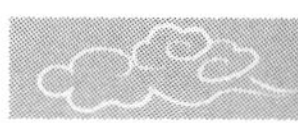

对所有的圣物流连忘返。这座塔就是佛（释迦牟尼）加持过的二十一圣地之一的“高玛萨拉干达”塔，据说“高玛萨拉”是善好的檀香或牛头山檀香，“干达”是“香味”，即檀香圣地所产檀香而制的佛塔。①

手抄本《李域文书》：

> 高玛萨拉干达（ཀོ་མ་ས་ལ་གནྡྷ།）是饮光佛之（舍利）塔。泥婆罗香更是国王奥瑟尔高恰在泥婆罗王城四大街道皆所能见之处所创建的大佛塔之一。

高玛萨拉干达塔（ཀོ་མ་ས་ལ་གནྡྷ།）又称“帕巴香更塔”，此佛塔也历史悠久，在宗教传说中，“李域”初变成海时，此塔未能被海水所侵，弥勒佛出世时依然巍然挺立。该塔也是释迦牟尼加持过的二十一圣地的佛塔之一，也是饮光佛之舍利塔。据说迦叶佛涅槃后，也修建了此塔，将遗体存放在塔内。此外，塔内装藏有翠玉（ཤེལ་ལྡང་ཀུ），宫殿上有牛头檀香木（གླང་མགོ་ཙན་དན།），是由上好的檀香或牛头山檀香木制作而成，内置四佛即拘留孙佛、迦那迦牟尼佛、迦叶佛和释迦牟尼佛的舍利子，这座佛塔极具灵性，朝拜的信徒络绎不绝。

从《李域文书》的两段文字看，似乎高玛萨拉干达塔有两座，一座在于阗，一座在泥婆罗，在两地有同名的塔在佛教当中是正常的现象，同时这一点也说明佛教传入于阗以后的这个时期，于阗作为一个区域已经从泥婆罗的地理范围中分离出来了。这从另外一个角度也印证了前文我们对泥婆罗与于阗所分析的在早期二者范围同一，后来于阗作为一个单独区域与泥婆罗并列的这一观点可以相互印证。但是从《汉藏史集》的记载看，高玛萨拉干达塔建在牛角山的吉雄寺；另外，在它之后泥婆罗也有了帕巴香更塔即高玛萨拉干达塔的姊妹塔，见《汉藏史集》：

> 最初，迦叶佛出世，李域被称为“杂丹吉域”，佛教非常盛行。迦叶佛涅槃后，修建了存放遗体的灵塔“高玛萨拉干达（扎）”〔原注：如今称为“帕巴香更塔”〕。仙人卡热夏等人长期驻守李域之山，进行供奉灵塔时，邪见之徒迫害，仙人飞上天空，去往别处。后来，由于佛法毁灭，李域变成海洋。②
>
> …………
>
> 弥勒菩萨化现为国王尉迟布尔雅，佛法广扬，建俄乎木德寺和令人称赞的高玛萨拉干达塔，国王敬仰，在牛头山上又建吉雄寺。③

①《李域文书》藏文手抄本。

② 达仓宗巴·班觉桑布著：《汉藏史集》（藏文版），四川民族出版社，1985年，第85~86页。

③ 达仓宗巴·班觉桑布著：《汉藏史集》（藏文版），四川民族出版社，1985年，第90页。

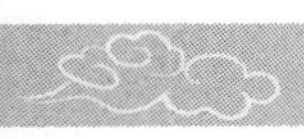

（4）斯多涅大佛塔。

《汉藏史集》：

先前，圣者毗卢遮那在赞摩苑对牧童授语之地建斯多涅大佛塔。后来此塔被毁，国王尉迟胡汗和汉地比丘巴拉西在此地建一寺院。[①]

斯多涅大佛塔，与前文所提到的《李域教法史》所记载的比丘毗卢遮那修建的赞摩尔寺应该同在一地，都是在驻锡赞摩尔居理之苑教授牧童们语言和文字时所修建的，所以我们认为此地先有斯多涅大佛塔，塔毁之后，又在此建了赞摩尔寺。同时对比这两条资料，还能看出《李域教法史》中的国王尉迟森缚瓦与《汉藏史集》中的国王尉迟胡汗可能是同一国王之不同藏文译写。

**4. 林苑**

林苑，藏语称“结摩擦”（སྐྱིད་མོས་ཚལ།），简称（སྐྱིད་ཚལ།），可翻译成“花园”“林苑”或“人造林苑”。[②] 在“李域”佛教寺院建筑群中，也是主要建筑之一。在藏文文献中，如扎西斯梅苑、赞摩（赞摩居理）苑、林苑等都是时常提及的。

（1）赞摩居理之苑。

据敦煌古藏文写卷《李域教法史》记载：

……此后，菩提心者弥勒与殊圣文殊二者，悉知于阗乃为三世佛福田，降生于李域并为了作李域人众之善知识，初次降世到被称作“赞摩居理”之苑。

殊圣文殊，为比丘毗卢遮那化身，驻锡在赞摩居理之苑，首先教牧童们文字和语言，于是出现了教法。后国王尉迟桑巴瓦为殊圣文殊菩萨化身，比丘毗卢遮那首先修建李域赞摩寺。[③]

赞摩居理之苑，与赞摩寺是相联系的，这都是构成著名的赞摩地方佛教场所的知名之地。

（2）林苑。

《汉藏史集》：

当时，（国王）来到和田城，下榻一宿，王妃生得一子，命相极佳。命相师道：“此孩命相很好，父王尚未往生，就可执掌国政。”国王大怒，道：“我不要此孩，可扔掉！”此母心中不忍，但又不敢违命，只好将小孩抛弃此地。也许是小孩的福分，地上生出一乳头，孩子得以长大。据说，最初，王妃在林苑中沐浴时，多闻天王从空

① 达仓宗巴·班觉桑布著：《汉藏史集》（藏文版），四川民族出版社，1985年，第93页。

② 张怡荪主编：《藏汉大辞典》（上册），民族出版社，1993年，第158页。

③ 敦煌古藏文写卷 P.T.960《李域教法史》，《敦煌本藏文文献》，民族出版社，1985年，第256页，藏文原文第2~5行。

中飞过，上下相见，心生爱欲，生得王子。[①]

## 第五节 “李域”及周边地区的宗教往来

佛教在迦湿弥罗、葱岭以西广大地区的盛行，客观上为印度佛教向葱岭以东西域广大地区的传入创造了必要的条件。正如《西域佛教史》言：“从古代中西方交通来分析，在葱岭以东是西域的塔里木盆地，该盆地南北侧有一系列沙漠绿洲连接起来的通道，南道以于阗为中心，北道以龟兹为中心。从塔里木盆地南缘经于阗到莎车，由莎车翻越葱岭，向南即到迦湿弥罗。在民间的交往中，有一条捷径，即直接从于阗行至皮山，由皮山经子合、乌屹而达迦湿弥罗。于阗通过这条东西交通要道与迦湿弥罗和中亚地区保持着经常性地往来。随着中西文化的交往，印度佛教越过葱岭逐渐步入西域。”[②]

### 一、印度、汉地与“李域”国的建立及其与汉地的文化交流

《汉藏史集》载：

此后，自释迦牟尼涅槃后二百五十四年时，印度国王阿育王罪大恶极，后又悔过自新，在南赡部洲奉建佛寺、佛塔八万四千座，时海已干涸，李域成为空旷之地。当时，(国王)来到和田城，下榻一宿，王妃生得一子，命相极佳。命相师道：“此孩命相很好，父王尚未往生，就可执掌国政。”国王大怒，道：“我不要此孩，可扔掉！”此母心中不忍，但又不敢违命，只好将小孩抛弃此地。也许是小孩的福分，地上生出一乳头，孩子得以长大。据说，最初，王妃在林苑中沐浴时，多闻天王从空中飞过，上下相见，心生爱欲，生得王子。那时，汉地国王周王〔原注：咸阳地方之王〕，是菩萨的化身，命中拥有王子一千，已有九千九百九十九个。国王心想：“如今我若再得一子，很好地驻守佛(释迦牟尼)足践履之地李域。”遂向多闻子祷告，多闻子领来一子道：“这就是我的儿子，将他施舍给你。”于是，起名为地乳王。此王长大，受汉王之命，率军一万，自西方来。当抵达李域的梅嘎尔地方时，印度的达尔玛阿育王治罪于大臣亚合恰(亚夏)，将亚合恰及其兄弟、仆从等七百人流放，到东方寻地安住，来到和田的上协洽布河，与阿育王寻找丢失黄乳牛的两随从相遇，互问由来，地

① 达仓宗巴·班觉桑布著：《汉藏史集》(藏文版)，四川民族出版社，1985年，第87~88页。

② 魏长洪：《西域佛教史》，新疆美术摄影出版社，1998年，第18页。

乳王道："从前，我们两家是王臣的后代，如今也当属君臣关系，在此和田之地，新建一国。"于是，在高镍下方的韩谷泽地方会晤，建立臣属关系。和田协曲河以下、朵洛美戈尔、岗香之上，分给了地乳王的汉（族）人随从；上协曲河以上，分给了亚合恰的印度人；协曲河中游，由王子、以及其印度、汉地臣民掌管。自两者融合后，立国建城，是印度、汉地交流之始，互通语言。

…………

国王杂雅格迪与王子尉迟扎玛卫两来到了汉地。其间，由李域大臣阿玛洽盖梅代理国政十二年，当时，修建了玛纳迪佛塔和寺院。其后，国王尉迟扎玛卫返回李域，建吉喜玛瓦寺。此王之后，汉臣色尔太师①在旺城②建弥勒佛殿。汉臣高太师建可汗哉寺③。先前，圣者毗卢遮那在赞摩苑对牧童授语之地建斯多涅大佛塔。后来此塔被毁，国王尉迟胡汗和汉地比丘巴拉西在此地建一寺院。④

藏文文献中，印度笈多王朝的国王阿育王与王妃曾来"李域"的和田城，下榻一宿，王妃生得王子地乳以及汉地的国王周王千子缺一等是否历史事实，我们暂且不说，就当时汉地和印度的部分民众，迁徙至"李域"的可能性还是有的。如果这种可能性成立的话，他们均居住在协洽布河流域。正如文献中所记载的，印汉两者在李域融合后，立国建城，是印度、汉地交流之始，互通语言。在此后的"李域"王统中，国王杂雅格迪与王子尉迟扎玛卫父子俩还来到了汉地，汉臣色尔太师还在旺城（疑为库车）建弥勒佛殿。汉臣高太师建可汗哉寺。汉地比丘巴拉西也在"李域"建立过寺院。由此可以看出，从古代起，"李域"就与印、汉等地区有着密切的文化交流和经济往来。

## 二、"李域"与朱固

藏文文献中记载，"李域"、疏勒、安息三地与汉、东玛尔（赤面）、索西、朱固、霍尔等都有着密切的友好往来。如《李域授记》记载：

向三宝顶礼！自李域产生，李域之王统过六代。到第七代国王布杂雅格迪时，在萨嘎雅贝哈那雅山附近的索嘎雅吉日佛殿，住一位称作桑嘎巴达那的罗汉。其一弟

① 色尔太师，疑为"薛太师"。

② 旺城的"旺"系藏语，藏语称仓库为"旺佐"，"旺"有"库"或"仓库"之义。

③ 可汗哉系藏语音译，疑是"可汗城"。

④ 达仓宗巴·班觉桑布著：《汉藏史集》（藏文版），四川民族出版社，1985年，第94页。

子修《戒律》，尔时见到了《般戴赞扎甘达》《戒律达尔玛桑吉》之教诫，向阿罗汉请教：“在李域、疏勒、阿那斯此三地，佛涅槃后，建立的佛教的尊像、佛塔等何时衰灭？由谁而灭？最后如何？请授记！”阿罗汉教言：“如此提出疑点是对的，佛释迦牟尼圆寂后，佛教的尊像和舍利过千年会毁灭。”

在此三地，汉、东玛尔、索西、朱固、霍尔等大部敌人从左面入侵，因此佛教衰微，佛塔也很快毁灭，僧众的生计中断。在此三地，其中的安息、疏勒被不信佛法的众多外道所蹂躏，大都焚毁一空。

吐蕃统治的记载，《汉藏史集》中有：

释迦牟尼涅槃后的两千年中，在李域有佛法和舍利，此后佛法将毁灭，李域、疏勒、安西三地被汉（族）人、东玛尔、索西、朱固、霍尔等所毁。此后，有一菩萨将转生赭面国王，吐蕃大地产生佛法，兴建寺塔，建立两部僧伽。王臣逐步尊崇佛法。从别国迎请堪布[①]佛经。这时的李域，也被纳入吐蕃王治下。自此，赭面蕃在第七代王时，佛法昌隆。那时李域的佛法到了衰败的尾声，一年轻国王敌视佛法，驱逐李域之佛僧，僧众依次从赞摩丹、奔丹、梅嘎尔、贡聂等佛寺离去，逃向赭面国。此时，众僧有牦牛引路，抵达吐蕃的蔡吉，在那里的长老对赭面国王报告，菩萨转世的汉地王妃，迎请李域僧众并充当施主。（王妃）问道：“如今有无僧侣？”那堪布回答：“在安西、疏勒合、智夏[②]、卡切等地还有诸多僧侣。”（于是王妃）将他们也迎请过来，安置在佛寺，供养了三四年。此后公主得天花而故，其他人也死去无数。吐蕃王臣（商议）：“这是因为召请了洛波流僧所致。”于是这些被召请来的汉人学僧全部驱逐西方，他们途经噶沙那钦布时（遇一大湖），他们走过李域龙王艾拉巴哲化作一条蛇搭建在湖中一桥后，巨蛇死去，转生兜率天宫，湖水干枯。那时，在吐蕃所有的僧众、舍利、佛经、供养的法器等均荡然无存。[③]

地名在词义上，除了社会历史的原因会产生变化外，作为一种语言文字代号，也必然会随着本族语言文字的发展趋势，引起地名书写形式、语言上的演变。我们拿文献中的一些地名的本义与现今的词义及语言加以分析比较，可以研究它们的最初形式，辨析古代的语音和语义，

① 堪布系藏语，藏传佛教寺院的住持，相当于内地寺院的“方丈”或“法台”。

② 智夏系藏语，藏文文献中指“勃律”。有些藏族学者推测 གར་ལོག 似乎就指勃律地区，即今克什米尔北部，唐时称大、小勃律。勃律似指 གར་ལོག 一说见《红史》铅印本，注240。又说，“གར་ལོག”即“回鹘葛禄部”之“葛禄”的对音。葛禄又称葛罗禄，742—756年建都碎叶城（今托克马克）。北宋初又与回鹘等部共建黑汗王国。其地统辖七河流域，与于阗国相接壤。故《热振寺志》中有“于阗、葛罗禄军”（ལི་ཡུལ་གར་ལོག་དམག）两者并提的说法。（见该书第65页）

③ 达仓宗巴·班觉桑布著：《汉藏史集》（藏文版），四川民族出版社，1985年，第95~97页。

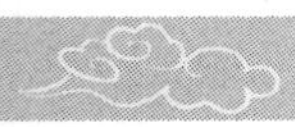

考察古代语言的特点。如在藏文文献中多次出现的“李域”周边国家和地区名称。有趣的是这种名称既指某一国家或地区，又指这个国家或地区的部族的人们。如疏勒、安西三区、汉、东玛尔、索西、朱固、霍尔等。“东玛尔”（གདོང་དམར།），གདོང་། 是“脸”或“脸面”的意思，དམར། 是“红”或“红色”的意思，我们可以翻译成“赤面”，如果加一主格“巴”（པ），可译为“赤面人”或“赭面人”。

从藏文文献中可以看到，人们自然想到的是本民族最古老的名称，因为在历史上，藏族的确自称为“夏萨东玛尔”（ཤ་ཟ་གདོང་དམར།），意为“食肉赭面人”。在《藏汉大辞典》中就将“赭面人”解释为藏族人的古称。[①] 更为确切的解释为佛教未传入吐蕃时，吐蕃或吐蕃人，也即“指未接受佛教化育之前的藏族”[②]。而有些学者认为指当时游牧于西域一带的游牧民族。疏勒（ཤུ་ལིག）、安西三区（ཨན་སེ།）、汉（རྒྱ）三地名，基本是自古沿用迄今的地名。索西（སོ་ཕྱི།），藏语中的索西指当时的“粟特”。朱固（དྲུ་གུ།），在《藏汉大辞典》中解释为：“吐谷浑，古代西藏北方和今新疆、青海毗连地区的一个小王国名。”在部分译著的注释解释中，朱固可能是指当时北方的突厥。

“李域”系跨欧亚大陆的丝绸之路南道重镇，而且它可北横穿大沙，南越昆仑通西藏，是各路进出的交通咽喉，为促进丝绸之路经济文化交流发挥了重要作用。这一地名的形成和演化，呈现出了浓郁的文化色彩和一定的阶段性、规律性的特征。藏文文献中所涉猎的“李域”或与“李域”相关的地名，有些在汉文文献中可以找到，而大部分无法找到可对应的名称，且也无法考证。凭着特殊的地理优势，以“李域”地名为中心，向四面辐射，与汉地、疏勒、安西、赞摩丹、奔丹、梅嘎尔、贡聂、蔡吉、安西、智夏、洛波、梅之国、喀夏等国家和地区都有着密切的友好往来。

① 张怡荪主编：《藏汉大辞典》（下册），民族出版社，1993年，第1352页。

② 拔·塞囊著，佟锦华、黄布凡译释：《〈拔协〉增补本》（藏汉文对照）注释，四川民族出版社，1990年，第76页。

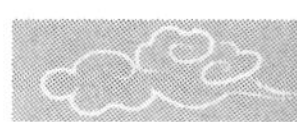

# 第三章
# 藏文文献中有关“李域”佛教的记载

佛教自两汉之际传入中国，在当时的社会历史条件下，开始生根、发芽，成为中国封建社会上层建筑的组成部分，也成为中华文化的一个组成部分。到了唐代佛教已经发展到鼎盛时期，佛教渗透到了社会的各个领域，并产生了广泛的影响，而佛教的发展及对社会的影响又具有强烈的地区差异，并随着时间的推移而发生变化。

佛教传入我国后，首先盛行于于阗地区，从而也产生了无数高僧大德，不仅为中西文化交流充当了先锋，且为于阗、吐蕃等民族文化的交流作出了重要贡献。据有关史料记载，早在公元7世纪初，吐蕃人就入居西域，之后逐步统治“李域”地区。到了赞普赤松德赞时期，“李域”虽曾几度陷于吐蕃，尤其吐蕃夺取安西四镇并统治西域后，整个西域包括“李域”地区的社会结构和文化习俗发生了重大变化，然而佛教文化并未因此受到丝毫的创伤，反而焕发出了新姿。这时的西域，吐蕃与西域各民族融为一体，形成了多民族、多元文化的局面。随着19世纪末、20世纪初西方探险家们的考古发现，“敦煌学”“西域学”风靡全球。其中，西域佛教成为人们研讨的焦点，这不仅因为大量的考古发现与佛教有关，而且因为佛教与西域社会的兴衰更替息息相关。

这一历史虽然在藏文文献中还没有大量的记载，但从现有的藏文文献中也能略见一斑。记载“李域”（于阗）的藏文文献，不仅是研究吐蕃和“李域”之间历史、语言、文学等不可多得的珍贵史料，也是研究“敦煌学”以及西域宗教的第一手资料。

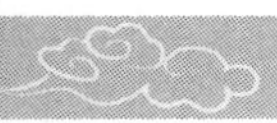

# 第一节　佛教在“李域”的弘传

## 一、“李域”僧人求法印度

《汉藏史集》提供了李域王子赴印度学法的内容：

国王尉迟杂雅建布达雅、玛霞塔和具加持力的寺院。此王生得三子，长子敦卓和仲子达尔玛南迪两赴印学法，幼子尉迟达尔玛，执掌国政，武艺高强，大开杀戒，罪孽深重。兄达尔玛南迪获得阿罗汉正果，设法规劝（其弟），（国王）为赎罪孽，在扎道尔盆地先前释迦牟尼化身为月光王时，给婆罗门施舍头颅之地、佛驻锡过的盖道香和波巴伦林苑各建寺院和佛塔。其长兄敦卓自印度回归，兄弟相晤，建迦茂嘎高戎鄂佛殿，且耗巨资建桑戴尔寺。①

从这段记载来看，在“李域”国王尉迟杂雅时期，其长子敦卓和仲子达尔玛南迪兄弟俩赴印学法。《李域授记》也有相同记录：

于是国王尉迟杂雅生得子三兄弟，长子热布敦堆未持国政，集福德而到达印度；其弟巴尔玛也未持国政，出家为僧，号为达尔玛南达赴印度学法；幼弟持国政，名为尉迟达尔玛。②

上述两段记载，从内容上看来大致相同，只是简繁不一。两个文本的资料来源暂且不言，就早期李域派大批弟子赴印度学法的记载，似乎还是符合当时的社会历史背景的，这些都再现了“李域”与印度之间密切的文化往来。

## 二、大小乘佛教的记载

藏文文献中也记载了佛教在“李域”传播过程中大小乘的弘传情况。《李域授记》记载：

薄伽梵告阿难陀：“舍利子用禅杖、毗沙门天王用矛头毁海，海水枯竭。我圆寂后，又于此称作李域地方复生。光芒释放三次之地——和田周围，最后化作一五位一体之大城；水中间消失光芒之地，受地方加持而保护的热杂扎玛的佛像，我将之隐身在檀香中，并予以加持，一来自印度的小孩从天空中降抵而安住；水中莲花和火

① 达仓宗巴·班觉桑布著：《汉藏史集》（藏文版），四川民族出版社，1985年，第91页。

②《李域授记》德格木刻板。

焰出生的地方，是后来修行大乘的比丘僧尼们居住的三百六十三座寺院，其中有国王和信仰者等施主们建造的供奉如来佛的舍利（塔），以及驻锡着菩提大士比丘僧尼二百五十人、在家俗人（弟子）的二百五十人等总计整五百位。此外，不可教化之地，亦因居住的菩萨而使大乘佛教广为传播。此乃三世如来佛之净土。对菩萨文殊、观音自在等八大菩萨、毗沙门天王、施碍大将明知、善女人无垢光、童子金刚姊妹、天神龙等永远护持！”

以上记述了大乘教流行之盛况，而在另一处记载：

按照佛僧伽蓝的执见：在比丘及比丘尼二部众，大乘为无分别、定持之见地；声闻乘是四圣谛之见地；（信仰）声闻乘之见地多少来衡量，（信仰）大乘（者）犹如马体之毛，（信仰）小乘（者）犹如马耳朵而已。①

这就说明，大乘教在“李域”占绝对优势，而小乘教和大乘教如同马耳朵之毛与马体之毛的比例，显然数量只占了极少部分，二者悬殊极大。

据有关史料记载，佛教传入“李域”后，大小乘佛教很早就并行。如《西域佛教史》记载：“于阗小乘佛教是公元前1世纪由迦湿弥罗（今克什米尔）传入的。公元260年（魏甘露五年），朱士行等僧人，为访求《道行经》的原本，西渡流沙到达于阗国，并在于阗找到了大乘经典梵文本《放光般若经》，派弟子弗如檀回洛阳，由于阗人无叉罗与河南居士竺叔羊译成汉文。据此可知，于阗此时不仅有大乘教流传，并有译经僧人，其影响甚远。小乘教势力在于阗也不可轻视，当朱士行欲将《放光般若经》东送洛阳时，受到小乘教徒的强烈反对，认为‘汉地沙门欲以婆罗门书惑乱正典’，要求于阗王严禁传布……

“公元286年（晋太康七年），于阗沙门祇多密罗（又作祇多密），将《放光般若经》梵文本由于阗带到内地，他还译出华佛严部、方等部、般若部等大乘教经典及阿含部小乘教经典。这一事实表明，大小两乘佛教在于阗并行，并有所发展。”②

公元401年（晋隆安五年），法显驻锡“李域”的瞿摩帝伽蓝时间达三个月，这在其《佛国记》（又称《法显传》）中有详尽的描述。由此可知，佛教成为于阗的国教，并且大乘学派占优势，仅大乘教佛寺瞿摩帝伽蓝，就有僧人3000名，说明当时于阗佛教达到鼎盛时期大乘教占据优势地位。5世纪前后，于阗的大乘经典十分完备，据羽溪了谛撰写的《西域之佛教》不完全记载，自西晋至唐，由于阗国传入内地翻译出的大乘佛典，共52种，269卷，其中唐代以前的有25种，118卷。这些大乘经典，可以肯定地说曾在于阗国流行，其流行的大乘佛典还远不止于此。当时，

① 敦煌古藏文写卷 P.T.960《李域教法史》，《敦煌本藏文文献》，民族出版社，1985年，第259~261页，藏文原文第39~41行。

② 魏长洪等著：《西域佛教史》，新疆美术摄影艺术出版社，1998年，第31页。

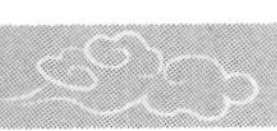

沙门支法领在于阗求得胡本《大方广佛华严经》(又称《佛严经所记第一》)、《四分律》及昙无德部之三藏《佛陀耶舍》。于阗也是佛教理论的中心。著名的玄奘法师于644年至于阗。时于阗仍有伽蓝百所、大乘教徒五千多人。于阗佛教各派共存，但大乘派一直占优势，说明于阗是西域的大乘教国，也是大乘教的策源地。

藏文文献中所保存的内容，可以于此方面给予补充，使我们再次看到了中古时期于阗佛教的传布情况。

### 三、"李域"王室与佛教

《李域授记》云：

> 于是国王尉迟杂雅生得子三兄弟，长子热布敦堆未持国政，集福德而到达印度；其弟巴尔玛也未持国政，出家为僧，号为达尔玛南达赴印度学法；幼弟群塔持国政，名为尉迟达尔玛。该国王尉迟达尔玛勇猛剽悍，嗜好杀生。学僧达尔玛南达于印度学法修持佛法而成为尊者阿罗汉。尊者达尔玛南达从印度一看，弟弟国王尉迟达尔玛杀生无度，且贪信恶不善之法。为了引导国王，从印度来到了李域，在聂加尔山脚下谢恰河附近小屋中静修。

通过上述王子出家的记载，反映了佛教在"李域"传播发展的情况。于阗王族对佛教的崇奉不仅在藏文文献中有记载，而且在敦煌壁画中也有所反映。敦煌莫高窟第126窟甬道的顶部，画有一高僧和一俗人相遇于深山旷野之中。高僧光头，身着袈裟，袒右肩，俗者头戴幞头，着长袍衣，腰系宝带，二人均双手合十、举置胸前，作相见迎礼之状。在其侧旁还保留有清晰的榜题："于阗太子出家时。"① 由此可见，在历史上，的确有于阗王子出家的事情。这也说明，藏文文献中的这一记载，基本符合历史事实。

## 第二节　佛教在"李域"的发展及其对吐蕃的影响

佛教传入吐蕃，历史悠久，在藏文文献中多有记载。实际上，吐蕃时期，从松赞干布迎娶尼泊尔赤尊公主和唐朝文成公主初传佛教起，吐蕃就接受了中原地区的佛教文化，其中也包括于阗佛教文化。藏文创制后，在吐蕃进行了大规模的佛经翻译，西域僧人也发挥了重要的作用。

① 孙修身：《敦煌佛教艺术与古代于阗》，《新疆社会科学》1986年第1期，第55页。

尤其赤松德赞在位期间，一些精通翻译之人，将印度、汉地和于阗等地区的佛经，翻译成吐蕃文，极大地促进了各民族的文化交流，为佛教文化在中国的传播发挥了重要作用。

## 一、“李域”灭法及吐蕃王妃金城公主救助流僧

吐蕃佛教的传入、发展等，在藏文文献中多有记载，如吐蕃的建立、对外的扩张、第七代赞普弘法、“李域”被纳入治下以及金城公主保护比丘的功德等。有关于此，汉文史籍中的相关内容已为烂熟，这里仅以藏文文献的叙述为蓝本，对此予以补充论述。正如《李域授记》记载：

当此之时，称作赤面之王凭借权势和威力，征服了诸多地区。尔时，有一菩萨投生为赤面王，便在吐蕃产生了佛教，并从异地迎请了佛法的堪布和经典等，在赤面之地建起许多寺院和佛塔，从此有了僧侣伽蓝二部。国王和大臣等皆供奉护持佛法。

此赤面国王之时，李域也被他所统治。（敬奉）佛法、佛塔等三宝，在以后之时广为创建和供奉。此后七代赤面国王时期，佛法昌盛。此王后的第七代国王，不会破毁（佛法），在其他地区亦广建三宝佛塔。

据敦煌古藏文写卷 P.T.960《李域教法史》记载：

在李域，最后佛法毁灭时，上部四城之比丘们都来和田集会。此时，李域人为魔所诱，不信圣教和比丘，凌辱比丘，（他们）抢劫财物，将三宝之物、食粮、条件（所有财物）逐次抢走。李（域人们）也无同（法）安住，在此情况下，比丘逐次迩来，会集于赞摩寺而论：“李（域）之地已无法安住，何处走是好？按照（国王）指令吧！”此时，因吐蕃赞普笃信佛教，敬重比丘。于是，一致商议前往吐蕃。当时，比丘所需供养业已匮乏，口粮断绝，从赞摩寺库藏小匣里产生了七块金子，三个月中，全体比丘就用它来维持生活。后来，当冬季来临，全体比丘从赞摩出走，到卓迪尔。在卓迪尔，有一天成的地藏王菩萨寺院，其上，有一座不大的小山，此时有一缝隙，从中产生一升珍珠，乃用它维持了冬季三个月生活。到了春季孟春之月出走，到了梅嘎尔，在梅嘎尔之北方多闻天王与吉祥仙女，幻化为人，维持他们的春季三个月生活。此后，物品也用以度日。（他们）初夏四月到了吐番（蕃）。此时，复有（许多）变为俗人，在沟壑中寻水者居多。

就在这时，吐蕃之天子赞普与汉王结成甥舅，公主也降嫁神圣赞普。公主在吐蕃修建了一个很大的寺院，条件也具备，比丘们来到这里，生活均由公主供养，吐蕃

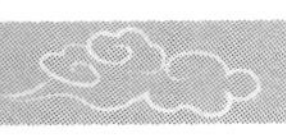

之地大乘教法更加广扬。[①]

赤德祖赞时期，“李域”的佛法逐步开始衰败，“李域”的年轻国王，敌视佛法并驱逐佛僧，僧众依次从杂玛丹、奔丹、梅嘎尔、贡聂等佛寺逃到吐蕃。《李域授记》又记载：

> 尔时，李域王尚年幼且不信仰佛法，诏令李域的比丘，要么成为俗人，要么变得随心所欲。众僧伽会聚到称作赞摩的佛殿内商讨时，佛殿内众僧中央出现了七套金袈裟和金包袱。国王断绝了五千比丘的生活来源，贫穷者乞讨觅食三个月，此时，（他们）当中有些变成俗人。趋于衰微的众生不喜欢与父母、亲属、故乡分离，遍野号啕。

逃难的众僧有牦牛引路，抵达吐蕃的蔡吉（ཚལ་གྱི）受到了赤面王王妃的优待。文中提到的菩萨转世的汉地王妃，当指金城公主。[②]唐中宗将其许嫁给吐蕃赞普，唐王亲自率领百官送其至始平（今陕西兴平），举行了隆重的盛会。实际上，金城公主的入藏时间是唐景龙元年即709年，吐蕃使者尚赞咄名悉腊迎请，710年抵达逻些（今拉萨）之鹿园。[③]她入吐蕃后，资助“李域”等地僧人、在吐蕃建寺译经。唐开元二十七年即739年，金城公主卒于吐蕃[④]，在吐蕃生活了30年。这与记载中的“迎请李域僧众并充当施主”基本相符合。逃难的僧侣来自安西、疏勒、智夏、卡切等地，将他们安置在佛寺，供养了三四年，此后公主得天花而故。上述记载的第七代赞普应为赞普赤德祖赞（ཁྲི་ལྡེ་གཙུག་བཙན། 704—755年），于唐景龙四年（710年），与唐金城公主联姻。在位期间，大力弘扬佛法，建寺译经，接纳从中亚、西域等地逃至吐蕃的僧侣，天宝十四年被属下所弑。

## 二、“李域”佛教对吐蕃的影响

实际上，吐蕃时期，从松赞干布迎娶尼泊尔赤尊公主和唐朝文成公主初传佛教起，吐蕃接受佛教文化影响的过程即开始了，这其中就包含着西域佛教尤其是于阗佛教的影响。藏文文献中的敦煌古藏文写卷P.T.960《李域教法史》、藏文大藏经中有关记载“李域”的经典以及其他藏文文献如教法史、王统记中的“李域”部分，都是吐蕃与于阗长期文化交流的直接产物。在

① 敦煌古藏文写卷P.T.960《李域教法史》,《敦煌本藏文文献》，民族出版社，1985年，第264~265页，藏文原文第49~59行。

② 敦煌古藏文写卷P.T.960《李域教法史》中所记载的“公主”当指“金城公主”，而王尧先生和陈践践先生在《〈于阗教法史〉——敦煌古藏文写卷P.T.960释解》(《西北史地》,1882年第二期，第18~25页）中，误解为“文成公主”，学界学者们每当谈到此问题时，皆张冠李戴。最明显的例子是李吟屏先生在《和田春秋》（新疆人民出版社，2006年，第93页）也将此历史问题混淆，引用了大段《于阗教法史》的藏文文献，得出结论：“文成公主是641年嫁到吐蕃的，于阗比丘来到吐蕃时正值公主入藏，可见，于阗佛教的危机出现于公元7世纪中叶。”这就将这一历史事件提前了近70年。

③ 见《新唐书·吐蕃传》及《敦煌吐蕃古藏文历史文书》编年第61条。

④ 见《敦煌吐蕃古藏文历史文书》编年第90条。但《新唐书·吐蕃传》载：“(开元）二十九年（741年），金城公主薨，吐蕃来遣使告哀。”

吐蕃的佛经翻译中，西域僧人也发挥了重要的作用。

关于于阗语译经的证据，在藏文文献中有记录。据《贤者喜宴》载，赤松德赞在位（755—797年）期间：“一些精通翻译的人，将印度、汉地和于阗等地区的佛经，凡是能得到者，大部分译到吐蕃。诸僧侣的生活由吐蕃政权机构提供。”[①] 其中既然有于阗文佛经被译为藏文，那么于阗高僧参与其事也是极有可能的。

客观上来讲，吐蕃佛教的传播与发展，不仅受到了汉传佛教的影响，同时也受到西域包括李域佛教的影响。《李域授记》记载：

> 李域之历史，寺院，僧侣伽蓝二部的数量。先前饮光佛出世时，李域之地随之产生，驻锡在此的人们从此信佛。后来饮光佛之教法被灭时，李域之教法，也从此称作喀尔夏，是凯热丹等许多仙人在不长的时间里传播于李域之地的。除了格西的努力，后来的仙人中，一恶人谗言蔑视，未能恭敬和承侍，仙人们也不喜欢，（佛法遂在）李域失传，升入天空去别的地区流传。自此，李域的人们因不信仰佛法而丧失正确的信念，龙神不悦水变大，李域又成汪洋。

这里虽然宗教的成分浓厚，但法生法灭的事实还是较明晰的。至于“李域”佛法是何时毁灭的，正如《汉藏史集》：

> 释迦牟尼涅槃后的两千年中，在李域有佛法和舍利，此后佛法将毁灭，李域、疏勒、安西三地被汉（族）人、东玛尔、索西、朱固、霍尔等所毁。此后，有一菩萨将转生赤面国王，吐蕃大地产生佛法，兴建寺塔，建立两部僧伽。王臣逐步尊崇佛法。从别国迎请堪布、佛经。这时的李域，也被纳入吐蕃王治下。自此，赤面蕃在第七代王时，佛法昌隆。那时李域的佛法到了衰败的尾声，一年轻国王敌视佛法，驱逐李域之佛僧，僧众依次从杂玛丹、奔丹、梅嘎尔、贡聂等佛寺离去，逃向赤面国。此时，众僧有牦牛引路，抵达吐蕃的蔡吉，在那里的长老对赤面国王报告，菩萨转世的汉地王妃，迎请李域僧众并充当施主。（王妃）问道：“如今有无僧侣？”那堪布回答：“在安西、疏勒、智夏、卡切等地还有诸多僧侣。”（于是王妃）将他们也迎请过来，安置在佛寺，供养了三四年。此后公主得天花而故，其他人也死去无数。吐蕃王臣（商议）：“这是因为召请了洛波流僧所致。”于是这些被召请来的汉人学僧全部驱逐西方，他们途经噶沙那钦布时（遇一大湖），他们走过李域龙王艾拉巴哲化作一条蛇搭建在湖中一桥后，巨蛇死去，转生兜率天宫，湖水干枯。那时，在吐蕃所有的僧众、舍利、佛经、

① 巴卧·祖拉陈瓦著，黄颢、周润年译：《贤者喜宴》，中央民族大学出版社，2010年。

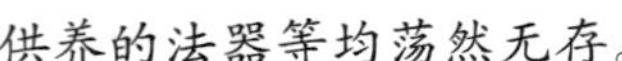

供养的法器等均荡然无存。

此后，南赡部洲的僧伽全部抵达冈达热钦布，此国王供养了两年，各个如愿安住。此王过世，其有两子，尊信佛法。后被僧人杀害，此僧人为王。大臣民众，又将僧人国王杀死，驱逐僧众。（众僧）应古夏吉国王之请而抵达。南赡部洲的僧众们，又会集于此。①

上述记载表明，释迦牟尼圆寂后的两千年当中，“李域”佛教经历了传入、扎根、兴盛、毁灭等一系列过程，按照藏文文献的说法，李域、疏勒、安西三地的佛法是被汉族人、东玛尔、索西、朱固、霍尔等所毁的。而与此同时，在吐蕃的“第七代”赞普，也开始弘扬佛法，兴建佛寺佛塔，建立僧伽寺院，并且从邻国迎请堪布、佛经。这些邻国当中，除了汉地之外，李域对吐蕃佛教的影响是极大的。

文献还提及第七代赞普时佛法昌隆，按照从第一代松赞干布算起，到第七代正是赤德祖赞（ཁྲི་ལྡེ་གཙུག་བཙན།），赤德祖赞在位时间705—755年。这一观点恰好印证了以上的记载。

僧侣们来到吐蕃后的情况在藏文文献中也有反映。《李域授记》又记载：

尔时，当地酋领告诉赤面之王：“许多僧众从上部走来！”此时，王妃向国王祈求道：“将被（于阗王）逐出当地的、流浪的僧众，迎请到赤面之地，给予爱护和供养如何？”然后，将众僧们迎至赤面之地，提供牲畜和生活用品。于是，赤面国王和公主及随从等问道：“（赤面之地要）奉建佛塔。除从这些比丘中选出通达三藏的堪布外，还有其他这样的高僧留在（李域）吗？”回答：“称作堪布的高明的僧人，除安息、疏勒、朱夏、卡切等地还有许多。”于是，即刻派遣使者，将众僧请至赤面之地。在赤面之地建寺七座，供养物品、三宝的所属也自古而生，僧伽们随后在七座佛寺中各自安住。

在敦煌古藏文写卷P.T.960《李域教法史》也有类似的记载：

在李域，最后佛法毁灭时，上部四城之比丘们都来和阗集会。此时，李域人为魔所诱，不信圣教和比丘，凌辱比丘，（他们）抢劫财物，将三宝之物、食粮、财物逐次抢走。李（域人们）也无同（法）安住，在此情况下，比丘逐次迩来，会集于赞摩寺商议：“李（域）之地已无法安住，何处走是好？按照（国王）指令吧！”此时，因吐蕃赞普笃信佛教，敬重比丘。于是，一致商议前往吐蕃。当时，比丘所需供养业已匮乏，口粮断绝，从赞摩寺库藏小匣里产生了七块金子，三个月中，全体比丘就用

① 达仓宗巴·班觉桑布：《汉藏史集》（藏文版），四川民族出版社，1985年，第95~96页。

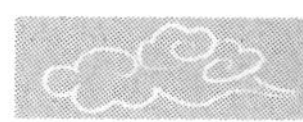

它来维持生活。后来，当冬季来临，全体比丘从赞摩出走，到仲迪尔。在仲迪尔，有一天成的地藏王菩萨寺院，其上，有一座不大的小山，此时有一缝隙，从中产生一升珍珠，乃用它维持了冬季三个月生活。到了春季孟春之月出走，到了梅嘎尔，在梅嘎尔之北方多闻天王与吉祥仙女，幻化为人，维持他们的春季三个月生活。此后，物品也用以度日。（他们）初夏四月到了吐番（蕃）。此时，复有（许多）变为俗人，在沟壑中寻水者居多。①

《佛教史大宝藏论》则将此一事件更加简明扼要地记录下来：

李域的佛法已接近毁灭之时，李域的一位年青国王仇视佛教，驱逐李域国的比丘。众比丘依次离开察尔玛、扩墨洛尔、贡涅等寺院，逃向吐蕃。②

就僧侣逃往吐蕃的这一事实，正如王辅仁先生研究表明：“在同一时期，西域于阗的佛教僧侣由于动乱向吐蕃逃跑，先到南疆的蔡吉（ཚལ་ཇི། 可能是唐朝在西域设置的毗沙都督府所在地，曾被吐蕃长期占领），当地吐蕃官员不敢收留，报告了吐蕃王室。王室不但答应为这批僧人解决衣食供养，而且请他们到吐蕃本部传法。据说吐蕃为收容这批从于阗来的僧侣修建了七座寺庙（其中有一座是瓜曲寺），可见这批僧人数目不少。另外，由于伊拉克的屈底波于公元705年发动“东征”，中亚和新疆的一些地区（如喀什噶尔 Kashgar、拔汗那 Ferghanah、布哈拉 Bukhara、撒马尔罕 Samarkand、多哈日斯坦 Tokharistan）的佛教僧侣也向西藏方向逃避。他们第一步先到了勃律（bru–sha），似乎他们和于阗的僧人会合到了一起。因此，赤德祖赞时期到吐蕃的西域佛教僧人中可能还有中亚一带的僧侣。”③

据敦煌古藏文写卷 P.T.960的《李域教法史》记载：

就在这时，吐蕃天子赞普和汉地君王结成甥舅，公主也降嫁神圣赞普。公主在吐蕃修建了一个很大的寺院，条件也具备，比丘们来到这里，生活均由公主供养，吐蕃之地大乘教法更加广扬。④

上述记载，完全符合吐蕃的历史情况，汉藏友谊源远流长，此条内容王尧先生也曾进行过研究。只是将此记录中的“公主”当成了文成公主，事实上这里下嫁的公主是金城而不是文成，如果按此说法，与吐蕃第一次灭佛的时间相差甚远，完全将这一历史事件前推了将近半个多世纪，就赞普的王统世系在前文中也有交代，第七代赞普恰巧就是吐蕃历史上的赤祖德赞，这与于阗灭法之事发生在8世纪初叶金城公主下嫁吐蕃时期正好相符。

① 敦煌古藏文写卷 P.T.960《李域教法史》,《敦煌本藏文文献》，民族出版社，1985年，第259~265页；藏文原文第49~57行。

② 布敦仁钦智：《佛教史大宝藏论》（藏文），中国藏学出版社出版，1988年，第183页。

③ 王辅仁：《西藏佛教史略》，青海人民出版社，1982年，第27~28页。

④ 敦煌古藏文写卷 P.T.960《李域教法史》,《敦煌本藏文文献》，民族出版社，1985年。

佛教在吐蕃的发展也融入了吐蕃内部的政治斗争当中，藏文文献中所记载的这些内容和汉文史籍中记载的遥相呼应，相互印证，解决了敦煌学中的诸多悬而未决的遗留问题。

## 三、吐蕃王室内部纷争在宗教中的体现

据敦煌古藏文写卷P.T.960《李域教法史》记载：

十二年之间，比丘和俗人大都信教，生活幸福，正在那时，群魔侵搅，黑痘等各种疾病，为魔所侵。公主由于沾染黑痘之症，痘毒攻心而死。于是，俗人们对佛教顿起疑心，云："黑痘等各种疾病流行是由于比丘僧团来到吐蕃的报应。"谓："不能让一个比丘留在吐蕃。"要把他们赶回各自住地。于是，比丘们只好来到印度的刚达热（犍陀罗）。附近居住的比丘们也同时到达刚达热。此时，印度固香崎（固香布）曼智，桑盖之子诞生，被称为卓波萨王。当时，固香崎三个最大国王即汉地、吐蕃、朱固三大国王带领十多万大军进发，与彼此之卓波萨王交战，鏖战十二年，三大国王不支，全军溃败。固香崎王卓波萨心想："我今生杀戮如此众多军人，铸成了无边大罪，怎样做才能消除罪孽？"自言自语，顿生悔恨之心。为能消弭罪孽，去散痛苦，于是派出使者向四方邀请比丘。南赡部洲之僧众千辛万苦，忍饥挨渴，十万僧众汇聚，其中只有一位阿罗汉和一位通晓三藏者。去邀请比丘的使者禀告："比丘们已来到，到此为佳！"朝拜了国王，国王大悦，大生敬仰。这时，气候变暖，一起来此的比丘得到了供养，敬礼膜拜，筹备并向比丘众布施袈裟和供养。

就在当天晚上，恰逢十五日夜晚，比丘行"长净戒"时，迪尔瓦李晓三藏者喜尔谢合（释利谢合）之弟子阿纲迪杀死了阿罗汉苏若。阿罗汉的护法神夜叉扎达木噶便把迪尔瓦李喜尔谢合杀掉。这时，比丘们立即分成两个集团，顿起内乱，操戈交锋，在天未亮之前，众比丘所剩无余。能知佛教三宝名字，且能说出者，竟无一人。

天亮后，国王起床，向比丘众顶礼，邀请走着走着，听到头天晚上比丘众一个无剩，国王难过得号啕大哭，念颂了许多痛苦之咒，跌倒在地，痛不欲生。就在那天晚上，佛教毁灭，大地震动，世上珍馐"六味"丧失尽净，天降血雨。当晚，三十三重天上释迦牟尼之母由五百随从（拥戴）披发降临，从天空发出号啕大声。南赡部洲沉浸在佛法毁灭悲痛中。（她把）死去比丘们头发和指甲集在一起，带回三十三重天，

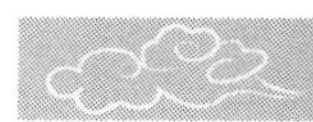

建一大塔供养。从佛法毁灭后，灾荒连年，疾病丛生，世道变异，土地荒芜。[①]

上述记载，与当时“李域”和吐蕃的历史事基本相符。金城公主的入藏时间为707年，739年卒于吐蕃，记载金城公主是因染黑痘之症而死。死后，黑痘等各种传染病流行，吐蕃王室部分人对佛教顿起疑心，于是于阗逃亡吐蕃的佛教徒在吐蕃就难以立足，比丘们不得不逃难于印度的刚达热（犍陀罗）等地。吐蕃王室的内部纷争，其实也是吐蕃苯教与佛教斗争的反映。

《李域授记》也有类似的记载：

公主仙逝后，赤面国土发生天花，大臣、大臣之子等死去许多。此时，大臣聚集向国王请求：“从前疆土从未发生天花，如今南尼的诸多乞讨比丘至此，公主也去世，大臣和大臣子嗣也大多丧命。故全体僧众不能在境内逗留，请求逐出之！”国王诏令：“其逐出哪些呢？尚需再作商讨！”大臣们将要逐出的僧众名单敬呈送给国王，讨论在国土内所有僧众不能居住统统逐出。赤面之王怒道：“若要赶走这些比丘，我等也在此不住！”大臣们怒道：“您等怎么喜欢怎么来！”公主来到赤面之地后，国王信仰道士之教法，汉地比丘也来到赤面之地。此时，在此王土的比丘们一件没留，带着赤面境内拥有的舍利、经典、供器，向北方走去，走到了甘达拉钦布之地。

这时汉地、赤面国、印度、李（域）等恒河流域以外的地方佛法衰灭，恒河彼岸的固夏布地区三月内衰灭，僧众们抵达甘达热地区附近的龙王艾拉巴哲圣湖岸边，三宝的加持将湖水变得污浊而浪滚。龙王想：“我之境地怎么如此污浊而浪滚？”瞪着幻化的眼神，释迦牟尼的教诫、教法临近灭了。大多僧侣看到时，知道就是如此，然后（龙王）化作老翁，出现在湖边，向僧众挥手问曰：“这些僧伽从何而来，到哪里去？”僧伽道：“我等从赤面之地寺院而来，寻找施主和佛法依业处，我等往甘达尔钦布去。”老翁曰：“僧伽此次寻觅生活何等艰难？徒步去此甘达尔钦布需四十天的路程。僧伽不具备二十天的生活用品能去吗？”僧伽大多号啕大哭，龙王看到后生出怜悯对僧伽道：“在此前方，有一近路蟒蛇之桥，若能行走将很快抵达！”说完老翁随即消失。于是，龙王在山旁搭建通道，自身变作一巨蟒，海上搭桥让僧伽通过。前世所做的恶业被现在消除，此乃最终的想法，祈愿后搭建蟒桥。此时，走了十五个昼夜，人畜通过，有一人畜从蟒桥坠落而亡。太多人畜通过，蟒的脊背部分破漏，部分破裂，黑血如雨而流，染红海子，僧伽大多通过了蟒桥而变得脸面通红。此后，巨蟒掉入大海，恒久以后，湖水干涸，形成了吉祥的圣地。

① 敦煌古藏文写卷 P.T.960《李域教法史》，《敦煌本藏文文献》，民族出版社，1985年，第266~268页；藏文原文第63~76行。

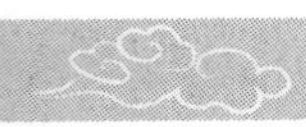

这时僧侣们在甘达拉国王之地，获得了两年的生活供奉，各满其愿，安乐而住。两年过后国王去世。国王有二子，其中一位信仰佛法，一位行外道，两子为了王权而争论，（若后者取胜，则将）灭佛驱僧。信佛之子取胜并掌握了王权。该国王时僧侣也如从前一样权势增长。供养安逸而过半年，时一僧将国王弑杀，国政由寺僧掌握。寺僧不让其他僧侣居住，并驱逐出甘达拉境，佛法覆没。

于是，众僧们逃难而去别的国土，在此期间，西方王国、北方巴央王国等较先前国势强盛，三王联合掌控了西方、北方之地。三王中的一位率万军动身应邀抵达高夏木普之地，高夏木普国王出军三万将之一个未留而灭。因此之故，高夏木普国王为赎杀死了许多军队之罪，迎请赡部洲的所有僧众抵达高夏木普国土，后僧众内乱自相残杀，整个赡部洲的佛法亦自此而灭。

根据上述记载，“赤面国土发生天花”之事：“公元739年吐蕃发生了一次大的天花瘟疫，据说金城公主就是死于这场天花的。这时信奉苯教的贵族借口说这场天花是吐蕃境内的鬼神对这批外来僧人的愤怒所造成的，因而必须把他们赶走。这些被驱逐的僧人绝大部分向西，到乾陀罗国（犍陀罗，Gan–dhara）去避难。有的材料说还有一些吐蕃人与他们同行。但是，按照西藏佛教史籍的说法，这时吐蕃还没有出家的僧人。这里说的吐蕃僧人有两种可能，一是当时已有一些吐蕃人跟从这批外来僧人出了家，二是这批人并非僧人身份而是一般的佛教徒，被误记为出家僧人。

“赤德祖赞公元755年死后，新赞普赤松德赞（ཁྲི་སྲོང་ལྡེ་བཙན། 755—797年在位）年幼，吐蕃中信奉苯教的贵族大臣打算把佛教势力全部铲除，发布了禁佛的命令。这是藏族历史上的第一次‘禁佛运动’。”①

上述记载，汉地、吐蕃、朱固三大国王带领十多万大军进发，与印度固香崎（固香布）的卓波萨王交战，鏖战十二年，三大国王全军溃败。从史料上看，吐蕃从713年以金城公主汤沐邑的名义，从唐朝取得了吐蕃属地北境的河西九曲之地，此后利用这块水草丰肥之地作为向唐进攻的战略基地。714年，吐蕃发兵10万进攻临洮，虽然唐击破了吐蕃的进攻，但吐蕃在吐谷浑地区的军事驻防实力雄厚。②赤岭定界后，保持了不长的相对稳定。736年以后，吐蕃击降小勃律，又西引大食来攻唐，唐朝发安西守军，以高仙芝为将，于747年击败小勃律，截断吐蕃援军，俘虏小勃律王及吐蕃公主。至于文献中记述的，印度固香崎（固香布）曼智桑盖之子卓波萨王，救助了大批比丘的说法，依照文献记载判断，固香崎是高仙芝的音译，是指唐代大将

① 王辅仁：《西藏佛教史略》，青海人民出版社，1982年，第28~29页。

②《旧唐书》卷八，玄宗本纪。

高仙芝，他是高丽人。当时，唐朝为了切断大食和吐蕃的交通，于天宝六年即747年，唐玄宗命安西副都护高仙芝，发兵横穿帕米尔高原远征。高仙芝率领步骑万人，从西安出发，经疏勒，越过坦驹岭，占领小勃律，唐帝国的声势震惊拂菻（罗马）、大食等七十余国。也或许高仙芝在佛教比丘逃难时，给予了救济。

## 第三节　“李域”佛教与吐蕃寺院的建立

吐蕃时期，随着佛教文化对吐蕃人的日益影响，除了大批子弟削发为僧外，在吐蕃境内还兴起了大规模修建寺院之风，就修建寺院的工匠来说，其中有吐蕃的，也有泥婆罗的。从藏文文献来看，还有早期修建藏族历史上第一座寺院桑耶寺时，邀请了“李域”工匠到吐蕃建寺的记载。

### 一、吐蕃赞普与李域工匠

吐蕃赤祖德赞时（815—841年），在兴建乌香多寺（འུ་ཤང་རྡོའི་བཀྲ་ཤིས་དགེ་འཕེལ་གཙུག་ལག་ཁང་།）期间，曾招募各地能工巧匠，还专派使者到达“李域”，拜见了国王，得到国王的许可，迎请了工匠。藏文文献《拔协》记载：

赞普下令道：“我要修建一座好像拉萨的城堡、桑耶的村镇、呷琼寺那样小星附落大地般的真正的寺庙！”于是，召来了汉地、印度、泥婆罗、克什米尔、李城、吐蕃等各地所有的能工巧匠，并请一位汉地的堪舆家察看好地形。听说在李域的加诺木莫地方有一个巧匠，他是修建乌香多寺的工匠师傅。于是，赞普命人将一只獐子关在铁笼中，派使者带着獐子和一封信函。信中写道：“笼中关的是吐蕃赞普的‘香象’（象王，具有十头大象的气力），今派人送去，请收下。贵国有一个叫李·觉白杰布的巧匠，请让他来修建吐蕃赞普的本尊寺庙。如果不肯赠予，赞普震怒，将陈兵相向！”使者到了李域，把信函献给李域王。李域王看了函令，看见送来的礼物香象，连尿、屎都散发香味，对之非常喜爱。又怕不遵从赞普命令会引起战祸，便商定遵命照办，吩咐李·觉白杰布到吐蕃去。杰布说：“我太老了，我有三个儿子，把他奉献给吐蕃赞普吧！”李域王说：“你如果不去亲见赞普一面，赞普就会领兵来打李域。听说从前吐蕃赞普就曾率骑兵击败过李域。这次，你李·觉白杰布一定要到吐蕃去。哪怕死在途中，也要把你的头颅献给赞普！”于是派李赛松、李赛悦、李赛道等三子陪同父亲去吐蕃做工。让使者带着礼品返回吐蕃。[①]

从上述记载我们可以看出，赞普为修建寺院，召来了汉地、印度、尼泊尔、克什米尔、李域、吐蕃等各地所有的能工巧匠。其中，在“李域”招请加诺木莫地方的一个巧匠。赞普还命人带了关在铁笼中獐子和一封信函，言若不肯派工匠李·觉白杰布（ལི་སྦྱོང་པའི་རྒྱལ་པོ།）“将陈兵相向！”国王对所赠礼品“非常喜爱”，怕“引起战祸”，便“遵命照办”，李·觉白杰布带了三个儿子即李赛松（ལི་གསར་གཟུང་།）、李赛悦（ལི་གེར་འོད།）、李赛道（ལི་གསར་ཏོག）等陪同父亲去吐蕃做工。李·觉白杰布平安到达吐蕃，拜见了赞普并禀告修建寺庙的规划，赞普也参照其建议建起了寺院。这说明，藏族历史上吐蕃时期，除了有大批的高僧大德抵达吐蕃弘法外，在吐蕃大规模兴建寺院的过程中，还邀请了大批的能工巧匠抵达吐蕃，除了自愿来吐蕃的，当然更多的是吐蕃赞普的邀请，来到吐蕃与吐蕃工匠一道参与寺院的修建工作。由此可见，早期吐蕃时期的建筑融合了周边地区政权和民族的建筑风格，可以说是各民族建筑文化的集大成。

## 二、吐蕃寺院的李域风格

当赞普赤祖德赞将“李域”的工匠请至吐蕃后，这些能工巧匠们，尽量发挥和展示他们各自的才能。使吐蕃的建筑风格，既保持了自己的传统，又吸收了异域文化的特点。正如《拔协》记载：

于是派李赛松、李赛悦、李赛道等三子陪同父亲去吐蕃做工。让使者带着礼品返回吐蕃。李·觉白杰布未死于途，平安到达吐蕃与赞普相见。他向赞普禀告修建寺庙的规划说：“应主赡部洲最好的石匠——泥婆罗石匠等来施工修建。下三殿的门框上下都要用石头来修砌。因为石匠手艺特别高超，所以按照祖辈在拉萨大昭寺首先建立石碑恩泽广被的规矩，这次的石匠活也要以先树立金刚杵形石碑开头，以为献新。各种画图的献新部分，先在绸缎上画出草样，共要一百零八张。塑像的献新部分，先从塑造梵天与遍入二神像着手。铸造物的献新部分以铸造铃状大钟为首。中三殿，要用砖砌造；上三殿，用木料、铜和皮革修筑，共九层。殿顶之下，绕以风轮，还要围塑很多僧人像。从飞檐向四方拉出四条铁链，连在四座大佛塔上。当大风从西边刮来时，西边的铁链略松些，殿顶便略向西边倾斜。要像日纳山峰高耸入云一样，修建一

① 拔·塞囊著，佟锦华、黄布凡译注：《拔协》（增补本），四川民族出版社，1990年，第182~183页。

座殿顶上的大鹏鸟头也高入云霄的寺庙。”如此禀请后，便照着修起来了。[①]

由此看来，当时在吐蕃，但凡是吐蕃王室主持修建的寺院，大多都要邀请吐蕃境内及周边地区和国家最好的工匠来策划和修建。同时，也反映了当时“李域”的工匠在建筑设计上是首屈一指的，而泥婆罗有着“赡部洲最好的石匠”。从建筑的习俗上看，完全按照祖辈在拉萨大昭寺首先建立石碑恩泽广被的规矩，这次的石匠活也要以先树立金刚杵形石碑开头，以为献新。铸造方面，首先铸造“大钟”；建筑材料上，运用了石、砖、木料、铜和皮革等；在塑造神像的过程中，先从塑造梵天与遍入二神像着手，各种画图，画出了108张图样；从规模上，有下三殿、中三殿、上三殿，共九层。顶部之下，绕以风轮，还要围塑很多僧人像。从飞檐向四方拉出四条铁链，连在四座大佛塔上。以求达到“当大风从西边刮来时，西边的铁链略松些，殿顶便略向西边倾斜。要像日纳山峰高耸入云一样，修建一座殿顶上的大鹏鸟头也高入云霄的寺庙”效果。

《莲花生遗教》记载，赤松德赞时期，正式确立了佛教在吐蕃的地位。开创了吐蕃人出家受戒、建立僧伽制度等先例，为佛教在吐蕃的发展开辟了道路。在修建吐蕃历史上第一座宏伟壮观的寺院——桑耶寺时，就是按照“底层为汉式，中层为印度式，顶层为李域式”[②]的建筑风格而建的，该寺具备了印度、汉地、李域三地佛教文化和艺术特色。

由此可见，吐蕃与“李域”的文化交流极为频繁。据研究成果表明，如如拉康（古称瓜曲寺或格如寺，亦译作嘎秋寺、呷曲寺等）供奉的主尊释迦牟尼像，据考证则很可能源于于阗雕塑的粉本。[③]根据吐蕃时期赤松德赞的诏文和赛那累所立的石碑铭文可知，瓜曲寺建于赤德祖赞时期。它的建立不仅与赤德祖赞有关，更与金城公主和避难到吐蕃的于阗僧人有关。[④]这也证实了历史上的“李域”工匠到吐蕃建立寺院的可信性。

如《贤者喜宴》记载，如修建昌珠寺（ཁྲ་འབྲུག）时，于阗的工匠依据李域佛像为之塑造了菩萨的形象等，这就将李域的佛教造型艺术传入吐蕃。当时。有两位李域僧人持着锡杖，拿着乞化钵来到吐蕃，先到达昌珠地区，遇到砍下的人头、四肢及挖出的眼睛堆积如山，十分厌恶。称此地（即吐蕃）有魔鬼。松赞干布则为之开脱，声称那些人是未被调伏者，遂作一禅指状，诸监狱及刽子手们随即消失。[⑤]这一则传说虽带有强烈的宗教色彩，却在一定程度上反映了李

① 拔·塞囊著，佟锦华、黄布凡译注：《拔协》（增补本），四川民族出版社，1990年，第183~184页。

②《莲花生遗教》（藏文）四川民族出版社出版，1988年，第608页。

③［英］罗伯托·维塔利：《早期卫藏地区的寺庙》（Early Temples of Central Tibet），London，1990年。维氏认为吉如拉康中的主尊释迦牟尼像为于阗雕塑风格，其时代与建寺相同（大致在8世纪20至30年代），但两侧排列着的菩萨晚出，为赛那累赞普时期修复时的产物（9世纪初叶），其艺术风格来自尼泊尔。又，西藏的考古工作者也认为吉如拉康中的雕塑基本上与建筑同时期或略晚。（西藏文管会编：《乃东县文物志》，1986年，第26页）

④ 张亚莎：《吐蕃与于阗关系考》，《西藏研究》1999年第1期，第29页。

⑤ 巴卧·祖拉陈瓦著，黄颢、周润年译：《贤者喜宴》，中央民族大学出版社，2010年，第75页。

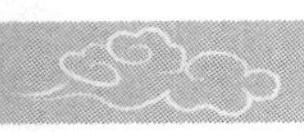

域的僧侣对吐蕃政治制度也产生过一定的影响。

## 第四节 “李域”的神祇

藏文文献中，也忠实地记录了“李域”佛教传播以及信仰习俗中的诸神，其中有佛、菩萨、护法神、天神护法神等，无论从种类还是数量上都是很多的。如大藏经中的《李域授记》等文献，敦煌吐蕃文历史文献《李域教法史》，都以大量的笔墨记载了各种神佛的功德以及供奉情况。

《李域授记》记载：

> 于是，菩萨文殊、弥勒、观音自在、虚空藏、地藏王、普贤、毗纽天、药王菩提大士、毗沙门天王随从施碍三千、施碍大将明知随从十万、虚空眼随从八千、天子金曼随从五百、龙王内扎布随从一千、天女铁钩者随从一万、天女内丹玛随从五千、善女人无垢光、童子金刚、天子洛热布丹、天女超玛随从等等，在薄伽梵的眼前发誓“护持李域！”并亲口如是起誓。迄今为止，此八尊胜菩提大士、薄伽梵等的怙主、天神、龙神、天女等首次来到佛高道仙，许多随从围拢安住时，这些菩提大士们、怙主、天神龙神们，于此处久久留住，起誓之地目前依然是守护和加持此地，有证见、印记出现。

此外在别的文献记载中还有迦叶佛、护法、多闻子（毗沙门）、施碍（夜叉正力）、十方佛、舍利子、玉拉、龙王艾拉巴哲、兜率天宫、龙神、怙主等神祇。

从上述藏文文献的记载中我们看到，天神一般出现的是薄伽梵、毗纽天、兜率天；佛一般多出现迦叶佛、十方佛、舍利子；菩萨一般出现文殊、弥勒、观音、虚空藏、地藏王、普贤；天王有毗沙门、施碍、施碍大将、虚空眼随、天子金曼、天子洛热布丹；护法神有龙王、怙主；天女有铁钩者、内丹玛、善女人无垢光、天女超玛；金刚一般指童子金刚；地方神玉拉，龙王艾拉巴哲。

### 一、天神

#### （一）薄伽梵

薄伽梵在藏文佛教文献中极为常见，如《李域授记》记载：

> 于是薄伽梵对尊者舍利子、毗沙门天王教诫……薄伽梵也在牛头山巨大的身躯上安住于雍洛寺中，即如今供奉着一小佛塔的地方。为了利乐众生，薄伽梵安住七

年。……

于是，菩萨文殊、弥勒、观音自在、虚空藏、地藏王、普贤、毗纽天、药王菩提大士、毗沙门天王随从施碍三千、施碍大将明知随从十万、虚空眼随从八千、天子金曼随从五百、龙王内扎布随从一千、天女铁钩者随从一万、天女内丹玛随从五千、善女人无垢光、童子金刚、天子洛热布丹、天女超玛随从等等，在薄伽梵的眼前发誓“护持李域！”并亲口如是起誓。

在藏文文献中，薄伽梵藏语称为“君丹堆”“བཅོམ་ལྡན་འདས།”，又叫“出有坏”“世尊”，是佛的别号。“出”谓超出生死涅槃二边，“有”谓有六功德，“坏”谓坏灭四魔。经典中多以薄伽梵授记，薄伽梵在神佛的世界里，有着举足轻重的地位。正如《大日经疏》记载，经中多译为世尊，是“叹德”的总称。

《李域授记》《牛角山授记》《李域教法史》中出现的是薄伽梵神，而不用释迦牟尼，这说明在当时李域僧人受早期印度教的影响还是相当深刻的。他们所译的佛教经典来自印度，而他们的佛教思想则保留了早期印度教的内容，故授记当中保存了印度教的文化特点，使之与我们今天所见到的佛教经典有很大不同。

**（二）毗沙门天王及吉祥天女**

此二神作为李域的主要护法神，在藏文文献中出现频率极高，现摘其要如下：

（1）敦煌古藏文写卷《李域教法史》：

当李域地方还是海子时，世尊向北方天王柏哈热玛鼐（柏恰玛那，即毗沙门天王）和比丘舍利子二人旨意：“目前的这个海子地方，作为三世佛的教化之地为佳，此后变成了陆地，莲花生长之处，将产生一座座寺院，也会出现许多菩萨，你把海子蒸空，变成陆地吧！”北方天王柏哈热玛鼐和比丘舍利子在香相（更）用禅杖的尖端和矛把海底刺穿，海水干涸，佛涅槃后，过一百年变成了陆地。①

（2）手抄本《李域文书》：

阿育王在赡部洲朝拜佛加持的所有佛塔时，也曾到达过李域。在此路途中，其中一贤妃得到多闻子（即毗沙门天王）的加持生得威力强大的一子，称为“地乳王”。此时，汉地国王千子缺一，由多闻子将其（地乳王）而施。……在泥婆罗没有发现如此之多的印迹，但是，国王尉迟布尔玛在牛头山上也□□□□□□□建立了豪兜汗佛殿，如今均供置有佛陀释迦牟尼大佛像的说法，而泥婆罗就没有。据说此佛塔和佛寺

① 敦煌古藏文写卷 P.T.960《李域教法史》，《敦煌本藏文文献》，民族出版社，1985年，第259页，藏文原文第16~19行。

的护法为多闻子和夜叉之掌托真巨智以及龙王玛哲巴。

（3）《李域教法史》又记载：

在上玉河的杭格觉（两队人马）相遇，开始双方并不相识，各自成阵，进行交兵。柏哈热玛鼐（柏恰玛那）和吉祥天女及大地仙女等从中出现，将当初经过详细叙述，让被流放的君臣相识，彼此联合。首先萨尼和阿玛杂耶西君臣相会，联手治理其地，和田之地如此经营而建。①

（4）《李域授记》云：

于是，将众僧迎到梅嘎尔尔之地，用珍珠来供养着，过了半月的受供养的生活。然后从梅嘎尔尔出发，在称作"郭尔聂"的寺院，众僧驻锡时，毗沙门天王和吉祥天女化作一夫妇驻锡此地，所有众僧祈祷："此乃我等的福分。"（接下来的）半月中，僧伽举行供施法会，吉祥天女向僧众赐一衣襟的金钱。众僧又抵达贡玛尔之地，在贤吉绒遇见的守关人言："哎呀，到别的路上去！"这时毗沙门天王幻化为白牦牛，僧众见了言道："此牦牛为家畜，它哪儿去我们在后面追。"随后，牦牛引路，经过四五天，抵达赤面之地称作"擦奇"的地方。

（5）据敦煌古藏文写卷 P.T.960《李域教法史》记载：

在李域，最后佛法毁灭时，上部四城之比丘们都来和阗集会。此时，李域人为魔所诱，不信圣教和比丘，凌辱比丘，（他们）抢劫财物，将三宝之物、食粮、条件（所有财物）逐次抢走。李（域人们）也无同（法）安住，在此情况下，比丘逐次迩来，会集于赞摩寺而论："李（域）之地已无法安住，何处走是好？按照（国王）指令吧！"此时，因吐蕃赞普笃信佛教，敬重比丘。于是，一致商议前往吐蕃。当时，比丘所需供养业已匮乏，口粮断绝，从赞摩寺库藏小匣里产生了七块金子，三个月中，全体比丘就用它来维持生活。后来，当冬季来临，全体比丘从赞摩出走，到卓迪尔。在卓迪尔，有一自然天成的地藏王菩萨寺院，其上，有一座不大的小山，此时有一缝隙，从中产生一升珍珠，乃用它维持了冬季三个月生活。到了春季孟春之月出走，到了梅嘎尔，在梅嘎尔尔之北方多闻天王与吉祥仙女，幻化为人，维持他们的春季三个月生活。此后，物品也用以度日。（他们）初夏四月到了吐番（蕃）。此时，复有（许多）变为俗人，在沟壑中寻水者居多。②

从藏文文献（1）来看，记载了当李域地方还是海子时，北方天王柏哈热玛鼐（毗沙门天王）

① 敦煌古藏文写卷 P.T.960《李域教法史》，《敦煌本藏文文献》，民族出版社，1985年，第259~261页，藏文原文第19~32行。

② 敦煌古藏文写卷 P.T.960《李域教法史》，《敦煌本藏文文献》，民族出版社，1985年，第264~265页，藏文原文第49~57行。

和比丘舍利子在香相（更）用禅杖的尖端和矛把海底刺穿，海水干涸，直至佛涅槃后，过一百年“李域”便成了陆地。关于毗沙门天王决海的神话故事，据相关资料显示，被绘制在敦煌莫高窟的第9窟、第231窟、第237窟中。[①] 毗沙门天王用锡杖刺穿海底的神话，在不同的史料中都有记载，类比后也可得出之所以北方诸多的民族普遍信仰此神，是有缘由的。一些结论，从（2）来看，“李域”佛塔和佛寺的护法为多闻子和夜叉之掌托真巨智以及龙王玛哲巴。从（3）来看，吉祥天女的主要缘由是其养护了第一代王地乳，并调停了“李域”与周边地区的战争。从（4）来看，当“李域”佛教遭到毁灭时，毗沙门天王幻化为白牦牛，并且由牦牛引路，众比丘终于抵达了吐蕃的“擦奇”地方。从（5）来看，当“李域”的教法毁灭后，众比丘抵达梅嘎尔尔后，北方多闻天王与吉祥仙女幻化为人，救济众比丘维持了春季三个月生活。为此，毗沙门天王也就成为“李域”供奉的重要天神。

毗沙门天王，藏语称作“纳帖斯”（རྣམ་ཐོས་སྲས།），梵文称作 vaiśravaṇa，为一类财神名。在藏文文献中其别名颇多，其中除了上述名称外，尚有刚瓦松丹（ཀང་བ་གསུམ་ལྡན།）、嘉吾加（རྒྱལ་པོ་རྒྱལ།）、额随布（ངལ་བསོས་པོ།）、德尔吉德合（གཉེར་གྱི་བདག）、德合代谢（རྟག་བདེ་བྱེད།）、闹吉德合（ནོར་གྱི་བདག）、闹竟正巴（ནོར་སྦྱིན་འདྲེན་པ།）、闹竟嘉（གནོད་སྦྱིན་རྒྱལ།）、那坚久巴（ན་རྒྱན་གཅིག་པ།）、那木斯（རྣམ་སྲས།）、巴德尔（དཔལ་གཉེར།）、相格肖军（བྱང་གི་ཕྱོགས་སྐྱོང་།）、相肖合德浩（བྱང་ཕྱོགས་བདག་པོ།）、益格恰柏（དབྱིག་གི་ཆར་འབེབས།）、木拉雄（མི་ལ་ཞོན།）、木合嘉（མིག་སྐྱ།）、木合雅（མིག་ཡ།）、木合松卓布（མིག་གསུམ་གྲོགས་པོ།）、梅曲丹（མིའི་ཆོས་ལྡན།）、杂松巴（རྩ་གསུམ་པ།）、奥央擦瓦（འོད་ཡངས་ཚ་བ།）、仁钦念布（རིན་ཆེན་སྙིང་པོ།）、累额（ལུས་ངན།）、桑德合（གསང་བདག）等25种之多。[②] 从这些别名的词性含义中，可以看出毗沙门天王的特点。如第一种名称有“三足”之含义，第二种名称有“王中王”之含义，第三种名称有“护养者”之含义，第四种名称有“宝藏之主”之含义，第六种名称有“财宝之主”之含义，第七种名称有“施财之主”之含义，第八种名称有“夜叉王”之含义，第九种名称有“单耳饰”之含义，第十种名称有“多闻”之含义，第十一种名称有“宝藏”之含义，第十二种名称有“北方之主”之含义，第十三种名称也是“北方之主”之含义，第十四种名称有“降宝雨者”之含义，第十五种名称有“骑人”之含义，第十六种名称有“灰色目”之含义，第十七种名称有“单目”之含义，第十八种名称有“三目友”之含义，第十九种名称有“人之法主”之含义，第二十种名称有“三根本者”之含义，第二十一种名称有“广光孙”之含义，第二十二种名称有“珍宝之心”之含义，第二十三种名称有“丑身”之含义，第二十四种名称有“密主”之含义。

也就是说，毗沙门天王归结起来：具备“三足”，也称“三根本者”；单耳有装饰，并且“多

① 李吟屏：《和田春秋》，新疆人民出版社，2006年，第7页。

② 《藏汉大辞典》，（下册）第1480页、1566页。

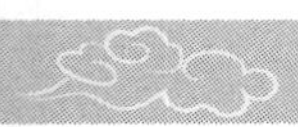

闻”；“单目”，目灰色，“广光孙”；“骑人”，故称为“人之法主”，“丑身”；因为他是“大地中心”，所以他主“宝藏”，既是“宝藏之主”和“财宝之主”，又是“施财之主”，他也是“降宝雨者”“夜叉王”“北方之主”“密主”和“王中王”。在藏文的修辞学中，别名多是一个重要的特点，藏语称别名为“མིང་གི་རྣམ་གྲངས།”，也称之为“异名”，是同一种事物的不同名称。如“热光”（ཚ་ཟེར་ཅན།）、“大光明”（འོད་སྣང་ཅན།）、“白昼主人”（ཉིན་བྱེད་དབང་པོ།）、“莲花亲友”（པད་མའི་གཉེན།）、“黑暗敌”（མུན་པའི་དགྲ།）、“天空宝”（ནམ་མཁའི་ནོར་བུ།）等，都是太阳的别名。在书写的过程中，只要是同一个物体的别名，不管文章中表述为哪一种，都不失为一种风格。从上述佛教神祇的别名来看，似乎并非这么简单，是根据不同的场所，出现不同的别名。

在敦煌古藏文写卷 P.T.960《李域教法史》中，毗沙门天王称作北方天王柏哈热玛鼐（柏恰玛那）：

> 国王弃子时，北方贡布柏哈热玛鼐指示吉祥天女使地中流出了乳汁，喂养王子使不死去，因而取名为地乳。①

毗沙门天王，又叫多闻天，四大天王之一，在佛教中为护法之天神，兼施福之神性。《法华义疏》云，此天恒护如来道场而闻法，故名多闻天。于胎藏界曼荼罗在外金刚部院北方之门侧，于金刚界曼荼罗位于西方，夜叉主也。毗沙门天王与吉祥天，从古神话时代常相关联而为夫妻，于日本台密，如欢喜天有双身毗沙门法，但双身者，皆男天也。其形象也有多种。胎藏界曼荼罗之像，著甲胄，左掌有塔，右持宝棒，坐像也。或传有为立像。金刚界曼荼罗亦与之同。其画像一般为：于彩色中并不得和胶。于白氎上画一毗沙门神，七宝庄严衣甲，左手执戟槊，右手托腰上。其神肢下作二夜叉鬼，并作黑色。其毗沙六面，作甚可畏形，恶眼视一切鬼神状，其塔奉释迦牟尼佛。《毗沙门仪轨记》，唐天宝元年不空三藏修其法。

至于藏文文献中，往往毗沙门天王有救度的功能，在（4）中，当“李域”佛教遭到毁灭时，毗沙门天王幻化为白牦牛，并且由牦牛引路，众比丘终于抵达了吐蕃的“擦奇”地方。从（5）来看，在北方多闻天王与吉祥仙女幻化为人，救济众比丘。联系在一起，是印度教神祇的传承关系使然。这两个天神，也是“李域”重要的地方保护神。

吉祥天女作为保护神，则有护养功能。如吉祥天女的主要缘由是其养护了第一代王地乳，并调停了“李域”与周边地区的战争。为此，我认为这就是“李域”供奉毗沙门天王即北方天王柏哈热玛鼐和吉祥天女的重要缘由。

毗沙门天王在李域受到信仰大概还有一个功能，那就是如石泰安所认为的那样：“毗沙门

① 敦煌古藏文写卷 P.T.960《李域教法史》，《敦煌本藏文文献》，民族出版社，1985年，第257页，藏文原文第6~11行。

是真正的于阗之主。正是他使该区获得了其第一位国王。于阗和于阗的一个都督府都享有其名……于阗的重要历史地位使得大家认为毗沙门于那里起了最大的作用。”[①] 因此，该神作为“李域”的护法神受到信仰。

毗沙门天王，在《西藏的神灵和鬼怪》中也作过介绍：“主要被称为多闻子、丑身和宝藏神的神灵，是最重要的复合佛教财神，这在以前发表的关于藏文造像学的著作中有广泛的论述。”[②] 图齐也曾作过研究。[③] 文中还提及了毗沙门天王的诸多伴神，以及这些伴神的功用、名称、形象。松本文三郎也对毗沙门天王做了研究，称作“兜跋毗沙门天王”，在日本也广为流传，考证了其原形无疑来自中国，只是名称中的“兜跋”在中国很少使用，得出了“此词来源于古代西藏”的结论。[④]

孙修身先生根据敦煌壁画中于阗建国传说故事的壁画，认为在古代文献中，记载于阗国有八个护法神王，保护于阗佛教不灭。在八大护法神王中，最为于阗居民所尊奉的是毗沙门天王和吉祥天女，传说他们和于阗建国的历史有着密切的关系。毗沙门天王，又称多闻天，为四大天王毗沙门之王。在佛教中，为护法天神和兼施福之神。吉祥天又称大吉祥天女、功德天等。本为婆罗门教神，后为佛教之神祇、为主富贵的天女，故又称大吉祥菩萨。从传说时代起，她即同毗沙门天王有着密切的关系，人们常将二者纠合在一起，或谓他们是兄妹，或谓他们是夫妻，说法不一。关于毗沙门天王和吉祥天被于阗居民尊奉的原因，在我国的汉藏文献中，都有着有趣的记载。关于于阗建国的故事，在敦煌莫高窟里，也是多次被描绘的。它在洞窟里表现为两种形式：一为传说故事；二以护国神王像，即瑞像图的形式表现。前者仅见于中唐时期开凿的第154窟南壁西侧的条幅里，上下两个画面，上面画毗沙门天王，首戴盔，身着长身甲，腰挂长剑，左手执长戟，戟端以红绢为饰；右臂屈举，手执宝塔，着靴，站立于云端，和佛教文献中所记胎藏界、金刚界里的毗沙门天王像完全相合。和毗沙门天王的相对处，画有菩萨一身，头戴宝冠，梳高髻，脑后有头光（面部残破），长条披肩而下，赤袒上身，下着羊肠大裙。项饰瓔珞，腕臂诸处俱有饰物。右臂屈置于胸前，手掌向上，高擎宝瓶，瓶中插花。左臂亦屈置于胸前，和前者相类，手掌竖立，大指和食指相掐，手掌向外。光脚，直立于覆莲座上。下面的一画面，所见的毗沙门天王和前者完全相同。而和其相对者，非为菩萨。其像端庄，头缠红巾，两鬓包面，额际贴花黄，身着宽袖、交领长袍衣。右臂屈置，大指和食指相掐，余指竖置，手掌向外。左臂情况，和上一画面所见菩萨同。二画都于相对的二者间，书写榜题，现能识者

① [法] 石泰安著，耿昇译：《西藏诗史与说唱艺人的研究》，西藏人民出版社，1993年，第339~340页。

② [奥地利] 勒内·德·内贝斯基·沃杰科维茨著，谢继胜译：《西藏的神灵和鬼怪》，西藏人民出版社，1993年，第79页。

③ [法] 图齐：《西藏画卷》卷二，第571~577页。

④ [日] 松本文三郎著，金申译：《兜跋毗沙门天王考》，《敦煌研究》2003年第5期，第36~43页。

为“毗沙门天王”诸字。如果以画面和榜题对照文献记载，以其二者相对的情况看，我们仍可断定其所表现的故事内容，正和《大唐西域记》《西藏传》所述情节相合，当是印度阿育王宰相耶舍和地乳王子相斗兵，毗沙门天王和吉祥天女出现于阵前，为二者说法，使他们握手言欢的情节。[①]

从上述可以看出，于阗对毗沙门天王的信仰，有着广泛而深厚的文化背景。在当时特殊的历史条件下，尤其吐蕃攻打西域于阗之际，官方还专门在于阗设立了以毗沙门天王命名的军事设施“毗沙都督府”与吐蕃对峙，正如史料记载：

上元二年正月，以于阗国为毗沙都督府，分其境内为十州，以于阗尉迟伏阇雄为毗沙都督，击吐蕃有功故也。[②]

### （三）夜叉王遍胜

敦煌古藏文写卷 P.T.960《李域教法史》记载：

此后，国王尉迟森缚瓦登上和田城楼，向东南方望去，在城外有一金银色麋鹿。国王乃与随从等追逐，至现在的桂德香下面的瞿摩帝大塔处，见那麋鹿却又变成夜叉王遍胜。夜叉王遍胜向王说道：“啊！大王，您在这里建一大塔很合适啊。”国王说：“为谁而修？”“为佛的使者阿罗汉布达度达、僧格达、僧格吾央、僧格达那这四位，他们是作为您的善知识者而来，为他们而塔呀！”四位阿罗汉果真立即到此，讲经，国王顿生敬信，在此地竖起建塔的橛子，在下面建起了瞿摩帝寺之大佛塔。[③]

这里的夜叉王遍胜实际上是王兄，他在印度修行后具有了幻化之神力。这样的描述充斥着神话效果，但却明确告诉我们王室后嗣有赴印学法的情况。

## 二、菩萨

### （一）弥勒菩萨

据敦煌古藏文写卷 P.T.960《李域教法史》记载：

教法产生已逾一千七百三十三年，自地乳王到李杰赞勒王之间，王统传至五十六代。……此后，菩萨弥勒与殊圣文殊二者，悉知“李域”乃为三世佛福田，降生于“李域”并为了作“李域”人众之善知识，初次降世到被称作“赞摩居理”之苑。

① 孙修身：《敦煌佛教艺术和古代于阗》，《新疆社会科学》1986年第1期，第55页。

② 《册府元龟》，卷九六四“外臣部”。

③ 敦煌古藏文写卷 P.T.960《李域教法史》，《敦煌本藏文文献》，民族出版社，1985年，第257页，藏文原文第6~11行。

菩萨弥勒（化现）为称作国王尉迟桑巴瓦……做了梅之国王。[①]

**（二）八大菩萨**

敦煌古藏文写卷 P.T.960《李域教法史》：

海子里最初长出莲花之处，建立了一座座伽蓝。在瞿摩帝、更蚌、杂尔玛、卓迪尔、达尔玛迪、桑迪尔、桂仲等地，灵验之寺总计三百三十三座。八大菩萨，现在还供奉在李域，名称是：金刚手即密教之主，如今供奉于桂迪山的山顶雄甲；阿尔雅瓦洛（观世音）供奉在居念；地藏王供奉于桂仲。文殊和牟尼巴瓦二者供奉于桂迪山；地藏王供奉于卓迪尔；普贤供奉在于朵隆桑格保隆；药王供奉在于巴诺焦；弥勒菩萨供奉在于威诺聂。[②]

在藏传佛教的经典中，八大菩萨一般指文殊、金刚手、观世音、地藏王、除盖障、虚空藏、弥勒、普贤等菩萨。而在此文献中，八大菩萨的名称是金刚手、阿尔雅瓦洛（观世音）、地藏王、文殊、牟尼巴瓦、普贤、药王、弥勒菩萨。这说明，在不同时期和不同地域，佛教所供奉的神像也有变异性。

## 三、鲁（龙）神

《李域授记》记载：

这时汉地、赤面国、印度、李（域）等恒河流域以外的地方佛法衰灭，恒河彼岸的固夏布地区三月内衰灭，僧众们抵达甘达热地区附近的龙王艾拉巴哲圣湖岸边，三宝的加持将湖水变得污浊而浪滚。龙王想：“我之境地怎么如此污浊而浪滚？”瞪着幻化的眼神，释迦牟尼的教诫、教法临近灭了。大多僧侣看到时，知道就是如此，然后（龙王）化作老翁，出现在湖边，向僧众挥手问曰：“这些僧伽从何而来，到哪里去？”僧伽道：“我等从赤面之地寺院而来，寻找施主和佛法依业处，我等往甘达尔钦布去。”老翁曰：“僧伽此次寻觅生活何等艰难？徒步去此甘达尔钦布需四十天的路程。僧伽不具备二十天的生活用品能去吗？”僧伽大多号啕大哭，龙王看到后生出怜悯对僧伽道：“在此前方，有一近路蟒蛇之桥，若能行走将很快抵达！”说完老翁随即消失。于是，龙王在山旁搭建通道，自身变作一巨蟒，海上搭桥让僧伽通过。前世所做的恶业被现在消除，此乃最终的想法，祈愿后搭建蟒桥。此时，走了十五个昼

① 敦煌古藏文写卷 P.T.960《李域教法史》,《敦煌本藏文文献》，民族出版社，1985年，第256页，藏文原文第1~4行。

② 敦煌古藏文写卷 P.T.960《李域教法史》,《敦煌本藏文文献》，民族出版社，1985年，第262页，藏文原文第37~39行。

夜，人畜通过，有一人畜从蟒桥坠落而亡。太多人畜通过，蟒的脊背部分破漏，部分破裂，黑血如雨而流，染红海子，僧伽大多通过了蟒桥而变得脸面通红。此后，巨蟒掉入大海，恒久以后，湖水干涸，形成了吉祥的圣地。

敦煌古藏文写卷 P.T.960《李域教法史》又记载：

李域和田复次变为海子时，未行十善时，地方护法神贡布发誓者们和护法天神、龙神们将香相（更）山谷再次堵塞，上下协水乃汇集在和田大城之内，如今的大集市之上面，瞿摩帝大伽蓝之处即供奉扎瓦夏神之寺前，复次海浪翻滚，变成海子时，舍利和别的（供品）被龙神带去，供在各自住地。

…………

印度国之国王名叫巴布松达尔的管家名叫西日丹，特别崇尚佛教，大慈大悲，所有财福都供奉于三宝。对贫穷者发放布施。因此，财产牲畜和奴仆献完，变成乞丐。国王得知后救济他，又给了许多奴仆、财产、牲畜。这些，他又献给了三宝。……祈祷完毕，他变成那湖的龙王，名叫阿塔巴杰。又在康香地方，弘扬佛法，广建寺宇，由于祈祷的威力，他投生为康香之巴子尧之子，在和田的卓迪尔寺解脱（得道），获得圣者阿罗汉果。①

据敦煌古藏文写卷 P.T.960《李域教法史》又载：

四大龙王保佑圣教及其地方，称之为“四护”。有五百尊菩萨安住，其中，二百五十位是比丘、比丘尼，二百五十位是善男信女。②

鲁神即“龙神”，在藏文文献中的频频出现，说明其是地位较高的神祇，往往在比丘们危难之际，他就会出现，加之在佛经中“李域”与海子有着千丝万缕的联系。我们在前面“李域”的名称中也谈到过龙的文化寓意。

上下五千年的中华文明，龙不仅成为中国的象征、中华民族的象征、中国文化的象征，而且也凝聚和积淀成为一种民族文化与民俗文化。对于每一个中国人来说，龙的形象是一种符号、一种意蕴、一种血肉相连的情感。因此，“龙的传人”“龙的国度”也获得了世界的认同。当我们翻阅藏族英雄史诗《格萨尔》后，又会发现这部藏族史诗不仅成功地塑造了一个伟大的英雄格萨尔的形象，而且还生动地刻画了一个成功的英雄母亲——一位来自龙宫的龙女，使人不禁对龙文化在中华大地传播之深远而感到震撼。从龙宫、龙王、龙女的形象及其故事情节中，我们看到史诗中一系列神话和传说的相关描写，是人类的自然崇拜观念和祖先崇拜观念以及宗族

① 敦煌古藏文写卷 P.T.960《李域教法史》,《敦煌本藏文文献》，民族出版社，1985年，第262~273页。

② 敦煌古藏文写卷 P.T.960《李域教法史》,《敦煌本藏文文献》，民族出版社，1985年，第261页。

文化观念的自然表露，特别是始终伴随着英雄格萨尔成长的圣湖崇拜，将中华民族的龙文化观念完整地贯穿起来。[①]盘古开天，女娲孕养，龙的传人代代成长，龙的子孙世世流芳。中国自秦建立统一的中央集权制国家以来，在漫长的历史岁月中虽有分合离乱，但统一始终是主流。《天界篇》中，莲花生大师为了使龙女“雅嘎孜丹”尽快来到人间，使格萨尔投胎降生，便采取了先投毒再消灾的策略，以赢得顶宝龙王的信任，激起龙王的感激之情，最终达到目的。莲花生大师顺利地将“雅嘎孜丹”领到了人间，安排在了热洛·顿巴坚赞家中。“雅嘎孜丹”从龙宫和湖泊中走来，她生育了天神之子格萨尔，成就了格萨尔降妖除魔的大业，使岭国的人们过上了幸福生活。《格萨尔》中，通过将龙宫的龙女做巧妙的安排，使她通过“圣湖”走向人间的“岭部落”，使龙女成为人间女子。英雄的母亲被预设为顶宝龙王的女儿，这种巧妙的安排，不仅仅是宗教感染力的需要，而且还是生育信仰的一种具体表现。这些是在深刻的宗教信仰背景和深厚的传统文化内涵的共同孕育下产生的。史诗中的《龙宫的龙女走向人间》《龙女成为人间女子》《三兄弟娶玛沁奔热的三公主》以及《巨人三兄弟》等神话，正是关于人类起源的母题，反映了黄河源头藏民族孕育生命和发展成长的光辉历程。而这些神话恰恰也是《格萨尔》的重要内容。龙文化具有兼容并蓄性，使中华民族紧紧凝聚在一起。藏族人民早已和中国其他各族人民融为一体，具有相同的文化背景和强烈的民族认同感。这种由相同的龙文化、民族认同感所缔造成的民族团结友爱关系，是任何外来势力所不能破坏掉的。“龙的传人”的信念，无疑是一种巨大的精神动力，更为中国强劲的发展势头提供了源源不断的动力。世界上，都习惯把中国称为“东方巨龙”。这条巨龙已经真正苏醒，开始腾飞，而中国人民也以巨龙腾飞作为经济发展的象征。

## 四、护法神

护法神除了前面提到的出现频率最高的毗沙门天王外就是护法神八尊了。据敦煌古藏文写卷《李域教法史》记载：

> 为使李域圣教永驻，有护法神八尊，即贡布钦布柏哈热玛黧（柏恰玛那）、戴洪萨尼、阿巴热孜达、噶噶那萨若、苏格尔那玛拉、嘉合吉、达那巴迪、龙王扎哈巴达（智哈戴瓦达）等，他们的从属发愿者等，总计有三万五千五百零七位护法护佑。[②]

① 丹曲：《藏族史诗〈格萨尔〉中的龙神（klu）及其文化意蕴》，《安多研究》2011年第8辑，第141~142页。

② 敦煌古藏文写卷 P.T.960《李域教法史》，《敦煌本藏文文献》，民族出版社，1985年，第261页。

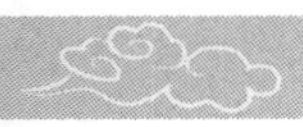

## 第五节 “李域”宗教人物与历史人物

在藏文文献中，常常涉及一些宗教历史人物，这些历史人物不同程度地对“李域”的佛教传播作出了重大贡献。如在大藏经的《李域授记》《牛角山授记》，以及敦煌吐蕃历史文书《李域教法史》中，常常提及的一个人名就是“比丘毗卢遮那”；在《汉藏史集》等文献中就有郭·曲智[①]、萨班、布敦等宗教人物。这些都是藏族历史上知名的宗教领袖人物。郭·曲智、萨班、布敦的生平事迹学界各有研究，此不赘述，仅就比丘毗卢遮那略讲一二。

《李域授记》言：

> 李（域）的通行语，首先菩提大士文殊菩萨化作为毗沙门天王之比丘称作“比丘毗卢遮那”。两牧童“曲吉”和“木勒吉”，两人等在“赞摩”地方形成了李语，为普遍接受。两人也启程到印度还是没去？李语也首次由尊者们所巩固和教授。
>
> …………
>
> 起初，海水枯竭后，王子萨尼、大臣亚夏等初次开疆拓土，王子萨尼之子称作国王的岳拉者，兴建了和田威严之城。李域产生一百六十五年后，国王尧里之子称作尉迟萨木巴者就任国王，五年后李域首次产生佛教。文殊和弥勒二者在李域时，得三世佛之关心与了解，由弥勒护持众生，幻化成国王尉迟萨木巴；文殊幻化为尊者比丘毗卢遮那，抵达解脱了烦恼的圣地杂尔玛孜勒苑，做了在李域安住的众生的善知识。从此，李语也开始教授和传播给牧童们，学习了李域的文字，此后产生佛教。
>
> …………
>
> 于是，国王岳拉之王子尉迟萨木巴做施主，为善知识尊者毗卢遮那首次在李域建立了赞摩大寺。李王尉迟萨木巴之大臣和庶民等也请求国王在咱玛地方每人修建佛殿，从此，出现了诸多寺院。国王想：“若不给建殿，会生罪孽。如若让建，则诸多佛殿长久后会变成破旧（房屋），与此亦不甘心使自身有罪孽。于是，向善知识尊者毗卢遮那请教，修建寺院和佛塔，将如来佛的舍利‘夏日日木’等安置妥当！”如若奉命，则不会衍生罪孽。国王向大臣和臣民下令，咱玛大寺由尉迟萨木巴修建时，国王的随从、大臣和臣民等亦修建了小的寺院、佛塔，均没有放置夏日日木，因为舍利只有一件。寺院完工，尊者毗卢遮那向国王尉迟萨木巴（旨意）国王曰：“在旦志敦

① 郭·曲智，藏语名称，汉文文献中多称作“法成”“三藏法师法成”等，即管·法成，也有写作管·法称等者。他翻译的《释迦牟尼如来像法灭尽之记》，讲的是于阗阿罗汉的预言（授记、悬记）。这是一份未收入大藏经的文献，有三个相同的敦煌藏文本可资比较，此卷也是研究于阗佛教史的必读之物。

邀请尊者们！”国王领会后祈祷：“如来佛真实在此降临！我的手未写好旦志[①]之间，我不敲旦志木！”做了祈祷即刻文殊菩萨化现的比丘毗卢遮那在天空化现成如来佛，十六大声闻一起在杂玛如来佛殿中颂起，国王尉迟萨木巴手中做了丹智国王敲击，此后在七年中，旦志之声不断产生。如来佛化现真实来发誓在高尔玛殿祈愿后迄今还在杂玛留存。对殊胜十六大声闻各种供品中的十六神馐由国王奉供，且由杂玛寺中尊者们启开伏藏。后来，梅香的僧侣失去施主，谋生时珍宝神馐于当时从地下生出。此事在尊者《僧伽弹那授记》中出现。比丘毗卢遮那供奉之因，是龙王胡洛尔从卡切之地迎请了七座如来舍利塔自天而降，如今在咱玛供奉，佛塔在智护法殿中供奉，佛塔仍清晰可见。

…………

于是，从赞摩文殊菩萨的化身比丘毗卢遮那在法王国王尉迟桑巴瓦建立寺院以来，国王李氏王统七代中未建其他寺院。此后的时间里，来自印度地方的尊者阿罗汉布达尔达、卡嘎达、卡嘎卓等四位出现，在桂德香的阿尔雅达那驻锡。

敦煌古藏文写卷 P.T.960《李域教法史》：

殊圣文殊，为比丘毗卢遮那化身，驻锡在杂尔玛居理之苑，首先教牧童们文字和语言，于是出现了教法。后国王尉迟桑巴瓦为殊圣文殊菩萨化身，比丘毗卢遮那首先修建李域赞摩寺。[②]

手抄本《李域文书》记载：

地乳王与大臣（亚夏）二人逐步达成协议，依上、下协河之间全程为营，构成连接印度和汉地之通道，立国建城，语言以印度语和汉地语两种相糅而播教。文字不同，而世间事大体类同，宗教和术语大体依汉地而行。传说，此文字和术语的教授者是尊者文殊菩萨化现的比丘毗卢遮那。

…………

此地国王等出现的时间是从佛涅槃后的二百三十四年。第一个国王是地乳，其子称作玉拉，建庄严城市。其子尉迟桑巴国王时期，供养比丘毗卢遮那，在李域的仓参杂尔玛创建诸多佛殿和佛塔，其中无一不供奉如来佛之舍利。当时，比丘毗卢遮那化现为佛陀，将十六罗汉请到了国王的圣地。征服卡切并从天空中请来了装藏有如来佛

① 旦志，疑是一种诗歌作品。在涉藏地区有一部叫《旦志诗律庄严论》，是17世纪藏族学者迷旁·格勒朗杰所著《诗经论》的注释。那么，旦志有可能是《诗经论》，尚待考证。

② 敦煌古藏文写卷 P.T.960《李域教法史》，《敦煌本藏文文献》，民族出版社，1985年，第256~257页。

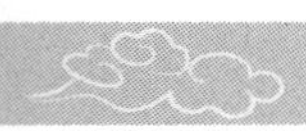

（舍利）的七座佛塔，供奉在赞摩佛殿。之后，弥勒之化身李域王尉迟布尔玛供奉了天竺的四大罗汉，并在格浩仙谷又发现了装藏有饮光佛舍利子的佛塔。当供施处大罗汉们问道："此为何人所建？"答曰："此为饮光佛涅槃时而建，内供饮光佛的舍利子。"

《汉藏史集》亦记载：

> 自两者融合后，立国建城，是印度、汉地交流之始，互通语言。李域语之始，是文殊菩萨之随从化现为比丘毗卢遮那，授予小孩，故称为圣语。文字、宗教与印度相同，习俗则与汉地相似。①

上述记载中，比丘毗卢遮那是文殊菩萨和毗沙门天王的化身，抵达"李域"解脱了烦恼的圣地杂尔玛孜勒苑，做了在"李域"安住的众生的善知识。从此，李域语言便开始教授和传播给人们，此后产生佛教。比丘毗卢遮那还化现成如来佛，从卡切迎请了七座如来舍利塔供奉在赞摩地方，佛塔在智护法殿中供奉。后来，国王尉迟桑巴瓦时期，比丘毗卢遮那首先修建李域赞摩寺。国王尉迟桑巴时期，供养比丘毗卢遮那，在李域的仓参赞摩创建了诸多佛殿和佛塔。

总之，比丘毗卢遮那在"李域"建树了重大的业绩。就比丘毗卢遮那本身而言，这与佛经中的"毗卢遮那佛"以及藏族历史上出现的"毗卢遮那"的写法是一样的。毗卢遮那，梵文作Vairocana，在汉文文献中称作"毗卢折那罗汉""毗卢折那""毗卢遮那""毗卢舍""毗卢旃"，意译遍照。②

毗卢遮那在有关记载李域的藏文文献中记载，他是"文殊菩萨化身"，李域语最初是他教给孩子们的，李域语也称为"菩萨之语"。这段记载所说的毗卢遮那，究竟是毗卢遮那佛还是藏传佛教中的毗卢遮那？至于毗卢遮那佛与比丘毗卢遮那和藏传佛教历史上的毗卢遮那是不是同一个人？现根据藏文文献并结合史料谈谈自己的一些看法。

首先，依据藏文文献来看，比丘毗卢遮那和毗卢遮那佛是两者，不能等同。最为简单的理由是因为在佛教的典籍中，佛号前面不能冠比丘，佛可以称佛号或佛的别名。毗卢遮那佛梵音译作毗卢遮那佛，是佛教中的五佛之一，略译为"卢舍那""遮那"，意译为"光明遍照""遍一切处""大日"。藏文文献中常常称作"南木巴尔囊杂"（rnam-par-snang-mdzad），又称"大日如来佛""明照"。此佛在佛教典籍中有不同的解释：① 旧译《华严经》（东晋佛陀跋陀罗译，六十卷）译为"卢舍那"，新译《华严经》（唐实叉难陀译，八十卷）译为"毗卢遮那"。华严宗据此认为毗卢遮那与卢舍那分别为音译的全称和略称，为报身佛，是《华严宗》所说莲花藏世界（报身佛之净土）的教主。② 天台宗以毗卢遮那佛、卢舍那佛、释迦牟尼佛为法身佛、

① 达仓宗巴·班觉桑布：《汉藏史集》（藏文版），四川民族出版社，1985年，第90页。

②［唐］玄奘、辩机原著，季羡林等校注：《大唐西域记校注》，中华书局，2000年，第1011页。

报身佛、应身佛。法相宗与此同，但所称不同，以卢舍那、释迦牟尼二佛为受用身、变化身，以毗卢遮那佛为自性身。③ 密宗视毗卢遮那即“大日如来”（摩诃毗卢遮那，梵文 Mahãvairocana），为理智不二的法身佛，是尊奉的主要对象。

其次，有关记载“李域”的藏文文献中的毗卢遮那和藏族历史上的毗卢遮那两者，不能等同。吐蕃时期，桑耶寺建成后，赞普赤松德赞（742—797年）第一次命令藏族出家的“预试七人”（སད་མི་མི་བདུན། 称“七觉士”，也称“吐蕃七贤臣”）[①] 中，就有一个叫作毗卢遮那的高僧。他既是吐蕃早期第一座寺院桑耶寺出家的“预试七人”之一，又是吐蕃时期号称108位大翻译家之首。据有关文献记载，赤松德赞时期，他8~15岁在桑耶寺学法，15岁时抵达印度学法，一待就是42年，到57岁才返回吐蕃，继续从事佛经翻译。迎请印度僧人无垢友、法成到桑耶寺传法、译经。当时，由于苯教势力强大，他被流放到了康区的嘉绒。[②] 他是否曾到过“李域”地区，是否就是有关记载“李域”藏文文献中所提及的人物，这一点完全可以排除。

再则，如果我们排除了以上既不是佛经中的毗卢遮那佛，也不是藏族历史上的“预试七人”之一的比丘毗卢遮那，那么他到底是何人？我们在研究过程中得知，比丘毗卢遮那是西域佛教史上的著名高僧。从史料上来看，佛教在迦湿弥罗、葱岭以西广大地区的盛行，客观上为西域广大地区佛教的传入奠定了必要的条件。葱岭以东的塔里木盆地南北侧有一系列沙漠绿洲连接起来的通道，其中一个是以“李域”为中心的南道，另一个是以龟兹为中心的北道。从塔里木盆地南缘经“李域”翻越葱岭向南即到迦湿弥罗。在民间交往中直接从“李域”行至皮山，由皮山经子合、乌屹而达迦湿弥罗。“李域”通过这条交通要道与迦湿弥罗和中亚地区保持着经常性往来。

---

① “预试七人”产生在赤松德赞时期，在堪布菩提萨埵和莲花生大师的主持下，于774年动工兴建桑耶寺，经五年于778年竣工（建寺年代藏文史书的记载不一致）。堪布和大师还为桑耶寺举行开光安座仪式。之后，从印度迎请讲说一切有部和中观分别说的比丘共12人，由菩提萨埵任堪布，为所选出的七个人剃度并授比丘戒。这便是吐蕃佛教史上最早出家的僧侣，史称“预试七人”，也称“七觉士”。吞弥·桑布札也作为“吐蕃七贤臣”之一受到歌颂。达仓宗巴·班觉桑布所著《汉藏史集》中的第一位贤臣名叫茹拉杰吉额索，第二位贤臣名叫拉布果噶。第三位贤臣名叫赤多朗察，他生活在达日宁塞王在位之时，他的贤明和功业是：以木炭烧矿石得到金、银、铜、铁等，在木头上钻孔做成犁耙和轭具，使用犏牛、黄牛实行耦耕，使平川地都得到开垦。在此以前吐蕃没有驮畜和运输队，从这时开始有了驮运。第四位贤臣便是吞弥·桑布札，他的功业是创制了字母和藏文，包括字母、音节符号、文法等。在此之前吐蕃没有文字和念读，从这时起才有了文字。第五位贤臣名叫赤桑雅顿，他生活在赤德祖赞王（704—755年在位）之时。他的贤明和功业是：以秤、斗计量收支，调剂农牧业区的食物，倡导双方满意地买卖和换工合作。在此之前吐蕃没有秤斗和买卖，从这时起有了度量衡和买卖贸易。第六位贤臣叫赤桑雅拉，他生活于法王赤松德赞（755—797年在位）之时。他的贤明和功业是，将山上的居民全部迁到河谷平地，使农民在田地边盖房定居，开垦平地为农田并引水浇灌。在此之前吐蕃人在山上的石头城堡中居住，从这时起迁到平川，建起村庄。第七位贤臣名叫达察东色，他生活于赤德松赞王（798—815年在位）之时。他的贤明和功业是，制定了守卫四方边境的制度，派遣武士千户部落守卫边哨，防御外敌，用法律公平处理内部案件，杀人者赔偿命价。在这之前吐蕃没有赔偿命价的制度，从这时起制定了这一制度。这七位贤人都生活在吐蕃时期，也充分地说明了吐蕃政治、经济、文化发展的状态。

② 欧坚朗巴掘自雅隆石窟，多吉杰博整理：《五部遗教》，民族出版社，1986年，第248~266页。

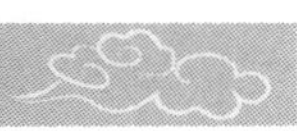

“随着中西文化的交往，印度佛教越过葱岭逐渐步入西域。而首先把佛教思想传入西域于阗的是来自迦湿弥罗的高僧——毗卢折（遮）那。”① 这段历史在玄奘的《大唐西域记》卷十二也有记载：

王城南十余里有个大伽蓝，此国先王为毗卢折（遮）那阿罗汉建也。昔者此国佛法未被，而阿罗汉自迦温弥罗至此林中，宴坐习定。时有见者，骇其容服，具以其（状）上白于王。王遂躬往，观其容止，曰：“尔何人乎，独在幽林？”罗汉曰：“我如来者，有何德，有何神，而汝乌栖，勤苦奉教？”曰：“如来慈愍四生，诱导三界，或显或隐，示生示来。遵其法者，出离生死；迷其教者，羁缠爱网。”王曰：“诚如所说，事高言仪，既云大圣，为我现形，若得瞻仰，当为建立，馨心归信，弘扬教法。”罗汉曰：“王建伽蓝，功成感应。”王苟从其请，建僧伽蓝，远近咸集，法会弥庆，而未有楗椎扣击召集。王谓罗汉曰：“伽蓝已成，佛在何所？”罗汉曰：“王当至诚，圣鉴不远。王遂礼请，忽见空中佛像下降，授王楗椎，因即诚信，弘扬佛教。”②

《洛阳伽蓝记》卷五《宋云惠生使西域行记》也有相同记载：

于阗王原不信佛法，有一个商人带来一位名叫毗卢折那的比丘，在城南杏树下，向王服罪云，今辄将异国沙门，来在城南杏树下。王闻忽怒，即往看毗卢折那。毗卢折那向王说：“如来遣我来令王造覆盆浮图（浮屠）一躯，使王祚永隆。”王曰：“令我见佛，当即从命。”毗卢折那鸣钟声告。佛即遣罗睺罗变形为佛，从空而现真容。王五体投地，即于杏树下置立寺舍。③

关于佛教是何时传入西域的，目前尚有不同的看法。正如前面所述，公元前3世纪，佛教传到印度西北部及阿富汗等地区，公元前2世纪，从河西走廊经伊犁河迁徙到葱岭以西的大月氏，逐渐崇奉佛教。公元前138年，张骞出使大月氏，正式开通了中西交往的通道。在这种背景下，迦湿弥罗的毗卢折（遮）那于公元前70年左右，踏上了向西域于阗弘扬佛法的征程。魏常洪根据藏文本《于阗国授记》一书记载认为，于阗王尉迟胜即位后五年开始崇奉佛法，时当公元前80年左右。所以，印度佛教传入西域的时间，大约是公元前1世纪后半叶。④ 这一时间，还有待于我们进一步研究。由此可见，毗卢折那是来自“迦湿弥罗的高僧”。

① 魏长洪：《西域佛教史》，新疆美术摄影出版社，1998年，第18页。

②［唐］玄奘、辩机原著，季羡林等校注：《大唐西域记校注》，中华书局，第1009~1010页。

③《洛阳伽蓝记》卷五，《宋云惠生使西域行记》。

④ 魏长洪：《西域佛教史》，新疆美术摄影出版社，1998年，第19~20页。

## 第六节　“李域”的寺院和僧侣

来自中原的僧人到过李域者，多留下了游记资料，其中不乏对李域佛教盛况的描写，许多内容都可以从藏文文献中得到印证。

从藏文文献记载来看，基本反映了“李域”佛教的产生、发展以及衰落的整个过程，这个过程虽说是漫长的，但在不同时期的文献中，仍然有所反映。如寺院中佛寺和佛塔的数量、僧侣的多少、俗家弟子的众寡都有记载。据此不难看出，当时的“李域”拥有一定数量的寺院和僧侣，它标志着这一地区佛教的隆盛与僧侣的众多、寺院林立及修习制度的完善。

《李域授记》记载：

> 在此佛殿的众僧大多来自李域。李域的佛殿和佛塔有五百菩萨，二百五十剃度出家，二百五十为在家居士。固道善佛殿是为祈愿贤劫佛住世一千二百五十年而建，遂成为圣殿。由于诸圣者的大慈、大悲、加持，李域的佛塔、正法妙行超过其他地区而长期流传。国王帕布为了满足李域的愿望（而与外道）针锋相对，获胜的国王亦成为李域的大施主，给予了不灭不衰的供奉。
>
> …………
>
> 薄伽梵也曾在牛头山的雍洛寺中安住，为了利乐众生，薄伽梵安住七年。薄伽梵告阿难陀：“舍利子用禅杖、毗沙门天王用矛头毁海，海水枯竭。我圆寂后，又于此称作李域地方复生。光芒释放三次之地——‘和田’周围，最后化作一五位一体之大城；水中间消失光芒之地，受地方加持而保护的热扎玛的佛像，我将之隐晦在檀香中，并予以加持，一来自印度的小孩从天空中降抵而安住；水中莲花和火焰出生的地方，是后来修行大乘的比丘僧尼们居住的三百六十三座寺院，其中有国王和信仰者等施主们建造的供奉如来佛的舍利，以及驻锡着菩提大士比丘僧尼二百五十人、在家俗人（弟子）的二百五十人等总计整五百位。此外，不可教化之地，亦因居住的菩提大士而使大乘佛教广为传播。此乃三世如来佛之净土。对菩萨文殊、观音自在等八大菩萨、毗沙门天王、施碍大将明知、善女人无垢光、童子金刚姊妹、天神龙等永远护持！”

法显撰《佛国志》记：于阗“城西七八里有僧伽蓝，名王新寺，作业八十年，经三王方成，可高二十五丈……于阗时大乘派众僧乃数万人”。由此可见东晋时李域的僧众人数。而这一数据在敦煌古藏文写卷《李域教法史》中得到了印证：

> 在李域，比丘篮伽二部之数，比丘及比丘尼两者有四千七百余人。在吉央以下，高香和度尔雅以上，有比丘及比丘尼两者五百三十余人。在噶木香，比丘篮伽二部有

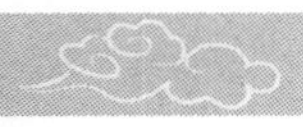

二百五十余人。吉央以下，高香与和田以下和噶木香以上，总计比丘篮伽二部，因缘、生活私产以上的（比丘）共五千四百八十余人。现在这些比丘里，化现为菩萨替众生行善者很多。①

《汉藏史集》：

总之，在和田城内外有大的佛寺六十八座，中等的九十五座，小的一百四十八座。佛像、佛塔总计三千六百八十八座（尊）。据僧侣格措央、钦波鼠年统计，在和田有僧伽万余。在多洛、梅嘎尔有大寺四座，小寺百余，住寺僧伽一百二十四名。噶木香、帕涅、拜嘎扎及奥古以上，孜拉以下，在城内外有大的佛寺二十三座、中等的二十一座、小的二十三座，有佛塔等总计八百三十九座（尊），勒景、格措以上，特殊小佛殿里驻锡僧人四百三十八名。吉木坚以下，格香和德尔雅央以上地区城内外有大寺十五座，并有佛殿、佛塔多座。在勒景、格措以上，有僧侣九百六十三名驻锡。②

从上述记载我们可以得知，《李域授记》记载的寺院就有363座寺院，僧尼总计4700余人。《汉藏史集》记载的和田城内外有大型佛寺68座、中型寺院95座、小型寺院148座，总计311座。佛像、佛塔总计3688座（尊）。《汉藏史集》所说据当时的鼠年统计，仅在和田有僧伽万余。张广达和荣新江的《于阗丛考·于阗佛寺志》一文指出：“于阗国在中国佛教史中的地位之重要，已为人所共知。”③

“李域”佛教有鼎盛时期，也有衰落时期，据《汉藏文集》载：

从萨尼王、尉迟桑巴拉王时期，佛法从最初传入李域开始统计，舍掉闰年之后，到狗年秋九月，总计（弘传）过了一千二百五十三年。从最初的国王萨尼（地乳）担任李域之王之时，到桑赞桑拉丹任命为李域国王之间，李域王统历五十六代半。④

如果这一资料来源可靠，其王统结束时间可推算为公元1087年左右。据此，公元11世纪末，佛教在西域仍有一定的势力，至少也能肯定佛教在于阗一带还很盛行。从而说明了公元11世纪末伊斯兰教势力在西域尚未占据统治地位，但又不可否认，此时西域的佛教已经出现衰落的迹象。

---

① 敦煌古藏文写卷 P.T.960《李域教法史》,《敦煌本藏文文献》，民族出版社，1985年，第274~275页，藏文原文第110~113行。

② 达仓宗巴·班觉桑布著：《汉藏史集》（藏文版），四川民族出版社，1985年，第92~94页。

③ 张广达、荣新江：《于阗丛考》，上海书店，1993年，第280页。

④ 达仓宗巴·班觉桑布著：《汉藏史集》（藏文版），四川民族出版社，1985年，第95页。

# 第七节　佛教在“李域”传播的特点

佛教传入中国后，首先在“李域”等地传播开来。随着历史的发展，西域佛教汲取了诸多民族文化的营养，有着浓郁的地域特点，形成了富有特色的西域文明。这时的西域，呈现出多民族、多元文化的结构。西域地处东西方交通的枢纽，佛教徒在弘扬佛法的过程中，不惜逾越高山大漠的险阻，万里跋涉，他们的活动远远超过了自身的目的，为促进东西方古代文明的双向交流作出了杰出的贡献。作为在传播佛教文化中充当先锋的“李域”，在佛教文化的传播中也呈现出了自身的特点。

## 一、“李域”的名称被赋予了浓郁的佛教色彩

在藏文文献中，“李域”的地理位置与佛教宇宙观联系在一起，与当时的印度、大食、霍尔、汉地以及藏地相提并论而出于同一位置的南赡部洲的北部。此地除了“李域”，还有雪山聚、香巴拉、汉地、藏地和印度等地。事实上，“李域”的地理位置也是这样，它位于喀喇昆仑山北麓的绿洲之上。西域地处欧亚大陆的中心，是东西方社会交流的枢纽，自张骞开通“丝绸之路”之后，多姿多彩的西域文化，吸引了古往今来无数朝圣者的目光。藏文大藏经的《李域授记》《牛角山授记》以及敦煌吐蕃历史文书中的《李域教法史》，都多次出现阿育王的事迹。

据佛经故事记载，公元前3世纪印度阿育王时期，佛教便传入了当时的“李域”（今和田）、龟兹（今库车）等地。学术界多依据藏文《李域授记》、汉文《大唐西域记》等史籍推论[①]，大约在公元前80年以毗卢遮那阿罗汉创建西域第一座佛寺为标志，佛教小乘说一切有部从北印度（今克什米尔）传入“李域”开始，便由南向北、由西向东传播开来。大乘佛教在印度兴起之后，约在公元2—3世纪也随即传入了西域各地，出现了大小乘并弘的局面，逐步发展形成了以于阗、龟兹、高昌以及莎车、疏勒等城为中心的佛教圣地。魏晋时期（公元3—5世纪），公元260年僧人朱士行首次西行“李域”寻求大乘经典。自此，西行求法与东来弘法的佛教高僧络绎不绝，诸如东晋法显和鸠摩罗什就是杰出的代表。他们的西行与东来，掀起了西域佛教弘传的高潮，使印度佛教、西域佛教融入中国文化之中，形成了崇尚并弘扬大乘思想的中国佛教。从而，“李域”这个小小的沙漠绿洲，如同一颗明珠，更加增添了耀眼的光环。

① ［唐］玄奘、辩机原著，季羡林等校注：《大唐西域记校注》，中华书局，2000年，第1011~1012页。

## 二、大小乘佛教并存，大乘犹如马体之毛

据有关文献记载，魏晋南北朝时期，李域佛教已经发展到了巅峰。李域以佛国著称于东西方各国。佛教传入李域的同时，李域也派僧人赴印度学法。在李域国王尉迟杂雅时期，他就先后建立了布达雅、玛霞塔等寺院，并且派长子敦卓和仲子达尔玛南迪两赴印度学法。三子尉迟达尔玛执掌国政时，由于罪孽深重，在其兄达尔玛南迪的规劝下，为赎罪孽，在扎道尔盆地盖道香和波巴伦林苑各建寺院和佛塔。其长兄敦卓自印度回归后，又建立了迦茂嘎高戎鄂佛殿和桑戴尔寺。这时的“李域”，大小乘佛教并存。正如敦煌古藏文写卷 P.T.960《李域教法史》记载：

> 按照佛僧伽蓝的执见：在比丘及比丘尼二部众，大乘为无分别、定持之见地；声闻乘是四圣谛之见地；（信仰）声闻乘之见地多少来衡量，（信仰）大乘（者）犹如马体之毛，（信仰）小乘（者）犹如马耳朵而已。[①]

这就说明，大乘教在“李域”占了绝大多数，而小乘教和大乘教如同马耳朵之毛与马体之毛的比例，二者的兴盛程度显而易见。

汉文文献中，李域大小乘佛教的记载较为详尽。如《魏书·西域传》载：于阗“俗重佛法，寺塔僧尼甚众，王尤信尚，每设斋日，必亲自洒扫馈食焉”[②]。朱士行[③]于魏甘露五年（260年）西渡流沙来到李域，得到梵书正本凡九十章，这便是大乘经典《放光般若经》。当时，小乘佛教在李域占统治地位，极力排斥大乘势力。《朱士行传》记载：“于阗小乘学众。”当小乘教徒得知朱士行得到大乘教经典行将出发时，都去劝说国王予以禁止，说：“汉地沙门欲以婆罗门书惑乱正典，王为地主，若不禁之，将断大法，聋盲汉地，王之咎也。”公元5世纪初叶，情况发生了大的变化，抵达李域的法显说：“其国丰乐，人民殷盛，尽皆奉法，以法乐相娱。众僧乃数万人，多大乘学，皆有众食。彼国人民星居，家家门前皆起小塔，最小者可高两丈许，作四方僧房，供给客僧及余所须……”李域有大寺14所，小寺院无数，仅瞿摩帝寺就有僧众三千。公元7世纪中叶到达李域的玄奘法师说李域有“伽蓝百余所，僧徒五千余人，并多习学

① 敦煌古藏文写卷 P.T.960《李域教法史》，《敦煌本藏文文献》，民族出版社，1985年，第259~261页，藏文原文第39~41行。

②《魏书·西域传》。

③ 从文献史料记载，为了弘扬佛法，取经传教，中原与于阗的文化交流极为频繁。第一个到达于阗的中原僧人是朱士行。朱士行，中原颍川（今河南许昌）人，自幼落发为僧。他在洛阳讲《道行经》时，总感到前人的译文晦涩难通，于是他决心寻求这部大乘佛经的原本，于魏甘露五年（260年）由雍州出发，穿越沙漠来到于阗，得到了梵文正本九十章六十余万言，这就是后世的《放光般若经》。20余年后，于太康三年（282年）朱士行派其弟子不如檀（法饶）把这个梵本送到洛阳，后又经许昌转至陈留仓恒水南寺，由于阗沙门无叉罗、印度僧人竺叔蓝及祝太玄、周玄明等人合作译成汉文，题名《放光般若经》。此书最初由于阗向中原传送时，曾遭到于阗小乘教派的强烈反对，后经朱士行力争，始得出境。朱士行为了佛教文化的交流，一直留居于阗，以80岁高龄圆寂，火化后葬于于阗王城附近。于阗人为这位高僧修筑了一座塔，以示纪念。后朱士行被作为道行高洁的僧侣列入《高僧传》。

大乘法教”[①]。正如藏文文献所记载的：“大乘（者）犹如马体之毛，（信仰）小乘（者）犹如马耳朵而已。”

## 三、“李域”灭佛，吐蕃接纳了逃亡的比丘

吐蕃的佛教也由来已久，在藏文文献中也多有记载，如吐蕃与唐联姻，唐公主远嫁，公主在吐蕃创建大寺，公主供养比丘[②]，以及释迦牟尼圆寂后的两千年中佛法在“李域”的传播，菩萨转生的赞普弘扬佛法，建立僧伽、寺院，迎请堪布、佛经；“李域”纳入吐蕃，第七代赞普时佛法昌隆等。当“李域”的佛法逐步开始衰败，僧众依次从杂玛丹、奔丹、梅嘎尔、贡聂等佛寺逃到吐蕃，得到了金城公主的鼎力支持，从事建寺、译经事业。这些功绩确实在藏文文献中也有确切的印证史料。“李域”佛教有鼎盛时期，也有衰落时期，据《汉藏史集》载：

> 从萨尼王、尉迟桑巴拉王时期，佛法从最初传入李域开始统计，舍掉闰年之后，到狗年秋九月，总计（弘传）过了一千二百五十三年。从最初的国王萨尼（地乳）担任李域之王之时，到桑赞桑拉丹任命为李域国王之间，李域王统历五十六代半。[③]

直到公元11世纪末，佛教在西域仍有一定的势力，至少能肯定佛教在于阗一带还很盛行。从而说明了公元11世纪末伊斯兰教势力在西域尚未占据统治地位，但又不可否认，此时西域的佛教已经出现衰落的迹象。而在吐蕃，佛教又找到了新的发展土壤。

## 四、呈现出伽蓝广、比丘多的特点

从藏文文献记载来看，基本反映了“李域”佛教的产生、发展以及衰落的过程。如寺院中佛寺和佛塔的数量、僧侣的多少、俗家弟子的众寡都有记载。于阗太子的出家，表明了当时王公贵族崇尚佛法的意识，佛教在王室的扶持下普及国内，渗透到“李域”社会生活的各个领域。据此不难看出，当时的“李域”拥有众多的寺院和僧侣，标志着在于阗建立了我国第一个佛教文化中心。

从上述记载我们可以得知，《李域授记》记载的寺院就有363座寺院，僧尼总计4700余人。《汉藏史集》记载的和田城内外有寺院311座。佛像、佛塔总计3688座（尊）。《汉藏史集》所说

① ［唐］玄奘、辩机著，季羡林等校注：《大唐西域记校注》，中华书局，2004年，第1002页。

② 敦煌古藏文写卷 P.T.960《李域教法史》，《敦煌本藏文文献》，民族出版社，1985年，第264~265页，藏文原文第49~59行。

③ 达仓宗巴·班觉桑布著：《汉藏史集》（藏文版），四川民族出版社，1985年，第95页。

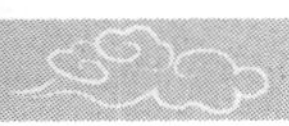

的据当时的鼠年统计，仅在和田有僧伽万余。“李域”在中国佛教史中的地位之重要，已为人所共知。我国大乘佛典，如华严、方等、般若、华法、涅槃诸部经原本，大多来自“李域”；我国早期西行求法高僧，从曹魏朱士行起，也大多以于阗为目的地。于阗不仅仅是大乘佛教的传播中心，于阗自身也孕育发展出来若干佛教经典，或为某些佛典添加了当地的内容。

## 五、佛教信仰塑造了众多的神祇

藏文文献中，记录了“李域”的神祇，其中有佛、菩萨、护法神、天神护法神等，无论从种类还是数量都相当繁多。藏文文献中，不论从大藏经中的《李域授记》等文献，还是敦煌吐蕃文历史文献《李域教法史》，都以大量的笔墨记载了各种神佛的功德以及供奉情况。由此我们在藏文文献的记载中看到了诸神在不同的场所中出现。天神一般出现的是薄伽梵、毗纽天、兜率天；佛一般多出现迦叶佛、十方佛等；菩萨一般出现文殊、弥勒、观音、虚空藏、地藏王、普贤；天王有毗沙门、施碍、施碍大将、虚空眼随、天子金曼、天子洛热布丹；护法神有龙王、怙主；天女有铁钩者、内丹玛、善女人无垢光、天女超玛；金刚一般指童子金刚；地方神玉拉，龙王艾拉巴哲。在不同的寺院里，供奉着不同的佛像，各寺的护法也各不相同，且僧侣的多少和寺院的规模也不一样。

## 六、于阗僧人翻译佛经

在这一时期，于阗僧人也对佛教的传播作出了贡献。于阗国王质子尉迟乐，本为于阗国王子，“幼至大唐，早居荣禄，授左领军大将军上柱国，封金满郡公”。他可能在贞观未来到京师长安，自称“长自中华，幸得侍奉四朝”。神龙二年（706年）五月，他上奏中宗李显，要求把自己的住宅改为寺院，中宗降旨同意，亲笔题牌曰“奉恩”。遂于景龙二年（708年）“孝和帝诞节剃染”，出家为僧，取法名为智严。尉迟乐出家后到终南山至相寺修道，翻译了不少经典。他久居内地，精通汉文，又出生在于阗，于阗流行梵文，因而梵汉兼通，译经时“多证梵文”。开元九年（721年），他已80多岁，但还于奉恩寺等地译出《出生无边法门陀罗经》《妙法决定业障经》等大乘佛典共四部六卷及《尊胜陀罗法华经》等咒七首。译文“文质相兼”，时人赞许。永昌元年（689年），于阗沙门提云般若（天智）从于阗来到中原。他学通大小乘，在魏国东寺译出《大乘法界无差别论》《造像功德经》等六部经典。公元8世纪初年，于阗高僧实叉难陀两

度被中原王朝请来译经。正如《高僧传》称他：“智度恢旷，风格不群，善大小乘，旁通异学。”武则天在位时，极力推崇佛教，得知于阗有《华严经》梵文原本，遂遣使求访，并寻找翻译大师。实叉难陀随唐朝派往于阗访求梵文原本佛经和译经人的使者来到洛阳，证圣元年（695年）实叉难陀与菩提流志、义净、复礼、法藏等人在大遍空寺开始佛经的翻译，得到了武则天的赏识，“亲临法座，焕发序文”。圣历二年（699年）译完，实为80卷《华严经》。后又遵旨译出《大乘入楞伽经》，武则天亲为作序。后，相继译出《文殊师利授记经》等经19部107卷。长安四年（704年），武则天派御史霍嗣光送他回到于阗。唐中宗李显（705—710年在位）继位后，又传旨请他来中原译经。景龙二年（708年），实叉难陀第二次来到京城，中宗李显亲迎于开远门外，京师僧人倾城而出，“备幡幢导引”，受到了空前热烈的欢迎。在大荐福寺中尚未开始译经，就染疾于景云元年（710年）十月十二日去世，享年59岁，中宗李显降旨“依外国法葬”，一个月后其骨灰由歌舒道元送回于阗，于阗“起塔供养”。中原京师人也在其火葬处筑七层塔，以资纪念，号为华严三藏塔。于阗的这些翻译家是精通梵文、西域民族文字和汉文的语言学家，他们丰富的语言学知识和精深的佛学造诣，反映了于阗佛教文化、教育事业的兴盛。①

## 七、汉文文献中记载的多种宗教并存

汉文资料显示，到了10世纪，于阗基本上已经出现了多种宗教并存的现象。据《和田春秋》记载：公元10世纪时，阿拉伯人阿卜杜拉·米撒尔·本·何勒·摩哈赫尔在他的游记中，记载于阗东境的媲摩城“有穆斯林、犹太教、基督教徒、火袄教、佛教徒”。李圣天曾遣本国摩尼师贡方物，可见摩尼教徒在于阗具有特殊的地位。1896年，斯文·赫定曾从约特干收集到一枚十字架和一块金牌，这些都是基督教遗物。前述伊玛目·木沙·卡孜木麻扎出土的于阗王族的灵柩四壁绘有青龙、白虎、朱雀、玄武图，这原本是中原地区汉族的四方守护神，后为道教信奉。各种宗教在这里的相互撞击，必然为于阗文化注入各种新鲜血液。从出土文书中可看出，有罗摩的故事、阿育王的神话、迦腻色迦的传说，此外还有玄奘法师在《大唐西域记》中记录的如于阗建国的传说、佛教传入的传说、勃伽夷城佛像的传说、鼠壤坟的传说、娑摩若僧伽蓝佛塔的传说、蚕桑传入的传说、龙女择夫的传说、媲摩城雕檀立佛像的传说等，均属丰富多彩的宗教文学资料。②

① 李吟屏：《和田春秋》，新疆人民出版社，2006年，第95~97页。

② 李吟屏：《和田春秋》，新疆人民出版社，2006年，第92页。

## 八、藏文文献屡次提及的牛头山

在上文中，我们也解读了“牛角山”藏语中称“蓝日”（“གླང་རི།”，也即“蓝高日”“གླང་མགོ་རི།”），是汉语的意译，是“李域”最大的圣山，成为历史上“李域”佛教文化的象征。又因为有了藏文大藏经的《牛角山授记》（གླང་རུ་ལུང་བསྟན།），更加成为人们心目中的圣地。据德格版《牛角山授记》记载：

与牛角山附近的高玛（达）河畔，有释尊大觉仙的宫殿高玛萨拉干达佛塔，在那有一个确信无疑的功业。

…………

又在此时，在牛角山佛薄伽梵安住，菩提心大菩提者们，大薄伽梵们发出五彩缤纷的光彩，普照李域大地，于是，顿时大海中产生了三百五十三朵莲花，每一朵莲花上一尊佛和菩萨闪闪发光。

德格本《李域授记》记载：

薄伽梵也在牛头山巨大的身躯上安住于雍洛寺中，即如今供奉着一小佛塔的地方。为了利乐众生，薄伽梵安住七年。

目前从研究成果中看，牛角山等圣迹“瑞像”绘制在敦煌壁画中。张广达、荣新江在《敦煌“瑞像记”、瑞像图及其反映的于阗》一文中，就提及了这方面的内容。文中介绍了四份敦煌文书，即P.3033背、P.3352、S.5659和S.2113。四份文书的内容涉及区域有天竺、尼波罗（泥婆罗）、于阗、河西、江南等地的“指日月瑞像记”“石佛瑞像记”“于阗牛头山”。认为瑞像不仅见于洞窟壁画，而且也见于敦煌出土的绢书和于阗寺院遗址出土的木版画。为了全面了解这些瑞像的含义和功用，人们还需要参照某些文献记载，除了人们常常引用的《大唐西域记》等佛教僧侣行记和有关佛典之外，古藏文有关文献和中世纪于阗语文书具有极其重要的意义。①

为何将这些“瑞像”不惜成本地绘制在敦煌壁画中，在《于阗史丛考》中也给出了答案：在长期战乱过程中，当疏勒（今喀什）等地佛庙被“不行法贼”② 破坏后，于阗的地位一方面有所提高；另一方面，于阗统治阶级也对内忧外患之纷至沓来深感畏惧，因而企求神灵的呵护，特别是求助于佛典中所记载的于阗守护神们的佑持，这些神灵于是大量以瑞像的形式出现。文献资料还表明，“瑞像记”中出现的某些于阗护法神祇，显然与于阗流行密宗或金刚乘有关。而在敦煌的瑞像中，于阗瑞像占很大比重。这种情况除了从一个侧面反映了敦煌和于阗长期存

① 张广达、荣新江：《敦煌“瑞像记”、瑞像图及其反映的于阗》，载《于阗丛考》，中国人民大学出版社，2008年，第166~167页。
② 高居诲：《于阗国行程录》，《新五代史》卷七四《四夷附录》于阗条，北京：中华书局，2015年，第919页。

在着的亲密关系外，还反映了于阗在东西文化交流过程中经常起着重要的作用。[①]“瑞像”的功用在于：“在瑞像中，释尊等神祇运用神力飞来于阗的瑞像在数量上占了绝对优势，在这一类瑞像中，牛头山以及与牛头山有关的瑞像占着中心位置。所有与于阗有关的瑞像的特点在于他们都负有呵护于阗的使命。核以佛典、僧记和藏文、于阗文资料，这一类瑞像的出现显然与当地政治形势的变化和佛教某些教派的流行有关。”[②]

关于释迦牟尼佛从灵鹫山至牛头山说法、释迦如来从灵鹫山至牛头山顶会集八部众说法等内容均出现在莫高窟第98、146、231、237等窟瑞像榜题，出现在文本S.2113A。较早的文献《大方等大集经》卷四十五日藏分护塔品第十三记载，“佛告龙王：‘我今不久住瞿摩娑罗牟尼住处，结（迦）[跏]七日受解脱乐，今于阗国于我灭度后一百年，是时彼国还复兴立。’”[③]按：瞿摩娑罗（Gomasara）早经列维（S.Lévi）比定为于阗南方的牛头山，也就是5世纪初安阳侯遇梵僧佛驮斯那（Buddhasena）的衢摩帝寺。[④]《一切经音义》卷十一于阗条下注：“彼城中有毗沙门天神庙，七层木楼，神居楼上，甚有灵验。其国界有牛头山，天神时来，栖宅此山。”[⑤]据《于阗丛考》考释，藏文《甘珠尔》中的《牛角山授记》（Gosrnga–Vyākarana, Ri–lang–ru lung–bstan–pa）当是不早于7世纪下半期的作品[⑥]，其中记载：“如是我闻，世尊释迦牟尼佛经历无数劫后……而成正果，在赡部洲化众之后曾住吠（或作毗）舍厘国王舍城（按：王舍城不属吠舍厘）大瑜伽仙人（Yoga–Rsi）之处”[⑦]“……尔时世尊深思未来[于阗境内]Dge–ba之地，而对众随侍说：‘善男子！北方Go–ma（按：即于阗之喀拉喀什河之当地俗称[⑧]）河岸牛角山旁有圣者大仙人之塔，名瞿摩娑罗香，应加修饬。’尔时世尊及其全部随伺升空……来到牛角山处。”[⑨]按：释迦来到牛角山瞿摩寺后，赐予牛头山及清寺以种种福佑，并对佑护该地做了种种部署，这些构成了

① 张广达、荣新江：《敦煌“瑞像记”、瑞像图及其反映的于阗》，载《于阗丛考》，中国人民大学出版社，2008年，第168页。

② 张广达、荣新江：《敦煌“瑞像记”、瑞像图及其反映的于阗》，载《于阗丛考》，中国人民大学出版社，2008年，第193页。

③《大正藏》第13卷，第294~295页。

④《出三藏记集》卷一四；参看列维《汉文记载中的印度（四）》（Notes Chinoisesur l'Inde IV），载《法国远东学院院刊》（BEFEO）第4卷第3期，1904年，第555~556页。

⑤《大正藏》第54卷事汇部，第375页。

⑥ 托马斯（F.W.Thomas）：《有关西域的藏文文献和文书》（Tibetan Literary Text and Documents Concerning Chinese Turkestan）第1卷，伦敦，1935年，第9页。

⑦ 托马斯：《有关西域的藏文文献和文书》（Tibetan Literary Text and Documents Concerning Chinese Turkestan）第1卷，伦敦，1935年，第11页。

⑧ 乌瑞 G.Uray：《有关公元751年以前中亚史的古藏文史料概述》（The Old Tibetan Sources of the History of Central Asia up to 751 A.D.: A Survey），载哈玛塔（Harmatta）编《伊斯兰时代以前中亚史料导论》（Prolegomena to the Sources on the History of pre–Islamic Central Asia），布达佩斯，1979年，第292页。

⑨ 托马斯：《有关西域的藏文文献和文书》（Tibetan Literary Text and Documents Concerning Chinese Turkestan）第1卷，伦敦，1935年，第12页。

《牛角山授记》一书的内容。《于阗国授记》(Gostana Vyakarana, Lt-yul lung-bstan-po)录自《瞿摩娑罗乾陀宝塔及牛头山释迦牟尼大像安置功德经抄》的记载称:"尔时于阗久为湖泊(Saras),释迦牟尼佛为预言:该湖将成陆地获治之国,乃引菩萨、声闻弟子在内之二十万众,龙王、天人等八部众于灵鹫山升空。既至于阗,时为湖泊,乃坐于今mgo-ma河(按:即Go-ma,喀拉喀什河)附近水中莲花座上。释迦预言该湖泊将变为获治之陆地之国,乃口申教敕,命包括八大菩萨在内之二万随侍、三万五千五百零七眷属之护法神祇护持该国的这一供养圣地。舍利弗、毗沙门奉敕而开通墨水山,排除湖水,而得地基。佛于原来莲花座上,在牛头山现今立有释迦牟尼大佛像处结跏趺七日,而后返回天竺国之吠舍厘城。"[①] 牛头山,学者已比定为今和田县城(伊里奇城)南偏西二十余公里处的Kohmari山。[②] 牛头山在敦煌瑞像画中表现为两种形式:一种形式是首先画出一组山峰,其顶部画出牛头,嘴、鼻、眼、耳、角等俱全,牛头之上为蘑菇云状佛座,座上为佛像或殿堂式建筑;另一形式是首先画出蘑菇云状佛座,其上为牛头,牛头之上为佛像而没有殿堂建筑。[③]

---

① 托马斯:《有关西域的藏文文献和文书》,第89~90页;埃默瑞克(R.E.Emmerick):《关于于阗的藏文文献》(Tibetan Texts Concerning Khotan),伦敦,1967年,第2~5页。

② 斯坦因:《古代和阗》(Ancient Khotan),牛津,1907年,第185~190页。

③ 孙修身:《莫高窟佛教史迹故事画介解(三)2,《敦煌研究》第2期,第91页。

# 第四章
# 《李域教法史》与《李域授记》

“一定地区的文化反映了一定地区的地理环境特点，文化是构成社会地域差别的重要因素，即使是传播到异地的文化类型，依然能从该文化的特征中找到文化源地环境的原始烙印。”[1]从某种程度来讲，藏文文献中的“李域”历史记载，就是古代的吐蕃与于阗等周边地区文化交流的产物。

藏语称为“李域”的于阗国地处中西方交通咽喉，中西方文明很早就传入这一地区，交通发达，文化积淀深厚，各民族文化交流极为频繁。于阗虽然随着漫长的岁月消失在历史的尘埃中，然而却给中华文明带来了异域的文化，铸就了华丽的篇章。《李域教法史》与《李域授记》均为藏文写就，却在不同场域出现，反映了“李域”佛教产生、传播和发展以及衰败的历史概貌，而且记录了当时的政治、经济、文化等社会、自然风貌，是我们研究和复原于阗中古史不可多得的文献材料。

语言作为交际工具除具有沟通和交流的功能之外，还具有传播和传承的功能。正是凭借这种特殊的功能，才将人类的历史和文化记录了下来。藏文文献《李域教法史》与《李域授记》的语言特征留存了外来文化影响的深深烙印，其最明显的特征就是借词多，主要借自梵文、汉语、于阗语和其他语种，其中有音译，也有意译，其结构方式、语音构成，基本遵循着藏语自身的规律。下面我们就依据“李域”藏文文献，重点将《李域教法史》与《李域授记》的写作风格、翻译蓝本、构词特点、语法结构、专用名词、藏译规律及特征以及写作时间作一分析对比。

① 王康弘、耿侃：《文化信息的空间扩散》，《人文地理》1998年第3期，第50页。

# 第一节 《李域教法史》与《李域授记》及其译者

## 一、两部经典的定名

人们也许要问，敦煌古藏文写卷 P.T.960《李域教法史》，藏文写作“ལི་ཡུལ་ལུང་བསྟན།”，德格本《李域授记》，藏文写作“ལི་ཡུལ་ལུང་བསྟན།”，两者内容大致相近，名称却不同，前者为何要称之为《李域教法史》，后者为何称之为《李域授记》。通过两者对比，这可能与其本身出现的地点和场所不同有关。如敦煌古藏文写卷 P.T.960《李域教法史》记载：

圣者阿罗汉闹噶杰把奥尔念寺……建成后，（他）又变成鲁王，称为玛哲鲁王，梵语叫“若吉扎噶那”，至鹫峰山听释迦牟尼佛讲经，听完经后，佛授记：“到此劫一半时，（你将）成为世间佛，要有能力如三世佛那样为众生行善，拯救三界一切众生！”佛灌顶后预言。

…………

自经藏《日藏经》《月藏经》《不空羂索经》诸经论，由堪布毛尔古岱谢新译。李域教法史圆满。[①]

德格本《李域授记》记载：

自李域产生，李域之王统过六代。到第七代国王布杂雅格迪时，在索嘎雅吉日雅山附近的萨嘎雅贝哈那寺，住一位称作桑嘎巴达那的罗汉。其一弟子修《戒律》，尔时见到了《般戴赞扎甘达》《戒律达尔玛桑吉》之教诫，向阿罗汉请教：“在李域、疏勒、安息此三地，佛涅槃后，建立的佛教的尊像、佛塔等何时衰灭？由谁而灭？最后如何？请授记！”阿罗汉教言：“如此提出疑点是对的，佛释迦牟尼圆寂后，佛教的尊像和舍利过千年会毁灭。”

…………

从国王萨尼的孙称作国王尉迟萨木布瓦时，即首次在李域出现佛教时算起，宫年[②]闰藏历九月以上一千二百五十六年，此与《尊者月藏经》《天女无垢光经》《僧伽伐弹那授记》相符，李域和李氏王们迎请尊者们，佛教、其依处寺院、佛殿、佛塔等

① 敦煌古藏文写卷 P.T.960《李域教法史》，《敦煌本藏文文献》，民族出版社，1985年，第273~275页，藏文原文第103~144行。

② 宫年，藏语称为“其木罗”，“其木”有家、家庭的意思，“罗”为年，可译作恒星年。天阳完成其“本身行”一周，地上呈现四季的一个循环所续时间。一宫年有十二个宫月，即360个宫日，等于365又4975/18382（＝365.270645）太阳日。次系体系派数值。实用派数值为356.258675太阳日。

如何建立，僧侣伽蓝二部如何发展的情况详细陈述圆满，李域授记完毕。吉祥！

《李域教法史》与《李域授记》，一部来自敦煌，是已经出土的古藏文书写的5000余份卷子中的一部，编号为P.T.960，其名称正如文本的末尾所言“李域教法史圆满”，所以王尧先生的译本中称之为《李域教法史》。而另一部《李域授记》则为收录在藏文文献大藏经德格版中。只要收录在《甘珠尔》中，就被认为是释迦牟尼的言教，带有佛教的神圣性，也就是佛陀生前的预言。虽两部经典都以授记的形式表述，故称之为“授记”或“悬记”，但前者在结束语中已经点出了其名称“李域教法史”。在藏文文献中，经典的名称都是按照首末的标题或题记为名称，敦煌古藏文写卷P.T.960《李域教法史》的末尾题记是“李域教法史圆满”，德格本《李域授记》的末尾题记是“李域授记完毕”。我们在研究过程中，为便于两者不至于混淆，还是按照各自传统的名称《李域教法史》和《李域授记》较为妥当。

## 二、两部经典的译作者

敦煌古藏文写卷P.T.960《李域教法史》：

自经藏《日藏经》《月藏经》《不空羂索经》诸经论，由堪布毛尔古岱谢新译。李域教法史圆满。①

由此可见，敦煌古藏文写卷P.T.960《李域教法史》是由称作“堪布毛尔古岱谢”（མཁན་པོ་མོ་རྒྱ་བདེ་ཤིལ།）者翻译，堪布与内地佛教寺院的法台和方丈等同，定位曾经是某个寺院的住持，管理寺院的宗教事务者，按藏文组词规律一般冠于人名前。置于毛尔古岱谢之前，那毛尔古岱谢肯定为人名，当为《李域教法史》的译者不存在异议。

而德格本《李域授记》没有题记，译者不详。已有的研究成果《试述〈于阗教法史〉的两种藏译本》一文就此问题也做了说明，“其蓝本肯定一样即用巴利语（pav-li-yi-ge）所写”，“由堪布毛尔古岱谢翻译成藏文”。②这只能针对敦煌本而言，至于德格本《李域授记》的译者，目前有一种说法，认为：“《于阗佛法史》（即《李域教法史》——著者注）结束语谓，《佛法史》仍是堪布毛尔古第悉（即毛尔岱谢——著者注）根据《月藏经》《日藏经》等经文的主要内容翻译编写的，《于阗授记》也做了同样的解释，说《授记》所述符合《月藏经》《无垢光经》之内容，又谓牛头山住持毛尔古第悉在编写此经文时详细对证于先辈住持所传之言，诸圣所作预言以及于阗国史。”并因此断定，“毛尔古第悉既编译了《于阗佛法史》，又作为编者落名于《于

① 敦煌古藏文写卷P.T.960《李域教法史》，《敦煌本藏文文献》，民族出版社，1985年，第275页，藏文原文第113~114行。

② 参见道吉草的硕士论文《试述〈于阗教法史〉的两种藏译本》，西北民族大学，2002年6月。

阗授记》”[①]。实际上这是一种误解，盖因作者没有通篇把握《李域授记》的内容，断章取义，才造成这样的误说。

首先要证实的是，《李域授记》文末没有毛尔古岱谢的署名。文末一段是这样写的：

从国王萨尼的孙称作国王尉迟萨木布瓦时，即首次在李域出现佛教时算起，宫年闰藏历九月以上一千二百五十六年，此与《尊者月藏经》《天女无垢光经》《僧伽伐弹那授记》相符，李域和李氏王们迎请尊者们，佛教、其依处寺院、佛殿、佛塔等如何建立，僧侣伽蓝二部如何发展的情况详细陈述圆满，李域授记完毕。吉祥！

可见，根据《李域授记》的尾题，尚不能断定毛尔古岱谢就是译作者。但是，毛尔古岱谢的名字在德格本《李域授记》中却不乏出现：

自从首次李域产生，已过若干年。桂敦香之堪布毛尔古岱谢等，他们都是堪布商定者。他们遵从先辈堪布之教诫听闻，由诸尊者授记，厘定李氏王统的文字。

…………

所谓的毛尔古岱谢。首先毛尔古岱谢之名自此产生，迄今为止也获得能仁、苦行之美名。向毛尔古岱谢旨意，在此桂德香和格迪寺两寺之净地，依次出现的所有三世如来佛均亲临加持，并据尊者授记，认为初次建此佛殿。是由仅为善知识、施主圣者所为。

…………

国王尉迟瓦拉之子尉迟桑扎玛就任国王时，……国王为了善知识尊者阿罗汉毛尔古岱谢·阿瓦央丹，建立了夏桑哲玛寺院，由毗沙门天王、央德合谢护法神护持。

从上述记载可以看出，堪布毛尔古岱谢曾就任桂敦香寺院之堪布，并且遵从先辈堪布之教诫，厘定了“于阗”国的文字。并且“毛尔古岱谢”不是其真名，这是“获得能仁、苦行之美名”。此人出生的年代，可能在尉迟桑扎玛就任国王时。这一时期，国王鉴于他的功德还专门建立了夏桑哲玛寺院。该寺院的护法神是毗沙门天王、央德合谢。他的原名应该是“阿瓦央丹”（ཨ་བ་ཡ་དྷན།）。德国学者埃默瑞克在《和阗的预言》中也对毛尔古岱谢做了相关的研究考证。在《李域授记》中“毛尔古岱谢”曾出现过五次，有五种解释：①76a6.Gautosan 的堪布（mkhan–po）。②84b1.arhat'A–ba–ya–dhan 的名称。③78b2. 专有名称，可解释为“指路人”（lam–ston–pa）。根据托马斯《关于西域的藏文文书与文献》第一册第110页1号文献，藏文的词源来自梵文的 mãrga–desin–。但梵文 mãrgaupadesai 被证明是 mãrgaupadesai 等的和田语名称，见贝利著《和

① 巴桑旺堆：《藏文文献中的若干古于阗史料》，《敦煌学辑刊》1986年第1期，第70页。

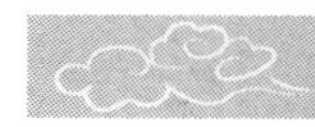

田语文献》4，第87~88页。④ 堪布（mkhan-po）的名称。堪布（mkhan-po）撰写了《李域教法史》（Li-yul-chos-kyi-lo-rgyus）。词尾缀 -l，无疑为佛教混合梵语’sila- 的错误结合。⑤ 15，16. = morgubdesil。[①]

据此可以推断，《李域授记》中的毛尔古岱谢，是作为授记追述历史时所讲述的一部分，即《李域授记》写作时，毛尔古岱谢已经作为于阗佛教史上一位重要的、有大贡献的人物载入了后世的经典当中，这从毛尔古岱谢的功迹——厘定文字、“能仁苦行”、国王为之建立寺院等事迹，明显地表明了毛尔古岱谢在于阗佛教史上发挥了重要作用。而毛尔古岱谢至少不是现在我们看到的这个《李域授记》版本的作者，因为他不可能将自己作为历史以第三人称的语气写入自己的作品中。由此可知，《李域教法史》与《李域授记》的作者并非同一人，译者亦因无确切资料而尚无法定论。

我们在翻译的过程中，对此也深有体会，《李域教法史》与《李域授记》两者的风格截然不同，内容各异。两者相较，敦煌本《李域教法史》相对简略，《李域授记》则显然内容完整。此外，两者所反映的授记者与授记对象不同、章节的次序不同、有些数据的统计反映的内容同一而统计对象不同、有些宗教传说也略有不同，综合起来看，两者当有部分不同的资料来源。有关这些差别，在此举例说明。

### （一）授记的对象和地点不同

敦煌古藏文写卷 P.T.960《李域教法史》：

圣者阿罗汉闹噶杰把奥尔念寺……建成后，（他）又变成鲁王，称为玛哲鲁王，梵语叫“若吉扎噶那”，至鹫峰山听释迦牟尼佛讲经，听完经后，佛授记：“到此劫一半时，（你将）成为世间佛，要有能力如三世佛那样为众生行善，拯救三界一切众生！”佛灌顶后预言。

《李域授记》记载：

自李域产生，李域之王统过六代。到第七代国王布杂雅格迪时，在索嘎雅吉日雅山附近的萨嘎雅贝哈那寺，住一位称作桑嘎巴达那的罗汉。其一弟子修《戒律》，尔时见到了《般戴赞扎甘达》《戒律达尔玛桑吉》之教诫，向阿罗汉请教：“在李域、疏勒、安息此三地，佛涅槃后，建立的佛教的尊像、佛塔等何时衰灭？由谁而灭？最后如何？请授记！”阿罗汉教言：“如此提出疑点是对的，佛释迦牟尼圆寂后，佛教的尊像和舍利过千年会毁灭。”

① REEMMERCK：《Tibetan texts Concerning Khotan》，London，1967，p.102。

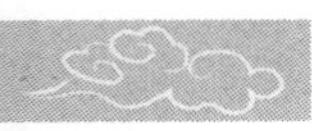

前者记载中，阿罗汉闹噶杰（འཕགས་པ་དགྲ་བཅོམ་པ་ཇོ་གེ་ཛེའུ།）将奥尔念寺建成后，他又变成鲁王玛哲（མ་རྡོས་ཀླུའི་རྒྱལ་པོ།），至鹫峰山听释迦牟尼佛讲经，听完经后佛授记。后者记述，李域的第七代国王布杂雅格迪（རྒྱལ་པོ་བིཛྫ་ཀའི་རྟི།）时，索嘎雅吉日雅山（ས་ཀ་ཡ་གྱི་རི།）附近的萨嘎雅贝哈那寺（བསོད་ཀ་ཡ་སྦྲ་ཧ་ན་ཡའི་གཙུག་ལག་ཁང་།）所住的一位名为桑嘎巴达那的阿罗汉给其弟子授记。

从授记的对象看，前者是释迦牟尼佛给阿罗汉闹噶杰授记，后者是阿罗汉桑嘎巴达那给弟子授记。从授记的地点看，前者在鹫峰山，后者在“李域”的索嘎雅吉日雅山附近的萨嘎雅贝哈那寺。

**（二）繁简不一**

具体表现在四个方面：

（1）对阿育王的记载。如敦煌古藏文写卷 P.T.960《李域教法史》：

> 当初，当地的国王名叫萨尼（地乳），为印度国王阿肖嘎（阿育王）之子。印度国王阿肖嘎为寻地游方，率众多印度军及随从走着走着，抵达和田之地，想：有海子之处有绿洲吗？……见有占赛（婆罗门）及相士会集。相士看相后道：“具备殊胜之名，此王子将来比大王您的权势还要强大！”国王产生妒忌而恼怒，乃将其子扔在当初出生之地。国王弃子之地，就是现在和田的北门之内长神殿附近，供奉阿尔雅瓦洛（观世音菩萨）之后面的依怙护法殿。

德格本《李域授记》记载：佛灭寂二百三十四年之后，印度阿育王建立寺院佛塔八万四千后来生得王子，感到对他有威胁，母遂弃子。然后，地生乳头护子生还，起名为“萨尼”。

（2）对地乳王寻找出生地的记载。敦煌古藏文写卷 P.T.960《李域教法史》：

> 国王弃子时，北方贡布夏热玛指示吉祥天女使地中流出了乳汁，喂养王子使不死去，因而取名地乳。夏热玛将王子献给（汉地）国王，因国王千子之数尚缺一子。国王非常宠爱王子，在一个盛大节日里，王子们在一起玩耍，萨尼和其他王子打架，恶语道：“你不是王子，是顺手捡来的，和我们王族有差别。”萨尼很为烦恼，即刻去向国王禀述并恳求：“我等王子们今天在一起玩耍，其他王子对我说：‘坏蛋，你不是国王之子，是捡来的。’我是真正王族之子，如果说有别的话，我就成了假王子，我何必跟随国王您呢？何不让我寻找故乡到别处去吧！”汉王也即刻回答：“你确实是我之子，其他王子所言为假，不能走！”萨尼固执己见，一再请求。国王大为不悦，言：“伤害了夏热玛尼（贡布夏热玛）所赐之子的话，不便再留！”萨尼叩谢，派许多汉地士兵和随从，寻找故里，向李域开拔。（与此同时，）有阿育王指责他的大臣、群布、阿玛杂耶西并将他们逐出。

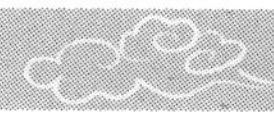

许多印度军队和随从也向李域进发，在上协洽布（玉河）的杭格觉（两队人马）相遇。开始双方并不相识，各自成阵，进行交兵。柏哈热玛鼐（柏恰玛那）和吉祥天女及大地仙女等从中出现，将当初经过详细叙述，让被流放的君臣相识，彼此联合。首先萨尼和阿玛杂耶西君臣相会，联手治理其地，和田之地便如此经营而建。

德格本《李域授记》：

此后，菩提大士汉地国王欲得千子，然仅有九百九十九子，千子缺一。向毗沙门天王祈求而得，毗沙门天王曰："看来，您看到了有福德者萨尼被弃而又得，满足汉王要儿子的心愿吧！"于是汉王将千子之数填满。后来（人们）问："你长大后与汉人的兄弟小孩玩耍争辩，难道不说你不是汉王的儿子吗？""你那样不悦，对别人也讲述如此历史。"（萨尼）向国王请求："我首先寻找出生地。请允许去寻找！"国王曰："你是我的儿子，对此地也不要如此不喜欢！"然几次告诫不听，王子萨尼王动身，率一万军队向西方寻去，找到了李域的梅嘎尔。

与此同时，印度国王阿育王之臣亚夏（blon–po–wa–sha），从古达尔绕过大臣雅巴兄弟（地界）以下，率国王不喜欢的军队七千启程，由西向东行进，苦苦行进，抵达了和田（vu–then）上协洽布河（shel–chab，玉河），与地乳王的随从叫作谢吉瓦和桑吉瓦的两商人共同拥有的孕妇，孩子患病住在梅嘎尔，到达梅唐嘎尔，接着逃到了多拉，跟着这两人落脚到达了多拉，称作"巴贝章巴勒"。其地之名又更名为"巴贝章巴萨智索洛聂"。多罗之命名在李语称为"谢尔桑"，若仔细来看，"有一景色优美之地，这必我们的王子萨尼的出生地方"。寻觅如此之地，走着走着抵达和田上协洽布河，大臣亚夏随从相遇曰："您等谁发现了？"此两人细说了王子萨尼的历史，亚夏道："王子萨尼在梅嘎尔，信使来信，你就任国王，我做大臣，和田之地可长久立国。"于是，王子萨尼也随同抵达和田上协河，在此蔡之地的聂之下与称作韩谷凿者相遇。王子和大臣亚夏两者不和，发兵而战，上天薄伽梵、吉祥天女降临，平息战火，消除疑虑。薄伽梵、吉祥天女安住之际，修建之座座房舍迄今留存，很好地供奉着地方主要保护神薄伽梵、吉祥天女。

于是，王子萨尼和其臣亚夏联合，萨尼为王，亚夏为相。国王萨尼的庶民汉（族）人们驻扎在和田之上协河以下多罗贡和岗木谢以上；大臣亚夏的庶民印度人驻扎在上协河以上嘉、贡相以下；协河中游杂居着印度、汉等的臣民数千，立国建城。印度和与之临近之地称作"李"，言语不同于印度和汉地，宗教及其术语大体与印度相符。

（3）对比丘、寺院统计的记载。敦煌古藏文写卷P.T.960《李域教法史》：

在李域，比丘篮伽二部之数，比丘及比丘尼两者有四千七百余人。在吉央以下，高香和度尔雅以上，有比丘及丘尼两者五百三十余人。在噶木香，比丘篮伽二部有二百五十余人。吉央以下，高香与和田以下和噶木香以上，总计比比丘篮伽二部因缘、生活私产以上的（比丘）共五千四百八十余人。现在这些比丘里，化现为菩萨替众生行善者很多。

德格本《李域授记》载：

在和田，僧侣伽蓝二部安住于此的大寺在王宫内，在宫外者有大寺六十八座，中等寺院九十五座，小寺院一百四十八座，家家供奉的小佛殿、没有施主的佛殿、佛塔若干；在宫外的蔡以上有三千六百八十八座，在和田的僧伽告措以上鼠年算起住世一万年，多罗、梅嘎尔尔地方大寺四座，家家佛殿、没有施主的小佛殿一百座，有僧侣二十多个，嘎木谢、帕聂、柏尔嘎扎、奥格雅且吉以下王宫内，拉若以上，建有大佛寺二十三座，中等佛寺二十一座，小寺二十三座，家家供奉的小佛殿、小佛塔总的有八百三十九座，僧侣伽蓝二部善缘，郭措以上总的有四百三十八座，以下贡香、敦尔雅以上王宫内，绕吉擦以上有佛寺十五座，家家佛龛、没有施主的小佛殿、以上供奉。僧侣伽蓝二部善缘，郭措以下总的有九百六十三座。

**（三）一者缺损，一者完整**

在敦煌古藏文写卷P.T.960《李域教法史》中缺损部分达四处，这四处明显的特点是意思不连贯：

教法产生已逾一千七百三十三年，自地乳王到李杰赞勒王之间，王统传至五十六代。□□□□□□此后，菩提心者弥勒与殊圣文殊二者，悉知李域乃为三世佛福田，降生于李域并为了作李域人众之善知识，初次降世到被称作“杂尔玛居理”之苑。菩提心者弥勒（化现）为称作国王尉迟桑巴瓦□□□□□□做了梅［噶］[①]之国王。

…………

当初，当地的国王名叫萨尼（地乳），为印度国王阿肖嘎（阿育王）之子。印度国王阿肖嘎为寻地游方，率众多印度军及随从走着走着，抵达和田之地，想：有海子之处有绿洲吗？□□□□□□□见有占赛（婆罗门）及相士会集。相士看相后道：“具备殊胜之名，此王子将来比大王您的权势还要强大！”国王产生妒忌而恼怒，乃将其子扔在当初出生之地。国王弃子之地，就是现在和田的北门之内长神殿附近，供奉阿

①此处“嘎”字，系根据西藏图书馆所藏手抄本《李域文书》所补。

尔雅洛（观世音菩萨）之后面的依怙护法殿。

…………

有名为比丘圣者阿罗汉迪玛保噶杰者□□□□□□其兄长萨梅吉尼来之□□□□□□，称为圣者阿罗汉萨智。父子俩常住卓迪尔寺，后去康香。为了作格西，从和田路经喜梅嘎尔尔。动身来到了梅嘎尔尔，在一长老的门口，见长满善好的柳蒲。

**（四）一者简练，一者重复**

在德格本《李域授记》的王统世系中，就于阗王去汉地的记载："自此以后，国王尉迟桑扎玛和王子国王尉迟桑扎玛邦抵达汉地……"这就给人造成了父子俩是同一个人的错觉，其实从后面的记述中，可以推敲出其王子的名字。当父子到达当时的长安城后，国王回到了"李域"，而王子削发为僧，后来又返回故里："此后，国王尉迟桑扎玛之子尉迟布扎玛又来到了李域……"这就是说国王尉迟桑扎玛的王子是"尉迟布扎玛"。

**（五）一者矛盾，一者严谨**

在德格本《李域授记》王统世系的记述中，"国王尉迟格尔迪之子尉迟桑扎玛七岁时就任国王……"而在后一段中记载："国王尉迟瓦拉之子尉迟桑扎玛就任国王时……"这就是说，国王尉迟桑扎玛的父王成了两个人即国王尉迟格尔迪和国王尉迟瓦拉。

在王统世系的记述中，德格本《李域授记》记载：

自李域产生，李域之王统过六代。到第七代国王布杂雅格迪时……

按照以上记载，这就是说从第一代地乳王算起，第七代国王是布杂雅格迪。然而，从后面记述的来推算依次为：第一代萨尼；第二代萨尼之子岳拉；第三代国王尉迟萨木巴，此时佛教传入；第四代国王尉迟桑哈；第五代国王尉迟布尔雅；第六代尉迟杂雅，迎娶汉王之公主吾聂香额；第七代王尉迟达尔玛；第八代国王尉迟格尔迪。这就前后记载矛盾。

德格本《李域授记》：

此后，佛灭寂二百三十四年之后，印度有称作阿育王的国王，其先前杀死了诸多众生，然后拜尊者薄伽梵雅肖为师，坦诚消除先前的恶业。后来，发誓今后不作恶业，对赡部洲佛释迦牟尼加持，并建造寺院、佛塔进行供奉，另靠灵验加持力加持而建寺院、佛塔八万四千。海竭而李域又成陆地之时，如今的和田城内，一夜间分娩了"桂布颜"。具言如是，夜晚王妃丹巴夜生一相貌妙好的孩子，先前国王的妃子在更嘎热瓦的林苑的一个小湖中沐浴休息时，看到了毗沙门天王及随从自天而降，王妃因见毗沙门天王妙颜，心中形成一子而分娩了"桂布颜"。国王阿育王等招请相士，言："此子命是长是短、面相是好是坏、权势如何？"相士们道："议论此子，面相好，权势

极大；命相好，父王健在就会为王。”国王阿育王顿生嫉妒而怒：“他有如此大的权势，他理财持政，这子不要给我，扔了！”母亲不愿扔弃此子，国王勃然大怒，考虑将子杀死，母遂弃子。然后，地生乳头护子生还，起名为“萨尼”。

在这段记载中看不出萨尼王究竟是阿育王之子还是毗沙门天王之子，表述前后矛盾。

通过以上的例子我们看出,《李域教法史》与《李域授记》的不同之处。也许人们会问《李域教法史》与《李域授记》为何会出现这么大的差异呢，其原因在于：

（1）从授记者、授记的对象和地点来看，这三者的不同应该说是判断蓝本不一的重要依据。如果出自同一个蓝本，那么，故事情节可以详略不一，但授记者、授记的对象和地点不能不一致。由此，我们可以判断,《李域教法史》与《李域授记》翻译的蓝本不一。

（2）德格本《李域授记》出现了敦煌古藏文写卷 P.T.960《李域教法史》的译者堪布毛尔古岱谢的名字和史迹，此人曾就任桂敦香寺院之堪布，并厘定过“于阗”国的文字，在尉迟桑扎玛就任国王时，国王鉴于他的功德还专门建立了夏桑哲玛寺院，其原名是“阿瓦央丹”。我们假设，如果《李域教法史》与《李域授记》是一个蓝本，后来的信徒，也不至于将译者的史迹加在这部佛教经典当中。

（3）从《李域教法史》与《李域授记》的叙事模式来看,《李域教法史》与《李域授记》所阐述的两个传说即阿育王的传说、“李域”灭法的记载，和地乳王寻找出生地传说，这三个单元故事内容大体一致。我认为类同的原因在于无论对于一个佛教徒还是世俗者，对于这些历史人物的传说，不管在任何条件下，在叙事模式和故事情节上不仅不会作出更大的改造，而且还会尽量保持故事中主人公的原型。这一点,《李域教法史》与《李域授记》都遵循了这一原则。

（4）就王统的世系和寺院的数量上来讲，敦煌古藏文写卷 P.T.960《李域教法史》统计数据远远少于德格本《李域授记》。敦煌古藏文写卷 P.T.960《李域教法史》明确记载：“自地乳王到李杰赞勒王之间，王统传至五十六代。”又可能敦煌本造于李杰赞勒王时期，而寺院的数量也就是“五十六代”之间的历史追述，而后者德格本《李域授记》中，王统和寺院数量，在时间上可能更靠后。

（5）就缺损而言，主要是出现在敦煌古藏文写卷 P.T.960《李域教法史》中。此书发现于20世纪20世纪初敦煌藏经洞，在地下沉睡了一千多年，书写特征带有明显的尚未厘定的特征，而且伴随着混杂的其他文种的历史文书并随之出土。这些文书的发现，标志着可以研究和解开吐蕃历史上的一些重大历史之谜。令人遗憾的是，这批无价之宝由于人为的和自然的各种原因，出现若干缺损，如未能妥善保存，或者被运至国外后被损坏，或者文书长期在洞中封存而致逐渐腐朽，导致了缺字的出现。

（6）就重复和矛盾而言，多出现在德格本《李域授记》王统世系的记述中。因为此文本自翻译成吐蕃文后，在吐蕃流传了千余年，经过人们不断传抄、文字的厘定以及人为的加工、佛教徒的改造，导致出现了纪年不确切、人名先后矛盾。

## 第二节 《李域教法史》与《李域授记》的著作时间

从上节对译作者的考论可知，在《李域授记》中，《李域教法史》的译者毛尔古岱谢作为历史人物，以其在于阗佛教史上的重要贡献而被多次提及，留名青史。那么，两部经典的写作时间肯定先后错致。

敦煌写卷 P.T.960《李域教法史》的写作时间，学界有不同的说法。埃默瑞克在其《于阗文学指南》中认为该写卷与藏文文献《牛角预言》等反映了于阗地区7世纪的流行传统，故同为7世纪文献。[①] 我国藏学家王尧、陈践践先生则倾向于把这个卷子定在公元8—9世纪之间。[②] 总之，根据该文书的出土地点及出土状况，学界将之定为早期文献是没有问题的。

《李域授记》的写作年代，根据文中所载录的信息，还是可以略作推导的。如上文所引的《李域授记》最末一段：

> 从国王萨尼的孙称作国王尉迟萨木布瓦时，即首次在李域出现佛教时算起，宫年闰藏历九月以上一千二百五十六年，此与《尊者月藏经》《天女无垢光经》《僧伽伐弹那授记》相符，李域和李氏王们迎请尊者们，佛教、其依处寺院、佛殿、佛塔等如何建立，僧侣伽蓝二部如何发展的情况详细陈述圆满，李域授记完毕。吉祥！

从这里给出的年代信息推算，如以前推导出的作者首次出现李域在公元前81年，则此授记的写作时间在公元1175年。

但是，还有一个问题令人困惑，即在敦煌写卷 P.T.960《李域教法史》中，出现了《李域授记》的书名。

> 世尊告诫云：这《李域授记》凡人不能玷污。有福德的听者（听之），可消除一劫之罪；有福德的诵读者（诵之），可免除无数劫之罪。对众比丘等奉行佛教者，不能扰乱他们心境，至高无上之佛法乃是真谛。

这个问题该作何解释呢？我以为，这里的《李域授记》与我们今天所见的德格本《李域授记》很可能是一个本子，而德格版的《李域授记》是在早期本子基础上有所扩充，不断地加入

① R.E.Emmerick，Guide of Khotan Culture，London，1979.

② 王尧、陈践践：《〈于阗教法史〉——敦煌古藏文写卷 P.T.960译解》，《西北史地》1982年第2期，第18页。

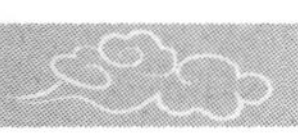

新的内容，故在德格版的《李域授记》后面，没有像其他经典那样，署上作者或译者的名字，原因大概就是经过了若干高僧之手，已经不能确指为某一人的作品了。

当然，这只是我们的猜想，但这一猜想也并不是空穴来风，因为从经典的文法和词法上，两部经典不同的风格特征，也令我们产生这种猜想。

从以上对两部经典作者的分析，以及这两部经典写作时间的探讨，我们可以得到一个初步的结论：《李域教法史》和《李域授记》不是同一作者，且两部经典的内容即便有雷同之处，而不同之处更多。这一方面肯定了学界通常所认为的"《李域教法史》和《李域授记》相互印证"，更重要的是提示我们对藏文佛教文献史实记载的认同，应该有更大的信心。因为：一，作者在写作经典时，当时所能够参考到的更早的文献一定不在少数，这样才会对同一事物的记载有不同角度的叙述。二，不同的作者，在不同的时间所作的典籍，对一些史实性的内容记录完全一致，说明基本事实至少在当时是比较清楚的，排除其中神话附会的成分和宗教色彩因素，典籍为我们提供的信息大部分还是可以利用的，即使它们是相互参照写的。那么，这种传承关系，亦能告诉我们，其古老的传承是经得起考验的。关于两部典籍在语法、词法上的甄别，亦能帮助我们得出以上结论。

## 第三节　两部经典的构词特点

敦煌古藏文写卷P.T.960《李域教法史》为产生于公元8世纪的古文献，是属于藏传佛教前弘期的译本。藏传佛教前弘期，是一个吐蕃国力达到了顶峰，印度和"李域"佛教相互结合大量传入，并在自身传统文化的基础上不断吸收周边国家、民族文化养分的一个历史时期。尤其是赤松德赞到赤德祖赞时期，按照当时吐蕃的实际情况，在统治地区如沙洲等地大力弘扬佛法，崇尚佛法，敬仰比丘，讲辩和修习实践相结合，开创了翻译《甘珠尔》和《丹珠尔》之始。沙洲是当时隶属于吐蕃并得到重点护持的佛教中心。为此，当时本地的地方官员，为感念赞普的功德，鼓励崇尚佛教的善男信女大量抄写佛教经典，然后献给赞普，之后再将一部分献给寺院。正如研究表明："吐蕃统治敦煌的末期展开了大规模的写经事业。那是吐蕃赞普Khri gtsug lde brtsan（815—841年）亲自发愿的。写经的对象主要是汉蕃两文的《无量寿宗要经》与《大般若经》。敦煌的汉族部落人民被迫或者自愿参加此写经事业，不仅从事汉文经卷的抄写，而且还担当了藏文经卷的抄写工作。敦煌汉族居民获得藏语文的能力，是和这个写经事业分不开的。

其影响延续到归义军时期，藏语文没有废除，在一定的范围内使用。”[①] 现在的敦煌古藏文写卷 P.T.960《李域教法史》有可能就是其中的一部。

德格本《李域授记》，产生于藏传佛教后弘期之始。《丹珠尔》之名，在前弘期是否有，迄今未能见到。藏传佛教前弘期，古格王国的拉喇嘛降曲奥（ལྷ་བླ་མ་བྱང་ཆུབ་འོད།）、益西奥（ཡེ་ཤེས་འོད།）以及纳仓译师（ནག་ཚང་ལོ་ཙཱ་བ།）等在阿里重新点燃了佛教之火种，从印度迎请了阿底峡等诸多佛学大师来吐蕃弘法，吐蕃也派了大批子弟到印度学法，产生了许多译师并翻译了诸多佛学经典，从而出现了吐蕃人自己撰写的经典。为了将大批佛教经典加以注疏，人们将印度高僧著述的理论经典称作“典籍”，其中印度和汉族学者著述典籍称作《丹珠尔》。而《丹珠尔》之后半部分，吐蕃学者所写的许多典籍，包括人们所著的伪经也被置入其内，但为经过先辈吐蕃译文师厘定的。《李域授记》就是由德格印经院保存的《丹珠尔》木刻板印刷而成的，可以称作德格版《丹珠尔》中的《李域授记》。为此，《李域授记》具备了藏传佛教后弘期的特点。

前面我们谈了藏文历史上经过了三次厘定。这三次厘定，基本有明确的时间界线，经过厘定了的藏文文献也带有明显的时代痕迹和特点。依据这些特点来看《李域教法史》与《李域授记》，敦煌古藏文写卷 P.T.960《李域教法史》翻译在第一次厘定与第二次之间，而德格本《李域授记》是第三次厘定后翻译的，由于《李域教法史》与《李域授记》产生的时代不同，出现了以下构词上的许多差异。

## 一、名词

| 藏文写卷 P.T.960《李域教法史》 | 德格本《李域授记》 |
| --- | --- |
| མཁར་དངར་ལྷན་གྱི་གྲོང་ཁྱེར། | མཁར་ལྷོ་ལྷན་གྱི་གྲོང་ཁྱེར། |
| ཡུལ་ཏང་འགུ་འཇོ། | ཡུལ་ཏང་གི་ཇོ། |
| འགིའུ་ཏེར་ཞན་གྱི་གཙུག་ལག་ཁང་། | འགེའུ་ཏོ་ཞན་གྱི་གཙུག་ལག་ཁང་། |

藏文写卷 P.T.960《李域教法史》与德格本《李域授记》相比较，形成了明显的差异：前者词的分隔和语法符合古藏文文体的特点；后者的构词和语法，大体符合今天的文体。

① [日]高田时雄：《敦煌·民族·语言》，中华书局，2005年，第100页。

## 二、元音（དབྱངས་ཡིག）和分句符（ཚེག་ཤད།）

1. 元音（dbyangs–yig）“i”的写法

藏文的元音有四个即 ི ུ ེ ོ，统称为 དབྱངས་བཞི།。《李域教法史》与《李域授记》中其用法也有所不同，如藏文写卷 P.T.960《李域教法史》：

ལྀ་ཡུལ་དུ་ཐ་མ་དམ་པའྀ་ཆོས་འཛྀག་པའྀ་དུས་ནྀ། བདག་གྀས་ཆེ་འདྀ་ལ་འདྀ་སྙྀད་ཀྱྀ་དམག་གྱྀ་ཞྀག་བཤད་པས། ལྷ་སྐྱུ་ལྀ་ཡུལ་གྱྀ……སྲུངས་མ་རྣམས་

而在德格本《李域授记》中：

ལི་ཡུལ་གྱི་མཁན་པོ་རྣམས་འདུས་ནས་ལི་རྗེ་བཙུན་ལེགས་ཀྱི་རིང་ལ་ཡོས་ལི་ཡུལ་འདི་ཡང་དེ་བཞིན་གཤེགས་པའི་ཕོ་བྲང་ཉི་ཤུ་རྩ་གཅིག་པ་

前者的 ི 几乎都是反着写的，而后者基本规范。

2. 分句符“ཚེག་ཤད།”的写法

藏文中的分句符，类似标点符号，其与汉文、英文一样，是有标点符号的文字。分字标、句标、章节标、卷帙标、卷数标、边框标、帙签标被称为藏文典籍的七种形式，藏语称七种标记（rgya–rnam–pa–bdun 或 rgya–rim–pa–bdun）。

它们在藏文语法中的运用口诀是：

ཚེག་བཅད་མཐའ་ལ་གཉིས་ཤད་འཐོབ། །ལྷུག་པའི་རྣམ་གྲངས་སོ་སོ་དང་།།
དོན་ཚན་ཕལ་ཆེར་མཐའ་དང་ནི། །བོད་ཚིག་སྐབས་སུ་ཚིག་ཤད་འབྲི།།
རྫོགས་ཚིག་སྐབས་སུ་ཉིས་ཤད་འཐོབ། །སྡེ་ཚན་ཆེ་བ་རྫོགས་པ་དང་།།
ལེའུ་མཚམས་སུ་བཞི་ཤད་འབྲི། །ཐིག་མགོར་ཡིག་རྫོག་ཅིག་བྱུང་ཚེ།།
ཚུགས་ཐུབ་ཆེད་དུ་སྦྲུངས་ཤད་འབྲི། །ལེའུ་མཚམས་ལྷ་བུའི་བར་དག་ཏུ།།
སྦྲུལ་ཤད་འབྲི་བའི་ལག་ལེན་ཡོད། །རྐང་བཤད་དང་ནི་མི་འདྲེས་ཆེད།།
ང་མཐར་ཤད་གོང་ཕྱི་ཚེག་འབྲི།།

在《李域教法史》与《李域授记》中最常见的有两种，即分字点和楔形号。

（1）分字点（ཚེག），是指藏文字与字之间的点，也可称作字间点。分字点在楷书的藏文中是一角朝下的小三角或者是近乎菱形的竖长方形，在草书中则是一左斜的撇点。这些均与藏文书写的形式有关系。在《李域教法史》与《李域授记》中的应用基本规范。

字外点（ཕྱི་ཚེག），是指用在 ང 字之后、楔形号之前的的分字点，因为假如 ང 字后不加分字点，则很容易和楔形号混合，成为 ཎ 字。这种符号在汉文、拉丁文斯拉夫文字中都是不存在的。《李域教法史》与《李域授记》中，这类符号的运用基本规范。

（2）楔形号（ཤད 或 ཚིག་ཤད།），是一些用于句末、章节末、全书末的符号，具体有单楔形号、双楔形号、四楔形号、叠宝号、蛇形号、敬重号和指示号、起头号和伏藏号九类。而在《李域教法史》与《李域授记》中，基本上出现了其中的四类，即单楔形号、双楔形号、四楔形号和伏藏号。

单楔形号（ཚིག་ཤད། 或 རྐང་ཤད།），主要用在句末，也用在词、词组、分句之后，处于不同的位置分别起着句号、逗号、顿号、分号的功用。文法中一般规定 ཀ ག ཤ 三个腿在外的字（ཕྱི་རྐང་ཅན་ཡི་གེ）不用单楔形号外，其他都用。因为上三字腿在外可起到楔形号的作用。号形为“།”。这一类在《李域教法史》与《李域授记》都有出现。

双楔形号（གཉིས་ཤད།），主要用在：① 章节末，表示此段、节、章、篇的结束；② 用在诗词的句末。号形为“༎”。这一类在《李域教法史》与《李域授记》都有出现。

四楔形号（བཞི་ཤད），主要用于全书的末尾，表示该书的终结。号形为“།།།།”。这一类在《李域教法史》与《李域授记》中都有出现。

以上符号大多具有标点的性质。除此之外还有些不常用的符号，如涅槃点（ཚེག་དྲག），这是梵文中的一种符号，音读作“ས”，写在字后面常不发音。在德格本《李域授记》中没有出现，而在藏文写卷 P.T.960《李域教法史》中就出现了16处，如：༎ཿ༎ 均为双排，其中一个为三个圆圈，这种三个圆圈的类型在古藏文中也很少见；其中一个被勾勒了外圈。此外，有一处还有一个怪字符，形状为“⁘”。在古藏文文献中，有涅槃点与“ང་རོ”（字母发音的声调）交替使用的用法，其功用类似于分字点，这种用法我们在古代的碑铭上可以见到。赞普赤松德赞时期修建的桑耶寺石碑[①]：

**བསམ་ཡས་ཀྱི་རྡོ་རིང་དང་ཅོང་རོས་ཀྱི་ཡི་གེ**

ཀ　1.༄། །ར་ས་དང་། བྲག་མར་གྱི་

2.གཙུག་ལག་ཁང་ལས་སྐྱོགས་

3.པར། དཀོན་མཆོག:། གསུམ་

4.གྱི་རྟེན་བརྩུགས་པ:དང་། སངས:

5.རྒྱས:ཀྱི་ཆོས:། མཛད:པ:འདི།

6.ནམ:དུ:ཡང་སྒྱི:གཏང:མའ་ཞིག

7.པར:བགྱི:འོ:། ཡོ:བྱད:སྦྱརད།

8.པའ:ཡང་། དེ་ལས:སྒྱི:དབྱི:སྒྱི:

① 高瑞选编：《吐蕃古藏文文献诠释》，甘肃民族出版社，2001年，第123~124页。

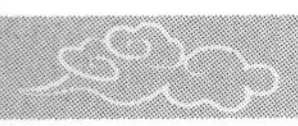

9.བསྐྱུང་བར:བགྱི་འོ:། ནྣ:ཕྱིན:

10.ཅད་། གདུང:རབས:རེ:རེ:ཞིང:ཡང:

11.བཙན་པོ:ཡབ་སྲས:གྱིས:འདི:།

12.བཞིན་ཡི:དམ:བཅའོ:། དེ་ལས:

13.མནའ:ཁ:དབུད:པ:དག:ཀྱང:།

14.ཀྱི་བགྱི:ཀྱི:བསྐྱུར:བར:། འཇིག

15.རྟེན་ལས:། འདའས:པའ:དང་།

16.འཇིག:རྟེན:གྱི:ལྷ་དང་། ཀྱི་མ:ཡིན:

17.པའ:། ཐམས:ཅད་ཀྱང:དཔང་དུ།

18.གསོལ:ཏེ། བཙན་པོ:ཡབ:སྲས་ཊ:།

19.རྗེ་བློན་ཀུན་གྱིས་དབུ་སྙུང:དང་བྲོ:།

20.བོར་རོ:། གཙིགས་ཀྱི་ཡི་གེ་ཞིབ:

21.སོ་གཙིགཞི་གུད་ན་མཆིས་སོ།:

在藏文写卷 P.T.960《李域教法史》中出现了 །།ཿཿ། 和 །།ཿཿ།།，前者在一句话结束后出现，而后者在一段结束后出现。由此可见，其功用与现代藏文中的双楔形号和四楔形号大致雷同。

## 三、语法中的虚词

《李域教法史》与《李域授记》构词中最显著的不同特点是虚词的运用不同。主要表现在 ལ་དོན།、བྱེད་སྒྲ། 和 ད་དྲག 两个方面。

（1）ལ་དོན།，这是针对 སུ་ར་དུ་ཏུ་ན་ར་ལ། 这七个虚词而言的，从意义上来讲，它们的作用和 ལ 的作用大概相同，故称之为 ལ་དོན།，用于藏文语法中的第二、第四和第七格中。

藏文写卷 P.T.960《李域教法史》：

འདི་ནི་ལམ་མ་ནོར་པར་སྟོན་པ་ཞིས་མཚན་མོར་གུ་བདེ་ཤིལ་ཏུ་བཏགས་ཤིལ 的后面应置 དུ。从例子中可以看出，基本没有按照语法的规律添置，“ལ་དོན།”的添置方法是：

ལ་དོན་རྣམ་པ་བདུན་ཡོད་དེ།།

སུ་ར་ར་ལ་དུ་ཏུ་ན།།

གཉིས་པ་བཞི་བ་བདུན་པ་དང་།།

དེ་ཉིད་ཚེ་སྐབས་རྣམས་ལ་འཇུག

ས་སུ་ག་བ་ད་དྲག་ཏུ།།

ང་ད་ན་མ་ར་ལ་དུ།།

འ་དང་མཐའ་རྟེན་མེད་མཐར་ཏུ།།

ན་ལ་གཉིས་ནི་སྐབས་དང་སྦྱར།།

（2）བྱེད་སྒྲ，即汉语中可称作“施动格”，为藏语语法中的第三格。

藏文写卷 P.T.960《李域教法史》:

དགེ་འདུན་རིལ་གྱིས་ཙར་མ་ནས་འཛོ་ཏིར་དུ་ཞུལ་བྱུང་སྟེ་རིལ 的后面应置 གྱིས。

从例子中可以看出，基本没有按照语法的规律添置。བྱེད་སྒྲ 的添置方法是：

ད་བ་ས་གྱིས་ག་ང་གིས།།

ན་མ་ར་ལའི་རྗེས་སུ་གྱིས།།

འ་དང་མཐའ་རྟེན་མེད་མཐར་འིས།།

ཀང་བ་སྔོང་ཚེ་ཡིས་ཞེས་འཇོབ།།

（3）ད་དྲག，其功用在于强化语基的音势。一般添置在后置字的 ན་ར་ལ 之后，如 bstand–to、bskurd–to、bsgrld–to，有表示完成的意思。

藏文写卷 P.T.960《李域教法史》:

དེ་ནས་རྒྱལ་པོ་བྱི་ཛ་ཡ་སམ་བྷ་བ་དགེ་བའི་བཤེས་གཉེན་འཕགས་པ་འཇམ་དཔལ་གྱིས་སྤྲུལད་པ་བུ་ཆུང་ཏུ་ཞིག་ཁྲིད་ཁྲིད་ལ་ལས།

སྟོརད་པ་རྗེས་བཅད་དེ་བཙལ་ནས།

在德格本《李域授记》中未出现这种语法现象，如：

ལི་ཡུལ་དུ་གཞིག་སྟེ་ཡུལ་གྲོང་ཁྱེར་ཆེན་པོ་བརྩིགསོ།

ཀླུའི་རྒྱལ་པོ་འགྲ་ཏ་བད་ཏ་ལ་སྟོགས་པ། ཞུགས་ཀྱི་ཕུར་པ་ལ་དཀྲི་སྟེ།

《李域教法史》与《李域授记》中，这种用法在前者藏文写卷 P.T.960《李域教法史》中较为普遍，而在后者德格本《李域授记》中不多见。从藏文文献中可知，ད་དྲག 仅见于古藏文中，9世纪赞普赤热巴坚时期，为求简化字形，ད་དྲག 已经废弃。

## 四、缩写字（བསྐུངས་ཡིག）

这种字体的构造是藏文中的高频单词或是佛学词汇，以前者基字为基础，将第二个单词的元音和后置字附着在前一个单词的上面，其效果往往既不失原来的字形特征，又让读者一目了然。在《李域教法史》与《李域授记》中，这种用法主要在藏文写卷 P.T.960《李域教法史》

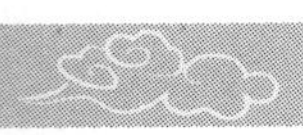

中多次出现，如ལི་ཡུལ་གཞིག་སྟེ་ཡུལ……　གྲོང་ཁྱེར་ཆེན་པོ་བརྩིགསོ།　སླུའི་རྒྱལ་པོ་འབྲུ་ཏ་བད་ཏ་ལ་སྔོགས་པ།　ཕྱུགས་ཀྱི་ཕྱུར་ལ་དཀྲིསྟེ།。在德格本《李域授记》中没有出现缩写字。

通过上面的例句我们可以大概看出《李域教法史》与《李域授记》的构词规律和特点：

首先，就《李域教法史》与《李域授记》名词的构词特征，两者对比形成了明显的差异：前者藏文写卷 P.T.960《李域教法史》，无论从构词特征，还是元音的倒置，无论是分句符、涅槃点的两种添置，还是缩写字的出现，基本上保持了古藏文的特征，纯属古藏文；而后者德格本《李域授记》符合今天的文体。这从《李域教法史》与《李域授记》中可以看出：前者自翻译为藏文文本后，除了当时同一个时期人们的传抄外，基本未经任何人的厘定，保持了翻译后的原来风貌；而后者就大不相同了，由信徒们带入吐蕃后，经过不同时期、不同学者的厘定，后又将其置入藏文大藏经中。在完成此项研究时，我们参照的本子是德格版大藏经，至于大藏经中其他不同版本的，其内容是否相同、其中的语法现象有何特点，因时间和条件的限制，我们也未能加以对比来进行研究，如果条件许可的情况下，持续将这项研究工作深入下去，将会解决目前我们意想不到的许多问题。

其次，就《李域教法史》与《李域授记》的语法特征来看，《李域教法史》与《李域授记》构词中：前者藏文写卷 P.T.960《李域教法史》中的“la-don”“byed-sgra”和“da-drag”等语法，不少示例并没有按照第三次厘定即现在意义上藏语语法的添置规律；而后者德格本《李域授记》符合语法规律。

由此可见，从《李域教法史》与《李域授记》的构词和语法特征，还不能作为衡量其产生于同一个蓝本和同一个年代的唯一标准。因为通过上面的比较，我们可以看出，《李域教法史》与《李域授记》中的德格本《李域授记》，经过了不同时期、不同学者的改造，也就是说通过不同时期不同编辑者们的编辑和加工，形成了目前的这一本子。原本不是一个蓝本的《李域教法史》与《李域授记》，在流通过程中，它们在各自的文化背景和条件下文本逐步发生了变异。

## 第四节　两部经典中的地名和人名藏译规律

古代的“李域”，不仅是中西交通要道，还是草原游牧民族与农耕民族的交界地带。数千年来，不同的部族在这里繁衍生息，交往、交流、交融，固有的民族相继战败、灭亡或迁徙，新的民族共同体不断产生、壮大和迁入。无论是消失的民族还是新产生或出现的民族，李域就像一个大熔炉，将不同民族各自的文化融入一体，使得这方土地更加富有神韵。从两部经典的

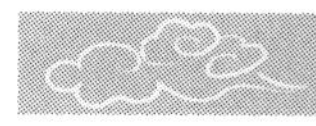

人名和地名的特点中可看出历史的痕迹。

## 一、地名规律

在《李域教法史》与《李域授记》中，出现了大量的地名，有的是音译，有的是意译，就语言的种类上看，涉及汉文名称、藏文名称、梵文名称以及其他语言名称。正如德格本《李域授记》记载：

> 向三宝顶礼！自李域产生，李域之王统过六代。到第七代国王布杂雅格迪时，在索嘎雅吉日雅山附近的萨嘎雅贝哈那寺，住一位称作桑嘎巴达那的罗汉。其一弟子修《戒律》，尔时见到了《般戴赞扎甘达》《戒律达尔玛桑吉》之教诫，向阿罗汉请教："在李域、疏勒、安息此三地，佛涅槃后，建立的佛教的尊像、佛塔等何时衰灭？由谁而灭？最后如何？请授记！"阿罗汉教言："如此提出疑点是对的，佛释迦牟尼圆寂后，佛教的尊像和舍利过千年会毁灭。"
>
> 在此三地，汉、东玛尔、索西、朱固、霍尔等大部敌人从左面入侵，因此佛教衰微，佛塔也很快毁灭，僧众的生计中断。在此三地，其中的安息、疏勒被不信佛法的众多外道所蹂躏，大都焚毁一空。

上述记载所涉猎的这些名称，或地名或地区，在藏文翻译构词中都可看出一些特点。

### （一）音译

**汉语名称：**疏勒、安息、和田。

疏勒：藏文文献中称为"shu-lig"，我们断定为"疏勒"。西域国名，坐落在塔里木盆地西部。汉代为疏勒国地。唐为佉沙国地。疏勒在不同时期有着不同的称呼[①]，据统计有：疏勒、沙勒、佉沙国、沙落迦（Saraka）、婆罗娥（Saraga）、沙落伽（Saraka）、窣利、苏哩（Suli）、修利、速利、粟弋、石骡国等12种之称。据研究成果考证，"疏勒是Sulikh的音译"[②]。而疏勒与粟特又根据方言的影响同一名称有不同的叫法。藏文文献中的名称更接近Sulikh。

安息：藏语称为"va-na-se"。安息从史书上看，是中亚古国名。《汉书西域传》始有记载。本波斯帝国的一省，后隶属罗马亚历山大帝国及塞琉西王国。公元前3世纪独立，建立阿萨息斯王朝，公元前1世纪到2世纪，安息是罗马帝国与中国贸易交通的要冲。2世纪末转衰，后于226年被萨珊波斯王朝取代。在《西域地名》（增订本）中考证，古安息国名"Partu"，《希腊古

① 牛汝辰著：《新疆地名概说》，中央民族大学出版社，1994年，第138~140页。

② 牛汝辰著：《新疆地名概说》，中央民族大学出版社，1994年，第138~140页。

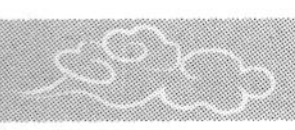

地志》作“Parthyaea”，梵语作“Pahlava”。《前汉书・安息传》“安息国王治番兜城”，又《乌弋山难专》“北与朴桃接”，北宋本《三国志》有排特（诸书皆作特），兹三名疑为其对音。[①] 在《西域地名》的另一条写作“Arsaces”[②]，与安息二字读音相近。在藏文文献《李域教法史》与《李域授记》中，更接近“Arsaces”条，被称为“阿纳赛”。

和田：在藏文文献《李域教法史》与《李域授记》中有两种写法，即“vu-ten”“vu-then”这可能是汉语的两种音译。此名称我们在前面的章节中专门做了讨论。

**藏语名称：**

李域：在藏文文献《李域教法史》与《李域授记》中写作“Li-yul”，在第三章中已讲述。

东玛尔：在藏文文献《李域教法史》与《李域授记》中写作“Gdong-dmar”，在第三章中已讲述。

**梵文名称：**伽蓝、菩萨、南赡部洲、甘嘎。

**其他语言名称：**

朱固：在藏文文献《李域教法史》与《李域授记》中写作“dru-gu”，在这两部文献中多次出现，常与“汉”“东玛尔”“索西”“霍尔”相提并论。朱固在藏文文献中有两种写法，即“dru-gu”或“gru-gu”。前者多出现在早期的藏文文献中，后者则多出现在现代藏文中。朱固汉语称作“突厥”，据文献来看，是古代势力强大的一个民族，后来分为东西二部，东突厥称作“霍尔”，西突厥名称保留原名“朱固”，古代的朱固人曾一度使用吐蕃文，形成了自己的宗教理论。当时，佛教的密宗典籍被翻译成突厥文。就藏语中的“粟特”的含义，据匈牙利学者哈尔玛达认为，“粟特”意为古代伊朗语的“圣地”。[③]

索西：在藏文文献中写作“sog-byi”，疑为“粟特”。在敦煌古藏文写卷P.T.960《李域教法史》中记载：

> 印度国之国王名叫巴布松达尔的管家名叫西日丹，特别崇尚佛教，大慈大悲，所有财福都供奉于三宝。对贫穷者发放布施。因此，财产牲畜和奴仆献完，变成乞丐。国王得知后救济他，又给了许多奴仆、财产、牲畜。这些，他又献给了三宝。正在那时，有五百索西（粟特）[④] 商，前来国王这边，没能到达，迷失道路，行将死亡，祈请神

① 冯承钧原编，陆峻岭增订：《西域地名》（增订本），中华书局，1980年，第74页。

② 冯承钧原编，陆峻岭增订：《西域地名》（增订本），中华书局，1980年，第7页。

③ 转引自牛汝辰：《新疆地名概说》，中央民族大学出版社，1994年，第140页。

④ 藏语的“粟特”，古代藏族文献中泛指吐蕃西方诸国。如：大食粟特，指今伊朗；粟特达日嘎，指今土耳其。辽史、金史称作“阻卜”。蒙古又分为“多索”（stod-sog，西蒙古）、“玛索”（东蒙古），“喜索”（phyi-sog，外蒙古）、“囊索”（nang-sog，内蒙古）。还有称为“德斯所布”（stag-gzig-sog-po，大食蒙古）、“索布达日嘎”（sog-po-du-ru-ga，土耳其）。

玛斯阿噶智，祈祷后，找到了道路而幸免于难，说道："到达那里，我们要用一个活人供祭。"①

从上述记载可见，有"五百索西（粟特）商"出现，在当时历史和经济条件下，的确是一个商业大国气派。据汉文文献记载，粟特是中亚古部族和古国。在《魏书·西域传》《周书·异域传》中为粟特，一作"粟弋"。北魏时，又称温那沙。在一些古籍中也称作康居、康国。坐落在今中亚锡尔河与阿姆河之间的泽拉夫善河流域，公元前6至前5世纪开始形成国家，首都在马拉坎达（今乌兹别克斯坦之萨马尔汗），前后附属于塞琉西、巴克特利亚、贵霜王朝，其与中国的汉朝有着密切的经济和文化往来。在吐蕃人的眼中它位于波斯国东部，是极其擅长经商的一个民族。正如羽田亨所说："包括萨马尔罕、布哈拉在内的粟特一带，地方肥沃，自古以来就很有名。更引人注目的是，这地方自古以来商业就很发达，而粟特各城市的繁华也实赖于此。粟特的商人似具有天生的商业才能，其敏捷、勤勉，商业规模之大，令人惊叹。另外，地理上所处的位置也促成了这种发达局面。从地图上一看即知，粟特特别是萨马尔罕的位置，是东面经天山南路或北路到中国，南到阿富汗、印度，西到波斯，西北到欧洲的中心地区。这些国家互相往来时，通常都经过这里。伴随交通的发达，诸国物产就自然地在此集散。"②敦煌古藏文写卷 P.T.960《李域教法史》记载了该民族的经商线路和文化习俗。

除了以上介绍的地名外，尚有高岱山、杭格觉、瞿摩帝、瞿摩大伽蓝、瞿摩帝寺、更蚌、赞摩、赞摩寺、卓迪尔、卓迪尔寺、达尔玛迪、桑迪尔、桂德香、桂德香寺、鹫峰山、印度的刚达热、阿尔耶达那寺、摩尔古岱寺、香相（或更）、长神殿、依怙护法殿、奥娘寺、奥尔念寺等。在汉文研究成果中，也有学者统计过在于阗出现的佛教寺院。这些寺院既是于阗佛教文化的荟萃之地，又是中外僧侣巡视求学的宗教圣地，其中不少寺院还作为圣迹被绘于敦煌千佛洞，供人们瞻仰膜拜。于阗最著名的佛寺有费摩寺（拶摩寺、匝摩寺）、瞿摩帝寺、牛头山寺、娑摩若寺（王新寺）、毗沙门天王神庙、麻射寺、龙兴寺、Do-tir 寺、Hgu-zan 寺（净土寺？）、地迦婆缚那寺、护国寺、金轮寺、萨边耶仙寺等。③由于缺乏相关旁证资料，汉藏文献出现的名称很难一一对应。

### （二）意译

**藏语名称：**藏文文献《李域教法史》与《李域授记》中，意译的地名并不多见，而"李域"最重要的牛角山、牛头山以及"李域"国的中心协洽布（玉）河流域却是意译，这里面是否包

---

① 敦煌古藏文写卷 P.T.960的《李域教法史》，《敦煌本藏文文献》，民族出版社，1985年。

② ［日］羽田亨著，耿世民译：《西域文明史概论》，中华书局，2005年，第125页。

③ 李吟屏：《和田春秋》，新疆人民出版社，2006年，第99页。

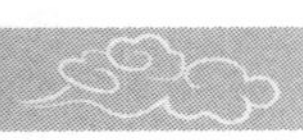

含着更加深层次的含义，也需我们作进一步的考证。

协洽布（玉河）、协曲，藏文文献中称之为“ཤེལ་ཆབ།”，此河在上述章节中已经介绍过。

牛角山，藏文文献中称之为“གླང་རུ།”，这是汉语的藏语意译，是与“李域”佛教相关联的最大的圣山，也是历史上“李域”佛教文化的象征，所以产生了以此命名的《牛角山授记》。至于这部经典的名称，也存在着疑问。藏语称之为“གླང་རུ་ལུང་བསྟན།”，从藏文的字面来看，“གླང་རུ།”的“གླང”为“牛”或“黄牛”，“རུ”为“角”，连起来可翻译为“牛角”，而作为历史自然实体的山，藏语称之为“རི”或“རི་བོ”，那么严格意义上来讲，应该翻译为“牛角授记”，那么汉文经典名称中出现的《牛角山授记》据此来看就不准确了。不过据德格版《牛角山授记》记载：

与牛角山附近的高玛（达）河畔，有释尊大觉仙的宫殿高玛萨拉干达佛塔，在那有一个确信无疑的功业。

…………

又在此时，在牛角山佛薄伽梵安住，菩提心大菩提者们，大薄伽梵们发出五彩缤纷的光彩，普照李域大地，于是，顿时大海中产生了三百五十三朵莲花，每一朵莲花上一尊佛和菩萨闪闪发光。

从上述记载可以看出，虽然在《李域教法史》与《李域授记》中没有记载，但在《牛角山授记》中有记载。其地理方位在高玛（达）河畔附近，在此山上有释尊大觉仙的宫殿高玛萨拉干达佛塔，并安住着“佛薄伽梵”。德格本《李域授记》记载：

薄伽梵也在牛头山巨大的身躯上安住于雍洛寺中，即如今供奉着一小佛塔的地方。为了利乐众生，薄伽梵安住七年。

由此可见，牛角山“གླང་རུ།”和牛头山“གླང་མགོ་རི།”为同一座山，是薄伽梵驻锡之地，薄伽梵一般安住在雍洛寺。

## 二、人名规律

在《李域教法史》与《李域授记》中，同时也出现了大量的人名，有音译同时也有意译，就语言文字的种类上看，也不外乎汉语、藏语、梵文以及其他语言名称。

### （一）音译

**汉语名称**：在汉语名称中，其中公主、金太师、汉王公主肖佳等历史人物，在藏文文献的《李域教法史》与《李域授记》中就有记载。敦煌古藏文写卷 P.T.960《李域教法史》：

就在这时，汉王做了吐蕃之神赞普的舅舅，公主也降嫁神圣赞普。公主在吐蕃修建了一个很大的寺院，条件也具备，比丘们来到这里，生活均由公主供养，吐蕃之地大乘教法更加广扬。

十二年之间，比丘和俗人大都信教，生活幸福，正在那时，群魔侵扰，黑痘等各种疾病，为魔所侵。公主由于沾染黑痘之症，痘毒攻心而死。

德格本《李域授记》：

在此之后，汉之大臣金太师、国王尉迟达玛两位为了善知识格木迪巴尔告增塞，在王宫建立了弥勒麦智寺，如今此寺由毗沙门天王守护。

…………

自此以后，王子敦哲的妃子汉王公主肖佳的姐姐比丘尼肖杂雅受罗汉戒，为了公主肖佳的善知识，从汉地来到了和田建立了聂摩肖佳耀索菊寺，如今龙王达吉和达热两位（护法神）护持。

**藏语名称**：公主，藏文文献写作“ཀོང་ཇོ།”，在《李域教法史》与《李域授记》中同时出现了，只是讲述的内容各有详略，敦煌古藏文写卷 P.T.960《李域教法史》本略简于德格本《李域授记》。公主无论在古藏文文献还是现代藏文，这种写法基本没有变化。如文成公主“རྒྱ་བཟའ་ཀོང་ཇོ།”、泥婆罗公主“བལ་བཟའ་ཀོང་ཇོ།”、金城公主“གྱིམ་ཤིང་ཀོང་ཇོ།”，都形成了一种固定的藏文写作格式，从严格意义上来讲，前半部分“文成”“泥婆罗”“金城”都是意译，而后半部分“公主”是音译。

金太师，藏文文献写作“རྒྱལ་པོའི་བློན་པོ་ཀ་ཞེ་ཤི།”。

汉王公主肖佳，在藏文文献德格本《李域授记》中出现，藏文写作“རྒྱ་རྗེའི་སྲས་མོ་ནོ་རྒྱ།”；比丘尼肖杂雅，藏文写作“དགེ་སློང་མ་ནོའི་ཛ་ཡ།”。我们从公主肖佳的姐姐名字中看到，名的后面又冠上了“杂雅”二字，可能是在当时“李域”出家者都要冠在姓之后。

**梵文名称**：在《李域教法史》与《李域授记》中出现的梵文名称很多，诸如印度国王阿肖嘎（阿育王）、若吉扎噶那（龙王）、比丘毗卢遮那、占赛（婆罗门）、阿尔雅洛（观世音菩萨）、释迦牟尼、印度国之国王名叫巴布松达尔的管家名叫西日丹等，都是梵文名称。因这些名称常常出现在汉藏文文献和经典当中，在此不再作赘述。

**其他语言名称**：在《李域教法史》与《李域授记》中，有很多别于汉、藏语的其他语言名称，也或许于阗名称最多，只因限于不懂于阗文，无法考释其真正的名称含义。诸如李杰赞勒王、杂尔玛居理之苑、国王尉迟桑巴瓦、李域赞摩寺、桂戴香雪、瞿摩帝大塔、阿罗汉布达度达、北方天王柏哈热玛鼐（柏恰玛那、贡布柏哈热玛鼐、柏恰玛那）、龙王扎哈巴达（智哈戴瓦达）、堪布毛尔古岱谢、玛闹尔瓦尔懂巴、北方贡布夏热玛（夏热玛尼）、阿玛杂耶西、印度固香崎（固

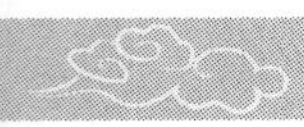

香布）、合焦尔吉佛殿、扎瓦夏那佛殿、霞桑支玛佛殿、杂玛觉尔纳寺、杜冈玛纳寺、念巴博热院、多拉那佛殿、佐巴尼、阿玛杂耶西君臣、戴洪萨尼、阿巴热孜达、噶噶那萨若、苏格尔那玛拉、嘉合吉、达那巴迪等。

**（二）意译**

在《李域教法史》与《李域授记》中，藏语名称是最常见的，词汇多出现在宗教佛学词汇的神祇中，语言的种类上看大多是藏文名称。

**藏语名称：**如护法神贡布、护法拉鲁们、观世音菩萨、文殊菩萨、弥勒菩萨、地藏王菩萨、护法神八尊、四大龙王、地乳王、夜叉王遍胜、吉祥天女、佛世尊、长寿护法大天王（即北方多闻天王）、佛像金刚度母、六尊铸成的化身佛、自然形成的佛大迦叶、七世佛的舍利子等。如敦煌古藏文写卷 P.T.960《李域教法史》：

> 李域和田复次变为海子时，未行十善时，地方护法神贡布发誓者们和护法拉鲁们将香相（更）山谷再次堵塞，上下协水乃汇集在和田大城之内，如今的大集市之上面，瞿摩帝大伽蓝之处即供奉扎瓦夏神之寺前，复次海浪翻滚，变成海子时，舍利和别的（供品）被鲁带去，供在各自住地。①

如上所述，其中的地方护法神贡布发誓者，藏语称为“ཡུལ་གྱི་སྲུང་མ་མགོན་པོ་དམ་ཚིག་ཅན་རྣམས།”；地方护法神，称之为“ཡུལ་གྱི་སྲུང་མ།”；贡布称之为“མགོན་པོ།”，意为“怙主”；发誓者称之为“དམ་ཚིག་ཅན་རྣམས།”。

护法拉鲁们，藏语称为“སྲུང་མ་ལྷ་ཀླུ་རྣམས།”，护法藏语称之为“སྲུང་མ།”，拉鲁们藏语称之为ཀླུ་རྣམས། 意为“龙神”。这些神祇都是藏族传统宗教神灵中的护法神。

地乳王，藏文文献称之为萨尼王“ས་ནུ་རྒྱལ་པོ།”，萨“ས”是“地”或“土”，尼“ནུ”是“乳”或“乳房”，萨尼就是“地乳”。除此之外，如观世音菩萨、文殊菩萨、弥勒菩萨、地藏王菩萨、护法神八尊、四大龙王、夜叉王遍胜、吉祥天女、佛世尊、长寿护法大天王（即北方多闻天王）、佛像金刚度母、六尊铸成的化身佛、天成的佛大迦叶、七世佛的舍利子等，在其他资料中都有详细的介绍，在此不作介绍。

① 敦煌古藏文写卷 P.T.960《李域教法史》，载《敦煌本藏文文献》，民族出版社，1985年，第262~263页，藏文原文第41~43行。

## 三、专有名词在藏文文献中对译的特征和规律

在《李域教法史》与《李域授记》中，涉及众多的地名和人名，其中有的是音译，有的是意译，我们基本看出了其对译过程中构词的特征和规律，具体表现在以下几个方面：

（1）藏文文献中的地名和人名所涉及语言的种类，有汉文名称、藏文名称、梵文名称以及其他语言名称，呈现出语言种类繁多的特点。

（2）从藏文文献中的汉语借词名称来看，如安西、安息“ཨན་སི།”、和田、“朱固”“དྲུ་གུ”、索西“སོག་ཁྲི།”、疏勒“ཤུ་ལིག”，并不是原本汉语的音译，更接近古代民族语言的名称。

（3）藏文文献中相当一部分国家和地区以及民族的名称，如印度称之为“嘉噶尔”（རྒྱ་གར།）、汉族地区称之为“嘉那合”（རྒྱ་ནག）、泥婆罗称之为“瓦布”（བལ་པོ།）、于阗称之为“李域”（ལི་ཡུལ།）、吐蕃称之为“东玛尔”（གདོང་དམར།）、突厥称之为“朱固”（དྲུ་གུ），只要在地名后面冠以“pa”或“ba”，就成人格化了的词“者”了。这样的称呼，由于笔者缺乏语言学的基础，不知是否与他们各自地区的语言相符合，但在操藏语的群体中，人们一见到就知其所指，这种构词风格形成了藏族固有的名称特点。

（4）从藏文文献中的梵文地名和人名来看，如伽蓝、菩萨、赡部洲、护法神贡布、护法拉鲁们、观世音菩萨、文殊菩萨、弥勒菩萨、地藏王菩萨、四大龙王、地乳王、夜叉王遍胜、吉祥天女等，这种词汇多出现在宗教佛学词汇的神祇中。这些地名和人名很大程度上反映了佛教术语专用名称的贴切对译，不仅说明自古就形成了适合藏文化的佛教术语，同时也说明我国佛教很早就完成了外来宗教本土化的过程。

（5）从藏文文献中的意译地名和人名来看，如“牛角山”“牛头山”，以及“协洽布”（玉河）“地乳王”等，巧妙而形象的对译，更加符合藏文的构词规律。

（6）从藏文文献的音译人名来看，基本保持了固有的语言特征，如梵文音译的人名印度国王阿肖嘎（阿育王）、若吉扎噶那（龙王）、比丘毗卢遮那、占赛（婆罗门）、阿尔雅洛（观世音菩萨）、释迦牟尼、印度国王巴布松达尔的管家西日丹等，保持了梵文固有的音调；如汉语名称的“公主”“金太师”“汉王公主肖佳”等，有音意全借的方式，如“公主”，也有半音译半意译的形式，如“金太师”“汉王公主肖佳”，其中“金”（སེར）、“汉王”是意译，而“太师”“公主肖佳”是音译。

综观所述，藏文文献中地名和人名对译过程中构词的特征，具体表现在以下几个方面：

（1）意译藏文名称及其对后世的影响。任何语言的创造发明、使用和普及，都需要一个

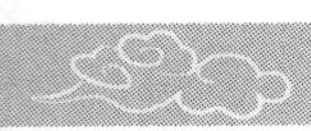

相当长的历史时期来规范和沉淀，而从藏文文献《李域教法史》与《李域授记》的语言构词规律和语法规律来看，公元八九世纪吐蕃的藏文，已经达到了一个相当高的水准。如敦煌古藏文写卷 P.T.960《李域教法史》产生的当时，除了个别词汇和语法不规范外，藏语词汇大部分已经定性。无论是外来佛教的词汇，还是生产生活用语的词汇均相当丰富且使用通畅，文字交流与流通已经不是民族间文化交流中的障碍了。

（2）梵文专有名词在藏文文献中的音译极为准确。藏文中的不少词汇，都与佛教文化有着千丝万缕的联系。藏文的创制与梵文有一定的联系。根据藏文文献记载，藏文的30个字母，其中的26个来自梵文54个字母中，所以翻译出的词汇的音调都很标准。

在《甘珠尔》和《丹珠尔》中，据我们掌握的资料，记载李域的就有8部，而藏文文献中涉及李域的藏文文献就更多了。其中《甘珠尔》中有四部，即《无垢光经》《日藏经》《月藏经》《牛角山授记》;《丹珠尔》中有四部，即《李域阿罗汉授记》《僧伽弹那授记》《善友传》《李域授记》。藏文文献《李域教法史》与《李域授记》中，无论是王统记的记述，还是教法史的撰写，都依其蓝本，成为撰写“李域”王统和佛教传播的重要内容，于是后来产生了与“李域”有关的《李域教法史》《汉藏史集》《贤者喜筵》《红史》《德吾政教史》《青史》《图观宗派源流》《白史》《东嘎藏学大辞典》《松巴佛教史》《国界明鉴旋转金玺》《郡王贡布坚赞之问答·王子欢乐之花朵》等王统记和教法史，对后世藏族文化产生了重大影响。

此外，根据我们的调查了解，在苯教藏文文献中，也有关于“李域”方面的零散记载，由于时间的关系和条件限制，未能涉及苯教文献。

总之，可看出在《李域教法史》与《李域授记》中，“李域”的地名和人名颇具特色，涉及多语言区的一些多名问题和不同文种地名、人名转写问题。这说明“李域”自古以来就是一个多民族杂居区。对这个杂居区的古代民族语言及已消亡民族语言地名的考证，以及地名中反映出的语言底层问题的研究，对丰富和发展中国地名学等学科的理论和实践都具有重要价值。

# 第五章
# 敦煌古藏文写卷《牛角山授记》(གླང་རུ་ལུང་བསྟན།) 的史料价值

藏文大藏经《甘珠尔》中的《牛角山授记》，是研究古代于阗历史及佛教传播的重要史料。近年来，随着藏文文献的广泛收集，经过众多研究者的艰苦求索，已基本将世界各地流散海外的敦煌古藏文历史文献收集齐全，这不得不说是一件有意义的学术贡献。令人欣喜的是《法藏敦煌古藏文文献》中也收录了2件《牛角山》残卷，即 P.T.953、P.T.961，这可以说是敦煌《牛角山授记》的抄本。这个抄本馆藏在北京大学图书馆，编号为 D055抄本①，这对我们进一步研究和考释起到了重要作用。

《牛角山授记》残卷北大 D055号，尽管末尾最后一行字迹模糊不清，但背面藏文的末尾题记及校经题记清楚地记载了该卷内容为《牛角山授记》。其重要的史料价值表现在以下几个方面：

（1）证实了大藏经《甘珠尔》的《牛角山授记》存在原始抄本。吐蕃时期《牛角山授记》在丝绸之路广泛传抄，是吐蕃时期于阗佛教东传敦煌的有力证据。

（2）证实了两部《牛角山授记》（འཕགས་པ་གླང་རུ་ལུང་བསྟན་པ་ཞེས་བྱ་བ་ཐེག་པ་ཆེན་པོའི་མདོ།）的一致性。通过比对，北大 D055号即敦煌抄本《牛角山授记》，内容与之高度一致，进一步证实藏文大藏经《甘珠尔》《丹珠尔》所收有关于阗5部论著所载于阗古历史有其真实性。吐蕃时期，佛经的抄写、审定都有其定式，如法藏敦煌古藏文写经 P.T.79A 是《圣摧伏豪强陀罗尼》（འཕགས་པ་མི་ཆོད་རྣམ་པར་འཇོམས་པ་ཞེས་བྱ་བའི་གཟུངས།），其末尾抄经题记如下：༄། །རྒྱ་གར་གྱི་མཁན་པོ་འཛི་ན་མི་ཏྲ་དང་དཱ་ན་

① 张延清：《北京大学图书馆藏敦煌藏文〈牛角山授记〉译解》，《中国藏学》2020年第3期，第199~204页。

ཤཱི་ལ་དང་། ཞུས་ཆེན་གྱི་ལོ་ཙཱ་བ་བན་དེ་ཡེ་ཤེས་སྡེས་བསྒྱུར་ཅིང་ཞུས་ཏེ་གཏན་ལ་ཕབ་པོ།（天竺堪布孜那密札、达那什喇和大校阅翻译师比丘智军翻译、校阅并审定）。以大译师智军领衔的印度译师、藏族译师团队从梵文翻译了《圣摧伏豪强陀罗尼》（འཕགས་པ་མི་རྒོད་རྣམ་པར་འཇོམས་པ་ཞེས་བྱ་བའི་གཟུངས།），并做了审定，言下之意是这部经典已经可以作为正式经典在吐蕃全境传抄、流布了。再如法藏 P.T.551《大乘稻秆经》（འཕགས་པ་ས་ལུ་ལྗང་པ་ཞེས་བྱ་བ་ཐེག་པ་ཆེན་པོའི་མདོ）也是经由大译师智军用文字改革后新厘定的藏文翻译，并做了最后审定，可以在吐蕃全境传抄，写经题记为：བན་དེ་ཡེ་ཤེས་སྡེས་བསྒྱུར་ཅིང་ཞུས་ཏེ། སྐད་གསར་ཆད་ཀྱིས་ཀྱང་བཅོས་ནས། །གཏན་ལ་ཕབ་པའ།། ||（沙弥智军翻译、校对，用新文体整理后审定）。

（3）证实了《牛角山授记》的校对者。在藏文大藏经《甘珠尔》的《牛角山授记》中，没有校对者的记载，而敦煌古藏文历史文献中的《牛角山授记》（残卷北大 D055号）中清清楚楚地记载了校对者的名字为"比丘益西嘉瓦（ཡེ་ཤེས་རྒྱལ་བ།）"。

（4）于阗是吐蕃经营西域所设的三大译场之一。P.T.79A、P.T.551是大译师智军及其团队在吐蕃本土译场桑耶寺翻译的经典。根据写经尾题，北大图书馆藏《牛角山授记》是在于阗翻译，并最终经由吐蕃高僧益西嘉瓦（ཡེ་ཤེས་རྒྱལ་བ།）远赴于阗审定后沿丝绸之路流传到敦煌的经典。结合藏汉文传统典籍记载，证明了于阗是吐蕃经营丝绸之路期间所设的三大译场之一（另外两个译场是吐蕃本土和敦煌译场）。

（5）证实了藏文文献李域地理名称的真实性。《牛角山授记》是讲佛祖亲率弥勒等众菩萨、舍利弗等众弟子飞赴于阗讲经传法，进而派舍利弗和毗沙门决海，将本为泽国的李域变为陆地的故事。内容虽有虚妄的成分，但也透露了一些历史信息。一般认为李域都城在今和田西南20余里的约特干村（Yotkan）[①]，位于和田河上游两个源头喀拉喀什河和玉龙喀什河的中间地带。南部为喀喇昆仑山，每年夏天天气炎热时雪山上冰川融化，滚滚洪流倾泻而下冲刷李域，泛滥成灾，也会时而荡平三角洲地带的李域古城。这种自然现象实际上是古代于阗人民遭受自然灾害的历史记忆。两河横穿塔里木盆地，与叶尔羌河交汇最终流入塔里木河，形成塔里木盆地一条绿色长廊。

《汉书·西域传》载："于田国，王治西城……南与婼羌接，北与姑墨接。……姑墨国，王治南城……南至［于］阗马行十五日，北与乌孙接。"[②] 姑墨在今阿克苏境内。《水经注》记载姑墨国"治南（城），南至于阗，马行十五日"[③]。由此证明，自汉至北魏，于田与姑墨都是直接相通的。

（6）吐蕃与李域山神信仰的一致性。和田河北流经过"麻札塔格山"，此山是大沙漠中最

---

① ［唐］玄奘、辩机著，季羡林等校注：《大唐西域记校注》（下），中华书局，2000年，第1010页注释（1）。

②《汉书·西域传》，中华书局，1964年，第3881、3910页。

③ 王国维校：《水经注校·河水二》，上海人民出版社，1984年，第40页。

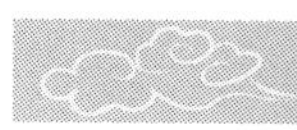

大的一座山体，大致呈东西走向，长约10公里，宽约2~8公里，相对高度10~40米。西部与古董山和西偏北走向的乔喀塔格断续相连。东部紧临和田河岸。[①] 麻札塔格山，唐代称“神山”，《新唐书・地理志》记载：“自拨换南而东，经昆岗，渡赤河，又西南经神山、睢阳、咸泊，又南经疎（疏）树，九百三十里至于阗镇城。”[②] 麻札塔格山在临近和田河的东向部位有两个山嘴：北边的山嘴由白云石组成，呈白色；南边的山嘴由红砂泥岩组成，呈红色。因此当地人又称之为“红白山”。在红山嘴上有古戍堡一座，紧依山体北面顺坡垒筑，南凭陡峭断岩，东近河岸，凛然高峙，形势险要。古戍堡之西，在同一山脊上约50米处有烽隧台一座。[③]

吐蕃经营西域期间，神山堡是吐蕃联系塔里木盆地南北重要通道上的隘口，常年有驻军把守，斯坦因从神山堡发掘出土的藏文木简有30多件与于阗神山有关。[④] 如 M.Tagh.b. Ⅰ .0012木简是发给神山堡节儿和岸本的公函：①……གིས། །ཤིང་ཤན་གྱི་。②རྩེ་རྗེ་དང་མངན་ལ་སྤྲིང་།（……发往神山节儿和岸本之[⑤] 公函）。节儿这一官职是吐蕃在丝绸之路沿线各地设置的当地最高行政长官，如吐蕃在沙州设有此职，称沙州节儿。由此观之，神山节儿还有民事需处理，此地可能还有百姓居住。麻札塔格出土 M.Tagh.c. Ⅱ .0040木简也是发往神山，给神山岸本的公函，始发地是于阗：

A 面：①ཙ་ རྟེན་གྱི་རྩིས་ས་ནས། །ཤིང་ཤན་གྱི་མངན་ལ་སྤྲིངས་པ②ཉིན་ཞག་གཅིག་ལ་ལྔ་ཚོད་དུ་བཏང་སྟེ། །འཕྲིན་བྱང་འདི་རིངས་ལ་ཀོ་ཆེས་པ

B 面：①དམ་དུ་ཟུང་ལ། འཕྲིན་བྱང་དུས་མ་ཕྱིནད་དམ་ཁྲམས་པར་གྱུརད་ནའ②གིས་ནོངས་པ། ཆད་པས་ཁྲིམས་བཞིན་དུ་གཅད་དོ། །ཙ་རྟེན་ནས་ཚེས་（从于阗度支处发往神山岸本公函：此为重要急递，时间紧迫，务须一昼夜赶五驿站，如若延误，不能及时送达，或有失误，将依法严惩，自于阗 × 日……）[⑥]

从木简内容来看，神山堡由吐蕃驻于阗军镇管辖，而上引 M.Tagh.b. Ⅰ .0012木简也应该是从吐蕃于阗军镇发出的公函。

M.Tagh.c. Ⅲ .0034也是送往神山堡的急递木简：A 面：①སྲི་སྣང་དང་། །མདོ་བརྩན་བསོ་ནོར་གྱིས།། ཤིང་ཤན②འཕར་དུ། ཡོས་བུ་ལོའི་དབྱར་སླ་ཐ་ཆུངས་ཚེས་ཉི་ཤུ་གཉིས་③ཙ་ཐེན་ནས་སྤྲིང་སྟེ། །སོ་འཕར་འདི་རིངས་ཀྱིས། ཉིན།

① 侯灿：《麻札塔格古戍堡及其在丝绸之路上的重要位置》，《文物》1987年第3期，第63~75页。

②《新唐书・地理七下》，中华书局，1975年，第1150页。

③ 侯灿：《麻札塔格古戍堡及其在丝绸之路上的重要位置》，《文物》1987年第3期，第63~75页。

④ Thomas, TLTD, Part Ⅱ , pp.198—212。

⑤ 录文参见王尧、陈践编著：《吐蕃简牍综录》，文物出版社，1986年，第387条；此录文也收入《王尧藏学文集》卷3，中国藏学出版社，2012年，第134页。译文参见《吐蕃简牍综录》第69页、《王尧藏学文集》卷3，第237页。王尧译文将“（？）”译为“鄯善”显系有误，木简的出土地为麻札塔格，木简载明是发往“（？）”，说明木简所载“（？）”即为今天的麻札塔格，也即唐代的“神山”，如果是发往古鄯善所在地，就不可能出现在麻札塔格。下文中的两木简统一将“（？）”译为“神山”。

⑥ 录文参见《吐蕃简牍综录》，第266条，载《王尧藏学文集》卷3，第90页；汉译文参见《吐蕃简牍综录》第59页，载《王尧藏学文集》卷3，第220页。

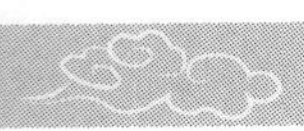

B 面：①དམ་དུ་ཟུང་ལ། དཔང་ཞག་དུ། ཚོགས་ཤིག། ཕྱིས་སོ་ཕར་ཁྱམས ②ཤིང་། ཕར་མ་སྐྱོལ་བསྐྱོ་ལ། ཆད་པ་ཆེར་གཅད་དོ། །（斯贝宕及朵赞散保儿于兔年夏六月二十二日从于阗往神山堡驿传：此为急递，白天急送，夜宿驿站，不得延误，如有耽延或不达，将从严惩处！）①

（7）忠实地记载了李域发生的自然灾害。《牛角山授记》中记载了佛祖为消除于阗水患，派舍利弗和毗沙门天王决海引水。遵佛指令，舍利弗持三叉戟，毗沙门（声闻子）持茅，依强力将神山（ཤིང་ཤན།）劈一半，置于西方，开辟河道，将海中众生悉皆引入“ཀྱི་ནོ་ཙང་པོ།”（计首河）。这里藏文“ཤིང་ཤན།”即为“神山”音译，而计首河（ཀྱི་ནོ་ཙང་པོ།）在汉文典籍中也有记载，《通典·于阗传》小注载于阗河：“名首拔河，亦名树拔河，或云即黄河也。北流七百里，入计戍水，一名计首水，即葱岭南河，同入盐泽。”② 葱岭南河一般均指叶尔羌河。显然《牛角山授记》所载“ཀྱི་ནོ་ཙང་པོ།”即《通典》所载“计戍水”或“计首水”音译。

《牛角山授记》所述毗沙门天王与舍利弗决海，劈神山，将于阗海子积水引入计首河的故事，是佛教徒将于阗人民治理自然灾害的记忆以及自然地貌和河流走向等附会到了神话故事中。如于阗河流经麻札塔格红白二山，山势险要，如刀劈斧凿，于阗河自山前流过，这在《牛角山授记》中被认为是毗沙门天王与舍利弗劈山引水所致。德格版和敦煌抄本《牛角山授记》中都出现了“计首河”藏文音译“ཀྱི་ནོ།”。二者的区别在于德格版将“ཤིང་ཤན།”写作“ཤའི་རི།”（希尔山），显然与汉文典籍中的“神山”不是同一座山。而北大写卷的主要价值在于准确地记载了于阗河北流必经之地“ཤིང་ཤན།”，即神山。由此观之，北大藏《牛角山授记》所载毗沙门天王决海是古代于阗人民疏浚河道、治理水患的历史记忆。《牛角山授记》不仅记录了吐蕃时期西域重要关隘、河流的名称，而且纠正了藏文大藏经《甘珠尔》中的失误。

① 录文参见《吐蕃简牍综录》，第135条，载《王尧藏学文集》卷3，第57页；汉译文参见《吐蕃简牍综录》第48页，载《王尧藏学文集》卷3，第200~201页。

②《通典·于阗》，中华书局，1988年，第5224页。

③ 伯希和断定此残卷为《于阗授记》残卷，残卷馆藏代码法为 P.T.0953，实际上是《牛角山授记》残卷。

# 第六章
# 关于新发现的手抄本《李域文书》

## 第一节　《李域文书》及其定名

手抄本《李域文书》，以下称《文书》是收藏在西藏自治区博物馆中的一份珍贵文献。据言此文献来自扎什伦布寺，“文化大革命”期间运至北京民族文化宫，2004年，民族文化宫将西藏运来的部分藏文经典返还，这部经典则辗转运至拉萨，并馆藏在了西藏自治区博物馆。以前没有出现过对该文献相关的释读、研究成果，这是因为许多同行在看过这个本子之后，都发现了对其识别、翻译的难度。

该藏本纸质为灰白色，藏皮纸，页面整体无残损，只是书边稍有破损，整体保存完好。总计7叶14面，每叶长、宽分别为35.9cm × 75cm，每叶双面书写，若要将书籍末尾的祝福语“吉祥”（mangglm）算上，总计87行。

文献由吾麦体（དབུ་མེད།，行书）书写而成，从风格上分析是介于“瓦尔知”（བར་འབྲི།，适中体）[1] 和“夏尔玛”（གཤར་མ།，行草体）[2] 之间的一种字体，有个别地方字迹模糊不清，大部分字迹清晰可辨，文中有部分错别字和异体字出现。

要解决文献的定名问题，首先要掌握文书的性质。文书末尾落款如下：

---

① 适中体藏语称为“瓦尔知”（bar–vbri），这种字体是珠匝体的变异，字的基本结构还是基于珠匝体，力求缩小缩短字的大小长度，呈现出疏密合理、井然有序、经脉相连、全篇一气呵成的特点。这种写法是僧侣抄录经典著作惯用的草体。见丹曲：《安多地区藏族文化艺术》，甘肃民族出版社，1997年，第360页。

② 行草体藏语称“夏尔玛”（gshar–ma），这种字体笔法欢快、生动活泼，更富有实用性，在手抄经卷中也惯用此体，是练习草书的第五个阶段。见丹曲：《安多地区藏族文化艺术》，甘肃民族出版社，1997年，369页。

比丘布奈雅著，献给佛法施主郡王贡保坚赞。

所谓献给施主，则其具有宗教性质。

其次，要为之定名，还需对其内容加以分析。文书的内容是围绕“李域”名称之由来、李域与“喀夏”不同的原因、李域为何称之为“李域”、李域人的种族、佛教在李域的弘扬情况等，仿佛是在作一篇关于澄清“李域”历史真面目的论文，通过大量旁征博引，试图考证关于“李域”若干人们搞不清楚的地方。在作者的谒子里，更有“深经细史历久难分”“殊胜言教经典来分辨”等语，说明这是一篇答难解疑性质的文书。

根据上述分析，我们考虑将文书拟定名为《郡王贡保坚赞书》。但是，这里的君王贡保坚赞又是以施主的身份来接受这份文书的，故我们不得不考虑其宗教成分，觉得不便以世俗文书的名称加以定名，故定其名为《李域文书》，理由如下：

（1）文献开始即开宗明义地说明了“李域”名称出现的合理性（见第1页正面第1~2行）。之后，更是多次阐述“李域”这一名称与其他地名、区域名的不同，如李域与“喀夏”之不同（见第4面背）、李域与“泥婆罗”不同（见第6页正面）等，并论述了“李域”名称在古代作为地名无可非议（见第7页正面）。

（2）该文献不似敦煌本《李域教法史》和德格本《李域授记》那样有着详细的于阗王统记述和佛法传承历史的内容，而是相当简略地概述了李域建国后佛法的流传情况。

（3）作者对各种经典的引用，也多侧重于可成为地理区域考证的内容，而对佛法的流传则未像其他教法史那样详细描述。故定名为《李域文书》，既能兼顾如前所述之文书的性质，亦能反映其本身内容和主题。

## 第二节 《李域文书》的作者及写作年代

本文书作者署名为比丘布奈雅。“布奈雅”系梵语，“格隆”为藏语，比丘意，藏语པུཎྱ，可译为“索南”（བསོད་ནམས།），汉译即“福德”。在藏族历史上，萨迦统治西藏时期，有一著名的学者叫萨迦奥尔瓦索南隆珠（ས་སྐྱ་ངོར་པ་མཁན་ཆེན་བསོད་ནམས་ལྷུན་གྲུབ།），他曾经在萨迦奥尔瓦寺院（ངོར་ཨེ་དགོན་པ།）就任堪布，本文的作者是否就是此人，尚待进一步考证。此人的生卒年不详，但其弟子也是藏族历史上著名的萨迦派佛学大师，名为萨迦奥尔瓦贡却乎隆珠（ས་སྐྱ་ངོར་པ་མཁན་ཆེན་དཀོན་མཆོག་ལྷུན་གྲུབ།），生于1497年，卒于1541年，也曾在萨迦奥尔瓦寺院就任堪布。从弟子的生卒年来推测，“比丘布奈雅”应当生活在15世纪后半叶到16世纪初。文书写作年代应当不会

超过15世纪末，文书中使用了大量古词。所谓古词，不是现代意义上的藏文。藏文历史上进行了三次厘定，始于11世纪初，止于15世纪初，即15世纪以后，这些古词基本上从藏文文献中消失了，故文书写作年代当在15世纪末至16世纪初期。

## 第三节　《李域文书》的参考文献

文书虽然只是紧紧围绕李域地方的历史详加考证，但引用的经典可谓丰富，除早期作品如《日藏经》（ཉི་མའི་སྙིང་པོའི་མདོ།）、《月藏经》（ཟླ་བའི་སྙིང་པོའི་མདོ།）、《牛角山授记》（གླང་རུ་ལུང་བསྟན།）、《僧伽弹那授记》（འཕགས་པའི་དགེ་འདུན་གྱི་ལུང་བསྟན་པ།）、《善友传》（དགའ་བའི་བཤེས་གཉེན་གྱི་རྟོགས་པ་བརྗོད།）、《李域授记》（ལི་ཡུལ་དུ་ལུང་བསྟན་པ།）等外，还有萨迦时期的《佛的教问经》（སངས་རྒྱས་ཀྱི་ཞུ་འཕྲིན།）、《道果夏玛派》（ལམ་འབྲས་ཞ་མ་ལུགས།）、杰增泽摩（རྗེ་བཙུན་རྩེ་མོ།）《遍入佛法门》（ཆོས་ལ་འཇུག་པའི་སྒོ།）、遍知布敦（བུ་སྟོན།）的《大轮胜乐佛教史》（འཁོར་ལོ་བདེ་མཆོག་ཆོས་འབྱུང་།），以及噶维高恰（དགའ་བའི་གོ་ཆ།）所著《大修辞注疏·喜悦之武器》《大修辞注疏》（སྙན་ངག་ཆེན་པོའི་འགྲེལ་བ།）和《卓玛热萨迎请经》（སྒྲོལ་མ་རལ་ས་གྱེན་འདྲེན་གྱི་རྒྱུད།）等著作[①]。此外，还有现已佚亡的《香更志》（ཞིང་ཀུན་གྱི་དཀར་ཆག）和《卓热萨景经》（སྒྲོལ་རལ་ས་གྱེན།）等。对上述两书的提及，为我们今天了解两书的内容提供了重要信息。

## 第四节　《李域文书》的世俗化特征

本文献的文末题记云：

> 比丘布奈雅著，献给佛法施主贡保坚赞。[②]

这里施主贡保坚赞，无疑是一位藏族人，但目前我们尚无关于贡保坚赞的任何资料。而本文献落款中出现的“献给施主某某人”的这种样式，在藏文经书中是极为罕见的，一般僧人写经，文末都会落上“在某某上师授意下写某某经”，或直接落名“某某译”。因此，这里的落款样式，带有汉传佛教回向文的一些特征。但根据《东嘎藏文大辞典》中提供的信息来看，“མིའི་དབང་པོ།”一般指“郡王颇罗鼐”，那此文书就是作者对郡王所作的答疑。当然，对此我们还有进一步考证的空间。

---

① 比丘布奈雅：《李域文书》（藏文手抄本），第1叶 A 面。

② 比丘布奈雅：《李域文书》（藏文手抄本），第7叶 B 面。

# 第七章<br>藏文文献《世界广说》(འཛམ་གླིང་རྒྱས་བཤད།)<br>及其李域历史记载

藏文文献《世界广说》，又称《赡部洲志》，作者是四世敏珠尔呼图克图，是青海大通广惠寺（今青海省大通土族回族自治县所属）的寺主。《世界广说》有着极其重要的学术价值，是我国藏族学者记载世界历史地理的代表作。《世界广说》成书于清朝道光十年（1830年）。该书内容记述了南亚、东南亚，及我国青藏高原与内地，以及世界其他地区等地的地理概况、社会风俗、历史文化、气候物产等内容，特别是记载了欧洲、非洲、美洲等洲的地理概况。该书特别重要的一个特点是记述了于阗国的历史，为我们治于阗史研究提供了重要的参考史料。

作者于19世纪20年代在北京担任驻京呼图克图，曾前往蒙古、西藏、中原等地游历任职，在此期间也结识了同在北京的国外传教士，广泛的社会交往为此书的撰写提供了重要条件，也积累了丰厚的资料。

## 第一节　《世界广说》的国内外研究回顾

四世敏珠尔曾于19世纪20年代在北京担任驻京呼图克图，在此期间结识了同在北京的国外传教士，有着丰富的人生经历。《世界广说》成书后，引起了国内外的广泛关注，成为颇具影响的一部藏文文献。随着藏学的兴起，《世界广说》在国内外也具有一定的影响。就其文本的翻译，迄今为止国外主要有四位学者对此书进行过译注。首推达斯，1881年在其赴西藏考察期间，在日喀则扎什伦布寺发现了所藏的《世界广说》写本，达斯将书中涉及的西藏部分进行了

英译，题为《由安多喇嘛赞布诺们汗的地理名著〈世界广说〉所见之西藏简志》[①]，译本于1887年在加尔各答出版。第二位系18世纪俄国著名的汉学家瓦西里耶夫（又名“王西里”），他曾跟随第十二届俄罗斯东正使布道团到过北京，翻译了《世界广说》中的青藏高原部分，直到1895年译本才得以出版。[②] 第三位译者系威利，1958年在华盛顿大学就读，其间以《世界广说》为文本撰写了题为《根据〈世界广说〉所见之西藏地理》[③] 著作，1962年在《罗马东方学》第25期出版。此后，威利用英文译注了《世界广说》中的“尼泊尔”部分，以《尼泊尔的藏族宗教地理》[④]，于1970年在《罗马东方学》第42期出版。威利还曾分别于1965年和1968年在《藏族的地理学传统》和《藏族路书》中，从藏族地理学术史的角度评价了《世界广说》，认为该书在编写体例和文本风格方面具有新意[⑤]；1970年，威利发表的《克里斯托弗·哥伦布来自香巴拉吗？》[⑥] 考证了《世界广说》中 Me-pa-ra-dza 的词源。1963年，伯戴克对威利《根据〈世界广说〉所见之西藏地理》发表了书评[⑦]，罗列了29条，对书中的译文和注释错误做了订正。1957年，威利的文章《藏族地理著作〈世界广论〉成书年代的讨论——基于该书对西半球的描述》[⑧] 讨论了《世界广说》的成书年代。第四位译者为洛桑永丹（blo-bzang-yon-lan），写作了论文《Tibet Charts The World: The Bstan Po No Mon Han's Detailed Description of the World, an Early Major Scientific World in Tibet》[⑨]（即《西藏描绘世界：赞布诺们汗的〈世界广说〉，一部西藏早期重要的科学著作》）。文章中很大篇幅是对《世界广说》的英文摘译。此外，文章还记述了作者四世敏珠尔的生平、《世界广说》的资料来源以及该书对于藏族知识界的影响。1990年丹·马丁的文章《边界上的人类学和人类学的边界》[⑩] 对《世界广说》的欧洲部分进行了翻译，并分析了四世敏珠尔的地理学思想。从上述可以看出，《世界广说》在国外学界节译的同时，还有部分学者

① Sarat Chandra Das: “Narrative of a journey round Lake Yamdo（palti）”, Calcatta, 1887, Part VII, pp.117–130.

②《帝俄科学院论丛》，历史—语言类第二卷，圣彼得堡1895年出版。

③ Turrell V.Wylie: “The geography of Tibet, according to the Dzam-gling-rgyas-bshad”, Introduction, Roma, 1962.

④ Turrell V.Wylie: “A Tibetan religious geography of Nepal”, Introduction, Roma, 1970.

⑤ Turrell V.Wylie: “The Tibetan Tradition of Geography”, Bulletin of Tibetology, vol.12, no.1（1965）, pp.17–25; “Tibetian Passports”, Central Asiatic Journal, vol.12, no.2（1968）, p.149.

⑥ Turrell V.Wylie: “Was Christopher Colombus from Shambhala?”, Bulletin of the Institute of China border Area Studies（Taipei）（vol.1）, 1970, pp.24–34.

⑦ L.Petech: “Review”, T'oung Pao, Second Series, vol.50, livr.1/3（1963）, pp.336–343。

⑧ Turrell V.Wylie: “Dating the Tibetan Geography Dzam gling rgyas bshad through its description of the western hemisphere”, Central Asiatic Journal（vol.IV–4）, 1959, pp.300–311.

⑨ Lobsang Yongdan: “Tibet chart the world: The bstan po no mon han'i detailed description of the world, An early major scientific work in tibet”, Tubble, Grayed mapping the Modern in Tibet, international Institue for Tibetan and Buddhist studies, Königswinter, 2011, pp.73–134.

⑩ Dan Martin: “Anthropology on the Boundary and the Boundary in the Anthropology”, Human studies（Boston）, vol.3, no.2,（April 1990）, pp.119–145.

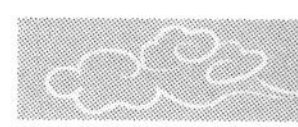

进行了专题研究。

《世界广说》在国内的研究，早期为19世纪中叶，拉卜楞寺高僧智观巴·贡却丹巴饶吉（1801—？）在《安多政教史》（成书于1865年）中就将《世界广说》列入其参考书目的章节之中。[①]拉卜楞寺的高僧仲译钦莫·西热布嘉措所编写的《部分珍奇书籍记录·求索者心意睡莲盛开之月光十万荷穗》中也说《世界广说》为拉卜楞寺历辈嘉木样活佛的藏书[②]。

房建昌的《藏文〈世界广论〉对于中国地理学史的贡献》[③]，将《世界广说》置于中国地理学史的背景下进行分析，评价此书对青藏高原的自然地理描述系统且颇具匠心。吴均的《藏族文化史上研究世界地理的新篇章——〈世界广论〉评述》[④]一文，从藏族文化中去探索藏族人对世界的认识，对该书的内容和学术价值也进行了论述和评价。看本加的《十九世纪一位藏传佛教活佛笔下的"世界图景"与"他者"——以〈世界广说〉为中心的讨论》[⑤]一文，从人类学的研究角度去解读《世界广说》对客观世界的描述，探寻作者对世界的认知情况。

魏毅，以《世界广说》为文本撰写了题为《发现欧洲：〈世界广说〉（Dzam-gling-rgyas-bshad）——欧洲部分译注与研究》[⑥]的博士论文，对作者进行了介绍，并对《世界广说》及成书年代也进行了研究。魏毅通过博士论文的撰写，形成了系列论文，其中《〈世界广说〉与〈职方外纪〉文本关系考》[⑦]考证了《世界广说》欧洲部分的文本来源是《职方外纪》，并根据其他的资料来源进行了改编和补充。《〈世界广说〉所见藏俄文化交流》[⑧]一文，对作者与俄国东正教团成员进行了考证。《〈世界广说〉（Dzam gling rgyas bshad）Me-pa-rā-dza考——兼评哥伦布"转轮王"尊号之由来》[⑨]文章剖析了《世界广说》将哥伦布称为"靴王"的内涵和由来；《孰为汉地（རྒྱ་ནག）：〈世界广说〉（འཛམ་གླིང་རྒྱས་བཤད།）对于汉地的地理认知》[⑩]一文，从文化地理、政治地理、宗教地理三个层面论述了《世界广说》中对于祖国中原地区的记载，并以此进一步分析了清代蒙藏知识阶层对中原地区的地理认知与观念。

---

① 智观巴·贡去乎丹巴饶吉：《安多政教史》（藏文版），甘肃民族出版社，1989年，第6页。

② 张庆有：《拉卜楞寺仲译钦莫·西热布嘉措及其藏族罕见珍籍文献编目》，《西藏艺术研究》1997年第1期，81页。

③ 房建昌：《藏文〈世界广论〉对于中国地理学史的贡献》，《中国历史地理论丛》1994年第4期。

④ 吴均：《藏族文化史上研究世界地理的新篇章——〈世界广论〉评述》，载《吴均藏学文集（下）》，中国藏学出版社，2007年。

⑤ 看本加：《十九世纪一位藏传佛教活佛笔下的"世界图景"与"他者"——以〈世界广说〉为中心的讨论》，《青海社会科学》2017年第3期。

⑥ 魏毅：《发现欧洲：〈世界广说〉（Dzam-gling-rgyas-bshad）——欧洲部分译注与研究》，复旦大学博士论文，2014年。

⑦ 魏毅：《〈世界广说〉与〈职方外纪〉文本关系考》，《历史地理》2014年第1期。

⑧ 魏毅：《〈世界广说〉所见藏俄文化交流》，《中国边疆史地研究》2014年第3期。

⑨ 魏毅：《〈世界广说〉（Dzam gling rgyas bshad）Me-pa-rā-dza考——兼评哥伦布"转轮王"尊号之由来》，《海洋史研究》2018年第1期。

⑩ 魏毅：《孰为汉地（རྒྱ་ནག）：〈世界广说〉（འཛམ་གླིང་རྒྱས་བཤད）对于汉地的地理认知》，《中国藏学》2018年第3期。

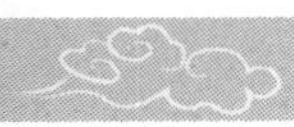

在藏族史学史的研究中，《世界广说》被归类为藏族志书或者是藏文地理类著作。王尧等先生的文章《试论藏族的史学和藏文史籍（续）》[①]中将《世界广说》归为藏文地理类著作，并认为此书最有价值的部分是关于西藏地理的记载。四世敏珠尔从在北京俄国传教士处获得的关于世界各大洲的地理知识，成为书中叙述世界地理的重要资料来源。王尧在《贤者喜宴·吐蕃史》的序言中对《世界广说》也做了介绍。[②]孙林在《藏族史学发展纲要》[③]中也将《世界广说》归为地理志，认为作者四世敏珠尔是根据《阿毗达摩俱舍论》的理论来构建了一个世界的地理、人种、国家、地区、物产、宗教及历史源流，书中最具价值的部分为有关青藏高原地理的记述。刘凤强的《清代藏学历史文献研究》[④]和论文《论清代藏族的方志》[⑤]将《世界广说》归为藏文地理志，认为《世界广说》涉及四世敏珠尔所认知的世界、地理、国家、宗教等广泛的内容，反映出清代藏族学者宽广的地理学视野。藏译汉的过程中，魏毅和古格·其美多吉（藏译汉）进行了翻译，前者进行了节译，后者进行了全译。魏毅在撰写博士论文《发现欧洲：〈世界广说〉（Dzam-gling-rgyas-bshad）——欧洲部分译注与研究》的过程中，将"欧洲部分"的内容进行了校勘，整理出了《世界广说》中欧洲部分的汉译和注释。译者古格·其美多吉，对《世界广说》一书进行了全本的翻译和注释，并于2017年由西藏人民出版社出版。[⑥]而在藏文文献整理和介绍方面，徐丽华将《世界广说》做了题解，收录在《藏学图籍录》中，该书于2010年由广西人民出版社出版。[⑦]

《世界广说》成书于清朝道光十年（1830年），比《海国图志》早问世了十多年，详细记述了世界各地的地理概况，不仅在藏文典籍中有着重要的影响，在中国地理学史上也占有着一定的地位。"《世界广说》是西藏本土或藏（族）人对世界的认知的典型个案，对中国人类学而言，颇具启示意义。"[⑧]

① 王尧、沈卫荣：《试论藏族的史学和藏文史籍（续）》，《史学史研究》1988年第3期。

② 巴卧·祖拉陈瓦著，黄颢、周润年译注：《贤者喜宴·吐蕃史》，西宁：青海人民出版社，2017年，前言第10页；序言中对《世界广说》的介绍，与《试论藏族的史学和藏文史籍（续）》中的内容相同。

③ 孙林著：《藏族史学发展史纲要》，中国藏学出版社，2006年。

④ 刘凤强著：《清代藏学历史文献研究》，人民出版社，2015年。

⑤ 刘凤强：《论清代藏族的方志》，《历史文献研究》2014年第1期。

⑥ 坚贝却吉·丹增赤列著，古格·其美多吉译：《世界广说》，西藏人民出版社，2017年。

⑦ 徐丽华：《藏学图籍录》，广西师范大学出版社，2010年，第388页。

⑧ 看本加：《十九世纪一位藏传佛教活佛笔下的"世界图景"与"他者"——以〈世界广说〉为中心的讨论》，《青海社会科学》2017年第3期，1页。

## 第二节　广惠寺及其作者四世敏珠尔呼图克图

《世界广说》的作者是四世敏珠尔呼图克图·坚贝却吉·丹增赤列（vjam–dpal–chos–kyis–bstan–vdzan–vphrin–las）。他是青海大通广惠寺（今青海省大通土族回族自治县所属）的活佛。四世敏珠尔呼图克图的生平履历较丰富，其著作《世界广说》的影响较大，是为数不多的记载世界地理历史的藏文著作。

四世敏珠尔呼图克图，又称为"喇嘛赞波"，名号来自赞波（布）寺，是其所住持寺院——广惠寺的别称。广惠寺，最早称为赞布寺，因顺治六年（1649年），赞布·端智嘉措（又称顿珠嘉措、东珠嘉措）创建此寺而得名[①]，又因此寺建于俱足黄金之大小山沟，而被称为赛科寺（gser–khog–dgon–pa）[②]，有"金色山沟"之义。该寺的全称"赞布寺噶丹达曲林"（意为"兜率正法州"），为顺治十年（1653年），五世达赖喇嘛从内地返回西藏，途中留宿此处讲经所赐名。一世敏珠尔·赤烈龙珠为寺院住持时，寺内各经院以采用哲蚌寺郭莽学院的教程而闻名，此寺也因此被称为安多郭莽寺。[③]雍正元年（1723年），赞布寺受到"罗卜藏丹津事件"的牵连而毁于战火，雍正七年（1729年），在二世敏珠尔·洛桑丹增嘉措的主持下开始恢复重建，在雍正十年（1732年）寺院建成，雍正皇帝赐匾额"广惠寺"并撰写碑文以作纪念，"广惠寺"开始作为其正式名称出现，虽然乾隆二十一年（1756年）赐匾"法海寺"，但仍以"广惠寺"为其正式名称沿用至今。广惠寺是青海四大名寺[④]之一，有着极高的名望，在许多藏文文献中都有记载。《土观宗派源流》中对广惠寺做了介绍："郭隆寺第十住持喇嘛赞普巴·顿珠嘉措在色科建立甘丹当却林寺，……法门大盛。内分上下哲学、密宗和医药学院四院，由敏珠诺们汗的世代转世继承住持。"[⑤]四世敏珠尔在《世界广说》中也介绍了自己的驻锡地："此寺有我的前世在位时，从西藏迎请的达孜觉沃等佛像，寺住僧众近两千人，从前言教较旺盛。"[⑥]此外，在《格鲁派教法史》《如意宝树史》《安多政教史》等著作中也都有广惠寺历史的相关记载。

敏珠尔呼图克图，是广惠寺中重要的活佛系统。敏珠尔（Smin–grol），汉文史籍中也被译

---

① 有关赞布寺的创建有一个故事：当赞布·端智嘉措选定建寺地址之后，此处有一个牧民居住，赞布·端智嘉措告知牧民："请迁居他处，我要在此建寺。"牧民见势，道："这位喇嘛真赞布呀！"（赞布，藏语有霸道、严厉之义）赞布·端智嘉措听说后大悦，说"真是缘起良好，以后将有赞波寺美名远扬。"便对牧民求征地皮，定址奠基。此故事见于《广惠寺志》。

② 赛，藏语意为金色、黄金。

③ 见于四世敏珠尔所著《世界广说》。

④ 青海四大名寺除了广惠寺，其余三座分别为夏琼寺、佑宁寺、却藏寺。

⑤ 土观·罗桑却吉尼玛著，刘立千译：《土观宗派源流》，西藏人民出版社，1985年，第163页。

⑥ 坚贝却吉·丹增赤列著，古格·其美多吉译：《世界广说》，西藏人民出版社，2017年，第73页。

作“敏珠勒”或“敏卓尔”，意思是“成熟解脱，灌顶讲经”[①]，在汉语中也有“无违”之义。敏珠尔世系最早始于赤烈龙珠（1622—1699年），生于安多地区南部的曲科附近赞莫纳（今青海省海北州海晏县群科滩），曾经担任拉萨哲蚌寺郭莽学院堪布一职，五世达赖喇嘛授予其“敏珠尔诺们汗”（Smin grol no mon han），并派其返回故土安多地区传授佛法，遂被迎往赞布寺，在赞布·端智嘉措圆寂之后成为寺主并主持寺务。此后，历辈敏珠尔呼图克图均成为赞布寺的寺主，敏珠尔呼图克图也因此被称为“赞布诺们汗”。二世敏珠尔呼图克图·洛桑丹增嘉措，在雍正四年（1726年）时奉旨进京出任堪布[②]，被授予“呼图克图”名号，后返回青海，主持修复赞布寺。自二世敏珠尔起，历辈敏珠尔呼图克图均赴京任职，参与蒙藏事务。作为清代重要的驻京呼图克图之一，历辈敏珠尔呼图克图在北京以普静禅林寺（俗称东黄寺）作为其驻锡地，并管理寺内僧俗徒众、牧丁三百余名。[③]《蒙藏佛教史》：“东黄寺旧称普静禅林，顺治八年奉敕改建为喇嘛驻锡之所。……正殿之西旧有敏珠尔呼图克图仓一座，寺即属之管理。”[④]在四世敏珠尔所著《世界广说》中对此寺也有介绍：“城外还有法王父子的道场——黄色神殿各一座和我的寺庙，共三座黄寺。”[⑤]三世敏珠尔呼图克图·阿旺赤列嘉措，于乾隆四十五年（1780年）进京任职，被赐予蟒袍、貂褂、朝靴等；乾隆四十六年（1781年），被封为“净照大禅师”，授予银印一颗，并赐御前坐床，颁给貂皮坐褥、朝靴驷马。[⑥]在京期间，他曾经与三世章嘉呼图克图等人一起，共同参与六世班禅的进京接待工作。四世敏珠尔同样于嘉庆四年（1799年）进京，承袭“呼图克图”名号。

四世敏珠尔呼图克图·坚贝却吉·丹增赤列，于藏历土鸡年（1789年，清乾隆五十四年），出生在乌兰木拉地方，父亲是牧民，名端珠才旦，母名噶毛吉，由三世土观活佛·洛桑却吉尼玛认定其为三世敏珠尔呼图克图的转世，在三世曲藏呼图克图·阿旺图丹旺秀座前剃度受戒，学习藏文经法。乾隆五十七年（1792年），被迎往广惠寺坐床。[⑦]嘉庆四年（1799年）入京供职，承袭呼图克图的名号。嘉庆九年（1804年），八世达赖喇嘛圆寂，锡哷呼图克图奉上谕选其参加在北京的诵经活动。嘉庆十三年（1808年），四世敏珠尔赴西藏学习，曾经与拉卜楞寺三世嘉木样活佛一起在哲蚌寺郭莽学院学习，并结下了深厚的情谊。在西藏学习期间，四世敏珠尔参加了答谢嘉庆皇帝钦准九世达赖喇嘛免于金瓶掣签而举行的五供仪式；又在新年传召大法会

① 张宜荪等：《藏汉大辞典》，民族出版社，1993年，第2170页。

② 智观巴·贡却乎丹巴饶吉著，吴均、毛继祖、马世林译：《安多政教史》，青海人民出版社，第163页。

③ 妙舟法师著：《蒙藏佛教史》，广陵书社，2009年，第200页。

④ 妙舟法师著：《蒙藏佛教史》，广陵书社，2009年，第259页。

⑤ 坚贝却吉·丹增赤列著，古格·其美多吉译：《世界广说》，西藏人民出版社，2017年，第75页。

⑥ 妙舟法师著：《蒙藏佛教史》，广陵书社，2009年，第201页。

⑦《广惠寺志》编纂组：《广惠寺志》，青海人民出版社，2008年，第29页。

期间，担任哲蚌寺的“措钦格贵”（司法师）。同年，四世敏珠尔又前往扎什伦布寺向七世班禅献礼求法。嘉庆十八年（1813年），四世敏珠尔与三世嘉木样一起学成后离开拉萨，回到各自的寺院。嘉庆二十五年（1820年），内阁、理藩院奏报多伦诺尔扎萨克达喇嘛那木喀呼图克图圆寂，多伦诺尔扎萨克达喇嘛缺员，四世敏珠尔呼图克图补授其职[①]。之后，道光皇帝谕内阁：

> 敏珠勒（敏珠尔）呼图克图既已授为副扎萨克达喇嘛与多伦诺尔扎萨克达喇嘛，所有伊前世赏过静照禅师印信、敕书，仍著赏用。[②]

四世敏珠尔也由此担任多伦诺尔寺的扎萨克达喇嘛，并在此处完成《世界广说》的创作。《世界广说》中记载：“在七湖的蓝色圣殿[③]，于藏历饶迥十四铁虎年八月十日完稿。”[④]道光元年（1821年）十二月，班禅额尔德尼因嘉庆皇帝“大故”，派遣使者巴雅尔堪布到京城敬献供物，四世敏珠尔呼图克图与理藩院尚书穆克登布、侍郎博启图等人参与接见和照料工作，并一同前往恭谒昌陵。[⑤]道光八年（1828年），皇帝赐其貂皮全红坐褥，并谕内阁：

> 章嘉呼图克图、敏珠尔呼图克图经艺纯熟，且俱掌管喇嘛印多年，所办一切……均属妥帖……敏珠尔呼图克图，著加恩赏用貂皮全红坐褥。[⑥]

同年，四世敏珠尔被邀请到拉卜楞寺，为僧众讲授《兜率上师瑜伽颂》，拉卜楞寺佛宫奉上白银九百两作为布施。[⑦]藏历土狗年（1838年，清道光十八年），四世敏珠尔活佛在北京东黄寺圆寂，享年50岁。

四世敏珠尔一生致力学术研究，成就颇高，撰写了许多著作，其中最重要的一部就是有关地理学的著作《世界广说》，此书在嘉庆二十五年（1820年）至道光十年（1830年）间完成。除此以外，四世敏珠尔在藏医方面也有不小的成就，撰有诸多函的医学著作，如《教戒珍宝源》（man–ngag–rin–chen–vpyung–gnas），书中以方剂学为主要内容，同时兼论临床各科，是珍贵的藏文医学典籍。

四世敏珠尔呼图克图在京任职期间，主要以参与诵经祈福活动，接待西藏来的喇嘛、派出地方担任扎萨克大喇嘛等常规事务为主，和其他的驻京呼图克图一样，在清朝的宗教政策中扮演着重要角色，维系满、蒙古、藏诸地藏传佛教界的往来，强化北京之于蒙藏地区的政治与文

---

①《清实录·宣宗成皇帝实录（一）》（第33册），中华书局，1986年，第220页。

②《清实录·宣宗成皇帝实录（一）》（第33册），中华书局，1986年，第220页。

③ 七湖的蓝色圣殿，即多伦诺尔汇宗寺，“多伦诺尔”蒙古语，“七个湖泊”之义。

④ 坚贝却吉·丹增赤列著，古格·其美多吉译注：《世界广说》，西藏民族出版社，2017年，第136页。

⑤《清实录·宣宗成皇帝实录（一）》（第33册），中华书局，1986年，第482页。

⑥《广惠寺志》编纂组：《广惠寺志》，青海人民出版社，2008年，第29~30页。

⑦ 智观巴·贡却乎丹巴饶吉著，吴均、毛继祖、马世林译：《安多政教史》，青海人民出版社，第167页。

化的向心力。四世敏珠尔驻京任职期间，接触到了同在北京的俄国东正教驻京传道团。[①]此外，从使团成员日记中，能够看出四世敏珠尔对世界地理知识有着极高的兴趣，几乎所有与四世敏珠尔有过交往的俄使馆成员都曾应他的要求介绍过世界其他国家的地理。[②]东正教使团成员科瓦列夫斯基曾经在日记里这样描述："他对欧洲的一切都表现出了异常浓厚的兴趣，他尤其对地理表现出了罕见的兴趣。"[③]在文章《〈世界广说〉所见藏俄文化交流》中提出：四世敏珠尔与俄国传教士间的交往是世俗的而非宗教的……正是通过与俄国东正教传教团频繁、密切的交往，使得四世敏珠尔有机会对于世界历史和地理能够有更深一步的了解，拓宽了四世敏珠尔的视野，知道了此前所从未听说过的传闻，了解到许多国外的历史地理、风俗文化。基于此种机缘巧合，四世敏珠尔完成了《世界广说》的撰写。

四世敏珠尔一生履历丰富，经历甚广。早年间赴西藏学习的经历，为四世敏珠尔日后的学术成就奠定了深厚的基础；而四世敏珠尔特殊的身份，使其便于前往青藏高原、中原地区、蒙古等诸多地方游历，为此积累了许多宝贵的人生经历，这在许多藏传佛教僧人、学者当中是非常少有的；在京任职期间，四世敏珠尔有机会阅读到许多国外的书籍论著，也与同在北京的西方传教士往来，学习地理知识，开阔了视野，为日后撰写《世界广说》创造了重要条件。

## 第三节 《世界广说》的主要内容及书写特点

《世界广说》的作者是四世敏珠尔呼图克图·坚贝却吉·丹增赤列（འཇམ་དཔལ་ཆོས་ཀྱི་བསྟན་འཛིན་འཕྲིན་ལས།）。敏珠尔（Smin-grol）活佛转世世系历史悠久，在藏传佛教界享有较高的声誉和广泛影响，历辈敏珠尔活佛均为青海大通广惠寺（今青海省大通土族回族自治县所属）[④]的活佛

① 在清代的文书中也将俄国驻京东正教团中的神职人员称作"驻京喇嘛"，他们住在北京东交民巷内的奉献节教堂，俗称"俄罗斯馆"。清朝初年，中俄雅克萨之战后，为满足被俘至北京的阿尔巴津人的宗教需要而修建了东正教堂，北京开始出现了东正教。之后，俄国方面以在北京的马克西姆神父年迈为由，请求续派传教士到北京主持宗教活动，称"从阿尔巴津俘虏来的德米特里年事已高，除他以外再无别人，因此准予由俄国派出司祭"。（尼古拉·班蒂什—卡缅斯基编著：《俄中两国外交文献汇编（1619—1792）》，商务印书馆，1982年，第102页）为了能够顺利出使土尔扈特部，康熙帝答应了这一要求，在康熙五十四年（1715年）中国使团归国时，将东正教团一同带回北京，是为第一届俄国驻北京东正教传教团。雍正四年（1726年），中俄签订《恰克图条约》其中规定："在京之俄馆，嗣后仅止来京之俄人居住。俄使请造庙宇，中国办理俄事大臣等帮助于俄国盖庙。现在驻京喇嘛一人，复议补遣三人，于此庙居住，俄人照伊规矩，礼佛念经，不得阻止。"（王铁崖编：《中外旧约章汇编》（第一册），三联书店，1959年，第9页）俄国获得了在北京修建教堂的权利。在1860年《中俄北京条约》签订以前，俄国每十年左右换班一届东正教驻北京传道团形成定制，清廷从"理藩"的视野出发，将东正教驻北京传道团归理藩院管辖。

② 肖玉秋、阎国栋：《清代俄罗斯馆与北京黄寺的交往——以19世纪20—30年代俄罗斯馆成员记述为基础》，《世界宗教》，2020年第4期。

③ 肖玉秋、阎国栋：《清代俄罗斯馆与北京黄寺的交往——以19世纪20—30年代俄罗斯馆成员记述为基础》，《世界宗教》，2020年第4期。

④ 广惠寺，藏语称"噶丹却林"（dgav-ldan-chos-gling），又称"安多郭莽寺"（a-mdo-sgo-mang-dgon），俗称"赛科寺"（gser-khog-dgon-pa）。该寺的全称"赞布寺噶丹达曲林"（意为"兜率正法州"），为顺治十年（1653年），五世达赖喇嘛从内地返回西藏，

和住持，从二世敏珠尔呼图克图开始，均以北京的普静禅林寺（俗称东黄寺）作为其驻锡地。四世敏珠尔活佛作为清代驻京八大呼图克图之一，长期在京任职，一生学识渊博，功绩卓著，于藏历土狗年（1838年，清道光十八年）在北京东黄寺内圆寂，享年50岁。四世敏珠尔致力于学术研究，造诣颇深，撰写了许多的著作。其中最重要的一部就是历史地理学方面的著作《世界广说》，此书在嘉庆二十五年（1820年）至道光十年（1830年）间完成。

藏文文献中，史学著作的书写类型丰富，形式多样，如史册、传记、教法史、世系史、地理志等，《世界广说》也可归属史学著作。从《世界广说》目录来看，依次有印度之地说（རྒྱ་གར་འཕགས་པའི་ཡུལ་སོགས་རྒྱས་པར་བཤད་པ།）、藏地广说（བོད་ཡུལ་རྒྱས་བཤད་པ།）、汉地广说（རྒྱ་ནག་གི་ཡུལ་རྒྱས་པར་བཤད་པ།），以及世界其他地区广说（འཛམ་གླིང་ཡུལ་གྱི་གཞན་དག་རྒྱས་པར་བཤད་པ།）等四个篇章，内容分别记述了南亚以及东南亚，我国青藏高原、中原内地，世界其他地区（如亚洲、非洲、欧洲、美洲等地）的地理概况、社会风俗、历史文化、气候物产等内容。在以往如《贤者喜宴》[①]《汉藏史集》[②]《土观宗派源流》[③]《卓尼丹珠尔目录》[④]《红史》[⑤]《白史》[⑥] 等藏文文献中，对尼泊尔、印度等国，及我国西藏、中原、霍尔等地区均有所记载，而欧洲、非洲、美洲等地的历史地理的详载则唯《世界广说》所独有。

第一部分，印度广说。书中写道："印度是如来释迦王等佛陀、菩萨、声闻、独觉、通人、仙人、转轮王等具有许多无限预见和神通的贤者们的诞生地。"[⑦] 古印度是书写的重点，古代泥婆罗（尼泊尔）是释迦牟尼的诞生地，天竺是佛教的策源地，也是亚洲文明的发祥地之一。《世界广说》中按照佛教宇宙观的说法，将印度划分在赡部洲显耀的位置，也是合乎情理的。书中还对通往印度的道路、名胜，尼泊尔的宗教胜迹和风土人情，印度的物产、佛教胜迹、城市、气候、人种、文化、种姓、服饰等南亚大陆的概况进行了详细介绍和描述。作者认为印度位于赡部洲的南部，对从卫藏地区前往印度的道路也依次进行了记述。

第二部分，藏地广说。首先，从自然景观而言，作者以青藏高原自然环境为切入点，因亚洲的大江大河均发源于青藏高原，众多的山川、河流、湖泊自然是书写的重点，因此作者也认

途中留宿此处讲经并赐名。雍正元年（1723年），该寺受到"罗卜藏丹津事件"的牵连而被摧毁，雍正七年（1729年）开始重建，在雍正十年（1732年）寺院建成后，雍正皇帝赐给匾额"广惠寺"，虽然乾隆二十一年（1756年）赐匾"法海寺"，但仍以"广惠寺"为其官方名称一直沿用至今天。

① 巴卧・祖拉陈瓦著：《贤者喜宴》（藏文版），民族出版社，1986年。

② 达仓宗巴・班觉桑布著：《汉藏史集》（藏文版），四川民族出版社，1985年。

③ 土观・罗桑却吉尼玛著：《宗教流源》（藏文版），甘肃民族出版社，1984年。

④ 久美旺布：《卓尼丹珠尔目录》（藏文版），甘肃民族出版社，1986年。

⑤ 蔡巴・贡嘎多吉著：《红史》（藏文版），民族出版社，1981年。

⑥ 根敦群培：《白史》（藏汉两文版），中国藏学出版社，2012年。

⑦ 松巴・益西巴觉、赞普・丹增赤列：《世界总论・世界广论》（藏文版），西藏藏文古籍出版社，2012年，第40~160页。

为青藏高原是赡部洲的中心。[①] 其次，从人文景观而言，书中在青藏高原的地理划分上，沿用“上阿里三围、中卫藏四茹、下多康三岗”[②]，这也是许多传统藏文文献中对于西藏的地理划分。接着，作者以西藏自西向东的顺序记述，阿里三围、卫藏地区、北部牧区、康地、木里、安多、华锐等地佛教胜迹、景观、寺院、村落的历史以及传说故事等均为书写内容，进行了综合描述。

第三部分，中原广说。首先，书中介绍了中原的地形和疆域，罗列了中原地区的行政区划、重要城市和佛教名山。紧接着书中对于中原内地重要的城市、寺庙胜迹、风俗文化、人口物产等进行了记载。[③] 中原地区的情形历来是藏文著作中所关注的重点之一，从而进一步说明了我国幅员辽阔，民族众多，而祖国认同、中华民族文化认同有着悠久的历史渊源。此外，还记载了“李域”（于阗）地区的佛教遗迹和物产、霍尔地区蒙古各部及寺庙胜迹。因为印度是佛教的发祥地，而李域（于阗）又是佛教传入我国的第一站，所以说对当地寺庙、胜迹、宗教遗迹的记载着墨较多也在情理之中。

第四部分，世界其他地区广说。不仅在内容上沿袭了传统藏文文献中所包含的地域范围和内容，还扩展到了世界历史地理的视野范围。首先，打破传统，突破局限，介绍了新的历史地理知识。在这一部分，以南亚次大陆的地理环境和人文环境为主，也将暹罗、柬埔寨、老挝、越南等东南亚诸国包含其中进行了记述。同时也记述了朝鲜、日本、菲律宾、印尼以及太平洋诸岛等地的地理概况和民众生活的状况。特别是，本篇记载的地域范围包括了大洋洲、印度洋诸岛屿、西亚、非洲、欧洲以及美洲各地，突破了藏族前贤认知世界地理的范围，将世界的历史和文化展现在藏族人面前，我们不得不说是一部创新之作。其次，《世界广说》拓展了地理内容的记述对象。在记载欧洲、西亚、非洲等地的地理时，所关注的重点在于当地的地理概况、行政区划、风土人情、风俗文化、物产资源、历史传说等内容，与传统的藏文文献记述相较，没有浓厚的宗教色彩，更加偏重于世俗的记述，能够较为客观地反映当地的地理情形，展示当地居民的生活图景，增加新的地理知识。再次，民族风情、风土人情也是描述的重要内容。作者每记述一个地区时，便会对当地人的外貌、服饰、性格等进行写实的描述。如在写到欧洲时，介绍欧洲人的服饰、外貌，还会将其与藏族人、印度人等人们所熟知的形象进行类比，直观地展现当地人的体貌特征，给人以深刻的印象。[④] 另外，物产和科技也是书写的内容。如作者在记述欧洲地理时，便记载了其先进的科学技术。作者所处的年代正值欧洲各个资本主义国家正

① 坚贝却吉·丹增赤列著，古格·其美多吉译：《世界广说》，西藏人民出版社，2017年，第54页。

② 松巴·益西巴觉、赞普·丹增赤列：《世界总论·世界广论》（藏文版），西藏藏文古籍出版社，2012年，第163页。

③ 在藏文文献当中，涉及中原地区的的著作有很多如《青史》《土观宗派源流》《汉地佛教源流记》等，对中原地区的历史、地理、宗教、文化都有所记载。

④ 松巴·益西巴觉、赞普·丹增赤列：《世界总论·世界广论》（藏文版），西藏藏文古籍出版社，2012年，第226~334页。

在如火如荼进行工业革命之际，而奉行闭关锁国、与世隔绝的清王朝仍旧处在自给自足的封建农业社会当中，两者之间形成了鲜明的对比。面对自己闻所未闻的西方先进工业革命及其产品，面对如此强烈的反差，难免会让作者产生强烈的兴趣，并将其写入书中。[①] 此外，名胜古迹、宗教寺庙也是书写的内容，这就大大超出了拓展地理知识的范围，实际上介绍了世界各地的社会风俗、宗教文化、气候物产、人种体貌等新内容，应该说《世界广说》既有着重要的文献价值和影响，又有着非凡的意义。

## 第四节　《世界广说》中的李域（于阗）历史记载

《世界广说》也将“李域”（Li-yul，于阗）作为一个专题来研究和介绍，这对我们治于阗史提供了有价值的资料。

**（一）对李域地理位置的不确定性的考证**

于阗又作于填、于置、于殿、于寘等。印度人称之为 cKustana( 屈丹 )，玄奘音译为瞿萨旦那，意译作“地乳”，藏文文献中则称李域国（Li-yul）。关于李域的地理位置，也是智者见智，仁者见仁。我们通过对比发现，诸多汉文文献中已经有很明确的地理位置，然而在更多的藏文文献中，对于其地理位置的认知有许多的不确定性。正如《世界广说》记载：

> 在前述的巴达贤东北和阔堪东面越过大雪山[②]，有玛拉亚坡卡尔或小坡卡尔即李域。如今李域风靡一世，但是众说纷纭，因此无法指认。在藏族历史中先后把李域认作是尼泊尔、西藏的一部分、汉地一小邦和霍域等地。按第一说法与《时轮续部》中记载李域位于西藏北面的说法相矛盾；按第二说法无法指认西藏境内的李域；按第三和第四说法都与《于阗授法记》不符。因此，此小托噶尔（李域）位于西藏北面，多次遭到汉地、印度、突厥、霍尔和吐蕃等的劫掠。[③]

以上考述，首先否定了李域就是“尼泊尔”和“西藏的一部分”以及“汉地一小邦和霍域等地”的说法。此处要说明的一点是，吐蕃强盛时期，曾一度攻打安西四镇，统治西域，故于阗也一度被纳入吐蕃治下。这样对李域的认知定有误差。此外，李域自古以来就由中国中央政府统辖和管理，这也是不可辩驳的历史事实。

---

① 松巴·益西巴觉、赞普·丹增赤列：《世界总论·世界广论》（藏文版），西藏藏文古籍出版社，2012年，第226~334页。

② 大雪山指喀喇昆仑山脉和昆仑山脉。

③ 松巴·益西巴觉、赞普·丹增赤列：《世界总论·世界广论》，西藏藏文古籍出版社，2012年，第265页。

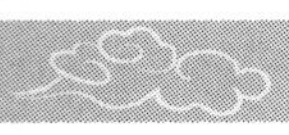

**（二）充分利用汉文史料来纠谬**

作者在考证李域地理位置的过程中，也认识到了汉文史料的重要性，故参考了部分汉文文献。其中提及最多的是《大唐西域记》[①]和《檀香释尊历史》。前者我们熟知：《大唐西域记》为知名的佛学家、翻译家玄奘法师所著；而另一部《檀香释尊历史》就鲜为人知了。从参考汉文文献来看，可看出四世敏珠尔也是通晓汉文的。这也说明了汉文史料在治于阗史中的重要作用和价值。正如《世界广说》记载：

> 在《大唐西域记》和《檀香释尊历史》等书中记载的李域一定就是该地，因此我们可以确认它为李域。[②]

《世界广说》还利用汉文文献对藏文文献中部分河流的讹传谬误进行了纠正。

> 《大唐西域记》中记载的瞿萨旦那正是此地。如今一些学者因出生地之缘故，孤陋寡闻，没有像强白扎巴父子那样知识渊博，认为斯达和希达为同一条河，赡部洲所有河流认作一河，并以此批驳“善言克珠[③]”等。[④]

关于李域境内有座著名的佛教圣迹称牛角山[⑤]，针对此山，释迦牟尼佛也做了授记《牛角山授记》，其中记述了李域的历史。此山的地理位置在藏文文献中也有不同的说法：一种说法，此山就坐落在李域境内；一种说法，今宁夏境内的贺兰山即牛角山。《世界广说》参考《大唐西域记》，对持后者说宁夏境内的观点进行了反驳。与此同时，也纠正了李域境内的一条河流与黄河有关的说法，因新疆地区的大部分河流均为内流河。由此可见，作者运用资料时非常谨慎，每一个地望、每一条河流都会进行认真考证。

> 据《大唐西域记》记载，在和田东面有一块大沙漠和一条河流。《大唐西域记》的藏文译者也称在宁夏境内有一座牛角山，同时喇嘛仁达瓦[⑥]和曼隆巴[⑦]等所说的：“这就是《于阗授记》所记载的真正牛角山。”纯属误谈，还说此水是不是黄河有待考证。[⑧]

**（三）对文化的融合进行了叙述**

自11世纪，我国古代西北地区回纥人和葛逻禄人等族群在中亚包括西域建立了喀喇汗王国

---

①［唐］玄奘、辩机原著，季羡林等校注：《大唐西域记校注》，中华书局，2000年。

②松巴·益西巴觉、赞普·丹增赤列：《世界总论·世界广论》（藏文版），西藏藏文古籍出版社，2012年，第265页。

③善言克珠可能指宗喀巴大师的弟子克珠杰（1385—1438年），第一世班禅大师。

④松巴·益西巴觉、赞普·丹增赤列：《世界总论·世界广论》（藏文版），西藏藏文古籍出版社，2012年，第266~267页。

⑤牛角山，在赞普·丹增赤列《世界总论·世界广论》汉译本中，将此山译为“象山”有误，应为“牛角山”。（西藏藏文古籍出版社，2012年，第267页）

⑥喇嘛仁达瓦（བླ་མ་རེད་མདའ་བ།）指仁达瓦·雄努洛哲（1349—1412年），藏传佛教萨迦派高僧，生于后藏萨迦寺附近，悉心钻研月称《入中论》和《中论明句论》等著作中的中观应成派教理。

⑦曼隆巴（མན་ལུང་པ།），藏族历史上的知名学者。

⑧松巴·益西巴觉、赞普·丹增赤列：《世界总论·世界广论》（藏文版），西藏藏文古籍出版社，2012年，第267页。

(Qara Khanid)，又称“黑汗国”。[①] 人们最初信仰萨满教与拜火教（也有一些摩尼教徒与佛教徒）。随着第一位改宗伊斯兰教的大汗萨图克·博格拉汗出现后，在信仰伊斯兰教的信徒支持下，确立了对塔里木盆地西部、费尔干纳地区和七河流域的统治。由于萨图克早年就归信了伊斯兰教，后来宣布伊斯兰教为国教，在国内推行伊斯兰教。10世纪末，喀喇汗王国经过几十年的经营，实力大为增强。10世纪上半叶，喀喇汗王国与于阗发生了激烈了战争（喀喇汗于阗战争），终于在1006年后不久，大汗优素福·卡迪尔汗（苏莱曼之孙）灭于阗，战争历时40年。王国达到极盛，和田地区尽为喀喇汗王国所辖。在喀喇汗王国时期，由于大批操突厥语的游牧民转入定居，在宗教、习俗上也伊斯兰化，加快了中亚当地民族突厥化的进程。在社会经济发展的基础上，民族相互异化和融合的过程中，形成了伊斯兰—突厥文化。这段历史在《世界广说》中也得到了体现：

在唐玄奘到该地时，佛教极为兴盛，后来被葛逻占领，将所有居民改奉为伊斯兰教。这就是从前萨（迦）直（贡）不和时跑到萨迦的堆霍尔部。如今汉地和突厥边界的汉地哨兵正驻扎在该地。[②]

**（四）对李域及其周边地区遗迹、地名进行了考证**

于阗国（公元前232—1006年）是古代西域佛教王国，我国唐代安西都护府安西四镇之一。君主国姓为尉迟（读音 yù chí），因仰慕唐朝，有两位君主改姓李，他们分别是尉迟僧乌波（亦写作尉迟婆跋，李圣天）、尉迟苏拉（李从德），国祚长达1238年。亲历于阗的玄奘在《大唐西域记》中叙述于阗：“自兹已降，奕世相承，传国君临，不失其绪。”[③] 可知尉迟氏家族在长达千年的时间里，控制着于阗政权。李域是佛教传入中国的第一站，号称佛国，因此有许许多多佛教寺院和遗迹。《世界广说》对于阗国的著名佛教遗迹、寺院和周边地区的名称、方位也进行了考释：

从该地向西南越过一荒原，就到达了果萨坦——李域善地，或者今为“和田”的地方。境内有《于阗授记》所记载的牛角山、果玛萨拉根达佛塔和众多寺庙。如今因被穆斯林所占，寺庙等肯定不存在。穆斯林称牛角山为“果如别协”，可能是指“果布杂擦”。

在耶尔堪、和田等地东南面有前后藏，南部稍不远处有阿里和拉达克等地。由

① 喀喇汗王国极盛时期，据有东起库车，东南起罗布泊，西至咸海、花剌子模，南临阿姆河，北至巴尔喀什湖、七河流域的广大区域，版图囊括当代的乌兹别克斯坦、吉尔吉斯斯坦、塔吉克斯坦、哈萨克斯坦南部以及中国新疆中西部，大体为“唐朝的安西和北庭两都护府所辖的大部地区”。

② 松巴·益西巴觉、赞普·丹增赤列：《世界总论·世界广论》（藏文版），西藏藏文古籍出版社，2012年，第266页。

③ 玄奘、辩机著，季羡林等校注：《大唐西域记校注》，中华书局，2000年，第1008页。

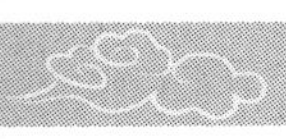

于其间被大漠和大雪山相隔，难以通行。

其中提到了牛角山、果玛萨拉根达（高玛萨拉干达）佛塔（གོ་མ་ས་ལ་གྷ་ནྡྷ།）。此塔又称“帕巴香更塔”，就坐落在牛角山，历史悠久。据《李域文书》记载：“李域”初变成海时，此塔未能被海水所侵，弥勒佛出世时依然巍然挺立。该塔也是释迦牟尼加持过的二十一圣地的佛塔之一，也是饮光佛之舍利塔。据说迦叶佛涅槃后，也修建了此塔，将遗体存放在塔内。此外，塔内装藏有翠玉（ཤེལ་ལྡང་ཀུ།），修建的宫殿上有牛头檀香木（གླང་མགོ་ཙན་དན།），是用上好的檀香或牛头山檀香木制作而成①，内置四佛即拘留孙佛、迦那迦牟尼佛、迦叶佛和释迦牟尼佛的舍利子。这座佛塔相传极具灵性，朝拜的信徒络绎不绝。从《李域教法史》的记载看，高玛萨拉干达塔有两座，一座在于阗，一座在泥婆罗。在两地有同名的塔在佛教当中是常见的，同时这一点也说明佛教传入于阗以后的这个时期，于阗作为一个区域已经从泥婆罗的地理范围中分离出来了，这从另外一个角度也印证了前文我们对泥婆罗与于阗同一区域的说法所分析的在早期二者范围同一，后来于阗作为一个单独区域与泥婆罗并列的这一观点可以相互印证。就李域周边地理名称，提及李域东南毗邻前后藏，南部不远处有阿里（མངའ་རིས།）和拉达克（ལ་དྭགས།）等地。由于被大漠和大雪山相隔，交通不便。

**（五）参照外文文献资料来相互求证**

在《世界广说》一书中，相当的篇幅是介绍世界各国历史、文化和风俗习惯的。在撰写这一篇章时作者必定要参照国外文本和口碑文献资料，其中就提到了法国人所著的《地球序言》和英国人所著的《世界序言》：

> 据法国人的《地球序言》记载，此水为“果夏斯”河。在该地东面与西藏那仓部落附近，有布延城堡。在噶斯噶热东北、距伊犁南面不远处有阿噶苏四，即《大唐西域记》中所说的“巴若”。距该地不远处有“哈徐哈夏城”。在阿噶布东面有李域古却，即如今名为“库钦”或“库车”的地方。
>
> 据《檀香觉沃史》记载，汉地的檀香觉沃像是从该地迎请到汉地的。在耶尔刊和库钦等地东面，有名为“果热夏尔”或“哈热夏”②的穆斯林地方。境内有名为“哈热夏尔”的城堡。在距此不远处有阿塔夏热、果卡、霍图、特赞和查车等白头（回族）的村落。距诸地不远处有托噶尔国王③的冬季牧场。其东面有吐鲁番④、俄夏热，如今

①《李域文书》藏文手抄本。

② 哈热夏即焉耆，维吾尔文 Qarasahr，又称乌夷、阿耆尼，新疆塔里木盆地古国，在今新疆维吾尔自治区焉耆回族自治县附近。

③ 指土尔扈特，是我国卫拉特蒙古一个部落。

④ 吐鲁番即 Turpan，即吐鲁番及附近地区，又称“火洲”，位于新疆维吾尔自治区中东部，天山东部山间盆地，东临哈密，西、南与巴音郭楞蒙古自治州的和静、和硕、尉犁、若羌县毗连，北隔天山与乌鲁木齐市及昌吉回族自治州的奇台、吉木萨尔、木垒县相接。

名为“欧尔夏”。两地总称为俄希吐鲁番[①]。

据《地球序言》记载，在俄夏热有许多罗汉陵墓和一些贤哲的故地等。吐鲁番位于距北部“当扭”不远处。在两地东面不远处有哈密[②]，穆斯林人称为“阔莫”。[③]

这两段文字中，均提到了英国人所写的《世界序言》。当然作者在北京供职期间，也不排除有从俄国传教士处获得的关于世界各大洲的地理知识，并将其他相关材料作为重要资料来源。当然，记述中所提到的《檀香觉沃史》是哪种民族文字书写的，我们不得而知。但从字面上来看，“檀香”藏语称“赞丹”（ཙན་དན།）系藏语，“觉沃”也是藏语（ཇོ་བོ།），如，我们将拉萨大昭寺内主供的释迦牟尼12岁等身像称作“觉沃”，从语言表述的规律上看，《檀香觉沃史》是藏文文献的可能性很大。在上述的两部文献中，作者考证了今新疆的“吐鲁番”和“哈密”地名的由来。《世界广说》中，除了提及法国人写作的《世界序言》外，还提及了英国人写作的《地球序言》，从名称看不一定就是学术著作，也有可能是期刊。如在《世界广说》中，参照《地球序言》还统计了当时俄罗斯、印度和汉地的人口：

据英国的《地球序言》记载，汉地有1.8亿人，如今俄罗斯《目录》记载有3720万人1780，印度达1亿人，突厥地有9000万人。只是概算而已。[④]

**（六）对自然地理环境、农业以及水资源进行了描述**

从《世界广说》的记述中可以看出，清代的李域及周边地域包括丝绸之路的河西走廊，生态环境、气候条件并不优越，但农业灌溉、农作物的生长以及人民的生活条件相对而言是好的。正如记载：

从该地往东越过一些大漠和山峰，就抵达汉地西北边缘的长城。前述诸地和汉地城市沙洲[⑤]、凉州、甘州等和霍尔地伊犁[⑥]、“乌如且塔尔巴噶塔”[⑦]等均属于李域的辖地。

色玛拉堪至哈密山口之间的所有地方都非常富裕，但人口不多；夏季炎热，冬季寒冷，雨水稀少；从河流、融水和水井等处修水渠引水灌溉，种植小麦、大米、棉花和小豆等农作物，尤其是盛产苹果，甘蔗，三年桃，山桃，小叶莲子，“切把噶”，

---

① 俄希吐鲁番系维吾尔语，读音为“乌什吐鲁番”，意译为“三个吐鲁番”。

② 哈密是新疆的东大门，也是新疆连接内地的交通要道，古代是丝绸之路上的重镇，素有“西域襟喉”“中华拱卫”“新疆门户”之称，该地东与甘肃省酒泉市相邻，南与巴音郭楞蒙古自治州相连，西与吐鲁番、昌吉回族自治州毗邻，北与蒙古人民共和国接壤。

③ 松巴·益西巴觉、赞普·丹增赤列：《世界总论·世界广论》（藏文版），西藏藏文古籍出版社，2012年，第168页。

④ 松巴·益西巴觉、赞普·丹增赤列：《世界总论·世界广论》（藏文版），西藏藏文古籍出版社，2012年，第274页。

⑤ 指沙洲。

⑥ 即伊犁，中国新疆西北边陲的伊犁地区。

⑦ 指乌鲁木齐（urumqi）和塔尔巴哈台。清政府平定准噶尔叛乱，在今乌鲁木齐九家湾一带筑垒屯兵，并将该地定名为“乌鲁木齐”。塔城即塔尔巴哈台城的简称。

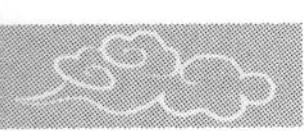

黑、白葡萄，巴夏葡萄和“核热巴”等多种水果；种植各种草果，如“哈尔布杂”“喀尔布杂”“嘎嘎直”“噶杂拉”等。当地人们主要享用这些食物。[①]

《世界广说》对水资源也有一定的描述：

其东南有名为“耶尔堪”的地方，梵语为“阿尔嘎”。境内有名为“布拉”的奇特泉眼和玉石产地等，还有赡部洲四大河流之一的希达河[②]即白色，或阿尔嘎即功德之水。它发源于大雪山（昆仑山脉），流入该地，水色像奶水一样，白而透明。由此可能取地名为“阿尔嘎”。[③]

**（七）对李域人的体貌、性格特征进行了描述**

在《世界广说》中，就李域的体貌、性格特征也进行了描述，并总结了不同地域中，虽然宗教信仰相同但人们性格和行为的差异性。

托噶尔和李域等地的人们，身材高大，武艺高强且胆小，聪明狡猾，但不够坚定。这些地方都曾兴盛佛教，一段时期被突厥占领后，成为伊斯兰教信徒的天下。自欧斯（日本）以内都是大清皇帝的领土。据松巴堪钦曾说，霍团和印度的穆斯林之间区别很大。但这是未观察之词。为何？……由于地域不同，人们的行为和性格稍有差异。[④]

以上可以看出，在《世界广说》中，李域及其周边相关历史的记载还是较为翔实的，集世界各地文化历史、风俗习惯为一体，学术价值较高。

## 第五节　结　语

纵观概述，《世界广说》有着重要的文献学价值。佛教传入中国的第一站就在李域，李域在我国佛教文化史上有着举足轻的重要地位，所以《世界之说》给李域开辟了专门的篇章进行介绍和论述。该书无论是从资料的运用，还是从考证的方法，与藏文文献中的其他教法史有较大不同，尤其利用国内外不同文种的史料，既避免了重复利用前贤惯用的《于阗教法史》资料，发前人之未发，悉心考索，又纠正了以往藏文文献中的谬误，甄别其中历史地理和人名、地名中的传讹，严谨的治学态度令人敬佩。

① 松巴·益西巴觉、赞普·丹增赤列：《世界总论·世界广论》（藏文版），西藏藏文古籍出版社，2012年，第268~269页。

② 指喀拉喀什河，又名墨玉河，是典型的高山融雪补给型河流，发源于喀喇昆仑山北坡开拉斯山，河源最高峰是团结峰（6644米），河源支流约24条，其中16条系源自中昆仑冰川发育带。

③ 松巴·益西巴觉、赞普·丹增赤列：《世界总论·世界广论》（藏文版），西藏藏文古籍出版社，2012年，第266页。

④ 松巴·益西巴觉、赞普·丹增赤列：《世界总论·世界广论》（藏文版），西藏藏文古籍出版社，2012年，第269页。

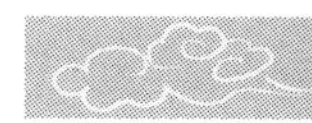

### （一）凸显了中华民族文化认同的重要意义

"文化认同"是人们在一个民族共同体中长期共同生活所形成的对本民族最有意义的事物的肯定性体认，其核心是对一个民族的基本价值的认同；它是凝聚这个民族共同体的精神纽带，是这个民族共同体生命延续的精神基础。近代历史上，鸦片战争中西方列强用武力打开了中国的国门，西洋文化源源而来，出现了世界文化对中华文化的挑战，这就要求国人须借鉴世界优秀文明成果，推进中华文化在更大范围、更广领域、更深层次上交流与创新，增强其世界影响力。[①] 从四世敏珠尔呼图克图的《世界广说》可以看出，他频繁往来于京城与边疆地区，特别是在京任职期间，负责参与诵经祈福，接待西藏来的、派往各地方担任扎萨克的大喇嘛等常规事务，与其他驻京呼图克图一样，在清朝的宗教政策中扮演着重要角色，维系满、蒙古、藏诸地藏传佛教界的往来，为强化北京之于蒙藏地区的政治与文化向心力发挥了重要作用。同时也对传承和发扬博大精深的中华文化和薪火相传的传统美德，整合本土文化与外来文化、引进和培植新的文化要素和文化精神，赋予民族传统文化以时代精神和旺盛活力倾尽了自己的心力。"敏珠尔活佛曾游历印度、尼泊尔，汉地、蒙古等地，又长期居于北京，处于某种文化和社会的边界，并且在与包括清皇室成员、汉族、俄罗斯、蒙古等各类知识精英人士的交往交流中，对自我身份及藏文化有一定的认同和感触。基于这种历史情境，作者写就了这样一本表达他眼中的"世界"和"他者"的著作。"[②]

### （二）阐明了国际文化交流的积极意义

作者四世敏珠尔呼图克图，有着广泛的国际文化交流背景，并对地理方面的内容有着极高的兴趣。据相关史料表明，他驻京正好与第十、十一届俄国驻北京东正教教团驻京同一时期，利用工作之便，广泛接触了在京的俄国东正教驻京传道团成员，彼此关系密切、互动频繁。这在俄国东正教使团成员的日记中得到了证实。他几乎向所有俄罗斯使馆成员请教过世界其他国家的地理。[③] 科瓦列夫斯基在日记中描述："他对欧洲的一切都表现出了异常浓厚的兴趣，他尤其对地理表现出了罕见的兴趣。"[④] 也正如人们所说：四世敏珠尔与俄国传教士间的交往是世俗的而非宗教的。[⑤] 正是通过与俄国东正教传教团频繁、密切的交往，使得四世敏珠尔有机会对世界历史和地理能够有更深刻的了解，知晓了前所未闻的历史，《世界广说》的完成正基于此。

---

① 赵英臣、刘光辉：《软实力时代的民族文化发展思考》，《泰山学院学报》2009第2期，第46页。

② 看本加：《十九世纪一位藏传佛教活佛笔下的"世界图景"与"他者"——以〈世界广说〉为中心的讨论》，《青海社会科学》2017年第3期，第7页。

③ 肖玉秋、阎国栋：《清代俄罗斯馆与北京黄寺的交往——以19世纪20—30年代俄罗斯馆成员记述为基础》，《世界宗教》2020年第4期。

④ 肖玉秋、阎国栋：《清代俄罗斯馆与北京黄寺的交往——以19世纪20—30年代俄罗斯馆成员记述为基础》，《世界宗教》2020年第4期，第40页。

⑤ 魏毅：《〈世界广说〉所见藏俄文化交流》，《中国边疆史地研究》2014年第3期，第165~167。

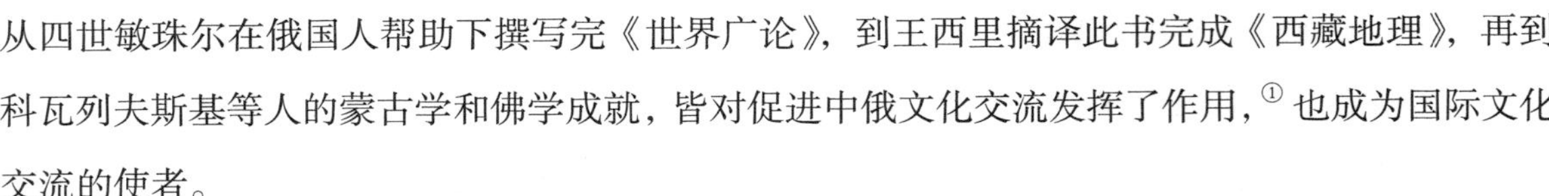

从四世敏珠尔在俄国人帮助下撰写完《世界广论》，到王西里摘译此书完成《西藏地理》，再到科瓦列夫斯基等人的蒙古学和佛学成就，皆对促进中俄文化交流发挥了作用，[①]也成为国际文化交流的使者。

**（三）表明了开拓学术视野的深远意义**

中国传统文化源远流长，博大精深，是中华民族在中国古代社会形成和发展起来的比较稳定的文化形态，是中华民族智慧的结晶，是中华民族的历史遗产在现实生活中的展现。经史子集，万亿卷帙，蕴含着丰富的文化科学精神，传统文化的传承就突显出了其不可或缺的重要性。作者四世敏珠尔呼图克图，以其特殊的身份，得以前往青藏高原、中原地区、蒙古等诸多地方游历，为此积累了许多宝贵的人生经历，这在许多藏传佛教僧人、学者当中是非常少有的；在京任职期间，四世敏珠尔有机会阅读到国内外的书籍论著，又与同在北京的西方传教士往来，从中了解到许多国外的历史、地理、风俗、文化等，开阔了视野，为日后撰写《世界广说》创造了重要条件。乾嘉时代是清代学术的顶峰时期，嘉庆末期更是如日中天，一位藏族活佛在游历了各涉藏地区，饱读了大量有关各涉藏地区、西域，及印度、尼泊尔等国的藏文地理书后，来到了北京这个中外学术荟萃之地，又见到了俄国等西学之士，或可见宫中珍籍图录，不禁眼界大开，他多么想了解他心中的全世界——赡部洲。这里不仅有各涉藏地区的名山大川、城镇寺院，还有那海外的世界，于是究搜博闻，间架粗具，一部他认知中的世界地理就这样问世了。而这只是1820年，当时的大多数中国人对外面的世界还懵懵懂懂呢。后来，国外学者通藏文者翻译此书中的西藏及尼泊尔部分以传世，这不就是对该书地理学价值的肯定吗。[②]

**（四）诠释了守护精神家园的深刻意义**

中华民族的历史源远流长，留下了许多有形或无形的历史记忆符号和传统哲学道德文化理念，都带有鲜明的时代印记，成为传承中华文明的载体、精神的象征。四世敏珠尔所处的年代正是欧洲各国正在如火如荼开展工业革命的时代。一方面是清王朝仍旧闭关自守，但他了解的世界是一个全新的世界，与国内的情形形成了巨大的反差；另一方面，他也坚守中华传统文化的底线，将祖国内地各省和边疆民族地区的自然景观和人文景观如实地记录、描绘了出来，呈献给了国人，呈献给了世界，可以说既超越了历史地理的学科范围，又坚守了中华文化精神家园的本色。

综上所述，在新时代，讲好中国故事，挖掘民族传统文化、守护精神家园是我们神圣而又

① 肖玉秋、阎国栋：《清代俄罗斯馆与北京黄寺的交往——以19世纪20—30年代俄罗斯馆成员记述为基础》，《世界宗教》2020年第4期，第36页。

② 房建昌：《藏文〈世界广论〉对于中国地理学史的贡献》，《中国历史地理论丛》1994年第4期，第226~227页。

光荣的职责。丰富多彩的中华文化，已成为中华民族共同的文化记忆和身份象征，如何保持和弘扬独立的民族精神，传播中华优秀传统文化，扩大中华优秀文化的影响力，塑造良好国际形象显得尤为重要。正如习近平总书记指出的："没有先进文化的积极引领，没有人民精神世界的极大丰富，没有民族精神力量的不断增强，一个国家、一个民族不可能屹立于世界民族之林。"我们要"建设各民族共有精神家园，积极培养中华民族共同体意识"①。习近平总书记精辟指出了中华民族共有精神家园的内涵，精准指出了建设中华民族共有精神家园的实现路径，牢固树立正确的国家观、民族观、历史观、文化观、宗教观，构筑中华民族共有精神家园是铸牢中华民族共同体意识的重大战略任务。新时代，只有深刻领会习近平总书记铸牢中华民族共同体意识的重要意义，才能促进文化和谐、繁荣文化发展，实现中华民族伟大复兴的中国梦。

① 2014年10月15日上午中共中央总书记、国家主席、中央军委主席习近平在北京主持召开文艺工作座谈会并发表重要讲话。

# 第八章
# 英藏古藏文文献中的李域记载

20世纪初，斯坦因（Sir Aurel Stein）前往中亚进行了三次考察（1900—1915年），获取了大量的各种文字的写本或木简。其中数量最多的是汉文写本，这些文献交给了英国国家博物馆收藏；还有相当一部分古藏文、梵文、于阗文、吐火罗文等文种的写本和简牍，交由印度事务部图书馆收藏。后来，印度事务部图书馆合并入英国国家图书馆，这批古藏文写本入藏于东方文献部（Oriental Collections of the British Library，简称 O.C.），称“东方和印度事务部收集品”（Oriental and India Office Collections，简称 OIOC）。[①] 上述写本中的非佛教文书由印度事务部图书馆馆长托马斯（Frederick William Thomas, 1867—1956年）负责整理；藏文则由瓦雷·普散（Valle Poussin）编目。其实早在1907年，斯坦因在《古代和田》[②] 一书中，以影印本的形式公布了7件藏文文献，其中包括书信、契约、佛经等。1927年到1933年，托马斯陆续在《英国皇家亚洲学会会刊》（Journal of the Royal Aaiatic）上发表敦煌、西域出土的藏文文书研究成果。1935年和1951年，托马斯先后结集出版了两卷专著《有关西域的藏文文献和文书》。其中，第一卷主要是从藏文大藏经中辑录并翻译的有关于阗的史料，《于阗国阿罗汉授记》一种参考了两件敦煌藏文写本，附录是伯希和所获敦煌藏文写本 P.T.960《于阗国教法史》的译注；第二卷刊布了39件敦煌古藏文文书、45件出自麻札塔格（其中 Khad 地方1件）的古藏文文书、37件出自米兰的古藏文文书，共计121件。[③] 第二卷分七部分刊出了敦煌、西域出土的古藏文社会历史文书，即：①阿柴（The Va zha，吐谷浑）；②沙州地区（The Sa cu region）；③罗布泊地区

① 胡静、杨铭编著：《英国收藏新疆出土古藏文文献叙录》，社会科学文献出版社，2017年，第2页。

② Stein, M.A.Ancient Khotan, 2 vol., Oxford, 1907. Repr., New York, 1975.

③ R W.Thomas, Tibetan Literary Texts and Documents concerning Chinese Turkestan, London, 1951.

（The Nob region）；④于阗地区（The Khotan region）；⑤突厥（The Dm gu）；⑥政府与社会状况（Government and Social Conditions）；⑦吐蕃军队（The Tibetan army）。以上内容包括转写和译注，将斯坦因所获的社会历史文书中的精华部分公之于世，敦煌、麻札塔格等地出土古藏文写本共计120件、古藏文简牍380件。①

武内绍人还撰写、发表了大量的文章，其中与敦煌、西域历史关系比较密切的文章有《古藏文 Lhobal 考》《北庭、安西（龟兹）和西州的吐蕃与回鹘（790—869年）》《一组归义军时期的古藏文书信：古藏文书信类型初探》《古藏文买卖契约文书研究》《古藏文借贷契约文书》《将：吐蕃千户部落的下属行政单位》。② 后来武内绍人发表的文章有《后吐蕃时代藏语文在西域、河西、西夏的行用与影响》③《Tshan、srang 和 tsham：吐蕃统治于阗的基层组织》④《九世纪中叶到十世纪后王朝时期的古藏文佛教文献》⑤《象雄语最新研究状况》⑥《Alchi 附近地区发现的古藏文碑刻研究》⑦《Clegs tsbas：吐蕃统治时期汉人抄经人的包经纸》⑧ 等。

国内学者也开展了相关的研究：陈践的《敦煌、新疆古藏文写本述略》⑨；黄布凡的《敦煌〈藏汉对照词语〉残卷考辨订误》⑩；周伟洲、杨铭的《关于敦煌藏文写本〈吐谷浑（阿柴）纪年〉

---

① 胡静、杨铭编著：《英国收藏新疆出土古藏文文献叙录》，社会科学文献出版社，2017年，6页。

② T.TAKEUCHI, On the Old Tibetan Word Lho-bal", Proceedings of the 31th International Congress of Human Sciences in Asia and North Africa II, Tokyo, 1984, pp.986–987; "The Tibetan and Uighurs in Pei-t'ing, An his（Kucha）, and His-chou（790–869 A.D.）",《近畿大学教养部研究纪要》第17卷第3号，1986，第51~68页；"A Group of Old Tibetan Letters Written Under Kuei-I-chun: a Preliminary Study for the Classification of Old Tibetan Letters", Acta Orient.Hung.Tomus XLIV.Fasc.1–2, 1990, pp.175–190; "On the Old Tibetan Sale Contracts." In S.Ihara and Z.Yamaguchi（eds.）Tibetan Studies, Narit-a, 1992, pp.773–792; "Old Tibetan Loan Contracts." Memoirs of the Research Department of the Toyo Bunko, No.51, Tokyo, 1993, 25–83; "TSHAN: Subordinate Administrative Units of the Thousand-districts in the Tibetan Empire", Tibet an Studies Proceedings of the 6th Seminar of the International Association for Tibetan Studies, FAGERNES 1992, volume 2, edited by Per KVAERNE, Oslo, 1994, pp.848–862.

③ "Sociolinguistic Implications of the Use of Tibetan in East Turkestan from the End of Tibetan Domination through the Tangut Period 9th–12（th）c.", Desmond Durkin–Meisterernst（ed.）Turfan Revisited The First Century of Research into the Arts and Cultures of the Silk Road, Berlin, 2004, pp.341–348.

④ "Present Stage of Deciphering Old Zhang zhung", SENRI ETHNOLOGICAL STUDIES 75: 151–165 C2009 Issues in Tibeto–Burman Historical Linguistics, Edited by Yasuhiko Nagano.

⑤ Old Tibetan Buddhist Texts from the Post–Tibetan Imperial Period Mid–9C.to Late 10c.", Cristina Sherrer–Schaub（ed.）Old Tibetan Studies 2: Proceedings of the 10th Seminar of the International Association for Tibetan Studies, Brill, 2009.

⑥ Present Stage of Deciphering Old Zhang zhung", SENRI ETHNOLOGICAL STUDIES 75: 151–165 C2009 lauen in Tibeto–Burman Historical Linguistics, Edited by Yasuhiko Nagano.

⑦ "Tshan srang, and tsham Administrative Units in Tibetan–ruled Khotan", Journal of Inner Asian Art and Archaeology, 2008/3.pp.145–148.

⑧ Old Tibetan Rock Inscriptions near Alchi", Journal of Rescarch Institute.2012, Vol.49.Historical Development of the Tibetan Languages, pp.29–70.Glegs tsban: Writing Boards of Chinese Scribes in Tibetan–Raled Dunhuang", B.Dotson.K.Iwao, T.Takeuchi（eds.）Sonbes, Teste, and Rumals in Early Tibetan and Dunhuang, Wiesbaden, 2013, pp.101

⑨ 陈践：《敦煌、新疆古藏文写本述略》，《甘肃民族研究》1983年第1~2期。

⑩ 黄布凡：《敦煌〈藏汉对照词语〉残卷考辨订误》，《民族语文》1984年第5期。

残卷的研究》[①]；马德的《Khrotn 词义考》[②]；陈宗祥、王健民的《敦煌古藏文拼写的南语卷文的释读问题》[③]；杨铭的《一件有关敦煌陷蕃时间的藏文文书》[④]；黄盛璋的《敦煌遗书藏文 Ch.73.IV〈凉州节度、仆射致沙洲、瓜州刺史敕牒〉及其重要价值》[⑤]；罗秉芬的《从三件〈赞普愿文〉看吐蕃的崩溃》[⑥]；刘忠的《敦煌藏文文献》[⑦]；林冠群的《敦煌本吐蕃历史文书与唐代吐蕃史研究》[⑧]；格桑央京的《敦煌藏文写卷 Ch.9.n.19号初探》[⑨]；杨铭、胡静的《新疆安得悦出土古藏文写本研究》[⑩]；陆离的《吐蕃统治敦煌的基层组织》[⑪]；黄维忠的《德噶玉采会盟寺考》[⑫]；陈楠、任小波的《敦煌藏文写本研究概述》[⑬]；卓玛才让的《英藏敦煌古藏文文献中三份相关经济文书之解析》[⑭]；萨仁高娃的《国外藏敦煌汉文文献中的非汉文文献》[⑮]。这些研究成果系统梳理了法国、英国、俄罗斯藏敦煌文献中的非汉文文献，包含藏文、回鹘文、于阗文、粟特文、梵文等多种文献，其中英藏藏文部分与前引岩尾一史等人所编《斯坦因收集品 Or.8210中的古藏文文献》一书基本吻合。

我们参照胡静、杨铭先生的《英国收藏新疆出土古藏文文献叙录》一书，将其中涉及李域历史文化内容的藏文文献资料归类为书信、文书、契约、佛经、名册、神山以及粮牒七个类别。其中，书信21件、文书14件、契约5件、佛经1件、名册9件、神山3件、粮牒2件。

## 第一节　书信类文献

### 82. 猴年冬某王与军吏上吐蕃首领书

斯坦因原编 M.Tagh.0506，英国国家图书馆东方文献部编号 Or.15000/28，残卷，14厘米

---

① 周伟洲、杨铭：《关于敦煌藏文写本〈吐谷浑（阿柴）纪年〉残卷的研究》，《敦煌学季刊》1986年第1期。

② 马德：《Khrotn 词义考》，《中国藏学》1992年第2期。

③ 陈宗祥、王健民：《敦煌古藏文拼写的南语卷文的释读问题》，《中国藏学》1994年第3期。

④ 杨铭：《一件有关敦煌陷蕃时间的藏文文书》，《敦煌研究》1994年第3期。

⑤ 黄盛璋：《敦煌遗书藏文 Ch.73.IV〈凉州节度、仆射致沙洲、瓜州刺史敕牒〉及其重要价值》，《蒙藏国际学会讨论会论文集》，1995年。

⑥ 罗秉芬：《从三件〈赞普愿文〉看吐蕃的崩溃》，载《敦煌吐鲁番学论文集》，书目文献出版社，1996年。

⑦ 刘忠：《敦煌藏文文献》，载《英国收藏敦煌汉藏文献研究》，中国社会科学出版社，2000年。

⑧ 林冠群：《敦煌本吐蕃历史文书与唐代吐蕃史研究》，载《敦煌学论集》，巴蜀书社，2003年。

⑨ 格桑央京《敦煌藏文写卷 Ch.9.n.19号初探》，《中国藏学》2005年第2期。

⑩ 杨铭、胡静《新疆安得悦出土古藏文写本研究》，载《丝绸之路民族古文字与文化学术讨论会文集》，上海古籍出版社，2012年。

⑪ 陆离：《吐蕃统治敦煌的基层组织》，《西藏研究》2006年第1期。

⑫ 黄维忠：《德噶玉采会盟寺考》，《敦煌研究》2009年第3期。

⑬ 陈楠、任小波：《敦煌藏文写本研究概述》，载《中国社会科学院敦煌学回顾与前瞻学术研讨会论文集》，上海古籍出版社，2012年。

⑭ 卓玛才让：《英藏敦煌古藏文文献中三份相关经济文书之解析》，《西藏研究》2013年第3期。

⑮ 萨仁高娃：《国外藏敦煌汉文文献中的非汉文文献》，中国国家图书馆网站“华夏记忆”专题，http//www.nle.en/newhxjy/yj/gjge/esml/201104/20110428_42177.htm.

×15厘米；右侧残，已褪色；正面楷书9行，相当粗劣、呆板，而且前左侧稍残，可证明正面文字右侧已残。背面为一件不同的文书，11行草写楷书，工整，黑色。正面是猴年冬末月之初，某王与军吏“论·措桑波”（blon mtsho bzang po）呈吐蕃首领书。内容称“雅藏”（yang rtsang）部落的某某与“雄巴”（zhum ba）乡的于阗人麻孙签约，后者将战刀等什物送往“神山”（shing shan）。如未按时送到，或物品被换，其个人所有或屋中财物将被占有，不得申诉。证人出自“芒噶”（mang khar）部落。反面是于阗媲摩等地点的名册，其中提到的地名有：“札云”（dgra byung）、“祖之则可果”（vphrul gyi rtse kol kol）、“范则胡波库贡”（van tse rhul po khu gong）、“色斯”（gsas zigs）、“布山玉恩”（vbu shan gyul……ng）、“塔查则斯”（stag sras tses zigs）、“道都莽勒”（stag vdus rmang slebs）、“加马孤”（vjag ma gu）、“道古林”（stag sgugs ling）、“东则班勒”（mdong rtse phangs legs）、“姜兰则”（janglangrtse）、“于阗媲摩”（ho tong g.yu mo）、“叶日朗”（bye ri snang）、“则勒色”（rtse legs gsas）。英译见《有关西域的藏文文献与文书》第二卷，第179页；汉译《敦煌西域古藏文社会历史文献》第157、158、185、186页，《敦煌西域出土的古藏文契约文书》第286~287页、汉译本第314~16页。藏文转写及注解见《英国国家图书馆斯坦因收集品中的新疆出土古藏文写本》，第26页；汉译见《英国收藏新疆出土古藏文文书选译》，第35、65页。①

**89. 潘牙等呈潘孜书**

斯坦因原编 M.Tagh.0515，英国国家图书馆东方文献部编号 Or.15000/35，完整。原先对折放入一长套中，为现代藏文书信格式。9厘米 ×28.6厘米，草写楷书，正面7行，反面1行，潦草，局部模糊，另加常见草写楷书1行。是“潘牙”（vphan rya）与“娘赞”（nya brtsan）禀呈“潘孜”（vphan gz [i]gs）之书信，内容涉及问候后者的病情，并提到“拉桑杰”（ra sang rje）及“普巴”（pur ba）等。文后署：“送潘孜—由帕拉牙与尼赞护送；驻于阗都城（vu ten）将军（dmag pon）之第番（divag）签署。”英译见《有关西域的藏文文献与文书》第二卷，第195、196页；汉译《敦煌西域古藏文社会历史文献》第170、171页。藏文转写及注解见《英国国家图书馆斯坦因收集品中的新疆出土古藏文写本》，第29页；汉译见《英国收藏新疆出土古藏文文书选译》，第43页。②

**94. 勒恭致潘斯书信残卷**

斯坦因原编 M.Tagh.0520，英国国家图书馆东方文献部编号 Or.15000/40，残卷，5.5厘米

① 胡静、杨铭编著：《英国收藏新疆出土古藏文文献叙录》，社会科学文献出版社，2017年，第37页。（此处汉译指对藏文转写及注解的汉译，后不再一一标明。）

② 胡静、杨铭编著：《英国收藏新疆出土古藏文文献叙录》，社会科学文献出版社，2017年，第40页。

×9.5厘米；4厘米 ×1.8厘米，正面5行，背面2行；正面2行，背面空白。疑为书信。有两片文书，较大的残片是急件的左上部分。寄件人名为“勒恭”（Sl [e] bskong），根据书信的格式，接着是收件人“潘斯”（vpan zigs）。正面第2行似乎提到“于阗都城”（vu ten）。背面大概为正面书信的落款署名。较小的残片仅有一些音节，大概是从较大的残片中撕下来的。藏文转写及注解见《英国国家图书馆斯坦因收集品中的新疆出土古藏文写本》，第31页。[①]

### 87. 西托致论・芒协大人书

斯坦因原编 M.Tagh.0512，英国国家图书馆东方文献部编号 Or.15000/33，完整，狭长如近代藏文书信，但用古朴方式对折。19厘米 ×27.8厘米，圆形楷书正面12行，背面3行，字较大，一些地方模糊。是“西托”（phyi mtho）致“论・芒协大人”（jo bo blon mang bzher）的一封信。在通常的问候语之后，信中提到油料和木材已经送到，但大都督和尚论仍未露面；并提到征收于阗人“那莫布”（na mo bud）一驮粮食的相关事宜，请论・芒协关注此事等。提到的人名还有“吴再”（pho tsab）等。英译见《有关西域的藏文文献与文书》第二卷，第411、412页；汉译见《敦煌西域古藏文社会历史文献》第353页。藏文转写及注解见《英国国家图书馆斯坦因收集品中的新疆出土古藏文写本》，第28页；汉译见《英国收藏新疆出土古藏文文书选译》，第49~50页。[②]

### 124. 藏文、于阗文书信

斯坦因原编 M.Tagh.a.I.0045，《古代和田》图版46，残卷，17.5厘米 ×17.5厘米，正面1行，背面（于阗文）8行。第1行可能是背面于阗文书信的草稿或文牍的开头。第2行“nga”似乎被另一种笔迹改写过。“查安赞”（v[khra]nga rtsan）似乎是人名。背面是于阗文。见贝利《和田文文献》，第5卷第386页；《塞种（saka）文献 II》之 LVII（LXX），以及《塞种（saka）文献 III：文书卷》，第78页。藏文转写及注解见《英国国家图书馆斯坦因收集品中的新疆出土古藏文写本》，第39页。[③]

### 153. 某庄园呈塔桑阁下书

斯坦因原编 M.Tagh.a.III.0063，英国国家图书馆东方文献部编号 Or.15000/91，完好，28厘米 ×8厘米。草写楷书正面5行，字小，部分不清；反面3行，笔迹不同。文书是来自6个庄园面呈塔桑阁下的请愿书，主要内容涉及从“羌若”（skyang ro）送来3袋又11捆什物，以及这个传令兵的身份。涉及的内容有：“纳”（nag）平原，一个“波噶”（phod kar）标记，4个士兵的粮

---

① 胡静、杨铭编著：《英国收藏新疆出土古藏文文献叙录》，社会科学文献出版社，2017年，第41页。

② 胡静、杨铭编著：《英国收藏新疆出土古藏文文献叙录》，社会科学文献出版社，2017年，第39页。

③ 胡静、杨铭编著：《英国收藏新疆出土古藏文文献叙录》，社会科学文献出版社，2017年，第47~48页。

食标准等。背面第1行为一件不同的文书，提到于阗“都城”（vu ten）和尚“洛若尚勒”（nog ro zhang legs）的一位男性亲属，叫“孙波色勒”（sum pa gsas slebs），被送往尚论处受审查。英译见《有关西域的藏文文献与文书》第二卷，第241页；汉译见《敦煌西域古藏文社会历史文献》，第207、208页。藏文转写及注解见《英国国家图书馆斯坦因收集品中的新疆出土古藏文写本》，第51页；汉译见《英国收藏新疆出土古藏文文书选译》，第20页。[①]

### 174. 马年冬复论・录扎书

斯坦因原编 M.Tagh.a.IV.00121，英国国家图书馆东方文献部编号 Or.15000/112，残卷，10厘米 ×28厘米，完好。楷书正面4行，潦草，是对马年冬“论・录扎”（blon klu sgra）等在“斜塘”（shel than）会上发出的来信的回复。内容涉及“雅藏”（yang rtsang）部落的“娘拉通”（myang lha mthong）向“于阗王”（li rje）的士兵于阗人“巴纳”（bat nag）索取利息，要求其在该年冬十月二十三日交付丝绸两匹。英译见《有关西域的藏文文献与文书》第二卷，第190页；汉译见《敦煌西域古藏文社会历史文献》第166、167页。藏文转写及注解见《英国国家图书馆斯坦因收集品中的新疆出土古藏文写本》，第57页；汉译见《英国收藏新疆出土古藏文文书选译》，第40页。[②]

### 207. 某人致苏毗邦绰的书信残卷

斯坦因原编 M.Tagh.a.IV.00158，英国国家图书馆东方文献部编号 Or.15000/145，残卷，4.5厘米 ×12.5厘米，正面2行，背面1行。正面大概是一封书信的结尾。正面第2行似乎是说：向“苏毗邦绰”（sum pa pang kro）汇报。背面可能出自一封于阗官员的书信的开头，或可能是正面书信的落款署名。藏文转写及注解见《英国国家图书馆斯坦因收集品中的新疆出土古藏文写本》，第68页。[③]

### 247. 拉日基致嘉协大人书

斯坦因原编 M.Tagh.b.I.0095，英国国家图书馆东方文献部编号 Or.15000/183，完整，8厘米 ×28.8厘米；形似近代对折式藏文书信，正面5行常见草写楷书加1行不同笔迹的倒书，背面6行。正面是“拉日基”（lhari skyes）致“嘉协大人”（jo cho rgyal bzher）的一封问候信。在通常的问候语之后，报告在“春赞镇”（khrom cung tsan）中，“囊协”（snang bzher）与“拉桑”（lha bzang）及其他人已经病愈，“嘉斯拉孜基”（rgyal zigs lha rtsa skyes）已经到达。背面是内容不同的一件于阗某地的吐蕃人、于阗人名册，提到的地名有：“基则”（gyi rtse）、“道则”

① 胡静、杨铭编著：《英国收藏新疆出土古藏文文献叙录》，社会科学文献出版社，2017年，第55页。

② 胡静、杨铭编著：《英国收藏新疆出土古藏文文献叙录》，社会科学文献出版社，2017年，第60页。

③ 胡静、杨铭编著：《英国收藏新疆出土古藏文文献叙录》，社会科学文献出版社，2017年，第67页。

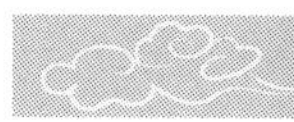

（stag rtse）之“赤古觉”（khri skugs vjor）、“叶玛朵克则”（bye ma vdord gyi rtse）、“坚娘”（jam nya）、“于阗媲摩”（hotongg.yumo）；部落名称有“仲巴”（grom pa）、“蔡莫巴”（rtsal mo pag）、“娘若”（myang ro）、“雅藏”（yang rtsang）、“倭卓巴”（vo tso pag）、“波嘻”（pho dkar）；以及分属这些地方和部落的9个吐蕃人、5个于阗人的名字。英译见《有关西域的藏文文献与文书》第二卷，第410页；汉译见《敦煌西域古藏文社会历史文献》，第154、352、353页。藏文转写及注解见《英国国家图书馆斯坦因收集品中的新疆出土古藏文写本》，第81页；汉译见《英国收藏新疆出土古藏文文书选译》，第31、57页。①

### 251. 书信残卷

斯坦因原编 M.Tagh.b.I.0099，英国国家图书馆东方文献部编号 Or.15000/187，残卷，6.8厘米 ×12厘米。正面5行，印记一枚；背面1行，倒书1行。残留右半部。第1行说“届时宁某在于阗都城”（vu ten），第2行提到粮食“共计十五汉升”（རྒྱ་བྲེ་བཅོ་ལྔ），第4行意为“供给守备长尚·拉协”（zhang po dgra blon lha bzher），结尾处有一句问候语。一枚较大的朱砂印记盖在右下角。背面有三个词，可能是落款署名。藏文转写及注解见《英国国家图书馆斯坦因收集品中的新疆出土古藏文写本》，第83页；汉译见《英国收藏新疆出土古藏文文书选译》，第11页。②

### 255. 于阗人什兰氏禀汪头领书

斯坦因原编 M.Tagh.b.I.00103，英国国家图书馆东方文献部编号 Or.15000/191，残卷，6.8厘米 ×24.5厘米，左侧破碎，3行楷书。是于阗妇女“什兰氏”（shi rhang zha）回禀“汪”（von）头领的信。由于写本过残，具体内容不全，可能涉及民事纠纷，什兰氏请求送她回娘家。英译见《有关西域的藏文文献与文书》第二卷，第302页；汉译见《敦煌西域古藏文社会历史文献》第260页。藏文转写及注解见《英国国家图书馆斯坦因收集品中的新疆出土古藏文写本》，第84页；汉译见《英国收藏新疆出土古藏文文书选译》，第33页。③

### 274. 色勒致尚·潘协书

斯坦因原编 M.Tagh.b.II.001，英国国家图书馆东方文献部编号 Or.15000/210，完整，13.5厘米 ×28厘米，褪色，常见草写楷书12行。是“色勒”（gsas[sleb]s）致“尚·潘协”（zhang po vphan bzher）书，文首为通常的问候语，然后提及瑟勒和名单上的三个于阗人将去“祖玛”（pzhu mar）军营。提到的地名有“俄尼达”（vo ni dag），物品有三种药、一封密信、两只“茶盏”（ja tor）等。英译见《有关西域的藏文文献与文书》第二卷，第245、246页；汉译见《敦煌西域古

① 胡静、杨铭编著：《英国收藏新疆出土古藏文文献叙录》，社会科学文献出版社，2017年，第77页。

② 胡静、杨铭编著：《英国收藏新疆出土古藏文文献叙录》，社会科学文献出版社，2017年，第79页。

③ 胡静、杨铭编著：《英国收藏新疆出土古藏文文献叙录》，社会科学文献出版社，2017年，第80页。

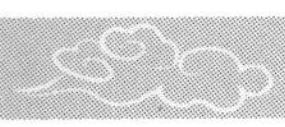

藏文社会历史文献》，第211页。藏文转写及注解见《英国国家图书馆斯坦因收集品中的新疆出土古藏文写本》，第90页；汉译见《英国收藏新疆出土古藏文文书选译》，第22~23页。①

### 212. 杜敦克致尚论·赤协书

斯坦因原编 M.Tagh.a.V.0015，英国国家图书馆东方文献部编号 Or.15000/150，残卷，26.5厘米 ×15厘米，常见楷书，正面21行，反面2行。信的内容主要涉及“于阗都城”（vu ten）地区目前的形势，以及修筑“贝峰”（pevu rtse）的士兵患病的情况。涉及的地名有“旭昂”（zhugs ngam）、“录通”（klu mtong），人名和职官名有：“尚论·赤协”（zhang blon khri bzher）、“内务官拉桑”（nang rje po lha bzang）、家奴“甲古古日赞”（rkya rgu gu rib tran）、部落民“娘张潘卓”（nya gram vphan brod）等。英译见《有关西域的藏文文献与文书》第二卷，第223页；汉译见《敦煌西域古藏文社会历史文献》第193页。藏文转写及注解见《英国国家图书馆斯坦因收集品中的新疆出土古藏文写本》，第70页；汉译见《英国收藏新疆出土古藏文文书选译》，第17~18页。②

### 244. 于阗王赞切波上赤协书

斯坦因原编 M.Tagh.b.I.0092，英国国家图书馆东方文献部编号 Or.15000/180，残卷，10厘米 ×27厘米；已褪色。草写楷书，正面、背面各8行，书写工整、细腻，有污渍。正面部分文字模糊，正面第8行始，用笔不同，文尾署名字迹亦不同；正面第7、第8行之间和第8行中间的空白处有符号，为背面浸透；在正面左侧空白处及少许其余地方，有类似情况。正面第1至第2行间有花押字母。是于阗王“赞切波”（vtran ced po）上吐蕃首领“赤协”（khri bzher）、“潘协”（vphan bzher）、“嘉协”（rgyal bzher）之书。内容涉及在“赫格”（hel ge）与“纳”（nag）地方发生的抢劫案件。该王称正将族人中的强盗送往“三虎”（stag sum）处，也将尽快处置抢劫的协同犯。此外还提到“萨堤”（sag ti）乡、“朵洛”（mdo lo）地区；人名或官名“朵协”（mdo bzher）阁下、“笼官”（slung pon）；文后的封印为“登婆罗”（gden pho bd）。英译见《有关西域的藏文文献与文书》第二卷，第186、187页；汉译见《敦煌西域古藏文社会历史文献》，第163、164页。藏文转写及注解见《英国国家图书馆斯坦因收集品中的新疆出土古藏文写本》，第79页；汉译见《英国收藏新疆出土古藏文文书选译》，第39页。③

### 284. 于阗某镇呈赤节班书

斯坦因原编 M.Tagh.b.II.0062，英国国家图书馆东方文献部编号 Or.15000/220，完好，6厘米 ×23.5厘米。方形、黑色楷书。正面5行，清晰；背面4行加端部1行半；常见草写楷书，字方，

① 胡静、杨铭编著：《英国收藏新疆出土古藏文文献叙录》，社会科学文献出版社，2017年，第84页。

② 胡静、杨铭编著：《英国收藏新疆出土古藏文文献叙录》，社会科学文献出版社，2017年，第69~70页。

③ 胡静、杨铭编著：《英国收藏新疆出土古藏文文献叙录》，社会科学文献出版社，2017年，第76页。

字迹与正面不同。正面文字系于阗某镇呈“赤节班阁下”（jo chok hri rje vpangs）书，称“内务官才吐热”（nang rje po btshan do re）是一个迷恋他人之妻的疯子，他与人私通并用葫芦饮酒，致死一小孩，应将他押解到神山。背面文字为“卡勒”（mkhar slebs）禀呈“安则大人”（cho bo van mdzes）书，在通常的陈述后，写道：“我祝阁下及臣民身心愉快，解脱病魔。”并提到了“于阗都城”（vu ten）。英译见《有关西域的藏文文献与文书》第二卷，第197页；汉译《敦煌西域古藏文社会历史文献》第172页。藏文转写及注解见《英国国家图书馆斯坦因收集品中的新疆出土古藏文写本》，第93页；汉译见《英国收藏新疆出土古藏文文书选译》，第13、55页。[①]

### 287. 冲勒致道桑书残卷

斯坦因原编 M.Tagh.c.0020，《古代和田》图版54，残卷，8厘米 ×29厘米，正面6行，背面于阗文5行。书信残卷，下半部失落，背面是于阗文献。是“冲勒”（khrom legs）致“道桑”（stag bzang）的一封信。第1、第2行使用了否定句，与通常所用的问候语不同。古藏文书信书写时间明显晚于背面的于阗文献。关于于阗文献，参见贝利《于阗文献》卷5，第222页。藏文转写及注解见《英国国家图书馆斯坦因收集品中的新疆出土古藏文写本》，第94页；汉译见《英国收藏新疆出土古藏文文书选译》，第112页。[②]

### 293. 祖茹致某人书残卷

斯坦因原编 M.Tagh.c.0028，英国国家图书馆东方文献部编号 Or.15000/227，残卷，10.5厘米 ×9.5厘米，正面7行，背面7行。书信残卷。是一封出自“祖茹”（bru ru）的信的右半部，收信人的名字已失落。右边也已失落，但每一行大概仅掉了1或2个字母。第7行以下有一段空白。第2行提示的日期是“冬月”，地名是“疏勒”（shu lig）。第4行意为“月中十五日去了于阗都城”（vuten）。人名可见“罗通琼孔勒”（lod ltong chung kong slebs）、“库潘勒”（kugs vphan legs）。背面是另一封信，收信人是“道协大人”（jo cho stag bzher），寄信人的名字已失落。收于《有关西域的藏文文献与文书》第二卷，第259、260页，缺英译；《敦煌西域古藏文社会历史文献》第223页。藏文转写及注解见《英国国家图书馆斯坦因收集品中的新疆出土古藏文写本》，第96页；汉译见《英国收藏新疆出土古藏文文书选译》，第14页。[③]

### 311. 某人致论·赤孜书残卷

斯坦因原编 M.Tagh.c.III.0078，英国国家图书馆东方文献部编号 Or.15000/245，残卷，7厘米 ×13厘米，正面5行。书信残卷，残留中上部，是一封致“论·赤孜”（blon kri gzigs）的信。

---

① 胡静、杨铭编著：《英国收藏新疆出土古藏文文献叙录》，社会科学文献出版社，2017年，第86页。

② 胡静、杨铭编著：《英国收藏新疆出土古藏文文献叙录》，社会科学文献出版社，2017年，第87页。

③ 胡静、杨铭编著：《英国收藏新疆出土古藏文文献叙录》，社会科学文献出版社，2017年，第89页。

可见到的人名有“祖拉赞”（mtshur lha brtsan），地名有“娘帕部落”（mnyal pavi sde）。此文书明显属于吐蕃统治于阗时期。藏文转写及注解见《英国国家图书馆斯坦因收集品中的新疆出土古藏文写本》，第102页；汉译见《英国收藏新疆出土古藏文文书选译》，第34页。①

351. 书信残卷

斯坦因原编 Kha.vi.14.a，英国国家图书馆东方文献部编号 Or.15000/257，残卷：9.5厘米 ×14厘米，正面5行；12厘米 ×4厘米，正面5行；7厘米 ×4厘米，背面2行；5.8厘米 ×4.8厘米，正面3行。背面均空白。可能是一封书信的4个残片。第一件残片正面第4行提到于阗官员“萨波彦别”（spa yan ber）。藏文转写及注解见《英国国家图书馆斯坦因收集品中的新疆出土古藏文写本》，第113页；汉译见《英国收藏新疆出土古藏文文书选译》，第78页。②

492. 鼠年于同上参达大人书

斯坦因原编 M.I.xiii.12，英国国家图书馆东方文献部编号 Or.15000/380，完整，有墨迹，褪色，7.5厘米 ×30厘米，草写楷书。正面6行，印记两枚；反面1行。是“于同”（yul mthong）向“参达”（btshan ta）和“录扎”（klu sgra）大人的禀呈。信中提到已托“大罗布”（nob ched po）巡吏转来年税，假如阁下收到，请发出收讫函。还提及一“普尔”（pho re）于阗羊毛等货物，以及运输吏“论·拉桑”（blon lha bzang）。背面署“大罗布（nob chedpo）鼠年之税”。英译见《有关西域的藏文文献与文书》第二卷，第152、153页；汉译见《敦煌西域古藏文社会历史文献》，第138页。藏文转写及注解见《英国国家图书馆斯坦因收集品中的新疆出土古藏文写本》，第160页；汉译见《英国收藏新疆出土古藏文文书选译》，第129~130页。③

676. 论·扎多致某人书残片

斯坦因未编号，英国国家图书馆东方文献部编号 Or.8212/1834b，残卷，4厘米 ×7厘米，正面3行，背面空白。5个藏文残片和1个中文残片放在写有编号 Or.8212/1834的袋子中，5个藏文残片和1个中文残片无位置编号，在袋中两个纸条上写有编号“LA.VI.ii.0221-227”和“Centre xv”，但是似乎都不是藏文残片的编号。3个残片被粘贴在一块儿（编号677）。一个残片似乎写于阗（编号359）。编号676是最小的残片，可能是一封书信的中上部分。正面第1行“论·扎多”（blon dgrav sdog）可能是写信人。藏文转写及注解见《英国国家图书馆斯坦因收集品中的新疆出土古藏文写本》，第234页。④

---

① 胡静、杨铭编著：《英国收藏新疆出土古藏文文献叙录》，社会科学文献出版社，2017年，93页。

② 胡静、杨铭编著：《英国收藏新疆出土古藏文文献叙录》，社会科学文献出版社，2017年，第102页。

③ 胡静、杨铭编著：《英国收藏新疆出土古藏文文献叙录》，社会科学文献出版社，2017年，第136页。

④ 胡静、杨铭编著：《英国收藏新疆出土古藏文文献叙录》，社会科学文献出版社，2017年，第185页。

## 第二节　文书类文献

### 38. 契约文书残卷

斯坦因原编 M.Tagh.0412，英国国家图书馆东方文献部编号 Or.8212/1841，残卷，7厘米 ×10.2厘米，正面1行加反书1行，背面空白。中下部分是残缺的契约文书。存于阗人“协讷”（she nir）的一枚手印，较为清晰，他大概是债务人。有一枚圆形朱砂封印，印文为“祖勒”（drum shin le），可能是于阗人的名字。藏文转写及注解见《英国国家图书馆斯坦因收集品中的新疆出土古藏文写本》，第12页。①

### 51. 文书残卷

斯坦因原编 M.Tagh.0435，英国国家图书馆东方文献部编号 Or.8212/1851，残卷，4.5厘米 ×17.5厘米，正面4行，背面空白。文书，余右上半部。第1行大意是说：有敌情，士兵集合并开赴“于阗都城”（vu ten），进入敌境。第二行提到了有关租借的问题，但文书的其余部分又不具备契约的形式。第三行提到的人名“卓录珠玛奴”（spro klu vbrug rma gnubs）及地名应该均在于阗地区。藏文转写及注解见《英国国家图书馆斯坦因收集品中的新疆出土古藏文写本》，第17页；汉译见《英国收藏新疆出土古藏文文书选译》，第11页。②

### 107. 文书残卷

斯坦因原编 M.Tagh.a.I.0038，《古代和田》图版45，残卷，5厘米 ×5.5厘米，正面3行，背面于阗文书3行。藏文文书在一边，于阗文书在另一边。藏文文书中仅有3行残存一些音节。第3行下是空白。于阗文书写在底部边缘，表明藏文晚于于阗文。于阗文书见贝利《和田文文献》，第5卷第210页，《塞种（saka）文献 II》之 L VII（LXV），以及《塞种（saka）文献Ⅲ：文书卷》第93页。藏文转写及注解见《英国国家图书馆斯坦因收集品中的新疆出土古藏文写本》，第34页。③

### 208. 文书残卷

斯坦因原编 M.Tagh.a.IV.00159，英国国家图书馆东方文献部编号 Or.15000/146，残卷，7.5厘米 ×27厘米，正面7行，背面6行，印鉴一枚。同一个文书的正反面。写本的开始（正面的上缘）和结束（反面的下边缘）已被撕裂，官号“岸本”（mngan）和“丝绸”（men tri）均见于第3行。第4、第5行说：“此背心和毛毯应交付给于阗王的士兵。”背面有3枚或更多的朱砂印章。

① 胡静、杨铭编著：《英国收藏新疆出土古藏文文献叙录》，社会科学文献出版社，2017年，第26页。

② 胡静、杨铭编著：《英国收藏新疆出土古藏文文献叙录》，社会科学文献出版社，2017年，第29~30页。

③ 胡静、杨铭编著：《英国收藏新疆出土古藏文文献叙录》，社会科学文献出版社，2017年，第44页。

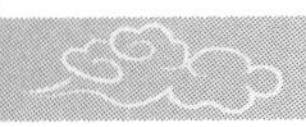

藏文转写及注解见《英国国家图书馆斯坦因收集品中的新疆出土古藏文写本》，第68页。[①]

**214. 经济文书残卷**

斯坦因原编 M.Tagh.a.V.0017，英国国家图书馆东方文献部编号 Or.15000/152，残卷，10厘米 ×11厘米，正面10行，背面2行（？）。经济文书残卷、书信残卷。残留中部，可见地名，如“神山”（shing shan）、“于阗都城”（vu ten）等。第6行有“疾病”（bro nad），第9行有官名“将军”（dmag pon）。背面的文字出自同一手笔，可能是书信的落款。藏文转写及注解见《英国国家图书馆斯坦因收集品中的新疆出土古藏文写本》，第71页；汉译见《英国收藏新疆出土古藏文文书选译》，第10页。[②]

**222. 猴年契约文书残卷**

斯坦因原编 M.Tagh.a.VI.0062，英国国家图书馆东方文献部编号 Or.15000/160，残卷，5厘米 ×10厘米，正面4行，背面于阗文2行。契约文书残卷，残留左上部，左下边的第4行只保留了一部分。第1行载明了时间是“猴年秋”（sprevu lovi ston），第2行的 dgrav blon 可译为“守备长”，第3行提到了“债务人因到期不还或有短缺”等情况。但契约的重要部分残缺。背面是2行未见刊布的于阗文。藏文转写及注解见《英国国家图书馆斯坦因收集品中的新疆出土古藏文写本》，第73页；汉译见《英国收藏新疆出土古藏文文书选译》，第44页。[③]

**112. 文书残卷**

斯坦因原编 M.Tagh.a.I.11，英国国家图书馆东方文献部编 Or.15000/52，残卷，3.5厘米 ×5.5厘米，正面1行，背面于阗文1行（？）。残余中间部分。第1行隐约可见“蛇年或猴年春”（1 gI lo vi dbyid）。背面的两个字母稍许清晰，可能是于阗文。藏文转写及注解见《英国国家图书馆斯坦因收集品中的新疆出土古藏文写本》，第36页。[④]

**185. 契约文书残卷**

斯坦因原编 M.Tagh.a.IV.00133，英国国家图书馆东方文献部编号 Or.15000/123，残卷，3厘米 ×17.5厘米，正面2行，反书2行，背面2行（？）。契约文书。残余左边下半部分，大概是契约的结尾部分，于阗人“库历”（ku li）可能是证人之一。右边有一较短的垂直线条，倒写的2行处可见一指印的部分。其余的倒书可能是另外的文书。背面有一些字母书写清晰可辨，如 g、gs。藏文转写及注解见《英国国家图书馆斯坦因收集品中的新疆出土古藏文写本》，第62页。[⑤]

---

① 胡静、杨铭编著：《英国收藏新疆出土古藏文文献叙录》，社会科学文献出版社，2017年，第68页。

② 胡静、杨铭编著：《英国收藏新疆出土古藏文文献叙录》，社会科学文献出版社，2017年，第70页。

③ 胡静、杨铭编著：《英国收藏新疆出土古藏文文献叙录》，社会科学文献出版社，2017年，第72页。

④ 胡静、杨铭编著：《英国收藏新疆出土古藏文文献叙录》，社会科学文献出版社，2017年，第45页。

⑤ 胡静、杨铭编著：《英国收藏新疆出土古藏文文献叙录》，社会科学文献出版社，2017年，第63页。

### 288. 于阗文、藏文文书残卷

斯坦因原编 M.Tagh.c.0021，《古代和田》图版52，残卷，14.5厘米 ×13厘米，正面3行加于阗文1行，背面于阗文5行。残余左上角，大概是一封书信的草稿。顶部边缘包括3行藏文。正面第3行左下方留着一片空白。“道桑潘”（stag bzang phan）可能是收件人。正面第2行似乎出现“隐藏了半分”（sho，土地用数量词），正面第3行包括“四升”（bre bzhi）。1行于阗文写在藏文文书上面，见 Emmerick,BSOAS32〔1969〕: 402。背面有5行于阗文，见 KT5 : 387，SD3 : PL.LVI,（LXXII），SDTV1 : 76CMT20021。藏文转写及注解见《英国国家图书馆斯坦因收集品中的新疆出土古藏文写本》，第95页。①

### 331. 文书残卷

斯坦因原编 Dom.0161，英国国家图书馆东方文献部编号 Or.8212/1364，残卷，7.5厘米 ×7.7厘米，正面6行，背面空白。残余右上角，文书破坏严重，有许多小洞。正面第1行提到“于阗”（li yul），正面第2行“拉洛”（lha lod）和正面第4行“赞”（brtsan）可能是人名，正面第3行似乎出现“龙”（vbrug）这个词。藏文转写及注解见《英国国家图书馆斯坦因收集品中的新疆出土古藏文写本》，第107页。②

### 349. 马年春释放于阗罪犯书

斯坦因原编 khad.052，英国国家图书馆东方文献部编号 Or.15000/256，11.6厘米 ×28.4厘米，正面完整，背面残卷。原本折于一长纸条里，有如现代的藏文书信；完好；常见草写楷书，正面6行加倒书1行，反面6行，甚模糊。内容涉及马年春二月初考核士兵，发现一个在“于阗南勒”（li nang gleg）的“布尚约巴山”（vbu zhang yol ba ri）做饭的名叫苏泽（so btsas）的人，多次惹出麻烦，决定在于阗部队中将其处死。他的伙伴即“巡吏”（tshug pon）等答应付四千五百“钱币”（dong tse）给他赎罪，如违约，赎金将翻倍。倒书“于阗人苏南”（li su[na]ng）指印。英译见《有关西域的藏文文献与文书》第二卷，第252页；汉译见《敦煌西域古藏文社会历史文献》，第216~217页。观于《敦煌西域出土的古藏文契约文书》第320~323页，汉译本第352~356页。藏文转写及注解见《英国国家图书馆斯坦因收集品中的新疆出土古藏文写本》，第112页；汉译见《英国收藏新疆出土古藏文文书选译》，第25页。③

### 355. 有关寺院的文书

斯坦因原编 Ker.（？）未编号，英国国家图书馆东方文献部编号 Or.9615/12（于阗文），残卷，

---

① 胡静、杨铭编著：《英国收藏新疆出土古藏文文献叙录》，社会科学文献出版社，2017年，第98页。

② 胡静、杨铭编著：《英国收藏新疆出土古藏文文献叙录》，社会科学文献出版社，2017年，第98页。

③ 胡静、杨铭编著：《英国收藏新疆出土古藏文文献叙录》，社会科学文献出版社，2017年，第101~102页。

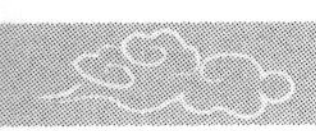

7厘米 ×11厘米，正面5行，背面空白。与11个于阗文残卷放置在同一封袋中。正面第1行提到“古仙神殿”（[gtsug] lag khang vgu zhan）。藏文转写及注解见《英国国家图书馆斯坦因收集品中的新疆出土古藏文写本》，第114页。①

**360. 文书残卷**

斯坦因未编号（和田？），英国国家图书馆东方文献部编号 Or.8212/1629bis，残卷，4厘米 ×9厘米，正面2行，背面3行于阗文。正面是一篇藏文文书的中下部分，仅有一些音节可辨读。正面第2行似乎是文书的结尾。背面3行于阗文部分清晰可见。藏文转写及注解见《英国国家图书馆斯坦因收集品中的新疆出土古藏文写本》，第116页。②

**665. 文书残卷**

斯坦因原编 Kao.III.（？），《古代和田》图版205，残卷，8.3厘米 ×4.8厘米，正面4行，背面空白。与编号205的于阗文手稿放在一起（它们被预先一起放在标题为“中亚杂文3/1”的盒子中）。有一个编号为“Kao.III.”的条子在盘中，但是不能确定这个条子是不是这个手稿的编号说明。顶部和底部边缘部分保留。左右两边被扯掉。4行文字部分可见。最后1行下面是一空白处。正面第1行“夏五月”（sla bring po）和第2行“最后一月”（tha chungs）勉强可以拼读。藏文转写及注解见《英国国家图书馆斯坦因收集品中的新疆出土古藏文写本》，第230页。③

## 第三节　契约类文献

**37. 雇工契残卷**

斯坦因原编 M.Tagh.0410，英国国家图书馆东方文献部编号 Or.8212/1918，残卷，5.5厘米 ×17.5厘米，正面5行，背面空白。此写本残留右上部，看来是一件雇工契约，雇用期为40天。其中有“于阗城居民”（li mkar pa），“神山镇居民”（shing shan kyi mkar pa），以及于阗官吏称号“萨波”（spa）等。藏文转写及注解见《英国国家图书馆斯坦因收集品中的新疆出土古藏文写本》，第11页；汉译见《英国收藏新疆出土古藏文文书选译》，第6页。④

**85. 于阗人梅金借酥油契**

斯坦因原编 M.Tagh.0509+0510，英国国家图书馆东方文献部编号 Or.15000/31，残卷，两

① 胡静、杨铭编著：《英国收藏新疆出土古藏文文献叙录》，社会科学文献出版社，2017年，第103页。

② 胡静、杨铭编著：《英国收藏新疆出土古藏文文献叙录》，社会科学文献出版社，2017年，第85页。

③ 胡静、杨铭编著：《英国收藏新疆出土古藏文文献叙录》，社会科学文献出版社，2017年，第181页。

④ 胡静、杨铭编著：《英国收藏新疆出土古藏文文献叙录》，社会科学文献出版社，2017年，第26页。

件残卷能够拼合，11厘米 ×31.5厘米。编号：左0509，右0510。前者7行，后者5行。正体楷书，有红色污渍。是于阗人“梅金”（rmevubyin）向“旭仓”（phyugmtshams）部落成员借酥油的契约，所借量为一两。借契规定，如届时未能支付，将加倍偿还，或将借方房内的什物做抵押。见证人为旭仓部落的“禄宝”（rhulpo）、“达吉玛”（[da] rdbyirma）、“则札拉贡”（tsebralhagong）等。英译见《有关西域的藏文文献与文书》第二卷，第62页。藏文转写及注解见《英国国家图书馆斯坦因收集品中的新疆出土古藏文写本》，第27页；汉译见《英国收藏新疆出土古藏文文书选译》，第82页。①

### 217. 契约残卷

斯坦因原编 M.Tagh.a.V.0021，英国国家图书馆东方文献部编号 Or.15000/155，残卷，6.5厘米 ×6.3厘米，正面5行加手印，背面3行（？）。契约文书，残余中下部分。正面第2行出现于阗人“萨珠”（li sa grum），第3行有“作出如此决定”云云，正面第5行有一手印。背面仅有一些音节，不能拼组成词。藏文转写及注解见《英国国家图书馆斯坦因收集品中的新疆出土古藏文写本》，第72页。②

### 223. 于阗人希德等借丝绸契约残卷

斯坦因原编 M.Tagh.a.VI.0063+b.1.00124，英国国家图书馆东方文献部编号 Or.15000/161，残卷，3.5厘米 ×18.5厘米，正面2行，背面空白。两个残片被粘贴在一起。文书下部边缘一角缺失。正面第2行的空白处表明此行是文书的结尾，似乎是借丝绸者人名，如“希德”（byi de）、“录措”（klu vtsho）、“王朵孜”（wang mdo gzigs）等，每人一“匹”（yug）丝绸。藏文转写及注解见《英国国家图书馆斯坦因收集品中的新疆出土古藏文写本》，第73页。③

### 359. 羊年契约残卷

斯坦因未编号（和田？），英国国家图书馆东方文献部编号 Or.8212/1834c.，残卷，7厘米 ×27.5厘米，正面6行，背面5行。买卖契约文书。纸张严重受损，出现很多小洞，两面的文字均十分模糊，浑浊不清。正面看来是一件售卖贴身男仆的契约。第1行提示的时间是“羊年之春”，彼时正值“于阗僧官赤丹”（li bla blon khri gdavm）和“都护论·巴协”（spyan blon dpal bzher）在于阗召集会盟之际，证实此文书写于于阗地区。买者的名字可见到一部分是“zha pong”，卖者的名字可在背面见到是“仲基”（khrom skyes）。背面的第1行至第4行可能是正面契约的后半部，但已模糊难辨。藏文转写及注解见《英国国家图书馆斯坦因收集品中的新疆出土古藏文写

① 胡静、杨铭编著：《英国收藏新疆出土古藏文文献叙录》，社会科学文献出版社，2017年，第38页。
② 胡静、杨铭编著：《英国收藏新疆出土古藏文文献叙录》，社会科学文献出版社，2017年，第71页。
③ 胡静、杨铭编著：《英国收藏新疆出土古藏文文献叙录》，社会科学文献出版社，2017年，第72页。

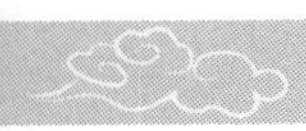

本》，第116页；汉译见《英国收藏新疆出土古藏文文书选译》，第48页。①

## 第四节　佛经类文献

### 350. 于阗文藏文佛经

斯坦因原编 Kha.i.158，《古代和田》图版212，完整，26厘米 ×46厘米，正面1行加中文28行，背面于阗文22行。练习抄写落款署名的一行藏文被写在汉文佛经文献的底部边缘。值得注意的是送件人姓名在收件人之前。背面是于阗文佛经文献，是编号 Kha.i.221长卷的一部分。斯坦因的描述似乎说明有更多于阗文佛经的文字。同时一行藏文也出现在 Kha.i.221文书的底部，在普散分类目录251附件 C47中有描述，汉文写本是《大般涅槃经》卷九的一部分。藏文转写及注解见《英国国家图书馆斯坦因收集品中的新疆出土古藏文写本》，第112页。②

## 第五节　名册类文献

### 47. 斥候名单残卷

斯坦因原编 M.Tagh.0426，英国国家图书馆东方文献部编号 Or.8212/1880，残卷，7厘米 ×17.5厘米，正面6行。文书，疑为斥候名单。残留左半部分，纸张残损严重，字迹十分模糊，几乎不能辨。第2行提到了“两个吐蕃人”（bod nyis）和“两个于阗人”（li nyis）被安置在“通颊”（mthong rtse），第4、第五行提到了一个出自苏纰的“巡吏”（tshugs pon）名叫“加莫森”（gya mog seng）。藏文转写及注解见《英国国家图书馆斯坦因收集品中的新疆出土古藏文写本》，第15页；汉译见《英国收藏新疆出土古藏文文书选译》，第30页。③

### 63. 于阗乡、部落及人员名册

斯坦因原编 M.Tagh.0492，英国国家图书馆东方文献部编号 Or.15000/9，残卷，已褪色；8.5厘米 ×8.5厘米；8行常见草写楷书。提到的乡有“拉若列”（la ro nya）、“罗列”（no nya）、“苏莫洛”（su mo no）、“洛罗列”（lo no nya）、“卓特”（dro tir）；部落有“拉吉”（lhag）、“羊伦上部”（byang slungs stod pa）；以及于阗人多名。英译见《有关西域的藏文文献与文书》第二卷，第176页；汉译见《敦煌西域古藏文社会历史文献》第155页。藏文转写及注解见《英国国家图

① 胡静、杨铭编著：《英国收藏新疆出土古藏文文献叙录》，社会科学文献出版社，2017年，第105页。

② 胡静、杨铭编著：《英国收藏新疆出土古藏文文献叙录》，社会科学文献出版社，2017年，第88页。

③ 胡静、杨铭编著：《英国收藏新疆出土古藏文文献叙录》，社会科学文献出版社，2017年，第28~29页。

书馆斯坦因收集品中的新疆出土古藏文写本》，第21页；汉译见《英国收藏新疆出土古藏文文书选译》，第3页。①

**64. 于阗乡、部落及人员名册**

斯坦因原编 M.Tagh.0503，英国国家图书馆东方文献部编号 Or.15000/10，残卷，形状不规则，6.5厘米 ×7厘米，可能与 Nos.0492及0513为同一文书，部分为常见草写楷书6行。提到了两个乡，"瑟若"（zal ro）和"巴洛"（ba rog）；一个地名"兰科娘"（Iam ko nya）；以及数名于阗人。英译见《有关西域的藏文文献与文书》第二卷，第177页；汉译见《敦煌西域古藏文社会历史文献》第156页。藏文转写及注解见《英国国家图书馆斯坦因收集品中的新疆出土古藏文写本》，第21页；汉译见《英国收藏新疆出土古藏文文书选译》，第5页。②

**65. 于阗乡、部落及人员名册**

斯坦因原编 M.Tagh.0513，英国国家图书馆东方文献部编号 Or.15000/11，残卷，存左侧结尾部分；6.5厘米 ×4厘米，3.5厘米 ×3.5厘米；可能与 No.0492为相同文书；常见草写楷书6行（卷首）。提到的乡和地点有"若"（ro）、"格托"（gas sto），部落名"仓迷"（tshang myi）。英译见《有关西域的藏文文献与文书》第二卷，第177页；汉译见《敦煌西域古藏文社会历史文献》第156页。藏文转写及注解见《英国国家图书馆斯坦因收集品中的新疆出土古藏文写本》,21页；汉译见《英国收藏新疆出土古藏文文书选译》，第5页。③

**122. 于阗乡、部落及人员名册**

斯坦因原编 M.Tagh.a.I.0031；英国国家图书馆东方文献部编号 Or.15000/62，残卷，形制稀见；21厘米 ×17厘米；常见草写楷书16行，字残。提到的地名和乡有"突厥州"（dru gu cor）、"贝玛"（pevu mar）、"哈班"（ha ban）、"卓特"（dro tir）、"罗噶娘"（nos go nya）、"巴麻若娘"（bar mo ro nya）、"依隆"（byi nom）、"拉若娘"（las ro nya）、"达孜"（dar ci）；民族有"吐谷浑"（va zha）；以及于阗人多名。英译见《有关西域的藏文文献与文书》第二卷，第175页；汉译见《敦煌西域古藏文社会历史文献》第154、155页。藏文转写及注解见《英国国家图书馆斯坦因收集品中的新疆出土古藏文写本》第39页；汉译见《英国收藏新疆出土古藏文文书选译》，第29页。④

**134. 于阗乡、部落及人员名册**

斯坦因原编 M.Tagh.a.II.0096，英国国家图书馆东方文献部编号 Or.15000/72，残卷，形状不规则，最高15厘米，最宽14厘米，已褪色。常见草写楷书。正面12行，背面11行。是于阗部

① 胡静、杨铭编著：《英国收藏新疆出土古藏文文献叙录》，社会科学文献出版社，2017年，第33页。
② 胡静、杨铭编著：《英国收藏新疆出土古藏文文献叙录》，社会科学文献出版社，2017年，第33页。
③ 胡静、杨铭编著：《英国收藏新疆出土古藏文文献叙录》，社会科学文献出版社，2017年，第33页。
④ 胡静、杨铭编著：《英国收藏新疆出土古藏文文献叙录》，社会科学文献出版社，2017年，第47页。

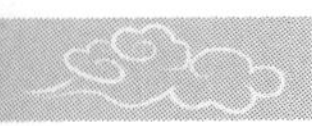

分乡、部落及人员的名单，其中提到的乡名称有："洛娘"（lo nya）、"德"（de）、"泽"（ts）、"巴莫若"（bar mo ro）、"悉若"（shir no）、"阿倭"（ho o）、"卓若"（phro nyo）、"班布多"（phun bu do）、"班若娘"（pan ro nya）、"雪素娘"（sho zho nya）、"苏朵"（su dor）、"哈罗娘"（has lo nya）、"墨萨力"（me zha li）。部落名称有："仲巴"（vgrom pa）、"局巴"（gcom pa）、"叶尔羌"（gyar skyang）、"真霞萨拉措湖"（vdzind byar sar lha mtsho）；以及属于这些乡、部落的于阗人名单。英译见《有关西域的藏文文献与文书》第二卷，第171、172页；汉译见《敦煌西域古藏文社会历史文献》第152页。另见《敦煌西域出土古藏文契约文书》"文献"第43页。藏文转写及注解见《英国国家图书馆斯坦因收集品中的新疆出土古藏文写本》第43页；汉译见《英国收藏新疆出土古藏文文书选译》，第36~37页。[①]

164. 于阗部落和乡人员名单残卷

斯坦因原编 M.Tagh.a.III.0074，英国国家图书馆东方文献部编号 Or.15000/102，残卷，8.3厘米 ×5.5厘米，正面9行，残留右半部分，是一件于阗某地区"部落"（sde）和"乡"（tshar）的人员名单，如吐蕃人"娘·库潘"（myang khu vphan）、于阗人"魏讲萨"（wi ne sa）等。英译见《有关西域的藏文文献与文书》第二卷，第176页；汉译见《敦煌西域古藏文社会历史文献》第156页。藏文转写及注解见《英国国家图书馆斯坦因收集品中的新疆出土古藏文写本》，第54页；汉译见《英国收藏新疆出土古藏文文书选译》，第4页。[②]

278. 于阗乡、部落及人员名册

斯坦因原编 M.Tagh.b.II.0054，英国国家图书馆东方文献部编号 Or.15000/214，残卷；6.5厘米 ×21.5厘米；常见草写楷书2行，第1行仅存下半部。提到的乡和地点有"汪纳"（wam na）、"德普德"（gde pu de）、"门科娘"（men ko nya）、"阿堤科"（va ti ko）、"奔波多娘"（bun bo do nya），以及数名于阗人。英译见《有关西域的藏文文献与文书》第二卷，第178页；藏文转写及注解见《英国国家图书馆斯坦因收集品中的新疆出土古藏文写本》，第91页；汉译见《英国收藏新疆出土古藏文文书选译》，第5页。[③]

358. 于阗僧侣名册

Hoemle：143a，《古代和田》图版206，完整，17厘米 ×26厘米，正面7行，背面于阗文12行。文书，于阗僧侣名册。看来有16个于阗僧侣的名字，为首的是一个名叫"名僧道吉嘉赞"（pan de ched po stag yi rgyal mtshan）。这些僧侣好像是负有向寺院交纳大麦的责任，而所交的大

① 胡静、杨铭编著：《英国收藏新疆出土古藏文文献叙录》，社会科学文献出版社，2017年，第50页。
② 胡静、杨铭编著：《英国收藏新疆出土古藏文文献叙录》，社会科学文献出版社，2017年，第53页。
③ 胡静、杨铭编著：《英国收藏新疆出土古藏文文献叙录》，社会科学文献出版社，2017年，第85页。

麦是作为治疗“大论·嘉桑”（ched po blon rgyal bzang）的费用。其中有一位被称作“诺素贝夏”（nog su ber zha）的僧侣负责集中并交付这些大麦。背面的于阗文献参见贝利《和田文文献》KT2，第68，所记录的地点是于阗东部的“六城”。藏文转写及注解见《英国国家图书馆斯坦因收集品中的新疆出土古藏文写本》，第115页；汉译见《英国收藏新疆出土古藏文文书选译》，第66页。①

## 第六节　神山类文献

### 55. 阿摩支呈神山节儿书

斯坦因原编 M.Tagh.0483，《古代和田》图版194，残卷。4厘米 ×27厘米；草写婆罗门文字1行，草写楷书1行（删改厉害）；婆罗门文字系注释，时间稍晚。是于阗“阿摩支”（va ma chas）向神山“节儿”（rtse rje）的请示书。内容不详。英译见《有关西域的藏文文献与文书》第二卷，第193页；汉译见《敦煌西域古藏文社会历史文献》第169页。藏文转写及注解见《英国国家图书馆斯坦因收集品中的新疆出土古藏文写本》，第18页；汉译见《英国收藏新疆出土古藏文文书选译》，第41页。②

### 152. 布噶上神山于阗官吏书

斯坦因原编 M.Tagh.a.III.0062，英国国家图书馆东方文献部编号 Or.15000/90，完整，16厘米 ×28.5厘米，楷书，正面8行，清晰，书写工整。是“于阗人布噶”（li bu god）致“神山于阗官吏”（shing shan li mngan）的请愿信。内容涉及在“桑地”（sang）征集大麦的事件，称征集大麦遇到麻烦，请求发出严厉的通知，转运从某些人家征收来的大麦。信中提到“和尚”“于阗”“神山庄园”“升”等名词。英译见《有关西域的藏文文献与文书》第二卷，第209、210页；汉译见《敦煌西域古藏文社会历史文献》，第180、181页。藏文转写及注解见《英国国家图书馆斯坦因收集品中的新疆出土古藏文写本》，第50页。③

### 166. 有关神山马匹的文书残卷

斯坦因原编 M.Tagh.a.III.0076，英国国家图书馆东方文献部编号 Or.15000/104，残卷，5.5厘米 ×17.8厘米，正面2行，背面空白。残余长方形纸条的右半部分。正面第1行提到日期和“神山”（shin shan）的“马匹”，而“mo”可能为“占卜”之义；正面第2行似乎提到“来自于阗（li）的一匹马”。文书写到正面第2行中间部分结束，表明此乃草稿。藏文转写及注解见《英国国家

① 胡静、杨铭编著：《英国收藏新疆出土古藏文文献叙录》，社会科学文献出版社，2017年，第104~105页。

② 胡静、杨铭编著：《英国收藏新疆出土古藏文文献叙录》，社会科学文献出版社，2017年，第31页。

③ 胡静、杨铭编著：《英国收藏新疆出土古藏文文献叙录》，社会科学文献出版社，2017年，第54页。

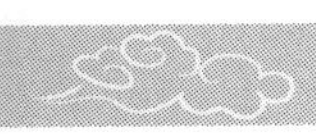

图书馆斯坦因收集品中的新疆出土古藏文写本》，第55页。[①]

## 第七节 粮牒类文献

### 78. 虎年玉赞送粮牒

斯坦因原编 M.Tagh.0501，英国国家图书馆东方文献部编号 Or.15000/24，残卷。6厘米 × 11厘米；草写楷书6行，相当清楚。内容涉及虎年秋（stag vilo stong）送“神山”（shing shan）镇20名男丁的口粮，送粮者为“玉赞”（g.yu brtsan），接受者为“杰塘”（brgyad thang）；规定了其回到“于阗都城”（vu ten），途中的天数等。牒中还提到负责此事的节儿郎萨卓（rtse rje lang sa dro）。英译见《有关西域的藏文文献与文书》第二卷，第208页；汉译见《敦煌西域古藏文社会历史文献》第180、181页。藏文转写及注解见《英国国家图书馆斯坦因收集品中的新疆出土古藏文写本》，第25页；汉译见《英国收藏新疆出土古藏文文书选译》，第12页。[②]

### 125. 付粮牒残卷

斯坦因原编 M.Tagh.a.I.0046，《古代和田》图版45，残卷，8.5厘米 ×9.5厘米，正面9行，背面3行于阗文。有关粮食的经济文书。左下方缺失部分，可能为请求岸本（mngan）支付粮食的付粮牒。第2至第6行讲的是粮食的数量和会计的结算。其中，第三行提到了两对“鞋”或是两对“刀具”。第9行有类似“付讫”的语言。藏文转写及注解见《英国国家图书馆斯坦因收集品中的新疆出土古藏文写本》，第40页；汉译见《英国收藏新疆出土古藏文文书选译》，第80页。[③]

综上所述，从《英国收藏新疆出土古藏文文献叙录》中李域藏文文献的内容看有如下几个特点：（1）汉藏文对照文献较多，包括佛教术语、地名、物名、东西南北方向名称的汉藏文对照，这是因佛教文献的翻译以及各民族文化交流的需要所产生的文献。（2）藏文字母习字较多，反映了藏文的普及程度及敦煌地区汉族人学习藏文的历史。（3）佛经末藏文抄写者题记居多，经文大多为汉文，抄写者名字有的是汉族人名，有的则是藏族人名，可见汉文佛经抄写中既有汉族人，也有藏族人，而汉族人抄写者也用藏文留下题记，反映了吐蕃占领敦煌时期藏文的普及程度。[④]（4）相关李域的藏文文献中，涉猎书信类文献占比高，文书类其次，名册类第三，最少者为佛经类、粮牒类以及神山类。

---

① 胡静、杨铭编著：《英国收藏新疆出土古藏文文献叙录》，社会科学文献出版社，2017年，第58页。

② 胡静、杨铭编著：《英国收藏新疆出土古藏文文献叙录》，社会科学文献出版社，2017年，第36页。

③ 胡静、杨铭编著：《英国收藏新疆出土古藏文文献叙录》，社会科学文献出版社，2017年，第48页。

④ 胡静、杨铭编著：《英国收藏新疆出土古藏文文献叙录》，社会科学文献出版社，2017年，第14页。

# 第九章
# “李域”研究的核心问题

佛教虽在公元前6世纪至5世纪中由印度王子释迦牟尼所创立，但佛教向外的传播，则晚至公元前3世纪中期阿育王（前271—前235年）时期，当时从印度的迦显弥罗、犍陀罗越大雪山渡印度河传入“李域”（于阗）。关于佛教传入该地区的这一过程中，传入的确切时间，由谁传入，“李域”究竟处在一个什么样的社会背景之下等，由于资料匮乏，学术界往往从一些敦煌出土的汉文、于阗文卷子和汉文文献以及佛经中只言片语的描述进行分析和考证，以进一步寻求答案。20世纪初，斯坦因（A.stein，1862—1943年）、伯希和（P.Pelliot，1878—1945年）等人先后潜入敦煌，巧取豪夺文化宝藏，遂使不少敦煌瑰宝流失异邦，并由西方学者得以垄断把持。流落在巴黎和伦敦的5000余卷藏文写卷，早年时我国学者鲜有知其内容者，更谈不上插手研究。这些藏文文献包括有关记载“李域”的经典与文献如《于阗国授记》及世俗文书等，都被他们陆续释读、翻译和研究，用西方语言公布于世，之后成为人们研究的重要参考资料。但由于受到语言及藏族文化习俗等条件的局限，在理解、翻译和表达过程中出现这样那样的错误，并在被人们转引的过程中以讹传讹。而今天我们可以直接从藏文文献翻译成汉文，供人们了解和研究，这就避免了许多弯路，也可说是找到了一条破解和复原中古时期于阗历史的最佳路径。下面我们就利用藏文文献中记载“李域”的不同的文本，对“李域”研究中的部分问题作一些探讨。

## 第一节 从藏文文献看佛教传入“李域”的年代

关于佛教传入“李域”的确切年代，国内外学者基本都是参照和利用藏文文献来研究而得

出结论的。其中的记载可信程度究竟有多大，我们不得而知。但在目前找不到确切文献记载的情况下，藏文文献又是唯一解决这一历史难点的敲门砖和钥匙。但从研究成果来看，人们只看到这些文献的参照价值，而往往忽略了各种文献间的对应关系。当然，得出的结论虽然可信度不大，但却远远超出了其本身的意义。

### （一）藏文文献中的佛教传入时间

下面我们就将此问题重新进行考证，以便达到最佳的研究目的和效果供人们参考。

德格本《李域授记》：

> 此后，佛灭寂二百三十四年之后，印度有称作阿育王的国王，其先前杀死了诸多众生，然后拜尊者薄伽梵雅肖为师，坦诚消除先前的恶业。后来，发誓今后不作恶业，对赡部洲佛释迦牟尼加持，并建造寺院、佛塔进行供奉，另靠灵验加持力加持而建寺院、佛塔八万四千。
>
> …………
>
> 从首次李氏王执政之前详细算起，到佛圆寂共二百三十四年，李域开始产生。王子萨尼首次就任李氏王之后，李氏（王）贤暴更替，从初次任命李氏，李氏王统传五十六代，仅一支。

另外，在手抄本《李域文书》中也记载：

> 此地国王等出现的时间是从佛涅槃后的二百三十四年。第一个国王是地乳（萨拉），其子称作玉拉，建庄严城市。

从上述两个不同本子的记载可以看出，阿育王于释迦牟尼圆寂的234年后，李域正式立国。根据释迦牟尼的涅槃时间，可以利用这一数据推算萨拉在李域的立国时间。

关于释迦牟尼诞生的年代，各家有着不同的说法，我国学术界根据隋朝费长房的《历代三宝记》卷11“众圣点记”，推算出的是公元前565—前485年。[①] 释迦牟尼29岁出家，35岁成佛，游行传教达45年，直到80岁时在拘尸那城（Kuśinagarì）郊区的森林中涅槃，达到解脱的境地。按：释迦牟尼80岁时，即公元前485年涅槃。关于佛灭年代共约60种不同的说法，其中最有代表性的是：东南亚各国采用的是公元前544年说，我国西藏采用的是公元前961年说，我国中原佛教界采用的是公元前1027年说，日本有公元前384年、前386年、前584年三种说法，西欧的说法更多，但多集中在公元前4世纪之间。目前最可信的是按“点记说”求证出的公元前486年，照这些不同的佛灭年代，佛教传入于阗的时间，可以推算出以下众多数据：486－234＝252，

① 季羡林：《论释迦牟尼》，《佛教与中印文化交流》，江西人民出版社，1990年。

252－165－5＝82（公元前82年）；544－234＝310，310－165－5＝240（公元前240年）；961－234＝727，727－165－5＝557（公元前557年）；1027－234＝793，793－165－5＝623（公元前623年）；386－234＝152，152－165－5＝－18（公元后18年）；384－234＝150，150－165－5＝－20（公元后20年）；584－234＝350，350－165－5＝180（公元前180年）。这些数据从公元前623年直至公元后20年，悬殊甚大，几乎成了没有标准的准绳，其中较有说服力的佛灭年代一般定在公元前486年。因此，学人也一般认为佛教于公元前1世纪传入于阗。[①]李域立国在公元前251年。再以此年代为基准，根据《李域授记》的下列记载，就可知李域第一座佛塔的建立时间。

《李域授记》记载：

起初，海水枯竭后，王子萨尼、大臣亚夏等初次开疆拓土，王子萨尼之子称作国王的岳拉者，兴建了和田威严之城。李域产生一百六十五年后，国王尧里之子称作尉迟萨木巴者就任国王，五年后李域首次产生佛教……

如此算来，第一座佛塔在李域建立时间为公元前81年，这与先前学界所推测[②]的不二。

但是现在还有一点疑问难以诠释，关于释迦牟尼佛涅槃的时间，在蒙藏地区的说法与中原地区说法不同，故这里我们选用中原地区的说法来套用古藏文文献中的记载，是否合适，还有待进一步论证。

对于阗国的建国年代和佛教传入于阗的年代问题，2006年李吟屏在《和田春秋》中依据藏文文献也做过探讨。藏文本《于阗国授记》说："于阗王 Sa-nu（地乳）19岁时建立李国（即于阗），他即位为李国第一代王时，佛涅槃已234年……"建国后165年，当国王尉迟散跋婆（普胜生）即位之第五年，佛法在李国兴起。佛陀涅槃年代可信的说法为公元前486年，据此，于阗建国当在公元前252年（486年－234年＝前252年），但这是很不可靠的年代。据《于阗国授记》，尉迟散跋婆是第三代于阗王，而这时已建国165年。如此，则前两代王经历了160年。如前两代王都按19岁登基，则其年龄都在近百岁，似不大可能。但汉武帝建元三年（公元前138年）张骞第一次出使西域时，于阗国已建国多年。所以一般认为于阗的建国时间仍以公元前3世纪较为可信。公元前252年是以佛涅槃的年代为准推算出的于阗建国年代。另有以阿育王在位年代为准推算出于阗建国年代的，与前一数据差别不大。《大唐西域记》与《于阗国授记》中，于阗建国的时代均被置于阿育王时代。《于阗国授记》说阿育王之治世第13年瞿萨旦那诞生，他19岁时建于

① 李吟屏：《和田春秋》，新疆人民出版社，2006年，第33页。本文的年代采用季羡林先生的《论释迦牟尼》(《佛教与中印文化交流》)说。

② 程溯洛：《〈宋史·于阗传〉中几个问题补证》,《西北史地》1990年第1期，第1页；魏长洪等著：《西域佛教史》，新疆美术摄影出版社，1998年，第20页。

阗国。据此，于阗建国相当阿育王治世第31年。阿育王在位时间为公元前268年至公元前232年，那么，于阗建国当在公元前237年。这一年代比按佛涅槃年代推算的年代晚15年。有人根据藏文的传说推论，把地乳王的时代放在了公元176—218年之间，称其为首创佛教国家的第一代王，但其说只是假说，可不置论。至于《大唐西域记》说东土帝子来于阗建国之前，“此国虚旷无人”。出土文物证实至迟在殷商（公元前16世纪至前11世纪）时期，和田玉就已输入中原。由此可见，即便于阗在公元前3世纪建国必然已有人类在于阗生活，而不会“虚旷无人”。[①]

**（二）汉文文献中的佛教传入时间**

于阗为西域著名的佛国之一，也是我国最早接受佛教的地区。于阗对佛教的东传和中印文化的交流，发挥了重要的纽带和桥梁作用。佛教何时传入于阗，一直得不到一致的结论。目前国内外学者探讨佛教传入于阗的基本资料主要来自汉文和藏文两大系列，而这两大系列中的文字证据主要是具有神话色彩的宗教传说。[②]记载于阗佛教的汉文文字证据是成书于公元6世纪的《宋云行纪》和成书于公元7世纪的《大唐西域记》。

《宋云行纪》记载：

于阗王不信佛法，有商将一比丘，名毗卢旃，在城南杏树下，向王服罪云“今辄将异国沙门来在城南杏树下。”王闻忽怒，即往看毗卢旃，旃语王曰：“如来遣我来，令王造覆盆浮图（浮屠）一躯，使王祚永隆。”王言：“令我见佛，当即从命。”毗卢旃鸣钟告佛，即遣罗睺罗变形为佛，从空而现真容。王五体投地，即于杏树下置立寺舍，画作罗睺罗像，忽然自灭，于阗王更作精舍笼之，今覆瓮之影恒出屋外，见之者无不回向。[③]

《大唐西域记》也有类似的记载：

王城南十余里有大伽蓝，此国先王为毗卢折那（唐言遍照）阿罗汉建也。昔者，此国佛法未被，而阿罗汉自迦湿弥罗国至此林中，宴坐习定。时有见者，骇其容服，具以其状上白于王。王遂躬往，观其容止，曰：“尔何人乎，独在幽林？”罗汉曰：“我，如来弟子，闲居习定。王宜树福，弘赞佛教，建伽蓝，召僧众。”王曰：“如来者，有何德，有何神，而汝鸟栖，勤苦奉教？”曰：如来慈悯四生，诱导三界，或显或隐，示生示灭，遵其法者，出离生死，迷其教者，羁缠爱网。”王曰：“诚如所说，事高言议，既云大圣，为我现形，若得瞻仰，当为建立，罄心归信，弘扬教法。”罗汉曰：“王

① 李吟屏：《和田春秋》，新疆人民出版社，2006年，第9~10页。

② 李吟屏：《和田春秋》，新疆人民出版社，2006年，第33页。

③ 杨炫之：《洛阳伽蓝记》，载《宋云行纪》，中华书局，2012年。

建伽蓝，功成感应。”王苟从其请，建僧伽蓝，远近咸集，法会称庆，而未有键椎扣（叩）击召集。王谓罗汉曰：“伽蓝已成，佛在何所？”罗汉曰：“王当至诚，圣鉴不远。”王遂礼请，忽见空中佛像下降，授王键椎，因即诚信，弘扬佛教。①

通过两本汉文文献所记传说，内容大致雷同。内容中提及的毗卢旃即毗卢折那，梵语作vairocana。传教者的来处，《宋云行纪》作“异国”，《大唐西域记》明言“迦湿弥罗国”（今克什米尔境），这些问题都较为明确。《于阗教法史》（约成书于8—9世纪）的说法与上述两则用汉文记录的传说暗相印证。但佛教传入于阗的时间究竟为何时，并没有明确的记载。“学者们根据其他藏文和汉文文献进行考证，得出了不同的结论。”②

## 第二节 “李域”最初的社会结构

如果谈论“李域”即于阗国最初的社会形态，那么就要涉及“李域”的王统世系情况。从藏文文献来看，关于“李域”王统、第一代“李域”之王及其大臣、第一代王的传说、在何地立国建城等情况，及其民族的构成、来自哪个地区、这些人员的社会构成等都还是有描述的。只是时过境迁，当我们用今天的目光来审视这些古文本时，更是增添了难度。但好的一点是，如果仔细推敲，也能找到一些历史的影子。如《李域授记》：

海竭而李域又成陆地之时，如今的和田城内，一夜间分娩了“桂布颜”。具言如是，夜晚王妃丹巴夜生一相貌妙好的孩子，先前国王的妃子在更嘎热瓦的林苑的一个小湖中沐浴休息时，看到了毗沙门天王及随从自天而降，王妃因见毗沙门天王妙颜，心中形成一子而分娩了“桂布颜”（ཀུས་བོ་ཡིན།）。国王阿育王等招请相士，言：“此子命是长是短、面相是好是坏、权势如何？”相士们道：“议论此子，面相好，权势极大；命相好，父王健在就会为王。”国王阿育王顿生嫉妒而怒：“他有如此大的权势，他理财持政，此子不要，给我扔了！”母亲不愿扔弃此子，国王勃然大怒，考虑将子杀死，母遂弃子。然后，地生乳头护子生还，起名为“萨尼”。

此后，菩提大士汉地国王欲得千子，然仅有九百九十九子，千子缺一。向毗沙门天王祈求而得，毗沙门天王曰：“看来，您看到了有福德者萨尼被弃而又得，满足汉王要儿子的心愿吧！”于是汉王将千子之数填满。后来（人们）问：“你长大后与汉人的兄弟小孩玩耍争辩，难道不说你不是汉王的儿子吗？”“你那样不悦，对别人

①［唐］玄奘、辩机原著，季羡林校注：《大唐西域记》，中华书局，2000年，第1010~1011页。

② 李吟屏：《和田春秋》，新疆人民出版社，2006年，第32~33页。

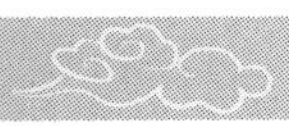

也讲述如此历史。”（萨尼）向国王请求：“我首先寻找出生地。请允许去寻找！”国王曰：“你是我的儿子，对此地也不要如此不喜欢！”然几次告诫不听，王子萨尼王动身，率一万军队向西方寻去，找到了李域的梅嘎尔。

与此同时，印度国王阿育王之臣亚夏（སྙན་པོ་ཡ་ཤ），从古达尔绕过大臣雅巴兄弟（地界）以下，率国王不喜欢的军队七千启程，由西向东行进，苦苦行进，抵达了和田（འུ་ཐེན།）上协洽布河（ཤལ་ཆབ། 玉河），与地乳王的随从叫作谢吉瓦（ཤེལ་བཀྱི་བ།）和桑吉瓦（ཟིད་བཀྱི་བ།）的两商人共同拥有的孕妇，孩子患病住在梅嘎尔，到达梅唐嘎尔（དམས་ཐད་ཀར།），接着逃到了多拉（ཏོ་ལ།），跟着这两人落脚到达了多拉，称作“巴贝章巴勒”。其地之名又更名为“巴贝章巴萨智索洛聂”。多罗之命名在李语称为“谢尔桑”，若仔细来看，“有一景色优美之地，这必我们的王子萨尼的出生地方”。寻觅如此之地，走着走着抵达和田上协洽布河，大臣亚夏随从相遇曰：“您等谁发现了？”此两人细说了王子萨尼的历史，亚夏道：“王子萨尼在梅嘎尔，信使来信，你就任国王，我做大臣，和田之地可长久立国。”于是，王子萨尼也随同抵达和田上协河，在此蔡之地的聂之下与称作韩谷凿者相遇。王子和大臣亚夏两者不和，发兵而战，上天薄伽梵、吉祥天女降临，平息战火，消除疑虑。薄伽梵、吉祥天女安住之际，修建之座座房舍迄今留存，很好的供奉着地方主要保护神薄伽梵、吉祥天女。

于是，王子萨尼和其臣亚夏联合，萨尼为王，亚夏为相。国王萨尼的庶民汉人们驻扎在和田之上协河以下多罗贡和岗木谢以上；大臣亚夏的庶民印度人驻扎在上协河以上嘉、贡相以下；协河中间杂居着印度、汉等的臣民数千，立国建城。

在上述文献中，至少为我们提供了解答以下几个问题的信息：

（1）地乳王子出走之缘由。这就是说，地乳王是王妃丹巴在和田城内生下的，乳名“桂布颜”。国王阿育王等招请相士，只因地乳王面相太好，国王阿育王顿生嫉妒，母遂弃子。地生乳头护子生还起名为“萨尼”。于阗王为印度王之血统。

（2）初次来到“李域”的军队。汉地国王千子缺一得其，后来萨尼受辱，率军10000向西方寻找出生地找到了李域的梅嘎尔。就在这时，阿育王大臣亚夏（སྙན་པོ་ཡ་ཤ།）率军7000由西向东抵达和田（འུ་ཐེན།）上协洽布河（ཤེལ་ཆབ། 玉河），王子萨尼也随同抵达和田上协河，对方于参（ཚར།）之地的聂（ཉ།）之下在韩谷凿相遇。双方带来了分别由印度人和汉族人组成的军队。

（3）“李域”政治体制的雏形。王子和大臣亚夏两者不和而战，平息战火后，萨尼和其臣亚夏联合，萨尼为王，亚夏为相。国家雏形于此时形成。

（4）“李域”居住区域的划分。国王萨尼的庶民汉族人驻扎在和田之上协河以下多罗贡

（མདོ་ལོ་སྐོར།）和岗木谢（སྒམ་ཤིང་།）以上；大臣亚夏的庶民印度人驻扎在上协河以上嘉（རྒྱ།）、贡相（ཀོང་ཤིང་།）以下；协河中间杂居着印度、汉等地臣民数千，立国建城。当地居民以种族分区聚居。

## 第三节 “李域”文字的创制及推广

“于阗”文的创制问题，在藏文文献中也有描述。当然任何一种文字必须是在特定的社会历史背景下产生的，离开了历史文化背景，文字也无从谈起。

《李域授记》记载：

> ……印度和与之临近之地称作“李”，言语不同于印度和汉地，宗教及其术语大体与印度相符。
>
> 李的通行语，首先菩提大士文殊菩萨化作毗沙门天王之比丘称作“比丘毗卢遮那”。两牧童“曲吉”和“木勒吉”，两人等在“赞摩”地方形成了李语，为（人们所）普遍接受。两人也启程到印度还是没去？李语也首次由尊者们所巩固和教授。

从上面的记载可以看出，“李域”就地域而言，以今天的眼光来看它虽然相距印度极为遥远，然而在古代，印度和与之临近的称作“李”之地，语言虽不同于印度和汉地，但“宗教及其术语大体与印度相符”。至于文中所说的有称作“曲吉”（khyevu–vjos）和“木勒吉”（mu–le–vji）的两个牧童在“赞摩地方形成了李语，为（人们所）普遍接受”这一说法有点玄幻，就上节中我们所看到的人们不同的居住区域和从不同地区而来的族群来看，在同一地域形成共同的语言，的确需要很长的一个时间，并且正如在文献中所谈到的“李语也首次由尊者们所巩固和教授”才能逐步走向统一，文字逐步得到创制和完善。当然创制文字和形成一种共同的语言，需要知名的学者和众多的人来完成，也或许这个人的典型代表就是我们在文献中所见到的比丘毗卢遮那。正如手抄本《李域文书》记述：

> 阿育王在赡部洲朝拜佛加持的所有佛塔时，也曾到达过李域。在此途中，其中一贤妃得到多闻子的加持生得威力强大的一子，称为“地乳王”。此时，汉地国王千子缺一，由多闻子将其（地乳王）而施。于是，他在李域不肯任国王，领万军赴西方寻找生存地，阿育王之臣亚夏率军七千从印度而至此地，由西向东苦苦行进，抵达了和田上玉河相逢，地乳王与大臣二者逐步达成协议，依所有上下协河之间为营，连接印度和汉地之通道，立国建城，语言以印度语和汉地语两种相糅而教言。文字不同，而世间事大体类同，宗教和术语大体依汉地而行。传说，此文字和术语的教授

者是由尊者文殊菩萨化现的比丘毗卢遮那。此地国王等出现的时间是从佛涅槃后的二百三十四年。第一个国王是地乳，其子称作玉拉，建庄严城市。

从这段记载，我们更加清晰地看到了在“李域”建国时期的人口结构中有汉、印度等民族的成分。当时，来自不同地区和国家的人们均以和田玉河为中心，“依所有上下协河之间为营”，架起了“连接印度和汉地之通道”，“立国建城”。更重要的是给我们提供了语言学构成的几个重要信息：

（1）“语言以印度语和汉地语两种相糅”。

（2）“文字不同”。

（3）习俗上，因“世间事大体类同，宗教和术语大体依汉地而行”。

（4）“传说，此文字和术语的教授者是尊者文殊菩萨化现的比丘毗卢遮那。”

这几条信息，至少可以说明以下几个问题：首先，政权成立初期，“李域”尚未统一的文字，语言起码有印度和汉两种语言。其次，传说中的尊者比丘毗卢遮那在“李域”传法期间，“李域”已经有了自己的文字，这种文字和术语的教授者是比丘毗卢遮那。就尊者比丘毗卢遮那其人及其生平事迹，在前面曾谈过，语言文字是传播宗教的主要媒介，作为佛教大师的他，自然会为当地的语言文字的创制而努力。《汉藏史集》可引证：

地乳王。此王长大，受汉王之命，率军一万，自西方来。当抵达李域的梅嘎尔地方时，印度的达尔玛阿育王治罪于大臣亚合恰，将亚合恰及其兄弟、仆从等七百人流放，到东方寻地安住，来到和田的上协洽布河，与阿育王寻找丢失黄乳牛的两随从相遇，互问由来，地乳王道：“从前，我们两家是王臣的后代，如今也当属君臣关系，在此和田之地，新建一国。”于是，在高镍下方的韩谷泽地方会晤，建立臣属关系。和田协曲河以下、朵洛梅嘎尔、岗香之上，分给了地乳王的汉人随从；上协曲河以上，分给了亚合恰的印度人；协曲河中间，由王子、以及其印度、汉地臣民掌管。自两者融合后，立国建城，是印度、汉地交流之始，互通语言。李域语之始，是文殊菩萨之随从化现为比丘毗卢遮那，授予小孩，故称为圣语。文字、宗教与印度相同，习俗则与汉地相似。……这是弥勒菩萨化身为国王尉迟，文殊菩萨化身为尊者毗卢遮那，先教给牧人文字和语言，然后，佛法才逐步传播。[①]

比丘毗卢遮那是岌多王朝时期的人，据有关资料研究表明，比丘毗卢遮那，来自迦显弥罗。其人在“李域”传法的情况，在玄奘法师的《大唐西域记》中也有记载。[②] 如果上述记载无误

① 达仓宗巴·班觉桑布著：《汉藏史集》（藏文版），四川民族出版社，1985年，第89~90页。

② 玄奘、辩机原著，季羡林等校注：《大唐西域记校注》，中华书局，2000年。

的话，那么，立国建城之时，即“印度、汉地交流之始”，“人们互通语言”，由于语言的障碍，人们必然要创制文字和交际的一种语言，于是就出现了“李域语之始”的情况，丘毗卢遮那首先从孩子教起，将这种文字“授予小孩，故称为圣语”，同时也“教给牧人文字和语言”。创制文字时，也参照了印度的文字，为此“文字、宗教与印度相同”，而“习俗则与汉地相似”。语言文字在先，“然后，佛法才逐步传播”。“圣者毗卢遮那在赞摩苑对牧童授语之地建斯多涅大佛塔。”这座塔后来灭佛时被毁坏了。

就“李域”的民族构成，藏文文献中多主张来自汉、印地区。手抄本《李域文书》记载：

李域人系印度和汉地之民族的融合体，而尼波罗（泥婆罗）却无此种情况。

“李域”文字的创制及创制后的使用情况也在《李域授记》中有所反映：

自从首次李域产生，已过若干年。桂敦香之堪布毛尔古岱谢等，他们都是堪布商定者。他们遵从先辈堪布之教诫听闻，由诸尊者授记，厘定李氏王统的文字。

这就是说，“李域”国创建后，“过若干年”，由“桂德香之堪布毛尔古岱谢”等高僧，“他们遵从先辈堪布之教诫听闻”，“由诸尊者授记，厘定李氏王统的文字”。根据这一信息，很可能“李域”的文字，也进行过厘定。授记之事，这种授记符合印度佛教文化发展和后来吐蕃宗教文化习俗中的习惯做法，即无论是研究还是写作，都要受恩师的委托和授记才能进行，否则是不会轻易从事文字工作的。这种习俗，沿袭至今，在藏传佛教寺院当中尤其严格。

就于阗的人种来讲，从上述藏文文献得知，在当时的“李域”除了有汉族人外，还有印度人。根据考古资料来看，还有塞人和其东部的羌种，如当时的楼兰古人中就有羌人的成分。“研究和田地区的古代历史，也即于阗国史，必然涉及塞种，而从古代欧亚内陆的民族活动来观察，和田地区塞种的活动只是塞种在更广大地区移徙活动的一部分。具体地说，出现于和田地区的第一批居民——塞种，是和公元前一千纪前在天山南北、葱岭（帕米尔）以西直到顿河、多瑙河的整个塞种的活动联系在一起的。”① 塞种活动的区域如果准确的话，藏族人中也应该有塞种人之成分。《于阗丛考》一书的序中饶宗颐先生道：“黄文弼先生据姜赖之虚一名推论楼兰土人必有姜戎，即塞种人之裔胄，甚是。”② 如果说姜戎是甘青藏族人的先民的话，从这一论点推论，楼兰人中也必有藏族人的先民成分。那么，于阗是否有藏族人的成分呢？这个问题羽溪了谛做了回答：“若于此加以解释，则相当有明白和阗国人种之必要。和阗人种之考证，翟理士（Giles）曾根据斯坦因所提供之研究资料，于1903年在人类学会杂志（Journal of the Anthropological In-

① 张广达、荣新江：《于阗丛考》，上海书店，1993年，第192页。

② 张广达、荣新江：《于阗丛考》，上海书店，1993年，第2页。此观点见黄文弼的《楼兰土著民族之推测及其文化》，载《西北史地论丛》，上海人民出版社，1981年，第214页。

stitute）发表其研究之结果，大意谓和阗民族，大部分属于所谓阿利安血统，而也混杂土耳其及西藏种族之血统，尤以西藏的为最多。斯坦因曾于尼雅发现最古之佉楼虱底文之记录，谓为确非印度语，也非伊朗语，亦非土耳其语，其中所用称号名词等，尽多出于西藏语。又斯氏于邓昙乌利克及恩塔尔（Endere）所发掘之古文书，初以为‘不可知的语言’，后据霍宁氏研究之结果，乃证明其为土耳其语及蒙古语而成之单音缀的西藏语（Ancient Khotan, p.149—50）。”[①] 英、法、德、日、瑞典学者和外交官于19世纪末20世纪初，从和田弄走了大量用中亚婆罗谜字母书写的文书，经霍恩雷、洛伊曼、斯坦·柯诺、贝利等学者们八十多年的艰辛努力，终于解读了出来。原来这种文字脱胎于印度婆罗谜字母笈多正体，有楷体、草书、行书三种，其中很多字母与古藏文相似，所记录的语言系塞语方言之一——印欧语系伊朗语族的东伊朗语支，又称于阗塞语。这种文字的使用年代约从公元3世纪到10世纪。其中又分早期、晚期两种形式，早期的属3至6世纪，晚期的属7至10世纪。[②]

那么，我们反过来讲，吐蕃先民中是否有塞种人之成分？楼兰与吐蕃之间是一个什么关系？吐蕃与塞人之间又是一个什么关系？这个问题也值得探讨。张广达和荣新江的《于阗丛考》研究：“塞种在汉文典籍如《汉书·西域传》中称为‘塞’（sa〈sk），古波斯语作saskā，希腊拉丁古典作家作saca或saga，印度两部诗史《罗摩衍那》和《摩诃婆罗多》多次提到saga，另外，在佉卢字体文献中作saga（k表示γ），婆罗谜字体文献中作saga或śaga，其实指的都是一个民族。”[③]“把塞种看作是中亚广阔地域内一大群不同部落的总名，似乎更为恰当。”[④] 那么，吐蕃能否作为“中亚广阔地域内一大群不同部落”中的一员，藏文文献中有没有“塞种”的名称？这一系列的问题值得探究。就藏族人的族源问题，按照古代藏文文献记载，有六大姓氏[⑤]，其中就有“赛”（se），“赛”是否与上述所说的“塞种”有直接或间接的联系呢？7世纪初，吐蕃崛起，东出攻略唐河陇之地，西进与唐、大食争胜于西域。8世纪中叶，借唐安史之乱的契机，占领原属唐朝的广大土地，建立了强大的地方性政权。吐蕃骤然勃兴，其王室必建令人信服的政治文化，为其统治合法性提供依据。这种政治文化，白桂思（Christopher I.Beckwith）归之于“欧亚内陆文化体系”（Central Eurasia Culture Complex）。他主要据唐朝史料对吐蕃“共命人”习俗的记载，认为吐蕃文化与斯基泰－塞种人（Scythians–Saka）或早期突厥人（early Türk）的

① [日]羽溪了谛著，贺昌群译：《西域之佛教》，商务印书馆，1956年，第199~200页。

② 李吟屏：《和田春秋》，新疆人民出版社，2006年，第11~12页。

③ 张广达、荣新江：《于阗丛考》，上海书店，1993年，第193页。

④ 张广达、荣新江：《于阗丛考》，上海书店，1993年，第198页。

⑤ 藏族最初的六大姓氏即“赛”（se）、“穆”（rmu）、“顿”（stong）、“董”（ldong）、“热”（dbras）、“柱”（vgru），见达仓宗巴·班觉桑布：《汉藏史集》（藏文版），四川民族出版社，1985年，第12~13页。

文化相同，其核心是 comitatus，即经过盟誓的侍卫军团（oathsworn guard corps）；整个吐蕃的社会结构亦基于相同类型的盟誓关系；吐蕃的政治文化及其神圣王权理论皆属欧亚内陆文化体系；欧亚内陆文化体系决定了包括吐蕃在内的早期欧亚内陆社会的政治思想、宗教信仰、神话传说等各方面；整个欧亚内陆扩大的封建政治结构，包括早期中古欧洲与欧亚内陆的突厥、蒙古等，都属相同的类型。① 对此林冠群颇有批判，他认为吐蕃赞普由神子入主人间的观念与中原的“天命论”神似，当源于中原名分秩序的理论。② 据《和田春秋》研究表明：塞人，又称塞克族，其语言属印欧语系东伊朗语族。西方古典作家称之为斯基泰人（一译西徐亚人），波斯文称之为塞卡，中国古代文献称塞种或塞人，历史上分布于中亚广大地区，其中一部分曾散居于中国西部。外国学者认为：古于阗塞人可能是伊朗东南部塞斯坦即塞克斯坦的塞人于公元前2世纪向北印度迁移时，留居在当地的一部分人。他们通过佛教僧侣与北印度寺院的接触，在公元3—4世纪使摩偷罗塞克人和和田塞克人互相交往，并且使北印度发展起来的婆罗谜文字加上附加符号传入于阗。又有人认为塞人可能于公元前10世纪就移入于阗定居。③ 这些都构成了新的研究命题，有待我们作进一步的探究。

## 第四节 “李域”纳入吐蕃治下及吐蕃大相噶东赞

在藏文文献中，有关“李域”与吐蕃的关系多有涉及，诸如吐蕃赞普将“李域”纳入其治下，吐蕃的大相噶东赞来到“李域”并修建寺院，“李域”灭法，“李域”比丘大量逃往吐蕃，吐蕃赞普和金城公主收留“李域”流僧，吐蕃在西域邀请高僧等。这些一则说明了“李域”纳入吐蕃治下的历史过程中的最为基本的历史事实，二则说明了“李域”与吐蕃关系往来密切，为我们研究吐蕃历史以及“李域”与周边地区的政治、经济、文化往来，提供了有价值的参考资料。

《汉藏史集》：

> 之后国王尉迟格迪，遵照龙王之命，建巴瓦涅寺。这时吐蕃王将李域纳入其治下，此寺是吐蕃的大相噶东赞来到李域时修建的。国王杂雅格迪与王子尉迟扎玛卫

① Christopher I.Beckwith, “A Note on the Heavenly Kings of Ancient Central Eurasia,” Archivum Eurasiae Medii Aevi, Vol.17, 2010; Idem, “The Central Eurasian Culture Complex in the Tibetan Empire: The Imperial Cult and Early Buddhism,” in Ruth Erken ed., 1000 Jahre asiatisch-europ ische Begegnung, Frankfurt: Peter Lang, 2011, pp.221-238; Cf.Christopher I.Beckwith, Empires of the Silk Road: A History of Central Eurasia from the Bronze Age to the Present, Princeton: Princeton University Press, 2009, pp.1-28.

② 林冠群：《“赞普”释义——吐蕃统治者称号意义之商榷》，《中山大学学报》2012年第5期；同氏《唐代吐蕃政治属性与政治文化研究》，《中国藏学》2013年2期。

③ 李吟屏：《和田春秋》，新疆人民出版社，2006年，第13页。

两来到了汉地。其间，由李域大臣阿玛洽盖梅代理国政十二年，当时，修建了玛纳迪佛塔和寺院。其后，国王尉迟扎玛卫返回李域，建吉喜玛瓦寺。此王之后，汉臣色尔太师在旺城建弥勒佛殿。汉臣高太师建可汗哉寺。先前，圣者毗卢遮那在赞摩苑对牧童授语之地建斯多涅大佛塔。后来此塔被毁，国王尉迟胡汗和汉地比丘巴拉西在此地建一寺院。[①]

上面所说的“这时吐蕃王将李域纳入其治下”，巴瓦涅寺是“吐蕃的大相噶东赞来到李域时修建的”，这有可能是一个历史事实，下面我们结合汉文文献来看这段历史。

7世纪初，吐蕃迅速崛起，成为青藏高原一个强大的军事强国。在政治上，松赞干布制定了一系列强有力的措施，与唐朝联姻修好；在军事上，对内征服象雄（ཞང་ཞུང་།），统一全境。对外征服吐谷浑（འ་ཞ།）[②]，依次占领丝绸之路，进攻西域，与唐朝进行了长期的争夺，最终导致了唐朝辖区安西四镇的陷落，吐蕃的疆域在东、北、西诸面都直抵于阗，使于阗一度成为吐蕃的臣属。自此，吐蕃与于阗之间仅仅从宗教上的关系，进而发展成为政治上的联系，吐蕃正式登上中亚政治舞台。吐蕃在崛起和军事扩张的过程中，大相噶东赞及其噶氏家族，起了决定性的作用。据史料载，噶东赞“虽不识文记，而行明毅严重。讲兵训师，雅有节制。吐蕃之并诸羌，雄霸本土，多其谋也”[③]。唐贞观十三年（639年）、十四年（640年），分别为赞布迎娶了尼泊尔赤尊公主和唐文成公主。松赞干布去世后，其孙执政，朝政继续由噶东赞摄理，与其子钦陵率兵进行了数次重大战役，东灭吐谷浑。后来，吐蕃势力渐大，“尽收羊同、党项及诸羌之地，东与凉、松、茂、嶲等州相接；南邻天竺；西又攻陷龟兹、疏勒等四镇；北抵突厥。地方万余里，自汉魏以来，西戎之盛未之有也”[④]。噶东赞去世后，次子钦陵于武则天垂拱元年（685年）出任大相，其家族遂形成了噶氏家族统治网，这与在吐蕃人眼中功高盖世的噶东赞生前所奠定的基础是分不开的。

从吐蕃向北扩张的时间顺序来看，638年松赞干布举兵进攻吐谷浑，“其国人畜并为吐蕃所掠”[⑤]。吐蕃又占据吐谷浑道，吐谷浑被编入吐蕃军队中，成为吐蕃别部。[⑥]据吐蕃历史文书，（641年）过了三年，赞普赤松赞（ཁྲི་སྲོང་བཙན།，即松赞干布）之时，灭李聂秀（ལིག་སྙི་ཤུ།），使象雄全部成为属民而领有之。象雄也即汉文文献中所说的大羊同国。这时的吐蕃基本就与塔里木盆地南

① 达仓宗巴·班觉桑布著：《汉藏史集》（藏文版），四川民族出版社，1985年，第92~93页。

② 吐谷浑（a–zha），藏语称“阿夏”。

③《旧唐书·吐蕃传》，卷一六九。

④《册府元龟》卷一〇〇〇，外臣部强盛。

⑤《旧唐书·吐蕃传》。

⑥ 王尧、陈践编著：《吐蕃简牍综录》，文物出版社，1986年，第34页。

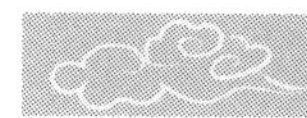

缘的于阗直接接壤。

648年唐太宗出兵西域时，曾“命铁勒十三州、突厥、吐蕃、吐谷浑连兵进讨”①，这大概是吐蕃第一次出兵西域。

又过四年，赞普赤松赞升天。自此，大相噶东赞于659年到665年数年中，长期坐镇吐谷浑，成为吐蕃夺取西域的前站，为全面夺取西域包括“李域”创造了良好的条件。此后，吐蕃始进攻唐朝边境地区，包括西域。

“麟德二年（665年）闰三月，疏勒、弓月两国共引吐蕃之兵以侵于阗。诏西川都督崔知辩及左武卫将军曹继续叔率兵救之。”②吐蕃历史文书载，唐高宗乾封二年（667年），“赞普巡幸沃尔芒。大论东赞卒于日布”。噶东赞的离世，并未停止吐蕃对于阗的争夺：“东赞有子五人，长曰赞悉若，次子钦陵，次赞婆，次悉多于，次勃论。东赞死，钦陵兄弟专其国。钦陵悉多居中，诸弟分提方面，赞婆则专在东境，与中国为邻三十余年，尝为边患。其兄弟皆有才略，诸蕃惮之。”③“咸亨元年（670年），入残羁縻十八州，率于阗取龟兹拔换城，于是安西镇并废。”④《旧唐书·高宗传》也有相同的记载：“咸亨元年夏四月，吐蕃寇陷西域十八州，又与于阗和众袭龟兹拔换城，陷之。罢安西四镇。”⑤

吐蕃在对外扩张的漫长过程中，西域是争夺的一个重要区域，而于阗又始终是西域争夺战中的焦点。

671年，“（高宗咸亨）二年春正月丙寅，以于阗为毗沙都督府，以尉迟伏阇雄为毗沙都督府，分其境内为十州，以伏阇雄有击吐蕃功故也。辛末，吐蕃遣大臣论吐浑弥来请和，不许”⑥。这说明，“李域”又复归于阗之手。“高宗上元二年（675年）正月，以于阗国为毗沙都督府，分其境内为十州，以于阗王尉迟伏阇雄为毗沙都督府，以击吐蕃有功故也。”⑦676年，吐蕃第二次攻占于阗，《敦煌吐蕃历史文书》《大事纪年》676年条目下记载吐蕃大相噶东赞之长子“论赞聂（བློན་བཙན་སྙ།）领兵赴突厥（དྲུ་གུ་ཡུལ།）”⑧。

吐蕃第三次攻打于阗是在687年，吐蕃“大论钦陵领军赴突厥‘固山之境（གུ་ཟན་ཡུལ།）’”⑨。

①《资治通鉴》卷一九八。

②《册府元龟》，卷九九五《外臣部·交侵》页十五。

③《册府元龟》，卷九六二《外臣部》。

④《新唐书·吐蕃传》。

⑤《旧唐书·高宗传》。

⑥《旧唐书·高宗纪》。

⑦《册府元龟》，卷九六四《外臣部》。

⑧王尧、陈践编注：《敦煌本吐蕃历史文书》，民族出版社，1980年，第18页。

⑨王尧、陈践编注：《敦煌本吐蕃历史文书》，民族出版社，1980年，第21页。

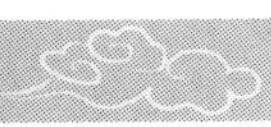

这次占领也是吐蕃三次占领中最长的一次，约5~6年的时间，吐蕃主持军政事务的勃论就驻扎在于阗。7世纪中叶，吐蕃的军事力量已经在西域相当活跃，由于西域各部“以兴昔亡为冤，各有离心”，很多部落，“附于吐蕃”。①

692年，“王孝杰为武威军总管。长寿元年，与阿史那忠节大破吐蕃，克复龟兹、于阗、疏勒、碎叶等镇”②。唐收复西域四镇，并一改以往的策略，开始派重兵驻守于阗，从而结束了拉锯战的局面。然而，吐蕃失去西域并不甘心，696年：“万岁登封元年，孝杰复为肃边道大总管，率副总管娄师德与吐蕃将论钦陵、赞婆战于素罗汗山，官军败绩，孝杰坐免官。万岁通天元年，吐蕃四万众奄至凉州城下，都督许钦明初不知觉，轻出按部，遂遇贼，拒战之久，力屈为贼所杀。时吐蕃又遣使请和，则天将许之；论钦陵乃请去安西四镇兵，仍索要分十姓之地，则天竟不许之。”③ 显然吐蕃依旧情系西域。但直到开元年初，于阗仍是独立的。“（唐玄宗先天）二年（713年）二月，……吐蕃……于阗……名遣使朝贡。凡夷狄朝贡，太上皇皆御门楼以见之。”从这个记载来看，这时的“李域”还以单独国家的名义向唐朝贡。

唐玄宗开元十五年（727年）冬，吐蕃任命大将卫·悉诺逻恭禄为大论，又转战于大小勃律，以图进入西域。唐朝则在于阗重兵把守，切断了吐蕃进入西域的通道，737年以前吐蕃与突骑施苏禄联盟进攻西域未果，此后吐蕃与唐反复争夺大小勃律，唐终占上风。

到8世纪中叶的“安史之乱”发生后，形势大转，唐朝国内大乱，吐蕃势力骤增，已拥有河陇一带，“今吐蕃充斥，势强十倍，兼河陇之地，杂羌浑之众，每岁来阚近郊……”④ 唐由盛到衰，吐蕃趁机与唐大战于河西，以扼住唐经略西域之咽喉，762年曾一度占领京师，河西一带很快落入吐蕃手中。吐蕃“大入西域，焉耆以西，所在城堡，无不降下”⑤。789年冬季，吐蕃向西域发动大规模的进攻，792年唐固守的西州也终于陷落。

从8世纪初开始，“李域”的历史在汉文文献上很少有记载，这说明吐蕃逐步蚕食了于阗，尤其安史之乱后完全统治了这块地区。吐蕃占领并统治“李域”的确切时间，虽文献中没有明确的记载，但学界多有研究，认为大概是790年左右。⑥ 杨铭的《唐代吐蕃统治于阗的若干问题》持此观点，森安孝夫依据汉史资料也得出这一结论。《敦煌本吐蕃历史文书》的《赞普传记》

---

①《资治通鉴》卷二〇二。

②《册府元龟》，卷三五八《将帅部》，第8页。

③《旧唐书·吐蕃传》。

④《册府元龟》，卷三六六《将帅部》。

⑤《全唐文》《崔融拔四镇议》。

⑥杨铭《唐代吐蕃统治于阗的若干问题》（载《敦煌学研究》）持此观点。森安孝夫也依据汉史资料得出这一结论。敦煌藏文本《赞普传记》的史料只是一个旁证。参见［日］森安孝夫《吐蕃在中亚的活动》。

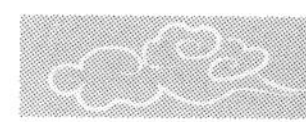

记载:“此王之时，没庐·墀苏菇木夏领兵北征，收抚于阗归于治下。”[①] 虽不足为凭，但可作为旁证材料。吐蕃控制丝绸之路南道后，于阗是其军事重镇。[②]

846年，吐蕃赞普达尔玛被僧人所杀，吐蕃崩溃。吐蕃也从西域撤军，这预示着吐蕃与“李域”关系的结束。此后，“李域”虽隔断了与吐蕃政治上的联系，然在文化尤其是宗教上的联系是无法割断的，没有被伊斯兰化之前，只是宗教文化上的往来。后来，情况就大不一样了。“公元9世纪中叶前后，吐蕃内乱，势力骤衰，它在西域的统治很快土崩瓦解了。位于丝绸之路南道的于阗又重独立，从汉代以来即在于阗当政的尉迟（Viśa'Vijya'）家族再次确立了统治地位。于阗本来是西域各族人民经济、文化交往和佛教传播中心之一，重新立国的于阗再次发挥它在这些方面的作用，而且还进一步和塔里木盆地边缘诸国，河西的瓜州、沙洲地方政权以及中原王朝加强了联系。”[③]

“1006年，尉迟家族统治下的于阗为来自喀什的黑韩王朝所征服。此后的历史构成了新疆历史的转折时期，即穆斯林化突厥化的时期。操伊朗语的于阗人本来笃信佛教，在以后的一段过程中，他们在语言、宗教上发生了历史性的变化……”[④] 当时，“帕米尔地区的各国作为唐和吐蕃两大势力的接壤地带，虽受双方的军事压力，却保持了独立地位。如果我们把视野扩大到整个西部突厥斯坦就可以知道，这个地方变成了东方的唐朝、南部的吐蕃、西部的大食、北部的突骑施这四大势力争夺之地。而且，该地在政治上伊斯兰势力占有优势，而人口却突厥族逐渐占据优势，从而印欧系民族的小国分立时期即将告终”[⑤]。正是由于诸强民族的争夺以及突厥族的兴起和伊斯兰势力的扩展，从中世纪开始于阗国才在西域逐渐灭亡。

至于“吐蕃占领下的于阗在政治制度等许多方面并没有十分重大的变化”[⑥] 这一结论，根据目前我们所掌握的资料来看，似乎还不尽其然。吐蕃时期，由于其处于一个特殊的自然地理及自身的文化背景，无论其政治制度还是风俗习惯与西域沙漠绿洲小国“李域”，肯定形成了强烈的反差。那么，在其统治“李域”的过程中，定然原封不动地按照“李域”的政治模式来施政显然是不可能的。仅从吐蕃在李域军事机构的设置上来看，就与吐蕃腹地有极大的不同。由此看来，这些问题还有待于我们今后借前人研究成果的东风，作进一步研究和探讨。

---

① 王尧、陈践译注：《敦煌本吐蕃历史文书》（增订本），民族出版社，1992年，第167页。

② 斯坦因考古发掘的藏文文书也证明于阗的慕土塔克是吐蕃当时统治于阗的中心要塞。

③ 张广达、荣新江：《于阗丛考》，上海书店，1993年，第32页。

④ 张广达、荣新江：《于阗丛考》，上海书店，1993年，第32页。

⑤［日］森安孝夫著，劳江译：《吐蕃在中亚的活动》，载《国外藏学译文集》（第一辑），西藏人民出版社，1985年，第97~98页。

⑥ 张广达、荣新江：《于阗丛考》，上海书店，1993年，第22页。

# 第五节 “李域”与周边地区各民族的文化交流

自古以来，“李域”与周边国家和地区各民族间就有频繁而密切的文化交流和经济往来，周边地区无论是官方还是知识阶层的人们，都在密切关注着“李域”的人文景观和社会风貌。特别是在李域佛教的影响下，无论是汉文文献还是其他民族文字包括藏文文献，对“李域”的历史记载不绝于书，构成了历史上这个曾叱咤纷纭而又消失在历史长河中的小国珍贵的文献史料。藏文文献中所反映的“李域”国王娶汉王公主并养蚕，“李域”国王、王子赴汉地和汉臣在“李域”建寺，李域工匠在吐蕃建寺等，就是当时历史的反映。

## 一、汉公主及李域蚕丝业的开端

于阗国的蚕桑生产历史悠久，在古代西域诸国中是最早养蚕的地区之一，曾被后人誉为丝绸之路绢都。蚕桑何时传入于阗、由何地传入，藏文文献中也有记载。在《李域授记》中记载了“李域”王子敦哲迎娶汉王公主肖佳之事：

> 自此以后，王子敦哲的妃子汉王公主肖佳的姐姐比丘尼肖杂雅受罗汉戒，为了公主肖佳的善知识，从汉地来到了和田建立了嘉摩肖佳耀索菊寺，如今龙王达吉和达热两位（护法神）护持。

王子敦哲迎娶了汉王公主肖佳（ཤོ་རྒྱ།），公主的姐姐比丘尼肖杂雅（ཤོའི་ཛ་ཡ།），“为了公主肖佳的善知识，从汉地来到了和田建立了嘉摩肖佳耀索菊寺（རྒྱ་ཨལ་མོ་ཤོ་རྒྱ་ཡོ་ཟོ་འཇོའི་གཙུག་ལག་ཁང་།）”。

《李域授记》中描述如下：

> 于是此后，称作尉迟杂雅的国王将汉王之公主吾聂香额娶到宫中。汉王公主在李域找到了小虫的种子，在称作麻射的地方养虫。但是不知情的臣相请示说：“国王尉迟杂雅的王妃养护毒蛇，并渐长大，会酿成大祸，如何消除地方灾祸？”国王命令：“点火烧毁养蛇之屋！”王妃听到，未能即刻将缘由陈诉国王，只得盗走小虫密谋汇集。后来蔓延卡切，产生丝绵、丝绸，并机灵敏智地予以悬挂，依偎国王，细说缘由。国王忿忿（于先前的错怪）。①

上述记载了在“李域”尉迟杂雅就任国王期间，“将汉王之公主吾聂香额娶到宫中”，公主在“李域”找到了蚕（srin）的种子，专门在“麻射的地方养虫”。从而引发出了一段感人的故事。

① 《李域授记》德格木刻板，第144~150页。

公主的所作所为，遭到了“不知情的臣相”的诽谤，上奏国王，“点火烧毁养蛇之屋！”王妃听到，将蚕藏了起来，秘密养殖。后来这种养殖和纺织技术“蔓延卡切，产生丝绵、丝绸”。

这就是说，仅在《李域授记》中看到就有两位汉地公主降嫁“李域”的记载。这一事件，是否符合中国历史事实，由于时间的关系，我们没有考索和探究，然而就公主养蚕之事，反映了古代西域人民在从事农业生产活动中，对养殖和纺织科学技术的不懈探索。

众所周知，养蚕和丝织品的发明，是我国人民对全人类作出的重大贡献。由于新疆特殊的地理和气候条件，在古代遗址和墓葬中保存了大量的事物资料。早在公元前16世纪的商代甲骨文就有蚕、丝、桑、帛等文字，这说明丝绸的发明在我国有着悠久的历史。公元前3世纪我国即以盛产丝织物而闻名于世，被称为“丝国”，这反映了我国丝织物很早就成为向外输出的重要商品。西汉建元三年（前138）讫元朔三年（前126）间，张骞出使西域，和帕米尔高原以西的一些国家建立了联系；元狩四年（前119），他第二次出使时，就“赍金、币帛直数千巨万”，用作馈赠的礼物。此后，在中西交通的大路上，便不断有大量的丝织物向外输出，这种盛况一直继续到唐代中期。当时，我国与西方陆路交通，主要有从敦煌经楼兰、于阗、莎车等地，越葱岭，到大月氏、安息，再往西可达条支、大秦等国的南路，和从敦煌经车师前王庭、龟兹、疏勒等地，越葱岭，到大宛、康居，再往西南经安息，而西达大秦的北路。从汉到唐的千余年间，这两条路都曾是运销丝织物的主要通道，后来中外历史学家称之为“丝绸之路”。新疆发现最早的丝织品出土于乌鲁木齐阿拉沟相当于春秋战国时期的古墓中，其后又在民丰、楼兰遗址及古墓葬中发现了东汉时期的丝织品，在吐鲁番及附近地区晋唐古墓中出土了大量的晋唐丝织品，证实了当时织造技术达到了很高水平。从吐鲁番的阿斯塔那–哈拉和卓古墓群及古龟兹地区出土的《西凉建初十四年（418年）严福愿从阚佥德赁蚕桑券》《失火烧毁财物》《承平八年翟绍远买婢券》《承平五年道人法安弟阿奴举锦券》等文书记载分析，早在公元5世纪初新疆就有很发达的养蚕育桑业，有丝绢织造机；从建初、承平和永康等年号分析，至迟在公元5世纪中叶西域已有了织锦作坊，掌握了高难的织锦技术；新疆古代的织锦中心在龟兹、疏勒和高昌，而且龟兹、疏勒锦已成为著名的商品。至于我国丝及丝织品，早在公元前4、5世纪已传入西方，并通过古代中西交通即丝绸之路，大量运销世界各地。[①]

关于蚕桑传入于阗，也就是说现今的和田河流域，最原始的汉文文献当推唐玄奘《大唐西域记》中的记载，《新唐书》又将它摘入正史：

昔者，此国未知桑蚕，闻东国有之，命使以求。时东国君秘而不赐，严敕关防，

① 穆舜英：《从新疆出土文物探索新疆古代的科学技术》，《新疆社会科学研究》1982年第2期。

无令蚕种出也。瞿萨旦那王乃卑辞下礼，求婚东国。国君有怀远之志，遂允其请。瞿萨旦那王命使迎妇，而诫曰："尔致辞东国君女，我国素无丝绵桑蚕之种，可以持来，自为裳服。"女闻其言，密求其种，以桑蚕之子置帽絮中。既至关防，主者遍索，唯王女帽不敢以检，遂入瞿萨旦那国。止鹿射伽蓝故地，方备仪礼，奉迎入宫，以桑蚕种留于此地。阳春告始，乃植其桑，蚕月既临，复事采养。初至也，尚以杂叶饲之，自时厥后，桑树连荫。王妃乃刻石为制，不令伤杀，蚕蛾飞尽，乃得治茧，敢有犯违，明神不祐。遂为先蚕建此伽蓝。数株枯桑，云是本种之树也。故今此国有蚕不杀，窃有取丝者，来年辄不宜桑。

上文忠实地记录和再现了于阗国养殖蚕桑的历史。但部分研究成果中却把这段记载当作"实际上是古代于阗一则民间传说"。上文与藏文文献《李域授记》基本上是相互印证的记述。其中藏文文献中的于阗王 vijayu–jaya，研究成果显示是第十四代国王，大概推算其时代约在东汉初年。藏文文献与汉文史料记载还是有出入。就蚕桑最初由哪个国家传入、何时传入，李吟屏先生也做了详尽考证。他认为据《大唐西域记》和《新唐书》的记载，蚕桑来源地应是于阗东边某个邻近的国家。自玄奘目睹的时代7世纪中叶上溯二三百年即公元4世纪以前，那时于阗东边的邻国依次是渠勒、扜弥（又作拘弥）、戎卢、精绝等国。中原的蚕桑先传至于阗东上述国家中的一国，此国居为奇货，严加封锁，不许外传，后终为于阗国用计赚得。这个邻国最有可能是扜弥国。1900年斯坦因在丹丹乌里克废墟发现一块木版画，他认为是公主传蚕图，但有的学者提出过质疑，认为是佛画。丹丹乌里克正当扜弥国境内，如果斯坦因的说法正确，则传蚕邻国可能是扜弥。至于蚕桑传入的时间，至迟在南北朝时和田就有了蚕桑，因《魏书·西域传》载于阗"土宜五谷并桑麻"。从出土文物看，蚕桑生产出现在和田的时代更早。李吟屏先生曾在1980年12月在民丰县精绝国遗址考察时，不但看到大量枯死的桑树，而且还采集到一枚蚕茧。[①] 考古界一般认定精绝国遗址的时代为汉至晋，据此，和田蚕桑之始至少可推进到公元3世纪。[②]

## 二、"李域"国王、王子赴汉地和汉臣赴"李域"建寺

自古以来，于阗古国一直就与中原中央政权保持着友好关系，尉迟氏王族为祖国的统一作

① 这枚蚕茧壳白而薄，已压扁，呈橄榄形，重0.2克，长4厘米，直径2.3厘米，一端有蛾子咬破的孔，孔径0.9厘米。这必然是当地产物。看来精绝国也和于阗国一样，"蚕蛾飞尽，乃得治蚕"。

② 李吟屏：《和田春秋》，新疆人民出版社，2006年，第49~52页。

出了一定的贡献。尤其在唐代，尉迟氏王族中有的仰慕中原文化，久居京师不归，或任职朝廷，参政国事，或活跃于宗教、文化领域，施展才华。如藏文文献中，还有“李域”国王、王子赴汉地，汉臣赴“李域”建寺的记载：

自此以后，国王尉迟桑扎玛和王子国王尉迟桑扎玛邦抵达汉地，又到李域期间，朱固军队希立克木巴勒帕在汉地被杀，子夭折。又返回无利之时，李域大臣称作阿木恰凯麦者在十二岁时，代理国政，为了护持国政的善知识比丘尊者称作德那加修建了曼度佛塔、寺院，如今的此寺院由称作天神那木卡坚、施碍军守护。

此后，国王尉迟桑扎玛之子尉迟雅布扎玛又来到了李域，为了善知识比丘尊者德奔扎钦建立祈夏扎玛寺院，如今央吉木图巴和闹布桑布护持。

尔后，汉之大臣金太师、国王尉迟达玛两位为了善知识格木迪巴尔告增塞，在王宫建立了弥勒麦智寺，如今此寺由毗沙门天王守护。

尔后，汉之大臣金太师、国王尉迟萨木巴两位为了善知识恩振扎若吉、达尔玛南达两位建立了凯刚孜寺，如今此寺由毗沙门天王守护。

从这段记述我们可知，“李域”国的国王尉迟桑扎玛和王子尉迟桑扎玛邦曾到达汉地，而后来只有国王尉迟桑扎玛又返回“李域”，或许王子就留在了汉地。国王去世后，大臣阿木恰凯麦者“代理国政”12年，为“护持国政的善知识比丘尊者称作德那加修建了曼度佛塔、寺院”。此后，国王尉迟桑扎玛之子尉迟布扎玛从汉地回到了“李域”，为“善知识比丘尊者德奔扎钦建立祈夏扎玛寺院”。

这段记载，与汉文史籍记载的贞观初年的历史相符。贞观二年（628年），西域统叶护可汗被伯父莫贺咄谋杀，国内大乱，西突厥对塔里木盆地的统治被削弱。贞观四年（630年），唐军大破东突厥，生擒颉利可汗，在伊吾设西伊州，从而打开了通往西域的门户。这与“朱固军队希立克木巴勒帕在汉地被杀，子夭折”的描述颇为相合。

紧接着，《新唐书·于阗传》载：“于阗国……先臣于西突厥。其王姓尉迟氏，名屈密。贞观六年（632年）遣使献玉带，太宗优诏答之。后三年，遣子入侍。”林梅村先生认为这位质子为尉迟屈密之子。[①] 如若上述事实相合，则当时于阗王尉迟屈密送往汉地的质子可能即是尉迟雅布扎玛（བི་ཛ་ཡ་བི་གྲ་མ།），果真如此，则尉迟屈密或可与尉迟桑扎玛（བི་ཛ་ཡ་སང་གྲ་མ།）相对应。

不仅如此，汉地的大臣和高僧也曾到达“李域”建立寺院。如“汉之大臣金太师、国王尉迟达玛两位为了善知识格木迪巴尔告增塞，在王宫建立了弥勒麦智寺”。后来这位金太师又与

① 林梅村：《从教研发现看隋末唐初于阗与中原的关系——大唐毗沙郡将军叶和墓表考证》，《西域研究》1999年第2期，第12页。

国王尉迟萨木巴，“为了善知识恩振扎若吉、达尔玛南达两位建立了凯刚孜寺”。汉臣高太师也在“李域”建立了名为可汗哉的寺院。汉地高僧在“李域”建立寺院的记载在《李域授记》也有：

在此之后，国王尉迟吾韩钦布时期，从汉地而来的比丘巴拉希应赞摩僧伽善知识邀请，建立了敦聂寺，如今此寺由毗沙门天王守护。

这位高僧比丘巴拉希，是在“李域”国王尉迟吾韩钦布时期，由“李域”赞摩僧伽善知识邀请来建立敦聂寺的。以上的记载，在《汉藏史集》中也有同样的史迹：

国王杂雅格迪与王子尉迟扎玛卫两来到了汉地。其间，由李域大臣阿木恰凯麦代理国政十二年，当时，修建了玛纳迪佛塔和寺院。其后，国王尉迟扎玛卫返回李域，建吉喜玛瓦寺。此王之后，汉臣色尔太师在旺城建弥勒佛殿。汉臣高太师建可汗哉寺。先前，圣者毗卢遮那在赞摩苑对牧童授语之地建斯多涅大佛塔。后来此塔被毁，国王尉迟胡汗和汉地比丘巴拉西在此地建一寺院。[①]

上述“李域”王子去汉地之事，在汉文文献中可以找到旁证材料，唐景龙元年（707年），于阗国王的质子智严（法名）来长安出家，于开元九年（721年）译出《出生无边门陀罗尼经》等多种大乘经典。[②]尉迟氏王族与唐的友好关系源远流长，唐朝统治于阗期间，尉迟氏王族与中央政权一直保持着友好的关系，为祖国的统一作出了贡献。正如学者评价和重温这段历史所言：尽管毗沙都督府建立后于阗外部和内部曾出现过政治危机，中原地区也发生了“安史之乱”，但尉迟氏王族和中央政权的互相支援都使这些危机化险为夷，恢复了社会安宁，为祖国经济文化的发展，创造了有利条件。尉迟氏王族代代受唐册封，听命于中央。王族中有的仰慕中原文化，久居京师不归，或任职朝廷，参政国事，或活跃于宗教、文化领域，施展才华。[③]

尉迟氏王族世代受唐册封，首个归顺唐朝的于阗王尉迟信曾被册封为右卫大将军，其继位者伏阇雄被册封为毗沙府都督。唐高宗入葬乾陵时，伏阇雄或其子参加了葬礼。伏阇雄死于天授三年（692年），武则天封其子伏阇璥为于阗王。璥之后唐玄宗又封伏师战为于阗王。伏师战死后由伏阇达继位。其后依次是尉迟珪、尉迟胜。尉迟胜继位时，已到唐天宝年间（公元8世纪中叶）。这些王都由唐朝册封，其中伏阇达之妻执失被册封为妃，尉迟珪之妻马氏亦被册为妃。上述于阗王统中，尉迟胜对祖国统一作出的贡献最大。尉迟胜是尉迟珪长子，少年继承父位。天宝年间（742—756年）到长安进贡名马、美玉，并朝见了唐玄宗。玄宗对其颇为赏识，赐宗室女为妻，授右威卫将军、毗沙府都督。归于阗后因带兵配合安西节度使高仙芝征伐萨毗、

① 达仓宗巴·班觉桑布著：《汉藏史集》（藏文版），四川民族出版社，1985年，第93页。

②《开元释教录》。

③ 李吟屏：《和田春秋》，新疆人民出版社，2006年，第74页。

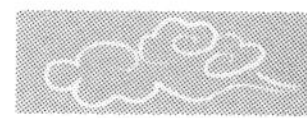

播仙，战功显赫，加银青光禄大夫、鸿胪卿，复又晋升为光禄卿。特别是755年中原发生了“安史之乱”，于阗王尉迟胜在此国难之际，命弟曜代管国事，于至德（756—758年）初年，亲自率五千士兵赶赴中原助唐平乱。临出发时，为安慰国内人民恐其不归之念，留下年幼的女儿为人质，带着儿子，毅然出发。于阗军队到中原后，被编入安西四镇军内，于公元757年在长安大破叛军，收复了京师。其后转战南北，战功卓著。为此，肃宗李亨待胜甚为亲厚，授予特进兼殿中监。上元元年（760年）春正月，因于阗王胜与四镇节度使皆在行营，唐朝政府又任命尉迟胜之弟曜为太仆员外卿，仍同四镇节度副使，权知本国事。广德年间（764—765年），唐代宗李豫又拜尉迟胜为骠骑大将军、毗沙府都督、于阗王，令其回于阗管理国务。但胜“固请留宿卫”，不回于阗。代宗于是又对他加开府仪同三司，封为武都王，封邑百户。胜要求把于阗王位让于其弟曜，肃宗降旨同意。胜于是在长安修行里府邸中经营园亭花木。公元780年至784年中，尉迟胜常在德宗李适左右，曾跟随至奉天（今陕西乾县）。德宗先后对其委以兼御史中丞、右领军将军、右威卫大将军等职衔，并曾任睦王傅。贞元（785—805年）初年，于阗王曜遣使上疏说：“有国以来，代嫡承嗣，兄胜既让国，请传胜子锐。”肃宗于是给锐加上了检校光禄卿、兼毗沙府长史的头衔，令其还国。可是尉迟胜认为曜代管国事时间已久，国民都从他的管辖；而锐生于京华，不了解于阗国的习俗，坚持不让儿子锐回国继位。这种以国事为重，让国于弟的做法，当时受到许多人的赞扬。后来，胜之子锐一直在中原为官，未回于阗。尉迟胜为原王傅，活到64岁时去世。贞元十年（794年）追赠为凉州都督，由其儿子锐继承。尉迟曜在位期间，唐兵常驻于阗，镇守使是郑琚，始终与唐朝中央保持着隶属关系。公元780年，德宗一继位，就派遣内给事朱如玉经安西到于阗求玉，于阗赠予“圭一，珂佩五，枕一，带胯三百，簪四十，奁三十，钏十，杵三，瑟瑟百斤，并它宝等”[①]。

## 第六节 “李域”文献中的历史人物

在藏文文献中，提及的印度、汉地、吐蕃尤其“李域”国的人物不计其数。在本书所涉及的几份藏文文献中已经出场的有：印度的达尔玛阿育王、群布、阿育王之臣亚夏、阿玛杂耶西；汉地的汉地国王周王（咸阳地方之王）、汉臣高太师、汉臣色尔太师、汉地比丘巴拉西；吐蕃的赭面国王、大相噶东赞、公主；李域的地乳王、尉迟桑布瓦王、国王尉迟布尔雅、国王尉迟杂、国王尉迟哈达、国王尉迟格迪、国王尉迟胡汗、尉迟扎玛巴达、大臣阿玛洽盖梅、尉迟桑哈王、

① 李吟屏：《和田春秋》，新疆人民出版社，2006年，第74~76页。

翁杂格尔迪王、尉迟达尔玛、尉迟桑扎玛王、尉迟桑哈王、国王翁杂央萨牡智、尉迟桑巴拉王、尉迟格尔迪、国王翁杂瓦扎玛热巴等。其中有国王，也有大臣；有王子更有公主；有比丘、比丘尼，也有商人、牧人等，诸如此类，将“李域”的社会构成了一个五颜六色的世界。这些人物，大多是历史上的真实人物，并非凭空捏造。下面我们就参照藏文文献将重要的历史人物列出一二，结合汉文文献加以分析。

## 一、阿育王的即位时间

阿育王的历史，治印度史家和佛教史家多有研究，这里仅想就其生年及即位年代根据《李域授记》的载录，作一推算。

佛教初传于阗的时间，程溯洛曾利用这一文献进行推导：“……佛教传入于阗的时间早在公元前一世纪下半叶即已开始。”[①] 后来，魏长洪也利用《李域授记》推论：“于阗王尉迟胜即位后5年开始崇奉佛法，时当公元前80年左右。所以，印度传入西域的时间，大约是公元前1世纪后半叶。”[②] 这一结论的可靠性如何，先暂搁一边，下面再看《李域授记》提供的年代资料还能说明些什么。

《李域授记》又载：

> ……从很早以前印度地方国王阿阇世王就任国王算起，国王阿阇世王总共执政三十二年，手握王权五年时佛灭迹，此后又坐镇为王二十七年。从国王阿阇世王起到国王阿育王之间，有十代印度王统驶执政。阿育王就任国王共五十五年，三十岁后生王子萨尼。萨尼十二岁时，与李氏王不睦，首次外出寻觅出生地。寻觅到出生地时，萨尼十九岁，于处建李域国称王。从首次李氏王执政之前详细算起，到佛灭迹共二百三十四年，李域开始产生。王子萨尼首次就任李氏王之后，李氏（王）贤暴更替，从初次任命李氏，李氏王统传五十六代，仅一支。

有关阿育王的生卒年代及执政时间，各国学者所持观点不尽相同。印度学者的《高级印度史》推测阿育王的执政时间在公元前268年或稍前，执政三十六七年，于公元前232年薨亡。[③]

① 程溯洛：《〈宋史·于阗传〉中几个问题补证》，《西北史地》1990年第1期，第1页。

② 魏长洪：《西域佛教史》，新疆美术摄影出版社，1998年，第20页。

③［印度］R.C. 马宗达、H.C. 赖乔杜里、卡利金卡尔·达塔合著，张澍霖等合译，李开物等初校，涂厚善总校：《高级印度史》（上册），商务印书馆，1986年，第109页。

英国学者也是这样的观点。[①] 我国治佛教艺术史的学者也多采纳这一观点。[②] 这一观点，与《李域授记》所载的阿育王执政55年的说法大相径庭，即使算上阿育王登王位前已经掌权的几年，也相差甚远。

除以上英、印学者和我国学者的观点外，美国学者还有一种说法，即阿育王的出生时间大概在公元前300年左右。[③] 如果这一说法有根据的话，则《李域授记》中与历史有关记载的可信度将无疑会大大提高，当然，这一可靠性是建立在以公元前485年为佛涅槃年的基础之上的，这里有必要提示，以作更深入的思考。

按照阿育王生于公元前300年计算，结合《李域授记》上引文给出的数据，阿育王30岁生地乳，则地乳生于公元前270年；地乳19岁执政立国，则地乳称王于公元前251年；165年后尉迟萨木巴就任国王，在他就任国王的5年后，佛教正式传入“李域”，那么佛教正式传入李域的时间是公元前81年，则这一推导结果与《李域授记》和《李域教法史》所载佛涅槃后的234年萨尼在李域建国的记载相吻合。

这一点，一方面印证了《李域授记》《李域教法史》中历史记载的合理性，另一方面则增加了我们对引用藏文文献的可信度。这说明佛教文献在其宗教成分之外，还有着可靠的史料价值。

## 二、地乳王及其王室

上述不同的佛经，对阿育王和其子地乳有着大体类同的记载，都讲述了阿育王以及地乳王（萨尼）的出生情况。至于地乳成长的历史，正如下面《李域授记》所述：

> 从很早以前印度地方国王阿阇世王就任国王算起，国王阿阇世王总共执政三十二年，手握王权五年时佛灭迹，此后又坐镇为王二十七年。从国王阿阇世王起到国王阿育王之间，有十代印度王统执政。阿育王就任国王共五十五年，三十岁后生王子萨尼。萨尼十二岁时，与李氏王不睦，首次外出寻觅出生地。寻觅到出生地时，萨尼十九岁，于处建李域国称王。从首次李氏王执政之前详细算起，到佛灭迹共二百三十四年，李域开始产生。王子萨尼首次就任李氏王之后，李氏（王）贤暴更替，从初次任命李氏，李氏王统传五十六代，仅一支。

---

①［英］渥德尔著，王世安译：《印度佛教史》，商务印书馆，1995年，第223页。

② 贾应逸、祁小山著：《印度到中国新疆的佛教艺术》，甘肃教育出版社，2002年，第32页。另参见渥德尔著王世安译的《印度佛教史》，商务印书馆，1987年。

③［美］迈克尔 H. 哈特著，苏世军、周宇译：《历史上最有影响的100人》，湖北教育出版社，1991年。

在上述记载中，萨尼12岁时，由于“与李氏王不睦，首次外出寻觅出生地”。后来寻觅到出生地，19岁创建李域国并称王。地乳与李氏王不睦这种说法，是合乎情理的。地乳，藏语称“萨尼”（ས་ནུ།），与汉文记载文意正合，都是 khotan 一词的意译。季羡林等校注的《大唐西域记》考证：“至于此处玄奘所说的‘唐言地乳’，当为对梵文化名称 Gostana 的解释。梵文 go 为‘地，大地’之义，stana 为‘乳房’之义。这一点与现存藏文文献《于阗国授记》中的 Sa-nu（意为“地乳”）相同。”[①]

关于地乳的相关传说故事也有同一来源，根据《大唐西域记》卷十二，瞿萨旦那条下：

其王迁都作邑，建国安人，功绩已成，齿耋云暮，未有胤嗣，恐绝宗绪，乃往毗沙门天神所，祈祷请嗣神像额上剖出婴孩，捧以迴驾，国人称庆，既不饮吮，遂至成立，智勇光前，风教遐被，遂营神祠，宗先祖也。自兹已降，弈世相承，传国君临，不失其绪，故令神庙多诸珍宝，拜祠享祭，无替于时。地乳所育，因为国号。[②]

对此王尧也在《〈于阗教法史〉——敦煌古藏文写卷 P.T.960译解》一文中，作过介绍。[③]

那么，抛开地乳故事的传说成分，地乳王到底何许人也？依笔者看来，于阗王室汉族人血统的成分多些。与印度阿育王的攀附，实为其追求佛教正宗的明堂，因为如果说地乳王与阿育王有亲属关系，则阿育王信奉佛教之后，地乳王不可能不受影响，而所谓的实际情况是，于阗地区在地乳王后的165加5年，才出现了其历史上的第一座佛塔。

而对汉室王廷的追溯，亦可看作其对政治资本积累的需求。于阗王室的种族到底如何，确为一个难解之谜，只能从文献中所载录的汉语言对当地语言的影响更占主导地位的说法，令人相信王室有一定的汉族人血统是有一定道理的。

## 三、毛尔古岱谢

毛尔古岱谢是敦煌古藏文写卷 P.T.960《李域教法史》的译者，在于阗佛教史上是一位算得上的人物，他的生前事迹及于阗国王对他的种种供养，在德格本《李域授记》中有多处记录。关于毛尔古岱谢及其与《李域教法史》和《李域授记》关系的研究，详见本书第四章第一节。

① 玄奘、辩机原著，季羡林等校注：《大唐西域记》，中华书局，1985年，第1002~2006页。

② 玄奘、辩机原著，季羡林等校注：《大唐西域记》，中华书局，1985年，第1008页。

③ 王尧、陈践：《〈于阗教法史〉——郭煌古藏文写卷 P.T.960译解》，《西北史地》1982年第2期，第19页。

## 第七节 “李域”的王统及后期的伊斯兰化进程

唐朝灭亡后，中原地区出现了五代十国，今新疆及其邻近地区出现了喀喇汗、于阗、高昌等几个并立的地方政权。这时的李域的佛教文化也逐步被伊斯兰文化所替代。

### 一、唐朝灭亡后的“李域”

公元10世纪初，于阗国王以李姓出现在汉文史料中。一般认为李氏王室仍是尉迟氏的继续。李氏王朝中首见其名者为李圣天，据考证他在位时代为公元912年至966年。这时的于阗国，拓地千里，西南近葱岭，南接吐蕃，西北至疏勒，国势臻于盛隆。正如据敦煌石室发现的S6551号《佛说阿弥陀经讲经文》讲述：

> 靓我圣天可汗大回鹘国，莫不地宽万里，境广千山，国大兵多，人强马壮。天王乃名传四海，得（德）布乾坤，卅余年国泰人安……遂得葛禄药摩、异貌达但（鞑旦）竟来归状，争献珠金；独西乃纳驼马；土（吐）蕃送宝送金；拔悉密则元是家生；黠嘎私（斯）则本来奴婢；诸蕃部落，如雀怕鹰；则（侧）近州城，如羊见虎。

这就大致反映了五代初于阗强盛的情况。于阗与沙州政权结盟。唐大中四年（850年），沙州张议潮举兵反抗吐蕃的统治，收复了河西诸州。于阗也摆脱了吐蕃的控制，其后和敦煌张氏政权结成了政治联盟。唐末五代，咸通十三年（872年）张议潮卒后，张淮深（张议潮之侄）嗣为节度使，信中于阗王自称“大于阗汉天子”，称沙州张氏舅。10世纪初开始，于阗与沙州（敦煌）的交往更为频繁。10世纪初，沙州政权打开了于阗的大门，开始了频繁的交往，于阗的丝绸、玉器源源不断地输入敦煌，进入寻常百姓家。约在后梁贞明六年（920年），沙州实权旁落到长史曹议金手中。曹氏统治敦煌期间，仍与于阗保持友好关系，并进一步联姻。两地使者来往不绝，关系极为密切。曹义金把次女嫁给于阗王李圣天为后，李圣天第三女又嫁给曹义金之孙曹延禄为妻。莫高窟98窟东壁画有于阗国王李圣天和皇后曹氏等男女供养人11身，上题文字有：“大朝大宝大圣大明天子”“大朝大于阗国大政大明天册全封至孝皇帝天皇后曹氏”。第61窟东壁绘有于阗公主等女供养人四身，傍题：“大朝大于阗国天册皇帝第三女天公主李氏为新受太傅曹延禄姬供养。”说明于阗与沙州政权不但在政治上结成了盟友，而且在血统上结成了亲缘关系。据于阗文书，继李圣天之后的于阗王是尉迟徐拉（967—977年在位），尉迟徐拉之后是尉迟达摩（978—982年在位）。据出土的汉文文书《燃灯文》及其后面的于阅语《证记文》记载，尉迟达摩曾派出百人使团，由杨节使、张监使等三人率领，前往沙州向沙州归义军节度使曹延禄

（976—1002年在任）请求降嫁公主。开宝九年（976年），于阗皇太子从连、琮原也在莫高窟第444号窟留下了他们的题名。看来在曹延禄执政的当年，于阗皇太子曾到过沙州。由于两地的通婚，于阗王室成员实际成了混血的汉族人，王室官员中亦用汉族人。

于阗的画家深受沙州的欢迎，沙州曹氏的画院中就有于阗籍画家为其服务，敦煌莫高窟不但绘有于阗国王、王后和公主的供养像，而且还画有大量产生于于阗地方的佛教史迹故事和佛教灵迹。例如于阗古城瑞像、于阗坎城瑞像、于阗牛头山瑞像、于阗媲摩城中雕檀瑞像、于阗海眼寺释迦圣容像以及毗沙门天王在于阗决海的故事画等，共达34种之多。敦煌莫高窟第220窟新发现的壁画中有五代时期的“新样文殊”，其中的“昆仑奴”换成了“于阗国王”，并摆在最显著的位置。据研究，画稿大约出自于阗，画风也是于阗的。于阗与沙州政权在政治上的结盟、血统上的联姻和经济文化上的交流，使于阗在公元10世纪下半叶至公元11世纪初与疏勒方面的宗教战争中获得了可靠的盟友。①

## 二、“李域”的伊斯兰化进程

于阗国被喀喇汗王国征服后，除了一部分人留守这方土地外，一部分人向各处逃亡。正如《和田春秋》记载：有记载证明伊斯兰势力攻陷于阗后，一部分于阗人进入青海，融入藏族。李道《皇宋十朝钢要》卷十六载：“王原至鄯州（今青海西宁），伪龟兹公主青宜结牟及酋豪李阿温率回纥、于阗诸族开门出降。”19世纪，喀什维吾尔人毛拉·阿吉撰写的《布格拉汗列王传》记述：“玉素甫·卡迪尔汗·阿孜国王阁下为报复乔克提日西得和奴克提日西得，由伊玛目们的坟陵率领士兵启程。在秦玛秦（和田）的一片原野上追上了乔克提日西得和奴克提日西得。在这里仗打得血流成了河。乔克提日西得、奴克提日西得等人战败逃往戈壁。伊斯兰士兵追上了这两个凶恶的异教徒，包围起来捉住并杀了他们。……其余的异教徒一部分改宗为穆斯林，另一部分吓得逃散各处。玉素甫·卡迪尔汗·阿孜国王用伊斯兰振兴了秦玛秦（和田），返回了喀什噶尔。”《皇宋十朝纲要》记载：公元1086年至1096年青海地区唃厮啰吐蕃政权的统治者阿里骨是于阗人，他随母入侍唃厮啰之子董毡，于1086年以养子身份继位。这同样说明部分于阗人在11世纪入居青海地区，与当地人通婚，甚至成为统治阶级。喀喇汗王国征服于阗的时间，至今仍是一个有争议的问题。学术界有公元992年、公元1006年和公元1009年几种说法。伊斯兰势力用武力攻城略地，用强制性的手段普及伊斯兰教，这意味着对佛教文化的彻底毁灭。于

① 李吟屏：《和田春秋》，新疆人民出版社，2006年，第108~111页。

阗的佛教文化也很快被另一种文化所代替。

和田的佛教文化及其建筑怎样在战争中遭到厄运，史籍中无片言只语。只有在古遗址中可以发现某些蛛丝马迹。在一些发掘出的佛寺遗址中，木柱成为焦黑的木炭，墙泥硬如陶片，显然被火焚烧过。有的土木混筑的城墙，上层木头、树枝一片焦黑。在和田民间，没有一件完整的或残损的佛教文献传世，人们发现的只是出土于废墟的残页。众多的佉卢文文书主要出土于汉晋时代的精绝国故址，于阗文书大多来自敦煌千佛洞。有一个奇特的现象：关于于阗国的历史传说，反而较系统地保存在吐蕃文文献中。《于阗教法史》中有于阗僧侣结伴逃往西藏的传说故事。这似乎说明，当佛教势力在于阗衰微时，可能有一部分僧人带着于阗文献逃到了西藏。伊斯兰教文化对佛教文化的覆盖和代替是彻底、全面的。考古发现证明，和田的有些著名的伊斯兰教圣人麻扎，实际上是建筑在佛寺废墟上的。总之，伊斯兰教势力对于阗的征服，不仅是政治上的征服，而且是文化上的征服。文化上的征服导致了于阗文化的变异，公元9世纪以来大量其他民族之人的加入，于阗的民族成分也发生了变化。[①]

① 李吟屏：《和田春秋》，新疆人民出版社，2006年，第123~125页。

# 第十章
# “李域”藏文文献的文献学价值

众所周知，佛教传入我国后，于阗充当了传播的中转站，发挥了重要的桥梁和纽带作用。这种宗教和文化地位，使于阗这个自然地理实体再也不是原来意义上的于阗了，而是孕育了深刻的文化内涵。这时随着佛教的不断传播，于阗的无数高僧大德既是中西文化交流的先锋，又是于阗与周边地区、民族文化交流的使者。用佛教文化这个纽带将于阗与吐蕃紧密联系起来，作为吐蕃文化传媒重要工具的藏文，便也在于阗地区流行开来。特别是到了藏王赤松德赞时期，吐蕃夺取安西四镇后，藏文便在这一地区普遍流行。敦煌出土的吐蕃藏文文献和新疆出土的藏文简牍就是最好的历史见证。

## 第一节 藏、汉文文献对译过程中存在的问题

藏文文献尤其是古藏文文献，的确不仅是我们正确把握和认识古代吐蕃历史的钥匙，也是解读和复原古代青藏高原周边地区已经消失的民族历史的重要资料。但就在具体运用和研究操作的过程中，由于受到语言、理解等条件限制，翻译成汉文或英文后，或研究引用，或转引，不仅没能达到最佳效果，反而事与愿违，造成了学术上的极大混乱。有些显而易见的问题，没有得到及时梳理，后来者以讹传讹，成为我们后来治学的最大障碍。就如何使用古藏文文献，这也是我们亟待探讨的首要问题。

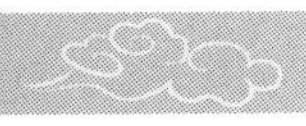

## 一、藏文文献本身在表达过程中出现的问题

由于各种原因，在古藏文文献中，对书名、人名的叫法十分混乱。例如：

**书名**：《拔协》一书就有3种写法：即 སྦ་བཞེད། ཟ་བཞེད། དབའ་བཞེད།。

**人名**：赞普仲西勒（འབྲོང་ཞི་ལེགས།）有5种写法，即 འབྲོང་ཞིར་ལེགས།（（《西藏王统记》）、འབྲོང་བཞི་ལེགས།（《五部遗教》、འབྲོང་བཞི་ལེགས།（《贤者喜宴》）、འབྲོང་རྗེ་ལེགས།（《布敦佛教史》）。

朗达玛赞普有3种名称：即 གླང་དར་མ། ཨུ་དུམ་བཙན། འུ་དུམ་བཙན།；吐蕃的最后一任赞普达玛（དར་མ།）仅在《布敦佛教史》中就有“赤达玛吾都赞”（ཁྲི་དར་མ་ཨུ་དུམ་བཙན།）和“赤吾赞达玛”（ཁྲི་ཨུམ་བཙན་དར་མ།）两种不同的写法，此外，还有“玛吾都赞布”（ཨུ་དུམ་བཙན་པོ།）、“朗达玛”（གླང་དར་མ།）。

对俄雪勒（འི་ཤོ་ལེགས།）有3种写法，即还有 ཐོ་ཤོ་ལེགས།（《布敦佛教史》）、ཐི་ཤོ་ལེགས།（《五部遗教》）。

对塞诺南德（སེ་སྣོལ་གནམ་ལྡེ།）有3种写法，即还有 སེ་བསྣོལ་ནམ་ལྡེ།（《西藏王统记》）、སེ་ནོལ་ནམ་ལྡེ།（《青史》）。梅赤赞普（མེར་ཁྲི་བཙན་པོ།）写成耶赤赞普（ཡེ་ཁྲི་བཙན་པོ།）。

吐蕃松赞干布时期著名的大相噶东赞（མགར་སྟོང་བཙན།），就有噶东赞、噶尔·东赞宇松（མགར་སྟོང་བཙན་ཡུང་ཟུང་།）、伦布噶尔（བློན་པོ་མགར།）、噶东赞（བློན་སྟོང་བཙན།）、噶尔·噶东赞宇松（མགར་བློན་སྟོང་བཙན་ཡུང་ཟུང་།）等名称。

寺院名：对热巴巾所建的寺院有两种说法：འུ་ཤང་རྡོ། 和 འོན་ཤང་རྡོ།。在《布敦佛教史》中，将赤德松赞（ཁྲི་ལྡེ་སྲོང་བཙན།）写成赤德赞（ཁྲི་ལྡེ་བཙན།），少了“松”字；将赤祖德赞（ཁྲི་གཙུག་ལྡེ་བཙན།）误写成赤德松德（ཁྲི་ལྡེ་སྲོང་བཙན།），更有甚者有一处写巴赤解（ཟ་ཁྲི་བཞེར།）和桑西达（སང་ཤི་ཏ།）为两个人，而另一处却写为一个人，即巴迟解·桑西达（འབའ་ཁྲི་བཞེར་སང་ཤི་ཏ།）等。

## 二、藏文文献对译过程中出现的问题

**书名**：藏传佛教前弘期领袖人物拔·塞囊所著的《拔协》（སྦ་བཞེད།），此书的别名称作《桑耶寺志》（བསམ་ཡས་ཀྱི་དཀར་ཆག་ཆེན་མོ།），有《拔协》（佟锦华等《拔协》）和《巴协》（曾国庆等《历代藏族名人传》、唐景福《中国藏传佛教名僧录》、张怡荪的《藏汉大辞典》）等写法；佛学大师布敦的作品中，最为著名的教法史《布敦佛教史》，也有几种翻译名称，即《佛教历史大宝藏论》（郭和卿汉译本）、《布顿佛教史——大宝藏论》（陈庆英等译本《西藏通史——松石宝串》）、《布敦佛教史》、《布敦教法史》等不同的名称。

**人名**：著名的藏族医学的理论著作《四部医典》的作者就有宇妥·云丹贡布（གཡུ་ཐོག་ཡོན་ཏན་མགོན་པོ།）、后宇妥·云丹衮波（གཡུ་ཐོག་གསར་མ་ཡོན་ཏན་མགོན་པོ།）（张怡荪的《藏汉大辞典》）、宇妥·萨玛云丹贡布（གཡུ་ཐོག་གསར་མ་ཡོན་ཏན་མགོན་པོ།）（曾国庆等《历代藏族名人传》）等写法。行文中的不同名称，对从事藏学研究的工作者特别是懂得藏文的同行们看来，不会产生大的误解，但对于一般读者来讲，造成了极大的混乱。

《拔协》的作者巴·塞囊就有拔·塞囊（佟锦华译本《拔协》）、巴·赛囊（张怡荪的《藏汉大辞典》）、巴桑囊（唐景福《中国藏传佛教名僧录》）、巴·塞囊（曾国庆等《历代藏族名人传》）等写法。

布敦大师全名为“布敦·仁钦珠”（བུ་སྟོན་རིན་ཆེན་གྲུབ།）简称“布敦”[①]。而在翻译文本中却出现了多种翻译名称，即“布顿”（郭和卿译本《佛教历史大宝藏论》）、“布敦”（陈庆英等译本《西藏通史——松石宝串》），在工具书中辞典中翻译为“布顿·仁钦竹”（张怡荪的《藏汉大辞典》）、“布顿·仁钦朱”（曾国庆等《历代藏族名人传》），有时还被翻译为“布敦宝成”，前两个字为音译，后两个字“仁钦珠”被意译了；在元代的汉文文献中被译为“卜思端”。

噶东赞，就有噶东赞、噶尔·东赞宇松（曾国庆等《历代藏族名人传》）、论布噶尔、噶东赞（曾国庆等《历代藏族名人传》）、噶尔·噶东赞宇松（张怡荪的《藏汉大辞典》）和噶尔·东赞域松（陈楠《藏事丛考》）等。

## 三、汉文文献史料中对译人名所出现的问题

松赞干布，藏文写作སྲོང་བཙན་སྒམ་པོ།，这基本符合藏语发音的规则，而在汉文文献中却出现了许多种写法，即“弃宗弄赞”“器宗弄赞”“器宋弄赞”“弃苏农赞”“弗夜氏”“不弗弄赞”等。噶东赞，就有“薛噶东赞”“筑噶东赞”[②]。《红史》的作者蔡巴·贡噶多吉（ཚལ་པ་སི་ཏུ་ཀུན་དགའ་རྡོ་རྗེ།），是藏族著名史学家，他的父亲仲钦·莫兰多吉在《元史》作擦里巴，与原藏文相距甚远。而地名中就更多，如“李域”，藏文写作“ལི་ཡུལ།”，而在汉文中就有“李域”（《拔协》汉译本）、“里域”（《藏汉大辞典》）、“黎域”（《松巴教法史》汉译本）等至少三种写法。

① 在元代汉文文献中译作“卜思端”。

② 见《太平寰宇记》《通典》《唐会要》。

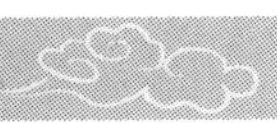

# 第二节 古藏文文献中的古词和异体字

## 一、使用藏文的地域

藏语属汉藏语系藏缅语族，就现在而言，除了中国境内的藏族、门巴族、珞巴族以外，在尼泊尔、不丹、巴基斯坦、印度境内也有一部分人使用藏语文。藏语主要分卫藏（དབུས་གཙང་།）、康（ཁམས།）、安多（ཨ་མདོ།）三大方言区。卫藏主要是指现在的西藏自治区，康主要指现在的四川省甘孜藏族自治州、青海省的玉树藏族自治州等地区，安多主要指现在的青海、甘肃的甘南藏族自治州、天祝藏族自治县以及四川阿坝藏族羌族自治州等涉藏地区。

按照藏族传统的地域名称，可将涉藏地区划分为三个区域，即卫藏（དབུས་གཙང་།）、康巴（ཁམས་པ།）以及安多（སྟོད་སྨད།）地区。这些地区通用藏文，但语言不尽统一，这就造成了三大方言区。这三大地区的方言差别很大，人们几乎不能交流。汉族地区，已形成了一种普通话，可以用普通话进行交流。而藏族地区至今没有形成一种“普通话”。

而在国外，分散在各个国家的藏族同胞，已经形成了一种“普通话”，他们无论走到哪里，彼此都可进行交流。他们因长期在国外生活和工作，人数量，交流频繁，很自然地就形成了一种通用的交际语言“普通话”。

## 二、关于古藏文的界定

藏文流传了数千年，按照传统名称，就叫藏文，没有“古藏文”的说法。即便是佛教与苯教相争时期的伏藏（གཏེར་ཆོས།），也没有“古藏文”之称，只有“达念”（བརྡ་རྙིང་།）或“达年瓦”（བརྡ་རྙིང་པ།）之称，意即“古字”，或“旧词”，专指唐朝末年藏王赤热巴巾以前未经重订的文字。“达”有“符号”“名称”“消息”“音讯”的意思，而“年瓦”是“旧的”“古的”意思。

经过厘定的藏文，在藏文中一般称为“噶嘉”（བཀས་བཅད།），意为用法律规定推行统一文字；有些称为“噶萨嘉”（སྐད་གསར་བཅད།），意为“厘定新语”。根据藏文文献记载，自公元7世纪吞弥·桑布札创制藏文以来，历史上曾进行过三次厘定：第一次厘定：藏文创制后至藏王赤热巴巾执政以前的100多年间逐步进行的。这次厘定主要是出于翻译佛经用语用字不一、难读难懂而进行的，厘定工作是由吞弥·桑布札及当时的译师们担任，为使佛经表达统一，还著有文法

书8部，相继使用了150余年。第二次厘定：是在9世纪初藏王赤热巴巾执政时亲自领导噶瓦伯择、觉若·鲁依坚村以及香·依稀戴等译师进行的。这次改进规模最大，影响也最深。第三次厘定：11世纪初，古格王依稀奥时在阿里地区由译师仁青桑布主持开始，止于15世纪初，167位高僧大德参加，历经470余年的改革，才成为今天我们所使用的藏文。前两次主要改革的是文法上的混乱，后一次主要是废弃翻译佛经中生僻的古词，进一步符合时代的要求。由此可以看出，15世纪以前的藏文，可以称之为古藏文。

藏文的书面语和汉文的书面语有所不同，汉语文中的“文言文”可以称为“古代汉语”，与后来提倡的“白话文”有很大的差异。而藏文中，不存在这个问题。古藏文中的部分古词很接近安多方言，而远离当今口语的往往是现代的一些科技术语，不仅老百姓听不懂，知识分子也不一定都明白。

## 三、敦煌的古藏文

众所周知，敦煌藏经洞的遗书是1900年被发现的，至今已过去一个多世纪，这批文书的发现，成为我国文化史上一件大事。它给文化典籍、史学、考古、文学、艺术、语言、文字、民族、宗教乃至科学史等各个学科提供了丰富的、新颖的、真实可信的文献和实证材料。它使人们对于我国中古时期的经济、文化、社会、政治和中西交通都有了更深入的了解。从此便产生了“敦煌学”这一崭新的学科。敦煌遗书中除大量的汉文文献外，还有若干民族文字，诸如婆罗谜文、佉庐文、回鹘文、西夏文和吐蕃文等卷子，其中占比重最大的是藏文文献。从时间上来说，这批藏文文献是吐蕃时期的遗物。

## 四、古藏文文献中的古词和异体字

在藏文文献中，尤其是吐蕃文献中，古词占很大比例。它是现代藏族文化的基石，其构词方式特别，具有一定的科学道理。如“ཞུགས་ལ་ཞེན།”一词出自《百叶经》一书，意思是“火化”；“ཞུགས།”是“火”，“ཞེན།”，是“烧”“化”。又如“བསྐྱང་སྡེར།”一词也是在《百叶经》中经常出现的，意思是“御盘”，专门在上层社会中使用。诸如此类，研究这些古词，我们不难发现具有重要的学术价值。

藏文自发明以来，虽然历史上经过了三次厘定，但是在藏文古籍中仍然有异体字的出现，这说明文字的厘定工作还有待更进一步完善。例如：我们常见的“李域”（ལི་ཡུལ།）异体字为“ལྱི་ཡུལ།”，“三宝”（དཀོན་མཆོག）异体字为“དཀོན་ཅོག”、“宝贝”（རིན་ཆེན།）异体字为“རིན་ཅེན།”、“从前”（སྔོན་ཆད）异体字为“སྔོན་ཅད།”、“怀疑”（ཐེ་ཚོམ།）异体字为“ཐེ་ཙོམ།”、“班智达”（པཎྜི་ཏ།）异体字为“པཎྡི་ཏ།”、“曼陀罗”（མཎྜལ།）异体字为“མཎྡལ།”、“晴朗”（ནམ་མཁའ་དྭངས་པ།）异体字为“ནམ་མཁའ་དང་བ།”等不胜枚举。一般认为，在文章中这种异体字的出现无妨大局，它所表达的意思完全一样，无论在古藏文文献还是现代藏文中异体字的出现，都不算错别字，相反在文章的写作中适当运用异体字，才使得文章异彩纷呈。

## 第三节 “李域”藏文文献的价值

敦煌本《李域教法史》的价值，学界已有公认①，除此之外，我们在具体使用过程中，可以从这几个方面来认识：一、纠谬。唐人记载吐蕃史事很勤，是研究吐蕃史的重要资料。但由于语言、文学的隔阂，政治、军事因素的影响，所记史实中也有很多舛误、遗漏和阙疑。另外，两《唐书》《册府元龟》《资治通鉴》《唐会要》之间，也经常有抵触矛盾之处，吐蕃历史文书在这些方面可以起澄清纠谬作用。二、拾遗补阙。汉文文献的记载缺漏甚多，从吐蕃历史文书上可以得到补足。三、印证。即以吐蕃历史文书材料来印证汉文史料。②

就“李域”藏文文献来说，无论是藏族人记录还是李域佛僧翻译，这些文献毕竟是记录吐蕃、于阗以及吐蕃周边地区、民族的第一手材料，有其重要的权威性。记载李域的藏文文献并非凤毛麟角，释读这些文献资料，可以说对研究于阗及周边地区的民族文化有着重要和深远的意义。就其本身价值而言，正如张广达、荣新江在《于阗丛考》所言：“藏文文献也是构成中古于阗史料的不可忽视的一部分……目前看来，藏文文献已经成为研究于阗史所必不可少的史源之一。但是，还没有人从于阗这个角度对敦煌藏文写卷加以检索，所以，有许多材料还没有被人们所利用。另外，和田出土的许多藏文文书，除斯坦因拿走的一些外，还有许多卷子藏在英国、瑞典等国家的图书馆或博物馆中，有待人们去整理。总的来讲，我们对藏文史料的研究和利用迄今还是非常有限的。”③藏文文献虽然以佛教文献居多，但仍然极具丰富性，特别是从公元791年到9世纪中叶，吐蕃占有塔里木盆地，在和田等地留下了很多古藏文材料，就为该领域的研究注入了新的滋养和活力。

① 王尧、陈践践：《〈于阗教法史〉敦煌古藏文写卷P.T.960译解》，《西北史地》1982年第2期，第18页。

② 王尧、陈践译注：《敦煌本吐蕃历史文书》，民族出版社，1980年，第10~14页。

③ 张广达、荣新江：《于阗丛考》，上海书店，1993年，第21~23页。

就研究于阗的现状来讲，正如《于阗丛考》所言：“由于种种原因，目前研究于阗史的史料多集中在唐代到宋初的中古于阗王国阶段。”[①] 受到语言等各种条件的限制，人们一般认为解读于阗史最完整的吐蕃文文书当推敦煌吐蕃历史文书中的《李域教法史》，事实并非如此。通过我们一个阶段的搜集、整理、释读和研究发现，于阗即“李域”的记载，除我们在和田、敦煌发现的藏文文献外，在藏文文献中也不乏对于阗的记载。不仅藏文大藏经的《甘珠尔》和《丹珠尔》中有，在王统记和教法史中也有，充分发掘和利用藏文文献的优势，对解读和复原中古于阗史，具有至关重要的作用。

藏文大藏经不但吸收了汉族文化精髓，而且还吸收了印度等外国文化营养和成分，同时汇集了藏传佛教诸家之言，整体来自三部分：一部分为直接从印度梵文中翻译过来；一部分是翻译自汉文佛经；另一部分则是藏族高僧大德编写的，这部分数量极少。其中，最为重要的价值在于在汉文大藏经和印度失传的佛教文献，在藏文大藏经中不少反而被收集起来加以保存，因而得到国内外学者的重视和推崇。

藏文大藏经内容丰富。我国的大藏经中保存着印度现已失传的许多佛学经典，也包括我国学者对佛教理论的创作。它不仅是研究佛学的重要典籍，更是学者研究古代东方文化的重要资料。藏文大藏经，是藏族人民珍贵的文化遗产，可称为藏族文化的百科全书。它是藏族社会宗教文化发展的产物，对研究古代印度佛教史和西藏佛教史有极其重要的参考价值。正如桥本溪鼎在他的《简介西藏大藏经》一文中所评价：“……就汉藏的传译，虽然历史最古而内容也比较完善，但如上述，异出经、疑伪经等甚多。依《大正一切大藏经》说，汉泽的经典总共有3091部，12068卷之多，其中包含中亚细亚诸国、中国、日本等古德撰述的章疏在内，若与西藏大藏经比较，能视为同一论书的仅有千部之多。由此可见，在藏译大藏经未被研究以前，约有3500部的经书，未被了解。就是说有许多未被发觉的珍贵文献，由于西藏大藏经重新被提供了。同时从学术的观点来说，藏语是模仿梵语而成的语文，可说是一种标准梵文，保存了印度原典的旧观点在梵文典籍发现不多的今日，藏译大藏经有如此伟大的贡献，实在太可贵了！加之，纵是有梵文可稽的经典，如求一完善的校订与翻译，若不参考藏译，亦是很难达成的，所以我认为藏译大藏经在诸译经中，有很大的价值。”[②] 可见，藏文大藏经中保存的有些佛教典籍，不要说在汉文大藏经中没有，而且印度也无法找到。藏文大藏经中的“李域”文献就是很好的一个例子。所以，藏文大藏经对佛学的研究有不可替代的文献价值和重要作用。

正如学者所言：藏文文献也是构成中古于阗史料的不可忽视的一部分。自吐蕃强大起来以

① 张广达、荣新江：《于阗丛考》，上海书店，1993年，第14页。

② 桥本凝鼎：《简介西藏大藏经》，《现代佛教学术丛刊》（第77卷），（台北）大乘文化出版社，第17页。

后，曾经数度占领于阗地区，并产生很大的影响。吐蕃的佛教文献、历史典籍中也自然会保存许多于阗史料。在藏文大藏经中有5部著作专讲于阗［《净光明佛所说经》（Drima med-pa'i'od-kyis zhus-pa）、《牛角山授记》（Ri-Glang-ru lung-bstan-pa）、《僧伽伐弹那授记》（Dgra-bcom-pa Dge-'dun-'phel-gyis lung-bstan-pa）、《于阗阿罗汉授记》（Li-yul-gyi dgra-bcom-pas lung-bstan-pa）、《于阗国授记》（Li-yul lung-bstan-pa）］，是从于阗塞语转译过来的。还有法成的汉译本《释迦牟尼灰来像法灭尽之记》（P.2139）以及三个藏文写本（Ch.08; Ch.09iCh.73 vii 3/2）可资比勘。这些文献不仅是研究于阗佛教史的基本文献，而且是研究于阗的历史地理、语言文字所必不可少的参考书。敦煌藏文文献中的《于阗教法史》（Li-yul-chos-kyi lo-rgyus）也记录了我们许多前所未知的情况。[①]至于敦煌保存的吐蕃王国的官修史书如《王朝编年史》（P.T.1288;Ch.79 vii7;Or.8212.187）、《吐蕃大事记（P.T.1287），也记录了唐朝和吐蕃在西域的相关情况。[②]总而言之，在藏文文献中记述李域的多达几十部，其中敦煌吐蕃文书中有，藏文大藏经《甘珠尔》和《丹珠尔》中有，在教法史、王统记、苯教大藏经以及后期的藏文工具书辞书中也有，最详细的当推藏文大藏经《甘珠尔》《丹珠尔》了，其次是敦煌吐蕃文书，在《拔协》和《汉藏史集》中也较为详细。综观所述，有关“李域”的藏文文献研究，概括起来有以下几特点：

**第一，佛教文化成为连接吐蕃和“李域”的纽带**。从敦煌藏文文献产生的历史背景来讲，吐蕃自公元7世纪初在青藏高原崛起后，虽然长期与唐王朝争夺包括“李域”在内的安西四镇绿洲，终唐之世至少两次占领于阗地区并统治西域长达半个世纪，但不能排除两地间的宗教文化情结，于是佛教文化像一条纽带，紧紧地将吐蕃和“李域”连接在了一起。吐蕃和“李域”精通藏文的佛学翻译家除了将一些佛教经典译为吐蕃语外，还将“李域”与佛教有关的事件和历史资料译为藏文，介绍到吐蕃。这些吐蕃文献有的现存于西藏，有的仍留存于和田，还有的从敦煌藏经洞出土，传至今日为国内外学者研究古代于阗的历史提供了正史以外系统的研究资料线索。这些吐蕃文书，不论是佛教经典还是世俗文书，都构成了研究于阗史的直接史料，是研究于阗历史地理、宗教习俗、语言文学所不可缺少的参考资料。

**第二，使国内国际更多的人从事敦煌学研究**。就敦煌藏文文献发现的过程来说，回顾以往依据敦煌藏文文献来进行研究的成果，自20世纪初敦煌莫高窟出土5000余卷的藏文写卷后，藏

① 乌瑞（G.Uray）:《公元751年以前有关中亚的古藏文史料概述》（The Old Tibetan Sources of the History of Central Asia up to 751 A.D：A Survey），载哈玛塔（J.Harmatta）编《伊斯兰时代以前中亚史史料导论》（Prolegomena to the Sources on the History of pre-Islamic Central Asia），布达佩斯，1979年，第288~290页。

② 巴考（J.Bacot）、托马斯、图森（Ch.Toussaint）:《敦煌有关吐蕃史文书》（Documents de Touen-houang relatifs à lhistoire du Tibet），巴黎，第1940~1946页。

文文献在学科的运用上被提上了议事日程。这些文献的价值在于，反映的是中古时期吐蕃的历史及其与周边政权、民族间，即吐蕃与唐、大食、突厥、于阗、吐谷浑、羌、南诏以及泥婆罗、天竺等国家和地区的交往关系，所以一直被学界所垂青。外国列强捷足先登，是猎取国宝的强盗，也是最先研究的开拓者，诸如法国拉露女士（M.Lalou）、瓦累·普散、弗兰克（A.H. Francke）、托马斯（F.W.Thomas）、巴考（J.Bacot）、杜散（G.–C.Toussaint）、斯坦因、雷姆萨（M.A.Remusat）、羽溪了谛、洛克希尔（W.W.Rockhill）、藤田丰八、白井长助、荒川正晴、埃默瑞克等一大批学人，所研究的丰硕成果在学界取得了一致的认可。

在国内，从20世纪的30年代初，藏学研究的先驱于道泉先生开始，就注意到藏文文献的重要价值。中华人民共和国成立前夕，著名藏族学者根敦群培，最先运用敦煌藏文文献，写出了脍炙人口的《白史》。中华人民共和国成立后，特别是改革开放以来，大批学者致力于藏文文献的汉译、研究和注释工作。在这方面作出卓越贡献的当推王尧、陈践先生，还有东嘎·洛桑赤列、黄颢、罗秉芬、东智嘉以及陈庆英、巴桑旺堆等先生也为敦煌吐蕃文献的释读作出了很大贡献。

**第三，藏文文献成为治于阗史的重要文献资料**。首先，就记载"李域"的藏文文献来说，过去人们一致认为记述于阗史最完整的吐蕃文文书当推《李域教法史》，然而从今天来讲，仅仅就已经公布于世的这些文献进行研究已经远远不够了。实际上，当我们看到藏文大藏经中的五部授记时，惊喜地发现，人们由于受到无法识别藏文文献的局限，原有的藏文文献未能发挥其真正的作用，也没得到充分的引用，已经释读的藏文文献，其中矛盾、错落之处颇多，成为治于阗史的障碍。所以充分发掘、整理和研究藏文文献中的"李域"内容，是解读和复原于阗历史的最佳途径。实际上，当佛教文献翻译成藏文后，在无人识别的情况下，反而被吐蕃以及后期的藏族高僧学者所引用，这在藏文文献《拔协》《贤者喜宴》《红史》《汉藏史集》《土观宗派源流》等中就有所反映。其次，准确把握藏文文献的重要性。合理运用和释读藏文文献，的确不仅是我们正确把握和研究古代吐蕃、"李域"历史的钥匙，也是解读和复原古代吐蕃历史，特别是青藏高原周边地区已经消失的民族历史的重要资料。但就在具体运用和研究操作的过程中，必须正确解决藏汉对译过程中出现的书名、人名以及词汇中出现的诸多问题。首先，借鉴前人的优秀译风和成功的经验，力求做到信、达、雅。目录是书籍的窗口，准确对译藏文文献的目录，有助于我们正确判断文献的作者以及内容。古藏文文献，虽然以篇体光华、妙章高文而著称，但越是早期的作品，无论在词法上还是语法上越是不太准确，甚至似是而非。有些古藏文文献，由于年代久远，出现字迹模糊，甚至完全空白的现象，这给整理、出版，尤其对于读者理解原文无疑增添了识别的难度。在这样的情况下，一则要寻找相同的版本予以补遗；一

则要认真领会原文，对个别字词给予填补；再则，采取加空格符号的方法，以示原文缺佚。此外，遇到错别字，或直接修改把原稿上的错别字直接改过来，或间接修改将原稿的错误搁置起来，在字词里面加括号放上正确的字，以达到求同存异，理解古人，尊重历史，保持原貌的效果和作用。9世纪中叶，吐蕃在于阗的统治结束，但藏文并没有退出于阗的历史舞台，当时于阗朝中不仅藏文和于阗文共同使用，而且还有一些吐蕃人仕宦其国，著名的“钢和泰杂卷”（Stael-Holstein miscellany）就是用于阗文和藏文书写的于阗使臣报告书，其年代已为蒲立本考订为925年。这批使臣当中就有吐蕃贵人。[①] 在敦煌文献中有不少公元10世纪于阗、沙州、甘州三个地方政权之间相互来往所写的藏文书信，由于还没有人从于阗这个角度对敦煌藏文写卷加以检索，以及馆藏在英国、瑞典等国家的图书馆或博物馆中（斯坦因拿走）的藏文文书也没有人去整理，总之对藏文史料的研究和利用迄今还是非常有限的。[②]

① 贝利：《钢和泰杂卷》，《泰东》新辑第2卷第1期，1951年，第1~45页。

② 张广达、荣新江：《于阗丛考》，中国人民大学出版社，2008年，第9~11页。

下编

# 文献释读与翻译

# 对藏文文献的认知与利用

对于阗国名，藏文文献中称之为“李域”（ལི་ཡུལ།）[①]，可音译为“李域”，有些研究成果中或写作“黎域”，无论是“李域”“黎域”或“里域”，在藏文中始终写作“ལི་ཡུལ།”。其由来和具体含义，国内外学者均进行了诸多讨论[②]，真可谓仁者见仁，智者见智。从不同角度研究于阗的成果多，相关基础资料也很多，如汉文、于阗文、回鹘文、吐火罗文、吐蕃文、西夏文等。通过我们悉心盘点，记载于阗历史最为丰富者当属藏文文献，这是一个不争的事实。这些文献的收集、整理与释读，对复原中古时期于阗史具有重要的史料价值，同时也为古代西域社会、历史与文化以及丝绸之路的研究提供了丰厚史料。

## 一、敦煌吐蕃历史文书的发现与研究

自20世纪初（1900年），敦煌莫高窟被开启后，5000余卷古藏文文献被英人斯坦因（A.Stein）、法人伯希和（P.Pelliot）等人运到英国的伦敦和法国的巴黎。此外，俄罗斯、日本

① 在藏文文献中也有写作“klu-yul”、“yul-li”或者“Li-yul”，通常情况下都写作“Li-yul”。

② 美国学者柔克义（W.W.Rockhill）认为li在藏文里为钟铜之义，藏文典籍称于阗为“李域”，其意是钟铜之国（BELLMETAL COUNTRY）。（W.W.Rockhill, The Early History of Li Country[Khotan], in The Life of the Buddha, chapter VIII, New York 1935, p.230~248.）瓦尔特认为li即犁，与于阗产牦牛有关。（T.Walters, On Yuan Chwang's Travels in India, vol.2, p.300.）岑仲勉先生主张，li字为边鄙之义，与汉文俚字有关。（岑仲勉：《汉书西域传地理校释》，中华书局，1981年，第74页）巴桑旺堆则主张，li字本义为钟铜，引申为“合成、混一”之义，乃藏族人把于阗看作是源发于印度之佛教文字和来自汉王朝之俗意人种混合在一起之国家，故呼为“李域”。（巴桑旺堆：《藏文文献中的若干古于阗史料》，《敦煌学辑刊》1986年第1期，第71页）日本学者白鸟库吉则释于阗为藏语gyu-vong，意为“玉村”。（白鸟库吉著，王直古译：《塞外史地论文译丛》第二辑，第139页）我国部分学者也支持这一说法，如褚俊杰在《羌人西迁与和阗起源》认为《李域教法史》（作者称之为《李域历史》）中的hu-then一词为gyu-tonh的变音。（褚俊杰：《羌人西迁与和阗起源》，《西藏民族学院学报》1982年第3期，第76页）

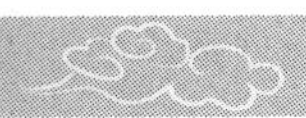

及我国台湾省也相继有收藏。诸如法国的拉露女士[①]（M.Lalou，1890—1967年），比利时人瓦累·普散（Louis de la Vallee poussin , 1869—1938年）[②]进行了整理、研究，研究成果相继问世，敦煌古藏文文献的主要内容被世人所知。[③]日本大谷光端[④]也盗走了一些藏文写本，并被馆藏在京都的龙谷大学。[⑤]苏联的宁格勒收藏有藏文手写本佛教文献214件手抄本。[⑥]英国藏学家托马斯（F.W.Thomas）[⑦]也做了开拓性的工作[⑧]、德国弗兰克（A.H.Francke）[⑨]、巴考（J.Bacot）、杜散（G.C.Toussaint）[⑩]也研究出了丰硕的科研成果[⑪]。英国于阗语学家埃默瑞克（R.E.Emmerick）[⑫]、乌

① 拉露女士（M.Lalou，1890—1967年），主持编目了三卷本的《法国国家图书馆所藏敦煌古藏文卷子目录》（1978、1979年）；法国科学院与巴黎国立图书馆合作在巴黎影印出版了两册的《法藏敦煌藏文写卷选刊》（Choix de documents tibetaines conseves a la Bibliotheque Nationale complete par quelques manuscrits de l'India Office et du British Museum）。

② 比利时人瓦累·普散（Louis de la Vallee poussin, 1869—1938）编的《（英国）印度事务部图书馆所藏敦煌藏文卷目录》正式刊行。

③ 有关古藏文文献的目录或解题还有：日本东洋文库西藏委员会编有《斯坦因搜集的藏语文献解题目录》1~5（未完稿）（1977—1987）；日本木村隆德曾编《敦煌藏文禅宗文献目录初稿》，1981年〔汉泽文见向红笳译《敦煌藏文文献目录初稿》，《国外藏学研究译文集》（第13辑），西藏人民出版社，1997年，第166~228页〕；齐美热达著，彭陟焱节译，《英国馆藏斯坦因集品以外的藏文献史料》，《国外藏学研究译文集》（第7辑），西藏人民出版社，1990年，第115~120页；杨铭《英藏敦煌藏文写卷选介（1~2）》，《敦煌学辑刊》1997年第1期，第120~126页、《敦煌学辑刊》1998年第2期，第69~72页。

④ 日本大谷光端所盗藏文写本，其中的一部分馆藏在京都的龙谷大学。

⑤ 对这里的古藏文文献的研究文章有芳村修基《龙大西域资料中的藏语警觉文献残叶》，《印度学佛教学研究》第5卷1期，1957年。

⑥［苏］姆·伊·沃罗比耶蛙、杰夏托夫斯卡娅、勒·斯·萨维基著，尹伟先译：《苏联东方科学院列宁格勒分院的藏文文献收藏》，《甘肃民族研究》1990年第3、4期合刊，第119~122页；张广达《欧美汉学论着选介·苏联科学院东方研究所收藏敦煌藏文写卷注记目录》，《汉学研究通讯》第10卷3期，1991年，第182~188页；［苏］M.И. 沃罗比耶蛙·杰夏托夫斯卡娅、Л.С. 萨维斯基著，何荣参、杨绍林译《苏联科学院东方学研究所列宁格勒分所藏文藏书》，《国外藏学研究论文资料选编》，中国社会科学民族研究所《民族译从》编辑部编印，1991年，第187~210页；［苏］沙维特斯基著、沈卫荣译：《列宁格勒东方研究院所藏敦煌吐蕃文献》，《国外敦煌吐鲁番文书研究选译》，甘肃人民出版社，1992年，第390~399页。

⑦ F.W.Thomas, Tibet Literary Texts and Documents concerning Chinese Turkestan, I, London 1935.

⑧ Tibetan Literary Texts and Documents Concerning Chinese Turkestan, I–IV, London1935, 1951, 1955, 1963.

⑨ Tibetan Documents front Chinese Turkestan; JRAS 1994, pp.37–59.

⑩《敦煌本吐蕃历史文书》由 P.T.1286、1287、1288、1047、1029与 Stein ch.79viii7（I.O.750）和 Or.8212（187）诸号合辑而成。除了托马斯、巴考、杜散的研究外，对之进行专门研究的还有张棍《敦煌本吐蕃纪年之分析》（An Analysis of the Tunhuang Tibetan Annals, JOS Vol.5, No.1–2, 195911960, pp.122–173）、伯戴克（L.Petech）《敦煌纪年注释》（Glosse agli Annali di Tun–huang, rso xlii, 1967, pp.241–279）。还有麦克唐纳（A.W.Macdonald）《关于伯希和1286，1287.1038，1047及1290号藏文卷子的解释》（Une lecture des Pelliot tibetain 1286, 1287.1038, 1047 et 1290.ETML 1971, pp.190–391）；国内王尧、陈践先生汉译该文献，1992年由民族出版了《敦煌本吐蕃历史文书》增订本；黄布凡、马德又对之做了更为详细译注，见《敦煌藏文吐蕃史文献译注》，甘肃教育出版社，2000年。

⑪［匈］乌瑞著，荣新江泽、张广达校：《有关公元751年以前中亚史的古藏文史料概述》，《藏族研究译文集》，中央民族大学藏学研究所编，1983年，第94页；又载《国外藏学研究译文集》（第5辑），西藏人民出版社，1989年，第41页。

⑫ R.E.Emmerick, Tibetan Texts concerning Khotan, London 1967.

瑞[①]、日本学者羽溪了谛[②]、山崎元[③]也探讨了于阗建国的历史情况。法国石泰安先生也撰文[④]探讨了吐蕃与于阗传播的佛教密宗文献情况等。近年来，为了整合学术资源，西北民族大学文献研究所通过努力将国际上各大图书馆馆藏的藏文文献收集齐全，陆续在上海古籍出版社出版发行，为致力于敦煌学研究的专家学者创造了必要的条件。

## 二、李域历史的深入研究

很早以前，国内学者就充分利用藏文文献，对于阗的历史与文化进行了深入的研究和阐释。如著名藏学家王尧先生、陈践践先生，他们利用扎实的藏文功底，对于阗进行了深入的研究，利用敦煌古藏文写卷P.T.960进行了释读和研究，撰写了《〈于阗教法史〉——敦煌古藏文写卷P.T.960译解》[⑤]文章，对于阗史研究作出了有益的贡献。巴桑旺堆先生，综合考量和盘点了藏文文献，撰写了《藏文文献中的于阗史料》[⑥]一文，对于阗国的形成、于阗国名“李域”、于阗王世系以及于阗的地理位置等进行了梳理。杨铭先生利用于阗地区出土的藏文文书及吐蕃文简牍，撰写了《有关于阗地区的藏文文书》[⑦]文章，这对于阗史的研究提供了方便，还撰写了《和田出土的有关于阗王的藏文写卷研究》[⑧]，并对M.Tagh.b, I, 0092和M.Tagh.a, iv, 00121两份写卷汉译注解，考释了写卷年代及相关问题。此后杨铭先生又撰文《吐蕃简牍中所见的西域地名》[⑨]《关于敦煌藏文文书〈吐蕃官吏呈请状〉的研究》[⑩]，对于阗史料中的西域地名以及吐蕃的职官进行了研究。尕藏加先生也利用藏文文献资料，撰写了《藏文文献中所见西域佛教之比较研究》[⑪]文章，探讨了于阗的历史及佛教传播等。笔者与朱悦梅教授依据敦煌吐蕃历史文献，撰写了《藏文文

① G.Uray, The old Tibetan Sources of the History of Central Asia up to 751A.D.: A Survey, Prolegomena to the Sources on the History of Pre-Islamic central Asia, Budapest 1979. 荣新江译：《有关公元751年以前中亚史的藏文史料概述》，《国外藏学研究译文集》第5辑，西藏人民出版社，1989年。

② ［日］羽溪了谛著，贺昌群译：《西域之佛教》，商务印书馆，1956年，第199~201页。

③ 山崎元一：《于阗建国传说之一考察》，载《山本博士还历纪念东洋史论丛》，东京，1972年，第469~480页；又见《于阗建国传说成立之之背影》，《国学院杂志》第73卷第3号，1972年。

④ ［法国］石泰安著、耿昇译：《古代吐蕃和于阗的一种特殊密教论述法》，载《国外藏学研究译文集》（第7辑），西藏人民出版社，1992年。

⑤ 王尧、陈践践：《〈于阗教法史〉——敦煌古藏文写卷P.T.960译解》，《西北史地》1982年第2期，第18~25页。

⑥ 巴桑旺堆：《藏文文献中的于阗史料》，《敦煌学辑刊》1987年第2期，第69~73页。

⑦ 杨铭：《有关于阗地区的藏文文书》，《新疆文物》1992年第3期。

⑧ 杨铭：《和田出土有关于阗王的藏文写卷研究》，《西域研究》1993年第4期，第66~72页。

⑨ 杨铭：《吐蕃简牍中所见的西域地名》，《新疆社会科学》1989年第1期。

⑩ 杨铭：《关于敦煌藏文文书〈吐蕃官吏呈请状〉的研究》，载《马长寿纪念文集》，西北大学出版社，1993年。

⑪ 尕藏加：《藏文文献中所见西域佛教之比较研究》，《敦煌学辑刊》1993年第3期，第50~57页。

献中的于阗称谓》[①]一文，就于阗的不同名称进行了探讨和诠释。

## 三、藏文文献的充分利用

藏文文献中记载于阗历史的资料来源也不外乎敦煌发现的古藏文文献中的于阗文献（包括西域发现的藏文简牍）、藏文大藏经《甘珠尔》《丹珠尔》收录的于阗文献，以及历史典籍中的文献等。

**（一）敦煌吐蕃历史文书中的于阗历史**

自敦煌吐蕃历史文书被发现后，其中的有关于阗的《李域教法史》得到了国际学界的极大关注。这部文献被伯希和命名为敦煌古藏文写卷P.T.960。但凡知晓P.T.960者都知道这就是指《李域教法史》（前人文章中多称为《于阗教法史》）。另有P.T961敦煌古藏文写卷《牛角山授记》（གླང་རུ་ལུང་བསྟན།）。这两部经典的发现，一方面可以说是对史料匮乏的于阗史研究注入新的养料，另一则说可为吐蕃时期的宗教史、对外关系史研究开辟了新的方向。故人们不得不极力将此文本进行译释和解读、深挖和细析。然而，由于语言障碍，理解和译文中总是出现这样那样的问题，致使结论上不确信的地方比比皆是。因此，我们仍有研究和释读的空间。

**（二）藏文大藏经《甘珠尔》《丹珠尔》中的于阗历史**

吐蕃时期，随着与周边国家和地区的政治、经济以及文化往来，藏文也得到了很好的规范。特别是随着佛教逐步传入，吐蕃以及进入吐蕃传教的高僧大德们译经、造经运动也随之张开。堪称藏族大百科全书的藏文大藏经也在酝酿和孕育中。特别是吐蕃灭亡后，藏传佛教逐步形成，首部藏文大藏经在纳塘寺诞生，其中广纳并蓄，成为一块巨大的海绵，但凡是喜马拉雅山周边国家和地区流通的经典都吸收到大藏经中。此后又产生了德格版大藏经、北京版大藏经、卓尼版大藏经、拉卜楞版大藏经、拉加版大藏经等。关于记载于阗历史的重要藏文典籍也以不同的形式收录其中，其中《甘珠尔》有4部，即《无垢光经》（དྲི་མ་མ་མེད་པའི་འོད།）、《日藏经》（ཉི་མའི་མདོ།）、《月藏经》（ཟླ་བའི་མདོ།）和《牛角山授记》（གླང་རུ་ལུང་བསྟན།）；《丹珠尔》有4部，即《李域阿罗汉授记》（ལི་ཡུལ་དགྲ་བཅོམ་པ་ལུང་བསྟན།）、《僧伽伐弹那授记》（དགྲ་བཅོམ་པ་དགེ་འདུན་འཕེལ་གྱི་ལུང་བསྟན།）、《善友传》（འཕགས་པ་དགའ་བའི་བཤེས་གཉེན་གྱི་རྟོགས་པ་བརྗོད་པ་ཞེས་བྱ་བ།）和《李域授记》（ལི་ཡུལ་ལུང་བསྟན།）。两者加起来总计有8部之多。随着敦煌古藏文文献的整理与研究，也同样发现了吐蕃历史典籍的早期版本，如《拔协》（དབའ་བཞེད།），这说明《拔协》在吐蕃统治西域敦煌时期

① 丹曲、朱悦梅：《藏文文献中的于阗称谓》，《中国藏学》2008年第4期。

已经有了雏形，从而说明了其学术价值的重要性。

**（三）历史典籍中的于阗文献**

除此之外，藏传佛教各教派的高僧大德，以撰写各自流派和寺院的教法史为荣，由此记录和描述佛教源流的教法史也不断产生。诸如《拔协》（དབའ་བཞེད།）、《汉藏史集》（བོད་རྒྱ་ཡིག་ཚང་ཆེན་མོ།）、《贤者喜宴》（མཁས་པའི་དགའ་སྟོན།）、《红史》（དེབ་ཐེར་དམར་པོ།）、《土观宗派源流》（ཐུའུ་བཀྭན་གྲུབ་མཐའ།）、《卓尼丹珠尔目录》（ཅོ་ནེ་བསྟན་འགྱུར་དཀར་ཆག）、《白史》（དེབ་ཐེར་དཀར་པོ།）等。其中书内讲源流肯定要讲述释迦牟尼在印度传法的情况，讲流派当然要讲述佛教传入中原地区、吐蕃、西夏、蒙古、于阗的情况。加之，于阗是佛教传入我国的第一站，更有理由在教法史中作重点介绍，开辟专章专节论述便成为顺理成章的事了。在早期的藏文文献中，虽无专章记载李域，但零散记载或提及者比比皆是。如大概成书于8世纪末的《拔协》（དབའ་བཞེད།）① 就是一个个案。《拔协》是首部系统记载佛教传入西藏的早期重要历史典籍，这部文献的作者拔·塞囊（daav–gsal–snang，法名益西旺波）是8世纪后半叶吐蕃赞普赤松德赞的重臣，也是致力于佛教弘扬的历史人物。他曾多次向吐蕃赞普谏言，请求崇佛弘法，并受命迎请寂护和莲花生两位大师入蕃，并出家为僧，在其著述中也提及了《李域授记》，可见佛教在吐蕃初传时期，吐蕃与于阗就已经有密切的文化往来。历史典籍中记载的于阗历史，其资料也基本源于大藏经《丹珠尔》和《甘珠尔》。因记载的于阗历史的占比在书中也只占极小的部分，所以内容也都极为简单明了。

**（四）以手抄本和词典的形式阐释李域的文献**

这类文献如手抄本敦煌古藏文写卷P.T.960的《李域教法史》（ལི་ཡུལ་ལུང་བསྟན།）、敦煌古藏文写卷《牛角山授记》（གླང་རུ་ལུང་བསྟན།）、《李域文书》（ལི་ཡུལ་ཡིག་ཆ།）等。当代知名学者东嘎·洛桑赤列编写了《东嘎藏学大辞典》，其中也撰写了“于阗条”，也有着重要学术价值。

**记载于阗历史的敦煌古藏文、德格版藏文大藏经以及其他藏文文献一览表**

| 大藏经 | 部　类 | 经　名 | 译　者（作者） | 叶　码 |
|---|---|---|---|---|
| **甘珠尔** | 经部 | པ་函，《无垢光经》（དྲི་མ་མེད་པའི་འོད།），汉文经名：《无垢光菩萨所闻经》 | 藏译者缺 | 211叶A1~259叶B7 |

①《拔协》又译为《巴协》或《韦协》，有不同的藏文版。1980年，民族出版社出版了三种写本。中央民族大学佟锦华教授和黄布凡依据石泰安先生影印本翻译注释了《〈拔协〉增补本译注》，于1983年由四川民族出版社出版；后来，巴擦·巴桑旺堆先生参照国内外不同版本，署名为《〈韦协〉译注》于2012年由西藏人民出版社出版。各种藏文版本和译本的出现，为深入研究《拔协》创造了有利条件。《〈韦协〉译注》译本，由巴擦·巴桑旺堆先生汉译，2012年由西藏人民出版社出版。

续表

| 大藏经 | 部 类 | 经 名 | 译 者（作者） | 叶 码 |
|---|---|---|---|---|
| 甘珠尔 | 般若部 | ཀ 函，《日藏经》（ཉི་མའི་མདོ།），汉文经名：《杂阿含经第五百八十三经》 | ［刘宋］求那跋陀罗译；由大班智达阿难达释利和西藏译师尼玛坚赞合译并校订 | 90A6~90B6 |
| | 般若部 | ཀ 函，《月藏经》（ཟླ་བའི་མདོ།）汉文经名：《杂阿含经第五百八十三经》 | ［刘宋］求那跋陀罗译；由大班智达阿难达释利和西藏译师尼玛坚赞合译并校订 | 90 叶 B6~91 叶 B5 |
| | 经部 | amu 函，《牛角授记》（གླང་རུ་ལུང་བསྟན།） | 藏文译者缺 | 220 叶 B6~237B7 |
| 丹珠尔 | 书函 | ཛེ་ 函，《李域阿罗汉授记》（ལི་ཡུལ་དགྲ་བཅོམ་པ་ལུང་བསྟན།） | 藏文译者缺 | 61 叶 B4~68 叶 B1，总计 8 叶。 |
| | 书函 | ཛེ་ 函，《僧伽伐弹那授记》（དགྲ་བཅོམ་པ་དགེ་འདུན་འཕེལ་གྱི་ལུང་བསྟན།） | 印度堪布阿杂达恰巴扎和比丘释迦奥合译（རྒྱ་གར་གྱི་མཁན་པོ་ཨ་ཛི་ཏ་ཤྲཱི་བྷ་དྲ་དང་། དགེ་སློང་ཤཱཀྱ་འོད་ཀྱིས་བསྒྱུར།） | 61 叶 B4~68 叶 B2 |
| | 律部 | སུ་ 函，《善友传》（འཕགས་པ་དགའ་བའི་བཤེས་གཉེན་གྱི་རྟོགས་པ་བརྗོད་པ་ཞེས་བྱ་བ།） | | 240 叶 A4~244 叶 B1，总计 4 页，81 行。 |
| | | ཛེ་ 函，《李域授记》（ལི་ཡུལ་ལུང་བསྟན།） | | 168 叶 B2~188 叶 A7 |
| 敦煌吐蕃历史文书 | 1 | 敦煌古藏文写卷 P.T.960 的《李域教法史》（ལི་ཡུལ་ལུང་བསྟན།） | 堪布毛尔古岱谢新译，手抄本，为数叶整合为 2 叶，收藏在法藏本中 | 手抄本 2 叶 |
| | 2 | 敦煌古藏文写卷《牛角山授记》（གླང་རུ་ལུང་བསྟན།）译注 | 审定者为比丘益西嘉瓦（བན་དེ་ཡེ་ཤེས་རྒྱལ་བ།），审定地点：李域 | 手抄本残 2 叶 |
| | 3 | 敦煌古藏文写卷《拔协》（དབའ་བཞེད།）（或《巴协》《韦协》） | 拔・塞囊（སྦ་གསལ་སྣང་།，法名为益西旺波，约 8 世纪），也有拔・塞囊和巴・桑喜合作之说 | 《拔协》60~63 页 /《韦协》240~241 页 / 275~281 页 |
| 藏文历史文献 | 1 | 《李域文书》（ལི་ཡུལ་ཡིག་ཆ།），经名拟为：《郡王贡布坚赞之问答・王子欢乐之花朵》（མིའི་དབང་པོ་མགོན་པོ་རྒྱལ་མཚན་གྱི་དྲི་ལན་རྒྱལ་སྲས་བཞད་པའི་མེ་ཏོག） | 作者比丘布奈雅（དགེ་སློང་པུཎྜ་བ།） | 手抄本 1~7 叶 |

续表

| 大藏经 | 部 类 | 经 名 | 译 者（作者） | 叶 码 |
|---|---|---|---|---|
| 藏文历史文献 | 2 | 《贤者喜宴》（མཁས་པའི་དགའ་སྟོན།） | 巴卧·祖拉陈瓦（1503—1565） | 1383~1388 页 |
| | 3 | 《汉藏史集》（རྒྱ་བོད་ཡིག་ཚང་ཆེན་མོ།） | 达仓宗巴·班觉桑布（不详） | 59 叶 B~70A |
| | 4 | 《红史》（དེབ་ཐེར་དམར་པོ།） | 蔡巴·贡嘎多吉（1390—1364） | 12~17 页 |
| | 5 | 《土观宗派源流》（ཐུའུ་བཀྭན་གྲུབ་མཐའ།） | 土观·罗桑却吉尼玛（ཐུའུ་བཀྭན་ཆོས་ཀྱི་ཉི་མ།）（1937—1802） | 460~461 页 |
| | 6 | 《卓尼丹珠尔目录》（ཅོ་ནེ་བསྟན་འགྱུར་དཀར་ཆག） | 二世嘉木样·久美旺布（1728—1791） | 313~317 页 |
| | 7 | 《世界广说》（འཛམ་གླིང་རྒྱས་བཤད།） | 四世敏珠尔呼图克图·坚贝却吉·丹增赤列（1789—1820） | |
| | 8 | 《白史》（དེབ་ཐེར་དཀར་པོ།） | 根敦群培（1905—1951） | 97~99 页 |
| | 9 | 《东嘎藏学大辞典》（དུང་དཀར་ཚིག་མཛོད་ཆེན་མོ།） | 东嘎·洛桑赤列（1927—1997） | 1982~1983 页 |

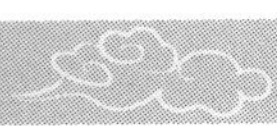

德格版藏文大藏经《甘珠尔》《丹珠尔》目录

# 一、《无垢光经》(དྲི་མ་མེད་པའི་འོད།) 原文

## 一、解　题

### （一）译者简介

此经为薄伽梵（བཅོམ་ལྡན་འདས་ཤཱཀྱའི་དགེ་སློང་ཤཱ་ཀྱ་རྒྱལ་མཚན་དཔལ་བཟང་པོ། 释迦牟尼）说。

### （二）版本介绍

《无垢光经》(དྲི་མ་མེད་པའི་འོད།)，汉文经名《无垢光菩萨所闻经》，依据德格版藏文大藏经《甘珠尔》经部ཁ函辑，藏译者缺，在211叶 A1~259叶 B7，总49叶672行。

## 二、藏文原文

211叶A面：

༄༅། །རྒྱ་གར་སྐད་དུ། བི་མ་ལ་པྲ་བྷ་པ་རི་པྲི་ཙྪཱ། བོད་སྐད་དུ། དྲི་མ་མེད་པའི་འོད་ཀྱིས་ཞུས་པ། བམ་པོ་དང་པོ། ཐམས་ཅད་མཁྱེན་པ་ལ་ཕྱག་འཚལ་ལོ། །གང་གི་ཚེ་སངས་རྒྱས་བཅོམ་ལྡན་འདས་ཀྱིས་ཟླ་བའི་སྙིང་པོ་ཞེས་བྱ་བའི་མདོ་བཤད་པའི་ཚེ་འཛམ་བུའི་གླིང་གི་ཡུལ་ཐམས་ཅད་སྲུང་མ་རྣམས་ཀྱི་ལག་ཏུ་སོ་སོར་གཏད་པ་ན། བཅོམ་ལྡན་འདས་བྱ་རྒོད་ཀྱི་ཕུང་པོའི་རི་ལ་བཞུགས་ནས་ལྷ་ཐམས་ཅད་བསྡུ་བའི་ཕྱིར་འོད་ཟེར་བཏང་ངོ་། །དེ་ནས་བཅོམ་ལྡན་འདས་ཀྱིས་དགོངས་པ་བསྐྱེད་མ་ཐག་ཏུ་ལྷའི་རྒྱལ་པོ་ཐམས་ཅད་འཁོར་དང་བཅས་པ་བཅོམ་ལྡན་འདས་ཀྱི་སྤྱན་སྔར་འདུག་གོ། །དེའི་ཚེ་བཅོམ་ལྡན་འདས་ཀྱིས་རྒྱལ་པོ་ཆེན་པོ་རྣམ་ཐོས་ཀྱི་བུ་དང་། གནོད་སྦྱིན་གྱི་དབང་པོ་ཀུན་ཏུ་རྒྱལ་ལ་ཐོས་ཏེ་བཀའ་སྩལ་པ། རྒྱལ་པོ་ཆེན་པོ་དག་ངའི་བཀའ་ཆོས་དང་ལྡན་པ་བཞིན་གྱིས་ལ་རིམ་གྲོ་གྱིས་ཤིག། །ང་ཡོངས་སུ་མྱ་ངན་ལས་འདས་ནས་ལོ་བརྒྱ་ལོན་པ་ན། ལི་ཡུལ་ཞེས་བྱ་བ་ཞིག་འབྱུང་བར་འགྱུར་ཏེ། དེ་ཡོངས་སུ་བསྲུང་བའི་ཕྱིར་ངས་ཁྱེད་ཀྱི་ལག་ཏུ་གཏད་དོ། །རྒྱལ་པོ་རྣམ་ཐོས་བུ་ཁྱོད་དང་། །ཛྷ་འཕྲུལ་ཆེན་པོ་ཀུན་ཏུ་རྒྱལ། །ཀླུ་ཡི་རྒྱལ་པོ་མ་དྲོས་དང་། །བློ་རབ་བརྟན་པའི་ལྷ་ཡི་བུ། །ང་ཡི་ཚིག་ནི་མཉན་

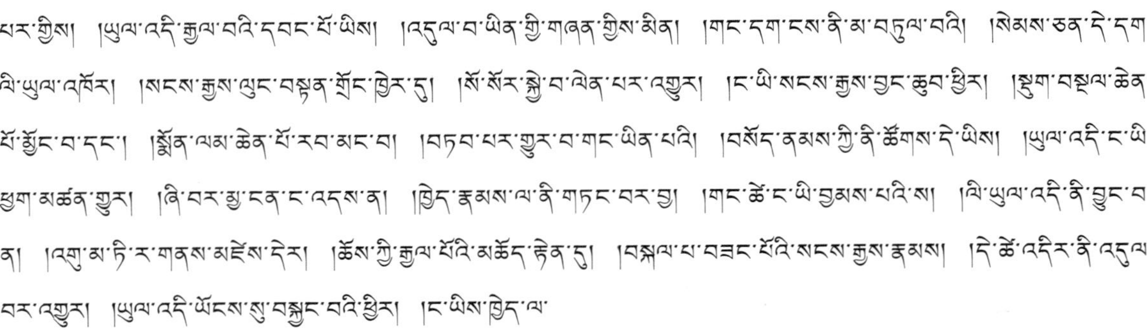

པར་གྱིས། །ཡུལ་འདི་རྒྱལ་བའི་དབང་པོ་ཡིས། །འདུལ་བ་ཡིན་གྱི་གཞན་གྱིས་མིན། །གང་དག་ངས་ནི་མ་བཏུལ་བའི། །སེམས་ཅན་དེ་དག་ལི་ཡུལ་འཁོར། །སངས་རྒྱས་ལུང་བསྟན་གྲོང་ཁྱེར་དུ། །སོ་སོར་སྐྱེ་བ་ལེན་པར་འགྱུར། །ང་ཡི་སངས་རྒྱས་བྱང་ཆུབ་ཕྱིར། །སྡུག་བསྔལ་ཆེན་པོ་སྤྱོད་པ་དང་། །སྨོན་ལམ་ཆེན་པོ་རབ་མང་བ། །བཏབ་པར་གྱུར་བ་གང་ཡིན་པའི། །བསོད་ནམས་ཀྱི་ནི་ཚོགས་དེ་ཡིས། །ཡུལ་འདི་ང་ཡི་ཕྱག་མཚན་གྱུར། །ཞི་བར་མྱ་ངན་ང་འདས་ན། །ཁྱོད་རྣམས་ལ་ནི་གཏད་པར་བྱ། །གང་ཚེ་ང་ཡི་བྱམས་པའི་ས། །ལི་ཡུལ་འདི་ནི་བྱུང་བ་ན། །འགུ་མ་ཏི་ར་གནས་མཛེས་དེར། །ཆོས་ཀྱི་རྒྱལ་པོའི་མཆོད་རྟེན་དུ། །བསྐལ་པ་བཟང་པོའི་སངས་རྒྱས་རྣམས། །དེ་ཚེ་འདིར་ནི་འདུལ་བར་འགྱུར། །ཡུལ་འདི་ཡོངས་སུ་བསྐྱང་བའི་ཕྱིར། །ང་ཡིས་ཁྱོད་ལ་

211叶B面：

ཕྱིན་པ་ཡིན། །དེ་ནས་རྒྱལ་པོ་རྣམ་ཐོས་བུས། །བཅོམ་ལྡན་འདས་ལ་གསོལ་པ་ནི། །འདྲེན་པ་སངས་རྒྱས་རྣམས་ཀྱི་བཀའ། །གཅིག་ཏུ་རུང་བ་མ་ལགས་ཏེ། །མཆོག་རབ་རྒྱལ་བས་བཀའ་སྩལ་པ། །ལས་འདི་ཤིན་ཏུ་དཀའ་བ་ལགས། །སྟོན་པ་བཅོམ་ལྡན་བཞུགས་བཞིན་དུ། །ཡུལ་དང་ལྗོངས་རྣམས་འཕྲུག་པ་མཆིས། །ཁྱོད་ཀྱིས་དམ་ཆོས་བཤད་ན་ཡང་། །ཡོངས་སུ་བསྲུང་བར་དགོན་ལགས་ན། །སྟོན་པ་མྱ་ངན་འདས་པའི་ཚེ། །ལྷ་ཡིས་བོར་བའི་ཡུལ་དག་ཏུ། །ལྷ་ལ་སོགས་པ་སྲུང་བ་རྣམས། །བཀའ་བཞིན་མི་ཉན་ཅི་ཞིག་སློས། །བདག་ཅག་རྣམས་ལ་ཐུགས་རྗེས་མཛོད། །གང་ཞིག་ཐོས་ན་ལྷ་རྣམས་ཀུན། །ཁྱོད་ཀྱི་བཀའ་བཞིན་བགྱིད་འགྱུར་བ། །དེ་འདྲའི་ཆོས་ནི་བཤད་པར་གསོལ། །སངས་རྒྱས་དཔའ་བོ་རྣམས་ཀྱི་བཀའ། །དེ་ནི་ས་སྟེང་གཅིག་ཏུ་མེད། །སྐྱེ་བོ་གང་དུ་མ་བྱུང་བའི། །ལས་ནི་ཤིན་ཏུ་དཀའ་ལགས་ན། །བཅོམ་ལྡན་དེར་ནི་བདག་ཅག་གིས། །ཇི་ལྟར་ཡོངས་སུ་བསྲུང་བར་བགྱི། །སངས་རྒྱས་རྣམས་ནི་དུས་གསུམ་གཟིགས། །ཀུན་མཁྱེན་ཡེ་ཤེས་སྤྱན་དང་ལྡན། །རྒྱལ་བ་སྐྱེས་མཆོག་དེ་ཡི་ཕྱིར། །ལས་འདི་བདག་ཅག་མཆིས་ཀྱིས་འཚལ། །དེ་ཕྱིར་གདད་པ་མཛོད་པར་བགྱི། །རྒྱལ་བས་ཟུར་ནི་བཀའ་སྩལ་པའི། །ལས་ནི་ཇི་ལྟར་བགྱིད་འགྱུར་བ། །དེ་ལྟར་ཕྱིན་གྱིས་བརླབ་པར་གསོལ། །རྒྱལ་བས་ལུང་བསྟན་གྲོང་ཁྱེར་དུ། །རྒྱལ་བས་སྟོན་ནི་ལུང་བསྟན་པའི། །བྱང་ཆུབ་སེམས་དཔའ་རྣམས་དང་ནི། །གཟུགས་བཟང་སྡོམ་པ་འཛིན་པ་ཡི། །དགེ་སློང་བརྒྱ་ཕྲག་གསུམ་དག་དང་། །དགེ་སློང་མ་ནི་ཉིས་བརྒྱ་འབྱུང་། །སྡིག་པའི་ལས་རྣམས་གང་དག་གིས། །སྔོན་ནི་སྨོན་ལམ་བཏབ་གྱུར་ཅིང་། །སྡིག་བྱེད་ཕྱོགས་ནི་ལྔ་བརྒྱ་པོ། །དེ་དག་རྣམས་ཀྱང་འབྱུང་འགྱུར་ཏེ། །དགེ་བྱེད་ལ་ནི་བགེགས་བྱའི་ཕྱིར། །ཡུལ་འདི་དག་ཏུ་སྐྱེ་བར་འགྱུར། །དགེ་བྱེད་མཛའ་བོ་དེ་དག་ཀྱང་། །ལི་ཡུལ་དག་ཏུ་སྐྱེ་བ་ལེན། །རྒྱལ་བས་ལུང་བསྟན་ཡུལ་དག་ཏུ། །ཞིག་པ་རྣམས་ནི་བྱེད་པར་འགྱུར། །ཇི་ལྟར་ཡུལ་འདིར་བདག་ཅག་རྣམས། །ཞིག་པར་འགྱུར་དང་

212叶A面：

།བདག་ཅག་གིས། །ཅི་ནས་གཟུང་བའི་ཐབས་འཚལ་བར། །བཅོམ་ལྡན་བདག་ཅག་དམ་པ་གསོལ། །དེ་ལ་བཅོམ་ལྡན་གསུངས་པ་ནི། །དམ་པའི་མཆོག་ནི་སྦྱིན་པར་བྱས། །གནོད་སྦྱིན་དབང་པོ་དུས་ཀུན་ཏུ། །ཡུལ་ནི་ཡོངས་སུ་བསྲུང་བའི་ཕྱིར། །བྱང་ཆུབ་སེམས་དཔའི་གནས་བཟང་འདི། །ང་ཡི་ཚིག་གིས་གཟུང་བར་གྱིས། །ཡུལ་དེ་འབྱུང་བར་འགྱུར་བ་ནི། །ལྷ་ཡི་སྐྱིད་སོས་ཚལ་མཆོག་བཞིན། །དགེ་འདུན་ཀུན་དགའ་ར་བས་རྒྱས། །དྲི་གཙང་ཁང་གིས་མཛེས་པར་བྱས། །དེར་ནི་དགོན་པའི་གནས་རྣམས་ཀྱང་། །བདེ་བ་ཅན་དང་འདྲ་བར་འགྱུར། །དགེ་སློང་དགེ་སློང་མ་ཡིས་གང་། །དེ་དག་ཐེག་པ་མཆོག་ཀྱང་སྟོན། །བྱང་ཆུབ་སེམས་དཔའི་གནས་བཟང་དེར། །མི་རྣམས་སྐྱེས་པ་གང་ཡིན་པ། །དགེ་བ་ཡི་ནི་ལས་བྱེད་ཅིང་། །བྱང་ཆུབ་ཕྱིར་ནི་སྨོ་བར་བྱེད། །ཅི་སྲིད་ཐུབ་པའི་དབང་པོ་ཡིས། །བསྟན་པ་ཡུལ་དེར་གནས་པ་དང་། །མཆོད་པར་བྱེད་པ་དེ་སྲིད་དུ། །ཡུལ་དག་ཀྱང་ནི་གནས་པར་འགྱུར། །བསྟན་པ་དག་ལ་མ་མཆོད་ན། །སྲུང་མ་རྣམས་ནི་འཁྲུག་པར་འགྱུར། །ཡུལ་དང་ཡལ་བར་འདོར་བ་དང་། །འཁྲུག་པའི་སེམས་ཀྱིས་འགྲོ་བར་འགྱུར། །སྲུང་མ་དག་ནི་སོང་བ་དང་། །ཡུལ་འདི་ལྷ་

ཡིས་བོར་བ་དེར། །ནད་དང་མུ་གེས་ཉེན་པ་དང་། །རྒྱལ་པོ་དག་ཀྱང་ཚེ་ཐུང་འགྱུར། །སྲུང་མ་ཀུན་ཏུ་ཁྲོས་པ་ཡིས། །དཔུང་རྣམས་ཀྱང་ནི་མེད་པར་བྱེད། །རྒྱལ་བ་དམ་པ་མཆོག་གིས་ལྷ་རྣམས་ལ་དེ་སྐད་ཅེས་བཀའ་སྩལ་ནས། དེའི་འོག་ཏུ་བཅོམ་ལྡན་འདས་དཔལ་འོད་ཟེར་ལྷ་བུ་ཞེས་བྱ་བའི་ཏིང་ངེ་འཛིན་ལ་སྙོམས་པར་ཞུགས་ཏེ། སྨིན་མཚམས་ཀྱི་གསེབ་ནས་དེ་བཞིན་གཤེགས་པའི་རྣམ་པ་ཞེས་བྱ་བའི་འོད་ཟེར་རྣམས་བྱུང་ངོ་། །འོད་ཟེར་དེ་དག་ལས་ཀྱང་འོད་ཟེར་ཚད་མེད་གྲངས་མེད་པ་བྱུང་བར་གྱུར་ཏེ། །སངས་རྒྱས་ཀྱི་ཞིང་ཐམས་ཅད་དུ་སོང་ནས་སངས་རྒྱས་ཀྱི་ཞིང་གང་དང་གང་ན་སངས་རྒྱས་བཅོམ་ལྡན་འདས་བཞུགས་པ་དེར་ཚིག་ཏུ་བརྗོད་པ་འདི་སྐད་ཅེས་འབྱུང་སྟེ། །ལྷའི་ལྷ་སངས་རྒྱས་བཅོམ་ལྡན་འདས་ཤཱཀྱ་ཐུབ་པས་གནོད་པ་ཉུང་ངམ། བསྙོད་པ་ཡང་ངམ་ཞེས་བྱ་བའི་

212叶B面：

བར་དུ་འདྲིའོ། །འདི་སྐད་ཅེས་ཀྱང་སྨྲས་ཏེ། སངས་རྒྱས་ཉིད་ཀྱི་ཕྱིར་ངས་བསྐལ་པ་མང་པོར་དཀའ་བ་བྱས་སོ། །དམ་པའི་ཆོས་བསྲུ་བའི་ཕྱིར་ལུས་གྲངས་མེད་པ་ཡོངས་སུ་བཏང་བ་བྱས་ཏེ། སྦྱིན་པ་མང་པོ་བྱིན་ནོ། །སྡུག་བསྔལ་ཤིན་ཏུ་མང་པོ་བྱང་ཆུབ་སེམས་དཔའ་གཞན་དག་གིས་མ་མྱོང་བ་དག་ཉམས་སུ་མྱོང་སྟེ། དེས་བླ་ན་མེད་པ་ཡང་དག་པར་རྫོགས་པའི་བྱང་ཆུབ་རྗེས་སུ་ཐོབ་པར་གྱུར་ཏོ། །ད་ནི་ང་ཡོངས་སུ་མྱ་ངན་འདའ་བའི་དུས་དང་སྐབས་སུ་བབ་ནས། འཛམ་བུའི་གླིང་ཐམས་ཅད་ཀྱི་ཡུལ་རྣམས་ཡོངས་སུ་བསྐྱང་བའི་ཕྱིར་སྲུང་མ་རྣམས་ཀྱི་ལག་ཏུ་བྱིན་ནོ། །ལྷ་རྣམས་མྱ་ངན་ང་འདས་ནས། །ལོ་བརྒྱ་ལོན་པའི་དེ་ཡི་ཚེ། །མིང་ནི་ལི་ཡུལ་ཞེས་བྱ་བ། །རབ་ཏུ་འཁྱོར་པ་འབྱུང་བར་འགྱུར། །བསྐལ་པ་བཟང་པོའི་སངས་རྒྱས་དང་། །བྱང་ཆུབ་སེམས་དཔའ་སྐྱོབ་རྣམས་ཀྱི། །འདུལ་བའི་ཕྱིར་ནི་ཆད་ཀྱུ་སྟེ། །རྟོག་གེ་པ་དང་བྲལ་བ་ཡིན། །བསྐལ་པ་བཟང་པོའི་རྒྱལ་སྲས་རྣམས། །ལི་ཡུལ་འཁོར་གྱི་གྲོང་ཁྱེར་དེར། །སྐྱེ་བ་དག་ཀྱང་ལེན་འགྱུར་ཞིང་། །མིག་དང་འདྲ་བར་སྣང་བར་འགྱུར། །སེམས་ཅན་རྣམས་ནི་སྨིན་བྱ་དང་། །ཆོས་ཀྱང་མཉན་པར་བྱ་བའི་ཕྱིར། །བྱང་ཆུབ་སྤྱོད་པ་བཟང་པོ་དག །དེ་ཚེ་དེ་ཀུན་སྤྱོད་པར་འགྱུར། །སངས་རྒྱས་རྣམས་ཀྱིས་བདག་ལ་དགོངས། །ཉི་མའི་སྙིང་པོ་མདོ་སྡེ་ཆེ། །མདོ་སྡེ་མཆོག་ནི་བཤད་པ་ན། །སྙིང་རྗེས་ནོན་པའི་སེམས་ཀྱིས་སུ། །ཡུལ་དེར་བསྲུང་བར་བྱ་བའི་ཕྱིར། །གཟུངས་སྔགས་རྣམས་དང་འོད་ཟེར་དག །ཇི་ལྟར་སྟོན་ནི་སྐུར་བ་བཞིན། །སངས་རྒྱས་ཞིང་ནི་ཐམས་ཅད་ནས། །ཡུལ་འཁོར་འདིར་ནི་སྐྱེས་ཀྱི་རྣམས། །རྒྱལ་མཆོག་རྣམས་ཀྱིས་སྐུར་བར་མཛོད། །བསྟན་པ་བསྲུང་བར་བྱ་བའི་ཕྱིར། །བདག་ལ་དགྱེས་པས་སྐུར་བར་མཛོད། །སྐྱོབ་པ་ཤཱཀྱ་སེང་གེ་ཡིས། །འོད་ཟེར་དེ་དག་བཏང་བ་ན། །སངས་རྒྱས་ཞིང་རྣམས་སོང་ནས་ནི། །དེ་ཉིད་དུ་ནི་སླར་ཡང་འོངས། །དེ་ནས་དེ་མ་ཐག་ཏུ་སངས་རྒྱས་ཀྱི་ཞིང་ཐམས་ཅད་ན་བཞུགས་པའི་སངས་རྒྱས་བཅོམ་ལྡན་འདས་རྣམས་ཀྱིས། །བཅོམ་ལྡན་འདས་ཤཱཀྱ་ཐུབ་པ་ལི་ཡུལ་ཡོངས་སུ་བསྐྱང་བར་བཞེད་པའི་

213叶A面：

།བསྟན་པ་ཡུན་རིང་དུ་གནས་པར་བྱ་བའི་ཕྱིར་སྐྱེས་སུ་འོད་ཟེར་དག་ཀྱང་བཏང་། གཟུངས་སྔགས་དག་ཀྱང་བསྐུར་ཏེ། འདི་སྐད་ཅེས་ཀྱང་གསུངས་སོ། །སངས་རྒྱས་བཅོམ་ལྡན་འདས་གང་དག་གིས་འོད་ཟེར་དག་ཀྱང་གཏོང་། །གཟུངས་སྔགས་དག་ཀྱང་བྱང་ཆུབ་སེམས་དཔའ་རྣམས་ཀྱི་ལག་ཏུ་བསྐུར་བ་དེ་དག་གི་མཚན་ནི་འདི་ཞེས་བྱ། བྱང་ཆུབ་སེམས་དཔའ་དེ་དག་གི་མིང་ཡང་འདི་ཞེས་བྱའོ། །དེ་བཞིན་གཤེགས་པ་མུ་སྟེགས་ཐམས་ཅད་འཇོམས་པ་ལ་དཔའ་བ་ལ་ཕྱག་འཚལ་ལོ། །བྱང་ཆུབ་སེམས་དཔའ་ཚིག་གསང་བ་ལ་ཕྱག་འཚལ་ལོ། །གཟུངས་སྔགས་ནི་འདི་ཡིན་ཏེ། ཏདྱ་ཐཱ། བ་ར་བ་ར། ཀཱ་ཤ་ཨ་ར། ཙཀྲ་ཀོ་ཁི། གུ་ཧྱ་ཀ་བྷ་རེ་སྭཱ་ཧཱ། གཟུངས་སྔགས་འདིས་ལི་ཡུལ་གྱི་ལྷ་དང་མི་རྣམས་ལ་ལྷ་རྣམས་དམ་པ་སྦྱིན་པར་འགྱུར་རོ། །དེ་བཞིན་གཤེགས་པ་དགའ་བའི་ཆོས་ལ་དཔའ་བ་ལ་ཕྱག་འཚལ་ལོ། །བྱང་ཆུབ་སེམས་དཔའ་ཆོས་ཀྱི་དབང་ཕྱུག་ལ་ཕྱག་འཚལ་ལོ། །ཏདྱ་ཐཱ། བ་ར་ཧི་ཀ་བུ་ལི། ཤ་སི་རི་པདྨ་རེ་བྷ་རེ་སྭཱ་ཧཱ། གཟུངས་སྔགས་འདིས་ནི་ཚེ་རབས་དྲན་པར་འགྱུར་རོ། །དེ་བཞིན་གཤེགས་པ་ཆོས་ལ་ཞུགས་པ་ཤིན་ཏུ་འཕགས་པའི་ཏོག་གི་གསུང་ལ་ཕྱག་འཚལ་ལོ། །བྱང་ཆུབ་སེམས་དཔའ་འཇིག་རྟེན་

དབང་ཕྱུག་ལ་ཕྱག་འཚལ་ལོ། །བྱང་ཆུབ་སེམས་དཔའ་རང་གི་ཡིད་ལ་གསལ་བའི་ཏོག་ལ་ཕྱག་འཚལ་ལོ། །དེ་བཞིན་གཤེགས་པ་མངོན་པར་འཕགས་པའི་རྒྱལ་པོ་ལ་ཕྱག་འཚལ་ལོ། །བྱང་ཆུབ་སེམས་དཔའ་ནམ་མཁའི་ཏོག་ལ་ཕྱག་འཚལ་ལོ། །ཏདྱ་ཐཱ། ཧཱ་ཀྲུ་ར་ཏེ། ཧོ་ཧོ་ཧོ་ཧོ། ཕུ་རུ་རར། ཨ་བི་བ་ར། མ་བི་བ་ར། ཛ་ཏུ་ཧེ་སྭཱ་ཧཱ། གཟུངས་སྔགས་འདི་སུ་འཛིན་པ་ནི་ངན་སོང་ངན་འགྲོར་འགྲོ་བར་མི་འགྱུར་ལ། སེམས་ཅན་རྣམས་ཀྱི་འགྲོ་བ་སྟོན་གྱི་ཚེ་རབས་སུ་ཇི་ལྟ་བུར་གྱུར་པ་དང་། ཚེ་རབས་ཕྱི་མ་ལ་ཅིར་འགྱུར་བ་ཡང་ཤེས་པར་འགྱུར་རོ། །དེ་བཞིན་གཤེགས་པ་བུ་སྟག་རྒྱལ་བའི་ཆོས་འཁོལ་བ་ལ་ཕྱག་འཚལ་ལོ། །བྱང་ཆུབ་སེམས་དཔའ་ལྷ་དང་མིའི་ཆོས་ཀྱི་དབང་ཕྱུག་ལ་ཕྱག་འཚལ་ལོ། །ཏདྱ་ཐཱ། ཧྲ་ར་ཐྲི་ཏ། ཏ་ཐ་ཏཱ་བཛྲ་བི་ས་རེ་ཏ་ཐ་ཏཱ་སྭཱ་ཧཱ། གཟུངས་སྔགས་

213叶B面：

འདིས་ནི་གཟུངས་ཐོབ་པར་གྱུར་ཏོ། །དེ་བཞིན་གཤེགས་པ་མི་འཁྲུགས་པ་ལ་ཕྱག་འཚལ་ལོ། །བྱང་ཆུབ་སེམས་དཔའ་དྲི་མ་མེད་པའི་དབང་ཕྱུག་ལ་ཕྱག་འཚལ་ལོ། །ཏདྱ་ཐཱ། ཨ་བ་ཧེ། སརྦ་ཏ་ཐཱ་ག་ཏ་ཧྲྀ་ཏ་ཀོ་ཊི་ཧྲ་ཧི་ཧྲ་ཧི། པ་ཊི་ར་ཊི་སྭཱ་ཧཱ། གཟུངས་སྔགས་འདིས་ནི་དེ་བཞིན་གཤེགས་པའི་བྱང་ཆུབ་ཀྱི་ཤིང་དྲུང་དུ་བྱང་ཆུབ་ཐོབ་པར་གྱུར་ཏོ། །དེ་བཞིན་གཤེགས་པ་ཛ་སླའི་རྒྱལ་པོ་ལ་ཕྱག་འཚལ་ལོ། །བྱང་ཆུབ་སེམས་དཔའ་དཔལ་རྒྱན་ལ་ཕྱག་འཚལ་ལོ། །ཏདྱ་ཐཱ། ཏ་ཐ་ཏཱ་ཕུ་ཊེ་དྲ་བ་ནེ། སརྦ་བ་ར་ཌྲེ། གུ་ཧྱ་མན་ཛ་ཏ་ཐ་ཏཱ་ཧྲན་སྭཱ་ཧཱ། གཟུངས་སྔགས་འདིས་ནི་བྱང་ཆུབ་སེམས་དཔའ་དཀའ་བ་ཆེན་པོ་མཛད་པར་འགྱུར་ཞིང་། སེམས་ཅན་རྣམས་ཀྱང་སྡུག་བསྔལ་དང་ནད་རྣམས་ལས་ཡོངས་སུ་ཐར་བར་འགྱུར་རོ། །དེ་བཞིན་གཤེགས་པ་འོད་དཔག་མེད་ལ་ཕྱག་འཚལ་ལོ། །བྱང་ཆུབ་སེམས་དཔའ་སྣང་གསལ་ལ་ཕྱག་འཚལ་ལོ། །ཏདྱ་ཐཱ། རད་ནཱ་ག་ཏེ། བ་གྲི་བ་ཏི་ཏ་ཊི་ཧྲ་ཏི་ཙཀྲིསྭཱ་ཧཱ། གཟུངས་སྔགས་འདིས་ནི་བྱང་ཆུབ་སེམས་དཔའ་སངས་རྒྱས་ཀྱི་ཞིང་རྣམས་ཡོངས་སུ་སྦྱོང་བར་བྱེད་དེ། སུ་འདི་འཛིན་པའི་ལུས་དང་། སེམས་ཀྱི་སྡུག་བསྔལ་རྣམས་ཟད་པར་འགྱུར་རོ། །དེ་བཞིན་གཤེགས་པ་ཤཱཀྱ་ཐུབ་པ་ལ་ཕྱག་འཚལ་ལོ། །བྱང་ཆུབ་སེམས་དཔའ་འཇམ་དཔལ་གཞོན་ནུར་གྱུར་པ་ལ་ཕྱག་འཚལ་ལོ། །བྱང་ཆུབ་སེམས་དཔའ་ཀུན་ཏུ་བཟང་པོ་ལ་ཕྱག་འཚལ་ལོ། །ཏདྱ་ཐཱ། ཧི་ན་རེ་རི་བི། ས་མ་ས་ཙ་ག་བ། དཀྲ་ནར་ཀླི། ས་མན་ཏ་ད་ཀྲ་ར་ནི་སྭཱ་ཧཱ། གཟུངས་སྔགས་འདིས་ནི་བྱང་ཆུབ་སེམས་དཔས་བྱ་བ་ཐམས་ཅད་ཤེས་པར་གྱུར་ཏོ། འདིས་ནི་དེ་བཞིན་གཤེགས་པ་ཤཱཀྱ་ཐུབ་པས་ཀྱང་རྒྱུ་ཆེན་པོ་རྣམས་མཛད་དོ། །སངས་རྒྱས་བཅོམ་ལྡན་འདས་འདི་དག་གིས་གཟུངས་སྔགས་འདི་དག་ཡུལ་ཀུན་ཏུ་བསྲུང་བའི་ཕྱིར། བཅོམ་ལྡན་འདས་ཤཱཀྱ་ཐུབ་པ་ལ་སྐྱེས་སུ་བསྐུར་རོ། །དེའི་ཚེ་སངས་རྒྱས་བཅོམ་ལྡན་འདས་དཔའ་བར་འགྲོ་བའི་ཏིང་ངེ་འཛིན་ལ་སྙོམས་པར་ཞུགས་ནས་དང་པོ་ཐུགས་བསྐྱེད་པ་ནས། བྱང་ཆུབ་ཀྱི་སྙིང་པོའི་མཐར་ཐུག་པའི་བར་གྱི་བྱང་ཆུབ་སེམས་དཔའི་སྤྱོད་པ་ཐམས་ཅད་དང་། ཆོས་ལ་གུས་པར་

214叶A面：

།ཡང་དག་པར་རྗེས་སུ་དགོངས་སོ། །དེ་ནས་རང་གི་དོན་དང་ལྷ་ལ་སོགས་པའི་དོན་གྱི་ཕྱིར་དེ་དག་ལ་ཡུལ་གཏམས་ཤིང་གཏད་དོ། །ཚངས་པ་ལ་སོགས་པའི་ལྷ་རྣམས་དང་། ལྷ་ཐམས་ཅད་ཀྱི་གཟུངས་སྔགས་འདི་ཡང་བརྗོད་པར་བྱའོ། །ན་མོ་བྲཧྨ་ནེ། ན་མཿསརྦ་དེ་བཱ་ནཱ་ན། ཏདྱ་ཐཱ། བྲཧྨ་ན་ཨི་ན་དྲེ། དེ་བ་ཏཱ་པྲ་ཏི་ཥྛི་ཏེ། ཨ་ཤྭ་སྟྲེ། བ་ར་ཨི་ན་དྲེ། ཤྭ་པ་ར་པ་རི། ཏ་ར་གྲིམ་བ་ཨི་ན་དྲེ། སན་ཏ་ཐཱ་སྨ་ར་བ་ར་ཏ་རེ། ཨ་མ་ཧྲ་ཀུཥྨཱ་ཀཱ་གླི་གླི་ཤླི། ཨཱ་ལང་ཀཱ་ར། སརྦ་དེ་བ། གྲཱ་མ་སྭཱ་ཧཱ། གཟུངས་སྔགས་འདིས་ལྷ་དང་། མི་རྣམས་རྒྱལ་བ་ཐོབ་པར་འགྱུར་ཞིང་། དགྲས་ཀྱང་དེ་ལ་གནོད་པར་མི་བྱེད་ལ། དབང་ཕྱུག་ཐམས་ཅད་ཀྱི་བདག་པོར་འགྱུར་རོ། །ལི་ཡུལ་དུ་གང་ལ་ལ་རྒྱལ་པོར་འགྱུར་བ་དེ་འདི་སྐད་དུ། ལི་ཡུལ་འདི་ནི་སྐྱེ་བོ་དང་། མི་དང་། མི་མང་པོས་གང་ཞིང་ནོར་དང་། འབྲུ་མང་པོ་རྒྱས་པ་ཡིན་ཏེ། ཡུལ་ཐམས་ཅད་ཀྱི་མཆོག་དམ་པ་ཡིན་པས། གཞན་གྱི་དམག་ཚོགས་འོང་བར་མི་ནུས་སོ་སྙམ་དུ་སེམས་པར་འགྱུར་རོ། །དེའི་ཚེ་རྒྱལ་པོ་དེས་དགོན་པ་དང་། དགེ་འདུན་གྱི་ཀུན་དགའ་ར་བ་དང་། གྲོང་ཁྱེར་དང་། གྲོང་རྡལ་དང་། ཡུལ་འཁོར་དང་། རྒྱལ་པོའི་ཕོ་བྲང་འཁོར་ཐམས་

ཅན་དུ་དགེ་སློང་དང་། དགེ་སློང་མ་དང་། དགེ་བསྙེན་དང་། དགེ་བསྙེན་མ་དེ་དག་དང་། ཡུལ་ན་གནས་པའི་མི་དེ་དག་ལ་ཡང་ཕྱེ་མ་དང་། གོས་དང་། གདུགས་དང་། རྒྱལ་མཚན་དང་། བ་དན་རྣམས་དང་། ཁ་ཟས་དང་། བཏུང་བ་སྣ་ཚོགས་དང་། མཆོད་པའི་ལས་སྣ་ཚོགས་དང་། ཡོ་བྱད་ཐམས་ཅད་ཀྱིས་རིམ་གྲོར་བྱའོ། །བཙུན་པར་བྱའོ། །བསྟི་སྟང་དུ་བྱའོ། །མཆོད་པར་བྱའོ། །དེ་ལྟར་བྱས་ན་ལི་ཡུལ་དེ་གནོད་པ་ཐམས་ཅད་མེད་པ་དང་། ཕྱིར་རྒོལ་བའི་རྒྱལ་པོ་ཐམས་ཅད་ཀྱི་དཔུང་གིས་རྒྱལ་པོ་དེའི་ལི་ཡུལ་གཞིག་པར་མི་ནུས་སོ། །དེ་ནས་ཡང་

214叶B面：

ཕྱོགས་བཅུའི་སངས་རྒྱས་ཀྱི་ཞིང་དག་ནས། སངས་རྒྱས་བཅོམ་ལྡན་འདས་རྣམས་ཀྱིས་རང་རང་གི་མཚན་དང་། འོད་ཟེར་དང་། གཟུངས་ཀྱི་གསང་སྔགས་ཀྱི་ཚིག་རྣམས་བསྒྲུར་རོ། །བརྒྱ་བྱིན་དང་། ཚངས་པ་ལ་སོགས་པ་ལྷའི་རྒྱལ་པོ་སུམ་ཅུ་རྩ་གཉིས་པོ་དེ་དག་དང་། འཇིག་རྟེན་སྐྱོང་བ་བཞི་དང་། ལྷའི་བུ་ཀུན་དུ་རྒྱལ་བ་ལ་སོགས་པ། གནོད་སྦྱིན་གྱི་སྡེའི་བདག་པོ་ཆེན་པོ་ཉི་ཤུ་རྩ་བརྒྱད་དང་། བྱང་ཆུབ་སེམས་དཔའ་དྲི་མ་མེད་པའི་འོད་དེ་དང་། གོ་མ་ས་ལ་གན་དྷའི་མཆོད་རྟེན་མཆོད་པའི་བྱང་ཆུབ་སེམས་དཔའ་ཉི་ཁྲི་པོ་དེ་དག་དང་། ཀླུའི་རྒྱལ་པོ་གདོན་ལ་སྙེམས་པ་ལ་སོགས་པ་ཁྲི་བརྒྱད་སྟོང་པོ་གང་ཡིན་པ་དེ་དག་གི་ལག་ཏུ་བཅོམ་ལྡན་འདས་ཤཱཀྱ་ཐུབ་པས། བསྐལ་པ་བཟང་པོའི་བྱང་ཆུབ་སེམས་དཔའ་ཐམས་ཅད་ཀྱི་གནས། བསྐལ་པ་བཟང་པོའི་སངས་རྒྱས་བཅོམ་ལྡན་འདས་ཐམས་ཅད་ཀྱི་ཕྱག་མཚན་དུ་གྱུར་པ་ལི་ཡུལ་དང་ཐུབ་པ་དྲང་སྲོང་ཆེན་པོའི་གནས་སུ་གྱུར་པ་གོ་མ་ས་ལ་གན་དྷའི་མཆོད་རྟེན་དེ་དང་། དགེ་སློང་དང་། དགེ་སློང་མའི་དགེ་འདུན་དེ་དག་ལ་བསྲུང་བ་དང་། ཡོངས་སུ་བསྐྱང་བ་དང་། འཚེ་བ་མེད་པར་བྱ་བ་དང་། འབྲི་བར་མི་འགྱུར་བ་དང་། སངས་རྒྱས་ཀྱི་བསྟན་པ་ལི་ཡུལ་ན་གནས་པ་དེ་ཡུན་རིང་དུ་གནས་པར་བྱ་བའི་ཕྱིར་གཏད་དོ། །སངས་རྒྱས་ཀྱི་མཚན་འདི་དག་དང་། འོད་ཟེར་འདི་དག་དང་། གཟུངས་ཀྱི་གསང་སྔགས་ཀྱི་ཚིག་འདི་དག་སྙིང་རྗེས་བརྟན་པའི་ཐུགས་དང་ལྡན་པ་དང་། གསོལ་བ་ཆེན་པོ་བཏབ་པས་སྐྱེས་སུ་བསྒྲུར་ནས། དེ་བཞིན་དུ་སངས་རྒྱས་བཅོམ་ལྡན་འདས་དེ་དག་གི་བཀའ་མཉན་ཏེ། བརྒྱ་བྱིན་དང་། ཚངས་པ་ལ་སོགས་པ་ལྷའི་རྒྱལ་པོ་སུམ་ཅུ་རྩ་གཉིས་པོ་དེ་དག་དང་། འཇིག་རྟེན་སྐྱོང་བ་དེ་དག་དང་། གནོད་སྦྱིན་གྱི་སྡེའི་བདག་པོ་དེ་དག་དང་། ཀླུའི་རྒྱལ་པོ་དེ་དག་དང་། དྲི་མ་མེད་པའི་འོད་ལ་སོགས་པ་བྱང་ཆུབ་སེམས་དཔའ་དེ་དག་དང་། འཁོར་དེ་དག་ཐམས་ཅད་ཀྱིས་ཐལ་མོ་སྦྱར་ཏེ། ལི་ཡུལ་དེ་དང་། ཐུབ་པའི་དྲང་སྲོང་ཆེན་པོའི་གནས་གོ་མ་ས་ལ་གན་དྷའི་མཆོད་རྟེན་དེ་དང་། སངས་རྒྱས་ཀྱི་བསྟན་པ་དེ་དག་བསྲུང་བའི་ཕྱིར་མནོས་སོ། །སངས་རྒྱས་ཀྱི་མཚན་དེ་དག་དང་། འོད་ཟེར་དེ་དག

215叶A面：

།དང་། གཟུངས་ཀྱི་གསང་སྔགས་ཀྱི་ཚིག་དེ་དག་ཀྱང་ཡུལ་བསྲུང་བའི་ཕྱིར་མནོས་སོ། །འོད་ཟེར་དེ་དག་ཀྱང་བྱང་ཆུབ་སེམས་དཔའ་དྲི་མ་མེད་པའི་འོད་ཀྱི་ལུས་ལ་གནས་པར་གྱུར་ཏོ། །དེ་བཞིན་གཤེགས་པ་ཚུལ་ཁྲིམས་ལ་རབ་ཏུ་གནས་པ་ལ་ཕྱག་འཚལ་ལོ། །དེ་བཞིན་གཤེགས་པ་ཞི་བས་རོལ་བ་ལ་ཕྱག་འཚལ་ལོ། །དེ་བཞིན་གཤེགས་པ་ཞི་བའི་རྒྱལ་པོ་ལ་ཕྱག་འཚལ་ལོ། །དེ་བཞིན་གཤེགས་པ་ཞི་བའི་བླ་མ་ལ་ཕྱག་འཚལ་ལོ། །དེ་བཞིན་གཤེགས་པ་ནམ་མཁའ་ལ་རབ་ཏུ་གནས་པ་ལ་ཕྱག་འཚལ་ལོ། །དེ་བཞིན་གཤེགས་པ་མཆོན་ཆ་རབ་ཏུ་འཛིལ་པ་ལ་ཕྱག་འཚལ་ལོ། །དེ་བཞིན་གཤེགས་པ་སྨན་བརྒྱ་པ་ལ་ཕྱག་འཚལ་ལོ། །དེ་བཞིན་གཤེགས་པ་འོད་ཟེར་བཟང་པོ་ལ་ཕྱག་འཚལ་ལོ། །དེ་བཞིན་གཤེགས་པ་དབང་པོའི་རྣམ་པ་ལ་ཕྱག་འཚལ་ལོ། །དེ་བཞིན་གཤེགས་པ་ཉི་མའི་རྣམ་པ་ལ་ཕྱག་འཚལ་ལོ། །དབང་པོའི་རྒྱལ་མཚན་ཞེས་བྱ་བའི་འོད་ཟེར་དང་། བདུད་རྩིའི་ལོ་མ་ཞེས་བྱ་བའི་འོད་ཟེར་དང་། ཞི་བར་འགྱུར་བ་ཞེས་བྱ་བའི་འོད་ཟེར་དང་། ལོ་མ་དང་བྲལ་བ་ཞེས་བྱ་བའི་འོད་ཟེར་དང་། ཀ་ཞེས་བྱ་བའི་འོད་ཟེར་དང་། མེ་ཞེས་བྱ་བའི་འོད་ཟེར་དང་། གནས་པ་ཞེས་བྱ་བའི་འོད་ཟེར་དང་། མི་གཡོ་བ་ཞེས་བྱ་བའི་འོད་ཟེར་དང་། གཡོ་བ་དང་མི་གཡོ་བ་ཞེས་བྱ་བའི་འོད་ཟེར་དང་། ཐོགས་མེད་སྦྱིན་ཞེས་བྱ་བའི་འོད་ཟེར་དང་། ཡིད་དང་འཐད་པ་ཞེས་བྱ་བའི་འོད་

ཟེར་དང་། བར་ཆད་མེད་པ་ཞེས་བྱ་བའི་འོད་ཟེར་དང་། རིམས་མེད་རྒྱལ་མཚན་བྱེ་བ་ཞེས་བྱ་བའི་འོད་ཟེར་དང་། འབྲུགས་མེད་གནས་ཞེས་བྱ་བའི་འོད་ཟེར་དང་། ཏོག་གི་བློ་གྲོས་ཞེས་བྱ་བའི་འོད་ཟེར་དང་། གྲོང་ཁྱེར་དུ་འབབ་པ་ཞེས་བྱ་བའི་འོད་ཟེར་དང་། འཁོར་ལོ་སྣང་བ་ཞེས་བྱ་བའི་འོད་ཟེར་དང་། དཔའ་བོའི་ཏོག་ཅེས་བྱ་བའི་འོད་ཟེར་དང་། རྡོ་རྗེའི་རྣམ་པ་ཞེས་བྱ་བའི་འོད་ཟེར་དང་། བསོད་ནམས་ཀྱི་ཏོག་ཅེས་བྱ་བའི་འོད་ཟེར་དང་། བསམ་གཏན་གྱི་ཏོག་ཅེས་བྱ་བའི་འོད་ཟེར་དང་། མེ་ལྗེ་དང་ལྡན་པ་ཞེས་བྱ་བའི་འོད་ཟེར་དང་། ཀུན་ཏུ་སྣང་བ་ཞེས་བྱ་བའི་འོད་ཟེར་དང་། བྱང་ཆུབ་ཀྱི་ཡན་ལག་ཅེས་བྱ་བའི་

215叶B面：

འོད་ཟེར་དང་། ཞི་གནས་ཀྱི་འོད་ཅེས་བྱ་བའི་འོད་ཟེར་དང་། མཐའ་ཡས་པ་ཞེས་བྱ་བའི་འོད་ཟེར་དང་། ནོར་བུ་སྣང་བ་ཞེས་བྱ་བའི་འོད་ཟེར་དང་། དཔའ་བོའི་རིན་ཆེན་ཞེས་བྱ་བའི་འོད་ཟེར་དང་། ཟླ་བ་སྣང་བ་ཞེས་བྱ་བའི་འོད་ཟེར་དང་། ཉི་མ་སྣང་བ་ཞེས་བྱ་བའི་འོད་ཟེར་དང་། ཡེ་ཤེས་འགྲོ་བ་ཞེས་བྱ་བའི་འོད་ཟེར་དང་། སྣང་བའི་རིན་པོ་ཆེ་ཞེས་བྱ་བའི་འོད་ཟེར་དང་། དབང་པོའི་རྒྱལ་མཚན་ཞེས་བྱ་བའི་འོད་ཟེར་དང་། འཇིག་རྟེན་སྣང་བ་ཞེས་བྱ་བའི་འོད་ཟེར་དང་། སྙིང་རྗེའི་རྣམ་པ་ཞེས་བྱ་བའི་འོད་ཟེར་དང་། རྒྱལ་བ་དམ་པ་ཞེས་བྱ་བའི་འོད་ཟེར་དང་། ཤེས་རབ་ཀྱི་སྣང་བ་ཞེས་བྱ་བའི་འོད་ཟེར་དང་། མེ་ཞེས་བྱ་བའི་འོད་ཟེར་དང་། འཇིག་རྟེན་གྱི་སྒྲོན་མ་ཞེས་བྱ་བའི་འོད་ཟེར་དང་། རབ་རིབ་ཀྱི་རྣམ་པ་རབ་ཏུ་ཞི་བར་བྱེད་པ་ཞེས་བྱ་བའི་འོད་ཟེར་དང་། རྒྱལ་བ་མཆོག་ཅེས་བྱ་བའི་འོད་ཟེར་དང་། འཇིག་རྟེན་གྱི་རྣམ་པ་ཞེས་བྱ་བའི་འོད་ཟེར་དང་། འོད་ཆེན་པོ་ཞེས་བྱ་བའི་འོད་ཟེར་དང་། ཀོ་ག་ར་ཞེས་བྱ་བའི་འོད་ཟེར་དང་། ཨའི་ཚུལ་དུ་བྱེད་པ་ཞེས་བྱ་བའི་འོད་ཟེར་དང་། ཛད་ཚ་ར་ཡ་ཞེས་བྱ་བའི་འོད་ཟེར་དང་། དཔའ་བོ་བྱེད་པའི་དཔའ་བོའི་རྒྱལ་མཚན་ཞེས་བྱ་བའི་འོད་ཟེར་དང་། འོད་ཆེན་པོ་ཞེས་བྱ་བའི་འོད་ཟེར་དང་། འོད་མཐའ་ཡས་པ་ཞེས་བྱ་བའི་འོད་ཟེར་དང་། མི་བསྐྱོད་པ་ཞེས་བྱ་བའི་འོད་ཟེར་དང་། རྒྱལ་མཚན་བློ་གྲོས་ཞེས་བྱ་བའི་འོད་ཟེར་དང་། འབད་པ་མཛོ་བ་ཞེས་བྱ་བའི་འོད་ཟེར་དང་། བདེན་པ་ཅན་ཞེས་བྱ་བའི་འོད་ཟེར་དང་། མགུ་བར་བྱེད་པ་ཞེས་བྱ་བའི་འོད་ཟེར་དང་། རབ་སྒྲོགས་ཞེས་བྱ་བའི་འོད་ཟེར་དང་། འོད་བྱེད་པ་ཞེས་བྱ་བའི་འོད་ཟེར་དང་། རྡོ་རྗེ་བློ་གྲོས་ཞེས་བྱ་བའི་འོད་ཟེར་དང་། སྟོང་པའི་རྣམ་པ་ཞེས་བྱ་བའི་འོད་ཟེར་དང་། འཛིན་པ་ཞེས་བྱ་བའི་འོད་ཟེར་དང་། དཔའ་བའི་རྒྱལ་མོ་ཞེས་བྱ་བའི་འོད་ཟེར་དང་། གཡོ་བ་ཞེས་བྱ་བའི་འོད་ཟེར་དང་། མཐོ་རིས་སུ་འགྲོ་བ་ཞེས་བྱ་བའི་འོད་ཟེར་དང་། ཞི་བའི་རྣམ་པ་ཞེས་བྱ་བའི་འོད་ཟེར་དང་། ཞི་བའི་ཏོག་ཅེས་བྱ་བའི་འོད་ཟེར་དང་། བསམ་གཏན་གྱི་རྒྱལ་མཚན་ཞེས་བྱ་བའི་འོད་ཟེར་དང་། དགའ་བའི་ཏོག་ཅེས་བྱ་བའི་འོད་ཟེར་དང་། འདམ་བུ་ལྤ་བུའི་འོད་ཅེས་བྱ་བའི་འོད་ཟེར

216叶A面：

།དང་། ཤིག་སྣང་བ་ཞེས་བྱ་བའི་འོད་ཟེར་དང་། ཀླུ་འབྱུང་བ་ཞེས་བྱ་བའི་འོད་ཟེར་དང་། ཀླུང་གི་འོད་ཅེས་བྱ་བའི་འོད་ཟེར་དང་། སྐྱེས་བུའི་རྣམ་པ་ཞེས་བྱ་བའི་འོད་ཟེར་དང་། འབར་བ་ཅན་ཞེས་བྱ་བའི་འོད་ཟེར་དང་། མེ་ཞེས་བྱ་བའི་འོད་ཟེར་དང་། པད་མའི་འོད་ཅེས་བྱ་བའི་འོད་ཟེར་དང་། དབང་པོའི་རྣམ་པ་ཞེས་བྱ་བའི་འོད་ཟེར་དང་། འདྲི་བའི་ཚུལ་ཞེས་བྱ་བའི་འོད་ཟེར་དང་། བསྐྱོད་པ་ཞེས་བྱ་བའི་འོད་ཟེར་དང་། དབང་པོ་ལ་གནས་པ་ཞེས་བྱ་བའི་འོད་ཟེར་དང་། འབྲུག་པ་ཞེས་བྱ་བའི་འོད་ཟེར་དང་། སའི་རྒྱལ་མཚན་སྟོན་པ་ཞེས་བྱ་བའི་འོད་ཟེར་དང་། བདེན་པའི་ཏོག་ཅེས་བྱ་བའི་འོད་ཟེར་དང་། སྣང་བར་བྱེད་པ་ཞེས་བྱ་བའི་འོད་ཟེར་དང་། དངར་བའི་རྣམ་པ་ཞེས་བྱ་བའི་འོད་ཟེར་དང་། དབང་པོ་ལ་བརྟེན་པ་ཞེས་བྱ་བའི་འོད་ཟེར་དང་། ཡིད་ལ་འགྲོ་བ་ཞེས་བྱ་བའི་འོད་ཟེར་དང་། རབ་ཏུ་འགྲོ་མཛེས་ཞེས་བྱ་བའི་འོད་ཟེར་དང་། འཕྲུལ་བའི་རྣམ་པ་ཞེས་བྱ་བའི་འོད་ཟེར་དང་། ལེགས་འབར་ཞེས་བྱ་བའི་འོད་ཟེར་དང་། འདྲི་བར་བྱེད་པ་ཞེས་བྱ་བའི་འོད་ཟེར་དང་། ཉི་མ་འཁོར་བ་ཞེས་བྱ་བའི་འོད་ཟེར་དང་། ཉེ་བར་གནས་པ་ཞེས་བྱ་བའི་འོད་ཟེར་དང་། ཡེ་ཤེས་ཀྱི་ཆུ་ཞེས་

བྱ་བའི་འོད་ཟེར་དང་། རྒྱལ་བའི་བློ་གྲོས་ཞེས་བྱ་བའི་འོད་ཟེར་དང་། རྣམ་པར་བསྒྲིངས་པ་ཞེས་བྱ་བའི་འོད་ཟེར་དང་། བདེན་པ་སྣང་བ་ཞེས་བྱ་བའི་འོད་ཟེར་དང་། སངས་རྒྱས་ཀྱི་རྣམ་པ་ཞེས་བྱ་བའི་འོད་ཟེར་དང་། གཙུག་ཏོར་ཞེས་བྱ་བའི་འོད་ཟེར་དང་། རྡོ་རྗེ་རྒྱལ་མཚན་ཞེས་བྱ་བའི་འོད་ཟེར་དང་། རྡོ་རྗེ་ལ་གནས་པ་ཞེས་བྱ་བའི་འོད་ཟེར་དང་། བསོད་ནམས་ཀྱི་རྒྱལ་མཚན་ཞེས་བྱ་བའི་འོད་ཟེར་དང་། ལྷའི་ཏོག་ཅེས་བྱ་བའི་འོད་ཟེར་དང་། ཡིད་དང་བར་བྱེད་པ་ཞེས་བྱ་བའི་འོད་ཟེར་དང་། འདི་དག་ནི་སངས་རྒྱས་ཀྱི་འོད་ཟེར་ཡིན་ནོ། །ཏདྱ་ཐཱ། པོ་ཀ་ཏྲ་ར། ཤུདྡྷ་ཀ་ར་ཎྲཱི་ཏི་ཕུ་ཙུ་བ། ཀ་ར་ལི་སྭཱ་ཧཱ། སྡིག་པ་གསོད་པར་བྱེད་པ་ཞེས་བྱའོ། །ཏདྱ་ཐཱ། ཤུདྡྷ་མ་ཏི། ཨད་ཙམ་ཧྲེ་བུ་པོ་ཙ་རེ། ཨ་གྲམ་ཏེ། ཙུར་ཀ་རེ་ཕུ་སྭཱ་ཧཱ། དགའ་བྱེད་སྙིང་རྗེ་ཞེས་བྱའོ། །ཏདྱ་ཐཱ། ཨིན་དྲ། ཨིན་དྲེ། བ་དྲེ། བ་དེ་བི་ཕུ་རེ་སྭཱ་ཧཱ། རྡོ་རྗེ་བློ་གྲོས་ཞེས་

216叶B面：

བྱའོ། །ཏདྱ་ཐཱ། ཁ་གེ་བ་གེ། ཛྭ་ཛྭལ་ཧྲེ། ཧྲ་མ་ཛྷ་རེ་སྭཱ་ཧཱ། པད་མ་འདུལ་ཞེས་བྱའོ། །ཏདྱ་ཐཱ། ཤུ་ར། ར་རེ་བེ་ཨ་པོ་ཀེ། །ཀོ་ཤ་ཀཱ་རེ་སྭཱ་ཧཱ། བྱེ་བར་བྱེད་པ་ཞེས་བའོ། །ཏདྱ་ཐཱ། ཙ་ལི་བི་ཏ་ཐཱ། ཨ་ཙྪེ་ཏྲ། བྲ་རྞ་ཀཱ་རེ་སྭཱ་ཧཱ། སྦྱོར་བ་མེད་པ་ཞེས་བྱའོ། །ཏདྱ་ཐཱ། ཛི་ཛི་རེ། ཏྲ་ཏྲ་ཏྲ་ལི། ལི་ལི་བྲ་རྞ་ཀཱ་རེ་སྭཱ་ཧཱ། འགོག་པ་མེད་པ་ཞེས་བྱའོ། །ཏདྱ་ཐཱ། བཛྲ་ཤྲི་ཀ་རེ། ས་ར་ས་ར། ཨརྐ་སྭ་རྐེ། ན་རི་རེ་ཀྲི། ན་རི། སང་རི་རྞ་ཀཱ་རེ་ཕུ་སྭཱ་ཧཱ། གཞན་གྱིས་མི་ཚུགས་པ་ཞེས་བྱའོ། །ཏདྱ་ཐཱ། ཨ་ཕུ་ནྲི་བི་བ་རེ། ས་ད་རེ། མ་ཁ་ཀ་རེ་སྭཱ་ཧཱ། བདེན་པ་ལ་གནས་པ་ཞེས་བྱའོ། །ཏདྱ་ཐཱ། ཛྲོ་ཏི་ཛྲོ་ཏི། བཛྲ་ཨ། ཨ་ཀྲམན་ཏ་བེ། བྲ་ག་ཞྭ་བེ། བཛྲ་སྭ་བ། ཀ་ཀ་སུ་རེ་སྭཱ་ཧཱ། གཟུངས་སྔགས་ཀྱི་དབང་ཕྱུག་གི་རྒྱལ་མོ་ཞེས་བྱ་སྟེ། གཟུངས་སྔགས་འདི་ནི་ཕ་རོལ་གྱི་དམག་ཚོགས་ཞི་བར་བྱེད་པ་དང་། དགེ་བའི་ཚོགས་ཡོངས་སུ་རྫོགས་པར་བྱེད་པའོ། །ཏདྱ་ཐཱ། དི་ཤྭ་ཀ་རེ། སྟྲ་ཀཱ་རེ། ཨིན་དྲ་བ་ཏི། བ་སྭ་ཧཱུཾ་ས་སྭ་ཨུ་སྨ་ཏི་སྭཱ་ཧཱ། གཟུངས་སྔགས་འདི་ནི་མུ་གེ་མེད་པར་བྱེད་པ་དང་། དབུལ་བ་མེད་པར་བྱེད་པའོ། །དམ་པ་གང་འདོད་པ་ཐམས་ཅད་ཀུན་ཐོབ་པར་འགྱུར་ཏེ། ཞག་ཉི་ཤུ་རྩ་གཅིག་གི་བར་དུ་ཉིན་ལན་བཞི་མཚན་ལན་བཞི་སྟེ། དུས་བརྒྱད་དུ་ལན་ཉི་ཤུ་རྩ་རེ་རེ་བཟླས་བརྗོད་བྱས་ན་གཉེར་རམ། ཡང་ན་གང་སའི་འོག་ཏུ་སྦས་པ་གཞན་ཐོབ་པར་འགྱུར་རོ། །ཏདྱ་ཐཱ། ཨོཾ་ཏེ་ཛོ་ཏེ་ཛྭལ་ཧྲ་ཡ། མ་ཤ་མན་ཏ་ཀྲ། ད་མ་ཀཱ་རེ་ལ་ཧྲ་ཀཱ་རེ། བི་ཀཱ་རེ་ས་དི་རྐ་ཀཱ་རེ། ད་ཀ་དི་ཨ་ཏྲ་ཀ བྲ་ཤ་མ་ན་ཕུ་ཨ་ཀ་ན་བྲ་མ་ནེ་ཕུ་སྭཱ་ཧཱ། ནད་ཐམས་ཅད་ཞི་བར་བྱེད་པ་དང་། བུད་མེད་དུ་སྐྱེ་བ་ལས་ཐར་བར་བྱེད་པ་དང་། བུད་མེད་རྣམས་ཀྱི་བུད་མེད་ཀྱི་ནད་རབ་ཏུ་ཞི་བར་བྱེད་པ་སྟེ། བརྟུལ་ཞུགས་བྱ་མི་དགོས་པར། ཇི་ལྟར་འདོད་པ་དེ་བཞིན་དུ། དུས་གསུམ་དུ་བཟླས་བརྗོད་བྱའོ། །བུད་མེད་གང་ལ་ལ་མོ་མཚན་གྱི་ནད་ཡོད་པ་དེ་ལ་ནི་ཉིན་གཅིག་བཞིན་དུ་ལན་བདུན་བདུན་དུ་བཟླས་བརྗོད་བྱའོ། །ཏདྱ་ཐཱ། ཀ་ཀ ཀོ་ཤ་ཕུ་མ་མ། ར་ར་ར་ར། སྟ་རེ་ཕུ། ས་ཀ་རེ་ཕུ་སྭཱ་ཧཱ། གཟུངས་སྔགས་འདི་ནི་གནོད་པ་བྱུང་བ་དང་། སྡུག་བསྔལ་ཐམས་ཅད་མེད་པར་བྱེད་པར་བཤད་དེ། བརྟུལ་

217叶A面：

།ཞུགས་བྱ་མི་དགོས་སོ། །སངས་རྒྱས་བཅོམ་ལྡན་འདས་གང་དག་གི་མཚན་སྔར་སྨོས་པ་དང་། གང་དག་གིས་གཟུངས་སྔགས་བཤད་པ་དེ་དག་ནི། བཅོམ་ལྡན་འདས་ཤཱཀྱ་ཐུབ་པ་བྱང་ཆུབ་སེམས་དཔའི་སྤྱོད་པ་སྤྱོད་པ་ན། གྲོགས་སུ་གྱུར་པ་ཤ་སྟག་གོ། །སངས་རྒྱས་དེ་དག་གི་མི་མཇེད་ཀྱི་འཇིག་རྟེན་གྱི་ཁམས་དང་། བཅོམ་ལྡན་འདས་ཤཱཀྱ་ཐུབ་པའི་ཕྱག་མཚན་ལི་ཡུལ་འདིར། སྐྱེ་བོ་མང་པོ་ལ་ཕན་པའི་ཕྱིར། བསྐལ་པ་བཟང་པོའི་བྱང་ཆུབ་སེམས་དཔའ་རྣམས་ཀྱི་སྐྱེ་བ་བླངས་ཏེ། སྔར་སྨོས་པའི་སངས་རྒྱས་བཅོམ་ལྡན་འདས་དེ་དང་དེ་དག་གིས་བཅོམ་ལྡན་འདས་ཤཱཀྱ་ཐུབ་པའི་ལི་ཡུལ་ཡུན་རིང་དུ་གནས་པར་བྱ་བའི་ཕྱིར། གཟུངས་སྔགས་དེ་དག་དང་། སངས་རྒྱས་ཀྱི་འོད་ཟེར་དེ་དག་དང་། སངས་རྒྱས་ཀྱི་མཚན་དེ་དག་སྐྱེས་སུ་བསྐུར་ཏེ། སངས་རྒྱས་ཀྱི་སྲས་རྣམས་ཀྱིས་ཞུས་ནས། བྱང་ཆུབ་སེམས་དཔའ་འཕགས་པ་སྤྱན་རས་གཟིགས་

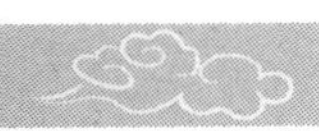

དབང་ཕྱུག་གིས་སེམས་ཅན་ཐམས་ཅད་ཀྱི་དོན་གྱི་ཕྱིར་དང་། ལི་ཡུལ་ཡོངས་སུ་བསྐྱང་བ་དང་། བསྟན་པ་ཡུན་རིང་དུ་གནས་པར་བྱ་བའི་ཕྱིར། སངས་རྒྱས་བཅོམ་ལྡན་འདས་རྣམས་ལས་སྐྱེས་དེ་དག་བླངས་ནས་འདིར་ཁྲིར་ཏེ་འོངས་སོ། །སངས་རྒྱས་ཀྱི་ཞིང་སྣ་ཚོགས་ན་གནས་པའི་བྱང་ཆུབ་སེམས་དཔའ་མང་པོ་དག་ཀྱང་སངས་རྒྱས་ཀྱིས་ལུང་བསྟན་པའི་ཡུལ་འདི་ཅི་ནས་འཇིག་པར་མི་འགྱུར་བ་དང་། བསྟན་པ་ཡུན་རིང་དུ་གནས་པར་བྱ་བའི་ཕྱིར། འདིར་ལྷགས་ནས་སྐྱེ་བ་བླངས་སོ། །གང་གི་ཚེ་ཡུལ་དེར་གནོད་པ་བྱུང་ན་དེའི་ཚེ་སངས་རྒྱས་ཀྱི་མཚན་དེ་དག་དང་། གཟུངས་སྔགས་དེ་དག་དང་། འོད་ཟེར་སྟོར་བཤད་པ་དེ་དག་བྲིས་ཏེ་གྲོང་ཁྱེར་གྱི་སྒོ་རྣམས་སུ་བཙུགས་ལ། དམག་གི་རུ་མཚོན་ལ་ཡང་བྲིས་ཏེ་བཞག་ནས། མི་རྣམས་ཀྱང་ཀློག་ཏུ་བཅུག་ཅིང་འཆང་དུ་བཅུག་ན་ཕ་རོལ་གྱི་དམག་ཚོགས་ཀྱིས་འཇིགས་པ་དང་། མུ་གེས་འཇིགས་པ་དང་། ལས་འབྱུང་བར་བྱ་བ་དང་། དགེ་བའི་ཕྱོགས་ཡོངས་སུ་རྫོགས་པར་བྱ་བ་དང་། སེམས་ཅན་རྣམས་ཀྱིས་ཇི་ལྟ་བུར་བསམས་པ་བཞིན་དུ་ཕན་འདོགས་པར་འགྱུར་རོ། །སེམས་ཅན་ནད་པ་རྣམས་ལ་ཡང་སྐྱབས་བྱེད་པར་འགྱུར་རོ། །གང་ལ་སྡིག་པའི་ལས

217叶B面：

ཤིན་ཏུ་ཆེ་བ་དག་ཡོད་ན་ཡང་། དེས་ཞག་ཉི་ཤུ་རྩ་གཅིག་གི་བར་དུ་སངས་རྒྱས་ཀྱི་མཚན་དང་། གཟུངས་སྔགས་དང་། འོད་ཟེར་རྣམས་བཟླས་བརྗོད་བྱ་ཞིང་། ཕྱོགས་བཅུའི་སངས་རྒྱས་བཅོམ་ལྡན་འདས་རྣམས་དྲན་པར་བྱའོ། །གང་ན་སྐུ་གདུང་དང་ལྡན་པའི་མཆོད་རྟེན་ནམ། སངས་རྒྱས་ཀྱི་སྐུ་གཟུགས་བཞུགས་པ་དེའི་སྤྱན་སྔར་དུས་གསུམ་དུ་བཟླས་བརྗོད་བྱས་ན་དགེ་བའི་ཕྱོགས་ལས་གང་འདོད་པ་དེ་མྱུར་དུ་ཡོངས་སུ་རྫོགས་པར་འགྱུར་ཏེ། འོད་ཟེར་དེ་དག་ཀྱང་དེའི་སྟེང་དུ་གནས་པར་འགྱུར་རོ། །ཕ་རོལ་གྱི་དམག་ཚོགས་འོང་ན་ཡང་བཟླས་བརྗོད་བྱའོ། །ཡང་ན་ཞག་བདུན་གྱི་བར་དུ་བསྒྲག་པར་བྱའོ། །སུ་ཡང་རུང་སྟེ་གནོད་པ་བྱུང་བའམ། ནད་པའམ། ཇི་ལྟ་བུར་འདོད་པ་ལས་བཟླས་བརྗོད་བྱ་བའམ། ཡང་ན་བསྒྲག་པར་བྱའོ། །ཅི་སྟེ་ཀློག་མི་ནུས་ན་དེའི་ཚེ་སྐུད་པ་ལ་ལན་བདུན་བཟླས་བརྗོད་བྱ་སྟེ། མདུད་པ་བྱས་ནས་བཏགས་ན་གནོད་པ་ཐམས་ཅད་ལས་ཐར་བར་འགྱུར་རོ། །གྲོང་ཁྱེར་གང་གི་སྒོ་དག་ཏུ་སངས་རྒྱས་ཀྱི་མཚན་དང་། གཟུངས་སྔགས་དང་། འོད་ཟེར་རྣམས་བྲིས་ཏེ་བཞག་ན་གྲོང་ཁྱེར་དེ་གཞན་གྱི་དམག་ཚོགས་ཀྱིས་གཞོམ་པར་མི་ནུས་སོ། །རྟག་ཏུ་བཟླས་བརྗོད་བྱེད་པ་ལ་ནི་ཤ་སྤང་མི་དགོས་སོ། །དངོས་པོ་གཞན་ཡང་སྤང་མི་དགོས་སོ། །དེ་ནས་རིགས་ཀྱི་བུ་གང་དག་སངས་རྒྱས་ཀྱི་རྗེས་སུ་རབ་ཏུ་བྱུང་བ་དེ་དག་ཤིན་ཏུ་དགོངས་ཤིང་བག་ཚ་བར་གྱུར་པ་དེ་དག་ལ། བྱང་ཆུབ་སེམས་དཔའ་འཕགས་པ་སྤྱན་རས་གཟིགས་དབང་ཕྱུག་གིས་འདི་སྐད་ཅེས་སྨྲས་སོ། །བུ་དག་བག་ཚ་བར་མ་བྱེད་ཅིག །ཁྱོད་ཀྱི་དོན་གྱི་ཕྱིར་དགེ་འདུན་གྱི་ཀུན་དགའ་ར་བ་མང་པོ་དང་། ཆོས་ཀྱི་རྒྱལ་པོས་བྱས་པའི་དྲི་གཙང་ཁང་ལ་སོགས་པ་སྐུ་གདུང་དང་ལྡན་པའི་མཆོད་རྟེན་ཡུལ་དེར་འབྱུང་བར་འགྱུར་ཏེ། ཇི་སྲིད་དུ་ཡུལ་དེ་ན་སངས་རྒྱས་བཅོམ་ལྡན་འདས་ཀྱི་བསྟན་པ་གནས་ཀྱི་བར་དུ་ཡུལ་དེ་མ་ལུས་པར་གཞིག་ནུས་པའི་རྒྱལ་པོ་འབྱུང་བར་མི་འགྱུར་རོ། །འདི་ལྟ་སྟེ། དངར་ལྡན་ཞེས་བྱ་བ་ཡིད་དུ་འོང་བ་དང་། ཕག་གིས་མཚོན་པའི་གྲོང་ཁྱེར་དང་། གྲོང་ཁྱེར་སྙིང་པ་དེ་དག་གསུམ་ཡང་ཇི་སྲིད་དུ་སངས་རྒྱས་ཀྱི་བསྟན་པ་གནས་ཤིང་། དགེ་འདུན་ཐམས་ཅད་ལ་མཆོད་པ་དང་།

218叶A面：

།སངས་རྒྱས་ཀྱི་མཆོད་རྟེན་ག་ཡི་ལ་ན་ཡོད་ཀྱི་བར་དུ་དེ་དག་འཇིག་པར་མི་འགྱུར་རོ། །དེ་ནས་བྱང་ཆུབ་སེམས་དཔའ་འཕགས་པ་སྤྱན་རས་གཟིགས་དབང་ཕྱུག་གིས་རྒྱལ་བའི་སྲས་ཐམས་ཅད་ལ་བོས་ཏེ་བསྒོ་བ། ཀྱེ་གྲོགས་པོ་དག་བྱང་ཆུབ་སེམས་དཔའ་རྣམས་དང་། ལྷ་ལ་སོགས་པ་ཡུལ་དེ་ཡོངས་སུ་སྐྱོང་བ་གང་ཡིན་པ་དེ་དག་གིས་ཆོས་དང་མི་ལྡན་པའི་རྒྱལ་པོས་ཡུལ་དེ་གཞིག་པ་ན་ཡལ་བར་མ་དོར་ཅིག །ལ་ལ་ཞིག་གིས་སངས་རྒྱས་ཀྱི་བཀའ་མ་མཉན་ཏེ། འཇིག་པའི་ཚེ་ཡུལ་བཏང་བར་གྱུར་ན་བླ་ན་མེད་པ་ཡང་དག་པར་རྫོགས་པའི་བྱང་ཆུབ་ལས་བསྐལ་པ་མང་པོར་བར་ཆད་དུ་འགྱུར་རོ། །དེ་ནས་གཟུངས་སྔགས་འདི་བཤད་དོ། །ཏདྱ་ཐཱ། ཀཱ་ལེ། ཨ་ཀཱ་ལེ། ནི་ཀླ་མི་ཧྲ་ཕྲ་བེ་ཤཱ། ཨཱ་ཀཱ་ལི་ཀྲཱ་མི། ཨ་

ཧི་ཀླྀམི། ཨ་བྲ་ཝེ་ཤྲཱ། པ་རེ་ས་མེ་པ་རིས་ཤི་ཏེ། ས་ས་སི། ཨ་ས་ས་སི། ས་ཀུ་ཏེ། བ་ཏུ་རེ། པ་ཏུ་རེ། པ་ཏུ་རེ། ཨ་ག་མེ། ཨ་ས་མ་ཤོ་ཏེ། སིད་རྡེ་སིད་རྡྷ་ཡ། ན་མོ་བཻརོ་ཙ་ན་ཡ་སྭཱ་ཧཱ། ཕ་ཊ་ཊེ་ཊེ་སྭ་ཏེ། ཤྭཱ་སྭཱ་ཏེ། སུ་མན་ཏེ། ས་ཏུ་སྟེ། སིད་རྡྷེ། སིད་རྡྷ་ཡ་སྭཱ་ཧཱ། དེ་ནས་བྱང་ཆུབ་སེམས་དཔའ་འཕགས་པ་སྤྱན་རས་གཟིགས་དབང་ཕྱུག་གིས་ལི་ཡུལ་གྱི་རྒྱལ་པོར་གྱུར་པ་ལ་དྲིས་ནས། འདི་ནི་ཁྱོད་ཀྱི་སྐྱེས་ཡིན་ནོ། །ཇི་ལྟར་ཁྱོད་ཀྱིས་བྱས་པ་དང་། ཁྱོད་ཀྱིས་དཀོན་མཆོག་གསུམ་གྱི་ཕྱིར་ལུས་དང་སྲོག་བཏང་བར་བྱས་པ་གང་ཡིན་པ་དེ་ནི་སངས་རྒྱས་ཀྱི་སྲས་རྣམས་ཀྱི་ལས་དེ་ལྟ་བུ་ཡིན་ཏེ། ཁྱོད་ཀྱིས་ལེགས་པར་བྱས་པ་ཡིན་ནོ། །གང་གི་ཚེ་ཡུལ་དུ་དགྲ་ཆེན་པོའི་འཇིགས་པ་བྱུང་བར་གྱུར་ན་དེའི་ཚེ་མདོ་སྡེ་འདི་བཀླག་པར་བྱའོ། །བཅང་བར་བྱའོ། །མཆོད་པར་བྱའོ། །འོན་ཏེ་འཇིགས་པ་ཐམས་ཅད་ཞི་བར་འགྱུར་ཏེ། ས་ཏ་པ་ཏེ་ཡང་གྲོགས་བྱེད་པར་འགྱུར་རོ། །ཡུལ་བསྲུང་བའི་ཕྱིར་མདོ་འདི་ཆོ་ག་བཞིན་དུ་བྲིས་ཏེ་རྒྱལ་པོའི་ཕོ་བྲང་དུ་བཅང་བར་བྱའོ། །རྒྱལ་པོའི་ཕོ་བྲང་གི་ཕྱི་རོལ་དང་། གྲོང་ཁྱེར་གྱི་སྒོ་རྣམས་སུ་ཡང་དེ་བཞིན་དུ་བྲིས་ཏེ་གཞག་པར་བྱའོ། །ལམ་པོ་ཆེ་དང་། སྲང་དང་། བཞི་མདོ་དང་། སུམ་མདོ་རྣམས་དང་། ཁྱིམ་བདག་རྣམས་ཀྱི་ཁྱིམ་དུ་ཡང་གཞག་པར་བྱའོ། །གང་གི་ཚེ་མང་དུ་བཀླགས་སམ། བསླབས་སམ།

218叶B面：

བཅངས་ན་དེའི་ཚེ་ཡུལ་དེར་ཡམས་ཀྱི་ནད་དང་། གནོད་པ་རྣམས་ལས་ཐར་པར་འགྱུར་རོ། །བྱང་ཆུབ་སེམས་དཔའ་འཕགས་པ་སྤྱན་རས་གཟིགས་དབང་ཕྱུག་གིས་དེ་སྐད་ཅེས་སྨྲས་ནས། བར་སྣང་ལ་གནས་པའི་ལྷ་རྣམས་ཀྱིས་ལྷའི་མེ་ཏོག་གི་ཆར་ནི་ཕབ། ལྷའི་སིལ་སྙན་རྣམས་ནི་དཀྲོལ། ལྷའི་ཛ་པོ་ཆེ་རྣམས་ནི་བརྡུངས་ཏེ། བྱང་ཆུབ་སེམས་དཔའ་དང་། ལྷ་དང་། ཀླུའི་རྒྱལ་པོ་ཐམས་ཅད་ཀྱིས་ཚིག་འདི་སྐད་ཅེས་བརྗོད་དོ། །གང་གི་ཚེ་ཡུལ་དེར་གཟུངས་སྔགས་དེ་དག་དང་། འོད་ཟེར་དེ་དག་དང་། སངས་རྒྱས་ཀྱི་མཚན་དེ་དག་འོང་བར་གྱུར་པ་དེའི་ཚེ་བདག་ཅག་ཀྱང་ཇི་ལྟར་སྟོན་བཅོམ་ལྡན་འདས་ཤཱཀྱ་ཐུབ་པའི་ཐད་དུ་འོངས་པ་བཞིན་དུ་ཕྱི་བཞིན་འོང་བར་བྱའོ། །རྒྱལ་པོ་དེ་ལ་ཡང་ཡུལ་བསྲུང་བའི་ཕྱིར་བདག་ཅག་གིས་གཟུངས་སྔགས་སྦྱིན་པར་བྱ་སྟེ། དམ་པ་ཅི་སློང་བ་དེ་བཞིན་དུ་སྦྱིན་པར་བྱའོ། །དེ་ནས་བྱང་ཆུབ་སེམས་དཔའ་ཞིག་བུད་མེད་ཀྱི་གཟུགས་ཀྱིས་འཇིག་རྟེན་གྱི་ཁམས་རྣམ་པར་སྣང་མཛད་ཀྱི་འོད་ཟེར་གྱིས་སོ་སོར་བརྒྱན་པ་ཞེས་བྱ་བ་ན་འདུག་པས། དེ་བཞིན་གཤེགས་པ་པད་མའི་འདབ་མ་དྲི་མ་མེད་པའི་རྒྱ་སྐར་གྱི་རྒྱལ་པོ་མངོན་པར་ཤེས་པའི་མེ་ཏོག་ཀུན་ཏུ་རྒྱས་པའི་མངོན་སུམ་དུ་སྨོན་ལམ་བཏབ་སྟེ། ཅི་ནས་ཀྱང་བདག་མི་མཇེད་ཀྱི་འཇིག་རྟེན་གྱི་ཁམས་བཅོམ་ལྡན་འདས་ཤཱཀྱ་ཐུབ་པའི་སངས་རྒྱས་ཀྱི་ཞིང་དུ་མཆིས་ལ། དེར་བཅོམ་ལྡན་འདས་དེ་ལས་དམ་པའི་ཆོས་པད་མ་དཀར་པོ་ཞེས་བགྱི་བའི་ཆོས་ཀྱི་རྣམ་གྲངས་ཐོས་པར་གྱུར་ཅིག །དེར་བདག་གིས་སེམས་ཅན་ཐམས་ཅད་ལ་ཕན་པ་དང་། བདེ་བ་དང་། ནད་ལས་ཐར་བར་བགྱིད་པར་གྱུར་ཅིག །ཅེས་དེ་སྐད་དུ་སྨོན་ལམ་བཏབ་ནས། བྱང་ཆུབ་སེམས་དཔའ་དེ་སངས་རྒྱས་ཀྱི་ཞིང་དེ་ནས་ཤི་འཕོས་ནས། མི་མཇེད་ཀྱི་འཇིག་རྟེན་གྱི་ཁམས་སུ་རྒྱལ་པོ་མ་སྐྱེས་དགྲའི་ཕོ་བྲང་དུ་བཙུན་མོ་དམ་པའི་བུ་མོར་སྐྱེས་ཏེ་དྲི་མ་མེད་པའི་འོད་ཅེས་བྱ་བར་གྱུར་ཏོ། །དེ་ནས་རྒྱལ་པོ་མ་སྐྱེས་དགྲའི་བུ་མོར་གྱུར་པ་དྲི་མ་མེད་པའི་འོད་ཅེས་བྱ་བ་དེ་ཉིད་འཁོར་དེའི་ནང་ན་འདུས་པར་གྱུར་ཏེ་འདུག་པ་དེས་བཅོམ་ལྡན་འདས་ལ་འདི་སྐད་ཅེས་གསོལ་ཏོ། །བཅོམ་ལྡན་འདས་ཡོངས་སུ་མྱ་ངན་ལས་འདས་ནས་ལོ་བརྒྱ་ལགས་པ་ན་ལི་ཡུལ་

219叶A面：

།ཡོངས་སུ་བསྐྱང་བའི་སླད་དུ་བདག་གིས་ཀྱང་བཀས་གཏད་པ་མཛོད་པར་འཚལ་ལོ། །སངས་རྒྱས་བཅོམ་ལྡན་འདས་ཀྱིས་སྔར་གསུངས་པའི་འོད་ཟེར་བཏང་བ་རྣམས་གང་གི་ཚེ། བདག་གི་སྙིང་དུ་གནས་པར་འགྱུར་བ་ན། གཟུངས་གང་གིས་གཟུངས་ཐམས་ཅད་རྫོགས་པར་འགྱུར་བའི་གཟུངས་དེ་ཡང་བདག་གིས་བུད་མེད་ཀྱི་གཟུགས་ཀྱིས་ཐོབ་པར་གྱུར་ཅིག གང་གི་ཚེ་ལི་ཡུལ་དུ་འཇིགས་པ་ཆེན་པོ་བྱུང་བར་གྱུར་པ་ན། དེའི་ཚེ་ཡུལ་ཡོངས་སུ་བསྲུང་བ་དང་། བསྟན་པ་ཡང་ཡུན་རིང་དུ་གནས་པར་བགྱི་བའི་སླད་དུ། བདག་ལ་སངས་རྒྱས་བཅོམ་ལྡན་

འདས་རྣམས་ཀྱིས་དགོངས་པར་གྱུར་ཅིག །ཐབས་ཀྱང་སྟོན་པར་གྱུར་ཅིག །ལྷ་རྣམས་ཀྱང་དམ་པ་སྐྱོལ་བར་གྱུར་ཅིག །དེ་བཞིན་དུ་བདག་དེར་མིའི་བུད་མེད་གཞན་འདྲ་བར་བུད་མེད་དེ་ཐ་མལ་བའི་གཟུགས་སུ་སྣང་བར་གྱུར་ཅིག །སངས་རྒྱས་ཀྱི་འོད་ཟེར་དེ་དག་གི་སྟེང་དུ་གནས་པ་ཡང་ཐོབ་པར་གྱུར་ཅིག །སེམས་ཅན་གནོད་པས་ཉེན་པ་རྣམས་དང་། ནད་ཀྱིས་ཐེབས་པ་རྣམས་དང་། སྡུག་བསྔལ་བར་གྱུར་པ་དེ་དག་སྡུག་བསྔལ་ཐམས་ཅད་ལས་ཐར་བར་བགྱི་བའི་སླད་དུ་གཟུངས་སྔགས་དེ་དག་ཀྱང་ཐོབ་པར་གྱུར་ཅིག །གང་གི་ཚེ་རྒྱལ་པོ་ཆེན་པོ་དེ་དག་པན་ཚུན་འཐབ་པ་དང་། གང་གི་ཚེ་གདོང་དམར་གྱིས་ལི་ཡུལ་གྱི་ཡུལ་འཁོར་ཕྱིར་བ་ན་ཡང་དེར་བདག་བུད་མེད་ཀྱི་སྐྱེ་བ་ལེན་པར་གྱུར་ཅིག །སངས་རྒྱས་བཅོམ་ལྡན་འདས་རྣམས་ཀྱིས་ཐེག་པ་ཆེན་པོའི་མདོ་སྡེ་དམ་པའི་ཆོས་པད་མ་དཀར་པོ་གསུངས་པ་གང་ལགས་པ་དེ་ཡང་བདག་འཛིན་པར་གྱུར་ཅིག །མདོ་སྡེ་འདི་ལས་གཟུངས་སྔགས་འབྱུང་བ་རྣམས་ཀྱང་རྟོགས་པར་གྱུར་ཅིག །སེམས་ཅན་འདུལ་བའི་སླད་དུ་སྐྲ་ཐམས་ཅད་ལ་རྟོགས་པའི་ཏིང་ངེ་འཛིན་ཡང་རྟོགས་པར་གྱུར་ཅིག །དམ་པའི་ཆོས་པད་མ་དཀར་པོའི་ཆོས་ཀྱི་རྣམ་གྲངས་ཀྱིས་སེམས་ཅན་ཐམས་ཅད་ལ་ཕན་འདོགས་པར་གྱུར་ཅིག །ལི་ཡུལ་གྱི་སྲུང་མ་གང་ལགས་པའི་ལྷ་རྣམས་ལ་ཡང་ཆོས་ཀྱིས་སྦྱིན་པ་དང་། མཆོད་པའི་ལས་བགྱིད་པར་གྱུར་ཅིག །ཐེག་པ་ཆེན་པོའི་མདོ་སྡེ་དམ་པའི་

219叶B面：

ཆོས་པད་མ་དཀར་པོ་འདི་དང་། ལྷ་གང་དག་གིས་མདོ་སྡེ་འདི་བསྟན་ཅིང་མཆོས་པ་དེ་དག་ཀྱང་བདག་གི་དབང་དུ་གྱུར་ཅིག །དེ་ནས་སྲུང་མ་རྣམ་ཐོས་ཀྱི་བུ་དང་། སྲིན་མོ་ལམ་བཀོན་ཏི་སྲིན་མོ་ཐམས་ཅད་དང་། གྲོགས་མོ་དང་བཅས་པ་དང་། འཁྲིག་མ་བུ་དང་འཁོར་དུ་བཅས་པ་དེ་དག་གིས་བཅོམ་ལྡན་འདས་དང་། ལྷ་མོ་དྲི་མ་མེད་པའི་འོད་ཀྱི་ཚིག་ཐོས་ནས། སྟན་ལས་ལངས་ཏེ་ཐལ་མོ་སྦྱར་ནས་འདི་སྐད་ཅེས་གསོལ་ཏོ། །གང་གི་ཚེ་ལྷ་མོ་འདི་ལི་ཡུལ་དུ་སྐྱེ་བ་ལེན་པར་འགྱུར་བ་དེའི་ཚེ་བདག་ཅག་ཀྱང་གྲོགས་བགྱིད་པའི་སླད་དུ་སྲུང་མ་བགྱིད་ཅིང་ཐེག་པ་ཆེན་པོའི་མདོ་སྡེ་དམ་པའི་ཆོས་པད་མ་དཀར་པོ་དང་། ལི་ཡུལ་གྱི་ཡུལ་འཁོར་སངས་རྒྱས་བཅོམ་ལྡན་འདས་ཀྱིས་གཏད་པ་ཁྱོད་ཀྱིས་མཆོས་སོ་ཞེས་དྲན་པར་བགྱིའོ། །དེའི་ཚེ་ལྷའི་རྒྱལ་པོ་སུམ་ཅུ་རྩ་གཉིས་ཀྱིས་ལྷ་མོ་དེའི་དམ་བཅས་པ་འདི་ཐོས་ནས་འདི་སྐད་ཅེས་གསོལ་ཏོ། །གང་གི་ཚེ་ལྷ་མོ་འདི་ལི་ཡུལ་བསྲུང་བའི་སླད་དུ་སྐྱེ་བ་ལེན་པར་འགྱུར་བ་དེའི་ཚེ་བདག་ཅག་འཁོར་དང་བཅས་པས་ཀྱང་ཡུལ་བསྲུངས་པ་དང་། བསམས་པ་བཞིན་དུ་འབྱོར་བར་བགྱི་བའི་སླད་དུ་གྲོགས་བགྱིའོ། །དེའི་ཚེ་ལྷ་མོ་དྲི་མ་མེད་པའི་འོད་སྟན་ལས་ལངས་ཏེ། བླ་གོས་ཕྲག་པ་གཅིག་ཏུ་གཟར་ནས་པུས་མོ་གཡས་པའི་ལྷ་ང་ས་ལ་བཙུགས་ཏེ། ཐལ་མོ་སྦྱར་ནས་བཅོམ་ལྡན་འདས་ལ་དམ་པ་གསོལ་ཞིང་། བཅོམ་ལྡན་འདས་ཀྱི་སྤྱན་སྔར་སྨོན་ལམ་བཏབ་པ། བཅོམ་ལྡན་འདས་བདག་སེམས་ཅན་ཐམས་ཅད་ལ་བུ་གཅིག་པ་བཞིན་དུ་སེམས་པར་གྱུར་ཅིག །བརྩོན་འགྲུས་གང་ཅི་རྩོམ་པ་དེ་ཐམས་ཅད་གྲུབ་པར་གྱུར་ཅིག ལུས་བརྟན་པ་དང་། སེམས་བརྟན་པ་དང་། སེམས་ཅན་གྱི་དོན་བགྱིད་པ་དང་། བསམ་པ་ཡོངས་སུ་རྫོགས་པར་བགྱིད་པ་དང་། ཡུལ་གྱི་སླད་དུ་སེམས་མངོན་པར་བརྩོན་པར་གྱུར་ཅིག དམ་པའི་ཆོས་པད་མ་དཀར་པོའི་མདོ་སྡེས་སེམས་ཅན་རྣམས་ལ་ཕན་འདོགས་པ་དང་། ཏིང་ངེ་འཛིན་ཡང་ཐོབ་པར་གྱུར་ཅིག་ཅེས་སྨྲས་སོ། །ལྷ་མོས་བཅོམ་ལྡན་འདས་ཀྱི་སྤྱན་སྔར་དེ་སྐད་ཅེས་སྨྲས་པ། དེའི་ཚེ་བཅོམ་ལྡན་འདས་དང་། ལྷ་

220叶A面：

།མོ་དྲི་མ་མེད་པའི་འོད་ཀྱི་སྟེང་དུ་ལྷའི་མེ་ཏོག་གི་ཆར་བབ་བོ། དེའི་ཚེ་ལྷ་མོ་དྲི་མེད་འོད། བྱང་ཆུབ་སེམས་དཔའི་གནས་མཛེས་པ། ལི་ཡུལ་དུ་ནི་སྐྱེས་ཤིག་ཅེས། །རྒྱལ་བའི་སྤྱན་སྔར་སྨོན་ལམ་བཏབ། །སྐྱོབ་པ་ཤཱཀྱ་སེང་གེ་ཡི། །བསྟན་པ་ཇི་སྲིད་གནས་པའི་བར། །དེ་སྲིད་བར་དུ་བདག་ཀྱང་དེར། །རྟག་ཏུ་སྐྱེ་བ་འཛིན་གྱུར་ཅིག །རྒྱལ་བའི་སྤྱན་སྔར་གང་གི་ཚེ། །ལྷ་མོས་སྨོན་ལམ་བཏབ་པ་ན། །སངས་རྒྱས་ཞིང་བཞུགས་རྒྱལ་རྣམས་ཀྱིས། །དེ་ཚེ་ལེགས་ཞེས་བྱ་བ་བྱིན། །ལྷ་མོ་ཡུལ་གྱི་སྲུང་མ་ལ། །རྒྱལ་བ་རྣམས་ཀྱིས་ལེགས་བྱིན་པ། །རྣམ་ཐོས་བུ་དང་

གནོད་སྦྱིན་དབང་། །ཀུན་ཏུ་རྒྱལ་གྱིས་དེ་བཞིན་ཐོས། །དེ་ཚེ་རྣམ་ཐོས་བུ་ལ་སོགས། །ལྷ་རྣམས་གང་དག་དེར་འདུས་པས། །བཅོམ་ལྡན་འདས་ལ་ཚིག་གིས་གསོལ། །ལི་ཡུལ་ཡོངས་སུ་བསྲུང་བའི་ཕྱིར། །ལྷ་རབ་དམ་པ་འཐུན་གྱུར་པ། །བདག་ཅག་གིས་ནི་ཡུལ་ཡང་བཟུང་། །གང་ཚེ་གསེར་གྱི་རིགས་དག་དང་། །སྐར་རྡོའི་ཡུལ་ནི་མཛེས་གྱུར་པ། །ལི་ནི་དབང་བར་གྱུར་པ་ན། །གསེར་གྱི་དབྱུ་ནི་འཇལ་བར་འགྱུར། །དེ་ཚེ་ལྷ་མོས་གསོལ་པ་ནི། །སྐར་རྡོ་དང་ནི་གསེར་གྱི་རིགས། །ལྷ་རྣམས་ཀྱིས་ནི་བསྲུང་བའི་ཕྱིར། །རྒྱལ་བ་སྐྱེས་མཆོག་སྐྱོལ་བར་མཛོད། །ས་འདིར་སྔོན་གྱི་ཚེ་རབས་སུ། །གང་ཚེ་བདག་ནི་དགེ་བསྙེན་མ། །མིང་ནི་ཏུ་ཤར་གྱུར་པ་ན། །ཡུལ་འདི་གཉིས་ནི་བདག་གི་ལགས། །དེ་ཡི་འཁོར་དུ་རྒྱལ་བྱུང་བ། །ཨུ་རྒྱན་བདག་པོ་དབང་ཕྱུག་གོ། །རྒྱལ་པོ་སྟན་ལས་ལངས་ནས་ཀྱང་། །པུས་མོ་གཉིས་ནི་ས་ལ་བཙུགས། །བཅོམ་ལྡན་འདས་ལ་གསོལ་བ་ནི། །གང་གི་ཚེ་ན་ལི་ཡུལ་ཞེས། །བྱ་བ་དེ་ནི་འབྱུང་འགྱུར་ཞིང་། །ཡོངས་སུ་རྒྱས་ཤིང་སྐྱེ་བོ་གང་། །དེ་ཚེ་སྐར་རྡོ་ཡུལ་དག་ཏུ། །སྟོབས་ཆེན་རྒྱལ་པོར་བདག་གྱུར་ནས། །དེར་ནི་ལི་ཡི་བདག་པོ་དང་། །རྟག་ཏུ་གཉེན་ནི་བགྱིད་པ་དང་། །བདག་གི་ཡུལ་དེ་བསྲུང་བའི་ཕྱིར། །བདག་ཉིད་ཀྱང་ནི་དབུལ་བར་བགྱི། །དེ་ཡི་ཚེ་ནི་དྲི་མེད་འོད། །ལྷ་མོས་སྨོན་ལམ་འདི་སྐད་བཏབ། །གང་ཚེ་ཡུལ་གྱི་དང་པོ་འདིར། །སྲུམ་པ་མང་པོ་འོང་བ་དང་། །

220叶B面：

གང་ཚེ་ཡུལ་འདིར་རྒྱ་དང་ནི། །འ་ཞ་དང་ནི་སུམ་པ་རྣམས། །འཕགས་སྐྱེས་པོ་ཡི་དམག་བཞིན་དུ། །ཡུལ་དེར་འོང་བར་གྱུར་པ་ན། །དེ་ཚེ་ཡུལ་འདིར་སྐྱེ་བོའི་ཕྱིར། །བདག་གིས་སྐྱེ་བ་བླང་བར་བགྱི། །བདག་གིས་སྐྱེ་བ་དེར་བླངས་པས། །སུམ་པ་ལ་སོགས་ཕྱོག་གྱུར་ཅིག །ལི་ཡུལ་ན་ནི་གནས་རྣམས་ཀྱིས། །སྔོན་ནི་གང་དུ་ལས་བགྱིས་པ། །དེར་ནི་བདག་ཀྱང་དགའ་བཞིན་དུ། །བདག་གིས་སུ་ནི་ལས་རྣམས་བགྱིས། །དེར་ནི་སྔོན་གྱི་རྒྱལ་པོ་གང་། །བློན་པོ་ཁྲིམ་བདག་ཡུལ་མི་དང་། །བདག་ལ་ཕྱུག་པར་གྱུར་པ་དང་། །དེ་དག་དང་ནི་བྲལ་བར་འགྱུར། །དེ་ཚེ་བདག་ནི་གཅིག་པུ་ཕྱུག །མི་གཙང་ཏིང་འཛིན་ཐོབ་གྱུར་ནས། །དེར་ནི་སྐྱོ་བར་གྱུར་པ་ན། །སྔོན་གྱི་སྨོན་ལམ་དྲན་གྱུར་ཅིག །དེ་ཚེ་དེ་ཡི་འཁོར་དུ་ནི། །ཀ་སྤུ་ར་ཡི་བདག་པོ་རྒྱལ། །དེས་ནི་ལྷ་མོ་དྲི་མེད་འོད། །སླེས་པ་ཐོས་པར་གྱུར་ནས་ཀྱང་། །རྒྱལ་པོ་སྟན་ལས་ལངས་ནས་ནི། །འདི་སྐད་ཀྱི་ནི་ཚིག་ཀྱང་སྨྲས། །བདག་ནི་ཚེ་རབས་སྟུ་མར་ནི། །མི་བཟང་ལས་བྱས་གང་ཡིན་པས། །ཤཱཀྱ་རྣམས་ནི་བཀྲག་པའི་ཕྱིར། །བདག་ནི་རྒྱལ་པོ་འཕགས་སྐྱེས་དང་། །མཛེས་པའི་ཡུལ་དུ་ལྷན་ཅིག་དོང་། །ལས་འདི་རྣམ་སྨིན་མི་བཟད་པ། །ཚེ་འདི་ལ་ནི་མི་མྱོང་བར། །བདག་ནི་འདི་སྐད་སྨོན་ལམ་འདེབས། །གང་གི་ཚེ་ན་སུམ་པ་དང་། །འ་ཞ་དག་དེར་དོང་བ་དང་། །བདག་གིས་སྔོན་ཤཱཀྱའི་ཡུལ་དུ་འཕགས་སྐྱེས་པོའི་གཡུལ་ངོར་ལས་བྱས་པ་གང་ཡིན་པ་དེ། །གང་གི་ཚེ་ལྷ་མོ་འདི་སྐྱོ་བ་ཆེན་པོར་གྱུར་པ་ན། །དེའི་ཚེ་བདག་འདིའི་ཕར་གྱུར་ལ། །བདག་གི་ཕྱིར་འདི་སྐྱོ་བར་གྱུར་ཅིང་། །དང་པོར་གཟུངས་ཐོབ་པ་བཞིན་དུ། །དེས་བདག་ཀྱང་སྡུག་བསྔལ་ཐམས་ཅད་ལས་གྲོལ་བར་གྱུར་ཅིག་ཅེས་བྱས་སོ། །རྒྱལ་པོ་དེའི་བཙུན་མོ་དམ་པ་འཁོར་དེ་ཉིད་ཀྱི་ནང་ན་འདུག་པ་དེས་སྨོན་ལམ་བཏབ་པ་དེའི་ཚེ་བདག་ཀྱང་ལྷ་མོ་དྲི་མ་མེད་པའི་འོད་ཀྱི་མར་གྱུར་ལ། བདག་གིས་འཕགས་སྐྱེས་པོའི་དམག་སླར་ཕྱོག་ལ་ཕྱིག་པའི་ལས་ཆེན་པོ་འདི་ལྷ་བུ་བྱས་ཏེ་ཅི་བྱ་ཞེས་གྱོད་བཏབ་པའི་དགེ་བའི་སེམས་བསྐྱེད་པ་གང་ཡིན་པ་དེས་ན་ལི་ཡུལ་དེར་བདག་འཆི

221叶A面：

།བའི་དུས་ལ་མ་བབ་ཀྱི་བར་དུ། བདག་གིས་ལི་ཡུལ་དེ་ཉིད་དུ་མི་རྟག་པ་ཉིད་མཐོང་ནས། གང་གི་ཚེ་ཡུལ་དེར་འ་ཞ་དང་སུམ་པ་འོང་བ་དེའི་ཚེ་བདག་འཆི་བའི་དུས་བྱས་ནས་འཇིག་རྟེན་གྱི་ཁམས་བདེ་བ་ཅན་དུ་སྐྱེ་བར་གྱུར་ཅིག་ཅེས་བྱས་སོ། །ལྷ་མོ་དྲི་མ་མེད་པའི་འོད་དེའི་མིང་པོ་རྒྱལ་པོ་མ་སྐྱེས་དགྲའི་བུ་གང་ཡིན་པ་དེ་ཡང་ཤིན་ཏུ་ང་རྒྱལ་ཆེ་ཞིང་རྒྱགས་པས་གཡུལ་འགྱེད་པ་བལྟ་བའི་ཕྱིར་ཤཱཀྱ་གཡུལ་དེར་རྒྱལ་པོ་འཕགས་སྐྱེས་པོའི་དམག་གི་ཟླ་ལ་འོངས་ནས། དེས་ཀྱང་གཡུལ་དེར་མི་བསད་པ་ལ་སོགས་པའི་སྡིག་བྱས་ཏེ། གང་གི་ཚེ་དེར་སེམས་ཅན་མང་

པོ་ཤི་བ་མཐོང་བ་དེའི་ཚེ། དེས་སངས་རྒྱས་མཐོང་ནས་འགྱོད་པ་ཆེན་པོ་དང་སྐྱོ་བར་གྱུར་ཅིང་། དེའི་ཚེ་དེས་ལྷ་མོ་དྲི་མ་མེད་པའི་འོད་ལ་སྨྲས་པ། ང་ནི་ཁྱོད་ཀྱི་མིང་པོ་ཤིན་ཏུ་སྡུག་པ་ཡིན་པས་ངས་དམག་དེའི་ནང་དུ་སྡིག་པའི་ལས་བྱས་པ་ཁྱོད་ཀྱིས་ཐོས་ནས་རྗེས་སུ་ཡིད་རངས་པར་གྱུར་ཏེ། ཁྱོད་ཀྱི་ཡིད་ཀྱིས་མི་དགེ་བ་ཐོབ་པར་གྱུར་པ་གང་ཡིན་པའི་ལས་ཀྱི་རྣམ་པར་སྨིན་པ་དེས་ན་ཁྱོད་ཀྱི་ཡུལ་དུ་སུམ་པའི་དམག་འོང་བར་གྱུར་ཏེ། དེའི་ཚེ་ད་ལྟར་ཇི་ལྟ་བ་བཞིན་དུ་དེར་ང་ཁྱོད་ཀྱི་སྡུག་པའི་མིང་པོར་གྱུར་ལ། ཁྱོད་ཀྱིས་གཅིག་པུ་ཕུང་མེད་པར་མི་གཙང་བའི་ཏིང་ངེ་འཛིན་ཐོབ་པར་འགྱུར་བ་དང་། ཁྱོད་ཀྱིས་ཐོག་མ་ཁོ་ནར་གཟུངས་ཐོབ་པར་འགྱུར་བཞིན་དུ། དེའི་ཚེ་ང་ཡང་ཁྱོད་ཀྱི་མཐུས་སེམས་ཅན་དམྱལ་བ་དང་། དུད་འགྲོའི་སྡུག་བསྔལ་རྣམས་ལས་ཐར་བར་གྱུར་ནས་གནོད་སྦྱིན་གྱི་དབང་པོ་རྣམ་ཐོས་ཀྱི་བུའི་གཡོག་བྱེད་པའི་གནོད་སྦྱིན་ཨ་རྫུལ་ཞེས་བྱ་བར་གྱུར་ལ་དེས་རྟག་ཏུ་ཁྱོད་བསྲུང་ཞིང་ངས་རྣམ་ཐོས་ཀྱི་བུ་ལ་སོགས་པ་དེ་དག་དང་། གནོད་སྦྱིན་གཞན་དེ་དག་དང་། ལྷའི་ཕོ་བྲང་སུམ་ཅུ་རྩ་གཉིས་དག་ཏུ་ལྷའི་རྒྱལ་པོ་དེ་དག་ལ་དྲན་པར་བསྐུལ་ཏེ། གང་གི་ཚེ་ཁྱོད་ལ་དགོངས་པ་དེའི་ཚེ་འོངས་ནས་ཅི་འདོད་པ་སྒྲུབ་པར་གྱུར་ཅིག་ཅེས་སྨྲས་སོ། །དེར་ལྷ་མོ་དེ་ཉིད་ཀྱི་ནུ་མོ་ཐ་ཆུངས་རྒྱལ་པོ་མ་སྐྱེས་དགྲའི་བུ་མོར་གྱུར་བ་དེས་སྨོན་ལམ་བཏབ་པ། བདག་གི་མིང་པོ་འཕགས་སྐྱེས་པོའི་དམག་གི་ཟླ་ལ་སྡིག་པའི་ལས་བྱས་པ་བདག་གིས་ཐོས་ནས་

221叶B面：

དཀའ་བར་གྱུར་པའི་ལས་དེས་ན་དེར་ཡང་ཁྱོད་ཀྱི་ནུ་མོར་གྱུར་ལ་གང་གི་ཚེ་ལས་དེའི་རྣམ་པར་སྨིན་པས་བདག་མྱ་ངན་གྱིས་འཆི་བའི་དུས་བྱེད་པར་འགྱུར་བ་དེའི་ཚེ་ཁྱོད་དེ་ལྟ་བུར་སྐྱོ་བར་གྱུར་པས་ན། བདག་གིས་དགེ་བའི་བཤེས་གཉེན་ཉིད་ནས་ཆོས་གང་གིས་འབྲས་བུ་དང་པོ་ཐོབ་སྟེ། སྡུག་བསྔལ་མཐར་བྱེད་པར་འགྱུར་བ་དེ་ལྟ་བུའི་ཆོས་ཐོས་ནས་དེའི་ཚེ་སྔོན་དང་ཕྱི་མའི་ལས་རྣམས་དྲན་པར་གྱུར་ཅིག་ཅེས་བྱས་སོ། །དེར་ལྷ་མོ་དེའི་མིང་པོ་ཐ་ཆུངས་སུ་གྱུར་ཅིང་། དགེ་བསྙེན་མ་དུ་ཤ་ཞེས་བྱ་བར་གྱུར་པ་ཕྱིན་ཅད་དེའི་མིང་པོར་གྱུར་པ་དེའི་སྔོན་གྱི་ལས་ཀྱིས་སེམས་ཅན་རྣམས་སྐྲག་པར་བྱེད་པ་དེས་སྙིང་མོ་བཅོམ་ལྡན་འདས་ཀྱི་སྤྱན་སྔར་སྨོན་ལམ་འདེབས་པ་ཡང་མཐོང་ལ། བཅོམ་ལྡན་འདས་ཀྱི་སྤྱན་སྔར་སྨོན་ལམ་བཏབ་ནས་ལི་ཡུལ་གྱི་ཡུལ་འཁོར་ཡོངས་སུ་བསྐྱང་བའི་ཕྱིར་མནོས་པ་ཡང་མཐོང་ངོ་། །དེ་ནས་ལྷ་མོ་དྲི་མ་མེད་པའི་འོད་ཀྱི་མིང་པོ་ཐ་ཆུངས་རྒྱལ་པོ་མ་སྐྱེས་དགྲའི་བུས་བཅོམ་ལྡན་འདས་གང་ན་བ་དེ་ལོགས་སུ་ཐལ་མོ་སྦྱར་བ་བཏུད་ནས་འདི་སྐད་ཅེས་གསོལ་ཏོ། །སྔོན་བདག་གིས་སངས་རྒྱས་བཅོམ་ལྡན་འདས་མང་པོ་ལ་བསྙེན་བཀུར་བྱས་ཏེ། དུས་ཐམས་ཅད་དུ་སྐྱེས་པར་གྱུར་ནས་རྒྱལ་སྲིད་ཀྱི་བགྱི་བ་མང་པོ་ཡང་བགྱིས་སོ། །བདག་གི་སྙིང་མོ་འདི་ཡང་བུད་མེད་ཀྱི་གཟུགས་ཀྱིས་བྱང་ཆུབ་སེམས་དཔའི་སྤྱད་པ་སྤྱོད་པ་ལགས་ཏེ། འདིས་ལི་ཡུལ་ཡོངས་སུ་བསྐྱང་བའི་སླད་དུ་མག་པར་བླངས་པ་དེ་ནི་ལས་ཆེན་པོ་མཆིས་ཀྱི་འཚལ་བ་ལགས་ཏེ། བུད་མེད་ཀྱི་བསམ་པ་ནི་སངས་རྒྱས་བཅོམ་ལྡན་འདས་ཉིད་ཀྱིས་མཁྱེན་པར་བས་སོ། །བཅོམ་ལྡན་འདས་ཅི་ནས་ཀྱང་བདག་གི་སྙིང་དུ་འོད་ཟེར་བཏང་བ་དེ་ལྟ་བུར་བདག་ལ་བྱིན་གྱིས་བརླབ་པར་གསོལ། ཅི་ནས་ཀྱང་ཡུལ་བསྲུང་བའི་སླད་དུ་གྲོགས་བགྱིད་པར་འགྱུར་བ་དང་། བདག་གི་རིགས་ཀྱིས་ཡུན་རིང་པོར་ལི་ཡུལ་དུ་ཡུལ་འཛིན་པར་འགྱུར་བ་དེ་ལྟ་བུའི་གཟུངས་ཀྱང་སྩལ་བར་གསོལ། སྐྱེ་བ་བླངས་ཏེ་འབྲས་བུ་ཐོབ་ནས་གསུམ་པའི་འོག་ཏུ་ཡང་ལྷ་རྣམས་ཀྱི་ནང་དུ་སྐྱེ་བར་གྱུར་ཅིག །གང་གི་ཚེ་ལི་ཡུལ་དུ་སུམ་པའམ། གདོང་དམར་རྣམས་འོང་བར་འགྱུར་བ་དེའི་ཚེ་བདག་སྐད་

222叶A面：

།རྗོའི་ཡུལ་གྱི་རྒྱལ་པོར་གྱུར་ཏེ། ལྷ་མོ་དྲི་མ་མེད་པའི་འོད་དེའི་མིང་པོར་གྱུར། ལི་ཡུལ་དར་བར་བགྱི་བའི་སླད་དུ་བདག་དེའི་གྲོགས་བགྱིད་པར་གྱུར་ཅིག་ཅེས་བྱས་སོ། །གང་གི་ཚེ་གཞོན་ནུ་དེས་དེ་སྐད་ཅེས་གསོལ་ནས། སྨོན་ལམ་ཡང་བཏབ་དེའི་ཚེ་བཅོམ་ལྡན་འདས་བདུད་ལས་རྣམ་པར་རྒྱལ་བ་ཞེས་བྱ་བའི་ཏིང་ངེ་འཛིན་ལ་སྙོམས་པར་ཞུགས་སོ། །ལྷ་རྣམས་ཀྱིས་ཀྱང་ལྷའི་མེ་ཏོག་གི་ཆར་ཕབ་སྟེ། ལྷའི་སིལ་སྙན་རྣམས་དཀྲོལ་ལོ། །བཅོམ་ལྡན་འདས་ཏིང་ངེ་འཛིན་དེ་ལས་བཞེངས་ནས་བཀའ་སྩལ་པ། ངས་ཐོག་མ་སེམས་བསྐྱེད་པ་ནས་བྱང་ཆུབ་ཀྱི་སྙིང་

པོ་ལ་འདུག་གི་བར་དུ་བསོད་ནམས་དང་། དགེ་བའི་རྩ་བ་བསགས་པ་དེ་དག་དང་། དེ་བཞིན་གཤེགས་པ་མང་པོ་གཞན་དག་ཇི་ལྟ་བ་བཞིན་དུ་སངས་རྒྱས་ཀྱི་ཞིང་ལས་མང་པོ་མཛད་མཛད་པའི་བསོད་ནམས་ཀྱི་ཕུང་པོ་ཆེན་པོ་དེ་དག་དང་། ཚེ་འཕྲུལ་དེ་དག་ངས་གཅིག་ཏུ་བསྡུས་ཏེ་གཅིག་ཏུ་བརྟུལ་བས་མ་འོངས་པའི་དུས་སུ་ལྷ་མོ་དྲི་མ་མེད་པའི་འོད་འདིས་ཡོངས་སུ་བསྐྱང་བའི་ཕྱིར་ལག་ཏུ་གླངས་པའི་ལི་ཡུལ་གྱི་ཡུལ་འཁོར་རབ་ཏུ་གནས་པར་བྱའོ། །དེ་ནས་བཅོམ་ལྡན་འདས་བྱ་རྒོད་ཀྱི་ཕུང་པོའི་རི་ལས་མི་སྣང་བར་གྱུར་ཏེ། ཕྱོགས་གང་དུ་ལི་ཡུལ་དང་། ཐུབ་པའི་དྲང་སྲོང་ཆེན་པོའི་གནས་གོ་མ་ས་ལ་གན་ཧྭའི་མཆོད་རྟེན་འབྱུང་བར་འགྱུར་བའི་ཕྱོགས་དེར་བཞུགས་སོ། །བཅོམ་ལྡན་འདས་དེར་བཞུགས་བཞིན་དུ་དཔལ་ཐམས་ཅད་ཀྱིས་བརྒྱན་པ་ཞེས་བྱ་བའི་ཏིང་ངེ་འཛིན་ལ་སྙོམས་པར་ཞུགས་ནས། ཡེ་ཤེས་སྒྲོན་མ་ཞེས་བྱ་བའི་འོད་ཟེར་བཏང་ངོ་། །བྱ་རྒོད་ཀྱི་ཕུང་པོའི་རི་ལ་གནས་པའི་འཁོར་དེ་དག་ཐམས་ཅད་ཀྱིས་ཀྱང་གནས་གཅིག་ན་འཁོད་བཞིན་དུ་བཅོམ་ལྡན་འདས་གང་དུ་ལི་ཡུལ་འབྱུང་བར་འགྱུར་བའི་ཕྱོགས་དེ་ན་སྐྱིལ་མོ་ཀྲུང་བཅས་ཏེ་བཞུགས་པར་མཐོང་ངོ་། །ཐུབ་པའི་དྲང་སྲོང་ཆེན་པོའི་གནས་རི་གླང་རུ་ཞེས་བྱ་བ་དེ་ལ་གནས་པའི་བྱང་ཆུབ་སེམས་དཔའ་སྔོན་བཅོམ་ལྡན་འདས་ཤཱཀྱ་ཐུབ་པ་བྱང་ཆུབ་སེམས་དཔའི་སྤྱད་པ་སྤྱོད་པ་ན་གྲོགས་སུ་གྱུར་པ་གང་ཡིན་པ་དེ་དག་གིས་ཀྱང་འོད་ཟེར་དེ་དག་བཏང་སྟེ། བཅོམ་ལྡན་

222叶B面：

འདས་ཉིད་ནི་གང་དུ་གོ་མ་ས་ལ་གན་ཧྭའི་མཆོད་རྟེན་གྱི་ཆོས་ཀྱི་འཁོར་ལོ་འབྱུང་བར་འགྱུར་བ་དེའི་བར་སྣང་ལ་བཞུགས་སོ། །བྱང་ཆུབ་སེམས་དཔའ་རྣམས་ནི་གང་དང་གང་དག་ཏུ་དགེ་འདུན་གྱི་ཀུན་དགའ་ར་བ་དང་། དགོན་པའི་གནས་དང་། དྲི་གཙང་ཁང་དང་། མཆོད་རྟེན་ཆེན་པོ་རྣམས་འབྱུང་བར་འགྱུར་བའི་ཆུའི་ནང་གི་པད་མའི་སྙིང་དེ་དང་དེ་དག་ལ་འཁོད་དོ། །དེ་ནས་དེར་སངས་རྒྱས་བཅོམ་ལྡན་འདས་ཀྱིས་གཟུངས་སྔགས་གང་གིས་སངས་རྒྱས་བཅོམ་ལྡན་འདས་རྣམས་ཀྱི་ཆོས་ཐམས་ཅད་ཐུགས་སུ་ཆུད་པར་འགྱུར་བའི་གཟུངས་སྔགས་ཆོས་ཀྱི་སྒོ་ཞེས་བྱ་བ་འདི་བཤད་དོ། །ཏདྱ་ཐཱ། བ་བ་ར། པྲ་ཏུ་བ་བ་ར། པྲཛྙཱ་བ་ར། བུད་དྷ་བ་བ་ར། སད་དྷརྨ་བ་བ་ར། ཤུ་བྷ་བ་བ་ར། སརྦ་དྷརྨ་སྐན་དྷ་བ་བ་ར། བཛྲ་པྲ་ཏི་བ་བ་ར། ཏི་ཐྲ་ཏ་བ་བ་ར་སྭཱ་ཧཱ། གང་གི་ཚེ་སངས་རྒྱས་བཅོམ་ལྡན་འདས་ཀྱིས་གཟུངས་སྔགས་འདི་བཤད་པ་དེའི་ཚེ་བྱ་རྒོད་ཀྱི་ཕུང་པོའི་རི་ལ་གནས་པའི་འཁོར་ཐམས་ཅད་ཀྱིས་ཐོས་སོ། །རི་གླང་རུའི་ཟོམ་ན་བཅོམ་ལྡན་འདས་བྱང་ཆུབ་སེམས་དཔའ་ཐམས་ཅད་ཀྱི་ཚོགས་དང་ཐབས་ཅིག་ཏུ་བཞུགས་པ་ཡང་མཐོང་ངོ་། །དེ་ནས་བཅོམ་ལྡན་འདས་ཀྱིས་ལྷ་མོ་དྲི་མ་མེད་པའི་འོད་དང་། གཞོན་ནུ་རྡོ་རྗེ་སྲེ་ལ་བཀའ་སྩལ་པ། ཁྱོད་ཀྱིས་གཟུངས་སྔགས་འདིས་ངའི་ལས་ཀྱིས་ལ། ལི་ཡུལ་གྱི་ཡུལ་འཁོར་ཁྱོད་ལ་གཏད་པས། ཡོངས་སུ་བསྲུང་བར་གྱིས་ཤིག །དེའི་ཚེ་ལྷ་མོ་དྲི་མ་མེད་པའི་འོད་དང་། བྱང་ཆུབ་སེམས་དཔའ་རྡོ་རྗེ་སྲེས་འདི་སྐད་ཅེས་གསོལ་ཏོ། །བཅོམ་ལྡན་འདས་ལི་ཡུལ་གཏད་པ་འདི་བདག་ཅག་གིས་མཆོད་པར་འཚལ་ལོ།། །།དྲི་མ་མེད་པའི་འོད་ཀྱིས་ཞུས་པ། བམ་པོ་གཉིས་པ། དེའི་ཚེ་བཅོམ་ལྡན་འདས་ཀྱིས་དྲི་མ་མེད་པའི་འོད་དང་། གཞོན་ནུ་རྡོ་རྗེ་སྲེའི་དོན་གྱི་ཕྱིར་གཟུངས་སྔགས་གཞན་བཤད་པ། ཏདྱ་ཐཱ། ནི་ཛེ་ཏེ། བཛེ་ཏེ། བཛེ་ཏེ། ཛྷ་ཁྲི་ཏེ་སརྦ་སྐན་དྷ་ཨ་བ་ར་ཛེ་ཏེ། ཨིན་དྲ་བཛེ་ཏེ། ཕུ་སྭཱ་ཧཱ། དེའི་ཚེ་སངས་རྒྱས་བཅོམ་ལྡན་འདས་རིན་ཆེན་སྙིང་པོ་ལ་སོགས་པ་གང་དག་ལ་ལྷ་མོ་དྲི་མ་མེད་པའི་འོད་ཀྱི་སྔོན་སངས་རྒྱས་ཉིད་དུ་ཐོག་མ་སེམས་

223叶A面：

།བསྐྱེད་པ་དེ་དག་ཀྱང་དེར་གཤེགས་སོ། །གཞོན་ནུ་རྡོ་རྗེ་སྲེས་ཀྱང་ཡོན་ཕུལ་ལོ། །སངས་རྒྱས་བཅོམ་ལྡན་འདས་དེ་བཞིན་གཤེགས་པ་ཀུན་ཏུ་གཟིགས་པ་དེ་ལས་སྔོན་སངས་རྒྱས་ཉིད་དུ་ལུང་བསྟན་པ་ཐོབ་བོ། །དྲི་མ་མེད་པའི་འོད་ཀྱིས་སངས་རྒྱས་ཀྱི་ཞིང་འོད་ཀྱི་རྒྱལ་པོ་ཞེས་བྱ་བ་དེར་བྱང་ཆུབ་ཐོབ་པར་གྱུར་ཏེ། དེ་བཞིན་གཤེགས་པ་ཟླ་བའི་རྒྱལ་མཚན་ཤིན་ཏུ་འཕགས་པའི་འོད་ཟེར་གྱི་འོད་ཀྱི་རྒྱལ་པོ་ཞེས་བྱ་བར་འགྱུར་རོ། །གནས་པ་ཞེས་བྱ་བའི་བསྐལ་པ་ལ་འཇིག་རྟེན་གྱི་ཁམས་བུད་མེད་དུ་གྲགས་པ་ཞེས་བྱ་བར། དེ་བཞིན་གཤེགས་པ་ཆོས་ཀྱི་སྒྲ་སྒྲོགས་

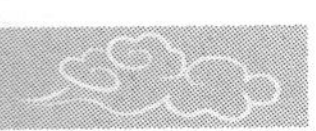

ཕྱག་ན་རིན་ཆེན་མཛོད་བརྣམས་ཞེས་བྱ་བར་འགྱུར་རོ། །གང་གི་ཚེ་ལྷ་མོ་དེ་ལ་དེ་ལྟར་སངས་རྒྱས་བཅོམ་ལྡན་འདས་ཀྱིས་ལུང་བསྟན་པ་དེའི་ཚེ། དེ་ལུང་བསྟན་པའི་ཕྱིར་སངས་རྒྱས་བཅོམ་ལྡན་འདས་ཀྱིས་འོད་ཟེར་བཏང་སྟེ། གང་གི་ཚེ་ལྷ་མོ་དྲི་མ་མེད་པའི་འོད་ཀྱིས་ལུང་བསྟན་པ་དེ་ཐོབ་པ་དེའི་ཚེ་དེར་བྱང་ཆུབ་སེམས་དཔའ་སེམས་ཀྱི་ཚོག་ཅེས་བྱ་བར་གྱུར་ཏོ། །དེ་ཕྱིན་ཅད་སངས་རྒྱས་ཀྱི་ཞིང་ཐམས་ཅད་ན་གནས་པའི་སངས་རྒྱས་བཅོམ་ལྡན་འདས་རྣམས་ཀྱིས་ཀྱང་ལུང་བསྟན་ཏོ། །བསྐལ་པ་བཟང་པོའི་བྱང་ཆུབ་སེམས་དཔའ་རྣམས་ཀྱིས་ཀྱང་བྱང་ཆུབ་གང་ལ་ཁྱོད་གནས་པ་དེ་ནི་ཤིན་ཏུ་དཀོན་པ་ཡིན་ནོ་ཞེས་སྨྲས་སོ། །སངས་རྒྱས་བཅོམ་ལྡན་འདས་གང་དག་སྔོན་སངས་རྒྱས་བཅོམ་ལྡན་འདས་ཤཱཀྱ་ཐུབ་པའི་ཐད་དུ་འོད་ཟེར་གཏོང་བའི་སངས་རྒྱས་བཅོམ་ལྡན་འདས་དེ་དག་གིས་ཀྱང་གསུང་གཅིག་ཏུ་འཕྲུལ་པར་གཟུངས་སྔགས་བཤད་པ། ཏདྱ་ཐཱ། ཏུ་ཐཱ་ཏུ། ལོ་ཀཱ་ཀྲ། ཏ་ཐཱ་ག་ཏ། ཀ་པ་པ་བི། ཀ་ར་ཛཱི། ཕྲ་ཏ་ཀོ་ཏེ། བི་བི་དྲ་དྲ་ཁ་ཤ་ར། སས་སས་སས་སས། ཧྲ་ཧྲ་ཕྲ་ཧྲ། པ་པ་ད་ཀ་ར་ན་ས། བ་ར་ན་བ་བ་བ་བ། ཨ་ས་ཙ་ཏུ་ན་ན། ཙ་པ་བ་ར་ཊན།ཀ་ཀ་ཀོ་ཊ་ནྲ་ཛྙཱ་ཨཙྪ་ཀ་ར་ཊ་ས་ཧྲ་དྲ། ཀ་ར་ཊ་སྭཱ་ཧཱ། གཟུངས་སྔགས་འདི་ནི་ལུང་སྟོན་པ་ཞེས་བྱ་སྟེ། གཟུངས་སྔགས་འདིས་སངས་རྒྱས་བཅོམ་ལྡན་འདས་རྣམས་ཀྱིས་བྱང་ཆུབ་སེམས་དཔའ་རྣམས་བླ་ན་མེད་པ་ཡང་དག་པར་རྫོགས་པའི་བྱང་ཆུབ་ཏུ་ལུང་སྟོན་པར་མཛད་དེ། མཚན་ལན་

223叶B面：

གསུམ་ཉིན་ལན་གསུམ་དུ་བཟླས་བརྗོད་བྱས་ན་ཕྱིར་མི་ལྡོག་པར་གྱུར་ཏེ། སངས་རྒྱས་ཀྱི་བྱང་ཆུབ་ཏུ་ལུང་བསྟན་པ་ཡང་ཐོབ་པར་འགྱུར་རོ། །གང་གི་ཚེ་ལྷ་མོ་དྲི་མ་མེད་པའི་འོད་ཀྱིས་སངས་རྒྱས་ཉིད་དུ་ལུང་བསྟན་པ་ཐོབ་པ། དེའི་ཚེ་དེས་བཟོད་པ་ཆེན་པོ་ཐོབ་པར་འགྱུར་ཏེ། དེའི་ཚེ་དེས་སྨོན་ལམ་བཏབ་པ། ཇི་སྲིད་དུ་ལི་ཡུལ་དུ་འཇིགས་པ་ཆེན་པོ་འབྱུང་པར་འགྱུར་བ་དེ་སྲིད་དུ་བདག་བུད་མེད་ཀྱི་གཟུགས་སུ་སྣང་བར་གྱུར་ཏེ། སྨོན་ལམ་བཏབ་པ་དེས་ན་དེའི་ཚེ་བདག་སྐར་རྫོའི་རྒྱལ་པོའི་བུ་མོར་སྐྱེ་བ་ལེན་པར་གྱུར་ཅིག་ཅེས་བྱས་སོ། །དེ་བཞིན་གཤེགས་པ་ཟླ་བའི་རྒྱལ་མཚན་ཤིན་ཏུ་འཕགས་པའི་འོད་ཟེར་གྱི་འོད་ཀྱི་རྒྱལ་པོ་ལ་ཕྱག་འཚལ་ལོ། །དེ་བཞིན་གཤེགས་པ་ཆོས་ཀྱི་སྒྲ་སྒྲོགས་ཕྱག་ན་རིན་ཆེན་མཛོད་བརྣམས་ལ་ཕྱག་འཚལ་ལོ། །ཞེས་སངས་རྒྱས་ཀྱི་མཚན་འདི་གཉིས་སུ་བརྗོད་པ་ནི་བུད་མེད་དུ་སྐྱེ་བ་ལས་ཐར་བར་འགྱུར་ཏེ། འཇིག་རྟེན་གྱི་ཁམས་དེར་སྐྱེ་བར་འགྱུར་རོ། །ཚེ་དང་ལྡན་པའི་དམ་པ་ཇི་ལྟ་བུ་འདོད་པ་དེ་བཞིན་དུ་འགྲུབ་པར་འགྱུར་རོ། །སེམས་ཅན་དམྱལ་བར་སྐྱེ་བའི་ལས་རྣམས་ཀྱང་བཤགས་པར་འགྱུར་རོ། །བླ་ན་མེད་པ་ཡང་དག་པར་རྫོགས་པའི་བྱང་ཆུབ་ལས་ཀྱང་ཕྱིར་མི་ལྡོག་པར་འགྱུར་རོ། །སྣ་ཐེ་དན། ད་ད་ད་ད། པདྨ་ཀེ་ས། ཕྲདྨ་ཀེ་རེ། པ་ར་ཕྲདྨ། ཕྲ་ཏ་ཏ་ཏ་སྭཱ་ཧཱ། གཟུངས་སྔགས་འདི་ནི་བྱང་ཆུབ་ཀྱི་ཡན་ལག་གི་མེ་ཏོག་ཅེས་བྱ་སྟེ། ཆོས་ཇི་ལྟ་བུ་འདོད་པ་དེ་ལྟ་བུ་འཐོབ་པར་འགྱུར་རོ། །བདུད་ཀྱི་རིས་ཀྱི་ལྷ་རྣམས་ཀྱིས་ཀྱང་སངས་རྒྱས་སུ་བསྒྲུབ་པ་ལ་བར་ཆད་བྱེད་མི་ནུས་ཤིང་གླགས་རྙེད་པར་མི་འགྱུར་རོ། །དྲན་པ་དང་ཡང་ལྡན་པར་འགྱུར་རོ། །སེམས་ཀྱང་ཕྱིན་ཅི་ལོག་ཏུ་མི་འགྱུར་རོ། །གང་གི་ཚེ་སངས་རྒྱས་བཅོམ་ལྡན་འདས་ཀྱིས་གཟུངས་སྔགས་འདི་བཤད་པ་དེའི་ཚེ་ལྷ་མོ་དྲི་མ་མེད་པའི་འོད་ཀྱིས་སྨོན་ལམ་བཏབ་པ། བདག་གིས་དེར་སྐྱེ་བ་བླངས་ཏེ་སྐར་རྫོའི་རྒྱལ་པོའི་བུ་མོར་གྱུར་ནས་གསེར་གྱི་ཡུལ་གང་དུ་བདག་གི་ཕ་མ་གྱུམ་པའི་སྡུག་བསྔལ་གྱིས་བདག་སྐྱོ་བར་གྱུར་པ་དེར་བདག་འགྲོ་བར་གྱུར་ཅིག་ཅེས་བྱས་སོ། །དེའི་ཚེ་འཁོར་དེའི་ནང་ན་

224叶A面：

།རྒྱལ་པོ་མ་སྐྱེས་དགྲའི་གྲོང་ཁྱེར་སྐྱོང་བའི་རིགས་ཀྱི་བུ་གཞན་ཞིག་འདུག་པ་དེས་འདི་སྐད་ཅེས་སྨྲས་སོ། །བདག་ཁྱེད་ཀྱི་ཁྱིམ་ཐབ་ཏུ་གྱུར་ལ། བདག་གི་ཁྱིམ་ན་ཁྱོད་བུད་མེད་ཀྱི་ལུས་ཀྱིས་ལས་དེ་དག་བྱེད་ཅིང་བདག་གིས་ཀྱང་དེར་བར་ཆད་བྱེད་པར་མི་འགྱུར་བ་དང་། ཁྱོད་ཀྱི་ཡུལ་གྱི་ཕྱིར་དང་། སངས་རྒྱས་ཉིད་བསྒྲུབ་པའི་བར་གྱི་ལས་ཅི་བྱེད་པ་དེ་དག་ཐམས་ཅད་བདག་གི་ཁྱིམ་དུ་བྱེད་ཅིང་དགའ་བའི་ལས་དེ་དག་ཐམས་ཅད་ཀྱང་དྲན་པར་གྱུར་ཅིག་ཅེས་བྱས་སོ། །དེ་ན་གྲོང་ཁྱེར་སྐྱོང་བ་དེའི་བུར་གྱུར་པ་ཞིག་ཡོད་པ་དེས་སྨྲས་པ། གང་

གི་ཚེ་སྟོན་ཁྱོད་དགེ་བསྙེན་མ་ཧུ་ཤ་ཞེས་བྱ་བར་གྱུར་པ་དེའི་ཚེ་བདག་ཁྱོད་ཀྱི་བུར་གྱུར་ཅིག་ཅེས་བདག་གིས་སྨོན་ལམ་བཏབ་ནས། དེ་ཕྱིན་ཅད་ཚེ་རབས་ཐམས་ཅད་དུ་ཁྱོད་ནི་བདག་གི་མར་གྱུར་ལ། བདག་ནི་ཁྱོད་ཀྱི་བུར་གྱུར་ཏོ། །གང་གི་ཚེ་ཁྱོད་གསེར་གྱི་ཡུལ་དུ་སྨོན་ལམ་ཆེན་པོའི་དབང་གིས་ལས་བྱེད་པར་འགྱུར་བ་དང་། གང་གི་ཚེ་ཡུལ་དེར་གནོད་པ་ཆེན་པོ་བྱུང་བ་དེའི་ཚེ་ཡང་ཅི་ནས་ཀྱང་བདག་དེར་སེམས་ཅན་ཐམས་ཅད་གནོད་པ་ལས་ཐར་བར་བྱ་བའི་ཕྱིར་གྲོགས་སུ་འགྱུར་བ་དང་། ཡུལ་དེ་ན་རྒྱལ་པོ་མེད་པར་ཡང་བདག་གིས་ཆོས་བཞིན་དུ་སྐྱོང་བ་དང་། བདག་གཞན་གྱིས་བཀོལ་བར་མི་འགྱུར་བ་དང་། སངས་རྒྱས་ཉིད་དུ་འགྱུར་གྱི་བར་དུ་བདག་ཁྱོད་ཀྱི་བུར་འགྱུར་ཞིང་། ཁྱོད་ཀྱང་བདག་གི་མར་གྱུར་ཅིག་ཅེས་བྱས་སོ། །དེའི་ཚེ་འཁོར་དེའི་ནང་ན་ལྷ་མོ་དྲི་མ་མེད་པའི་འོད་དེའི་ཕྱི་བཞིན་དུ་འབྲང་བའི་རིགས་དང་ལྡན་པའི་བུད་མེད་ཅིག་འདུག་པ་ང་རྒྱལ་གྱིས་ཤིན་ཏུ་ཁེངས་ཤིང་རྒྱགས་ལ། འདོད་ཆགས་ཀྱི་སེམས་དང་ཤིན་ཏུ་ལྡན་པ་དེས་སྨོན་ལམ་བཏབ་པ། བདག་ཀྱང་ཁྱོད་ཀྱི་ནུ་མོར་གྱུར་ཏེ། གཞོན་ནུའི་ཚེ་བདག་གིས་སྐྱེས་བུ་མང་པོ་དག་དང་འདོད་པའི་འདོད་ཆགས་ཀྱི་ཕྱིར་བགད་པ་དང་། རྩས་པ་གང་ཡིན་པའི་བདག་གི་ལས་དེ་དག་ཐམས་ཅད་བྱང་བར་གྱུར་ཅིག་ཅེས་བྱས་སོ། །འཁོར་དེའི་ནང་ན་སྐྱེས་པ་གཞན་ཞིག་སངས་རྒྱས་བཅོམ་ལྡན་འདས་ཀྱི་སྤྱན་སྔར་འདུག་པ་དེས་རིགས་དང་ལྡན་པའི་བུད་མེད་དེ་ལ་སྨྲས་པ། གང་ཁྱོད་ཀྱིས་ངའི་ཕྱིར་གསང་བའི་དོན་གྱི་དམ་བཅས་

224叶B面：

པ་དེ་ནི་ངས་མི་གཏོང་ཞེས་བྱས་ནས། དེའི་ཚེ་དེས་སྨོན་ལམ་བཏབ་པ། གང་གི་ཚེ་མ་འོངས་པ་ན་རིགས་དང་ལྡན་པའི་བུད་མེད་འདི་ལྷ་མོ་དྲི་མ་མེད་པའི་འོད་དང་ལྷན་ཅིག་ཏུ་ལི་ཡུལ་ན་གནས་ཤིང་ལས་ཆེན་པོ་བྱེད་པར་འགྱུར་བ་དེའི་ཚེ་བདག་གིས་ལས་འདི་གཤགས་ཏེ་འཁོར་བ་ནས་འབྱུང་བ་འཐོབ་པར་གྱུར་ཅིག་ཅེས་བྱས་སོ། །དེའི་ཚེ་ལྷ་མོ་དྲི་མ་མེད་པའི་མིང་པོ་བྱང་ཆུབ་སེམས་དཔའ་རྗེ་ཛྫེ་སྙེས་བཅོམ་ལྡན་འདས་ཀྱི་སྤྱན་སྔར་ཕུས་མོའི་ལྷ་ང་ས་ལ་བཙུགས་ཏེ་ཐལ་མོ་སྦྱར་ནས་འདི་སྐད་ཅེས་གསོལ་ཏོ། །བཙུན་པ་བཅོམ་ལྡན་འདས་བདག་གསེར་གྱི་རིགས་སུ་ཆོས་དང་ལྡན་པའི་རྒྱལ་པོར་གྱུར་ཏེ། ཡུལ་རྣམ་པར་བགྱི་བའི་སྐད་དུ་ལྷ་མོ་དྲི་མ་མེད་པའི་འོད་ཀྱི་གྲོགས་སུ་གྱུར་ལ། ལི་ཡུལ་གྱི་ཡུལ་འཁོར་རྣམ་པར་བགྱི་བའི་སྐད་དུ་གསེར་གྱི་ཡུལ་གང་དུ་དགེ་བསྙེན་མ་ཧུ་ཤ་ཞེས་བྱ་བ་གནས་པར་གྱུར་པ་དེར་ནོར་སའི་འོག་ཏུ་བཞག་པ་དང་། མི་ཤི་བ་རྣམས་ཀྱི་དུར་ཁྲོད་ན་ཡོད་པ་གང་ཡིན་པ་དང་། དགེ་བསྙེན་མ་ཧུ་ཤའི་ནོར་དུ་གྱུར་པ་གང་ཡིན་པ་དེ་དག་ཐམས་ཅད་བདག་གིས་བཙལ་ཏེ། གསེར་ལ་སོགས་པ་ནོར་མང་པོ་རྣམས་སྤེལ་བར་བགྱིའོ། །ལྷ་མོ་དྲི་མ་མེད་པའི་འོད་འདི་ཡང་སངས་རྒྱས་བཅོམ་ལྡན་འདས་ཀྱི་སྤྱན་སྔར་ལི་ཡུལ་གྱི་སྐད་དུ་ནོར་རྣམས་དབུལ་བར་བགྱིད་དོ། །གང་གི་ཚེ་ཡུལ་དེར་གནོད་པ་འབྱུང་བ་དེའི་ཚེ་ཡང་ལྷའམ། ཀླུའམ། གནོད་སྦྱིན་ནམ། འབྱུང་པོ་གང་སུ་དག་ནོར་དེ་ལ་བགེགས་བྱེད་པར་མི་འགྱུར་རོ། །ཡུལ་དེའི་སྲུང་མར་གྱུར་པ་གང་ཡིན་པ་དེ་དག་ཐམས་ཅད་ཀྱང་ཅི་ནས་ནོར་དེ་རྙེད་པར་འགྱུར་བར་རང་ཉིད་གྲོགས་བྱེད་པར་འགྱུར་རོ། །སྔོན་གྱི་གསེར་གྱི་རི་གང་དུ་དགེ་བསྙེན་མ་ཧུ་ཤ་བྱུང་བར་གྱུར་པ་དེར་བུད་མེད་གཞན་ཞིག་བྱུང་སྟེ། དེས་སྦྱིན་པ་མང་པོ་བྱིན་ལ་ཚུལ་ཁྲིམས་ནི་དེས་མ་བསྲུངས་ཏེ། དེས་འདི་སྐད་དུ་བདག་གིས་སྦྱིན་པ་དག་བྱིན་པའི་བསོད་ནམས་བསགས་པ་གང་ཡིན་པ་དེས་ན་བདག་གསེར་གྱི་རིགས་ཀྱི་རྒྱལ་པོའི་བཙུན་མོ་དམ་པར་གྱུར་ལ། ཅི་ནས་ཀྱང་ལི་ཡུལ་དེ་རྣམ་པར་བྱ་བའི་ཕྱིར་ནོར་སྦྱིན་པར་བྱེད་པ་དེ་ལྟ་བུར་བདག་གྲོགས་སུ་གྱུར་ཅིག་ཅེས་བྱས་སོ། །དེའི་

225叶A面：

།ཚེ་ལྷ་མོ་དྲི་མ་མེད་པའི་འོད་ཀྱི་མིང་པོ་གཞོན་ནུ་རྗེ་ཛྫེ་སྙེས་འདི་སྐད་ཅེས་གསོལ་ཏོ། །གང་གི་ཚེ་དམག་གི་དཔུང་ཆེན་པོ་དེ་དག་ཕན་ཚུན་འཁྲེད་པར་འགྱུར་བ་དེའི་ཚེ་བདག་སྐར་རྫོའི་རྒྱལ་པོར་གྱུར་ནས། གང་གི་ཚེ་གདོང་དམར་དག་དམག་འདྲེན་པ་དེའི་ཚེ། བདག་གི་གསེར་གྱི་རིགས་ཀྱི་རྒྱལ་པོ་ལས་ནོར་བླངས་ཏེ། ལི་ཡུལ་རྣམ་པར་བགྱི་བའི་སྐད་དུ་ཆོས་བཞིན་དུ་སྐྱོང་བར་གྱུར་ཅིག་ཅེས་བྱས་སོ། །དེའི་ཚེ་

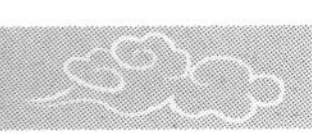

ན་རིགས་དང་ལྡན་པའི་བུད་མེད་གཞན་ཞིག་ལྷ་མོ་དེའི་གྲོགས་མོར་གྱུར་པས་དང་པོ་ཐོབ་པ་གང་ཡིན་པ་དེའི་འཁོར་དེར་འདུས་པར་གྱུར་ཏེ་འདུག་པ་དེས་སྨོན་ལམ་བཏབ་པ། བདག་ལི་ཡུལ་དུ་ཚེ་རབས་བདུན་གྱི་བར་དུ་རྒྱལ་པོའི་བཙུན་མོ་དམ་པར་གྱུར་ཅིག་གང་གི་ཚེ་དམག་གི་དཔུང་ཆེན་པོ་གང་ཡིན་པ་དེ་དག་ལི་ཡུལ་དུ་གཡུལ་འགྱེད་པའི་དུས་ལ་བབ་པ་དེའི་ཚེ་ནི་བདག་རྒྱ་ཡུལ་དུ་སྐྱེ་བ་ལེན་པར་གྱུར་ཅིག །གང་གི་ཚེ་གཞོན་ནུ་རྡོ་རྗེ་སྲེ་འདི་ལིའི་རྒྱལ་པོར་གྱུར་པ་དེའི་ཚེ་ནི་བདག་དེའི་བཙུན་མོ་དམ་པར་གྱུར་ནས། བདག་ཅག་གཉིས་ཀས་ལི་ཡུལ་སླར་རྟས་པར་བགྱི་བ་དང་། དགེ་འདུན་གྱི་ཀུན་དགའ་ར་བ་རྣམས་དང་། དགོན་པའི་གནས་རྣམས་དང་། མཆོད་རྟེན་ཆེན་པོ་དང་། དྲི་གཙང་ཁང་དང་། གདོང་དམར་རྣམས་ཀྱིས་བསྙིགས་པ་གང་ཡིན་པ་དེ་དག་ཀྱང་བདག་ཅག་གཉིས་ཀྱིས་སླར་གསར་དུ་བགྱིད་པར་གྱུར་ཅིག་ཅེས་བྱས་སོ། །གང་གི་ཚེ་དེ་དག་གིས་འཁོར་གྱི་ནང་དུ་སྨོན་ལམ་བཏབ་པ་དེའི་ཚེ་བཅོམ་ལྡན་འདས་རྡོ་རྗེ་རྒྱལ་མཚན་ཞེས་བྱ་བའི་ཏིང་ངེ་འཛིན་ལ་སྙོམས་པར་ཞུགས་སོ། །རྒྱལ་པོ་ཆེན་པོ་རྣམ་ཐོས་ཀྱི་བུ་དང་། གནོད་སྦྱིན་ཀུན་ཏུ་རྒྱལ་དང་། ཀླུའི་རྒྱལ་པོ་མ་དྲོས་པ་དང་། ལྷའི་བུ་བློ་གྲོས་རབ་ཏུ་བརྟན་པ་དང་། ལྷ་མོ་འཕྲོག་མ་བུ་དང་བཅས་པ་དང་། ལྷ་མོ་དྲི་མ་མེད་པའི་འོད་རྣམས་ཀྱང་དེའི་ཚེ་སངས་རྒྱས་ཡིད་ལ་བྱེད་པ་ཞེས་བྱ་བའི་ཏིང་ངེ་འཛིན་ལ་སྙོམས་པར་ཞུགས་སོ། །དེ་ནས་ཏིང་ངེ་འཛིན་ལས་ལངས་ཏེ། བཅོམ་ལྡན་འདས་ཀྱི་སྤྱན་སྔར་པུས་མོའི་ལྷ་ང་ས་ལ་བཙུགས་ནས་འདི་སྐད་ཅེས་གསོལ་ཏོ། །བཅོམ་ལྡན་འདས་བདག་ཅག་གིས་མ་འོངས་པའི་དུས་སུ་ལི་ཡུལ་དེ་བསྲུང་བའི་སྐད་དུ

225叶B面：

མཆོད་པར་འཚལ་ཏེ། ཇི་ལྟར་བཅོམ་ལྡན་འདས་ཀྱིས་བཀའ་སྩལ་པ་དེ་བཞིན་དུ་སྲུག་ལས་ཐམས་ཅད་འཚལ་ལོ། །དེ་ནས་འཁོར་དེར་འདུས་པ་གང་ཡིན་པའི་ལྷ་དང་། ཀླུ་དང་། གནོད་སྦྱིན་དང་། དྲི་ཟ་དང་། ལྷ་མ་ཡིན་དང་། ནམ་མཁའ་ལྡིང་དང་། མིའམ་ཅི་དང་། ལྟོ་འཕྱེ་ཆེན་པོ་དང་། མི་དང་མི་མ་ཡིན་པ་དེ་དག་ཐམས་ཅད་ཀྱིས་བཅོམ་ལྡན་འདས་ཀྱི་སྟེང་གི་ནམ་མཁའ་ལ་མེ་ཏོག་གི་ཆར་ཕབ་ནས་རོལ་མོའི་སྒྲ་རྣམ་པ་སྣ་ཚོགས་ཇི་ལྟ་བུས་སངས་རྒྱས་བཅོམ་ལྡན་འདས་ལ་མཆོད་པར་འོས་པ་རྣམས་ཀྱང་བསྒྲགས་སོ། །དེའི་ཚེ་འཁོར་དེའི་ནང་ན་རྣམ་ཐོས་ཀྱི་བུ་དང་། ཀུན་ཏུ་རྒྱལ་ལ་སོགས་པ་གང་དག་གི་ལག་ཏུ་ཡུལ་དེ་བསྲུང་བའི་ཕྱིར་གཏད་པ་དེ་དག་ལ་འདི་སྐད་ཅེས་བཀའ་སྩལ་ཏོ། །ཡུལ་བསྲུང་བའི་ཕྱིར་ཁྱེད་ཀྱི་ལག་ཏུ་ཡང་དང་ཡང་དུ་གཏད་དོ། །གང་གི་ཚེ་གདོང་དམར་དག་གིས་ཡུལ་བཟུང་སྟེ། དགེ་འདུན་གྱི་ཀུན་དགའ་ར་བ་དང་། དྲི་གཙང་ཁང་དང་། མཆོད་རྟེན་ཆེན་པོ་རྣམས་འཇིག་པར་བྱེད་ཅིང་སྲེག་པར་བྱེད་དེ། དེ་དག་གིས་ཅི་ནས་ཀྱང་ངའི་བསྟན་པ་གཞིག་པར་བྱ་བའི་ཕྱིར་སྨོན་ལམ་ལོག་པར་བཏབ་པས་རིང་པོ་མི་ཐོགས་པར་དེར་དམག་སྡེ་གཉིས་པོ་དེ་དག་ཕན་ཚུན་འགྱེད་པར་འགྱུར་བ་དེའི་ཚེ་ལྷ་མོ་དྲི་མ་མེད་པའི་འོད་ཀྱི་མིང་པོ་གཞོན་ནུ་རྡོ་རྗེ་སྲེ་ཉིད་གསེར་གྱི་རིགས་ཀྱི་ཡུལ་དེར་སོང་ནས། གསེར་གྱི་རིགས་ཀྱི་རྒྱལ་པོ་ལ་འདི་སྐད་ཅེས་སྨྲས་ཏེ། དྲི་མ་མེད་པའི་འོད་ཀྱིས་ཞུས་པའི་མདོ་བཅོམ་ལྡན་འདས་ཤཱཀྱ་ཐུབ་པས་བཀའ་སྩལ་པ་ཡོད་དེ། ལི་ཡུལ་ནས་འོངས་པ་འདི་ནི་སངས་རྒྱས་བཅོམ་ལྡན་འདས་དང་ལྷ་རྣམས་ཀྱིས་གསུངས་པ་ཡིན་ཏེ། སངས་རྒྱས་བཅོམ་ལྡན་འདས་རྣམས་དང་། ལྷ་རྣམས་ཀྱི་བཀའ་ནི་གཅོག་ཏུ་རུང་བ་མ་ཡིན་ནོ། །གདོང་དམར་གྱིས་ལི་ཡུལ་གྱི་ཡུལ་འཁོར་ཁྲེར་བའི་དུས་ལ་ནི་ད་བབ་སྟེ་རྒྱ་ནི་གསེར་གྱི་རིགས་ཀྱི་ཡུལ་དུ་འོང་བར་འདོད་དོ། །གང་གི་ཚེ་ཕན་ཚུན་གཡུལ་འགྱེད་པར་བྱེད་པ་དེ་ནི་འཇིགས་པ་ཆེན་པོ་ཡིན་ཏེ། གང་གི་ཚེ་གདོང་དམར་རྣམས་སྲུག་པར་གྱུར་པ་དེའི་ཚེ་གསེར་གྱི་རིགས་ཀྱི་ཡུལ་དུ་འགྲོ་བར་ཆས་སོ། །དེ་ལ་བཅོམ་ལྡན་འདས་ཀྱིས་བསྟན་པ་ནི་འདི་

226叶A面：

།ཡིན་ཏེ། གང་གི་ཚེ་གསེར་གྱི་རིགས་ཀྱི་ཡུལ་གདོང་དམར་མི་གཏོང་ལ། རྒྱང་ལ་གནོད་པ་བྱེད་དུ་མི་འོང་བ་དེའི་ཚེ་གསེར་གྱི་རིགས་ཀྱི་ཡུལ་དུ་མདོ་འདི་ཕྲིན་ཡིག་ཏུ་ཁྲེར་ལ། གསེར་གྱི་རིགས་ཀྱི་རྒྱལ་པོ་ལ་འདི་སྐད་དུ་འདི་ནི་སངས་རྒྱས་བཅོམ་ལྡན་འདས་དང་། ལྷ་རྣམས་ཀྱིས་བཀའ་སྩལ་པ་ཡིན་ཏེ། ལྷ་དང་མི་རྣམས་ཀྱིས་འགལ་བར་བྱར་མི་རུང་བ་ཡིན་གྱིས། བདག་གིས་ལི་ཡུལ་གྱི་སྐྱུད་སྦྱིན་པ་དང་སྐར་རྫོའི་དོན་

ཀྱི་ཕྱིར་ང་ལ་ནོར་མང་པོ་བྱིན་ཅིག་ཅེས་སྨྲས་ལ། གང་གི་ཚེ་ནོར་ཐོབ་པར་གྱུར་པ་དེའི་ཚེ་ཐོག་མར་ལི་ཡུལ་དུ་ནོར་རྫོངས་ལ་གདོང་དམར་ལ་སྐུར་ཅིག་ལི་ཡུལ་པ་རྣམས་ལ་ཡང་དེར་སྦྱིན་པར་བྱ་སྟེ། གང་གི་ཚེ་ལི་ཡུལ་དུ་སྐྱེས་བསྐུར་བ་ན། དེར་ཐོག་མར་སྐར་ཇོར་ཡང་བསྐུར་བར་བྱས་ནས། མིའི་ཡུལ་ཆོས་བཞིན་དུ་བྱའོ། །དེའི་ཚེ་འདི་སྐད་དུ་ང་ནི་གདོང་དམར་རྣམས་ཀྱི་ཐུན་མི་བྱེད་དེ། ངས་ལི་ཡུལ་གཟུང་གིས་ང་ལ་ནོར་བྱིན་ཅིག་དང་། དེ་དག་གིས་དམག་གི་དཔུང་ཆེན་པོ་ཡང་དེར་འོང་བར་མི་ནུས་སོ་ཞེས་སྨྲས་ཤིག །གང་གི་ཚེ་དེའི་དམག་ལི་ཡུལ་དུ་འོང་ན་དེར་མ་འོངས་ཤིག་དང་ཡུལ་དེ་ཅི་རི་བའི་རིན་ངས་སྦྱིན་ནོ། །ཅི་སྟེ་ཡུལ་བླུ་བའི་ཕྱིར། ཕྱིན་ཡིག་འདི་བཞིན་དུ་བྱེད་པར་འགྱུར་ན་བདག་ཅག་གིས་ལི་ཡུལ་ཐམས་ཅད་བསྡུས་ཏེ་འདུམ་པར་བྱའོ་ཞེས་བྱས་ན་རྗེ་བར་མི་ནུས་ཏེ་འདི་ལ་ཐེ་ཙོམ་མི་བྱའོ། །གང་གི་ཚེ་སངས་རྒྱས་བཅོམ་ལྡན་འདས་ཀྱིས་ལྷ་མོ་དྲི་མ་མེད་པའི་འོད་དང་། བྱང་ཆུབ་སེམས་དཔའ་རྡོ་རྗེ་སྙེ་ལ་དེ་སྐད་ཅེས་བསྟན་ནས། སངས་རྒྱས་བཅོམ་ལྡན་འདས་རྣམས་འོད་ཟེར་རྣམས་གཏོང་ཞིང་བྱང་ཆུབ་སེམས་དཔའ་རྣམས་གཏོང་བ་གང་ཡིན་པ་དེ་དག་དང་། ལྷ་ལ་སོགས་པ་འཁོར་དེར་འདུས་པ་གང་ཡིན་པ་དེ་དག་གིས་འདི་སྐད་ཅེས་གསུངས་སོ། །བདག་ཅག་གིས་ཀྱང་ལྷ་མོ་དྲི་མ་མེད་པའི་འོད་དེ་ལ་གང་གི་ཚེ་ཡུལ་དེར་གནོད་པ་བྱུང་བར་འགྱུར་བ་དེའི་ཚེ་དྲན་པར་འགྱུར་བའི་གཟུངས་སྔགས་དང་གཟུངས་སྔགས་གང་ཡིད་ལ་བྱས་ན་གཟུངས་སྔགས་ཆེན་པོ་གཞན་རྣམས་རྫོགས་པར་འགྱུར་བ་དེ་སྦྱིན་པར་བྱའོ། །འོན་ཀྱང་སངས་རྒྱས་ཡིད་ལ་བྱེད་པ་ཞེས་བྱ་བའི་ཏིང་ངེ་འཛིན་ཐོབ་པར་གྱུར་ཏེ། དེ་ལ་

226叶B面：

གནས་པས་སངས་རྒྱས་ཀྱི་ཞིང་ཐམས་ཅད་ན་སངས་རྒྱས་བཅོམ་ལྡན་འདས་རྣམས་བཞུགས་པ་རྣམས་མཐོང་ཞིང་དེ་དག་གིས་ཆོས་བཤད་པ་ཡང་ཐོས་པར་འགྱུར་ལ། ལྷ་རྣམས་ཀྱང་དམ་པ་སྲིན་པར་འགྱུར་རོ། །དེ་ནས་སངས་རྒྱས་བཅོམ་ལྡན་འདས་སྟོན་འོད་ཟེར་གཏོང་བ་གང་ཡིན་པ་དེ་དག་ཐམས་ཅད་ཀྱིས་ལྷ་མོ་དྲི་མ་མེད་པའི་འོད་ལ་ལེགས་སོ་ཞེས་བྱ་བ་བྱིན་ཏེ། འདི་སྐད་ཅེས་གསུངས་སོ། །ཁྱོད་ཀྱིས་ཡོངས་སུ་བསྐྱང་བའི་ཕྱིར། །ལི་ཡུལ་མཆོས་པ་གང་ཡིན་པ། །རྒྱལ་མཆོག་གིས་ནི་བཀའ་སྩལ་བཞིན། །ཤེས་རབ་ཆེན་པོས་དེ་བཞིན་ཐོས། །ས་སྟེང་གཞན་གྱིས་མི་ཚུགས་པའི། །གསང་སྔགས་ཀྱང་ནི་སྲིད་པར་བྱ། །གང་གི་ཚེ་ན་ལི་ཡུལ་དེར། །གནོད་འབྱུང་དུས་ལ་བབ་པ་ན། །དེ་ཚེ་དེད་ཀྱིས་དགོངས་པར་བྱ། །དེ་འདྲའི་ཤེས་རབ་དག་ཀྱང་སྲིད། །དེ་ཚེ་ཚངས་པ་ལ་སོགས་ལྷ། །ས་སྟེང་དབང་ཕྱུག་སུམ་ཅུ་གཉིས། །མགྲིན་གཅིག་འཐུན་པར་སྨྲས་པ་ནི། །ཀླུ་རྣམས་དང་ནི་གནོད་སྦྱིན་དང་། དེ་བཞིན་འབྱུང་པོ་ལྷ་མ་ཡིན། །མི་མ་ཡིན་དང་མི་རྣམས་ཀྱིས། །འཆེ་བར་མི་འགྱུར་གང་ཡིན་པའི། །གཟུངས་སྔགས་དེད་ཀྱིས་སྲིད་པར་བྱ། །ཏདྱ་ཐཱ། ཨིན་དྲ་དད་ཏ་ཧི་ཤུ་ལ་ཏ་ཤ་སན་ཕྱ་ཤ་ཟླན་རྣ་ནེ། ནི་ཙིན་དུ་ནེ། དུ་དུ་དུ་དུ། ཛ་ཛ་ཛ་ཛ། ཕུད་དྲི་ར། ནི་ཙིན་ན་དེ། ཧུ་ལ་ཧི་ལི། ཨ་ཤྲཱ་སྦ་ནེ། ན་ནི་ནེ་ནེ། ཕུ་ཕུ་ཕུ་ཕུ། ཨིན་དྲ་ཡུ་གི་ན། པི་ཤ་པི་ཤ་པི་ཤ་པི་ཤ་སྭཱ་ཧཱ། འདི་ནི་ཏ་གནས་ཞེས་བྱ་བའི་གཟུངས་སྔགས་ཡིན་ཏེ། གཟུངས་སྔགས་འདིས་ནི་རངས་བྱེད་ཀྱི་སྲིན་པོ་རྣམས་ཐུབ་ལ། སྲིད་སྒྲུབ་ཀྱིས་ཀྱང་སྨ་མི་སླན་པ་རྣམས་ཐུབ་པར་འགྱུར་རོ། །དེ་ནས་ཚངས་པ་ལ་སོགས་པ་ལྷ་རྣམས་དང་། འཁོར་དེ་དག་ཐམས་ཅད་ཀྱིས་འདི་སྐད་ཅེས་སྨྲས་སོ། །རིག་སྔགས་འདི་རྒྱལ་མཚན་གྱི་རྩེ་མོ་ལ་བཏགས་སམ། རྟའི་མགོ་ལ་བཏགས་སམ། རང་གི་མགུལ་དུ་བཏགས་ཀྱང་རུང་སྟེ། གང་དང་གང་དུ་གཡུལ་འགྱེད་དུ་འགྲོ་བ་དེ་གཞན་གྱིས་མི་ཐུབ་པར་འགྱུར་ཞིང་ཐམས་ཅད་དུ་རྒྱལ་བར་འགྱུར་ཏེ། ལྷ་ལ་བྱ་བ་བཞིན་དུ་གཙང་མས་བཅང་བར་བྱའོ། །ལི་ཡུལ་གྱི་བདག་པོ་རྒྱལ་པོ་དེས་ཀྱང་རས་ལ་འདྲུས་པ་ཆེན་པོའི་རི་མོ་བྲིས་

227叶A面：

།ཏེ། རྒྱལ་པོའི་ཕོ་བྲང་གཙང་མར་བྱས་ཏེ། ཐམས་ཅད་དུ་གདུགས་དང་རྒྱལ་མཚན་དང་བ་དན་གྱིས་བརྒྱན་ནས་བདུག་པ་སྣ་ཚོགས་ཀྱི་སྤོད་ཀྱིས་བདུགས་ཏེ། མེ་ཏོག་སྣ་ཚོགས་བཀྲམ་ཞིང་མེ་ཏོག་གི་ཕྲེང་བ་སྣ་ཚོགས་ཀྱིས་མཛེས་པར་བྱས་ལ། དེར་གཡོག་གི་བྱ་བ་བྱེད་པ་གང་ཡིན་པ་དེ་དག་གིས་ཀྱང་ཇི་ལྟར་རྒྱལ་པོ་བཙུན་མོའི་འཁོར་དང་བཅས་པ་རྣམས་སྤྱངས་པ་བཞིན་དུ་སྤྱང་བར་བྱ་ཞིང་གཙང་མས་གོས་དང་། ཟས་

དང་སྐོམ་གཙང་མར་བྱས་ཏེ། འདུས་པ་ཆེན་པོའི་རི་མོའི་གཟུགས་རྒྱལ་པོའི་གདན་ལ་བཞུགས་ནས་དེའི་མདུན་དུ་ས་གཞི་སྐྱོང་ནུལ་གྱིས་ལེགས་པར་བྱུགས་པ་ལ་དཀྱིལ་འཁོར་བྱའོ། །བདག་ཉིད་ཀྱང་ཁྲུས་ལེགས་པར་བྱས་ཤིང་གོས་གཙང་མ་བགོས་ལ། གཡོག་དེ་རྣམས་ཀྱང་དེ་བཞིན་དུ་བྱེད་དུ་གཞུག་གོ། །གང་གི་ཚེ་ས་གཞི་དག་པར་བྱེད་པ་དེའི་ཚེ། ཐོག་མར་བའི་རྣམ་ལྷས་རྒྱལ་པོའི་ཕོ་བྲང་ཐམས་ཅད་ཆག་ཆག་གདབ་པོ། །ཡང་ན་སྤོས་ཐམས་ཅད་ཀྱི་ཆུས་གདབ་པོ། །དེ་ནས་དཀྱིལ་འཁོར་ཁྲུ་བཅུ་དྲུག་པ་གྲུ་བཞི་ལྷམ་པར་བྱས་ལ། དེར་ཁ་ཟས་རོ་གསུམ་བརྒྱ་པ་དང་། འབྲུ་མར་དྲི་ཞིམ་པོས་བསྐོས་པའི་མར་མེ་སུམ་བརྒྱ་དྲུག་ཅུ་དང་། གདུགས་སྟོང་ཉིས་བརྒྱ་སུམ་ཅུ་དང་། བ་དན་སྟོང་ཉིས་བརྒྱ་སུམ་ཅུ་དང་། བུམ་པ་སུམ་ཅུ་རྩ་གཉིས་དང་། བུམ་པ་ཆེན་པོ་བཞི་དང་། ཟ་པོ་ཆེ་བཞི་གཞག་པར་བྱའོ། །གཟུངས་སྔགས་འདི་ཡང་དཀྱིལ་འཁོར་དེའི་དབུས་སུ་གཞག་པར་བྱའོ། །སིལ་སྙན་མང་པོ་དཀྲོལ་ཞིང་རོལ་མོའི་སྒྲ་མང་པོ་ཡང་བསྒྲག་པར་བྱའོ། །དེ་ནས་སྒྲུབ་པ་པོས་ཚངས་པ་ལ་སོགས་པ་ལྷ་རྣམས་ལ་བསྟོད་པ་གདོན་ཅིང་གཟུངས་སྔགས་འདི་ཡང་བཟླས་བརྗོད་བྱ་སྟེ། སྒྲུབ་པ་པོ་རངས་སྒྲུབ་པའི་ཟླ་གང་ལྷ་ཐམས་ཅད་ཀྱི་བསྟོད་པ་སྣ་ཚོགས་ཤེས་པ་གཞག་པར་བྱའོ། །ལས་འདི་ཞག་བདུན་གྱི་བར་དུ་བྱས་ནས་མཇུག་བཏུལ་ཏེ་ཞག་བདུན་པའི་ཉིན་པར་ཁྲུས་བྱའོ། །ལས་འདི་ནི་ཇི་ལྟར་སྔར་སྨོས་པ་དེ་བཞིན་དུ་ཚེས་ལྔ་ལ་བྱའོ། །སྒྲུབ་པ་པོ་ཉིད་ཀྱང་དཀྱིལ་འཁོར་གྱི་དྲུང་དུ་འདུག་པར་བྱའོ། །མིའི་ཐབ་ཁུང་ནི་གཉིས་ཏེ། གཅིག་ནི་སྒྲུབ་པ་པོའི་

227叶B面：

ཕྱིར་བྱའོ། །གཅིག་ནི་སྒྲུབ་པའི་ཟླ་བའི་ཕྱིར་བྱས་ལ། དེར་ལས་ཀྱིས་སྦྱིན་སྲེག་ལན་བརྒྱ་རྩ་བརྒྱད་བྱའོ། །ཏྲ་གནས་ཀྱི་གཟུངས་སྔགས་ཀྱང་ལན་བརྒྱ་རྩ་བརྒྱད་བཟླས་བརྗོད་བྱའོ། །རྩྭ་དུར་བའི་སྦྱིན་སྲེག་ཀྱང་ལན་བརྒྱ་རྩ་བརྒྱད་བྱའོ། །གུར་གུམ་གྱི་ཆུས་དཀྱིལ་འཁོར་གསེར་གྱི་ཁ་ཏོག་བཞིན་དུ་ཀྱུར་གྱི་བར་དུ་ཆག་ཆག་མང་དུ་གདབ་པར་བྱའོ། །སྦྱིན་སྲེག་གི་མར་ནི་དྲི་ཞིམ་པོས་བསྐོས་པས་སྦྱིན་སྲེག་བྱའོ། །དཀྱིལ་འཁོར་སྐྱོང་ནུལ་གྱིས་མཛེས་པར་བྱུགས་ལ། གང་གི་ཚེ་བཟླས་བརྗོད་རྫོགས་པ་ན་ཟ་པོ་ཆེ་རྡུང་ཞིང་རོལ་མོའི་སྒྲ་རྣམས་བསྒྲགས་ཏེ། དཀོན་མཆོག་གསུམ་ལ་མཆོད་པ་བྱས་ལ་ཐོག་མ་ཚེས་ལྔའི་ཉི་མ་ནུབ་ཀའི་དུས་སྐབས་སུ་ལས་འདི་བརྩམ་ཞིང་གསང་སྔགས་བཟླས་བརྗོད་བྱའོ། །ཡང་ན་ཚེས་དྲུག་གམ་བདུན་ལ་བརྩམ་པར་བྱའོ། །ནང་པར་གྱི་དུས་སྐབས་སུ་ཐོག་མར་མེ་ལྷ་སྤྱན་དྲངས་ལ། ཇི་ལྟར་སྔར་བསྟན་པ་བཞིན་དུ་རྩྭ་དུར་བའི་སྦྱིན་སྲེག་བྱའོ། །རོའི་ཁ་ཟས་དེ་དག་ཀྱང་ཕྱིར་ཕྱུང་ལ་གསར་པ་གཞན་གཞག་པར་བྱ་སྟེ། ཞག་གསུམ་མམ། ཞག་བདུན་གྱི་བར་དུ་སྦྱིན་སྲེག་ཟིན་པའི་རྗེས་ལ་རོའི་ཁ་ཟས་དེ་གསར་པ་རྣམས་གཞག་པར་བྱའོ། །དཀྱིལ་འཁོར་དེའི་དབུས་སུ་སངས་རྒྱས་ཀྱི་སྐུ་གཟུགས་དང་། དམ་པའི་ཆོས་དང་། སྐུ་གདུང་ཡང་གཞག་པར་བྱའོ། །དཀྱིལ་འཁོར་དེར་གདུགས་བཅུ་དང་། རྒྱལ་མཚན་བཅུ་དང་། བ་དན་བཅུ་དང་། ཟ་པོ་ཆེ་བཅུ་དང་། མེ་ཏོག་གི་ཕྲེང་བ་སུམ་བརྒྱ་དྲུག་ཅུ་དང་། མར་མེ་སུམ་བརྒྱ་དྲུག་ཅུ་རྣམས་གཞག་པར་བྱའོ། །ལས་དེ་ལྟར་བྱས་པའི་རྗེས་ལ་དཀྱིལ་འཁོར་དེ་ཉིད་དུ་ཚེས་བརྒྱད་ལ་བརྩམས་ཏེ། ཚེས་བཅྭ་ལྔའི་བར་དུ་འཕགས་པ་སྤྱན་རས་གཟིགས་དབང་ཕྱུག་གི་ཚོ་ག་རྒྱས་པར་བརྩམ་ཞིང་བཟླས་བརྗོད་བྱའོ། །གང་གི་ཚེ་ཏྲ་གནས་ཀྱི་གཟུངས་སྔགས་ཀྱི་ལས་དེ་དག་གིས་ལས་ཆེན་པོ་རྫོམ་མམ། ཡང་ན་གཡུལ་ཆེན་པོའི་ནང་དུ་འགྲོ་བར་འདོད་དམ། ཡང་ན་རྒྱལ་པོ་ཆེན་པོའི་དབང་ཕྱུག་གི་བདག་པོ་ཐོབ་པར་འདོད་ན་ཏྲ་གནས་ཀྱི་གཟུངས་སྔགས་འདི་ཇི་ལྟར་འདི་ལས་ཚོ་ག་རྒྱས་པ་སྔར་སྨོས་པ་དེ་བཞིན་དུ་བཟླས་བརྗོད་བྱས་

228叶A面：

།ནས། དེའི་ཚེ་ལྷ་རྣམས་དམ་པ་དང་། དབང་བསྐུར་བ་སྦྱིན་པར་བྱེད་དོ། །གང་གི་ཚེ་འཕགས་པ་སྤྱན་རས་གཟིགས་དབང་ཕྱུག་གི་ཚོ་ག་རྒྱས་པས་བཟླས་བརྗོད་བྱ་བར་རྫོམ་པ་ན་དཀྱིལ་འཁོར་དེ་ཉིད་དུ་སྔ་མའི་ལུགས་བཞིན་དུ་བྱས་ན། དེའི་ཚེ་སངས་རྒྱས་བཅོམ་ལྡན་འདས་སྟོན་འོད་ཟེར་བཏང་ཞིང་གཟུངས་སྔགས་བསྒྱུར་བ་གང་ཡིན་པ་དེ་དག་གི་ཐུགས་ལས་སྐྱེས་པས་སྐུ་བྱང་ཆུབ་སེམས་དཔའ་སྤྱན་རས་གཟིགས་

དབང་ཕྱུག་དང་། ལྷ་མང་པོ་དང་ཐབས་ཅིག་ཏུ་དེར་གཤེགས་ནས་དམ་པ་ཡང་སྟོན་པར་མཛད་དེ་ལས་འདི་ནི་ཇི་ལྟར་འདོད་པ་དེ་བཞིན་དུ་འགྲུབ་པ་ཡིན་ནོ། །གཟུངས་སྔགས་འདིའི་ལས་འདི་དག་ཚོ་ག་རྒྱས་པ་འདིའི་ལས་རྣམས་ནི་གང་གི་ཚེ་ལས་ཆེན་པོ་རྩོམ་མམ། ཡང་ན་དགྲ་མཐོང་ནས་གཡུལ་དུ་འགྲོ་བ་དེའི་ཚེ་བཟླས་བརྗོད་བྱས་ཏེ། ཡ་ལད་ལ་བཟླས་བརྗོད་བྱས་ན་བདག་ཉིད་བསྲུང་བར་འགྱུར་རོ། །དགྲ་སྟ་ལ་བཟླས་བརྗོད་བྱས་སམ། གཞུ་ལ་བཟླས་བརྗོད་བྱས་སམ། མདའ་ལ་བཟླས་བརྗོད་བྱས་ཏེ། དཀྱིལ་འཁོར་དེར་གུར་གུམ་ལ་ལན་བརྒྱ་རྩ་བརྒྱད་བཟླས་བརྗོད་བྱས་ནས་དམག་མི་ཐམས་ཅད་དང་། རྟ་ཐམས་ཅད་ཀྱི་དཔྲལ་བར་ཐིག་ལེ་བྱས་ལ་གྲོང་ཁྱེར་གྱི་སྒོ་རྣམས་སམ། རྒྱལ་པོའི་ཕོ་བྲང་ངམ། རྒྱལ་པོའི་ཁབ་ཀྱི་སྒོ་རྣམས་སུ་གུར་གུམ་དེས་བསྐུས་ན་ཐམས་ཅད་རྒྱལ་བར་འགྱུར་ཏེ། འཇིགས་པ་ཐམས་ཅད་ལས་ཡོངས་སུ་ཐར་བར་འགྱུར་རོ། །དེ་ནས་ཡང་ལྷ་རྣམས་ཀྱིས་གཟུངས་སྔགས་གཞན་བྱིན་ཏེ། ན་མོ་བྲ་ཧྨ་མ་ནེ། ན་མ་སརྦ་དེ་བ་ནཱ་ནཱ། ཏདྱ་ཐཱ། བྲཧྨ་མ་ནཱ། ཨིན་དྲི་དེ་བནྟཱ། ཕ་ཏི་ཐྲི་ཏེ། ཨ་ཤྭ་ནྣེ། བ་ར་ཨིཥྚི་ས་ཏ་བ་ཕསྨ་བ། ཏ་རེ། ཨཱ་མ་ཧྨ་ཀུ་པ་ག་ག་ཀྱི་ཤྲི་ལ་ཀ་ར། སརྦ་དེ་བ་སྭཱ་བྷཱ་སྭཱ་ཧཱ། འདི་ནི་ཚོལ་བའི་གཟུངས་སྔགས་ཡིན་ཏེ། ཇི་ལྟར་འདོད་པ་བཞིན་དུ་དཀྱིལ་འཁོར་དེར་བཟླས་བརྗོད་བྱའོ། །གུར་གུམ་ལ་ལན་བདུན་བཟླས་བརྗོད་བྱས་ན་རྟ་གནས་ཀྱི་གཟུངས་སྔགས་ཀྱི་སྐབས་སུ་སྟོར་བཤད་པའི་ལས་དེ་དག་ཐམས་ཅད་ཀྱང་བྱེད་པར་འགྱུར་ཏེ། ལན་བདུན་བཟླས་

228叶B面:

བརྗོད་བྱེད་པའི་མཆོད་པའི་ཚོ་ག་ནི་སྟོར་བཤད་པ་ཡིན་ནོ། །གང་གི་ཚེ་དམག་གི་ནང་དུ་འགྲོ་བ་ན་དེའི་ཚེ་གསང་སྔགས་འདི་དང་། རྟ་གནས་ཀྱི་གསང་སྔགས་ལན་བདུན་བཟླས་བརྗོད་བྱས་ན་སྟོར་བཤད་པའི་འོད་ཟེར་དང་། གཟུངས་སྔགས་རྣམས་དང་བཅས་པར་དམག་དཔོན་གྱི་རྒྱལ་མཚན་གྱི་རྩེ་མོ་ལ་གདགས་ཤིང་ལུས་ལ་ཡང་བཅང་བར་བྱའོ། །གང་གི་ཚེ་རྟ་གནས་ཀྱི་རིག་སྔགས་ཀྱི་བཟླས་བརྗོད་རྩོམ་པ་དེའི་ཚེ། ཞག་བདུན་གྱི་བར་དུ་ལྷའི་གནས་སུ་འགྲོ་བ་བཞིན་དུ་གཙང་སྦྲ་བྱས་ཏེ། སྤྱོད་པ་རྣམས་འདི་ལྟར་བྱའོ། །ཚེས་བཅུ་གསུམ་ལ་རྩོམ་ན་ནི་ཀུན་སྤང་བར་བྱའོ། །ཚེས་བཅུ་བཞི་ལ་རྩོམ་ན་ནི་ཤ་བཟའ་བར་མི་བྱའོ། །ཚེས་བཅོ་ལྔ་ལ་རྩོམ་ན་ནི་འབྲས་ཆན་འོ་མ་དང་སྦྱར་བའམ། འབྲས་ཀྱི་འོ་ཐུག་གམ། འབྲས་ཆན་དང་མར་བཟའ་བར་བྱ་སྟེ། ཆུ་བཏུང་བར་མི་བྱའོ། །དེ་ནས་ཡང་སངས་རྒྱས་བཅོམ་ལྡན་འདས་ཀྱིས་གཟུངས་སྔགས་འདི་བྱིན་ནོ། །ན་མ་ཤྲཱི་སུ་བརྗེད་ཏ་མ་པྲ་བ་ཕྶ་ས་སྱ། ཏདྱ་ཐཱ། ཕུད་བ་ནྡྲི། ཨ་སང་ག་པྲ་ཏེ། བསེ། བོ་དྷི་བོ་དྷི། དུ་བེ་ཤྲི་ས་རེ་ས་རེ། ཕིས་ཐེ་དུཿཁ་ཤྲཱིཾ་ཀ་ར་སརྦ་དུར་པྲ་ཛྙ་སེ་བ་ར་ཁྲི་ཏིཥྛི་ཏེ་སྭཱ་ཧཱ། གཟུངས་སྔགས་འདི་གང་དུ་རྟ་གནས་ཀྱི་རིག་སྔགས་བཟླས་བརྗོད་བྱེད་པ་དེར་བརྗོད་པར་བྱ་སྟེ། དངོས་གྲུབ་གང་འདོད་པ་དང་། ལས་གཞན་གང་བྱེད་ཀྱང་རུང་། ཡང་ན་གཉེར་འདོད་ན་ཡང་གཟུངས་སྔགས་འདི་ལན་སུམ་ཅུ་རྩ་གསུམ་བཟླས་བརྗོད་བྱའོ། །དེ་ནས་འཇིག་རྟེན་སྐྱོང་བ་བཞི་ལ་སོགས་པ། རྒྱལ་ཆེན་བཞིའི་རིས་ཀྱི་ལྷ་ཐམས་ཅད་ཀྱིས་ཐལ་མོ་སྦྱར་ཏེ་འདི་སྐད་ཅེས་གསོལ་ཏོ། །གནོད་སྦྱིན་ནམ། འབྱུང་པོ་ཇི་སྙེད་མཆིས་པ་དེ་དག་བཟློག་པའི་སླད་དུ་བདག་ཅག་གིས་གཟུངས་སྔགས་འདི་བཤད་པར་འཚལ་ཏེ། འབྱུང་པོ་དང་། རིམས་དང་ནད་ཐམས་ཅད་ཞི་བར་བགྱིད་པ་དང་། གཞན་ཡང་སྐྱེས་པ་འམ། བྱིས་པ་རྣམས་ཀྱི་ནད་གང་ཅི་ཡང་རུང་བ་དག་ལ་ལན་གསུམ་བསྲུང་བར་བགྱིའོ། །ཡང་ན་མདུད་པ་གསུམ་བགྱིས་ཏེ་བཏགས་ན་འབྱུང་པོས་བཏང་བའི་ནད་རྣམས་ཞི་བར་འགྱུར་རོ། །གང་གི་བུ་བཙས་ནས་མི་འཚོ་བ་དེས་ནི་བདག་ཉིད་ཀྱིས་བསྲུབ

229叶A面:

།པར་བྱ་སྟེ། བུ་རྣམས་ཀྱང་བསྲུང་བར་བྱའོ། །དེ་ནས་རྒྱལ་པོ་ཆེན་པོ་བཞིས་བཅོམ་ལྡན་འདས་ལ་འདི་སྐད་ཅེས་གསོལ་ཏོ། །བཅོམ་ལྡན་འདས་ཀྱིས་ཀྱང་གྲུབ་པ་སྩལ་བར་གསོལ། །དེའི་ཚེ་སངས་རྒྱས་བཅོམ་ལྡན་འདས་རྡོ་རྗེ་རྒྱལ་མཚན་གྱིས། གཟུངས་སྔགས་འདི་གསུངས་སོ། །ཏདྱ་ཐཱ། བད་ཀུ་ཏྲི། བ་ཛ་ལ་ཕུ་སྭཱ་ཧཱ། གཟུངས་སྔགས་འདི་བཅོམ་ལྡན་འདས་ཤཱཀྱ་ཐུབ་པ་དང་། རྡོ་རྗེ་རྒྱལ་མཚན་གྱིས་རྒྱལ་ཆེན་བཞིའི་རིས་ཀྱི་ལྷ་རྣམས་དང་། བྱང་ཆུབ་སེམས་དཔའ་སྤྱན་རས་གཟིགས་དབང་ཕྱུག་འགྲུབ་པར་བྱ་བའི་ཕྱིར་གསུངས་ཏེ། གང་གི་སྔ་ནས་ཁྲག

འབྱུང་བ་དང་། གང་གི་ལུས་ལ་རྨ་བྱུང་བ་དང་། ཡང་ན་གཞི་གཞན་ལས་གྱུར་ཏེ། བུད་མེད་རྣམས་ཀྱི་ལུས་ལས་ཁྲག་འཛག་ཅིང་འབྱུང་བ་ལ་སྐུད་པ་དམར་པོ་ལ་སྔགས་ལ་སྒྲི་བོར་གདགས་པར་བྱས་ཏེ། རྨ་ལ་ནི་བྱུག་པར་ཡང་བྱའོ། །ཇི་སྟེ་རིམས་སམ། འབྱུང་པོས་བཏང་བའི་ནད་དམ། སྐྲངས་པར་གྱུར་ན་དེ་ལ་སྐུད་པ་ལ་སྔགས་ནས་མདུད་པ་བཅུ་བྱས་ཏེ་མགུལ་དུ་གདགས་སོ། །གང་ལ་འབྲུ་བའམ། མཁྲིས་པ་ལས་གྱུར་བའི་འབྲུབ་ཡོད་པ་དེ་ལ་ནི་སྐུད་པ་སེར་པོ་ལ་མདུད་པ་བཅུ་བྱས་ཏེ་རྐེད་པ་ལ་གདགས་སོ། དེའི་ཚེ་བྱང་ཆུབ་སེམས་དཔའ་སྤྱན་རས་གཟིགས་དབང་ཕྱུག་གིས་གཟུངས་སྔགས་འདི་བཤད་དོ། །ན་མོ་རད་ན་ཏྲ་ཡཱ་ཡ། ན་མོ་ཨཱརྱ་བ་ལོ་ཀི་ཏེ་ཤྭ་རཱ་ཡ། བོ་དྷི་ས་ཏྭ་ཡ། མ་ཧཱ་ས་ཏྭ་ཡ། ཏདྱ་ཐཱ། ས་རེ་ས་རེ། བི་ས་རེ་བི་ས་རེ་བི་ཤ་ན་ཤ་ནི་ཡེ་སྭཱ་ཧཱ། འབྱུང་པོས་བཏང་བའི་ནད་ཐམས་ཅད་དང་རིམས་ནད་ཐམས་ཅད་རབ་ཏུ་ཞི་བར་བྱེད་པ་སྟེ། གང་གི་ཚེ་ནད་པ་ཤི་ལ་ཐུག་པར་གྱུར་ཏེ། མདངས་ཕྱོག་པས་སྲོག་གི་ཕྱིད་འཕྲོགས་པ་དེ་ལ་གཟུངས་སྔགས་འདི་བཟློད་པར་བྱའོ། །ཏདྱ་ཐཱ། བོ་དྷ་བོ་དྷ། ཨཱརྱ་བ་ལོ་ཀི་ཏེ་ཤ་ར། རཀྵི་པྲ་ཧྲ་སི་ཧྲུ་ཏ་ཛམ་ཧྲེ། ཕུ་ཕུ་ཕུ་ཕུ། ཀ་རུ་ལེ་ཕུ་སྭཱ་ཧཱ། གཟུངས་སྔགས་འདི་རིམས་ནད་ཐམས་ཅད་དང་། འབྱུང་པོའི་གདོན་ཐམས་ཅད་ཞི་བར་བྱ་བ་ལ་ལན་གསུམ་བཟློད་ལ་སྐུད་པ་ལ་མདུད་པ་གསུམ་བོར་ཏེ་གདགས་སོ། །བཟླས་བརྗོད་ནི་ཟན་ཟོས་པའི་འོག་ཏུ་བྱའོ། །གཟུངས་

229叶B面：

འདི་ནི་སངས་རྒྱས་ཐམས་ཅད་དང་སྤྱན་རས་གཟིགས་དབང་ཕྱུག་གིས་གསུངས་སོ། །ན་མོ་ཨ་སྟི་ཀ་ནྟ་ཛ་ཀ་རི་བུད་དྷ་སྱ། ཏ་དྱ་ག་ཏ་སྱ། ཏདྱ་ཐཱ་ཨང་གརེ། མང་ག་རེ་ཕུ་བ་ཙ་ག་རེ། ཕུ་བཛྲ། ཕུ་བུད་དྷ་ནྟ་ཛེ་ཕུ་ཏྲ་རེ་ཏེ་ཕུ་དྲི་པ་རེ་ཕུ་སྭཱ་ཧཱ། དུག་གི་གསང་སྔགས་ཡིན་ཏེ། གང་གིས་དུག་འཐུངས་སམ། ཕོལ་མིག་བྱུང་ངམ། རྨ་རིད་པ་ལ་ཁ་ཟས་སམ། ཡང་ན་ཆུའམ། སྨན་ནམ། ས་ལ་ལན་བདུན་བཟླས་བརྗོད་བྱས་ན་ཐམས་ཅད་ཞི་བར་འགྱུར་རོ། །དེའི་ཚེ་རྒྱལ་ཆེན་བཞིའི་རིས་ཀྱི་ལྷ་རྣམས་ཀྱིས་གཟུངས་སྔགས་བཤད་དེ། སྔར་གང་གི་ཡོན་ཏན་གསུངས་པ་དེ་དག་གི་མཚན་མས་བཤད་པའི་གཟུངས་སྔགས་བདག་ཅག་གིས་སྩལ་བར་བགྱིའོ། །ཏདྱ་ཐཱ། ཤྲཱན་ཏ་ཨུ་ཁི་བི་ཨུ་ཁི་བི་མ་ལེ། བི་ཨུ་ཁེ། ཪ་ཧྲ་ཁ་ཨུ་ལ་སྭཱ་ཧཱ། གཟུངས་སྔགས་འདི་ནི་འབྱུང་པོའི་རིམས་ཐམས་ཅད་དང་། ནད་བཞིའི་རིམས་རྣམས་དང་། ནད་འགོ་བ་ཞི་བར་བགྱིད་པ་སྟེ། གཟུངས་སྔགས་འདི་ནི་འབྱུང་པོ་རྣམས་ཀྱིས་འགལ་བར་བགྱིར་མི་ནུང་བ་ལགས་སོ། །གང་གི་ཚེ་རྟ་གནས་ཀྱི་རིག་སྔགས་བཟླས་བརྗོད་བགྱིད་པ་ན་ཐོག་མར་གསང་སྔགས་འདི་དག་གིས་སྐུད་པ་གདགས་པར་བགྱིའོ། །དཀྱིལ་འཁོར་གྱི་ནང་དུ་མཆི་བའི་ཚེ་ཡང་དེར་མཚམས་འཛིན་པ་འདི་དག་བཞག་པར་བགྱི་སྟེ། གཟུངས་སྔགས་རེ་རེ་ཡང་ལན་གསུམ་གསུམ་བཟློད་ལ་མདུད་པ་གསུམ་བོར་ཏེ། སངས་རྒྱས་ཀྱི་སྤྱན་སྔར་བདུག་པ་ཐམས་ཅད་ཀྱིས་བདུག་པར་བྱའོ། །དཀྱིལ་འཁོར་གྱི་མདུན་དེར་བྱང་ཆུབ་སེམས་དཔའ་སྤྱན་རས་གཟིགས་དབང་ཕྱུག་གི་རི་མོའི་གཟུགས་བྲིས་པ་བཞག་ལ་དུ་རུ་ཀའམ། ཨ་ག་རུ་ནག་པོའི་བདུག་པ་བསྲེག་པར་བགྱིའོ། །ལྷ་རྣམས་ལ་ནི་སྲུ་རྩི་པོག་དང་། གུ་ཡུལ་གྱི་བདུག་པ་བསྲེག་པར་བྱ་སྟེ། དེའི་ཚེ་འདི་སྐད་སྨོན་ལམ་གདབ་པར་བགྱིའོ། །ཇི་ལྟར་བདག་སངས་རྒྱས་བཅོམ་ལྡན་འདས་རྣམས་ཀྱིས་ཡུལ་གྱི་ཡུལ་འཁོར་བསྲུང་བའི་ཕྱིར་ལས་སུ་བཀའ་སྩལ་པ་དང་། ཇི་ལྟར་ལྷ་རྣམས་ཀྱིས་བདག་གི་གྲོགས་སུ་བགྱིའོ་ཞེས་དམ་བཅས་པ་དང་། སངས་རྒྱས་རྣམས་ཀྱིས་བཀའ་

230叶A面：

།སྩལ་པ་དང་། ལྷ་རྣམས་ཀྱིས་དམ་བཅས་པ་བཞིན་དུ་བདག་གི་ལས་འདི་དེ་བཞིན་དུ་དེས་གྲུབ་ཅིང་མཐར་ཕྱིན་པར་གྱུར་ཅིག་ཅེས་བགྱིའོ། །དེའི་ཚེ་སངས་རྒྱས་བཅོམ་ལྡན་འདས་ཐམས་ཅད་དང་། བྱང་ཆུབ་སེམས་དཔའ་ལག་ན་རྡོ་རྗེས་དེ་བཞིན་གཤེགས་པ་རྣམས་ཀྱི་མཚན་འདི་དག་བཤད་དོ། །དེ་བཞིན་གཤེགས་པ་གསེར་མཆོག་ལ་ཕྱག་འཚལ་ལོ། །དེ་བཞིན་གཤེགས་པ་ཀུན་ཏུ་གཟིགས་པ་ལ་ཕྱག་འཚལ་ལོ། །དེ་བཞིན་གཤེགས་པ་དྲི་མ་མེད་པར་སྣང་བ་ལ་ཕྱག་འཚལ་ལོ། །དེ་བཞིན་གཤེགས་པ་དགོངས་པ་ཐམས་ཅད་ཡོངས་སུ་རྫོགས་པ་ལ་ཕྱག་འཚལ་

ལོ། །དེ་བཞིན་གཤེགས་པ་རབ་ཏུ་འཇིགས་ཤིང་བག་ཚ་བ་དང་བྲལ་བ་དྲུང་སྟོང་ཆེན་པོར་གྲགས་པ་ལ་ཕྱག་འཚལ་ལོ། །ཏདྱ་ཐཱ། ཀ་ར་བ་ར། ཨི་རི་བ་ར། ས་སུ་ར་མ་མ་ར། བ་བ་ར། བུད་ཏྲ་ཨ་དྷིཥྛི་ཏེ། ཏནྟྲ་ཨ་དྷིཥྛི་ཏེ། སང་ག་ཨ་དྷིཥྛི་ཏེ། བཛྲ་ཨ་དྷིཥྛི་ཏེ། ཤ་ཀྲ་ཨ་དྷིཥྛི་ཏེ། བརྗོ་ཕྱ་ཏི་གུ་ཧྱ་ཀ་ཨ་དྷིཥྛི་ཏེ། པིད་ཏྲུ་ཨ་དྷིཥྛི་ཏེ། སརྦ་དེ་པ་ཨ་དྷིཥྛི་ཏེ་སྭཱ་ཧཱ། གཟུངས་སྔགས་འདི་ནི་ལག་ན་རྡོ་རྗེའི་གསང་བའི་ཡེ་ཤེས་ཆེན་པོའི་མདོ་ལས་གསུངས་ཏེ། ནད་ཐམས་ཅད་དང་། འཇིགས་པ་ཐམས་ཅད་རབ་ཏུ་ཞི་བར་བྱེད་པ་ཡིན་ནོ། །དེ་བཞིན་གཤེགས་པ་གནོད་པ་ཐམས་ཅད་གཅོད་པ་ལ་ཕྱག་འཚལ་ལོ། །དེ་བཞིན་གཤེགས་པ་ཤཱཀྱ་ཐུབ་པ་ལ་ཕྱག་འཚལ་ལོ། །ཏདྱ་ཐཱ། བཛྲ་ཀ་ར། ད་ར་མ་ར། ས་ར་བ་ཏ་ཏྲ། ཨ་ཁ་ཁ་བི་བི་སུ་ཁ་ནྡྲ་སྭཱ་ཧཱ། གཟུངས་སྔགས་འདི་ནི་དབང་བསྐུར་བའི་ཕྱིར་སངས་རྒྱས་བཅོམ་ལྡན་འདས་ཀྱིས་གསུངས་སོ། །ཨྠཱད་ཐེ་དན། དེ་བ་ཙ་ར་པ་ད་ནཱ་ར། མཧཱ་ཏཱ་ལ་ས་ནཱ་སེ་དེ་བ་ནཱ་ནཱ། ཕུ་ཥྚ་ཀ་ར། སརྦ་པཏྟ་ཀཱཏྲ། པུཥྤ་ནཱ་ནཱ། ཨཱ་ཏ་ར་མི་ཀ་ར་སིད་ཏྲ་ན་སྭཱ་ཧཱ། དབང་བསྐུར་བའི་ཕྱིར་འཁོར་ཐམས་ཅད་ཀྱིས་སྨྲས་སོ། །ཏདྱ་ཐཱ། ཚད་ཙ་ར་ཙ་ར་ཙ་ར། ཀ་ར་ཏུ་ཏུ་ར། ཀླ་ཧོ་ར་ར། ད་ད་ད། ཀ་ར་ཀླ་སྭཱ་ཧཱ། ཇི་ལྟར་བདུད་ཀྱི་དཔུང་གིས་སངས་རྒྱས་བཅོམ་ལྡན་འདས་རྡོ་རྗེའི་གདན་ལས་བསྐྱོད་མ་ནུས་པ་དེ་བཞིན་དུ་གསང་སྔགས་འདིས་གནོན་ཏུ་

230叶B面：

རྡོ་རྗེ་སྡེ་ཉིད་ཀྱིས་དམ་བཅས་པ་ལས་སུས་ཀྱང་བསྐྱོད་པ་འདམ། བཟློག་པར་མི་ནུས་སོ། །དེ་ནས་འཁོར་དེའི་ནང་ནས། དགོད་པས་ཕོག་པའི་ལྷ་མོ་དང་བུད་མེད་འཁོད་པ་གང་ཡིན་པ་དེ་དག་ཐམས་ཅད་ཀྱིས་ལྷ་མོ་དྲི་མ་མེད་པའི་འོད་ལ་འདི་སྐད་ཅེས་སྨྲས་སོ། །ཁྱོད་ཀྱིས་བུད་མེད་དུ་སྐྱེ་བ་ལས་ཐར་བར་འགྱུར་བའི་གཟུངས་སྔགས་བཅོམ་ལྡན་འདས་ལས་མནོས་ལ། བདག་ཅག་ལ་བྱིན་ཅིག་དང་། བདག་ཅག་གིས་ཁྱོད་ལས་གཟུངས་སྔགས་གཟུང་བར་བྱའོ། །དེ་ནས་དེའི་ཚེ་ལྷ་མོ་དྲི་མ་མེད་པའི་འོད་ཀྱིས། སངས་རྒྱས་བཅོམ་ལྡན་འདས་ལ་གཟུངས་སྔགས་གསོལ་ནས་བྱིན་ནོ། །ཏདྱ་ཐཱ། ཛ་ལོ་ཀ་མན་ཏ་པ། སརྦ་ཧྲུ་ཡ་སྲ་ཀ་ར་སྭཱ་ཧཱ། གཟུངས་སྔགས་འདི་ཅི་སུས་བརྗོད་པ་ནི་བུད་མེད་དུ་སྐྱེ་བ་ལས་ཐར་བར་འགྱུར་རོ། །ཏདྱ་ཐཱ། སརྦ་ཧྲུ་ཏྲ་ནྣཱ། སརྦ་དེ་ག་མ་ར། ག་ན་པ་ཤ་ར་ར་སྭཱ་ཧཱ། སངས་རྒྱས་ཐམས་ཅད་དང་། ལྷ་ཐམས་ཅད་ཀྱིས་གཟུངས་སྔགས་འདི་བཤད་དེ། འདིས་ནི་བར་ཆད་བྱེད་པར་མི་ནུས་སོ། །དེའི་ཚེ་ལྷ་མོ་དྲི་མ་མེད་པའི་འོད་ཀྱིས་སངས་རྒྱས་བཅོམ་ལྡན་འདས་རྣམས་དང་ལྷ་རྣམས་ལ་འདི་སྐད་ཅེས་གསོལ་ཏོ། །གཟུངས་སྔགས་གང་གིས་ཤེས་རབ་འཐོབ་པར་འགྱུར་བ་དང་གང་གིས་སངས་རྒྱས་བཅོམ་ལྡན་འདས་རྣམས་ཀྱིས་བཀའ་སྩལ་པ། དེ་བཞིན་དུ་སུག་ལས་དེ་དག་བསྲིད་ནུས་པར་འགྱུར་བ་དང་། བདག་ཅག་ལ་བར་ཆད་བགྱིད་མི་ནུས་པ་དང་། བདག་གི་བར་ཆད་བགྱི་བར་སློན་ལམ་འདེབས་པ་དེ་དག་གིས་ཀྱང་བདག་ལ་གཙེ་བར་མི་ནུས་པ་དང་། བདག་གིས་རིམ་གྱིས་སངས་རྒྱས་ཀྱི་ཞིང་ལས་བགྱིད་པར་འགྱུར་བ་དང་། སེམས་ཅན་ཐམས་ཅད་ཀྱི་ཆོས་དང་ལྡན་པའི་བསམ་པ་ཡོངས་སུ་རྫོགས་པར་བགྱིད་པར་འགྱུར་བའི་གཟུངས་སྔགས་དེ་བདག་ལ་སྩལ་དུ་གསོལ། དེའི་ཚེ་སངས་རྒྱས་བཅོམ་ལྡན་འདས་རྣམས་དང་། ལྷ་རྣམས་ཀྱིས་འདི་སྐད་ཅེས་གསུངས་སོ། །སུས་ཀྱང་སེམས་འཕྲུག་པར་བྱེད་མི་ནུས་པར་ངེད་ཀྱིས་གྲོགས་བྱའོ། །དེ་བཞིན་གཤེགས་པ་ཆོས་མངོན་པའི་དབང་ཕྱུག་ལ་ཕྱག་འཚལ་ལོ། །སངས་རྒྱས་ལ་ཕྱག་འཚལ་ལོ། །ཆོས་ལ་ཕྱག་

231叶A面：

།འཚལ་ལོ། །དགེ་འདུན་ལ་ཕྱག་འཚལ་ལོ། །དེ་བཞིན་གཤེགས་པ་ཤཱཀྱ་ཐུབ་པ་ལ་ཕྱག་འཚལ་ལོ། །ཏདྱ་ཐཱ། ཨ་ཧི་ཏི་ཀྲ། པིད་ད་ཧི། ཨ་ར་པིཏྲ་ཛ་བ་ར། ཀུ་མ་ས་སརྦ་ཨ་བ་ཧླི་ཡད་སྭཱ་ཧཱ། གཟུངས་སྔགས་འདི་སངས་རྒྱས་ཐམས་ཅད་ཀྱིས་དྲི་མ་མེད་པའི་འོད་ཀྱི་ཕྱིར་གསུངས་སོ། །ཏདྱ་ཐཱ། པྲ་ཛྙ་ཤ་ཀྲ་ཙ་ས་བ་ཏི། ཕུ་ར་སྲ་ག་ག་མ་ན། ཀུ་ས་མ་ན་ཛ་ནཱ་དྣ་ཏུ། པ་ར་མ་ཛཱི་ན་ན་ཛྙ་ར་ཛ་ར་ནི། ཛ་ནི་པི་པ་ན་ཀ་ར། ཀཱཪྵ་ད་ར་སྭཱ་ཧཱ། གཟུངས་སྔགས་འདི་སངས་རྒྱས་བཅོམ་ལྡན་འདས་རྣམས་ཀྱིས་དྲི་མ་མེད་པའི་འོད་ལ་སྟོང་བ་རྣམས་ཀྱིས་ཅི་ནས་ཀྱང་

སྡིག་པའི་ལས་བྱེད་མི་ནུས་པར་བྱ་བའི་ཕྱིར་གསུངས་ཏེ། སྐུད་པ་ལ་མདུད་པ་བདུན་བོར་ལ་མགུལ་དུ་བཏགས་ན་བར་ཆད་བྱེད་པའམ། ཕམ་པར་བྱེད་མི་ནུས་སོ། །ཏདྱ་ཐཱ། ཏ་དེ་ཧྲི་ཧྲ་ཏེ། ཡ་ཀུ་ན་མ་སྭཱ་ཧཱ། འཕགས་པ་སྤྱན་རས་གཟིགས་དབང་ཕྱུག་གིས་ལྷ་མོ་དྲི་མ་མེད་པའི་འོད་ཀྱི་སྡིག་པ་བསལ་བའི་ཕྱིར་བཤད་དེ། བསྲུང་བའི་ཕྱིར་སྐུད་པ་ལ་མདུད་པ་བདུན་བོར་ནས་མགུལ་དུ་བཏགས་ཏེ་ཟན་ཟོས་པའི་འོག་ཏུ་བརྗོད་པར་བྱའོ། །དེའི་ཚེ་ལྷ་མོ་དྲི་མ་མེད་པའི་འོད་ཀྱིས་འདི་སྐད་ཅེས་གསོལ་ཏོ། །གཟུངས་གང་གིས་མིག་ནད་ཞི་བར་འགྱུར་བ་དེ་ཡང་བདག་ལ་སྩལ་དུ་གསོལ། དེ་བཞིན་གཤེགས་པ་མིག་རྣམ་པར་སྦྱོང་བ་ལ་ཕྱག་འཚལ་ལོ། །དེ་བཞིན་གཤེགས་པ་མིག་གི་རབ་རིབ་ཀྱི་མུན་པ་ཞི་བར་མཛད་པ་ལ་ཕྱག་འཚལ་ལོ། །དེ་བཞིན་གཤེགས་པ་ཆོས་ཀྱི་སྤྱན་ལ་གནས་པ་ལ་ཕྱག་འཚལ་ལོ། །ཏདྱ་ཐཱ། ཏ་ཏ་ཙ་ཀླུ་ར་མ་ལ་བ། མ་ཧི་ས་ར་མ་མ་ཙཀླུཿ། །ཤྲོད་ཏྲ། ཕྲ་ཧྨ་ཀས་ཀ་ར་སྭཱ་ཧཱ། གཟུངས་སྔགས་འདི་སངས་རྒྱས་བཅོམ་ལྡན་འདས་རྣམས་ཀྱི་སྤྱན་སྔར་ལན་བརྒྱ་རྩ་བརྒྱད་བཟླས་བརྗོད་བྱས་ནས་ཉིན་གཅིག་བཞིན་དུ་ཆུ་ལ་ལན་བདུན་བཟླས་བརྗོད་བྱས་ཏེ་མིག་ལ་ཕྱི་བར་བྱའོ། །མིག་སྨན་ལ་ལན་ལྔ་བཟླས་བརྗོད་བྱས་ཏེ་བྱུག་པར་བྱའོ། །ན་མོ་བཛྲ་ནྡྷ་ར་སྱ། ཏ་ཐཱ་ག་ཏ་སྱ། ཏདྱ་ཐཱ། ཨིན་ཏི་ནི་པི་ཏི་ནི། ནི་ག་ར་ཨ་ག་རེ། བ་ཁ་རེ་ཕུ། ཀ་ཁ་བྲ་རེ་ཕུ་སྭཱ་ཧཱ། གཟུངས་སྔགས་འདི་ནི་འཇིགས་པ་ཐམས་ཅད་བསལ་བ་དང་། གྲོང་

321叶B面：

ཁྱེར་བསྲུང་བའི་ཕྱིར་བྱ་བ་ཡིན་ནོ། །སངས་རྒྱས་བཅོམ་ལྡན་འདས་ཀྱིས་ལྷ་མོ་དྲི་མ་མེད་པའི་འོད་དང་། བྱང་ཆུབ་སེམས་དཔའ་རྡོ་རྗེ་སྙི་ལ་དེ་སྐད་ཅེས་བཀའ་སྩལ་ནས། དེའི་ཚེ་རྒྱལ་པོ་མ་སྐྱེས་དགྲའི་བུ་གཞོན་ནུ་རྡོ་རྗེ་སྙི་གང་གི་ཚེ་བཙས་པ་དེའི་ཚེ་བདག་གི་བུས་ཕྱིས་རྒྱལ་སྲིད་འཛིན་པར་འགྱུར་བ་དེའི་ཚེ་བདག་ལི་ཡུལ་གྱི་རྒྱལ་པོར་གྱུར་ཏེ། གཡུལ་གཉིས་ཀ་གཟུང་བའི་ཕྱིར་བདག་དེའི་གྲོགས་སུ་གྱུར་ལ། དེ་ཕྱིན་ཆད་གཅིག་ལ་གཅིག་དགྲ་བྱེད་པ་མེད་པར་གྱུར་ཅིག་ཅེས་བྱས་སོ། །དེའི་ཚེ་བྲམ་ཟེ་གཽཏྟི་ཏྲུས་སློབ་མ་བྲམ་ཟེའི་བུ་ཞིག་ཡོད་པ་ལས་དེས་བྲམ་ཟེའི་སངས་རྒྱས་ལ་མ་དད་པ་གཞན་ཞིག་གི་སློབ་མར་བྱིན་ནས། བྲམ་ཟེ་དེ་ཡང་རབ་ཏུ་བྱུང་བ་མ་ཡིན་ཏེ། འཁོར་དེའི་ནང་ན་འདུག་པ་དེས་སངས་རྒྱས་བཅོམ་ལྡན་འདས་དཔའ་བར་འགྲོ་བའི་ཏིང་ངེ་འཛིན་ལ་སྙོམས་པར་ཞུགས་པ་མཐོང་ངོ་། །དེ་ནས་སློན་ལམ་བཏབ་པ། བདག་དཔའ་བར་འགྲོ་བའི་ཏིང་ངེ་འཛིན་ངེས་པར་ཁོ་ནར་བསླབས་ཏེ། རྟོགས་པར་བྱས་ལ་ལྷ་མོ་དྲི་མ་མེད་པའི་འོད་དེ་ལ་ཧ་གནས་ཀྱི་གཟུངས་སྔགས་དེ་གྲུབ་པར་བྱ་བའི་ཕྱིར། གཟུངས་སྔགས་སྦྱིན་པར་གྱུར་ཅིག་ཅེས་བྱས་སོ། །གང་གིས་སངས་རྒྱས་བཅོམ་ལྡན་འདས་རྣམས་བདུད་ཀྱི་དཔུང་ལས་རྒྱལ་བར་འགྱུར་བའི་གཟུངས་སྔགས་འདིས་གཞོན་ནུ་རྡོ་རྗེ་སྙི་རྒྱལ་སྲིད་ཀྱི་བྱ་བ་ཆོས་བཞིན་དུ་ཡོངས་སུ་རྫོགས་པར་བྱེད་པར་འགྱུར་རོ། །དེ་བཞིན་གཤེགས་པ་ཤཱཀྱ་ཐུབ་པ་ལ་ཕྱག་འཚལ་ལོ། །དེ་བཞིན་གཤེགས་པ་རིགས་མཆོག་ཀུན་ཏུ་དཔལ་ལ་ཕྱག་འཚལ་ལོ། །ཏདྱ་ཐཱ། སནྟ་ཀར་ཊེ། སནྟམ་ར་ཏ་ར་ཊེ། ཛ་ལི་ཛ་ཙ་ལི། མ་ར་བ་ར་ས་པ་བ་ར་སྭཱ་ཧཱ། བདུད་ཀྱིས་མི་ཐུབ་པའི་གཟུངས་སྔགས་འདི་ཟན་ཟོས་པའི་འོག་ཏུ་ལན་བདུན་བརྗོད་པར་བྱ་སྟེ། ཇི་ལྟར་སངས་རྒྱས་བཅོམ་ལྡན་འདས་རྣམས་

232叶A面：

།ཀྱིས་བདུད་བཅོམ་པ་དེ་བཞིན་དུ་གཞོན་ནུ་རྡོ་རྗེ་སྙི་རྒྱལ་བར་འགྱུར་ཞིང་མཚམས་ཀྱང་གཅོད་པར་འགྱུར་རོ། །ཧ་གནས་ཀྱི་རིག་སྔགས་ཇི་ལྟ་བ་དེ་བཞིན་དུ་ལས་ཐམས་ཅད་བྱེད་པར་འགྱུར་རོ། །ཀུར་ཀུམ་ལ་སྔགས་ཏེ་ཐིག་ལེ་བྱས་སམ་སྐུད་པ་ལ་མདུད་པ་བདུན་བོར་ཏེ། དཀྱིལ་འཁོར་གྱི་སྟེང་དུ་བཞག་ལ། ནམ་དམག་གི་ནང་དུ་འགྲོ་བ་དེའི་ཚེ་ལུས་ལ་བཏགས་ཏེ་བཅངས་ན་རྒྱལ་བ་འཐོབ་པར་འགྱུར་ཏེ། གཟུངས་སྔགས་སྔ་མ་རྣམས་ཇི་ལྟ་བ་དེ་བཞིན་དུ་བཟླས་བརྗོད་བྱའོ། །གང་གི་ཚེ་སངས་རྒྱས་བཅོམ་ལྡན་འདས་རྣམས་ཀྱིས་ཧ་གནས་ཞེས་བྱ་བའི་གཟུངས་སྔགས་གསུངས་པ་དེའི་ཚེ། བཅོམ་ལྡན་འདས་ཀྱིས་ལྷ་རྣམས་དང་འཁོར་དེ་དག་ཐམས་ཅད་ལ་བཀའ་སྩལ་བ། ལྷ་དང་། ཀླུ་དང་། གནོད་སྦྱིན་དང་། དྲི་ཟ་དང་། ལྷ་མ་ཡིན་དང་། ནམ་མཁའ་ལྡིང་དང་། མི་འམ་ཅི་དང་། ལྟོ་འཕྱེ་ཆེན་པོ་དང་། མི་དང་མི་མ་ཡིན་པ། འདིར་འདུས་

པ་གང་ཡིན་པ་ཁྱོད་ཀྱིས་ཇི་ལྟར་ལྷ་མོ་དྲི་མ་མེད་པའི་འོད་དང་། གཞོན་ནུ་རྡོ་རྗེ་སྡེ་ལ་ཧ་གནས་ཞེས་བྱ་བའི་གཟུངས་སྔགས་བྱིན་པ་བཞིན་དུ་ངས་ཀྱང་ཁྱོད་ལ་གསང་སྔགས་སྦྱིན་པར་བྱ་སྟེ། གང་གིས་དགྲ་ཐམས་ཅད་དང་བར་འགྱུར་བ་དང་། གང་གིས་བདག་ཉིད་ཤིན་ཏུ་བྱིན་དང་ལྡན་ཞིང་གཟི་བརྗིད་དང་རབ་ཏུ་ལྡན་པར་འགྱུར་བ་དང་། གཞལ་མེད་ཁང་དང་། ཁྱིམ་གྱི་ནང་ན་གནས་པ་གང་ཡིན་པ་དག་ལ་བདེ་ལེགས་སུ་འགྱུར་བ་དང་། འཐབ་པ་དང་། གཡུལ་འགྱེད་པ་གང་ཡིན་པ་རྣམས་མེད་པར་འགྱུར་བའི་གཟུངས་སྔགས་འདི་ལྷ་མོ་དྲི་མ་མེད་པའི་འོད་དང་། གཞོན་ནུ་རྡོ་རྗེ་སྡེ་དང་། ལི་ཡུལ་གྱི་དོན་གྱི་ཕྱིར་འཁོར་བ་བཞི་པོ་ཁྱོད་རྣམས་ལ་སྦྱིན་པར་བྱ་སྟེ། ཅི་ནས་ཀྱང་གཟུངས་སྔགས་འདིས་ཁྱོད་བྱིན་དང་ལྡན་པ་དང་། གཟི་བརྗིད་དང་ལྡན་པར་འགྱུར་བ་དང་། དེ་བཞིན་དུ་གཞོན་ནུ་རྡོ་རྗེ་སྡེ་གནོད་པ་ཐམས་ཅད་ལས་ཐར་བར་བྱའོ། །དེ་ནས་དེའི་ཚེ་སའི་དབང་ཕྱུག་སུམ་ཅུ་རྩ་གཉིས་པོ་དེ་དག་དང་། འཇིག་རྟེན་སྐྱོང་བ་བཞི་དང་། གནོད་སྦྱིན་གྱི་དབང་པོ་ཀུན་དུ་རྒྱལ་དང་། ཀླུའི་རྒྱལ་པོ་མ་དྲོས་པ་དང་། འཕྲོག་མ་བུ་དང་འཁོར་དུ་བཅས་པ་དང་།

232叶B面：

ལི་ཡུལ་གྱི་སྲུང་མ་གང་ཡིན་པ་དེ་དག་ཐམས་ཅད་སྟན་ལས་ལངས་ཏེ། བཅོམ་ལྡན་འདས་ལ་འདི་སྐད་ཅེས་གསོལ་ཏོ། བཅོམ་ལྡན་འདས་བདག་ཅག་གིས་ལི་ཡུལ་སྲུག་པར་བླང་བར་འཚལ་ཏེ། གང་གི་ཚེ་དྲི་མ་མེད་པའི་འོད་དང་། རྡོ་རྗེ་སྡེ་དེར་སྐྱེ་བ་ལེན་པར་འགྱུར་བ་དང་། གང་གི་ཚེ་སངས་རྒྱས་བཅོམ་ལྡན་འདས་རྣམས་ཀྱིས་དེ་གཉིས་ཀྱི་སྟེང་དུ་འོད་ཟེར་གཏོང་ཞིང་དམ་པ་སྟོན་བར་མཛད་པ་ན། དེར་བདག་ཅག་མཆི་ཞིང་དམ་པ་ཡང་སྤྱོལ་བར་འཚལ་ན། བཅོམ་ལྡན་འདས་བདག་ཅག་ལ་གཟུངས་སྔགས་བཤད་དུ་གསོལ། བདག་ཅག་གིས་གཟུང་བར་འཚལ་ལོ། །དེའི་ཚེ་སངས་རྒྱས་བཅོམ་ལྡན་འདས་ཤཱཀྱ་ཐུབ་པ་དང་། སངས་རྒྱས་བཅོམ་ལྡན་འདས་འོད་ཟེར་གཏོང་བ་གང་ཡིན་པ་དེ་དག་དང་། དེ་བཞིན་གཤེགས་པ་ཚིག་གི་བརྗོད་པ་གཏོང་བ་གང་ཡིན་པ་དེ་དག་གིས་གཟུངས་སྔགས་འདི་གསུངས་ཏེ། དེ་བཞིན་གཤེགས་པ་སྟོང་བའི་རྒྱལ་སྲིད་ལ་གནས་པ་ལ་ཕྱག་འཚལ་ལོ། །དེ་བཞིན་གཤེགས་པ་ཤིན་ཏུ་འཕགས་པ་སངས་རྒྱས་ཀྱི་རྒྱལ་སྲིད་ལ་གནས་པ་ལ་ཕྱག་འཚལ་ལོ། །དེ་བཞིན་གཤེགས་པ་སེང་གེའི་ཆོས་ཀྱི་རྒྱལ་སྲིད་ལ་གནས་པ་ལ་ཕྱག་འཚལ་ལོ། །དེ་བཞིན་གཤེགས་པ་བྱང་ཆུབ་ཀྱི་ཡན་ལག་གི་མེ་ཏོག་མཉམ་པ་ཉིད་ཀྱི་རྒྱལ་སྲིད་ལ་གནས་པ་ལ་ཕྱག་འཚལ་ལོ། །དེ་བཞིན་གཤེགས་པ་རྣམ་པར་སྣང་བྱེད་རྒྱལ་པོ་ལ་ཕྱག་འཚལ་ལོ། །དེ་བཞིན་གཤེགས་པ་རྣམ་པར་སྣང་བྱེད་སྙིང་རྗེའི་རྒྱལ་པོ་ལ་ཕྱག་འཚལ་ལོ། །དེ་བཞིན་གཤེགས་པ་རྣམ་པར་སྣང་བྱེད་འོད་ཀྱི་རྒྱལ་པོ་ལ་ཕྱག་འཚལ་ལོ། །དེ་བཞིན་གཤེགས་པ་རྣམ་པར་སྣང་བྱེད་ཡོན་ཏན་བསྟགས་པ་དཔལ་གྱིས་བརྒྱན་པའི་འོད་ཀྱི་རྒྱལ་པོ་ལ་ཕྱག་འཚལ་ལོ། །ཏདྱ་ཐཱ། བ་ར་ཨིན་དྲེ། པ་ར་ཨ་པ་ར། ཨིན་དྲེ་ར་ནུ་མ་ཧེ། ཨཱ་ཀཱ་ཤ་ག་བ་ཀེ །ཨིན་དྲེ། སྭ་སྐ་བ་ག་ར་ཏཱ། བ་ད་ཀྲ་བ་ཧེ། ཀ་པ་སུ་ར། པྲ་ཏེ། ཏ་ཐ་ཐ་ཏན་དུ་ཙ་ཨི་དྲ་དུ་སྭཱ་ཧཱ། གཟུངས་སྔགས་འདི་ནི་རྣམ་པར་སྣང་བྱེད་ཅེས་བྱ་སྟེ། གཟུངས་སྔགས་འདིས་མི་དང་མི་མ་ཡིན་པ་ཐམས་ཅད་ཀྱི་སྙིང་དུ་སྡུག་པར་འགྱུར་ཏེ། གཟི་བརྗིད་དང་ལྡན་པར་འགྱུར་རོ། །སེམས་ཅན

233叶A面：

།རྣམས་ཀྱི་ངག་མཉན་པར་འགྱུར་ཞིང་བསྒོ་བ་མི་གཅོག་པར་འགྱུར་རོ། །མར་ཡང་འདིས་བཙོ་བར་བྱ་སྟེ་སྤྲ་རྩི་པོག་དང་། ཙན་དན་སྣ་གསུམ་དང་། ཛ་མ་ག་དང་། ཤ་བོང་གི་དྲིག་པ་དང་། འབུ་སུག་ཧང་དང་། ག་ར་གོ་ཏ་དང་། ཤུག་པ་དང་། སུག་སྨེལ་དང་། པི་པི་ལིང་དང་། རྩ་ཤིང་དང་། ཨ་བ་ཡག་དང་། ཕུ་ཤེལ་ཙེ་དང་། སྣ་མ་དཀར་པོའི་མེ་ཏོག་རྣམས་ལས་སྨན་གཞན་རྣམས་བསྡོམས་པའི་ཚད་ཇི་ཙམ་ཡོད་པ་སྣ་མ་དཀར་པོའི་མེ་ཏོག་ཀྱང་དེ་ཙམ་དུ་བྱས་ཏེ། དེ་རྣམས་མར་དང་། ཆུའི་ནང་དུ་བཙོས་ལ། གཟུངས་སྔགས་འདི་དང་དཀྱིལ་འཁོར་འདིར་སྟོར་བཤད་པའི་ཧ་གནས་ཀྱི་རིག་སྔགས་ཀྱིས་བཏབ་པར་བྱའོ། །དེ་ལྟར་བྱས་ན་ལེགས་པར་སྒྲུབ་པ་ཡིན་ཏེ། གང་གི་ཚེ་དེ་ཚོས་པར་གྱུར་པ་ན་ལན་སུམ་ཅུ་རྩ་གསུམ་བཟླས་བརྗོད་བྱས་ཏེ་འཐུངས་ན། ནད་ཀྱིས་འཇིགས་པ་ཐམས་ཅད་ལས་ཐར་བར་འགྱུར་ཏེ་དེའི་ཚེ་ལྷ་རྣམས་

ལ་བསྟོད་པ་བརྗོད་པར་བྱའོ། །རྣམ་པར་སྣང་བྱེད་ཅེས་བྱ་བའི་མར་འདི་དང་། རྣམ་པར་སྣང་བྱེད་ཅེས་བྱ་བའི་གཟུངས་སྔགས་འདི་ནི་ལྷ་དང་མི་རྣམས་དགའ་བར་བྱེད་པ་ཡིན་ནོ། །གང་གི་ཚེ་གཟུངས་སྔགས་འདི་བརྗོད་པ་དེའི་ཚེ་ལྷ་རྣམས་ཀྱི་དགའ་བའི་སྐྱིད་མོས་ཚལ་ཤིན་ཏུ་མཛེས་པར་གྱུར་ཏེ། སེམས་དང་ཞིང་དགའ་བར་གྱུར་ནས་དེའི་ཚེ་ལྷ་དེ་དག་གིས་སངས་རྒྱས་ཀྱི་བཀའ་དྲུན་པར་གྱུར་ཏེ། ལྷ་མོ་དྲི་མ་མེད་པའི་འོད་གང་ན་འདུག་པ་དེར་ལྷགས་ནས་དེ་དག་གིས་འདི་སྐད་དུ་གང་གི་ཚེ་ཁྱོད་ཀྱིས་རྣམ་པར་སྣང་བྱེད་ཀྱི་གཟུངས་སྔགས་བརྗོད་པ་དེའི་ཚེ་པོ་བོ་ཅག་གི་དགའ་བའི་སྐྱིས་མོས་ཚལ་ཤིན་ཏུ་མཛེས་པར་འགྱུར་ཏེ། ཤིན་ཏུ་ལྷག་པར་བརྩིགས་ཀྱིས་གང་བདག་ཅག་གིས་གཞོན་ནུ་རྡོ་རྗེ་སྙིའི་ཕྱིར་སྟོན་བཅོམ་ལྡན་འདས་ལ་གསོལ་པ་བཞིན་དུ་ཁྱོད་ཅི་འདོད་པའི་དམ་པ་ཐམས་ཅད་ཁྱོད་ལ་སྦྱིན་ནོ་ཞེས་ཟེར་རོ། །གང་གི་ཚེ་གཞོན་ནུ་རྡོ་རྗེ་སྙི་དང་ལྷ་མོ་དྲི་མ་མེད་པའི་འོད་ཀྱིས་བཅོམ་ལྡན་འདས་དང་ལྷ་རྣམས་ཀྱི་ཚིག་དེ་དག་ཐོས་པ་དེའི་ཚེ་ཕྱུས་མོའི་ལྷ་ང་ས་ལ་བཙུགས་ཏེ། ཐལ་མོ་སྦྱར་ནས་འདི་སྐད་ཅེས་གསོལ་ཏོ། །བཅོམ་

233叶B面：

ལྡན་འདས་ཀྱིས་བདག་ཅག་ལ་གང་བཀའ་སྩལ་པའི་ཕྱག་ལས་འདི་ནི་ཤིན་ཏུ་ཆེ་བ་ལགས་ཏེ། ཅི་ནས་བཅོམ་ལྡན་འདས་དང་ལྷ་རྣམས་ཀྱིས་གྲོགས་མཛད་ན། ལི་ཡུལ་གྱི་ཡུལ་འཁོར་བདག་ཅག་གིས་ཕྱག་པར་བླང་བར་འཚལ་ལོ། །དེའི་ཚེ་དྲི་མ་མེད་པའི་འོད་ཀྱིས་སྨྲས་པ། གང་གི་ཚེ་ཡུལ་དེ་བསྲུང་བའི་དུས་ལ་བབ་དེའི་ཚེ་སངས་རྒྱས་བཅོམ་ལྡན་འདས་ཉིད་ཀྱིས་བདག་གི་སྙིང་དུ་འོད་ཟེར་གཏོང་བར་གྱུར་ཅིག །ཅི་ནས་ཀྱང་བདག་གི་གཟུངས་རྫོགས་པར་འགྱུར་པའི་བཟོད་པ་དེ་ཡང་ཐོབ་པར་གྱུར་ཅིག །དེ་ནས་དེའི་ཚེ་སངས་རྒྱས་བཅོམ་ལྡན་འདས་ཤཱཀྱ་ཐུབ་པ་དང་། སངས་རྒྱས་བཅོམ་ལྡན་འདས་སྟོན་འོད་ཟེར་གཏོང་བ་གང་ཡིན་པ་དང་། འོད་ཟེར་དག་ལས་ཚིག་རྣམས་གསུངས་པ་གང་ཡིན་པ་དེ་དག་གིས་འདི་སྐད་ཅེས་བཀའ་སྩལ་ཏོ། །དྲི་མ་མེད་པའི་འོད་ཞིགས་སོ། །ཞིགས་སོ་གང་གི་དུས་ལ་བབ་ན། དེའི་ཚེ་ཁྱོད་འདི་ལྷ་བུར་སྨྲ་དན་བྱེད་ཅིང་སྐྱེ་བར་གྱུར་པ་ཡོད་དེ། གང་གི་ཚེ་སྟོན་གྱི་དགེ་བྱེད་དང་། སྡིག་བྱེད་ཀྱི་གྲོགས་པོ་གང་ཡིན་པ་དེ་དག་གཡུལ་འགྱེད་པར་ཆ་བ་དེའི་ཚེ་ཁྱོད་ཀྱི་མིང་པོ་གཞོན་ནུ་རྡོ་རྗེ་སྙི་འབྱུང་བར་འགྱུར་ལ་གཡུལ་དེའི་ནང་དུ་གཏོགས་པར་འགྱུར་ཏེ། དེའི་ཚེ་ཁྱོད་སྨྲ་དན་བྱེད་ཅིང་སྐྱེ་བར་གྱུར་པ་དེས་ན་འདི་སྙམ་དུ་བདག་ནི་ཤི་ཡང་སླའོ་སྙམ་དུ་སེམས་པར་གྱུར་ཏེ། དེའི་ཚེ་ཁྱོད་གནས་གཅིག་ཏུ་འདུག་ནས་དེ་བཞིན་གཤེགས་པ་འོད་དཔག་མེད་ཀྱི་གཟུངས་སྔགས་བདུད་རྩི་ཛ་དབྱངས་ཞེས་བྱ་བ་བརྗོད་ཅིང་། དེར་བཅོམ་ལྡན་འདས་ལ་གསོལ་བ་འདེབས་ཏེ། འདི་སྐད་དུ་ཡིད་ལ་བསམ་པ་སྣ་གསུམ་ལས་གཅིག་མ་གྲུབ་(ཀྱི་)བར་དུ་བདག་སྨྲ་དན་གྱི་ཁང་བུ་ནས་མི་འབྱུང་སྟེ། ཡང་ན་ནི་མིང་པོ་དང་ཕྲད་པར་གྱུར་ཅིག །ཡང་ན་ནི་བདག་འཆི་བར་གྱུར་ཅིག །ཡང་ན་ནི་འཁོར་བ་ལས་མཐར་བྱེད་པར་གྱུར་ཅིག །ཅེས་ཟེར་བར་འགྱུར་རོ། །དེའི་ཚེ་སངས་རྒྱས་བཅོམ་ལྡན་འདས་རྣམས་ཀྱིས་འདི་སྐད་ཅེས་བཀའ་སྩལ་ཏོ། །ཁྱོད་ཀྱི་སྨྲ་དན་གྱི་ཁང་བུ་དེར་གང་གིས་གཟུངས་སྔགས་རྫོགས་པར་འགྱུར་བའི་བཟོད་པ་ཐོབ་པར་འགྱུར་ཏེ། དེའི་ཚེ་སངས་རྒྱས་བཅོམ་ལྡན་འདས་དེ་དག་གིས་ཁྱོད་ཀྱི་སྙིང་དུ་འོད་ཟེར་གཏོང་

234叶A面：

།བར་འགྱུར་ཏེ། ལྷའི་རོལ་མོའི་སྒྲ་ཡང་ཐོས་པར་འགྱུར་རོ། །ལྷའི་འཁོར་གྱི་སྒྲ་ཡང་ཐོས་པར་འགྱུར་རོ། །ལྷའི་རྔ་སྒྲ་ཡང་ཐོས་པར་འགྱུར་ཏེ། དེའི་ཚེ་སངས་རྒྱས་བཅོམ་ལྡན་འདས་རྣམས་དང་། ལྷ་རྣམས་ཀྱིས་ལེགས་སོ་ཞེས་བྱ་བ་སྦྱིན་པར་འགྱུར་རོ། །ཕྱིར་མི་ལྡོག་པའི་འཁོར་ལོའི་གཟུངས་སྔགས་ཀྱང་རྫོགས་པར་འགྱུར་ཏེ། དེ་ནས་གང་གིས་ཁྱོད་སེམས་ཅན་རྣམས་ལ་ཕན་འདོགས་པར་འགྱུར་བའི་གཟུགས་དེ་དག་ཀྱང་ཐོབ་པར་འགྱུར་རོ།། །།དྲི་མ་མེད་པའི་འོད་ཀྱིས་ཞུས་པ། བམ་པོ་གསུམ་པ། སངས་རྒྱས་བཅོམ་ལྡན་འདས་ཀྱིས་བྱང་ཆུབ་སེམས་དཔའ་འཕགས་པ་སྤྱན་རས་གཟིགས་དབང་ཕྱུག་ལ་བཀའ་སྩལ་པ། སྡུག་པའི་བུ་པོ་དུས་འདི་དྲུན་པར་གྱིས་ཤིག གང་གི་ཚེ་སངས་རྒྱས་བཅོམ་ལྡན་འདས་རིན་ཆེན་སྙིང་པོ་གྲོང་ཁྱེར་གྱི་ནང་དུ་གཤེགས་པ་དེའི་ཚེ། ཞ་བུ་ཅག་གཉིས་ཀྱིས་ལུང་བསྟན་པ་ཐོས་ནས་དེ་ན་འདུས་ཏེ། ཁྱོད་ཀྱིས་

སྨོན་ལམ་ཆེན་པོ་བཏབ་པ། བདག་སེམས་ཅན་འཇིགས་ཤིང་སྐྲག་པ་ཇི་སྙེད་ཡོད་པ་དེ་དག་ཐམས་ཅད་ཐར་བར་བྱེད་པར་གྱུར་ཅིག་ཅེས་བྱས་ཀྱི། ཁྱོད་ཀྱིས་ངའི་ལི་ཡུལ་དང་། ལྷ་མོ་དྲི་མ་མེད་པའི་འོད་དང་། གཞོན་ནུ་རྡོ་རྗེ་སེ་སྐྱོངས་ཤིག་ཅེས་ལག་ཏུ་གཏད་ནས། དེ་ནས་དེའི་ཚེ་བཅོམ་ལྡན་འདས་ཀྱིས་བྱང་ཆུབ་སེམས་དཔའ་ཀུན་ཏུ་བཟང་པོ་དང་། འཇམ་དཔལ་གཞོན་ནུ་དང་། ནམ་མཁའི་སྙིང་པོ་དང་། མཐུ་ཆེན་པོ་ཐོབ་པ་དང་། སྨན་གྱི་རྒྱལ་པོ་དང་། རབ་ཏུ་སྦྱིན་པ་ལ་དགའ་བ་དང་། སའི་སྙིང་པོ་དང་། བྱང་ཆུབ་སེམས་དཔའ་སྤྱན་རས་གཟིགས་དབང་ཕྱུག་ལ་བཀའ་སྩལ་པ། སྔོན་མཛའ་བོ་དང་། སྤུན་དུ་གྱུར་པ་གང་ཡིན་པ་དང་། གང་དག་བདག་ཅག་ཕྱོགས་པོར་འགྱུར་བ་དབང་ཕྱུག་གི་ལྷ་དང་། ལྗོན་ཤིང་གི་དབང་ཕྱུག་རྒྱལ་པོ་དང་། སྙིང་རྗེ་ཐ་སྐར་དབང་ཕྱུག་དང་། གཙོད་པའི་དབང་ཕྱུག་དང་། དྲིའི་དབང་ཕྱུག་དང་། ཚོགས་ཀྱི་དབང་ཕྱུག་དང་། འཇིག་རྟེན་དབང་ཕྱུག་དང་། འོད་ཀྱི་དབང་ཕྱུག་དང་། སྐྱེ་བའི་དབང་ཕྱུག་དང་། ཐམས་ཅད་ཀྱི་ལྷ་དང་། འདི་དག་ནི་བྱང་ཆུབ་སེམས་དཔའ་

234叶B面：

འཕགས་པ་སྤྱན་རས་གཟིགས་དབང་ཕྱུག་གི་ཕྱོགས་ཡིན་ཏེ། བྱང་ཆུབ་སེམས་དཔའ་དེ་དག་ཐམས་ཅད་ཀྱི་ལག་ཏུ་སངས་རྒྱས་བཅོམ་ལྡན་འདས་ཀྱིས་ལི་ཡུལ་སྲུང་བ་བཞིན་དུ་གཞོན་ནུ་རྡོ་རྗེ་སེ་དང་། ལྷ་མོ་དྲི་མ་མེད་པའི་འོད་ལ་གཏད་དེ། དེ་ནས་བྱང་ཆུབ་སེམས་དཔའ་འཇམ་དཔལ་གྱིས་འདི་སྐད་ཅེས་གསོལ་ཏོ། །བདག་ནི་སངས་རྒྱས་བཅོམ་ལྡན་འདས་སྔོན་བྱུང་བ་གང་ལགས་པ་རྣམས་དང་། ཕྱིས་འབྱུང་བ་དེ་དག་གིས་སངས་རྒྱས་ཀྱི་བྱང་ཆུབ་ཐོབ་པར་བགྱི་བའི་སླད་དུ་ཕྱོགས་སུ་གྱུར་པ་ལགས་ཏེ། ཆོས་ཀྱང་མཉན། བདག་གིས་ཀྱང་ལི་ཡུལ་ཡོངས་སུ་བསྲུང་བའི་སླད་དུ་མཆོད་པར་འཚལ་ཏེ། དེར་སྐྱེ་བ་བླངས་ནས་རིང་བསྲིལ་བགོ་བར་བགྱིའོ། །ལྷ་མོ་འདི་ལ་ཡང་གཟུངས་སྔགས་གང་གིས་ཚེ་རབས་དྲན་པར་འགྱུར་བ་དང་། སངས་རྒྱས་བཅོམ་ལྡན་འདས་ལས་ཆོས་ཅི་ཐོས་པ་དེ་དག་ཐམས་ཅད་དྲན་པར་འགྱུར་བའི་གཟུངས་སྔགས་སྩལ་བར་བགྱིའོ། །དེ་བཞིན་གཤེགས་པ་སྣང་བ་ལ་ཕྱག་འཚལ་ལོ། །བྱང་ཆུབ་སེམས་དཔའ་གླང་པོ་ཆེ་བྱེད་པ་ལ་ཕྱག་འཚལ་ལོ། །བྱང་ཆུབ་སེམས་དཔའ་འཇམ་དཔལ་གཞོན་ནུ་ལ་ཕྱག་འཚལ་ལོ། །ཏདྱ་ཐཱ། བུ་ས་ཧྲ་རེ། ཧྲ་ཤ་ད་ཏེ། ཝ་ཛ་ར་ཀྵི་སྭཱ་ཧཱ། འདི་ཉིན་ལན་གསུམ་མཚན་ལན་གསུམ་བཟླས་བརྗོད་བྱས་ན་ཚེ་རབས་དྲན་པར་འགྱུར་ཏེ། སྔོན་ཆོས་ཅི་ཐོས་པ་དེ་ཐམས་ཅད་དྲན་པར་འགྱུར་རོ། །དེ་ནས་ཡང་བྱང་ཆུབ་སེམས་དཔའ་འཇམ་དཔལ་གྱིས་གཟུངས་སྔགས་འདི་བཤད་དོ། །ཏདྱ་ཐཱ། པྲ་ཙུད་ན་ཏ་ནེ། པྲ་ཙུད་ས་ནྟ་ཀཱ་ར་ན་རིཀྵ་ནི་སྭཱ་ཧཱ། གང་གི་ཚེ་རྣལ་འབྱོར་སྤྱོད་པ་ལ་ཕྱོགས་གཅིག་ཏུ་འདུག་པ་དེའི་ཚེ་བཟླས་བརྗོད་བྱས་ན་རྣམ་པར་རྟོག་པ་རྣམས་ཀྱང་བྱང་བར་འགྱུར་ལ་དགེ་བའི་ཕྱོགས་རྣམས་འཕེལ་བར་འགྱུར་རོ། །གང་གི་ཚེ་རྟ་གནས་ཀྱི་རིག་སྔགས་ཀྱིས་ལས་བྱེད་པ་དེའི་ཚེ་ཡང་ལན་གསུམ་བཟླས་བརྗོད་བྱའོ། །དེའི་ཚེ་བྱང་ཆུབ་སེམས་དཔའ་ཀུན་ཏུ་བཟང་པོས་འདི་སྐད་ཅེས་གསོལ་ཏོ། །གང་གི་ཚེ་ལྷ་མོ་འདིས་ཐོག་མར་གཟུངས་སྔགས་རྟོགས་པར་འགྱུར་བ་དེའི་ཚེ། བདག་གིས་ཕྱོགས་བགྱིས་ཏེ། ཅི་ནས་ཡང་དག་པ་ཇི་ལྟ་བ་བཞིན་དུ་རྟོགས་པ་

235叶A面：

།དང་། གང་གི་སེམས་ཅན་ཐམས་ཅད་ཀྱི་ལས་བགྱིད་པ་དམ་པའི་ཆོས་པད་མ་དཀར་པོའི་ཆོས་ཀྱི་རྣམ་གྲངས་ལས་སྐྱོང་འཕྲུལ་བ་ཞེས་བྱ་བའི་གཟུངས་སྔགས་ཐོབ་ནས་རྟོགས་པར་འགྱུར་བ་དང་། གང་གི་ཚེ་གཟུངས་སྔགས་རྟོགས་ནས་སེམས་ཅན་ཐམས་ཅད་ལ་སྦྱིན་པར་བྱ་བ་དང་། ཅི་ནས་གཞོན་ནུ་རྡོ་རྗེ་སེ་ལ་སངས་རྒྱས་ཀྱི་བཀའ་དྲན་པར་བགྱིད་པ་དང་། གཟུངས་སྔགས་འདི་དག་གིས་ཆོས་དྲན་པར་བྱ་སྟེ། སངས་རྒྱས་བཅོམ་ལྡན་འདས་རྣམས་ཀྱིས་དེ་ལྟར་ཅི་གསུང་བའི་སངས་རྒྱས་ཀྱི་གསུང་དེ་དག་ཐམས་ཅད་དྲན་པར་འགྱུར་བ་དང་། དེར་འདོད་ཆགས་ཟད་པར་འགྱུར་བར་བགྱིས་སོ། །དེ་ནས་དེའི་ཚེ་སངས་རྒྱས་བཅོམ་ལྡན་འདས་ཀྱིས་བྱང་ཆུབ་སེམས་དཔའ་སྤྱན་རས་གཟིགས་དབང་ཕྱུག་ལ་ཐོས་ཏེ་འདི་སྐད་ཅེས་བཀའ་སྩལ་ཏོ། །སྡུག་པའི་ནུ་བོ་དུས་འདི་དྲན་པར་གྱིས་ཤིག །གང་གི་ཚེ་བཅོམ་ལྡན་འདས་རིན་ཆེན་སྙིང་པོ་གྲོང་ཁྱེར་

ཏུ་གཤེགས་པའི་ཚེ་གྲོང་ཁྱེར་གྱི་སྒོ་དྲུང་དེ་ན་བུད་མེད་ཡོང་མ་ཐེང་མོ་མཛེ་ནད་ཀྱིས་ཤིན་ཏུ་གཟིར་བ་ཞིག་འདུག་སྟེ། དེ་ནས་བུད་མེད་ཡོང་མ་ཡོང་དམིགས་བྱེད་པའི་ཁྱིའུ་ཞིག་ཀྱང་འདུག་སྟེ། གང་གི་ཚེ་བཅོམ་ལྡན་འདས་རིན་ཆེན་སྙིང་པོ་གྲོང་ཁྱེར་དུ་གཤེགས་པར་ཆས་པ་དེའི་ཚེ་སེམས་ཅན་རྣམས་བཅོམ་ལྡན་འདས་ལ་མཆོད་པ་བགྱི་བའི་ཕྱིར་མྱུར་ཞིག་ཏུ་ཡན་མན་དུ་རྒྱུག་པས་བུད་མེད་དེ་ཤིན་ཏུ་འཇིགས་ཤིང་སྐྲག་ནས་འདི་སྙམ་དུ་ཅི་གྲོང་ཁྱེར་འདིར་དམག་གི་དཔུང་ཆེན་པོ་འོངས་སམ། ཡང་ན་རི་དྭགས་དང་གླང་པོ་ཆེ་དང་། སེང་གེ་དང་། སྟག་ལ་སོགས་པ་མང་པོ་ཞིག་རབ་ཏུ་རྒྱུག་པ་ཞིག་འོངས་སྙམ་དུ་སེམས་ཏེ། དེའི་ཚེ་སྨྲས་པ། སྙིང་རྗེའི་བདག་ཉིད་ཅན་སུ་ལ་ལ་ཞིག་མཆིས་པ་བདག་ལ་སྨོས་ཏེ། བདག་ནི་རབ་ཏུ་འཇིགས་ཏེ། དམག་གི་དཔུང་གིས་གསོད་དུ་འོངས་སམ། ཡང་ན་གཅན་གཟན་དག་བདག་ལ་བཟློས་སུ་འོངས་སོ་ཞེས་བྱས་སོ། །དེའི་ཚེ་ན་སྤྱན་རས་གཟིགས་དབང་ཕྱུག་ཁྱོད་བྲམ་ཟེ་རྒན་པོ་ཞིག་ཏུ་གྱུར་ཏེ། ཁྱོད་ཀྱིས་བུད་མེད་ནད་པ་དེ་ལ་འདི་སྐད་དུ་ཁྱོད་མ་འཇིགས་ཤིག །གྲོང་ཁྱེར་འདི་ན་དམག་གི་དཔུང་གིས་འཇིགས་པའམ། གཅན་གཟན་མང་པོའི་འཇིགས

235叶B面：

པའམ། གཞན་ཅི་ཡང་མེད་ཀྱི་བཅོམ་ལྡན་འདས་རིན་པོ་ཆེ་སྙིང་པོ་གྲོང་ཁྱེར་དུ་གཤེགས་པ་དེ་ལ་མཆོད་པ་བྱ་བའི་ཕྱིར་སྐྱེ་བོ་མང་པོ་དག་ཕན་ཚུན་དུ་རབ་ཏུ་རྒྱུག་པ་ཡིན་ནོ་ཞེས་སྨྲས་སོ། །དེ་ནས་བུད་མེད་དེས་བུ་ཁྱིའུ་དེ་ལ་སྨྲས་པ། བུ་ངའི་ལག་ནས་ཐོངས་ལ་མདུན་དུ་སོང་སྟེ་གང་ན་བཅོམ་ལྡན་འདས་བཞུགས་པ་དེར་ཁྲིད་ཅིག་ཅེས་བྱས་སོ། །ཁྱིས་པ་དེ་ཡང་སངས་རྒྱས་ཀྱི་འོད་ཟེར་གྱི་མཐུས་མ་དང་ལྷན་ཅིག་ཏུ་གྲོང་ཁྱེར་གྱི་སྒོ་དེར་ཕྱིན་ཏོ། །གང་གི་ཚེ་བཅོམ་ལྡན་འདས་གྲོང་ཁྱེར་དུ་གཤེགས་པའི་ཚེ་དེ་ན་སེམས་ཅན་ནད་པ་དང་། ལོང་བ་དང་། འོན་པ་དང་། ཐེང་པོ་དང་། སྨྱུར་པོ་དང་། སྨྱོན་པ་ལ་སོགས་པ་འདུག་པ་དེ་དག་ཐམས་ཅད་སོས་པར་གྱུར་ཏོ། །གང་གི་ཚེ་བུད་མེད་དེ་གང་དུ་བྲམ་ཟེ་ཆེན་པོ་རྒྱ་མཚོའི་རྟུལ་ཞེས་བྱ་བས་སྨོན་ལམ་བཏབ་པ་དང་། གང་དུ་བྱང་ཆུབ་སེམས་དཔའ་མང་པོ་དག་གིས་བླ་ན་མེད་པ་ཡང་དག་པར་རྫོགས་པའི་བྱང་ཆུབ་ཏུ་ལུང་བསྟན་པ་ཐོབ་པ་དེར་ཕྱིན་པ་དེའི་ཚེ་བུད་མེད་དེ་ཡང་སོས་པར་གྱུར་ཏེ། དེར་སངས་རྒྱས་ཉིད་དུ་སྨོན་ལམ་བཏབ་པ་གང་གི་ཚེ་བྲམ་ཟེ་མཚོའི་རྟུལ་འདི་འཚང་རྒྱ་བར་འགྱུར་བ་དེའི་ཚེ་བདག་དེའི་བསྟན་པ་ལ་གནས་ཏེ། གང་གིས་བདག་སྐྱེས་པའི་ཕུད་པོ་བླངས་ཏེ། སངས་རྒྱས་བསྟན་པའི་ཕྱིར་ཁྲིད་པའི་བྲམ་ཟེ་དེ་ཇི་ལྟར་ལུང་བསྟན་པ་བཞིན། བདག་གིས་ཀྱང་དེར་སངས་རྒྱས་ཉིད་དུ་ལུང་བསྟན་པ་ཐོབ་པར་གྱུར་ཅིག་ཅེས་བྱས་ནས། བུད་མེད་དེ་ལ་སངས་རྒྱས་ལེགས་པར་སྟོན་པའི་བྲམ་ཟེ་གང་ཡིན་དེས། འདི་སྐད་དུ་བདག་སེམས་ཅན་འཇིགས་ཤིང་སྐྲག་པ་ཇི་སྙེད་ཡོད་པ་དེ་དག་ཐམས་ཅད་ཀྱི་སྐྱབས་སུ་གྱུར་ཅིག་ཅེས་སྨོན་ལམ་བཏབ་པ་དེའི་ཚེ་བུད་མེད་དེས་ཀྱང་འདི་སྐད་དུ་ཁྱོད་སེམས་ཅན་འཇིགས་ཞིང་སྐྲག་པ་ཇི་སྙེད་ཡོད་པ་གང་དག་གི་སྐྱབས་སུ་གྱུར་པ་དེའི་ཚེ་ང་དྲན་པར་གྱིས་ཤིག །འོན་ཏང་བདག་གིས་ཀྱང་གྲོགས་བགྱིའོ་ཞེས་སྨྲས་ནས། དེའི་ཚེ་བུད་མེད་ཀྱིས་དེར་སངས་རྒྱས་ཉིད་དུ་སྨོན་ལམ་བཏབ་བོ། །གང་གི་ཚེ་ལྷ་མོ་དྲི་མ་མེད་པའི་འོད་ཀྱིས་སངས་རྒྱས་བཅོམ་ལྡན་འདས་ལས་ཐོན་སྐྱེས་པའི་རྒྱུད་ཐོས་པ་དེའི་ཚེ་སྨོན་ལམ་ཆེན་པོ་བཏབ་ནས་འདི་སྐད་ཅེས་སྨྲས

236叶A面：

།སོ། །དེ་ལྟར་བྱང་ཆུབ་སེམས་དཔའ་དེ་དག་ཐམས་ཅད་སངས་རྒྱས་པར་གྱུར་ལ། བདག་ནི་ད་དུང་དུ་བུད་མེད་ཀྱི་གཟུགས་སུ་སྣང་བ་ནི་བདག་ཤིན་ཏུ་ངོ་ཚ་སོད་ཀྱི། འོན་ཀྱང་བཅོམ་ལྡན་འདས་ཀྱིས་ལས་ཆེན་པོ་ཇི་སྐད་དུ་བཀའ་སྩལ་པ་ནི་གཞན་དུ་མི་འགྱུར་ཏེ། བདག་གིས་བུད་མེད་དུ་སྐྱེ་བ་མ་བླངས་ན། བཅོམ་ལྡན་འདས་ཀྱིས་བཀའ་སྩལ་པའི་ལས་དེ་དག་ཀྱང་ཇི་ལྟར་བྱེད་པར་འགྱུར། དེ་བས་ན་འདོད་ཆགས་དང་། ཞེ་སྡང་དང་། གཏི་མུག་དང་ལྡན་པའི་བུད་མེད་གཞན་དག་ཇི་ལྟ་བ་བཞིན་དུ་དེར་བདག་བུད་མེད་ཀྱི་གཟུགས་སུ་སྣང་བར་བྱས་ལ། གང་གི་ཚེ་བདག་གི་སངས་རྒྱས་ཀྱི་ཞིང་ལས་ཐམས་ཅད་དང་། སྨོན་ལམ་རྣམས་དྲན་པར་འགྱུར་བ་དེའི་དུས་ལ་བབ་པ་ན་གཞོན་ནུ་འདི་དང་ལྷན་ཅིག་ཏུ་ལི་ཡུལ་དུ་སྐྱེ་བ་བླངས་ཏེ། བཅོམ་ལྡན་འདས་ཀྱིས་ཇི་སྐད་བཀའ་སྩལ་པ་དེ་བཞིན་དུ་གྱུར་ཅིག །གང་གི་ཚེ་ལི་ཡུལ་དུ་གནོད

པ་བྱུང་བར་གྱུར་པ་ན་དེར་བདག་ཅག་སྒྲོལ་པ་པོར་གྱུར་ཅིག །དེ་ནས་ཐམས་ཅད་མི་མཇེད་ཀྱི་འཇིག་རྟེན་གྱི་ཁམས་འདིར་འོངས་ནས་ལྷ་དང་མིའི་ནང་དུ་བུད་མེད་ཀྱི་སྐྱེ་བ་ལེན་པ་ན་བདག་གང་དུ་སོང་ཡང་རུང་སྟེ། ཐམས་ཅད་དུ་ཚེ་རབས་དྲན་པར་གྱུར་ཅིག །གང་གི་ཚེ་སངས་རྒྱས་ཀྱིས་བཀའ་སྩལ་པ་འདི་བྱས་ཏེ། འཆི་བའི་དུས་བྱས་ནས་ཀྱང་གང་ན་བུད་མེད་ཀྱི་མིང་ཡང་མེད་པའི་འཇིག་རྟེན་གྱི་ཁམས་བདེ་བ་ཅན་དུ་སྐྱེ་བར་གྱུར་ཅིག །དེར་ཡང་རིང་པོ་མི་ཐོགས་པར་ཕྱིར་འདིར་འོངས་ནས་འགྲོ་བ་ལྔར་གཏོགས་པའི་སེམས་ཅན་སྡུག་བསྔལ་བ་རྣམས་ཡོངས་སུ་གྲོལ་བར་བྱེད་པར་གྱུར་ཅིག །གང་གི་ཚེ་བྱམས་པ་འདིར་གཤེགས་པའི་ཚེ་ཡང་བྱང་ཆུབ་སེམས་དཔའ་ནམ་མཁའི་ཚོགས་ཇི་ལྟ་བ་བཞིན་དུ་ཚུལ་བཞིན་དུ་བལྟ་བའི་ཕྱིར་འགྲོ་བར་གྱུར་ཅིག །ཚེ་རབས་ཐམས་ཅད་དུ་སེམས་ཅན་ཇི་སྙེད་ཀྱིས་བདག་དང་ལྷན་ཅིག་ཏུ་བསོད་ནམས་བགྱིས་པའམ། བགྱིད་པར་འགྱུར་བའམ། ཡང་ན་མཐོང་བའམ། མིང་ཐོས་ཀྱང་རུང་སྟེ། དེ་དག་ཐམས་ཅད་བདག་གིས་ཡོངས་སུ་གྲོལ་བར་བྱེད་པར་གྱུར་ཅིག །ཅེས་སྨོན་ལམ་བཏབ་བོ། །གང་གི་ཚེ་ལྷ་མོ་དྲི་མ་མེད་པའི་འོད་ཀྱིས་དེ་སྐད་སྨྲས་པ

236叶B面:

དེའི་ཚེ་བཅོམ་ལྡན་འདས་ཀྱིས་འདི་སྐད་ཅེས་བཀའ་སྩལ་ཏོ། །སྔོན་གྱི་ཚེ་བྲམ་ཟེ་རྒྱ་མཚོའི་རྟུལ་ཞེས་བྱ་བར་གྱུར་པ་གང་ཡིན་པ་དེ་ནི། བཅོམ་ལྡན་འདས་ཤཱཀྱ་ཐུབ་པ་ང་ཡིན་ནོ། །གང་གིས་བུད་མེད་དེ་སངས་རྒྱས་བཅོམ་ལྡན་འདས་བསྟན་པའི་བྲམ་ཟེ་རྨད་པོར་གྱུར་པ་གང་ཡིན་པ་དེ་ནི་བྱང་ཆུབ་སེམས་དཔའ་འཕགས་པ་སྤྱན་རས་གཟིགས་དབང་ཕྱུག་འདི་ཡིན་ནོ། །བུད་མེད་ནད་པར་གྱུར་བ་གང་ཡིན་པ་དེ་ནི་རྒྱལ་པོ་མ་སྐྱེས་དགྲའི་བུ་མོ་ལྷ་མོ་དྲི་མ་མེད་པའི་འོད་འདི་ཡིན་ནོ། །དེའི་བུ་ཕྲུ་གུར་གྱུར་པ་གང་ཡིན་པ་དེ་ནི་གཞོན་ནུ་རྗོ་རྗེ་སྙེ་འདི་ཡིན་ནོ། །ཕྱིས་འབྱུང་བ་གང་ཡིན་པ་དེ་དག་ཀྱང་བཤད་པར་བྱ་སྟེ། སྐར་ཛོ་རྣམས་དང་། གསེར་གྱི་རིགས་ཀྱི་ནང་ན་ནི། ཐོག་མ་ཁོ་ནར་དགེ་བསྙེན་མ་ཏུ་ཤ་ལས་ཟུག་སྟེ། མིའི་རྒྱུད་ཆགས་པར་གྱུར་ནས། དགེ་བསྙེན་མ་ཏུ་ཤ་གསེར་གྱི་རིགས་ཀྱི་ཡུལ་དེ་ན་གནས་པར་གྱུར་ཏོ། །དགེ་བསྙེན་མ་ཏུ་ཤ་དེ་ནི་ལྷའི་རིགས་ཡིན་ཏེ། ལྷ་རྣམས་ཀྱི་ནང་ནས་ལྷ་མོ་ཞིག་ལ་སྐྱོན་བྱུང་བར་གྱུར་ནས། དེ་ཆད་པས་གཅད་དེ་གསེར་གྱི་རི་ལ་བཏང་ངོ་། །དམོད་པ་ཡང་པོར་ཏེ། ཁྱོད་དེར་མི་ལ་ཟ་བའི་སྲིན་མོར་གྱུར་ཅིག་ཅེས་བྱས་སོ། །དེ་ནས་དེས་ཚོང་པ་མང་པོ་གསེར་འདོད་པའི་ཕྱིར་གསེར་གྱི་རིགས་ཀྱི་རི་དེར་སོང་བ་གང་ཡིན་པ་རྣམས་ལ་བསྟན་ཏེ། སྲིན་མོ་དེས་ཚོང་པ་དེ་དག་དང་ལྷན་ཅིག་ཏུ་འདོད་པའི་བདེ་བ་ཉམས་སུ་སྤྱོད་དོ། །གང་གི་ཚེ་དུས་གཞན་ཞིག་ན་འགྲོན་པོ་གཞན་དག་དེར་ལྷགས་པར་གྱུར་པ་ན་སྔར་འོངས་པ་གང་དག་དང་ལྷན་ཅིག་ཏུ་འདོད་པའི་བདེ་བ་ཉམས་སུ་སྤྱོད་པར་གྱུར་པ་དེ་དག་ནི་ཟོས་སོ། །ལྷས་དམོད་པ་པོར་བའི་སྲིན་མོ་དེ་ཡང་སྲིན་མོ་གཞན་གང་དག་དང་འགྲོན་དུ་འགྲོན་པ་དེ་དག་དང་འདོད་པའི་བདེ་བ་ཉམས་སུ་སྤྱོད་པ་ལྔ་བརྒྱ་པོ་དག་དང་གྲོགས་མོར་གྱུར་ཏོ། །དེ་ན་བྱང་ཆུབ་སེམས་དཔའ་འོག་པག་ཅན་ཞེས་བྱ་བ་ཞིག་དེད་དཔོན་དུ་གྱུར་ཏོ། །གང་གི་ཚེ་ལྷ་རྣམས་ཀྱིས་དེ་ཉེས་པ་ལས་ཚངས་པར་བྱེད་པ་དེའི་དུས་ལ་བབ་པ་ན། དེའི་ཚེ་དེ་ལས་བུ་མོ་ཞིག་བཙས་ཏེ་ཏུ་ཤ་ཞེས་བྱ་བར་མིང་བཏགས་སོ། །ཏུ་ཤ་དེ་ཡང་སྔོན་དེ་བཞིན་གཤེགས་པ་པད་མའི་འདབ་མ་དྲི

237叶A面:

།མ་མེད་པའི་རྒྱུ་སྐར་གྱི་རྒྱལ་པོ་མངོན་པར་ཤེས་པའི་མེ་ཏོག་ཀུན་ཏུ་རྒྱས་པའི་སངས་རྒྱས་ཀྱི་ཞིང་ན་གནས་པ་ལས་འདི་སྐད་དུ་སྔོན་ལྷ་ལས་གྱུར་པའི་སྲིན་མོ་འདི་ནི་ཚེ་རབས་མང་པོར་བདག་གི་མར་གྱུར་པ་ཡིན་ན། ད་ལྟར་བྱང་ཆུབ་སེམས་དཔའ་འོག་པག་ཅན་བཟའ་བར་ཆས་ཀྱིས། བདག་འདིའི་བུ་མོར་གྱུར་ལ་དེའི་སྡིག་པའི་ལས་དགག་པར་བྱའོ། །ཞེས་སྙིང་རྗེ་རྗེ་སྐད་དུ་བློས་པར་བྱེད་དོ། །དེའི་ཚེ་འགྲོན་པ་གཞན་དག་དེར་ལྷགས་སོ། །དེ་ནས་འོག་པག་ཅན་འཁོར་དང་བཅས་པའི་སྐྲ་རྣམས་བཅད་ནས། བཟའ་བར་ཆས་སོ། །གསར་དུ་ལྷགས་པ་རྣམས་དང་ནི་འདུས་སོ། །དེ་ནས་འོག་པག་ཅན་དེ་དང་། སྲིན་མོར་འདུས་པར་གྱུར་པ་ཏུ་ཤ་ཞེས་བྱ་བ་བུ་མོ་ཆུང་ངུ་དེས་ཕ་འོག་པག་ཅན་ལ་འདི་སྐད་དུ་ཕ་ཇོ་བོ་ཅི་ནས་བདག་ཅག་སྲིན་མོ་འདི་དག་མ་ཟོས་པར་གྲོས་ཏེ་བཞུད་དོ་ཞེས་སྨྲས་སོ། དེའི་ཚེ་འོག་པག་ཅན་དེ་རང་གི་བུ་མོ་དེས་ཐར་

བར་བྱས་སོ། །འོག་པག་ཅན་གྱིས་ཀྱང་འགྲོན་པོ་ལྔ་བརྒྱ་པོ་ཐམས་ཅད་ཐར་བར་བྱས་ཏེ་ཀུན་ཏུ་ལྷན་ཅིག་ཏུ་བྲོས་སོ། །དེའི་ཚེ་སྲིན་མོ་དེ་དེར་སོང་ནས་འོག་པག་ཅན་དེ་མ་རྙེད་ནས། དེར་གསར་དུ་ལྷགས་པའི་འགྲོན་པ་གང་ཡིན་པ་དེ་དག་བོར་ཏེ། འོག་པག་ཅན་ལ་སོགས་པ་འགྲོན་པ་རྣམས་ཚོལ་བའི་ཕྱིར་རྒྱུག་གོ། །དེ་སྔོན་ལྷའི་འཇིག་རྟེན་ན་གནས་པའི་ཚེ་ཕྱི་ལ་ཕྱིན་པས་དེའི་ཕྱིར་ཆད་པས་བཅད་དེ། ལྷ་རྣམས་ཀྱིས་རྣ་བ་བཅད་ནས་གསེར་གྱི་རིགས་ཀྱི་རི་ལ་བཞག་སྟེ། དེ་ལ་ལྷ་རྣམས་ཀྱིས་འདི་སྐད་དུ་དམོད་པ་བོར་ཏེ། གང་གིས་ཁྱོད་ལ་འདི་སྐད་དུ་ཁྱོད་ཀྱི་རྣ་བ་གསུམ་བཅད་ཅེས་ཐེ་ཚོམ་འདྲི་བར་འགྱུར་རོ། །དེས་ཁྱོད་དམོད་པ་ལས་ཐར་བར་གྱུར་ཏེ། ཕྱིར་ལྷའི་འཇིག་རྟེན་ན་སོང་ནས་སྔོན་བཞིན་དུ་ལྷར་འགྱུར་རོ་ཞེས་བྱས་སོ། །དེ་ནས་དེའི་ཚེ་ལྷའི་འཇིག་རྟེན་དུ་ཕྱིར་འགྲོ་བའི་དུས་ལ་བབ་སྟེ། །དེ་འགྲོན་པོ་མང་པོ་དག་ཚོལ་བའི་ཕྱིར་རྒྱུག་པ་ན། ཞབ་མ་རིང་པོ་བགོས་པ་བསྒྲིལ་ནས། དེ་སྔོན་རི་དྭགས་ཀྱི་སྤུ་ལས་གོས་བྱས་པ་གང་ཡིན་པ་གྱོན་ཏེ། སྐྲ་སྤྱི་བོར་བཅིངས་ནས། གང་གི་ཚེ་ཚོང་པ་བྲོས་པ་དེ་དག་གི་ཕྱི་བཞིན་དུ་འོངས་པ་དེའི་ཚེ། དེད་

237叶B面：

དཔོན་འོག་པག་ཅན་དེ་དང་། ཚོང་པ་ལྔ་བརྒྱ་པོ་དེ་དག་བཟུང་ནས་ཞབ་མའི་ནང་དུ་བླུགས་ཏེ་ཐྲག་པ་ལ་བཀལ་ལོ། དེའི་ཚེ་འོག་པག་ཅན་གྱིས་བཀག་པ་དང་། སྲིན་མོ་དེས་དྲིས་པ། མིའི་བུ་ཁྱོད་ཅིའི་ཕྱིར་དགོད། །ཇི་སྐེ་དྲང་པོར་མ་སྨྲས་ན་ཁྱོད་ཀྱི་ཁྲག་ས་ལ་ཕོ་སྐེ་བཏང་ངོ་། །དེ་ནས་དེད་དཔོན་འོག་པག་ཅན་གྱིས་དེ་ལ་འདི་སྐད་དུ་འདི་ལྟར་མཐུ་ཆེ་བ་ཁྱོད་ཀྱི་རྣ་བ་མི་གསུམ་ཇི་ལྟར་བཅད་ཅེས་སྨྲས་པ་ན། དེའི་ཚེ་དེས་འགྲོན་པ་དེ་དག་བཏང་ནས་བར་སྣང་ལ་གནས་ཏེ། འདི་སྐད་དུ་ཡུལ་འདིའི་མིང་ནི་རྣ་བའི་ཕྱིར་གསེར་གྱི་རིགས་ཞེས་བྱ་བ་འགྱུར་རོ། །ཞེས་སྨྲས་ནས། རྣ་བ་སྔ་མ་ཁོ་ན་བཞིན་དུ་བྱུང་བར་གྱུར་ཏེ། ལྷའི་འཇིག་རྟེན་དུ་སོང་ནས་ཕྱིར་ལྷར་གྱུར་ཏོ། །དེད་དཔོན་འོག་པག་ཅན་དེ་ཡང་དེ་དག་དང་ལྷན་ཅིག་ཏུ་ཕྱིར་གསེར་གྱི་རིགས་ཀྱི་རི་ལ་ལོག་སྟེ་དེ་ན་བུ་མོ་དེ་གསོ་ཞིང་འདུག་གོ། །སྲིན་མོ་དེ་དག་ཐམས་ཅད་ཀྱང་སྨྲམ་པར་གྱུར་ཏེ། །དེ་དག་གི་ནང་ན་གང་དང་ལྷན་ཅིག་ཏུ་འདོད་པའི་དགའ་བ་ཉམས་སུ་མྱོང་ནས་དེའི་འོག་ཏུ་སེམས་ཅན་དེ་ཉིད་མི་གསོད་པ་ནི་འགའ་ཡང་མེད་དོ། །དེ་ནས་སྲིན་མོ་དེ་དག་ཐམས་ཅད་ངོ་ཚ་བར་གྱུར་ནས་བུ་དེ་རྣམས་གསོས་ཏེ། ཏུ་ཤ་ཡང་ལྷ་བཞིན་དུ་མཆོད་པའི་གནས་སུ་བྱས་སོ། །དེར་དེ་དག་བུ་གཞོན་ནུ་ཐོག་མར་བཙས་པ་དེ་ནི་ཏུ་ཤའི་ཁྲིམ་ཐབ་ཏུ་གྱུར་ཏེ། དེ་ཕྱིན་ཅད་གསེར་གྱི་རིགས་ཀྱི་མིའི་རྒྱུད་བྱུང་བར་གྱུར་ཏོ། །འགྲོན་པོ་དེ་དག་གི་བུ་བྱུང་ངོ་ཅོག་དང་ལྷན་ཅིག་ཏུ་འདོད་པའི་དགའ་བ་བྱས་ཀྱང་དེ་དག་ཐམས་ཅད་མགུ་བར་བྱེད་མ་ནུས་ཏེ། དེ་ལྟར་དེས་དེའི་ཚེ་འདོད་པའི་བདེ་བ་དམ་བཅས་པ་ལས་ཐམས་ཅད་མགུ་བར་བྱེད་མ་ནུས་པས་དེའི་ལས་ཀྱིས་རྟག་ཏུ་བུད་མེད་དུ་སྐྱེ་བར་གྱུར་ཏོ། །ཏུ་ཤ་ལས་བུ་ཅིག་བྱུང་ནས་དགེ་བསྙེན་མ་ཏུ་ཤར་གྱུར་ཏེ། ཏུ་ཤ་དེའི་བུར་གྱུར་པ་གང་ཡིན་པ་དེ་དེར་རྒྱལ་པོར་གྱུར་ཏེ། དེ་ཕྱིན་ཅད་མིའི་རྒྱུད་ཆགས་པར་གྱུར་ནས། དགེ་བསྙེན་མ་ཏུ་ཤ་གསེར་གྱི་རིགས་ཀྱི་རི་དེ་ལ་ལྷའི་གཞལ་མེད་ཁང་གི་ནང་ན་གནས་ཤིང་ལྷ་དང་མི་རྣམས་དང་། སྲིན་མོ་རྣམས་ལ་ཆོས་སྟོན་ཏོ། །གང་གི་ཚེ་ཏུ་ཤ་འཆི་བའི་དུས་བྱེད་པ་ན་སྲིན་མོ་ལྔ་བརྒྱ་པོ་གང་ཡིན་པ་དེ་དག་དང་། ལྷ་དང་སྲིན་པོ་

238叶A面：

།དེ་ལས་ཆོས་ཐོས་པ་གང་ཡིན་པ་དེ་དག་དེ་ལྟར་གསེར་གྱི་རིགས་ཀྱི་ཡུལ་གྱི་སྲུང་མར་གྱུར་ཏོ། །དེའི་ཚེ་ན་དགེ་བསྙེན་མ་ཏུ་ཤར་གྱུར་པ་གང་ཡིན་པ་དེ་ནི་ད་ལྟར་དྲི་མ་མེད་པའི་འོད་འདི་ཡིན་ནོ། །ཀུ་རྒྱན་གྱི་རྒྱལ་པོར་གྱུར་པ་གང་ཡིན་པ་དེ་ནི་ལི་ཡུལ་གྱི་རྒྱལ་པོ་ཐོག་མར་བྱུང་བ་དང་། གཉེན་བྱེད་ཅིང་བདག་ཉིད་དང་། ཡུལ་འབུལ་བར་བྱེད་པ་གང་ཡིན་པའི་སྐར་རྫོའི་རྒྱལ་པོར་གྱུར་པ་དེ་ཡིན་ནོ། །ཀ་སྨ་རའི་རྒྱལ་པོར་འགྱུར་བ་གང་གིས་བཅོམ་ལྡན་འདས་ཀྱི་སྤྱན་སྔར་བདག་ནི་ཕར་གྱུར་ཅིག་ཅེས་སྨྲས་པ་གང་ཡིན་པ་དེ་ནི་སྐར་རྫོའི་རྒྱལ་པོ་དབང་ཕྱུག་གོ་ཆ་ཞེས་བྱ་བ་དྲི་མ་མེད་པའི་འོད་ཀྱི་ཕར་འགྱུར་རོ། །ཀ་སྨ་རའི་རྒྱལ་པོའི་བཙུན་མོར་གྱུར་པས་འདི་སྐད་དུ་བདག་ནི་མར་གྱུར་ཅིག་ཅེས་སྨྲས་པ་གང་ཡིན་པ་འདི་ནི་རྒྱལ་པོ་དབང་ཕྱུག་གོ་ཆ་དེའི་བཙུན་མོ་དམ་པར་འགྱུར་རོ། །ལྷ་མོ་དེའི་མིང་པོར་གྱུར་པ་གང་གི་བདག་ནི་སྡུག་པའི་མིང་པོར་

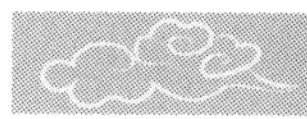

གྱུར་ཏེ། གང་གི་ཕྱིར་སྐྱོ་བ་ཆེན་པོ་ཐོབ་ནས་སྐྱོ་བ་དེ་ལ་མི་གཙང་བའི་ཏིང་ངེ་འཛིན་ཐོབ་པར་གྱུར་ཅིག་ཅེས་སྨོན་ལམ་འདེབས་པ་གང་ཡིན་པ་འདི་ནི་མིང་པོ་འགྱུར་རོ། །ནུ་མོ་ཐ་ཆུངས་སུ་གྱུར་པ་གང་གིས་འདི་སྐད་དུ་གང་གི་ཚེ། བདག་སྨྱུ་ངན་གྱིས་འཆི་བར་འགྱུར་བ་དེའི་ཚེ་ཁྱོད་དགེ་བའི་བཤེས་གཉེན་དགེ་སློང་གི་ཐད་དུ་སོང་ནས་དེར་འཁོར་བ་ལས་གྲོལ་བར་གྱུར་ཅིག་ཅེས་སྨོན་ལམ་འདེབས་པ་གང་ཡིན་པ་འདི་ནི་ནུ་མོ་ཐ་ཆུངས་སུ་འགྱུར་རོ། །རྡོ་རྗེ་སྡེའི་ནུ་བོ་ཐ་ཆུངས་གང་གི་ལི་ཡུལ་གྱི་ཕྱིར་དེ་དང་ལྷན་ཅིག་ཏུ་སྨོན་ལམ་བཏབ་པ་གང་ཡིན་པ་འདི་ནི་མིང་པོ་གྱུར་ཏེ། སྐར་རྩེའི་རྒྱལ་པོར་འགྱུར་རོ། །རྒྱལ་པོ་མ་སྐྱེས་དགྲའི་གྲོང་ཁྱེར་སྐྱོང་བ་གང་ཡིན་པ་འདི་ནི་གསེར་གྱི་རིགས་ཀྱི་རྒྱལ་པོར་འགྱུར་རོ། །བུད་མེད་གང་གིས་སྦྱིན་པ་ནི་བྱིན་ལ་ཚུལ་ཁྲིམས་ནི་མ་བསྲུངས་པ་གང་ཡིན་པ་འདི་ནི་རྒྱལ་པོ་དེའི་བཙུན་མོར་འགྱུར་རོ། །དེ་ནས་དེའི་ཚེ་སངས་རྒྱས་བཅོམ་ལྡན་འདས་ཀྱིས་ལྷ་རྣམས་ལ་བཀའ་སྩལ་པ། གང་གི་ཚེ་ལྷ་མོ་འདི་ལི་ཡུལ་དུ་དང་པོར་སྐྱེ་བའི་དུས་ལ་བབ་པ་ན་བྱང་ཆུབ་སེམས་དཔའ་བྱམས་པ་དགའ་ལྡན་ན་གནས་པ་ལྷ་དང་བཅས་པས་བསྐུལ་

238叶B面：

ཏོ། སྔོན་རྡོ་རྗེ་སྡེ་ལས་གྱུར་བའི་ལྷ་གང་ཡིན་པ་དེ་དང་། སྔོན་དྲི་མ་མེད་པའི་འོད་ལས་གྱུར་པའི་ལྷ་མོ་གང་ཡིན་པ་དེ་དང་། གྲོགས་མོར་གྱུར་པས་ཐོབ་པ་གང་དང་ལྷན་ཅིག་ཏུ་སྨོན་ལམ་བཏབ་པར་གྱུར་པ་གང་ཡིན་པ་དེ་ལ་ལྷ་དེ་དག་གིས་བསྐུལ་ཏེ། ལྷའི་སྐྱེ་བ་པོར་ལ་མིའི་སྐྱེ་བ་ལོང་ཤིག་ཅེས་ཐམས་ཅད་ལ་དྲན་པར་བྱེད་དོ། །རྒྱལ་པོ་མ་སྐྱེས་དགྲའི་གྲོང་ཁྱེར་སྐྱོང་བར་གྱུར་པ་གང་ཡིན་པ་དེ་དང་། གྲོང་ཁྱེར་སྐྱོང་བ་དེའི་བུར་གྱུར་པ་ལ་ཡང་ལྷའི་འཇིག་རྟེན་ནས་ལྷ་རྣམས་ཀྱིས་སྐུལ་བར་བྱེད་དོ། །ཕ་དང་མར་གྱུར་པ་གང་ཡིན་པ་དང་ལྷན་ཅིག་ཏུ་སྨོན་ལམ་འདེབས་འདེབས་པ་གང་ཡིན་པ་རྣམས་ལ་ཡང་དེའི་ཚེ་ལྷ་རྣམས་ཀྱིས་བསྐུལ་ཏེ། སངས་རྒྱས་ཀྱིས་བཀའ་སྩལ་པ་གང་ཡིན་པ་དང་། སྨོན་ལམ་བཏབ་པ་གང་ཡིན་པ་རྣམས་ཀྱི་དུས་ནི་ད་བབ་ཀྱིས། ལི་ཡུལ་དུ་སྐྱེ་བ་ལོང་ཤིག་ཅེས་དྲན་པར་བྱེད་དོ། །དེ་ལ་བྱང་ཆུབ་སེམས་དཔའ་རྡོ་རྗེ་སྡེ་ཞེས་བྱ་བའི་ལྷ་གང་ཡིན་པ་དེ་ནི་ལི་ཡུལ་གྱི་རྒྱལ་པོ་འགྱུར་རོ། །ས་ཐོབ་པའི་རིགས་ཀྱི་བུད་མེད་གང་ཡིན་པ་དེ་ནི་ཚེ་རབས་ལྔའི་བར་དུ་ལི་ཡུལ་གྱི་རྒྱལ་མོར་འགྱུར་རོ། །ལི་ཡུལ་དུ་ནི་ཚེ་རབས་དྲུག་ཏུ་སྐྱེ་བ་ལེན་ཏེ། རྒྱལ་པོ་བྱང་ཆུབ་སེམས་དཔའི་བཙུན་མོར་འགྱུར་རོ། །གང་གི་ཚེ་འཕགས་སྐྱེས་པོའི་ཕྱོགས་བྱས་པའི་ལས་དེའི་དུས་ལ་བབ་པ་ན་དེའི་རྒྱུད་དུ་གྱུར་པ་ཇི་སྙེད་པ་རྣམས་སུམ་པར་འགྱུར་རོ། །གང་གི་ཚེ་ལི་ཡུལ་དུ་ཐོག་མར་སུམ་པ་འོངས་པ་དེའི་ཚེ་ལྷ་མོ་འདི་ལྷའི་ནང་ནས་ཤི་འཕོས་ནས་སྐར་རྩེའི་རྒྱལ་པོའི་བུ་མོར་འགྱུར་རོ། །གང་གི་ཚེ་འ་ཞ་དང་སུམ་པ་འོང་བའི་དུས་ལ་བབ་པ་དེའི་ཚེ་ལྷ་མོ་དྲི་མ་མེད་པའི་འོད་འདིས་རྒྱལ་པོ་མ་སྐྱེས་དགྲའི་གྲོང་ཁྱེར་སྐྱོང་བ་ཁྱིམ་ཐབ་ཏུ་གྱུར་པ་འདི་ཁྲིད་ནས་གསེར་གྱི་ཡུལ་དུ་ཁྲིད་དེ་འོང་བར་འགྱུར་རོ། །དེའི་ཚེ་དེར་དམག་གི་དཔུང་དེ་དག་འོངས་ནས་དེའི་ཕ་སྐར་རྩེའི་རྒྱལ་པོ་དེ་དང་། མིང་པོ་རབ་གཉིས་གཡུལ་ངོར་འཆི་བར་གྱུར་ཏེ། དེའི་ཚེ་དྲི་མ་མེད་པའི་འོད་མྱ་ངན་གྱིས་གཟིར་ནས་མྱ་ངན་གྱི་ཁང་བུར་ཞུགས་ཏེ། གཞན་ལ་དྲི་མི་དགོས་པར་མི་གཙང་བའི་ཏིང་ངེ་འཛིན་ཐོབ་པར་འགྱུར་རོ། །གང་གི་ཚེ་གདོང་དམར་

239叶A面：

།རྣམས་ཀྱིས་ལི་ཡུལ་ཐྲན་དུ་འགྱུར་བའི་དུས་ལ་བབ་པ་ན། རྒྱལ་པོ་རྣམ་པར་རྒྱལ་བའི་སྟལ་དེ་གཡུལ་ངོར་གསོད་པར་འགྱུར་རོ། །དེའི་བུ་རྒྱལ་པོ་རྣམ་པར་རྒྱལ་བའི་གྲགས་པ་ཞེས་བྱ་བ་ཞིག་འབྱུང་བར་འགྱུར་རོ། །སྐར་རྩེའི་རྒྱལ་པོ་དབང་ཕྱུག་མོ་ཆ་ཞེས་བྱ་བ་ནི་བུ་དང་བཅས་ཏེ། ལིའི་རྒྱལ་པོ་དང་ལྷན་ཅིག་ཏུ་གཡུལ་གྱི་ནང་དུ་འཆི་བར་འགྱུར་རོ། །ད་ལྟར་གྱི་རྡོ་རྗེ་སྡེ་འདི་ནི་དེའི་བུ་རྣམ་པར་རྒྱལ་བའི་མོ་ཆ་ཞེས་བྱ་བར་འགྱུར་ཏེ། སྐར་རྩེའི་རྒྱལ་པོར་འགྱུར་རོ། །དེས་ཀྱང་ལོ་གཅིག་རྒྱལ་སྲིད་ཐོབ་པར་འགྱུར་ཏེ། དེ་ལ་རྣམ་པར་རྒྱལ་བའི་གྲགས་པ་ནི་ལི་ཡུལ་དུ་འབྱུང་ངོ་། །རྣམ་པར་རྒྱལ་བའི་མོ་ཆ་ནི་སྐར་རྩེར་འབྱུང་ངོ་། །གང་གི་ཚེ་དྲི་མ་མེད་པའི་འོད་ལ་སངས་རྒྱས་བཅོམ་ལྡན་འདས་རྣམས་ཀྱིས་འོད་ཟེར་བཏང་སྟེ། བཟོད་པ་ཐོབ་པར་འགྱུར་བ་དེའི་དུས་ལ་བབ་པ་དེའི་ཚེ་དགེ་བྱེད་ཀྱི་ཕྱོགས་དང་སྡིག་བྱེད་ཀྱི་ཕྱོགས་དེ་དག་ཀྱང་སོ་སོར་

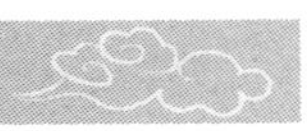

སྡེར་འཆའ་བར་འགྱུར་རོ། །དེའི་ཚེ་དགེ་བྱེད་དང་། སྡིག་བྱེད་གཉིས་ཀྱི་ཕ་སྔོན་ཆོས་རྐུན་པ་ལྔ་བརྒྱ་སྦྱུག་པར་བྱེད་པ་གང་ཡིན་པ་དེ་རྒྱལ་པོར་འགྱུར་ཏེ། བློན་པོ་ཆེན་པོ་ནི་གཉིས་འབྱུང་བར་འགྱུར་རོ། །རྒྱལ་པོའི་བུ་རྣམ་པར་རྒྱལ་བའི་གྲགས་པ་ཞེས་བྱ་བ་ནི་ལི་ཡུལ་གྱི་རྒྱལ་པོར་འགྱུར་རོ། །རྣམ་པར་རྒྱལ་བའི་གོ་ཆ་ཞེས་བྱ་བ་ནི་སྐར་རྡོའི་རྒྱལ་པོར་འགྱུར་རོ། །གཞོན་ནུ་དེ་གཉིས་ལས་དགེ་བྱེད་ནི་བློན་པོ་ཆེན་པོ་གཙོ་བོ་ཤོས་ཀྱིས་གསོས་སོ། །ཅིག་ཤོས་ནི་སྡིག་བྱེད་ཀྱིས་གསོས་སོ། །གང་གི་ཚེ་དགེ་བྱེད་བཙས་པ་དེའི་ཚེ་ཚོང་པ་ལྔ་བརྒྱ་འོངས་ཏེ། ལི་ཡུལ་དུ་སྐྱེས་ནས་ཡུལ་དེ་ན་དགེ་བ་བྱེད་དོ། །གང་གི་ཚེ་སྡིག་བྱེད་བཙས་པ་ན་ཆོས་རྐུན་ལྔ་བརྒྱ་སྦྱུགས་པ་དེ་དག་ལི་ཡུལ་དུ་སྐྱེས་ཏེ་སྡིག་པ་བྱེད་དོ། །གང་གི་ཚེ་གཞོན་ནུ་སྡིག་བྱེད་བཙས་པ་ན་ཆོམ་པོ་ལྔ་བརྒྱ་པོ་དེ་དག་རྒྱལ་པོའི་ཕའི་ཐད་དུ་བཏང་ངོ་། །དེ་ནས་དེའི་ཚེ་གཞན་དག་ཅིག་ལ་བྱ་བ་གང་ཡིན་པ་འདི་ཁྱོད་ཀྱིས་ཐོས་ཤིག་ཅེས་བསྒོ་ནས་བློན་པོ་ཆེན་པོ་དེའི་གཙོ་བོ་དེའི་ལག་པ་བཅད་དོ། །ཅིག་ཤོས་ནི་བསད་དོ། །དེ་ཡང་སྔོན་གང་གི་ཚེ་སྡིག་བྱེད་ཀྱིས་དགེ་བྱེད་ཀྱི་མིག་ཕྱུང་

239叶B面：

བ་དེའི་ཚེ་བློན་པོ་ཆེན་པོ་དེ་དག་ཕན་ཚུན་ཁོ་ན་བྱུང་ནས་དེ་ཕྱིན་ཅད་ཚེ་རབས་ཐམས་ཅད་དུ་གཅིག་གི་དགྲར་གཅིག་གྱུར་ཏོ། །དེ་ལ་བློན་པོ་ཆེན་པོ་གཙོ་བོ་ནི་སྐར་རྡོའི་རྒྱལ་པོར་འགྱུར་རོ། །ཅིག་ཤོས་ནི་ལི་ཡུལ་གྱི་རྒྱལ་པོར་འགྱུར་རོ། །དེ་གཉིས་ཀྱང་ཕྱིས་ཕན་ཚུན་འཐབ་པར་འགྱུར་རོ། །སྡིག་བྱེད་ཀྱི་ཕྱོགས་སྔོན་དགེ་བྱེད་ཀྱི་མིག་འབྱིན་པ་གང་ཡིན་པ་དེ་དག་གིས་ལིའི་རྒྱལ་པོ་གསོད་པར་འགྱུར་ཏེ། གང་གི་ཚེ་གདོང་དམར་རྣམས་ལ་ཡུལ་འཛིན་པར་འགྱུར་བའི་དུས་ལ་བབ་པ་དེའི་ཚེ་དེ་གཉིས་ཕན་ཚུན་འཐབ་པར་འགྱུར་རོ། །དེའི་ཚེ་ལྷ་མོ་དྲི་མ་མེད་པའི་འོད་ཀྱི་མིང་པོ་ད་ལྟར་རྡོ་རྗེ་སྡེ་ཞེས་བྱ་བའང་སྐར་རྡོའི་རྒྱལ་པོ་རྣམ་པར་རྒྱལ་བའི་གོ་ཆ་ཞེས་བྱ་བར་འགྱུར་ཏེ། མིང་པོ་དེའི་ཕྱིར་མྱ་ངན་གྱིས་གཟིར་པར་འགྱུར་རོ། །གང་གི་ཚེ་སངས་རྒྱས་ཀྱི་འོད་ཟེར་དེའི་སྟེང་དུ་གནས་པར་འགྱུར་བའི་དུས་ལ་བབ་པ་ན་དེས་སྐར་རྡོའི་རྒྱལ་པོ་ཕམ་པར་འགྱུར་རོ། །ཅི་སྟེ་བསོད་ནམས་དང་མི་ལྡན་ན་ནི་དྲི་གཙང་ཁང་དང་དགེ་འདུན་གྱི་ཀུན་དགའ་ར་བ་གཞིག་པར་བྱའོ་ཞེས་སངས་རྒྱས་བཅོམ་ལྡན་འདས་ལ་སྨོན་ལམ་འདེབས་འདེབས་པ་གང་ཡིན་པ་དེ་རྣམས་ཀྱང་དེ་དག་གིས་གྲོགས་བྱེད་པར་མི་འགྱུར་རོ། །གང་གི་ཚེ་གདོང་དམར་དག་གིས་གྲོགས་བྱེད་ཅིང་ལི་ཡུལ་འཛིན་པར་འགྱུར་ལ། །དགེ་འདུན་གྱི་ཀུན་དགའ་ར་བ་དང་དྲི་གཙང་ཁང་རྣམས་འཇིག་པར་བྱེད་པ་དེའི་ཚེ་སྐར་རྡོའི་རྒྱལ་པོ་འཕམ་པར་འགྱུར་རོ། །གང་གི་ཚེ་རིང་པོར་མ་ཐོགས་པར་གདོང་དམར་རྣམས་འོང་བའི་དུས་ལ་བབ་པ་དེའི་ཚེ་དྲི་མ་མེད་པའི་འོད་ཤིན་ཏུ་མྱ་ངན་སྐྱེ་བར་འགྱུར་ཏེ། དེའི་ཚེ་སངས་རྒྱས་བཅོམ་ལྡན་འདས་དེ་དག་དང་། ལི་ཡུལ་གྱི་སྲུང་མའི་ལྷ་གང་ཡིན་པ་དེ་དག་གིས་དགོངས་པར་འགྱུར་རོ། །དེ་ན་དྲི་མ་མེད་པའི་འོད་གཅིག་པུ་མྱ་ངན་གྱི་ཁང་བུའི་ནང་ན་འདུག་ཅིང་སངས་རྒྱས་རྣམས་ལ་གསོལ་བ་འདེབས་སོ། །བདུད་རྩི་ཛ་སྐྲ་ཞེས་བྱ་བའི་གཟུངས་སྔགས་ཀྱང་བཟློད་ནས། དེ་བཞིན་གཤེགས་པ་འོད་དཔག་མེད་ལ་གསོལ་བ་འདེབས་ཏེ། འདི་སྐད་དུ་ཡང་ན་ནི་མིང་པོ་དང་མཇལ་བར་གྱུར་ཅིག །ཡང་ན་ནི་འགུམ་པར་གྱུར་ཅིག

240叶A面：

།ཡང་ན་ནི་འཁོར་བ་ལས་མཐར་ཕྱིན་པར་གྱུར་ཅིག་ཅེས་ཟེར་རོ། །དེ་ནས་ནང་པར་གྱི་དུས་སུ་སངས་རྒྱས་བཅོམ་ལྡན་འདས་དེ་དག་གིས་དེའི་སྟེང་དུ་འོད་ཟེར་བཏང་སྟེ། གཟུངས་སྔགས་དང་། བཟོད་པ་ཡང་ཐོབ་པར་འགྱུར་རོ། །དེའི་ཚེ་སངས་རྒྱས་དང་། ལྷ་རྣམས་ཀྱིས་ལེགས་སོ་ཞེས་བྱ་བ་བྱིན་ཏེ། ལྷའི་བུ་རྣམས་དྲིལ་བུའི་སྒྲ་སྒྲོགས་ཤིང་ཞ་པོ་ཆེ་དང་། རོལ་མོའི་སྒྲ་རྣམས་སྒྲོགས་ཏེ། འདི་སྐད་དུ་ཕྱིར་མི་ལྡོག་པའི་བྱང་ཆུབ་སེམས་དཔའ་ལས་ཆེན་པོ་བྱས་སོ་ཞེས་ཟེར་རོ། །དེའི་ཚེ་འདི་སྙམ་དུ་ཕ་མ་ལ་དྲིན་དུ་གཟོ་བར་བྱས་པས་ན་བདག་ལ་མཆོད་པ་བྱེད་དོ་སྙམ་དུ་བདག་ཉིད་ཀྱིས་ཤེས་ནས་ལས་དང་པོར་བྱེད་པར་འགྱུར་ཏེ། སྔོན་གང་གི་ཚེ་དགེ་བྱེད་ཀྱིས་ཡིད་བཞིན་གྱི་ནོར་བུ་རིན་པོ་ཆེ་ལས་རིན་པོ་ཆེའི་ཆར་ཕབ་པ་ན། བློན་པོ་ཆེན་པོ་དང་། དགེ་བྱེད་ཀྱི་ཕྱིར་ཐོག་མ་སྨོན་ལམ་བཏབ་པ་དེའི་ཚེ་གཞན་དག་ཅིག་གིས་འདི་སྐད་དུ

གང་གི་ཚེ་བདག་ཅག་སྨོན་ལམ་བཏབ་པ་དེ་དག་ཐམས་ཅད་ལས་ལྡོག་པར་མ་གྱུར་ན། ཕྱིས་ཅི་ནས་ཀྱང་བསྟན་པ་ཅུང་ཟད་ཀྱང་འཇིག་པར་མི་འགྱུར་བར་གྲོགས་བགྱིའོ། །གཞོན་ནུ་རྣམ་པར་རྒྱལ་བའི་གོ་ཆ་ཞེས་བྱ་བ་སྐར་རྫོའི་རྒྱལ་པོར་འགྱུར་བ་དེས་ཀྱང་གྲོགས་བྱེད་པར་འགྱུར་རོ། །སྡིག་བྱེད་ཀྱི་ཕྱོགས་གང་དག་གི་ནོན་པོ་ཆེན་པོ་དང་། དགེ་བྱེད་ཀྱི་ཕྱིར་སྨོན་ལམ་བཏབ་པ་ཡང་ཕྱིས་ལྡོག་པར་འགྱུར་རོ། །གང་གི་ཚེ་བཅོམ་ལྡན་འདས་ཀྱིས་ཚིག་དེ་སྐད་ཅེས་བཀའ་སྩལ་པ་དེའི་ཚེ་སྤྱན་རས་གཟིགས་དབང་ཕྱུག་གིས་འདི་སྐད་ཅེས་གསོལ་ཏོ། །བདག་གིས་ཀྱང་དེའི་ཚེ་བསྐྱལ་བར་བགྱིའོ། །དེ་དག་ཐམས་ཅད་ལ་བདག་གིས་ཆོས་ཀྱང་བཤད་པར་བྱ་སྟེ། ཅི་ནས་ཐམས་ཅད་འཛིན་པར་འགྱུར་ཞིང་། གཞན་དག་ལ་ཡང་འཆད་པར་འགྱུར་བ་དེ་ལྟར་བགྱིའོ། །བདག་གི་སྙིང་མོ་འདི་ཡང་བདག་དང་ལྷན་ཅིག་ཏུ་བྱང་ཆུབ་ཀྱི་སྤྱོད་པ་ལྷན་ཅིག་ཏུ་སྤྱོད་སྤྱོད་པ་ལགས་སོ། །དེ་ནས་དེའི་ཚེ་ལྷ་ཐམས་ཅད་ལངས་ཏེ་འདི་སྐད་དུ་བདག་ཅག་ཀྱང་དེར་མཆི་བར་འཚལ་ལོ་ཞེས་གསོལ་ཏོ། །དེའི་ཚེ་སངས་རྒྱས་བཅོམ་ལྡན་འདས་ཀྱི་སྟེང་དུ་ལྷའི་མེ་ཏོག་གི་ཆར་བབ་བོ། །ལྷའི་སིལ་སྙན་

240叶B面：

རྣམས་ཀྱང་དཀྲོལ་ལོ། །དེ་ནས་སངས་རྒྱས་བཅོམ་ལྡན་འདས་ཀྱིས་འདི་སྐད་ཅེས་བཀའ་སྩལ་ཏོ། །སངས་རྒྱས་བཅོམ་ལྡན་འདས་དེ་དག་གིས་དེའི་སྟེང་དུ་འོད་ཟེར་རྣམས་བཏང་སྟེ། འོད་ཟེར་དེ་དག་ལས་དགོངས་པའི་དོན་ཇི་ལྟ་བ་བཞིན་དུ་ཚིག་བརྗོད་པ་རྣམས་བྱུང་སྟེ། ཅི་ནས་གཟུངས་སྔགས་ཀྱི་ཚིག་ཐོབ་པར་འགྱུར་བ་དང་། གང་གི་ཚེ་མིང་པོ་རྣམ་པར་རྒྱལ་བའི་གོ་ཆ་གཡུལ་ལས་ཕམ་པ་དེའི་དོན་གྱི་ཕྱིར་གཟུངས་སྔགས་ཐོབ་པར་འགྱུར་བ་དང་། གཟུངས་སྔགས་དེ་དག་ཐོབ་པས་གཞན་རྣམས་ཀྱང་ཐོབ་པར་འགྱུར་བ་དང་། གང་གིས་བཅོམ་ལྡན་འདས་ཀྱིས་ལི་ཡུལ་གྱི་དོན་དུ་བཀའ་སྩལ་པའི་ལས་དེ་དག་བྱེད་པར་འགྱུར་བའི་ཕྱིར་མྱ་ངན་གྱི་ཁང་བུ་གང་ན་ཞུམ་ཞིང་འདུག་པ་དེར་སངས་རྒྱས་བཅོམ་ལྡན་འདས་དེ་དག་ལས་གཟུངས་སྔགས་ཐོབ་པར་འགྱུར་རོ། །དེ་བཞིན་གཤེགས་པ་དགྲ་བཅོམ་པ་ཡང་དག་པར་རྫོགས་པའི་སངས་རྒྱས་མི་གནས་པའི་བློའི་རྒྱལ་པོ་གནོད་པ་ཞི་བར་མཛད་པ་ལ་ཕྱག་འཚལ་ལོ། །དེ་བཞིན་གཤེགས་པ་དགྲ་བཅོམ་པ་ཡང་དག་པར་རྫོགས་པའི་སངས་རྒྱས་ཤེས་པའི་བློ་ཅན་རབ་རིབ་ཀྱི་མུན་པ་རབ་ཏུ་ཞི་བར་མཛད་པ་ལ་ཕྱག་འཚལ་ལོ། །དེ་བཞིན་གཤེགས་པ་དགྲ་བཅོམ་པ་ཡང་དག་པར་རྫོགས་པའི་སངས་རྒྱས་སྣང་པོ་ཆེའི་བདག་པོ་ལ་ཕྱག་འཚལ་ལོ། །དེ་བཞིན་གཤེགས་པ་དགྲ་བཅོམ་པ་ཡང་དག་པར་རྫོགས་པའི་སངས་རྒྱས་རྡོ་རྗེ་ལྟར་གཅོད་པ་ལ་ཕྱག་འཚལ་ལོ། །དེ་བཞིན་གཤེགས་པ་ལྷའི་རྒྱལ་པོ་ལ་ཕྱག་འཚལ་ལོ། །དེ་བཞིན་གཤེགས་པ་མུ་སྟེགས་ཐམས་ཅད་ལས་ཤིན་ཏུ་འཕགས་པའི་རྒྱལ་པོ་ལ་ཕྱག་འཚལ་ལོ། །དེ་བཞིན་གཤེགས་པ་ཏིང་ངེ་འཛིན་གྱི་མཆོག་ལ་ཕྱག་འཚལ་ལོ། །དེ་བཞིན་གཤེགས་པ་མཚན་གྱི་རྒྱལ་པོ་ལ་ཕྱག་འཚལ་ལོ། །དེ་བཞིན་གཤེགས་པ་སྣང་བས་སྣང་བར་མཛད་པ་ལ་ཕྱག་འཚལ་ལོ། །དེ་བཞིན་གཤེགས་པ་མུ་སྟེགས་ཐམས་ཅད་ཀྱི་རྒྱལ་པོ་ལ་ཕྱག་འཚལ་ལོ། །དེ་བཞིན་གཤེགས་པ་སྦྱིན་བྱེད་ཀྱི་རྒྱལ་པོ་ལ་ཕྱག་འཚལ་ལོ། །དེ་བཞིན་གཤེགས་པ་རྡོ་རྗེ་ལྟར་འགྲོ་བ་ཡོན་ཏན་གྱི་དབང་ཕྱུག་རྒྱལ་མོ་ལ་

241叶A面：

།ཕྱག་འཚལ་ལོ། །དེ་བཞིན་གཤེགས་པ་ཡེ་ཤེས་ལ་འཇུག་པ་ལ་ཕྱག་འཚལ་ལོ། །དེ་བཞིན་གཤེགས་པ་ཏ་ལ་ལྟར་རབ་ཏུ་བརྟན་པ་ལ་ཕྱག་འཚལ་ལོ། །སངས་རྒྱས་བཅོམ་ལྡན་འདས་དེ་དག་གི་མཚན་རྣམས་འཛིན་པ་གང་ཡིན་པ་དེ་ནི་སྡུག་བསྔལ་ལས་ཡོངས་སུ་ཐར་བར་འགྱུར་རོ། །སྔོན་བྱས་པའི་སྡིག་པ་རྣམས་ཀྱང་བཤགས་པར་འགྱུར་རོ། །ཚེ་འདི་ལ་ཡང་ཕྱུག་པོར་འགྱུར་རོ། །མུ་གེའི་ནང་དུ་སྐྱེ་བར་མི་འགྱུར་རོ། །གནོད་པ་ཐམས་ཅད་ལས་ཡོངས་སུ་ཐར་བར་འགྱུར་རོ། །ཏདྱ་ཐཱ། ཏུ་ཀེ་ཏུ་ཀེ་ཀེ། ཏེ་ཀ་ཙ་ཀྲི། ཏཀྲ་ཏི་ཕྲི་ཏི་སྭཱ་ཧཱ། གཟུངས་སྔགས་འདི་ནི་ཕྱིར་མི་ལྡོག་པའི་འཁོར་ལོ་ཞེས་བྱ་སྟེ། སུ་འདི་བརྗོད་པ་ནི་ཕྱིར་མི་ལྡོག་པར་འགྱུར་རོ། །བསྒྲུབ་པའི་ཐབས་ནི་འདི་ཡིན་ཏེ། ཁ་ཟས་མི་ཟ་བར་གཡེང་བ་མེད་པའི་སེམས་ཀྱིས་འཆག་བཞིན་དུ་ཉིན་མཚན་དུ་བཟླས་བརྗོད་བྱས་ན་རྣམ་པར་རྟོག་པ་འབྱུང་བར་འགྱུར་ཞིང་དྲན་པ་

དང་ལྡན་པར་འགྱུར་ཏེ། བསླབ་པ་གཞི་འཛིན་པས་བཟླས་བརྗོད་བྱའོ། །ཏདྱ་ཐཱ། ཨོ་ཏ་ནི། ཨོ་ཏ་ནི། མོ་ཏ་ནི། ཏུ་རུ་རེ། ཏུ་རུ་རེ། ནུ་པ་ཏེ། ཛམ་བྷ་ནི། སྟམ་བྷ་ནི་སྭཱ་ཧཱ། གཟུངས་སྔགས་འདིས་ནི་སྐྱེ་བ་མེད་པའི་བཟོད་པ་ཐོབ་པར་འགྱུར་ཏེ། ཞག་གསུམ་གྱི་བར་དུ་བསླབ་པ་འཛིན་པས་གཡེང་བ་མེད་པའི་སེམས་ཀྱིས་འཆག་བཞིན་དུ་བཟླས་བརྗོད་བྱས་ན་ཚེ་འདི་ལ་མ་གྲུབ་ན་ཡང་ཚེ་ཕྱི་མ་ལ་ངེས་པར་འགྲུབ་པར་འགྱུར་རོ། །ཏདྱ་ཐཱ། ཙ་རེ་ཙ་རེ། ཡཀྵི་ཡཀྵི། ཡཀྵཱ་ཡཀྵཱ། ནུད་ཧྲི་དྲི་ཏེ། ཀཱུལ་པ། ཨ་ཏིདྲི་ཏེ། བུད་དྷ་ཨ་ཧྲི་དྲི་ཏེ་སད་ཏྭ། ཨ་ཧྲི་དྲི་ཏེ་སྭཱ་ཧཱ། གཟུངས་སྔགས་འདིས་ནི་སྡིག་པ་ཐམས་ཅད་བཤགས་པར་འགྱུར་ཏེ། ཟླ་བ་བདུན་གྱི་བར་དུ་ཉིན་ལན་གསུམ་མཚན་ལན་གསུམ་བཟླས་བརྗོད་བྱའོ། །ཏདྱ་ཐཱ། མི་ཧེ། མི་ཧེ། རག་ཧེ། ཤུག་ཧེ། ཀླ་ཡེ་ཀླི།◌ྱམ་བ་ཏེ། མི་ཧེ། བུད་དྷ་ཨ་ཧྲི་དྲི་ཏེ་སྭཱ་ཧཱ། གཟུངས་སྔགས་འདིས་ནི་འཐུན་པའི་བཟོད་པ་ཐོབ་པར་འགྱུར་རོ། །བསྒྲུབ་པའི་ཐབས་ནི་འདི་ཡིན་ཏེ། ནང་གསུམ་བཟླས་བརྗོད་བྱས་ན། ལན་ཅིག་ཀྱང་སྟོང་སྟོང་བྱའོ། །རྟག

241叶B面：

ཏུ་གཉིད་མི་ལོག་པ་དང་། ཁྲུས་བྱ་བ་དང་། གཙང་བ་དང་། གོས་གཙང་མ་གྱོན་པས་ཟན་ཟོས་པའི་འོག་ཏུ་སྐུ་གདུང་དང་ལྡན་པའི་མཆོད་རྟེན་དང་། སངས་རྒྱས་ཀྱི་སྐུ་གཟུགས་ཀྱི་སྤྱན་སྔར་གཡེང་བ་མེད་པའི་སེམས་ཀྱིས་བཟླས་བརྗོད་བྱས་ཏེ། དུ་རུ་ཀའི་བདུག་པས་བསྲེགས་ན་ནད་ཆེན་པོ་རྣམས་ཞི་བར་འགྱུར་རོ། །གསང་སྔགས་དེ་དག་གིས་མར་ལ་ལན་སྟོང་བཟླས་བརྗོད་བྱས་ཏེ། ནད་པ་ལ་བླུད་པ་དང་། ལུས་ལ་བསྐུ་བར་བྱའོ། །འདི་ལས་སྨན་གྲགས་པ་ཇི་ལྟ་བུ་ཡང་རུང་བ་དེ་དག་ལ་ནད་པས་ནང་གསུམ་དུ་ཉིན་གཅིག་བཞིན་དུ་ལན་སྟོང་སྟོང་བཟླས་བརྗོད་བྱ་སྟེ། སུ་རྩི་པོག་སྤྲིག་ཅིང་། དྲི་ཆུ་དང་། དྲི་ཞིམ་པོས་བསྒོས་པའི་འབྲུ་མར་གྱི་མར་མེ་དང་། རོ་སྣ་གཅིག་དབུལ་བར་བྱའོ། །གང་གི་ཚེ་ཆོ་ག་འདི་བཞིན་དུ་བཟླས་བརྗོད་བྱས་ན། ནད་ཚབས་ཆེན་པོ་རྣམས་ཀྱང་མེད་པར་འགྱུར་ཏེ། ཏདྱ་ཐཱ། ཤུད་ཧེ་བུད་ཧེ། ཨཱུ་ར་ཛེ། ཨ་ར་ཛ། ཨ་ནུ་བ་དེ། སང་ཀ་ལ་པེ་མི་ཏྲེ་བུད་དྷ་ཨ་ཧྲི་དྲི་ཏེ་སྭཱ་ཧཱ། ནང་བདུན་གྱི་བར་དུ་ཉིན་གཅིག་བཞིན་དུ་ལན་སྟོང་སྟོང་བཟླས་བརྗོད་བྱས་ཏེ། སེམས་ཞི་བར་བྱས་ན་འཐུན་པའི་བཟོད་པ་འཐོབ་པར་འགྱུར་ཏེ། བསླབ་པ་འཛིན་པས་བཟླས་བརྗོད་བྱའོ། །ཏདྱ་ཐཱ། ས་ས་ས་ས། མི་མི་མི་མི། གི་ར་ཨ་ཧྲི་དྲི་ཏེ། ཛམ་བྷ་ཀོ་ཏེ། ཨ་པར་ཛི་ཏེ། ཀལ་པ་བ་ཏེ། ཛམ་བྷ་ཀོ་ཏི། ཀ་ཀཱུ་མི་ལི། བན་ཛི་ནི་བི་ཏེ་ནི། ས་ན་ས་ར། གི་ཏེ་བཛྲ་ལེ། པ་ལྷ་ཏེ། མ་སུ་ཤེས་ཀ་ལྷ་པི། ནོ་ཛ་རེ། ཨ་ཡིདྲ་ཀ་ཀ་ལེ་སྭཱ་ཧཱ། གཟུངས་སྔགས་འདི་ནི་མི་གནས་ཞེས་བྱ་སྟེ། འདིས་ས་ཐོབ་པར་འགྱུར་རོ། །བསྒྲུབ་པའི་ཐབས་ནི་འདི་ཡིན་ཏེ། གཙང་ཞིང་ཁྲུས་བྱས་པ་དང་། གོས་གསར་པ་གྱོན་ཅིང་བསླབ་པ་འཛིན་པས། སྐུ་གདུང་དང་ལྡན་པའི་མཆོད་རྟེན་ནམ། སངས་རྒྱས་ཀྱི་སྐུ་གཟུགས་ཀྱི་སྤྱན་སྔར་བཟླས་བརྗོད་བྱས་ན་རྒྱལ་པོའི་འཇིགས་པ་དང་། འཇིགས་པ་གཞན་ཐམས་ཅད་ལས་ཐར་བར་འགྱུར་ཏེ། ཁ་ཟས་མི་ཟ་བར་ལན་སྟོང་བཟླས་བརྗོད་བྱའོ། །དེ་ལ་དྲི་ནི་འདི་ཡིན་ཏེ། ཨ་ག་རུ་དང་། འབུག་ཤུག་ཏང་དང་། ག་བུར་དང་། ཤུག་པ་དང་། ཙན་དན་རྣམས་སོ། །བདུག་པ་ཡང་འདི་དག

242叶A面：

།ལས་སྦྱར་བར་བྱ་སྟེ། དེར་བདུག་པར་བྱའོ། །མར་མེ་ཡང་དེ་དག་གི་ཕྱི་མ་དང་སྦྱར་ཏེ་སྦར་རོ། །ཡང་ན་དེ་དག་གི་དྲིས་ཀྱང་བསྙེན་བཀུར་བྱ་ཞིང་ཆུ་དང་སྦྱར་ཏེ། དེས་གཏོར་བར་བྱའོ། །རོ་སྣ་གཅིག་ཀྱང་དེར་གཞག་པར་བྱ་སྟེ། དེས་བསྒོས་པའི་ཆུ་ལ་བཟླས་བརྗོད་བྱས་པས་སྟེང་དུ་གཏོང་བར་བྱའོ། །གང་གིས་ཆོ་ག་འདི་བཞིན་དུ་བྱས་ན་ཉེས་པ་སྣ་ཚོགས་ལས་གྲོལ་བར་འགྱུར་ཞིང་འཇིགས་པ་ཐམས་ཅད་ལས་ཐར་བར་གྱུར་ཏེ། འཇིགས་པ་དེ་ལས་ཐར་བར་མ་གྱུར་གྱི་བར་དུ་ཐུ་ཏྲོ་ཞིང་ལན་སུམ་ཅུ་གསུམ་གསུམ་བཟླས་བརྗོད་བྱའོ། །ཆོ་ག་འདི་བཞིན་དུ་བཟླས་བརྗོད་བྱས་པ་གང་ཡིན་པ་དེ་ནི་འཇིགས་པ་འཁམ། གནོད་པ་གང་ལས་ཀྱང་གྲོལ་བར་མི་འགྱུར་བ་མེད་དོ། །ཅི་སྟེ་བསྒྲུབས་ན་ལས་གང་བརྩམས་ཀྱང་རུང་སྟེ་མི་འགྲུབ་པ་མེད་དོ། །གང་ཞིག་སྒྲུབ་པ་འཁམ། ཡང་ན་སྐྱུད་པ་འདོགས་སམ། ཡང་ན་བྲིས་ཏེ་འཆང་ན་གནོད་པ་ཐམས་ཅད་ལས

ཐར་བར་འགྱུར་ཏེ། མི་བསོད་ནམས་དང་ལྡན་པ་ཞིག་ནི་ཚེ་འདི་ཉིད་ལ་འཐོབ་པར་འགྱུར་རོ། །ཇི་སྟེ་དེས་ཐོབ་པར་མ་གྱུར་ན་ཡང་ཚེ་ཕྱི་མ་ལ་གདོན་མི་ཟ་བར་འཐོབ་པར་འགྱུར་རོ། །ཏདྱ་ཐཱ། ག་བི་ཡི། ཀ་པི་ལ། བིན་ཏེ། ཛྲུ་ན་ཛ་ར་སྲུ། མི་ལ་ཏ་ལ་མི་ལ་ཏ་ལ། ཨད་དྲ་རེ་སྭཱ་ཧཱ། གཟུངས་སྔགས་འདི་བཟླས་བརྗོད་བྱེད་པ་གང་ཡིན་པ་དེས་ནི་སེམས་ཅན་ཐམས་ཅད་ལ་བྱམས་པར་བྱའོ། །བསྒྲུབ་པའི་ཐབས་ནི་འདི་ཡིན་ཏེ། ཁྲུས་ལེགས་པར་བྱས་ཤིང་གོས་གཙང་མ་བགོས་པ་ཁ་ཟས་མི་བཟའ་བར། སྐུ་གདུང་དང་ལྡན་པའི་མཆོད་རྟེན་ནམ། སངས་རྒྱས་ཀྱི་སྐུ་གཟུགས་ཀྱི་སྤྱན་སྔར་ལན་སུམ་སྟོང་བཟླས་བརྗོད་བྱའོ། །དེའི་བདུག་པ་ནི་འདི་ཡིན་ཏེ། འབྲུག་སུག་ཏང་དང་། ག་བུར་དང་། དུ་རུ་ཀ་དང་། ཀཱ་ལ་ནུ་ས་རི་དང་། ཤའི་ཡི་ཡ་ཀ་རྣམས་ཀྱིས་བདུགས་ཏེ། གང་གིས་ཚིག་འདི་བཞིན་དུ་བཟླས་བརྗོད་བྱས་པ་ལ་ནི་ཁྲོ་ཞིང་སྡང་བ་ཐམས་ཅད་དང་བར་འགྱུར་རོ། །ཙན་དན་དང་། གུར་གུམ་དང་། ཤིང་མངར་དང་། ཀར་ཀོ་ཏི་དང་། ཤུག་པ་དང་། སྨན་འདི་རྣམས་བསོགས་པ་ལ་གཟུངས་སྔགས་འདི་ལན་སུམ་སྟོང་བཟླས་བརྗོད་བྱས་ཏེ།

242叶B面：

ལུས་ལ་བཏགས་ན་དེ་ལ་བྱད་སྟེམས་ཀྱིས་ཚུགས་པར་མི་ནུས་ལ། བྱས་ཟིན་པ་ཡང་འཇིག་པར་འགྱུར་ཏེ། བྱམས་པའི་སེམས་དང་ལྡན་པ་དང་། བསླབ་པ་འཛིན་པས་བཟླས་བརྗོད་བྱའོ། །ཏདྱ་ཐཱ། ར་རེ་ར་ནྲ་ཕུ། ཕ་ན་ཏེ་ལེ་བི་ལི་ཕ་བ་ཀཱ་ནྲ་ཤུག་ཏི་ཤུན་ཧྲ་རེ་སྭཱ་ཧཱ། གཟུངས་སྔགས་འདི་ནི་ཏིང་ངེ་འཛིན་ཡོངས་སུ་རྫོགས་པར་བྱེད་པ་སྟེ། མཛོད་ཇི་ལྟ་བུ་དང་ཏིང་ངེ་འཛིན་གྱི་རྣམ་པ་ཇི་ལྟ་བུ་འདོད་པ་དེ་ལྟ་བུ་འཐོབ་པར་འགྱུར་ཏེ། བསམ་པ་ཐམས་ཅད་ཡོངས་སུ་རྫོགས་པར་བྱེད་པ་ཡིན་ནོ། །བསྒྲུབ་པའི་ཐབས་ནི་འདི་ཡིན་ཏེ། གཙང་བ་དང་། ཁྲུས་བྱས་པ་དང་། གོས་གཙང་མ་གྱོན་པ་དང་། བསླབ་པ་འཛིན་པས་སྐུ་གདུང་དང་ལྡན་པའི་མཆོད་རྟེན་ནམ། སངས་རྒྱས་ཀྱི་སྐུ་གཟུགས་ཀྱི་སྤྱན་སྔར་བཟླས་བརྗོད་བྱ་སྟེ། ཕྱོགས་བཅུའི་སངས་རྒྱས་རྣམས་ཀྱི་མཚན་ཕྱོགས་རེ་རེར་ལན་གསུམ་གསུམ་བརྗོད་པར་བྱའོ། །ཕྱོགས་རེ་རེར་གཟུངས་སྔགས་ལན་བརྒྱ་རྩ་བརྒྱད་བཟླས་བརྗོད་བྱའོ། །འདི་ལ་བདུག་པ་ནི་འབྲུག་སུག་ཏང་དང་། ག་བུར་དང་། ཀ་ལ་ནུ་ས་རི་དང་། ཤའི་ལེ་ཡ་ག་དང་། དུ་རུ་ཀ་རྣམས་བསྲེག་པར་བྱ་ཞིང་དེ་དག་གིས་བསྒོས་པའི་མར་མེ་སྦར་(བར་)བྱའོ། །སྨན་དེ་དག་དང་སྦྱར་བའི་ཆུ་བཞག་སྟེ། རོ་སྣ་གཅིག་ཀྱང་བཞག་ནས་ཡིད་ལ་གང་འདོད་པ་དེས་སངས་རྒྱས་རྣམས་ལ་གསོལ་ན་ཇི་ལྟར་འདོད་པ་དེ་བཞིན་དུ་འགྱུར་རོ། །ཏདྱ་ཐཱ། ཏི་ལི་ག་ཛེ་ཤུ་ར་ཤཱ་ར། ཨཱ་ཏི་བ་ཏི་ཊཱ་བ་ཏྲ་ནྲ་ཀེ་ལེ་ཌི་བ་ཏ་གུ་ལི་སྭཱ་ཧཱ། གཟུངས་སྔགས་འདིས་ལྷའི་མིག་འཐོབ་པར་འགྱུར་རོ། །མིག་ནད་ཀྱང་མེད་པར་འགྱུར་རོ། །བསྒྲུབ་པའི་ཐབས་ནི་འདི་ཡིན་ཏེ། གོས་གཙང་མ་བགོས་ལ་སྐུ་གདུང་དང་ལྡན་པའི་མཆོད་རྟེན་ནམ། སངས་རྒྱས་ཀྱི་སྐུ་གཟུགས་ཀྱི་སྤྱན་སྔར་ལན་བརྒྱ་རྩ་བརྒྱད་བཟླས་བརྗོད་བྱས་ནས། མིག་སྨན་འདི་ཡང་སྦྱོར་བར་བྱ་སྟེ། གུར་གུམ་དང་། ཀ་ར་དཀར་པོ་སྦྲང་རྩི་དང་སྦྱར་ཏེ་མིག་ཏུ་བསྐུས་ན་མིག་མ་རུང་བར་མི་འགྱུར་རོ། །མིག་ནད་ཐམས་ཅད་ཀྱང་མེད་པར་འགྱུར་རོ། །བདུག་པ་ནི་སྦྱར་བ་བསྲེག་གོ། །མིག་སྨན་དེ་ལ་ནི་ལན་བརྒྱ་རྩ་བརྒྱད་བཟླས་བརྗོད་བྱའོ། །ཉིན་གཅིག་བཞིན་དུ་ཆུ་ལ་ལན་བདུན་

243叶A面：

།བཟླས་བརྗོད་བྱས་ཏེ་མིག་བཀྲུ་བར་བྱའོ། །ཏདྱ་ཐཱ། བ་རད་ཚེ། བི་རད་ཚེ། ཀུ་ཐ་ལེ། མིག་ཏྲི་ལེ། ཨི་ལི་མི་ལི། ཏད་ཀཱ་ཏད་ཀུ་ལི་སྭཱ་ཧཱ། གཟུངས་སྔགས་འདི་ནི་སངས་རྒྱས་རྗེས་སུ་དྲན་པར་བྱ་བ་ཡིན་ནོ། །བསྒྲུབ་པའི་ཐབས་ནི་འདི་ཡིན་ཏེ། བསླབ་པ་འཛིན་པ་དང་། གཙང་མས་སངས་རྒྱས་ཀྱི་སྐུ་གཟུགས་ཀྱི་སྤྱན་སྔར་ལན་དགུ་བརྒྱ་བཟླས་བརྗོད་བྱས་ཏེ། བདུག་པ་སྦྱར་བ་སྲེག་ཅིང་དྲི་ཞིམ་པོས་བསྒོས་པའི་འབྲུ་མར་གྱི་མར་མེ་དང་། པོག་པོར་དང་། དྲི་ཞིམ་པོས་བསྒོས་པའི་ཆུ་དང་། རོ་སྣ་གཅིག་གཞག་པར་བྱ་སྟེ། མར་ལ་བཟླས་བརྗོད་བྱས་ནས་མགོ་བོ་དང་ཁར་བསྐུས་ན་མགོ་བོའི་ནད་ཐམས་ཅད་ལས་ཐར་བར་འགྱུར་རོ། །འཕྲུངས་ན་དྲན་པ་སྐྱེ་བར་འགྱུར་རོ། །ཆོས་སློབ་པར་འདོད་ནས་མར་དེ་འཕྲུངས་ན་དབང་པོ་རྣོན་པོར་འགྱུར་རོ། །གཟུངས་སྔགས་གང་བསྒྲུབས་ཀྱང་རུང་སྟེ། འདི་ལས་སྨོས་པ་བཞིན་དུ་ཡོངས་

སུ་རྫོགས་པར་བཀླས་བརྗོད་བྱས་ཏེ། གཟུངས་སྔགས་ཐམས་ཅད་དང་། སངས་རྒྱས་ཀྱི་མཚན་རྣམས་ཕྱོགས་བཅུའི་ཕྱོགས་རེ་རེར་བརྗོད་པར་བྱའོ། །སངས་རྒྱས་ཐམས་ཅད་ཀྱི་སྙིང་པོ་ཞེས་བྱ་བའི་གཟུངས་སྔགས་འདི་དག་ནི་ཡིད་བཞིན་གྱི་ནོར་བུ་རིན་པོ་ཆེ་ཇི་ལྟར་ཆོས་དང་ལྡན་པའི་དམ་པ་ཇི་ལྟ་བུར་འདོད་པ་བཞིན་དུ་ཐམས་ཅད་ཐོབ་པར་བྱེད་པ་དེ་བཞིན་དུ་སྨྲས་བརྗོད་པ་དེས། སངས་རྒྱས་ཉིད་ཀྱང་འཐོབ་པར་འགྱུར་ལ་སྡུག་བསྔལ་ཐམས་ཅད་ལས་ཐར་བར་འགྱུར་རོ། །དེས་འདི་སྐད་དུ་བདག་གིས་གང་གི་ཚེ་སངས་རྒྱས་ཀྱི་བྱང་ཆུབ་ཐོབ་ནས་དགྲོལ་བར་བྱའོ་ཞེས་བྱས་སོ། །དེའི་ཚེ་ལྷ་མོ་དྲི་མ་མེད་པའི་འོད་ཀྱིས་འདི་སྐད་དུ་ཇི་ལྟར་བདག་གིས་གཟུངས་སྔགས་འདི་དག་གིས་མིང་པོ་ཐར་བར་བྱས་པ་དེ་བཞིན་དུ་སེམས་ཅན་ཐམས་ཅད་ཀྱང་གཟུངས་སྔགས་འདི་དག་གིས་ཡོངས་སུ་ཐར་བར་བྱེད་པར

243叶B面：

ཤོག་ཤིག་ཅེས་བྱས་སོ། །ནམ་ཞིག་ན་སུམ་པ་རྣམས་དེར་འོང་བ་དང་། གདོང་དམར་གྱིས་ཡུལ་འཛིན་པར་འགྱུར་བའི་དུས་འོང་བར་འགྱུར་ཏེ། དེ་ཡང་ལས་འདི་ལྟ་བུ་ལས་འགྱུར་རོ། །གང་གི་ཚེ་གཞོན་ནུ་སྡིག་ཅན་བྱུང་བ་ན་མི་རྐོད་བྱུང་བ་དེ་དག་རྒྱལ་པོའི་ཐད་དུ་བཏང་སྟེ། བློན་པོ་ཆེན་པོ་གཙོ་བོའི་ཁྱིམ་དུ་སོང་ནས་ནོར་རྣམས་ཁྱེར་རོ། །དེ་ནས་དེའི་མཛོད་སྒོ་ན་དེའི་ཆུང་མ་བུད་མེད་ཅིག་ཉལ་བ་དེ་དག་སང་ཤོར་གྱིས་རྟོགས་པའི་ཕྱིར་ཁྲིད་དེ་བསད་དོ། །དེ་ནས་མི་རྐོད་དེ་དག་བཟུང་ནས་བློན་པོ་དེ་དག་གི་ལག་ཏུ་ཕྱིན་ཏོ། །མི་རྐོད་དེ་དག་གི་བུ་དང་ཆུང་མ་དང་ནོར་རྣམས་ཀྱང་བློན་པོ་ཆེན་པོ་དེ་དག་གི་མདུན་དུ་བཞག་གོ། །དེ་ནས་བློན་པོ་ཆེན་པོ་གཙོ་བོ་དེ་ཁོང་དགེ་བ་ཞིག་སྟེ། བདག་གི་ནོར་ཉི་ཚེའི་ངོ་བླངས་སོ། །དེ་ནས་བློན་པོ་ཆེན་པོ་གཙོ་བོ་དེའི་སྲིང་མོ་མཚན་མོ་མི་ཉལ་བར་འཆགས་ན་འཆགས་པས་དེར་མི་རྐོད་འོངས་པ་ཚོར་ནས། རྒྱལ་པོའི་གན་དུ་ཁྲིད་པ་ཡང་དེས་མཐོང་ངོ་། །དེ་ནས་དེ་དག་བུ་དང་ཆུང་མ་རྣམས་ནི་བློན་པོ་ཆེན་པོ་ཅིག་ཤོས་ཀྱིས་ཁྱེར་རོ། །ནོར་རྣམས་ནི་རྒྱལ་པོའི་དཀོར་དུ་བསྡུས་ནས། བློན་པོ་ཆེན་པོ་ཅིག་ཤོས་ཀྱིས་བུ་དང་ཆུང་མ་ཁྱེར་བ་དེ་ཡང་རྒྱལ་པོས་མ་རྟོགས་སོ། །དེ་ནས་བློན་པོ་ཆེན་པོ་ཤོས་ཀྱིས་ནུ་བོ་དང་བུ་ལ་མི་རྐོད་གཙོ་བོའི་ཆུང་མ་བྱིན་ནས་ཆེན་པོ་ཅིག་གིས་དེའི་བུ་དང་ཆུང་མ་རྣམས་ཀྱང་མི་རྐོད་དེ་དག་གིས་མཚན་མོ་བཀྲུས་ཏེ་རང་གི་བུ་དང་ཆུང་མ་ནི་ཕྱིར་མ་ཐོབ་བོ། །དེ་ནས་དེའི་ཚེ་དེ་དག་གིས་སྨོན་ལམ་བཏབ་པ་གང་གི་ཚེ་ཁྱོད་ཀྱིས་མིའི་ལུས་ཐོབ་པར་འགྱུར་བ་དེའི་ཚེ་དེད་ཀྱིས་ཁྱོད་ཀྱི་ཆུང་མ་འཕྲོག་པར་གྱུར་ཅིག་ཅེས་བྱས་སོ། །མི་རྐོད་ཀྱི་གཙོ་བོ་གང་གིས་མཛོད་ཀྱི་སྒོ་ནས་བུད་མེད་ཁྲིད་དེ་སོང་བ་དེས་པ་དེས་སྨོན་ལམ་བཏབ་པ་བདག་བློན་པོ་ཁྱོད་ཀྱི་འཁོར་དུ་སྐྱེས་ཏེ། གང་གི་ཚེ་ཁྱོད་ལས་བྱེད་པ་དེའི་ཚེ། ངས་ཁྱོད་ཀྱི་སེམས་དཀྲུག་ཅིང་གཏམ་ངན་ཆེན་པོ་སྒྲོགས་པར་གྱུར་ཅིག་ཅེས་བྱས་སོ། །དེ་ནས་རིགས་དང་ལྡན་པའི་བུད་མེད་གང་གིས་མི་རྐོད་འོང་བ་ཚོར་བ་དེ་ལ་དྲིས་པ་ངས་ཚོར་རོ། །ཞེས་ཁྱོད་ཀྱིས་བྱ་སྟེ་ཅི་བྱ་ཞེས་དེས་སྨྲས་པ་རྫུན་དུ་སྨྲ་བར་གྱུར་གྱིས་རྟོགས་པ་དང་། དེའི་སྡིག་བདག་གི་ལུས་ཀྱིས་སྤྱོད

244叶A面：

།བར་འགྱུར་དུ་དོགས་པའི་ཕྱིར་རོ་ཞེས་བྱས་སོ། །དེས་ན་མི་རྐོད་ཀྱི་གཙོ་བོ་དེས་སྨོན་ལམ་འདི་སྐད་ཅེས་བཏབ་སྟེ། དུས་ཐམས་ཅད་དུ་བདག་བློན་པོ་ཆེན་པོ་འདིའི་མཛའ་བོའི་ཚུལ་དུ་འདུག་ཅིང་དགྲ་བྱེད་པར་གྱུར་ཅིག་ཅེས་བྱས་སོ། །དེ་ལ་བློན་པོ་ཆེན་པོ་གཙོ་བོ་དེ་ནི་སྐར་རྫེའི་རྒྱལ་པོར་འགྱུར་རོ། །ཅིག་ཤོས་ནི་ལི་ཡུལ་གྱི་རྒྱལ་པོར་འགྱུར་རོ། །བློན་པོ་ཆེན་པོ་ཅིག་ཤོས་ཀྱི་ནུ་བོ་ནི་ཤད་ཀུ་ལ་ཞེས་བྱ་བར་འགྱུར་རོ། །བུར་གྱུར་པ་དེ་ནི་བསོད་ནམས་འཕེལ་ཞེས་བྱ་བར་འགྱུར་རོ། །མི་རྐོད་ཀྱི་གཙོ་བོར་གྱུར་པ་དེ་ནི་ས་པི་ཏི་ཀུ་ལ་ཞེས་བྱ་བར་འགྱུར་རོ། །བློན་པོ་ཆེན་པོ་དེའི་ཆུང་མ་གསོད་གསོད་པའི་མི་དེ་གཉིས་ལས་གཅིག་ནི་ཨ་ཀུ་ན་ཞེས་བྱ་བར་འགྱུར་རོ། །གཅིག་ནི་ཏུ་པ་ལ་ཞེས་བྱ་བར་འགྱུར་རོ། །དེའི་ཆུང་མ་སྨོན་ལམ་འདེབས་པ་གཉིས་ལས་གཅིག་ནི་ཐུ་རན་དང་བྲལ་བ་ཞེས་བྱ་བར་འགྱུར་རོ། །གཅིག་ནི་རབ་སྡུག་ཅེས་བྱ་བར་འགྱུར་རོ། །བློན་པོ་ཆེན་པོ་དེའི་ཆུང་མ་མཛོད་ཀྱི་སྒོ་ན་ཉལ་ཉལ་དེ་ནི་པིད་ཀུ་ལའི་ཆུང་མ་ལས་སྐར་རྫེའི་རྒྱལ་པོས་ཁྱེར་བ་ཡིན་ནོ། །མི་རྐོད་རྣམས་ཀྱི་མར་གྱུར

པ་དེ་ནི་མི་རྗོད་འཛིན་པ་རྣམས་ཀྱི་མར་གྱུར་ཏོ། དེ་ཡང་དེའི་གྲོགས་སུ་འགྱུར་རོ། །རྒྱལ་པོ་གསོད་པ་དེས་ནི་སྔོན་ལམ་འདི་སྐད་ཅེས་བཏབ་སྟེ། ཅི་ནས་བདག་བག་མར་བཏང་ནས་ཁྱོད་ལ་གསོད་པར་གྱུར་ཅིག་ཅེས་བྱས་སོ། །དེའི་ཕྱིར་ན་ལིའི་རྒྱལ་པོས་མྱ་ངན་མེད་པའི་ཨ་ཀུ་ན་ལ་ཕྱིན་ནོ། །སྐར་རྔོའི་རྒྱལ་པོས་ཀྱང་ཕེད་ཀུ་ལའི་ཚུང་མ་ཁྱེར་བར་གྱུར་ཏོ། དེ་ཕྱིན་ཙད་གཅིག་ལ་གཅིག་དགྲར་འགྱུར་རོ། །དགེ་བྱེད་ཀྱི་ཕྱོགས་གང་ཡིན་པ་དེ་དག་ནི་ལི་ཡུལ་ན་དགེ་བ་བྱེད་པར་འགྱུར་རོ། །མི་རྗོད་དུ་གྱུར་པ་དེ་དག་ནི་ལི་ཡུལ་དུ་སྡིག་བྱེད་པར་འགྱུར་རོ། །ཚུང་མ་འཕྲོག་པར་བྱེད་པའི་མི་རྗོད་དེ་དག་གིས་ཀྱང་བློན་པོ་ཆེན་པོ་དེ་ལ་འདི་སྐད་ཅེས་སྨྲས་ཏེ་སྔོན་ལམ་བཏབ་པོ། །ཁྱོད་ཀྱིས་ཆོས་བཞིན་དུ་བྱས་ཏེ་ཡུས་ཡོད་བཞིན་དུ་བཏང་ནས་རང་གི་ནོར་ཉི་ཚེའི་ངོ་བླངས་པས་ན་ཁྱོད་དགེ་བ་ཅི་རྩོམ་ཡང་དུང་སྟེ། དེར་བདག་ཅག་ཁྱོད་ཀྱི་གྲོགས་སུ་གྱུར་ཅིག་ཅེས་བྱས་སོ། །སྔོན་དུ་པ་ལ་ལིའི་རྒྱལ་པོའི་མིར་གྱུར་

244叶B面：

པའི་ཚེ་སྨོན་ལམ་བཏབ་པས་ན་སྐར་རྔོའི་རྒྱལ་པོའི་གྲོགས་སུ་གྱུར་ཏོ། ནམ་དེའི་དུས་ལ་བབ་པ་ན། སྐར་རྔོའི་རྒྱལ་པོ་ཕེད་ཀུ་ལའི་ཚུང་མ་ཁྱེར་བར་འགྱུར་ཏོ། དེའི་ཚེ་ཕེད་ཀུ་ལས་གཏམ་ངན་ཆེན་པོ་བསྒྲགས་ནས་མི་དེའི་བསམས་པ་ལས་ན་ལུས་ཅི་ཞིག་བྱ་སྙམ་ནས་དེའི་ཚེ་སྐྱོ་བ་ཆེན་པོ་སྐྱེ་བར་འགྱུར་རོ། །དེའི་ཚེ་སྔོན་གྱི་དགེ་བའི་རྩ་བ་དྲན་པར་འགྱུར་ཏེ། འདི་ནི་བུད་མེད་དུ(སྐྱེ)བའི་ཐ་མ་ཡིན་ཏེ། སངས་རྒྱས་ཀྱི་བཀའ་འདི་དྲན་པར་བྱའོ་སྙམ་མོ། །དེ་ནས་ནམ་འཚོའི་བར་དུ་དགེ་བསྙེན་མའི་བསླབ་པའི་གཞི་འཛིན་པར་འགྱུར་ཏེ། དེའི་ཚེ་ཀུན་ཏུ་དགའ་བ་ཞེས་བྱ་བའི་གཟུངས་སྔགས་བརྗོད་ནས། དེར་གང་གིས་ཚེ་རབས་དྲན་པར་གྱུར་པའི་ཏིང་ངེ་འཛིན་དང་བཟོད་པ་འཐོབ་པར་འགྱུར་རོ། །དེ་ནས་རིང་པོ་མི་ཐོགས་པར་ཡུལ་དེར་གདོང་དམར་རྣམས་འཛིན་པར་འགྱུར་ཏེ། དེ་དག་ཐོག་མ་ལི་ཡུལ་དུ་འགྲོ་འདོད་པ་དེའི་ཚེ་སངས་རྒྱས་བཅོམ་ལྡན་འདས་དེ་དག་དང་། ལི་ཡུལ་གྱི་སྲུང་མའི་ལྷ་དེ་དག་དང་། རྒྱལ་པོ་ཆེན་པོ་བཞི་དང་། གནོད་སྦྱིན་ཀུན་ཏུ་རྒྱལ་དང་། འཕྲོག་མའི་བུ་དང་བཅས་པ་དང་། བྱང་ཆུབ་སེམས་དཔའ་སྤྱན་རས་གཟིགས་དབང་ཕྱུག་རྣམས་ག་ཡི་ལ་ནའི་མཆོད་རྟེན་དུ་ཐམས་ཅད་འོང་བར་འགྱུར་ཏེ། དེར་བཅོམ་ལྡན་འདས་ཀྱི་སྤྱན་སྔར་གཟུངས་སྔགས་བཤད་དོ། །དེའི་ཚེ་དེར་མཆོད་རྟེན་དེ་ཉིད་ལས་འདི་ལྟར་བྱང་ཕྱོགས་པ་ལ་སོགས་པའི་དམག་འོང་བར་འགྱུར་ཏེ། ཤིན་ཏུ་མི་བཟད་པ་ཡིན་ནོ་ཞེས་སྒྲ་རང་འབྱུང་བར་འགྱུར་རོ། །དེའི་ཚེ་བྱང་ཆུབ་སེམས་དཔའ་སྤྱན་རས་གཟིགས་དབང་ཕྱུག་དང་། ལྷ་རྣམས་དང་། འཕྲོག་མ་བུ་དང་བཅས་པ་དེ་དག་ཐམས་ཅད་མྱ་ངན་གྱི་གོ་བགོས་ནས། དེར་འོངས་ཏེ་འདི་སྐད་དུ་གདོང་དམར་རྣམས་ཀྱི་དམག་འོངས་ཏེ། དྲི་གཙང་ཁང་དང་། མཆོད་རྟེན་དང་། དགེ་འདུན་གྱི་ཀུན་དགའ་ར་བ་རྣམས་ཀྱང་འཇིག་པར་བྱེད་ཀྱིས་ཅི་ནས་ཡུལ་ཀུན་འཇིག་པར་མི་འགྱུར་བར་གྲོགས་ཀྱིས་ཤིག་ཅེས་ཟེར་རོ། །དེ་ནས་དེའི་ཚེ་ན་དྲི་མ་མེད་པའི་འོད་ཀྱིས་འདི་སྐད་ཅེས་སྨྲས་སོ། །བདག་གིས་བགྱི་བ་གང་ལགས་པ་དེ་བཀའ་སྩོལ་ཅིག་དང་། ཡུལ་གྱི་ཕྱིར་ཅི་སྟེ

245叶A面：

།བདག་གི་སྲོག་ཡལ་དུ་ཟིན་ཀྱང་དེ་ལ་ཆགས་པ་མེད་དོ། །དེ་ནས་ལྷ་རྣམས་ཀྱིས་འདི་སྐད་ཅེས་སྨྲས་སོ། །འདི་ལ་ཐབས་ཅིག་ཁོ་ན་ཞིག་ཡོད་དེ། ཅི་ནས་ཡུལ་གྱི་མི་ཐམས་ཅད་ཀྱིས་ཐེག་པ་ཆེན་པོའི་མདོ་དམ་པའི་ཆོས་པད་མ་དཀར་པོའི་མདོ་ཉི་ཤུ་རྩ་གཅིག་ཟྲིས་ལ་དམ་པའི་ཆོས་པད་མ་དཀར་པོའི་ཆོས་ཀྱི་རྣམ་གྲངས་ཀྱི་སྲུང་མའི་ལྷ་དེ་དག་དང་། མདོ་དེ་ལས་མིང་སྨོས་པའི་སྲིན་པོ་དང་སྲིན་མོ་གང་ཡིན་པ་དེ་དག་ལ་ཆོས་སྦྱིན་པར་བྱ་བའི་ཕྱིར་ཨ་ཤྭ་དམ་པའི་མཆོད་རྟེན་ཆེན་པོ་བཟླག་པར་བྱ་སྟེ། ནོ་དང་ལྡན་པའི་ཟས་རྣམས་ཀྱང་གཞག་པར་བྱའོ། །མར་མེ་དེ་དག་ཀྱང་སྦྱར་བར་བྱའོ། །དེ་ནས་དྲི་མ་མེད་པའི་འོད་ཀྱིས་འདི་སྐད་ཅེས་སྨྲས་སོ། །བདག་གིས་ཡུལ་གྱི་ཕྱིར་ཐམས་ཅད་ལ་འདྲིར་གཞིག་པ་དང་། གློག་ཏུ་གཞུག་པར་བསྒོ་བའི་མཐུ་དེ་ལྟ་བུ་བདག་ལ་མེད་ཀྱིས། ཡུལ་གྱི་ཕྱིར་བདག་ཉིད་ཀྱིས་གློག་ཅིང་ནོ་དང་ལྡན་པའི་ཟས་རྣམས་ཀྱང་གཞག་གོ། །མར་མེ་དེ་དག་ཀྱང་སྦྱར་རོ། །གང་གི་ཚེ་དྲི་མ་མེད་པའི་འོད་ཀྱིས་དམ་པའི་ཆོས་པད་མ་དཀར་པོ་གློག་པ་དང་། ནོ་དང་ལྡན་

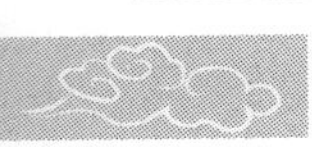

པའི་ཟས་རྣམས་གཞག་པར་རྩོམ་པ་དེའི་ཚེ་གདོང་དམར་དེ་དག་ལོ་དང་པོ་ལ་ལི་ཡུལ་དུ་འགྲོ་བར་རྩོམ་པར་འགྱུར་རོ། །དེ་ནས་ལོ་གསུམ་པའི་ཚེ་འགྲོ་ནུས་པར་འགྱུར་རོ། །དེའི་ཚེ་སྡིག་བྱེད་ཀྱི་གྲོགས་པོར་གྱུར་པའི་མི་རྒོད་ལྷ་བརྒྱ་པོ་གང་ཡིན་དེ་དག་ཀྱང་དེའི་ཚེ་མི་རྒོད་ཀྱིས་འཛིན་པར་འགྱུར་རོ། །དེའི་ཚེ་དྲི་མ་མེད་པའི་འོད་གཡེངས་པར་འགྱུར་ཏེ། དམ་པའི་ཆོས་པད་མ་དཀར་པོ་དག་ཀྱང་ཀློག་པར་མི་བྱེད། རོ་དང་ལྡན་པའི་ཟས་རྣམས་ཀྱང་འགྲིམས་པར་མི་བྱེད་དོ། །དེ་ནས་གདོང་དམར་རྣམས་རང་གི་ཡུལ་ནས་འཕགས་ཏེ་སྔོན་བླ་ར་བ་ལ་ལི་ཡུལ་དུ་འགྲོ་བར་ཆས་སོ། །དེའི་ཚེ་ལིའི་རྒྱལ་པོ་སྲིན་མོ་དྲི་མ་མེད་པའི་འོད་ལ་མི་དགའོ། །དུ་པ་ལ་དང་ཨ་ཀུ་ན་གཉིས་ཀྱང་དེའི་ཚེ་གཡེངས་པར་འགྱུར་ཏེ། ཀློག་པར་མི་བྱེད། རོ་དང་ལྡན་པའི་ཟས་རྣམས་ཀྱང་འགྲིམས་པར་མི་བྱེད། མར་མེ་ཡང་སྦྱར་བར་མི་བྱེད་དོ། །དེ་ནས་ལྷ་རྣམས་ཙར་མིན་ཏའི་ཡུལ་དུ་གཡུལ་འགྱེད་དེ་ཕམ་པར་འགྱུར

245叶B面：

རོ། །དེའི་ཚེ་དྲི་མ་མེད་པའི་འོད་ཀྱིས་དགག་དབྱེའི་ཚེ་བཅུ་བཞི་ལ་གཟུངས་སྔགས་བརྗོད་ནས་དེར་ལྷ་རྣམས་ཀྱིས་ཡིད་དུ་མི་འོང་བའི་ཚིག་སྨྲས་པ། ཁྱོད་ཀྱིས་དམ་པའི་ཆོས་པད་མ་དཀར་པོའི་ཆོས་ཀྱི་རྣམ་གྲངས་བདག་གིས་ཉིན་གཅིག་བཞིན་དུ་ཚོ་ག་བཞིན་བཀླག་པར་བྱའོ་ཞེས་གང་སྨྲས་པ་དེ་ཁྱོད་ཀྱིས་མ་བཀླགས་པའི་ཕྱིར་ཕོ་བོ་ཅག་ཕམ་པར་གྱུར་པས་སུམ་པ་རྣམས་འདིར་འོང་བར་འགྱུར་རོ་ཞེས་ཟེར་རོ།། །།དྲི་མ་མེད་པའི་འོད་ཀྱིས་ཞུས་པ། བམ་པོ་བཞི་པ་སྟེ་ཐ་མ། དེ་ནས་དེའི་ཚེ་ལྷ་མོ་དྲི་མ་མེད་པའི་འོད་ཀྱིས་བཅོམ་ལྡན་འདས་ལ་འདི་སྐད་ཅེས་གསོལ་ཏོ། །བཅོམ་ལྡན་འདས་སྔོན་བྱུང་བ་གང་ལགས་པ་དང་། སླད་ཀྱིས་ཇི་ལྟར་འགྱུར་བ་དང་། ཅི་ནས་བདག་གིས་ཇི་ལྟར་ཇི་ལྟར་དྲན་པར་འགྱུར་བ་བཤད་དུ་གསོལ། དེ་ནས་བཅོམ་ལྡན་འདས་ཀྱིས་འདི་སྐད་ཅེས་བཀའ་སྩལ་ཏོ། །མ་འོངས་པའི་དུས་ན་ཡུལ་འདིར་འདི་ལྟ་བུ་འབྱུང་བར་འགྱུར་ཏེ། དེ་ལ་འདི་སྐད་ཅེས་བྱའོ། །ལི་ཡུལ་གྱི་རྒྱལ་སྲིད་སུམ་པས་འཛིན་པར་འགྱུར་ཏེ། དེ་ན་ཡང་གང་གི་ཚེ་རྒྱལ་པོ་འཕགས་སྐྱེས་པོས་ཤཱཀྱའི་ཡུལ་དུ་དམག་དྲངས་པ་དེའི་ཚེ་ཤཱཀྱའི་ཡུལ་གྱི་མི་རྒྱལ་པོའི་འཁོར་དུ་གྱུར་པ་ཞིག་ཤཱཀྱ་དག་གི་བླ་ལ་གཡུལ་བཀྱེ་ནས། དེའི་ཕྱི་བཞིན་དུ་མི་གཞན་ཞིག་བྱུང་བ་དེས་དེར་འདི་སྐད་དུ་ཁྱོད་ཀྱིས་ཤཱཀྱ་ཐམས་ཅད་ལ་བསླབ་པ་འཛིན་དུ་བཅུག་ནས། དེ་དག་གི་ཡུལ་དུ་དགྲ་བྱུང་ན་ཡང་འཐབ་མོ་མ་བྱས་པས་ན་མ་འོངས་པའི་དུས་སུ་གང་དུ་ཁྱོད་ཀྱི་སྐུ་གདུང་དང་བསྟན་པ་བྱུང་བ་དེར་ངས་དགེ་འདུན་གྱི་ཀུན་དགའ་ར་བ་རྣམས་དང་། མཆོད་རྟེན་ཆེན་པོ་རྣམས་ཅི་ནས་ཀྱང་གཞིག་པར་བྱའོ་ཞེས་སྨོན་ལམ་བཏབ་བོ། །དེ་ནས་བཅོམ་ལྡན་འདས་ཀྱིས་སྤྱན་རས་གཟིགས་དབང་ཕྱུག་ལ་སོགས་ཏེ་བཀའ་སྩལ་པ། ནུ་སྟུག་གང་གི་ཚེ་བཅོམ་ལྡན་འདས་རིན་ཆེན་སྙིང་པོ་གྲོང་ཁྱེར་དུ་གཤེགས་པ་དེའི་ཚེ། དེར་ཨུ་ཏུ་ཅག་གཉིས་ཀྱིས་ལྷན་ཅིག་ཏུ་སངས་རྒྱས་སུ་ལུང་བསྟན་པ་ཐོབ་པ་དྲན་པར་གྱིས་ཤིག དེ་ནས་ཡང་བཅོམ་ལྡན་འདས་ཀྱིས་སྤྱན་རས་གཟིགས་དབང་ཕྱུག་ལ་བཀའ་སྩལ་པ། ནུ་སྟུག་ལི་ཡུལ་དེར་དེ་ལྟ་བུའི་དུས་ལ་བབ་པ་ན་ཇི་ལྟར་ཡང་ཡུལ་དེ་ཙུང་ཟད་ཀྱང་འཇིག

246叶A面：

།པར་མི་འགྱུར་རོ། །དེ་ནས་དེའི་ཚེ་བཅོམ་ལྡན་འདས་ཀྱིས་ནོར་བུ་བཟང་ལ་འདི་སྐད་ཅེས་བཀའ་སྩལ་ཏོ། །བྱང་ཆུབ་སེམས་དཔའ་སྤྱན་རས་གཟིགས་དབང་ཕྱུག་དང་ངས་དགོངས་ཏེ། ཨུ་རྒྱན་ཡུལ་དེར་ལུང་ཇི་ལྟར་བསྒོ་བ་དེ་བཞིན་དུ་འདི་ཡང་ཟུང་ཤིག །དེ་ནས་གང་གི་ཚེ་བཅོམ་ལྡན་འདས་ཀྱིས་ལི་ཡུལ་དུ་སུམ་པ་འོངས་པ་དེ་ལྟར་ཐུགས་སུ་ཆུད་པ་དེའི་ཚེ་སྤྱན་རས་གཟིགས་དབང་ཕྱུག་ལ་འདི་སྐད་ཅེས་བཀའ་སྩལ་ཏོ། །ནུ་སྟུག་ཁྱོད་ཀྱིས་ལི་ཡུལ་འདི་ལྟ་བུར་འགྱུར་བའི་དུས་ལ་བབ་པ་དེའི་ཚེ་སྐབས་ཕྱེ་ཤིག །དེ་ནས་དེའི་སྤྱན་རས་གཟིགས་དབང་ཕྱུག་གི་ཆ་ལུགས་ཀྱི་གཟུགས་བྱས་ནས་དགེ་སློང་ཞིག་ལ་བྱིན་ཏེ། །དེས་ལི་ཡུལ་དེར་ཁྱིར་འོང་བར་འགྱུར་རོ། །དེའི་ཚེ་བྱང་ཆུབ་སེམས་དཔའ་འཕགས་པ་སྤྱན་རས་གཟིགས་དབང་ཕྱུག་གིས་ལི་ཡུལ་དང་དམག་གི་དཔུང་འཛིན་པའི་ལྷ་གང་ཡིན་པ་དེ་དག་ལ་སྐུལ་བར་བྱེད་དོ། །དགེ་སློང་དེ་ཡང་ཕྱིས་གསེར་གྱི་ཡུལ་དུ་སྐྱེ་བར་འགྱུར་ཏེ། བསོད་ནམས་ལ་དགའ་བ་ཞེས་བྱ་བར་འགྱུར་རོ། །གང་གི་ཚེ་ཤི་འཕོ་བར་འགྱུར་བ་དེའི་ཚེ་ཡང་སངས་རྒྱས

ཀྱི་ཞིང་ཡོངས་སུ་དག་པར་འགྲོ་བར་འགྱུར་རོ། །གང་གི་ཚེ་སུམ་པ་འོང་བར་འགྱུར་བ་དེའི་ཚེ་དགུན་ཟླ་ཐ་ཆུངས་ཚེས་བཅོ་ལྔ(ཞིན)ནམ་ཕྱེད་ན་དེ་དག་གིས་དྲི་མ་མེད་པའི་འོད་དེ་ལ་བོས་ཏེ་འདི་ལྟ་སྟེ། ཀྱེ་རབ་རིབས་ལི་ཡུལ་དུ་དམག་འོངས་སོ། །རྒྱལ་པོ་ཡང་ཕྱིར་བྱུང་སྟེ། ཡུལ་ཡང་ཤིན་ཏུ་མི་བཟད་པའི་དུས་ལ་བབ་བོ་ཞེས་ཟེར་རོ། །གནོད་སྦྱིན་སེར་སྐྱ་ཀུང་འདི་སྐད་དུ་ཁྱོད་དང་ལྷན་གཅིག་ཏུ་ལི་ཡུལ་བསྲུང་བའི་ཕྱིར་ལག་ཏུ་མཆོངས་པའི་ལྷ་དང་། །གནོད་སྦྱིན་གང་ཇི་སྙེད་ཡོད་པ་དེ་དག་ལ་ཅི་ནས་གསེར་གྱི་ཡུལ་སྲུང་བ་དང་། ཅི་ནས་སུམ་པ་དག་གིས་བཞིག་པར་མི་འགྱུར་བ་དེ་ལྟ་བུར་བསྒོ་ཤིག་ཅེས་ཟེར་རོ། །དེ་དག་ཀྱང་འདི་སྐད་དུ་བདག་ཅག་གིས་ཡིད་བཞིན་གྱི་ནོར་བུ་རིན་པོ་ཆེ་གང་གིས་ཁྱོད་ལས་བྱེད་ནུས་པ་འགྱུར་བ་དང་། ཅི་ནས་སུམ་པ་རྣམས་ཕྱིར་ལྡོག་པར་འགྱུར་བ་དང་། རྒྱལ་པོ་ཡང་ཕྱིར་རང་གི་ཡུལ་དུ་འོང་བར་འགྱུར་བ་དེ་ལྟ་བུ་སྒྲིན་པར་བྱའོ་ཞེས་ཟེར་རོ། །དེའི་ཚེ་ཅི་ནས་སངས་རྒྱས་དེ་

246叶B面：

དག་གི་ཆོས་བཤད་པ་ཐམས་ཅད་དེར་ཡོངས་སུ་ཤེས་པར་འགྱུར་བའི་གཟུངས་སྔགས་དེ་ཡང་ཕྱིན་ནོ། །ཏདྱ་ཐཱ། ཨུ་ཀ་སེ་མུ་ཀ་སེ། ཨུ་ཀུ་རུ་མུ་ཀུ་ཤུ་རུ་སྭཱ་ཧཱ། ཏདྱ་ཐཱ། ནི་རྫི་ཏེ་པི་རྫི་ཏེ། ཛ་ཤི་ཏེ། ཧྲཱུཾ་སྐན་ཧྲཱ། ཨ་པ་ར་རྫི་ཏེ། ཤིན་དྲ་བརྫི་ཏེ་སྭཱ་ཧཱ། འདི་སྐད་དུ་གཟུངས་སྔགས་འདི་དག་ཟླ་བ་གཅིག་གི་བར་དུ་ཕྱིམ་རེད་ཀྱི་དུས་སུ་ལན་བརྒྱ་རྩ་བརྒྱད་བརྒྱད་རྫོང་ཅིག་དང་ཇི་ལྟར་འགྱུར་བ་བདག་གིས་ཁྱོད་ལ་བསྟན་པར་བྱ་སྟེ། གཟུངས་སྔགས་དེ་དག་བསྟན་པར་བྱའོ་ཞེས་ཀྱང་ཟེར་རོ། །གང་གི་ཚེ་རབ་རིབས་ཀྱིས་ཟླ་བ་གཅིག་གི་བར་དུ་གཟུངས་སྔགས་བརྗོད་ནས་དེའི་དཔྱིད་ཟླ་ར་བ་ཚེས་བཅུ་བཞི་ལ་ལྷ་རྣམས་ཀྱི་བརྗོད་དུ་བཅུག་པའི་གཟུངས་སྔགས་གང་ཡིན་པ་དེ་བརྗོད་ན་དེའི་ཚེ་བསམ་གཏན་གྱི་མདུན་ཁང་གི་སྟེང་ཁང་དུ་དེ་བཞིན་གཤེགས་པ་ཤཱཀྱ་ཐུབ་པ་དང་། དེ་བཞིན་གཤེགས་པ་མི་འཁྲུགས་པ་དང་། དེ་བཞིན་གཤེགས་པ་རིན་པོ་ཆེའི་ཏོག་དང་། དེ་བཞིན་གཤེགས་པ་འོད་དཔག་མེད་དང་། དེ་བཞིན་གཤེགས་པ་ཛ་སྒྲ་དང་། སངས་རྒྱས་བཅོམ་ལྡན་འདས་ལྔ་ཇི་སྙེད་དེར་འདུས་པར་འགྱུར་བའི་སངས་རྒྱས་བཅོམ་ལྡན་འདས་དེ་དག་ཐམས་ཅད་ཐབས་ཅིག་ཏུ་ཆོས་བསྒྲོ་བ་མཛད་མཛད་པ་དེར་སངས་རྒྱས་བཅོམ་ལྡན་འདས་ཆོས་ཀྱི་འབྱུང་གནས་ཞེས་བྱ་བ་གང་ཀྲའི་ཀླུང་གི་བྱེ་མ་སྙེད་གཤེགས་སོ། །ལྷའི་རྒྱལ་པོ་སུམ་ཅུ་རྩ་གཉིས་ཀྱང་དེར་འོངས་ཏེ། དྲི་མ་མེད་པའི་འོད་ལས་རབ་རིབས་ཞེས་བྱ་བར་འགྱུར་བ་དེའི་ཐད་དུ་ཆོས་བཅུ་བཞིའི་ཞིན་པར་འོང་བར་འགྱུར་ཏེ། བ་ལང་པ་སུམ་པ་རྣམས་དཔྱིད་ཟླ་ཆུངས་ལ་རེས་བར་ཕྱིར་ལྡོག་པར་འགྱུར་རོ། །དེའི་ཚེ་གཟུངས་སྔགས་གང་གིས་སུམ་པ་རྣམས་ཕྱིར་ལྡོག་པར་འགྱུར་བ་དང་། ཡུ་གི་ཡང་འབྱུང་བར་མི་འགྱུར་བ་དང་། དེ་བཞིན་གཤེགས་པ་ཆོས་ཀྱི་འབྱུང་གནས་ཞེས་བྱ་བ་དེ་དག་གཤེགས་པར་འགྱུར་བའི་གཟུངས་སྔགས་དེ་དག་ཀྱང་ཕྱིན་ནོ། །དེ་བཞིན་གཤེགས་པ་ཆོས་འཛིན་ལ་ཕྱག་འཚལ་ལོ། །དེ་བཞིན་གཤེགས་པ་ཆོས་དཔལ་བའི་རིགས་ལ་ཕྱག་འཚལ་ལོ། །དེ་བཞིན་གཤེགས་པ་ཆོས་སྣང་ལ་ཕྱག་འཚལ་ལོ། །དེ་བཞིན་གཤེགས་པ་ཆོས་དཀྱིལ་ལ་ཕྱག་འཚལ་ལོ། །དེ་བཞིན་

247叶A面：

།གཤེགས་པའི་ཆོས་གནས་ལ་ཕྱག་འཚལ་ལོ། །དེ་བཞིན་གཤེགས་པ་ཆོས་ཀྱི་ཏོག་ལ་ཕྱག་འཚལ་ལོ། །དེ་བཞིན་གཤེགས་པ་ཆོས་ཀྱི་གཟི་བརྗིད་ལ་ཕྱག་འཚལ་ལོ། །དེ་བཞིན་གཤེགས་པ་ཆོས་དབང་ལ་ཕྱག་འཚལ་ལོ། །དེ་བཞིན་གཤེགས་པ་ཆོས་བརྟན་ལ་ཕྱག་འཚལ་ལོ། །དེ་བཞིན་གཤེགས་པ་ཆོས་བརྩེགས་ལ་ཕྱག་འཚལ་ལོ། །ཏདྱ་ཐཱ། བུ་བུ་བུ་བུ། ཧྲཱ་ཨ་ཧི་བྷི་ཏེ་སྭཱཿ ཨ་ཨ་ཨ་ཨ། ད་ཀུ་ལ་ཨ་ཧི་བྷི་ཏེ། བན་ཛ་རི་ཕུག་ཙ་རི་སྭཱཿ ཕི་ཕི་ཕི་ཕི་སྭཱཿ ཀོ་ཀོ་ཀོ་ཀོ་སྭཱཿ ཧྲ་ཧྲ་ཧྲ་ཧྲ་སྭཱ་ཧཱ། གཟུངས་སྔགས་འདི་ནི་ས་འཛིན་པ་ཞེས་བྱ་སྟེ་བབ་ཅོལ་ལ་ཞུགས་པའི་སེམས་ཅན་གང་ཡིན་པ་དེས་ལན་བརྒྱ་རྩ་བརྒྱད་བཟླས་བརྗོད་བྱས་ན་དེ་ལས་ཐར་བར་འགྱུར་རོ། །གང་གི་ཚེ་དམག་བྱུང་བ་དེའི་ཚེ་ཡང་བཟླས་བརྗོད་བྱའོ། །དེ་ནས་དེའི་སངས་རྒྱས་བཅོམ་ལྡན་འདས་རྣམས་ཀྱིས་གཞོན་ནུ་རྡོ་རྗེ་སྙེ་དང་། ལྷ་མོ་རབ་རིབས་ཞེས་བྱ་བར་འགྱུར་བ་གང་ཡིན་པ་དེའི་དོན་གྱི་ཕྱིར་དེར་ཆོས་བཅུ་བཞིའི་ཞིན་པར་སྐར་མའི་རྒྱལ་པོ་རྣམ་པར་རྒྱལ་བའི་གོ་ཆ་ལ་དམ་པ་སྐྱོལ་བར་བརྗོད་དོ། །གང་གི་ཚེ་དེར་

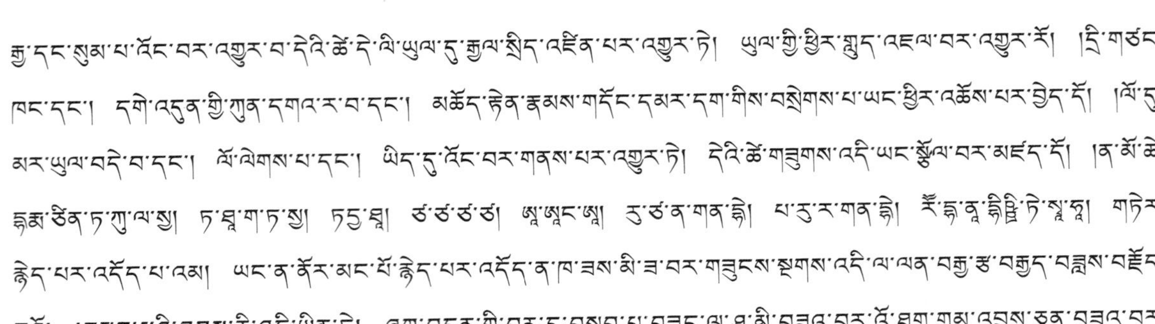

རྒྱ་དང་སུམ་པ་འོང་བར་འགྱུར་བ་དེའི་ཚེ་དེ་ལི་ཡུལ་དུ་རྒྱལ་སྲིད་འཛིན་པར་འགྱུར་ཏེ། ཡུལ་གྱི་ཕྱིར་སྲུང་འཇལ་བར་འགྱུར་རོ། །དྲི་གཙང་ཁང་དང་། དགེ་འདུན་གྱི་ཀུན་དགའ་ར་བ་དང་། མཆོད་རྟེན་རྣམས་གདོང་དམར་དག་གིས་བསྲིགས་པ་ཡང་ཕྱིར་འཚོས་པར་བྱེད་དོ། །ལོ་དུ་མར་ཡུལ་བདེ་བ་དང་། ལོ་ལེགས་པ་དང་། ཡིད་དུ་འོང་བར་གནས་པར་འགྱུར་ཏེ། དེའི་ཚེ་གཟུགས་འདི་ཡང་སྤྲུལ་བར་མཛད་དོ། །ན་མོ་ཆེ་ནྲྀཙྪིན་ཏ་ཀུ་ལ་སྭཱ། ཏ་ཐཱ་ག་ཏ་སྭཱ། ཏདྱ་ཐཱ། ཙ་ཙ་ཙ་ཙ། ཨཱ་ཨཱང་ཨཱ། ཏུ་ཙ་ན་གན་ཏྲེ། པ་ཏུ་ར་གན་ཏྲེ། ཪྻཱ་ཏྲ་ནྭ་ནྲིཋྲི་ཏེ་སྭཱ་ཧཱ། གཏེར་ཏྲེད་པར་འདོད་པ་འམ། ཡང་ན་ནོར་མང་པོ་ཏྲེད་པར་འདོད་ན་ཁ་ཟས་མི་ཟ་བར་གཟུངས་སྔགས་འདི་ལ་ལན་བརྒྱ་རྩ་བརྒྱད་བཟླས་བརྗོད་བྱའོ། །བསྒྲུབ་པའི་ཐབས་ནི་འདི་ཡིན་ཏེ། ཞག་བདུན་གྱི་བར་དུ་བསླབ་པ་བཟུང་ལ་ཤ་མི་བཟའ་བར་འོ་ཐུག་གམ་འབྲས་ཙན་བཟའ་བར་བྱའོ། །ཞག་བདུན་

247叶B面：

པའི་ཉིན་པར་ནི་ཁ་ཟས་མི་བཟའ་བར་ནང་པར་ཁྲུས་བྱས་ལ་གཟུངས་སྔགས་འདི་ཡང་བཟླས་བརྗོད་བྱས་ཏེ། རིའི་རྩེ་མོར་འཕགས་པ་སྤྱན་རས་གཟིགས་དབང་ཕྱུག་གི་མདུན་དུ་ལན་སྟོང་བཟླས་བརྗོད་བྱའོ། །པད་མ་སྟོང་གི་སྟེང་དུ་གསེར་གྱི་པདྨ་མདུན་བཞག་སྟེ། བྱང་ཆུབ་སེམས་དཔའི་མདུན་དུ་གུར་གུམ་གྱིས་དཀྱིལ་འཁོར་བྱས་ལ་རོ་དང་ལྡན་པའི་ཟས་སྣ་བརྒྱད་གུར་གུམ་གྱིས་བསྒོས་པ་དང་། གུར་གུམ་གྱི་ཆུས་བཀང་བའི་སྣོད་བཞི་བཞག་སྟེ། དེར་སྦྱིན་སྲེག་འདི་ཡང་བྱ་སྟེ། ཨ་ག་རུ་ནག་པོ་དང་། ཙན་དན་དཀར་པོ་དང་། ཙན་དན་དམར་པོ་དང་། ཙན་དན་སེར་པོ་རྣམས་ཀྱི་ཡམ་སྲེག་ཤིང་དང་། འབྲས་མ་རྡུས་པ་དང་། ཤ་རི་བ་རྣམས་བསྲེག་པར་བྱའོ། །ཚོ་ག་ནི་འདི་ལྟར་བྱ་སྟེ། དཀྱིར་འཁོར་དུས་སུ་ཛ་ཡབ་སྟོང་ལ་ལན་རེ་བཟླས་བརྗོད་བྱ་སྟེ་སྦྱིན་སྲེག་བྱའོ། །ཨ་ག་རུ་དང་། རྒྱ་སྤོས་དང་། ཀ་ལི་ཡ་ཀ་དང་། ག་བུར་དང་། ཤི་ལི་ཡ་ཀ་དང་། གུར་གུམ་དང་། དུ་རུ་ཀ་རྣམས་ཀྱི་བདུག་པས་ཀྱང་དེར་བདུག་པ་བྱའོ། །དེའི་ཚེ་གཟུངས་སྔགས་འདི་ཡང་ཇི་ལྟར་ཧ་གནས་ཀྱི་རིག་སྔགས་བཤད་པའི་ཚོ་ག་རྒྱས་པ་བཞིན་དུ་བཟླས་བརྗོད་བྱའོ། །གནས་དེར་རི་ཡང་འདྲི་བར་བྱའོ། །ཡང་ན་རིའི་སྟེང་དུ་བཟླས་བརྗོད་བྱའོ། །དེ་ནས་དེའི་ཚེ་བཅོམ་ལྡན་འདས་ཀྱིས་བྱང་ཆུབ་སེམས་དཔའ་སྤྱན་རས་གཟིགས་དབང་ཕྱུགས་ལ་འདི་སྐད་ཅེས་སྨྲས་སོ། །དེའི་ཚེ་ཁྱོད་ཀྱིས་རབ་རིས་དེ་ལ་དྲན་པར་གྱིས་ལ་ཚོ་ག་རྒྱས་པར་འདི་ཡང་ཤོད་ཅིག་དང་། སངས་རྒྱས་ཀྱི་བཀའ་བཞིན་དུ་བྱེད་པ་གང་ཡིན་པའི་བྱང་ཆུབ་སེམས་དཔའ་སྤྱན་རས་གཟིགས་དབང་ཕྱུག་དང་། དབང་ཕྱུག་གི་ལྷ་དང་། ཐོན་པའི་དབང་ཕྱུག་རྒྱལ་པོ་དང་། སྙིང་རྗེའི་དབང་ཕྱུག་དང་། སྟོང་བའི་འོད་ཀྱི་དབང་ཕྱུག་དང་། དྲི་ཟའི་དབང་ཕྱུག་དང་། ཚོགས་ཀྱི་དབང་ཕྱུག་དང་། འཇིག་རྟེན་དབང་ཕྱུག་དང་། འོད་ཀྱི་དབང་ཕྱུག་དང་། རིགས་ཀྱི་དབང་ཕྱུག་དང་། ཆོས་ཀྱི་དབང་ཕྱུག་དང་། བྱང་ཆུབ་སེམས་དཔའ་དེ་དག་དེར་འོང་བར་འགྱུར་རོ། །གསང་སྔགས་འདི་ཡང་བཤད་དེ། རབ་རིས་གསང་སྔགས་འདི་ཛོད་ཅིག་ཅེས་ཟེར་རོ། །སངས་རྒྱས་ལ་ཕྱག

248叶A面：

།འཚལ་ལོ། །ཆོས་ལ་ཕྱག་འཚལ་ལོ། །དགེ་འདུན་ལ་ཕྱག་འཚལ་ལོ། །བྱང་ཆུབ་སེམས་དཔའ་སེམས་དཔའ་ཆེན་པོ་སྤྱན་རས་གཟིགས་དབང་ཕྱུག་ལ་ཕྱག་འཚལ་ལོ། །སྔོན་གྱི་ཚེ་ན་བསམ་པ་ཡི། །གསང་སྔགས་རབ་ཏུ་བཤད་པ་འདི། །སེམས་ཅན་རྣམས་ལ་སྙིང་བརྩེའི་ཕྱིར། །ཚོ་ག་འདི་ནི་བཤད་པར་བྱ། །བྱང་ཆུབ་སེམས་དཔའ་སེམས་དཔའ་ཆེན་པོ་འཕགས་པ་སྤྱན་རས་གཟིགས་དབང་ཕྱུག་སྙིང་རྗེ་ཆེན་པོ་དང་ལྡན་པ་ལ་ཕྱག་འཚལ་ལོ། །བཅིངས་པ་ཐམས་ཅད་ཚར་གཅོད་པར་མཛད་པ་ལ་ཕྱག་འཚལ་ལོ། །འཇིགས་པ་ཐམས་ཅད་རབ་ཏུ་ཞི་བར་མཛད་པ་ལ་ཕྱག་འཚལ་ལོ། །སེམས་ཅན་ཐམས་ཅད་ལ་བྱམས་པར་སེམས་པ་ལ་ཕྱག་འཚལ་ལོ། །སེམས་ཅན་ཐམས་ཅད་བདེ་བྱེད་པའི། །རིག་སྔགས་འདི་ནི་རབ་ཏུ་བཤད། །ཏདྱ་ཐཱ། ཙ་ར་ཙ་ར་ཙི། ས་ར་ས་ར་ཏེ། ས་ར་བིས་ར། ཧྲུད་ཧྲ་བུད་ཧྲ། བོཏྟ་ཡ་བོཏྟ་ཡ། སཏ་སད་དྲ་ཏེ་ཏ། ཨ་ནུ་ཀམ་བྲི། བོཏྟ་ཡ་བོཏྟ་ཡ། མི་ཏེ་ཨཱུརྡྷ་པཪྻ་ཀི་ཏེ་ཤྲཱ་ཝ་ཡ། སྨྲ་ར་སྨྲ་ར་ས་མ་ཡ་ན། སཏ་ས་དྲཱ་ནྲན། མཻ་ཏྲེ་ཙི་ཏྲ་ནྲན།། ཡས་སཏྟས

ཏྲ་ནན། ཤོར་ཤ་ར། ཀི་རི་ཀི་རི་ཀི་རི་ཀི །ཀི་རི་ཀི་རི་ཀི་རི་ཀི །ཀི་རི་ཀི་རི། ཧུ་རུ་ཧུ་རུ་ཧུ་རུ་ཧུ་རུ། ཤོ་དྷི་མ་ཤོ་དྷི་ཡཱ་མཻ་ཏེ། ཧུ་རུ་ཧུ་རུ། སུ་རུ་སུ་རུ། ཤྲཱི་ཧྲན་ཨཱ་གཙྪཱ། ཨཱ་གཙྪཱ། སརྦ་ཏྲ་ཏི་ཏ། རུ་ཀ་མ་བྲཱི་སརྦ་སད་ཏྭེ་ཧཱུ་མ་དྷཱ་ཀཱ་རུ་ཎི་ཀ །དར་ཤ་ཡུ་རུ་པཎ། སྭཱ་ཧཱ་ཡ་སྭཱ་ཧཱ་ཡ། པི་ཏྲྀན་དེ་ཏི། དེ་ཏི་མེ་བར་ན། ཧ་ནན། ཧྲ་ནན་ཧྲ་ནན། སུ་རུ་མི། སུ་རུ་མི། མ་དྷཱ་སུ་རུ་མེ་སྭཱ་ཧཱ། ན་མོ་ཨཱརྱ་བ་ལོ་ཀི་ཏེ་ཤྭ་རཱ་ཡ། བོ་དྷིས་ཏྭཱ་ཡ། མ་ཧཱ་ས་ཏྭཱ་ཡ། སིད་ཧྱན་ཏུ་མན་ཏྲ་པ་ད་སྭཱ་ཧཱ། ན་མོ་རཏྣ་ཏྲ་ཡཱ་ཡ། ན་མོ་ཨཱརྱ་བ་ལོ་ཀི་ཏེ་ཤྭ་རཱ་ཡ། བོ་དྷིས་ཏྭཱ་ཡ། མ་ཧཱ་ས་ཏྭཱ་ཡ། ཏདྱ་ཐཱ། ཧུ་རུ་ཧུ་རུ། ཨི་སི་ལི་མི་ལི་ནི། ཧུ་ཧུ་མ་མ་ལི་ནི། ཧུ་ཧུ་པེ་ན་མ་ན་སྭཱ་སྭཱ་ཧཱ། ན་མོ་རཏྣ་ཏྲ་ཡཱ་ཡ། ན་མོ་ཨཱརྱ་བ་ལོ་ཀི་ཏེ་ཤྭ་རཱ་ཡ། བོ་དྷིས་ཏྭཱ་ཡ། མ་ཧཱ་ས་ཏྭཱ་ཡ། ཏདྱ་ཐཱ། མུག་ཏེ་པི་མུག་ཏེ། ཙྪེ་ད་ནི། ཙྪེ་ད་ནི། བིད་ཙྪེ་ད་ནི། བིད་ཙྪེ་ད་ནི། ནི་ར་མ་ལེ། མང་གལྱེ། སུ་མུ་ཁི་བི་མུ་ཁེ། འཇིགས་པ་ཐམས་ཅད་ལས་

248叶B面：

རྣམ་པར་ཐར་བར་བྱེད་པ། གནོད་པ་ཐམས་ཅད་ལས་རྣམ་པར་ཐར་བར་བྱེད་པ་ནི་རྒྱལ་པོ་འཇིགས་པ་དང་། ཆོམ་རྐུན་གྱི་འཇིགས་པ་དང་། འཆི་བའི་འཇིགས་པ་དང་། མི་མཛའ་བའི་འཇིགས་པ་དང་། དུག་གི་འཇིགས་པ་དང་། མཚོན་གྱི་འཇིགས་པ་དང་། མེའི་འཇིགས་པ་དང་། ཆུའི་འཇིགས་པ་དང་། ཕ་རོལ་གྱི་དམག་ཚོགས་ཀྱི་འཇིགས་པ་དང་། དམག་གི་ནང་ན་འདུག་པ་དང་། ཆོམ་རྐུན་གྱི་ནང་ན་འདུག་པ་དང་། སེང་གེའི་ནང་ན་འདུག་པ་དང་། སྟག་གི་ནང་ན་འདུག་པ་དང་། དོམ་གྱི་ནང་ན་འདུག་པ་དང་། གཟིག་གི་ནང་ན་འདུག་པ་དང་། གཅན་གཟན་གྱི་ཁྲོ་བོའི་ནང་ན་འདུག་པ་དང་། སྦྲུལ་ནག་པོའི་ནང་ན་འདུག་པ་དང་། ལྕགས་སྒྲོག་ཏུ་བཅུག་པ་དང་། ཤིང་སྒྲོག་ཏུ་བཅུག་པ་དང་། ཀོ་དྲར་བཅུག་པ་དང་། སྦྲུལ་པོ་ཆེའི་ནང་འདུག་པ་དང་། གླང་པོ་ཆེའི་ནང་ན་འདུག་པ་དང་། རྒྱ་མཚོའི་ནང་ན་འདུག་པ་དང་། དུས་ཀྱི་ཞགས་པས་ཟིན་པ་དང་། སྡུག་བསྔལ་ཐམས་ཅད་ལས་ཐར་བར་འགྱུར་ཞིང་གནོད་པ་ཐམས་ཅད་ལས་ཐར་བར་འགྱུར་རོ། །འཕགས་པ་སྤྱན་རས་གཟིགས་དབང་ཕྱུག་བདག་ལ་བསྲུང་དུ་གསོལ་བསྲུང་དུ་གསོལ། ཏ་ཏེ་བི་ཏ་ཏེ། ཏ་རེ་བི་ཏ་རེ། སརྦ་བིཏྣ་ནས་ཡ་པདྨ་ཐ་ཀ་མ་སོ་ཧླ་ཙི་པིཏྟ་ཙི་སྭཱ་ཧཱ། དཀོན་མཆོག་གསུམ་ལ་ཕྱག་འཚལ་ལོ། །བྱང་ཆུབ་སེམས་དཔའ་སེམས་དཔའ་ཆེན་པོ་འཕགས་པ་སྤྱན་རས་གཟིགས་དབང་ཕྱུག་སྙིང་རྗེ་ཆེན་པོ་དང་ལྡན་པ་སེམས་ཅན་ཐམས་ཅད་སྙིང་བརྩེ་བ་ལ་ཕྱག་འཚལ་ལོ། །སེམས་ཅན་ཐམས་ཅད་ལ་བྱམས་པར་སེམས་པ་ལ་ཕྱག་འཚལ་ལོ། །སེམས་ཅན་ཐམས་ཅད་སྡུག་བསྔལ་ལས་རབ་ཏུ་ཐར་བར་མཛད་པ་ལ་ཕྱག་འཚལ་ལོ། །བཅིངས་པ་ཐམས་ཅད་གཅོད་པར་མཛད་པ་ལ་ཕྱག་འཚལ་ལོ། །འཇིགས་པ་ཐམས་ཅད་རབ་ཏུ་ཞི་བར་མཛད་པ་ལ་ཕྱག་འཚལ་ལོ། །དེ་ལ་ཕྱག་འཚལ་ནས་འཕགས་པ་སྤྱན་རས་གཟིགས་དབང་ཕྱུག་གི་སྙིང་པོ་ལས་དང་དོན་ཐམས་ཅད་སྒྲུབ་པ། ནད་ཐམས་ཅད་ལས་རྣམ་པར་ཐར་བར་བྱེད་པ་འདི་བརྗོད་པར་བྱའོ། །ཏདྱཐཱ། སུ་རུ་སུ་རུ་སུ་རུ། ཧུ་རུ་ཧུ་རུ། ཧི་ལི་མི་ལི། སི་ལི་སི་ལི། དི་སི་ལི། ཛྭ་ལེ་ཛྭ་ལེ་ནཻ། ཨུ་ཁེ་མུ་ཁེ། ཕུཀྐཱ་སི་གོཾ་རི་

249叶A面：

།ཀན་ཏྲ་རི། ཊོ་སྠི་ནི་མ་ཏང་གི་ཕུག་ཀ་སེ། ཧྲུ་རེ་ཧྲུ་རེ་ཧྲུ་རེ་ཧྲུ་རེ། ཏ་མེ་ཏ་མེ། ཏམི་ནེ། ཤྭན་ཏེ་ཤྭན་ཏ་ནི་སྨ་སེ་སྨུག་ཏེ། བི་སྨུག་ཏེ། ཛ་ཡེ་བི་ཛ་ཡེ། ཧི་ལི་ཧི་ལི་མི་ཏ་ལི་མ་ཏྲ་ལི་མེ། ཧི་ལི་མི་ལི། སུ་ཕ་ནེ་སུ་མ་ནེ། སུ་ར་སེ། ཨ་བྲི་ཏ་སྭ་ཏྲ་ནེ། ན་ཏྲེ་ན་ཏྲེ་མུ་ཁེ། ཙན་དྲི་ཙན་དྲི་མུ་ཁེ། པད་མེ་པད་མ་མུ་ཁེ། ཤུད་དྷ་ཀན་ཋེ། སུ་ཙ་པྲ་ཧྲེ་སུ་ཙ་ར་ཤྲིས་ཏི་ཤི་བྲམ་ཧྲེ་བྲ་ཧྨ་སྭ་རེ་ཨིན་དྲི། ཨན་དྲ་ཀྲཱ་མི། ཧྲ་ཡ་ཨ་ར་ཛེ། ཨ་ཤྲི་ཏ་མ་དྷཱ་པྲ་ཧྲེ་དུན་དུ་ཧྲི་སྭཱ་རེམ་རུར་སྭཱ་རེ། སརྦ་ས་ཏྭ། ཨ་ནུ་ཀམ་པ་ཡ། སྭཱ་ཧཱ་ཡ་སྭཱ་ཧཱ་ཡ། བུད་ཧ་མ་ནུ་སྨ་རནྟི། ཧ་རྨ་མ་ནུ་སྨ་རནྟི། སང་ག་མ་ནུ་སྨ་རནྟི། བུད་ཧྲ་བུད་ཧྲ། ཧྲི་ད་ཡ་མ་ནུ་སྨ་ར། བོ་ཧྣ་ཡ་བོ་ཧྣ་ཡ། བོ་དྷིས་ཏྭ། མི་གཙྭ་སྭཱ་ཧཱ་ཡ། བར་ས་ཏ་ཡ་སྭཱ་ཧཱ། ཀཱ་རུ་ཙི་ཀཱ་ཡ་སྭཱ་ཧཱ། གཙྪ་མེ་སྭཱ་ཧཱ་ཡ་སྭཱ་ཧཱ། ན་མོ་ཨཱརྱ་བ་ལོ་ཀི་ཏེ་ཤྭ་རཱ་ཡ། སིད་ཧྱན་ཏུ་མན་ཏྲ་པ་དཻ་སྭཱ་ཧཱ། གང་གི་ཚེ་འདི་དག་ལན་བརྒྱ་རྩ་བརྒྱད་བཟླས་བརྗོད་བྱས་ན། པད་མའི་སྦྱིན་སྲེག་བྱས་པར་འགྱུར་ཏེ། དེའི་ཚེ་གསང་སྔགས་འདི་དག་བཟླས་བརྗོད་བྱའོ། །ན་

མོ་རད་ན་ཏྲ་ཡཱ་ཡ། ན་མོ་ཨཱ་རྱ་བ་ལོ་ཀི་ཏེ་ཤྭ་ར་ཡ། བོདྷི་ས་ཏྭ་ཡ། མ་ཧཱ་ས་ཏྭ་ཡ། ཏདྱ་ཐཱ། ཕི་རི་ཕི་རི། ཙི་རི་ཙི་རི། སུ་རུ་སུ་རུ། གཙྪ་གཙྪ། ཡ་ཐཱ་སུ་ཁ་ན། ཨཱ་རྱ་བ་ལོ་ཀི་ཏེ་ཤྭ་ར་ཡ་སྭཱཧཱཿཧཱ། ལན་གསུམ་བརྗོད་པར་བྱའོ། །མེ་ཏོག་དང་། བདུག་པ་ལ་ཡང་ལན་གསུམ་བཟླས་བརྗོད་བྱ་སྟེ། ཨ་ག་རུའི་བདུག་པ་བསྲེགས་ལ་འཕགས་པ་སྤྱན་རས་གཟིགས་དབང་ཕྱུག་ལ་སྐུར་གཏང་བར་བྱའོ། །འདིའི་ཚེ་གར་བྱ་བ་ཐམས་ཅད་ནི་སྔར་བཤད་པའི་ཆོ་ག་རྒྱས་པའི་ནང་དུ་འདུས་སོ། །རྟ་གནས་ཀྱི་རིག་སྔགས་ཀྱི་དཀྱིལ་འཁོར་ལས་བཟླས་བརྗོད་ཇི་ལྟར་བྱ་བ་བཞིན་དུ་འཕགས་པ་སྤྱན་རས་གཟིགས་དབང་ཕྱུག་གི་ཆོ་ག་འདི་ཡང་དེ་བཞིན་དུ་བཟླས་བརྗོད་བྱ་སྟེ། ཆོ་ག་དེ་ཉིད་དང་འདྲའོ། །དེའི་ཚེ་གཟུངས་སྔགས་འདི་ཡང་གསེར་གྱི་པད་མའི་ཆོ་ག་མཆོད་པའི་སྐབས་སུ་བཤད་པ་དེ་བཞིན་དུ་བརྗོད་པར་བྱའོ། །དེའི་ཚེ་མདོ་འདི་ཡང་གསེར་གྱི་རིགས་ཀྱི་ཡུལ་དུ་བསྒྱུར་བར་བྱའོ། །དེའི་ཚེ་སངས་རྒྱས་བཅོམ་ལྡན་འདས་དེ་དག་གིས་འདི་སྐད་

249叶B面：

ཅེས་གསུངས་སོ། །བཅོམ་ལྡན་འདས་ཤཱཀྱ་ཐུབ་པའི་ཕྱག་མཚན་ལིའི་ཡུལ་འཁོར་དེར་མི་ཇི་སྙེད་སྐྱེ་བར་འགྱུར་བ་དེ་དག་ཐམས་ཅད་ནི་བླ་ན་མེད་པ་ཡང་དག་པར་རྫོགས་པའི་བྱང་ཆུབ་ཏུ་ངེས་པ་གྱུར་པ་དང་། ཕྱིར་མི་ལྡོག་པ་ཤ་སྟག་སྟེ། དེར་རྒན་པོ་དང་། བྱིས་པ་རྣམས་ཀྱིས་བསོད་ནམས་ཇི་སྙེད་བྱེད་པ་ཐམས་ཅད་ཀྱང་བླ་ན་མེད་པ་ཡང་དག་པར་རྫོགས་པའི་བྱང་ཆུབ་ཏུ་ཡོངས་སུ་སྔོ་བར་བྱེད་དོ། །དེ་ལ་ལིའི་ཡུལ་འཁོར་དེ་ཅིའི་ཕྱིར་ཡང་དང་ཡང་དུ་གཞིག་པར་འདོད་ལ། གཞིག་ནུས་པར་ཡང་མི་འགྱུར། ཞེས་ཐེ་ཚོམ་འབྱུང་སྟེ། དེ་ནས་སངས་རྒྱས་བཅོམ་ལྡན་འདས་ཀྱིས་བླ་ན་མེད་པ་ཡང་དག་པར་རྫོགས་པའི་བྱང་ཆུབ་ཏུ་ལུང་བསྟན་པའི་བྱང་ཆུབ་སེམས་དཔའ་ལྔ་བརྒྱ་སངས་རྒྱས་ཀྱི་བསྟན་པ་ཇི་སྲིད་གནས་ཀྱི་བར་དུ་རྟག་ཏུ་ཡུལ་དེར་སྐྱེ་བ་ལེན་པར་འགྱུར་ཏེ། སུམ་བརྒྱ་ནི་དགེ་སློང་དང་དགེ་སློང་མའི་ཚུལ་དུ་གནས་སོ། །ཉིས་བརྒྱ་ནི་དགེ་བསྙེན་དང་། དགེ་བསྙེན་མ་དང་། རྒྱལ་པོའི་འཁོར་དང་། སྐྱེས་པ་དང་། བུད་མེད་དང་། རྒན་པོ་དང་། བྱིས་པའི་ཚུལ་དུ་གནས་ཏེ་བྱང་ཆུབ་སེམས་དཔའ་དེ་དག་ལི་ཡུལ་འཁོར་དེར་སེམས་ཅན་ལ་ཕན་པ་དང་། བསྟན་པ་ཡོངས་སུ་བསྲུང་བའི་ཕྱིར་ལི་ཡུལ་དུ་གནས་སོ། །གང་གིས་བཅོམ་ལྡན་འདས་ལ་ཐེག་པ་ཆེན་པོའི་མདོ་སྡེ་ཤེས་རབ་ཀྱི་ཕ་རོལ་ཏུ་ཕྱིན་པའི་མདོ་ཞུ་བར་བྱེད་པའི་གནས་བརྟན་རབ་འབྱོར་འདི་ནི་དགེ་སློང་བརྩོན་འགྲུས་ལས་བྱུང་བ་དེ་ཡིན་པར་རིག་པར་བྱའོ། །དེའི་ཚེ་ཅིའི་ཕྱིར་ལི་ཡུལ་དེ་འཇིག་པར་མི་འགྱུར་ཞེ་ན། དེ་བཞིན་གཤེགས་པ་ཤཱཀྱ་ཐུབ་པ་དང་། དེ་བཞིན་གཤེགས་པ་ཆོས་ཀྱི་འབྱུང་གནས་དེ་དག་དང་། །བྱང་ཆུབ་སེམས་དཔའ་སྤྱན་རས་གཟིགས་དབང་ཕྱུག་གིས་ཅི་ནས་དེར་བདག་ཅག་སུམ་པ་རྣམས་ཀྱིས་མཆོད་རྟེན་དང་། དྲི་གཙང་ཁང་དང་། དགེ་འདུན་གྱི་ཀུན་དགའ་ར་བ་རྣམས་འཇིག་པར་མི་འགྱུར་བར་ཡུལ་དེ་བྱིན་གྱིས་བརླབས་པའི་ཕྱིར་རོ། །དེ་བཞིན་གཤེགས་པ་ཤཱཀྱ་ཐུབ་པས་ག་ཡི་ལ་ནའི་མཆོད་རྟེན་ལ་བཞུགས་པའི་དེ་བཞིན་གཤེགས་པ་དྲི་མ་མེད་པའི་དཔལ་ཅན་དན་གྱི་སྙིང་པོ་དང་ཐབས་ཅིག་ཏུ་སངས་རྒྱས་ཀྱི་ཞིང་ལས་མཛད་དོ་ཞེས་དེ་ལྟར་

250叶A面：

།མཁྱེན་ཏོ། །དེའི་ཚེ་གྲོང་ཁྱེར་དེར་མིར་གྱུར་པ་དགེ་སློང་དང་། རྒྱལ་པོའི་འཁོར་དང་། གཞན་ཡང་སྐྱེ་བོ་མང་པོ་འབྱུང་བ་དེ་དག་སུམ་པ་རྣམས་ཀྱིས་སངས་རྒྱས་ཀྱི་མཆོད་རྟེན་དང་། དགེ་འདུན་གྱི་ཀུན་དགའ་ར་བ་རྣམས་གཞིག་ཏུ་འོང་ངོ་སྙམ་སྟེ་ཤིན་ཏུ་ཡིད་མི་བདེ་བར་འགྱུར་རོ། དེ་ནས་སངས་རྒྱས་བཅོམ་ལྡན་འདས་དེ་དག་གིས་ག་ཡི་ལ་ནའི་མཆོད་རྟེན་དེའི་སྲུང་མའི་མིར་འགྱུར་བ་གང་ཡིན་པ་དེ་དག་འདི་སྙམ་དུ་བདག་ཅག་གིས་སངས་རྒྱས་བཅོམ་ལྡན་འདས་གྲོང་ཁྱེར་དུ་གཤེགས་པར་བྱའོ་སྙམ་དུ་སེམས་ཀྱི་རྟོག་པ་སྐྱེས་པར་མཛད་དོ། །གང་གི་ཚེ་སངས་རྒྱས་བཅོམ་ལྡན་འདས་གྲོང་ཁྱེར་གྱི་ནང་དུ་བཞུགས་པ་དེའི་ཚེ་ག་ཡི་ལ་ནའི་མཆོད་རྟེན་དུ་སངས་རྒྱས་བཅོམ་ལྡན་འདས་ཆོས་ཀྱི་འབྱུང་གནས་རྣམས་གཤེགས་པར་འགྱུར་ཏེ། ལྷ་རྣམས་ཀྱི་ཡ་ངན་བསལ་བའི་ཕྱིར་འདུ་བར་མཛད་དོ། །དེའི་ཚེ་དེའི་ནུ་མོ་དྲི་མ་མེད་པའི་འོད་ལས་རབ་ངེས་བྱ་བར་གྱུར་པ་དེས་ལྷ་རྣམས་ལྔ་བའི་སྒྲ་ཐོས་སོ། །ལྔ་བའི་སྒྲ་ཐོས་ནས་གྲོང་ཁྱེར་འདིར་སྡིག་ཅན་གྱི་མི་འོང་གྲང་སྙམ་ནས་འཇིགས་ཤིང་

སྨྲག་པར་གྱུར་ཏེ་གཟུངས་སྔགས་བཟློད་དོ། །དེ་ནས་བཅོམ་ལྡན་འདས་རྣམས་ཀྱིས་འདི་སྐད་ཅེས་གསུངས་སོ། །སངས་རྒྱས་བཅོམ་ལྡན་འདས་ཆོས་བཞིན་དུ་གྲོང་ཁྱེར་དུ་གཤེགས་སུ་གསོལ་ཅིག །དེ་ནས་བཅོམ་ལྡན་འདས་མངོན་སུམ་དུ་བཞུགས་པ་ཇི་ལྟ་བཞིན་དུ་གྲོང་ཁྱེར་གྱི་སྒོ་ནས་གཤེགས་སུ་གསོལ་བར་བྱེད་དོ། །གང་གི་ཚེ་སངས་རྒྱས་བཅོམ་ལྡན་འདས་གྲོང་ཁྱེར་དུ་གཤེགས་པར་གྱུར་པ་དེ་ནས་སངས་རྒྱས་བཅོམ་ལྡན་འདས་གང་དག་གིས་འོད་ཟེར་བཏང་བ་དང་། (དེ་)དག་ལས་ཚིག་དེ་དག་འབྱུང་བ་དེ་དག་འབྱུང་བ་དེ་དག་གིས་རབ་རིབ་དེ་ལ་ཁྱོད་མ་འོངས་པའི་དུས་ན་འཇིག་རྟེན་གྱི་ཁམས་བུད་མེད་དུ་གྲགས་པ་ཞེས་བྱ་བར་སངས་རྒྱས་བཅོམ་ལྡན་འདས་ཆོས་རྣམ་པར་སྨྲོགས་པ་ཕྱུག་ན་རིན་ཆེན་མཛོད་བསྟམས་ཞེས་བྱ་བར་འགྱུར་རོ་ཞེས་ལུང་བསྟན་པ་ཐོབ་པར་འགྱུར་རོ། །དེའི་ཚེ་རབ་རིབ་ཞེས་བྱ་བར་གྱུར་པ་དང་། ཀ་པི་ལ་ནའི་མཆོད་རྟེན་གྱི་དྲུང་དུ་སངས་རྒྱས་བཅོམ་ལྡན་

250叶B面:

འདས་འོད་ཟེར་གཏོང་བ་དེ་དག་གསེར་གྱི་ཡུལ་གྱི་དགེ་སློང་གི་དགེ་འདུན་རྣམས་དང་ཐབས་ཅིག་ཏུ་འོང་བར་འགྱུར་ཏེ། ཅི་ནས་སུམ་པ་རྣམས་ཀྱི་ཐན་བྱེད་པ་དེ་ལས་ཐར་བར་བྱ་བའི་ཕྱིར་དེ་སྔོན་གྱི་མ་བྱིན་པ་ལེན་པ་ལས་གྲོལ་བར་མཛད་དོ། །དེ་ནས་གཏམ་དེ་གྲགས་པར་གྱུར་ནས་སུམ་པ་རྣམས་ཕྱིར་ལྡོག་པར་འགྱུར་རོ། །དེ་ནས་དེའི་ཚེ་དེར་རབ་རིབ་དེས་ཕྱིར་འཁོར་དུ་འགྱུར་བ་གང་ཡིན་པའི་སེམས་ཅན་ཕལ་པོ་ཆེ་རྣམས་འདུལ་བར་འགྱུར་རོ། །དེ་ནས་སངས་རྒྱས་བཅོམ་ལྡན་འདས་ཀྱིས་འདི་སྐད་ཅེས་བཀའ་སྩལ་ཏོ། །ཁྱེད་རྣམས་མ་འོངས་པ་ན་ཅིའི་ཕྱིར་བ་བདག་སུམ་པས་ངའི་ཡུལ་དུ་དྲི་གཙང་ཁང་དང་། དགེ་འདུན་གྱི་ཀུན་དགའ་ར་བ་རྣམས་བཤིག་པར་འགྱུར་སྙམ་དུ་ཐེ་ཚོམ་ཟ་བར་གྱུར་ཏམ། ཡང་ན་སུམ་པ་འདི་དག་ལ་ཅིའི་ཕྱིར་བ་བདག་ཅེས་བྱ་ཞེ་ན། འདས་པའི་དུས་ན་རྒྱལ་པོ་ཚངས་པས་བྱིན་ཞེས་བྱ་བ་ཞིག་བྱུང་སྟེ། དེའི་ཡུལ་དུ་ཀུན་ཏུ་རྒྱུ་བྱང་ཆུབ་ཅེས་བྱ་བ་ཞིག་བྱུང་སྟེ། རྒྱལ་པོ་ཚངས་བྱིན་དེས་ཡུལ་ནས་ས་བསྐྲད་ནས་རྒྱལ་པོ་གཞན་ཞིག་གི་ཡུལ་དུ་ཕྱིན་ཏེ། བདག་འདིར་ཕན་ཚུན་དུ་རྩ་བ་དང་འབྲས་བུ་བཟའོ་སྙམ་སྟེ། དེར་ལོ་མའི་སྤྱིལ་པོ་ཞིག་བྱས་ནས་འདུག་གོ། །དེ་ནས་བུད་མེད་གཞན་ཞིག་ཇོ་བོའི་བ་འཚོ་ཞིང་འདུག་པ་དེས་ཀུན་ཏུ་རྒྱུད་མཐོང་ནས་སེམས་དད་པ་ཐོབ་སྟེ། ཉིན་གཅིག་བཞིན་དུ་བདག་གི་ཁ་ཟས་ལ་ལོངས་སྤྱོད་ཅིག་ཅེས་ཁ་ཟས་ལ་མགྲོན་དུ་གཉེར་ཏོ། །བ་དེ་དག་བུད་མེད་དེ་ཉིད་དབང་བ་མ་ཡིན་ཏེ། ཇོ་བོའི་ཡིན་པས་ན་ཀུན་ཏུ་རྒྱུ་ལ་ཁ་ཟས་བྱིན་པ་གང་ཡིན་པ་དེ་ནི་དེར་སྦྱར་བར་གྱུར་ཏོ། །བདག་མི་དབང་བའི་འོ་མ་ཀུན་ཏུ་རྒྱུ་ལ་བྱིན་པ་གང་ཡིན་པ་དེ་ནི་མ་བྱིན་པར་བླངས་པར་གྱུར་ཏོ། །དེ་ནས་བ་ལང་དེ་དག་གི་བདག་པོར་གྱུར་པའི་མི་གང་ཡིན་པ་དེས་ནི་ཤཱཀྱའི་ཡུལ་དུ་སྐྱེ་བ་བླངས་ཏེ། དེས་འདི་སྐད་དུ་འོངས་པའི་དུས་ན་བཅོམ་ལྡན་འདས་ཁྱོད་ཀྱི་བསྟན་པ་བདག་གིས་གཞིག་པར་གྱུར་ཅིག་ཅེས་སྨོན་ལམ་བཏབ་སྟེ། དེ་ཡང་གཞན་ཡིན་པར་མི་བལྟའི་སུམ་པའི་རྒྱལ་པོ་གང་ལི་ཡུལ་འཇིག་པར་བྱེད་པ་དེ་ཡིན་ནོ། །ཀུན་ཏུ་རྒྱུར་གྱུར་པ་གང་ཡིན་པ་དེ་ནི་བཅོམ་

251叶A面:

།ལྡན་འདས་ཤཱཀྱ་ཐུབ་པ་ང་ཡིན་ནོ། །བུད་མེད་གང་གིས་ཀུན་ཏུ་རྒྱུ་ལ་འོ་མ་བྱིན་པ་དེ་ནི་རིགས་དང་ལྡན་པའི་བུད་མེད་གང་གིས་སངས་རྒྱས་དགའ་བ་སྐྱོད་པ་སྐྱུད་ནས། བཞེངས་པ་ལ་ཐོག་མར་ཞལ་ཟས་འབུལ་བ་འདི་ཡིན་ནོ། །དེ་ནས་དེའི་ཚེ་སངས་རྒྱས་བཅོམ་ལྡན་འདས་ཀྱིས་འདི་སྐད་ཅེས་བཀའ་སྩལ་ཏོ། །ངའི་ཡུལ་དེར་སུམ་པ་དང་གདོང་དམར་དག་འོང་བ་དེའི་རྒྱུ་ནི་འདི་ཡིན་ཏེ། རྒྱལ་པོ་གཟུགས་ཅན་སྙིང་པོ་ཞེས་བྱ་བ་ཞིག་བྱུང་སྟེ། དེའི་ཚེ་རྒྱལ་པོ་དེའི་ཡུལ་ན་བུད་མེད་གཞན་ཞིག་ལ་བུ་ཞིག་ཡོད་པ་དེ་ཞིང་རྨོ་བའི་ཕྱིར་ཕྱི་རོལ་ཏུ་བྱུང་ངོ་། །དེར་མི་གཞན་ཞིག་གིས་ཀྱང་དེའི་འདབ་ཏུ་ཞིང་རྨོས་སོ། །དེ་ནས་བུད་མེད་དེའི་བུ་དེས། མི་དེའི་རྒྱལ་པ་དང་། ཤིང་གཤོང་དང་། ཕྱེ་དང་། ཟན་དག་ཅིག་བརྐུས་ཏེ། ཕྱེ་དང་། ཟན་དེ་ལ་སོགས་པ་བརྐུས་པའི་ཕྱིར། བ་བདག་སུམ་པ་དང་གདོང་དམར་རྣམས་ལི་ཡུལ་དུ་འོང་བར་འགྱུར་རོ། །བུད་མེད་དེའི་བུ་གང་གིས་ཕྱེ་དང་། རྒྱལ་པ་དང་། ཤིང་གཤོང་དང་། ཟན་ཁྱེར་བ་དེ་ནི་ལིའི་རྒྱལ་པོར་འགྱུར་རོ། །མི་གང་གིས་རྒྱལ་པ་ལ་སོགས་

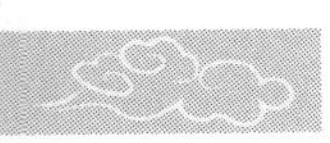

པ་རྫས་ཐོགས་པ་དེ་ནི་དེའི་ཚེ་གདོང་དམར་གྱི་རྒྱལ་པོར་འགྱུར་རོ། །བ་དེ་དག་ནི་དེའི་ཚེ་དམག་མིར་འགྱུར་རོ། །མི་དེའི་མར་གྱུར་བའི་བུད་མེད་དེ་ནི་དེའི་ཚེ་ལི་ཡུལ་གྱི་རྒྱལ་པོའི་མར་འགྱུར་རོ། །མ་བྱིན་པར་ལེན་པ་བྱེད་བྱེད་པའི་མི་དེའི་མས་ནི་ཕྱེ་དེ་བླངས་ཏེ། སངས་རྒྱས་ཀྱི་ཉན་ཐོས་ཀྱི་དགེ་སློང་གྲོང་ཁྱེར་མཛེས་ཞེས་བྱ་བ་ལ་བསོད་སྙོམས་སུ་ཕུལ་ཏེ། དགེ་བའི་རྩ་བ་དེས་ན་ཡང་མིར་སྐྱེ་བ་ཐོབ་པར་འགྱུར་རོ། །མི་དེ་ནི་མ་ལ་ཕྱེ་བྱིན་པ་དང་། མས་ཀྱང་དགེ་སློང་གྲོང་ཁྱེར་མཛེས་ལ་ཕུལ་བ་དེའི་བསོད་ནམས་བསགས་པས་མ་འོངས་པའི་དུས་ན་ལི་ཡུལ་དུ་དཔའ་སྲིད་ཅེས་བྱ་བར་འགྱུར་ཏེ། རྒྱུ་དེས་ན་རྣམ་པར་རྒྱལ་བའི་གོ་ཆ་ཞེས་བྱ་བར་ཡང་གྱུར་ནས་རྒྱལ་སྲིད་ཐོབ་པར་གྱུར་ཏེ། སྐར་རྫོའི་གཡུལ་འགྱེད་པར་འགྱུར་རོ། །ཕྱེ་སྦྱིན་པར་བྱེད་པ་དེ་ནི་རྒྱུ་དེས་ན་མིར་སྐྱེ་བ་ཐོབ་པར་འགྱུར་ཏེ། །མི་དེས་ལམ་གྱི་འགྲམ་ན་འབྲས་རྔོས་སོ། །དེར་མི་གང་དག་གིས་འབྲས་ཅན་ཆུད་གཟན་

251叶B面：

པར་བྱས་པ་དེ་དག་ནི་དེའི་ཚེ་དགེ་སློང་དུ་འགྱུར་ཏེ། དེས་ན་དེ་དག་གིས་དགེ་འདུན་གྱི་ནོར་ཡུལ་གྱི་སྲུད་དུ་འཇལ་བར་འགྱུར་རོ། །དེར་བྱ་སྣ་ཚོགས་ཀྱིས་འབྲས་ཟོས་པ་གང་ཡིན་པ་དེ་དག་ནི་དེའི་ཚེ་ལིའི་རྒྱལ་པོའི་བྲན་དུ་འགྱུར་རོ། །དེའི་ཚེ་བཅོམ་ལྡན་འདས་ཀྱིས་འདི་སྐད་ཅེས་བཀའ་བསྩལ་ཏོ། །འདི་ལྟར་མི་ཡུལ་དུ་མི་རྒོད་མང་པོ་འབྱུང་བར་འགྱུར་ཏེ། དེ་དག་གིས་ནི་གང་གི་ཚེ་གཞོན་ནུ་དགེ་བྱེད་སྐྱེས་པ་དེ་ལ་ཕན་འདོགས་པར་འགྱུར་རོ། །གང་གི་ཚེ་སྡིག་བྱེད་སྐྱེས་པ་ན་དེ་ལ་གནོད་པ་བྱེད་པར་འགྱུར་ཏེ། དེའི་ཚེ་མི་རྒོད་ལྔ་བརྒྱ་པོ་དེ་དག་རྒྱལ་པོ་ཡབ་ཀྱི་ཐད་དུ་གཏོང་བར་འགྱུར་རོ། །མི་རྒོད་དེ་དག་ཀྱང་ལི་ཡུལ་དེར་སྐྱེ་བ་ལེན་པར་འགྱུར་ཏེ། དགེ་འདུན་གྱི་ནོར་དང་། མཆོད་རྟེན་གྱི་ནོར་ཆུད་གཟོན་པར་བྱེད་དོ། །མི་རྒོད་དེ་དག་ཀྱང་སྔོན་མ་བྱིན་པར་ལེན་པ་བྱེད་བྱེད་པའི་ཕྱིར་ཡན་ལག་བཅད་ནས་བསད་པ་དེས་ན་དེ་དག་གིས་ཀྱང་ལིའི་རྒྱལ་པོ་རྣམ་པར་རྒྱལ་བའི་གྲགས་པ་གསོད་པར་འགྱུར་རོ། །མ་འོངས་པའི་དུས་སུ་མི་རྒོད་དེ་དག་འཁོར་བ་ལས་གྲོལ་བར་བྱེད་པའི་དགེ་སློང་ཟླ་བ་དག་པ་ཞེས་བྱ་བ་ཞིག་ཀྱང་འབྱུང་བར་འགྱུར་ཏེ། དེ་ཡང་བྱང་ཆུབ་སེམས་དཔའ་འཇམ་དཔལ་སྔོན་གྱི་སངས་རྒྱས་རྣམས་ཀྱི་ཡབ་ཀྱི་བྱ་བ་བྱེད་བྱེད་པ་འདི་ཡིན་ཏེ། དེ་བཞིན་དུ་བྱང་ཆུབ་སེམས་དཔའ་འཇམ་དཔལ་འདི་ནི་མ་འོངས་པའི་དུས་ན་སངས་རྒྱས་བཅོམ་ལྡན་འདས་རྣམས་འབྱུང་བར་འགྱུར་བའི་བསྐལ་པ་བཟང་པོའི་སངས་རྒྱས་དེ་དག་གི་སྐུ་གདུང་ཡང་འཛིན་པར་འགྱུར་རོ། །གང་གི་ཚེ་སངས་རྒྱས་བཅོམ་ལྡན་འདས་ཡོངས་སུ་མྱ་ངན་ལས་འདས་པ་དེའི་ཚེ་ཡང་བྱང་ཆུབ་སེམས་དཔའ་འཇམ་དཔལ་བྲམ་ཟེ་དྲོ་ན་ས་གོ་ཏ་ཞེས་བྱ་བ་ཚོས་དང་ལྡན་པ་ཞིག་ཏུ་འགྱུར་རོ། །གང་གི་ཚེ་རྒྱལ་པོ་རྣམས་ཕན་ཚུན་དུ་གཡུལ་འགྱེད་པར་ཆས་པ་དེའི་ཚེ་བྲམ་ཟེ་དྲོ་ན་ས་གོ་ཏས་བུམ་པ་བཟང་པོ་བླངས་ནས་སྐུ་གདུང་བགོད་པར་བྱེད་དོ། །གང་གི་ཚེ་ལི་ཡུལ་དུ་བྱང་ཆུབ་སེམས་དཔའ་ཕལ་པོ་ཆེ་མ་བྱུང་བ་དང་། མཆོད་རྟེན་ཕལ་པོ་ཆེ་དང་། སངས་རྒྱས་ཀྱི་སྐུ་གཟུགས་དང་། དགེ་འདུན་གྱི་ཀུན་དགའ་ར་བ་མཛེས་པ་དག་མ་བྱུང་བ་དེའི་ཚེ

252叶A面：

།བྱང་ཆུབ་སེམས་དཔའ་འཇམ་དཔལ་གྲོང་ཁྱེར་དུ་འབྱུང་བར་འགྱུར་ཏེ། རིགས་དང་ལྡན་པའི་བུད་མེད་དུ་འགྱུར་རོ། །བྱང་ཆུབ་སེམས་དཔའ་འཇམ་དཔལ་གྱི་སྤྱོད་པ་ཇི་ལྟ་བུ་ཞེ་ན། ཐམས་ཅད་དུ་འདོད་དགུར་སྒྱུར་བའི་གཟུགས་ཅན་ཡིན་ཏེ། བྱང་ཆུབ་སེམས་དཔའི་རང་བཞིན་ཇི་ལྟ་བ་བཞིན་དུ་ཡང་སྣང་། རྒྱལ་པོ་ཇི་ལྟ་བ་བཞིན་དུ་ཡང་སྣང་། རྒྱལ་མོ་ཇི་ལྟ་བ་དང་། དགེ་སྦྱོང་དང་། བྲམ་ཟེའི་གཟུགས་ཇི་ལྟ་བ་དང་། འདོད་པའི་ཁམས་སུ་གཏོགས་པའི་སེམས་ཅན་རྣམས་ཀྱི་བར་དུ་ཐམས་ཅད་དུ་འཇུག་པར་འགྱུར་ཏེ། རོལ་མོ་མཁན་རོལ་མོའི་གནས་ལ་མཁས་པ་གཟུགས་རྣམ་པ་སྣ་ཚོགས་ཐམས་ཅད་སྟོན་པ་བཞིན་ནོ། །ཆགས་པའི་སེམས་དང་ལྡན་པའི་སེམས་ཅན་གྱི་ཐད་དུ་ཡང་ཤིན་ཏུ་ལྷག་པར་སྟོན་ཏོ། །ཅིའི་ཕྱིར་བྱང་ཆུབ་སེམས་དཔའ་འཇམ་དཔལ་བུད་མེད་ཀྱི་གཟུགས་སུ་སྟོན་ཅེ་ན། གང་གི་ཕྱིར་བུད་མེད་ལྷག་པར་འདོད་པའི་འདོད་ཆགས་ལ་ཆགས་པའི་སེམས་དང་ལྡན་པ་ནི་ཤིན་ཏུ་གླེན་ཞིང་ཤིན་ཏུ་སེར་སྣ་ཆེ་བས་ན་དེའི་ཕྱིར་བྱང་ཆུབ་སེམས་དཔའ་འཇམ་དཔལ་ལྷག་

པར་བྱུང་མེད་དུ་སྟོན་ཏོ། །བྱུང་མེད་བྱང་ཆུབ་ཀྱི་སྤྱད་པ་སྤྱོད་པ་དག་ཀྱང་ཡོད་པས་ན་དེའི་ཕྱིར་ཡང་བྱང་ཆུབ་སེམས་དཔའ་འཇམ་དཔལ་དེ་ལྟ་བུར་བྱེད་དོ། །བྱུང་མེད་དུ་སྐྱེས་ནས་སྙིང་རྗེ་ཆེན་པོ་ཐོབ་པར་འགྱུར་པའི་དུས་ཀྱང་ཡོད་དོ། །བྱུང་མེད་རྣམས་ཀྱང་འཇོམ་པར་འགྱུར་བ་དང་། འཁོར་བའི་སྐྱོན་རྟོགས་པར་འགྱུར་བ་དང་། སྐྱེས་པ་གཞན་སྤོང་བར་འགྱུར་བ་དག་ཀྱང་ཡོད་དོ། །གང་གི་ཚེ་བ་བདག་སུམ་པ་དེར་འོངས་ཏེ། མཆོད་རྟེན་ཆེན་པོ་རྣམས་དང་། དྲི་གཙང་ཁང་མང་པོ་དང་། དགེ་འདུན་གྱི་ཀུན་དགའ་ར་བ་བཟང་པོ་རྣམས་བསྲེགས་པར་འགྱུར་བར་ལྷ་མོ་དྲི་མ་མེད་པའི་འོད་ཀྱིས་རྟོགས་པ་དེའི་ཚེ་བྱང་ཆུབ་སེམས་དཔའ་སྤྱན་རས་གཟིགས་དབང་ཕྱུག་གིས་ལྷ་མོ་དེ་ལ་འདི་སྐད་ཅེས་སྨྲས་ཏེ། སྲིང་མོ་སྡུག་པ་གང་གི་ཚེ་བཅོམ་ལྡན་འདས་རིན་ཆེན་སྙིང་པོ་གྲོང་ཁྱེར་དུ་གཤེགས་པ་དེ་ན་ང་ཁྱོད་ཀྱི་དགེ་བའི་བཤེས་གཉེན་དུ་གྱུར་ཏེ། དེར་ཨུ་བུ་ཅག་གཉིས་ཀྱིས་བྱང་ཆུབ་ཀྱི་ཕྱིར་དང་། སེམས

252叶B面：

ཅན་འཇིགས་ཤིང་སྐྲག་པ་ཇི་སྙེད་ཡོད་པ་དེ་དག་ཐམས་ཅད་བདག་གིས་ཡོངས་སུ་བསྐྱབ་པར་བྱའོ་ཞེས་སྨོན་ལམ་བཏབ་པའི་དུས་དེ་དྲན་པར་གྱིས་ཤིག །སྲིང་མོ་སྡུག་པ་ཇི་ལྟར་དྲི་མ་མེད་པའི་འོད་ཅེས་བྱ་བར་གྱུར་པ་དེའི་ཚེ། རྡོ་རྗེ་སྙེ་དང་གཉིས་ཀྱིས་བཅོམ་ལྡན་འདས་ཀྱི་བཀའ་མཉེས་པ་དྲན་པ་གྱིས་ཤིག །གཟུངས་སྔགས་དེ་དག་དང་། སངས་རྒྱས་ཀྱི་མཚན་དེ་དག་དང་། འོད་ཟེར་གང་དག་ཁྱོད་ཀྱིས་བྱང་ཆུབ་སེམས་དཔའི་སྤྱད་པ་སྤྱོད་པའི་ཚེ་འདིར་མཐོང་བ་དེ་དག་ངས་རྒྱས་པར་བཤད་ཀྱིས། ཁྱོད་ཀྱིས་ཟུང་ལ་བྲིས་ཏེ། དེ་མིང་པོའི་ཐང་དུ་ཁྱེར་ཅིག །མི་མཇེད་ཀྱི་འཇིག་རྟེན་གྱི་ཁམས་སུ་སངས་རྒྱས་དེ་དག་གིས་འོད་ཟེར་བཏང་བ་ཡང་། ལི་ཡུལ་འདི་བཅོམ་ལྡན་འདས་ཤཱཀྱ་ཐུབ་པའི་ཕྱག་མཚན་ཡིན་ལ་བསྐལ་པ་བཟང་པོའི་བྱང་ཆུབ་སེམས་དཔའ་དེ་དག་སེམས་ཅན་རྣམས་ལ་ཕན་པའི་ཕྱིར་དེར་སྐྱེ་བ་ལེན་པར་འགྱུར་རོ། །ཆོས་ཀྱི་རྒྱལ་པོའི་མཆོད་རྟེན་དེ་དག་ལ་སངས་རྒྱས་བཅོམ་ལྡན་འདས་ཕལ་པོ་ཆེ་དེ་དག་གི་སྐུ་གདུང་མང་པོ་གནས་པ་དེ་དག་ལྷ་མོ་དེའི་ལག་ཏུ་འོང་བར་འགྱུར་ཏེ། མཆོད་པ་ཕྱིར་སེམས་ཅན་དེ་དག་ལ་བཀོད་པར་བྱེད་དོ། །ཡུལ་དེར་ལྷ་མོ་དེ་སྙིང་རྗེ་སྐྱེ་བར་འགྱུར་ཏེ། ཅི་ནས་མཆོད་པའི་གནས་སུ་འགྱུར་བར་བྱེད་དོ། །དེ་ནས་གྲོང་ཁྱེར་གྱི་ནང་དུ་ཁང་པ་ཤིན་ཏུ་མཛེས་པར་བྱ་སྟེ། གྲོང་ཁྱེར་དེ་ན་མི་ཇི་སྙེད་གནས་པ་དེ་དག་དེར་ཅི་ནས་བསོད་ནམས་བྱེད་པར་འགྱུར་ཞིང་འཛིན་པ་དང་། མཆོད་པ་དང་། རྗེ་བར་བྱེད་པར་འགྱུར་བ་དང་། ཅི་ནས་སྤྱོད་པ་དེ་ལ་འཇུག་པར་འགྱུར་བར་བྱའོ། །ཅིའི་ཕྱིར་སངས་རྒྱས་བཅོམ་ལྡན་འདས་རྣམས་ཀྱིས་ལི་ཡུལ་གྱི་ཕྱིར་ཆོས་ཡང་དག་པར་བསྒྲོ་བ་མཛད་ཅེ་ན། ལི་ཡུལ་བཅོམ་ལྡན་འདས་ཤཱཀྱ་ཐུབ་པའི་ཕྱག་མཚན་ཡིན་པ་དང་། བསྐལ་པ་བཟང་པོའི་སངས་རྒྱས་བཅོམ་ལྡན་འདས་ཇི་སྙེད་པ་དེ་དག་ཐམས་ཅད་ཀྱི་ཕྱག་མཚན་ཡིན་པ་དང་། རི་གླང་བྱང་མགོ་དང་། གོ་མ་ས་ལ་གནྡྷའི་མཆོད་རྟེན་དུ་བསྐལ་པ་བཟང་པོའི་སངས་རྒྱས་ཐམས་ཅད་འདུ་བར་འགྱུར་བ་དང་། ལི་ཡུལ་བྱང་ཆུབ་སེམས་དཔའི་གནས་སུ་འགྱུར་བའི་ཕྱིར

253叶A面：

།རོ། །དེ་ནས་སངས་རྒྱས་བཅོམ་ལྡན་འདས་ཀྱིས་བྱང་ཆུབ་སེམས་དཔའ་འཕགས་པ་སྤྱན་རས་གཟིགས་དབང་ཕྱུག་ལ་བཀའ་བསྩལ་པ། གང་གི་ཚེ་གདོང་དམར་དང་རྒྱ་འཐབ་པའི་དུས་ལ་བབ་པ་དེའི་ཚེ་ནུ་བོ་ཁྱོད་ཀྱིས་བྱ་བའི་དུས་ལ་བབ་བོ། །རབ་རིབ་ཀྱང་སེམས་ཅན་ལ་ཕན་པའི་ཕྱིར་ཤེས་བཞིན་དུ་ཡང་སྐྱེ་བ་ལེན་པར་འགྱུར་རོ། །སངས་རྒྱས་བཅོམ་ལྡན་འདས་དེ་དག་གིས་འདིར་འོད་ཟེར་བཏང་ནས། བཅོམ་ལྡན་འདས་ཤཱཀྱ་ཐུབ་པ་ལ་སྐྱེས་བསྐུར་ཏེ། སྐྱེས་དེ་དག་ཀྱང་བྱང་ཆུབ་སེམས་དཔའ་སྤྱན་རས་གཟིགས་དབང་ཕྱུག་གིས་འདིར་ཁྱེར་ཏེ་འོངས་ནས། སེམས་ཅན་འཇིགས་ཤིང་སྐྲག་པ་རྣམས་ཀྱི་དོན་གྱི་ཕྱིར་སྙིང་རྗེས་སངས་རྒྱས་ཀྱི་ཞིང་རྣམས་ཀྱང་བྱུང་ངོ༌། །གཟུངས་སྔགས་དེ་དག་དང་འོད་ཟེར་དེ་དག་ཀྱང་ལི་ཡུལ་གྱི་དོན་དུ་སངས་རྒྱས་ཀྱིས་བཞེས་ནས་དེ་དག་གི་གྲོགས་སུ་འགྱུར་རོ། །བྱང་ཆུབ་སེམས་དཔའ་དག་ཀྱང་ཅི་ནས་ལི་ཡུལ་དེ་འཇིག་པར་མི་འགྱུར་བར་བྱ་བའི་ཕྱིར་སངས་རྒྱས་ཀྱི་ཞིང་སྣ་ཚོགས་ནས་ཤི་འཕོས་ནས་དེར་སྐྱེ་བ་ལེན་པར་འགྱུར་རོ། །གང་གི་ཚེ་ལི་ཡུལ་

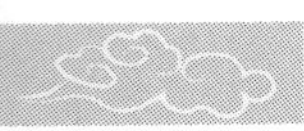

དུ་གནོད་པ་བྱུང་ན་དེའི་ཚེ་སངས་རྒྱས་དེ་དག་གི་མཚན་དང་། གཟུངས་སྔགས་དེ་དག་དང་། འོད་ཟེར་གྱི་མིང་དེ་དག་བྲིས་ཏེ། གྲོང་ཁྱེར་གྱི་སྒོ་རྣམས་སུ་བཞག་ལ། དམག་གི་ནང་དུ་ཡང་བྲིས་ཏེ། རྒྱལ་མཚན་ལ་གདགས་སོ། །ཡང་ན་མིང་དེ་དག་འཛིན་དུ་གཞུག་ཅིང་བཀླག་པ་དང་བཅང་བར་བྱའོ། །ཕ་རོལ་གྱི་དམག་ཚོགས་དང་། མུ་གེ་རབ་ཏུ་ཞི་བར་བྱ་བ་དང་། དགེ་བའི་ཕྱོགས་འཕེལ་བར་བྱ་བ་དང་། སྡིག་པ་འབྱུང་བར་བྱ་བ་དང་། ནད་ལས་ཐར་བར་བྱ་བ་རྣམས་ལ་ཡང་ཕན་པར་བྱེད་པ་ཡིན་ནོ། །གང་ལ་སྡིག་པ་ལྕི་བ་ཡོད་ན་དེས་ཞག་ཉི་ཤུ་རྩ་གཅིག་གི་བར་དུ་ཕྱོགས་བཅུའི་སངས་རྒྱས་རྣམས་ལ་རིམ་གྲོ་བྱས་ཏེ། སྐུ་གདུང་དང་ལྡན་པའི་མཆོད་རྟེན་ནམ། སངས་རྒྱས་ཀྱི་སྐུ་གཟུགས་ཀྱི་སྤྱན་སྔར་དུས་གསུམ་དུ་བཟླས་བརྗོད་བྱས་ན་དགེ་བའི་ཕྱོགས་ལས་གང་འདོད་པ་མྱུར་དུ་ཐོབ་པར་འགྱུར་ཏེ། འོད་ཟེར་དེ་དག་ཀྱང་དེའི་སྙིང་དུ་གནས་པར

253叶B面：

འགྱུར་རོ། །ཕ་རོལ་གྱི་དམག་ཚོགས་འོང་བ་ལ་ཡང་བཟླས་བརྗོད་བྱའོ། །ཡང་ན་ཉིན་གཅིག་བཞིན་དུ་ལན་བདུན་བདུན་བཀླག་པར་བྱའོ། །གང་སྡུག་བསྔལ་བར་གྱུར་པའམ། ནད་པ་འམ། ཡང་ན་ཇི་ལྟ་བུར་འདོད་ཀྱང་རུང་སྟེ་བཟླས་བརྗོད་བྱའོ། །ཡང་ན་བཀླག་པར་བྱའོ། །ཅི་སྟེ་མི་ཀློག་ན་ཡང་སྐུད་པ་ལ་མདུད་པ་བདུན་བོར་ཏེ་ལན་བདུན་བདུན་བཟླས་བརྗོད་བྱས་ནས་བཏགས་ན་སྡུག་བསྔལ་ལས་ཐར་བར་འགྱུར་རོ། །གྲོང་ཁྱེར་གང་གི་སྒོ་ལ་བཏགས་ན་གྲོང་ཁྱེར་དེར་དགྲ་འོང་མི་ནུས་པར་འགྱུར་རོ། །དེ་ནས་བཅོམ་ལྡན་འདས་ཀྱིས་འདི་སྐད་ཅེས་བཀའ་སྩལ་ཏོ། །གང་གི་ཚེ་གདོང་དམར་དང་རྒྱ་འཐབ་པའི་དུས་ལ་བབ་པ་དེའི་ཚེ་གཞོན་ནུ་རྡོ་རྗེ་སྙེ་བཅོམ་ལྡན་འདས་ཀྱིས་ལས་སུ་བསྐོས་པ་དེ་རྣམ་པར་རྒྱལ་བའི་གོ་ཆ་ཞེས་བྱ་བར་གྱུར་པ་ན་ཕྲིན་ཡིག་འདི་གསེར་གྱི་རིགས་ཀྱི་ཡུལ་དུ་ཁྱེར་ལ་ཕྲིན་ཡིག་འདི་གསེར་གྱི་རིགས་ཀྱི་རྒྱལ་པོ་ལ་བསྟན་པར་བྱ་སྟེ། མི་མང་པོའི་མིག་སྔར་ནི་བསྟན་པར་མི་བྱའོ། །ཡུལ་དེའི་སྐུད་ཀྱང་ཁྱེར་ལ་ཁ་ཅིག་ནི་དེར་བསྐུར་བར་བྱའོ། །ཁ་ཅིག་ནི་སྐར་རྗོར་གཞག་པར་བྱའོ། །གང་གི་ཚེ་སངས་རྒྱས་བཅོམ་ལྡན་འདས་ཀྱིས་འདི་སྐད་དུ་སྟོན་བྱུང་བ་ནི་དེ་ལྟ་བུའོ། །མ་འོངས་པའི་དུས་ན་ནི་འདི་ལྟར་འགྱུར་རོ་ཞེས་བཀའ་སྩལ་པ། དེའི་ཚེ་བཅོམ་ལྡན་འདས་རྡོ་རྗེ་དཀྱིལ་འཁོར་ཞེས་བྱ་བའི་ཏིང་ངེ་འཛིན་ལ་སྙོམས་པར་བཞུགས་སོ། །ཟླ་བའི་ཏོག་ཅེས་བྱ་བའི་ཏིང་ངེ་འཛིན་དང་། དྲི་མ་མེད་པའི་འོད་ཅེས་བྱ་བའི་ཏིང་ངེ་འཛིན་དང་། མི་གཡོ་བ་ཞེས་བྱ་བའི་ཏིང་ངེ་འཛིན་དང་། རྣམ་པ་ཐམས་ཅད་མེད་པ་ཞེས་བྱ་བའི་ཏིང་ངེ་འཛིན་དང་། དགའ་བའི་དབང་བསྐུར་བ་ཞེས་བྱ་བའི་ཏིང་ངེ་འཛིན་དང་། ཐམས་ཅད་ཀྱི་རྒྱན་ཅེས་བྱ་བའི་ཏིང་ངེ་འཛིན་དང་། དཔའ་བའི་རྒྱལ་མཚན་ཞེས་བྱ་བའི་ཏིང་ངེ་འཛིན་དང་། འོད་ཆེན་པོ་ཞེས་བྱ་བའི་ཏིང་ངེ་འཛིན་དང་། དཔའ་བར་འགྲོ་བ་ཞེས་བྱ་བའི་ཏིང་ངེ་འཛིན་དང་། ཏིང་ངེ་འཛིན་བཅུ་པོ་འདི་དག་ལ་སངས་རྒྱས་བཅོམ་ལྡན་འདས་སྙོམས་པར་ཞུགས་ནས་སྨིན་མཚམས་ཀྱི་གསེབ་ནས་སྣང་བ་ཆེན་པོ་ཞེས་བྱ་བའི་འོད་ཟེར

254叶A面：

།བྱུང་ངོ་། །འོད་ཟེར་དེ་ལས་ཀྱང་འོད་ཟེར་བཅུ་བྱུང་ནས་སངས་རྒྱས་ཀྱི་ཞིང་ཐམས་ཅད་དུ་སོང་ངོ་། །སོང་ནས་ཀྱང་སངས་རྒྱས་ཀྱི་ཞིང་གྲངས་མེད་པར་འཁྲོས་སོ། །སངས་རྒྱས་བཅོམ་ལྡན་འདས་རྣམས་ཀྱི་སངས་རྒྱས་ཀྱི་ཞིང་ཇི་སྙེད་ཡོད་པའི་ཞིང་དེ་དག་ཐམས་ཅད་དུ་ཇི་ལྟར་ལི་ཡུལ་དུ་རྡོ་རྗེ་གཞོན་ནུ་རྡོ་རྗེ་སྙེ་དང་། ལྷ་མོ་དྲི་མ་མེད་པའི་འོད་ཀྱི་ཕྱིར་སྔར་བཤད་པ་བཞིན་དུ་ཚིག་ཏུ་བརྗོད་པ་དེ་དག་བྱུང་ངོ་། །དེ་ནས་དེའི་ཚེ་སངས་རྒྱས་བཅོམ་ལྡན་འདས་དེ་དག་དང་། བཅོམ་ལྡན་འདས་ཤཱཀྱ་ཐུབ་པས་དགོངས་པ་འབྱུན་པར་རྡོ་རྗེའི་དཀྱིལ་འཁོར་ཞེས་བྱ་བའི་གཟུངས་སྔགས་འདི་གསུངས་སོ། །ཏདྱ་ཐཱ། བོ་ཧྲི་བོ་ཧྲི། སརྦ་ཨ་ལང་ཀཱ་ར། བ་ར་ག་ཏ། ཧྲ་ཧྲ་ཙ་ཀྲ། བ་ར་ག་ཏ། མ་ར་སི་ཙྪ་པ་ར་ག་ཏ། ཨ་བི་ཥ་ཡ་པ་ར་གཱ་ཏཱ། ཨ་བི་ཧྣ་སྲ་ཧྣ་ཡ། སང་སྐ་ར་སྲ་ཧྣ་ཡ། ནཱ་མ་རུ་པ་བྲ་ཧྣ་ཡ། ཥྚ་བ་སྲ་ཧྣ་ཡ། ཤི་ཏད་ཧྲི་སྲ་ཧྣ་ཡ། ཏ་ཥྞ་ག་ཏ། མ་ར་ཊ་ཏ་ར། སྤད་རྦྷ་སད་ཏི་ན། ནཱ་ག་སད་ཏི་ན། ཨ་སུ་ར་སད་ཏི་ན། སརྦ་པ་ར་སད་ཏི་ན། རྡོ་རྗེ་དཀྱིལ་འཁོར་ཞེས་བྱ་བའི་གཟུངས་སྔགས་འདི་ནི་སངས་རྒྱས་ཐམས་ཅད་ཀྱིས་གསུངས་ཏེ། གང་གི་ཚེ་ལྷ་མོ་དྲི་མ་མེད་པའི་འོད་ཀྱིས་ཐོས་པ་དེའི་མོད་ལ་རྡོ་

རྫེའི་དཀྱིལ་འཁོར་གྱི་གཟུངས་སྔགས་རྫོགས་པར་འགྱུར་རོ། །གང་གི་ཚེ་ལི་ཡུལ་གྱི་དོན་གྱིས་ཕྱིར་སངས་རྒྱས་རྣམས་ཀྱི་ཆོས་འདི་གསུངས་པ་དེའི་ཚེ། ལྷ་མོ་དྲི་མ་མེད་པའི་འོད་ཀྱིས་ཐལ་མོ་སྦྱར་ཏེ་འདི་སྐད་ཅེས་གསོལ་ཏོ། །བདག་ནི་སངས་རྒྱས་བཅོམ་ལྡན་འདས་ཉིད་ཀྱིས་མཁྱེན་པ་ལགས་ཏེ། བདག་སངས་རྒྱས་ཀྱི་ཞིང་ཡོངས་སུ་དག་པ། རྣམ་པར་སྣང་མཛད་ཀྱི་འོད་ཟེར་གྱིས་སོ་སོར་བརྒྱན་པའི་འཇིག་རྟེན་གྱི་ཁམས་སངས་རྒྱས་བཅོམ་ལྡན་འདས་པད་མའི་འདབ་མ་དྲི་མ་མེད་པའི་རྒྱ་སྐར་གྱི་རྒྱལ་པོ་མངོན་པར་ཤེས་པའི་མེ་ཏོག་ཀུན་ཏུ་རྒྱས་པའི་སངས་རྒྱས་ཀྱི་ཞིང་ནས། མི་མཇེད་ཀྱི་འཇིག་རྟེན་གྱི་ཁམས་འདིར་མིའི་དོན་བགྱི་བ་དང་། དམ་པའི་ཆོས་པད་མ་དཀར་པོ་དོན་དུ་གཉེར་བ་དང་། དེ་བཞིན་གཤེགས་པ་ཤཱཀྱ་ཐུབ་པའི་དྲུང་དུ་སྨོན་ལམ་གདབ་པའི་སླད་དུ

254叶B面:

མཆིས་ཏེ། དགེ་བསྙེན་མ་ཧུ་ཤ་ཞེས་བྱ་བར་གྱུར་ནས་ཐམ་ཟེ་རྒྱ་མཚོའི་རྟུལ་དང་མཇལ་བ་སྣན་ཆད་ལུང་བསྟན་པ་ཐོབ་སྟེ། དེའི་ཚེ་དེར་སྨོན་ལམ་བཏབ་པས། གང་དུ་ཁྱོད་སངས་རྒྱས་སུ་འགྱུར་བའི་འཇིག་རྟེན་གྱི་ཁམས་དེར་བདག་བྱང་ཆུབ་ཀྱི་སྤྱད་པ་སྤྱོད་པར་གྱུར་ཅིག་ཅེས་བགྱིས་ནས། འཇིག་རྟེན་གྱི་ཁམས་རྣམ་པ་སྣང་མཛད་ཀྱི་འོད་ཟེར་གྱིས་སོ་སོར་བརྒྱན་པ་ཞེས་བགྱི་བ་དེ་བཞིན་གཤེགས་པ་པད་མའི་འདབ་མ་དྲི་མ་མེད་པའི་རྒྱ་སྐར་གྱི་རྒྱལ་པོ་མངོན་པར་ཤེས་པའི་མེ་ཏོག་ཀུན་ཏུ་རྒྱས་པའི་སངས་རྒྱས་ཀྱི་ཞིང་དེ་ནས། མི་མཇེད་ཀྱི་འཇིག་རྟེན་གྱི་ཁམས་འདིར་བཅོམ་ལྡན་འདས་ཤཱཀྱ་ཐུབ་པའི་ཐད་དུ་མཆིས་ནས། བཅོམ་ལྡན་འདས་ཀྱིས་བཀའ་སྩལ་པ། མི་མཇེད་ཀྱི་འཇིག་རྟེན་གྱི་ཁམས་ཀྱི་མི་རྣམས་ནི་ཆགས་ཤིང་ཞེན་ལ་སྡང་ཞིང་ང་རྒྱལ་གྱིས་ཁེངས་པ་དང་འཁྲིད་བ་སྟེ། དེ་དག་གི་དོན་དུ་བྱང་ཆུབ་སེམས་དཔའ་རྣམས་ཕན་ཚུན་ལས་ཆེན་པོ་ཉམས་སུ་ལེན་པར་བྱེད་དེ། །དེ་དག་གི་སྡིག་པ་རྣམས་ཚེ་རབས་ཀུན་ཏུ་སེལ་བར་བྱེད་དོ། །ཞེས་གསུངས་སོ། །དེའི་ཚེ་བདག་གིས་སྨོན་ལམ་བཏབ་པ་ཇི་ལྟ་བུའི་ཚུལ་དང་ཐབས་ཀྱིས་དེར་གཞན་དག་མཆི་བ་དེ་བཞིན་དུ་བདག་ཀྱང་མཆི་བར་གྱུར་ཅིག་ཅེས་བགྱིས་ནས། དེའི་ཚེ་ཚེ་རབས་སྔ་མ་ལ་བདག་གི་མར་གྱུར་པ་དེའི་དོན་བགྱི་བ་དང་། ཅི་ནས་ངན་སོང་དུ་མི་མཆི་བར་བགྱི་བའི་སླད་དུ་སྐྱེ་བ་བླངས་སོ། །སྔོན་གྱི་མི་མཇེད་ཀྱི་འཇིག་རྟེན་གྱི་ཁམས་སུ་དགེ་བསྙེན་མ་ཧུ་ཤ་ཞེས་བྱ་བར་གྱུར་བ་དང་། གཞོན་ནུ་ནོར་བཟངས་ཀྱིས་རྣམ་པར་ཐར་པ་བདག་ལ་དྲིས་པ་སྣན་ཆད་བདག་གིས་མིའི་ནང་དུ་མིའི་སྐྱེ་བ་བླངས་ཏེ། བདག་གིས་སེམས་ཅན་དག་དང་འདོད་ཆགས་སྤྱད་ནས་མི་གཞན་གྱིས་བདག་ལ་ཁོ་མོ་ཡང་གླེན་མར་མཐོང་ངོ་། །སེམས་ཅན་རྣམས་ཡོངས་སུ་གྲོལ་བའི་སླད་དུ་བུད་མེད་ཀྱི་ནང་དུ་མི་བཟད་པའི་སྐྱེ་བ་མང་པོ་དག་བླངས་ཏེ། རྒྱལ་མོ་དང་། རྒྱལ་པོའི་བུ་མོ་དང་། བུད་མེད་ཕལ་དང་། སྨད་འཚོང་མ་དང་། སྡུག་ཕོངས་པ་དང་། བུད་མེད་དབུལ་མོ་དག་ཏུ་གྱུར་ཏེ། བུད་མེད་དུ་སྐྱེས་པ་རྣམས་ཀྱི་དོན་བགྱིད་པ་དང་། བུད་མེད་རྣམས་ཡོངས་སུ་གྲོལ་བ་བགྱིད་དོ། །རང་གི་ལས་ཀྱི་དབང་གིས་ཇི་ལྟར

255叶A面:

།འདོད་པའི་འདོད་ཆགས་སྤྱད་ཀྱང་སེམས་ཅན་དེ་དག་མགུ་བར་མ་ནུས་ཏེ། ཚེ་རབས་དུ་མར་མི་མཇེད་ཀྱི་འཇིག་རྟེན་གྱི་ཁམས་འདིར་སེམས་ཅན་གྱི་དོན་གྱི་སླད་དུ་སྡུག་བསྔལ་མང་པོ་ཉམས་སུ་མྱོང་སྟེ། བུད་མེད་དུ་སྐྱེ་བས་ཤིན་ཏུ་སྐྱོ་བར་གྱུར་ན་འོན་ཀྱང་བཅོམ་ལྡན་འདས་ཀྱིས་སྲུག་ལས་ཆེན་པོར་བཀའ་སྩལ་ཏེ། ཚེ་རབས་གྲངས་མ་མཆིས་པར་བདག་གིས་སྡུག་བསྔལ་བཟོད་པར་བགྱི་འཚལ་ཏེ། བཅོམ་ལྡན་འདས་ཤཱཀྱ་ཐུབ་པ་མཉེས་པར་བགྱི་བ་དང་། སངས་རྒྱས་ཉིད་བསྒྲུབ་པའི་སླད་དུ་བདག་གིས་སྨོན་ལམ་ཆེན་པོ་བཏབ་པ། སེམས་ཅན་ཐམས་ཅད་ལ་ཕན་པའི་སླད་དུ་ཚེ་རབས་གཞན་དག་ཏུ་བདག་ལ་སྡུག་བསྔལ་འབྱུང་བར་འགྱུར་བ་ཐམས་ཅད་བདག་གིས་བཟོད་པར་བགྱིའོ། །ཡུལ་དེ་སྲུངས་ཤིག་ཅེས་བཅོམ་ལྡན་འདས་ཀྱིས་བདག་ལ་བཀའ་སྩལ་པ་གང་ལགས་པ་དེ་ན་ད་དུང་མི་ཡང་མ་མཆིས། ཡུལ་ཡང་མ་བྱུང་སྟོད་ཀྱི་སངས་རྒྱས་བཅོམ་ལྡན་འདས་དེ་དག་དང་འཁོར་དེར་འདུས་པ་ལྷ་དང་། ཀླུ་དང་། གནོད་སྦྱིན་དང་། མི་མ་ཡིན་དང་། ནམ་མཁའ་ལྡིང་དང་། དྲི་ཟ་དང་། མིའམ་ཅི་དང་། ལྟོ་འཕྱེ་ཆེན་པོ་དང་། སྲིན་པོ་དང་། མི་དང་མི་མ་ཡིན་པར་ཐམས་ཅད་ལས་དམ་པ་བླང་བར་བགྱིའོ། ཇི་སྲིད་དུ

བདག་ཚེ་རབས་དེ་དག་ཏུ་སྐྱེ་བ་ན་བདག་ལ་འདོད་ཆགས་དང་། ཞེ་སྡང་གི་གཞིར་མཐོང་ན་ཡང་བདག་ལ་སྡིག་པར་མ་གྱུར་ཅིག །ཙི་རིགས་པར་སྐྱེ་བའི་དུས་འཚལ་བར་གྱུར་ལ་འདི་ལྷ་བུ་ཡོངས་སུ་འཛིན་པར་གྱུར་ཅིག །གང་གི་ཚེ་ལི་ཡུལ་ཐོག་མ་འབྱུང་བའི་དུས་ལ་བབ་པ་ན། དེའི་ཚེ་ཡུལ་བགྱིད་པའི་སྐད་དུ་དེར་བདག་ཐོག་མར་རྒྱལ་པོར་གྱུར་ཅིག །ལི་ཡུལ་དུ་ནམ་རྒྱལ་པོ་དེ་དག་གི་མིང་ཆགས་ཤིང་རྒྱལ་རབས་ཐོག་མར་བྱུང་བ་ན་ཚེ་རབས་བདུན་དུ་རྒྱལ་པོ་བྱེད་པར་གྱུར་ཅིག །གྲོང་ཁྱེར་དངར་ལྡན་ཞེས་བགྱི་བ་ཡང་བགྱིའོ། བལ་པོ་སེའུ་ཚལ་དུ་ནི་སངས་རྒྱས་ཀྱི་མཆོད་རྟེན་ཆེན་པོ་བགྱིའོ། །ཡུལ་ཧ་འཇུག་ཏུ་ནི་ཆོས་དང་ལྡན་པའི་རྒྱལ་པོའི་མཆོད་རྟེན་བགྱིའོ། །འགུམ་ཏི་རར་ནི་དགེ་འདུན་གྱི་ཀུན་དགའ་ར་བ་ཆེན་པོ་བགྱིའོ། །ཙ་ན་བ་ནར་ཡང་དགེ་འདུན་གྱི་ཀུན་དགའ་ར་

255叶B面：

བ་ཆེན་པོ་བགྱིའོ། །པ་ཡ་དི་ཀར་ནི་དྲི་གཙང་ཁང་ཆེན་པོ་དང་། མཆོད་རྟེན་ཆེན་པོ་བགྱི་སྟེ། ཇི་སྲིད་དུ་བདག་རྒྱལ་སྲིད་ལ་གནས་པ་དེ་སྲིད་དུ་ལས་ཆེན་པོ་བགྱིའོ། །གང་གི་ཚེ་རྒྱལ་པོ་ཤི་འཕོས་པར་གྱུར་པ་ན་ཡང་བྱང་ཆུབ་སེམས་དཔའ་བྱམས་པ་གང་ན་བཞུགས་པའི་ལྷའི་ནང་དུ་སྐྱེ་བར་འགྱུར་ཏེ། བདག་དེ་ན་མཆི་བའི་ཏིང་ངེ་འཛིན་རྣམས་དྲན་པར་གྱུར་ཅིག །དེ་ནས་སླར་ཡང་ལི་ཡུལ་འདིར་སྐྱེ་བ་ལེན་ཅིང་ཇི་ལྟར་བཅོམ་ལྡན་འདས་ཀྱིས་བཀའ་སྩལ་པ་བཞིན་དུ་བུད་མེད་ཀྱི་གཟུགས་སུ་གྱུར་ཏེ། ཡང་སྐར་རྡོའི་རྒྱལ་པོའི་བུ་མོ་རབ་ངེས་ཞེས་བྱ་བར་གྱུར་ནས། སངས་རྒྱས་བཅོམ་ལྡན་འདས་རྣམས་ཀྱིས་གཟུངས་སྔགས་ཇི་སྙེད་གསུངས་པ་དང་བདག་གིས་རྟོགས་པ་གང་ལགས་པའི་གཟུངས་སྔགས་དེ་དག་ཐམས་ཅད་དེའི་ཚེ་བདག་གིས་དྲན་པར་གྱུར་ཅིག །མདོ་སྡེ་འདི་ཡང་ཤིན་ཏུ་དྲན་པར་གྱུར་ཏེ། ཅི་ནས་ཐམས་ཅད་རྒྱས་པར་གྱུར་ཅིག །གང་གི་ཚེ་དམག་སྡེ་གཉིས་འཐབ་པར་འགྱུར་བ་དང་། ལི་ཡུལ་གྱི་དོན་གྱི་ཕྱིར་ལས་སུ་བྱ་བ་ཡོད་པར་གྱུར་པ་དང་། གང་གི་ཚེ་གཞོན་ནུ་རྡོ་རྗེ་སྡེ་སྐར་རྡོའི་རྒྱལ་པོ་རྣམ་པར་རྒྱལ་བའི་གོ་ཆ་ཞེས་བྱ་བར་གྱུར་ནས་ལི་ཡུལ་གྱི་ཕྱིར་སླུད་འཛལ་བའི་དུས་ལ་བབ་པ་དེའི་ཚེ་བདག་རབ་ངེས་ཞེས་བྱ་བ་གྱུར་པས་སངས་རྒྱས་བཅོམ་ལྡན་འདས་དེ་དག་ཐམས་ཅད་དང་། འཁོར་དེའི་ནང་དུ་ཇི་སྙེད་འདུས་པར་གྱུར་པའི་ལྷ་དེ་དག་ཐམས་ཅད་གྲོགས་སུ་གྱུར་ཏེ། མདོ་འདི་དང་། གཟུངས་སྔགས་རྣམས་བཤད་པའི་གཟུངས་སྔགས་དེ་དག་ཐམས་ཅད་དང་། ཏིང་ངེ་འཛིན་ཐམས་ཅད་བདག་གིས་ཚེ་རབས་ཐམས་ཅད་དུ་དྲན་པར་གྱུར་ཅིག་ཅེས་བྱས་སོ། །གང་གི་ཚེ་ལྷ་མོ་དྲི་མ་མེད་པའི་འོད་ཀྱིས་ཚིག་དེ་སྐད་ཅེས་སྨྲས་པ་དེའི་ཚེ། དེས་ཏིང་ངེ་འཛིན་རྣམས་ཐོབ་སྟེ། ཅི་ནས་མདོ་འདི་ལ་སུས་ཀྱང་གནོད་པ་བྱེད་མི་ནུས་པར་གྱུར་པའི་ཏིང་ངེ་འཛིན་ཐེག་པ་ཆེན་པོའི་མདོ་དམ་པའི་ཆོས་པད་མ་དཀར་པོའི་སྒྲོང་འཁྱིལ་བ་ཞེས་བྱ་བ་ཐོབ་སྟེ། དེའི་ཚེ་སངས་རྒྱས་ཐམས་ཅད་ཀྱིས་ལེགས་སོ་ཞེས་བྱ་བ་བྱིན་ཏེ་འདི་སྐད་ཅེས་བཀའ་སྩལ་ཏོ། །གང་གི་ཚེ་ཁྱོད་ལས་ཟུམ་པ་དེའི་ཚེ་འོད་ཟེར་དེ་དག་སྙིང་དུ་གནས་པར་གྱུར་ཏེ།

256叶A面：

།དེའི་ཚེ་གང་གིས་མདོ་འདི་དྲན་པར་འགྱུར་ཞིང་ཤིན་ཏུ་ཉམས་སུ་ལེན་པར་འགྱུར་བའི་ཏིང་ངེ་འཛིན་སངས་རྒྱས་ཡིད་ལ་བྱེད་པ་ཞེས་བྱ་བ་རྟོགས་པར་འགྱུར་རོ། །སངས་རྒྱས་བཅོམ་ལྡན་འདས་རྣམས་ཀྱིས་རྡོ་རྗེའི་དཀྱིལ་འཁོར་ཞེས་བྱ་བའི་གཟུངས་སྔགས་གསུངས་པ་དེའི་རང་བཞིན་གང་གིས་གཟུངས་སྔགས་རྟོགས་པར་འགྱུར་པ་དང་། ཏིང་ངེ་འཛིན་སྦྱོང་བ་དང་། སྔོན་སངས་རྒྱས་བཅོམ་ལྡན་འདས་རྣམས་ལས་ཆོས་ཐོས་པ་དེ་དག་ཐམས་ཅད་ཀྱང་དྲན་པར་བྱེད་དོ། །ལྷ་མོ་དྲི་མ་མེད་པའི་འོད་དེས་ཀྱང་བྱང་ཆུབ་སེམས་དཔའ་དག་གིས་ཏིང་ངེ་འཛིན་དང་། གཟུངས་སྔགས་ཇི་ལྟར་རྟོགས་པ་དེ་དེ་བཞིན་དུ་རྟོགས་པར་བྱེད་དོ། །རྣམ་པར་རྒྱལ་བའི་གོ་ཆ་ཞེས་བྱ་བས་ཀྱང་རྒྱལ་སྲིད་ཐོབ་པར་འགྱུར་ཏེ། གཞན་གྱིས་བར་ཆད་བྱེད་མི་ནུས་སོ། །དེ་དག་གི་ལས་བདུན་བརླས་བརྗོད་བྱས་ལ་ཏ་གནས་ཀྱི་རིག་སྔགས་གང་གིས་སྡིག་པ་རྣམས་འབྱང་བར་འགྱུར་བར་ཡང་བརྗོད་པར་བྱ་སྟེ། ཉིན་ལན་གསུམ་མཚན་ལན་གསུམ་བརྗོད་ན་ལོ་བདུན་གྱིས་རྡོ་རྗེའི་དཀྱིལ་འཁོར་གྱི་གཟུངས་སྔགས་རྟོགས་པར་འགྱུར་རོ། །སངས་རྒྱས་བཅོམ་ལྡན་འདས་ཀྱིས་རྡོ་རྗེའི་དཀྱིལ་འཁོར་གྱི་གཟུངས་སྔགས་འདི་བཤད་པ་དེའི་ཚེ་བཅོམ་ལྡན་

འདས་ཀྱི་སྙིང་དུ་ལྷ་རྣམས་ཀྱིས་ལྷའི་མེ་ཏོག་གི་ཆར་ཕབ་སྟེ། ལྷའི་རོལ་མོའི་སྒྲ་བསྒྲགས་ནས་འདི་སྐད་ཅེས་སྨྲས་སོ། །བདག་ཅག་གིས་ཀྱང་སྟོན་པ་སངས་རྒྱས་བཅོམ་ལྡན་འདས་རྣམས་ལས་ཐོས་པའི་གཟུངས་སྔགས་རྣམས་སྨྲ་བར་བགྱིའོ། །ནམཿསརྦ་ཨཏྟུད་ག་ཏ། བཛྲ་མཆ་ཊ་ཡོད་ཏམ་སྭ། ཏཐྭ་ག་ཏ་སྭ། ག་ན་ཀཱ་ཧྲ། སད་ཏ་སྭ། བོདྷི་ས་ཏྭ་སྭ། ཏདྱ་ཐཱ། ཙུད་ཧྲ་སད་ཏི་ན། ད་ས་བི་རི། དེ་ན་ཏ་ཡ་རི། ཀུ་རྃ་ཏུ་པྲ་ཧི་པ་ད་རི་པ་ཧྲ་བ་ཏུ། ཨོཾ་ཏུ་མ་ཏུ་ག་ལ་ར་ཡ་ཀ་ད་མ་པ་ཏུ། ས་པ་ཛ་མ་ས་ར་ཏ་སྭཱ་ཧཱ། གཟུངས་སྔགས་འདི་ནི་ལྷ་རྣམས་ཆད་པས་གཅོད་པའི་གཟུངས་སྔགས་ཞེས་བྱ་སྟེ། ལན་བརྒྱ་རྩ་བརྒྱད་བཟླས་བརྗོད་བྱས་ལ་རྡོ་ཐུར་བ་བརྒྱ་རྩ་བརྒྱད་སྦྱིན་སྲེག་བྱས་ན་གང་ཅི་བྱེད་ཀྱང་ཏུང་སྟེ་ལྷ་རྣམས་ཀྱིས་གཞིགས་པར་མི་ནུས་སོ། །དཀྱིལ་འཁོར་ཟླུམ་པོར་བྱས་ཏེ། ལན་བརྒྱ་རྩ་བརྒྱད་བཟླས་བརྗོད་བྱས་ལ་མདུད་པ་བརྒྱ་རྩ་བརྒྱད་བོར་ནས་གང་དུ་བརྗོད་པ་དེར་འབྱུང་པོས་གནོད་པ་བྱེད་མི་ནུས་སོ། །བྱད་སྟེམས་

256叶B面：

བྱེད་པར་ཡང་མི་ནུས་སོ། །དེ་ནས་དེའི་ཚེ་འཁོར་དེ་དག་ཐམས་ཅད་ཀྱིས་གཟུངས་སྔགས་འདི་བཤད་དོ། །ཏདྱ་ཐཱ། སརྦ་དེ་བ་ནཱ། སརྦ་བཏྲ་ནཱ། ནི་ཛཱི་ཏ་བཛཱི་ཏེ། སྐན་ཧྲ་ན་ཙ་བཱ། ནད་ཏ་མ་ན་པ་ན་ག་ས་ར། ད་ད་ཙ་ཙ་པ་པ། ཙ་ད་མི་མ། ཧྲསྦི་མི། དན་ཊ་ག་ར་ན་ཏ་ར། ས་བ་ར། དེ་བ་མ་ར་སྭཱ་ཧཱ། ས་བ་པ་བཏྲ་ག་ར་ན་སྭཱ་ཧཱ། འཁོར་ཐམས་ཅད་ཀྱིས་བཤད་པའི་གཟུངས་སྔགས་འདི་ལན་བརྒྱ་རྩ་བརྒྱད་བཟླས་བརྗོད་བྱ་སྟེ། མདུད་པ་བརྒྱ་རྩ་བརྒྱད་བྱས་ནས་སྐུད་པ་དེ་བསྡིགས་ན་ཁྱིམ་དེར་བྱད་སྟེམས་ཀྱིས་མི་ཚུགས་ལ་འབྱུང་པོའི་ནད་རྣམས་ཀྱང་མེད་པར་འགྱུར་རོ། །ཏདྱ་ཐཱ། ནཱ་ཏི་ཐཱ་ག་ར། དེ་བ་བ་ཕུ་ཛཱི་ཛཱི་རི་ཀུ་ཛོད་ཏི་ཕུ་སྭཱ་ཧཱ། གཟུངས་སྔགས་འདི་སྐྱོག་མ་ན་བ་ལ་ལན་བདུན་བཟླས་བརྗོད་བྱས་ནས་གཡག་ཇ་ལ་མདུད་པ་བདུན་བོར་ཏེ། གདགས་པར་བྱའོ། །ཏདྱ་ཐཱ། སརྦ་ཙུད་ཧྲ་ད་མ་བ་ཀྵ་ག་ར་བ་བ་ར་ཙ་ཙར་ས་ས་ར་སྭཱ་ཧཱ། གཟུངས་སྔགས་འདི་ལུས་ལ་ནད་བྱུང་བ་ཐམས་ཅད་ལ་ལན་བདུན་བཟླས་བརྗོད་བྱས་ནས་སྐུད་པ་ལ་མདུད་པ་བདུན་བོར་ཏེ་གདགས་སོ། །དེ་ནས་དེའི་ཚེ་འཁོར་དེ་དག་ཐམས་ཅད་ཀྱིས་ཕྱུས་མོའི་ལྷ་ང་ས་ལ་བཙུགས་ཏེ། འདི་སྐད་ཅེས་གསོལ་ཏོ། །གང་གི་ཚེ་གཞོན་ནུ་རྡོ་རྗེ་སྙེ་ཡུལ་སྐར་རྡོ་ནས་ལི་ཡུལ་དུ་མཆི་བ་དེའི་ཚེ་གཟུངས་སྔགས་གང་གིས་ཤུལ་དུ་དཔའ་བོའི་ལས་བགྱིད་པར་འགྱུར་བའི་གཟུངས་སྔགས་བདག་ཅག་གིས་སྨྲ་བར་འཚལ་ལོ། །ཏདྱ་ཐཱ། དེ་བུ་བུ་དེ་དེ་བི་བི་ས་ས། བ་བ་ར་ཏི་ག་ར་སྭཱཧཱ། ཏདྱ་ཐཱ། ཤ་ར་ག་ར་བླ། རྫད་ཚེ་བ་ར། ཤད་ཊ་ཊ། ན་ཛཱི་སྭཱ་ཧཱ། གཟུངས་སྔགས་འདི་འགྲོན་དུ་འགྲོ་བ་རྣམས་ཀྱིས་ལན་བདུན་བཟླས་བརྗོད་བྱས་ཏེ། ཁྲུས་བྱས་ལ་ལག་པར་བླུགས་ནས་ལན་བདུན་བཟླས་བརྗོད་བྱས་ཏེ། ཕྱོགས་བཞིར་འཐོར་རམ། བདག་ཉིད་ཀྱིས་འཐུངས་ན་དེ་ལ་དགྲས་གནོད་པ་བྱེད་པར་མི་ནུས་ཏེ། དཔའ་བོའི་ལས་ཀྱང་བྱེད་པར་འགྱུར་རོ། །དེ་ནས་དེ་བཞིན་གཤེགས་པ་རྡོ་རྗེ་རྒྱལ་མཚན་གྱིས་འདི་སྐད་ཅེས་བཀའ་སྩལ་ཏེ། དེ་བཞིན་དུ་རྣམ་ཐོས་ཀྱི་བུ་དང་། དབང་ཕྱུག་ཆེན་པོ་དང་། ཀུན་ཏུ་རྒྱལ་བ་དང་། འཕྲོག་མ་བུ་དང་བཅས་པ་རྣམས་ཀྱིས་ཀྱང་འདི་སྐད་ཅེས་སྨྲས་སོ། །བདག་ཅག་གིས་ཀྱང་གཞོན་ནུ་རྡོ་རྗེ་སྙེ་དེ་ལ་ཅི་ནས་དགྲ་རྣམས་ཀྱིས་གནོད་པ་བྱེད་མི་ནུས་པར་གཟུངས་སྔགས་འདི་དག་སྦྱིན་ནོ། །ན་མོ་བཛྲ་ཧྲ་ཛ་སྭ། ཏ་ཐཱ་ག་ཏ་སྭ། ཏདྱ་ཐཱ། བཛ

257叶A面：

།བི་བི་བི་བི་མ་མ་ས་ཀ། སུ་མ་ཏེ། ཨད་ཧྲ་རེ། ཨད་རྫ་ལེ། བླ་ད་ནི་སྭཱ་ཧཱ། ན་མོ་མ་ཏེ་ཤུ་ར་སྭ། ན་མོ་བཻ་ཤྲ་མ་ཎ་སྭ། ན་མཿམན་ཙ་ཡ་སྭ། ན་མོ་ཧ་རི་ཏ་ཡེ་བ་སུ་ཕུ་ཊ། བ་རི་བླ་ནྟྲ་ཡ། ཏདྱ་ཐཱ། ས་ས་ས་ས། ཧྲ་ཧྲ་ཧྲ་ཧྲ། ཁྲི་ཡ་ཁྲི་ཡ་ཁྲི་ཡ་ཁྲི་ཡ། ཕུད་ཊ་ཕུད་ཊ་ཕུད་ཊ་ཕུད་ཊ། བ་ར་དད་ཏ་ག་ར། རྩན་ཧྲ་སུ་ལེ་བིད་དྲི་ཤ་ན་ཀཱ་ནྟ་སྭཱ་ཧཱ། དབང་ཕྱུག་ཆེན་པོ་དང་། རྣམ་ཐོས་ཀྱི་བུ་དང་། ཀུན་ཏུ་རྒྱལ་བ་དང་། འཕྲོག་མ་བུ་དང་བཅས་པ་རྣམས་ཀྱིས་གཟུངས་སྔགས་འདི་བཤད་པ་ནས་འདི་སྐད་ཅེས་གསོལ་ཏོ། །ཇི་ལྟར་བཅོམ་ལྡན་འདས་ཀྱིས་བདག་ཅག་ཕྱུག་ལས་ཆེན་པོར་བསྐོས་པའི་གཟུངས་སྔགས་གཞན་གྱིས་མི་ཚུགས་པ་དེ་དག་བདག་ཅག་གིས་བཤད་པར་འཚལ་ལོ། །ལྷ་མོ་དྲི་

མ་མེད་པའི་འོད་དེ་དང་། གཞོན་ནུ་རྡོ་རྗེ་སྡེ་སྐར་རྡོའི་རྒྱལ་པོ་རྣམ་པར་རྒྱལ་བའི་གོ་ཆར་འགྱུར་བ་གང་ལགས་པ་དེས་ཆད་པས་གཅད་པར་བགྱི་བ་དེ་ཡང་བདག་ཅག་གིས་བཤད་པར་བགྱིའོ། །གང་གི་ཚེ་དགྲ་འབམ་སུ་ཡང་རུང་བདག་སྡིག་པའི་ལས་རྩོམ་པ་ན་གཟུངས་སྔགས་བཤད་པ་འདི་གཉིས་ལན་བདུན་བཟླས་བརྗོད་བྱ་སྟེ། །སྐུད་པ་སྔོན་པོ་ལ་མདུད་པ་བདུན་བོར་ནས་བསྒྲིགས་ལ་མི་དེའི་མིང་ནས་བརྗོད་ན་གནོད་པ་བྱེད་མི་ནུས་སོ། །བདག་ཅག་གིས་ཡིད་དམ་དང་པོར་བཅས་པ་བཞིན་དུ་སྟེ་གཞོན་ནུ་རྡོ་རྗེ་སྡེ་དང་ལྷ་མོ་དྲི་མ་མེད་པའི་འོད་ཀྱི་བསམ་པ་ཡོངས་སུ་རྫོགས་པར་མ་བགྱིས་ན་དུས་གསུམ་དུ་གཤེགས་པའི་སངས་རྒྱས་བཅོམ་ལྡན་འདས་ཐམས་ཅད་ཀྱི་སྐུ་བསླུས་པར་གྱུར་ཅིག་ཅེས་བྱས་སོ། །དེ་ནས་འཁོར་དེར་ཇི་སྙེད་འདུས་པའི་ལྷ་དང་། ཀླུ་དང་། གནོད་སྦྱིན་དང་། ལྷ་མ་ཡིན་དང་། ནམ་མཁའ་ལྡིང་དང་། དྲི་ཟ་དང་། མི་འམ་ཅི་དང་། ལྟོ་འཕྱེ་ཆེན་པོ་དང་མི་དང་མི་མ་ཡིན་པ་དེ་དག་ཐམས་ཅད་ཀྱིས་ཀྱང་དེ་སྐད་ཅེས་གསོལ་ཏོ། །བྱང་ཆུབ་སེམས་དཔའ་རྣམས་ཀྱིས་ཇི་ལྟར་དམ་བཅས་པ་བཞིན་དུ་བདག་ཅག་ཐམས་ཅད་ཀྱིས་ཀྱང་དམ་བཅས་ཏེ། དེ་ལྟར་མ་བགྱིས་ན་བདག་ཅག་གིས་དུས་གསུམ་གྱི་སངས་རྒྱས་བཅོམ་ལྡན་འདས་ཐམས་ཅད་ཀྱི་སྐུ་བསླུས་པར་གྱུར་ཅིག །བདག་ཅག་ཐམས་ཅད་ཀྱིས་རྣམ་པར་རྒྱལ་བའི་གོ་ཆ་ཅི་ནས་ཀྱང་ལི་ཡུལ་གྱི་རྒྱལ་པོར་འགྱུར་བར་ཐམས་ཅད་སེམས་འཐུན་པས་ལྷན་

257叶B面：

ཅིག་ཏུ་དབང་བསྐུར་བར་བགྱིའོ། །གང་གི་ཚེ་གདོང་དམར་དང་རྒྱ་འཐབ་པར་འགྱུར་བ་དེའི་ཚེ། ཅི་ནས་ལི་ཡུལ་འཇིག་པར་མི་འགྱུར་བ་དང་། གང་གི་ཚེ་ཡུལ་གཞན་ནས་ལི་ཡུལ་དུ་རབ་ཏུ་བྱུང་བ་རྣམས་འོངས་པ་ན་དེར་ཅི་ནས་རིམ་གྲོ་མེད་པར་མི་འགྱུར་བ་དང་། ཡུལ་གཞན་ནས་དེར་སེམས་ཅན་བྲོས་པ་དེ་དག་དེར་གནས་འཐོབ་པ་འགྱུར་ཞིང་གདོང་དམར་གྱིས་བསྒྲིགས་པ་གང་ཡིན་པའི་མཆོད་རྟེན་ཆེན་པོ་དེ་དག་དང་། དགེ་འདུན་གྱི་ཀུན་དགའ་ར་བ་དེ་དག་འཚོས་པའི་གྲོགས་བྱེད་པར་འགྱུར་བར་བྱ་བའི་ཕྱིར་ལི་ཡུལ་གྱི་སྲུང་འཇལ་བ་དང་། རྒྱ་དང་ཕན་ཚུན་དུ་བག་མ་གཏོང་བ་དང་ལེན་པར་བྱེད་དོ། །དེ་ནས་སངས་རྒྱས་བཅོམ་ལྡན་འདས་ཀྱིས་དེའི་ཚེ་ལྷ་མོ་དྲི་མ་མེད་པའི་འོད་དང་། གཞོན་ནུ་རྡོ་རྗེ་སྡེ་གཉིས་ལ་ལི་ཡུལ་གཏད་ནས། དེའི་ཚེ་སངས་རྒྱས་བཅོམ་ལྡན་འདས་ཀྱིས་གཞོན་ནུ་རྡོ་རྗེ་སྡེ་ལ་འདི་སྐད་ཅེས་བཀའ་སྩལ་ཏོ། །ཁྱོད་ལི་ཡུལ་གྱི་རྒྱལ་པོ་བྱེད་པ་དང་། ལྷ་མོ་དྲི་མ་མེད་པའི་འོད་ཀྱི་གྲོགས་བྱེད་པར་འགྱུར་གྱིས། མདོ་འདི་ལས་ཇི་སྐད་བཤད་པ་བཞིན་དུ་ཁྱོད་ཀྱིས་ཐམས་ཅད་གྱིས་ཤིག །གང་གི་ཚེ་ཁྱོད་གསེར་གྱི་རིགས་ཀྱི་ཡུལ་དུ་ཕྱིར་ལོག་པ་དེའི་ཚེ་རྒྱའི་དམག་ལི་ཡུལ་དུ་འོངས་སོ་ཞེས་དེ་སྐད་ཐོས་པ་དང་། ཐེ་ཚོམ་མ་བྱེད་པར་ལི་ཡུལ་དུ་སོང་ལ་དེར་ཕོ་ཉ་བཏང་ན་དེར་འོང་བར་མི་འགྱུར་ཏེ། ལི་ཡུལ་དང་གུ་ཟན་གྱི་ཡུལ་དུ་འགྲོ་བར་འགྱུར་རོ། །དེ་ལ་ཕྲིན་ཡིག་ནི་ང་གཉེན་དུ་བྱོས་ལ་ཡུལ་ང་ལ་བྱིན་ཅིག་ཅེས་སྤྲིངས་ཤིག །དེ་ནས་དེའི་ཚེ་ཁྱོད་ནི་ལི་ཡུལ་གྱི་རྒྱལ་པོར་འགྱུར་རོ། །དབང་པོའི་གོ་ཆ་ནི་སྐར་རྡོའི་རྒྱལ་པོ་བྱེད་པར་འགྱུར་ཏེ། དེ་ཡང་ཁྱོད་ཅི་ནས་ལི་ཡུལ་གྱི་རྒྱལ་པོར་འགྱུར་བའི་གྲོགས་བྱེད་པར་འགྱུར་རོ། །སྐར་རྡོའི་ཡུལ་དུ་གནོད་པ་འབྱུང་བ་དེའི་ཚེ་ཁྱོད་ཀྱིས་ཇི་ནས་ཀྱང་གནོད་པ་བྱེད་དུ་མ་གཞུག་ཅིག །དབང་པོའི་གོ་ཆ་དང་ཡང་ཐོག་མར་དུམ་པར་གྱིས་ཤིག །ལས་འདི་དག་བྱེད་པའི་གྲོགས་སུ་འགྱུར་རོ། །སྐར་རྡོ་བ་ཇི་སྙེད་ཡོད་པ་ཐམས་ཅད་ཀྱང་གྲོགས་བྱེད་པར་འགྱུར་རོ། །ཨ་ཀུ་ན་ཞེས་བྱ་བ་དཔའ་བོ་ཞིག་ཡོད་དེ། དེ་སྔོན་ཡེ་ཤེས་གྲགས་པ་ཞེས་བྱ་བར་གྱུར་པ་ན་དེས་དར་མ་ཏི་ར་ཞེས་བྱ་བའི་གཙུག་ལག་ཁང་བྱས་སོ། །དེ་བས་ན་ཁྱོད་ཀྱིས་ཨ་ཀུ་ན་ཚོལ་

258叶A面：

།ཤིག་དང་ཡུལ་གཟུང་བའི་ཕྱིར་གྲོགས་བྱེད་པར་འགྱུར་རོ། །དེ་ཅིའི་ཕྱིར་ཞེ་ན། དེ་དང་ཁྱོད་སྔོན་སྨོན་ལམ་ལྷན་ཅིག་ཏུ་བཏབ་པའི་ཕྱིར་ཏེ། ཨ་ཀུ་ན་ཞེས་བྱ་བའི་མི་དེ་ནི་སྔོན་རྒྱལ་པོར་གྱུར་ཏེ། མི་རྒོད་རྣམས་ཀྱིས་ཆུང་མ་བཀུས་ཏེ། ཕྱིར་མ་རྙེད་པ་ཡིན་ནོ། །ཁྱོད་ནི་རྒྱལ་པོའི་བློན་པོ་ཡིན་ཏེ། དགའ་བྱེད་ཀྱི་ཕར་གྱུར་པ་ཡིན་ནོ། །དེ་ནས་དེའི་ཚེ་སངས་རྒྱས་བཅོམ་ལྡན་འདས་ཀྱིས་གཞོན་ནུ་རྡོ་རྗེ་སྡེ་ལ་འདི་སྐད་

ཅེས་བཀའ་སྩལ་ཏོ། །གཞོན་ནུ་རྡོ་རྗེ་སྙེ་ཁྱོད་ནི་ལི་ཡུལ་འཁོར་དུ་རྣམ་པར་རྒྱལ་བའི་གོ་ཆ་ཞེས་བྱ་བའི་རྒྱལ་པོར་གྱུར་ཏེ། ལོ་སུམ་ཅུའི་བར་དུ་རྒྱལ་སྲིད་འཛིན་པར་འགྱུར་ལ། དགེ་བསྙེན་དུ་གྱུར་ནས་ལི་ཡུལ་གྱི་ཕྱིར་ལུས་ཡོངས་སུ་གཏོང་བའི་འབྲས་བུ་འཐོབ་པར་འགྱུར་རོ། །དེ་ནས་དེའི་ཚེ་བཅོམ་ལྡན་འདས་ཀྱིས་ལྷ་མོ་དྲི་མ་མེད་པའི་འོད་ལ་འདི་སྐད་ཅེས་བཀའ་སྩལ་ཏོ། །ཁྱོད་ལི་ཡུལ་དུ་རབ་དེས་ཞེས་བྱ་བར་གྱུར་པའི་ཚེ་མདོ་འདི་བྲུང་ཤིག །འདི་ལ་འཇུག་པར་གྱིས་ཤིག །རྒྱས་པར་གྱིས་ཤིག །སྐར་རྡོའི་ཡུལ་དུ་ཡང་མིང་པོ་ལ་སྐྲུར་ཅིག་དང་། ཁྱོད་ཀྱི་སྙིང་དུ་འོད་ཟེར་རྣམས་གནས་པར་འགྱུར་རོ། །གང་གི་ཚེ་ཁྱོད་ཀྱིས་གཟུངས་སྔགས་རྣམས་རྫོགས་པར་གྱུར་པ་དེའི་ཚེ་ཁྱེད་ལ་སངས་རྒྱས་བཅོམ་ལྡན་འདས་ཉིད་གསུང་བར་འགྱུར་ཞིང་ལྷ་རྣམས་ཀྱང་ཇི་ནས་ཁྱོད་ཀྱི་ལས་བྱེད་ནུས་པར་འགྱུར་བ་དེ་ལྟ་བུ་རྒྱས་པར་སྨྲ་བར་འགྱུར་རོ། །དེ་ནས་དེའི་ཚེ་སངས་རྒྱས་བཅོམ་ལྡན་འདས་ཀྱིས་བྱང་ཆུབ་སེམས་དཔའ་སྤྱན་རས་གཟིགས་དབང་ཕྱུག་ལ་འདི་སྐད་ཅེས་བཀའ་སྩལ་ཏོ། །ནུ་སྟུག་ཇི་ལྟར་བཅོམ་ལྡན་འདས་ཉིད་རིན་ཆེན་སྙིང་པོ་གྲོང་ཁྱེར་དུ་གཤེགས་པའི་ཚེ་ཞུ་བུ་ཅག་གཉིས་སངས་རྒྱས་ཉིད་དུ་ལུང་བསྟན་པ་ཐོབ་ནས། དེར་དེ་སྐད་དུ་ཕྱོགས་བཅུ་ན་སེམས་ཅན་འཇིགས་ཤིང་སྐྲག་པ་ཇི་སྙེད་ཡོད་པ་དེ་དག་ཐམས་ཅད་བདག་གིས་སྐྱབས་བྱེད་པར་གྱུར་ཅིག །དེ་སྐད་ཅེས་སྨོན་ལམ་བཏབ་པའི་དུས་ལ་དེ་དྲན་པར་གྱིས་ལ། ད་ངའི་ལི་ཡུལ་འདི་དང་། ལྷ་མོ་དྲི་མ་མེད་པའི་འོད་དང་། གཞོན་ནུ་རྡོ་རྗེ་སྙེ་ལ་གཏད་པ་འདི་ཁྱོད་ཀྱིས་ལོང་ཤིག །དེ་ནས་བཅོམ་ལྡན་འདས་ཀྱིས་བྱང་ཆུབ་སེམས་དཔའ་ཀུན་ཏུ་བཟང་པོ་དང་། འཇམ་དཔལ་དང་། ནམ་མཁའི་སྙིང་པོ་དང་། མཐུ་ཆེན་ཐོབ་དང་། སྨན་གྱི

258叶B面：

རྒྱལ་པོ་དང་། རབ་སྦྱིན་དཔའ་བོ་དང་། སའི་སྙིང་པོ་དང་། བྱམས་པ་དང་། བྱང་ཆུབ་སེམས་དཔའ་སྤྱན་རས་གཟིགས་དབང་ཕྱུག་ལ་འདི་སྐད་ཅེས་བཀའ་སྩོལ་ཏོ། །སྔོན་འདིའི་ཕུ་བོ་དང་། གྲོགས་སུ་གྱུར་པ་དང་། རྟག་ཏུ་འགྲོགས་འགྲོགས་པ་ནི་འདི་དག་ཡིན་ཏེ། སྣ་ཚོགས་ཀྱི་ལྷ་དང་། དབང་ཕྱུག་གི་ལྷ་དང་། ལྗོན་ཤིང་གི་དབང་ཕྱུག་གི་རྒྱལ་པོ་དང་། སྙིང་རྗེའི་དབང་ཕྱུག་དང་། གཟུངས་ཀྱི་དབང་ཕྱུག་དང་། སྐྱོང་བའི་དབང་ཕྱུག་དང་། འོད་ཀྱི་དབང་ཕྱུག་དང་། དྲིའི་དབང་ཕྱུག་དང་། ཚོགས་ཀྱི་དབང་ཕྱུག་དང་། འཇིག་རྟེན་གྱི་དབང་ཕྱུག་དང་། འོད་གསལ་དང་། རིགས་ཀྱི་དབང་ཕྱུག་རྣམས་སོ། །དེ་ནས་བཅོམ་ལྡན་འདས་ཀྱིས་བྱང་ཆུབ་སེམས་དཔའ་ཀུན་ཏུ་བཟང་པོ་ལ་སོགས་པ་བྱང་ཆུབ་སེམས་དཔའ་དེ་དག་ཐམས་ཅད་ལ་བོས་ཏེ་བཀའ་སྩལ་ཏོ། །རིགས་ཀྱི་བུ་དག་ཁྱེད་ངའི་ཐེག་པ་ཆེན་པོའི་མདོ་འདི་དང་། གཞོན་ནུ་རྡོ་རྗེ་སྙེ་དང་། ལྷ་མོ་དྲི་མ་མེད་པའི་འོད་ཡོངས་སུ་བྲུང་ཤིག །དེ་ནས་གསང་བའི་བདག་པོ་ལག་ན་རྡོ་རྗེ་ལ་བོས་ཏེ་འདི་སྐད་ཅེས་བཀའ་སྩལ་ཏོ། །ཁྱོད་རྟག་ཏུ་ངའི་ཕྱི་བཞིན་དུ་འབྲང་བ་ཡིན་གྱིས་མདོ་འདི་དང་། གཞོན་ནུ་རྡོ་རྗེ་སྙེ་དང་། ལྷ་མོ་དྲི་མ་མེད་པའི་འོད་ཁྱོད་ལ་གཏད་དོ། །གནོད་སྦྱིན་དབང་པོ་རྣམ་ཐོས་ཀྱི་བུ་དང་། གནོད་སྦྱིན་ཀུན་ཏུ་རྒྱལ་དང་། ལྷའི་བུ་བློ་གྲོས་བརྟན་པ་དང་། ཀླུའི་རྒྱལ་པོ་མ་དྲོས་པ་དང་། འཕྲོག་མ་བུ་དང་བཅས་པ་དང་། ལྷའི་པོ་བྲང་སུམ་ཅུ་རྩ་གཉིས་ཀྱི་ལྷའི་རྒྱལ་པོ་རྣམས་དང་། འཁོར་དེར་འདུས་པ་ཐམས་ཅད་དང་། སངས་རྒྱས་བཅོམ་ལྡན་འདས་འོད་ཟེར་གཏོང་བ་དེ་དག་དང་ཕྱོགས་བཅུ་ནས་འདུས་པའི་བྱང་ཆུབ་སེམས་དཔའ་དེ་དག་ཐམས་ཅད་ལ་མདོ་འདི་དང་། ལི་ཡུལ་དང་། གཞོན་ནུ་རྡོ་རྗེ་སྙེ་དང་། ལྷ་མོ་དྲི་མ་མེད་པའི་འོད་གཏད་དེ། ཡོངས་སུ་གཏད་པའི་དམ་པས་ཡོངས་སུ་གཏད་དོ། །དེ་ནས་ཡང་དེ་དག་ཐམས་ཅད་ལ་འདི་སྐད་ཅེས་བཀའ་སྩལ་ཏོ། །ངས་ཇི་སྐད་བཤད་པ་དང་། ཁྱོད་ཀྱིས་ཇི་ལྟར་དམ་བཅས་པ་བཞིན་དུ་གྲོགས་ཀྱིས་ལ་ངས་དགོངས་པ་ཀུན་ཐམས་ཅད་ནས་ཐམས་ཅད་དུ་མཐར་ཕྱིན་པར་གྱིས་ལ། ཅི་ནས་ལོག་པར་མ་འགྱུར་བ་དེ་ལྟར་གྱིས་ཤིག །ངས་བསྐལ་བ་མང་པོར་འཁོར་བ་ན་དཀའ་ལས་ཤིན་ཏུ་མང་པོ་དང་ལྡན་པ་དག་བྱས་པ་ལྟ་བུ་ནི་བྱང

259叶A面：

།ཆུབ་སེམས་དཔའ་གཞན་དག་གིས་ཀྱང་མ་བྱས་སོ། །ངའི་ཡུལ་འཁོར་དེར་སེམས་ཅན་ངས་ཡོངས་སུ་སྨིན་པར་མ་བྱས་པ་དེ་གང་ཡིན་

པ་དེ་དག་ཕྱིས་ལི་ཡུལ་འཁོར་དུ་གནས་པར་གྱུར་ཏེ། ངའི་ཆོས་ཀྱིས་ཡོངས་སུ་གྲོལ་བར་འགྱུར་རོ། །དེ་ནས་བཅོམ་ལྡན་འདས་ཀྱིས་བསྐལ་པ་བཟང་པོའི་བྱང་ཆུབ་སེམས་དཔའ་རྣམས་ལ་བོས་ཏེ་འདི་སྐད་ཅེས་བཀའ་སྩལ་ཏོ། །ཁྱེད་ཐམས་ཅད་ལ་མདོ་འདི་དང་། ལི་ཡུལ་དང་གཞོན་ནུ་རྗོ་རྗེ་སྙེ་དང་། ལྷ་མོ་དྲི་མ་མེད་པའི་འོད་གཏད་དོ། །གང་གི་ཚེ་སངས་རྒྱས་བཅོམ་ལྡན་འདས་ཀྱིས་སངས་རྒྱས་ཐམས་ཅད་དང་། བྱང་ཆུབ་སེམས་དཔའ་ཐམས་ཅད་དང་། ལྷ་ཐམས་ཅད་དང་། འཁོར་ཐམས་ཅད་ལ་མདོ་འདི་དང་། ལི་ཡུལ་དང་གཞོན་ནུ་རྗོ་རྗེ་སྙེ་དང་། ལྷ་མོ་དྲི་མ་མེད་པའི་འོད་གཏད་པ་དེའི་ཚེ་སངས་རྒྱས་བཅོམ་ལྡན་འདས་ཤཱཀྱ་ཐུབ་པའི་སྙིང་དུ་ལྷའི་མེ་ཏོག་གི་ཆར་ཕབ་བོ། །ལྷ་རྣམས་ཀྱིས་ལྷའི་རོལ་མོའི་སྒྲ་བསྒྲགས་སོ། །ལྷའི་རྒྱན་གྱི་ཆར་ཡང་ཕབ་བོ། །དེ་བཞིན་དུ་འཁོར་དེ་དག་ཐམས་ཅད་ཀྱིས་ཀྱང་སངས་རྒྱས་བཅོམ་ལྡན་འདས་ལ་ཇི་ལྟར་འོས་པའི་མཆོད་པས་བཅོམ་ལྡན་འདས་ལ་མཆོད་པར་བྱས་སོ། །སངས་རྒྱས་བཅོམ་ལྡན་འདས་དེ་དག་གིས་ཀྱང་མི་མཇེད་ཀྱི་འཇིག་རྟེན་གྱི་ཁམས་འདིར་འོད་ཟེར་ཤིན་ཏུ་མང་པོ་བཏང་ངོ་། །མི་མཇེད་ཀྱི་འཇིག་རྟེན་གྱི་ཁམས་མཐོང་སྟེ། འཁོར་ཐམས་ཅད་དང་། ལྷ་དང་མི་རྣམས་གཅིག་གིས་གཅིག་མཐོང་བར་གྱུར་ཏོ། །དེ་ནས་དེའི་ཚེ་དགེ་སློང་ཀུན་དགའ་བོ་སྟན་ལས་ལངས་ཏེ། ཐལ་མོ་སྦྱར་ནས་བཅོམ་ལྡན་འདས་ལ་ཞུས་པ། བཅོམ་ལྡན་འདས་མ་འོངས་པའི་དུས་ན་སུ་ལ་ལ་མདོ་འདི་གློག་པ་དང་། སེམས་པ་དང་། ཉན་པ་དང་། ཀུན་ཆུབ་པར་བགྱིད་པ་དང་། འབྲི་བ་དང་། འབྲིར་འཇུག་པ་དེའི་བསོད་ནམས་ཀྱི་ཕུང་པོ་ཇི་ཙམ་དུ་འཕེལ་བར་འགྱུར། བཅོམ་ལྡན་འདས་ཀྱིས་བཀའ་སྩལ་པ། སངས་རྒྱས་ཀྱི་ཞིང་བརྒྱད་ཁྲི་བཞི་སྟོང་གི་ནང་ན་སྐྱེ་བོ་ཇི་སྙེད་གནས་པ་རྣམས་ལ་སྦྱིན་པ་བྱིན་པ་བས་ནི། སུ་མདོ་འདི་འཆང་བ་འམ།

259叶B面：

ཁ་ཏོན་དུ་བྱེད་པའམ། གློག་པ་དེའི་བསོད་ནམས་ཀྱི་ཕུང་པོ་ཆེས་མང་བར་འགྱུར་རོ། །མདོར་ན་ཇི་ལྟར་འབྲས་བུ་གསུམ་པ་རྫོགས་པ་དེའི་བསོད་ནམས་ཀྱི་ཕུང་པོ་ཇི་སྙེད་འཕེལ་བར་འགྱུར་རོ། །ཞེས་ང་སྨྲའོ། །དེ་ནས་ལྷ་དང་། ཀླུ་དང་། གནོད་སྦྱིན་དང་། ལྷ་མ་ཡིན་དང་། ནམ་མཁའ་ལྡིང་དང་། དྲི་ཟ་དང་། མི་འམ་ཅི་དང་། ལྟོ་འཕྱེ་ཆེན་པོ་དང་། སྲིན་པོ་དང་། འཁོར་དེ་དག་ཐམས་ཅད་ཀྱིས་འདི་སྐད་ཅེས་གསོལ་ཏོ། །བདག་ཅག་འཁོར་འདིར་འདུས་པ་ཇི་སྙེད་མཆིས་པ་རྣམས་གང་དུ་མདོ་འདི་བརྗོད་པ་དེར་མ་མཆིས་སམ། གཞོན་ནུ་རྗོ་རྗེ་སྙེ་དང་། ལྷ་མོ་དྲི་མ་མེད་པའི་འོད་ལ་གཟུངས་ཐུགས་མ་སྩལ་ཏམ། དམ་བཅས་པ་འདི་བསྒྲུབ་པར་གྱུར་ན། བདག་ཅག་གིས་དུས་གསུམ་དུ་གཤེགས་པའི་སངས་རྒྱས་བཅོམ་ལྡན་འདས་རྣམས་ཀྱི་སྐུ་བསྣུས་པར་གྱུར་ཅིག །མཚམས་མ་མཆིས་པའི་ལས་བགྱིས་པའི་སྡིག་པ་ཇི་ཙམ་མཆིས་པ་བདག་ཅག་གིས་བགྱིས་པར་གྱུར་ཅིག །དེ་ནས་འོད་ཟེར་དེ་དག་ལས། ཚིག་ཏུ་བརྗོད་པ་འདི་སྐད་ཅེས་བྱུང་སྟེ། གང་ན་མདོ་འདི་བརྗོད་པ་དེར་བདག་ཅག་འོང་ངོ་ཞེས་སྒྲ་སྒྲོགས་པར་འགྱུར་རོ། །དེ་ནས་ཀུན་དགའ་བོ་དང་། འཁོར་དེ་དག་ཐམས་ཅད་ཀྱིས་ཞུས་པ། བཅོམ་ལྡན་འདས་ཆོས་ཀྱི་རྣམ་གྲངས་འདིའི་མིང་ཅི་ལགས། ཅི་ལྟར་གཟུང་བར་བགྱི། བཀའ་སྩལ་པ། མདོ་འདིའི་མིང་ནི་ཆོས་ཀྱི་སྒྲོ་བོ་ཞེས་ཀྱང་བྱ། སངས་རྒྱས་ཐམས་ཅད་ཀྱི་ཆོས་ཀྱི་སྙིང་པོ་ཞེས་ཀྱང་བྱ། དྲི་མ་མེད་པའི་འོད་ཀྱིས་ཞུས་པ་ཞེས་ཀྱང་བྱའོ། །དེ་ནས་བཅོམ་ལྡན་འདས་ཤཱཀྱ་ཐུབ་པས་འདི་སྐད་ཅེས་བཀའ་སྩལ་ཏོ། །ངས་ཆོས་གང་བཤད་པ་དེ་དག་ཐམས་ཅད་ནི་མདོ་འདི་ཉིད་ཀྱི་ནང་དུ་འདུས་སོ། །བཅོམ་ལྡན་འདས་ཀྱིས་དེ་སྐད་ཅེས་བཀའ་སྩལ་ནས། བྱང་ཆུབ་སེམས་དཔའ་དེ་དག་དང་། ཚེ་དང་ལྡན་པ་ཀུན་དགའ་བོ་དང་། འཁོར་དེ་དག་ཐམས་ཅད་དང་། ལྷ་དང་། མི་དང་། ལྷ་མ་ཡིན་དུ་བཅས་པའི་འཇིག་རྟེན་ཡི་རངས་ཏེ། བཅོམ་ལྡན་འདས་ཀྱིས་གསུངས་པ་ལ་མངོན་པར་བསྟོད་དོ།། །།ཐེག་པ་ཆེན་པོའི་མདོ་དྲི་མ་མེད་པའི་འོད་ཀྱིས་ཞུས་པ་ཞེས་བྱ་བ་རྫོགས་སྷོ། །

《无垢光经》(དྲི་མ་མེད་པའི་འོད།)

《无垢光经》(དྲི་མ་མེད་པའི་འོད།)

427

428

429

《无垢光经》(དྲི་མ་མེད་པའི་འོད།)

《无垢光经》(དྲི་མ་མེད་པའི་འོད།)

《无垢光经》(དྲི་མ་མེད་པའི་འོད།)

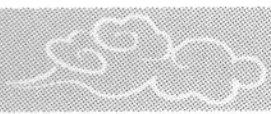

《无垢光经》(དྲི་མ་མེད་པའི་འོད།)

《无垢光经》(དྲི་མ་མེད་པའི་འོད།)

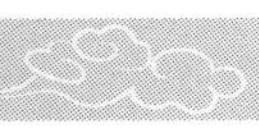

《无垢光经》(དྲི་མ་མེད་པའི་འོད།)

《无垢光经》(དྲི་མ་མེད་པའི་འོད།)

《无垢光经》(དྲི་མ་མེད་པའི་འོད།)

《无垢光经》དྲི་མ་མེད་པའི་འོད།

《无垢光经》(དྲི་མ་མེད་པའི་འོད།)

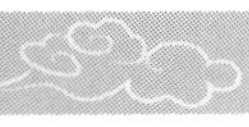

《无垢光经》(དྲི་མ་མེད་པའི་འོད།)

《无垢光经》(དྲི་མ་མེད་པའི་འོད།)

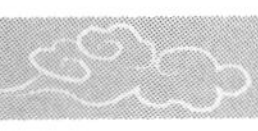

《无垢光经》(དྲི་མ་མེད་པའི་འོད།)

《无垢光经》(དྲི་མ་མེད་པའི་འོད།)

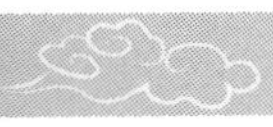

《无垢光经》(དྲི་མ་མེད་པའི་འོད།)

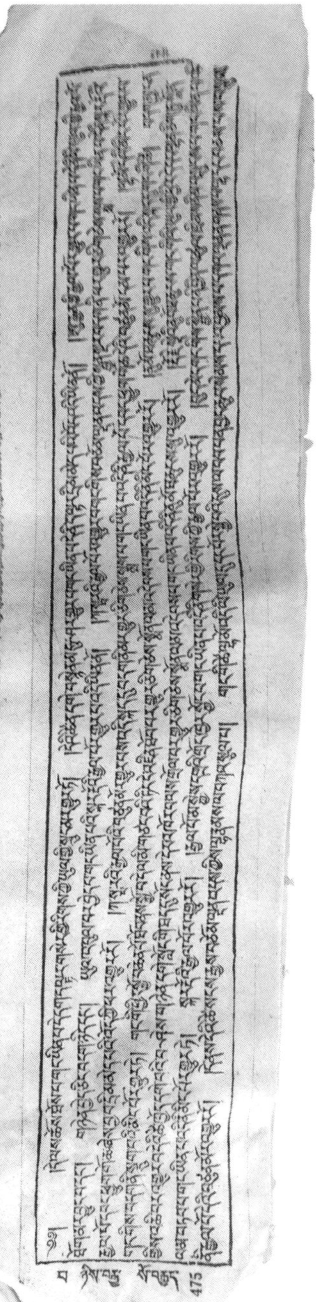

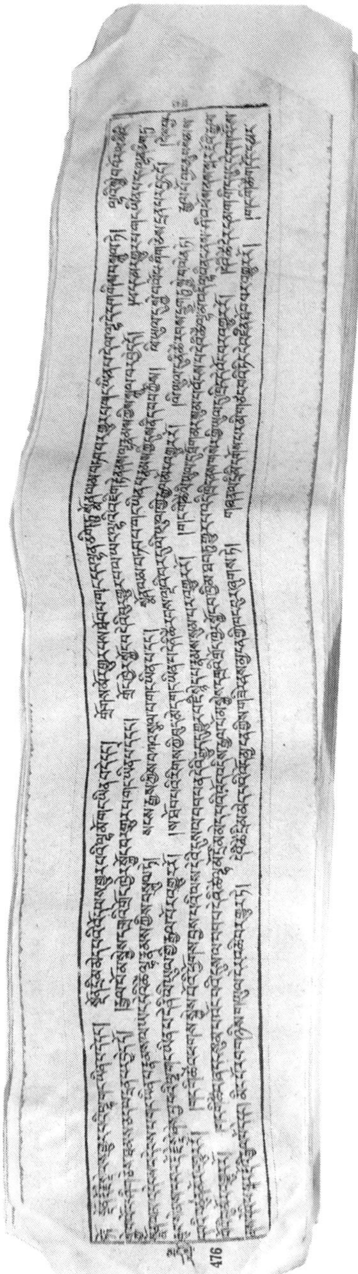

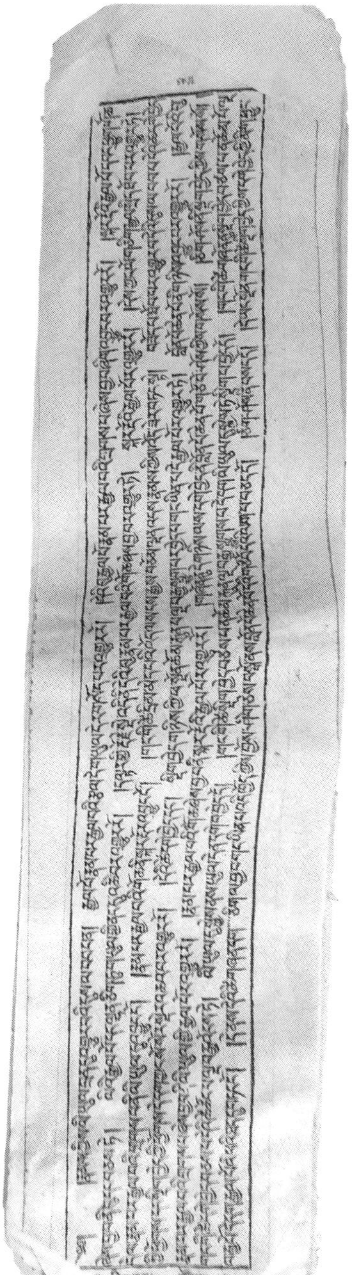

《无垢光经》(དྲི་མ་མེད་པའི་འོད།)

《无垢光经》(དྲི་མ་མེད་པའི་འོད།)

《无垢光经》(དྲི་མ་མེད་པའི་འོད།)

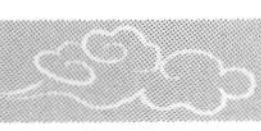

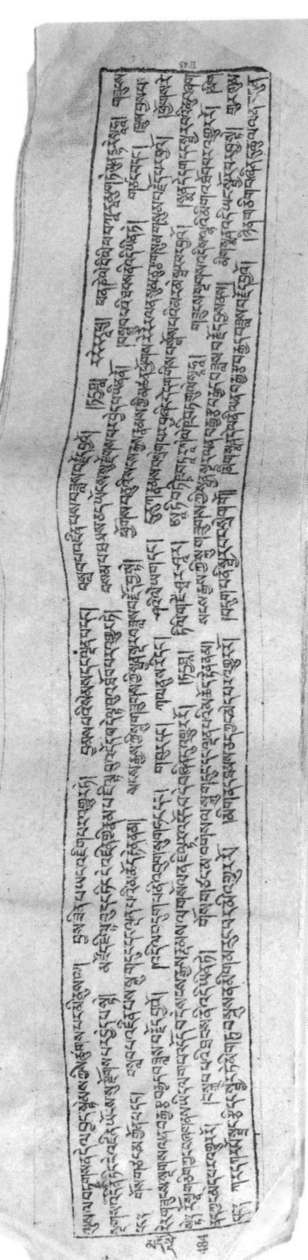

《无垢光经》(དྲི་མ་མེད་པའི་འོད།)

《无垢光经》(དྲི་མ་མེད་པའི་འོད།)

《无垢光经》(དྲི་མ་མེད་པའི་འོད།)

《无垢光经》(དྲི་མ་མེད་པའི་འོད།)

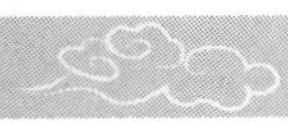

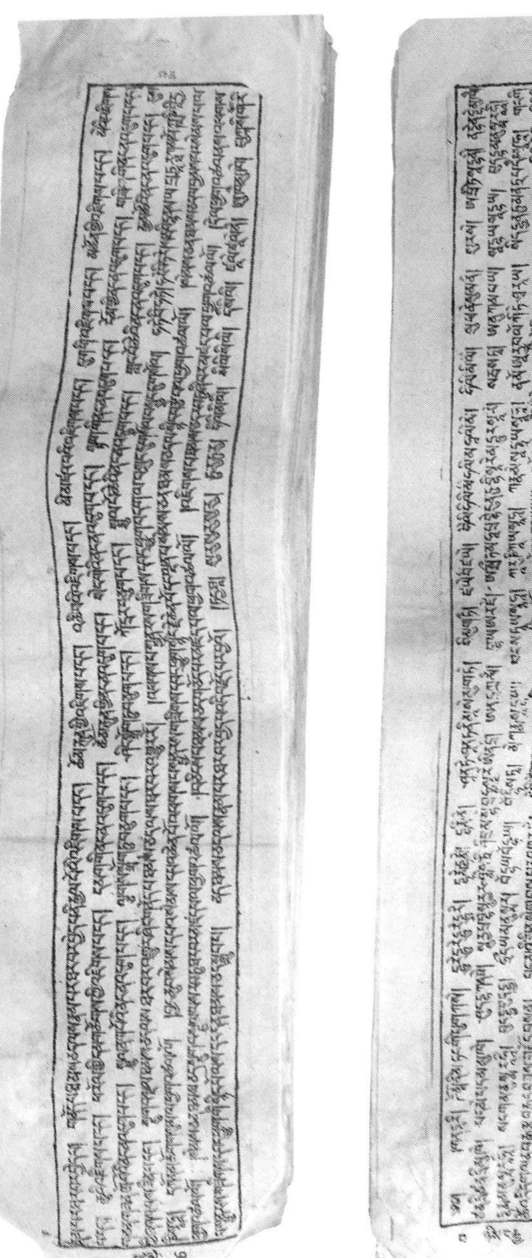

《无垢光经》(དྲི་མ་མེད་པའི་འོད།)

《无垢光经》(དྲི་མ་མེད་པའི་འོད།)

《无垢光经》(དྲི་མ་མེད་པའི་འོད།)

《无垢光经》(དྲི་མ་མེད་པའི་འོད།)

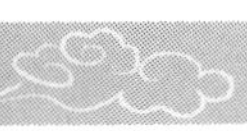

《无垢光经》(དྲི་མ་མེད་པའི་འོད།)

《无垢光经》(དྲི་མ་མེད་པའི་འོད།)

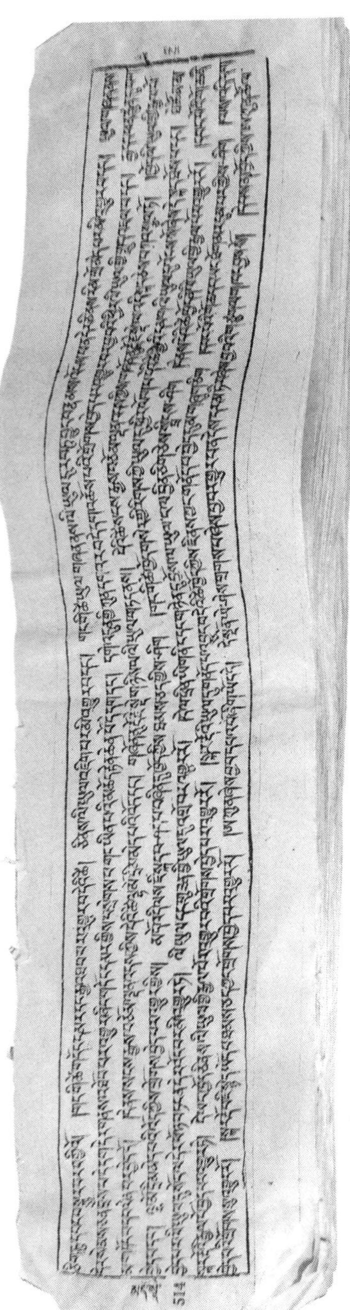

《无垢光经》(དྲི་མ་མེད་པའི་འོད།)

《无垢光经》(དྲི་མ་མེད་པའི་འོད།)

# 二、《日藏经》(ཉི་མའི་མདོ།) 译注

## 一、解　题

### （一）译者简介

译者为译师释迦比丘尼玛坚赞（ལོ་ཙྪ་བ་ཤཱཀྱའི་དགེ་སློང་ཉི་མ་རྒྱལ་མཚན་དཔལ་བཟང་པོ།），在禅院大寺华塔尔瓦篮（གཙུག་ལག་ཁང་ཆེན་པོ་དཔལ་ཐར་པ་གླིང་།）翻译而成。

### （二）版本介绍

《日藏经》(ཉི་མའི་མདོ།)，汉文经名《杂阿含经第五百八十三经》，依据德格版藏文大藏经《甘珠尔》，般若部，ka 函，由刘宋时求那跋陀罗译；由大班智达阿难达释利和西藏译师尼玛坚赞合译并校订，282A6~282B6行。

## 二、藏文原文及汉文译文

藏文原文（90叶A面）：

…རྒྱ་གར་སྐད་དུ། སཱུ་ཪྻ་སཱུ་ཏྲ། བོད་སྐད་དུ། ཉི་མའི་མདོ། འཕགས་པ་དཀོན་མཆོག་གསུམ་ལ་གུས་པས་ཕྱག་འཚལ་ལོ། །འདི་སྐད་བདག་གིས་ཐོས་པ་དུས་གཅིག་ན། བཅོམ་ལྡན་འདས་མཉན་ཡོད་རྒྱལ་བྱེད་ཚལ་མགོན་མེད་ཟས་སྦྱིན་གྱི་ཀུན་དགའ་ར་བ་ན་བཞུགས་སོ། །དེའི་ཚེ་ལྷའི་བུ་ཉི་མ། ལྷ་མ་ཡིན་གྱི་དབང་པོ་སྒྲ་གཅན་འཛིན་གྱིས་བཟུང་ངོ་། །དེ་ནས་

ལྷའི་བུ་ཉི་མས་བཅོམ་ལྡན་འདས་རྗེས་སུ་དྲན་པ་ཡིད་ལ་བྱས་ཏེ། དེའི་དུས་སུ་ཚིགས་སུ་བཅད་པ་འདི་གསོལ་ཏོ། །སངས་རྒྱས་དཔའ་

པོ་དེ་ལ་འདུད། །ཐམས་ཅད་མྱུར་དུ་གྲོལ་བར་གྱིས། །བདག་འདིའི་ཁ་ཏ་བཙུག་པས་ན། །བདག་ནི་ཁྱེད་ལ་སྐྱབས་སུ་མཆི[illegible] །དེ་ནས་བཅོམ་ལྡན་འདས་ཀྱིས་ལྷའི་བུ་ཉི་མའི་ཆེད་དུ། །ལྷ་མ་ཡིན་གྱི་དབང་པོ་སྒྲ་གཅན་འཛིན་ལ་ཚིག[illegible]སུ་བཅད་པ་བཀའ་སྩལ་[illegible] སངས་རྒྱས་འཇིག་རྟེན་ལ་བརྩེ་བས། །དགྲ་བཅོམ་དེ་བཞིན་གཤེགས་པ་ལ། །ཉི་མ་སྐྱབས་སུ་སོང་བས་ན། །[illegible]་གཅན་འཛིན་གྱིས་ཉི་[illegible]་ཐོང་། །གང་ཞིག་མུན་པ་སྣང་བས་གསལ་བར་བྱེད། །རྣམ་སྣང་དྲག་པོའི་གཟི་བརྗིད་དཀྱིལ་འཁོར་ཅན། །ནམ་མཁ[illegible]་སྒྲིབ་མ་བྱེད། །ཉི་མ་འདི་ནི་སྒྲ་གཅན་གྱིས་

汉文译文：

……梵语曰“斯尔雅斯扎”（སུ་ཪྻ་སུ་ཏྲ）[①]，藏语曰“日藏经”。向殊圣三宝（འཕགས་པ་དཀོན་མཆོག་གསུམ）致敬并顶礼。如是我闻，一时薄伽梵（བཅོམ་ལྡན་འདས）在舍卫（མཉན་ཡོད་རྒྱལ་བྱེད་ཚལ）[②]祇陀林之孤独园（མགོན་མེད་ཟས་སྦྱིན་གྱི་ཀུན་དགའ་ར་བ）[③]安住。此时，天神之子太阳（ལྷའི་བུ་ཉི་མ）被阿修罗罗睺（ལྷ་མ་ཡིན་གྱི་དབང་པོ་སྒྲ་གཅན་འཛིན）所擒。于是，天神之子太阳遂回忆起了薄伽梵，并此刻赞颂道：

向佛来顶礼，会速得解脱；

我罩上嘴笼，我向您皈依。

于是，薄伽梵为了天神之子太阳，对阿修罗王罗睺称赞道：

慈悲世间悟者，太阳皈依如来（དེ་བཞིན་གཤེགས་པ），

为此放掉太阳。谁把驱除黑暗照亮，

明照威亚园轮[④]，天空的太阳请不要掩覆，

此太阳请你

藏文原文（90叶B面）：

ཐོང་ཤིག། དེ་ནས་ལྷ་མ་ཡིན་གྱི་དབང་པོ་སྒྲ་གཅན་འཛིན་གྱིས་ལྷའི་བུ་ཉི་མ་གྲོལ་བར་བྱས་ནས། སྔར་གྱི་གཟུགས་བཞིན་དུ་གང་སྲུ་ཞིག་གིས་ལྷ་མ་ཡིན་གྱི་དབང་པོ་ཐགས་བཟངས་རིས་ཀྱི་དྲུང་དུ་སོང་ཞིང་སོང་ནས། སེམས་མི་དགའ་ཞིང་ཡི་མུག་པས་བ་སྤུ་ལངས་པར་གྱུར་ཏེ། ཕྱོགས་གཅིག་ཏུ་འདུག་གོ། །ཕྱོགས་གཅིག་ཏུ་འདུག་ནས་ལྷ་མ་ཡིན་གྱི་དབང་པོ་སྒྲ་གཅན་འཛིན་ལ། ལྷ་མ་ཡིན་གྱི་དབང་པོ་ཐགས་བཟང་རིས་ཀྱིས་ཚིགས་སུ་བཅད་པ་སྨྲས་པ། ཅི་ཕྱིར་ཡིད་ནི་སྐྲག་པར་གྱུར། །སྒྲ་གཅན་འཛིན་གྱིས་ཉི་མ་ཐོང་། །གཟུགས་ཀྱི་རྣམ་འགྱུར་ཀུན་ཏུ་ངན། །ཅི་ཕྱིར་འཇིགས་པས་འདི་ཏ་ལྟགས། །དེས་སྨྲས་པ། སངས་རྒྱས་ཚིགས་བཅད་ཐོས་ནས་ནི། །བདག་གིས་ཉི་མ་མ་བཏང་ན། །མགོ་བོ་ཚལ་པ་བདུན་འགས་ཤིང་། །འཚོ་བ་ལ་ནི་བདེ་བ་མེད། །ཉི་མའི་མདོ་རྫོགས་སོ། །པཎྜི་ཏ་ཆེན་པོ་ཛྙཱ་ནཱ་སིདྡྷི་ཞལ་སྔ་ནས། མང་དུ་ཐོས་པའི་ལོ་ཙཱ་བ་ཤཱཀྱའི་དགེ་སློང་ཉི་མ་རྒྱལ་མཚན་དཔལ་བཟང་པོས་སྐད་གཉིས་སྨྲ་བ་རྣམས་ཀྱི་གདན་ས། གཙུག་ལག་ཁང་ཆེན་པོ་དཔལ་ཐར་པ་གླིང་དུ་བསྒྱུར་ཅིང་ཞུས་ཏེ་གཏན་ལ་ཕབ་པའོ། །སའི་སྟེང་དུ་ཉི་མ་དང་ཟླ་བ་ལྟར་གྱུར་ཅིག ॥

① “斯尔雅斯”为梵语，意为“太阳”，“扎”也为梵语，意为“经”或“经典”。

② 古印度释迦牟尼居处祇园精舍所在古城名。

③ 释迦牟尼居住过的圣地之一。

④ 有轮，月亮的别名。

汉文译文：

解放！

于是，阿修罗王罗睺把天神之子太阳放掉后，如先前的影子，他去阿修罗毗摩质多（ལྷ་མ་ཡིན་གྱི་དབང་པོ་ཐགས་བཟངས་རིས།）的座前，心情不悦且情绪低落，皮毛竖立，留驻在一旁。待在一旁，对阿修罗罗睺、阿修罗毗摩质多道：

为何担惊受怕，罗睺解放太阳；

身色暗淡无彩，为何受怕到此地？

他（回答）道：

听到佛的言教，若我不放太阳，

顶园劈成七份，生活显得不快。

《日藏经》完毕。大班智达阿难达释利（པཎྜི་ཏ་ཆེན་པོ་ཨཱ་ནནྡ་ཤྲཱི།）座前，多闻译师释迦比丘尼玛坚赞（མང་དུ་ཐོས་པའི་ལོ་ཙཱ་བ་ཤཱཀྱའི་དགེ་སློང་ཉི་མ་རྒྱལ་མཚན་དཔལ་ལ།）在双语言的禅院大寺华塔尔瓦篮（གཙུག་ལག་ཁང་ཆེན་པོ་དཔལ་ཐར་པ་གླིང་།）翻译而成。祝愿大地之上太阳如同月亮！

《日藏经》(ཉི་མའི་མདོ།)

# 三、《月藏经》(ཟླ་བའི་མདོ།) 译注

## 一、解　题

### （一）译者简介

译者为译师释迦比丘尼玛坚赞（ལོ་ཙྪ་བ་ཤཱཀྱའི་དགེ་སློང་ཉི་མ་རྒྱལ་མཚན་དཔལ་བཟང་པོ།），在禅院大寺华塔尔瓦篮（གཙུག་ལག་ཁང་ཆེན་པོ་དཔལ་ཐར་པ་གླིང་།）翻译而成。译者与《日藏经》为同一个译者，翻译场地也系同一个。

### （二）版本介绍

《月藏经》（ཟླ་བའི་མདོ།）依据德格版大藏经《甘珠尔》，般若部，ka 函，汉文经名《杂阿含经第五百八十三经》，刘宋求那跋陀罗译；由大班智达阿难达释利和西藏译师尼玛坚赞合译并校订，282叶 B6~283叶 A5

## 二、藏文原文及汉文译文

藏文原文（90叶B面）：

……རྒྱ་གར་སྐད་དུ། ཙནྡྲ་སཱུ་ཏྲ། བོད་སྐད་དུ། ཟླ་བའི་མདོ། འཕགས་པ་དཀོན་མཆོག་གསུམ་ལ་གུས་པས་ཕྱག་འཚལ་ལོ། །འདི་སྐད་བདག་གིས་ཐོས་པ་དུས་གཅིག་ན། བཅོམ་ལྡན་འདས་མཉན་ཡོད་རྒྱལ་བྱེད་ཚལ་མགོན་མེད་ཟས་སྦྱིན་གྱི་ཀུན་དགའ་ར་བ་ན་བཞུགས་སོ། །དེ་ནས་དེའི་ཚེ་ལྷའི་

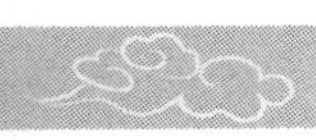

汉文译文：

梵语曰："赞扎斯扎"（ཙནྡྲ་སུ་ཏྲ）[①]，藏语曰"月藏经"。向殊圣三宝（འཕགས་པ་དཀོན་མཆོག་གསུམ།）致敬并顶礼。如是我闻，一时薄伽梵（བཅོམ་ལྡན་འདས།）在舍卫（མཉན་ཡོད་རྒྱལ་བྱེད་ཚལ།）[②]祇陀林之孤独园（མགོན་མེད་ཟས་སྦྱིན་གྱི་ཀུན་དགའ་ར་བ།）[③]安住。于是，此时天神之子（90b）

藏文原文（91叶A面）：

བུ་ཟླ་བ། ལྷ་མ་ཡིན་གྱི་དབང་པོ་སྒྲ་གཅན་འཛིན་གྱིས་བཟུང་ནས། དེ་ནས་ལྷའི་བུ་ཟླ་བས་བཅོམ་ལྡན་འདས་རྗེས་སུ་དྲན་པ་ཡིད་ལ་བྱས་ཏེ་དེའི་དུས་སུ་ཚིགས་སུ་བཅད་པ་འདི་གསོལ་ཏོ། །སངས་རྒྱས་དཔའ་བོ་དེ་ལ་འདུད། །ཐམས་ཅད་མྱུར་དུ་གྲོལ་བར་གྱིས། །བདག་འདིའི་ཁ་ཏུ་བཙུག་པས་ན། །བདག་ནི་ཁྱོད་ལ་སྐྱབས་སུ་འགྲོ། །དེ་ནས་བཅོམ་ལྡན་འདས་ཀྱིས་ལྷའི་བུ་ཟླ་བའི་ཆེད་དུ། ལྷ་མ་ཡིན་གྱི་དབང་པོ་སྒྲ་གཅན་འཛིན་ལ་ཚིགས་སུ་བཅད་པ་བཀའ་སྩལ་པ། སངས་རྒྱས་འཇིག་རྟེན་ལ་བརྩེ་བས། །དགྲ་བཅོམ་དེ་བཞིན་གཤེགས་པ་ལ། །ཟླ་བ་སྐྱབས་སུ་སོང་བས་ན། །སྒྲ་གཅན་འཛིན་གྱིས་ཟླ་བ་ཐོང་། །དེ་ནས་ལྷ་མ་ཡིན་གྱི་དབང་པོ་སྒྲ་གཅན་འཛིན་གྱིས། །ལྷའི་བུ་ཟླ་བ་གྲོལ་བར་བྱས་ནས། སྔར་གྱི་གཟུགས་བཞིན་དུ་གང་སུ་ཞིག་གིས་ལྷ་མ་ཡིན་གྱི་དབང་པོ་ཐགས་བཟངས་རིས་ཀྱི་དྲུང་དུ་སོང་ཞིང་སོང་ནས། སེམས་མི་དགའ་ཞིང་ཡི་མུག་པས་བ་སྤུ་ལངས་པར་གྱུར་པས་ཕྱོགས་གཅིག་ཏུ་འདུག་གོ །ཕྱོགས་གཅིག་ཏུ་འདུག་ནས་ཡང་ལྷ་མ་ཡིན་གྱི་དབང་པོ་སྒྲ་གཅན་འཛིན་ལ། ལྷ་མ་ཡིན་གྱི་དབང་པོ་ཐགས་བཟངས་རིས་ཀྱིས་ཚིགས་སུ་བཅད་པ་སྨྲས་པ། ཅིའི་ཕྱིར་ཡིད་ནི་སྐྲག་པར་གྱུར། །སྒྲ་གཅན་འཛིན་གྱིས་ཟླ་བ་ཐོང་། །གཟུགས་ཀྱི་རྣམ་འགྱུར་ཀུན་དུ་ངན། །ཅི་ཕྱིར་འཇིགས་པས་འདི་ལྟ་ལྷགས། །སྒྲ་གཅན་འཛིན་གྱིས་སྨྲས་པ། །སངས་རྒྱས་ཚིགས་བཅད་ཐོས་ནས་ནི། །ཟླ་བ་བདག་གིས་མ་བཏང་ན། །མགོ་བོ་ཚལ་བ་བདུན་བགས་ཤིང་། །འཚོ་བ་ལ་ནི་

汉文译文：

月亮（ཟླ་བ།）被阿修罗王罗睺（ལྷ་མ་ཡིན་གྱི་དབང་པོ་སྒྲ་གཅན་འཛིན།）所擒。于是，天神之子月亮随念并回忆起了薄伽梵，便言：

> 向悟者勇士礼，乞皆得速解脱；
>
> 待我罩上嘴笼，我便向您皈依。

于是，薄伽梵为了解放天神之子月亮，对阿修罗王罗睺称赞道：

> 悟者慈悲世间，太阳皈依如来，
>
> 为此解脱月亮。

之后，阿修罗王罗睺解脱了天神之子月亮，于是，阿修罗王罗睺让天神之子月亮得到了解脱。如先前的影子，他去阿修罗毗摩质多（ལྷ་མ་ཡིན་གྱི་དབང་པོ་ཐག་བཟང་རིས།）的座前，心情不悦且情绪低落，皮毛竖立，停留在一旁。待在一旁，面对着阿修罗王罗睺、阿修罗毗摩质多道：

---

① "赞扎斯扎"为梵语，"赞扎"意为"月亮"，"斯扎"也为梵语，意为"经"或"经典"。

② 古印度释迦牟尼居处祇园精舍所在古城名。

③ 释迦牟尼居住过的圣地之一。

为何而恐惧，罗睺放掉月亮；

影子姿态恶劣，何为惧怕来者。

罗睺曰：

听到佛陀言教，我若不放月，

顶园劈成七份，生活

藏文原文（91叶B面）：

བདེ་བ་མེད། །ཟླ་བའི་མདོ་རྫོགས་སོ། །པཎྜི་ཏ་ཆེན་པོ་ཨཱ་ནནྡ་ཤྲཱི་ཞལ་སྔ་ནས། མང་དུ་ཐོས་པའི་ལོ་ཙྪ་བ་ཤཱཀྱའི་དགེ་སློང་ཉི་མ་རྒྱལ་མཚན་དཔལ་བཟང་པོས། སྐད་གཉིས་སྨྲ་བ་རྣམས་ཀྱི་གདན་ས། གཙུག་ལག་ཁང་ཆེན་པོ་དཔལ་ཐར་པ་གླིང་དུ་བསྒྱུར་ཅིང་ཞུས་ཏེ་གཏན་ལ་ཕབ་པའོ།། །།

汉文译文：

显不快。

《月藏经》完毕。于大班智达阿难达释利（པཎྜི་ཏ་ཆེན་པོ་ཨཱ་ནནྡ་ཤྲཱི།）座前，多闻译师释迦比丘尼玛坚赞（མང་དུ་ཐོས་པའི་ལོ་ཙྪ་བ་ཤཱཀྱའི་དགེ་སློང་ཉི་མ་རྒྱལ་མཚན་དཔལ་བཟང་པོ།）在两种语言的禅院大寺华塔尔瓦篮（གཙུག་ལག་ཁང་ཆེན་པོ་དཔལ་ཐར་པ་གླིང་།）翻译而成。祝愿大地之上太阳如同月亮！

564

565

《月藏经》(ཟླ་བའི་མདོ།)

# 四、《牛角山授记》(གླང་རུ་ལུང་བསྟན།) 译注

## 一、解　题

### （一）译者简介

藏文译者不详。

### （二）版本介绍

《牛角山授记》（གླང་རུ་ལུང་བསྟན།）[①] 依据藏文大藏经《甘珠尔》，经部，amu 函，藏译者缺，此经有些藏文文献中也称作《山牛角山授记》（རི་གླང་རུ་ལུང་བསྟན་པ།）[②]，220叶 B6~237叶 B7。

## 二、藏文原文及汉文译文

藏文原文（220叶B面）：

……། །རྒྱ་གར་སྐད་དུ། ཨཱརྱ་གོ་ཤྲིང་ག་བྱཱ་ཀ་ར་ཎ་ནཱ་མ་མཧཱ་ཡཱ་ན་སཱུ་ཏྲ། བོད་སྐད་དུ། འཕགས་པ་གླང་རུ་ལུང་བསྟན་པ་ཞེས་བྱ་བ་ཐེག་པ་ཆེན་པོའི་མདོ། བམ་པོ་གཅིག་གོ། བཅོམ་ལྡན་འདས་འཇམ་དཔལ་གཞོན་ནུར་གྱུར་པ་ལ་ཕྱག་འཚལ་ལོ། །འདི་སྐད་བདག་གིས་ཐོས་པ་དུས་གཅིག་ན། ལྷའི་ཡང་ལྷ་སངས་རྒྱས་ཤཱཀྱ་ཐུབ་པ་བསྐལ་པ་གྲངས་མེད་པ་གསུམ་ནས་བསོད་ནམས་ཀྱི་ཚོགས་ཀྱི་རྣམ་པར་སྨིན་པས་ཡང་དག་པར་རྫོགས་པའི་སངས་རྒྱས་བརྙེས་ཏེ། འཛམ་བུའི་གླིང་གི་ལྗོངས་ཀྱི་ཡུལ་གཞན་

① 本文在翻译过程中等到了苏德华先生的帮助。

② 松巴堪布・益西班觉著，蒲文成、才让译：《松巴佛教史》，甘肃民族出版社，2013年，409页。

汉文译文：

梵语曰："阿尔雅郭释迦噶白噶热纳纳玛玛哈亚纳斯扎"（ཨཱརྻ་གོ་ཤྲིངྒ་ཝྱཱ་ཀ་ར་ཎ་ནཱ་མ་མཧཱ་ཡ་ན་སཱུ་ཏྲ།）[①]，藏语曰"殊胜牛角山授记·大乘经"。第一卷。向薄伽梵童子文殊（བཅོམ་ལྡན་འདས་འཇམ་དཔལ་གཞོན་ནུ།）[②] 顶礼！

如是我闻，世尊佛释迦牟尼（ལྷའི་ཡང་ལྷ་སངས་རྒྱས་ཤཱཀྱ་ཐུབ་པ།），自三无数大劫（བསྐལ་པ་གྲངས་མེད་པ་གསུམ།）[③]，福德资粮（བསོད་ནམས་ཀྱི་ཚོགས།）成熟；证得圆满之佛之瞻部洲其它地方，

藏文原文（221叶A面）：

དུ་འདུལ་བའི་སེམས་ཅན་ཡོངས་སུ་སྨིན་པར་མཛད་ནས་ཡུལ་ཡངས་པ་ཅན་གྱི་ཕྱོགས་ཐུབ་པ་དྲང་སྲོང་ཆེན་པོའི་གནས་རྒྱལ་པོའི་ཁབ་ན། བྱང་ཆུབ་སེམས་དཔའ་སེམས་དཔའ་ཆེན་པོ་འཕགས་པ་བྱམས་པ་ལ་སོགས་པ་བྱང་ཆུབ་སེམས་དཔའ་དུ་མ་དང་། གནས་བརྟན་ཤཱ་རིའི་བུ་དང་། མོད་གལ་གྱི་བུ་ལ་སོགས་པ་ཉན་ཐོས་ཆེན་པོ་སྟོང་ཉིས་བརྒྱ་ལྔ་བཅུ་དང་། ཚངས་པ་དང་། བརྒྱ་བྱིན་ལ་སོགས་པ་ལྷ་དུ་མ་དང་། ལྷའི་རྒྱལ་པོ་རྣམ་ཐོས་ཀྱི་བུ་ལ་སོགས་པ་འཇིག་རྟེན་སྐྱོང་བ་དུ་མ་དང་། ཀླུའི་རྒྱལ་པོ་ཆེན་པོ་དུ་མ་དང་། གནོད་སྦྱིན་མཐུ་ཆེན་པོ་མང་པོ་དང་། དྲི་ཟའི་རྒྱལ་པོ་གཙུག་ཕུད་ལྔ་པ་ལ་སོགས་པ་དྲི་ཟ་མང་པོ་དང་། མིའམ་ཅིའི་རྒྱལ་པོ་ཡིད་འོང་ལ་སོགས་པ་མིའམ་ཅི་དུ་མ་དང་། རྒྱལ་པོ་གཟུགས་ཅན་སྙིང་པོ་ལ་སོགས་པ་འཛམ་བུ་གླིང་གི་མིའི་རྒྱལ་པོ་མང་པོའི་འཁོར་དུ་མ་དང་ཐབས་ཅིག་ཏུ་བཞུགས་སོ། །དེ་ནས་དེའི་ཚེ་ལྷའི་ཡང་ལྷ་སངས་རྒྱས་ཤཱཀྱ་ཐུབ་པས་ཕྱི་མའི་དུས་ཀྱི་ཡུལ་དགེ་བ་ལ་རྗེས་སུ་དགོངས་ཤིང་མངོན་སུམ་དུ་མཛད་ནས་འཁོར་མང་པོ་ལ་བཀའ་སྩལ་པ། རིགས་ཀྱི་བུ་བྱང་ཕྱོགས་ལོགས་ན། རི་གླང་རུ་དང་ཉེ་བའི་ཆུ་བོ་གོ་མའི་འགྲམ་ན་ཐུབ་པ་དྲང་སྲོང་ཆེན་པོའི་ཕོ་བྲང་མཆོད་རྟེན་གོ་མ་སཱ་ལ་གན་ད་ཞེས་བྱ་བ་ཞིག་ཡོད་དེ། དེར་གདོན་མི་ཟ་བར་བྱ་དགོས་པའི་ཕྱིན་ལས་ཤིག་ཡོད་པས་དེར་གཤེགས་པའི་དུས་ལ་བབ་བོ། །དེ་ནས་དེའི་ཚེ་ལྷའི་ཡང་ལྷ་སངས་རྒྱས་བཅོམ་ལྡན་འདས་འཁོར་ཕལ་པོ་ཆེ་དང་ནམ་མཁའ་ལ་འཕགས་ཏེ། དྲི་ཟའི་རྒྱལ་པོ་གཙུག་ཕུད་ལྔ་པ་ལ་སོགས་པ་དྲི་ཟ་གྲངས་མེད་པ་ནི་མདུན་ན་ལྷའི་རོལ་མོ་སྣ་ཚོགས་བྱེད། མིའམ་ཅིའི་རྒྱལ་པོ་ཡིད་འོང་ལ་སོགས་པ་མིའམ་ཅི་དུ་མ་ནི་སྙིང་ནས་མཆོད་པའི་ལས་བྱེད་ཅིང་། སངས་རྒྱས་བཅོམ་ལྡན་འདས་ལ་དབྱངས་དང་ལྷའི་སྐད་ཡིད་དུ་འོང་བས་བསྟོད་བཞིན་དུ་འཁོར་དེ་དག་དང་། མཆོད་པ་དེ་དག་དང་བཅས་ཏེ། རི་གླང་རུ་ག་ལ་བ་དེར་གཤེགས་སོ། །གཤེགས་ནས་ལྷའི་ཡང་ལྷ་སངས་རྒྱས་བཅོམ་ལྡན་འདས་བཞེངས་བཞིན་དུ་ཞལ་བྱང་ཕྱོགས་སུ་མཚོ་ཆེན་པོ་ཡུན་རིང་པོ་ནས་རྒྱ་མཚོ་ལྟར་འདུག་པ་ལ་གཟིགས་ཏེ།

汉文译文：

众生为所调伏而成熟；在毗舍离地方（ཡུལ་ཡངས་པ་ཅན།）[④]，能仁大仙（ཐུབ་པ་དྲང་སྲོང་ཆེན་པོ།）安住于王舍城。发菩提之心且极为豪迈之弥勒等几个菩萨，尊者阿难和迦叶等，大声闻者一千二百五十，

① "扎"也为梵语，意为"经"或"经典"。

② 童子文殊，藏语称"嘉木华永努吉尔瓦"，在汉文中有译为"妙吉祥童子""妙吉祥法王子"，皆为文殊菩萨之称。据《藏汉大辞典》介绍，此菩萨能断尽一切粗恶过失，成就至上美妙功德，随于一切时地均能永葆十六岁青春之年华。（参见张怡荪主编《藏汉大辞典》，民族出版社，1993年，888页）

③ 三无数大劫，藏语称"嘎瓦庆波章麦巴苏"，据《藏汉大辞典》介绍，印度六十位数字计算法之最后一位名无量数。三倍无量数大劫，名三无数大劫。（参见张怡荪主编《藏汉大辞典》，民族出版社，1993年，179页）

④ 梵文译作毗舍离，在恒河岸，古中印度境今作毗萨尔。

梵天（ཚངས་པ།）、帝释天（བརྒྱ་བྱིན།）[①]等许多位天神，天神之王多闻子（ལྷའི་རྒྱལ་པོ་རྣམ་ཐོས་ཀྱི་བུ།）等许多世间守护神（འཇིག་རྟེན་སྐྱོང་བ།），几位大龙王，许多大力夜叉（གནོད་སྦྱིན་མཐུ་ཆེན་པོ།）[②]，五髻乾达婆罗五大自在天（དྲི་ཟའི་རྒྱལ་པོ་གཙུག་ཕུད་ལྔ་པ།）[③]等众多乐神[④]，紧捺罗王[⑤]意哦等几位紧捺落，影坚王（རྒྱལ་པོ་གཟུགས་ཅན་སྙིང་པོ།）[⑥]等世间赡部洲[⑦]的许多国王及众多随从都住在一起。

尔时，世尊佛释迦牟尼做了后世域盖瓦（ཕྱི་མའི་དུས་ཀྱི་ཡུལ་དགེ་བ།）[⑧]之观想。给众随从指示，善男在北方一侧。于牛角山（རི་གླང་རུ།）附近的高玛河畔（ཆུ་བོ་གོ་མའི་འགྲམ།），有释尊大觉仙（ཐུབ་པ་དྲང་སྲོང་ཆེན་པོ།）[⑨]的宫殿和高玛萨拉干达（གོ་མ་སཱ་ལ་གན་དྷ།）佛塔，彼处有一确信无疑之功业。此时此刻，世尊佛薄伽梵（ལྷ་སངས་རྒྱས་བཅོམ་ལྡན་འདས་འཁོར་ཕལ་པོ་ཆེ།）[⑩]与众随从自天而降；五髻乾达婆王等许多达婆在跟前奏起了仙乐，紧捺罗王意哦等许多紧捺落，在空中作供奉事宜，对佛薄伽梵做了如意之妙音和神音赞颂，敬献了随从和供品，时佛薄伽梵亲临牛角山。亲临后，世尊佛薄伽梵站立观察常年汇聚北方之大海世界顶峰须弥，

藏文原文（221叶B面）：

སྐུ་དྲུང་པོར་བསྡངས་ནས་དེ་བཞིན་གཤེགས་པའི་ཏིང་ངེ་འཛིན་བྱེ་བ་ཕྲག་བརྒྱ་སྟོང་དུ་མ་ལ་སྙོམས་པར་ཞུགས་ཏེ། བསྐལ་པ་གྲངས་མེད་པ་གསུམ་ནས་བདག་ཉིད་ཀྱི་སངས་རྒྱས་ཀྱི་སྤྱོད་པ་སྨོན་ལམ་དང་། བསོད་ནམས་མངོན་སུམ་དུ་མཛད་དོ། །དེ་ནས་དེའི་ཚེ་ལྷའི་ཡང་ལྷ་སངས་རྒྱས་བཅོམ་ལྡན་འདས་ཀྱིས་རི་གླང་རུ་དང་། ཡུལ་དགེ་བ་དང་། གསེར་གྱི་དཀྱིལ་འཁོར་ནས་སྲིད་པའི་རྩེ་མོའི་བར་དུ་བྱིན་གྱིས་བརླབས་ཏེ། བསྲུང་བ་དང་། གཙང་བ་དང་།བཀྲ་ཤིས་པ་དང་། མཚམས་བཅད་པ་དང་། བརླས་བརྗོད་དང་། དགེ་བར་མཛད་དོ། །དེ་ནས་དེའི་ཚེ་ལྷའི་ཡང་ལྷ་སངས་རྒྱས་བཅོམ་ལྡན་འདས་ཀྱིས་འཁོར་དེ་དག་ཐམས་ཅད་ལ་བཀའ་སྩལ་པ། རི་གླང་རུ་བཅོམ་ལྡན་འདས་ཀྱི་ཕོ་བྲང་མཆོད་རྟེན་གོ་མ་སཱ་ལ་གན་ད་དང་བཅས་ཡུལ་དགེ་བ་དང་བཅས་པ་འདི་ནི་བསྐལ་པ་བཟང་པོའི་སངས་རྒྱས་བཅོམ་ལྡན་འདས་ཐམས་ཅད་ཀྱི་ཕྱག་མཚན་དང་། མ་འདྲེས་པ་དང་། ཐུན་མོང་མ་ཡིན་པ་དང་། དབེན་པ་ཡིན་ཏེ། རྒྱུ་དེས་ན་ཡུལ་འདི་དགེ་བ་ཞེས་བྱའོ།།དེ་ནས་ཚེ་ལྷའི་ཡང་ལྷ་སངས་རྒྱས་བཅོམ་ལྡན་འདས་ཀྱིས་ཡུལ་དགེ་བ་དང་། མཁར་དགེ་བ་ཅན་དང་། དགེ་འདུན་སོ་སོའི་ཀུན་དགའ་ར་བ་དང་། གཙུག་ལག་ཁང་དང་། དགོན་པོའི་གནས་དང་། ཡུལ་དེར་སོ་སོ་ནས་བསོད་ནམས་བྱ་བའི་དངོས་པོ་དགེ་བ་བྱེད་པར་འགྱུར་བའི་རྒྱལ་པོ་དང་། ཆོས་དང་

---

① 帝释天，梵音译作憍尸迦、因陀罗。三十三天，欲界第二重天界之主。

② 夜叉，藏语称“闹竟”，译作“施碍”“勇健”。梵音译作“约叉”“夜叉”。佛书所说一类鬼名。

③ 藏语中的“祖普”，是大自在天之异名。

④ 乐神，藏语称作“智萨”。

⑤ 人非人，藏语称“目阿木吉”，人耶非耶。梵音译作“紧捺落”。传说天龙八部化作人形在佛前听法，似人非人，故名。

⑥ 影坚王藏语称作“斯合坚念吾”，译为“影胜王”“频婆娑罗王”。佛在世时摩揭陀国（又写作摩竭陀、摩诃陀等）一国王名。

⑦ 赡部洲，藏语称作“赞部篮”，梵音译作“阎浮在提”，佛家宇宙学所说环绕须弥山外的四大洲中的南方大洲名，全名“南赡部洲”。

⑧ 域盖瓦，系藏语，“域”“地方”或“地域”的意思，“盖瓦”“善”“佳”或“妙”之义。可译为“佳境”。

⑨ 大觉仙，大仙，佛的别名。

⑩《华严经》，藏语称“帕吾钦”（ཕལ་པོ་ཆེ），全称《大方广佛华严经》，又译为《耳饰经》，共十万偈，百品。由印度论师姿纳米扎和藏族译师伊西戴翻译，大译师毗卢遮纳订正。

ལྡན་པའི་དད་པ་ཅན་དང་། སྦྱིན་བདག་དང་། ལི་ཐམས་ཅད་འབྱུང་བར་ལུང་བསྟན་ཏོ། །དེ་ནས་བཅོམ་ལྡན་འདས་ཀྱིས་བྱང་ཆུབ་སེམས་དཔའ་རྣམས་ལ་བཀའ་སྩལ་པ། རིགས་ཀྱི་བུ་ཁྱེད་རྣམས་ཀྱིས་ཀྱང་མ་འོངས་པའི་དུས་ན་འབྱུང་བའི་ཡུལ་འདི་ཅི་ནས་ཀྱང་སེམས་ཅན་རྣམས་དམ་པ་ཆེན་པོ་མྱུར་དུ་ཐོབ་པར་འགྱུར་བ་དང་། ཏིང་ངེ་འཛིན་འགྲུབ་པར་འགྱུར་བར་བྱིན་གྱིས་རློབས་ཤིག །དེ་ནས་དེའི་ཚེ་བཅོམ་ལྡན་འདས་མཆོ་རོལ་ནས་ཅུང་ཟད་ཅིག་སྣང་བཀྱེད་དེ། དེའི་འོད་ལ་རི་གླང་རུའི་སྟེང་དུ་གདན་ཁྲི་བཤམས་པ་ལ་སྐྱིལ་མོ་ཀྲུང་བཅས་ཏེ་བཞུགས་ནས་ཞལ་ནུབ་ཕྱོགས་སུ་བཅོམ་ལྡན་འདས་ཀྱི་ཕོ་བྲང་མཆོད་རྟེན་གོ་མ་སྭ་གན་ད་གང་ན་བདེ་ལོགས་སུ

汉文译文：

守在大觉仙旁边，做了几百万上千的如来禅定之观想，过了三无数之大劫，我佛行为发愿，福泽正见。

尔时，世尊佛薄伽梵对从牛角山、盖瓦域（ཡུལ་དགེ་བ།）和金曼陀罗（གསེར་གྱི་དཀྱིལ་འཁོར།）到世间泽茂（སྲིད་པའི་རྩེ་མོ།）之间施以加持，做了护卫（བསྲུང་བ།）、守持（བཅང་བ།）、吉祥（བཀྲ་ཤིས།）、闭关（ཚམས་བཅད་པ།）、念诵（བཟླས་བརྗོད།）等众善事。

尔时，世尊佛薄伽梵对所有随从做了感恩，牛角山薄伽梵之宫殿、高玛萨拉干达佛塔等地域，是所有贤劫佛薄伽梵的标志（胜迹），达到了不混（མ་འདྲེས་པ།）、不共、宁静因此称此地为“盖瓦”（佳境）。

尔时，世尊佛薄伽梵对盖瓦域、盖瓦坚城（善城）、僧众的经堂、佛殿、寺院圣地、各地变成各类福泽功德之国王、敬仰佛教的信徒和施主以及整个李域[①]做了授记。

---

① 李域，即于阗王国，11世纪以前塔里木盆地南沿的城郭王国。于阗又作于窴，可能是Go–dan的对音，其完整形式Gostāna可能是古代于阗人种名Go＋伊朗语后缀 –stāna组成，意为“牛地”“牛国”。当地佛教徒编造的建国传说将此名附会为梵文的Gostana，意为“地乳”。于阗一名的早期于阗语形式作Hvatana，发展成晚期于阗语的Hvamna / Hvana / Hvam，汉文对应词作“涣那”。因受原始阿尔泰语圆唇音谐和律的影响，于阗一名又音变为Ódan，故元代译为五端、兀丹、斡端等。清朝在伊里齐新城设和阗直隶州，在克里雅设于阗县，使旧名搬家。于阗王国地处塔里木盆地南沿，中心地区在发源于昆仑山的喀拉哈什河（墨玉河）和玉龙哈什河（白玉河）之间，东通且末、鄯善，西通莎车、疏勒，盛时领地包括今和田、皮山、墨玉、洛浦、策勒、于阗、民丰等县市，都西城（今约特干）。于阗古代居民属塞种，操印欧语系伊朗语族东伊朗语支的于阗语。公元前2世纪即已立国。两汉时得到一定程度的发展。三国时，兼并周边诸国，成为西域大国。以后，接受西晋封号，又受前凉、前秦、后凉等的控制。南北朝时，与南、北双方均有往来，也曾受过游牧族吐谷浑、柔然、突厥等的攻击和管制。唐朝时，作为安西都护府下属四镇之一，在唐朝的直接管辖、影响下。贞元六年（790年）以后，受吐蕃的羁縻统治。9世纪中叶，吐蕃内乱势衰，大概不久以后于阗就获得了独立，仍由汉魏以来的王族尉迟氏执政。大概从901年始，于阗与敦煌的沙州归义军政权建立了往来关系。912年，尉迟僧乌波（Visa ' Sambhava）即位为王，汉名李圣天，年号同庆，后娶沙州归义军节度使曹议金女为妻，立为皇后，双方往来更加频繁。于阗使臣更由沙州远至中原。天福三年（938年），后晋高祖遣张匡邺、高居诲等使臣至于阗，册封李圣天为大宝于阗国王。此后，于阗与中原，特别是敦煌地方政权的关系更为密切，常有大批于阗人留居敦煌，他们抄写佛经，并在莫高窟供养造像。北宋初，于阗使臣、僧侣数次向宋朝进贡。乾德四年（966年），李圣天子从德太子也曾入贡宋廷。翌年归国后，即位为王。自970年前后，信奉伊斯兰教的疏勒黑汗王国开始进攻于阗佛教徒，战争持续了30余年，于阗终于在1006年左右归于失败，尉迟氏家族统治的佛教王国最终灭亡。此后，于阗人种、语言逐渐回鹘化。敦煌发现的一批属于10世纪的于阗文佛典表明，晚期于阗王国仍是西域佛教中心之一，除大乘佛典外，还出现了金刚乘文献，而本生赞、譬喻故事、传说等形式的佛教文学作品也很流行。于阗的佛教“瑞像”守护神的思想更影响到敦煌莫高窟的艺术创作，甚至当时就有于阗的艺术家在敦煌等地从事睡窟壁画的制作。另外，于阗语文书也反映了当时印度及我国西藏、中原地区等文化对它们的影响，显现出丝绸之路王国的文化风貌。（参见余太山、陈高华、谢方主编：《新

于是，薄伽梵对众菩萨言：“善男您等也在未来时，为了此地众生，无论如何让众生速快获得佛法和成就，请加持吧！”尔时，薄伽梵允诺，稍许间又做了布施。立刻，在牛角山之坐垫之上跏趺而坐。面朝西方注视薄伽梵之宫殿高玛萨拉干达佛塔。

藏文原文（222叶A面）：

གཟིགས་སོ། །དེ་ནས་དེའི་ཚེ་འཇིག་རྟེན་གྱི་ཁམས་གཞན་དང་། འོད་གཞན་ནས། བྱང་ཆུབ་སེམས་དཔའ་ཉི་ཁྲི་མངོན་པར་ཤེས་པ་ལྔ་དང་ལྡན་པའི་དྲང་སྲོང་མང་པོ་དང་ཐབས་ཅིག་ཏུ་བཅོམ་ལྡན་འདས་གང་ན་བ་དེ་ལོགས་སུ་ལྷགས་སོ། །ལྷགས་ནས་བཅོམ་ལྡན་འདས་ཀྱི་ཕོ་བྲང་མཆོད་རྟེན་གོ་མ་སཱ་ལ་གན་ད་ལ་ཡང་ཕྱག་འཚལ་སྐྱབས་སུ་སོང་། སངས་རྒྱས་བཅོམ་ལྡན་འདས་འཁོར་དང་བཅས་པ་ལ་ཡང་ཕྱག་འཚལ་སྐྱབས་སུ་སོང་ནས་ཕྱོགས་གཅིག་ཏུ་འཁོད་དོ། །དེ་ནས་དེའི་ཚེ་སངས་རྒྱས་བཅོམ་ལྡན་འདས་ཀྱིས་འཁོར་ཕལ་པོ་ཆེ་འདུས་པར་མཁྱེན་ནས་འཁོར་དེ་དག་ལ་འདི་སྐད་ཅེས་བཀའ་སྩལ་ཏོ། །བསྐལ་པ་བཟང་པོ་འདི་ལ་སྔོན་སངས་རྒྱས་བཅོམ་ལྡན་འདས་བཞི་བྱུང་སྟེ། དེ་དག་གིས་ཀྱང་མཆོད་རྟེན་གོ་མ་སཱ་ལ་གན་ད་ཡུལ་དང་བཅས་པ་བྱིན་གྱིས་བརླབས་སོ། །བསྐལ་པ་བཟང་པོ་འདི་ཉིད་ལ། མ་འོངས་པའི་དུས་ནའང་སངས་རྒྱས་སྟོང་རྩ་གཅིག་འབྱུང་བར་འགྱུར་ཏེ། དེ་དག་ཐམས་ཅད་ཀྱང་འཁོར་དང་བཅས་ཏེ་འདིར་གཤེགས་ནས་མཆོད་རྟེན་གོ་མ་སཱ་གན་ད་ཡུལ་དང་བཅས་པ་བྱིན་གྱིས་རློབ་ཅིང་མཚམས་གཅད་པ་དང་། བཀྲ་ཤིས་པ་དང་། དགེ་བར་མཛད་པར་འགྱུར་རོ། །ང་ཡང་ད་ལྟར་བྱིན་གྱིས་རློབ་པའི་དུས་ལ་བབ་པས་བྱིན་གྱིས་རློབ་པར་མཛད་དོ། །དེ་ནས་དེའི་ཚེ་ལྷའི་ཡང་ལྷ་སངས་རྒྱས་བཅོམ་ལྡན་འདས་ཏིང་ངེ་འཛིན་ད་ལྟར་གྱི་སངས་རྒྱས་མངོན་སུམ་དུ་བཞུགས་པ་ཞེས་བྱ་བ་དང་། གཞན་ཡང་དེ་བཞིན་གཤེགས་པའི་ཏིང་ངེ་འཛིན་གྲངས་མེད་པ་ལ་སྙོམས་པར་ཞུགས་སོ། །དེའི་ཚེ་ཏིང་ངེ་འཛིན་ལ་སྙོམས་པར་འཇུག་པ་རྣམས་དང་། བསམ་གཏན་པ་རྣམས་ཡོངས་སུ་སྐྱོང་བར་བྱེད་པ་བྱང་ཆུབ་སེམས་དཔའ་མཐུ་ཆེན་ཐོབ་ཀྱིས་ཀྱང་སངས་རྒྱས་འོད་སྲུང་གི་མཆོད་རྟེན་གྱི་དྲུང་དུ་བཞུགས་ཏེ། །ཡུལ་དེ་བྱུང་བར་གྱུར་པའི་ཚེ་བདག་གི་གཟུགས་བརྙན་བྱེད་པར་འགྱུར་བར་ས་གཞི་དེ་བྱིན་གྱིས་བརླབས་སོ། །དེ་བཞིན་དུ་སྨོན་ལམ་ཆེན་པོས་གནས་པ་བྱང་ཆུབ་སེམས་དཔའ་འཇམ་དཔལ་གཞོན་ནུར་གྱུར་པས་ཀྱང་རི་གླང་རུ་ལ་གཙུག

汉文译文：

尔后，于此时别的世间和空间，两万位菩萨和具备五通[①]的许多大仙聚集，去到佛祖面前。到达后亦对薄伽梵之宫殿高玛萨拉干达佛塔做朝拜、皈依，对薄伽梵的随从（弟子）亦进行了朝拜和皈依之后，坐在一方。

尔时，佛薄伽梵通晓了大部分弟子已汇集，便对彼处之众弟子如是言教：此祥劫时，先前四位佛薄伽梵产生后，他们也对高玛萨拉干达佛塔等做过加持。

此祥劫时，在未来将产生千佛，他们都将携随从一起来到此处，对高玛萨拉干达佛塔等做加持，且闭关修行，施吉祥、善事。道：“我也已到加持之时，现作加持。”尔时，世尊佛薄伽梵修持现在佛的正见入定。此外，对如来的无数正见做了入定。与此同时，对禅定入定者们、

疆各族历史文化词典》，荣新江词条，中华书局，1996年，第12~13页）

① 五通，藏语称“奥巴尔西巴哦”（མངོན་པར་ཤེས་པ་ལྔ།），五种神通，即神境通、天眼通、天耳通、宿命通和他心通。

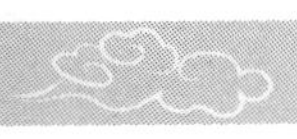

修禅定者们做了遍行，菩提大士者（བྱང་ཆུབ་སེམས་དཔའ་མཐུ་ཆེན།）也在饮光佛（སངས་རྒྱས་འོད་སྲུང་།）之塔旁安住。于此地产生之时，变为自己的影子对大地做了加持。同样，大祈愿入定菩提心之童子文殊者亦在牛角山出现于皇协佛殿

藏文原文（222叶B面）：

ལག་ཁང་སྔོང་བྱེད་ཅེས་བྱ་བ་འབྱུང་བར་འགྱུར་བའི་ས་གཞི་དེར་བསྙེན་པ་བྱེད་པ་རྣམས་འགྲུབ་པར་འགྱུར་བར་བྱིན་གྱིས་བརླབས་སོ། །དེ་བཞིན་དུ་ནམ་མཁའ་ལྟར་སྟོབས་དཔག་མེད་པ་བྱང་ཆུབ་སེམས་དཔའ་ནམ་མཁའི་སྙིང་པོས་ཀྱང་གཙུག་ལག་ཁང་འཇིགས་ཚོགས་སྔོང་བྱེད་ཅེས་བྱ་བ་འབྱུང་བར་འགྱུར་བའི་ས་གཞི་དེ་མཆོད་གནས་སུ་འགྱུར་བར་བྱིན་གྱིས་བརླབས་སོ། །དེ་བཞིན་དུ་ཐུགས་རྗེ་ཆེན་པོ་དང་ལྡན་པ་བྱང་ཆུབ་སེམས་དཔའ་འཕགས་པ་སྤྱན་རས་གཟིགས་དབང་ཕྱུག་གིས་ཀྱང་གཙུག་ལག་ཁང་འོད་ཅན་ཞེས་བྱ་བ་འབྱུང་བར་འགྱུར་བའི་ས་གཞི་དེར་དངོས་གྲུབ་འགྲུབ་པར་བྱིན་གྱིས་བརླབས་སོ། །དེ་བཞིན་དུ་རྟག་ཏུ་བྱམས་པ་དང་ལྡན་པ་བྱང་ཆུབ་སེམས་དཔའ་བྱམས་པས་ཀྱང་གཙུག་ལག་ཁང་པི་སོ་མོ་ཉ་ཞེས་བྱ་བ་འབྱུང་བར་འགྱུར་བའི་ས་གཞི་དེར་བདག་ཉིད་བཞུགས་པར་བྱིན་གྱིས་བརླབས་སོ། །དེ་བཞིན་དུ་སྤྱོད་པ་ཤིན་ཏུ་རྣམ་པར་དག་པ་བྱང་ཆུབ་སེམས་དཔའ་སའི་སྙིང་པོས་ཀྱང་གཙུག་ལག་ཁང་ཡེ་ཤེས་རི་ཞེས་བྱ་བ་འབྱུང་བར་འགྱུར་བའི་ས་གཞི་དེ་ཕྱག་བྱ་བར་འོས་པར་འགྱུར་བར་བྱིན་གྱིས་བརླབས་སོ། །དེ་བཞིན་དུ་འདུལ་བའི་སྐྱེ་བོ་རྣམས་སྒྲོལ་བར་མཛད་པ་ལ་ཐགས་ཐོགས་མི་མངའ་བ་བྱང་ཆུབ་སེམས་དཔའ་སྨན་གྱི་རྒྱལ་པོས་ཀྱང་གཙུག་ལག་ཁང་བ་ནོ་ཙེ་ཞེས་བྱ་བ་འབྱུང་བར་འགྱུར་བའི་ས་གཞི་དེར་དངོས་གྲུབ་འགྲུབ་པར་བྱིན་གྱིས་བརླབས་སོ། །དེ་བཞིན་དུ་རྫུ་འཕྲུལ་ཆེན་པོ་དང་ལྡན་པ་བྱང་ཆུབ་སེམས་དཔའ་ཀུན་ཏུ་བཟང་པོས་ཀྱང་གཙུག་ལག་ཁང་དགེ་འདུན་སྐྱོང་ཞེས་བྱ་བ་འབྱུང་བར་འགྱུར་བའི་ས་གཞི་དེར་དངོས་གྲུབ་འགྲུབ་པར་འགྱུར་བར་བྱིན་གྱིས་བརླབས་སོ། །དེ་བཞིན་དུ་སངས་རྒྱས་བཅོམ་ལྡན་འདས་ལ་སོགས་པ་བྱང་ཆུབ་སེམས་དཔའ་གཞན་དག་དང་། དགྲ་བཅོམ་པ་རྣམས་ཀྱིས་ཀྱང་ལི་ཡུལ་གང་དང་གང་དུ་གཙུག་ལག་ཁང་དང་། དགྲ་བཅོམ་པ་ཆེན་པོ་རྣམས་ཀྱིས་ཀྱང་ལི་ཡུལ་གང་དང་གང་དུ་གཙུག་ལག་ཁང་དང་། སྐྱེད་མོས་ཚལ་དང་། དགོན་པའི་གནས་འབྱུང་བར་འགྱུར་བའི་ས་གཞི་ཐམས་ཅད་དཔེར་ན་ཟླ་བ་ཉ་གང་བ་ལ་སྐར་མའི་ཚོགས་རྣམས་ཀྱིས་ཡོངས་སུ་བསྐོར་ནས་སྟེང་གི་བར་སྣང་དག་ལ་རྒྱ

汉文译文：

之处为了顺利念颂咒语而进行加持，亦对比丘戒者们进行加持。同样，此地，如同天空威力无比之菩提心虚空藏也排除畏惧聚集佛殿出现之处为了变成供养处而进行加持。于此，具大慈大悲之菩提心之圣者观世音菩萨也将出现在奥坚佛殿（གཙུག་ལག་ཁང་འོད་ཅན།）之处，为了完成成就而加持。同样，具大慈之菩提心者弥勒也将出现在布索乌纳佛殿（པི་སོ་ནོ་ཉ།）之处，为了自己安住而进行加持。如此，行为极具纯真的菩提心者地藏王菩萨也将出现在慧山佛殿（གཙུག་ལག་ཁང་ཡེ་ཤེས་རི།）之处，为了成为敬奉而进行加持。于此，为解脱持戒众生们而产生全无碍难之菩提心者药王（བྱང་ཆུབ་སེམས་དཔའ་སྨན་གྱི་རྒྱལ་པོ།）也在对建立闹觉佛殿（གཙུག་ལག་ཁང་བ་ནོ་ཙེ།）的圣地，施予成就并加持。于此，具大幻化之菩提心者普贤菩萨（འཕགས་པ་ཀུན་ཏུ་བཟང་པོ།）也在更登郡佛殿（གཙུག་ལག་ཁང་དགེ་འདུན་སྐྱོང་།）之处，进行成就并加持。于此，佛薄伽梵等、别的菩提心者薄伽梵们也对李域各地的佛殿、林苑、寺院等所在之各地，如十五的月亮群星围拢在天空一样美丽、灿烂、

圆满、喜悦般加持。

藏文原文（223页A面）：

པ་བཞིན་དུ་མཛེས་པ་དང༌། ཡིད་དུ་འོང་བ་དང༌། རྒྱས་པ་དང༌། དགའ་བ་ལྟར་འདུག་པར་བྱིན་གྱིས་བརླབས་སོ། ། ཡང་དེའི་ཚེ་རི་གླང་རུ་ལ་སངས་རྒྱས་བཅོམ་ལྡན་འདས་བཞུགས་པ་དང༌། བྱང་ཆུབ་སེམས་དཔའ་ཆེན་པོ་རྣམས་དང༌། དགྲ་བཅོམ་པ་ཆེན་པོ་རྣམས་ཀྱིས་འོད་ཟེར་རྣམ་པ་སྣ་ཚོགས་དུ་མ་བཀྱེ་བས་ལི་ཡུལ་ཐམས་ཅད་སྣང་བ་ཆེན་པོས་ཁྱབ་པར་བྱས་སོ། །དེ་ནས་སྐད་ཅིག་དེ་ཉིད་ལ་རྒྱ་མཚོ་ཆེན་པོ་དེའི་ནང་ན་པད་མ་སུམ་བརྒྱ་ལྔ་བཅུ་རྩ་གསུམ་བྱུང་བར་གྱུར་ཏེ།པད་མ་རེ་རེའི་སྟེང་ན་ཡང་སངས་རྒྱས་དང༌། བྱང་ཆུབ་སེམས་དཔའི་སྐུ་གཟུགས་འོད་དང་བཅས་པ་སྣང་བར་གྱུར་ཏོ། །དེ་ནས་དེའི་ཚེ་ལྷ་རྣམས་ཀྱིས་སྔོན་མ་མཐོང་པའི་མཚན་མ་དེ་ལྟ་བུ་མཐོང་ནས་སངས་རྒྱས་བཅོམ་ལྡན་འདས་ལ་ཞུས་པ་དང༌། བཅོམ་ལྡན་འདས་ཀྱིས་བཀའ་སྩལ་པ། རིགས་ཀྱི་བུ་མཚོ་ནང་ན་པད་མ་སུམ་བརྒྱ་ལྔ་བཅུ་རྩ་གསུམ་སངས་རྒྱས་དང༌། བྱང་ཆུབ་སེམས་དཔའི་སྐུ་གཟུགས་དང་བཅས་ཏེ་བྱུང་བ་འདི་ནི་མ་འོངས་པའི་དུས་ན་ཡུལ་འདི་བྱུང་བར་གྱུར་པའི་ཚེ་ཡུལ་འདི་ཉིད་དུ་པད་མ་ཇི་སྙེད་པའི་དགོན་པའི་གནས་དང༌། གཙུག་ལག་ཁང་ན་གཞི་བརྟུང་བར་འགྱུར་བ་དང༌། གནས་གང་དང་གང་ན་བྱང་ཆུབ་སེམས་དཔའ་སེམས་དཔའ་ཆེན་པོ་རྣམས་དང༌། ཉན་ཐོས་ཆེན་པོ་རྣམས་དང༌། འོད་ཟེར་རྣམ་པ་སྣ་ཚོགས་འགྱེད་ཅིང་ཡུལ་བྱིན་གྱིས་བརླབས་པའི་ས་གཞི་དེ་དག་དང༌། དེ་བཞིན་དུ་ངས་དེ་བཞིན་གཤེགས་པའི་ཕོ་བྲང་མཆོད་རྟེན་གོ་མ་སླ་ལ་གན་ད་ཡུལ་དགེ་བ་དང་བཅས་པ་བྱིན་གྱིས་བརླབས་པའི་ས་གཞི་འདིར་དད་པ་ཅན་གྱི་སྦྱིན་བདག་རྣམས་ཀྱིས་སོ་སོ་ནས་སངས་རྒྱས་ལ་སོགས་པའི་གཟུགས་བརྙན་བྱེད་པར་འགྱུར་ཞིང༌། གནས་དེ་དང་དེ་དག་ཏུ་བསྙེན་པར་བྱས་ན་ཅི་དང་ཅི་འདོད་པ་འགྲུབ་པར་འགྱུར་བའི་སྔ་ལྟས་ཡིན་ནོ། །ཡང་དེའི་ཚེ་ལྷ་རྣམས་སྟན་ལས་ལངས་ནས་བཅོམ་ལྡན་འདས་ལ་འདི་སྐད་ཅེས་གསོལ་ཏོ། །བཙུན་པ་བཅོམ་ལྡན་འདས་ཡུལ་འདི་ཇི་ཙམ་ཞིག་ན་ནི་འབྱུང་བར་འགྱུར། སུ་ཞིག་གིས་ནི་

汉文译文：

尔时，在牛角山，佛薄伽梵安住。菩提心大菩提者们，大薄伽梵们发出五彩缤纷的光彩，普照李域大地。顿时，大海中生长出三百五十三朵莲花，每一朵莲花上均有一尊佛和菩萨闪闪发光。尔时，诸神们亲眼看见了原先未见之征兆（景象），向佛薄伽梵问道："请佛薄伽梵赐教。"曰："善男在海中，与三百五十三朵莲花上的佛和菩提心尊者们，在未来时就此地发现的寺院圣地、建树的纳甘智佛殿（གཙུག་ལག་ཁང་ན་གཞི།），无论在何时何地，菩提心大菩提者们、大声闻者们大放各色光彩，加持的大地即如来之宫殿高玛萨拉干达佛塔域盖瓦等，在此加持的大地信仰的施主们各个变成佛的影子，且在此圣地修念，成就了各种先兆的愿望。"尔时，众神从坐垫上起身，对薄伽梵道："尊者薄伽梵之地何时产生，何人发出为佳，

藏文原文（223叶B面）：

འབྱིན་པར་བགྱིད་པ་ལགས། བཙུན་པ་བཅོམ་ལྡན་འདས་ད་ལྟར་ནི་དགོན་པ་ཆབ་ཆེན་པོའི་གཏེར་ལགས་ན། སུ་ཞིག་གིས་ནི་ཇི་ལྟར་འབྱིན་པ་བཀའ་སྩལ་དུ་གསོལ། བཅོམ་ལྡན་འདས་ཀྱིས་བཀའ་སྩལ་པ། རིགས་ཀྱི་བུ་ཉོན་ཅིག །ང་མྱ་ངན་ལས་འདས་ནས་ལོ་བརྒྱ་លོན་པའི་ཚེ་རྒྱའི་

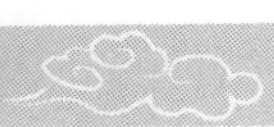

ཡུལ་ནས་རྒྱའི་རྒྱལ་པོ་ཅ་ཡང་ཞེས་བྱ་བ་བུ་སྟོང་ཚང་བར་བདོག་པ་ཞིག་འབྱུང་བར་འགྱུར་ཏེ། བུ་རེ་རེ་ཡང་ཡུལ་རེ་རེ་གསར་དུ་ཚོལ་དུ་བཙུག་གོ །ཕྱིས་ནུབ་ཕྱོགས་ཕོགས་ནས་རི་གླང་རུ་དང་། བཅོམ་ལྡན་འདས་ཀྱི་ཕོ་བྲང་མཆོད་རྟེན་གོ་མ་སཱ་ལ་གན་ད་ཡོད་པའི་ཡུལ་དེ་བཞིན་གཤེགས་པ་དུ་མས་བྱིན་གྱིས་བརླབས་བརླབས་པ་ཞིག་ཡོད་དོ་ཞེས་ཐོས་ནས་འདི་སྙམ་དུ་མ་ལ་བདག་ལ་བུ་གཅིག་ཡོད་ན་སངས་རྒྱས་ཕལ་པོ་ཆེས་བྱིན་གྱིས་བརླབས་པའི་གནས་དེར་ཡུལ་འདེབས་སུ་གཞུག་གོ་སྙམ་དུ་བསམས་ནས། དེའི་ཚེ་རྒྱའི་རྒྱལ་པོས་རྣམ་ཐོས་ཀྱི་བུ་ལ་བུ་གཅིག་བསླངས་སོ། །རྣམ་ཐོས་ཀྱི་བུས་ཀྱང་འཛམ་བུ་གླིང་འདི་ན་རྒྱལ་པོ་མྱ་ངན་མེད་ཅེས་བྱ་བའི་བུ་གཅིག་བཙས་པ་བྱིན་ཏེ། བུ་དེ་ནི་གཟུགས་བཟང་བ། དབྱིབས་མཛེས་པ། བལྟ་ན་སྡུག་པ་ཞིག་ཡིན་ནོ།།བུ་དེའི་དོན་དུ་ས་ལས་ནུ་མ་ཞིག་བྱུང་བ་དང་། བུ་དེ་སྔོན་གྱི་བསོད་ནམས་དང་དགེ་བའི་རྩ་བའི་མཐུས་ནུ་མ་དེ་ལ་ནུ་བར་བྱེད་པས་དེས་ན་བུ་དེའི་མིང་ས་ལས་ནུ་མ་ནུ་ཞེས་བྱ་བའོ། །བུ་དེ་མྱུར་བར་སྐྱེས་ནས་ཕ་རྒྱའི་རྒྱལ་པོས་རྒྱལ་སྲིད་ཀྱི་དབང་ནི་བསྒྱུར། ནོར་མང་པོ་ནི་བྱིན། བློན་པོ་ཕལ་མོ་ཆེ་ནི་ལུས་ཀྱི་རིམ་གྲོ་བར་བསྐོར་ནས། རྒྱལ་བུ་ས་ལས་ནུ་མ་ནུ་དེ་བློན་པོ་ཆེན་པོ་ཇང་ཤོ་ཞེས་བྱ་བ་ལ་སོགས་པ་དམག་དུ་མ་དང་ལྷན་ཅིག་ཏུ་རྒྱའི་ཡུལ་ནས་བྱུང་སྟེ་ཡུལ་འདིར་འོང་བར་འགྱུར་རོ། །འོངས་ནས་འདིར་ཡུལ་འདེབས་པར་འགྱུར་ཏེ། རྒྱལ་པོ་ས་ལས་ནུ་མ་ནུ་དེས་ཡུལ་བཏབ་པའི་ཕྱིར་རྒྱུ་དེས་ན་ཡུལ་འདིའི་མིང་ནི་ས་ལས་ནུ་མ་ནུའི་ཡུལ་ཞེས་བྱ་བར་འགྱུར་རོ། །དུས་དེའི་ཚེ་ན་ནུབ་ཕྱོགས་ཕོགས་ནས་རྒྱ་གར་གྱི་མི་ཕལ་མོ་ཆེ་འདིར་འོང་བར་འགྱུར་ཏེ། རྒྱལ་པོ་ས་ལས་ནུ་མ་ནུའི་འབངས་སུ་མཆིད་ཀྱིས་འཚལ་ཞིང་ཆུ་སྲིད་གཅིག་བར་དུ་མ

汉文译文：

尊者薄伽梵目前，在寺院大河的宝库中，何人如此发出且赐教？”薄伽梵赐言曰：如来请听！我涅槃已逾百年时，汉地汉王称作贾扬（རྒྱའི་རྒྱལ་པོ་ཅ་ཡང་།）者生了满千子，每个王子又寻找各自新的地方。最后，听到了在西方牛角山和薄伽梵之宫殿高玛萨拉干达佛塔之地，许多如来佛加持之事。数次感念，若我有一子，服务于《大方广佛华严经》加持之此圣地。此时，汉王捡到了多闻子之子。多闻子也在此世间赡部洲称作阿育王（རྒྱལ་པོ་མྱ་ངན་མེད།）之国王处为其所生之子，影佳行美，漂亮。……此子遭王所弃……为了此子，地生一乳，此子以先前的福泽善业根基之力量，得乳头将其抚育，于是其子名为“萨勒尼玛尼”（地乳）。此子速快成长，接替汉地父王的王权，拥有了诸多财富，诸多大臣围他而转。

藏文原文（224叶A面）：

བར་གྱུར་ནས། རྒྱའི་བློན་པོ་ཆེན་པོ་ཇང་ཤོ་ལ་སོགས་པས་རིམ་གྱིས་རྒྱ་དང་། རྒྱ་གར་གྱི་གྲོང་དང་། གྲོང་ཁྱེར་དང་། གྲོང་རྡལ་འདེབས་པར་འགྱུར་རོ། །དེ་ལྟར་རྒྱལ་པོ་ས་ལས་ནུ་མ་ནུ་དེ་མི་རབས་དུ་མའི་བར་དུ་ཡུལ་འདིའི་རྒྱལ་པོ་བྱེད་པར་འགྱུར་རོ། །རྒྱལ་པོ་དེ་རྣམས་ཀྱིས་ཀྱང་རིམ་གྱིས་སོ་སོ་ནས་ཡུལ་འདིར་དགོན་པའི་གནས་དང་གཙུག་ལག་ཁང་བྱས་ན་ཞིང་ཆུ་དང་། འབངས་དང་། ཞལ་ཏ་བྱེད་པ་ཡང་འབུལ་ཞིང་། ལ་ལ་ཡང་བདག་ཉིད་ཀྱང་རབ་ཏུ་འབྱུང་བར་བྱེད་དོ། །ལ་ལ་ནི་བུ་དང་བུ་མོ་རབ་ཏུ་འབྱིན་པར་བྱེད་དོ། །ལ་ལ་ནི་འབངས་ལས་གྲངས་མེད་པ་ཞིག་རབ་ཏུ་འབྱུང་བར་གནང་བར་བྱེད་དོ། །ཡུལ་འདིར་མི་བྱང་ཆུབ་སེམས་དཔའི་རིགས་ཅན་མང་པོ་ཞིག་འབྱུང་སྟེ། རྟག་ཏུ་དཀོན་མཆོག་གསུམ་ལས་དགེ་བའི་རྩ་བ་སོགས་ཤིང་བསོད་ནམས་བྱ་བའི་དངོས་པོ་བྱེད་པར་འགྱུར་རོ། །དེ་ལྟར་ན་ཡུལ་འདི་ནི་རྒྱལ་པོ་ས་ལས་ནུ་མ་ནུས་ཡུལ་བཏོད་པའི་ཚུལ་དེ་ལྟ་བུས་འབྱུང་བར་འགྱུར་རོ། །ཡུལ་འདི་ནི་སངས་རྒྱས་འབྱུང་བ་རེ་རེའི་ཚེ་ཡང་བྱུང་ཞིང་རྒྱས་པར་འགྱུར་རོ། །ཅིའི་

ཕྱིར་ཡུལ་གཞན་དང་གཞན་དག་གི་ནི་ཞི་གནས་ཡུན་རིང་མོ་ཞིག་ཏུ་སྟོང་ཤིང་དགོན་པར་འདུག་ལ་ཡུལ་དགེ་བ་ནི་སངས་རྒྱས་འབྱུང་བ་རེ་རེའི་ཚེ་མི་རྣམས་ཀྱིས་བརྒྱན་ཅིང་མཛེས་པར་འགྱུར་ཞེ་ན། འདི་ལྟར་ཡུལ་འདི་ནི་ཐུབ་པ་དྲང་སྲོང་ཆེན་པོའི་གནས། དེ་བཞིན་གཤེགས་པའི་སྤྱོད་ཡུལ་མཆོད་རྟེན་གོ་མ་སླ་ལ་གན་ད་ཞེས་བྱ་བ་རི་གླང་རུ་དང་ཉེ་བ་ཆུ་བོ་གོ་མའི་འགྲམ་ན་ཡོད་པའི་ཕྱིར་རོ།། མཆོད་རྟེན་འདི་མདོ་སྡེའི་ནང་ནས་ནི་མིང་གོ་མ་སླ་ལ་གན་ད་ཞེས་བྱ་བའོ། །འཇིག་རྟེན་ཕལ་གྱི་ཡང་ཐ་སྙད་དུ་ནི་ཆུ་བོ་གོ་མའི་འགྲམ་ཞེས་བྱ་བར་འདོགས་པར་འགྱུར་ཏེ། འདི་ལྟར་ཛེ་སྲིད་དུ་མཆོད་རྟེན་ཆུ་བོ་གོ་མའི་འགྲམ་ཞེས་བྱ་བ་དང་། འོད་སྲུང་གི་མཆོད་རྟེན་འདི་གཉིས་རྒྱས་ཤིང་མཆོད་གནས་སུ་བྱེད་པ་དེ་སྲིད་དུ་ནི་ཡུལ་དགེ་བ་ཡང་རྒྱས་ཤིང་བཟང་པོར་འགྱུར་རོ། །ནམ་མཆོད་རྟེན་འདི་གཉིས་ཉམས་པའི་ཚེ་ཡུལ་ཡང་ཉམས་ཅིང་སྟོངས་པར་འགྱུར་རོ། །དེ་ནས་དེའི་ཚེ་འཁོར་དེར་འདུས་པའི་ལྷ་རྣམས་ཀྱིས་བཅོམ་

汉文译文：

王子萨勒尼玛尼随一称作姜肖的大臣（བློན་པོ་ཆེན་པོ་ཧང་ཤོ།），与几个士兵一起从汉地来到此。然后，依次为根据地，国王萨勒尼玛尼为经营此地，为此将此地起名为“萨勒尼玛尼之地”。当时，从西方一些地方许多天竺人也将来到此地，做了国王萨勒尼玛尼的臣民，并将形成了几种政治（制度）。汉地大臣姜肖等将逐步兴建（类似）汉区与天竺的城市、村庄。

如是，国王萨勒尼玛尼从若干代人中（脱颖而出）将就任此地之国王。那些国王们就逐步在各地修建了寺院圣地、佛殿，修渠灌溉（ཞིང་ཆུ།），对臣民教诲，有些自身也出家为僧，有些人的子女出家，有些人施舍臣民出家无数。此地，亦产生众多菩提心者，供奉三宝，积善基、福泽业。由此，就产生了将此地交付给国王萨勒尼玛尼（经营）的如此情况。此地，于每一世佛产生之时期，如果说人们变得庄重而美丽的话，如是在此。

能仁大仙（佛）的圣地，称作如来的所行处高玛萨拉干达佛塔，因为其所在位于牛角山很近的高玛河畔（གོ་མའི་འགྲམ།）。此塔在经典中称作“高玛萨拉干达”，世间又称作“曲吾高玛扎木”（ཆུ་བོ་གོ་མའི་འགྲམ།）①，如此曲吾高玛扎木，乃饮光佛塔也。此塔所在为世间净地，因此更加庄严而美丽，接受供奉。此塔衰败时，此地也衰败而变成了旷野。尔时，汇聚于此的众神们，

藏文原文（224叶B面）：

ལྡན་འདས་ཀྱིས་བཀའ་སྩལ་བའི་གསུང་དེ་ཐོས་ནས་མཆོད་རྟེན་གོ་མ་སླ་ལ་གན་ད་དང་། རི་གླང་རུ་ལ་དད་པ་དང་གུས་པ་ཆེན་པོ་སྐྱེད་དེ། སངས་རྒྱས་བཅོམ་ལྡན་འདས་ལ་མགོ་བོས་ཕྱག་འཚལ་སྐྱབས་སུ་སོང་ནས་སྤྱན་སྔར་འདི་སྐད་དུ་བདག་ཅག་ཀྱང་དུས་དེའི་ཚེ་ཡུལ་འདིར་རིགས་མཐོན་པོར་སྐྱེས་ནས་བདེ་བར་གཤེགས་པའི་བསྟན་པ་བསྲུང་ཞིང་། ཡུལ་ཆོས་ཀྱི་བཀའ་ཁྲིམས་མི་ཉམས་པར་བྱེད་པར་གྱུར་ཅིག་ཅེས་སྨོན་ལམ་བཏབ་བོ། །དེ་ནས་དེའི་ཚེ་བཅོམ་ལྡན་འདས་ཀྱིས་ལྷའི་རྒྱལ་པོ་རྣམ་ཐོས་ཀྱི་བུ་དང་། བྱང་ཆུབ་སེམས་དཔའ་སེམས་དཔའ་ཆེན་པོ་འདུ་ཤེས་ཅན་ཞེས་བྱ་བ་དང་། ལྷའི་ལྷ་མི་ཕམ་པ་ཞེས་བྱ་བ་དང་། ཀླུའི་རྒྱལ་པོ་ཁྲིམ་འཚོག་ཅེས་བྱ་བ་དང་། ལྷ་ནམ་མཁའི་དབྱངས་ཞེས་བྱ་བ་དང་། ལྷ་གསེར་གྱི་ཕྲེང་བ་ཅན་ཞེས་བྱ་བ་དང་། ལྷ་མོ་ལྕགས་ཀྱུ་ཅན་ཞེས་བྱ་བ་དང་། ལྷ་མོ་གནས་ཅན་ཞེས་བྱ་བ་རྣམས་ལ་འདི་སྐད་

① 意为“高玛河岸”。

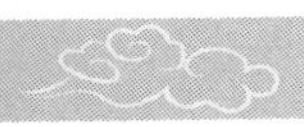

ཅེས་བཀའ་སྩལ་ཏོ། །རིགས་ཀྱི་བུ་ཁྱེད་རྣམས་ལ་མཆོད་རྟེན་གོ་མ་སཱ་ལ་གན་དྷ་དང་། རི་གླང་རུ་ཡུལ་དང་བཅས་པ་དང་། ངའི་བསྟན་པ་དང་། སྲས་རྣམས་ཡོངས་སུ་གཏད་ཀྱིས་ཡོངས་སུ་བསྲུང་བ་དང་།བསྐྱབ་པ་དང་། བསྐྱང་བ་དང་། མཆོད་གནས་སུ་འགྱུར་བར་གྱིས་ཤིག །ཡུལ་འདིའི་རྒྱལ་པོ་དང་། ཡུལ་འཛིན་པའི་བློན་པོ་དང་། སྦྱིན་བདག་ཆོས་དང་མཐུན་པ་རྣམས་ཀྱང་ཡོངས་སུ་གཏད་ཀྱིས་དེ་བཞིན་དུ་གྱིས་ཤིག །རི་གླང་རུ་ལུང་བསྟན་པའི་མདོ་འདི་ཡང་ཡོངས་སུ་གཏད་ཀྱིས་འཕེལ་ཞིང་རྒྱས་པར་གྱིས་ཤིག །གང་གི་ཚེ་ཡུལ་འདི་མེའམ་ཆུའམ་ཕ་རོལ་གྱི་དམག་གིས་ཉེན་ཅིང་ཕོངས་པར་གྱུར་པ་ན་མདོ་འདི་བཀླག་པ་དང་། ཁ་ཏོན་དང་། མཆོད་པ་དང་། བསམ་པ་དང་བསྒོམ་པ་བྱས་ན་དེས་ན་ཡུལ་དེའི་གནོད་པ་ཞི་བར་འགྱུར་རོ། །མ་འོངས་པའི་དུས་ན་སེམས་ཅན་རྣམས་ཀྱི་ལས་ཀྱི་རྣམ་པར་སྨིན་པས་ཡུལ་འདིར་སྲུམ་པ་རྣམས་དང་བོད་རྣམས་འོང་བར་འགྱུར་གྱིས་དེའི་ཚེ་མདོ་འདི་ལྷགས་ཤིག་དང་། མདོ་འདི་ཐོས་ནས་མདོ་འདིའི་མཐུ་དང་། ལྷ་རྣམས་ཀྱི་བྱིན་གྱིས་དད་པ་མེད་པ་དེ་རྣམས་

汉文译文：

听到了薄伽梵的教诲，对高玛萨拉干达佛塔和牛角山心生极大的信仰和敬奉，对佛薄伽梵进行了顶礼和皈依，当即祈祷祝愿："我等在此时此地，出生于高贵种姓，护持善逝[①]之佛教，愿此地方教法、戒律永住！"

尔时，薄伽梵神王对多闻子和菩提心大菩提者称作"都西坚"（འདུ་ཤེས་ཅན། 思惟者）[②]者，世尊叫作"米盘巴"（ལྷའི་ལྷ་མི་ཕམ་པ། 不败）者[③]，龙王称作"齐目慈"（ཀླུའི་རྒྱལ་པོ་ཁྱིམ་ཚིག 家言）者[④]，神称作"那木卡央"（ལྷ་ནམ་མཁའི་དབྱངས། 天空妙音）者，神叫作"色吉昌瓦"（ལྷ་གསེར་གྱི་ཐེང་བ་ཅན，金色宝鬘）者，叫作"杰合吉坚仙女"（ལྷ་མོ་ལྕགས་ཀྱུ་ཅན། 铁钩者）者，神女称作"内坚"（ལྷ་མོ་གནས་ཅན།）者等做了教诲："对您等善男们、高玛萨拉干达佛塔、牛角山圣地和我佛和所有佛子（སྲས་རྣམས།）交付请您等善神们并给予守持、护佑、供养，变成供奉处！统治此地之国王，经营此地的大臣，施主与佛有缘者们也普遍托付。如是！此《牛角山授记》亦完全交付，并使发扬光大吧！"此时，此地或火，或水，或被外面的军队祸害和贫穷了，读到此经，

藏文原文（225叶A面）：

ཡུལ་འཇིག་པར་བྱེད་ཅིང་ཡིད་ཀྱང་འཀྲོད་པར་འགྱུར་རོ། །མ་འོངས་པའི་དུས་ན་ཡུལ་འདིར་རྒྱ་རྣམས་ཀྱང་འོང་བར་འགྱུར་གྱིས་དེའི་ཚེ་མདོ་འདི་ལྷགས་ཤིག་དང་། མདོ་འདི་ཐོས་ནས་དེ་དག་དད་པ་སྐྱེས་བར་འགྱུར་རོ།།དད་པའི་སྟོབས་ཀྱིས་ཡུལ་མི་འཇིག་ཅིང་ཕྱིར་ཞིང་བསྲུང་བ་དང་། བསོད་ནམས་བྱ་བའི་དངོས་པོ་ཡང་བྱེད་པར་འགྱུར་ཏེ། རྒྱུ་དེས་ན་མདོ་འདི་ནི་ཡུལ་ལ་ཕན་འདོགས་པར་བྱེད་པ་ཡིན་ནོ། །མདོ་འདིའི་ཕན་ཡོན་གཞན་ཡང་མང་དུ་ཡོད་དེ་ཡུན་ཐུང་དུས་ནི་བརྗོད་པར་མི་ནུས་སོ། །དེའི་ཕྱིར་མདོ་འདི་ཁྱེད་རྣམས་ལ་ཡོངས་སུ་གཏད་དོ། །དེ་ནས་དེའི་ཚེ་རྣམ་ཐོས་ཀྱི་བུ་ལ་སོགས་པ་ལྷ་རྣམས་དང་། ཀླུའི་རྒྱལ་པོ་དང་། ལྷ་མོ་དེ་དག་ཐམས་ཅད་འཁོར་དང་བཅས་ཏེ་ལངས་ནས་བཅོམ་

① 善逝，梵音译作"修伽陀"。依安乐大道菩萨乘，趋证安乐上果佛位者。

② 想者，"想"五遍行之一，自立辨察各自对境不共形相之心所。

③ 他胜，梵音译作波罗夷。违犯别解脱律仪和菩萨律仪根本戒构成的重罪。

④ 齐目慈（ཁྱིམ་ཚིག），系藏语。

ལྡན་འདས་ཀྱི་སྤྱན་སྔར་ཕྱུས་མོའི་ལྷ་ང་ས་ལ་བཙུགས་ཏེ། ཐལ་མོ་སྦྱར་ནས་འདི་སྐད་ཅེས་གསོལ་ཏོ། །བཙུན་པ་བཅོམ་ལྡན་འདས་བདག་ཅག་རྣམས་ཀྱིས་བཅོམ་ལྡན་འདས་ཀྱི་བཀའ་སྤྱི་བོས་ལེན་པར་འཚལ་ལོ། །ཡང་གསོལ་བ། སྟོན་པ་བཅོམ་ལྡན་འདས་ཀྱིས་ཇི་སྐད་བཀའ་སྩལ་པ་བཞིན་དུ་མཆོད་རྟེན་གོ་མ་སླ་ལ་གན་ད་དང་། རི་གླང་རུ་ཡུལ་དང་བཅས་པ་ཐམས་ཅད་ཀྱང་ཡོངས་སུ་བསྲུང་བར་འཚལ། བདེ་བར་གཤེགས་པའི་བསྟན་པ་དང་ཆོས་དང་མཐུན་པའི་རྒྱལ་པོ་དང་། རབ་ཏུ་བྱུང་བ་དང་། ཆོས་དང་མཐུན་པར་ཡུལ་འཛིན་པ་དང་། ཆོས་དང་མཐུན་པའི་སྦྱིན་བདག་དང་། གང་ཞིག་བསོད་ནམས་བྱ་བའི་དངོས་པོ་བགྱིད་པར་འགྱུར་པ་དེ་དག་ཐམས་ཅད་ཀྱང་ཡོངས་སུ་བསྲུང་བར་ནི་འཚལ་ན། བཅོམ་ལྡན་འདས་ཇི་སྲིད་དུ་ཡུལ་འདིར་དཀོན་མཆོག་གསུམ་མཆོད་གནས་སུ་བགྱིད་པ་དང་། ཡུལ་འཛིན་པས་ཀྱང་ཆོས་དང་མཐུན་པར་ཡུལ་སྐྱོང་ཞིང་ཆོས་དང་མི་མཐུན་པའི་སེམས་ཅན་རྣམས་ཀྱི་མགོན་མི་བགྱིད་པ་དེ་སྲིད་དུ་ནི་བདག་ཅག་གིས་ཡོངས་སུ་བསྲུང་བར་རྗེ་ཐོགས་སྟེ། མདོ་འདི་ཡང་ལི་ཡུལ་ཡུན་རིང་དུ་གནས་པར་བགྱི་བའི་སླད་དུ་ལི་ཡུལ་ལས་ཉེ་འོག་ཏུ་གྱུར་པའི་རྒྱལ་པོ་དང་། བློན་པོ་རྣམས་ལ་མདོ་སྡེ་འདི་ནི་བཅོམ་ལྡན་འདས་ཀྱིས་ལི་

汉文译文：

口诵和供奉，进行思维和观想，则此地之灾就会平息。未来时，众生们的业报纯熟，在此地的松巴们（སུམ་པ་རྣམས།）[①]、吐蕃们（就会）来到。彼时，念颂此经吧！闻听此经后，以此经的力量和众神之福力，不信仰者们的地域将毁灭且心情会变得沮丧。在未来时，来到此地的汉族人们，彼时，念颂此经吧！闻听此经后，他们将俱生敬信，信仰之力量使大地不灭且复来而守护，变得福泽业丰。由此，此经对此地大有益处，此外尚有许多别的功德。短时间内不能念颂，为此，此经皆交付与你们。

尔时，多闻子等诸神，龙王、仙女等所有随从等起立，在薄伽梵尊前面跪立合掌如是道：“尊者薄伽梵，我等谨奉薄伽梵的教诲。”又曰：“释迦牟尼如此教诲，对高玛萨拉干达佛塔、牛角山等全部也遍施护持。如来佛、与佛教相容的国王、僧人、与佛教相容的地方主、与佛教相容的施主，衍生出福泽业的实质，其全部也普遍得到护持！薄伽梵无论如何，让此地供奉三宝，地方主也要与佛教相容并护持地方，与佛教相容的众生无保佑的世间，我等普遍护持，为了让此经在李域永存。对从李域世间（之地）生成之国王，大臣们，此经呢，是薄伽梵为了李域

藏文原文（225叶B面）：

ཡུལ་གྱི་ཆེད་དུ་རི་གླང་རུ་ལ་བཤད་པ་ཡིན་ནོ་ཞེས་རྣར་གྲགས་པར་བགྱི། སྲུག་པར་ཐོབ་པར་བགྱི། སེམས་བསྒྱུར་བར་བགྱིའོ། །བཅོམ་ལྡན་འདས་ནམ་ཡུལ་འདིར་དཀོན་མཆོག་གསུམ་མཆོད་གནས་སུ་མི་བགྱིད་ཅིང་། ཆོས་དང་མི་མཐུན་པ་རྣམས་ཀྱི་མགོན་ལྷག་པར་བགྱིད་པ་དེའི་ཚེ་བདག་ཅག་རྣམས་ཀྱི་གཟི་བརྗིད་དང་མཐུ་སྟོབས་ཉམས་པར་འགྱུར་བས་ཡུལ་འདིའི་ཆེད་དང་བསྲུང་བར་ནི་རྗེ་མི་ཐོགས་སོ། །དེ་ཅིའི་སླད་དུ་ཞེ་ན། བདག་ཅག་གི་མཐུ་སྟོབས་དང་གཟི་བརྗིད་ནི་བདེ་བར་གཤེགས་པའི་བསྟན་པ་དང་། ཆོས་དང་མཐུན་པར་ཡུལ་ཚུལ་བཞིན་དུ་སྐྱོང་པ་དང་། བསོད་ནམས་བྱ་བའི་དངོས་པོ་དགེ་བའི་རྩ་བའི་མཐུས་འཕེལ་བར་འགྱུར་ལགས་སོ། །དེ་ནས་དེའི་ཚེ་སངས་རྒྱས་བཅོམ་ལྡན་འདས་

---

① 松巴（སུམ་པ།），藏语名称，汉文史料中称为“苏毗”，为藏族历史上吐蕃一地方政权。

གདན་ལས་བཞེངས་ནས་རི་གླང་རུའི་སྟེང་གི་འགྲམ་ནས་མཆོད་རྟེན་གོ་མ་སཱ་ལ་གན་དྷ་གང་ན་བདེ་ཕྱོགས་སུ་གཟིགས་ནས། ཡང་ནས་ཡང་དུ་དེ་བཞིན་གཤེགས་པའི་སྤྱོད་ཡུལ་མཆོད་རྟེན་གོ་མ་སཱ་ལ་གན་དྷ་དང་རི་གླང་རུ་དང་བཅས་པ་ལན་གཉིས་ལན་གསུམ་གྱི་བར་དུ་བྱིན་གྱིས་བརླབས་ནས་ལི་ཡུལ་ཐམས་ཅད་དང་། མཚོའི་ནང་ན་གནས་པའི་སེམས་ཅན་གྲངས་མེད་པ་རྣམས་ལ་འོད་ཟེར་དང་ཐུགས་རྗེ་ཆེན་པོས་ཁྱབ་པར་མཛད་དེ། འོད་ཟེར་དེ་དང་ཐུགས་རྗེ་ཆེན་པོ་དེས་ཆུ་ན་གནས་པའི་སེམས་ཅན་དེ་དག་ཐམས་ཅད་ཀྱི་སྡུག་བསྔལ་ནི་ཞི་བར་འགྱུར། ཁྲོ་བ་དང་འཁོན་དུ་འཛིན་པ་དང་ནི་བྲལ་ཏེ། བྱམས་པའི་སེམས་དང་ལྡན་པར་གྱུར་ཅིང་ལྷའི་བདེ་བ་དང་ལྡན་ནས་སྐད་ཅིག་དེ་ཉིད་ལ་སེམས་ཅན་དེ་དག་ལས་གྲངས་མེད་པ་ཞིག་ཚེ་འཕོས་ནས་ལྷ་དང་མི་རྣམས་ཀྱི་ནང་དུ་སྐྱེས་ཏེ། སངས་རྒྱས་ཉིད་དུ་གྱུར་པའི་ས་བོན་རྙེད་ཅིང་བྱང་ཆུབ་ལས་ཕྱིར་མི་ལྡོག་པར་གྱུར་ཏོ། །དེ་ནས་དེའི་ཚེ་བཅོམ་ལྡན་འདས་ཀྱིས་ལྷ་རྣམས་ལ་ལན་གསུམ་གྱི་བར་དུ་བོས་ནས་འདི་སྐད་ཅེས་བཀའ་སྩལ་ཏོ། །རིགས་ཀྱི་བུ་ཁྱེད་ཀྱིས་དམ་བཅས་པ་རྣམས་ནི་བརྩོན་འགྲུས་མེད་པར་མི་འགྲུབ་བོ། །རིགས་ཀྱི་བུ་ངས་བསྐལ་པ་གྲངས་མེད་པ་གསུམ་གྱི་བར་དུ་དཀའ་བ་སྤྱད་པའི་བསྟན་པ་འདི་དང་མཆོད་རྟེན་གོ་མ་ས་ལ་

汉文译文：

在牛角山所说。”耳边回响，肢体获得，心中感悟。薄伽梵何时在此地三宝供应处不作，与佛法不相容者们的护持特作时，我等的威严和威力即会衰败。此地的恰塘（ཆ་ཐང་།）无益，这是为何呢？我以如来佛之威力、威严，护理与佛相容之此地，造福泽业之实，以利于善业之根基力成就。

尔时，佛薄伽梵起立后，在牛角山旁边遥望高玛萨拉干达佛塔方向再三加持如来佛的行处高玛萨拉干达、牛角山地等，对所有李域和大海里面的无数众生们施以光明和慈悲，光明和悲业观世音菩萨消除了水中所有众生之苦，使之脱离愤怒和怀恨，具注慈悲之心和神之乐观。顿时，在那些众生中，无数生命往生（投胎）在神和人的中间。找到了衍生佛性之种子，成就菩提常住心。

尔时，薄伽梵对众神呼唤三遍并作如是教诲：“善男儿等所发之誓若无精进者无成。善男，我于三无数大劫间于此苦修之教法，对高玛萨拉干达佛塔

藏文原文（226叶A面）：

གན་དྷ་ཡུལ་དང་བཅས་པ་ཁྱེད་རྣམས་ལ་ཡོངས་སུ་གཏད་ཀྱིས་ཡོངས་སུ་སྲུངས་ཤིག །ཁྱེད་རྣམས་ལས་གང་ཞིག་གིས་ང་རྗེས་སུ་དྲན་ཞིང་གཟུངས་ཡོད་པ་དང་། བསྟན་པ་བསྲུང་བ་དེས་ནི་བསྟན་པ་འདི་ལ་རབ་ཏུ་བྱུང་བ་རྣམས་ཡོངས་སུ་བསྲུང་བར་གྱིས་ཤིག །དེ་ཅིའི་ཕྱིར་ཞེ་ན། མི་ཁྱིམ་པ་ལ་ལ་ཞིག་ལོ་བརྒྱའི་བར་དུ་ཉིན་རེ་ཞིང་དགེ་བའི་རྩ་བ་བསོད་ནམས་ཆེན་པོ་བྱེད་ལ། འགའ་ཞིག་ཉིན་གཅིག་རབ་ཏུ་བྱུང་ནས་བསྟན་པ་ལ་གནས་ན་སྔ་མས་ཕྱི་མའི་བསོད་ནམས་ཀྱི་བརྒྱའི་ཆར་ཡང་མི་ཆོག་གོ །དེ་ཅིའི་ཕྱིར་ཞེ་ན། སངས་རྒྱས་གངྒཱའི་ཀླུང་གི་བྱེ་མ་སྙེད་ཐམས་ཅད་ཀྱང་སྔར་ཁྱིམ་གྱི་གནས་སྤངས་ཏེ་རབ་ཏུ་བྱུང་ནས་སྤྱོད་ལམ་དེ་ཉིད་ཀྱིས་བྱང་ཆུབ་ཆེན་པོ་བརྙེས་སོ། །ང་ཡང་ཕ་རོལ་ཏུ་ཕྱིན་པ་དྲུག་ཡོངས་སུ་རྫོགས་ཏེ། ས་བཅུ་བརྙེས་ནས་སྲིད་པ་ཐ་མའི་ཚེ་ནམ་ཕྱེད་ན་རྒྱལ་པོའི་ཁབ་ནས་བྱུང་སྟེ་ནགས་ཚལ་དུ་གཤེགས་སོ། །ནགས་ཚལ་ནས་བཞོན་པ་རྒྱལ་པོ་ཡབ་ཀྱི་ཕྱོག་ཏུ་དགྲི་ནས་རང་གི་སྐྲ་རལ་གྲིས་བྲེགས་ཏེ། ངའི་གོས་ཀྱི་ནོམ་པ་རིན་ཐང་མེད་པ་རྫོན་པ་ལ་ཆོས་གོས་ངུར་སྨྲིག་ཏུ་བརྗེས

སོ། །ངས་ཆོས་གོས་དེ་གྱོན་ནས་དུས་གསུམ་གྱི་སངས་རྒྱས་ཐམས་ཅད་ལ་ཕྱག་འཚལ་སྐྱབས་སུ་སོང་ནས་རབ་ཏུ་བྱུང་བའི་སྤྱོད་ལམ་བཟུང་བ་དང་ལྷ་ཐམས་ཅད་ལ་ཕྱག་འཚལ་སྐྱབས་སུ་སོང་ནས་ཕྱི་བཞིན་དུ་འབྲང་ངོ་། །ང་ཡང་སྤྱོད་ལམ་དེ་ཉིད་ཀྱིས་ཡང་དག་པར་རྫོགས་པའི་སངས་རྒྱས་བརྙེས་སོ། །དེའི་ཕྱིར་བདེ་བར་གཤེགས་པའི་བསྟན་པ་ནི་དམ་པ་ཡིན་པར་ཤེས་པར་བྱའོ། །རབ་ཏུ་བྱུང་བ་ནི་བསོད་ནམས་དང་ལྡན་པར་ཤེས་པར་བྱའོ། །འཇིག་རྟེན་ན་ཁྱིམ་པས་ཐོབ་པ་མ་གཏོགས་པར་ཁྱིམ་པའི་ཆ་ལུགས་ཀྱིས་དགྲ་བཅོམ་པའམ། རང་སངས་རྒྱས་སམ། བླ་ན་མེད་པའི་བྱང་ཆུབ་ཐོབ་པ་ནི་སུས་ཀྱང་མ་ཐོས་མ་མཐོང་ངོ་། །རབ་ཏུ་བྱུང་བའི་སྤྱོད་ལམ་འདི་ནི་འཇིག་རྟེན་ན་ལྷ་ལ་སོགས་པ་ཐམས་ཅད་ཀྱི་མཆོད་གནས་ཡིན་ནོ། །དེ་ནས་དེའི་ཚེ་ལྷ་དང་ལྷ་མོ་དེ་ཐམས་ཅད་སྟན་ལས་ལངས་ནས་དབྱངས་གཅིག་ཏུ་སངས་རྒྱས་བཅོམ་ལྡན་འདས་ལ་འདི་སྐད་ཅེས་

汉文译文：

及此地域向汝等广遍交付，并一心守护！你等无论如何须牢记不忘，守持教法者将此教法授予出家人等使之普遍护持！何故如此？有些在家人，在百年中每天都做大的善业福泽。有些出家守戒者却不是如此，而两者相比，前者的福泽不到后者的百分之一，何故如此？‘甘嘎’（恒河）沙数般众多的一切佛通过出家修行，才证得大菩提，我也圆满了六度（ཕ་རོལ་ཏུ་ཕྱིན་པ་དྲུག）[①]、证得十地（ས་བཅུ་བརྙེས།），最后有[②]时。午夜从王宫中出走，去往林苑。在林苑，让健徒驾马返回王宫，用剑剃去自己的头发，我的贵重衣物向猎人换成不值钱的黄色袈裟，我穿上袈裟，对所有三世佛（དུས་གསུམ་གྱི་སངས་རྒྱས།）顶礼皈依后，守持出家的行止。众神向我顶礼皈依相伴随。我的行止自身找到了正遍知[③]。如是，安乐灭寂的教法为稳固的所知，所谓出家是具备福泽的所知。在世间，在家信众除了扮演过薄伽梵，独觉佛，无上菩提等诸佛的形象外，自己从来没有听见过真身。此出家的行止，是在世间对所有神的供奉。”

尔时，所有神和天女从座垫上起立，异口同声地对佛薄伽梵这样呈献：

藏文原文（226叶B面）：

གསོལ་ཏོ། །བཙུན་པ་བཅོམ་ལྡན་འདས་བདག་ཅག་རྣམས་ཀྱིས་བཅོམ་ལྡན་འདས་ཀྱིས་ཇི་ལྟར་བཀའ་སྩལ་པ་བཞིན་འཚལ་ཞིང་བསམས་བཞིན་དུ་ནི་བཀའ་ལས་འགལ་བ་མི་འཚལ་ལོ། །ཡུལ་འདི་སངས་རྒྱས་ཀྱི་བསྟན་པ་དང་། དེ་བཞིན་གཤེགས་པའི་སྤྱོད་ཡུལ་མཆོད་རྟེན་དང་བཅས་པ་ཡང་ཀུན་ཏུ་བསྲུང་བ་དང་། བསྐྱང་བ་དང་། རྗེས་སུ་གཟུང་བར་འཚལ་གྱིས། བཅོམ་ལྡན་འདས་ཀྱིས་ཀྱང་བདག་ཅག་རྣམས་ལ་མཐུ་བསྐྱང་དུ་གསོལ། དེ་ཅིའི་སླད་དུ་ཞེ་ན། མ་འོངས་པ་ཇོད་པའི་དུས་ན་ཕྱིན་གྱིས་བརླབས་བརླབས་པའི་ཡུལ་འདིར་དགྲ་མང་པོ་དང་། མ་དད་པ་དང་། ཕྱིར་རྒོལ་བ་བདེ་བར་གཤེགས་པའི་བསྟན་པ་ལ་དད་པའི་ཁྱད་པར་མི་རྙེད་ཅིང་། བསྟན་པ་གཞིག་པའི་སླད་དུ་བརྩོན་པ་དག་འབྱུང་

① 六度，藏语称为“帕绕度辛巴珠”，六到彼岸。六波罗蜜多：佛书所说布施度、持戒度、忍辱度、精进度、禅定度、智慧度。

② 最后有，不随业力在此世界轮回受生者，即将证声闻乘阿罗汉及十地菩萨。

③ 正遍知，正等觉，藏语称作“央得化尔作会桑吉”。《藏汉大辞典》解释：梵音译作三藐三菩提。如来殊胜功德之一类：真实如理，无有颠倒为正；证大涅槃，不住二遍为等；三障永净，慧莲广开为觉。梵语三藐为正，三为等，菩提为觉。（参见张怡荪主编的《藏汉大辞典》，民族出版社，1993年，2549页）

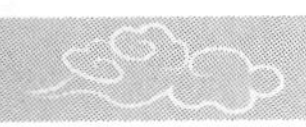

བའི་སྣད་དུའོ། །དེ་ནས་དེའི་ཚེ་བཅོམ་ལྡན་འདས་ཀྱིས་ལྷ་དེ་དག་ལ་ལེགས་སོ་ཞེས་བྱ་བ་གནང་སྟེ། སྐྱེས་བུ་དམ་པ་རྣམས་ལེགས་སོ་ལེགས་སོ། །ངས་ཀྱང་ཡུལ་འདི་བྱིན་གྱིས་བརླབས་ཟིན་ཏོ། བྱིན་གྱིས་བརླབས་པ་དེ་ཉིད་ཀྱིས་མཚམས་བཅད་པ་ཡང་ཡིན་ནོ། །མ་འོངས་པ་རྩོད་པའི་དུས་ན། ཡུལ་འདི་གཞོམ་པའི་ཕྱིར་སུམ་པའི་དམག་ཕལ་མོ་ཆེ་དང་། གྲུ་གུ་རུས་སྣ་ཚོགས་དང་། ཧོར་དང་། གཞན་ཡང་དད་པ་མེད་པ་དག་འོང་བར་འགྱུར་ཏེ། དེའི་ཚེ་ཡུལ་གཞན་དང་གཞན་དག་ནས་དེ་བཞིན་གཤེགས་པའི་གཟུགས་བརྙན་བྱིན་གྱིས་བརླབས་པ་དག་ཡུལ་འདིར་གཤེགས་ནས་ཡུལ་གྱི་མཚམས་སྲུང་བར་མཛད་དེ། བསོད་ནམས་ཀྱི་སྟོབས་དེས་ན་ཡུལ་འདི་གཏན་ཀླག་པར་མི་འགྱུར་རོ། །གཟུགས་བརྙན་དེ་དག་གི་ཕྱི་བཞིན་དུ་བྱང་ཆུབ་སེམས་དཔའ་དང་། ལྷ་དང་། ཀླུ་མཐུ་སྟོབས་དང་ལྡན་པ་མང་པོ་དག་འོང་ཞིང་ཡུལ་དུ་གནོད་པ་རྣམས་ཟློག་པར་བྱེད། དགྲ་རྣམས་ཀྱིས་ཡུལ་མི་ཚོམས་པར་བྱེད་དེ། བདེ་བ་ཅན་ཞེས་བྱ་བའི་མཁར་ནས་དེ་བཞིན་གཤེགས་པ་བདེ་བའི་འབྱུང་གནས་ཞེས་བྱ་བའི་གཟུགས་བརྙན་གཤེགས་ནས་ནུབ་ཕྱོགས་མཁར་ཀོ་ཤེད་དུ་བཞུགས་ཤིང་ཡུལ་གྱི་མཚམས་བསྲུང་བར་འགྱུར་རོ། །བྱང་ཕྱོགས་སུ་ཡུལ་ཤེ་ན་ཞ་ཞེས་བྱ་བའི་དེ་བཞིན་

汉文译文：

“尊者薄伽梵（སངས་རྒྱས་བཅོམ་ལྡན་འདས།），我等如何遵守薄伽梵教诲而不使之违背？”曰：“此地佛法，如来所教化之地之佛塔等予以普遍守护，希望守护和摄持。”“薄伽梵亦示谕对我等之诅咒！是为何故？”曰：“以后辩论时，在此加持之地，有许多敌人和无信仰者，而相反，（持信）善逝教法者却颇为难觅。为护法故，为生精进故如是。”

尔时，薄伽梵对诸神道：“‘善哉！’善男信女等表示‘善哉！’我也在此地加持，加持自身是没有终结的。以后辩论时，为了毁坏此地，松巴的大部分军队，朱固（དྲུ་གུ་རུས།）①的各种姓，霍尔（ཧོར།），此外无信仰者们也会来到。此时，从他地和遥远之地，加持过的如来佛像将往此地，护持此地界，福泽之威力，永固不坏。随此佛像菩提心者和神、威力巨大的许多龙神来到此地，回遮此地之灾害。使众敌不能灭除此地。”

从称作“戴瓦坚”之城（བདེ་བ་ཅན།）中，如来佛安详之源的佛像赴西方“皋协”城（མཁར་ཀོ་ཤེད།）安住，守护此国界；北方称作“西那夏”之地（ཡུལ་ཤེ་ན་ཞ།），

藏文原文（227叶A面）：

གཤེགས་པའི་གཟུགས་བརྙན་ཤེ་ན་ཞ་ཞེས་བྱ་བའི་སའི་འོག་ནས་འབྱུང་བར་འགྱུར་ཞིང་ཡུལ་གྱིས་མཚམས་བསྲུང་བར་འགྱུར་རོ། །དེ་བཞིན་གཤེགས་པའི་གཟུགས་བརྙན་ཀའི་ལང་ཞེས་བྱ་བ་གཤེགས་ནས་ཤར་ཕྱོགས་ཡུལ་ཕྱི་མ་ཞེས་བྱ་བའི་མཁར་དུ་ཞུགས་ཤིང་ཡུལ་གྱི་ས་མཚམས་བསྲུང་བར་འགྱུར་རོ། །དེ་བཞིན་གཤེགས་པའི་གཟུགས་བརྙན་ཕྱི་སེ་ཞེས་བྱ་བ་གཤེགས་ནས། བྱང་ཕྱོགས་ཀྱི་རི་སྣང་རུ་ལ་འོད་སྲུང་གི་མཆོད་རྟེན་གྱི་དྲུང་དུ་བཞུགས་ཤིང་དགེ་སློང་དགོན་པ་པ་རྣམས་ཀྱི་དགེ་བའི་རྩ་བ་བསྐྱེད་ཅིང་། དེ་བཞིན་གཤེགས་པའི་བསྟན་པ་དང་། ཡུལ་གྱི་ས་མཚམས་བསྲུང་བར་འགྱུར་རོ། །མཁར་དགེ་བ་ཅན་བྱ་བའི་ནང་ན་ཚོང་འདུས་ཀས་དི་ཟེ་ཞེས་བྱ་བར་དེ་བཞིན་གཤེགས་པའི་གཟུགས་བརྙན་

① 朱固，据《藏汉大辞典》解释是古代阿里之北和和阗之南一小邦名，汉史称为突厥。（参见张怡荪主编的《藏汉大辞典》，民族出版社，1993年，1332页）

རྒྱལ་པོའི་ཕོ་བྲང་གནས་ཞེས་བྱ་བ་བཞུགས་ཤིང་མཁར་དགེ་བ་ཡུལ་དང་བཅས་པའི་ས་མཚམས་བསྲུང་པར་འགྱུར་རོ། །ས་གཞི་ཧོ་མོ་ཀ་ཞེས་བྱ་བ་གང་དུ་རྒྱལ་པོ་ཡོ་ལ་ཞེས་བྱ་བས་མཁར་བརྩིག་པའི་གྲོས་བྱེད་པར་འགྱུར་བ་དེར་དེ་བཞིན་གཤེགས་པའི་གཟུགས་བརྙན་ཙུ་གོན་བན་ཞེས་བྱ་བ་བཞུགས་ཤིང་མཁར་དགེ་བ་ཅན་ཞེས་བྱ་བ་ཡུལ་དང་བཅས་པའི་ས་མཚམས་བསྲུང་བར་འགྱུར་རོ། །གཙུག་ལག་ཁང་དེ་ཛྙ་ཞེས་བྱ་བར་དེ་བཞིན་གཤེགས་པ་མར་མེ་མཛད་ཀྱི་གཟུགས་བརྙན་ཐོར་ཁོང་དུ་བྱས་པ་གཤེགས་པར་གྱུར་ཏེ། གཟུགས་བརྙན་དེ་ནི་འཛམ་བུའི་གླིང་གི་གཟུགས་བརྙན་ཐོར་ཁོང་དུ་བྱས་པ་ཐམས་ཅད་ཀྱི་ཐོག་མར་འབྱུང་བ་ཡིན་ནོ། །གཟུགས་བརྙན་དེ་ལ་མི་རྣམས་ཀྱིས་ནི་མཚན་བཀོར་བའི་མར་མེ་མཛད་ཅེས་བྱ་བར་འདོགས་པར་འགྱུར་ཏེ། དེ་ནི་ལི་ཡུལ་གྱི་གཟུགས་བརྙན་ཐོར་ཁོང་དུ་བྱེད་པ་ཐམས་ཅད་ཀྱི་དཔེར་འབྱུང་ཞིང་། བདེ་བར་གཤེགས་པའི་བསྟན་པ་ཡུལ་དང་བཅས་པ་ཡོངས་སུ་བསྲུང་པར་འགྱུར་རོ། །གཞན་ཡང་དེ་བཞིན་གཤེགས་པ་རིན་ཆེན་མང་གི་གཟུགས་བརྙན་ཡུལ་འདིའི་དབུས་སུ་གཤེགས་ནས་ཕྱོགས་བཅུའི་མཚམས་གཅོད་པར་མཛད་དེ། ཇི་སྲིད་དུ་དེ་བཞིན་གཤེགས་པའི་གཟུགས་བརྙན་ཕྱོགས་ཕྱོགས་ན་བཞུགས་པ་

汉文译文：

如来佛像在称作“西那夏”由地下踊出，使此地界被守护；称作“古浪”（ཀའི་ལང་།）的如来佛像，将赴东方称作“些玛”的城堡（ཡུལ་བྱི་མ།）安住，此地并被一守护；称作“悉塞”的如来佛像将赴北方的牛角山，安住在饮光佛塔跟前，成为比丘修行之善业根基，守护如来佛的教法和地界。在称作“盖瓦坚”的城内，在称作“聪迪给戴斯”如来佛像安住此并守护称作“王宫”和“盖瓦域”城。称作“萨依枭摩尼”（ས་གཞི་ཧོ་མོ་ཀ།）的国王尧拉（རྒྱལ་པོ་ཡོ་ལ།）会商议建城，此处，如来佛安住并守护在称作“具郭尔班”（གོར་པན།）和“盖瓦坚”城地方等区域。在称作“达杂雅”的佛殿（གཙུག་ལག་ཁང་དེ་ཛྙ།）点燃酥油灯的佛像充满后而消失，影子是赡部洲的佛像充满大地的首次产生。由此李域人因此形象起名为“作名字旋转的酥油灯”（མར་མེ་མཛད།），于是，产生了李域的佛像充满大地的实例，保护所有善逝教法之地。否则，诸多宝贝如来的形象在此地消失，则十方终止。

藏文原文（227叶B面）：

དེ་དག་མཆོད་གནས་སུ་བྱེད་པ་དེ་སྲིད་དུ་ཡུལ་འདི་བརླག་པར་མི་འགྱུར་རོ། །ཡུལ་འདི་ནས་སྐྱེས་པའི་མིའམ། ཡུལ་གཞན་ནས་སྐྱེས་པའི་མི་ལ་ལ་ཞིག་དེ་བཞིན་གཤེགས་པའི་གཟུགས་བརྙན་དེ་དག་ལ་སྙིང་ཐག་པ་ནས་དད་པ་དང་གུས་པ་དང་རབ་ཏུ་དང་བར་བྱེད་ཅིང་། འདི་སྙམ་དུ་བདེ་བར་གཤེགས་པའི་གཟུགས་བརྙན་འདི་དག་ནི་ཡུལ་འདི་བསྲུང་བའི་སླད་དུ་གཤེགས་སོ་སྙམ་དུ་ཡང་སེམས་ན། གཟུགས་བརྙན་དེ་དག་ཀྱང་སངས་རྒྱས་བཞུགས་པ་བཞིན་དུ་དོན་མཛད་པར་འགྱུར་རོ། །དེ་ཅིའི་ཕྱིར་ཞེ་ན། གཟུགས་བརྙན་དེ་དག་ང་དང་དུས་གསུམ་དུ་གཏོགས་པའི་སངས་རྒྱས་ཐམས་ཅད་ཀྱིས་བྱིན་གྱིས་བརླབས་པའི་ཕྱིར་རོ། །གཞན་ཡང་ཡུལ་འདིར་ངའི་གཟུགས་བརྙན་ཆེན་པོ་ཤིང་རྟས་འདྲེན་པ་བྱས་ཏེ། མཁར་དགེ་བ་ཅན་ཞེས་བྱ་བའི་ནང་དུ་བཞག་ནས་མཆོད་གནས་ཆེན་པོར་བྱེད་པར་འགྱུར་རོ། །དེས་ན་ཡུལ་འདིར་ཕྱོགས་དང་ཕྱོགས་མཚམས་ནས་ཚོང་དཔོན་ཆེན་པོ་རྣམས་འོང་བར་འགྱུར་ཞིང་གནོད་པ་རྣམས་ཀྱང་ཞི་བར་འགྱུར་རོ། །གཞན་ཡང་ཡུལ་འདིར་དེ་བཞིན་གཤེགས་པའི་གཟུགས་བརྙན་ཉིས་བརྒྱ་ཙ་བརྒྱད་འོད་སྲུང་གི་མཆོད་རྟེན་དང་བཅས་པ་འབྱུང་བར་འགྱུར་ཏེ། དེ་དག་ཐམས་ཅད་ཀྱང་ཆོ་འཕྲུལ་ཆེན་པོ་

སྟོན་ཅིང་སེམས་ཅན་རྣམས་ཀྱི་སྡིག་པ་ཆེན་པོ་ཡོངས་སུ་སྦྱོང་བ་དང་། གནོད་པ་སེལ་པར་མཛད་པར་འགྱུར་རོ། །ཡུལ་འདིར་གནོད་པ་དང་འཇིགས་པ་དང་། སྐྲག་པ་འགའ་ཞིག་བྱུང་ན་ཡུལ་འདི་ཆེད་དུ་ཕྱོགས་ལྷར་སྦྱོར་བ་བྱས་ཏེ། རྒྱལ་པོ་དང་བློན་པོ་རྣམས་ཡུལ་འཛིན་པ་གང་ཞིག་འཇིགས་པ་དང་བྲལ་བར་བྱ་བའི་བདེ་བར་གཤེགས་པའི་བསྟན་པ་ལས་བསོད་ནམས་བསྐྱེད་པར་འདོད་ན་གཙུག་ལག་ཁང་ཚར་མ་ཞེས་བྱ་བར་བསོད་ནམས་བྱའོ། །དེ་ཅིའི་ཕྱིར་ཞེ་ན། ཡུལ་འདིའི་མི་རྣམས་ཀྱི་དད་པ་དང་། ཡང་དག་པའི་ལྟ་བ་ནི་དང་པོའི་གཙུག་ལག་ཁང་དེ་ནས་སྐྱེ་བར་འགྱུར་རོ། །ནམ་ཞིག་ལའི་རྒྱལ་པོ་དང་། བློན་པོ་དང་། ཡུལ་འཛིན་པ་རྣམས་ལ་གནོད་པ་རྣམ་པ་སྣ་ཚོགས་ཤིག་བྱུང་ན། རི་གླང་རུ་ལ་སྟོན་ཡང་དག་པར་རྫོགས་པའི་སངས་རྒྱས་གང་ན་བཞུགས་བཞུགས་པའི་གཞི་དེ་ལ་བསྐོར་

汉文译文：

若如来佛的形象处处安住并供奉，则此地安然无毁。此地所出生之人和其他地方出生之人，他们想念如来佛像，虔诚而敬仰，崇信而紧密无间，也想念此善逝佛的佛像，为守护此地而灭寂之故。此佛像也如同佛安住之情形一样。

盖瓦坚城内安放并得到极大的供奉。于是，从此地诸方而来的巨富商贾们，灾祸得以消除。此外，在此地将出现如来佛像幻化二百二十八座的饮光佛塔，它们全部显示。于是，众生所有巨大的痛苦和灾难得到了消除。此地若产生灾祸、怖畏、恐惧，为了此地，联合各方，则是国王与大臣等统治者，以及另外的统治者与善逝教法相分离的缘故；若要产生福泽，需在“擦玛”佛殿（གཙུག་ལག་ཁང་ཚར་མ）中为此地各方护持。何故如此，此地人们的信仰与正念，佛殿就首先产生了。对某些国王、大臣和统治者们产生各种各样的灾祸。

昔日在牛角安住山，而正遍知安住何处？在安住之地去供奉。若此地众生要忏悔不善，

藏文原文（228叶A面）：

བར་བྱའོ། །ཡུལ་འདིའི་སེམས་ཅན་རྣམས་ལས་མི་དགེ་བ་འཆགས་པར་འདོད་ན་མཆོད་རྟེན་གོ་མ་སྭ་ལ་གན་དའི་དྲུང་དུ་བཤགས་པར་བྱའོ། །དེ་ཅིའི་ཕྱིར་ཞེ་ན། མཆོད་རྟེན་དེ་ནི་སངས་རྒྱས་བཞུགས་པ་བཞིན་དུ་གང་དག་གིས་བསྐོར་བའམ། མེ་ཏོག་གམ། བདུག་པའམ། དབྱངས་སམ། རོལ་མོའི་སྐྱས་མཆོད་པ་བྱས་ན་དེའི་མཚམས་མེད་པ་ལྔ་ཡང་ཉམས་དམས་པར་འགྱུར་ན། གཞན་ལྟ་སྨོས་ཀྱང་ཅི་དགོས། ཡུལ་འདིའི་རྒྱལ་པོ་དང་། བློན་པོ་དང་། ཡུལ་འཛིན་པ་གང་ཞིག་བརྟུལ་ཞུགས་ཆེན་པོའི་སྡོམ་པ་ལེན་པར་འདོད་པ་དེས་རི་གླང་རུ་གང་ན་དེ་བཞིན་གཤེགས་པའི་གཟུགས་བརྙན་པི་སེ་ཞེས་བྱ་བ་དང་། འོད་སྲུང་གི་མཆོད་རྟེན་ཡོད་པའི་དེའི་དགེ་འདུན་ལས་མནོད་པར་བྱའོ། །དེ་ཅིའི་ཕྱིར་ཞེ་ན། ཡུལ་འདིར་ཆོས་ཀྱི་སྤྱོད་པ་དེ་ཡོངས་སུ་རྫོགས་པ་དང་། ཚུལ་ཁྲིམས་ཡོངས་སུ་དག་པ་ནི་དེ་ནས་འབྱུང་བར་འགྱུར་བའི་ཕྱིར་རོ། །ཡུལ་འདིའི་མི་ལ་ལ་ཞིག་ཆད་པ་ཆེན་པོ་ལ་ཐུག་ན་དེས་རི་གླང་རུ་ལ་གནས་པའི་འཕགས་པའི་དགེ་འདུན་ལ་སྐྱབས་སུ་འགྲོ་བར་བྱས་ཏེ། དེས་ན་ཆད་པ་དེ་ལས་ཐར་བར་འགྱུར་རོ། །དེ་ཅིའི་ཕྱིར་ཞེ་ན། གནས་དེ་ནི་ཐར་པ་ཐོབ་པ་སྟོང་ཕྲག་དུ་མའི་ཕྱི་མའི་མཐའི་བར་དུ་གནས་ཤིང་མི་སྟོངས་པའི་ཕྱིར་རོ། །རྒྱུ་དེས་ན་རི་གླང་རུ་དང་མཆོད་རྟེན་གོ་མ་སྭ་ལ་གན་ད་ཡུལ་དང་བཅས་པ་དེ་བཞིན་གཤེགས་པ་རྣམས་ཀྱི་ཆང་བུ་ཡིན་ནོ། །དེ་ནས་དེའི་ཚེ་ཕྱོགས་བཅུའི་སངས་རྒྱས་ཀྱི་ཞིང་དག་ནས་བྱང་ཆུབ་སེམས་དཔའ་ཉི་ཁྲི་ལྷགས་ནས། བཅོམ་ལྡན་འདས་གང་ན་བདེ་ལེགས་སུ་ཐལ་མོ་སྦྱར་བ་བཏུད་དེ་དབྱངས་གཅིག་ཏུ་འདི་སྐད་ཅེས་གསོལ་ཏོ། །བཅོམ་ལྡན་འདས་བདག་ཅག་རྣམས་ཀྱིས་ཀྱང་ཐབས་སྣ་

ཚོགས་ཀྱིས་དེ་བཞིན་གཤེགས་པའི་སྤྱོད་ཡུལ་དང་ཡུལ་འདི་ཡོངས་སུ་བསྐྱང་བར་བགྱི། བསྲུང་བར་བགྱི་ཞིང་ཇི་སྲིད་དུ་བདེ་བར་གཤེགས་པའི་བསྟན་པ་དང་། དཀོན་མཆོག་གསུམ་ལ་གནས་ཤིང་། རྒྱལ་པོ་དང་བློན་པོ་ལ་སོགས་པ་མིའི་ཚུལ་ཁྲིམས་དང་ལྡན་པ་དད་པ་ཅན་དང་། ཡུལ་ཆོས་དང་འཐུན་པར་བགྱིད་པ་མཆིས་པ་དེ་སྲིད་དུ་ཡོངས་སུ་མི་

汉文译文：

则皆去高玛萨拉干达佛塔前忏悔，何故如此？乃此佛塔如同佛安住一样，他们去朝拜或为之献花，或为薰香或奏乐，能消除五无间罪（མཚམས་མེད་པ་ལྔ།）① 且不说其他，此地欲持大戒之国王、大臣、地方主，去牛角山如来佛像“悉塞”（་དེ་བཞིན་གཤེགས་པའི་གཟུགས་བརྙན་ཤི་སེ།）和有饮光佛塔的僧伽处受戒。何故如此？乃此地具有产生使法行（ཆོས་ཀྱི་སྤྱོད་པ།）普遍圆满，戒律普遍正确之情形。此地，若某些人犯大罪过，只需到牛角山圣地的尊者僧家处皈依，自此罪过就会消除。何故如此？乃此圣地获得解脱数千人，而最终安住且无空尽的原因，此因正是牛角山和高玛萨拉干达佛塔地等为诸如来铁钩。

尔时，从十方佛的净土（ཕྱོགས་བཅུའི་སངས་རྒྱས་ཀྱི་ཞིང་དག），赴薄伽梵尊前的两万菩萨双手合掌，异口同声地祈请道：“薄伽梵，我等也用各种方法使如来佛的行地广受护持。将护持延及至善逝教法，以使三宝安住。国王，大臣等以及具备入戒的信仰者，使之与地方习俗相符，

藏文原文（228叶B面）：

གཏང་ཞིང་ཡུལ་འདིར་དུས་དུས་སུ་སྤྱོད་ལམ་དང་ཆ་ལུགས་ཅི་དང་ཅི་ལྟ་བུས་སེམས་ཅན་མང་པོའི་བསོད་ནམས་ཆེན་པོ་ཡོངས་སུ་སྨིན་པར་འགྱུར་བ་དང་། སངས་རྒྱས་ཉིད་དུ་སེམས་བསྐྱེད་པར་འགྱུར་བ་དང་། བསམ་གཏན་དང་། ཏིང་ངེ་འཛིན་ལ་སྙོམས་པར་འཇུག་པར་འགྱུར་བ་དང་། སངས་རྒྱས་ཉིད་ལས་ཕྱིར་མི་ལྡོག་པར་འགྱུར་བ་དེ་ལྟ་བུའི་སྐྱེ་བ་བླང་བའི་སླད་དུ་ཁ་ཅིག་གིས་ནི་རྒྱལ་རིགས་ཡོངས་སུ་བཟུང་བར་བགྱི། ཁ་ཅིག་གིས་ནི་རབ་ཏུ་བྱུང་བ་དང་། ཁྱིམ་པ་གཞན་གྱི་ཆ་ལུགས་ཡོངས་སུ་བཟུང་བར་བགྱིའོ། །བཅོམ་ལྡན་འདས་ཀྱིས་བཀའ་སྩལ་པ། རིགས་ཀྱི་བུ་ལེགས་སོ་ལེགས་སོ། །རིགས་ཀྱི་བུ་ཁྱེད་རྣམས་ཀྱིས་འདི་ལྟར་བསྐལ་པ་བཟང་པོའི་སངས་རྒྱས་ཐམས་ཅད་ཀྱི་སྤྱོད་ཡུལ་དང་ཡུལ་འདི་གང་དུ་སེམས་ཅན་རྣམས་སངས་རྒྱས་ཉིད་ལས་ཕྱིར་མི་ལྡོག་པར་འགྱུར་བ་དེ་ལྟ་བུར་ཆུ་གང་ཐོབ་ཅིག ཡང་དེའི་ཚེ་ལྷ་རྣམ་ཐོས་ཀྱི་བུ་ཞེས་བྱ་བ་དང་། མི་ཕམ་པ་ཞེས་བྱ་བ་ལ་སོགས་པ་ལྷ་ཐམས་ཅད་ཀྱིས་བཅོམ་ལྡན་འདས་ལ་འདི་སྐད་ཅེས་གསོལ་ཏོ། །བཅོམ་ལྡན་འདས་ད་ནི་བྱང་ཆུབ་སེམས་དཔའ་སེམས་དཔའ་ཆེན་པོ་རྣམས་ཀྱི་ཡུལ་འདི་བསྲུང་བའི་སླད་དུ་མཐུ་བསྟངས་པ་དང་། བཅོམ་ལྡན་འདས་ཀྱི་བྱིན་གྱིས་བརླབས་པ་དང་མཐུས་བདག་ཅག་གིས་ཀྱང་དེ་བཞིན་གཤེགས་པའི་སྤྱོད་ཡུལ་དང་། བྱིན་གྱིས་བརླབས་བརླབས་པའི་ཡུལ་འདི་ཀུན་དུ་བསྲུང་ཞིང་ཡལ་བར་མི་གཏང་བར་བགྱི་བའི་སླད་དུ་བརྩོན་འགྲུས་ཆེན་པོའི་ཤུགས་ཀྱིས་འབད་པར་འཚལ་ལོ། །གལ་ཏེ་ཡུལ་འདིར་གྲུ་གུ་ལ་སོགས་པ་གཏུམ་པོ་དད་པ་མ་མཆིས་པ་རྣམས་དང་། ཧོར་དང་། སུམ་པའི་དམག་དག་མཆི་བར་འགྱུར་ན། དེ་དག་ཕན་ཚུན་ནང་འཁྲུག་འབྱུང་བ་དང་། དེ་དག་གི་འཁོར་ནང་མི་འཐུན་པར་འགྱུར་བ་དང་། འགྱུམ་པར་འགྱུར་བར་བགྱིའོ། །ཡང་ན་དེ་དག་ཅི་ནས་ཀྱང་འདིར་མཆི་ཞིང་དེ་བཞིན་གཤེགས་པའི་བསྟན་པ་འཇིག་མི་ནུས་པར་བགྱི་བའི་སླད་དུ་གཞན་གྱི་དབང་དུ་འགྱུར་བར་བགྱིའོ། །གལ་ཏེ་རྒྱའི་དམག་དག་མཆིས་པར་

① 五无间罪，藏语称“参买哦”（མཚམས་མེད་པ་ལྔ།），即弑父、弑母、杀阿罗汉、破僧和合、恶心出佛身血。

གྱུར་ན་དེ་དག་གི་སེམས་དད་པར་བགྱི་ཞིང་། སླར་ཡུལ་འདི་ལ་ཕན་

汉文译文：

乃至普遍不舍弃（佛法），且使成为此地永恒的举止行为（规范）。装束如何？为诸多众生的大福泽普遍变得成熟故，佛自身将大发菩提心，入禅定和等持；为成为犹如佛位不退之受生故，有如此这样的持王室家族、持出家、是或别的在家者的装束。"

薄伽梵教诲："善男！善哉！善哉！善男你等在如此贤劫诸佛（བསྐལ་པ་བཟང་པོའི་སངས་རྒྱས་ཐམས་ཅད།）之行地，请此地各方众生为了佛位变得不退获得如此心力！"

又在此时，称作"神之多闻子"和"弥旁巴"[①] 等诸神对薄伽梵这样说道："现在，薄伽梵为了守护菩提心大菩萨（བྱང་ཆུབ་སེམས་དཔའ་སེམས་དཔའ་ཆེན་པོ་རྣམས་ཀྱི་ཡུལ།）们在此地释放力量，施以加持。又强使我等也于此如来之行地，为了此地被加持而受普遍守护而不至消失，以最大的精勤之力而努力！倘若此地朱固等粗野的无信仰者们，以及霍尔、松巴之军队来到，他们互相发生内战，他们的下属因不合而亡。此外，他们来此，并非为了如来的教法不被毁灭，也不是因为别的权利需要统治。

倘若，汉族人的军队动身，由于他们的虔诚信仰此地将会再次获益，

藏文原文（229叶A面）：

འདོགས་པ་དང་ཕྱིས་ཡུལ་འདིར་བསོད་ནམས་བྱ་བའི་དངོས་པོ་དགེ་བ་རྒྱ་ཆེན་པོ་བགྱིད་དུ་སྩལ་ཏོ།།ནམ་ཞིག་ཡུལ་འདིའི་སེམས་ཅན་རྣམས་ལ་གནོད་པ་བགྱིད་པ་དེའི་ཚེ་ན་ཡང་ཕྱིར་དད་པར་བགྱི་ཞིང་། མདོ་འདི་ཡང་ཕོང་དུ་ཆུད་པར་བགྱིད་དུ་སྩལ་ཏོ། །གང་གི་ཚེ་དེ་དག་མ་འོངས་པར་དཀོན་མཆོག་གསུམ་གྱི་ཡོ་བྱད་ལ་དབང་འཚལ་ཞིང་། མང་དུ་འཕྲོག་པ་དང་། སེམས་ཅན་བསོད་ནམས་དང་ལྡན་པ་རྣམས་ལ་འཚེ་བ་དེའི་ཚེ་ནི་བདག་ཅག་གི་འཁོར་གནོད་སྦྱིན་དད་པ་ཅན་དང་དད་པ་མ་མཆིས་པ་དུ་མ་ཞིག་དབང་བསྒྱུར་ཏེ་བཀྱི་ནས་ཡུལ་དེར་ཅི་ནས་ཀྱང་ཡུན་རིང་མོ་ཞིག་གི་བར་དུ་རྒྱུད་པར་བགྱི་ཞིང་ཡུལ་འདི་འཇིག་མི་ནུས་པར་བགྱི་བའི་སླད་དུ་སུ་གེ་དང་ནད་དང་ཕ་རོལ་གྱི་དམག་མཆི་བར་བགྱིད་དུ་སྩལ་ཏོ། །ལི་ཡུལ་གྱི་ནོར་རྫས་དེ་དག་གིས་འཚལ་བ་རྣམས་ཀྱང་བཀྲ་མི་ཤིས་པར་བགྱི་ཞིང་གང་དང་གང་དུ་ཕྱིན་པའི་ཡུལ་དེ་ཐམས་ཅད་དུ་ཡང་སྨན་ཡོན་མི་ཐོགས་ཤིང་འབྲུག་པར་བགྱིའོ། །དེ་དག་གི་ཡུལ་འཛིན་པ་དང་དམག་དཔོན་ཡང་རྒུད་པར་བགྱིའོ། །བོད་ཀྱི་དམག་རྣམས་ལ་ཡང་དེ་བཞིན་དུ་རིག་པར་བགྱི་སྟེ། དེ་གང་གི་ཚེ་དེ་དག་ཆོས་དང་འབྲུབ་པར་ཡུལ་འདི་འཛིན་ཅིང་སྲུང་ན་ནི་བདག་ཅག་རྣམས་ཀྱིས་ཀྱང་དེ་དག་ཡོངས་སུ་བསྲུང་ཞིང་རྒྱལ་པར་འགྱུར་བར་བགྱིའོ། །ནམ་ཞིག་དེ་དག་བདེ་བར་གཤེགས་པའི་བསྟན་པ་འཇིག་པ་དང་ཡུལ་གྱི་མི་ལ་གནོད་པར་བགྱིད་པ་དེའི་ཚེ་ནི་དམག་རྣམས་ནང་འབྲུག་འབྱུང་བ་དང་། དམག་གི་དཔོན་པོ་ཡང་ཚེ་ཐུང་དུ་རྒུད་པར་བགྱི་སྟེ། རྒྱ་པར་ནི་ཧོ་མ་བཞིན་ནོ། །མ་འོངས་པའི་དུས་ན་ཡུལ་འདིའི་རྒྱལ་པོ་དང་བློན་པོ་སེམས་གྱི་རྒྱུ་ཅན། བསོད་ནམས་ཆུང་བ་དང་། དད་པ་མེད་པ། དཀོན་མཆོག་གསུམ་གྱི་དཀོར་ལ་འཇོལ་ཉག་ཏུ་རློམ་ཞིང་། ཡུལ་གྱི་ཁྲིམས་འགོ་དང་འགལ་བར་བགྱིད་པ། ནོར་རྫས་མ་བརྟགས་པས་གོ་འཕང་ཆོལ་ལ་སེམས་ཅན་བསོད་ནམས་དང་ལྡན་པ་རྣམས་སུན་འབྱིན་དུ་གསོལ་བ། ངོ་ཚ་མེད་པ། མ་ངན་དུས་ཅན། འདོད་པའི་ཡོན་ཏན་

① 弥旁巴，系藏语，意为"不败者"。

གྱིས་ངོམས་མི་མྱོང་བ། རབ་ཏུ་འབྱུང་བ་དག་གིས་སེམས་སྐྱོ་བ་ལ་ལ་དག་

汉文译文：

并最终为此地福泽之性而行广大善业。

何时，此地之众生遭祸害之时，又会重新（获得）信仰，并彻底领悟此经。何时，对那些未来三宝之资具顶礼，所掠很多，损害具备福泽的众生时，我等的随从信徒夜叉，稍许无信仰者灌顶后，派往此地，无论如何，在很长的时期内衰落了。为了此地不至于毁坏，灾荒、瘟疫、敌军来犯。李域之财产，都遭到了毁坏，且变得很不吉祥。所到之处，（瘟疫）无法治疗且战乱不休。他们的统治者、军官也受重创。

吐蕃军队也看到了如此之前景。当时，他们统治和护理了与佛法相符的此地，我等也对他们普遍拥护而信任。一天，他们毁灭善逝佛法，伤害此地人们时，军中发生内战，军官短时内败阵，而（善逝佛法）兴盛将如同先前。

未来时期，此地的国王，大臣之虚伪者、具备小福泽者们对通过反驳攻击无羞耻感者、持恶咒者而积功德的欲望从无满足，

藏文原文（229叶B面）：

འབྱུང་བར་འགྱུར་ན་དེ་དག་ནི་བདག་ཅག་གིས་ཀྱང་ཡུལ་འདི་ནས་འབྱུང་བ་ཞིང་ཡུལ་ངན་པ་གཞན་དག་ཏུ་སྤྱུགས་པར་བགྱི་སྟེ། ཚུལ་དེ་ལྟ་བུས་ཡུལ་འདི་ཡོངས་སུ་བསྐྱང་བ་དང་བསྲུང་བར་བགྱིའོ། །བཅོམ་ལྡན་འདས་སླད་མ་རྗོད་པའི་དུས་ན་ཡུལ་འདི་གཞིག་པར་བརྩོན་པའི་སེམས་ཅན་བདུད་ཀྱི་ཕྱོགས་སྡིག་པ་བགྱིད་པ། མཐུ་སྟོབས་དང་ལྡན་པ། ཡུལ་དག་ཏུ་སེམས་ཅན་རྣམས་ཀྱི་དད་པ་ཟློག་པར་བགྱིད་པ། སེམས་གདུག་ཅིང་བརླང་པའི་ལྷ་དང་། ཀླུ་དང་། གནོད་སྦྱིན་དང་། སྲིན་པོ་དུ་མ་ཞིག་འབྱུང་བར་འགྱུར་ལ། དེ་དག་ཀྱང་བདག་ཅག་གི་དབང་དུ་མ་འགྱུར་ན་དེ་ལ་བདག་གིས་ཐབས་ཇི་ལྟར་འཚལ། བཅོམ་ལྡན་འདས་ཀྱིས་བཀའ་སྩལ་པ། རིགས་ཀྱི་བུ་ཁྱོད་ཡིད་སྐྱོ་བར་མ་བྱེད་ཅིག །དེ་ཅིའི་ཕྱིར་ཞེ་ན། གླིང་བཞི་པ་འདི་ན་བྱང་ཆུབ་སེམས་དཔའ་རྣམས་དང་། ལྷ་མཐུ་སྟོབས་ཆེ་བ་དང་། ཀླུ་དང་། གནོད་སྦྱིན་ས་ཐོབ་པ་དུ་མ་ཞིག་གནས་པ་དེ་དག་ལ་སེམས་འཛེམ་པོས་མཆོད་པ་ཆེན་པོ་བྱས་ཏེ། མཆོད་རྟེན་གོ་མ་སྣ་ལ་གན་ད་དང་། གཙུག་ལག་ཁང་ཚར་མ་ལ་སོགས་པ་ཡུལ་བྱིན་གྱིས་བརླབས་པ་རྣམས་སུ་ཐེག་པ་ཆེན་པོའི་སྡེ་སྣོད་ཤེས་རབ་ཀྱི་ཕ་རོལ་ཏུ་ཕྱིན་པ་དང་། འདུས་པ་ཆེན་པོ་དང་། སངས་རྒྱས་ཕལ་པོ་ཆེ་དང་། དཀོན་མཆོག་བརྩེགས་པ་ལ་སོགས་པ་ཤིན་ཏུ་རྒྱས་པའི་སྡེ་མང་པོ་ཕྱོགས་ཤིག་དང་། ཡུལ་སོ་སོ་ནས་བྱང་ཆུབ་སེམས་དཔའ་ས་བཅུ་པ་ལ་སོགས་པ་དང་། མཐུ་སྟོབས་ཆེན་པོའི་སེམས་ཅན་དེ་དག་ཡུལ་འདིར་འོངས་ནས་ཆོས་ཀྱི་རོ་མནོས་ཤིང་དུས་གསུམ་དུ་གཏོགས་པའི་དེ་བཞིན་གཤེགས་པ་རྣམས་ཀྱི་དམ་ཚིག་ལས་མི་འགལ་བར་བྱེད། བསྐལ་པ་བཟང་པོའི་སངས་རྒྱས་རྣམས་ཀྱི་སྤྱོད་ཡུལ་དང་ཡུལ་ཡང་སྲུང་བར་བྱེད། ཡུལ་འདིའི་མི་དང་བསྟན་པ་ཡང་སྲུང་བར་བྱེད་པར་འགྱུར་རོ། །གཞན་ཡང་མ་འོངས་པའི་དུས་ན་ཡུལ་དགེ་བ་འདིའི་རྒྱལ་པོ་མཐུ་ཆུང་བར་འགྱུར་ཏེ། མཐུ་ཆུང་བ་དེས་ན་རང་གི་མཐུ་སྟོབས་ཀྱིས་ཡུལ་མི་ཐུབ་པས་རྒྱལ་པོ་དད་པ་ཅན་གཞན་འདི་ལྟ་སྟེ། བོད་ཀྱི་རྒྱལ་པོ་དང་།

汉文译文：

出家者们亦产生了伤感，此中情形呢，在我等此地亦同样发生。（出家者）流放到蛮荒之地。此地情形，要广布护理和守持！问薄伽梵未来争论时期，精勤的众生魔方（སེམས་ཅན་བདུད་ཀྱི་ཕྱོགས་སྡིག），具备了恐吓的力量，捣毁了此地众生的信仰，产生了些许心肠恶毒且粗野的神、鲁、夜叉、罗刹，他们也成为我们的统治（者），对此我等应如何寻找办法？薄伽梵教诲："善男，你等勿要悲伤！

"何故如此？在此四洲（གླིང་བཞི་པ།），住有很多菩提心者、威猛神（ལྷ་མཐུ་སྟོབས་ཆེ་བ།）、鲁和夜叉获地者（གནོད་སྦྱིན་ས་ཐོབ་པ།），对它们心平气和地极大供奉，对高玛萨拉干达佛塔和擦玛拉佛殿等加持之地，请它们收回《大乘藏度智慧般若大方经》（ཐེག་པ་ཆེན་པོའི་སྡེ་སྣོད་ཤེས་རབ་ཀྱི་ཕ་རོལ་ཏུ་ཕྱིན་པ་འདུས་པ་ཆེན་པོ།）、《宝积经》（སངས་རྒྱས་ཕལ་པོ་ཆེ།）①、《方广经》（དཀོན་མཆོག་བརྩེགས་པ།）② 等许多经典。从各地菩萨十地（བྱང་ཆུབ་སེམས་དཔའ་ས་བཅུ་པ།）③ 等，大威德众生（ཐུ་སྟོབས་ཆེན་པོའི་སེམས་ཅན།）来到此地，接受法音，与属三世之如来（དེ་བཞིན་གཤེགས་པ།）们的誓言不相悖，祥劫佛的行地也要保护，此地的人和教法也要守持。"

此外，在未来时，此善地之国王（ཡུལ་དགེ་བ་འདིའི་རྒྱལ་པོ།）威力渐小，威力小者用自己的威力（护持）不了（国）土。依靠别的有信仰的国王，如在藏王

藏文原文（230叶A面）：

རྒྱའི་རྒྱལ་པོ་ལ་སོགས་པ་ལ་སྐྱབས་བཅོལ་ནས་ཡུལ་སྲུང་བར་བྱེད་དོ། །དེ་ཅིའི་ཕྱིར་ཞེ་ན། མ་འོངས་པའི་དུས་ན་རྒྱ་དང་བོད་ཀྱི་ཡུལ་དུ་དཀོན་མཆོག་གསུམ་གནས་ཤིང་མཆོད་གནས་ཆེན་པོར་བྱེད་པ་དང་། ཡུལ་དེ་དག་ཀྱང་བྱང་ཆུབ་སེམས་དཔའ་སེམས་དཔའ་ཆེན་པོའི་གནས་སུ་འགྱུར་ཞིང་། སེམས་ཅན་དེ་དག་ཀྱང་བྱང་ཆུབ་ཆེན་པོའི་ལམ་ཚོལ་བའི་དད་ཚུལ་ཅན་ཐེག་པ་ཆེན་པོ་ལ་དད་པ། ཉིང་དེ་འཛིན་ལ་གཞོལ་བར་

①《宝积经》，全书四十九品，分由梵文、汉文及于阗等西域其他文字译成藏文。（参见张怡荪主编《藏汉大辞典》，民族出版社，1993年，61页）

②《方广经》，详明宣说十波罗蜜多等菩萨道。属大乘经藏，是十二分教之一。((参见张怡荪主编《藏汉大辞典》，民族出版社，1993年，2849页）

③ 大乘菩萨十地，藏语为"贤曲赛化萨积"即 ① 欢喜地，② 离垢地，③ 发光地，④ 焰慧地，⑤ 极难胜地，⑥ 现前地，⑦ 远行地，⑧ 不动地，⑨ 善慧地，⑩ 法云地。若按照旧派密乘随类瑜伽所说为资粮道十地，① 变异不定地，② 能异因地，③ 重要修治地，④ 有学相续地，⑤ 福泽所依地，⑥ 坚固胜进地，⑦ 缘境生果地，⑧ 安住不变地，⑨ 流布法胜地，⑩ 圆满周遍地。汉文文献中阐释菩萨十地：指大乘佛教所主张的菩萨修行过程中渐次要达到的十个重要境界或阶次，称之为菩萨十地。修习菩萨十地，要依持佛的智慧，负荷众生的痛苦，以菩萨之行，支持众生出离苦海，犹如大地支撑树木，故称"地"。菩萨修行共有五十二个阶位，十地为其中第四十二位至第五十位。经过十地的修习，菩萨才能不受烦恼的困惑和扰乱，具备成佛的可能，进而再修第五十一位"等觉"，进入第五十二位"妙觉"，终至成佛。十地为：① 欢喜地，开始发中道之智，自利利他，而感欢喜。② 离垢地，住于中道之理，入众生界的污垢中，而又离之。③ 发光地，修习佛道，发出明净的佛光。④ 陷慧地，智光炽盛，生无生忍。⑤ 难胜地，空卻无明，胜利卻前位。⑥ 现前地，观照诸法，显现寂灭无二之相。⑦ 远行地，体会中道之境，继续向前推进。⑧ 步动地，安住于中道无相的智慧之境，而不动动摇。⑨ 善慧地，以善巧的慧观而入无生忍之道。⑩ 法云地，领授佛的职位，以其慈悲与智慧覆盖整个法界，有如大云。（见《佛教思想大辞典》台湾商务印书馆，1992年，第51页）

འགྱུར་ཏེ། དེ་དག་གི་མཐུ་སྟོབས་ཀྱིས་ལི་ཡུལ་གྱི་མི་དང་། དཀོན་མཆོག་གསུམ་བརླག་པར་མི་འགྱུར་རོ། །སྐྱེས་བུ་དམ་པ་ཁྱེད་རྣམས་ཀྱིས་ཀྱང་བོད་དང་རྒྱའི་རྒྱལ་པོ་དང་བློན་པོ་དག་ཅི་ནས་ཀྱང་མཆོད་རྟེན་གོ་མ་ས་ལ་གན་ད་དང་། ཡུལ་དགེ་བ་འདི་ལ་རི་མོར་བྱེད་པར་འགྱུར་བ་དང་། ཡུལ་འདིར་བསོད་ནམས་བྱ་བའི་དངོས་པོ་དགེ་བ་རྒྱ་ཆེན་པོ་བྱེད་པར་འགྱུར་བ་དང་། ཡུལ་འདིའི་མི་ཉི་འོག་དད་པ་མེད་པའི་ཡུལ་གཞན་དུ་འཁྱམས་པ་རྣམས་ཀྱང་སྡུག་བསྔལ་དང་དབྲལ་ཞིང་བདེ་བར་རང་གི་ཡུལ་དུ་བསྐྱལ་ནས་ཕྱིར་ཡང་དག་པའི་ལྟ་བ་ཅན་དང་། བསོད་ནམས་ལ་དགའ་བར་འགྱུར་བར་སེམས་སྐྱུར་ཅིག་དང་། དགེ་བའི་རྩ་བ་དེའི་སྟོབས་ཀྱིས་སྐྱེས་བུ་དམ་པ་ཁྱེད་རྣམས་ཀྱི་དགེ་བའི་རྩ་བ་དང་། མདངས་དང་། གཟི་བརྗིད་དང་། འཁོར་འཕེལ་བར་འགྱུར་ཞིང་སངས་རྒྱས་ཉིད་དུ་ཡང་ཉེ་བར་འགྱུར་གྱིས། དུས་གསུམ་དུ་གཏོགས་པའི་དེ་བཞིན་གཤེགས་པ་རྣམས་ཀྱི་གདམས་ངག་ལ་བྱས་པ་གཟོ་བར་གྱིས་ཤིག། འདི་ལྟར་ཡུལ་འདིའི་སེམས་ཅན་རྣམས་ཕྱིར་མི་ལྡོག་པ་བྱང་ཆུབ་སེམས་དཔའི་ལས་དང་ལྡན་པ། སྙིང་རྗེ་དང་ལྡན་པ། བདེ་བ་དང་ལྡན་པ། གཏོང་ཕོད་པ། ཕྲག་དོག་དང་ཁོན་དུ་འཛིན་པ་རྣམ་པར་སྤངས་པ། བྱས་པ་གཟོ་བ། ཆོས་ལ་དགའ་བ། ཡང་དག་པར་ལྟ་བ་ཅན། ལོག་པའི་ལྟ་བ་ཐམས་ཅད་རྣམ་པར་སྤངས་པ། སེམས་འཇམ་པར་འགྱུར་ཏེ། རྒྱུ་དེས་ན་དགེ་བ་རྣམས་ཞེས་བྱའོ། །ཡུལ་འདིའི་མཁར་ཡང་མི་བྱམས་པ་དང་འཇམ་པའི་སེམས་དང་ལྡན་པ་རྣམས་དང་། མཆོད་རྟེན་དང་གཙུག་ལག་ཁང་དུ་མས་བརྒྱན་

汉文译文：

和汉王等的帮助下保护此地。何故如此？未来时，汉蕃之地（将笃信）三宝且广奉佛法，使此地域渐成菩提心大菩萨之地（བྱང་ཆུབ་སེམས་དཔའ་སེམས་དཔའ་ཆེན་པོའི་གནས།），那些众生也将寻觅摩诃菩提之道（བྱང་ཆུབ་ཆེན་པོའི་ལམ།）①，变得崇信大乘、（三昧）佛徒入定，此等威力震慑李域之人并三宝无毁。众生你等也将蕃汉的国王和大臣等，不管怎样，将此高玛萨拉干达佛塔和善地变成图画（般美丽），使得此地成为福泽业大净善，将此地的人世间中那些无信仰之地、彷徨者们也送到脱离痛苦之安乐地，为此，对正见者和福泽变得愉悦而舒心！用此善根的威力使贤者们的善根、光泽和荣盛、法轮常转且接近成佛，感念三世诸如来们的誓言吧！如此之地的众生们不退（转信），具菩提心业（བྱང་ཆུབ་སེམས་དཔའི་ལས།），具慈悲之心，具乐善好施，抛弃各种嫉恨，报恩、喜法，正见者，摒弃所有邪见②，心地变得和蔼，此因为诸善。此地之城也由人具备慈爱。心善者们，来将佛塔和寺院装饰，

藏文原文（230叶B面）：

པར་འགྱུར་ཏེ། དེའི་ཕྱིར་མཁར་དགེ་བ་ཅན་ཞེས་བྱའོ། །གཞན་ཡང་ཡུལ་གཞན་དག་ནས་སེམས་ཅན་དད་པ་མེད་པ་སྡང་བ་འཁོན་དུ་འཛིན་པ་དག་ཡུལ་འདིར་འོངས་པ་ཀུན་ཡུལ་འདིའི་རྟུལ་གྱིས་རེག་ཅིང་། ཡུལ་འདི་ནས་འབྱུངས་པའི་འཚོ་བ་ལ་ལོངས་སྤྱོད་ན་དེ་དག་ཐམས་

① 摩诃菩提，为“大觉”、“大菩提”梵文音译。超出有寂二边的大乘有学道。应断二障及其习气无余永净，应证二智一切功德完全证得，故称佛为大觉或大菩提。（参见张怡荪主编《藏汉大辞典》，民族出版社，1993年，1869页）摩诃菩提又称金刚座，因其处是释迦牟尼在菩提树下成道处故得名，印度佛教圣地之首。

② 邪见，藏语称“道合达”，全称“道合贝达瓦”，误认因果功用前生后世等诸事有事物为非实有的染污慧。其功用能使不行善业而断善根，行恶业而起恶念等颠倒取舍的行为。（参见张怡荪主编《藏汉大辞典》，民族出版社，1993年，2813页）

ཅན་གྱི་སེམས་བསྒྱུར་ནས་སེམས་འཇམ་པ་དང་། མཉེན་པ་དང་། བྱམས་པའི་བསམ་པ་དང་། ཁྲོ་བ་དང་། འཁོན་དུ་འཛིན་པ་སྤངས་པ་དང་། དད་པ་དང་། ཡང་ཡུལ་འདིའི་ཕྱིག་པ་མི་བྱེད་པར་འགྱུར་ཏེ། ཡུལ་འདི་ནི་ཡོན་ཏན་མང་པོ་དེ་དག་དང་ལྡན་པ་ཡིན་ནོ།།དེ་ནས་དེའི་ཚེ་སྔར་སངས་རྒྱས་བཅོམ་ལྡན་འདས་ཀྱིས་ལན་གསུམ་གྱི་བར་དུ་བྱིན་གྱིས་བརླབས་ནས་འོད་ཟེར་ཐུགས་རྗེ་ཆེན་པོ་དང་བཅས་ཏེ་བཀྱེ་བ་དེས་ཆུ་ན་གནས་པའི་སེམས་ཅན་རྣམས་ཀྱི་སེམས་ཡོངས་སུ་དག་པ་དང་། བདེ་བ་དང་ལྡན་པར་བྱས་ནས་ཆུའི་ནང་ནས་སླར་འཁོར་ཏེ། ཕྱོགས་བཅུའི་སངས་རྒྱས་ཀྱི་ཞིང་ཐམས་ཅད་དུ་ཁྱབ་པར་གྱུར་ཏོ། །ཡང་འོད་ཟེར་དེ་དག་སླར་ལོག་ནས་བྱང་ཆུབ་སེམས་དཔའ་ཆེན་པོ་རྣམས་ཀྱིས་ཡུལ་བྱིན་གྱིས་བརླབས་པ་དང་། ཉན་ཐོས་ཆེན་པོ་རྣམས་ཀྱིས་ཡུལ་བྱིན་གྱིས་བརླབས་པ་དང་། མཚོའི་ནང་ནས་བྱུང་བའི་པདྨའི་སྟེང་ན་དེ་བཞིན་གཤེགས་པའི་གཟུགས་བརྙན་བཞུགས་པ་དེ་དང་དེ་དག་གི་འོད་ཟེར་དང་འདྲེས་ནས་ནམ་མཁའ་ལ་འཕགས་ཏེ་སྟེང་གི་ནམ་མཁའ་ཁེབས་པར་གྱུར་ཅིང་ལི་ཡུལ་ཐམས་ཅད་དུ་ལྷའི་མེ་ཏོག་གི་ཆར་ཕབ་བོ། །ལྷའི་མེ་ཏོག་དེ་དག་ཕན་ཚུན་དུ་རེག་པ་ལས་ཆོས་ཀྱི་སྒྲ་སོ་འདི་ལྟ་སྟེ། སངས་རྒྱས་དང་། ཆོས་དང་། དགེ་འདུན་གྱི་མཚན་དང་། ཡང་དག་པའི་ལྟ་བ་དང་། ཤེས་རབ་དང་། ཚུལ་ཁྲིམས་དང་། དགེ་བའི་རྩ་བ་དང་། དེ་བཞིན་གཤེགས་པ་རྣམས་ཀྱི་དཀའ་བ་སྤྱད་པ་དང་། སྨོན་ལམ་དང་། བྱང་ཆུབ་སེམས་དཔའི་རྫུ་འཕྲུལ་དང་། སེམས་ཅན་ཡོངས་སུ་སྨིན་པར་བྱེད་པ་དང་། དགེ་སློང་གི་འབྲས་བུ་བཞི་པོ་རྒྱུན་དུ་ཞུགས་པ་དང་། ལན་ཅིག་ཕྱིར་འོང་བ་དང་། ཕྱིར་མི་འོང་བ་དང་། དགྲ་བཅོམ་པ་དང་། ཁམས་གསུམ་གྱི་སྲིད་པ

汉文译文：

故此，称为盖瓦坚城（善城）。

此外，他地之众生无信仰者和怀恨心者来到此地，触此地尘色，享用此地所生财富，彼心皆转变为和蔼，温柔，慈悲之心，皆抛弃了愤怒、怨恨。从各方来的菩萨，对此所有驻地之神、鲁（龙）神和上天安住之神及其夜叉喜悦万分，变得深信佛法。

尔时，随从们为了能够铭记在心，变成菩提心之文殊菩萨（འཇམ་དཔལ་གཞོན་ནུ།）对薄伽梵（བཅོམ་ལྡན་འདས།）这样祈请："薄伽梵为何具备如此大的神变？" 薄伽梵

然后，大海飞禽均移到"吉肖藏布"江中，如此情形，皆在高玛萨拉干达佛塔、牛角山、李域显现出来。

于是，薄伽梵给殊胜观音自在天（བཅོམ་ལྡན་འདས་ཀྱིས་འཕགས་པ་སྤྱན་རས་གཟིགས་དབང་ཕྱུག）和弥勒等八大菩提心者，及两万菩提心仙人等，多闻子和齐目慈合等八大神仙及随从三万五千五百众，交付了高玛萨拉干达佛塔等（མཆོད་རྟེན་གོ་མ་སཱ་ལ་གན་ད།）（圣地），众神也如实接受了，薄伽梵也如实接受了。对薄伽梵的信仰，使此地不产生动摇。此地呢，具备了诸多功德。

尔时，先前佛薄伽梵对此加持了三次，照耀光芒和观音菩萨。它们对驻锡在水中的众生清洗心镜给予安乐，之后返回，使之充满了十方佛的所有净地。复此，光芒重新返回，大菩提心者们加持，大弟子们（大声闻者们）加持。海中出现的莲花上，如来佛的形象与光芒交相辉映上升，遮盖了天空。所有李域仙花如雨而降，仙花相互串联。

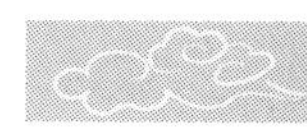

佛门如是：佛、佛法、僧侣之名，正见、智慧、戒律、善根、如来们之苦行、祈愿、菩提心者之幻化、使众生遍得成熟、比丘四果预流（དགེ་སློང་གི་འབྲས་བུ་བཞི་པོ།），一次退转（ལན་ཅིག་ཕྱིར་འོང་བ།）[①]，不还（ཕྱིར་མི་འོང་བ།），阿罗汉，从三界[②]世界（ཁམས་གསུམ་གྱི་སྲིད་པ།）出离[③]（进入）

藏文原文（231叶A面）：

ལས་ངེས་པར་འབྱིན་པ་དང་། རྣམ་པར་ཐར་པའི་སྒོ་གསུམ་དང་། འདུ་བྱེད་འཇིག་པ་དང་། དྲན་པ་ཉེ་བར་གཞག་པ་དང་། འཕགས་པའི་བདེན་པ་དང་། རྫུ་འཕྲུལ་གྱི་རྐང་པ་དང་། བསམ་གཏན་དང་། བསྡུ་བའི་དངོས་པོ་དང་། སོ་སོ་ཡང་དག་པར་རིག་པ་དང་།གཟུགས་མེད་པའི་སྙོམས་པར་འཇུག་པ་བཞི་དང་དབང་པོ་ཡོངས་སུ་དག་པ། བྱང་ཆུབ་ཀྱི་ཕྱོགས་དང་མཐུན་པའི་ཆོས་མཐའ་དག་གི་སྒྲ་འབྱིན་པར་གྱུར་ཏོ། །གཞན་ཡང་སེམས་ཡོངས་སུ་དག་པ་དང་། བྱང་ཆུབ་ཀྱི་ཡན་ལག་དང་། འཕགས་པའི་ལམ་དང་། སྙོམས་པར་འཇུག་པ་དང་། ས་དང་། སྟོབས་དང་། ཐུགས་རྗེ་དང་། བྱམས་པ་ཆེན་པོ་དང་། རྟེན་ཅིང་འབྲེལ་པར་འབྱུང་བ་དང་། ཐེ་ཚོམ་སེལ་བ་དང་། སངས་རྒྱས་ཉིད་ལས་མི་ཕྱོག་པ་དང་། ཏིང་ངེ་འཛིན་དང་། མངོན་པར་རྟོགས་པ་དང་། མི་སྐྱེ་བའི་ཆོས་ལ་བཟོད་པ་དང་། མ་འདྲེས་པ་དང་། སངས་རྒྱས་ཉིད་དུ་འགྱུར་བ་དང་། མི་རྟག་པ་དང་། སྡུག་བསྔལ་བ་དང་། བདག་མེད་པ་དང་། སྟོང་པ་དང་། མ་བྱས་པ་དང་། མ་སྐྱེས་པ་དང་། ཕྱིན་ཅི་ལོག་པ་དང་། ཡང་དག་པའི་མཐའ་དང་། དེ་བཞིན་གཤེགས་པའི་སྙིང་པོའི་ཡོངས་སུ་གཏོགས་པ་རྣམ་པར་མི་རྟོག་པའི་ཡེ་ཤེས་རྟོགས་པ་དང་། རྣལ་འབྱོར་པ་རྣམས་ཀྱིས་སོ་སོ་རང་གིས་རིག་པའི་སྤྱོད་ཡུལ་དང་། སྐྱེ་བ་སྡུག་བསྔལ་བ་དང་། ན་བ་དང་། སྡུག་པ་དང་བྲལ་བ་དང་། མི་སྡུག་པ་དང་ཕྲད་པ་དང་། འདོད་པ་བཙལ་ཏེ་མ་རྙེད་པའི་སྡུག་བསྔལ་གྱི་སྒྲ་ཡང་འབྱུང་བར་གྱུར་ཏོ། །གཞན་ཡང་ཕུང་པོ་ལྔ་པོ་དག་ལ་སེམས་ཅན་མེད་པ་དང་། གསོ་བ་དང་། གང་ཟག་དང་། སྲོག་མེད་པ་དང་། ཆོས་བདེན་པ་སྐྱེ་བ་མེད་པ་དང་། འགག་པ་མེད་པ་དང་། རྟག་པ་མེད་པ་དང་། ཆད་པ་མེད་པ། འོང་བ་མེད་པ། འགྲོ་བ་མེད་པ་དང་། དཀོན་མཆོག་གསུམ་གྱི་གདུང་དང་། བྱིན་གྱིས་བརླབས་པ་དང་། འགྲོ་བ་ལྔ་པོ་དག་གི་འཕྲུལ་པ་རྨི་ལམ་ལྟ་བུ་དང་། འཁོར་བའི་འདུ་བྱེད་བཙོན་ར་ལྟ་བུ་དང་། སྒྱུ་མ་དང་། སྨིག་རྒྱུ་དང་། ཆུ་ཟླ་དང་། བྲག་ཅ་ལྟ་བུའོ་ཞེས་བྱ་བའི་སྒྲ་བྱུང་བར་གྱུར་ཏེ། གཞན་ཡང་དད་པ་དང་མངོན་པར་རྟོགས་པ་དང་། བརྩོན་འགྲུས་དང་། དགེ་བ་བཅུའི་ལས་ཀྱི་ལམ་དང་། འཁོར་བས་སྐྱོ་བ་དང་། དེ་ལྟ་བུ་ལ་སོགས་པ་སྒྲ་བརྒྱ་སྟོང་དུ་མ་བྱུང་བར

汉文译文：

解脱三门，入行，正法念处[④]，圣谛（འཕགས་པའི་བདེན་པ།）[⑤]，神足（རྫུ་འཕྲུལ་གྱི་རྐང་པ།）[⑥]，禅定，摄事（བསྡུ་

① 二果，藏语称“喜热额瓦”，一来果，梵音译作斯陀含。永断第六品欲惑的声闻乘四果位之一。（参见张怡荪主编《藏汉大辞典》，民族出版社，1993年，1753页）

② 三界，藏语称“勘苏木”，即欲界、色界和无色界。

③ 出离，永出，藏语称“额星”，四谛十六行相之一。永远超出轮回过患，决定趋入涅槃境界，故名为出。（参见张怡荪主编《藏汉大辞典》，民族出版社，1993年，658页）

④ 正法念处，藏语称为“瞻巴涅瓦尔协和巴”。

⑤ 圣谛，藏语称为“帕合贝登巴”，四谛道理。为圣者所能现见，实非凡夫之所见者，故曰圣谛。（参见张怡荪主编《藏汉大辞典》，民族出版社，1993年，1777页）

⑥ 神足，藏语称为“资持吉冈瓦”，神足通。神境之证通。神指五通，足之证得通之因，即根本定或正三魔地。（《藏汉大辞典》，2357页）

བའི་དངོས་པོ།）①，各个正学（སོ་སོ་ཡང་དག་པར་རིག་པ།），无色四等至②和根皆俱纯净，与菩提之方面相谐和的所有佛法之声发出。另外，心境普遍纯净（dgo–ba），觉分③，圣道④，入定，地，威猛，大悲，大慈，缘起生，消除疑虑，佛自身不退，禅定，智慧，无生之法忍受，不共，趋成佛，无常，痛苦，无我，空，不作，无生，邪见，正业⑤，通晓属于如来之心无分别智⑥，瑜伽师们促使各个自证其境，生，痛苦，老，爱别离苦，怨憎会苦，求不得苦的痛苦之音也将会产生。

此外，对五蕴无众生（ཕུང་པོ་ལྔ་པོ་དག་ལ་སེམས་ཅན་མེད་པ།），养育，补特伽罗（གང་ཟག），无命，佛法真谛无生，无碍，无常，无间缺，无来，无去，三宝之族（དཀོན་མཆོག་གསུམ་གྱི་གདུང་།），加持，五趣（ཕུང་པོ་ལྔ་པོ།）之幻化如同梦境，轮回之行蕴犹如牢房，如同称作幻术，阳焰，水月，回声等声音将产生。此外，信仰和

藏文原文（231叶B面）：

གྱུར་ཏོ། །དེ་ནས་འཁོར་འདུས་པ་མང་པོ་དེ་དག་དང་། བྱང་ཆུབ་སེམས་དཔའ་ཕྱོགས་ཕྱོགས་ནས་ལྷགས་པ་དེ་དག་ཐམས་ཅད་ས་ལ་གནས་པའི་ལྷ་དང་། ཀླུ་དང་། ནམ་མཁའ་ལ་གནས་པའི་ལྷ་དང་། གནོད་སྦྱིན་ཐམས་ཅད་སེམས་ངོ་མཚར་དུ་གྱུར་ནས་རངས་པ་སྐྱེས་ཏེ། ཆོས་ཀྱི་སྒྲ་མོའི་སྒྲ་དེ་དག་ལ་ཡིད་མི་ཕྱེད་པར་གྱུར་ཏོ། །དེ་ནས་དེའི་ཚེ་འཁོར་དེ་དག་གིས་ཁོང་དུ་ཆུད་པར་བྱ་བའི་ཕྱིར་བྱང་ཆུབ་སེམས་དཔའ་སེམས་དཔའ་ཆེན་པོ་འཇམ་དཔལ་གཞོན་ནུར་གྱུར་པས་བཅོམ་ལྡན་འདས་ལ་འདི་སྐད་གསོལ་ཏོ། །བཅོམ་ལྡན་འདས་ཅིའི་སླད་དུ་ཆོ་འཕྲུལ་ཆེན་པོ་འདི་ལྟ་བུ་བསྟན་པ་ལགས། བཅོམ་ལྡན་འདས་ཀྱིས་ཚངས་པའི་དབྱངས་ཀྱིས་བཀའ་སྩལ་པ། འཇམ་དཔལ་ཆོས་ཀྱི་སྒྲ་མོ་འདི་དག་ནི་ཡུལ་དགེ་བ་ནས་སྐྱེ་བའི་སེམས་ཅན་རྣམས་ཀྱི་ཆེད་དང་། འཁོར་བཞི་པོ་རྣམས་ཀྱི་ཆེད་དུ་ཡང་ལྷག་པར་བྱིན་གྱིས་བརླབས་ནས་བསྟན་པ་ཡིན་ཏེ། ཆོས་ཀྱི་སྒྲ་མོ་འདིས་ནི་བྱང་ཆུབ་སེམས་དཔའ་རྣམས་ཚོགས་ཆུང་ངུ་དང་། འབད་པ་ཆུང་ངུས་དབང་པོ་དང་། ཤེས་པ་ཡོངས་སུ་དག་པར་འགྱུར་ཞིང་། ཆོས་ཀྱི་སྒྲ་མོ་དེ་དང་དེ་དག་ཀྱང་རྟོགས་པར་འགྱུར་རོ། །མ་འོངས་པའི་སྐྱེ་བོ་དེ་དག་ནི་བྱིས་པ་ཆུང་ངུ་ཡན་ཆད་ཆོས་མངོན་པར་རྟོགས་པར་དགའ་ཞིང་རྩེད་མོར་ཡང་ཆོས་ཀྱི་སྒྲ་མོ་འདི་དག་སྒྲ་བར་འགྱུར་རོ། །སེམས་ཅན་དེ་དག་དབང་པོ་ཡོངས་སུ་བརྟས་ནས་ཆོས་ཀྱི་མིག་རྣམ་པར་དག་པས་དེ་བཞིན་གཤེགས་པའི་སྐུ་ཡང་མཐོང་བར་འགྱུར། ཆོས་ཀྱི་རྣ་བ་རྣམ་པར་དག་པས་ཆོས་ཡང་དག་པ་མ་ནོར་བ་ཡང་ཐོས་པར་འགྱུར། དེ་དག་འཁོར་བ་ན་འདུ་བྱེད་དང་ཆོས་ཐམས་ཅད་ལས་ཀྱང་སེམས་རྣམ་པར་གྲོལ་བར་འགྱུར་ཏེ། སེམས་དེ་ལྟ་བུ་དེས་ན་ཡུལ་དགོན་པ་བྱིན་གྱིས་བརླབས་པ་འདིར་དགེ་བའི་ཕྱོགས་ལ་བརྩོན་པའམ། ཡང་ན་རི་སྒང་དུ་ལ་དེ་དག་ཐམས་ཅད་དངོས་གྲུབ་ཐོབ་པར་

① 摄事，有四摄事或四摄法之名称。菩萨摄持众生的四种方法：布施摄，随愿布施法、财；爱语摄，善言慰藉；行利摄，随顺众生意乐行利益事；同事摄，随顺众生意乐，同其所作使得利益。（参见张怡荪主编《藏汉大辞典》，民族出版社，1993年，1487页）

② 无色四等至，空无边处定，识无边处定，无所有处定和非想非非想定，是为无色界四定。（参见张怡荪主编《藏汉大辞典》，民族出版社，1993年，2504页）

③ 觉分，觉支，菩提分。藏语称为“相曲吉央勒”，成为通达诸法性空的无分别慧的一分成因或支分。（参见张怡荪主编《藏汉大辞典》，民族出版社，1993年，1896页）

④ 圣道，藏语称为“帕合拉穆”。三乘见、修、无学之道。（参见张怡荪主编《藏汉大辞典》，民族出版社，1993年，1778页）

⑤ 正业，断除杀生等诸不善业，完全不犯，能信此即戒律清净，八圣道支之一。（参见张怡荪主编《藏汉大辞典》，民族出版社，1993年，2548页）

⑥ 无分别智。了知空性之智。（参见张怡荪主编《藏汉大辞典》，民族出版社，1993年，1570页）

འགྱུར་ཏེ། བདུད་སྡིག་ཅན་གྱིས་ཀྱང་གླགས་མི་རྙེད་ན་གཞན་དག་གིས་ལྟ་སྨོས་ཀྱང་ཅི་དགོས། འདི་ལྟ་སྟེ། ལྷ་རྣམས་ཀྱིས་འཁོར་གནོད་སྦྱིན་ནམ། དྲི་ཟའམ། མིའམ་ཅི་ཆད་པས་བཅད་པར་འགྱུར་ནའང་མཆོད་རྟེན་གོ་མ་སཱ་ལ་གན་ད་དང་། རི་གླང་རུ་ལ་འབྲས་ན་དེ་དག་གིས་མི་མཐོང་བར་འགྱུར་རོ། །བརྒྱ་ལ་མཐོང་ན་ཡང་སེམས་ཞི་བར་འགྱུར་ཏེ། རྒྱུ་དེས་ན་རི་གླང་རུ་དང་། མཆོད་རྟེན་གོ་མ་སཱ་ལ་གན་ད་ནི་མཚམས་

汉文译文：

以梵音教导：“此吉祥法门，在盖瓦域为了众生，为了四众弟子（འཁོར་བཞི་པོ་རྣམས།），特意加持。此佛法之门呢，菩提心者们小的资粮，小的勤奋，所有智慧皆变得纯真，此佛法之门与此也得以证悟。”

未来的众生们呢，从孩提之前，即对喜爱佛法智慧和玩耍亦讲述佛法为内容，由于众生的那些善根普遍得到增盛后，纯洁法眼，能将看到如来佛尊。法耳纯洁，将正确无误听到（佛法）。它们在轮回中解脱行蕴，佛有佛法中从心解脱出来。如此，心于此得以加持，寺院于此得以加持，均在善的方面精进，或在牛角山全面获得成就。恶魔也未能得逞的话，其他就暂且不言。如是，众神惩治随从夜叉（གནོད་སྦྱིན།）、乾达婆（དྲི་ཟ།）、紧捺罗（མིའམ་ཅི་ཆད་པ།）。但是，隐居在高玛萨拉干达佛塔和牛角山，

藏文原文（232叶A面）：

བཅད་པ་དང་། གཙང་བྱེད་པ་དང་། སྐྱབས་དང་། འཇིག་རྟེན་གྱི་ཁམས་གཞན་དག་ན་གནས་པའི་སེམས་ཅན་རྣམས་ཀྱིས་ཀྱང་ཕྱག་བྱ་བར་འོས་པ་ཡིན་ནོ། །མཆོད་རྟེན་གོ་མ་སཱ་ལ་གན་ད་དང་། རི་གླང་རུ་དང་། ཡུལ་དགེ་བ་དང་། མཁར་དགེ་བ་ཅན་དང་། དགོན་པ་བྱིན་གྱིས་བརླབས་བརླབས་པའི་མིང་ཐོས་ནས་དད་པ་སྐྱེས་པ་ཙམ་གྱིས་ཀྱང་སྡིག་པ་ཆེན་པོ་འབྱུང་བར་འགྱུར་རོ། །དེ་ནས་དེའི་ཚེ་བཅོམ་ལྡན་འདས་ཀྱིས་ཚེ་དང་ལྡན་པ་ཤཱ་རིའི་བུ་དང་། རྣམ་ཐོས་ཀྱི་བུ་ལ་བཀའ་སྩལ་པ། རིགས་ཀྱི་བུ་ཁྱེད་གཉིས་སོང་ལ་མཚོ་ཆེན་པོ་འདི་ཤ་རིའི་གྲོལ་ཏེ། བྱང་ཕྱོགས་ཕྱོགས་སུ་གྱི་ཤོ་གཙང་པོའི་ནང་དུ་ཐོལ་ཆུ་ན་གནས་པའི་སེམས་ཅན་རྣམས་ལ་མི་གནོད་པར་སྲུང་བ་དང་། ཡུལ་འདིས་མཚམས་མངོན་པར་གྱིས་ཤིག །དེ་ནས་ཉན་ཐོས་ཆེན་པོ་ཤཱ་རིའི་བུ་དང་རྣམ་ཐོས་ཀྱི་བུས་དེ་བཞིན་འཚལ་ལོ་ཞེས་གསོལ་ནས་རྫུ་འཕྲུལ་གྱིས་ནམ་མཁའ་ལས་ཤའི་རི་གང་ན་བདེ་ལོགས་སུ་ཆས་ཏེ། ཤཱ་རིའི་བུས་ནི་ལག་ན་འཁར་གསིལ་ཐོགས། རྣམ་ཐོས་ཀྱི་བུས་ནི་ལག་ན་མདུང་ཐོགས་ནས་ཤའི་རི་ཕྱེད་སྣམ་པས་བླངས་ཏེ། ནུབ་ཕྱོགས་ལོགས་སུ་བཞག་ནས་ཆུ་སྲོལ་ཆེན་པོ་གཏོད་དེ་མཚོ་སྲོག་ཆགས་དང་བཅས་པ་གྱི་ཤོ་གཙང་པོའི་ནང་དུ་ཕོ་སྟེ། ཚུལ་དེ་ལྟ་བུས་མཆོད་རྟེན་གོ་མ་སཱ་ལ་གན་ད་དང་། རི་གླང་རུ་དང་། ལི་ཡུལ་དེ་མངོན་པར་བྱས་སོ། །དེ་ནས་བཅོམ་ལྡན་འདས་ཀྱིས་འཕགས་པ་སྤྱན་རས་གཟིགས་དབང་ཕྱུག་དང་། བྱམས་པ་ལ་སོགས་པ་བྱང་ཆུབ་སེམས་དཔའ་ཆེན་པོ་བརྒྱད་དང་། བྱང་ཆུབ་སེམས་དཔའ་ཉི་ཁྲི་དྲུང་སྟོང་དང་བཅས་པ་དང་རྣམ་ཐོས་ཀྱི་བུ་དང་ཁྱིལ་གཅིག་ལ་སོགས་པ་ལྷ་ཆེན་པོ་བརྒྱད་དང་། འཁོར་སུམ་ཁྲི་ལྔ་སྟོང་ལྔ་བརྒྱ་དང་བཅས་པ་ལ་མཆོད་རྟེན་གོ་མ་སཱ་ལ་གན་ད་ལ་སོགས་པ་ཡོངས་སུ་གཏད་དེ། ལྷ་དེ་དག་གིས་ཀྱང་དེ་བཞིན་དུ་མནོས་སོ། །བཅོམ་ལྡན་འདས་ཀྱིས་ཀྱང་དེ་བཞིན་དུ་གནང་ངོ་། །བཅོམ་ལྡན་འདས་ཀྱིས་བཅོམ་ལྡན་འདས་ཀྱིས་དེ་སྐད་ཅེས་བཀའ་སྩལ་པ་དང་། འཁོར་དེ་དག་ཐམས་ཅད་བཅོམ་ལྡན་འདས་ཀྱིས་གསུངས་པ་ལ་ཡི་རངས་ཏེ་མངོན་པར་བསྟོད་དོ། །འཕགས་པ་གླང་རུ་ལུང་བསྟན་པ་ཞེས་བྱ་བ་ཐེག་པ་ཆེན་པོའི་མདོ་རྫོགས་སོ།། ||

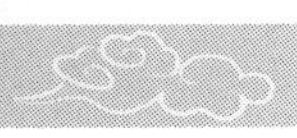

汉文译文：

他们也无法察觉。若见了将心得寂静，此因在牛角山和高玛萨拉干达佛塔闭修，清理干净，皈依处和其他世间安住的众生也应受敬拜。高玛萨拉干达佛塔、牛角山、盖瓦坚城、寺院等的名称因受加持，闻听其名者都将顿生敬信，消除大罪业。

尔时，薄伽梵对具寿之舍利佛和多闻子教诲：“善男，你俩往此迁徙‘夏日’山，疏通海路，将其移至北方的‘吉肖藏布’江内，对安住在水中之众生请勿伤害将其保护，于此地你等显露吧！”于是，大声闻舍利佛和多闻子向佛应许后，以幻化从天空启程到“夏日”山处。舍利佛手持禅杖（མདུང་ཐོགས།）[①]，多闻子手中携稍，捣毁“夏日”山（ཤ་རི།）的半部，将置西面一侧，建立大水渠，智慧，勤进，十善业道（དགེ་བ་བཅུའི་ལས་ཀྱི་ལམ།），对轮回产生烦恼，如此等，出现成百上千，于是，对众多聚集在一起的弟子，薄伽梵如此教诲，所有的随从皆称颂并赞成薄伽梵之教言，《殊胜牛角山授记·大乘经》圆满。

---

① 禅杖，又称锡杖，鸣杖。梵音译作吃弃罗。藏语称“卡尔斯”。佛许出家僧众持以防身，带有十二钹形铜片的杖。杖分上中下三段重叠，中段木质，上下铁质八方。下段有空结。上段四或二股，有钩有轮。股上贯穿十二钹片，股中及中股上端各有一塔。股间隔离。股长一楪四指。自股以下，高等身长。（参见张怡荪主编《藏汉大辞典》，民族出版社，1993年，310页）

《牛角山授记》(གླང་རུ་ལུང་བསྟན།)

《牛角山授记》(གླང་རུ་ལུང་བསྟན།)

《牛角山授记》(གླང་རུ་ལུང་བསྟན།)

452

453

454

455

《牛角山授记》(གླང་རུ་ལུང་བསྟན།)

456

457

458

459

《牛角山授记》(གླང་རུ་ལུང་བསྟན།)

《牛角山授记》(གླང་རུ་ལུང་བསྟན།)

# 五、《僧伽伐弹那授记》(ལི་ཡུལ་དགྲ་བཅོམ་པ་དགེ་འདུན་འཕེལ་གྱི་ལུང་བསྟན།) 原文

## 一、解　题

**（一）译者简介**

藏文译者不详。

**（二）版本介绍**

又名《李域阿罗汉授记》（ལི་ཡུལ་དགྲ་བཅོམ་པ་ལུང་བསྟན།），收录在德格版藏文大藏经《丹珠尔》书翰部，ཉ函，卷173，61叶b4~68叶b3。

## 二、藏文原文

དགྲ་བཅོམ་པ་དགེ་འདུན་འཕེལ་གྱིས་ལུང་བསྟན་པ། དགེ་འདུན་འཕེལ།

61叶B面：

༄ དགྲ་བཅོམ་པ་དགེ་འདུན་འཕེལ་གྱིས་ལུང་བསྟན་པ་བཞུགས་སོ། །དགྲ་བཅོམ་པ་དགེ་འདུན་འཕེལ་གྱིས་ལུང་བསྟན་པ། འཕགས་པ་འཇམ་དཔལ་གཞོན་ནུར་གྱུར་པ་ལ་ཕྱག་འཚལ་ལོ། །འདི་སྐད་བདག་གིས་སློབ་དཔོན་གྱིས་བཤད་པ་ཐོས་པ་ན། །ཡུལ་འདིའི་གཙུག་ལག་ཁང་བྲུ་ཉ་ཞེས་བྱ་བའི་དགྲ་བཅོམ་པ་དགེ་འདུན་འཕེལ་ཞེས་བྱ་བ་གསུམ་རིག་པ་མངོན་པར་ཤེས་པ་ཐོབ་པ། རྣམ་པར་ཐར་པ་བརྒྱད་ལ་བསམ་གཏན་པ་ཞིག་དུས་གཞན་ཞིག་ན་སློབ་མ་ཞིག་དང་ཐབས་ཅིག་ཏུ་དབྱར་ཟླ་བ་གསུམ་འཛིག་ཚོགས་ཀྱི་རི་ཞེས་བྱ་བ་ལ་བཞུགས་ཏེ། སློབ་མ་བརྙེ་ཆོས་འདུལ་བ་ལ་སློབ་པ་ཞིག་ལགས་ན། སངས་རྒྱས་མྱ་ངན་ལས་འདས་ནས་ལོ་ཉིས་སྟོང་ལོན་པ་དང་། སངས་རྒྱས་ཀྱི་བསྟན་པ་རྒྱ་གར་གྱི་ཡུལ་

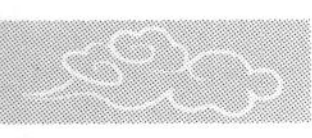

ཀཱ་ཤྲཱི་ཞེས་བྱ་བར་ནུབ་པར་འགྱུར་རོ་ཞེས་ཐོས་ནས་འདི་སྙམ་དུ་རྒྱ་གར་ཡུལ་གྱི་ཆོས་དུས་དེ་ཙམ་ཞིག་ན། ཡུལ་ཀཱ་ཤྲཱིར་ནུབ་པར་འགྱུར་བ་ལྟ་ཞིག་ན། ལི་ཡུལ་ལ་སོགས་པ་གཞན་གྱི་ཆོས་ཡུན་ཇི་སྲིད་ཅིག་དུ་གནས་པར་འགྱུར། ནམ་འཇིག་རྒྱེན་ནི་གང་གིས་འཇིག་པར་

62叶A面：

འགྱུར་སྙམ་དུ་ཐེ་ཚོམ་སྐྱེས་སོ། །དེ་ནས་དགྲ་བཅོམ་པ་དེ་ཕྱི་འཕྲེད་ཀྱི་དུས་ཀྱི་ཚེ་ནང་དུ་ཡང་དག་འཛོག་པ་ལས་བཞེངས་པ་དང་། སློབ་མ་དེས་མཁན་པོའི་ཞབས་ལ་ཡན་ལག་ལྔས་ཕྱག་འཚལ་ནས་འདི་སྐད་ཅེས་ཐེ་ཚོམ་ཞུས་སོ། །སློབ་དཔོན་སྟོན་པ་བཅོམ་ལྡན་འདས་ཤཱཀྱ་ཐུབ་པའི་བསྟན་པ་ལོ་ཉིས་སྟོང་ནས་འཇིག་པར་ལུང་བསྟན་ན། ལི་ཡུལ་འདི་ལ་སོགས་པ་ཡུལ་གཞན་གྱི་བསྟན་པ་ཇི་སྲིད་དུ་གནས་པར་འགྱུར། །ནམ་འཇིག་རྒྱེན་གང་གིས་འཇིག་པར་འགྱུར་བ་ལགས། དེ་ནས་མཁན་པོས་བཀའ་སྩལ་པ། བུ་ཁྱོད་ཀྱིས་ལི་ཡུལ་ལ་སོགས་པའི་སྙིང་པོ་མང་པོའི་དོན་དང་། བདེ་བར་གཤེགས་པའི་བསྟན་པ་ཡུན་རིང་དུ་གནས་པར་བྱ་བའི་ཕྱིར་ཐེ་ཚོམ་དྲིས་པ་ལེགས་ཀྱིས། ལེགས་པར་ཉོན་ལ་ཡིད་ལ་ཟུང་ཤིག་དང་། ལི་ཡུལ་ལ་སོགས་པའི་བསྟན་པ་ཇི་སྲིད་དུ་གནས་པར་འགྱུར། ནམ་འཇིག་པ་དང་རྒྱེན་གང་གིས་འཇིག་པར་འགྱུར་བ་ངས་སོ་སོར་ལུང་བསྟན་པར་བྱའོ། །བཅོམ་ལྡན་འདས་ཤཱཀྱ་ཐུབ་པའི་བསྟན་པ་ནི་བཅོམ་ལྡན་འདས་མྱ་ངན་ལས་འདས་ནས་ལོ་སྟོང་ལྔ་བརྒྱ་ལོན་པ་དང་ཡུལ་དུ་དད་པ་མེད་པ་རྣམས་འབྱུང་ཞིང་དམ་པའི་ཆོས་འཇིག་ཏུ་གཏོལ་ལོ། །དེའི་ཚེ་ལི་ཡུལ་འདིར་དད་པ་མེད་པའི་རྒྱལ་པོ་ཡང་འབྱུང་བར་འགྱུར་ཞིང་། ཡུལ་ཡང་རྒྱལ་པོས་པན་ཚུན་རྟོད་ཅིང་འཕྲོག་པར་འགྱུར་རོ། །དེ་ཕྱིན་ཆད་ནི་ཡུལ་ཡང་ཉིན་གཅིག་བཞིན་དུ་ཉམས་པར་འགྱུར། གྲོང་དང་གཙུག་ལག་ཁང་ལ་སོགས་པ་ཡང་ཕལ་ཆེར་སྟོངས་པར་འགྱུར། མི་རྣམས་ཀྱང་ཉིན་གཅིག་བཞིན་དུ་ཕྱིར་ཡང་དཀོན་མཆོག་གསུམ་ལ་དད་པ་འབྲི་བར་འགྱུར་རོ། །རྒྱུ་དེས་ན་དཀོན་མཆོག་གསུམ་དང་། ཆོས་སྨྲ་བ་དང་། བསམ་གཏན་པ་ཀུན་ཀྱང་མཆོད་གནས་སུ་མི་བྱེད་ཅིང་། ས་སྙིགས་ཀྱི་རྒྱལ་པོ་དང་། བློན་པོ་དང་། ཡུལ་འཛིན་པ་དང་། ཁྲིམ་བདག་རྣམས་ཀྱང་ཆོས་དང་མི་མཐུན་པའི་ཕྱོགས་འཛིན་ཅིང་དགེ་བ་བཅུའི་ལས་ཀྱི་ལམ་ཡལ་བར་འདོར་བར་འགྱུར་རོ། །ཆོས་དང་མཐུན་པ་མ་ཡིན་པ་དང་། མ་བརྟགས་པ་དང་། བ་ཆོལ་གྱི་ལོངས་སྤྱོད་ཀྱང་སོགས་པར་བྱེད་པར་འགྱུར་རོ། །དེ་ནས་དེའི་འོག་ཏུ་དགེ་སློང་དང་། དགེ་སློང་མ་རྣམས་འཚོ་བའི་ཡོ་བྱད་ཀྱི་ཕྱིར་གཡེམ་སྤྱོ་བར་གྱུར་ཏེ། ཆོས་འདུལ་བ་ལས་འབྱུང་བ་དགེ་སྦྱོང་གི་ཚུལ་དང་། སྤྱོད་པ་

62叶B面：

ཞི་བ་དང་། དུལ་བ་དང་། ངོ་ཚ་ཤེས་པ་དང་། ཁྲེལ་ཡོད་པ་ལ་སོགས་པ་ཡལ་བར་འགྱུར་ཞིང་། ཞིང་དང་། ལྷས་ར་དང་། ཉོ་ཚོང་དང་། སྐྱི་བརྙ་དང་། སློང་མོ་བ་རྣམས་ཀྱིས་འཚོ་བར་བྱེད་དོ། །ཁྱིམ་པས་བསླབ་པར་བྱ་བའི་བཟོ་དང་། ཁྱིམ་གྱི་སོ་ནམ་དང་། འཐབ་རྩོད་དང་། སྨ་གསོལ་ཐམ་པོ་ཆེ་ཡང་བྱེད་པར་འགྱུར། ཕོ་ཉར་ཡང་འགྲོ་བར་བྱེད། ལས་ཀྱི་མོ་འཕང་དང་། རྩ་འཛིང་ཡང་ཆོལ་བར་བྱེད་པར་འགྱུར་ཏེ། དེའི་ཚེ་གཙུག་ལག་ཁང་དང་། དགོན་པ་ལ་མི་གནས་ཤིང་བདེ་བར་གཤེགས་པའི་གདམས་ངག་ཡལ་བར་བོར་ཏེ། ཡང་དང་ཡང་དུ་མཁར་དང་། གྲོང་དང་། ཚོང་དུས་དང་། སྲང་དང་། སུམ་མདོ་ན་གནས་པར་སེམས་དགའ་བར་འགྱུར། བྲན་དང་། བྲན་མོ་དང་། རྐང་འགྲོས་ཀྱང་ཚོལ་བར་བྱེད་དོ། །རྒྱུ་དེས་ན་ཁྲིམ་བདག་དང་། ཡུལ་འཛིན་པ་དང་། བློན་པོ་ལ་སོགས་པས་ཀྱང་དེ་དག་ལ་རིམ་གྲོ་མི་བྱེད་ཅིང་། དད་པ་ཕྱིར་ལོག་ནས་དཀོན་མཆོག་དང་དགེ་འདུན་གྱི་དཀོར་ལ་ཡང་འཕྲོག་པར་བྱེད་དོ། །ཁྲིམ་པ་དེ་དག་གིས་ཀྱང་ནོར་རྫས་དེ་དག་ལ་བརྙེན་ཅིང་སྤྱད་པས་བསོད་ནམས་འབྲི་བར་འགྱུར་རོ། །རྒྱུ་དེས་ན་ལི་ཡུལ་ལ་སོགས་པར་གནོད་པ་སྣ་ཚོགས་འབྱུང་ཞིང་ལོ་རེ་བཞིན་དམའ་བར་འགྱུར་ཏེ། རྗོད་པ་དང་། ནད་དང་། དུས་མ་ཡིན་པའི་ཆར་དང་། རླུང་དང་། དགྲ་མང་པོ་ཡང་འབྱུང་བར་འགྱུར་རོ། །དུས་མ་ཡིན་པའི་སད་དང་། སྲིན་བུ་དང་། བྱི་བ་དང་། བྱི་བ་ཡང་འབྱུང་བར་འགྱུར་རོ། །དེའི་ཚེ་ན་སེམས་ཅན་རྣམས་ནང་མི་མཐུན་པར་འགྱུར་ཞིང་དུས་ཚོགས་ཀྱང་འཚོལ་བར་འགྱུར་ཏེ། དེ་ལྟར་ན་ཡུལ་གང་དང་གང་དུ་ཆོས་ལུགས་ལོག་པ་བྱེད་པ་དེ་དང་དེར་ནི་གནོད་པ་དེ་དག་འབྱུང་བར་འགྱུར་

རོ། །དེའི་ཚེ་ལི་ཡུལ་ལ་སོགས་པར་རྒྱལ་པོ་དང་། བློན་པོ་ལ་སོགས་པ་ཡ་རབས་ལས་ཀྱང་དཀོན་མཆོག་ལ་སྙིང་ཐག་པ་ནས་དད་པ་འགའ་ལས་མི་འབྱུང་ན། ཕལ་པ་ལྟ་སྨོས་ཀྱང་ཅི་དགོས་ཏེ། རྒྱུ་དེ་ལྟ་བུས་ལི་ཡུལ་ལ་སོགས་པའི་དཀོན་མཆོག་གསུམ་གྱི་མཆོད་གནས་ཐམས་ཅད་ཀྱི་ཐམས་ཅད་དུ་རྗེགས་མེད་པར་འགྱུར་རོ། །དེ་ནས་ལི་ཡུལ་ལ་སོགས་པར་དགེ་སློང་གི་གནས་སྟོན་རྒྱལ་པོ་ལ་སོགས་པ་དད་པ་ཅན་གྱིས་བྱས་པ་ཡང་བློན་པོ་ལ་སོགས་པ་དད་པ་མེད་པ་རྣམས་ཀྱིས་བཅན་

63叶A面：

འཕྲོགས་སུ་འཕྲོགས་ནས་བདག་ཉིད་གནས་པར་བྱེད་དོ། །དགེ་སློང་རྣམས་ཀྱང་འཁྲུམས་ནས་འཚོ་བ་དང་། ཆོས་གོས་དང་། གནས་ཀྱིས་ཕོངས་པར་འགྱུར་རོ། །བློན་པོ་ལ་སོགས་པ་དེ་དག་གིས་དགེ་སློང་གི་ཞིང་ཆུ་དང་། ལྷུམ་ར་ལ་སོགས་པ་ཡོ་བྱད་རྣམས་ཀྱང་བཙན་ཐབ་སུ་འཕྲོག་པར་བྱེད། ལྷ་འབངས་དང་། ནང་གི་གཡོག་རྣམས་ཀྱང་དགེ་སློང་གི་དབང་མི་ཉན་ཅིང་གཞའ་རེངས་སུ་བྱེད་པར་འགྱུར་རོ། །དེ་ནས་དགེ་སློང་རྣམས་ཀྱིས་ཀྱང་དེ་ལྟ་བུར་གྱུར་པར་ཤེས་ནས་ཡི་མུག་སྟེ། ལི་ཡུལ་གྱི་དགེ་སློང་རྣམས་ཕན་ཚུན་དུ་གཅིག་ལ་གཅིག་འདི་སྐད་ཡུ་བུ་ཅག་རྣམས་གཙུག་ལག་ཁང་ཚར་མ་ཞེས་བྱ་བ་དང་པོ་ཆོས་འབྱུང་བའི་གནས་དེར་འདུ་འོ་ཞེས་སྨྲན་ནས་གཙུག་ལག་ཁང་དེར་འདུས་ཏེ། དཔྱིད་ཟླ་ཐ་ཆུངས་ཚེས་བཅོ་ལྔའི་ནུབ་མོ་གསོ་སྦྱོང་བྱས་ནས་གཅིག་ལ་གཅིག་འདི་སྐད་དུ་ཡུ་བུ་ཅག་རྣམས་སྟོན་པ་མེད་པར་གྱུར་ནས་མཁས་པ་ཆོས་དང་མཐུན་པ་རྣམས་ལ་དབང་ཐོས་པའི་རྒྱུས་དེ་ལྟར་ཁྱིམ་པ་རྣམས་ཀྱིས་ཀྱང་རྩིས་མེད་པར་བྱས་ཏེ། ད་ནི་འཚོ་བ་ཡང་མི་འགྱོར་ན་དེང་ཕྱིན་ཆད་གང་དུ་འདོང་། ཐབས་ནི་གང་གིས་འཚོ་བར་བྱ་ཞེས་སྨྲས་ཏེ། དེའི་ཚེ་ཐམས་ཅད་ཀྱིས་ཆོ་ངེ་ཆེན་པོ་འདེབས་པར་འགྱུར་རོ། །དེ་ནས་དེའི་ཚེ་བདེ་བར་གཤེགས་པའི་བསྟན་པ་སྲུང་བའི་ལྷ། བཅོམ་ལྡན་འདས་ཀྱི་བྱས་པ་གཟོ་བ་ཐམས་ཅད་ཀྱང་གཙུག་ལག་ཁང་དེར་འདུས་ཏེ་གཅིག་ལ་གཅིག་ལྟ་ཞིང་འདི་སྐད་དུ་བདེ་བར་གཤེགས་པའི་བསྟན་པ་ནི་ཡུན་རིང་པོར་མི་གནས་སོ། །ཡུལ་འདི་ཡང་སྟོངས་པར་འགྱུར་རོ་ཞེས་སྨྲ་ངན་བྱེད་ཅིང་ངུ་བར་འགྱུར་རོ། །དེའི་ཚེ་དགེ་སློང་དེ་དག་འདི་སྙམ་དུ་ཡུལ་འདིར་ནི་འཚོ་བ་མི་འགྱོར་ན་འདི་བོར་ཏེ་ཡུལ་གཞན་དུ་འགྲོ་བར་བྱའོ་སྙམ་དུ་སེམས་མཐུན་པར་གྱུར་པ་གང་དུ་འདོད་པར་བྱ་ཞེས་གྲོས་བྱས་ཏེ། ཡུལ་ཉེ་བ་གཞན་དང་གཞན་ན་ནི་དད་པ་མེད་པ་དག་གིས་གང་། རྒྱ་གར་ཡུལ་དུ་འདོད་དུ་ནི་ལམ་མི་ཐར་བས་བོད་ཀྱི་ཡུལ་ན། དཀོན་མཆོག་གསུམ་ལ་མཆོད་གནས་སུ་བྱེད་ཅེས་གྲགས་པས་དེར་འགྲོ་བར་བྱས་ནས་ཉི་མ་འདི་ལ་འདོང་ངོ་ཞེས་དུས་བཏབ་ནས་དེའི་ནུབ་མོ་གཙུག་ལག་ཁང་ཚར་མར་གཞག་གོ །ཞམ་ལངས་པ་དང་བུད་མེད་དད་པ་ཅན་

63叶B面：

ཞིག་གིས་གདན་ཆུད་ལ་སྤྱན་དྲངས་ཏེ། དེ་ནས་གཉྀ་བཏྲུངས་ནས་དགེ་འདུན་སྤྱིའི་གཙུག་ལག་ཁང་བསྐོར་ཏེ་མཆོད་པ་བྱས་པ་དང་། སངས་རྒྱས་ཀྱི་གཟུགས་བརྙན་གྱི་གདན་ཁྲི་ཞིག་གས་པའི་གསེབ་ནས་སྦྲོམ་བུ་ཐར་མ་ཅན་ཞིག་སྣང་བར་གྱུར་ཏེ། དེ་ནས་སྦྲོམ་བུ་དེ་ཕྱེ་བ་དང་། དེའི་ནང་ནས་གསེར་ལས་བྱས་པའི་ཁ་ཟས་ཀྱི་སྣེར་ཆ་བདུན་བྱུང་སྟེ། དགེ་སློང་ཀུན་གྱིས་དེ་བླངས་ཏེ། འབྲུར་བསྒྱུར་ནས་དེ་དགེ་འདུན་ཀུན་དབྱར་ཟླ་བ་གསུམ་གཙུག་ལག་ཁང་ཚར་མར་ཚུལ་དུ་འཇུག་པའི་འཚོ་བ་སྦྱར་ནས་ཐོང་ལྷག་མ་ལས་ཡུལ་ནས་བྱུང་སྟེ། འགྲོ་བའི་ལམ་བརྒྱུགས་དང་ཁུར་ཁལ་སྦྱར་རོ། །དབྱར་ཟླ་བ་གསུམ་འདས་ནས་འདི་སྐད་དུ་ཡུ་བུ་རྣམས་བྱིན་གྱིས་བརླབས་པའི་ཡུལ་འདི་བཞུས་ལ་འགྲོ་བར་བྱའོ་ཞེས་སྨྲས་ཏེ་སོང་ནས། འཕགས་པ་སའི་སྙིང་པོའི་གནས་གཙུག་ལག་ཁང་ཡེ་ཤེས་རི་ཞེས་བྱ་བའི་དྲུང་དུ་ཕྱིན་པ་དང་། དེའི་ཚེ་དེ་ན་བྲག་ལ་མཆོད་རྟེན་གྱི་འོག་གཞི་རྙེད་པ་ཞིག་ཡོད་པ་རྡིབ་པའི་ནང་ནས། གསེར་ཕོར་ཆེན་པོ་མུ་ཏིག་གིས་གང་བ་ཞིག་བྱུང་བ་དང་དེ་ཡང་བླངས་ཏེ་འབྲུར་བསྒྱུར་ནས་ཕྱོགས་དེར་དགུན་ཟླ་བ་གསུམ་གནས་པའི་འཚོ་བ་སྦྱར་ཏེ། དེ་ནས་དཔྱིད་བྱུང་སྟེ་འགྲོ་བའི་དུས་ལ་བབ་ནས་སོང་སྟེ། ཤེལ་ཆུ་འོག་མ་བརྒྱལ་བ་དང་། ཡུལ་མི་སྟོད་པ་རྣམས་ཀྱིས་ས་ལམ་ཡོགས་སུ་གདུགས་ཚོད་སྦྱར་ནས། ཉི་མ་རེ་རེ་ཞིང་གཙུག་ལག་ཁང་

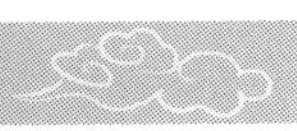

དག་ཏུ་གདུགས་ཚོད་གསོལ་བར་འགྱུར་རོ། །དེའི་ཚེ་ཡུལ་མི་སྣང་པ་རྣམས་ཀྱིས་ཀྱང་དགེ་སློང་རྣམས་ཡུལ་བྱུང་སྟེ་འགྲོ་ཞེས་ཐོས་ནས་དགེ་འདུན་དེ་དག་གཙུག་ལག་ཁང་ཅོང་ཞེས་བྱ་བར་སྤྱན་དྲངས་ནས། ཞག་བདུན་གྱི་བར་དུ་བཤོས་སྦྱོར་བར་འགྱུར་རོ། །དེའི་ཚེ་ལི་ཡུལ་ན་གནས་པའི་ཀླུ་ཐམས་ཅད་འདི་སྙམ་དུ་བདེ་བར་གཤེགས་པའི་བསྟན་པ་ནི་རྙིགས་མེད་པར་འགྱུར་ལ་ཐུག་གོ་སྙམ་དུ་མྱ་ངན་བྱེད་ཅིང་བསྟན་པ་གནས་པར་བྱ་བའི་ཕྱིར་ཆར་ཆེན་པོ་ཕབ་སྟེ། ཆར་པ་དེས་གཙུག་ལག་ཁང་ཅོང་ཞེས་བྱ་བའི་ནང་ནས་མཆོད་རྟེན་གྱི་གཞི་ཞིག་ཡོད་པ་ནས་གསེར་ཕོར་གསེར་ཕྱེས་གང་བ་ཞིག་བྱུང་བ་དང་། དེ་ཡང་དགེ་འདུན་གྱིས་བཙོངས་ནས་དབྱིད་ཀྱི་འཚོ་བའི་ཡོ་བྱད་རྣམས་སྦྱོར་བར་འགྱུར་རོ། །དེ་ནས་ཡང་ཡུལ་མི་སྣང་པ་རྣམས་ཀྱིས་གཙུག་ལག་ཁང

64叶A面:

སྦྲ་ལའི་ཚལ་ཞེས་བྱ་བར་དགེ་འདུན་རྣམས་སྤྱན་དྲངས་ནས་ཞག་བདུན་གྱི་བར་གྱི་གདུགས་ཚོད་གསོལ་ནས་ཞག་བདུན་ལོན་པའི་ཉིན་པར་ཡུལ་སྟོད་སྨད་ཀྱི་མི་ཐམས་ཅད་གཙུག་ལག་ཁང་ས་ན་བར་འདུས་ནས་དགེ་འདུན་ལ་ཞོངས་དང་ཁུར་ཁལ་འབུལ་ལོ། །དེའི་ཚེ་མི་རྒན་རྒོན་རྣམས་ན་བསླབ་པ་འཛིན་པར་བྱེད། གཞོན་ནུ་རྣམས་ནི་རྒྱང་ནས་ལྟ་ཞིང་གད་མོས་འདེབས་པ་དང་གྲོགས་བྱེད་པར་འགྱུར་རོ། །དེའི་ཚེ་མཁར་དགེ་བ་ཅན་གྱི་ནང་ནས་ཀྱང་མི་རྒན་རྒོན་ཁ་ཅིག་གིས་གོས་ཁ་དོག་བསྒྱུར་བ་དང་། ལམ་དུ་འཇུག་པའི་ཡོ་བྱད་སོ་སོ་ནས་ཐོགས་ནས་སོ་སོའི་དགེ་བའི་བཤེས་གཉེན་དགེ་སློང་དེ་དག་གི་མདུན་དུ་ལྷགས་ནས་འཕགས་པ་རྣམས་བཟོད་པར་བཞེས་ཤིག་ཅེས་སྨྲ་ཞིང་མཆིས་ཏེ། ཕྱག་འཚལ་བར་འགྱུར་རོ། །དེའི་ཚེ་མཆོད་པ་དེ་ནི་དཔེར་ན་ཀུ་ཤའི་གྲོང་ཁྱེར་གྱི་མི་རྣམས་བཅོམ་ལྡན་འདས་མྱ་ངན་ལས་འདས་པར་ཤེས་ནས་མྱ་ངན་བྱེད་པ་བཞིན་དུ་མཆོད་པ་བྱེད་པ་དང་འདྲ་བར། ལི་ཡུལ་དུ་དཀོན་མཆོག་གསུམ་མཆོད་པའི་ཐ་མ་ཡིན་ནོ། །དེའི་འོག་ཏུ་དགེ་སློང་རྣམས་གཙུག་ལག་ཁང་དེ་ནས་བོད་ཡུལ་ངོས་སུ་ཆས་པ་དང་ལམ་ཁར་མཆོད་རྟེན་རྙིང་པ་ཞིག་གི་དྲུང་དུ་དཔལ་ལྷ་མོ་ཆེན་མོས་དགེ་འདུན་གྱི་ཆེད་དུ་གསེར་གྱི་དང་ཅེ་ཕུ་དུང་གང་བཞག་པ་རྙེད་ནས་དགེ་འདུན་གྱིས་དེ་བགོས་ཏེ་ལམ་གྱི་ཆས་རྒྱས་སྦྱོར་བར་འགྱུར་རོ། །དེའི་ཚེ་ལི་ཡུལ་གྱི་མཁར་གཙུག་ལག་ཁང་ག་ས་ར་ཞེས་བྱ་བར་རྒྱལ་རིགས་ལས་སྐྱེས་པའི་ཡོན་བདག་ཅིག་འབྱུང་བར་འགྱུར་ཏེ། ཡོན་བདག་དེས་དགེ་འདུན་རྣམས་ཞག་བདུན་དུ་མཆོད་སྟོན་གསོལ་བར་འགྱུར་རོ། །དེའི་ཚེ་མཆོད་སྟོན་གསོལ་བ་དེ་ནི་ལི་ཡུལ་དུ་དགེ་འདུན་གྱི་མཆོད་སྟོན་གསོལ་བའི་ཐ་མ་ཡིན་ནོ། །དེ་ནས་དགེ་སློང་རྣམས་མེ་སྐར་གྱི་ལམ་དུ་ཞུགས་ཏེ་སོང་བ་དང་། དེའི་ཚེ་དགེ་སློང་ཕོ་མོ་གསར་བུ་ལས་ཕལ་ཆེར་རང་རང་གི་སློབ་དཔོན་དང་། མཁན་པོ་ལ་ཆོས་གོས་ཕུལ་ཏེ་བཟོད་པར་གསོལ་ནས་སླར་ཡུལ་དུ་ལྡོག་པར་འགྱུར་དགེ་སློང་ཕོ་མོ་གསར་བུ་ཁ་ཅིག་ནི་རབ་ཏུ་བྱུང་བའི་དངོས་པོ་མི་གཏོང་ཞིང་ཕ་མ་ལ་སོགས་པའི་གཉེན་སྐྱེལ་དུ་འོངས་པ་རྣམས་ལ་མྱ་ངན་གྱི་ཚིག་སྨྲ་ཞིང་དུས་ནས་གཉེན་རྣམས་ཕྱིར་བཟློག་སྟེ། དགེ་འདུན་དང་ལྷན་ཅིག་ཏུ

64叶B面:

མི་དགའ་བའི་ཡིད་ཀྱིས་ཕྱིར་ཕྱིན་གྱིས་བརྣབས་པའི་ཡུལ་དང་། གཉེན་གྱི་རྗེས་བཞིན་དུ་ལྟ་བཞིན་པར་མེ་སྐར་གྱི་ལམ་དུ་ཞུགས་ཏེ་འགྲོ་བར་འགྱུར་རོ། །དེ་ལྟར་སོང་བ་དང་དེའི་ཚེ་རྣམ་ཐོས་ཀྱི་བུ་དང་། དཔལ་ལྷ་མོ་ཆེན་མོ་གཉིས་མཆོག་ཏུ་སྙིང་རྗེ་སྐྱེས་ཏེ། འབྲོག་མི་ཕོ་མོ་གཉིས་ཀྱི་ལུས་སུ་བསྒྱུར་ཏེ། དགེ་འདུན་རྣམས་སྤྱན་དྲངས་ནས་ཡུལ་མེ་སྐར་དུ་ཟླ་བ་གསུམ་གྱི་བར་དུ་གདུགས་ཚོད་གསོལ་ཏེ། ལམ་དུ་འཇུག་པའི་ཡོ་བྱད་ཅི་དགོས་པ་ཡང་རྫོང་བར་འགྱུར་རོ། །དེ་ནས་དགེ་སློང་དེ་དག་མདོ་ལོའི་ལམ་དུ་ཞུགས་ནས་རི་དང་ལུང་པའི་སུལ་གཏུགས་ཏེ་སོང་བ་དང་། འབྲོག་དགོན་པར་ལམ་སྟོར་ནས་དུ་ཞིང་ཕྱོགས་བཅུའི་སངས་རྒྱས་ཀྱི་མཚན་དང་ལི་ཡུལ་གྱི་ལྷ་ཐམས་ཅད་ཀྱི་མིང་ནས་འབོད་པར་འགྱུར་རོ། །དེའི་ཚེ་རྣམ་ཐོས་ཀྱི་བུ་སྙིང་རྗེ་སྐྱེས་ནས་གཡག་དཀར་པོ་སྤྲུལ་པ་དང་། སྟལ་ཆུ་ཅན་ཅིག་ཏུ་སྤྲུལ་ནས་དགེ་སློང་དེ་དག་གི་དྲུང་དུ་འོངས་པ་དང་དགེ་སློང་རྣམས་ཀྱིས་དེ་མཐོང་ནས་གཡག་འདི་ནི་མིའི་ཁལ་གཡག་ཅིག་ཡིན་ཏེ། འདིའི་ཕྱི་བཞིན་སོང་ན་གདོན་མི་ཟ་བར

མི་རྣམས་དང་ཕྲད་པར་འགྱུར་བས་ད་ནི་མི་འཆིའོ་སྙམ་དུ་ཡིད་སོས་ཏེ། གཡག་དེས་ཀྱང་ལམ་དྲངས་ནས་གསེབ་ལམ་དུ་བྱུང་སྟེ། ཚལ་བྱིར་བསྐྱལ་ནས་གཡག་ཉིད་མི་སྣང་བར་གྱུར་ཏོ། །དེའི་ཚེ་དགེ་སློང་ཏན་རྐན་མང་པོ་ཞིག་ནི་ལམ་ཀར་འཆི་བར་འགྱུར་རོ། །དེ་ནས་ཡུལ་ཚལ་བྱིའི་བོད་རྣམས་ཀྱིས་དགེ་སློང་དེ་དག་མཐོང་ནས་བསུ་སྟེ། །འཕྲུལ་དུ་ཡོ་བྱད་རྣམས་སྦྱར་ནས་བོད་ཡུལ་འདིར་ལི་ཡུལ་གྱི་དགེ་སློང་མང་པོ་ལྷགས་ན་ཇི་ལྟར་བགྱི་ཞེས་ཕོ་ཉར་གཏོང་བར་འགྱུར་རོ། །དེའི་ཚེ་ན་རྒྱ་རྗེའི་བུ་མོ་བྱང་ཆུབ་སེམས་དཔའི་རིགས་ཅན་ཅིག་བཙས་པ་བོད་ཀྱི་རྒྱལ་པོའི་ཁབ་ཏུ་ལེན་ཅིང་བཙུན་མོ་དམ་པ་བྱེད་པར་འགྱུར་ཏེ། །དེ་ནི་དད་པ་ཤིན་ཏུ་ཆེ་བ། སྙིང་རྗེ་དང་ལྡན་པ་སྐད་སྙན་པ་དང་དེས་པ། བསླབ་པའི་ཡན་ལག་ལྔ་བཟུང་བ་ཞིག་འབྱུང་བར་འགྱུར་རོ། །བཙུན་མོ་དེས་ཉི་འོག་གཞན་ནས་དགེ་སློང་མང་པོ་བོད་ཀྱི་ཡུལ་དུ་ལྷགས་པར་མཐོང་ནས། སངས་རྒྱས་ཀྱི་བསྟན་པ་ནི་རིང་དུ་མི་གནས་སོ་སྙམ་ནས་མྱ་ངན་ཆེན་པོས་ནོན་ནས་རང་གི་འཁོར་བུད་མེད་ཉིས་བརྒྱ་དང་། སྐྱེས་པ་སུམ་བརྒྱ་དང་། ཙ་ཙམ་དང་། གཙོ་བོ་དང་གནང་ཆེན་རྣམས་བྲང་དུ

65叶A面：

བོས་ཏེ་དུས་ནས་འདི་སྐད་ཅེས། བདེ་བར་གཤེགས་པའི་བསྟན་པ་ནི་དེ་ཞུ་རེ་འཇིག་པར་གྱུར་གྱིས་ཁྱེད་རྣམས་མྱུར་དུ་བསོད་ནམས་མ་བྱས། ཚུལ་ཁྲིམས་མ་བསྲུངས་ན་འཕྱིས་པར་འོང་ངོ་ཞེས་སྨྲས་པར་འགྱུར་རོ། །དེ་ནས་བཙུན་མོ་དེས་རྒྱལ་པོ་ལ་འདི་སྐད་དུ་དགེ་འདུན་དེ་རྣམས་བདག་གིས་བཞོན་པ་དང་གོས་ལ་སོགས་པའི་ཡོ་བྱད་སྦྱར་ནས་འདིར་སྤྱན་དྲང་བར་ཅི་གནང་ཞེས་གསོལ་པས་རྒྱལ་པོས་ཀྱང་གནང་བར་འགྱུར་ཏེ། ཚུལ་དེ་ལྟ་བུས་དགེ་སློང་དེ་དག་བོད་ཡུལ་དུ་འགྲོ་བར་འགྱུར་རོ། །དེའི་ཚེ་བོད་ཡུལ་གྱི་རྒྱལ་པོ་དང་བློན་པོ་རྣམས་ཀྱིས་དགེ་སློང་དེ་དག་མཐོང་ནས་དད་པ་ཆེན་པོ་སྐྱེ་ཞིང་གཙུག་ལག་ཁང་ཆེན་པོ་བདུན་ཡང་བརྩིག་པར་འགྱུར་རོ། །དེ་བཞིན་དུ་དགེ་སློང་ཨན་རྩེ་པ་དང་གུས་ཏིག་པ་དང་། པར་ཕན་པ་དང་། ཤུ་ལག་པ་རྣམས་ཀྱང་སྡུག་བསྔལ་ཆེན་པོས་ནོན་ནས་བྲུ་ཤའི་ཡུལ་དུ་འགྲོ་བར་འགྱུར་རོ། །ཤོ་ཀར་ཡུལ་དང་། ཁ་ཆེའི་ཡུལ་གྱི་དགེ་སློང་རྣམས་ཀྱང་དད་པ་མེད་པའི་མི་རྣམས་ཀྱིས་གཙེས་ཏེ། མ་ཆགས་ནས་བྲུ་ཤའི་ཡུལ་དུ་འགྲོ་བར་འགྱུར་རོ། །དགེ་སློང་དེ་དག་ཐམས་ཅད་ཀྱིས་བྲུ་ཤའི་ཡུལ་དུ་ཕྱིན་ནས། བོད་ཡུལ་ན་གཙུག་ལག་ཁང་མང་པོ་བརྩིགས་པ་དང་། རྒྱལ་པོ་བྱང་ཆུབ་སེམས་དཔའ་ཞིག་གནས་པས་དཀོན་མཆོག་གསུམ་ལ་མཆོད་པ་དང་རི་མོ་ཆེར་བྱེད་པ་ཐོས་ནས་ཡིད་དགའ་སྟེ། ཐམས་ཅད་བོད་ཡུལ་དུ་འགྲོ་བར་འགྱུར་རོ། །བོད་ཡུལ་དུ་ལྷགས་ནས་ལོ་གསུམ་གྱི་བར་དུ་ནི་མཆོད་པ་ཆེན་པོ་ལ་སོགས་པ་སྐྱིད་པ་ཉམས་སུ་མྱོང་བར་འགྱུར་རོ། །ལོ་གསུམ་ལོན་པ་དང་བོད་ཀྱི་ཡུལ་དུ་བདུད་ཀྱི་རིས་ཀྱི་ལྷ་དང་། ལྷ་མ་ཡིན་དང་། ཀླུ་དང་། གནོད་སྦྱིན་དང་། དྲི་ཟ་རྣམས་ཀྱིས་ནད་ཆེན་པོ་འབྲས་དང་། ཕོལ་མིག་དང་། འབྲུམ་བུ་གདུག་པ་དག་གཏོང་བར་འགྱུར་ཏེ། ནད་དེས་ཞང་བློན་དང་དམག་དུ་མ་དག་འཆི་བར་འགྱུར་རོ། །དེའི་ཚེ་རྒྱལ་མོ་དེའི་སྙིང་གར་འབྲས་གསུག་པ་བྱུང་སྟེ། ཤི་ནས་ལྷ་ཡུལ་དུ་སྐྱེ་བར་འགྱུར་རོ། །དེའི་ཚེ་བོད་ཀྱི་ཞང་བློན་རྣམས་ཁྲོས་འཁྲུགས་ཏེ་འདི་སྐད་ཅེས་བདག་ཅག་གི་ཡུལ་འདི་སྔོན་གྱ་ནོམ་པ་ལས་ཕྱིས་མི་བཀྲ་མི་ཤིས་པ་འབྱམས་པ་ཤ་སྟག་འདིར་ལྷགས་ནས་ད་ནི་ཡུལ་དུ་ཡང་འདི་ལྟ

65叶B面：

བུ་གནོད་པ་རྣམ་པ་སྣ་ཚོགས་བྱུང་བར་འགྱུར་གྱིས། རྫས་ལྷག་མ་འདི་རྣམས་ཀྱང་ཡུལ་འདིར་མི་གཞག་ཅིང་ས་མཚམས་འདས་ཏེ་བསྐྲད་པར་བྱའོ་ཞེས་གྲོས་བྱས་ནས་དགེ་སློང་གཅིག་ཀྱང་བོད་ཡུལ་དུ་གནས་སུ་མི་གནང་ངོ་ཞེས་གློ་བུར་དུ་བསྒོ་བར་འགྱུར་རོ། །རྒྱལ་མོ་དེ་ནད་ཀྱིས་ཐེབས་པའི་ཚེ་བདག་ཉིད་མི་འཚོ་བར་ཚོར་ནས་རྒྱལ་པོ་ལ་ཁ་ཆེམས་སུ་བདག་གུམ་ན་བདག་གི་ནོར་རྫས་རིལ་གྱིས་དགེ་འདུན་ལ་འབུལ་བར་ཅི་གནང་ཞེས་གསོལ་ནས་རྒྱལ་པོས་ཀྱང་གནང་སྟེ། བཙུན་མོའི་རྫས་ཐམས་ཅད་དགེ་འདུན་ལ་འབུལ་ཞིང་དེས་རྒྱ་གར་གྱི་ཡུལ་གན་དྷ་ར་ཞེས་བྱ་བར་འགྲོ་བའི་རྫས་བྱས་ནས་འགྲོ་བར་འགྱུར་རོ། །དེའི་ཚེ་བོད་ཡུལ་གྱི་དགེ་སློང་རྣམས་ཀྱང་ཡི་ཆད་ནས་ཉི་འོག་གི་དགེ་སློང་རྣམས་དང

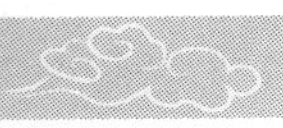

གྲོས་གཅིག་ཏུ་བྱས་ནས་ལྷན་ཅིག་ཏུ་འགྲོ་བར་འགྱུར་རོ། །སྐྱེ་བོ་དང་རྩོད་པའི་དུས་དེའི་ཚེ་རྒྱ་ཡུལ་གྱི་དགེ་སློང་རྣམས་ཀྱང་ཤིན་ཏུ་སྡུག་བསྔལ་བས་གཟིར་ནས་ཡུལ་གན་ཧྭ་རར་འགྲོ་བར་འགྱུར་རོ། །དེ་ལྟར་རྗོང་བ་དང་དགེ་སློང་དེ་དག་ཐམས་ཅད་ཡུལ་གན་ཧྭ་རར་འགྲོ་བའི་ལམ་ཀར་ཕྲད་པར་འགྱུར་རོ། །དེའི་ཚེ་བོད་ཀྱི་དམག་གིས་རྗེས་བཞིན་བསྙེགས་ནས་ལམ་ཀར་བྲན་གཡོག་དང་། ནོར་ཕྱུགས་དག་ཕྲོགས་ཏེ་དགེ་སློང་དག་ཀྱང་གསོད་པར་འགྱུར་རོ། །དེ་ལྟར་དགེ་སློང་དེ་དག་བོད་ཀྱི་དམག་གིས་བདས་ནས་ལྷའི་རྒྱལ་པོ་ཨེ་ལའི་འདབ་ཀྱི་གནས་དྲུང་དུ་ཕྱིན་པ་དང་། ལྷའི་རྒྱལ་པོ་ཨེ་ལའི་འདབ་ཀྱིས་མི་རྐན་ཞིག་གི་གཟུགས་སུ་བསྒྱུར་ཏེ་དགེ་འདུན་གྱི་མདུན་དུ་འོངས་ནས་ཕྱག་འཚལ་ཏེ། སྐྱེས་བུ་དམ་པ་ཁྱེད་རྣམས་གར་གཤེགས་ཞེས་དྲིས་པ་དང་། དགེ་སློང་རྣམས་ཀྱིས་འདི་སྐད་དུ་བདག་ཅག་གི་ཡུལ་ན་དད་པ་མེད་པ་ཤ་སྟག་གིས་གང་བས་འཚོ་བའི་ཡོ་བྱད་ལ་སོགས་པས་ཕོངས་ཏེ། ད་ཡུལ་གན་ཧྭ་རར་འཚོ་བའི་ཡོ་བྱད་ཙམ་ཞིག་ཅི་རྙེད་སྙམ་ནས་ལྷགས་སོ་ཞེས་སྨྲས་པ་དང་། དེ་ནས་དེའི་ཚེ་ལྷའི་རྒྱལ་པོ་དེ་བདེ་བར་གཤེགས་པའི་བསྟན་པ་འཇིག་པའི་མཚན་མ་རྟོགས་ནས་མཆི་མ་ཁྲག་ཏུ་འཛག་ཅིང་དུས་ནས། དགེ་འདུན་རྣམས་ལ་ཡུལ་དེར་གཤེགས་ནས་ཞལ་བརྒྱགས་ཇི་ཙམ་མངའ་ཞེས་རྨེད་པར་འགྱུར་རོ། །དགེ་འདུན་ཀུན་གྱིས་ཀྱང་ཞིབ་ཏུ་བརྩིས

66叶A面：

ནས་ཞག་བཅོ་ལྔའི་བརྒྱགས་ཡོད་དོ་ཞེས་སྨྲ་བར་འགྱུར་རོ། །ལྷའི་རྒྱལ་པོས་འདི་སྐད་དུ་འདི་ནས་ཡུལ་གན་ཧྭ་རར་མཚོ་འདིའི་གཡས་གཡོན་དུ་བསྐོར་ན་ཞག་བཞི་བཅུ་རྩ་ལྔའི་ཤུལ་མཆིས་ན། དཀྱུས་བཅོ་ལྔའི་བརྒྱགས་འཚལ་ལམ། གཞན་ཡང་ཤུལ་ཀ་ནས་ལ་ཀ་མཐོན་པོ་དང་ནགས་ཚལ་སྟུག་པོ་དང་། གཅན་གཟན་གདུག་པ་དང་། སྦྲུལ་གདུག་པ་དང་། སྡིག་སྦྲུལ་ལ་སོགས་པ་དང་། ཆོམ་རྐུན་པ་ཡང་མཆིས་པས་ཕྱི་ནས་རྗེས་ཡང་དམག་གིས་བསྙེགས་པ་དང་། མཚོ་འདིའི་ནང་ན་ཡང་བདག་གི་འཁོར་གཏུམ་པོ་དད་པ་མ་མཆིས་པ་དུ་མ་ཞིག་མཆིས་པས་བདག་གིས་ཕྱིར་བཟློག་པར་མི་ནུས་ཏེ། བདག་ནི་དེའི་ཤུལ་དུ་བཞུད་པར་མི་དགའ་ཞིང་མཆིས་སོ། །དེའི་ཚེ་དགེ་སློང་ཕོ་མོ་མང་པོ་དེ་དག་ཐམས་ཅད་འདི་སྐད་དུ་བདག་ཅག་རྣམས་འཆི་བའི་དུས་ལ་བབ་པ་འདྲ་སྙམ་ནས་ངུ་ཞིང་སྨྲ་ངན་བྱེད་པར་འགྱུར་རོ། །དེའི་ཚེ་ལྷའི་རྒྱལ་པོ་ཨེ་པའི་འདབ་ཀྱིས་དགེ་འདུན་རྣམས་ཀྱི་མདུན་དུ་ཕུས་མོ་བཙུགས་ནས་དགེ་འདུན་མ་བཤུམས་ཤིག །བདག་གིས་དགེ་འདུན་རྣམས་ཀྱི་སླད་དུ་སྲོག་ཀྱང་ཡོངས་སུ་བཏང་ཞིང་བདག་ཉིད་ཀྱི་ལུས་མཚོ་འདིའི་སྟེང་དུ་ཟམ་པར་བགྱིད་ལགས་སོ། །བདག་གིས་སྟོན་བདེ་བར་གཤེགས་པའི་བསྟན་པ་ཐོག་མར་ལེགས་པར་མ་བསྲུངས་པར་ཆད་པར་སྲོག་གིས་གོད་པ་ཞིག་གཅོད་པར་འཚལ་ལོ་ཞེས་སྨྲས་པར་འགྱུར་རོ། །དེ་ནས་ལྷའི་རྒྱལ་པོ་དེས་རང་གི་ལུས་སྦྲུལ་ཆེན་པོ་ཞིག་གི་གཟུགས་སུ་བསྒྱུར་ནས། བོད་ཡུལ་ངོས་ཀྱི་རིའི་རྩེ་མོ་ལ་ནི་མགོས་འབྱུད། ཡུལ་གན་ཧྭ་རའི་རིའི་རྩེ་མོ་ལ་ནི་མཇུག་མས་འབྱུད་དེ་ལུས་ཀྱི་ཞེང་དུ་ནི་ཤིང་རྟ་ལྔའི་ཁྱོན་ཙམ་གྱི་ཟམ་པར་བཏགས་སོ། །དེའི་ཚེ་དགེ་སློང་དེ་དག་གིས་སྦྲུལ་ཆེན་པོ་དེའི་གཟུགས་དེ་མཐོང་ནས་སྐྲངས་སྐྲག་སྟེ། ཕྱོགས་སུ་འབྱེར་པར་འགྱུར་རོ། །དེ་ནས་ལྷའི་རྒྱལ་པོ་དེས་མི་སྐད་ཕྱུང་སྟེ། དགེ་འདུན་དག་མ་སྐྲངས་ཤིག །བདག་གི་ལུས་འདི་ཁྱེད་ཀྱི་སླད་དུ་ཟམ་པར་བཏགས་པ་ལགས་ཀྱིས། མ་བསྙེངས་པར་རྗེས་དགྱ་ཚོམས་སུ་ཏོགས་པ་ནི་འབབས་དང་ཕྱག་རྗེད་དང་ཁུར་རྣམས་སྔོན་ལ་དགྱེར་དུ་གསོལ་དེའི་འོག་ཏུ་དགེ་འདུན་གཞོན་རིམས་གཤེགས་སུ་གསོལ། །བགྲེས་པོ་རྣམས་ནི་སླད་ཀྱིས་གཤེགས་སུ

66叶B面：

གསོལ་ཞེས་སྨྲ་བར་འགྱུར་རོ། །དེའི་ཚེ་ལྷའི་རྒྱལ་པོ་དེའི་རྒྱབ་ཀྱི་པགས་པ་ཕྱུགས་ཀྱི་རྨིག་པ་དང་མིའི་རྐང་པས་བཤུས་ཏེ་རྨ་ཆེན་པོ་བྱུང་སྟེ་མཚོའི་ནང་དུ་རྣག་ཁྲག་ཀྱང་འཛག་པར་འགྱུར་རོ། །མི་ཕྱུགས་ཐལ་ཡང་མཚོའི་ནང་དུ་ལྷུང་ཞིང་འཆི་བར་འགྱུར་རོ། །ཐ་མར་དགེ་འདུན་རྐན་རབས་རྒལ་བའི་འོག་ཏུ་ལྷའི་རྒྱལ་པོ་ཉིད་ཀྱང་འཆི་བར་འགྱུར་རོ། །མཚོ་དེ་ཡང་སྐམས་པར་འགྱུར་ཏེ། མཚོ་བསྐམས་པའི་ནང་དུ་ལྷའི་རྒྱལ་པོ་ཤི་བའི་རུས་པ་རི་ལྟ་བུར་འདུག་པར་འགྱུར་རོ། །མ་འོངས་པའི་དུས་ན་སངས་རྒྱས་བྱམས་པ་འཁོར་ལྔ་བརྒྱ་དང་ཐབས་ཅིག་ཏུ་ལྷའི་རྒྱལ་པོ་ཨེ་ལའི་འདབ་ཀྱི་རུས་པའི་དྲུང་དུ་གཤེགས་ཏེ་ལྷའི་རྒྱལ་པོ་ཨེ་ལའི་འདབ་ཀྱི་སྐྱེས་པའི་རབས་བརྗོད་པས་བྱམས་པའི་འཁོར་དགེ་སློང་ལྔ་བརྒྱ་པོ་དེ་དག

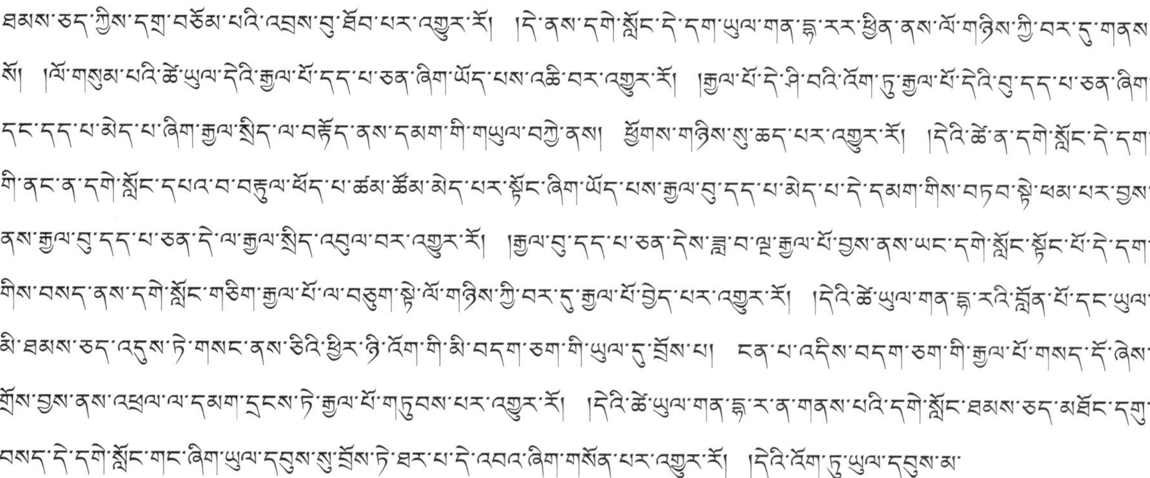

ཐམས་ཅད་ཀྱིས་དགྲ་བཅོམ་པའི་འབྲས་བུ་ཐོབ་པར་འགྱུར་རོ། །དེ་ནས་དགེ་སློང་དེ་དག་ཡུལ་གན་ཟྙ་རར་ཕྱིན་ནས་ལོ་གཉིས་ཀྱི་བར་དུ་གནས་སོ། །ལོ་གསུམ་པའི་ཚེ་ཡུལ་དེའི་རྒྱལ་པོ་དད་པ་ཅན་ཞིག་ཡོད་པས་འཆི་བར་འགྱུར་རོ། །རྒྱལ་པོ་དེ་ཤི་བའི་འོག་ཏུ་རྒྱལ་པོ་དེའི་བུ་དད་པ་ཅན་ཞིག་དང་དད་པ་མེད་པ་ཞིག་རྒྱལ་སྲིད་ལ་བརྩོད་ནས་དམག་གི་གཡུལ་བཀྲི་ནས། ཕྱོགས་གཉིས་སུ་ཆད་པར་འགྱུར་རོ། །དེའི་ཚེ་ན་དགེ་སློང་དེ་དག་གི་ནང་ན་དགེ་སློང་དཔའ་བ་བརྟུལ་ཕོད་པ་ཚམ་ཚོམ་མེད་པར་སྟོང་ཞིག་ཡོད་པས་རྒྱལ་བུ་དད་པ་མེད་པ་དེ་དམག་གིས་བཏབ་སྟེ་ཕམ་པར་བྱས་ནས་རྒྱལ་བུ་དད་པ་ཅན་དེ་ལ་རྒྱལ་སྲིད་འབུལ་བར་འགྱུར་རོ། །རྒྱལ་བུ་དད་པ་ཅན་དེས་ཟླ་བ་ལྔ་རྒྱལ་པོ་བྱས་ནས་ཡང་དགེ་སློང་སྟོང་པོ་དེ་དག་གིས་བསད་ནས་དགེ་སློང་གཅིག་རྒྱལ་པོ་ལ་བཙུག་སྟེ་ལོ་གཉིས་ཀྱི་བར་དུ་རྒྱལ་པོ་བྱེད་པར་འགྱུར་རོ། །དེའི་ཚེ་ཡུལ་གན་ཟྙ་རའི་བློན་པོ་དང་ཡུལ་མི་ཐམས་ཅད་འདུས་ཏེ་གསང་ནས་ཅིའི་ཕྱིར་ཤི་འོག་གི་མི་བདག་ཅག་གི་ཡུལ་དུ་བྲོས་པ། ངན་པ་འདིས་བདག་ཅག་གི་རྒྱལ་པོ་གསད་དོ་ཞེས་གྲོས་བྱས་ནས་འཁྲུལ་ལ་དམག་དྲངས་ཏེ་རྒྱལ་པོ་གཏུབས་པར་འགྱུར་རོ། །དེའི་ཚེ་ཡུལ་གན་ཟྙ་ར་ན་གནས་པའི་དགེ་སློང་ཐམས་ཅད་མཐོང་དགྲ་བསད་དེ་དགེ་སློང་གང་ཞིག་ཡུལ་དབུས་སུ་བྲོས་ཏེ་ཐར་པ་དེ་འབའ་ཞིག་གསོན་པར་འགྱུར་རོ། །དེའི་འོག་ཏུ་ཡུལ་དབུས་མ་

67叶A面：

གཏོགས་པར་འཛམ་བུའི་གླིང་འདི་ན་དད་པ་མེད་པ་གསུམ་འབྱུང་བར་འགྱུར་ཏེ། སིག་ནི་ལ་སོགས་པ་མང་པོ་ཞིག་གིས་རྒྱལ་པོ་ནི་ཏི་ཐྲིག་གི་རྒྱལ་པོ་བྱེད་པར་འགྱུར་རོ། །དྲུ་གུ་ཉུས་སྐྲ་ཚོགས་དུ་མིའི་རྒྱལ་པོ་ནི་དྲུ་གུས་བྱེད་པར་འགྱུར་རོ། །གཞན་མང་པོ་ཞིག་གི་རྒྱལ་པོ་ནི་བོད་ཀྱི་རྒྱལ་པོ་བྱེད་པར་འགྱུར་རོ། །རྒྱལ་པོ་དེ་གསུམ་ཀ་ནི་ཡང་སེམས་མཐུན་པར་འགྱུར་རོ། །རྒྱལ་པོ་དེ་གསུམ་ལ་དམག་དཔའ་བ། བརྟུལ་ཕོད་པ་སུམ་འབུམ་ཞིག་ཡོད་པས་ཡུལ་དབུས་མ་གཏོགས་པ། གཞན་ཡང་དག་པའི་ལྟ་བ་འཛིན་པའི་ཡུལ་ཐམས་ཅད་བཅོམ་ནས་མི་མང་པོ་ཁ་བཏགས་ནས་གྲོང་ལ་སོགས་པ་ཡང་སྟོངས་པར་འགྱུར་རོ། །དེ་ནས་རྒྱལ་པོ་དེ་གསུམ་འདུས་ནས་ཡུལ་དབུས་སུ་དམག་དྲངས་ཞེས་གྲོས་བྱེད་པར་འགྱུར་རོ། །དེའི་ཚེ་ན་ཡུལ་དབུས་ཀོཾ་ཤམྦི་ཞེས་བྱ་བར་རྒྱལ་པོ་བཟོད་དཀའ་ཞེས་བྱ་བ་ཞིག་འབྱུང་བར་འགྱུར་ཏེ། དེ་བཙས་པའི་ཚེ་ཁྲག་གི་ཆར་པ་ཡང་འབབ་ལག་པ་གཉིས་ཀྱང་གྲུ་མོ་མན་ཆད་ཁྲག་གིས་བསྐུས་པ་ལྟ་བུར་དམར་བ་ཞིག་ཡིན་ནོ་དེའི་བློན་པོ་ཡན་ལག་མཆོག་དང་ལྡན་པ་ལྔ་བརྒྱ་དང་དམག་མི་གཡུལ་ངོར་དཔའ་བ་ཉིས་འབུམ་བྱུང་བར་འགྱུར་རོ། །དེའི་ཚེ་ཏ་ཐྲིག་གི་རྒྱལ་པོ་ལ་སོགས་པ་གསུམ་ཡུལ་དབུས་ཀོཾ་ཤམྦིར་སོད་ནས་རྒྱལ་པོ་བཟོད་དཀའ་ཚོལ་བར་བྱེད་དོ། །དེ་ནས་རྒྱལ་པོ་བཟོད་དཀས་དེ་སྐད་ཐོས་ནས་དམག་དང་ཆས་ཏེ་རྒྱལ་པོ་དེ་དག་གི་མདུན་དུ་བསྒུགས་ནས་ཟླ་བ་གསུམ་གྱི་བར་དུ་རྒྱུན་དུ་གཡུལ་ཆེན་པོ་སྤྲད་པ་དང་། རྒྱལ་པོ་དད་པ་མེད་པ་དེ་གསུམ་དམག་དང་བཅས་ཏེ་གཏན་མེད་པར་བརླག་པར་འགྱུར་རོ། །རྒྱལ་པོ་བཟོད་དཀའ་དམག་དང་བཅས་པ་སླར་ཡུལ་དུ་འཁོར་ནས་རྒྱལ་པོ་དེ་འདི་སྙམ་དུ་བདག་གིས་མི་མང་པོ་ཁ་བཏགས་ན། བདག་གི་འགྲོ་བ་ནི་ཇི་ལྟ་བུ་ཞིག་ཏུ་སྐྱེ་བར་འགྱུར། ནམ་ཞིག་ངན་སོང་གསུམ་ལས་ཐར་པར་འགྱུར་སྙམ་དུ་འགྱོད་པ་སྐྱེ་བར་འགྱུར་རོ། །དེ་ནས་རྒྱལ་པོ་དེ་ལ་བློན་པོ་རྣམས་ཀྱིས་གསོལ་བ། མ་བསྐྱེདས་པར་དམར་བུ་ཅན་གྱི་ཡུལ་ན་དགེ་སློང་ཤིར་ཤ་ཀ་ཞེས་བགྱི་བ་སྡེ་སྣོད་གསུམ་ལ་མཁས་པ་ཞིག་བཞུགས་པས་དེ་སྤྱན་དྲངས་དང་། དེས་ལྷ་ཁྱོད་ཀྱི་ལས་ངན་པ་དེ་བཤགས་པར་འགྱུར་རོ་ཞེས་སྨྲ་བར་འགྱུར་ལ། རྒྱལ་པོས་

67叶B面：

ཀྱང་དགེ་སློང་དེ་སྤྱན་དྲངས་ནས། དེའི་མདུན་དུ་ལས་ངན་པ་ཇི་ལྟར་བྱས་པ་ཐམས་ཅད་ལོ་རྒྱུས་སྨྲ་བར་འགྱུར་རོ། །དགེ་སློང་དེས་ཀྱང་འདི་སྐད་དུ་རྒྱལ་པོ་ཁྱོད་ཀྱིས་ཤིན་ཏུ་མ་ལེགས་པ་བྱས་ཀྱི་ཆེ་ཐང་དུ་འགྱོད་ལ། འཛམ་བུའི་གླིང་གི་དགེ་སློང་ཐམས་ཅད་འདིར་སྤྱན་དྲངས་ལ་རྟག་ཏུ་ཡོ་བྱད་ལྷུ་སྩལ་ཏེ། སྐྱབས་སུ་འགྲོ་བ་དང་ཉིན་གཅིག་བཞིན་དུ་དགེ་འདུན་གྱི་མདུན་དུ་སྡིག་པ་ཤོགས་ཤིག །ཁྱོད་ཀྱིས་མི་མང་པོ་ཁ་བཏགས་པའི་ལས་བསྒྲུབས་པར་འགྱུར་རོ་ཞེས་སྨྲ་བར་འགྱུར་རོ། །དེ་ནས་དེའི་ཚེ་རྒྱལ་པོ་དེས་ཡུལ་ཡུལ་གྱི་དགེ་སློང་རྣམས་སྤྱན་འདྲེན་པ་གཏོང་

བར་འགྱུར་རོ། །དགེ་སློང་རྣམས་ཀྱིས་ཀྱང་ཡུལ་ཀོ་ཤམྦི་ཞེས་བྱ་བ་ན་རྒྱལ་པོ་བཙོད་དཀའ་ཞེས་བྱ་བ་དགེ་འདུན་ལ་ཡོ་བྱད་ལྷུ་འབུལ་བ་ཞིག་ཡོད་དོ་ཞེས་ཐོས་ནས་ཡི་རངས་ཏེ། ཡུལ་ཀོ་ཤམྦི་ཞེས་བྱ་བར་འགྲོ་བར་འགྱུར་རོ། །དེའི་ཚེ་ཡུལ་ཀོ་ཤམྦིར་དགེ་སློང་འབུམ་འདུ་བར་འགྱུར་རོ། །དེ་ནས་ཆོས་བཅོ་ལྔའི་ནུབ་མོ་དགེ་སློང་རྣམས་གསོ་སྦྱོང་ལ་འདུས་ཏེ་དགེ་སློང་ཤིང་ཤ་ཀ་པོས་ནས་ཁྱེད་ཀྱིས་སོ་སོར་ཐར་པའི་མདོ་ཐོན་ཅིག་ཅེས་སྨྲ་བར་འགྱུར་རོ། །དགེ་སློང་ཤིར་ཤ་ཀས་ཀྱང་འདི་སྐད་དུ་ཁྱེད་རྣམས་ལ་སོ་སོར་ཐར་པས་ཅི་ཞིག་བྱ། མི་རྣ་དང་རྣ་བ་གཅད་པ་ལ་མེ་ལོང་གིས་ཅི་ཞིག་བྱ་ཞེས་སྨྲ་བར་འགྱུར་རོ། །དེ་ནས་དེའི་ཚེ་དགེ་སློང་དེ་དག་གི་ནང་ན་དགྲ་བཅོམ་པ་སུ་ར་ཏ་ཞེས་བྱ་བ་ལངས་ནས་སེང་གེ་ལྟ་བུའི་སྐད་ཀྱིས་དགེ་སློང་ཤིར་ཤ་ཀ་ལ་འདི་སྐད་ཅེས་ཁྱོད་ཅིའི་ཕྱིར་དེ་སྐད་ཅེས་སྨྲ་ཁོ་བོ་ནི་བདེ་བར་གཤེགས་པས་བཀའ་སྩལ་པ་བཞིན་བསླབ་པ་ཅིག་ཀྱང་མ་ཉམས་སོ་ཞེས་སྨྲས་པ་དང་། དགེ་སློང་ཤིར་ཤ་ཀ་ཤིན་ཏུ་སྐྱེངས་པར་འགྱུར་རོ། །དེ་ནས་དགེ་སློང་ཤིང་ཤ་ཀའི་སློབ་མ་ཨ་གན་པི་ཞེས་བྱ་བས་དགྲ་བཅོམ་པ་དེ་ལ་འདི་སྐད་དུ་ཁྱོད་ཅིའི་ཕྱིར་ངའི་སློབ་དཔོན་ལ་མི་མད་ཐང་དེ་སྐད་སྨྲ་ཞེས་ཁྲོས་ནས་ལག་པ་གཉིས་ཀྱིས་སྒོ་གཏན་བླངས་ནས་དགྲ་བཅོམ་པ་དེ་གསོད་པར་འགྱུར་རོ། །དེ་ནས་དགྲ་བཅོམ་པ་དེའི་སློབ་མ་དགེ་སློང་ཀ་ར་ཏ་ཞེས་བྱ་བས་ཀྱང་རང་གི་སློབ་དཔོན་གསད་པར་མཐོང་ནས་ཤིན་ཏུ་ཁྲོས་ཏེ་དབྱུག་པ་བླངས་ནས་དགེ་སློང་ཤིར་ཤ་ཀ་གསོད་པར་འགྱུར་རོ། །དེའི་ཚེ་དགེ་སློང་དག་རིམ་གྱིས་ཁྲོས་ནས་ཕྱོགས་གཉིས་སུ་ཆད་ནས་གཅིག་གིས་གཅིག་གསོད་

68叶A面：

པར་འགྱུར་རོ། །དེ་ནས་སུམ་ཅུ་རྩ་གསུམ་གྱི་ལྷ་ཐམས་ཅད་དེར་ལྷགས་ཏེ། དགེ་སློང་ཤི་བའི་རོ་དེ་དག་མཐོང་ནས་དུད་མོས་འདེབས་ཤིང་མཆོད་པ་བྱེད་པར་འགྱུར་རོ། །དགེ་སློང་དེ་དག་གིས་གོས་ཁ་དོག་བསྒྱུར་བ་དང་སྐྲ་དང་སེན་མོ་ཡང་ལྷའི་གནས་སུ་ཁྱེར་བར་འགྱུར་རོ། །དེའི་ཚེ་ཡུལ་དེར་ཀླུང་དམར་ནག་པོ་དང་། སེར་པོ་དང་འདྲེས་པ་ལྟར་ཞིང་དུས་དུས་སུ་མེའི་ཆར་པ་འབབ་པ་དང་ས་གཡོ་བ་དང་། ཞུར་སྒྲ་དང་དུ་ཅོམ་དག་ཀྱང་འབྱུང་བར་འགྱུར་རོ། །དེ་ནས་རྒྱལ་པོ་དེས་སྐྱ་རེངས་ཤར་བའི་ཚེ་འདི་ལྟར་དགེ་སློང་ཐམས་ཅད་ཁ་བཏགས་པ་མཐོང་ནས། ཨུ་དན་གྱིས་གདུངས་པའི་རྒྱུས་མིག་གིས་རེས་འགའ་ནི་མཐོང་རེས་འགའ་ནི་མི་མཐོང་བར་འགྱུར་བ་བཞིན་དུ་སྨྱོང་ལ། གཙུག་ལག་ཁང་དུ་བརྒྱུགས་ནས་ཚ་རིས་བཏབ་སྟེ། དགྲ་བཅོམ་པ་དང་དགེ་སློང་སྡེ་སྣོད་གསུམ་པའི་མིང་ནས་འབོད་ཅིང་དེ་གཉིས་ཀྱི་རོ་པང་གིས་འབྲུད་དེ། འདི་སྐད་དུ་ཀྱེ་སྡེ་སྣོད་གསུམ་པ་ཁྱོད་ནི་བདེ་བར་གཤེགས་པའི་དམ་པའི་ཆོས་ཀྱི་མཛོད་འཛིན་པ་ལགས། ཀྱེ་དགྲ་བཅོམ་པ་ཁྱོད་ནི་བདེ་བར་གཤེགས་པའི་བསླབ་པའི་གཞི་འཛིན་པ་ལགས་ན། ད་ཁྱེད་གཉིས་འོངས་པས་འཇིག་རྟེན་འདི་སྟོངས་པར་གྱུར་ཏོ་ཞེས་སྨྲ་བར་འགྱུར་རོ། །དམ་པའི་ཆོས་ནུབ་པའི་ནུབ་མོ་སུམ་ཅུ་རྩ་གསུམ་པའི་ལྷ་རྣམས་ཀྱང་ལྷ་མ་ཡིན་གྱིས་ཕམ་པར་བྱས་ནས་འབྲོས་པར་འགྱུར་རོ། །དེ་ཉིད་ཀྱི་ནུབ་མོ་ལྷ་རྟག་ཏུ་མྱོས་པའི་ནང་ནས་ལྷ་འདི་ནི་ཞེས་བྱ་བ་འཆི་འཕོ་བར་འགྱུར་རོ། །དེ་ནས་འཛམ་བུའི་གླིང་དེའི་བུ་རམ་ཤིང་དང་། རྒུན་དང་སྦྲང་རྩི་ཐམས་ཅད་ཀྱང་ནུབ་པར་འགྱུར་རོ། །བདུད་དབང་སྒྱུར་ཞེས་བྱ་བ་ཡང་འཆི་བར་འགྱུར་ཏེ། དེ་ནས་ནས་དང་གྲོ་དང་འབྲས་ཐམས་ཅད་ནུབ་པར་འགྱུར་ཏེ། འཛམ་བུའི་གླིང་གི་མི་རྣམས་ཀྱི་ཟས་སུ་སྲིད་དང་ཁྲི་ཀོད་དང་རྩྭའི་འབྲས་བུ་སྣ་ཚོགས་ཟ་བར་འགྱུར་རོ། །དར་དང་ཟ་འོག་དང་མན་ཏྲི་དང་། རས་བཟང་པོ་ལ་སོགས་པ་ཡང་ནུབ་ནས་གོས་སུ་གསོ་རས་དང་། རེ་ཕྱར་ལ་སོགས་པ་གྱོན་པར་འགྱུར་རོ། །གསེར་ལ་སོགས་པའི་རིན་པོ་ཆེ་སྣ་ཚོགས་ཀྱི་རྒྱན་རྣམས་ཀྱང་ནུབ་ནས་རྒྱན་དུ་རྩྭ་ལས་བྱས་པ་ལ་སོགས་པ་ཐེགས་པར་འགྱུར་རོ། །ཚོན་བཟང་པོ་དང་རོ་ཞིམ་པོ་རྣམས་ཀྱང་

68叶B面：

ནུབ་པར་འགྱུར་རོ། །དེ་བཞིན་གཤེགས་པའི་སྐུ་གཟུགས་རྣམས་ཀྱང་ཀླུའི་གནས་སུ་འཁྱེར་བར་འགྱུར་རོ། །ལི་ཡུལ་གྱི་མཁན་པོ་རྣམས་འདུས་ནས་ལི་རྗེ་བཙུན་ལེགས་ཀྱི་རིང་ལ་ཡོས་བུའི་ལོ་ལ་བརྩིས་ནས་དེ་ནས་ལོ་བརྒྱ་རྩ་གཉིས་ན་དམ་པའི་ཆོས་ནུབ་པར་འགྱུར་རོ། །དགྲ་བཅོམ་པ་དགེ་འདུན་འཕེལ་གྱིས་ལུང་བསྟན་པ་རྫོགས་སོ། །

322

323

324

325

德格版木刻板《僧伽伐弹那授记》(ལི་ཡུལ་དགྲ་བཅོམ་པ་དགེ་འདུན་འཕེལ་གྱི་ལུང་བསྟན།)

德格版木刻板《僧伽伐弹那授记》(ལི་ཡུལ་དགྲ་བཅོམ་པ་དགེ་འདུན་འཕེལ་གྱི་ལུང་བསྟན་པ།)

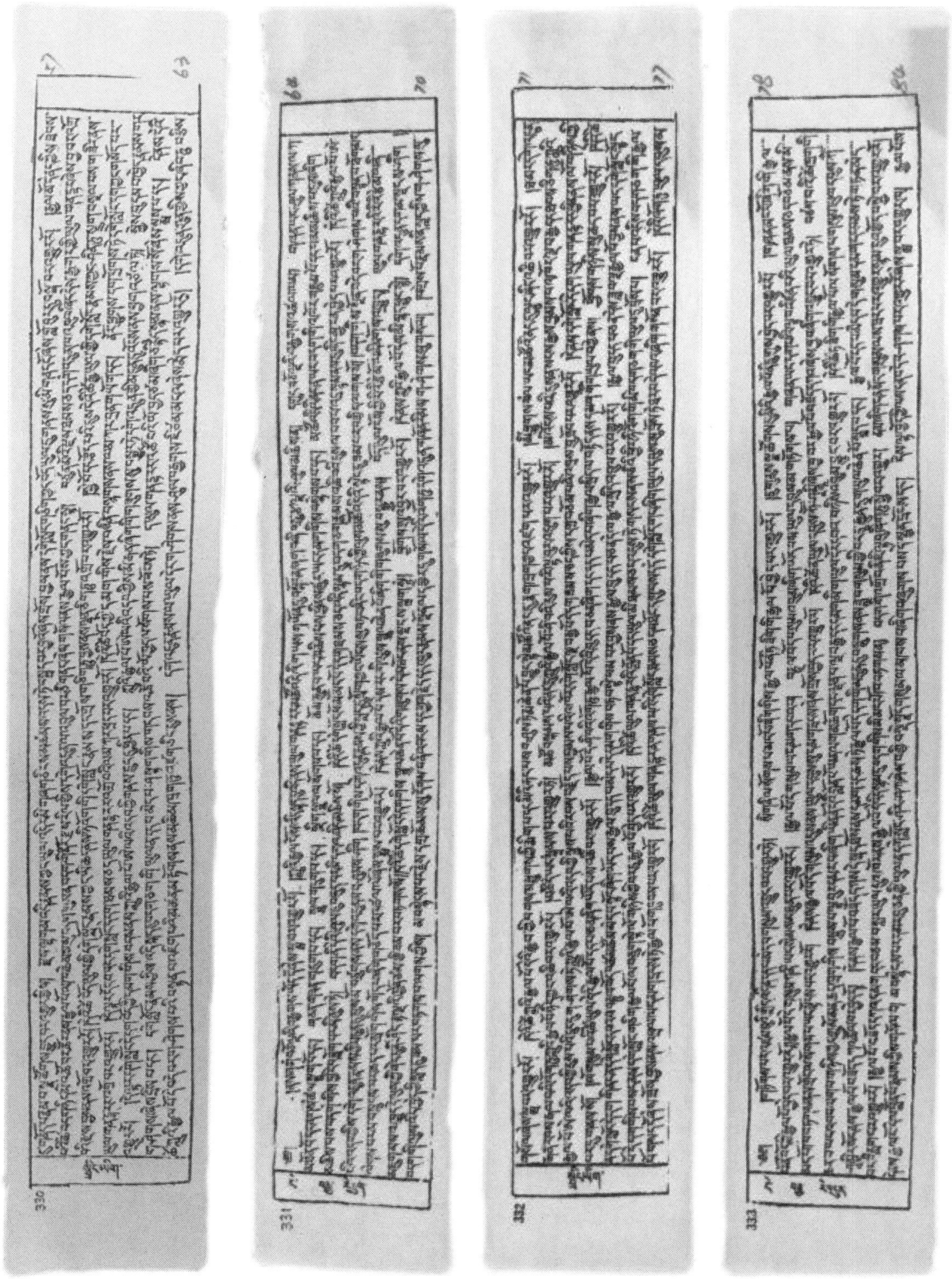

德格版木刻板《僧伽伐弹那授记》(ལི་ཡུལ་དགྲ་བཅོམ་པ་དགེ་འདུན་འཕེལ་གྱི་ལུང་བསྟན།)

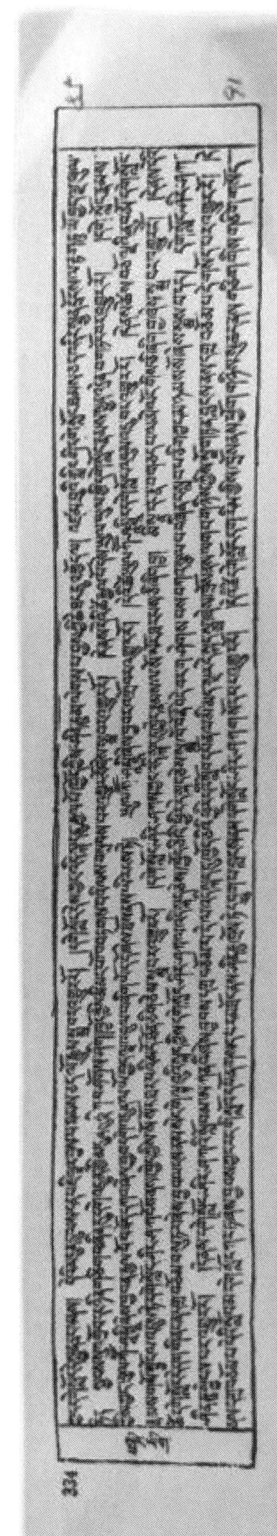

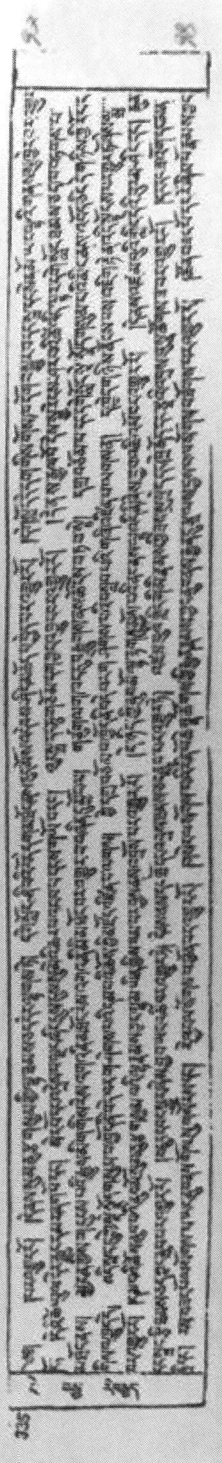

德格版木刻板《僧伽伐弹那授记》(ལི་ཡུལ་དགྲ་བཅོམ་པ་དགེ་འདུན་འཕེལ་གྱི་ལུང་བསྟན།)

# 六、《李域授记》(ལི་ཡུལ་ལུང་བསྟན།) 译注

## 一、解　题

### （一）作者简介

《李域授记》( ལི་ཡུལ་ལུང་བསྟན། ) 文末无题记，译者（作者）不详。

### （二）版本介绍

《李域授记》( ལི་ཡུལ་ལུང་བསྟན། ) 汉译文是根据德格版的《李域授记》翻译而成。《李域授记》( ལི་ཡུལ་ལུང་བསྟན། ) 收录在德格版藏文大藏经《丹珠尔》部中，nge 函，168叶 B2~188叶 A7，版本保存完好。

## 二、藏文原文及汉文译文

藏文原文（168叶B面）：

ལི་ཡུལ་ལུང་བསྟན་པ་བཞུགས་སོ། །

༄༅། །ལིའི་ཡུལ་ལུང་བསྟན་པ། །དཀོན་མཆོག་གསུམ་ལ་ཕྱག་འཚལ་ལོ། །ལི་ཡུལ་བྱུང་ནས་ལིའི་རྒྱལ་པོ་རབས་དྲུག་ནི་འདས། །རབས་བདུན་གྱི་རྒྱལ་པོ་བི་ཛ་ཡ་ཀཱི་རྟི་ཞེས་བྱ་བའི་ཚེ་ན། སད་ཀ་ཡ་ཕྲ་ཏ་ཋ་ཡའི་གཙུག་ལག་ཁང་དང་ཉེ་བའི་ལུང་པ་ས་ཀ་ཡ་གྱི་རི་ཞེས་བྱ་ན། སང་གྷ་བརྡྷ་ན་ཞེས་བྱ་བའི་དགྲ་བཅོམ་པ་ཞིག་བཞུགས་ཏེ། དེའི་སློབ་མ་བན་དེ་ཞིག་འདུལ་བ་ལ་སློབ་པ་ལས་བན་དེ་ས་ཙྪ་གཛྙ་དང་། འདུལ་བའི་དར་མ་སངས་རྒྱས་ཀྱི་ལུང་མཐོང་ནས་དགྲ་བཅོམ་པ་ལ་ཞུས་པ། ལི་ཡུལ་དང་། ཤུ་ལིག་དང་། ཨན་སེ་འདི་གསུམ་ན་སངས་རྒྱས་མྱ་ངན་ལས་འདས་པའི་འོག་ཏུ་དམ་པའི་ཆོས་ཀྱི་གཟུགས་བརྙན་དང་། མཆོད་རྟེན་བཞུགས་པ་རྣམས་དུས་ཇི་ཙམ་ཞིག་ན་

ནུབ། སུམ་ནི་བཞིག མཐར་ཇི་ལྟར་འཆི་བ་བཤད་ཅིང་ལུང་བསྟན་པར་གསོལ་བ་ལས། དགྲ་བཅོམ་པས་བཀའ་སྩལ་པ། འདི་ལྟ་བུའི་ཐེ་ཚོམ་ཞུས་པའི་ནི་དགེའོ། །སངས་རྒྱས་ཤཱཀྱ་ཐུབ་པ་མྱ་ངན་ལས་འདས་པའི་འོག་ཏུ་ཆོས་ཀྱི་གཟུགས་བརྙན་དང་རིང་བསྲེལ་ལོ་ཉིས་སྟོང་དུ་གནས་ནས་ནུབ་པར་འགྱུར་རོ། །ཡུལ་འདི་གསུམ་དུ་རྒྱ་དང་། གདོང་དམར་དང་། སོ་བྱི་དང་། དྲུག་གུ་དང་། ཧོར་ལ་སོགས་པ་དགྲ་ཕལ་ཆེར་གཡོས་ནས་ཇོད་ཅིང་འབྲུག་པར་འོང་སྟེ། དེ་བས་ན་སངས་རྒྱས་ཀྱི་ཆོས་ཉམས་ཤིང་མཆོད་རྟེན་ཡང་ཕལ་ཆེར་རེའུ་རུལ་དུ་འགྱུར་ཤིག་ཞིག་སྟེ། དགེ་འདུན་གྱི་འཚོ་བའི་ཡོ་བྱད་ཀྱང་འཆད་པར་འོང་ངོ་། །ཡུལ་འདི་གསུམ་ལ་ཡང་ཨན་སེ་དང་། ཤུ་ལིག་ནི་ཆོས་མི་བྱེད་པའི་དགྲ་མང་པོས་དཀྲུགས་ཏེ། ཕལ་ཆེར་ནི་བསྲེགས་བཤིག་སྟེ་སྟོངས་པར་འགྱུར་རོ། །གཙུག་ལག་ཁང་འདི་རྣམས་ཀྱི་བན་དེ་ཡང་ཕལ་ཆེར་ལི་ཡུལ་དུ་འོང་ངོ་། །ལི་ཡུལ་གྱི་གཙུག་ལག་ཁང་

汉文译文：

向三宝顶礼！[①] 自李域产生，李域之王统过六代。至第七代国王布杂雅格迪（རྒྱལ་རབས་བདུན་གྱི་རྒྱལ་པོ་བི་ཛ་ཡ་ཀི་རྟི།）时，在索嘎雅吉日雅山（ས་ཀ་ཡ་གི་རི།）附近的萨嘎雅贝哈那雅寺（སད་ཀ་ཡ་སྦྱ་ཧ་ཡའི་གཙུག་ལག་ཁང་།），住一位称作桑嘎巴达那（སང་ཀྲ་བརྡ་ན།）的阿罗汉。其一弟子修《戒律》，尔时见到了《般戴赞扎甘达》（བརྟེ་ས་ཙནྡྲ་གརྦྷ།）[②]、《戒律达尔玛桑吉之教诫》（འདུལ་བའི་དར་མ་སངས་རྒྱས་ཀྱི་ལུང་།），向阿罗汉请教："在李域（ལི་ཡུལ།）、疏勒（ཤུ་ལིག）、安息（ཨན་ས།）[③] 此三地，佛涅槃后，奉立的佛像、佛塔等何时衰灭？由谁所灭？最后如何？请授记！"阿罗汉言教："提出这种疑问甚好。佛陀释迦牟尼涅槃后，佛教的尊像和舍利过两千年后将会毁灭。"

在此三地，汉（རྒྱ།）、东玛尔（赤面，གདོང་དམར།）、索西（སོ་བྱི།）[④]、朱固（དྲུག་གུ།）、霍尔（ཧོར།）等大部敌人从左面入侵，因此佛教衰微，佛塔也很快毁灭，僧众的生计中断。在此三地，其中的安息、疏勒被不信佛法的众多敌人所蹂躏，大都焚毁一空。佛教寺院的僧众大多来到李域。李域的佛殿

藏文原文（169叶A面）：

དང་མཆོད་རྟེན་ལ་སོགས་ན་བྱང་ཆུབ་སེམས་དཔའ་ལྔ་བརྒྱ་བཞུགས་ཏེ། ཉིས་བརྒྱ་ལྔ་བཅུ་ནི་རབ་ཏུ་བྱུང་བའི་ཚུལ་དུ་བཞུགས། ཉིས་བརྒྱ་ལྔ་བཅུ་ནི་ཁྱིམ་པའི་ནང་དུ་སྐྱེ་བ་བླངས་ཏེ་བཞུགས། འགེའུ་ཏོ་ཤན་གྱི་གཙུག་ལག་ཁང་མི་བསྐལ་པ་བཟང་པོའི་སངས་རྒྱས་སྟོང་རྩ་ལྔའི་ཞབས་ཀྱིས་བཅགས་ཤིང་རྒྱུན་མི་འཆད་གནས་པའི་པོ་བྲང་དུ་འགྱུར་རོ། །འཕགས་པ་འདི་རྣམས་ཀྱི་ཆེ་བ་དང་། ཐུགས་རྗེ་དང་། བྱིན་གྱིས་བརླབས་ཀྱིས་ལི་ཡུལ་གྱི་མཆོད་རྟེན་དང་། དམ་པའི་ཆོས་སྤྱོད་པ་དང་། ཡང་ཡུལ་གཞན་ལས་རྒྱས་ཤིང་ཡུན་རིང་དུ་གནས་སོ། །རྒྱལ་པོ་ཕལ་པོ་ཆེ་ལི་ཡུལ་འདོད་པའི་ཕྱིར་ཇོད་ཅིང་འཐབས་ཏེ། གང་གིས་ཐོབ་པའི་རྒྱལ་པོ་དེ་ཡང་ལི་ཡུལ་གྱི་ཡོན་བདག་ཆེན་པོར་འགྱུར་ཏེ། མི་བཞིག་མི་འབྲི་བར་

---

① 向三宝顶礼，藏语称"贡却乎苏木拉谢合擦罗"（དཀོན་མཆོག་གསུམ་ལ་ཕྱག་འཚལ་ལོ།），"贡却乎苏木"特指"佛法僧三宝"，"拉"介词，"向"，"谢合擦罗"意为"顶礼"。

②《般戴赞扎甘达》，即《月藏经》。

③"安息"（ཨན་སེ།）可能指历史上的安息国，不可能是安西地区。

④ 索西（སོ་བྱི།），可能指"粟特"。

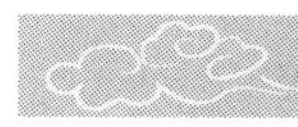

བྱེད་ཅིང་མཆོད་པར་འོང་ངོ་། །དེའི་དུས་ན་གདོང་དམར་གྱི་རྒྱལ་པོ་ཞེས་བྱ་བ་དབང་ཐང་དང་མཐུ་སྐྱེས་ནས་ཡུལ་ཁམས་གཞན་མང་དུ་ཐོགས་བཟུང་ངོ་། །དེའི་ཚེ་ན་བྱང་ཆུབ་སེམས་དཔའ་གཅིག་གདོང་དམར་གྱི་རྒྱལ་པོའི་སྐྱེ་བ་བླངས་ཏེ། བོད་ཁམས་སུ་དམ་པའི་ཆོས་འབྱུང་ངོ་། །ཡུལ་ཁམས་གཞན་ནས་ཀྱང་ཆོས་ཀྱི་མཁན་པོ་དང་། གསུང་རབ་མདོ་སྡེ་ལ་སོགས་པ་སྤྱན་དྲངས་སོ། །གདོང་དམར་གྱི་ཡུལ་དུ་གཙུག་ལག་ཁང་དང་། མཆོད་རྟེན་མང་དུ་བརྩིགས། །དགེ་འདུན་སྡེ་གཉིས་བཙུགས། རྒྱལ་པོ་དང་བློན་པོ་ལ་སོགས་པ་དཀོར་རིལ་གྱིས་དམ་པའི་ཆོས་ལ་སྤྱོད། རྒྱལ་པོ་གདོང་དམར་དེའི་ཚེ་ལི་ཡུལ་ཡང་རྒྱལ་པོ་དེའི་མངའ་རིས་སུ་དབང་བར་འགྱུར་རོ། །དམ་པའི་ཆོས་དང་། མཆོད་རྟེན་ལ་སོགས་པའི་དཀོན་མཆོག་གསུམ་གྱི་རིགས་མི་འབྲི། རྒྱས་པར་བཙུགས་ཤིང་མཆོད་དོ། །རྒྱལ་པོ་གདོང་དམར་རྒྱུད་རབས་བདུན་དུ་དམ་པའི་ཆོས་སྤྱོད་པར་འགྱུར་རོ། །རྒྱལ་པོ་འདིའི་རབས་བདུན་དུ་ཡུལ་ཁམས་གཞན་དཀོན་མཆོག་གསུམ་གྱི་མཆོད་རྟེན་བཞེངས་པ་ལ་ངན་སེམས་དང་གནོད་པ་མི་བྱེད་དོ། །དེའི་དུས་ན་ལི་ཡུལ་གྱི་དགེ་འདུན་ཡང་ཙནྡྲ་གརྦྷའི་ལུང་བསྟན་པ་ལས་བྱུང་བ་བཞིན་དུ་དད་པ་བྲི། ཆོས་ཁྲིམས་དང་མི་ལྡན། འཇིག་རྟེན་གྱི་ཁེ་དང་གྲགས་པ་ཚོལ། རྒྱལ་པོ་དང་བློན་པོའི་དཀྱུ་གཙང་གྱི་ནང་དུ་འཇུག་ཅིང་དམ་པའི་ཆོས་དམན་པར་བྱེད་པ་

汉文译文：

和佛塔等处住有500菩萨，其中250剃度出家，250为在家居士。固道善的佛殿（འགེའུ་ཏོ་ཤན་གྱི་གཙུག་ལག་ཁང་།）成为贤劫1005佛加持而恒常久住的圣殿。由于诸圣者的大慈、大悲、加持，李域的佛塔、正法妙行超过其他地区而长期流传。华严王（རྒྱལ་པོ་ཕལ་པོ་ཆེ།）为了满足李域的愿望（而与外道）针锋相对，获胜的国王亦成为李域的大施主，给予了不灭不衰的供奉。

当此之时，称作赤面之王凭借权势和威力，征服了诸多其他地区。尔时，有一菩萨投生为赤面王，便在吐蕃产生了佛教，并从异地迎请了佛法的堪布（ཆོས་ཀྱི་མཁན་པོ།）和经典等，在赤面之地建起许多寺院和佛塔，从此有了僧侣伽蓝二部（དགེ་འདུན་སྡེ་གཉིས།）。国王和大臣等皆供奉护持佛法。赤面王时代，李域也归其统辖。（敬奉）佛法、佛塔等三宝的属地不仅没有衰退反而广为扩建愈加敬奉。此后七代赤面国王时期，佛法昌盛。至赤面之王的第七代国王，在其他地区亦广建三宝佛塔，（对三宝）尚无恶意，亦不加害。

尔后，李域的僧团果真如《赞扎嘎尔巴授记》中（ཙནྡྲ་གརྦྷའི་ལུང་བསྟན་པ།）写的所讲，（人们）信仰丧失。不守戒规，追求世间利禄的国王和大臣进入“内层殿”（དཀྱུ་གཙང་གྱི་ནང་། 世俗）之中，极力诋毁佛法

藏文原文（169叶B面）：

背面དག་ཀྱང་མང་དུ་འབྱུང་སྟེ། དེའི་ཚེ་ཞང་བློན་དང་། ཞང་བློན་གྱི་བུ་ཚ་ཡང་དད་པ་འབྲི་བར་འགྱུར་རོ། །དཀོན་མཆོག་གསུམ་གྱི་མངའ་རིས་ཀྱང་བན་དེས་སྤྱོད་པས་ལི་ཡུལ་གྱི་མཆོད་རྟེན་དང་། དམ་པའི་ཆོས་ལ་སོགས་པ་དཀོན་མཆོག་གསུམ་གྱི་མངའ་རིས་ཀྱང་མདོན་པས་འབྲིར་འོང་ངོ་། །རྒྱལ་པོ་དང་། བློན་པོ་ཡང་བན་དེ་དེ་ལ་མི་དགའོ། །དེའི་རྗེས་ལ་བྱང་ཆུབ་སེམས་དཔའ་ཅིག་གདོང་དམར་གྱི་རྒྱལ་པོ་བྱས་པའི་རྒྱུད་རབས་བདུན་གྱི་ཐ་མ་ལ་རྒྱལ་པོ་དེའི་ཆུང་མ་རྒྱ་ཡུལ་ནས་རྒྱ་རྗེའི་བུ་མོ་ཀོང་ཅོ་བྱང་ཆུབ་སེམས་དཔའ་ཡིན་པ་ཞིག་འཁོར་དྲུག་བརྒྱ་དང་གདོང་དམར་གྱི་ཡུལ་དུ་འོངས་སོ། །ཀོང་ཅོ་དེ་འཕགས་པར་ཆོས་ལ་དད་དབང་ཐང་ཆེ་བས་གདོང་དམར་གྱི་རྒྱལ་པོ་ཡང་དད་པ

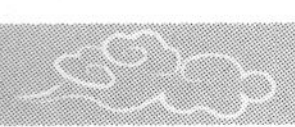

ཆེ་སྟེ། སྔོན་པས་ཀྱང་དམ་པའི་ཆོས་རྒྱས་པར་འགྱུར་རོ། །དེའི་དུས་ན་ལི་ཡུལ་གྱི་རྒྱལ་པོ་གཞོན་ཞིང་ཆོས་མི་སྤྱོད་པ་ཞིག་གིས་ལི་ཡུལ་གྱི་དགེ་སློང་རྣམས་བསྒོ་བ། ཡང་ན་ནི་སྐྱེ་བོར་བོབས་ཤིག །ཡང་ན་ནི་གར་དགའ་བར་དེངས་ཤིག་ཅེས་བསྒྲད་ནས་དགེ་འདུན་རིལ་གྱིས་ཙར་མ་ཞེས་བྱ་བའི་ལྷ་ཁང་དུ་འདུས་ནས་གྲོས་བྱེད་པའི་ཚེ། ལྷ་ཁང་གི་ནང་འཁོར་འདུས་པའི་དཀྱིལ་ནས་གསེར་གྱི་གཟན་དང་གསེར་གྱི་འཕྲུར་བ་ཆ་བདུན་བྱུང་ནས་དགེ་སློང་ལྔ་སྟོང་རྒྱལ་པོས་འཚོ་བ་བཅད་དེ། མི་འབྱོར་བའི་ཟླ་བ་གསུམ་དུ་འཚོ་བའི་ཟོང་དུ་འགྱུར། དེའི་ཚེ་དེའི་དུས་ན་ལ་ལ་སྐྱེ་བོར་བབས། མ་བབས་ཀྱང་དུ་འགྲོ་བ་རྣམས་ཀྱང་ཕ་མ་དང་། གཉེན་འདུན་དང་། ཡུལ་ས་དང་འབྲལ་བ་མི་དགའ་སྟེ། ငུད་མོ་ཆེན་པོ་འབྱུང་ངོ་། །དགེ་འདུན་ཕལ་མང་པོ་ལམ་དུ་ཞུགས་ཏེ། སོང་བ་ལས་བོད་ཞེས་བྱ་བའི་ལྷ་ཁང་དུ་ཕྱིན་པ་དང་། དེ་ན་མཆོད་རྟེན་ཆེན་པོ་ཞིག་བཞུགས་པ་རླུང་གི་རྒྱལ་པོ་དད་པ་ཅན་གྱིས་དྲལ་ཏེ། ནང་ནས་གསེར་གྱི་ཕོར་པ་མུ་ཏིག་གིས་བཀང་བ་ཞིག་བྱུང་ནས་དགེ་འདུན་སྤྱི་ལ་ཕུལ་ལོ། །གཞན་ཡོན་བདག་དད་པ་ཅན་གྱིས་འཚོ་བའི་ཡོ་བྱད་སྣ་སྣ་ནས་ཕུལ་ལོ། །དེ་ནས་དགེ་འདུན་རྣམས་མདོ་ལེ་མེ་སྐར་གྱི་ཡུལ་དུ་ཕྱིན་ཏོ། །མུ་ཏིག་གིས་ཟླ་བ་ཕྱེད་ཀྱི་འཚོ་བའི་ཡོ་བྱད་སྦྱར་རོ། །མེ་ཐར་ནས་སོང་སྟེ། སྐར་ཉ་ཞེས་བྱ་བའི་ལྷ་ཁང་ན་དགེ་འདུན་བཞུགས་པའི་ཚེ་བེ་ཤྲ་མ་ཎ་དང་། དཔལ་གྱི་ལྷ་མོ་མི་ཀྲོ་ཤུག་ཏུ་སྤྲུལ་ནས་ཡུལ་དེ་ན་འདུག་སྟེ།

汉文译文：

的现象甚多。此时，尚论（ཞང་བློན།）[①] 和尚论之子孙也信仰减退，三宝之地仅为僧侣所管，因之，李域之佛塔和佛法等三宝，盛兴范围日渐缩小，国王和大臣亦不喜欢学僧。此后，一位菩提大士为赤面之王的第七代王之后嗣。此王的妃子，为迎娶自汉地国王的公主。公主具菩提之心，与六百随从来到了赤面之地。公主笃信佛法，赤面王也崇信佛法，使得佛法很早即广为传播。

尔时，李域王尚年幼且不信仰佛法，诏令李域的比丘，要么成为俗人，要么变得随心所欲。众僧伽会聚到称作赞摩（ཙར་མ་ཞེས་བྱ་བའི་ལྷ་ཁང་།）的佛殿内商讨时，佛殿内众僧中央出现了七套金袈裟（གསེར་གྱི་གཟན་དང་གསེར་གྱི་འཕྲུར་བ་ཆ་བདུན།）和金包袱。国王断绝了5000比丘的生活来源，贫穷者乞讨觅食三个月，此时，（他们）当中有些变成俗人。未还俗者不愿与父母、亲属、故乡分离，故号啕大哭。大多僧伽上路，行止称作吐蕃的寺院，在此建有一巨型佛塔，并被信仰佛法的风之王召见，（国王用）盈满珍珠的金钵，敬献众僧。此外，其他信仰（佛法）的施主也敬献各种生活用品，于是，将众僧迎之道勒梅嘎尔（མེ་སྐར།），用珍珠来供养着，过了半月的受供养的生活。然后从梅嘎尔出发，在称作“郭尔聂”的寺院，众僧驻锡时，毗沙门天王（བེ་ཤྲ་མ་ཎ།）[②] 和

① 尚论（ཞང་བློན།），藏语音译，始自唐代，即亲贵大臣，舅臣。

② 毗沙门天王，藏语称作“纳帖斯”（རྣམ་ཐོས་ཀྱི་སྲས།），梵文称作“毗沙门”（བཻཤྲ་བ་ཎཿ）。一类财神名。其名颇多，其中有刚瓦松丹（ཀང་བ་གསུམ་ལྡན།）、嘉吾加（རྒྱལ་པོའི་རྒྱལ།）、额随布（ངལ་བསོས་པོ།）、德尔吉德合（གཏེར་གྱི་བདག）、合代谢（རྟག་བདེ་བྱེད།）、闹吉德合（ནོར་གྱི་བདག）、闹竟正巴（ནོར་སྦྱིན་འཛིན་པ།）、闹竟嘉（ནོར་སྦྱིན་རྒྱལ།）、那坚久巴（རྣ་རྒྱན་གཅིག་པ།）、那木斯（རྣམ་སྲས།）、巴德尔（དཔལ་གཏེར།）、相格肖军（བྱང་གི་ཕྱོགས་སྐྱོང་།）、相肖合德浩（བྱང་ཕྱོགས་བདག་པོ།）、益格恰柏（དབྱིག་གི་ཆར་འབེབས།）、木拉雄（མི་ལ་ཞོན།）、木合嘉（མིག་སྐྱ།）、木合雅（མིག་ཡ།）、木合松卓布（མིག་གསུམ་གྲོགས་པོ།）、梅曲丹（མིའི་ཆོས་ལྡན།）、杂松巴（ཙ་གསུམ་པ།）、奥央擦瓦（འོད་དབྱངས་ཚ་བོ།）、仁钦念布（རིན་ཆེན་སྙིང་པོ།）、累额（ལུས་ངན།）、桑德合（གསང་བདག）等。（参见张怡荪主编的《藏汉大辞典》，民族出版社，1993年，1566页。）吐蕃时期也称作巴沃·那突之子毗卢遮那（དཔར་འོར་ན་འདོད་ཀྱི་བུ་བཻ་རོ་ཙ་ན།）。巴沃（དཔར་འོར།）应是巴果（པ་གོར།）之误，属巴果氏。《宁玛教法源流》（第264页）认为，毗卢遮那父名巴果·多吉杰布，巴果·赫突（即巴沃·那突）

吉祥天女（དཔལ་གྱི་ལྷ་མོ།）化作一夫妇驻锡此地，

藏文原文（170叶A面）：

དགེ་འདུན་ཐམས་ཅད་ལ་བདག་ཅག་བསོད་ནམས་བགྱིད་དོ་ཞེས་གསོལ་ནས། ཟླ་བ་ཕྱེད་ཀྱི་བར་དུ་དགེ་འདུན་ལ་མཆོད་སྟོན་གསོལ་ནས་དཔལ་གྱི་ལྷ་མོས་ཕུ་དུང་གང་གི་གསེར་གྱི་དོང་ཙེ་དགེ་འདུན་སྤྱིར་ཕུལ་ཏེ། དགེ་འདུན་རིམ་གྱིས་གདོང་དམར་གྱི་ཡུལ་དུ་ཁ་བལྟས་ཏེ་སོང་བ་ལས། ཡུལ་བ་ཤན་གྱི་རོང་དུ་གཅན་པ་དང་ཕྲད་དེ་མ་བགྱིའོ། །ལམ་གཞན་ཡོད་ན་སོང་ཞིག་ཅེས་ཟེར་ཏོ། དེའི་ཚེ་བཻ་ཤྲ་མ་ཎ་གཡག་དཀར་པོ་རྐྱལ་བ་ཅན་སྒལ་ཆུ་ཡོད་པ་ཞིག་ཏུ་སྤྲུལ་པ་དགེ་འདུན་གྱིས་མཐོང་སྟེ། གཡག་རྐྱལ་ཅན་འདི་ནི་མིའི་ཕྱུགས་ཡིན་པས་འདི་གང་འགྲོ་བའི་ཕྱི་བཞིན་དུ་འདེད་ཞེས་ཟེར་རོ། །དེའི་ཚེ་གཡག་དེས་ཉེ་ལམ་དུ་དྲངས་ཏེ། ཞག་བཞི་ལྡོས་བན་དེ་རིམ་གྱིས་གདོང་དམར་གྱི་ཡུལ་ཚལ་བྱི་ཞེས་བྱ་བར་ཕྱིན་ཏོ། །དེའི་ཚེ་ཡུལ་དེའི་དབང་པོས་དགེ་འདུན་མང་པོ་ཞིག་སྟོད་ཕྱོགས་ནས་ཕྱིན་ཏོ་ཞེས་གདོང་དམར་གྱི་རྒྱལ་པོ་ལ་སྨྲས་ཏོ། །དེའི་ཚེ་རྒྱལ་པོའི་བཙུན་མོས་རྒྱལ་པོ་ལ་སྟོད་ཕྱོགས་ནས་དགེ་འདུན་ཡུལ་སྟོར་ཏེ་འཁྲུམས་ནས་ཕྱིན་པ་བསུ་མ་དང་ཡོ་བྱད་བདག་སྦྱོར་ན། གདོང་དམར་གྱི་ཡུལ་དུ་སྤྱན་དྲངས་པར་ཅི་གནང་ཞེས་གསོལ་ནས་གནང་སྟེ། དགེ་འདུན་རྣམས་བཞོན་པ་དང་འཚོ་བས་བསུ་ནས་གདོང་དམར་གྱི་ཡུལ་དུ་ཕྱིན་ཏོ། །དེ་ནས་གདོང་དམར་གྱི་རྒྱལ་པོ་དང་། ཁོང་ཇོ་འཁོར་དང་བཅས་པས་མཆོད་རྟེན་ལ་ཕྱག་བྱས་ནས་དགེ་སློང་འདིའི་ནང་ན་སྡེ་སྣོད་གསུམ་ལ་མཁས་པའི་མཁན་པོ་རྣམས་མ་གཏོགས་པར་གཞན་འདི་ལྟར་མཁས་པ་བཞུགས་སམ་ཞེས་དྲིས་པ་དང་། མཁན་པོ་ན་རེ་ཨན་སེ་དང་། ཤུ་ལིག་དང་། སྦུ་ཤ་དང་། ཁ་ཆེ་ཞེས་བྱ་བའི་ཡུལ་ན་འདི་འདྲ་བར་མཁས་པའི་དགེ་འདུན་མང་དུ་ཡོད་དོ་ཞེས་སྨྲས་པ་དང་། དེའི་སོད་ལ་འགུགས་པའི་ཕོ་ཉ་བཏང་སྟེ། དགེ་འདུན་རིམ་གྱིས་གདོང་དམར་གྱི་ཡུལ་དུ་སྤྱན་དྲངས་སོ། །དེའི་ཚེ་གདོང་དམར་གྱི་ཡུལ་དུ་གཙུག་ལག་ཁང་བདུན་བརྩིགས་སོ། །མཆོད་པའི་ཡོ་བྱད་དང་། དཀོན་མཆོག་གསུམ་གྱི་མངའ་རིས་ཀྱང་སྟོན་པས་བསྐྱེད་ནས་དགེ་འདུན་རྣམས་ཀྱང་གཙུག་ལག་ཁང་བདུན་གྱི་ནང་དུ་སོ་སོར་བཞུགས་སོ། །དེའི་རྗེས་ལ་ལོ་གསུམ་མམ་བཞི་ན་ཁོང་ཅོའི་སྙིང་གར་འབྲུམ་ཆེན་བྱུང་ནས་ན་བའི་ཚེ་ཁོང་ཅོས་རྒྱལ་པོ་ལ་གསོལ་བ། བདག་

汉文译文：

所有众僧祈祷："此乃我等的福分。"（接下来的）半月中，向僧伽举行供施筵席，吉祥天女向僧众赐一衣襟（ཕུ་དུང་གང་གི་གསེར་གྱི་དོང་ཙེ།）的金币。众僧又抵达赤面（གདོང་དམར་གྱི་ཡུལ།）之地，在贤吉绒地（ཡུལ་བ་ཤན་གྱི་རོང་།）遇见的守关人言："哎呀，到别的路上去！"这时毗沙门天王幻化为白牦牛，僧众见了言道："此牦牛为家畜，它到哪儿去我们在后面追。"此时，牦牛引（大家）

---

为其叔父。毗卢遮那出生地有两种记载，《噶塘遗教》持出生地在尼木境内（今拉萨市尼木县巴果村）说，《毗卢遮那传·扎巴钦莫》一书说桑噶尔（今日喀则市以东曲夏村）是其出生地。毗卢遮那为早期著名的佛教大师及译师，在《布敦善逝教法史》（第208页）的译师名录中位列第二十名。关于毗卢遮那的生平记载主要留世的有《毗卢遮那传·扎巴钦莫》和《毗卢遮那传·莲花园》等传记。四川民族出版社1995年出版了《毗卢遮那传·扎巴钦莫》一书，并在书的后部分附有书名为《毗卢遮那传·莲花园》的小传。《毗卢遮那传·扎巴钦莫》除四川民族出版社出版的版本外，还有布达拉宫所藏版本，两者内容基本上大同小异。《毗卢遮那传·扎巴钦莫》一书传说为毗卢遮那的高徒杰莫·玉扎宁布所著，被标榜或伪托为吐蕃时期的原著作品。事实上，稍有古代藏族史知识的人都知道，11世纪及其后出现了大量的"伏藏"书，其中不乏伪书。就有关历史、宗教、人物传等文献而言，这一时期留传的吐蕃时期的文献中有许多被当时的学者或增补，或删减，或篡改，使得一些重要文献已是面目是非，但依然伪托为吐響文书。事实上，目前真正留传的吐香时期文字，且未被后人任意处置的只有敦煌出土的古文书、早期译经、金石铭文等。另外，毗卢遮那的生平还可见于《五部遗教》等典籍。

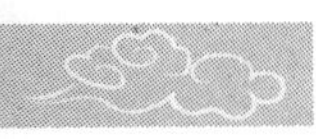

到捷路，经过四五天，抵达赤面之地称作“擦奇”（ཡུལ་ཚལ་ཅི།）的地方。

尔时，当地酋长告诉赤面之王：“许多僧众从上部走来！”此时，王妃向国王祈求道：“将被（于阗王）逐出当地的、流浪的僧众，迎请到赤面之地，给予爱护和供养如何？”然后，将众僧们迎至赤面之地，提供牲畜和生活用品。于是，赤面国王和公主及随从等膜拜后问道：“（赤面之地要）奉建佛塔。除从这些比丘中选出通达三藏的堪布外，还有其他这样的高僧留在（李域）吗？”堪布回答：“称作堪布的高明的僧人，在安息（ཨན་སེ།）、疏勒、勃律（བྲུ་ཤ།）[1]、卡切（ཁ་ཆེ།）等地还有许多。”于是，即刻派遣使者，将众僧请至赤面之地。在赤面之地建寺七座，供养物品、三宝的领地也自古而生，僧伽们随后在七座佛寺中各自安住。

此后过了三四年，公主患天花（·ཀོང་ཅོའི་སྨིང་གར་འབྲུམ།）时，向国王祈请：“我

藏文原文（170叶B面）：

ཉི་ནད་འདི་ལས་མི་འཚོ་ལ། ང་འགུམ་ན་བདག་ཤི་བྲན་དང་། ནོར་ཕྱུགས་རྣམས་དཀོན་མཆོག་གསུམ་ལ་མ་གུམ་པར་འབུལ་ལོ་ཞེས་གསོལ་ཏེ་ཕུལ་ལོ། །འཁོར་དྲུག་བརྒྱ་ཡང་དགེ་བསྙེན་གྱི་མཚན་མས་བཏབ་སྐེ་རབ་ཏུ་བྱུང་ངོ་། །དེའི་རྗེས་ལ་ཀོང་ཇོ་འདས་སོ། ཀོང་ཅོ་འདས་པའི་འོག་ཏུ་རྒྱལ་པོ་གདོང་དམར་གྱི་ཁམས་སུ་འབྲུམ་ནད་འབྱུང་སྟེ་བློན་པོ་དང་། ཞང་བློན་གྱི་བུ་ཚ་ལ་སོགས་པ་མང་དུ་འཆིའོ། །དེའི་ཚེ་བློན་པོ་རྣམས་འདུས་ཏེ་རྒྱལ་པོ་ལ་གསོལ་བ། སྔོན་རྒྱལ་ཁམས་འདི་ན་འདི་འདྲ་བའི་འབྲུམ་ནད་མ་བྱུང་ན། ད་ལྟར་ལྷོ་བལ་གྱི་དགེ་སློང་འཁྲམས་པ་མང་པོ་འོངས་ནས་ཀོང་ཅོ་ཡང་འདས། བློན་པོ་དང་། ཞང་བློན་ལས་ཀྱང་མང་དུ་གུམ་པས་བན་དེ་འདི་ཀུན་ཡང་རྒྱལ་ཁམས་སུ་མི་བཞག་པར་བསྐྲད་པའི་རིགས་ཞེས་གསོལ་བ་ལས་རྒྱལ་པོས་འདི་བསྐྲད་པའི་རིགས་སམ་མི་རིགས་ད་དུང་ཞིབ་ཏུ་དཔྱོད་ཅིག་ཅེས་བསྒོ་བ་ལས་བློན་པོ་རྣམས་བན་དེ་བསྐྲད་པར་ཁ་འདུམ་ནས་རྒྱལ་པོ་ལ་གསོལ་ཏེ། རྒྱལ་ཁམས་སུ་བན་དེ་རིལ་གྱིས་མི་གནས་པར་གྲོས་ཆད་ནས་ཀུན་བསྐྲད་པ་ལས་གདོང་དམར་གྱི་དགེ་སློང་ཁྲོས་ཏེ། དགེ་སློང་འདི་རྣམས་བསྐྲད་ན་བདག་ཅག་ཀྱང་འདི་ན་མི་འདུག་གོ་ཞེས་བྱས་པ་དང་། བློན་པོ་རྣམས་ཁྲོས་ནས་ཁྱིད་རྣམས་ཀྱང་གང་དགའ་བར་དེངས་ཤིག་ཆེས་བསྒོའོ། །ཀོང་ཅོ་གདོང་དམར་གྱི་ཡུལ་དུ་འོངས་པའི་འོག་ཏུ་རྒྱལ་པོས་ཏེའུ་ཤིའི་ཆོས་བཟུང་ནས་རྒྱའི་དགེ་སློང་ཡང་རིལ་གྱིས་གདོང་དམར་གྱི་ཡུལ་དུ་འོངས་སོ། །དེའི་དུས་ན་རྒྱལ་ཁམས་དེའི་དགེ་སློང་གིས་གདོང་དམར་གྱི་ཁམས་ཀྱི་རིང་བསྲིལ་དང་། གསུང་རབ་དང་། མཆོད་པའི་ཡོ་བྱད་དཀོན་མཆོག་གི་མངའ་རིས་གཅིག་ཀྱང་མ་ལུས་པར་བཀལ་ནས་ནུབ་ཕྱོགས་སུ་ཁ་བལྟས་ཏེ། གན་དྷ་ར་ཆེན་པོའི་ཡུལ་དུ་འགྲོ་བར་ཆས་ཏེ་སོང་ངོ་། །དེའི་ཚེ་རྒྱ་དང་། གདོང་དམར་དང་། རྒྱ་གར་དང་། ལི་ལ་སོགས་པ་གནྡྷ་ཚྭན་ཆད་ན་དམ་པའི་ཆོས་སྤྱོད་པ་ཡང་ནུབ་པར་གྱུར་ཏོ། །གནྡྷའི་ཕ་རོལ་ན་ཀཽ་ཤམ་བྷིའི་ཡུལ་དུ་ནི་ཟླ་བ་གསུམ་ཞིག་གནས་ཏེ་ནུབ་བོ། །གནྡྷའི་རའི་ཡུལ་གྱི་འདབ་ན། སླུའི་རྒྱལ་པོ་ཨེ་ལ་བ་ཏྲའི་གནས་མཚོའི་འགྲམ་དུ་དགེ་འདུན་རྣམས་ཕྱིན་པ་དང་། དཀོན་མཆོག་གསུམ་གྱི་བྱིན་གྱིས་རླབས་ཀྱིས་མཚོ་

① 勃律为古西域国名。分大勃律与小勃律。大勃律在今克什米尔巴尔提斯坦；小勃律在今克什米尔吉尔吉特。唐开元中，先后册封大、小勃律各两代之王。开元初小勃律王入朝，唐以其地为绥远军。天宝六年（公元747年）安西副都护高仙芝至小勃律，唐改其名为归仁，并置归仁军。（见《辞海》（缩印本），上海辞书出版社，1980年，第417页）

汉文译文：

患了此病不能长生，在我死后，奴婢的下人和财产等请敬奉三宝。”于是，六百随从起法名（剃度）出家。

公主仙逝后，赤面国土发生天花，大臣、亲贵大臣之子等死去许多。此时，大臣聚集一起向国王请求：“从前疆土从未发生天花，如今南尼（ལྷོ་བལ）的诸多乞讨比丘至此，公主也去世了，大臣和亲贵大臣子嗣也大多丧命。故全体僧众不能在境内逗留，请求逐出之！”国王诏令：“其逐出哪些呢？尚需再作商讨！”大臣们将要逐出的僧众名单敬呈送给国王，讨论在国土内所有僧众不能居住统统逐出。赤面之比丘怒道：“若要赶走这些比丘，我等也在此不住！”大臣们怒道：“您等怎么喜欢怎么来！”公主来到赤面之地后，国王信仰“道士”（ཏཻའུ་ཤིའི་ཆོས།）之教法[①]，汉地比丘也纷纷来到赤面之地。此时，在此王土的比丘们带着赤面境内所有的佛舍利、佛经、法器等，向西方走去，到达甘达拉钦布（གན་ཧྲ་ར་ཆེན་པོའི་ཡུལ།）之地。

这时汉地、赤面国、印度、李（域）等甘嘎（恒河）流域以内的地方佛法衰灭，甘嘎彼岸的固夏布地区（གངྒའི་ཕ་རོལ་ན་ཀོ་ཤམ་བྷིའི་ཡུལ།）三月内衰灭，僧众们抵达甘达热地区（གནྡྷའི་རའི་ཡུལ།）附近的龙王艾拉巴哲居住的圣湖岸边，三宝加持过的湖水

藏文原文（171叶A面）：

ཡང་རྙོགས་ཤིང་འབྲུགས་པར་གྱུར་ནས།[①] ལྷའི་རྒྱལ་པོས་ངའི་གནས་ཅི་སྟེ་རྙོགས་ཤིང་འབྲུགས་སྙམ་སྟེ།[①] འཕྲུལ་གྱི་མིག་གིས་བལྟས་ནས་སངས་རྒྱས་ཤཱཀྱ་ཐུབ་པའི་གསུང་རབ་དང་། དམ་པའི་ཆོས་ནུབ་ཏུ་ཉེ་སྟེ། དགེ་འདུན་ཕལ་མོ་ཆེ་མཐོང་བའི་དུས་འདི་ཡིན་པར་ཤེས་ནས་རྒན་པོ་ཞིག་ཏུ་སྤྲུལ་ནས། མཚོའི་འགྲམ་དུ་བྱུང་ནས་དགེ་འདུན་ལ་ཕྱག་བྱས་ཏེ་དྲིས་པ། དགེ་འདུན་འདི་སྙེད་ཅིག་ག་ལ་བྱོན། གར་གཤེགས། དགེ་འདུན་གྱིས་སྨྲས་པ། བདག་ཅག་རྒྱལ་པོ་གདོང་དམར་གྱི་ཡུལ་ན་གནས་པ་ལས་ཡོན་བདག་དད་པ་བྲི། དཀོན་མཆོག་གི་རྟེན་བཤིག་པས་བདག་ཅག་གན་ཧྲ་ར་ཆེན་པོའི་ཡུལ་དུ་འགྲོའོ་ཞེས་སྨྲས་པ་དང་། རྒན་པོ་ན་རེ་དགེ་འདུན་འདི་སྙེད་ཅིག་ལ་འཚོ་བ་ཅི་མངའ། གན་ཧྲ་ར་ཆེན་པོའི་ཡུལ་དུ་མཚོ་ཆེན་པོ་འདི་བསྐོར་ནས་འགྲོ་ན་ཞག་བཞི་བཅུའི་ལམ་ཡོད་དོ། །དགེ་འདུན་ལ་ཞག་ཉི་ཤུའི་འཚོ་བ་ལས་མེད་ན་ཕྱིན་ཏམ་ཞེས་སྨྲས་པ་དང་། དགེ་འདུན་ཕལ་ཆེར་སྐྱི་ཞིང་ངུ་བ་ལྷའི་རྒྱལ་པོས་མཐོང་སྟེ། ལྷའི་རྒྱལ་པོ་མི་དགའ་ནས་གདུང་བ་སྐྱེས་ཏེ་དགེ་འདུན་ལ་སྨྲས་པ། ཐད་ཀ་འདི་ན་ཉེ་ལམ་སྤྲུལ་གྱི་ཟམ་པ་ཞིག་ཡོད་དེ། དེའི་སྟེང་དུ་འགྲོ་ནུས་ན་མྱུར་དུ་ཕྱིན་ཅེས་སྨྲས་ནས་རྒན་པོ་མི་སྣང་བར་གྱུར་ཏོ། །དེ་ནས་ལྷའི་རྒྱལ་པོ་དེས་རི་གར་འཛེག་པའི་ལམ་ཞིག་སྣང་བར་བྱས། བདག་དངོས་སྦྲུལ་ཆེན་པོ་ཞིག་ཏུ་སྤྲུལ་ཏེ། མཚོའི་སྟེང་དུ་ཟམ་པར་བཅས་ནས་དགེ་འདུན་ཕལ་ཆེར་བསྒྲལ་ནས་སྔོན་སྡིག་པ་བྱས་པའི་ལས་ཀྱི་ད་ལྟར་བྱོལ་སོང་གི་ལུས་ཐོབ་པ་འདི་ཡང་ཐར་རམ་སྙམ་བསམས་ཏེ། སྨོན་ལམ་བཏབ་ནས་སྦྲུལ་གྱི་ཟམ་པ་བཙུགས་སོ། དེའི་ཚེ་ཉིན་ཞག་བཅོ་ལྔ་མི་ཕྱུགས་རྣམས་རྒལ་པ་ལས་མི་ཕྱུགས་ཁ་ཅིག་ནི་སྦྲུལ་གྱི་ཟམ་པ་ལས་ལྷུང་སྟེ་ཤིའོ། །མི་ཕྱུགས་མང་པོ་རྒྱུ་བའི་ཚེ་སྦྲུལ་གྱི་རྒྱབ་ཀྱང་ལ་ལར་ནི་རྗོལ། །ལ་ལར་ནི་རལ་ཏེ་རྣག་ཁྲག་གི་ཐིགས་པ་ཆར་བཞིན་དུ་ཟགས་པས་མཚོ་ཡང་ཁྲག་ཅན་དུ་བྱས་སོ། །དགེ་འདུན་མང་པོ་སྦྲུལ་གྱི་ཟམ་པ་རྒལ་བའི་མཇུག་ཀྱང་གདོང་དམར་གྱིས་བཅད་དོ། དེའི་རྗེས་ལ་

① 疑为汉族居住地区流传的道教。

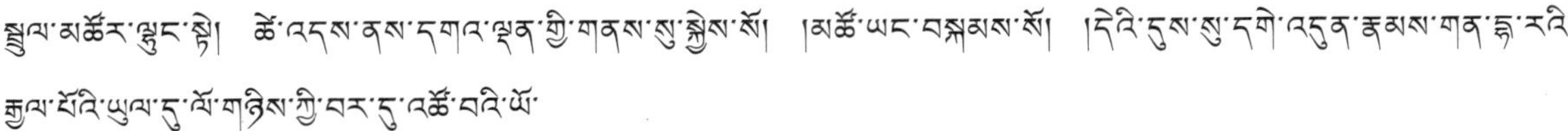
སྤྲུལ་མཚོར་ལྷུང་སྟེ། ཆེ་འདས་ནས་དགའ་ལྡན་གྱི་གནས་སུ་སྐྱེས་སོ། །མཚོ་ཡང་བསྐམས་སོ། །དེའི་དུས་སུ་དགེ་འདུན་རྣམས་གན་ཧྲ་རའི་རྒྱལ་པོའི་ཡུལ་དུ་ལོ་གཉིས་ཀྱི་བར་དུ་འཚོ་བའི་ཡོ་

汉文译文：

也变得污浊而浪滚。龙王想："我之境地怎么如此污浊而浪滚？"遂用幻化之眼看见，释迦牟尼的教诫、教法临近毁灭。大多僧侣看到时，知道就是如此，然后（龙王）化作老翁，出现在湖边，向僧众拜而问曰："你等这些僧伽从何而来，到哪里去？"僧伽道："我等在赤面之地未住，因为那儿的施主已丧失信仰（正法），三宝的所依圣物遭到毁坏，所以我等往甘达尔钦布去。"老翁曰："僧伽此次寻觅生活何等艰难？徒步去此甘达尔钦布需40天的路程。僧伽不具备20天的生活用品能去吗？"僧伽大多号啕大哭，龙王看到后生出怜悯对僧伽道："在此前方，有一近路是蟒蛇之桥，若能行走将很快抵达！"说完老翁随即消失。于是，龙王在山旁搭建通道，自身变作一巨蟒，海上搭桥让僧伽通过。前世所做的恶业现在被消除，此乃最终的想法，祈愿后搭建蟒桥。此时，走了15个昼夜，人畜通过，有一些人畜从蟒桥坠落而亡。大多人畜通过，蟒的脊背部分破漏，部分破裂，黑血如雨而流，染红海子，僧伽大多通过蟒桥虽未受痛苦，但被赤面所害。此后，巨蟒掉入大海，趋往兜率天，湖水也干涸了。

这时僧侣们在甘达拉国王（གན་ཧྲ་རའི་རྒྱལ་པོའི་ཡུལ།）境内，获得了两年的生活

藏文原文（171叶B面）：

བྱད་སྦྱར་སོ་སོར་ཅི་བདེར་བཞུགས་སོ ། ལོ་གཉིས་ལོན་པ་དང་རྒྱལ་པོ་དེ་ཚེ་འདས་སོ། །རྒྱལ་པོ་ལ་བུ་གཉིས་ཡོད་པ་གཅིག་ནི་ལྷ་ཆོས་ལ་དད། གཅིག་ནི་མུ་སྟེགས་པའི་ཆོས་སྤྱོད་པས་རྒྱལ་ཐབས་ལ་རྩོད་པར་གྱུར་ནས་ལྷ་ཆོས་སྤྱོད་པའི་ནོན་བན་དེས་བྱས་ཏེ། དེ་རྒྱལ་ནས་རྒྱལ་ཐབས་ཀྱང་དེས་གཟུང་ངོ་། །རྒྱལ་པོ་དེའི་ཚེ་དགེ་འདུན་ཡང་སྟེར་བས་དབང་ཐང་བསྐྱེད་དེ། ཡོ་བྱད་དང་བདེ་བར་ལྡན་པར་གྱུར་ནས་ལོ་ཕྱེད་ལོན་པ་དང་། བན་དེ་གཅིག་གིས་རྒྱལ་པོ་བསད་ནས་རྒྱལ་སྲིད་བན་དེས་བཟུང་བས་གན་ཧྲ་རའི་རྒྱལ་འབངས་རིལ་ལོག་སྟེ། བན་དེ་རྒྱལ་པོ་བྱེད་པ་དེ་བསད་དོ། །བན་དེ་གཞན་རྣམས་ཀྱང་རྒྱལ་ཁམས་དེ་ན་མི་གནས་པར་རིལ་གྱིས་བསྐྲད་ནས་གན་ཧྲ་རའི་ཡུལ་དུ་ཡང་ཆོས་ནུབ་བོ། །དེ་ནས་དགེ་འདུན་རྣམས་ཀྱང་ཡུལ་ཁམས་གཞན་དུ་འབྲམས་ཤིང་འདོང་ངོ། །དེའི་ཚེ་དེའི་དུས་ན་ནུབ་ཕྱོགས་ཀྱི་རྒྱལ་པོ་དང་། བྱང་ཕྱོགས་ཀྱི་རྒྱལ་པོ་ཡན་པ་ལ་སོགས་པ་སྟེར་བས་དབང་ཐང་བསྐྱེད་དེ། རྒྱལ་པོ་གསུམ་འཛལ་དུས་བྱས་ནས་རྒྱལ་པོ་འདི་གསུམ་གྱིས་ནུབ་ཕྱོགས་དང་། བྱང་ཕྱོགས་ཀྱི་ཡུལ་ཡང་བཟུང་། རྒྱལ་པོ་དེ་གསུམ་གཅིག་ཅིང་ཡང་དམག་འབུམ་དང་ཆས་ཏེ། ཀཽ་ཤམྦིའི་ཡུལ་དུ་དྲངས་པས་ཀཽ་ཤམྦིའི་རྒྱལ་པོས་དམག་སུམ་འབུམ་རྒྱལ་པོ་དང་བཅས་ཏེ་གཅིག་ཀྱང་མ་ལུས་པར་བྱས་སོ། །དེ་ནས་ཀཽ་ཤམྦིའི་རྒྱལ་པོས་དམག་མང་པོ་བསད་པའི་སྡིག་པ་སྦྱང་བའི་ཕྱིར་འཛམ་བུའི་གླིང་གི་དགེ་སློང་རིལ་སྤྱན་དྲངས་ནས་ཀཽ་ཤམྦིའི་ཡུལ་དུ་ཕྱིན་པའི་རྗེས་ལ། དགེ་འདུན་འཁྲུགས་ནས་གཅིག་གིས་གཅིག་བསད་དེ། །འཛམ་བུའི་གླིང་གི་སྤྱིའི་ལྷ་ཆོས་དེར་ནུབ་བོ། །སངས་རྒྱས་ཤཱཀྱ་ཐུབ་པ་མྱ་ངན་ལས་འདས་ནས་ལོ་བྱེ་བ་ཕྲག་ལྔ་བཅུ་རྩ་བདུན་དང་། ས་ཡ་ཕྲག་དྲུག་ན་སངས་རྒྱས་བྱམས་པ་མི་མཇེད་ཀྱི་འཇིག་རྟེན་དུ་སེམས་ཅན་གྱི་དོན་ལ་གཤེགས་སོ། །ཙན་དྲ་གར་ཛའི་ལུང་བསྟན་པ་དང་མཐུན་ནོ། །འཕགས་པའི་མཆོད་རྟེན་གོ་མ་ས་ལ་གན་ཧྲ་དང་། གླང་མགོ་རིའི་སྟེང་ན་ཤཱཀྱ་ཐུབ་པའི་སྐུ་གཟུགས་ཆེན་པོ་

བཞུགས་པའི་ཡོན་ཏན་མདོ་ཙམ་བཏུས་པའི་གཞུང་ལས་སངས་རྒྱས་ཤཱཀྱ་ཐུབ་པ་བསོད་ནམས་དང་ཡེ་ཤེས་ཀྱི་ཚོགས་རྫོགས་ནས་འགྲོ་བ་མང་པོའི་དོན་དུ་བླ་ན་མེད་པར་སངས་

汉文译文：

供奉，各满其愿，安乐而住。两年过后国王去世。国王有二子，其中一位信仰佛法，一位行外道，两子为了王权而争斗，（若后者取胜则将）灭佛驱僧。信佛之子取胜并掌握了王权。该国王时僧侣也如从前一样权势增长。供养安逸而过半年，时一僧将国王弑杀，国政由寺僧掌握。甘达拉臣民造反，杀死了当国王的僧侣。其他僧侣们在这片国土上不能居住了。僧侣被驱逐出甘达拉境，佛法覆没。

于是，众僧们逃难而去别的国土，在此期间，西方王国，北方巴央王国等较先前国势强盛，三王联合掌控了西方、北方之地。三王中的一位率十万军队抵达高夏木普（ཀོ་ཤཱམྦིའི་ཡུལ།）之地，高夏木普国王出军三十万军队将之一个未留而灭。因此之故，高夏木普国王为赎杀死了许多军队之罪，迎请赡部洲的所有僧众抵达高夏木普国土，后僧众内乱自相残杀，整个赡部洲的佛法亦自此而灭。

佛祖释迦牟尼涅槃后五亿七千六百万年后，弥勒佛为众生而来到娑婆[①]世界（བྱམས་པ་མི་མཇེད་ཀྱི་འཇིག་རྟེན།），这与《赞扎嘎尔巴授记》（ཙན་དྲ་གར་བྷའི་ལུང་བསྟན་པ།）所记相吻合。在圣高玛萨拉干达佛塔（འཕགས་པའི་མཆོད་རྟེན་གོ་མ་ས་ལ་གན་ད྄།）和牛头山上供奉的释迦牟尼佛像的略述中讲道：释迦牟尼的福资粮和智资粮圆满后，为众生获得无上正

藏文原文（172叶A面）：

རྒྱས་ཏེ་བཞུགས་པའི་ཕོ་བྲང་སྒྲིར་ཉི་ཤུ་རྩ་གཅིག་བཞུགས་པ་ལ། ལི་ཡུལ་འདི་ཡང་དེ་བཞིན་གཤེགས་པའི་ཕོ་བྲང་ཉི་ཤུ་རྩ་གཅིག་པ་ལགས་ཏེ། བཞུགས་པའི་ཕོ་བྲང་གཞན་ལས་ཡོན་ཏན་ལྷག་པར་ཆེ། ལི་ཡུལ་འདི་གནའ་མཚོར་མཆིས་པའི་དུས་ན་སངས་རྒྱས་ཤཱཀྱ་ཐུབ་པས་ཡུལ་དུ་འགྱུར་བར་ལུང་བསྟན་ཅིང་བྱིན་གྱིས་བརླབས་པའི་སླད་དུ་བྱང་ཆུབ་སེམས་དཔའ་དང་ཉན་ཐོས་དང་། ལྷ་ཀླུ་སྡེ་བརྒྱད་ལ་སོགས་ཏེ་འཁོར་ཁྲི་ཕྲག་ཉི་ཤུ་དང་། བྱ་རྐོད་ཕུང་པོའི་རི་ལ་བར་སྣང་ལས་ཕྱིངས་ཏེ། ལི་ཡུལ་མཚོར་གྱུར་པར་གཤེགས་ནས་ད་ལྟར་ཆུ་བོ་ཤེལ་ཆབ་མགོ་མའི་འགྲམ་ན་ཆབ་ཀྱི་སྟེང་པདྨའི་གདན་ལ་བཞུགས་ཏེ། མཚོ་འདི་ཡུལ་དུ་འགྱུར་བར་ལུང་བསྟན་བྱིན་གྱིས་རླབས་ཏེ། བྱང་ཆུབ་སེམས་དཔའ་སེམས་དཔའ་ཆེན་པོ་བརྒྱད་འཁོར་ཉི་ཁྲི་དང་། །མགོན་པོ་སྲུང་མ་བརྒྱད་འཁོར་སུམ་ཁྲི་ལྔ་སྟོང་ལྔ་བརྒྱ་རྩ་བདུན་རྣམས་ལ་འཕགས་པའི་མཆོད་གནས་འདི་དང་། ཡུལ་སྲུང་བར་བཀའ་ཞལ་གྱིས་གཏད་དེ། དམ་སྤྲུལ་པའི་རྗེས་ལ། ཤཱ་རིའི་བུ་དང་། རྣམ་ཐོས་ཀྱི་བུས་རྣག་གི་རི་དྲལ་ཏེ་ཆབ་པོ་ནས་དོགས་གདའ་བ་དང་། སངས་རྒྱས་སྟེར་པདྨའི་གདན་ལ་བཞུགས་ཏེ། རི་གླང་རུའི་སྟེང་ད་ལྟར་ཤཱཀྱ་ཐུབ་པའི་སྐུ་གཟུགས་ཆེན་པོ་བཞུགས་པའི་སར་གདུགས་མཚན་བདུན་གྱི་བར་དུ་ཏིང་ངེ་འཛིན་གྱིས་རྣམ་པར་རོལ་ཅིང་བཞུགས་ནས་སླར་རྒྱ་གར་གྱི་ཡུལ་ཡངས་པའི་གྲོང་ཁྱེར་དུ་གཤེགས་ཏེ། མྱ་ངན་ལས་འདས་ནས་དགུང་ལོ་བརྒྱ་ལོན་པ་དང་། ལི་ཡུལ་ཡང་ཡུལ་དུ་གྱུར་ནས་སྟེར་ཡང་སངས་རྒྱས་རྒྱ་མཚོའི་སྟེང་ན་པདྨ་ལ་

① 娑婆系梵音，也作索诃。藏语称作“木界”，意思为不可怕。佛书译作堪忍、能忍。

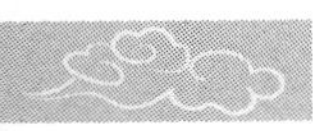

བཞུགས་པའི་ཐད་ཀར་ད་ལྟར་གོ་མ་ས་ལ་གན་རྣའི་མཆོད་རྟེན་བཞུགས་པའི་ནང་ན་ཞིལ་ལྷང་གུའི་ཕོ་བྲང་གི་སྟེང་སྐྱང་མགོའི་ཅན་ངན་ལས་བགྱིད་པའི་མཆོད་རྟེན་ཕྱི་ནང་ན་གནས་པའི་སངས་རྒྱས་རབས་བཞིའི་རིང་བསྲེལ་བཞུགས་ཏེ། ལ་ལ་གནས་དེར་ཕྱིན་ཏེ་མཆོད་པ་གཅེས་སྤྲས་ཀྱི་མཆོད་དོ་ཅོག་ཐམས་ཅད་ལུང་བསྟན་ཅིང་ཕྱིར་མི་ལྡོག་པར་རིག་པར་བྱ་སྟེ། གདུགས་མཚན་བདུན་གྱི་བར་དུ་བསྐོར་ཅིང་མཆོད་པ་བགྱིས་ན་མཚམས་མེད་པ་ལྔའི་སྡིག་པ་འབྱུང་བར་འགྱུར་རོ་ཞེས་འབྱུང་ངོ་། དངར་ལྷན་གྱི་གྲོང་ཁྱེར་དགེ་བ་ཅན་གྱི་ཤར་

汉文译文：

觉安住在二十一层的佛的宫殿，李域正是如来佛的第二十一处，其功德比别的安住处更大。古时的李域是有湖泊之地，释迦牟尼佛为了授记和加持将之变为陆地，并将菩提大士（བྱང་ཆུབ་སེམས་དཔའ།）、声闻（ཉན་ཐོས།）、天龙八部（ལྷ་ཀླུ་སྡེ་བརྒྱད།）等二十万眷众，在灵鹫山（བྱ་རྒོད་ཕུང་པོའི་རི།）自天而降。（释迦牟尼）退去李域海水，在如今的协洽布高玛（ཤེལ་ཆབ་མགོ་མའི་འགྲམ）岸边，安坐在水上莲花，授记加持海水变作陆地，对八大部菩提大士随从二十万、八部怙主护法（བྱང་ཆུབ་སེམས་དཔའ་སེམས་དཔའ་ཆེན་པོ་བརྒྱད།）三万五千五百二十七做了托付："请护持此殊胜的圣地！"祈愿完毕，舍利佛和多闻子劈开纳格山（སྣག་གི་རི།），至今放水遗迹尚存。佛如前安坐莲花，释迦牟尼在如今的牛角山安住的地方入定七昼夜，后来在印度羊巴城（རྒྱ་གར་གྱི་ཡུལ་ཡངས་པའི་གྲོང་ཁྱེར།）仙逝，圆寂后百年，李域又变作陆地。如先前一样，佛安坐在莲花之上，直到如今。在高玛萨拉干达佛塔中奉置四世过去佛的舍利子，部分赠与此圣地，受到倍加珍惜的供奉。授主见到了所有的供物，但并不返回，为消除五无间罪[①]之苦而要绕转七昼夜，之后将要出现。

安丹城的盖瓦坚（དངར་ལྷན་གྱི་གྲོང་ཁྱེར་དགེ་བ་ཅན།）之东

藏文原文（172叶B面）：

ཕྱོགས་ན་འཕགས་པའི་གནས་སངས་རྒྱས་ཀྱིས་ལུང་བསྟན་ཅིང་བྱིན་གྱིས་བརླབས་པའི་ཨ་རྣ་མའི་མཆོད་རྟེན་ལྕགས་ཐག་ཅན་བཞུགས་པ་ཡང་མགོན་པོ་སུམ་ཅུ་སོ་གསུམ་གྱི་གནས་རྟེན་ལྷ་ཀླུ་སྡེ་བརྒྱད་ལ་སོགས་ཏེ་སྲུང་མ་རྣམས་དུས་བཞིའི་ར་བ་ལ་འདུ་བའི་འདུས་པ་ཆེན་པོ་སྟེ། དགེ་འདུན་སྡེ་གཉིས་དང་། ཡུལ་གྱི་དཔོན་སྣ་རྣམས་ཀྱིས་གནའ་མཆོད་རྟེན་འདི་སྲིད་པ་རྩུན་ཆད་དེང་སང་གི་བར་དུ་དུས་བཞིའི་ར་བ་ལ་ནར་མར་མཆོད་པ་ཆེད་ཐད་དུ་བགྱིད། །གཞུང་ལས་ཀྱང་ལི་ཡུལ་དུ་མི་ངས་དང་ཕྱི་དགྲ་ལ་སོགས་ཏེ་མ་ལེགས་པ་བྱུང་བའི་དུས་སུ་ཐེག་པ་ཆེན་པོའི་མདོ་སྡེ་འདུས་པ་ཆེན་པོ་དང་། དམ་པའི་ཆོས་པདྨ་དཀར་པོའི་མདོ་སྡེ་བཀླག་ན་གཡུལ་ཞི་བར་འགྱུར་ཞེས་འབྱུང་བས་གཞུང་ལ་བརྟེན་ཏེ་ལུགས་སུ་བསྒྱུལ་ནས་དེང་སང་གི་བར་དུ་དགུན་ལོ་གཅིག་བཞིན་དཔྱིད་དང་། དབྱར་དང་། སྟོན་ཙ་ཐེན་གྱི་དགེ་འདུན་བཞུགས་སོ། །འཚལ་གྱིས་དགུང་བདུན་གྱི་བར་གོང་དུ་སྨོས་པའི་མདོ་སྡེ་ལ་སོགས་པ་ཀློག་ཅིང་ཐུགས་དམ་བསྐུལ་བ་དང་། བསྔོ་བཙོལ་རྒྱ་ཆེར་བགྱིད། མཆོད་རྟེན་ཆེན་པོ་བརྒྱད་ལ་ཡུལ་སེར་སྐྱའི་གྲོང་ཁྱེར་ལུམ་པའི་ཚལ་དུ་མཆོད་རྟེན་ཆེན་པོ་གཅིག །ཡུལ་མ་ག་དྷ་རྒྱལ་པོའི་ཁབ་ཏུ་བོ་ནིར་ཟླ་ནའི་འགྲམ་རྡོ་རྗེའི་གདན་ལ་མངོན་པར་བྱང་ཆུབ་པའི་སར་མཆོད་རྟེན་ཆེན་མོ་གཅིག ཡུལ་མ་ག་དྷར་རྒྱལ་པོའི་ཁབ་ཏུ་བདུད་ཀྱི་དམག་འབུམ་ཕྲག་བཅོ་

① 五无间罪，也译作五无间业，即弑父、弑母、杀阿罗汉、破僧和合、恶心出佛身血。（张怡荪主编《藏汉大辞典》，民族出版社，1993年，2311页）

བརྒྱད་བཏུལ་བའི་སར་མཆོད་རྟེན་ཆེན་པོ་གཅིག  སངས་རྒྱས་མངོན་པར་བྱང་ཆུབ་ནས་གདུགས་མཚན་བདུན་གྱི་བར་དུ་ཅང་མི་གསུང་བར་བཞུགས་པ་དང་། ཚངས་པས་ཆོས་ཀྱི་འཁོར་ལོ་བསྐོར་བར་གསོལ་བ་བཏབ་པའི་སར་མཆོད་རྟེན་ཆེན་པོ་གཅིག །ཡུལ་ཀ་ཤི་བ་ར་ཎ་སིའི་གྲོང་ཁྱེར་གྱི་དྲུང་ན་རི་དྭགས་ཀྱི་ཚལ་དུ་ཆོས་ཀྱི་འཁོར་ལོ་བསྐོར་བའི་སར་མཆོད་རྟེན་ཆེན་པོ་གཅིག །ཡུལ་ཀོ་ས་ལ་མཉན་དུ་ཡོད་པའི་གྲོང་ཁྱེར་དུ་མར་བདུད་སྡེ་དགུ་བཅུ་གོ་དྲུག་ཕམ་པར་མཛད་ནས་ཆོ་འཕྲུལ་ཆེན་པོ་བསྟན་པའི་སར་མཆོད་རྟེན་ཆེན་པོ་གཅིག །ཡུལ་བ་ས་སང་ག་ཤའི་གྲོང་ཁྱེར་དུ་སངས་རྒྱས་སུམ་ཅུ་སོ་གསུམ་གྱི་ལྷ་ཡུལ་ནས་གཤེགས་པའི་སར་མཆོད་རྟེན་ཆེན་པོ་གཅིག །གྱུད་ཡུལ་རྩ་མཆོག་གི་གྲོང་ཁྱེར་ཤིང་སཱ་ལ་ཟུང་གི་འོག་ཏུ་མྱ་ངན་

汉文译文：

方，供奉着殊胜之圣地被佛授记且加持的具铁索阿达玛佛塔（ཨ་ཏྣ་མའི་མཆོད་རྟེན་ལྕགས་ཐག་ཅན།），三十三怙主的住处、天龙八部等护法四季聚苑（དུས་བཞིའི་ར་བ།）中的大会场，僧侣伽蓝二部、地方官员们言："此古代佛塔自古迄今于世间可在四季苑经常供奉。于经教之中，亦会在李域本部和外敌等产生不佳之时期。《大乘经藏大集经》记载：诵读《妙法莲花经》[①]将平息战乱。"依靠经典教义而修，今与此同时，如同年长一岁，祈愿春、夏、秋和田（ཝུ་ཐེན།）之所有僧伽；七岁之间，以上所说的经典等且可还愿，为广大发愿的回向。

八大佛塔，其中一座在迦毗罗城之蓝毗尼苑（ཡུལ་སེར་སྐྱའི་གྲོང་ཁྱེར་ལུམ་པའི་ཚལ།）；一座在摩揭陀国王（ཡུལ་མ་ག་དྷ་རྒྱལ་པོ།）的王舍城附近河岸的金刚座（རྡོ་རྗེའི་གདན།）[②]现证菩提地；一座在国王于其国土降服魔军180万之地；一座在佛正觉后七昼夜间没有讲经说法而安坐时，祈愿梵天转法轮之地；一座在迦尸城所属的波罗奈斯城之鹿野苑（ཡུལ་ཀ་ཤི་བ་ར་ཎ་སིའི་གྲོང་ཁྱེར་རི་དྭགས་ཀྱི་ཚལ།）转法轮之地；一座在憍萨罗国之舍婆提城降服九十六下魔部后，举行神变祈愿法会处；一座在桑伽尸城（ཡུལ་བ་ས་སང་ག་ཤའི་གྲོང་ཁྱེར།）佛从三十三天处天降处；一座在拘尸那拉城（གྱུད་ཡུལ་རྩ་མཆོག་གི་གྲོང་ཁྱེར་ཤིང་སཱ་ལ་ཟུང་།）的娑罗树下涅

藏文原文（173叶A面）：

ལས་འདས་པའི་སར་མཆོད་རྟེན་ཆེན་པོ་གཅིག །རིང་བསྲེལ་གྱི་མཆོད་རྟེན་ཆེན་པོ་བརྒྱད་ལ་ར་མ་གྲ་མ་ཀའི་ཡུལ་དུ་མཆོད་རྟེན་ཆེན་པོ་གཅིག །སྣ་བའི་ཡུལ་དུ་རིང་བསྲེལ་གྱི་མཆོད་རྟེན་ཆེན་པོ་གཅིག །གྱུད་ཡུལ་ན་རིང་བསྲེལ་གྱི་མཆོད་རྟེན་ཆེན་པོ་གཅིག །ཡངས་པའི་ཡུལ་ན་རིང་བསྲེལ་གྱི་མཆོད་རྟེན་ཆེན་པོ་གཅིག །ཙན་ཊ་ཀ་ལ་པའི་ཡུལ་ན་རིང་བསྲེལ་གྱི་མཆོད་རྟེན་ཆེན་པོ་གཅིག །བེཐྱུ་དྣ་བའི་ཡུལ་ན་རིང་

① 《妙法莲花经》，十三卷二十七章，印度佛学家苏任陀罗菩提、西藏译师僧那南益西翻译校订，后秦时代鸠摩罗什梵译汉。（张怡荪主编《藏汉大辞典》，民族出版社，1993年，1247页）

② 金刚座，藏语称为"多吉丹"。菩提道场，坚固永恒的地方。为中印度伽耶地方一佛教主要圣地名，是释迦牟尼等三世诸佛成道处。（张怡荪主编《藏汉大辞典》，民族出版社，1993年，1440页）藏文史籍所说的"金刚座"，指释迦牟尼证道成佛的地方菩提伽耶。该地位于印度比哈尔邦中部恒河支流帕尔古河（古称尼连禅河）西岸的加雅城南。释迦牟尼在该地的菩提树下成佛，到公元3世纪中叶阿育王在该地建寺，称菩提伽耶寺，并在菩提树下石刻金刚座作为纪念。因此，该地成为著名的佛教圣地。

བསྲེལ་གྱི་མཆོད་རྟེན་ཆེན་པོ་གཅིག །སེར་སྐྱའི་ཡུལ་ན་རིང་བསྲེལ་གྱི་མཆོད་རྟེན་ཆེན་པོ་གཅིག །རྒྱལ་པོའི་ཁབ་ན་རིང་བསྲེལ་གྱི་མཆོད་རྟེན་ཆེན་པོ་གཅིག །ལི་ཡུལ་གྱི་ལོ་རྒྱུས་དང་། གཙུག་ལག་ཁང་དང་། དགེ་འདུན་སྡེ་གཉིས་ཀྱི་གྲངས་ནི་གནའ་ཐོག་མ་སངས་རྒྱས་འོད་སྲུངས་འཇིག་རྟེན་དུ་བྱུང་བའི་ཚེ་ལི་ཡུལ་ཡང་དེ་ཙམ་ན་ཡུལ་དུ་གྱུར་ཏེ། དེ་ན་གནས་པའི་མི་རྣམས་ཀྱང་ཆོས་བགྱིད། སླད་ཀྱི་སངས་རྒྱས་འོད་སྲུངས་ཀྱི་ཆོས་བསྟན་པ་བཞག་པ་ནུབ་པའི་ཚེ། ལི་ཡུལ་གྱི་ཆོས་ཀྱང་ཞིག་ནས་དྲང་སྲོང་ཁར་ཤ་དང་། ཁ་རེའུ་སྟེང་ཞེས་བགྱི་བ་ལ་སོགས་པ་དྲང་སྲོང་མང་པོ་ཡུན་མི་རིང་བ་ཞིག་ཏུ་ལི་ཡུལ་ཕྱོགས་ཀྱི་རི་ཙ་དག་ན་གནས་ཏེ། དེས་ན་དགེ་བའི་བཤེས་གཉེན་བགྱིད་བགྱིད་པ་ལས་སླད་ཀྱི་དྲང་སྲོང་དེ་རྣམས་ལ་མི་ངན་ཁ་ཅིག་གིས་གཙེས་ནས་ཛན་ཅན་བགྱིས། བཀུར་སྟི་དང་རིམ་གྲོ་མ་བགྱིས་པས་དྲང་སྲོང་དེ་རྣམས་ཀྱང་མི་དགའ་ནས་ལི་ཡུལ་སྤངས་ཏེ་ནམ་མཁའ་ལ་ཕྱིངས་ནས་ཡུལ་གཞན་དུ་མཆིས། དེ་ནས་ནི་ལི་ཡུལ་གྱི་མི་རྣམས་ཀྱང་ཆོས་ལ་མ་དད་དེ་ལྟ་བ་ལོག་པར་གྱུར་ཏེ། ཀླུ་རྣམས་མི་དགའ་སྟེ་ཆབ་བྱུང་ནས་ལི་ཡུལ་ཡང་མཚོར་གྱུར་ཏོ། །ཡུན་རིང་པོ་ཞིག་ཏུ་མཚོར་མཆིས་མཆིས་པ་ལས་སླད་ཀྱི་ཡང་སངས་རྒྱས་ཤཱཀྱ་ཐུབ་པ་རྒྱ་གར་ཡུལ་དུ་བྱུང་སྟེ། སེམས་ཅན་གྱི་དོན་མཛད་ཅིང་ཆོས་ཀྱི་འཁོར་ལོ་བསྐོར་བ་ལ་སོགས་པ་སངས་རྒྱས་ཀྱི་ཕྲིན་ལས་སུ་མཛད་པ་རྣམས་མཛད་ནས་མྱ་ངན་ལས་འདས་པར་བསྟན་པ་ཉེ་བ་ཞིག་གི་དུས་ན། སངས་རྒྱས་བཅོམ་ལྡན་འདས་ཤཱཀྱ་ཐུབ་པ་རྒྱལ་པོའི་ཁབ་བྱ་རྒོད་ཕུང་པོའི་རི་ལ་བཞུགས་ཏེ་ཟླ་བའི་སྙིང་པོ་གསུངས་པའི་ཚེ་ཡུལ་ཁམས་སོ་སོའི་མགོན་པོ་དང་། ལྷ་ཀླུ་ལ་སོགས་པ་སྲུང་མ་རྣམས་ལ་གཏད་པའི་

汉文译文：

槃处。

八大舍利塔，其中之一在若玛扎玛嘎地（ར་མ་གྲ་མ་ཀའི་ཡུལ།）；一座在巴部地（པླ་བའི་ཡུལ།）；一座在拘尸那拉城；一座在毗舍离城；一座在赞杂嘎拉贝地（ཙན་རྫ་ཀ་ལ་པའི་ཡུལ།）；一座在柏恰尼达哇地（བེཐྶ་དྣ་བའི་ཡུལ།）；一座在迦毗罗卫国（སེར་སྐྱའི་ཡུལ།）；一座在王舍城。

李域之历史，寺院，僧侣伽蓝二部的数量。先前饮光佛出世时，李域之地随之产生，在此驻锡的人们从此信佛。后来饮光佛之教法被灭时，李域之教法，也从此称作喀尔夏（དྲང་སྲོང་ཁར་ཤ།）、卡热当（ཁ་རེའུ་སྟེང་།）等许多仙人在不长的时间里传播于李域之地的。除了格西的努力，后来的仙人们中，一恶人谗言蔑视，未能恭敬和承侍，仙人们也不喜欢，（佛法遂在）李域失传，升入天空去别的地区流传。自此，李域的人们因不信仰佛法而丧失正确的信念，龙神们不悦将水变大，李域又成汪洋。

汪洋持续很长一段时间，后来佛祖释迦牟尼在印度诞辰，为了众生的利益初转法轮等，建立佛之事业。临近涅槃时，佛陀释迦牟尼在王舍城的灵鹫山安住。授《月藏经》时，各界怙主（ཡུལ་ཁམས་སོ་སོའི་མགོན་པོ།）、天神龙神（ལྷ་ཀླུ།）等护法们托付

藏文原文（173叶B面）：

དུས་ན་ལི་ཡུལ་ཡང་ལུང་བསྟན་ཏེ། རྣམ་ཐོས་ཀྱི་སྲས་དང་། གནོད་སྦྱིན་གྱི་སྡེ་དཔོན་ཆེན་པོ་ལ་སོགས་པ་ཡང་དག་ཤེས་དང་། རྒྱལ་པོ་མ་སྐྱེས་དགྲའི་བུ་མོ་དྲི་མ་མེད་པའི་འོད་དང་། གཞོན་ནུ་རྡོ་རྗེ་སྡེ་དང་། ལྷའི་བུ་མོ་བློ་རབ་བརྟན་དང་། །ལྷ་མོ་འཕྲོག་མ་ལ་སོགས་པ་འཁོར་དང་

བཅས་པ་ལ་གཏད་ནས་བཅོམ་ལྡན་འདས་ཉིད་ཀྱང་འཁོར་རྣམ་བཞི་འབུམ་ཕྲག་དུ་མ་དང་བཅས་ནམ་མཁའ་ལ་ཕྱིངས་ནས་ལི་ཡུལ་དུ་གཤེགས་ཏེ། ད་ལྟར་འགུམ་ཏིར་གྱི་མཆོད་རྟེན་ཆེན་པོ་བཞུགས་པའི་ཐད་ཀར་མཚོའི་སྟེང་དུ་ཏ་ལ་བདུན་སྲིད་ཙམ་གྱི་གནམ་འཕང་གི་ནམ་མཁའ་ལ་པདྨའི་གདན་ལ་བཞུགས་ནས་ཕྱོགས་བཅུའི་སངས་རྒྱས་ཀྱི་ཞིང་སོ་སོ་ནས་དེ་བཞིན་གཤེགས་པ་རྣམས་ཀྱིས་ལི་ཡུལ་བྱིན་གྱིས་བརླབ་པའི་སླད་དུ་བསྐྱལ་བའི་འོད་ཟེར་ཕྱོགས་སུ་ཁྱབ་པར་བཏང་། ཕྱོགས་བཅུ་ན་བཞུགས་པའི་དེ་བཞིན་གཤེགས་པ་ཐམས་ཅད་ཀྱིས་ཀྱང་ལི་ཡུལ་བྱིན་གྱིས་བརླབ་པའི་སླད་དུ་སངས་རྒྱས་ཀྱི་ཞིང་སོ་སོ་ནས་སངས་རྒྱས་ཤཱཀྱ་ཐུབ་པ་ལ་མཆོད་པ་བགྱིད་པའི་བྱང་ཆུབ་སེམས་དཔའི་འཁོར་དང་ཡུལ་འཁོར་བསྲུང་ཞིང་བྱིན་གྱིས་བརླབ་པའི་སྔགས་ཀྱི་སྙིང་པོ་དང་། འོད་ཟེར་བཏང་ནས་དུས་གཅིག་ཏུ་སངས་རྒྱས་ཤཱཀྱ་ཐུབ་པའི་སྤྱི་གཙུག་ཏུ་འདུས་པར་བྱིན་གྱིས་བརླབས་ནས་དགེའོ་ཞེས་བྱ་བའི་སྒྲ་ཆེན་པོ་བྱུང་ངོ་། །དེ་ནས་བཅོམ་ལྡན་འདས་ཤཱཀྱ་ཐུབ་པས་ཀྱང་ལི་ཡུལ་མཚོར་གྱུར་པ་འོད་ཟེར་གྱིས་ཁྱབ་པར་མཛད་ནས་འོད་ཟེར་དེ་དག་ལས་ཆུའི་ཁར་པདྨ་སུམ་བརྒྱ་དྲུག་ཅུ་རྩ་གསུམ་བྱུང་། པདྨ་རེ་རེའི་ཁར་ཡང་མེ་མར་ཁ་རེ་རེ་བྱུང་དེ་ནས་འོད་ཟེར་དེ་དག་གཅིག་ཏུ་འདུས་ནས་ཆབ་ཀྱི་སྟེང་དུ་གཡས་ཕྱོགས་སུ་ལན་གསུམ་བསྐོར་ནས་ཆུའི་དཀྱིལ་དུ་ནུབ་པར་འགྱུར་རོ། །དེ་ནས་བཅོམ་ལྡན་འདས་ཀྱིས་འཕགས་པ་ཤཱ་རིའི་བུ་དང་། །རྣམ་ཐོས་ཀྱི་སྲས་ལ་བཀའ་སྩལ་པ། ཁྱེད་ཀྱིས་མཾ་ས་བར་ན་བཟ་ཏ་ཞེས་བྱ་བའི་རི་ནག་གི་ཁ་དོག་འདྲ་བའི་མཚོ་འདི་དྲོལ་ཞིག་ཅེས་བཀའ་སྩལ་ནས། འཕགས་པ་ཤཱ་རིའི་བུའི་གསིག་ཤང་གི་རྩ་བ་དང་། རྣམ་ཐོས་སྲས་ཀྱིས་མདུང་རྩེས་མཚོ་དྲལ་ནས། བཅོམ་ལྡན་འདས་ཀྱང་གླང་མགོའི་རི་སྟེང་ན་སྐུ་གཟུགས་ཆེན་པོ་བཞུགས་པའི་གཡོན་ལོགས་ཀྱི་ལྷ་ཁང་གི་ནང་

汉文译文：

时，（对）李域也做了授记，托付于毗沙门（རྣམ་ཐོས་ཀྱི་སྲས།）、施碍大将正知（གནོད་སྦྱིན་གྱི་སྡེ་དཔོན་ཆེན་པོ།）、阿阇世王[1]之女无垢光（རྒྱལ་པོ་མ་སྐྱེས་དགྲའི་བུ་མོ་དྲི་མ་མེད་པའི་འོད།）、雄努多吉戴（གནོན་ནུ་རྡོ་རྗེ་སྡེ།）、神女洛热布丹（ལྷའི་བུ་མོ་བློ་རབ་བརྟན།）、愤怒天女（ལྷ་མོ་འཁྲུག་མ།）等随从。佛陀也率领数十万四众弟子从天空降到李域。如今安住在格木迪大佛塔（འགུམ་ཏིར་གྱི་མཆོད་རྟེན་ཆེན་པོ།）的塔嘎尔措（ཐད་ཀར་མཚོ།）之上，在达拉登斯的天锤（ཏ་ལ་བདུན་སྲིད་ཙམ་གྱི་གནམ་འཕང་།）之天空安置莲花座。十方佛的各个净土（ཕྱོགས་བཅུའི་སངས་རྒྱས་ཀྱི་ཞིང་སོ་སོ།）如来佛等为了加持李域，释放出的光芒照射四方；十方安住的所有如来佛也为了加持李域，从佛的各个净土对释迦牟尼做了供奉的菩提大士轮（བྱང་ཆུབ་སེམས་དཔའི་འཁོར།）；地方保护净土加持的密咒心要、释放光芒，顿时汇聚到了释迦牟尼顶髻加持，大声道："善哉！"于是佛祖释迦牟尼也变作李域海子光芒四射。光芒照射处，水面出现363朵莲花，每朵莲花吐出团团火焰，于是光芒聚集一起，水面右向旋转三圈便自水中间自行消失。

于是佛陀对尊者舍利子、毗沙门教诫："你等将称作'曼萨尔瓦热那瓦达'（མཾ་སར་བར་ན་བཟ་ཏ།）的黑山之色一样的海毁了！"于是，尊者舍利子用禅杖、毗沙门天王用矛头毁海。佛陀也在牛头山安住时其巨大身体右侧的圣殿里就是现在有

① 阿阇世王，意为未生怨王。古印度摩揭陀国频沙罗王子，在位之第八年。释迦牟尼入灭，此王为第一结集之施主。（张怡荪主编《藏汉大辞典》，民族出版社，1993年，2038页）

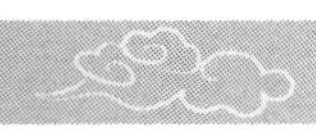

藏文原文（174叶A面）：

ན་ད་ལྟར་མཆོད་རྟེན་ཆུང་ངུ་ཞིག་བཞུགས་པའི་སར་སེམས་ཅན་གྱི་དོན་མཛད་པའི་སླད་དུ་དགུང་བདུན་དེ་ན་བཞུགས་སོ། །དེ་ནས་འཕགས་པ་ཀུན་དགའ་བོས་བཅོམ་ལྡན་འདས་ལ་ཞུས་པ། བཅོམ་ལྡན་འདས་ཅིའི་རྒྱུ། ཅིའི་རྐྱེན་གྱིས་འོད་ཟེར་དང་། པདྨོ་དང་། མེ་མར་འདི་དག་སྣང་བར་འགྱུར། ཅིའི་རྒྱུ་ཅིའི་རྐྱེན་གྱིས་འོད་ཟེར་འདི་རྣམས་གཅིག་ཏུ་འདུས་ནས་གཡས་ཕྱོགས་སུ་ལན་གསུམ་བསྐོར་ཏེ་ཆབ་ཀྱི་དཀྱིལ་དུ་ནུབ། །དེ་ནས་བཅོམ་ལྡན་འདས་ཀྱིས་ཀུན་དགའ་བོ་ལ་བཀའ་སྩལ་པ། ཤཱ་རིའི་བུའི་གསིག་ཤང་གི་རྩ་བ་དང་། རྣམ་ཐོས་སྲས་ཀྱིས་མདུང་རྩེས་མཚོ་དྲལ་བས་ཕྱིས་མཚོ་བསྐམས་ནས་ང་མྱ་ངན་ལས་འདས་པའི་འོག་ཏུ་ཡུལ་ལི་ཡུལ་ཞེས་བྱ་བ་འདི་འབྱུང་སྟེ། འོད་ཟེར་ལན་གསུམ་འཁོར་བའི་སར་ནི་ཧོ་ར་ཧོར་ཡུག་ཏུ་ཕྱིས་ཨུ་ཐེན་གྱིས་མཁར་ལྔ་ལྡན་གྱི་གྲོང་ཁྱེར་ཆེན་པོ་བརྩིག་པར་འགྱུར་རོ། །ཆུའི་དཀྱིལ་དུ་འོད་ཟེར་ནུབ་པའི་སར་ནི་ཡུལ་བྱིན་གྱིས་རློབ་ཅིང་སྲུང་བའི་ར་ཛ་གྲ་མའི་སངས་རྒྱས་ཀྱི་སྐུ་གཟུགས་ངས་ཙནྡན་གྱི་ནང་དུ་སྐུའི་གྲིབ་མ་ནུབ་པར་བྱིན་གྱིས་བརླབས་ཏེ་བྱིས་པ་ཞིག་རྒྱ་གར་ཡུལ་ནས་ནམ་མཁའ་ལས་གཤེགས་ཏེ་བཞུགས་པར་འགྱུར་རོ། །ཆུའི་ནང་ན་པདྨོ་དང་མེ་མར་བྱུང་བའི་སར་ནི་ཕྱིས་ཐེག་པ་ཆེན་པོ་སྤྱོད་པའི་དགེ་སློང་ཕོ་མོ་གནས་པའི་གཙུག་ལག་ཁང་སུམ་བརྒྱ་དྲུག་ཅུ་རྩ་གསུམ་རྒྱལ་པོ་ལ་སོགས་པ་ཡོན་བདག་དད་པ་ཅན་རྣམས་ཀྱིས་བརྩིགས་ནས་དེ་བཞིན་གཤེགས་པའི་སྐུ་གདུང་ལ་མཆོད་པ་བྱེད་པའི་བྱང་ཆུབ་སེམས་དཔའ་དགེ་སློང་ཕོ་མོའི་ཚུལ་དུ་གནས་པ་ཉིས་བརྒྱ་ལྔ་བཅུ་དང་ཁྱིམ་པ་སྐྱེ་བོའི་ཚུལ་དུ་གནས་པ་ཉིས་བརྒྱ་ལྔ་བཅུ་སྟེ་ལྔ་བརྒྱ་རྟག་ཏུ་གནས་སོ། །གཞན་ཡང་ཕྱིར་མི་ལྡོག་པའི་ས་ལ་གནས་པའི་བྱང་ཆུབ་སེམས་དཔའ་ཐེག་པ་ཆེན་པོའི་ཆོས་ལ་རྒྱས་པར་སྤྱོད་པ་ཕལ་ཆེར་གནས་ཏེ། འདི་ནི་དུས་གསུམ་དུ་གཤེགས་པའི་སངས་རྒྱས་ཀྱི་ཞིང་ཁྱད་པ་ཡིན་ནོ་ཞེས་བྱང་ཆུབ་སེམས་དཔའ་འཇམ་དཔལ་དང་། སྤྱན་རས་གཟིགས་ཀྱི་དབང་ཕྱུག་ལ་སོགས་པ་བྱང་ཆུབ་སེམས་དཔའ་བརྒྱད་དང་། རྣམ་ཐོས་ཀྱི་སྲས་དང་། གནོད་སྦྱིན་གྱི་སྡེ་དཔོན་ཆེན་པོ་ཡང་དག་ཤེས་དང་། རིགས་ཀྱི་བུ་མོ་དྲི་མ་མེད་པའི་འོད་དང་། གཞོན་ནུ

汉文译文：

一座佛塔的地方。佛陀为了利乐众生，在此安住七天。此后，尊者阿难陀[①]向佛陀请示。佛陀何因何果释放光芒、莲花、火焰，又何因何果释放光芒被汇聚一起，右向旋转三圈于水中间自行消失？佛陀告阿难陀：“舍利弗用禅杖、毗沙门用矛头毁海，海水枯竭。我圆寂后，又于此称作李域地方复生。光芒释放三次之地——“和田”周围，最后化作一五位一体之大城；水中间消失光芒之地，受地方加持而保护的热扎杂玛（ར་ཛ་གྲ་མའི་སངས་རྒྱས་ཀྱི་སྐུ་གཟུགས།）的佛像，我将之隐晦在檀香中，并予以加持，一来自印度的小孩从天空中降抵而安住；水中莲花和火焰出生的地方，是后来修行大乘的比丘僧尼们居住的三百六十三座寺院，其中有国王和信仰者等施主们建

① 阿难，藏语称为“更嘎吾”，可译作“喜庆”。梵音译作阿难陀，简称阿难。释迦牟尼十大弟子中，阿能为最小，为多闻第一，第二代伏法藏师，为第一次结集时颂经藏之上座及佛说医明四续时内侍弟子之一。（《藏汉大辞典》，第16页。）此外，吐蕃时期有称作阿难陀（a–nan–ta）者，出身于迦湿弥罗的一个婆罗门家庭，后成为吐蕃著名的佛经译师，在《布敦善逝教法史》中他被称为班智达·阿难陀喀其·阿难陀、婆罗门阿难陀。（见《布敦善逝教法史》第184页、185页、206页）同书载录的古代著名佛经译师名录中阿难陀排名第十二位，可见其在古译师中的显赫地位。《弟吴宗教源流》（第301页）的作者认为阿难陀是在赤松德赞晚年被邀请到吐蕃，同来自印度、泥婆罗的其他译师一道翻译佛经的。《西藏王统记》（第220~221页）认为他是当时最早出现的三名著名译师之一，其他两人是毗卢遮那和陧·古玛热（又可译作陧·鸠摩罗）。《旁塘目录和声明要领二卷》（第70页）写作婆罗门阿难陀。需要指出的是后期许多佛学著作诸如《大藏经目录》中把阿难陀分割成不同的两个人，即班智达阿难陀和婆罗门阿难陀，或喀其（迦湿弥罗人）阿难陀。

造的供奉如来佛的舍利，以及驻锡着菩提大士比丘僧尼二百五十人、在家居士的二百五十人等总计整五百位。此外，不可教化之地，亦因居住的菩提大士而使大乘佛教广为传播。此乃三世如来佛之净土。对菩提大士文殊、观音自在等八大菩提大士、毗沙门、施碍大将正知、善女无垢光（རིགས་ཀྱི་བུ་མོ་དྲི་མ་མེད་པའི་འོད།）、童子

藏文原文（174叶B面）：

རྡོ་རྗེ་ལྷམ་དྲལ་དང་། ལྷ་ཀླུ་ལ་སོགས་པ་ལ་དུས་ཐམས་ཅད་དུ་སྲུངས་ཤིག་པར་དེ་བཞིན་གཤེགས་པས་གདང་ངོ། །དེ་ནས་བཅོམ་ལྡན་འདས་ལ་བྱང་ཆུབ་སེམས་དཔའ་འཇམ་དཔལ་དང་། བྱམས་པ་དང་། སྤྱན་རས་གཟིགས་ཀྱི་དབང་ཕྱུག་དང་། ནམ་མཁའི་སྙིང་པོ་དང་། སའི་སྙིང་པོ་དང་། ཀུན་ཏུ་བཟང་པོ་དང་། མཐུ་ཆེན་དང་། སྨན་གྱི་རྒྱལ་པོ་བྱང་ཆུབ་སེམས་དཔའ་དང་། རྣམ་ཐོས་ཀྱི་སྲས་འཁོར་གནོད་སྦྱིན་སུམ་སྟོང་དང་། གནོད་སྦྱིན་གྱི་སྡེ་དཔོན་ཡང་དག་ཤེས་འཁོར་ཁྲི་ཕྲག་བཅུ་དང་། ལྷ་གཞན་གྱིས་མི་ཐུབ་པའི་འཁོར་སྟོང་དང་། ནམ་མཁའི་སྤྱན་འཁོར་བརྒྱད་སྟོང་དང་། ལྷའི་བུ་གསེར་ཕྲེང་འཁོར་ལྔ་བརྒྱ་དང་། ཀླུའི་རྒྱལ་པོ་གནས་སྡོས་པོ་འཁོར་སྟོང་དང་། ལྷ་མོ་ལྕགས་ཀྱུ་ཅན་འཁོར་སྟོང་ཕྲག་བཅུ་དང་། ལྷ་མོ་གནས་ལྡན་མ་འཁོར་ལྔ་སྟོང་དང་། རིགས་ཀྱི་བུ་མོ་དྲི་མ་མེད་པའི་འོད་དང་། གཞོན་ནུ་རྡོ་རྗེ་སྡེ་དང་། ལྷའི་བུ་བློ་རབ་བརྟན་དང་། ལྷ་མོ་འཕྲོག་མ་འཁོར་དང་བཅས་པ་ལ་སོགས་པས་བཅོམ་ལྡན་འདས་ཀྱི་སྤྱན་སྔར་དམ་ཚིག་བཅས་ནས་ལི་ཡུལ་བསྲུང་བར་ཞལ་གྱིས་བཞེས་ཏེ། དེང་སང་གི་བར་དུ་ཡང་འཕགས་པ་བྱང་ཆུབ་སེམས་དཔའ་འདི་བརྒྱད་དང་། རྣམ་ཐོས་ཀྱི་སྲས་ལ་སོགས་པའི་མགོན་པོ་དང་། ལྷ་དང་། ཀླུ་དང་། ལྷ་མོ་རྣམས་ཐོག་མ་སངས་རྒྱས་གོ་ཏ་ཤན་དུ་གཤེགས་ཏེ་འཁོར་མང་པོས་བསྐོར་ནས་བཞུགས་པའི་ཚེ་བྱང་ཆུབ་སེམས་དཔའ་འདི་རྣམས་དང་། མགོན་པོ་དང་ལྷ་ཀླུ་རྣམས་ག་ལ་བཞུགས་བཞུགས་པའི་གནས་དང་། དམ་ཚིག་བླངས་པའི་སར་ད་དུང་ཡང་ཡུལ་སྲུང་ཞིང་བྱིན་གྱིས་རློབ། མདོན་རྟགས་དང་མཚན་མ་དག་ཀྱུང་འབྱུང་། །དེ་ནས་སངས་རྒྱས་མྱ་ངན་ལས་འདས་ནས་དགུང་ལོ་ཉིས་བརྒྱ་སུམ་ཅུ་སོ་བཞི་ལོན་པའི་འོག་ཏུ་རྒྱ་གར་གྱི་རྒྱལ་པོ་དྷརྨ་ཨ་ཤོ་ཀ་ཞེས་བགྱི་བ་ཞིག་གིས་སྡོན་སེམས་ཅན་མང་པོ་ཞིག་བཀུམ་པ་ལས་སླད་ཀྱི་འཕགས་པ་དགྲ་བཅོམ་པ་ཡ་ཤོ་ཞེས་བགྱི་བ་ཞིག་གིས་དགེ་བའི་བཤེས་གཉེན་བགྱིས་ནས། སྔར་སྡིག་པ་མི་དགེ་བའི་ལས་ཅི་བགྱིས་པ་མཐོལ་ཞིང་བཤགས། སླད་ཀྱི་མི་བགྱི་བར་ཡང་ཡི་དམ་བཅས། འཛམ་བུའི་གླིང་ན་སངས་རྒྱས་ཤཱཀྱ་ཐུབ་པས་བྱིན་གྱིས་བརླབས་པའི་གཙུག་ལག་ཁང་དང་། མཆོད་རྟེན་བཞུགས་པ་རྣམས་སུ་མཆོད་པ་བགྱིད་ཅིང་། དོགས་

汉文译文：

金刚姊妹（རྡོ་རྗེ་ལྷམ་དྲལ།）、天龙神等永时护持！”如来佛如是告诫。

于是，菩萨文殊、弥勒、观音自在、虚空藏、地藏王、普贤、毗纽天（མཐུ་ཆེན།）、药王菩提大士、毗沙门随从施碍三千、施碍大将正知随从十万、自在神随从一千、虚空眼随从八千、天子金曼（ལྷའི་བུ་གསེར་ཕྲེང་།）随从五百、龙王内扎布（ཀླུའི་རྒྱལ་པོ་གནས་སྡོས་པོ།）随从一千、天女铁钩者（ལྷ་མོ་ལྕགས་ཀྱུ་ཅན།）随从一万、天女内丹玛（ལྷ་མོ་གནས་ལྡན་མ།）随从五千、善女无垢光、童子金刚、天子洛热布丹（ལྷའི་བུ་བློ་རབ་བརྟན།）、天女超玛（ལྷ་མོ་འཕྲོག་མ།）随从等，在薄伽梵的眼前发誓“护持李域！”并亲口如是起誓。迄今为止，此八尊胜菩萨、多闻子等的怙主、天神、龙神、天女等首次来到佛高道山（གོ་ཏ་ཤན།），许多随从围拢安住时，这些菩提大士们、怙主、天神龙神们，于

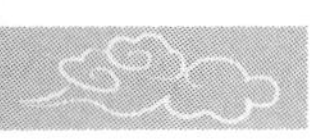

此处久久留住，起誓之地目前依然是守护和加持此地，有证见、印记出现。

此后，佛灭寂二百三十四年之后，印度有称作阿育王的国王（རྒྱལ་པོ་དྷརྨ་ཨ་ཤོ་ཀ），其先前杀死了诸多众生，然后拜尊者薄伽梵雅肖（འཕགས་པ་དགྲ་བཅོམ་པ་ཡ་ཤོ།）为师，坦诚消除先前的恶业[1]。后来，发誓今后不作恶业，对赡部洲佛释迦牟尼加持并建造寺院、佛塔进行供奉，

藏文原文（175叶A面）：

བྱིན་ཅན་གཉེན་པོ་བྱིན་གྱིས་བརླབས་པ་མཆིས་སོ་འཚལ་དུ་གཙུག་ལག་ཁང་དང་། མཆོད་རྟེན་བརྒྱད་ཁྲི་བཞི་སྟོང་རྩིག་ཏུ་མཆིས་པ་ལས་མཚོ་བསྐམས་ནས་ལི་ཡུལ་ཡང་སྐྱེད་དུ་མཆིས་པའི་ཚེ། ད་ལྟར་ཨུ་ཐེན་གྱི་སྐུ་མཁར་མཆིས་པའི་དོག་སར་ཀུས་པོ་ཡིན་དུ་ཤུལ་ཕྱུང་ནས་རྒྱངས་གཅིག་བཏབ་པའི་ནུབ་མོ་རྒྱལ་པོའི་བཙུན་མོ་དམ་པ་ལས་ཁྲིའུ་མཚན་དང་ལྡན་པ་བཟང་པོ་ཞིག་བཙས་ནས། སྔོན་རྒྱལ་པོའི་བཙུན་མོ་དེ་ཀུན་དགའ་ར་བའི་སྐྱེད་མོས་ཚལ་དུ་མཆིས་པ་ལས་[1]རྫིང་བུའི་ནང་ནས་ཁྲུས་བགྱིད་ཅིང་མཆིས་པའི་དུས་ན་རྣམ་ཐོས་ཀྱི་སྲས་འཁོར་དང་བཅས་པ་ནམ་མཁའ་ལ་གཤེགས་པས་ཀྱང་གཟིགས། རྒྱལ་པོ་བཙུན་མོས་ཀྱང་རྣམ་ཐོས་སྲས་ཀྱི་སྲས་བྱད་བཞིན་བཟང་པོ་མཐོང་བས་སེམས་ཀྱི་བུར་ཆགས་པས་ཀུས་བུ་ཡིན་དུ་བཙས་ནས། རྒྱལ་པོ་དྷརྨ་ཨ་ཤོ་ཀས་ལྟས་མཁན་རྣམས་བཀུག་སྟེ། བུ་འདིའི་ཚེ་རིང་ངམ་ཐུང་། མཚན་མ་བཟང་ངན་དང་། དབང་ཐང་ཅི་ཡོད་ཅེས་བརྟགས་ན། ལྟས་མཁན་རྣམས་ཀྱིས་མཆིད་ནས་བུ་འདི་མཚན་མ་ཡང་བཟང་། དབང་ཐང་ཡང་རབ་ཏུ་ཆེ་སྟེ། མི་ཐ་མལ་པ་མ་ལགས་པས་རྒྱལ་པོ་ཡབ་སྐུ་ཆེ་མ་འཕོས་པར་རྒྱལ་པོ་བགྱིད་པར་འགྱུར་ཞེས་བགྱིས་པ་དང་། རྒྱལ་པོ་དྷརྨ་ཨ་ཤོ་ཀ་ཕྲག་དོག་སྐྱེས་ཏེ་ཁྲོས་ནས། ཁོ་དེ་ལྟར་དབང་ཐང་ཆེ་ན་ཁོ་བདག་འཚོ་ཞིང་སྲིད་འཛིན་གྲང་། འདི་ང་ལ་མི་དགོས་ཀྱིས་བོར་ཅིག་ཅེས་མཆིས་ནས། མས་ཀྱང་བུ་འདི་མི་བོར་དུ་ནི་རྒྱལ་པོ་ཁྲོ་ཞིང་དྲག་ཤུལ་ཆེ་བས་བུ་བཀུམ་དུ་དོགས་ནས་མས་བུ་དེ་བོར་བ་ལས་སྣད་ཀྱི་ས་ལས་མ་བྱུང་ནས་དེ་འཚལ་བ་ལས་མ་གུམ་ནས་མིང་ཡང་ཕྱིས་ས་ནུར་བཏགས་སོ། །དེའི་རྗེས་ལ་རྒྱ་རྗེ་བྱང་ཆུབ་སེམས་དཔའ་ཆེན་པོ་བུ་སྟོང་དབང་བ་ཅིག་བྱུང་སྟེ། དེ་ལ་བུ་དགུ་བརྒྱ་དགུ་ཅུ་རྩ་དགུ་ནི་མཆིས་ན། སྟོང་དུ་བུ་གཅིག་གིས་མ་ཚང་བས། རྣམ་ཐོས་ཀྱི་སྲས་ལ་གསོལ་བ་བཏབ་སྟེ་སྣངས་པ་ལས་རྣམ་ཐོས་ཀྱི་སྲས་ཀྱིས་བལྟས་པ་ན་ཁྲིའུ་ས་ནུ་བསོད་ནམས་ཅན་བོར་བ་མཐོང་ནས་བླངས་ཏེ་རྒྱ་རྗེའི་བུ་སྐལ་དུ་སྩལ། དེ་ནས་རྒྱ་རྗེས་བུ་དེ་གསོས་ནས་སྣད་ཀྱིས་ཁྲིའུ་ཆེན་པོར་སྐྱེས་ནས་རྒྱའི་བུ་སྟོན་དང་བྱིས་པ་རྩེ་རྩེ་བ་ལས་འཐབས་ནས། ཁྱོད་རྒྱ་རྗེའི་བུ་མ་ཡིན་ནོ་ཞེས་བགྱིས་པ་དང་། ཁྲིའུ་དེ་སྐྱོ་བ་མི་དགའ་ནས་མི་གཞན་དག་ལ་ཡང་ལོ་རྒྱུས་སྨྲས་ན་ཡང་དེ་ལྟར་གྱུར་ནས་རྒྱ་རྗེ་ལ་བདག་བོག་མ་སྐྱེས་པའི

汉文译文：

另靠灵验加持力加持而建寺院、佛塔八万四千。海竭而李域又成陆地之时，如今的和田城内，一夜间分娩了“桂布颜”（ཀུས་པོ་ཡིན།）。具言如是，王妃丹巴夜生一相貌妙好的孩子，先前王妃住在更嘎热瓦的林苑（普喜乐苑，ཀུན་དགའ་ར་བའི་སྐྱེད་མོས་ཚལ།），她在水池中沐浴时，被毗沙门天王及眷属自天空经过时看见，王妃也见毗沙门天王妙颜，心中爱慕而生“桂布颜”。国王阿育王等招请相士，言：“此子命是长是短、面相是好是坏、权势如何？”相士们道：“议论此子，面相好，权势极大；命相好，父王健在就会为王。”国王阿育王顿生嫉妒而怒：“他有如此大的权

[1] 恶不善，欲界所有身语意三不善业，及能生因贪嗔等法，能损自他，能引极大苦异熟果，与善相违，圣者所呵。（张怡荪主编《藏汉大辞典》，民族出版社，1993年，1462页）

势，他理财持政，这子不要给我，扔了！”母亲不愿扔弃此子，国王勃然大怒，考虑将子杀死，母遂弃子。然后，地生乳头护子生还，起名为“萨尼”。

此后，菩提大士汉地国王欲得千子，然仅有九百九十九子，千子缺一。向毗沙门天王祈求而得，毗沙门天王曰：“看来，您看到了有福德者萨尼被弃而又得，满足汉王求子的心愿吧！”于是汉王将千子之数填满。后来（人们）问：“你长大后与汉族人的兄弟小孩玩耍争辩，难道不说你不是汉王的儿子吗？”“你那样不悦，对别人也讲述如此历史。”（萨尼）向国王请求：“我首先寻找出生

藏文原文（175叶B面）：

ཡུལ་ཚོལ། ས་ཚོལ་དུ་མཆི་བར་ཅི་གནང་ཞེས་གསོལ་བ་ལས། རྒྱ་རྗེའི་ཞལ་ནས་ཁྱོད་ངའི་བུ་ཡིན་ཏེ། ཡུལ་ས་ཡང་འདི་ཡིན་མི་དགའ་མ་བྱེད་ཅིག་ཅེས་ལན་དུ་མ་བསྒོ་བ་ལས་མ་ཉན་ནས་རྒྱ་རྗེའི་རྒྱལ་བུ་ས་ནུ་རྒྱལ་པོའི་ཐབས་སྐྱལ་ཏེ། དམག་སྟོང་ཕྲག་བཅུ་དང་བསྐུགས་ཏེ་ནུབ་ཕྱོགས་སུ་ཡུལ་ཚོལ། ས་ཚོལ་དུ་བཏང་བ་ལས་ལི་ཡུལ་གྱི་མེ་སྐར་དུ་ཕྱིན་ཏེ། དེ་ནས་མཆིས་པ་ལ་རྒྱ་གར་ཡུལ་ནས་ཀྱང་རྒྱལ་པོ་དྷརྨ་ཨ་ཤོ་ཀའི་བློན་པོ་ཡ་ཤ་ཞེས་བགྱི་བ་ལ་དགུ་དར་ནས། བློན་པོ་ཡ་དྲ་སྲུན་རྗེ་ཁོལ་འཁོར་ཡན་ཆད་རྒྱལ་པོ་ལ་མི་དགའ་བ་བདུན་སྟོང་ཡུལ་ནས་བྱུང་སྟེ། ནུབ་ཕྱོགས་ཤར་ཕྱོགས་སུ་ཡུལ་ཚོལ་ས་ཚོལ་དུ་མཆིས་མཆིས་པ་ལས། ཨུ་ཐེན་གྱི་ཤེལ་ཆབ་གོང་མའི་ཡུལ་ཕྱོགས་སུ་མཆིས་པ་དང་རྒྱལ་བུ་ས་ནུའི་འཁོར་གྱི་ཚོང་པ་ཤེལ་བགྱི་བ་དང་། ཟོད་བགྱི་བ་གཉིས་ལ་བ་སྦྲུམ་ཐུན་མོང་བ་གཅིག་མཆིས་པ་ལས། བ་བུ་ནད་ལངས་ནས་མེ་སྐར་ནས་ཞུགས་དམས་ཐད་ཀར་བཏོལ་ཏེ་ཧོ་ལར་བྲོས་པ་ལས། མི་དེ་གཉིས་ཀྱིས་རྗེས་བཞིན་དུ་འདས་པ་ལས་ཧོ་ལར་སླེབས་ཏེ། བ་བེའུ་འབྲངས་པ་ལས་ཡུལ་དེའི་མིང་ཡང་བེའུ་འབྲངས་པའི་ས་འབྲུ་སོ་ལོ་ཉ་ཞེས་བཏགས། ཧོ་ལའི་ཞུགས་ངམས་ཀྱི་མིང་ཡང་ལི་སྐད་དུ་ཤེར་བཟང་ཞེས་བཏགས་ཏེ་དེ་ནས་མི་གཉིས་ཀྱིས་བལྟས་ནས། ཡུལ་ལྗོངས་སྟོང་པ་བཟང་པོ་ཞིག་གདའ་ནས་འདི་བདག་ཅག་གི་རྒྱལ་བུ་ས་ནུའི་ཡུལ་སར་རུང་ངོ་ཞེས་མཆིད་གྲོས་སུ་འཚལ་ནས་ཡུལ་ས་དེ་ལྟ་ཞིག་མཆིས་མཆིས་པ་དང་ཨུ་ཐེན་གྱི་ཤེལ་ཆབ་གོང་མར་མཆིས་པ་དང་། བློན་པོ་ཡ་ཤ་འཁོར་དང་མཇལ་ནས་ཁྱེད་སུའི་མིག་ལས་མཆིས་ཞེས་སྨྲས་པ་དང་། མི་དེ་གཉིས་ཀྱིས་ཀྱང་རྒྱལ་བུ་ས་ནུའི་ལོ་རྒྱུས་ཞིབ་ཏུ་བཤད་པ་དང་། ཡ་ཤས་ཀྱང་རྒྱལ་བུ་ས་ནུ་མེ་སྐར་ན་མཆིས་པའི་སྟེང་དུ་ཕོ་ཉས་ཕྲིན་པ་ལས་ཁྱོད་ནི་རྒྱལ་རིགས་བདག་ནི་བློན་པོའི་རིགས་ན་ཆུ་སྲིད་ཅིག་ཏུ་འཐམ་སྟེ། ཁྱོད་ཀྱིས་ནི་རྒྱལ་པོ་གྱིས། བདག་གིས་བློན་པོ་གྱིས་ཏེ་ཨུ་ཐེན་གྱི་ལྗོངས་འདིར་ཡུལ་སར་བཙུགས་ན་རིང་ངོ་ཞེས་མཆི་ནས། དེ་ནས་རྒྱལ་བུ་ས་ནུ་ཡང་འཁོར་དང་བཅས་ཏེ་ཨུ་ཐེན་གྱི་ཤེལ་ཆུ་གོང་མར་མཆིས་ནས་ཚང་འདི་ཉའི་འོག་ཡུལ་ཏང་གུ་རྫ་ཞེས་བགྱི་བར་མཇལ་ཏེ། རྒྱལ་བུ་དང་བློན་པོ་ཡ་ཤ་གཉིས་ཡུལ་ས་ལམ་དུམ་སྟེ། དམག་བགྱི་སྟེ་འཐབས་པ་ལས་ནམ་མཁའ

汉文译文：

地。请允许去寻找！”国王曰：“你是我的儿子，对此地也不要如此不喜欢！”然几次告诫不听，王子萨尼王动身，率一万军队向西方寻去，找到了李域的梅嘎尔。

与此同时，印度国王阿育王之臣亚夏，从古达尔（བགྱི་བ་ལ་དགུ་དར།）绕过大臣雅巴（ཡ་སྲུད།）兄弟（地界）以下，率国王不喜欢的军队七千启程，由西向东行进，苦苦行进，抵达了和田上玉河，与地乳王的随从叫作谢吉瓦（ཤེར་བགྱི་བ།）和索吉瓦（ཟོད་བགྱི་བ།）的两商人共同拥有的孕妇，

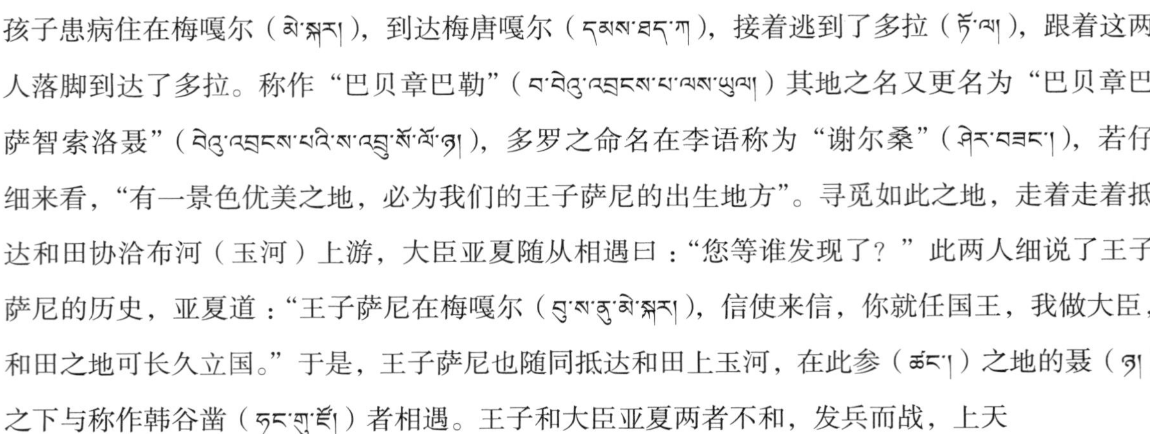

孩子患病住在梅嘎尔（མི་སྐར།），到达梅唐嘎尔（དམས་ཐད་ཀ），接着逃到了多拉（ཏོ་ལ།），跟着这两人落脚到达了多拉。称作“巴贝章巴勒”（བ་ཞིའུ་འབྲངས་པ་ལས་ཡུལ།）其地之名又更名为“巴贝章巴萨智索洛聂”（ཞིའུ་འབྲངས་པའི་ས་འབྲུ་སོ་ལོ་ཉ།），多罗之命名在李语称为“谢尔桑”（ཤེར་བཟང་།），若仔细来看，“有一景色优美之地，必为我们的王子萨尼的出生地方”。寻觅如此之地，走着走着抵达和田协洽布河（玉河）上游，大臣亚夏随从相遇曰：“您等谁发现了？”此两人细说了王子萨尼的历史，亚夏道：“王子萨尼在梅嘎尔（ཧུ་ས་ནུ་མི་སྐར།），信使来信，你就任国王，我做大臣，和田之地可长久立国。”于是，王子萨尼也随同抵达和田上玉河，在此参（ཚང་།）之地的聂（ཉ།）之下与称作韩谷凿（ཧང་གུ་ཛོ།）者相遇。王子和大臣亚夏两者不和，发兵而战，上天

藏文原文（176叶A面）：

ལས་རྣམ་ཐོས་ཀྱི་སྲས་དང་། དཔལ་གྱི་ལྷ་མོ་བྱུང་ནས་བཤུག་ཏེ། འཐབ་ཏུ་མ་སྟྱལ་ནས། དོགས་དེ་ཉིད་དུ་རྣམ་ཐོས་ཀྱི་སྲས་དང་། དཔལ་གྱི་ལྷ་མོ་བཞུགས་པའི་སྐྱིད་ཁང་རེ་རེ་བརྩིགས་པ་ཡང་དེང་སང་གི་བར་དུ་མཆིས་ཏེ། ཡུལ་གྱི་སྲུང་མར་གཙོ་བོ་རྣམ་ཐོས་ཀྱི་སྲས་དང་། དཔལ་གྱི་ལྷ་མོ་མཆོད་པ་ཡང་དེ་ལགས། དེ་ནས་རྒྱལ་བུ་ས་ནུ་དང་། བློན་པོ་ཡ་ཤ་ཡང་དུམ་ནས་ས་ནུས་ནི་རྒྱལ་པོ་བགྱིས། ཡ་ཤས་ནི་བློན་པོ་བགྱིས་ནས་རྒྱལ་པོ་ས་ནུའི་འཁོར་རྒྱ་རྣམས་ནི་ཨུ་ཐེན་གྱི་ཤེལ་ཆུ་འོག་མ་མན་ཆད་མདོ་ལོ་སྐོར་དང་། སྐམ་ཤེ་ཡན་ཆད་དུ་བཀོད། བློན་པོ་ཡ་ཤའི་འཁོར་རྒྱ་གར་རྣམས་ནི་ཤེལ་ཆུ་གོང་མ་ཡན་ཆད་རྒྱ་དང་། གོང་ཤེང་མན་ཆད་དུ་བཀོད། ཤེལ་ཆུ་དབུས་ནི་རྒྱ་གར་དང་རྒྱའི་བློན་པོ་དང་། འབངས་སྟོང་རིམས་འདྲེས་པར་བཀོད་ནས་ཡུལ་བཙུགས་མཁར་བརྩིགས་ཏེ། །རྒྱ་གར་དང་རྒྱ་སྦྲད་པའི་ཡུལ་ནི་ལི་ལགས་ཏེ། འབྲལ་སྐད་ནི་རྒྱ་གར་དང་རྒྱར་མི་མཐུན་པ། ཡི་གེ་ནི་རྒྱ་གར་དང་བགས་ཀྱིས་མཐུན། འཇིག་རྟེན་པའི་ལུགས་ནི་རྒྱ་དང་ཕལ་ཆེར་མཐུན། ཆོས་ཀྱི་ལུགས་དང་ཆོས་སྐད་ནི་རྒྱ་གར་དང་ཕལ་ཆེར་མཐུན། ལིའི་འཕྲུལ་སྐད་ནི་ཐོག་མ་བྱང་ཆུབ་སེམས་དཔའ་འཇམ་དཔལ་ཉན་ཐོས་ཀྱི་དགེ་སློང་གི་ཚུལ་དུ་སྤྲུལ་ཏེ། མཚན་བཻ་རོ་ཙ་ན་ཞེས་བགྱི་བས་བྱིས་པ་ཕྱུགས་ཛེ་ཁྲིའུ་འཛིས་དང་། སྨུ་ལི་འཛི་ཞེས་བགྱི་བ་གཉིས་ལ་སོགས་པ་ལ་ཡུལ་ཙར་མ་ཞེས་བགྱི་བར་ལི་སྐད་ཕྱུང་སྟེ། ཀུན་ལ་བསླབས་ནས་ཁྲིའུ་དེ་གཉིས་ཀྱང་གར་མཆིས་པའི་ཆས་སུ་ལ་ཡང་མ་མཆིས་ཏེ། ལི་སྐད་ཀྱང་ཐོག་མ་འཕགས་པ་རྣམས་ཀྱིས་བསྟན་ཅིང་བསླབས་པ་ལས། ཐོག་མ་ལི་ཡུལ་བྱུང་ནས་དགུང་ལོ་དུ་ལོན་པ་ནི་གོ་ཏོ་ཤན་གྱི་མཁན་པོ་མོ་ཀྲུ་དེ་ཤིང་ལ་སོགས་པ་མཁན་པོ་བགྱིས་རིམ་རྣམས་ཀྱིས་མཁན་པོ་སྤུར་བས་རྣམས་བཀའ་མཆིད་ཐོས་པ་དང་། འཕགས་པ་རྣམས་ཀྱིས་ལུང་བསྟན་པ་དང་། ལི་རྗེའི་རྒྱལ་རབས་ཀྱི་ཡི་གེ་དང་ཞིབ་ཏུ་གཏུགས་ནས། གནའ་ཐོག་མ་རྒྱ་གར་ཡུལ་དུ་རྒྱལ་པོ་མ་སྐྱེས་དགྲས་རྒྱལ་པོ་བགྱིས་པ་ནས་བརྩིས་ན་རྒྱལ་པོ་མ་སྐྱེས་དགྲས་ཕྱིར་དགུང་ལོ་སུམ་ཅུ་སོ་གཉིས་རྒྱལ་པོ་བགྱིས་པ་ལས། རྒྱལ་སྲིད་གཟུང་སྟེ་དགུང་ལོ་ལྔ་ལགས་པ་ལས་སངས་རྒྱས་མྱ་ངན་ལས་

汉文译文：

多闻天王、吉祥天女降临，平息战火，消除疑虑。薄伽梵、吉祥天女安住之际，修建之座座房舍迄今留存，很好的供奉着地方主要保护神薄伽梵、吉祥天女。

于是，王子萨尼和其臣亚夏合盟，萨尼为王，亚夏为相。国王萨尼的庶民汉族人们驻扎在和田之玉河下游以下多罗贡（མདོ་ལོ་སྐོང་།）和岗木谢（སྐམ་ཤེད།）以上；大臣亚夏的庶民印度人驻

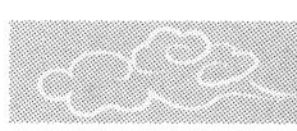

扎在玉河上游（ཤེལ་ཆུ་གོང་མ།）以上嘉（རྒྱ།）、贡相（གོང་ཤིང་།）以下；玉河中间杂居着印度、汉等的臣民数千，立国建城。印度与之临地称作“李”，言语不同于印度和汉地，宗教及其术语大体与印度相符。

李的通行语，首先菩提大士文殊菩萨化作为毗沙门天王之比丘称作“比丘毗卢遮那”。两牧童“曲吉”（ཕྱུགས་རྫི་ཁྱིའུ་འཛིན།）和“木勒吉”（ མུ་ལེ་འཛི།），两人等在“赞摩”地方（ཡུལ་ཙར་མ།）形成了李语（ལི་སྐད།），为（人们所）普遍接受。两人也启程到印度还是没去？李语也首次由尊者们所巩固和教授。

自从首次李域产生，已过若干年。桂敦香之堪布毛尔古岱谢（གོ་ཏོ་ཤན་གྱི་མཁན་པོ་མོ་རྒྱ་དེ་ཤིང་།）等，他们都是堪布商定者。他们遵从先辈堪布之教诫听闻，由诸尊者授记，厘定李氏王统的文字。从很早以前印度地方国王阿阇世王就任国王算起，国王阿阇世王总共执政32年，执政之第五年佛涅槃，

藏文原文（176叶B面）：

འདས། དེ་ཚུན་ཆད་དགུང་ལོ་ཉི་ཤུ་རྩ་བདུན་རྒྱལ་པོ་བགྱིས་ཏེ། རྒྱལ་པོ་མ་སྐྱེས་དགྲ་ནས་རྒྱལ་པོ་དྷརྨ་ཨ་ཤོ་ཀའི་བར་དུ་རྒྱ་གར་གྱི་རྒྱལ་པོ་རབས་བཅུས་རྒྱལ་སྲིད་གཟུང་སྟེ། དྷརྨ་ཨ་ཤོ་ཀས་སྐྱིར་རྒྱལ་པོ་དགུང་ལོ་ལྔ་བཅུ་རྩ་ལྔ་བགྱིས་པ་ལས་རྒྱལ་པོར་ཞུགས་ནས་དགུང་ལོ་སུམ་ཅུ་ལགས་པའི་འོག་ཏུ་རྒྱལ་བུ་ས་ནུ་བཙས་ཏེ། ས་ནུ་དགུང་ལོ་བཅུ་གཉིས་ལོན་པའི་ཚེ་རྒྱ་རྗེའི་རྒྱལ་ཐབས་བསྐུལ་ནས། ཐོག་མ་སྐྱེས་པའི་ཡུལ་ཚོལ་ས་ཚོལ་དུ་མཆིས་པ་ལས་རྒྱལ་པོ་ས་ནུ་དགུང་ལོ་བཅུ་དགུ་ལོན་པའི་ཚེ་ལི་ཡུལ་བཙུགས་ཏེ། ཐོག་མར་ལི་རྗེར་ཞུགས་པ་ཡན་ཆད་ཞིབ་ཏུ་བརྩིས་ནས་སངས་རྒྱས་མྱ་ངན་ལས་འདས་ནས་དགུང་ལོ་ཉིས་བརྒྱ་སུམ་ཅུ་རྩ་བཞི་ལགས་ནས་ལི་ཡུལ་ཡང་གདོད་བྱུང་བར་འགྱུར། རྒྱལ་བུ་ས་ནུ་ཐོག་མར་ལི་རྗེར་ཞུགས་ནས་རྒྱལ་སྲིད་བཟུང་ཚུན་ཆད་དང་། ལི་རྗེ་བཙན་བཟང་བཙན་ལ་བརྟན་ཐོག་མར་ལི་རྗེར་བསྐོས་ནས་ལི་རྗེའི་རབས་ལྔ་བཅུ་རྩ་དྲུག་དང་། ཆག་ཚབ་ཅིག་བྱུང་ངོ་། །གནའ་དང་པོ་མཚོ་བསྐམས་ནས་རྒྱལ་བུ་ས་ནུ་དང་། བློན་པོ་ཡ་ཤ་ལ་སོགས་པས་ཐོག་མར་གཞི་གཟུང་སྟེ་ཡུལ་བཙུགས་རྒྱལ་བུ་ས་ནུའི་བུ་རྒྱལ་པོ་ཡེའུ་ལའི་ཞེས་བགྱི་བས་ཧུ་ཐེན་གྱི་དངར་ལྔན་གྱི་གྲོང་ཁྱེར་བརྩིགས་ཏེ། ལི་ཡུལ་བྱུང་ནས་དགུང་ལོ་བརྒྱ་དྲུག་ཅུ་རྩ་ལྔ་འདས་པའི་འོག་ཏུ་རྒྱལ་བུ་ཡེའུ་ལའི་པོ་རྒྱལ་བུ་བི་ཛ་ཡ་སམ་བྷབ་ཞེས་བགྱི་བས་རྒྱལ་པོར་ཞུགས་ནས་དགུང་ལོ་ལྔ་ལགས་ནས་ལི་ཡུལ་དུ་ཐོག་མར་ཆོས་བྱུང་སྟེ། འཇམ་དཔལ་དང་བྱམས་པ་གཉིས་ཀྱིས་ལི་ཡུལ་འདི་དུས་གསུམ་གྱི་སངས་རྒྱས་ཀྱི་ཁྱད་པ་ལགས་ཐུགས་སུ་ཆུད་ནས་བྱམས་པ་ནི་མིར་སྐྱེ་བ་བླངས་ཏེ། རྒྱལ་པོ་བི་ཛ་ཡ་སམ་བྷ་ཞེས་བྱ་བ་སྤྲུལ། འཇམ་དཔལ་ནི་དགེ་སློང་འཕགས་པ་བཻ་རོ་ཙ་ནའི་གཟུགས་སྤྲུལ་ནས་ལས་དང་ཉོན་མོངས་པ་མཐར་ཕྱིན་པའི་གནས་ཡུལ་ཙར་མ་ཙུ་ལེའི་ཚལ་དུ་གཤེགས་ཏེ། ལི་ཡུལ་ན་མཆིས་པའི་སེམས་ཅན་རྣམས་ཀྱི་དགེ་བའི་བཤེས་གཉེན་མཛད་ཅིང་ལི་སྐད་ཀྱང་བྱིས་པ་ཕྱུགས་རྫི་རྣམས་ལ་བཙོས་ཤིང་བསྟན། ལིའི་ཡི་གེ་ཡང་བསླབས་ནས་དེའི་འོག་ཏུ་ཆོས་བྱུང་ངོ་། །དེ་ནས་རྒྱལ་པོ་ཡེའུ་ལའི་རྒྱལ་བུ་བི་

汉文译文：

此后又在位二十七年。从国王阿阇世王起到国王阿育王（རྒྱལ་པོ་དྷརྨ་ཨ་ཤོ་ཀ）之间，有十代印度王统施政。阿育王就任国王共五十五年，三十岁后生王子萨尼。萨尼十二岁时，与李氏王不睦，

首次外出寻觅生存地。寻觅到生存地时，萨尼时年十九岁，于（此）处建李域国称王。从首次李氏王执政之前详细算起，到佛灭寂共二百三十四年，李域开始产生。王子萨尼首次就任李氏王之后，李氏（王）贤暴更替，从初次任命李氏，李氏王统传五十六代，仅一支。

起初，海水枯竭后，王子萨尼、大臣亚夏等初次开疆拓土，被称作岳拉（རྒྱལ་བུ་ས་ནུའི་བུ་རྒྱལ་པོ་ཡེའུ་ལ།）国王的王子萨尼之子，兴建了和田威严之城。从李域产生到建国一百六十五年后，国王岳拉之子称作尉迟萨木巴（རྒྱལ་བུ་བི་ཛ་ཡ་སམ་བྷཱ།）者就任国王，五年后李域首次出现佛教。文殊和弥勒二者在李域时，得三世佛之关心与了解，由弥勒护持众生，幻化成国王尉迟萨木巴；文殊幻化为尊者白绕杂纳，抵达解脱了烦恼的圣地赞摩孜勒苑（ཙར་མ་ཙུ་ལེའི་ཚལ།），做了在李域安住的众生的善知识。从此，李语也开始教授和传播给牧童们，学习了李域的文字，此后产生佛教。

于是，国王岳拉（རྒྱལ་པོ་ཡེའུ་ལ།）之王子尉

藏文原文（177叶A面）：

ཛ་ཡ་སམ་བྷས་ཡོན་བདག་བགྱིས་ནས་དགེ་བའི་བཤེས་གཉེན་འཕགས་པ་བཻ་རོ་ཙ་ནའི་སྔད་དུ་ཐོག་མར་ལི་ཡུལ་དུ་ཙར་མའི་གཙུག་ལག་ཁང་ཆེན་པོ་བརྩིགས་པར་བགྱིད་པ་ལས་ལི་རྗེ་བི་ཛ་ཡ་སམ་བྷ་བའི་བློན་པོ་དང་།[①] འབངས་འཁོར་དང་བཅས་པ་ཀུན་གྱིས་ཀྱང་ཙར་མར་གཙུག་ལག་ཁང་རེ་རེ་བརྩིགས་པར་གསོལ་ནས་རྩིག་པ་མང་པོ་ཞིག་བྱུང་བ་ལས་རྒྱལ་པོས་བསམས་པ། གཙུག་ལག་ཁང་རྩིག་ཏུ་མ་སྩལ་ན་ནི་བདག་ལ་དངོས་སྡིག་ཏུ་འགྱུར། དེ་སྙེད་ཅིག་བརྩིགས་ན་ནི་སྔད་ཀྱིས་ཞིག་རལ་དུ་གྱུར་ན་ཡང་མི་སྐྱོངས་སུ་སྐྱོ་བ་ཆུང་ནས་དགེ་བའི་བཤེས་གཉེན་འཕགས་པ་བཻ་རོ་ཙ་ན་ལ་ཞུས་པ་ན། དེ་བཞིན་གཤེགས་པའི་སྐུ་གདུང་ཤྲཱ་རི་རམ་སུ་ལ་བཞུགས་པ་རྣམས་ཀྱིས་གཙུག་ལག་ཁང་དང་། མཆོད་རྟེན་རྩིགས་ཤིག་ཅེས་བསྒོ་ན། སྡིག་ཏུ་མི་འགྱུར་རོ་ཞེས་བྱུང་ནས། རྒྱལ་པོས་ཀྱང་བློན་པོ་དང་འབངས་རྣམས་ལ་དེ་བཞིན་དུ་བསྒོ་ནས་ཙར་མའི་གཙུག་ལག་ཁང་ཆེན་པོ་རྒྱལ་པོ་བི་ཛ་སམ་བྷ་བས་བརྩིགས་པའི་ཚེ། རྒྱལ་པོའི་འཁོར་དང་བློན་པོ་དང་འབངས་རྣམས་ཀྱིས་ཙར་མའི་གཙུག་ལག་ཁང་ཆུང་ངུ་དང་། མཆོད་རྟེན་བརྩིགས་སོ་འཚལ་གྱི་ནང་ན་ཤྲཱ་རི་རམ་མ་སྩལ་བ་ཅིག་གྱུར་མཆིས་ཏེ། གཙུག་ལག་ཁང་བརྩིགས་པ་ལགས་ནས། འཕགས་པ་བཻ་རོ་ཙ་ནས་རྒྱལ་པོ་བི་ཛཡ་སམ་བྷ་བ་ལ་རྒྱལ་པོས་གཉྫི་བརྟུང་ལ་འཕགས་པ་རྣམས་སྤྱན་དྲོངས་ཤིག་ཅེས་བགྱིས་པ་དང་། རྒྱལ་པོའི་མཆིད་ནས་དེ་བཞིན་གཤེགས་པ་མངོན་སུམ་དུ་འདིར་ག་ཤེགས་ཏེ་བདག་གི་ལག་ཏུ་གཉྫི་མ་སྩལ་གྱི་བར་དུ་བདག་གཉྫི་མི་བརྟུང་ངོ་ཞེས་སྨོན་ལམ་བཏབ་པ་དང་། དེ་མ་ཐག་ཏུ་འཇམ་དཔལ་གྱི་སྤྲུལ་པ་དགེ་སློང་བཻ་རོ་ཙ་ནས་ནམ་མཁའ་ལ་དེ་བཞིན་གཤེགས་པར་སྤྲུལ་ཏེ། ཉན་ཐོས་ཆེན་པོ་བཅུ་དྲུག་དང་ཐབས་ཅིག་ཏུ་ཙར་མར་དེ་བཞིན་གཤེགས་པའི་ཚུལ་བསྟན་ནས་རྒྱལ་པོ་བི་ཛ་ཡ་སམ་བྷ་བའི་ལག་ཏུ་གཉྫི་སྩལ་ནས་རྒྱལ་པོས་གཉྫི་བརྟུངས་པ་དང་། དཀྱུང་བདུན་གྱི་བར་དུ་གཉྫི་དེའི་སྒྲ་མ་ཆད་པར་བྱུང་སྟེ། དེ་བཞིན་གཤེགས་པའི་སྤྲུལ་པ་མངོན་སུམ་དུ་གཤེགས་པའི་དན་རྟགས་སུ་གོར་མ་ལ་ཞབས་ཀྱིས་བཅགས་པའི་རྗེས་གདུང་གི་བར་དུ་ཙར་མ་ན་མཆིས། འཕགས་པ་ཉན་ཐོས་ཆེན་པོ་བཅུ་དྲུག་ལ་མཆོད་པ་

汉文译文：

迟萨木巴作为施主，为善知识尊者白绕杂纳首次在李域建立了赞摩大寺（ཙར་མའི་གཙུག་ལག་ཁང་ཆེན་པོ།）。李域王尉迟萨木巴之大臣和庶民等也请求国王每人在咱玛地方修建佛殿，从此，出现了

诸多寺院。国王想：若不给建殿，会生罪孽。如若让建，则诸多佛殿最终会变成破旧（房屋），与此亦不甘心使自身有罪孽。于是，向善知识尊者白绕杂纳请教，修建寺院和佛塔，将如来佛的舍利“夏日日木”（ཤཱ་རི་རམ་མ་སྦྱལ་བ།）等安置妥当！如若奉命，则不会衍生罪孽。国王向大臣和臣民下令，咱玛大寺由尉迟萨木巴修建时，国王的随从、大臣和臣民等亦可修建了小的寺院、佛塔，均没有放置夏日日木，因为舍利只有一件。寺院完工，尊者白绕杂纳向国王尉迟萨木巴（旨意）国王禀告：“在旦志敦（གཎྜི་བརྡུང་།）邀请尊者们！”国王领会后祈祷：“如来佛真实在此降临！我的手未写好旦志[①]（གཎྜི།）之间，我不敲旦志！”如此做了祈祷，即刻文殊菩萨化现的比丘毗卢遮那在天空化现成如来佛，十六大声闻（ཉན་ཐོས་ཆེན་པོ་བཅུ་དྲུག）一起在赞摩如来佛殿（ཙར་མར་དེ་བཞིན་གཤེགས་པ།）中颂起，国王尉迟萨木巴手中做了丹智国王敲击，此后在七年中，旦志之声不断产生。如来佛化现真实来发誓在郭尔玛（གོར་མ།）殿祈愿后迄今还在赞摩留存。对殊胜十六大声闻

藏文原文（177叶B面）：

རིན་པོ་ཆེ་སྣ་ཚོགས་ལས་བགྱིས་པའི་བཤོས་ཆ་བཅུ་དྲུག་རྒྱལ་པོས་ཕུལ་བ་ཡང་ཙར་མའི་གཙུག་ལག་ཁང་གི་ནང་དུ་འཕགས་པ་རྣམས་ཀྱིས་གཏེར་དུ་སྦས་ཏེ། ཕྱིར་དུས་དམས་ཤིང་དགེ་འདུན་ལ་ཡོན་བདག་མ་མཆིས་ཏེ། འཚོ་བའི་སྦྱོར་བའི་དུས་ན་རིན་པོ་ཆེའི་བཤོས་ཆ་དེ་རྣམས་དེའི་ཚེ་སའི་འོག་ནས་འབྱུང་ཞེས་འཕགས་པ་དགེ་འདུན་འཕེལ་གྱིས་ལུང་བསྟན་པ་དག་ལས་ཀྱང་འབྱུང་། དགེ་སློང་འཕགས་པ་བཻ་རོ་ཙ་ནའི་མཆོད་པའི་རྐྱེན་དུ་ཀླུའི་རྒྱལ་པོ་ཏུ་ལོར་ཞེས་བགྱི་བས་ཁ་ཆེའི་ཡུལ་ནས་དེ་བཞིན་གཤེགས་པ་བདུན་གྱི་སྐུ་གདུང་བཞུགས་པའི་མཆོད་རྟེན་ཅིག་སྤྱན་དྲངས་ནས་ནམ་མཁའ་ལས་གཤེགས་པ་ད་ལྟར་ཙར་མ་ན་བཞུགས་ཏེ། མཆོད་རྟེན་འདི་དྲི་གཙང་ཁང་གི་ནང་ན་བཞུགས་ཏེ། གྲིབ་མ་སླད་རོལ་ཏུ་གསལ་བར་འབྱུང་། །རྒྱལ་པོ་བི་ཛ་ཡ་སིང་ཧ་ཞེས་བགྱི་བ་ཙར་མའི་གཙུག་ལག་ཁང་དུ་མཆོད་པ་བགྱིད་དུ་མཆིས་པ་ལས་སྐུ་གཟུགས་ལྷེར་སོ་བགྱིས་པ་ཅིག་མཆོད་ཅིང་གཤེགས་པར་མཐོང་ནས་མཚམས་མེད་པ་ལྔ་བྱུང་ངོ་ཞེས་མཆི་བ་ཡང་ད་ལྟ་བཞུགས། གཙུག་ལག་ཁང་དེའི་སྲུང་མར་ཞལ་གྱིས་བཞེས་པ་ཡང་། ལྷ་ནམ་མཁའི་སྤྱན་དང་ནོར་བུ་བཟང་པོ་ཞེས་བགྱི་བ་ལགས་ཏེ། དེང་སང་གི་བར་དུ་མངོན་རྟགས་དང་། མཚན་མ་དག་ཀྱང་འབྱུང་། འཕགས་པའི་ལུང་བསྟན་དག་ཀྱང་སྤྱིར་ན་ཡང་ཐོག་མ་གཙུག་ལག་ཁང་འདི་རྣམས་རྩིགས་པ་ཡང་དགེ་བའི་བཤེས་གཉེན་དང་། ཡོན་བདག་འཕགས་པ་ཤཱ་སྟག་གིས་མཛད་ལ་གཙུག་ལག་ཁང་དང་མཆོད་རྟེན་བཞུགས་སོ་འཚལ་གྱི་ནང་ན་ཡང་དེ་བཞིན་གཤེགས་པ་རྣམས་ཀྱི་སྐུ་གདུང་དང་བྱང་ཆུབ་སེམས་དཔའ་དང་། ཉན་ཐོས་དང་། རང་སངས་རྒྱས་ཀྱི་སྐུ་གདུང་བཞུགས་པས་གཞན་ཅིང་བྱིན་ཆེ་རབ་སྟེ། ཐོག་མ་ལི་ཡུལ་དུ་གཙུག་ལག་ཁང་བྱུང་བ་ཡང་འདི་ལས་སྔ་བ་མ་མཆིས་སོ། །དེ་ནས་ཙར་མར་འཇམ་དཔལ་གྱི་སྤྲུལ་པ་དགེ་སློང་འཕགས་པ་བཻ་རོ་ཙ་ནས་ཆོས་བྱུང་རྒྱལ་པོ་བི་ཛ་ཡ་སམ་བྷ་བས་གཙུག་ལག་ཁང་བརྩིག་ཚུན་ཆད་རྒྱལ་པོ་ལི་རྗེ་རབས་བདུན་གྱི་བར་དུ་གཙུག་ལག་ཁང་གཞན་མ་བརྩིགས། དེ་ནས་དེའི་འོག་ཏུ་རྒྱ་གར་ཡུལ་ནས་འཕགས་པ་དགྲ་བཅོམ་པ་བུ་ནྡྷ་དུ་ཏ་དང་། ཁ་ག་ཏ་དང་། ཁག་རོ་ཡང་དང་། ཁ་ག་རྡོད་དང་བཞི་བྱུང་སྟེ། གོ་ཏ་ཤན་གྱི་ཨུཏྶ་སྣ་ནར་བཞུགས་སོ། །དེའི་ཚེ་བྱང་ཆུབ་སེམས་དཔའ་བྱམས་པ་ཡང་ལི་རྗེ་བི་ཛ་

① 旦志，疑是一种诗歌作品。在西藏有一部叫《旦志诗律庄严论》，是17世纪藏族学者迷旁·格勒朗杰所著《诗经论》的注释。那么，旦志有可能是《诗经论》。但此说尚待考证。

汉文译文：

各种供品中的十六神馐（བཞོས་ཆ་བཅུ་དྲུག）由国王奉供，且在赞摩寺中尊者们启开伏藏。后来，梅香的僧侣失去施主，谋生时珍宝神馐于当时从地下生出。此事在尊者《僧伽弹那授记》中出现。比丘毗卢遮那供奉之因，是龙王胡洛尔（ཀླུའི་རྒྱལ་པོ་ཧུ་ལོར།）从卡切之地（ཁ་ཆེའི་ཡུལ།）迎请了七座如来舍利塔自天而降，如今在咱玛供奉，佛塔在智护法殿（དྲི་གཙང་ཁང་།）中供奉，佛塔仍清晰可见。

国王尉迟桑哈（རྒྱལ་པོ་བི་ཛ་ཡ་སིང་ཧ།）来朝拜咱玛寺时看到了一泥塑佛像出现，不间断地出现五次，迄今仍安住。又见佛殿的护法神开口而笑，天神纳木卡坚和闹布桑布（ལྷ་ནམ་མཁའི་སྤྱན་དང་ནོར་བུ།）问好。迄今证见、征兆还出现。翻阅尊者授记，当初在建此寺时，善知识、施主尊者等都做了，修建的寺院、佛塔中安置了如来佛的舍利，菩提大士、声闻、独觉之舍利极具加持力。当初，在李域建造佛殿是未曾有过的。

于是，从赞摩尔文殊菩萨的化身比丘毗卢遮那在法王国王尉迟桑巴瓦建立寺院以来，国王李氏王统七代中未建其他寺院。此后的时间里，来自印度地方的尊者阿罗汉布达尔达（དགྲ་བཅོམ་པ་བུ་ནྡྷད་ཏ།）、卡嘎达（ཁ་ག་ཏ།）、考饶（ཁག་རོ།）、卡嘎卓（ཁ་ག་དྲོད།）等四位出现，在桂迪香的阿尔雅达那（གོ་ཏ་ཤན་གྱི་ཨརྱ་སྟ་ན།）驻锡。当时，菩提大士弥勒变成了尉迟

藏文原文（178叶A面）：

ཡ་བྲིཙ་བྱ་བར་གྱུར་ཏོ། རྒྱལ་པོ་དེ་སྟོག་མཁར་གྱི་སྟེང་ནས་བལྟས་ན་མཁར་གྱི་ཕྱི་རོལ་ན་གསེར་དང་། དངུལ་ལྟ་བུར་སྣང་བ་ཞིག་མཐོང་ནས་བརྟགས་པ་དང་། ད་ལྟར་འགུམ་ཏིར་གྱི་མཆོད་རྟེན་ཆེན་པོ་བཞུགས་པ་སླེབས་ནས་བལྟས་ན། ཤཱ་བ་ནི་གནོད་སྦྱིན་གྱི་སྡེ་དཔོན་ཆེན་པོ་ཡང་དག་ཤེས་སུ་གྱུར་ཏེ་རྒྱལ་པོ་ལ་སྨྲས་བ། ཀྱེ་རྒྱལ་པོ་ཁྱོད་སངས་རྒྱས་ཀྱིས་ལུང་བསྟན་པ་བཞིན་འདིར་གཙུག་ལག་ཁང་གཅིག་བརྩིགས་པའི་རིགས་སོ་ཞེས་བགྱིས་པ་དང་། སུའི་ཕྱིར་བརྩིགས་ཅེས་རྒྱལ་པོས་ཞུས་པ་དང་། སངས་རྒྱས་ཀྱི་པོ་ཏ་ཞེས་བགྱི་བ་འཕགས་པ་དགྲ་བཅོམ་པ་བུད་ནྡ་ཏ་ལ་སོགས་པ་བཞི་ཁྲིད་ཀྱི་དགེ་བའི་བཤེས་གཉེན་དུ་འོངས་པ་འདི་དག་གི་ཕྱིར་བརྩིགས་ཅེས་བསྒོ་བ་དང་། འཕགས་པ་དགྲ་བཅོམ་པ་དེ་དག་ཀྱང་རྒྱལ་པོ་བི་ཛ་ཡ་བྲིཙའི་དྲུང་དུ་བྱོན་ནས་ཆོས་བཤད་པས་རྒྱལ་པོ་ཡང་ཚེ་སྔ་མའི་སྨོན་ལམ་དྲན་ནས་དེ་མ་ཐག་ཏུ་དོགས་བཏག་པའི་ཕུར་བུ་དེར་བཏབ་སྟེ། གཙུག་ལག་ཁང་འགུམ་ཏིར་བརྩིགས་སོ། །དེ་ནས་རྒྱལ་པོ་བི་ཛ་ཡ་བྲིཙ་འགུམ་ཏིར་གྱི་གཙུག་ལག་ཁང་མཆོད་པ་བགྱིད་དུ་མཆིས་པའི་ཚེ་བུ་ཆུང་དུ་ཞིག་སྟོར་ནས་རྗེས་བཙས་དེ་བཙལ་ནས་གོ་ཏ་ཤན་གྱི་ལུང་བུའི་ནང་ནས་སངས་རྒྱས་འོད་སྲུངས་ཀྱི་སྐུ་གདུང་བཞུགས་པའི་མཆོད་རྟེན་གྱི་དྲུང་ནས་བུ་རྙེད་དེ། དེ་ནས་རྒྱལ་པོས་མཆོད་རྟེན་འདི་གང་གི་དུས་ན་སུས་བརྩིགས་ཞེས་སྨྲས་པ་དང་། དགེ་བའི་བཤེས་གཉེན་འཕགས་པ་དག་གི་ཞལ་ནས་མཆོད་རྟེན་འདི་སངས་རྒྱས་འོད་སྲུངས་མྱ་ངན་ལས་འདས་པའི་ཚེ་བརྩིགས་ཏེ་སངས་རྒྱས་འོད་སྲུངས་ཀྱི་སྐུ་གདུང་དུ་བཞུགས་སོ། །ལི་ཡུལ་སྔོན་མཚོར་གྱུར་པའི་དུས་ན་མཆོད་རྟེན་འདི་རིས་གཡོགས་ཏེ་ཆུས་མ་ཞིག་ལ། ཕྱིས་ཀྱང་ཡུལ་འདི་མཚོར་འགྱུར་ཏེ། ཡང་མཆོད་རྟེན་འདི་རིས་གཡོགས་ནས་ཆུས་མི་འཇིག་སྟེ། སངས་རྒྱས་བྱམས་པ་བྱུང་བའི་ཚེ་ཡང་མཚོ་བསྐམས་ནས་ཡུལ་དུ་གྱུར་པའི་དུས་ན་མཆོད་རྟེན་འདི་འབྱུང་སྟེ། གནས་འདི་ནི་དུས་གསུམ་དུ་གཤེགས་པའི་དེ་བཞིན་གཤེགས་པ་རྣམས་ཀྱི་སངས་རྒྱས་ཀྱི་ཞིང་ཁྱད་པའི་ནང་ན་ཡང་གོ་ཏ་ཤན་འདི་ཕོ་བྲང་གཅིག་ཡིན་ཏེ། དུས་གསུམ་གྱི་སངས་རྒྱས་རྣམས་ཀྱང་ཀུན་འདིར་གཤེགས་ཤིང་ལུང་སྟོན། སེམས་ཅན་

གྱི་དོན་མཛད་དོ། །ཕྱོགས་བཅུའི་སངས་རྒྱས་ཀྱི་ཞིང་སོ་སོ་ནས་བྱང་ཆུབ་སེམས་དཔའ་སྟོང་ཕྲག་ཉི་ཤུ་ཡང་དུས་གསུམ་དུ་གླང་མགོ་རི་འདི་ལ་མཆོད་པ་མཛད་དུ་འོང་

汉文译文：

布尔雅（ལི་རྗེ་བི་ཛ་ཡ་ཀིརྟི།）。从国王的瞭望楼（བལྟས་ན་མཁར།）上可以看到，城外有金光和银光闪烁；再去现在仍坐落着的瞿摩桂迪大佛塔（འགུམ་ཏིར་གྱི་མཆོད་རྟེན་ཆེན་པོ།）一看，麋鹿变成了施碍大将。对国王道："哎国王，你依照佛的授记在此建一寺院很合适！"国王问道："为谁而建？"吩咐曰："为了称作佛的使者尊者薄伽梵布达达（འཕགས་པ་དགྲ་བཅོམ་པ་བུད་ད་ཏ།）等四者，为您的善知识到来而建！"那尊者薄伽梵也到了国王尉迟布尔雅（རྒྱལ་པོ་བི་ཛ་ཡ་ཀིརྟི།）尊前说法，国王曾在前世所作的祈愿即刻证疑之镢，于是在此铸造而建成瞿摩帝寺（གོ་ཏ་ཤན་དང་འགུམ་ཏིར་གྱི་གཙུག་ལག་ཁང་།）。于是国王尉迟布尔雅在瞿摩帝寺去作朝拜时，一童子丢失，遍寻，于桂迪香之谷中装藏有伽叶佛之舍利塔前寻到了。于是，国王问道："此塔何时由谁而建？"答："善知识尊者在迦叶佛灭寂时亲自创建，供奉着伽叶佛的舍利。"李域从前变成海时，此塔覆布未被水淹没，后来此地又变成海，此塔依旧覆布未被水淹没。弥勒佛出现时，海又枯竭变成陆地时，此塔产生。此圣地三世之如来佛们，佛的净土中此桂德香也算是宫殿之一。三世之佛也普遍来此而授记，利乐众生。来自十方佛的各个净土的两万个菩萨也到三世牛头山朝供，

藏文原文（178叶B面）：

ནས་སླར་གཤེགས་སོ་ཞེས་བསྟན། །དེ་ནས་རྒྱལ་པོ་བི་ཛ་ཡ་ཀིརྟི་དད་པའི་ཤུགས་ཆེན་པོས་གླང་མགོ་རིའི་སྟེང་དུ་གོ་ཏ་ཤན་གྱི་གཙུག་ལག་ཁང་བརྩིགས་ནས་བུ་ཆུང་དུ་དེ་ཡང་ཐར་པར་བཏང་སྟེ་ཕྱིས་དགྲ་བཅོམ་པའི་འབྲས་བུ་ཐོབ་ནས། ལི་ཡུལ་དུ་དགྲ་བཅོམ་པར་གྱུར་པ་འདི་ལས་སྔ་བ་མ་བྱུང་བས་འདི་ནི་ལམ་སྟོན་པའོ་ཞེས་མོ་རྒྱ་བདེ་ཤི་བྱ་བར་བཏགས་ཏེ། ཐོག་མ་མོ་རྒྱ་བདེ་ཤིའི་མིང་ནི་དེ་ནས་བྱུང་སྟེ། དེང་སང་གི་བར་དུ་ཡང་ཐུབ་ལྡན་དང་། དཀའ་ཐུབ་ཀྱི་མཆོག་ལས་བཏུས་ཏེ། མོ་རྒྱ་བདེ་ཤིར་བསྒོ་བ་ལགས། གོ་ཏ་ཤན་དང་། འགུམ་ཏིར་གྱི་གཙུག་ལག་ཁང་འདི་གཉིས་བཞུགས་པའི་དོག་ས་ཡང་དུས་གསུམ་གྱི་དེ་བཞིན་གཤེགས་པ་རིམ་གྱིས་འབྱུང་ངོ་འཚལ་གྱི་ཞབས་ཀྱིས་བཅགས། བྱིན་གྱིས་རློབས་པའི་སྟེང་དུ་འཕགས་པའི་ལུང་བསྟན་དག་དང་སྦྱར་ན་ཡང་ཐོག་མར་གཙུག་ལག་ཁང་འདི་རྣམས་བརྩིགས་པ་ཡང་དགེ་བའི་བཤེས་གཉེན་དང་། ཡོན་བདག་འཕགས་པ་ཤ་སྟག་གིས་མཛད་ལ། གཙུག་ལག་ཁང་དང་། མཆོད་རྟེན་བཞུགས་སོ་འཚལ་གྱི་ནང་ན་དེ་བཞིན་གཤེགས་པའི་སྐུ་གདུང་དང་། བྱང་ཆུབ་སེམས་དཔའ་དང་། ཉན་ཐོས་དང་། རང་སངས་རྒྱས་ཀྱི་སྐུ་གདུང་བཞུགས་པས་གནའ་ཞིང་བྱིན་ཆེ་རབ་སྟེ། གཙུག་ལག་ཁང་གི་སྲུང་མར་ཞལ་གྱིས་བཞེས་པ་ཡང་རྣམ་ཐོས་ཀྱི་སྲས་དང་། གནོད་སྦྱིན་གྱི་སྡེ་དཔོན་ཡང་དག་ཤེས་དང་། ཀླུའི་རྒྱལ་པོ་གནས་རྡོས་པོ་ལགས་ཏེ་དེང་སང་གི་བར་དུ་ཡང་མངོན་རྟགས་དང་མཚན་མ་དག་ཀྱང་འབྱུང་བའི་ཕྱིར། ལི་ཡུལ་གྱི་གཙུག་ལག་ཁང་བཞུགས་སོ་འཚལ་གྱི་ནང་ན་གཙོ་བོར་བགྱི་བ་ལགས། རྒྱལ་པོ་བི་ཛ་ཡ་ཀིརྟིས་འགུམ་ཏིར་གྱི་གཙུག་ལག་ཁང་བརྩིགས་ཚུན་ཆད་རྒྱལ་པོ་རབས་གཉིས་ཀྱི་བར་དུ་གཙུག་ལག་ཁང་གཞན་མ་བརྩིགས། དེ་ནས་དེའི་འོག་ཏུ་རྒྱལ་པོ་བི་ཛ་ཡ་ཛ་ཡ་ཞེས་བགྱི་བས་རྒྱ་རྗེའི་བུ་མོ་བུ་ཉེ་ཤྭ་བ་ཞེས་བགྱི་བ་མཆིས་འཕྲང་དུ་བླངས་ནས་རྒྱ་རྗེའི་བུ་མོ་དེས་ལི་ཡུལ་དུ་སྲིན་བུའི་ས་བོན་ཞིག་འཚལ་ཏེ་མཆིས་ནས་ཡུལ་མ་ཤ་བགྱི་བར་སྲིན་བུ་གསོས་པ་དང་། སྲིན་

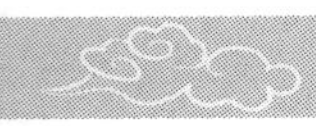

བུ་མ་ཚར་བའི་སྐབས་སུ་བློན་པོ་རྒྱུས་མ་འཚལ་བ་ཁ་ཅིག་གིས་རྒྱལ་པོ་བི་ཛ་ཡ་ཛ་ཡ་ལ་རྒྱ་རྗེའི་བུ་མོ་རྒྱལ་པོའི་བཙུན་མོ་བགྱིད་པ་དེས་སྦྲུལ་གདུག་པ་མང་པོ་མ་ཞར་གསོ་ཞིང་མཆིས་ཏེ་ཆེན་པོར་གྱུར་

汉文译文：

然后返回。

于是，国王尉迟布尔雅极为笃信，于牛头山修建了桂德香寺。小孩也得到了解脱，后来证得阿罗汉果，其在李域变成阿罗汉是前所未有的，此也是引路者起名为毛尔古岱谢（མོ་རྒྱ་བདེ་གི།）。最初毛尔古岱谢之名自此产生，迄今为止也获得能仁（ཐུབ་ལྡན།）、苦行（དཀའ་ཐུབ།）之美名。向毛尔古岱谢旨意，在此桂德香和格迪寺两寺之净地，依次出现的所有三世如来佛均亲临加持，并据尊者授记，认为初次建此佛殿。是由仅为善知识、施主圣者所为。寺院、佛塔的依业中，供奉着如来佛的舍利、菩萨大士、声闻、独觉的真身舍利，均极具加持力。对寺院的护法给予允诺的是毗沙门天王、施碍大将正知、龙王内哲布（ཀླུའི་རྒྱལ་པོ་གནས་དྲོས་པོ།），迄今也出现象征和标记（征兆），成为在李域的寺院供奉的依业中的主供佛像。国王尉迟布尔雅建格迪寺之后，在两代王统中未建其他寺院。

于是此后，称作尉迟杂雅的国王将汉王之公主吾聂香额（རྒྱ་རྗེའི་བུ་མོ་བུ་ཉེ་ཤ་ག）娶到宫中。汉王公主在李域找到了蚕的种子（སྲིན་བུའི་ས་བོན།），在称作麻射（ma-zha）[①] 的地方养蚕。蚕未完时，但不知情的臣相禀告（国王）："国王尉迟杂雅的王妃养护毒蛇，并渐长大，

藏文原文（179叶A面）：

པ་དང་། ཡུལ་ཕྱོགས་སུ་གནོད་པར་སྐྱོ་བ་ཆུང་ན་ཇི་ལྟར་བགྱི་ཞེས་བློན་པོ་དག་གིས་ཞུས་པ་དང་། སྦྲུལ་གསོ་བའི་ཁང་པར་མེ་ཐོང་ལ་ཀུན་བསྲེགས་ཤིག་ཅེས་བསྒོ་བ་དང་། རྒྱལ་མོས་དེ་ཐོས་ནས་འཕྲུལ་དུ་ནི་རྒྱལ་པོ་ལ་རྒྱུས་ཀྱིས་བཤད་པའི་ཇོ་མི་ཐོག་ནས། སྲིན་བུ་ཤས་ཤིག་བཀུས་ཏེ་གསང་ཐབས་སུ་བསོས་ཏེ། སྣོད་ཀྱི་ཁ་ཆེར་དར་དང་སྲིན་བལ་ཕྱུང་ནས་དར་དང་མེན་དྲི་བཏགས་ཏེ། རྒྱལ་པོ་ལ་བསྟན་ནས་རྒྱུས་ཀྱིས་ཞིབ་ཏུ་བཤད་པ་དང་། རྒྱལ་པོ་ལ་འགྱོད་པ་སྐྱེས་ཏེ། རྒྱ་གར་ཡུལ་ནས་དགེ་སློང་འཕགས་པ་སང་གྷ་གྷོ་ཁ་ཞེས་བགྱི་བ་ལི་ཡུལ་དུ་བྱོན་ནས་དགེ་བའི་བཤེས་གཉེན་དུ་སྤྱན་དྲངས་ཏེ། སྲིན་བུ་ཕལ་ཆེར་བཀུམ་པའི་དངོས་སྡིག་བཤགས་སྦྱོང་བགྱིས་ནས་པོ་ཏ་ཏྲ་དང་། མ་ཞའི་མཆོད་རྟེན་དང་། གཙུག་ལག་ཁང་ཆེན་པོ་བརྩིགས་ཏེ། དེ་བཞིན་གཤེགས་པའི་སྐུ་གདོང་ཤཱ་རི་རམ་མང་པོ་ཙམ་ཞིག་སྤྲུལ་ཏེ། དེའི་སྟོད་དུ་དཔྱིད་ཟླ་ར་བའི་ངོ་ཐོག་ཐག་བཅོམ་ལྡན་འདས་ཤཱཀྱ་ཐུབ་པའི་སྐུའི་གཟུགས་བརྙན་མ་ཞོ་པོ་ཏ་ཏྲ་ཞེས་བགྱི་བའི་གཙུག་ལག་ཁང་ན་བཞུགས་སོ་ཞེས་འཕགས་པ་དག་གིས་ལུང་བསྟན་པས་དེང་སང་གི་བར་དུ་ཡང་། ལི་ཡུལ་གྱི་དགེ་འདུན་སྡེ་གཉིས་དང་། རྒྱལ་པོ་དང་བློན་པོ་མན་ཆད་འབངས་ཡན་ཆད་ལོ་རེ་ཞིང་དཔྱིད་ཟླ་ར་བའི་ངོ་ལ་མཆོད་པར་བགྱིད་ཅིང་། རིལ་གྱིས་པོ་ཏ་ཏྲའི་གཙུག་ལག་ཁང་དུ་མཆིས་ཏེ། གཙུག་ལག་ཁང་འདི་ཡང་གཉེན་ཞིང་བྱིན་ཆེ་རབ་སྟེ། ལྷ་རད་ན་ཛ་ར་དང་རད་ན་ཤུ་ར་གཉིས་སྲུང་མར་ཞལ་གྱིས་བཞེས་པ་ལགས་ཏེ། དེང་སང་བར་དུ་དངོས་རྟགས་

① 麻射，又见《大唐西域记》，还有写作"鹿射"者，据考为今和田之巴塞。（详考见李吟屏《古代于阗国都再研究》，《新疆大学学报》1998年第3期，第45页）

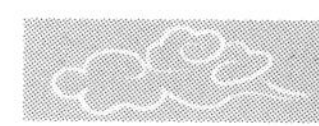

དང་མཚན་མ་དག་ཀྱང་འབྱུང་ངོ་། །དེ་ནས་རྒྱལ་པོ་བི་ཛ་ཡ་ཛ་ཡ་ཞེས་བགྱི་བ་ལ་བུ་སྤུན་གསུམ་མཆིས་ཏེ། ཕུ་བོ་རབ་འདོད་འཛོམས་ཞེས་བགྱི་བ་ནི་རྒྱལ་སྲིད་མ་འཚལ་ཏེ། བསོད་ནམས་བགྱིད་ཅིང་རྒྱ་གར་ཡུལ་དུ་མཆིས། དེའི་ནུ་བོ་བར་མ་ཡང་རྒྱལ་སྲིད་མ་འཚལ་ནས་བན་དེར་ཞུགས་ཏེ། །མིང་དྷརྨ་ནནྡ་ཞེས་བཏགས་ནས་རྒྱ་གར་ཡུལ་དུ་ཆོས་སློབ་ཏུ་མཆིས། ནུ་བོ་ཐ་ཆུང་རྒྱལ་སར་ཞུགས་ཏེ་མིང་བི་ཛ་ཡ་དྷརྨ་ར་བཏགས་རྒྱལ་པོ་བི་ཛ་ཡ་དྷརྨ་དེ་དཔའ་ཞིང་རྩལ་ཆེ་བས་གསོད་རྒྱེན་དག་ལ་དགའ་ནས། ཕོ་བོ་བན་དེ་

汉文译文：

会酿成大祸，如何消除地方灾祸？”国王命令：“燃火烧毁养蛇之屋！”王妃听到，未能即刻将缘由陈诉国王，只得盗走数只蚕秘密养殖。后来蔓延卡切，产生丝绵、丝绸及敏智，依偎国王，细说缘由。国王心生悔意。从印度比丘尊者桑嘎告恰（རྒྱ་གར་ཡུལ་ནས་དགེ་སློང་འཕགས་པ་སངྒྷ་གྷོ་ཥ།）来到李域，迎请善知识，罗刹大多杀死，孽障消除，修建普陀尔雅、麻射塔（པོ་ཏནྟ་དང་། མ་ཞའི་མཆོད་རྟེན་དང་། གཙུག་ལག་ཁང་ཆེན་པོ།）、大寺，装藏了许多如来佛的真身舍利。为此，决定孟春时将释迦牟尼佛古像肖布达尔雅（ཤཱཀྱ་ཐུབ་པའི་སྐུའི་གཟུགས་བརྙན་མ་ཞོ་པོ་ཏནྟ།）供奉在寺内，尊者授记。迄今李域的僧侣蓝伽二部、国王和大臣以下臣民以上，逐年在孟春期间朝供，此寺神圣而又极具加持力，天神然那巴拉、然那西拉（ལྷ་རད་ན་ཧྲ་ར་དང་རད་ན་ཤུ་ར།）两位护法开口而笑，迄今仍出现象征和标记（征兆）。

于是国王尉迟杂雅得三子，长子热布敦堆（ཕོ་བོ་རབ་འདོད་འཛོམས།）未持国政，集福德而到达印度；其弟巴尔玛（བར་མ།）也未持国政，出家为僧，号为达尔玛南达（དྷརྨ་ནནྡ།）赴印度学法；幼弟塔群（ནུ་བོ་ཐ་ཆུང་།）持国政，名为尉迟达尔玛（རྒྱལ་པོ་བི་ཛ་ཡ་དྷརྨ།）。该国王尉迟达尔玛勇猛剽悍，嗜好杀生。长兄学僧

藏文原文（179叶B面）：

དྷརྨ་ནནྡ་རྒྱ་གར་ཡུལ་དུ་མཆིས་པ་ཆོས་མཉན་ཞིང་བསླབས་ནས་བསྒོམས་པས་འཕགས་པ་དགྲ་བཅོམ་པར་གྱུར་ཏེ། འཕགས་པ་དྷརྨ་ནནྡ་རྒྱ་གར་ཡུལ་ནས་བལྟས་ན། ནུ་བོ་རྒྱལ་པོ་བི་ཛ་ཡ་དྷརྨ་གསོད་རྒྱེན་བགྱིད་ཅིང་སྡིག་པ་མི་དགེ་བའི་ཆོས་ལ་ཞེན་པར་མཐོང་ནས་སློ་བ་བརྗེས་ཏེ། དགེ་བའི་བཤེས་གཉེན་བགྱི་པའི་སླད་དུ་རྒྱ་གར་ཡུལ་ནས་ལི་ཡུལ་དུ་མཆིས་ཏེ། ཉོན་བགྱིར་གྱི་རི་རྩ་ཤེལ་ཆབ་འོག་མ་དང་ཉེ་བ་ཞིག་ཏུ་སྦྱིལ་བུ་བགྱིས་ཏེ་དེ་ན་བསྒོམ་བཞུགས་པ་ལས། ཉིན་གཅིག་ཅིག་འཕགས་པ་དེ་ཤུ་བ་གསེར་གྱི་ཁ་དོག་འདྲ་བ་ཞིག་ཏུ་སྤྲུལ་ཏེ། ཝུ་ཐེན་གྱི་སྐུ་མཁར་གྱི་སླད་རོལ་ཤར་ཕྱོགས་ཞིགས་ན་འགྲུས་ནོ་ཞེས་བགྱི་བའི་སྣང་བུ་ཞིག་མཆིས་པའི་ཁར་བྱུང་བ་དང་། རྒྱལ་པོ་བི་ཛ་ཡ་དྷརྨས་སྟོག་མཁར་གྱི་སྟེང་ནས་མཐོང་ནས་མདའ་གཅིག་འཕངས་པ་དང་། ཤུ་བའི་བརྐར་ཕོག་ནས་ཤ་བ་ནི་བྲོས། རྒྱལ་པོས་ནི་སླད་བཞིན་དུ་བརྙེགས་པ་དང་། ཤུ་བ་དེ་འཕགས་པ་དྷརྨ་ནནྡའི་སྦྱིལ་བུའི་ནང་དུ་མཆིས། རྒྱལ་པོ་སླད་བཞིན་དུ་མཆིས་པས་བལྟས་ན་སྦྱིལ་བུའི་ནང་ན་ཤུ་བ་ནི་ཅང་མ་མཆིས། དགེ་སློང་གཅིག་བརྐ་ལ་མདས་ཕོག་པ་འབྲིན་ཅིང་མཆིས་པ་མཐོང་ནས། ཕོ་བོ་ལགས་པས་གནོང་ངོ་འཚལ་ཏེ། ཕུ་བོ་དགེ་སློང་དྷརྨ་ནནྡས་བྱིན་གྱིས་བརླབས་ནས་ཕུ་བོ་ལག་པར་གནོང་ངོ་འཚལ་ཏེ། རྒྱལ་པོས་བཙུན་པ་ཅི་ནོངས་ཞེས་བགྱིས་པ་དང་། ཁྱོད་ཀྱིས་བདག་ལ་མདའ་འཕངས་ཏེ་ཅི་བྱ་ཞེས་བགྱིས་པ་དང་།རྒྱལ་པོས་ཀྱང་ཤུ་བ་མ་ལགས་པར་ཚོར་ནས་བདག་གིས་ནོངས་ན་ཁྲི་ལན་ཞེས་བགྱིས་པ་

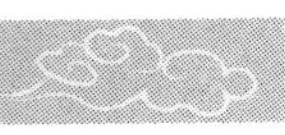

དང་། དགེ་སློང་དེའི་མཆིད་ནས་ང་ཁྱོད་ཀྱི་ཕུ་བོ་ཡིན། གཉིས་སུ་ན་ང་འཕགས་པ་དགྲ་བཅོམ་པར་གྱུར་པས། རྒྱལ་པོ་ཁྱོད་ཀྱི་མཚར་གྱི་སྡིག་པ་ཐོབ་སྟེ། མཚམས་མེད་པ་དང་འདྲ་བའི་ལས་བྱས་པར་འགྱུར་ཏེ། བཤགས་སྡུངས་དང་། བསོད་ནམས་ཆེར་མ་བྱས་ན་མི་རུང་ངོ་ཞེས་བགྱིས་པ་དང་། རྒྱལ་པོ་དེ་ཡང་འགྱོད་པ་སྐྱེས་ཏེ་རབ་ཏུ་མ་དགའ་ནས། འཕགས་པ་དགྲ་བཅོམ་པ་དེའི་ཞབས་ལ་འདུས་ཏེ། བཟོད་གསོལ་བཤགས་སྡུངས་བགྱིས་ནས་བདག་གི་སྡིག་པ་འདི་ཇི་ལྟར་འབྱང་ཞེས་ཞུས་པ་དང་། འཕགས་པ་དྷརྨ་ནནྡའི

汉文译文：

达尔玛南达（དྷརྨ་ནནྡ།）于印度学法修持佛法而成为尊者阿罗汉。尊者达尔玛南达在印度一看，弟弟国王尉迟达尔玛杀生无度，且贪信不善之法。为了引导国王，后来从印度来到了李域，在聂加尔山脚（ཉོན་བགྱིར་གྱི་རི་ཟླ།）下玉河附近小屋中静修。一日，尊者化作金色麋鹿，和田王宫上空东方出现于称作勒那桂闹（ལེགས་ན་འགྲུས་སོ།）的山冈上。国王尉迟达尔玛（རྒྱལ་པོ་བི་ཛ་ཡ་དྷརྨ།）在瞭望楼看到射箭，射中麋鹿腿，鹿伤逃跑，国王追逐其后。此麋鹿跑到尊者达尔玛南达的小屋，国王随后抵达一看，小屋中没有麋鹿的踪影，见有一比丘腿子受伤，正是兄长勒巴（ཕོ་བོ་ལགས་པ།）。兄长达尔玛南达做了加持，国王（面对）兄长而羞愧，道："大德为何痛悔？" 答道："我被箭射中怎不痛悔？" 国王："麋鹿未找到，我该痛悔。" 比丘辩言："我是你的兄长，两人中我变成了罗汉，国王你得到了奇异的罪孽，要做如同没有间断之业，不作大的忏悔和福德不行！" 国王也感到悔恨极为不悦，跪在了尊者罗汉脚下，忏悔罪孽，请求："我如何消除孽障？" 尊者达尔玛南达

藏文原文（180叶A面）：

ཞལ་ནས་ད་འཕྲུལ་དུ་གཞན་བྱར་མེད་ཀྱི་ཡུལ་འབྲོ་ཉེར་ཞེས་བྱ་བའི་ལྡོངས་ཕ་བི་ན་སྟོན་སངས་རྒྱས་བཅོམ་ལྡན་འདས་ཤཱཀྱ་ཐུབ་པ་བྱང་ཆུབ་སེམས་དཔའི་སྤྱོད་པ་སྤྱོད་པའི་ཚེ་རྒྱལ་པོ་ཟླ་འོད་བགྱིད་པའི་དུས་ན་བྲམ་ཟེས་མགོ་བླངས་ཏེ། རྒྱལ་པོ་ཉིད་ཀྱིས་མགོ་བཅད་ནས། བྲམ་ཟེ་ལ་ཕུལ་བའི་ཕྲེང་ཡིག་ལས་དཀའ་བ་རྣམ་པ་གཅིག་མཛད་པའི་ས་འདི་ཡིན། གཉིས་སུ་ན་བཅོམ་ལྡན་འདས་ཤཱཀྱ་ཐུབ་པ་རྒྱལ་པོའི་ཁབ་བྱ་རྒོད་ཕུང་པོ་ནས་ལི་ཡུལ་བྱིན་གྱིས་རློབ་ཅིང་། གོ་ཏ་ཤན་དུ་གཤེགས་པའི་ཚེ་བྱང་ཆུབ་སེམས་དཔའི་འཁོར་མང་པོས་བསྐོར་ནས་བྱང་ཆུབ་སེམས་དཔའ་སའི་སྙིང་པོ་དང་། རི་ཤྲ་ཏ་ཨ་ཤོ་ཀ་ཞེས་བྱ་བ་འདི་བྱིན་གྱིས་བརླབས་ཏེ་འདི་ན་བཞུགས་བཞུགས། དེང་སང་གི་བར་དུ་ཡང་གཟུགས་བརྙན་འདི་བཞུགས། རྣམ་པ་གསུམ་དུ་ན་འབོད་རྔ་ཡོང་ཞེས་བྱ་བའི་ཚལ་ཆུང་ངུ་ཕ་བི་ན་ཡང་བཅོམ་ལྡན་འདས་ཀྱི་ཞབས་ཀྱིས་བཅགས་ནས་ཕྱིས་འཕགས་པ་འབྱུང་བ་རྣམས་ཀྱིས་སྒོམ་སར་བྱིན་གྱིས་བརླབས་ཏེ། གནས་འདི་རྣམས་སྲུང་བར་ལྷ་ཛཱི་ན་རི་ཤ་བ་དང་། ལྷ་མོ་ཨ་ཤོ་ཀ་དང་། ཀླུའི་རྒྱལ་པོ་ཏ་ཀྵ་ཀ་དང་གསུམ་གྱིས་དམ་ཚིག་བླངས་ཏེ། དེང་སང་གི་བར་དུ་ཡང་གནས་འདི་སྲུང་ཞིང་རྒྱལ་པོས་འདིར་གཙུག་ལག་ཁང་གཅིག་བརྩིགས་ན་སྔ་ཕྱིའི་སྡིག་པ་མི་དགེ་བའི་ལས་ཅི་བགྱིས་པ་འབྱོང་ངོ་ཞེས་བགྱིས་པ་དང་། དེ་ནས་རྒྱལ་པོ་བི་ཛ་ཡ་དྷརྨ་དད་པ་སྐྱེས་ནས་སྲིད་ཅང་གསོད་རྐྱེན་མི་བགྱིད་པར་དམ་བཅས། རྒྱལ་པོ་ཟླ་འོད་ཀྱིས་བྲམ་ཟེ་ལ་མགོ་སྦྱིན་གཏོང་དུ་བགྱིས་པའི་སར་དེ་མ་ཐག་ཏུ་དོགས་བརྟགས་པའི་ཕུར་བུ་བཏབ་ནས། དགེ་བའི་བཤེས་གཉེན་འཕགས་པ་དྷརྨ་ནནྡའི་སྐད་དུ་འབྲོ་ཉེར་གྱི་མཆོད་རྟེན་དང་། གཙུག་ལག་ཁང་ཆེན་པོ་བརྩིགས། སྐུ་མཁར་གྱི་ནང་དུ་ཡང་ལྷོ་སྒོའི་སྐྱེའུ་ཚང་མཆིས་པའི་ནང་ལོགས་ན་ཀླུའི་རྒྱལ་པོ་ཆེན་པོ་བ་དུ་ཥའི་གནས་ཀྱི་སྟེང་ན་པ་རི་ཐ་ཞེས་

བགྱི་བའི་མཆོད་རྟེན་གཉེན་པོ་བཞུགས་པའི་དྲུང་ན་ནང་གི་གཙུག་ལག་ཁང་ཞིག་དང་། མཆོད་རྟེན་ཆེན་པོ་ཞིག་བརྩིགས་ཏེ། མཆོད་རྟེན་གྱི་ནང་དུ་དེ་བཞིན་གཤེགས་པ་བདུན་གྱི་སྐུ་གདུང་སྦྱལ། སངས་རྒྱས་རིན་ཆེན་

汉文译文：

此刻无言对答。此桂迪香地方帕吾（ཡུལ་འགྲོ་ཏིར་ཞེས་བྱ་བའི་ལྗོངས་པ་ཐི།），从前佛薄伽梵释迦牟尼行施菩提大士行时，国王月光（རྒྱལ་པོ་ཟླ་འོད།）施政时期，抓获了婆罗门（བྲམ་ཟེ།）头人，国王处决头人，此地为昭示婆罗门[①]之地。其次，薄伽梵在释迦牟尼之净土灵鹫山加持李域，来到桂德香时，被诸多菩提大士随从护围的菩提大士地藏王，对恰达阿肖嘎山（རི་གླ་ཏ་ཨ་ཤོ་ཀ）做了加持并在此安住，迄今为止，此地仍供奉此尊像。再次，称作保巴隆苑（འཐོད་ཟྭ་ལོང་།）的帕吾纳（པ་ཐི་ན།）由薄伽梵亲临加持，其后的诸尊者在此修习加持，并立为天神孜那日夏瓦（ལྷ་ཇི་ན་རི་ཤ་བ།）、天女阿肖嘎（ལྷ་མོ་ཨ་ཤོ་ཀ）、龙王达卡嘎（ཀླུའི་རྒྱལ་པོ་ཏ་ཀྵ་ཀ）为护法神守护该地，且吩咐国王建立佛殿，以消除前后所作罪孽。于是，国王尉迟达尔玛（རྒྱལ་པོ་བི་ཛ་ཡ་དྷརྨ།）产生信仰，后来发誓不开杀戒，国王月光杀婆罗门头人之地不久就立了相地的杵子，为了善知识尊者达尔玛南达，建立了卓迪佛塔（འགྲོ་ཏིར་གྱི་མཆོད་རྟེན།）、大寺。王城中南门的小门里面，大龙王巴日那（ཀླུའི་རྒྱལ་པོ་ཆེན་པོ་བ་དུ་ཏ།）住的地方称作巴日沓（པ་རི་ཁ།）的威严佛塔前，建有一座寺院和一座大佛塔，佛塔内装藏有如来七佛（དེ་བཞིན་གཤེགས་པ་བདུན་གྱི་སྐུ་གདུང་།）的真身舍利，迎请了佛

藏文原文（180叶B面）：

མང་གི་ཐོག་མའི་སྐུ་གདུང་མ་ཞིག་པ་ཉིད་སྤྱན་དྲངས་ཏེ། ད་ལྟར་གཙུག་ལག་ཁང་འདིའི་ནང་ན་བཞུགས། འགྲོ་ཏིར་གྱི་གཙུག་ལག་ཁང་འདི་ཡང་གཉན་ཞིང་བྱིན་ཆེ་རབ་སྟེ། དེང་སང་གི་བར་དུ་ཡང་མངོན་རྟགས་དང་མཚན་མ་འབྱུང་ངོ་། །ལི་ཡུལ་དུ་ཐོག་མ་མ་ཧཱ་སམ་གྷི་ཀའི་སྡེ་ཡང་དགེ་སློང་འཕགས་པ་ཧྲམ་ནཱ་བྱུང་ནས་ཞུ་ཐེན་འགྲོ་ཏིར་གཏོགས་པར་གཙུག་ལག་ཁང་བརྒྱད་དང་། ཀམ་ཤེད་གཙུག་ལག་ཁང་བརྒྱད་ཀྱི་དགེ་འདུན་ཡང་མ་ཧཱ་སམ་གྷི་ཀའི་སྡེར་གཏོགས། དེ་ནས་དེའི་འོག་ཏུ་རྒྱལ་པོ་བི་ཛ་ཡའི་བུ་ཆེན་པོ་རྒྱལ་བུ་འདོན་འཛོམས་ཀྱིས་སང་ཏིར་གྱི་གཙུག་ལག་ཁང་རྩིག་པ་དོག་ས་འཇལ་ཏེ་བརྩམས་པ་ལས་ཡོ་བྱད་རྒྱུ་རྐྱེན་གྱིས་མ་འཚལ་ནས་རྒྱལ་བུ་འདོན་འཛོམས་ཀྱིས་བསམས་པ། གཞན་ནས་མ་བྲོགས་པ། མ་བརྐུས་པ། དཀོན་མཆོག་གསུམ་གྱི་དཀོར་ལ་མ་འབབས་པར་ནོར་གཙང་མ་བདག་ཉིད་ཀྱིས་རྐང་གི་བརྩུགས་ཏེ། བཙལ་ལ་གཙུག་ལག་ཁང་བརྩིག་གོ་སྙམ་ན་ཐོག་མ་རྒྱ་གར་ཡུལ་དུ་མཆིས་ཏེ། མཁན་པོ་འཕགས་པ་སམནྟ་སིདྡྷི་མཁན་པོར་སྤྱན་དྲངས། སྟོད་ཕྱོགས་ཐོག་ཐོག་ཏུ་ཡང་མཆིས་ནས་ནོར་གཙང་མ་བཙལ། དེ་ནས་སླར་ལོག་ནས་རྒྱ་ཡུལ་དུ་མཆིས་པ་དང་རྒྱ་རྗེའི་བློན་པོ་གཅིག་གྲོས་ལ་ཆགས་ཏེ། དགུམ་པར་བགྱིས་པ་ལས། འདོན་འཛོམས་ཀྱིས་རྒྱ་རྗེ་ལ་བློན་པོ་འདིའི་སྐྱིན་པར་བདག་དགུམ་པར་ཅི་གནང་གསོལ་བ་ལས་རྒྱ་རྗེས་ཀྱང་གནང་སྟེ། གཤེད་

① 婆罗门（bram–ze），系梵文音译。古印度等级观念森严，人分为婆罗门、刹帝利、吠舍、首陀罗等四等种姓。各阶层互禁食物、居住、通婚等。婆罗门为最高阶层，为有知识的贵族阶层，世代以祭祀、诵吠陀经、传播婆罗门教为职业，享有种种特权。据说，后来婆罗门也可分为内、外两道。内道指出身于婆罗门的佛教徒，外道乃是原先崇信婆罗门教的信徒。一般佛教徒把佛教以外的古印度哲学宗教派别称之为外道，主要指古印度数论、胜论等六种哲学派别，奉行这些哲学派别的多为婆罗门出身。佛教认为，这些都是一些不正确的哲学观点或教理。（参见东嘎·洛桑赤列主编《东嘎藏学大辞典》，中国藏学出版社，2002年，1503页）

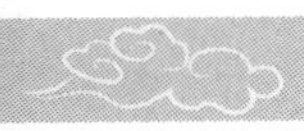

མས་རྒྱལ་བུ་ལ་རལ་གྲིས་བཏབ་པ་ན་བཅད་འཕྲོ་ནས་འོ་མ་བྱུང་སྟེ། མ་གུམ་ནས་རྒྱ་རྗེ་ལ་སོགས་པ་ངོ་མཚར་རྨད་དུ་གྱུར་ཏེ་མཆོད་པ་བགྱིས། ཡོན་ཡང་མང་པ་ཙམ་ཞིག་ཕུལ། བློན་པོ་དེས་ཀྱང་སྲོག་རིན་གྱི་ཡོན་ཕལ་ཆེར་ཕུལ་བ་བླངས་ནས་སླར་ལི་ཡུལ་གྱི་འདབ་ཉེ་བ་ཞིག་ཏུ་འཁོར་མང་པོ་དང་ལྷན་ཅིག་ཏུ་མཆིས་པ་དང་། རྒྱལ་པོ་འདོན་འདྲོས་ཀྱི་ནུ་བོ་རྒྱལ་པོ་བི་ཛ་ཡ་རྣམ་རྒྱལ་སྲིད་འཛིན་ཅིང་མཆིས་པ་ལས། བློན་པོ་ཁ་ཅིག་གི་མཆིད་ནས་རྒྱལ་པོའི་གཅེན་རྒྱལ་བུ་འདོན་འདྲོས་རྒྱ་རྗེས་ལི་ཡུལ་གྱི་རྒྱལ་པོར་བསྐོས་ཏེ། རྒྱལ་པོའི་རྒྱལ་སྲིད་འཕྲོག་ཏུ་འོངས་སོ་ཞེས་བགྱིས་པ་དང་། རྒྱལ་པོ་བི་ཛ་ཡ་རྣམ་ཡང་ཕུ་བོ་འདོན་འདྲོས་ལ་མི་དགའ་ནས་སྐུ་མཁར་

汉文译文：

许多珍宝，最初许多真身舍利，如此在此寺院中安放卓迪寺也庄严而极具加持力，迄今仍出现象征和标记。

李域最初玛哈萨木格嘎（མ་ཧཱ་སམ་གྷི་ཀ）之部，从比丘尊者达尔玛南达出生后，在和田属于卓迪的寺院有八座，嘎木夏八大寺的僧伽均属于玛哈萨木格嘎之部。自此后国王尉迟之长子王子敦卓（རྒྱལ་བུ་འདོན་འདྲོས།）想在桑迪建寺（སང་ཏིར།），但财力条件不具备。于是，王子敦卓想：不妒忌、不偷盗、敬奉三宝未亵渎，玛（མ།）自己要立足寻找，建立寺院，初次抵达印度，迎请了堪布尊者萨玛那达斯迪（མཁན་པོ་འཕགས་པ་སམནྟ་སིདྡྷི་མཁན་པོ།）堪布；从上部方向即刻又返回，找到了閫赞玛；于是返回后，动身抵达汉地，与汉王的一大臣结成冤仇。敦卓对国王道："此大臣的赏品请求处死我！"汉王允诺。屠夫将刀搭在了王子身上后，出现了奶子，未弑，汉王等惊讶而拜，敬献了诸多供品，大臣也大都敬献了命价的物品。拿得了这些物品后，与李域附近的许多随从一道动身。王子敦卓之兄长国王尉迟达尔玛主持国政之后，听从了一大臣之言，国王同胞王子敦卓被汉王任命为李域之王，言"篡夺王位去吧！"国王尉迟达尔玛也不喜欢兄长敦卓，未能迎请到王宫

藏文原文（181叶A面）：

གྱི་ནང་དུ་ཡམ་བཏང་ཕྲད་དུ་ཡང་མ་བཏུབ་ནས། སང་ཏིར་གྱི་གཙུག་ལག་ཁང་བརྩིགས་པའི་ས་གཞིར་མཆིས་ཤིག་ཅེས་བསྒོ་ནས། ཕུ་བོ་རྒྱལ་བུ་འདོན་འདྲོས་ཀྱང་སང་ཏིར་དུ་མཆིས་ཏེ། ནུ་བོས་ཀྱང་ཆུ་དང་རྩྭ་ཤིང་ལ་ཡང་དབང་མ་བསྐུར་ཏེ། ཁོ་བདག་གིས་རིམ་གྱིས་འཇལ་ཏེ། ཡོ་བྱད་སྦྱོར་ཞིང་མཆིས་པ་ལས། ཐོག་མ་རྒྱ་གར་ཡུལ་དུ་མཁན་པོ་འཕགས་པ་ས་མ་ན་སིདྡྷ་དགེ་བའི་བཤེས་གཉེན་གྱི་ཕྱོགས་པ་བལྟས་ནས་ཕྱག་འཚལ་ཏེ་མཆོད་པ་བགྱིས་ནས་སློན་ལམ་བཏབ། སྤྱན་དྲངས་པ་དང་། མཁན་པོ་ཡང་རྒྱ་གར་ཡུལ་ནས་ནམ་མཁའ་ལ་ཕྱིན་སྟེ། ལི་ཡུལ་དུ་རྒྱལ་པོ་འདོན་འདྲོས་ཀྱི་དྲུང་དུ་གཤེགས་ནས་གཙུག་ལག་ཁང་ཇི་ལྟར་བརྩིག་པའི་བཤེས་གཉེན་ཡང་བགྱིས། རྒྱལ་པོ་སྤྱན་གཉིས་བར་དུ་མ་འཇལ་བའི་ཕྲུམ་བགྱི་བའི་སྐད་དུ་སུམ་ཅུ་རྩ་གསུམ་གནམ་དུ་གཤེགས་ན། བཅོམ་ལྡན་འདས་ཤཱཀྱ་ཐུབ་པས་བྱང་ཆུབ་སེམས་དཔའི་སྤྱད་པ་སྤྱོད་པའི་ཚེ་ལུས་ཀྱི་ཡན་ལག་དང་། བུ་སྨད་ལ་སོགས་པའི་སྦྱིན་གཏོང་བགྱིས་ཤིང་འཕྲིན་ལས་དཀའ་བ་ཇི་ལྟར་མཛད་པ་བཞིན་དུ་ནོ་ལེ་ཞེས་བགྱི་བ་དང་། ཀློས་ཆོས་ལི་ཡུལ་དུ་མི་བགྱིད་མི་ཏུང་ཞེས་ལྷ་རྣམས་ལ་གསོལ་ནས་སུམ་ཅུ་སོ་གསུམ་གནས་ཀྱི་ལྷ་དང་། རྒྱལ་ཆེན་རིས་བཞིའི་ལ་ལྷ་རྣམས་ལི་ཡུལ་སང་ཏིར་བགྱི་བར་གཤེགས་ཏེ། སངས་རྒྱས་བཅོམ་ལྡན་འདས་སྔོན་ཕྱིན་ལས་དཀའ་བ་མཛད་པ་བཞིན་དུ་ལྷ་རྣམས་ཀློས་ཆོས་

བགྱིས་པའི་ཆེ་རྒྱལ་པོ་བི་ཛ་ཡ་ཀྲྀཏྲས་ནྡོན་པོ་དང་། འབངས་རྣམས་ལ་གཅིག་ཀྱང་དེར་མཆིར་མ་ཏུང་ངོ་ཞེས་བགྱིས་པ་ལས། ལྷའི་རོལ་མོ་བཟང་པོ་སྔོན་མ་བྱུང་བར་ཐོས་ནས་མི་གཅིག་གིས་གཅིག་སྨྲན་ཏེ་མ་བཟོད་ནས་དེར་མཆིས། སྐད་ཀྱི་རྒྱལ་པོའི་འཁོར་ཀུན་གར་མཆིས་རྒྱལ་པོས་སྨྲས་པ་དང་། ནྡོན་པོ་དག་གིས་རྒྱུས་ཀྱིས་ཞིབ་ཏུ་བཤད་པ་དང་། རྒྱལ་པོ་བི་ཛ་ཡ་ཀྲྀཏྲ་ཡང་མ་བཟོད་དེ། སང་ཧིར་གྱི་གཙུག་ལག་ཁང་གི་འདབས་སུ་མཆིས་པ་དང་། ཕུ་བོ་རྒྱལ་བུ་འདོན་འཛོམས་ཀྱིས་བསུ་ནས་སྤུན་དེར་མཇལ་བ་དང་། ནུ་བོ་རྒྱལ་པོ་བི་ཛ་ཡ་ཀྲྀཏྲས་ཕུ་བོ་ལ་ཕྱག་བགྱིས་ནས། ཕྱུས་མོ་ས་ལ་བཙུགས་ཐལ་མོ་སྦྱར་ཏེ། འཕགས་པ་བདག་གིས་ཁྱོད་ཀྱི་མཐུ་སྟོབས་མ་རིག་ནས་ང་རྒྱལ་གྱི་དབང་དུ་གྱུར་ནས་བདག

汉文译文：

中，令：“接到修建桑迪寺的地方去！”兄长王子敦卓也抵达桑迪寺，弟弟也未给水和草木灌顶，他逐而拜见，施舍了供品而启程。初次抵达印度，看望堪布尊者萨玛那达斯迪（མཁན་པོ་འཕགས་པ་ས་མ་ན་སིདྡྷི）善知识，于其处朝拜并供奉，做了祈愿，也邀请堪布自印度从天而降临到李域王子敦卓之前，也遇见如何建立寺院的善知识，为了调和国王兄弟俩之间会晤的关系，三十三次抵达天界。薄伽梵释迦牟尼行施菩提大士之行为时，对体之分支（ཆེ་ལུས་ཀྱི་ཡན་ལག）、母女（དུ་སྨད།）等做了施舍，并做了疑难的言教，言：“闹勒（ནོ་ལེ།）、德曲（ཟློས་ཆོས།）在李域不能传播！”天神们抵达李域的桑迪尔（ལི་ཡུལ་སང་ཏིར།），佛薄伽梵先前作疑难之言教之际，天神们作德曲的言教时，国王尉迟达尔玛勒令：“大臣、庶民们一个也不能走！”国王曰：“听到了先前从未出现过的天神之妙音。”人们相互传递无法忍受，后来，国王随从普遍踏歌。大臣细说整个缘由，国王尉迟达尔玛也不堪忍受。到了桑迪尔寺院，长兄王子敦卓迎接，兄弟相见，弟弟国王尉迟达尔玛拜见长兄，跪倒在地击掌。“尊者，请赐给我你无形的力量、高贵的威力，祈请宽恕我

藏文原文（181叶B面）：

གིས་རབ་ཏུ་ནོངས་པ་བཟོད་པ་གསོལ་ཞིང་མཆིས་ན། བདག་ལ་དངོས་ཕྱིག་ཏུ་མི་འགྱུར་བར་བཟོད་པ་བཞེས་པར་ཅི་གནང་ཞེས་བགྱིས་པ་དང་། ཕུ་བོས་ཀྱང་བཟོད་པ་དེས་སྐད་ནུ་བོ་ལ་བཟོད་པ་གསོལ་ནས་ལག་སྤྲེལ་ཏེ་གཙུག་ལག་ཁང་དུ་མཆིས་ནས་མཆོད་པ་བགྱིས། ལྷ་ཀླུས་ནོ་ལེ་བགྱིས་པ་དང་། གཙུག་ལག་ཁང་རྫིག་པ་ལ་རྗེས་སུ་ཡི་རང་ནས་ཡོན་ཕུལ། གཙུག་ལག་ཁང་རྫིག་པའི་དུས་རྣོགས་བགྱིས་ཏེ་རྒྱུན་རིས་བཀུམ་སྟེ་ཕུལ། ཐོག་མ་སྤྱན་མ་མཇལ་ཏེ། བཟོད་པ་གསོལ་བའི་སར་མཇལ་མོ་ག་ག་རོང་ཞེས་བགྱི་བའི་གཙུག་ལག་ཁང་གཅིག་བརྩིགས་ནས། ཐོག་མ་ལི་ཡུལ་དུ་ས་ཐ་ཏི་བླད་ཀྱི་སྡེ་ཐེག་པ་ཆུང་ངུ་པ་ཡང་མཁན་པོ་འཕགས་པ་ས་མན་ཏ་སིདྡྷ་ལས་བྱུང་། གཙུག་ལག་ཁང་གི་སྲུང་མ་ཡང་ལྷ་ཀ་པི་ལ་ཞེས་བགྱི་བས་ཞལ་གྱིས་བཞེས་གསུངས། དེང་སང་གི་བར་དུ་ལོ་གཅིག་ཅིང་ཡང་རྟག་ཏུ་སྟོན་ཟླ་ར་བ་ཆོས་བདུན་དང་བརྒྱད་ཀྱི་གདུགས་ལ། དེ་བཞིན་གཤེགས་པས་ཕྱིན་ལས་དཀའ་བ་མཛད་པའི་ཟློས་ཆོས་ནོ་ལེ་བགྱིད་དེ། ཡུལ་མི་རིལ་གྱིས་ཆོས་ཉན་ཅིང་དེར་མཆིས་ཏེ། གཙུག་ལག་ཁང་འདི་ཡང་གཉེན་ཞིང་བྱིན་ཆེ་བར་བགྱིད་དོ། །དེའི་འོག་ཏུ་རྒྱལ་པོ་བི་ཛ་ཡ་ཀྲྀཏྲའི་བུ་རྒྱལ་པོ་བི་ཛ་ཡ་སིང་ཧས་རྒྱལ་པོ་བགྱིད་པའི་ཆེ་ག་འཇག་གི་རྒྱལ་པོས་ལི་ཡུལ་དུ་དམག་མང་པོ་དྲངས་ཏེ། རྒྱལ་པོ་བི་ཛ་ཡ་སིང་ཧ་དང་འཐབས་པ་ལས་ག་འཇག་གི་དམག་ཕམ་སྟེ། ག་འཇག

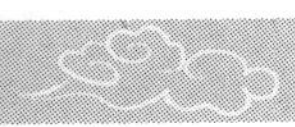

གི་རྒྱལ་པོ་ཡང་ལི་རྗེས་ཞགས་པས་ཟིན་ནས་འགྲུམ་པར་བགྱིད་པ་ལས་ཐར་པར་གསོལ་ནས་རྒྱལ་པོ་བི་ཛ་ཡ་སིང་ཧའི་མཆིད་ནས། རྒྱལ་པོ་ཁྱོད་བདག་གིས་མི་དགྲུམ་པར་ཐར་བར་བཏང་གིས་ནི་ནམ་ཁྱོད་དགྲ་ཚོམས་པའི་དུས་བདག་གི་དགེ་བའི་བཤེས་གཉེན་མཛད་ཅིང་སྣར་ཕྱོན་ཅིག་ཅེས་བགྱིས་ནས། ཐར་བར་སྐྱལ་ཏེ་མིང་ཡང་ཨ་ནནྡ་སེ་ནར་བཏགས་ཏེ་སླར་ཤུ་ལིག་ཏུ་བཏང་། དེ་ནས་དགེ་སློང་ཨ་ནནྡ་སེ་ན་སྣད་ཀྱིས་དགྲ་བཅོམ་ནས་ཐོག་མ་ལི་རྗེ་དང་དམ་བཅས་པ་བཞིན་ནམ་མཁའ་ལ་ལྡིང་སྟེ། ལི་ཡུལ་དུ་གཤེགས་ནས། རྒྱལ་པོ་བི་ཛ་ཡ་སིང་ཧའི་དགེ་བའི་བཤེས་གཉེན་བགྱི་བའི་སླད་དུ་སྙིང་རྗེ་ཡང་དད་པ་སྐྱེས་ནས་འཕགས་པ་དགྲ་བཅོམ་པ་ཨ་ནནྡ་སེ་ནའི་སླད་དུ་སུམ་ཉའི་གཙུག་ལག་ཁང་དང་། མཆོད་རྟེན་བརྩིགས་ཏེ། གཙུག་ལག་ཁང་གི་སྲུང་མ་ནི་རྣམ་ཐོས་ཀྱི་སྲས་དང་། ལྷ་ག་ཡི་ལ་

汉文译文：

的罪过，饶恕我的罪孽！”其即刻原谅了弟弟，牵着手抵达寺院朝拜，天神龙神做了闹勒，修建寺院后长期做了供养，做了修建寺院的助手，敬献了侍奉的条件。当初兄弟未晤，原谅的地方修建一称作“嘉摩嘎嘎荣”（མཇལ་མོ་ཀ་ཀ་རོང་།）的寺院。

当初，在李域地方巴迪巴之部（ལི་ཡུལ་དུ་ས་ན་ཏི་བྷད་ཀྱི་སྡེ་ཐེག་པ་ཆུང་དུ་པ།）出现了小乘教的堪布尊者萨曼达斯达（ས་མན་ཏ་སིདྡྷ།），寺院的护法神称作神嘎布拉（ལྷ་ག་ཡི་ལ།）开口而笑。迄今为止，一年当中，仍常常在秋月初七、初八日中午，模仿如来佛苦行的法音，当地人们前来听经，此寺也庄严而极具加持力。

此后，国王尉迟达尔玛之子尉迟桑哈（རྒྱལ་པོ་བི་ཛ་ཡ་སིང་ཧ།）就任国王时，嘎加之国王（ག་འཇག་གི་རྒྱལ་པོ།）用兵李域，国王尉迟桑哈与其交战，嘎加兵败，嘎加之国王也被李王用绳索而缚，但没有处死。国王尉迟桑哈言："国王我不会杀你，令汝生还，你何时□□□降服敌人时来做我的善知识！"放生后，起法名为阿南达赛那（དགེ་སློང་ཨ་ནནྡ་སེ་ན།）。又后来，返回疏勒，得阿罗汉果，先向李氏王发誓自天而降，抵达李域，为了做国王尉迟桑哈的善知识产生信仰，为了阿罗汉安达森（དགྲ་བཅོམ་པ་ཨ་ནནྡ་སེ།）建立了苏聂寺（སུམ་ཉའི་གཙུག་ལག་ཁང་།）、佛塔，供奉着寺院的护法神多闻天王、天神嘎布拉（ལྷ་ག་ཡི་ལ།），

藏文原文（182叶A面）：

བཞུགས་ཏེ། གཙུག་ལག་ཁང་འདི་ཡང་གཉན་ཞིང་བྱིན་ཆེ་བར་བགྱིད་དོ། དེ་ནས་དེའི་འོག་ཏུ་རྒྱལ་པོ་བི་ཛ་ཡ་ཀཱི་ར་ཏིས་འཕགས་པ་འཇམ་དཔལ་གྱི་སྤྲུལ་པ་ཀམ་ཤེད་དུ་ཆོས་སྤྱོལ་བའི་དགྲ་བཅོམ་པ་སྦྱུ་བྲི་ཞེས་བགྱི་བས་དགེ་བའི་བཤེས་གཉེན་བགྱིས་ནས་དད་པ་སྐྱེས་པའི་སླད་དུ་སྦྲུ་ཉའི་གཙུག་ལག་ཁང་བརྩིགས་ཏེ། ཐོག་མ་ཀ་ནི་ཀའི་རྒྱལ་པོ་དང་། གུ་ཟན་གྱི་རྒྱལ་པོ་དང་། ལི་རྗེ་རྒྱལ་པོ་བི་ཛ་ཡ་ཀཱིར་ཏི་ལ་སོགས་པས་རྒྱ་གར་ཡུལ་དུ་དམག་དྲངས་ནས་སོ་ཀེད་ཅེས་བགྱི་བའི་གྲོང་ཁྱེར་ཕབ་པའི་ཚེ། རྒྱལ་པོ་བི་ཛ་ཡ་ཀཱིར་ས་ཤྲཱ་རི་རམ་མང་པོ་ཞིག་རྙེད་པ་ཡང་སྦྲུ་ཉའི་མཆོད་རྟེན་དེའི་ནང་དུ་སྦྱལ། ཐོག་མ་དོགས་རྟོག་པའི་ཕུར་བུ་འདེབས་པའི་ཚེ། རྒྱལ་པོ་བི་ཛ་ཡ་ཀཱིར་ཏི་ལ་དགེ་བའི་བཤེས་གཉེན་འཕགས་པ་ཞལ་ནས་ཕུར་བུ་འདི་ལ་རྒྱལ་པོས་ལག་པས་ཡང་ལན་ལྔར་བྲབས་ན་མངོན་རྟགས་འབྱུང་ངོ་ཞེས་བགྱིད་པ་དང་། རྒྱལ་པོས་ཀྱང་དོགས་བརྟགས་པའི་ཤུག་པའི་ཕུར་བུ་ལ་ལག་པས་ལན་ལྔར་བྲབས་པ་དང་། ཕུར་བུ་དེ་ལ་ཤུག་པའི་ཡལ་ག་ཁྲུ་གང་བ་ལྔ་དེ་མ་ཐག་ཏུ་དེའི་ཉིན་པར་སྐྱེས་

ནས་སྲིད་ཀྱི་ཞུག་པ་དེའི་དྲུང་དུ་བན་དེ་དག་གིས་རྣམ་བསྐུགས་པ་དང་ཞུག་པ་དེ་ལས་ཆོས་བཤད་པའི་སྒྲ་དག་བྱུང་ནས་སྲིད་ཀྱིས་བན་དེ་གཞོན་ནུ་དག་རྣམ་ཐོགས་ཏེ་ཆོས་ཉན་པ་མཆིས་ན་ཡང་། དེ་བཞིན་དུ་འཆད་པའི་སྒྲ་དག་བྱུང་བ་ལས་སྲིད་ཀྱི་བན་དེ་གཅིག་གིས་རྣམ་ལོག་པར་བསྐུགས་ནས་དེ་ལྟར་མ་ཡིན་ནོ་ཞེས་ལྟས་བསྒོ་བ་དང་། གཞན་ནས་དེ་ཚུན་ཆད་ཆོས་བཤད་པའི་སྒྲ་ཡང་མ་བྱུང་སྲིད་ཀྱིས་གཙུག་ལག་ཁང་འདིའི་ཆབ་ཆབ་ཀྱིས་འཚལ་ཏེ་ཆབ་མ་བྱིན་ནས་གཙུག་ལག་ཁང་ཞིག་ཏུ་ཉེ་བ་ལས། དགེ་སློང་བཙུན་པ་སུམ་དཔོན་ཞེས་བགྱི་བ་དགྲ་བཅོམ་དུ་ཉེ་བ་ཞིག་གིས་གཙུག་ལག་ཁང་དེ་མི་ཞིག་པར་བགྱི་བའི་སླད་དུ་དགྲ་བཅོམ་པར་འགྲུབ་པའི་དགེ་བའི་རྩ་བ་དེས་ཀླུར་སྐྱེ་བར་སྨོན་ལམ་བཏབ་ནས། དེ་མ་ཐག་ཏུ་ལུས་ལས་ཆབ་བྱུང་ནས་མིའི་ལུས་ལ་འཕོས་པར་ཤེལ་ཆུ་ཆུང་ངུའི་ཀླུར་གྱུར་ན་དོག་སའི་འོག་ཏུ་ནུབ་ནས་དེང་སང་གི་བར་དུ་གཙུག་ལག་ཁང་དེའི་ཆབ་ཤེལ་ཆུ་ཆུང་ངུ་ལས་དྲངས་ཏེ། གཙུག་ལག་ཁང་འདི་ཡང་དེང་སང་གི་བར་དུ་མ་ཞིག་སྟེ། གཞན་ཞིང་བྱིན་ཆེ་བར་བགྱིད། སྲུང་མ་ཡང་ལྷ་སུ་ཛ་

汉文译文：

寺院也庄严而极具加持力。

此后，国王尉迟格尔迪（རྒྱལ་པོ་བི་ཛ་ཡ་ཀཱི་ར་ཏི།）为尊者文殊的化身，在噶木谢（གམ་ཤེད།）弘法的阿罗汉萨雅智（དགྲ་བཅོམ་པ་སྱ་ཛྲི།）做了善知识，为了敬生的信仰，建立了智聂寺（སྱ་ཉོའི་གཙུག་ལག་ཁང་།）。首次嘎尼嘎之国王（ཀ་ནི་ཀའི་རྒྱལ་པོ།）、固散之国王（གུ་ཟན་གྱི་རྒྱལ་པོ།）、李氏国王尉迟格热迪等（རྒྱལ་པོ་བི་ཛ་ཡ་ཀཱིར་ཏི།）从印度引兵，征服索盖之城时，国王尉迟格热迪觅得舍利子，并将之装藏在施聂佛塔内。首次在禅室修炼证见之杵时，对国王尉迟格热迪善知识尊者吉扎（དགེ་བའི་བཤེས་གཉེན་འཕགས་པ་སྱ་ཛྲི།）言："国王持此杵摇摆五次，就产生先兆！"国王于是拿着禅室修炼的证见之杵摇摆五次，此杵当日生了一肘长[①]的柏树枝五根。后在柏树跟前学僧颂法，柏树中传出了法音，其后的年轻学僧亦在此听取佛法。以后未出现如此准确的说法的声音。后来的学僧听经时，邪颂变意，该柏树枝便（发出）纠正法音之先兆，以后未出现说法的声音。复此，此寺被水所淹，水没来临前，寺院附近称作苏木宏的比丘大德快要证得罗汉果，为了不毁坏此寺院，以修行阿罗汉的善业之根基祈祷龙神，此不久从身体中产生了水，使人们未能死亡。小小的玉河水（ཤེལ་ཆུ།）变成了龙，淹没禅室。迄今为止，寺院旁的玉河（ཆབ་ཤེལ་ཆུ།）潺潺奔流。此寺院也迄今为止留存庄严而极具加持力，护法神是天神斯杂

藏文原文（182叶B面）：

ཡ་དང་། ཕྲུག་བརྟན་སིང་ཏ་ཨུ་ཁ་དང་། ཤེལ་ཆབ་ཆུང་ངུའི་ཀླུ་སུམ་དཔོན་གྱིས་བསྲུང་ངོ་། །དེ་ནས་དེའི་འོག་ཏུ་རྒྱལ་པོ་བི་ཛ་ཡ་ཀཱིརྟིའི་བུ་རྒྱལ་པོ་བི་ཛ་ཡ་སང་གྲ་མ་ཞེས་བགྱི་བ་དཔའ་ཞིང་རྩལ་ཆེ་བ་ཞིག་བྱུང་ནས། ཕྱི་དགྲ་མང་པོ་ཞིག་ལ་བསྡོས་ནས་སེམས་ཅན་ཕལ་ཆེར་

① 肘长，藏族的度量单位。自肘尖至小指根节间的长度，相当于二十指宽，名"曲肘"；自肘尖至中指尖节间的长度，相当于二十四指宽，名"伸肘"。在律经中所说，从各人头顶至足底子间距离的七分之二，称为一肘。（参见张怡荪主编《藏汉大辞典》，民族出版社，1993年，286页）

བཀུམ། དེའི་འོག་ཏུ་སེང་གེ་མི་ལ་རྐོད་པ་ཞིག་བྱུང་སྟེ། དམག་གིས་བཏབ་ན་ཡང་འཁུམས་ཏེ་རྒྱལ་པོ་གཅིག་པུས་སེང་གེ་དེ་ལ་བརྒལ་ཏེ་ཟིན་ནས་བཀུམ། དེ་ནས་རྒྱལ་པོ་དེའི་མིང་ཡང་སེང་གེར་བཏགས། རྒྱལ་པོ་དེ་ཡང་རི་དྭགས་ཤོར་དུ་མཆིས་པ་ལས་ཤེལ་ཆབ་ཆུང་ངུའི་འགྲམ་དུ་ཚལ་ཞིག་ཏུ་དགོངས་བཏབ་པས། དེའི་ནུབ་མོ་ཚལ་དེའི་ནང་ནས་ཞུགས་མར་འདྲ་བ་ཞིག་རྒྱང་ནས་གདའ་ནས་སླད་དེ་ནང་པར་བལྟས་ན། དགེ་སློང་འཕགས་པ་དགྲ་བཅོམ་པ་རྡྷ་ན་ཡ་ཤོ་དེ་ན་བཞུགས་པ་ལས་འོད་བྱུང་བར་མཐོང་ནས། དད་པ་སྐྱེས་ཏེ་མཆོད་པ་བགྱིས་ནས་འཕགས་པ་འདི་ན་ཅི་མཛད་ཅེས་ཞུས་པ་དང་། དགྲ་བཅོམ་པ་རྡྷ་ན་ཡ་ཤོའི་ཞལ་ནས་ས་འདི་ཡང་སྔོན་གྱི་དེ་བཞིན་གཤེགས་པས་བྱིན་གྱིས་བརླབས་པ་ལགས་ཏེ། རྒྱལ་པོས་འདིར་གཙུག་ལག་ཁང་ཞིག་རྩིག་པའི་རིགས་སོ་ཞེས་བགྱིས་པ་དང་། རྒྱལ་པོས་ཀྱང་འཕགས་པ་དེ་ལ་དད་པ་སྐྱེས་པའི་སླད་དུ་བསྒོ་བ་བཞིན་དུ་མཉན་ནས་སྡིག་པ་བཤགས། གཙུག་ལག་ཁང་གི་དོགས་བརྟག་པའི་ཕུར་བུ་བཏབ་ནས། གསེར་གྱི་གཞོང་པ་གཅིག་སྤྱི་བོ་ལ་བཟུང་སྟེ། ད་བདག་གིས་བརྩིགས་པའི་གཙུག་ལག་ཁང་འདི་ཡུན་དུ་རྟོགས་ཤིང་བརྟན་པར་འགྱུར་ན་ཕྱོགས་བཅུ་ན་བཞུགས་པའི་འཕགས་པ་རྣམས་ཀྱིས་བྱིན་གྱིས་བརླབ་ཅིང་དེ་བཞིན་གཤེགས་པའི་སྐུ་གདུང་བདག་གི་གཞོང་པ་འདིའི་ནང་དུ་སྤྱལ་བར་ཅི་གནང་ཞེས་སྨོན་ལམ་བཏབ་པ་དང་། ནམ་མཁའ་ལས་ཤ་རི་རམ་མང་པོ་ཙམ་ཞིག་གཞོང་པའི་ནང་དུ་གཤེགས་ནས་རྒྱལ་པོ་སྔར་ལས་ལྷག་པར་དད་པ་སྐྱེས་ཏེ། དགེ་བའི་བཤེས་གཉེན་ཡ་ཤོའི་སླད་དུ་དྷརྨ་ཀཱིར་ཏིས་གཙུག་ལག་ཁང་མཆོད་རྟེན་ཆེན་པོ་བརྩིགས་ཏེ། ནང་དུ་ཤ་རི་རམ་མང་པོ་ཙམ་ཞིག་སྤྱལ་བས་གཙུག་ལག་ཁང་འདི་ཡང་གཉན་ཞིང་བྱིན་ཆེ་བས་སྲུང་མ་རྣམ་ཐོས་ཀྱི་སྲས་དང་། ལྷ་ག་ཡི་ལས་སྲུང་། དེ་ནས་རྒྱལ་པོ་བི་ཛ་ཡ་དྷརྨས་རྒྱལ་སྲིད་བཟུང་

汉文译文：

雅、谢合念桑哈木卡（ཕྱུག་བརྣན་སེང་ཧ་མུ་ཀ།），小小的玉河则由龙神苏木本守护。

于是此后，国王尉迟格尔迪之子国王尉迟桑扎玛（རྒྱལ་པོ་བི་ཛ་ཡ་སང་གྲ་མ།），是一勇猛而武功高强者。降服众多外敌而利乐众生。此后，出现了一祸害人的狮子，军队抓捕也畏惧不前。国王单独捕获狮子将之杀死，于是国王起名为狮子。国王一次出行打猎，在玉河岸建一林苑，夜晚其林苑内，远远看去灯火般通明，若近看一比丘尊者阿罗汉杂那雅肖（དགྲ་བཅོམ་པ་རྡྷ་ན་ཡ་ཤོ།）在此安住而发光，顿生敬仰而朝拜，问道：“尊者在此做何？”尊者阿罗汉杂那雅肖曰：“此地乃为先前如来佛加持之地，国王您在此建一寺院为妙！”国王道：“尊者为了对此产生敬仰，遵命消除罪孽，在寺院禅室插证见之杵，手持一金盆，现在我建立此院，永存而稳固，得到了十方安住的尊者们的加持，如来佛的真身舍利在我的金盆中留存吧！”祈祷着。从天而降的许多舍利降落到了金盆，国王比以前更加笃信，为了善知识尊者雅肖，达尔玛格热迪（དྷརྨ་ཀཱིར་ཏིས་གཙུག་ལག་ཁང་མཆོད་རྟེན་ཆེན་པོ།）建寺大佛塔，其中装藏许多舍利，此寺院庄严而极具加持力，护法神毗沙门天王、天神嘎巴拉守护。于是国王尉迟达玛（རྒྱལ་པོ་བི་ཛ་ཡ་དྷརྨ།）持国政

藏文原文（183叶A面）：

པ་མན་ཆད། བི་ཛ་ཡ་ཀཱིར་ཏིས་རྒྱལ་པོ་བགྱིས་པ་ཡན་ཆད། རྒྱལ་པོ་རབས་བཅུ་བཞིའི་བར་དུ་རིས་འགའ་ནི། ཡུལ་དུ་ཕྱི་དགྲ་གཞན་གྱིས་དམག་དྲངས་ཏེ་གཙེས། རིས་འགའ་ནི་ལི་རྗེ་དག་གིས་ཡུལ་གཞན་དུ་དམག་དྲངས་ནས་འབངས་ཀྱི་ཚོགས་སྐྱུར། དེའི་འོག་ཏུ་དྲུ་གུ་ཨ་ནོ་ཤོས་

གྱིས་ལི་ཡུལ་དུ་དམག་དྲངས་ནས། ཀོ་ཧོ་ཤན་མན་ཆད་ཀྱི་གཙུག་ལག་ཁང་ཕལ་ཆེར་མེས་བསྲེགས་ཏེ་ཡུལ་དམས། འབངས་འཕྲིབས་ནས་གཙུག་ལག་ཁང་གསར་པ་རྩིག་པའི་རྗེ་མ་ཐོགས། དེ་ནས་དེའི་འོག་ཏུ་རྒྱལ་པོ་བི་ཛ་ཡ་ཀཱིར་ཏིའི་བུ་རྒྱལ་པོ་བི་ཛ་ཡ་སང་གྲ་མ་ཞེས་བགྱི་བའི་དགུང་ལོ་བདུན་ལོན་པ་ཞིག་རྒྱལ་པོར་ཞུགས་ནས་སྐད་ཀྱི་མི་ཐུར་སོན་པ་དང་། ཡུལ་འདི་སུས་བཤིག ཅིའི་སྐད་དུ་དམས་ཞེས། དགེ་འདུན་རྒན་རབས་དང་། བློན་པོ་དག་ལ་སྨྲས་པ་ལས། དགེ་འདུན་དང་། བློན་པོ་རྣམས་ཀྱང་དྲུ་གུ་ཨ་མོ་ནོ་ཤོད་ལ་སོགས་པས་སྔོན་ཡུལ་ཇི་ལྟར་བཤིག་པའི་ལོ་རྒྱུས་ཞིབ་ཏུ་བཤད་པ་དང་། རྒྱལ་པོ་བི་ཛ་ཡ་སང་གྲ་མས་བློན་པོ་དག་ལ་དམག་ཚོགས་ཅི་མཆིས་པ་སྤུས་ཤིག་ཅེས་བསྒོ་ནས་སྔོན་གཙེས་ཤིང་། ཡུལ་བཤིག་པའི་རྒྱལ་པོ་རྣམས་ཀྱི་ཡུལ་དུ་དམག་དྲངས་ཏེ། ལན་གླན་ནས་ཡུལ་བཤིག །སེམས་ཅན་ཕལ་ཆེར་བཀུམ། །དེ་ནས་སླར་ལོག་ནས་ཤེལ་ཆབ་འོག་མའི་འགྲམ་དུ་མཆིས་པ་དང་། དགེ་སློང་བ་དུ་མ་ཞིག་ཆབ་ཀྱི་ནང་དུ་ཁྲུས་བགྱིད་ཅིང་རྩེད་མོ་སྣ་ཚོགས་བགྱིད་པ་མཐོང་ནས། དགེ་སློང་གི་ཚུལ་མ་ཡིན་པར་བྱེད་ཅེས་བྱས་པ་དང་། དགེ་སློང་དེ་བདུན་ཡང་དེ་མ་ཐག་ཏུ་ནམ་མཁའ་ལ་ལྡིང་ནས་རྒྱལ་པོ་དེ་ལ་རྫུ་འཕྲུལ་རྣམ་པ་བཅུ་དྲུག་བསྟན་པ་དང་། རྒྱལ་པོ་དེའི་ཡིད་ལ་བདག་གིས་སྔར་ཡང་སེམས་ཅན་མང་པོ་ཞིག་སྲོག་བཅད་དེ་བཀུམ། ད་ཡང་འཕགས་པ་དེ་རྣམས་ལ་ངན་སེམས་བསྐྱེད་པ་རབ་ཏུ་ཉེས་སོ་སྙམ་པའི་འགྱོད་པ་ཆེར་སྐྱེས། འཕགས་པ་དེ་དག་གི་རྫུ་འཕྲུལ་རྣམ་པ་སྣ་ཚོགས་བསྟན་པ་མཐོང་ནས་དད་པ་ཡང་ཆེར་སྐྱེས་ཏེ། འཕགས་པ་དེ་དག་ག་ལ་བཞུགས་པའི་དྲུང་དུ་བསྙེན་ནས་མཆོད་པ་དང་། བཤགས་སྡུངས་བགྱིས་བཟོད་པ་གསོལ་ནས། འཕགས་པ་དགྲ་བཅོམ་པ་པོ་ཉན་རེ་ཏ་ལ་

汉文译文：

以来，尉迟格尔迪就任国王之前，王统十四代之间，有的王引敌兵危害此地，还有的李氏王将军队引向别国祸害庶民。此后，朱固阿肖希（དྲུ་གུ་ཨ་མོ་ནོ་ཤོ）率军抵达李域，桂德香以下的寺院大多被火烧毁，地方遭殃，人口锐减，新寺未建。

自此以后，国王尉迟格尔迪之子尉迟桑扎玛（རྒྱལ་པོ་བི་ཛ་ཡ་ཀཱིར་ཏིའི་བུ་རྒྱལ་པོ་བི་ཛ་ཡ་སང་གྲ་མ།）七岁时就任国王，长大后，国王向诸位老僧、大臣问道：“谁毁此地，为何焚烧？”僧伽、大臣们详细述说了朱固阿摩闹希（དྲུ་གུ་ཨ་མོ་ནོ་ཤོས།）等先前如何毁坏（寺院）的历史。国王尉迟桑扎玛吩咐大臣：“集合所有军队！”于是对先前祸害且烧毁地方的国王们发兵，报复焚地，杀戮众生。于是，复返，抵达玉河岸驻扎，看到了七位比丘在水中洗澡嬉戏的各种违戒行为，于是，七比丘即刻飞向天空，向国王显示了十六种神变。国王心想“先前也（有）许多众生毙命而杀，现在又对那些尊者使坏心是错误的”，于是大加忏悔。看到了尊者的各种神变，大为敬仰，坐在了尊者们的跟前，侍奉供养，领受修持忏悔之戒，为以尊者阿罗汉博聂那勒达（དགྲ་བཅོམ་པ་པོ་ཉན་རེ་ཏ།）

藏文原文（183叶B面）：

སོགས་པ་འཕགས་པ་བདུན་གྱི་ཕྱིར་འགྲུ་ཞན་གྱི་གཙུག་ལག་ཁང་བརྩིགས་ཏེ། འཕགས་པ་དགྲ་བཅོམ་པ་བདུན་གྱིས་ཀྱང་དོགས་དེ་བྱིན་གྱིས་བརླབས་ནས། ཞི་བའི་ས་འགྲུ་ཞན་དུ་ཞེས་བགྱི་བར་གཙུག་ལག་ཁང་གི་མཚན་མ་ཡང་བཏགས་ཏེ། གཙུག་ལག་ཁང་འདི་ཡང་གཉན་ཞིང་བྱིན་ཆེ་རབ་སྟེ། ལྷ་ཛཱ་ན་རི་ཤ་བ་དང་། ནོར་བུ་བཟང་པོ་གཉིས་ཀྱིས་བསྲུང་ངོ་། །དེ་ནས་དེའི་འོག་ཏུ་རྒྱལ་པོ་བི་ཛ་ཡ་སང་གྲ་མའི་བུ་རྒྱལ་

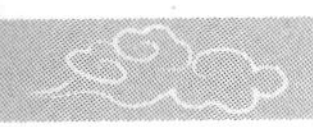

པོ་བི་ཛ་ཡ་སིང་ཧ་ཞེས་བགྱི་བས་རྒྱལ་པོར་ཞུགས་ནས། དགེ་བའི་བཤེས་གཉེན་འཕགས་པ་དགྲ་བཅོམ་པ་དྷརྨ་པ་ལ་ལ་འཕགས་པ་ཁྱོད་ལ་རྫུ་འཕྲུལ་ཅི་མངའ་བ་བདག་ལ་བསྟན་པར་ཅི་གནང་ཞེས་གསོལ་བ་ལས། འཕགས་པ་དེའི་རྫུ་འཕྲུལ་གྱིས་རྒྱལ་པོ་བི་ཛ་ཡ་སིང་ཧ་དགའ་ལྡན་དུ་ཁྲིད་དེ། འཕགས་པ་བྱམས་པ་བཞུགས་པའི་གནས་དང་། ཞལ་བསྟན་ནས་སླར་མཆིས་པ་དང་། རྒྱལ་པོ་བི་ཛ་ཡ་སིང་ཧས་བཞའ་སེར་མའི་གཙུག་ལག་ཁང་བརྩིགས་ཏེ། དགའ་ལྡན་ན་བྱམས་པ་འཁོར་དང་བཅས་པ་ཇི་ལྟར་བཞུགས་པའི་སྐུ་གཟུགས་བགྱིས། སླད་ཀྱི་བྱམས་པ་ལ་མཆོད་པའི་སླད་དུ་མགོན་པོ་དང་། ལྷ་ཀླུ་གཤེགས་པ་རྣམས་ཀྱི་ཚུལ་ཅི་འདྲ་བ་མགོན་པོའི་རྟེན་ཁང་གཅིག་བརྩིགས་ནས་མགོན་པོ་དང་། ལྷ་ཀླུའི་གཟུགས་བགྱིས་པ་ད་དུང་ཡང་བཞུགས་ཏེ། གཙུག་ལག་ཁང་འདི་ཡང་གཉན་ཞིང་བྱིན་ཆེ་བར་བགྱི། ལྷ་གངས་ཅན་དང་། འབྲོག་གནས་ཞེས་བགྱི་བས་སྲུང་། དེང་སང་གི་བར་དུ་མངོན་རྟགས་དང་མཚན་མ་དག་ཀྱང་འབྱུང་ངོ་། །དེ་ནས་དེའི་འོག་ཏུ་ཡང་རྒྱལ་པོ་བི་ཛ་ཡ་བ་ལ་མན་ཆད་རྒྱལ་པོ་རབས་བདུན་གྱི་བར་དུ་གཙུག་ལག་ཁང་གཞན་མ་བརྩིགས་སོ། །དེ་ནས་དེའི་འོག་ཏུ་ཡང་རྒྱལ་པོ་བི་ཛ་ཡ་བ་ལ་ཞེས་བྱ་བའི་བུ་རྒྱལ་པོ་བི་ཛ་སང་གྲ་མ་ཞེས་བགྱི་བ་རྒྱལ་པོ་བགྱིད་པའི་ཚེ། ཙུ་གུ་པན་ནས་ཚེའུ་པ་ནའི་སྐུ་གཟུགས་ནམ་མཁའ་ལས་ལྡིང་སྟེ་ལི་ཡུལ་དུ་གཤེགས་པ་རྒྱལ་པོས་མཐོང་ནས་དད་པའི་ཤུགས་ཀྱིས་སངས་རྒྱས་བཞུགས་པའི་དྲི་གཙང་ཁང་བརྩིགས། དེ་ནས་སླད་ཀྱིས་རྒྱལ་པོ་དེ་ཧུ་ཐེན་གྱི་སྐུ་མཁར་གྱི་སྟེང་གི་བྱང་སྒོའི་སྒོ

汉文译文：

为首的七个尊者，修建了寺院。七个尊者阿罗汉也在此禅屋加持，安静的地方起名为桂香达（སའ་འགུ་ཞན་ཏེ་ཞེས་བགྱི་བར་གཙུག་ལག་ཁང་།）寺。此寺庄严而极具加持力，由天神孜那日夏瓦（ལྷ་ཛི་ན་རི་ཤ་བ།）、闹布桑布（ནོར་བུ་བཟང་པོ།）两位护法神守护。

自此以后，国王尉迟桑扎玛之子尉迟桑哈（རྒྱལ་པོ་བི་ཛ་ཡ་སང་གྲ་མའི་བུ་རྒྱལ་པོ་བི་ཛ་ཡ་སིང་ཧ།）就任国王，对善知识尊者阿罗汉达尔玛巴拉（དགྲ་བཅོམ་པ་དྷརྨ་པ་ལ།）曰：“尊者您为何有如此神通，为何不给我演示？”此尊者显示了神通，将国王尉迟桑哈领到了甘丹（རྒྱལ་པོ་བི་ཛ་ཡ་སིང་ཧ་དགའ་ལྡན་དུ་ཁྲིད།）即尊者弥勒安住之地，说法后复归。国王尉迟桑哈建立夏色尔梅寺（བཞའ་སེར་མའི་གཙུག་ལག་ཁང་།），在甘丹弥勒佛随从等如何供奉的佛像，以后为了供奉弥勒佛，怙主天神龙的尊像迄今还供奉。此寺庄严而极具加持力，由天神刚坚（ལྷ་གངས་ཅན།）、卓内（འབྲོག་གནས།）（护法）护持，迄今为止仍出现证见和标记。

自此以后，国王尉迟以下的国王经历七代，其间未能建立其他寺院。于此之后，国王尉迟瓦拉（རྒྱལ་པོ་བི་ཛ་ཡ་བ་ལ།）之子尉迟桑扎玛（རྒྱལ་པོ་བི་ཛ་སང་གྲ་མ།）就任国王时，从局各帮崔巴那尊像自天而降到李域。国王看到，顿生敬仰，修建了佛之护法殿（དྲི་གཙང་ཁང་།）。在此之后，国王在和田王城之上的北门之门

藏文原文（184叶A面）：

ཁང་ན་མཆིས་པ་ཞིག་གི་ཚེ་ན་བལྟས་ན་སྐུ་མཁར་གྱི་སླད་རོལ་ན་དགེ་སློང་ཅིག་ཁྲིམ་པ་སྐྱེ་བོ་ལ་ཕྱག་འཚལ་ཏེ་བཀའ་མཆིད་མཆི་བ་མཐོང་ནས་ངོ་མཚར་དུ་མཐོང་སྟེ། རྒྱལ་པོ་དེས་བློན་པོ་ཞིག་མངགས་ནས་ཞིབ་ཏུ་རྟོག་ཏུ་བཏང་བ་ལས། བློན་པོ་དེས་དགེ་སློང་དང་། སྐྱེ་བོ་ལ་སོ་སོར

རྨས་ནས་དགེ་སློང་གི་མཆིད་ནས་ཁྱིམ་པ་སྐྱེ་བོ་འདི་ནི་འཕགས་པ་འཇམ་དཔལ་གྱི་སྤྲུལ་པ་ལགས་ཞེས་མཆི། ཁྱིམ་པ་སྐྱེ་བོ་དེའི་མཆིད་ནས་དགེ་སློང་འདི་འཕགས་པ་སའི་སྙིང་པོའི་སྤྲུལ་པ་ལགས་ཞེས་མཆི་བ་དང་། བློན་པོ་དེས་ཀྱང་རྒྱལ་པོ་ལ་དེ་བཞིན་དུ་སྨྲར་གསོལ་བ་དང་། རྒྱལ་པོ་ཝི་ཛ་ཡ་སང་གྲམ་ཡང་དེ་མ་ཐག་ཏུ་འཕགས་པ་དེ་དག་གི་དྲུང་དུ་བསྙེན་ནས་ཕྱག་འཚལ་མཆོད་པ་བགྱིས་ནས། འཕགས་པ་དག་ག་ལས་གཤེགས་ཞེས་ཞུས་པ་དང་། འཕགས་པ་གཉིས་ཀྱི་ཞལ་ནས་བདག་ཅག་གཉིས་ཀྱང་ཤར་ཕྱོགས་དེ་བཞིན་གཤེགས་པ་མི་འཁྲུགས་པའི་སངས་རྒྱས་ཀྱི་ཞིང་ནས་སེམས་ཅན་གྱི་དོན་ལ་འདིར་འོངས་སོ་ཞེས་འབྱུང་བ་དང་། དེ་ནས་རྒྱལ་པོ་ཝི་ཛ་ཡ་སང་གྲ་མའི་མཆིད་ནས་འཕགས་པ་ཐུགས་རྗེ་དང་ལྡན་པ་གཉིས་ཀྱི་རྫུ་འཕྲུལ་གྱི་མཐུ་སྟོབས་དེ་བཞིན་གཤེགས་པ་མི་འཁྲུགས་པའི་སངས་རྒྱས་ཀྱི་ཞིང་བདག་ལ་བསྟན་པར་ཅིག་གནང་ཞེས་གསོལ་བ་དང་། དེ་བཞིན་དུ་གནང་ནས་དེ་བཞིན་གཤེགས་པ་མི་འཁྲུགས་པའི་ཞལ་ནས། སངས་རྒྱས་ཀྱི་ཞིང་ཡང་བསྟན་པ་དང་། རྒྱལ་པོ་དེས་དེ་བཞིན་གཤེགས་པའི་སྐུ་དང་། སངས་རྒྱས་ཀྱི་ཞིང་ཡང་མཐོང་། ནམ་མཁའ་ལས་ཤིང་རྟའི་སྟེང་ནས་སངས་རྒྱས་མང་པོ་ཞིག་གཤེགས་ནས་དེ་དག་གིས་འོད་ཟེར་བཏང་བ་རྒྱལ་པོའི་སྤྱི་བོར་རེག་པར་མཐོང་སྟེ། དད་པའི་ཤུགས་ཀྱིས་སངས་རྒྱས་ཀྱི་གཟུགས་ཇི་ལྟར་མཐོང་བ་བཞིན་དུ་གཟུགས་སུ་ཡང་བགྱིས་ཏེ། ཤིང་རྟའི་ནང་དུ་བྱང་སྲུང་དུ་ཡང་དྲངས་ནས་མཆོད་པ་ཆེན་པོ་བགྱིས་ཏེ།

དེང་སང་གི་བར་དུ་ཡང་དཔྱིད་ཟླ་ར་བ་ཡར་གྱི་ངོ་ལ་བྱང་སྲུང་སྐུ་གཟུགས་ཆེན་པོ་འདྲེན་པ་དང་། དགེ་འདུན་སྡེ་གཉིས་སྤྱན·······དྲངས་ནས་བྱང་ཆུབ་འབྱུང་གནས་བཀྲ་ཤིས་བསིལ་བའི་ཚལ་དུ་མཆོད་རྟེན་གསོལ་ཞིང་མོ་ཏྱ་རའི་

汉文译文：

房安住时，惊奇地看到，王宫之外一比丘朝拜在家俗人（དགེ་སློང་ཅིག་ཁྱིམ་པ་སྐྱེ་བོ།），国王道："派一大臣仔细观察！"大臣赞许比丘和俗人："比丘议论在家俗人，此乃尊者文殊的化身！"在家俗人议论："此比丘是地藏王菩萨的化身！"此大臣亦如是说。大臣如实汇报国王，国王尉迟桑扎玛也即刻到此尊者尊前朝拜，此尊者从何而来？两尊者回答："从如来佛不动佛的净土为了利乐众生来此！"于是国王尉迟桑扎玛道："两位大慈悲的尊者神变的功力、如来佛不动佛的净土给我指示化现如何！"如此指示如来佛不动佛的净土、佛的净土，此国王看到了如来佛的尊像和佛的净土，诸佛乘木车从天而降，他们光明普照触及国王的头顶，敬仰的力量如同亲自看到佛的形象一样，车上迎来了北方护法神（བྱང་སྲུང་།），而大作供养。迄今为止，孟春之月仍出现北方护法神巨像的面容。故迎请僧侣蓝伽二部出现菩提，供奉在吉祥的甘露苑（བཀྲ་ཤིས་བསིལ་བའི་ཚལ།）中，做了摩雅热（མོ་ཏྱ་ར།）

藏文原文（184叶B面）：

མཆོད་པ་ཆེན་པོ་བགྱིས་པ་ཡང་རྒྱལ་པོ་དེས་བགྱིས་ནས་དགེ་བའི་བཤེས་གཉེན་འཕགས་པ་དགྲ་བཅོམ་པ་སོ་དགུ་དེ་ཤི་ཨ་བ་ཡ་རྣར་གི་སྣད་དུ་བཞའ་སང་གྲི་ར་མའི་གཙུག་ལག་ཁང་བརྩིགས་ཏེ། རྣམ་ཐོས་ཀྱི་སྲས་དང་ཡང་དག་ཤེས་བགྱི་བ་ཡང་སྲུང་ངོ་། །དེ་ནས་རྒྱལ་པོ་བི་ཛ་ཡ་ཤྲཱ་ཏྲ་མན་ཆད་རྒྱལ་པོ་རབས་བཞིའི་བར་དུ་གཙུག་ལག་ཁང་གསར་བ་གཞན་མ་བརྩིགས། དེ་ནས་དེའི་འོག་ཏུ་རྒྱལ་པོ་བི་ཛ་ཡ་ཀྲི་ཏི་ཞེས་བགྱི་བ་འགྲུམ་ཏིར་དུ་མཆིས་པ་ལས། ད་ལྟར་རྔ་བ་ཙའི་གཙུག་ལག་ཁང་བཞུགས་པའི་སར་མཆིས་པ་དང་། ཀླུའི་རྒྱལ་པོ་ཞིག་དེར་བྱུང་ནས་རྒྱལ་པོ་བི་ཛ་ཡ་ཀྲི་ཏི་ལ་སྨྲས་པ། སྔོན་སངས་རྒྱས་འོད་སྲུངས་ཀྱི་ཚེ་དོག་ས་འདི་བྱིན་གྱིས་བརླབས་ནས་གཙུག་ལག་ཁང་བརྩིགས་པའི་ས་འདི་ཡིན་ཏེ། དེ་

ཡང་རྒྱལ་པོ་ཁྱོད་ཀྱིས་གཙུག་ལག་ཁང་གཅིག་བརྩིག་པའི་རིགས་སོ་ཞེས་བགྱིས་པ་དང་། རྒྱལ་པོས་སྨོན་ལམ་བཏབ་པ། ད་ལྟར་འཛམ་བུའི་གླིང་ན་འཕགས་པ་དག་གིས་བྱིན་གྱིས་བརླབས་ཏེ་འདིར་གཤེགས་པར་གནང་ན། བདག་གིས་གཙུག་ལག་ཁང་བརྩིག་པར་འཚལ་ལོ་ཞེས་སྨོན་ལམ་བཏབ་པ་དང་། དེ་མ་ཐག་ཏུ་ནམ་མཁའ་ལས་འཕགས་པ་དགྲ་བཅོམ་པ་བཅུ་བདུན་གཤེགས་ནས་རྒྱལ་པོ་བི་ཛ་ཡ་ཀྲི་ཏི་ཡང་དད་པའི་ཤུགས་ཆེན་པོ་སྐྱེས་ཏེ། རྒྱལ་པོ་དང་བཙུན་མོ་ལག་དར་ཏེ། ཧྭ་བ་ཉའི་བསྒོམ་ས་དང་། གཙུག་ལག་ཁང་བརྩིགས་ཏེ། གཙུག་ལག་ཁང་འདི་ཡང་གཉན་ཞིང་བྱིན་ཆེ་བར་བགྱིད། ལྷ་གཞན་གྱིས་མི་ཐུབ་པ་དང་ནོར་བོ་བཟང་པོས་སྲུང་ངོ་། གཙུག་ལག་ཁང་འདི་ཡང་གནའ་བོད་ཀྱི་མངའ་རིས་སུ་གཏོགས་པའི་ཚེ་འགར་བློན་བཙན་ཉེན་གུང་སྟོན་ལི་ཡུལ་གྱི་དབང་པོ་བགྱིད་པའི་ཚེ་བརྩིགས་པ་ལགས། །དེ་ནས་དེའི་འོག་ཏུ་རྒྱལ་པོ་བི་ཛ་ཡ་སང་གྲ་མ་དང་བུ་རྒྱལ་པོ་བི་ཛ་ཡ་བི་གྲ་མ་རྒྱ་ཡུལ་དུ་མཆིས་ནས་སླར་ལི་ཡུལ་དུ་མཆི་བའི་བར་དུ་དྲུ་གུའི་དམག་གིས་ཤུལ་ཁྲུམས་པ་ལས་པ་ནི་རྒྱ་ཡུལ་དུ་གུམ། བུ་ཆུང་སྔེ་སླར་མཆི་བའི་རྗེ་མ་ཐོགས་པའི་སྐབས་སུ། ལིའི་བློན་པོ་ཨམ་ཆེ་ཁེ་མེག་ཅེས་བགྱི་བས་དགུང་ལོ་བཅུ་གཉིས་ཀྱི་བར་དུ་རྒྱལ་ཚབ་བགྱིས་ནས་རྒྱལ་སྲིད་བཟུང་བའི་དགེ་བའི་བཤེས་གཉེན་དགེ་སློང་འཕགས་པ་བ་ཏྲན་ཙ་ཞེས་

汉文译文：

大的供奉，国王为了善知识尊者阿罗汉毛尔古岱谢·阿瓦央丹（དགྲ་བཅོམ་པ་མོ་དགུ་དེ་ཤི་ཨ་བ་ཡ་ཏྣ།），建立了夏桑哲玛（བཞའ་སང་གྲི་ར་མའི་གཙུག་ལག་ཁང་།）寺院，由毗沙门天王、正知护法神护持。

自此以后，国王尉迟夏扎（རྒྱལ་པོ་བི་ཛ་ཡ་ཤྲ་ཧ།）以后四代王统之间，未建别的寺院。此后国王尉迟格迪（རྒྱལ་པོ་བི་ཛ་ཡ་ཀྲི་ཏི།）抵达瞿摩（ཧྭ་གཙུག་ལག་ཁང་།）。抵达现在的巴□□□寺院的地方，出现了一龙王对国王尉迟格迪说："先前饮光佛（住世）时，在加持建寺的此地，如今国王你建立一寺院！"国王发愿："如今南赡部洲尊者们加持若能来到此地，我定建立一寺院！"此后不久，十七位尊者阿罗汉自天而降，国王尉迟格迪也大生敬仰，国王和王妃敬献哈达，（联手）建立了巴瓦聂（ཧྭ་བ་ཉའི་བསྒོམས་ས།）修行处、寺院，此寺庄严而极具加持力，别的神不能护持，由木图巴（མི་ཐུབ་པ།）和闹布桑布（ནོར་པོ་བཟང་པོ།）护持。此寺是李域先前隶属吐蕃时，噶论赞（འགར་བློན་བཙན་ཉེན་གུང་སྟོན།）任李域王设午宴时所建。

自此以后，国王尉迟桑扎玛（རྒྱལ་པོ་བི་ཛ་ཡ་སང་གྲ་མ།）和王子国王尉迟桑扎玛抵达汉地，又到李域期间，朱固军队希立克木巴勒帕（བློན་པོ་ཨམ་ཆེ་ཁེ་མེག）在汉地被杀，子夭折。又返回无利之时，李域大臣称作阿木恰凯麦（བློན་པོ་ཨམ་ཆེ་ཁེ་མེག）者在十二岁时，代理国政，为了护持国政的善知识比丘尊者称作瓦仁那杂（བ་ཏྲན་ཙ།）

藏文原文（185叶A面）：

བགྱི་བའི་སླད་དུ་མན་འདིའི་མཆོད་རྟེན་དང་། གཙུག་ལག་ཁང་བརྩིགས་ཏེ། དེ་བཞིན་གཤེགས་པའི་སྐུ་གདུང་ཤ་རི་རམ་མང་དུ་བཅལ་ཏེ། དེ་ལྟར་གཙུག་ལག་ཁང་འདི་ལྷ་ནམ་མཁའི་སྤྱན་དང་གནོད་སྦྱིན་གྱི་སྡེ་དཔོན་ཡང་དག་ཤེས་ཞེས་བགྱི་བས་སྲུང་ངོ་། །དེ་ནས་རྒྱལ་པོ་བི་ཛ་ཡ་སང་གྲ་མའི་བུ་རྒྱལ་པོ་བི་ཛ་ཡ་བི་གྲ་མ་ཞེས་པས་སླར་ལི་ཡུལ་དུ་མཆིས་ནས། དགེ་བའི་བཤེས་གཉེན་འཕགས་པ་དགྲ་བཅོམ་པ་དེ་བིན་དྲ་ཆེན་གྱི་སླད་དུ་གཙུག་ལག་ཁང་ཅི་ཞ་གྲ་མ་བརྩིགས་ཏེ། ད་ལྟར་ལྷ་གཞན་གྱིས་མི་ཐུབ་པ་དང་། ནོར་བུ་བཟང་པོ་སྲུང་ངོ་། །དེ་ནས་

དེའི་འོག་ཏུ་རྒྱའི་བློན་པོ་སེར་ཐེ་ཤི་དང་། རྒྱལ་པོ་བི་ཛ་ཡ་ཀྲམ་གཉིས་ཀྱིས་དགེ་བའི་བཤེས་གཉེན་འགྲུམ་ཏིར་གྱི་པར་མག་འཛིན་སེན་ཞེས་བགྱི་བའི་སླད་དུ་པོང་མཁར་གྱི་བྱམས་པ་མེ་ཏྲིའི་གཙུག་ལག་ཁང་བརྩིགས་ཏེ། ད་ལྟར་གཙུག་ལག་ཁང་འདི་རྣམ་ཐོས་སྲས་ཀྱིས་སྲུང་ངོ་། །དེ་ནས་དེའི་འོག་ཏུ་རྒྱལ་པོའི་བློན་པོ་ཀ་ཐེ་ཤི་དང་། རྒྱལ་པོ་བི་ཛ་ཡ་སམ་གྷ་བ་ཞེས་བྱ་བ་གཉིས་ཀྱིས་དགེ་བའི་བཤེས་གཉེན་ཤུ་དེན་དྲ་རོད་ཙི་དང་། ཀྲམ་ནན་ཏ་གཉིས་ཀྱིས་སླད་དུ་ཁེ་གན་ཙེའི་གཙུག་ལག་ཁང་བརྩིགས་ཏེ། ད་ལྟར་གཙུག་ལག་ཁང་འདི་རྣམ་ཐོས་ཀྱི་སྲས་སྲུང་ངོ་། ཐོག་མ་དགེ་སློང་འཕགས་པ་བཻ་རོ་ཙ་ན་ཙར་མའི་ཚལ་དུ་གཤེགས་པ་ཕྱུགས་རྫི་ལ་སོགས་པ་མི་འོག་མ་དག་གིས་མཐོང་ནས། རྒྱལ་པོ་བི་ཛ་ཡ་སམ་གྷ་བ་ལ་བདག་ཅག་གིས་སྔར་མ་མཐོང་བའི་མི་འདི་ལྟ་བུ་ཞིག་ཙར་མའི་ཚལ་དུ་མཆིས་སོ་ཞེས་གསོལ་བ་དང་། རྒྱལ་པོ་བི་ཛ་ཡ་སམ་གྷབ་ཡང་དེ་མ་ཐག་ཏུ་ཙར་མར་མཆིས་ནས་འཕགས་པ་བཻ་རོ་ཙ་ན་མཐོང་བ་དང་། དད་པ་སྐྱེས་ནས་ཕྱག་འཚལ་མཆོད་པ་བགྱིས་ནས་འཕགས་པ་དེས་ཀྱང་རྒྱལ་པོ་བི་ཛ་ཡ་སམ་གྷ་བའི་དགེ་བའི་བཤེས་གཉེན་བགྱིས་ནས་ལེགས་ཉེས་གཉིས་ཀྱི་འབྲས་བུ་བསྟན་ཏོ། །ཆོས་བཤད་བཤགས་སྦྱོངས་བགྱིད་དུ་སྩལ་བ་ལས། རྒྱལ་པོ་དེ་ཡང་ཆོས་ཀྱི་མིག་ཕྱེ་ནས་ལྷག་པར་ཡང་དད་པ་སྐྱེས་ནས་རྒྱལ་པོ་སྔར་སྐུ་མཁར་དུ་མཆིས་ནས་ཐོག་མ་འཕགས་པ་བཻ་རོ་ཙ་ན་གཤེགས་སོ་ཞེས་བཀའ་མཆིད་སྩལ་པ་ཐོས་པའི་སར་མཆོད་རྟེན་ཆེན་པོ་གཅིག་བརྩིགས་ཏེ། མིང་

汉文译文：

修建了曼度佛塔（མན་འདིའི་མཆོད་རྟེན།），寺院供奉如来佛的诸多舍利。如今的此寺院由称作天神那木卡坚（ལྷ་ནམ་མཁའི་སྤྱན།）、施碍大将正知守护。

此后，国王尉迟桑扎玛之子尉迟雅布扎玛（རྒྱལ་པོ་བི་ཛ་ཡ་བི་ཀྲ་མ།）又来到了李域，为了善知识比丘尊者德奔扎钦（དེ་བེན་དྲ་ཆེན།）建立祈夏扎玛寺院（གཙུག་ལག་ཁང་ཅི་ཞ་ཀྲ་མ།），如今央吉木图巴和闹布桑布护持。

在此之后，汉之大臣金太师（རྒྱའི་བློན་པོ་སེར་ཐེ་ཤི།）、国王尉迟达玛两位为了善知识格木迪巴尔告增塞（དགེ་བའི་བཤེས་གཉེན་འགྲུམ་ཏིར་གྱི་པར་མག་འཛིན་སེན།），在王宫建立了弥勒麦智寺（བྱམས་པ་མེ་ཏྲིའི་གཙུག་ལག་ཁང་།），如今此寺由毗沙门天王守护。

自此以后，汉之大臣郭太师（རྒྱལ་པོའི་བློན་པོ་ཀ་ཐེ་ཤི།）、国王尉迟萨木巴（རྒྱལ་པོ་བི་ཛ་ཡ་སམ་གྷ་བ།）两位为了善知识恩振扎若吉（དགེ་བའི་བཤེས་གཉེན་ཤུ་དེན་དྲ་རོད་ཙི།）、达尔玛南达两位建立了凯刚孜寺（ཁེ་གན་ཙེའི་གཙུག་ལག་ཁང་།），如今此寺由毗沙门天王守护。当初，比丘尊者丘白绕杂纳来到了赞摩苑（དགེ་སློང་འཕགས་པ་བཻ་རོ་ཙ་ན་ཙར་མའི་ཚལ།）被牧童等普通庶民见到，禀告国王尉迟萨木巴：“我等如同先前在赞摩苑见过此人一样。”国王尉迟萨木巴也即刻抵达赞摩见到尊者丘白绕杂纳，顿生敬仰并朝拜，尊者做了国王尉迟萨木巴的善知识，讲授了《说善恶因果经》（ལེགས་ཉེས་གཉིས་ཀྱི་འབྲས་བུ་བསྟན།）[①]。听过说法后，国王学有所成，佛法之眼弥开，产生敬仰之感尤甚。国王返回王宫，首次在尊者丘白绕杂纳莅临讲经说法之地修建了大佛塔，起法名

①《说善恶因果经》，全名《佛说善恶因果大乘经》，译师法成由汉文译成藏文。（参见张怡荪主编《藏汉大辞典》，民族出版社，1993年，2800页）

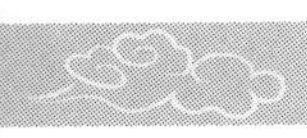

藏文原文（185叶B面）：

ཡང་སུ་སྟོང་ཉར་བཏགས། སྣད་ཀྱིས་མཆོད་རྟེན་དེ་ཡུན་རིངས་པས་ཞིག་ནས། དེ་ནས་དེའི་འོག་ཏུ་རྒྱལ་པོ་བི་ཛ་ཡ་བོ་ཏན་ཆེན་པོ་དང་། རྒྱ་ཡུལ་ནས་མཆིས་པའི་དགེ་སློང་འབའ་ལ་ཤི་ཞེས་བགྱི་བ་མཆིས་པས་ཙར་མའི་དགེ་འདུན་དགེ་བའི་བཤེས་གཉེན་དུ་སྤྱན་དྲངས་ནས་སུ་སྟོང་ཉའི་གཙུག་ལག་ཁང་བརྩིགས་ཏེ། ད་ལྟར་རྣམ་ཐོས་ཀྱི་སྲུས་ཀྱིས་བསྲུང་ངོ་། །དགེ་སློང་མའི་གཙུག་ལག་ཁང་རྣམས་ཀྱི་གཏན་ཚིགས་དང་། སྔ་ཕྱིའི་གོ་རིམ་ལ་རྒྱལ་པོ་བི་ཛ་ཡ་སིང་ཧ་ཞེས་བགྱི་བ་ཞིག་ཆུང་ངུ་ནས་རྒྱལ་པོར་ཞུགས་ཏེ། མཆིས་འབྲང་སླས་དང་། ནང་འཁོར་མ་རྣམས་དག་མི་རིགས་པ་བགྱིས་ནས་སྣད་ཀྱིས་རྒྱལ་པོ་དེ་ཆེན་པོར་གྱུར་ནས། སྔར་བློན་པོ་དེ་དག་གིས་ཛན་ཅན་བགྱིས་ཤིང་བརྙས་པ་དེ་དྲན་ནས། ཁོན་དྲན་པར་གྱུར་ཏེ། སྣད་ཀྱིས་རྒྱལ་པོ་དེས་བློན་པོ་རྣམས་རི་དྭགས་ཤོར་བ་ལྟར་ཐབས་ཀྱིས་ཁྲིད་ནས་ཨུ་ཐེན་གྱི་ཤེལ་ཆབ་གོང་ཨའི་ཡུལ་བ་རོ་གཟའ་ཞེས་བགྱི་བར་བློན་པོ་བདུན་ཅུ་རྩ་ལྔ་བཀུམ་ནས། སྣད་ཀྱིས་དེར་གཙུག་ལག་ཁང་གཉིས་ཀྱང་བརྩིགས། དེ་ནས་སྐུ་མཁར་དུ་མཆིས་ནས་རྒྱལ་པོ་མཆིས་པའི་གནས་ནས་རྒྱལ་མོ་དང་། སླས་དང་། ནང་འཁོར་མ་མཆིས་པའི་ཁང་པ་ཕྱི་སྒོ་བཀུམ་ནས་འགྲུལ་བཅད། དེ་བཞིན་དུ་འགུམ་པར་བགྱིས་པ་ལས། རྒྱལ་པོ་དེའི་བཙུན་མོ་འཁོར་དང་བཅས་པ་ཕོངས་ཏེ་ཉམ་ཐག་ནས་ཕྱོགས་བཅུའི་སངས་རྒྱས་དང་བྱང་ཆུབ་སེམས་དཔའི་མཚན་ནས་བརྗོད། མཆོད་པ་བགྱིས་ཏེ། ལྷ་ཁང་བསྐོར་རྣམ་བསྔགས་བསོད་ནམས་ཆེར་བགྱིས་པའི་མཐུས་རྒྱ་གར་ཡུལ་ནས་འཕགས་པ་དགྲ་བཅོམ་པ་མ་ཡ་ཤ་པྲ་ཛྙཱ་དང་། ཟླ་ཤུ་ཏ་དང་། སང་ཧ་ན་ཏ་ལ་སོགས་པ་ནམ་མཁའ་ལ་ལྡིང་སྟེ། རྒྱལ་མོག་མ་ཤ་ཀོ་ཤ་དང་། ས་ལུ་ཙ་ལ་སོགས་པ་འཁོར་མཆིས་པའི་དྲུང་དུ་གཤེགས་ནས་རྒྱལ་མོ་དེ་དག་ལ་ཆོས་བཤད་དེ་རབ་ཏུ་བྱུང་བ་ལས་དད་པའི་ཤུགས་ཀྱིས་དེ་མ་ཐག་ཏུ་རྒྱལ་མོ་དེ་དག་གི་འཁོར་ལས་བརྒྱ་རྩ་བཅུ་གཉིས་དགྲ་བཅོམ་པར་གྱུར་ནས་ནམ་མཁའ་ལ་ལྡིང་སྟེ། བསོད་སྙོམས་ལེན་དུ་གཤེགས་པ་རྒྱལ་པོ་བི་ཛ་ཡ་སིང་ཧས་མཐོང་ནས། དེ་མ་ཐག་ཏུ་གནས་དེར་མཆིས་ཏེ་བལྟས་ན་རྒྱལ་མོ་ཤོག་ཤ་ཀོ་ཤ

汉文译文：

为苏敦聂（སུ་སྟོང་ཉར།），后来此塔长期留存。在此之后，国王尉迟吾韩钦布（རྒྱལ་པོ་བི་ཛ་ཡ་བོ་ཏན་ཆེན་པོ།）时期，从汉地而来的比丘巴拉师（དགེ་སློང་འབའ་ལ་ཤི།）应赞摩僧伽善知识邀请，建立了苏敦聂寺（སུ་སྟོང་ཉའི་གཙུག་ལག་ཁང་།），如今此寺由毗沙门天王守护。

比丘尼寺等之立论和先后次序。称作尉迟桑哈（རྒྱལ་པོ་བི་ཛ་ཡ་སིང་ཧ།）的国王自幼为王。趁国王年幼，有些大臣贿赂皇后、王妃仆从、宫女们进行挑拨，因回忆起先前大臣蔑视且挑衅之故，遂结成冤仇。后来，大臣随同国王打猎消遣，设法诱骗到和田上玉河叫作瓦奥萨（གོང་ཨའི་ཡུལ་བ་རོ་གཟའ།）的地方，杀死大臣七十五个，后来建一寺院，于是抵达王宫。从国王行走的地方，皇后、王妃和仆从们的行殿门前（国王）死亡运走。（国王）如此死亡后，国王的妃子、仆从们等沦为难民，号啕大哭，呼唤着十方佛、菩提大士的名字，供奉并绕转寺院颂达尔玛（རྣམ། 嘛呢）、广积福德的力量。自从在印度尊者阿罗汉玛雅哈智杂（མ་ཡ་ཤ་པྲ་ཛྙཱ།）、萨塔希达（ཟླ་ཤུ་ཏ།）、松哈纳达拉（སང་ཧ་ན་ཏ།）等飞往皇后玛夏告夏（རྒྱལ་མོ་ཤོག་ཤ་ཀོ་ཤ）、

藏文原文（186叶A面）：

དང་། ས་ལུ་ཙ་ལ་སོགས་པའི་འཁོར་རིལ་རབ་ཏུ་བྱུང་སྟེ། ཕལ་ཆེར་དགྲ་བཅོམ་པར་གྱུར་ཏེ། རྫུ་འཕྲུལ་སྣ་ཚོགས་བསྟན་པ་མཐོང་ནས་རྒྱལ་པོ་

ཡང་རབ་ཏུ་དགའ་ནས་དད་པའི་ཤུགས་ཀྱིས་གནས་དེ་ཉིད་དུ་གཙུག་ལག་ཁང་བརྩིགས་ཏེ། ཞབ་ཞིང་དང་། ནོར་ཕྱུགས་ལ་སོགས་པ་མཆོད་པའི་ཡོ་བྱད་མང་པོ་ཙམ་ཞིག་ཕུལ་ནས་གཙུག་ལག་ཁང་དེའི་མིང་ཡང་ནུ་བོ་ཀ་ཞེས་བཏགས་ཏེ། གཙུག་ལག་ཁང་འདི་ཡང་གནན་ཞིང་བྱིན་ཆེ་བར་བགྱིད། ད་ལྟར་ལྷ་ཕུར་པའི་ལག་པ་ཞེས་བགྱི་བས་བསྲུང་ངོ་། །དེ་ནས་དེའི་འོག་ཏུ་རྒྱལ་བུ་འདོན་འཛོམས་ཀྱི་བཙུན་མོ་རྒྱ་རྗེའི་སྲས་མོ་ཤོ་རྒྱ་ཞེས་བགྱི་བའི་བུ་མོ་དགེ་སློང་མ་ཤོའི་ཛ་ཡ་ཞེས་བགྱི་བ་དགྲ་བཅོམ་ནས་ནུ་མོ་ཡོ་ཤ་རྒྱའི་དགེ་བའི་བཤེས་གཉེན་བགྱི་བའི་སླད་དུ་རྒྱ་ཡུལ་ནས་འུ་ཐེན་དུ་མཆིས་པའི་ཕྱིར་ནུ་མོ་རྒྱལ་མ་ཤོ་རྒྱས་ཟོ་འཛོའི་གཙུག་ལག་ཁང་བརྩིགས་ཏེ། ད་ལྟར་ཀླུའི་རྒྱལ་པོ་ད་ཅི་དང་། ད་ར་གཉིས་བསྲུང་། །དེ་ནས་དེའི་འོག་ཏུ་རྒྱལ་པོ་བི་ཛ་ཡ་ཤ་ཏའི་ནུ་བོ་ཨ་མ་ཙ་ཟེ་རོའི་མཆིས་འབྲང་དུ་སུ་ཏ་ཚོ་ཏ་ཞེས་བགྱི་བ་ཁྱིམ་ཐབ་ཤུམ་པ་དང་། བུད་མེད་དེ་ལ་རྒྱལ་པོའི་མཆིད་ནས་བདག་དང་མི་ཕྲད་དུ་མི་རུང་ངོ་ཞེས་བགྱིས་པ་དང་། བུད་མེད་དེའི་མཆིད་ནས་བདག་དགུང་བདུན་ཞིག་ཁྱིམ་ཐབ་ཀྱི་འདུན་བགྱིད་ཅིང་སླད་རོལ་ཏུ་མི་མཆི་བར་ཅི་གནང་ཞེས་གསོལ་བ་དང་། རྒྱལ་པོས་ཀྱང་དེ་བཞིན་དུ་གནང་ནས་དེ་མ་ཐག་ཏུ་བུད་མེད་དེ་ཡང་གསང་སྟེ་རབ་ཏུ་བྱུང་ནས་དགུང་བདུན་གྱི་བར་དུ་སེམས་རྩེ་གཅིག་ཏུ་སངས་རྒྱས་རྗེས་སུ་དྲན་པའི་ཏིང་ངེ་འཛིན་བསྒོམ་ནས་དེ་བཞིན་གཤེགས་པའི་ཞལ་ཡང་མངོན་སུམ་དུ་མཐོང་ནས་དགྲ་བཅོམ་པ་སྟེ་མིང་ཡང་བུད་ཧྣ་དར་བཏགས། དེ་ནས་དགུང་བདུན་ལགས་པ་དང་། རྒྱལ་པོས་བུད་མེད་དེ་འགུགས་པ་ཞིག་བཏང་བ་དེའི་མཆིད་ནས་མོ་རབ་ཏུ་བྱུང་སྟེ། འཕགས་པ་དགྲ་བཅོམ་མར་གྱུར་ནས་ད་ལྟར་འོད་ཀྱང་འབྱུང་ཞིང་མཆིས་སོ་ཞེས་བགྱིས་པ་དང་། རྒྱལ་པོ་དེར་མཆིས་ནས་འཕགས་མ་དེ་ལ་འོད་ཀྱང་འབྱུང་། རྫུ་འཕྲུལ་སྣ་ཚོགས་བསྟན་པ་ཡང་མཐོང་ནས་དད་པ་སྐྱེས་ཏེ། དེ་ནས་འཕགས་མ་བུདྡྷ་ནན་ཏའི་སླད་དུ་ཟེར་སོ། །འཛོའི་གཙུག་ལག་ཁང་བརྩིགས་ཏེ་གནན་ཞིང་བྱིན་ཆེ་བར་བགྱིད། ད་ལྟར

汉文译文：

斯里加（སུ་ཏ་ཚོ།）等许多随从前面听授佛法后，皇后出家（的念头）顿生，由于敬仰的力量，即刻皇后的随从中一百一十二位成了阿罗汉，（他们）飞向天空去化缘。（此情）国王尉迟桑哈见到后，即刻就去观看，知道皇后玛夏告夏、斯里加等的随从全部出家，大多成为阿罗汉，显示的各种神变后，国王顿生敬仰，在此处建佛殿，并敬献了佃户良田、财畜等许多供物，寺院被起名为努布聂（ནུ་བོ་ཀ།）。此寺庄严而极具加持力，由天神普尔维勒巴（ལྷ་ཕུར་པའི་ལག་པ།）护持。

自此以后，王子敦哲的妃子汉王公主肖佳（བཙུན་མོ་རྒྱ་རྗེའི་སྲས་མོ་ཤོ་རྒྱ།）的姐姐比丘尼肖杂雅（དགེ་སློང་མ་ཤོའི་ཛ་ཡ།）受罗汉戒。为了公主肖佳的善知识，从汉地来到了和田建立了聂摩肖佳耀索菊寺（རྒྱལ་མ་ཤོ་རྒྱས་ཟོ་འཛོའི་གཙུག་ལག་ཁང་།），如今龙王达吉（ཀླུའི་རྒྱལ་པོ་ད་ཅི།）和达热两位（护法神）护持。

自此以后，国王尉迟哈达（རྒྱལ་པོ་བི་ཛ་ཡ་ཤ་ཏ།）在弟弟阿玛嘉萨绕（ཨ་མ་ཙ་ཟེ་རོ།）的宫殿，对丧夫的里瑟哈措哈（སུ་ཏ་ཚོ་ཏ།）道："不与我结合不行！" 妇人请求道："我在七日内给丈夫祭奠，不去外面行吗？" 国王也如此允诺。里瑟哈措哈即刻私下出家，七日内一心修持念佛定，见到了如来佛的真容成为阿罗汉起法名为布达难（བུད་ཧྣ་དར།）。到第七天，妇人出家，变成尊者罗汉尼如今产生光芒（名扬天下），国王抵达此处，尊女发光，看到了显示的各种神变顿生敬仰，于是为了尊尼布达难达建立塞绕觉寺院（ཟེར་སོ་འཛོའི་གཙུག་ལག་ཁང་།），庄严而极具加持力，如今

藏文原文（186叶B面）：

ལྷ་དགའ་བའི་དབང་ཕྱུག་ཅེས་བྱ་བས་སྲུང་། །དེ་ནས་དེའི་འོག་ཏུ་རྒྱལ་པོ་བི་ཛ་ཡ་ནན་ཏ་ཞེས་བགྱི་བ་ནམ་གྱི་རྒྱལ་པོ་ཧུ་མར་བྱ་བའི་མཆིས་འབྲང་དང་མཇལ་བའི་བུ་མོ་གཅིག་ཅིག་མཆིས་པ་རབ་ཏུ་བྱུང་ནས་དགྲ་བཅོམ་པར་གྱུར་ནས་བལྟས་ན། བདག་ནི་ལི་རྗེ་བི་ཛ་ཡ་མ་ཧིའི་བུ་མོ་ལགས་པས་ཐུགས་སུ་ཆུད་ནས་འཕགས་པ་དྷརྨ་པ་ལ་དེ་དང་། དགེ་སློང་མ་འཕགས་མ་ཉི་ཤུ། ཤུ་ལིག་ནས་ནམ་མཁའ་ལས་ལྡིང་སྟེ་ལི་ཡུལ་ཏུ་གཤེགས་ནས་རྒྱལ་པོ་ཡབ་ལ་ཐོག་མའི་ལོ་རྒྱུས་ཀྱང་བཤད། རྫུ་འཕྲུལ་རྣམ་པ་སྣ་ཚོགས་ཀྱང་བསྟན་པས་རྒྱལ་པོ་ཡང་དད་པ་སྐྱེས་ནས་བུ་མོ་འཕགས་མ་དགྲ་བཅོམ་མ་དྷརྨ་པ་ལའི་སླད་དུ་པོ་ཡིན་ཏོའི་གཙུག་ལག་ཁང་བརྩིགས་ཏེ། ད་ལྟར་རྣམ་ཐོས་ཀྱི་སྲས་དང་། ཀླུའི་རྒྱལ་པོ་ཧུ་ལོར་བགྱི་བས་སྲུང་། །དེ་ནས་དེའི་འོག་ཏུ་རྒྱལ་པོ་བི་ཛ་ཡ་སང་གྲ་མ་སེང་གེ་ཞེས་བགྱི་བའི་མ་རྒྱལ་མོ་དྷརྨ་ཞེས་བགྱི་བ་རབ་ཏུ་བྱུང་ནས་དགྲ་བཅོམ་པའི་འབྲས་བུ་ཐོབ་ནས་སྦྱིལ་པོའི་ནང་དུ་བསྒོམ་ཞིང་མཆིས་པ་ལས་ནུབ་མོ་འོད་བྱུང་སྟེ། རྒྱལ་པོས་མཚན་མ་གཟུགས་པའི་ཕྱིར་མདའ་ཅིག་འཕངས་ནས་པར་མདའ་ཚོལ་དུ་བཏང་བའི་ས་དེ་ན་རྒྱལ་པོའི་མ་དྷརྨ་དེ་བཞུགས་པ་མཐོང་ནས། རྒྱལ་པོ་ཡང་དད་པ་སྐྱེས་ཏེ། མ་འཕགས་མ་དགྲ་བཅོམ་མ་དྷརྨ་ཞེས་བགྱི་བའི་སླད་དུ་རྒྱལ་པོས་ཏྲོ་མོ་མཇའ་ཞེས་བགྱི་བའི་གཙུག་ལག་ཁང་བརྩིགས་ཏེ། ད་ལྟར་ལྷ་སེར་སྐྱས་སྲུང་། །དེ་ནས་རྒྱལ་པོ་བི་ཛ་ཡ་སང་གྲ་མའི་ནུ་པོ་བྲ་སྭཱ་ལག་ཅེས་བགྱི་བ་ཞིག་གིས་རྒྱལ་མོ་དྲུ་གུ་མོ་ཞིག་རབ་ཏུ་བྱུང་ནས་མིང་ཡང་ཨ་ཤུ་ཀ་སུ་མ་ཞེས་བགྱི་བར་བཏགས་ཏེ། དགྲ་བཅོམ་པའི་སླད་དུ་དད་པ་སྐྱེས་ནས་ཛ་ཀེ་འཛ་ཞེས་བགྱི་བའི་གཙུག་ལག་ཁང་བརྩིགས་ཏེ། ད་ལྟར་གནོད་སྦྱིན་གྱི་སྡེ་དཔོན་ཡང་དག་ཤེས་ཀྱིས་སྲུང་། །དེ་ནས་གཙུག་ལག་ཁང་འགུ་གཞན་བརྩིགས་པའི་རྒྱལ་པོ་བི་ཛ་ཡ་སང་གྲ་མའི་མཆིས་འབྲང་རྒྱལ་པོ་འགྲོམ་གེ་སར་གྱི་བུ་མོ་ཨུ་རོང་ག་ཞེས་བགྱི་བའི་བུ་མོ་གཉིས་རབ་ཏུ་བྱུང་ནས་དགྲ་བཅོམ་སྟེ་འཕགས་མ་དེ་གཉིས་གཅིག་གི་མཚན་ནི་ཤི་ལམ་ཏ་ཞེས་བགྱི། གཅིག་གི་མཚན་ནི་གོ་ཨུ་ཤར་ཞེས་བགྱི་སྟེ། འཕགས་མ་དེ་གཉིས་ཁ་ཆེ་ཡུལ་ནས་ནམ་མཁའ་ལ་ལྡིང་སྟེ། མ་རྒྱལ་མོ་ཨུ་རོང་གི་དགེ་བའི་

汉文译文：

由喜悦自在天神护持。

自此以后，国王尉迟难达（རྒྱལ་པོ་བི་ཛ་ཡ་ནན་ཏ།）在宫殿会见天王胡玛尔（ནམ་གྱི་རྒྱལ་པོ་ཧུ་མར།）之妻，得一女子后出家，成为阿罗汉，“慧眼一看知道了自己是李氏王尉迟玛哈之女！”（国王）于是跟尊者达玛巴拉（འཕགས་པ་དྷརྨ་པ་ལ།）、比丘尼二十，从疏勒升向天空而抵达李域，父皇讲述以前的历史，显示了各种神变，国王也顿生敬仰，为了女子尊者阿罗汉尼达玛巴拉建立了博英多寺，如今毗沙门天王和龙王胡罗尔（ཀླུའི་རྒྱལ་པོ་ཧུ་ལོར།）护持。

自此以后，国王尉迟桑扎玛桑盖（རྒྱལ་པོ་བི་ཛ་ཡ་སང་གྲ་མ་སེང་གེ།）之母皇后达尔玛（རྒྱལ་མོ་དྷརྨ།）出家后获得阿罗汉果，并在禅师室坐禅而来，夜晚发光。国王为观看坐禅，射一箭，寻到落箭之处见到了国王达尔玛在此坐禅，国王顿生敬仰，为了母后罗汉尼达尔玛，国王建了一座被称为卓摩嘉的寺院（ཏྲོ་མོ་མཇའ་ཞེས་བགྱི་བའི་གཙུག་ལག་ཁང་།），如今由俗家弟子守护。

于是，国王尉迟桑扎玛之弟扎瓦雅督拉（རྒྱལ་པོ་བི་ཛ་ཡ་སང་གྲ་མའི་ནུ་པོ་བྲ་སྭཱ་ལག）让朱固王妃（རྒྱལ་མོ་དྲུ་གུ་མོ།）出家为僧，起法名也为阿西嘎苏玛（ཨ་ཤུ་ཀ་སུ་མ་ཞེས།），为了阿罗汉顿生敬仰，建立了称

作扎盖觉（ཏ་ཀེ་འཇོ།）的寺院，如今由施碍大将正知守护。

于是，建立格香寺（གཙུག་ལག་ཁང་འགུ་གཞན།）的国王尉迟桑扎玛的妻子（རྒྱལ་པོ་བི་ཛ་ཡ་སངྒྲ་མའི་མཆིས་འབྲང་།），即国王冲格萨尔之女称作奥蓉嘎（རྒྱལ་པོ་འགྲོམ་གེ་སར་གྱི་བུ་མོ་ཨུ་རོང་ག），她的两个女儿出家修得阿罗汉（正果）。此两位尊女其中一名称喜拉木达（ཤི་ལམ་ཏ།），一称桂夏尔（གོའུ་ཤར།）。此两位善知识尊女从卡切自天而降。

藏文原文（187叶A面）：

བཤེས་གཉེན་དུ་གཤེགས་ཏེ། འཕགས་མ་དེ་ཉིད་ཀྱི་སླད་དུ་རྒྱལ་མོས་ཧོ་རོན་འཇོའི་གཙུག་ལག་ཁང་བརྩིགས་ཏེ། །ད་ལྟར་ཀླུའི་རྒྱལ་པོ་ཧུ་ལོར་བགྱི་བ་དང་། གསེར་གྱི་སྐྲ་ཞེས་བགྱི་བ་གཉིས་སྲུང་། །དེ་ནས་རྒྱལ་པོ་བི་ཛ་ཡ་ཀིརྟིའི་བུ་མོ་བི་ཤ་ཛ་ཡས་བུ་མོ་འཕགས་མ་དགྲ་བཅོམ་མ་བི་ཏ་ཤེ་ཅིའི་སླད་དུ་པོ་ལོན་ཇོའི་གཙུག་ལག་ཁང་བརྩིགས་ཏེ། ད་ལྟར་གནོད་སྦྱིན་གྱི་སྡེ་དཔོན་ཡང་དག་ཤེས་ཀྱིས་སྲུང་། དེ་ནས་རྒྱལ་པོ་བི་ཛ་བ་ལའི་བུ་མོ་གུ་ཟན་གྱི་རྒྱལ་ཡོའི་མཆིས་འབྲང་བགྱིད་པ་ཡིན་ཕྲ་བ་ཞེས་བགྱི་བས་བུ་མོ་དགེ་སློང་མ་འཕགས་མ་དགྲ་བཅོམ་མ་བི་སུ་ཛ་ལའི་སླད་དུ་ཨེར་མོ་ནོའི་གཙུག་ལག་ཁང་བརྩིགས་ཏེ། ད་ལྟར་སེར་སྐྱས་སྲུང་། །དེ་ནས་རྒྱལ་པོ་བི་ཛ་ཡ་བ་ལ་ཞེས་བགྱི་བས་ན་སླད་དུ་སེམས་ཅན་མང་པོ་ཞིག་བཀུམ་ནས་འགྱོད་པ་སྐྱེས་ཏེ། བསོད་ནམས་ཕལ་ཆེར་བགྱིས། མཆིས་འབྲང་ཡང་ཐར་བར་བཏང་ནས་འཕགས་མ་དགྲ་བཅོམ་མར་གྱུར་པའི་སླད་དུ་དད་པ་སྐྱེས་ནས་པོ་མོ་ནོ་ནོའི་གཙུག་ལག་ཁང་བརྩིགས་ཏེ། ད་ལྟར་རྣམ་ཐོས་ཀྱི་སྲས་ཀྱིས་སྲུང་ངོ་། །དེ་ནས་ལི་རྗེའི་བློན་པོ་ཨ་མ་ཙ་གེ་མེག་ཅེས་བགྱི་བས་ཕུ་པོ་ཕྲུན་གསུམ་གདུགས་གཅིག་ཏུ་བཀུམ་ནས། མ་ཡང་ཐར་པར་ཞུགས་ནས་དེ་ཉིད་དུ་ཨ་མ་ཙ་ཁ་མེག་གིས་གུས་སྟེ་རེ་མའི་གཙུག་ལག་ཁང་བརྩིགས་ཏེ། ད་ལྟར་ལྷ་ནམ་མཁའི་སྤྲིན་དང་། གནོད་སྦྱིན་གྱི་སྡེ་དཔོན་ཡང་དག་ཤེས་ཀྱིས་སྲུང་། །དེ་ནས་རྒྱལ་པོ་བི་ཛ་ཡ་སངྒྲ་མས་ཀུས་པའི་ཨོར་སྦྱོང་ནག་གི་གཙུག་ལག་ཁང་བརྩིགས་ཏེ། ད་ལྟར་ལྷ་ནམ་མཁའི་སྤྲིན་དང་། གནོད་སྦྱིན་གྱི་སྡེ་དཔོད་ཡང་དག་ཤེས་ཀྱིས་སྲུང་། དེ་ནས་རྒྱལ་པོ་བི་ཛ་ཡ་ཛ་ཡ་ཞེས་བགྱི་བས་ཨོ་སྐུའི་རྒྱལ་པོའི་བུ་མོ་མཆིས་འབྲང་དུ་བླངས་ཏེ། རྒྱལ་མོ་དེས་དགེ་བའི་བཤེས་གཉེན་འཕགས་མ་དགྲ་བཅོམ་མ་གཞི་མའི་སླད་དུ་ཨོ་སྣ་ནོའི་གཙུག་ལག་ཁང་བརྩིགས་ཏེ། ད་ལྟར་ལྷ་མོ་ཞེས་བགྱིངས་སྲུང་། དེ་ནས་རྒྱལ་པོ་བི་ཛ་ཡ་སད་གྲམས་ཀུས་པའི་ཨོར་སྦྱོང་ངག་གི་གཙུག་ལག་ཁང་བརྩིགས་ཏེ། །ནང་གོར་མ་མང་ཞིག་ཐར་པར་སྐྱེས་ནས་ད་ལྟར་རྒྱལ་པོ་ཀུ་ནའི་སྲུང་མའི་ལྷ་མོ་གསེར་གྱི་མེ་ཏོག་དང་། ལྷ་མོ་དུང་ཅན་གཉིས་ཀྱིས་སྲུང་། །དེ་ནས་རྒྱལ་པོ་བི་ཛ་བ་ཡ་ལས་བཙུ་གུན་པན་གྱི་རྒྱལ་པོའི་བུ་མོ་ཤུ་ཧོ་ཀ་ཞེས་བགྱི་བ་མཆིས་འབྲང་དུ་བླངས་པའི་བུ་མོ་དགེ་སློང་མ་དགྲ་བཅོམ་མ་ཨ་ཤོ་ཀ་ཤྲི་ལའི་སླད་དུ་གཙེའུ་ནོའི་གཙུག་ལག་ཁང་བརྩིགས་ཏེ། ད་ལྟར་ལྷ་ཨ་བ་ལྷ་དང་། ལྷ་འཛམ

汉文译文：

为此，皇后建立了霍绕觉寺（རྒྱལ་མོས་ཧོ་རོན་འཇོའི་གཙུག་ལག་ཁང་།）。如今龙王胡罗尔（རྒྱལ་པོ་ཧུ་ལོར།）、塞吉扎（གསེར་གྱི་སྐྲ།）两位（护法）守护。

于是，国王尉迟格迪（རྒྱལ་པོ་བི་ཛ་ཡ་ཀིརྟི།）之女布哈杂依（བི་ཤ་ཛ་ཡ།）为了姐姐尊女阿罗汉尼布达海吉（དགྲ་བཅོམ་མ་བི་ཏ་ཤེ་ཅི།）建立了博隆觉寺（པོ་ལོན་ཇོའི་གཙུག་ལག་ཁང་།），如今由施碍大将正知守护。

于是，国王尉迟杂拉之女格桑（རྒྱལ་པོ་བི་ཛ་བ་ལའི་བུ་མོ་གུ་ཟན།）之国王的姐姐称布哈查瓦（མཆིས་འབྲང་བགྱིད་པ་ཡིན་ཕྲ་བ།），为了女子比丘尼尊女阿罗汉尼布杂拉（དགྲ་བཅོམ་མ་བི་སུ་ཛ་ལ།）建立了艾摩闹

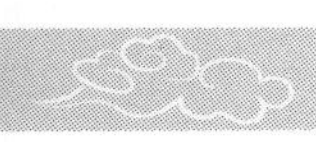

寺（ཨེར་མོ་ནོའི་གཙུག་ལག་ཁང་།），如今由塞尔吉守护。

于是，国王称作尉迟瓦拉（རྒྱལ་པོ་བི་ཛ་ཡ་བ་ལ།）为了消除先前涂炭众生的罪孽，获得广聚的福德，超脱姐姐，为了成为尊女阿罗汉尼，顿生敬仰，建立了考摩闹闹寺（ཁོ་མོ་ནོ་ནོའི་གཙུག་ལག་ཁང་།），如今由多闻天王守护。

于是，李氏王之大臣称作阿玛嘉盖梅（ལི་རྗེའི་བློན་པོ་ཨ་མ་ཙ་གེ་མེག）者，将三兄弟一起杀死，母亲也超脱。其被阿玛嘉盖梅（ཨ་མ་ཙ་ཁ་མེག）所尊敬修建了桂迪热梅寺（གུས་སྡེ་རེ་མའི་གཙུག་ལག་ཁང་།），如今天神南木卡坚和施碍大将正知守护。

于是，国王称作尉迟杂桑扎玛（རྒྱལ་པོ་བི་ཛ་ཡ་སད་གྲམས）迎娶奥格王之女，该女子为了善知识尊者阿罗汉尼谢梅（འཕགས་མ་དགྲ་བཅོམས་གཞི་མ།）建立了奥嘎闹寺院（ཨོ་སྐ་ནོའི་གཙུག་ལག་ཁང་།），如今由天女守护。

于是，国王尉迟桑扎玛（རྒྱལ་པོ་བི་ཛ་ཡ་སང་གྲ་མ།）为了格雄奥建立聂那哈寺（གུས་པའི་ཨོར་སྙིང་ནག་གི་གཙུག་ལག་ཁང་།），内侍女大多被解脱，如今由国王更那的护法天女（རྒྱལ་པོ་ཀུ་ནའི་སྲུང་མ།）塞吉梅朵（ལྷ་མོ་གསེར་གྱི་མེ་ཏོག）、天女敦坚（ལྷ་མོ་དུང་ཅན།）两位护持。

于是，国王尉迟雅拉（རྒྱལ་པོ་བི་ཛ་བ་ཡ་ལ།）以吉刚蚌（བཙུ་གུན་བན།）国王之女喜多嘎（རྒྱལ་པོའི་བུ་མོ་ཤུ་ཏོ་ཀ）为妻，为了姐姐比丘尼阿罗汉尼阿肖嘎喜拉（རྒྱལ་པོའི་བུ་མོ་ཤུ་ཏོ་ཀ་ཞེ།）建立觉闹寺（གཙེའུ་ནོའི་གཙུག་ལག་ཁང་།），如今由天神阿瓦拉（ལྷ་ཨ་བ།）、天神赞巴盖达（ལྷ་འཛམ་ཛ་གེའུ་ཏ།）

藏文原文（187叶B面）：

ཛ་གེའུ་ཏ་ཞེས་བགྱི་བ་གཉིས་སྲུང་། །དེ་ནས་རྒྱལ་པོ་བི་ཛ་ཡ་སིང་ཧའི་མཆིས་འབྲང་ག་འཛག་གི་རྒྱལ་མོ་ཨ་ཕྱོང་ཛ་ཞེས་བགྱི་བའི་དགེ་བའི་བཤེས་གཉེན་དུ་ཤུ་ལིག་ནས་དགེ་སློང་མ་འཕགས་མ་དགྲ་བཅོམ་མ་བདུན་གཤེགས་པའི་སླད་དུ་རྒྱལ་པོ་བི་ཛ་ཡ་སིང་ཧས་ཕྲི་ཤ་ནོའི་གཙུག་ལག་ཁང་བརྩིགས་ཏེ། ད་ལྟར་ལྷ་སེར་སྐྱེས་སྲུང་། །རྒྱལ་པོ་བི་ཛ་ཡ་སང་གྲ་མ་རྒྱལ་པོ་བགྱིད་པའི་ཚེ་ཁ་ཆེའི་ཡུལ་ནས་དགེ་སློང་མ་འཕགས་མ་དགྲ་བཅོམ་མ་ཤི་ལ་ཏ་དང་། འགེའུ་ཤུ་སུ་ཡ་ཞེས་བྱ་བ་གཉིས་ནམ་མཁའ་ལས་ལྡིང་སྟེ་གཤེགས་ནས་སླད་ཀྱིས་ཁྱིམ་བདག་ན་མོ་བོད་བགྱི་བའི་ཁྱིམ་དུང་དུ་བཞུགས་ནས་རྒྱལ་པོ་བི་ཛ་ཡ་སང་གྲ་མ་ལ་སྨྲས་པ། རྒྱལ་པོ་ཆེན་པོ་དོག་ས་འདི་ནི་སྟོན་སངས་རྒྱས་ཤཱཀྱ་ཐུབ་པ་བྱང་ཆུབ་སེམས་དཔའི་སྤྱད་པ་སྤྱོད་པའི་ཚེ་བྱང་ཆུབ་སེམས་དཔའ་སྲ་ཤིང་ཞེས་བགྱི་བར་གྱུར་པ་ན་བྲམ་ཟེ་ལ་བུ་མིང་སྲིང་གཉིས་ཡོན་དུ་ཕུལ་ཏེ། ཕྲིན་ལས་དཀའ་བ་རྣམ་གཅིག་མཛད་པའི་ས་འདིར་ལགས་པས་འདིར་གཙུག་ལག་ཁང་གཅིག་བརྩིག་པར་རིགས་སོ་ཞེས་བགྱིས་པ་དང་། ཁྱིམ་བདག་ན་མོ་བོད་ཅེས་བགྱི་བ་དེ་ཡང་དད་པ་སྐྱེས་ནས། ཁང་ཁྱིམ་དང་ས་དེ་ཡང་ཡོན་དུ་ཕུལ་ནས། རྒྱལ་པོས་ཀྱང་གཙུག་ལག་ཁང་ཞིག་བརྩིགས། ཡོན་བདག་པས་ཀྱང་མིང་དྲས་ནས་གཙུག་ལག་ཁང་གི་མཚན་ཡང་ན་མོ་འབུ་གདོང་ཞེས་བྱ་བར་བཏགས། ད་ལྟར་སླུའི་རྒྱལ་པོ་ཧུ་ལོར་དང་། ལྷ་གསེར་གྱི་སྐྲ་ཞེས་བགྱི་བས་སྲུང་། །དེ་ནས་ལི་རྗེའི་བློན་པོ་འདད་ནོ་ཡ་ཞེས་བགྱི་བ་ཞིག་གིས་ཚོང་འདུས་པར་མར་སྐུ་གཟུགས་ཆེན་པོ་བགྱིས་པ་ལས་སླད་ཀྱིས་ཡང་ལིའི་བློན་པོ་ཨ་མ་ཙ་བི་དད་ཀྱི་སྐུ་གཟུགས་ཆེན་པོའི་ལྷ་ཞིག་རལ་དུ་གྱུར་པ་ཡང་གསོས། གོང་ཤེང་གི་དགེ་སློང་མའི་སླད་དུ་འདད་ནོ་ཡོ་ནའི་གཙུག་ལག་ཁང་བརྩིགས་ཏེ། ད་ལྟར་རྣམ་ཐོས་སྲས་ཀྱིས་སྲུང་། །ཨུ་ཐེན་ན་དགེ་འདུག་སྡེ་གཉིས་བཞུགས་པའི་གཙུག་

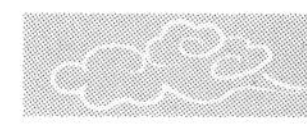

ལག་ཁང་ཆེན་པོར་བགྱི་བ་ནི་སྐུ་མཁར་གྱི་ནང་དང་། སྣད་རོལ་ན་དྲུག་ཅུ་རྩ་བརྒྱད་བཞུགས། གཙུག་ལག་ཁང་འབྲིང་དུ་བགྱི་བ་ནི་དགུ་ཅུ་རྩ་ལྔ་ལགས། གཙུག་ལག་ཁང་ཆུང་ངུར་བགྱི་བ་ནི་བརྒྱ་བཞི་བཅུ་རྩ་བརྒྱད་བཞུགས། སྒོ་སྒོའི་མཆོད་པའི་ལྷ་ཁང་ཆུང་ངུ་དང་། ཡོན་བདག་མ་མཆིས་པའི་

汉文译文：

两神护持。

于是，国王尉迟桑哈（རྒྱལ་པོ་བི་ཛ་ཡ་སིང་ཧ།）之妻称作嘎嘉的皇后阿罗嘉（རྒྱལ་མོ་ཨ་འཛལ།），为了拜善知识从疏勒迎请七位比丘尼尊者阿罗汉尼，国王尉迟桑哈（རྒྱལ་པོ་བི་ཛ་ཡ་སིང་ཧ།）建立惠且闹那寺，如今由天神塞嘉护持。

国王尉迟桑扎玛统治之时，从卡切地方比丘尼尊者阿罗汉尼喜拉达（དགེ་སློང་མ་འཕགས་མ་དགྲ་བཅོམ་མ་ཤི་ལ་ཏ།）、桂喜斯雅（འགེའུ་ཤུ་སྲུ་ཡ།）两位自天而降，来到了一家主人称为那摩（ན་མོ།）的家中，对国王尉迟桑扎玛说：“大王此小屋先前释迦牟尼菩提大士修习时，称作菩提大士萨香（བྱང་ཆུབ་སེམས་དཔའ་ས་ཤེང་།）将婆罗门之子姐妹两人施舍，艰难究竟事业之此处为妙，在此建一寺院为好！”那摩也顿生敬仰，将房产和此地作为善缘而献，国王也建一寺，施主也起了同名的寺院名为那摩布敦（ན་མོ་འབུ་གདོང་།）。龙王胡罗尔（ཀླུའི་རྒྱལ་པོ་ཧུ་ལོར།）、天神塞吉扎（ལྷ་གསེར་གྱི་སྒྲ།）护卫。

此后，李氏王的大臣被称作达闹雅（འདད་འ་ནོ་ཡ།）的在集市上买得一尊酥油佛像，李氏大臣达摩雅（ལི་རྗེའི་བློན་པོ་འདད་འ་ནོ་ཡ།）信仰的一大尊天神像变烂又修复，为了贡香（ཀོང་ཤེང་།）之比丘尼，建立达摩闹雅寺（འདད་འ་ནོ་ཡོ་ནའི་གཙུག་ལག་ཁང་།），如今由毗沙门天王守护。

在和田，僧侣伽蓝二部安住的大寺在王宫内、外者有大寺68座，中等寺院95座，小寺院148座，家家供奉的小佛殿（སྒོ་སྒོའི་མཆོད་པའི་ལྷ་ཁང་ཆུང་ངུ།）、没有施主的

藏文原文（188叶A面）：

ལྷ་ཁང་དང་། མཆོད་རྟེན་ནི་སྐུ་མཁར་གྱི་ནང་དང་། སྣད་རོལ་གྱི་ཚར་ཡན་ཆད་ན་སུམ་སྟོང་དྲུག་བརྒྱ་བརྒྱད་ཅུ་རྩ་བརྒྱད་བཞུགས། ཙ་ཟེན་ན་དགེ་འདུན་སྒོ་འཚོ་ཡན་ཆད་བྱི་བ་ལོ་ལ་བརྩིས་ན་ཁྲི་ཙམ་ཞིག་བཞུགས། མདོ་ལོ་དང་མེ་སྐར་ཕྱོགས་ན་གཙུག་ལག་ཁང་ཆེན་པོ་ནི་བཞི་ཞིག་བཞུགས། སྒོ་སྒོའི་ལྷ་ཁང་དང་ཡོན་བདག་མ་མཆིས་པའི་ལྷ་ཁང་ཆུང་ངུ་ནི་བརྒྱ་ལྷག་ཙམ་བཞུགས། དགེ་འདུན་ཉི་ཤུ་ཙམ་བཞུགས། ཀམ་ཤེད་དང་། ཕོ་ཉ་དང་། བེནྣ་འདྲ་དང་། ཨོ་ཏུ་ཡན་ཆད་ཛི་ལ་མན་ཆད་སྐུ་མཁར་གྱི་ནང་དང་། སྣད་རོལ་གྱི་ཚར་ཡན་ཆད་གཙུག་ལག་ཁང་ཆེན་པོ་ཉི་ཤུ་རྩ་གསུམ་བཞུགས། སྣད་རོལ་གྱི་ཚར་ཡན་ཆད་གཙུག་ལག་ཁང་ཆེན་པོ་ཉི་ཤུ་རྩ་གསུམ་བཞུགས། སྒོ་སྒོའི་མཆོད་པའི་ལྷ་ཁང་ཆུང་ངུ་དང་། མཆོད་རྟེན་ཆུང་སྤྱིར་བརྒྱད་བརྒྱ་སུམ་ཅུ་རྩ་དགུ་བཞུགས། དགེ་འདུན་སྡེ་གཉིས་ལས་ཀྱེན་པ་དང་། སྒོ་འཚོ་ཡན་ཆད་སྤྱིར་བཞི་བརྒྱ་སུམ་ཅུ་རྩ་བརྒྱད་བཞུགས་ཀྱིལ་ཀྱང་མན་ཆད་ཀོང་ཤེད་དང་། དུཙ་ཡན་ཆད་སྐུ་མཁར་གྱི་ནང་དང་། སྣད་རོལ་གྱི་ཚར་ཡན་ཆད་ན་གཙུག་ལག་ཁང་བཅོ་ལྔ་ཙམ་བཞུགས། སྒོ་སྒོའི་ཁང་ཆུང་ངུ་དང་། ཡོན་བདག་མ་མཆིས་པའི་ལྷ་ཁང་ཆུང་ངུ་དང་། མཆོད་རྟེན་ཡན་ཆད་བཞུགས། དགེ་འདུན་སྡེ་གཉིས་ལས་ཀྱེན་པ་དང་། སྒོ་འཚོ་ཡན་ཆད་སྤྱིར་དགུ་བརྒྱ་དྲུག་ཅུ་རྩ་གསུམ་བཞུགས། །རྒྱལ་པོ་ས་ནུའི་

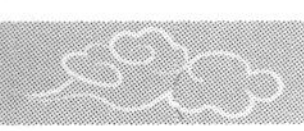

ཚ་བོ་རྒྱལ་པོ་བི་ཛ་ཡ་སམ་བྷ་བ་ཞེས་བགྱི་བའི་ཚེ་ཐོག་མ་ལི་ཡུལ་དུ་ཆོས་བྱུང་སྟེ་བརྩིས་ནས་ཁྱིམ་ལོའི་ཤོལ་བོར་བའི་སྟོན་ཟླ་ཐ་ཆུངས་ཡན་ཆད་དགུང་ལོ་སྟོང་ཉིས་བརྒྱ་ལྔ་བཅུ་རྩ་དྲུག་ཙམ་ལགས། འཕགས་པ་ཟླ་བའི་སྙིང་པོས་ཞུས་པ་དང་། ལྷ་མོ་དྲི་མ་མེད་པའི་འོད་ཀྱིས་ཞུས་པ་དང་། འཕགས་པ་དགྲ་བཅོམ་པ་དགེ་འདུན་འཕེལ་གྱི་ལུང་བསྟན་པ་རྣམས་དང་མཐུན་པར་ལིའི་ཡུལ་དང་། དེར་ལི་རྗེའི་རྒྱལ་པོ་རྣམས་ཀྱིས་འཕགས་པ་རྣམས་སྤྱན་དྲངས་ནས། སངས་རྒྱས་ཀྱི་བསྟན་པ་དང་། དེའི་གཞི་གཙུག་ལག་ཁང་དང་། ལྷ་ཁང་དང་། མཆོད་རྟེན་རྣམས་ཇི་ལྟར་བཞེངས་པ་དང་དགེ་འདུན་སྡེ་གཉིས་ཇི་ལྟར་སྤྱེལ་བའི་ཚུལ་རྒྱས་པར་བསྟན་པ་ལི་ཡུལ་ལུང་བསྟན་པ་ཞེས་བྱ་བ་རྫོགས་སོ། །མངྒ་ལཾ།། །།

汉文译文：

佛殿、佛塔在城内有若干；在宫外的蔡（སྣད་རོལ་གྱི་ཚར།）以上有3688座；在和田的僧伽告措（ཨུ་ཐེན་ན་དགེ་འདུན་སྒོ་འཚོ།）以上鼠年算起住世10000年，多罗（མདོ་ལོ།）、梅嘎尔（མེ་སྐར།）地方大寺4座，家家佛殿、没有施主的小佛殿约有100多座，有僧侣20多个；嘎木谢（ཀམ་ཤེད།）、帕聂（ཕ་ཉ།）、柏尔嘎扎（བེཀ་འདྲ།）、奥格雅且吉（ཨོ་རྒྱ་ཡན་ཆད་ཇི།）以下王城内，拉若吉擦（སྣད་རོལ་གྱི་ཚར།）以上，建有大佛寺23座，中等佛寺21座，小寺23座，家家供奉的小佛殿、小佛塔总的有839座，僧侣伽蓝二部善缘。郭措以上总的有438座。吉（ཀྱིལ།）以下贡香（ཀོང་ཤེང་།）、敦尔雅（དུཪྻ།）以上王宫内，绕吉擦（སྣད་རོལ་གྱི་ཚར།）以上有佛寺15座，家家佛龛、没有施主的小佛殿，以上供奉，僧侣伽蓝二部善缘。郭措以下总的有963座。

从国王萨尼之孙称作国王尉迟萨木布瓦（རྒྱལ་པོ་བི་ཛ་ཡ་སམ་བྷ་བ།）时，即首次在李域出现佛教时算起，宫年①闰藏历九月以上1256年，此与《尊者月藏经》（འཕགས་པ་ཟླ་བའི་སྙིང་པོ།）、《天女无垢光经》（ལྷ་མོ་དྲི་མ་མེད་པའི་འོད།）、《僧伽伐弹那授记》（འཕགས་པ་དགྲ་བཅོམ་པ་དགེ་འདུན་འཕེལ་གྱི་ལུང་བསྟན་པ།）等相符，李域和李氏王们迎请尊者们，佛教，其依处寺院、佛殿、佛塔等如何建立，僧侣伽蓝二部如何发展的情况详细陈述圆满，李域授记完毕。吉祥！

① 宫年，藏语称为“其木罗”，“其木”有家、家庭的意思，“罗”为年，可译作恒星年。天阳完成其“本身行”（周年视运动）一周，地上呈现四季的一个循环所续时间。一宫年有十二个宫月，即360个宫日，等于365又4975/18382（=365.270645）太阳日。次系体系派数值。实用派数值为356.258675太阳日。（《藏汉大辞典》，第263页。）

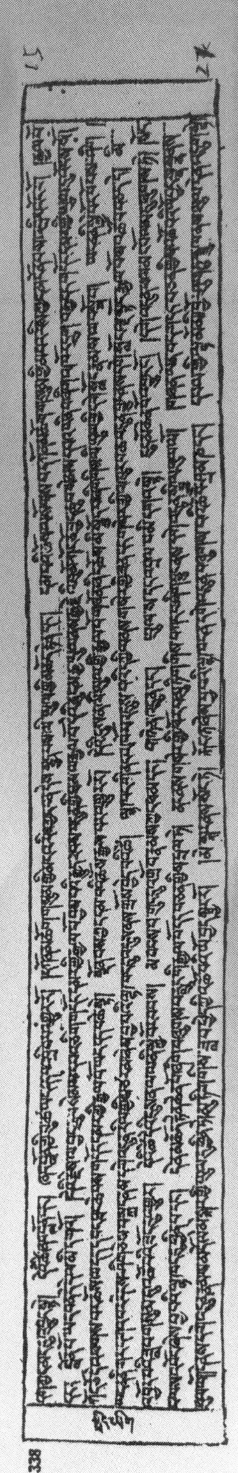

《李域授记》(ལི་ཡུལ་ལུང་བསྟན།)

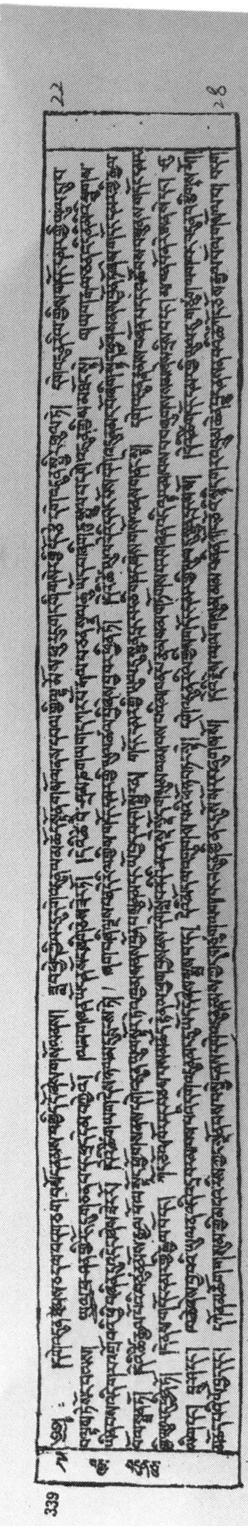

339

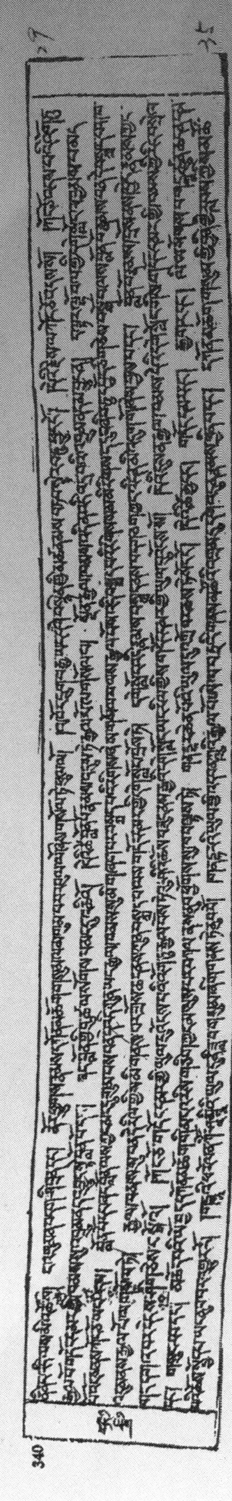

340

341

《李域授记》(ལི་ཡུལ་ལུང་བསྟན་པ།)

342

343

344

《李域授记》(ལི་ཡུལ་ལུང་བསྟན།)

《李域授记》(ལི་ཡུལ་ལུང་བསྟན།)

《李域授记》(ལི་ཡུལ་ལུང་བསྟན།)

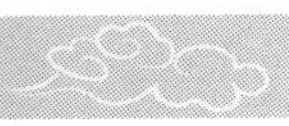

351

352

353

《李域授记》(ལི་ཡུལ་ལུང་བསྟན་པ།)

354

355

356

《李域授记》(ལི་ཡུལ་ལུང་བསྟན།)

357

358

359

《李域授记》(ལི་ཡུལ་ལུང་བསྟན།)

《李域授记》(ལི་ཡུལ་ལུང་བསྟན།)

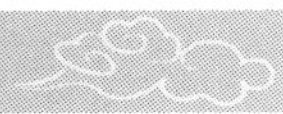

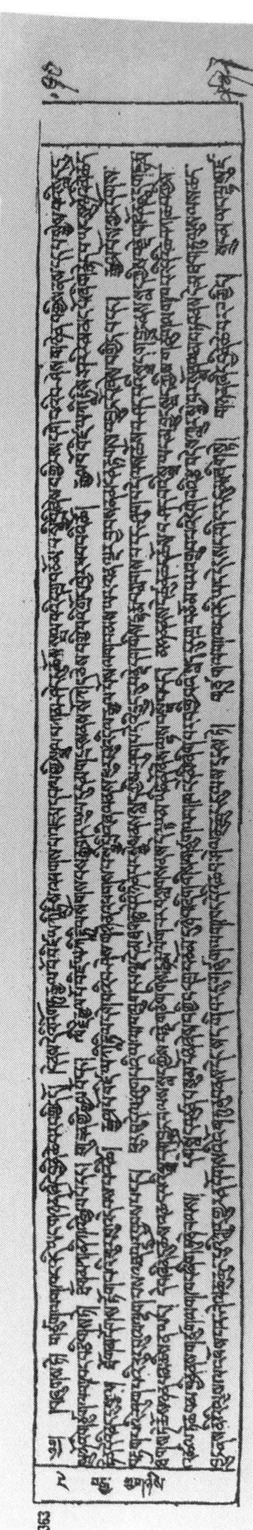

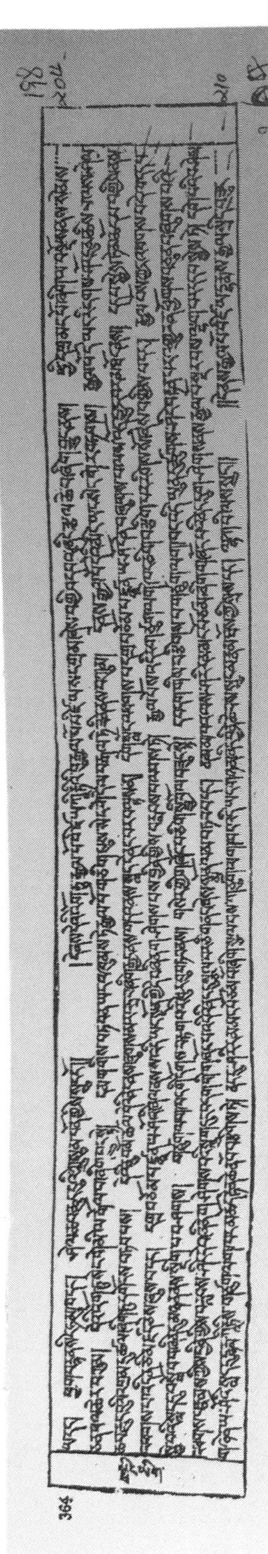

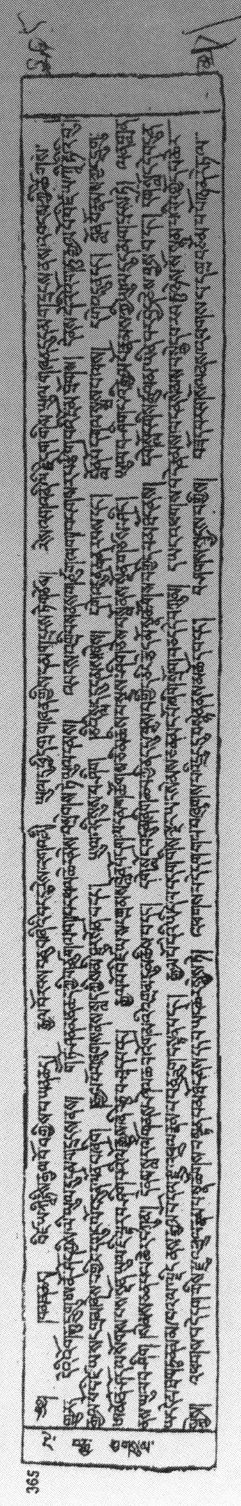

《李域授记》(ལི་ཡུལ་ལུང་བསྟན་པ།)

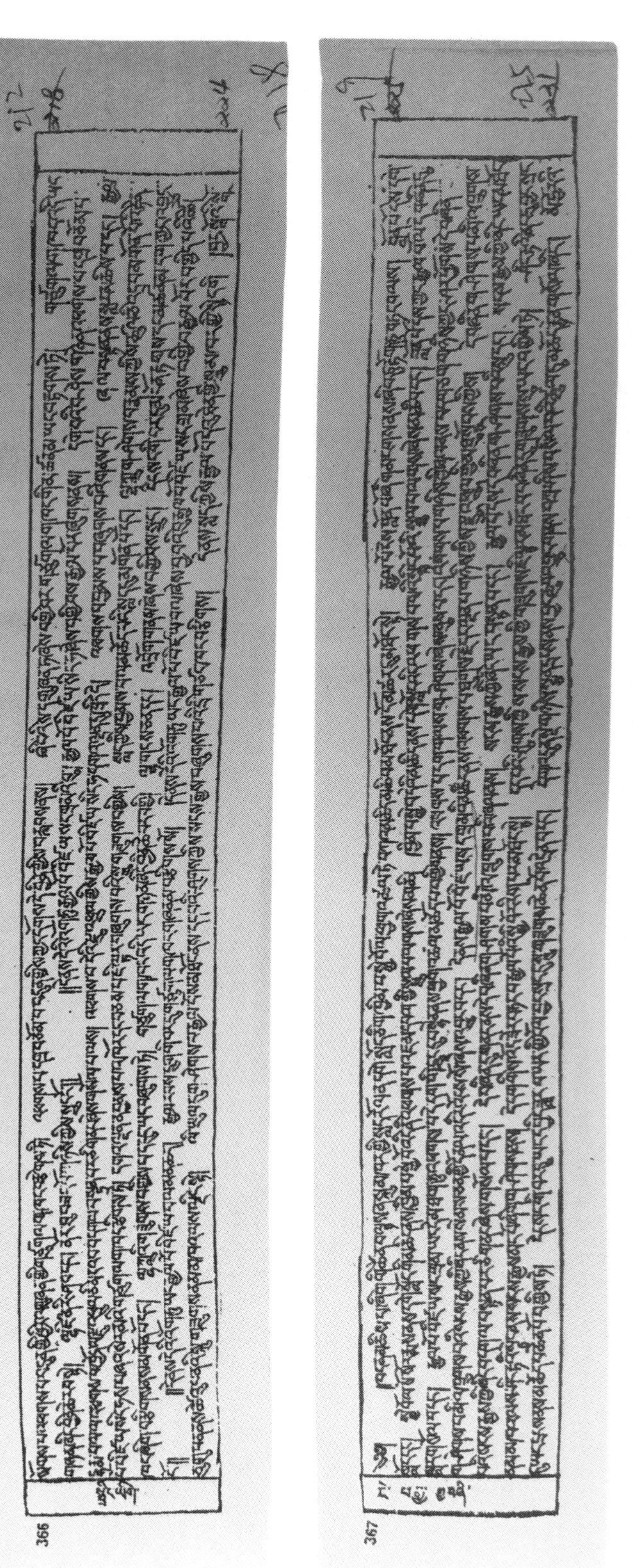

366

367

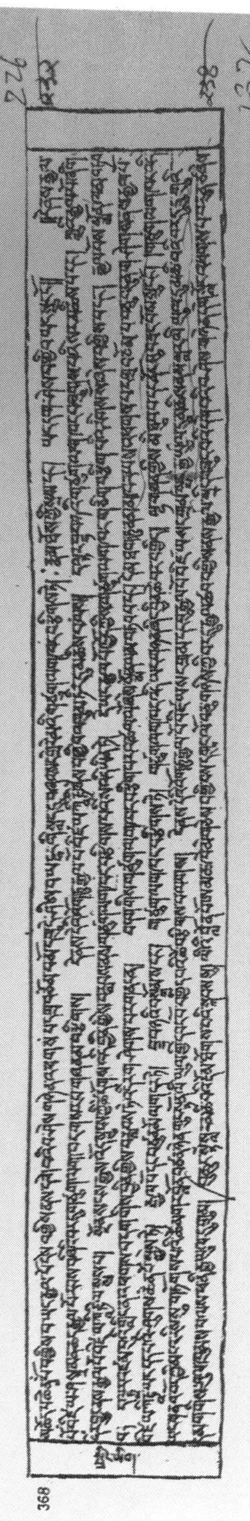

368

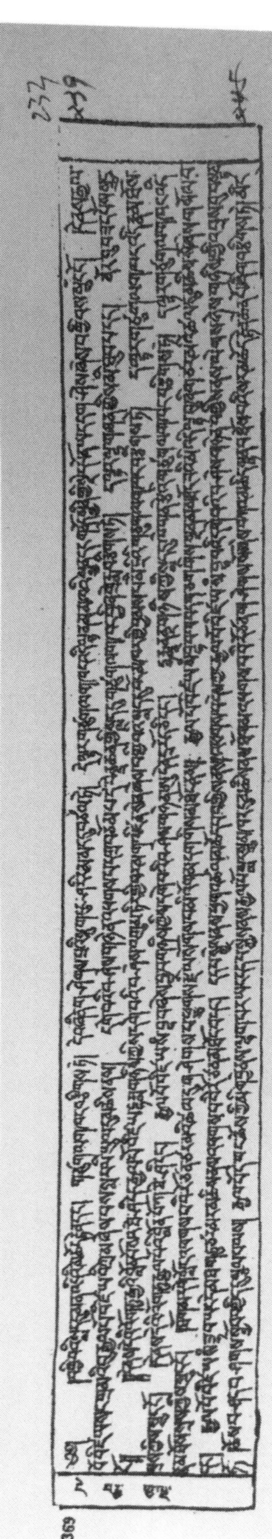

369

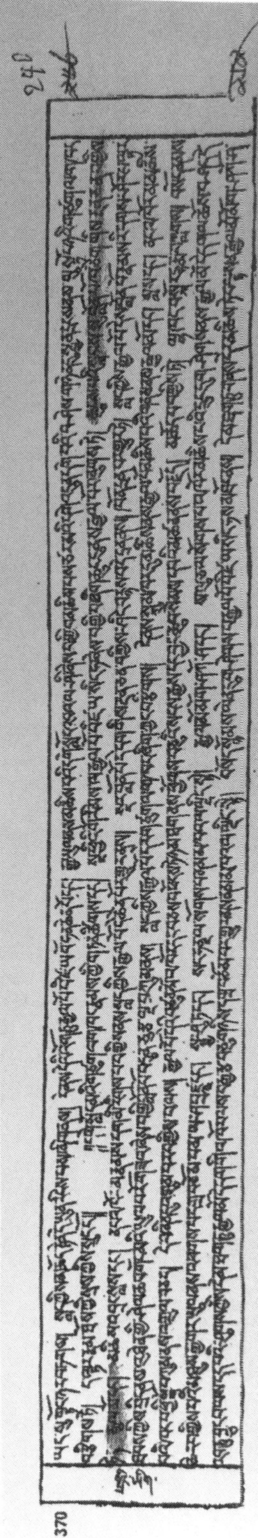

370

371

《李域授记》（ལི་ཡུལ་ལུང་བསྟན་པ།）

372

373

374

《李域授记》(ལི་ཡུལ་ལུང་བསྟན།)

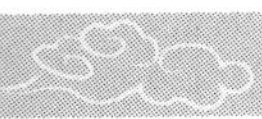

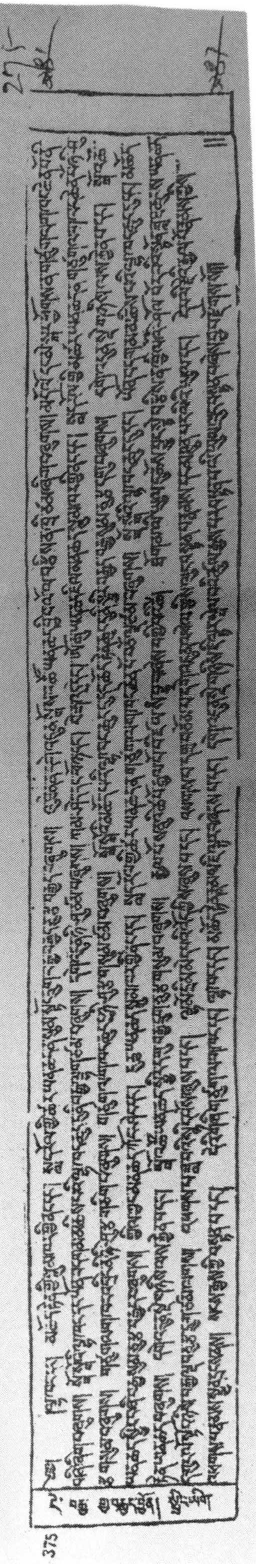

《李域授记》(ལི་ཡུལ་ལུང་བསྟན།)

# 七、《善友传》(འཕགས་པ་དགའ་བའི་བཤེས་གཉེན་གྱི་རྟོགས་པ་བརྗོད་པ་ཞེས་བྱ་བ།) 原文

## 一、解　题

### （一）作者简介

《善友传》(འཕགས་པ་དགའ་བའི་བཤེས་གཉེན་གྱི་རྟོགས་པ་བརྗོད་པ་ཞེས་བྱ་བ།)文末无题记，译者（作者）不详。

### （二）版本介绍

《善友传》是根据德格版而录。在德格版《丹珠尔》部中。སུ部240叶 A4~7，244叶 B1，总计有6叶81行，版本保存完好。

## 二、藏文原文

240叶A面：

༄༅། །རྒྱ་གར་སྐད་དུ། ཨཱརྻནནྡམིཏྲཨབདཱནནཱམ། བོད་སྐད་དུ། འཕགས་པ་དགའ་བའི་བཤེས་གཉེན་གྱི་རྟོགས་པ་བརྗོད་པ་ཞེས་བྱ་བ། སངས་རྒྱས་དང་བྱང་ཆུབ་སེམས་དཔའ་ཐམས་ཅད་ལ་ཕྱག་འཚལ་ལོ། འདི་སྐད་བདག་གིས་ཐོས་ཏེ། བཅོམ་ལྡན་འདས་མྱ་ངན་ལས་འདས་ནས་ལོ་བརྒྱད་བརྒྱ་ལོན་པར་གྱུར་པ་ན། དེའི་ཚེ་དེའི་དུས་ན་ཡུལ་ཤི་བི་ཀ་ཞེས་བྱ་བ་ན་གྲོང་ཁྱེར་བྱིན་གྱིས་བརླབས་པ་ཞེས་བྱ་བ་ཡོད་དེ། དེ་ན་རྒྱལ་པོ་རིགས་པའི་སྡེ་ཞེས་བྱ་བ་གནས་སོ། །དེའི་ཚེ་རྒྱལ་པོ་རིགས་པའི་སྡེའི་ཡུལ་ན་དགེ་སློང་དགའ་བའི་བཤེས་གཉེན་ཞེས་བྱ་བ་རྣམ་པར་ཐར་པ་བརྒྱད་ལ་བསམ་གཏན་པ་མངོན་པར་ཤེས་པ་དྲུག་དང་ལྡན་པ། རྫུ་འཕྲུལ་ཆེ་བ། མཐུ་ཆེ་བ། དཔག་ཚད་བརྒྱ་སྟོང་ཕྲག་དུ་མ་ན་གནས་པའི་སེམས་ཅན་རྣམས་ལས་གྲོག་མོ་དང་ཀུ་ཏའི་སེམས་ཀྱི་སྤྱོད་པ་ཤེས་པ་ཞིག་གནས་ཏེ། དེ་ཡོངས་སུ་མྱ་ངན་ལས་འདའ་བའི་དུས་ཀྱི་

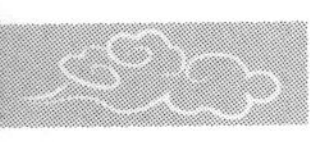

ཆེ་དགེ་སློང་གི་དགེ་འདུན་འདུས་པ་རྣམས་ཀྱིས་འདི་སྐད་དུ། ཁྱོད་ལྷ་བུ་མྱ་ངན་ལས་འདས་ནས་སངས་རྒྱས་ཀྱི་བསྟན་པ་ནུབ་པར་མི་འགྱུར་རམ་

240叶B面：

ཞེས་སྨྲས་པ་དེས་དེ་དག་ལ་སྨྲས་པ། ནུབ་པར་མི་འགྱུར་ཏེ། བཅོམ་ལྡན་འདས་ཀྱིས་ལུང་བསྟན་ནས་བཤད་དོ། །འདི་ལྟར་ཡང་དགེ་སློང་རྣམས་ཟེ་ཚོམ་སྐྱེས་ནས་དྲིས་པ། གནས་བརྟན་ཡུན་ཇི་སྲིད་ཅིག་གི་བར་དུ་བཅོམ་ལྡན་འདས་ཤཱཀྱ་ཐུབ་པའི་དམ་པའི་ཆོས་གནས་པར་འགྱུར། དེས་སྨྲས་པ། བཞིན་བཟང་དག་དོགས་པ་མེད་ཀྱིས་མྱ་ངན་དང་སྨྲེ་སྔགས་མ་འདོན་ཅིག །དེ་ཅིའི་ཕྱིར་ཞེ་ན། བཅོམ་ལྡན་འདས་ཡོངས་སུ་མྱ་ངན་ལས་འདས་པའི་དུས་ཀྱི་ཚེ་གནས་བརྟན་ཆེན་པོ་བཅུ་དྲུག་གི་ལག་ཏུ་དམ་པའི་ཆོས་གཏད་པར་གྱུར་ཏེ། སྦྱིན་བདག་དང་སྦྱིན་པ་པོའི་སྦྱིན་པ་ཡོངས་སུ་དག་པར་བྱ་བའི་ཕྱིར་རོ། །དེ་སྐད་ཅེས་སྨྲས་པ་དང་། གནས་བརྟན་དགའ་བའི་བཤེས་གཉེན་ལ་དགེ་སློང་རྣམས་ཀྱིས་འདི་སྐད་ཅེས་སྨྲས་སོ། །གནས་བརྟན་བདག་ཅག་གིས་གནས་བརྟན་དེ་དག་གི་མཚན་ཡང་མི་འཚལ་ལོ། །གནས་བརྟན་གྱིས་སྨྲས་པ། ཚེ་དང་ལྡན་པ་དག་གནས་བརྟན་དང་པོའི་མཚན་ནི་བརདྭཛ་བསོད་སྙོམས་ལེན་ཞེས་བྱའོ། །གནས་བརྟན་གཉིས་པའི་མཚན་ནི་གསེར་བེའུ་ཞེས་བྱའོ། །གནས་བརྟན་གསུམ་པའི་མཚན་ནི་བརདྭཛ་ཞེས་བྱའོ། །གནས་བརྟན་བཞི་པའི་མཚན་ནི་མི་ཕྱེད་པ་ཞེས་བྱའོ། །གནས་བརྟན་ལྔ་པའི་མཚན་ནི་ཤིང་ཤུན་ཅན་ཞེས་བྱའོ། །གནས་བརྟན་དྲུག་པའི་མཚན་ནི་བཟང་པོ་ཞེས་བྱའོ། །གནས་བརྟན་བདུན་པའི་མཚན་ནི་ནག་པོ་ཞེས་བྱའོ། །གནས་བརྟན་བརྒྱད་པའི་མཚན་ནི་བད་སའི་བུ་ཞེས་བྱའོ། །གནས་བརྟན་དགུ་པའི་མཚན་ནི་བ་ལང་སྐྱོང་ཞེས་བྱའོ། །གནས་བརྟན་བཅུ་པའི་མཚན་ནི་ལམ་པ་ཞེས་བྱའོ། །གནས་བརྟན་བཅུ་གཅིག་པའི་མཚན་ནི་སྒྲ་གཅན་འཛིན་ཞེས་བྱའོ། །གནས་བརྟན་བཅུ་གཉིས་པའི་མཚན་ནི་ཀླུ་སྡེ་ཞེས་བྱའོ། །གནས་བརྟན་བཅུ་གསུམ་པའི་མཚན་ནི་ནུར་གྱིས་ཤེས་བྱའོ། །གནས་བརྟན་བཅུ་བཞི་པའི་མཚན་ནི་ནགས་ན་གནས་ཞེས་བྱའོ། །གནས་བརྟན་བཅོ་ལྔ་བའི་མཚན་ནི་མི་ཕམ་པ་ཞེས་བྱའོ། །གནས་བརྟན་བཅུ་དྲུག་པའི་མཚན་ནི་གཙུག་གི་ལམ་པ་ཞེས་བྱའོ། །གནས་བརྟན་དེ་དག་ནི་རིག་པ་གསུམ་དང་ལྡན་པ་སྡེ་སྣོད་གསུམ་པ། ཁམས་གསུམ་པའི་འདོད་ཆགས་དང་བྲལ་བ། རྫུ་འཕྲུལ་གྱི་སྟོབས་

241叶A面：

ཀྱིས་ཚེ་བྱིན་གྱིས་བརླབས་ཏེ་བསྲིངས་ནས་བཅོམ་ལྡན་འདས་ཀྱི་བཀའ་གནས་པ་ཡིན་ནོ། །སྦྱིན་པ་པོ་དང་སྦྱིན་བདག་རྣམས་ཀྱི་སྦྱིན་པ་ཡོངས་སུ་དག་པར་བྱེད་དོ། །དེ་སྐད་ཅེས་སྨྲས་པ་དང་། དགེ་སློང་རྣམས་ཀྱིས་གནས་བརྟན་དགའ་བའི་བཤེས་གཉེན་ལ་འདི་སྐད་ཅེས་སྨྲས་སོ། །གནས་བརྟན་བདག་ཅག་གིས་གནས་བརྟན་དེ་དག་གང་ན་བཞུགས་པ་མི་འཚལ་ལོ། །གནས་བརྟན་གྱིས་སྨྲས་པ། ཚེ་དང་ལྡན་པ་དག་གནས་བརྟན་དང་པོ་བ་རདྭཛ་བསོད་སྙོམས་ལེན་ནི་འཁོར་དགྲ་བཅོམ་པ་སྟོང་དང་ལྷན་ཅིག་བ་ལང་སྤྱོད་ཀྱི་གླིང་ན་གནས་སོ། །གནས་བརྟན་གསེར་བེའུ་ཞེས་བྱ་བ་ནི་འཁོར་དགྲ་བཅོམ་པ་ལྔ་སྟོང་དང་ལྷན་ཅིག་ཤར་གྱི་ལུས་འཕགས་པོའི་གླིང་ན་གནས་སོ། །གནས་བརྟན་བ་རདྭཛ་ནི་འཁོར་དགྲ་བཅོམ་པ་དྲུག་སྟོང་དང་ལྷན་ཅིག་བྱང་ཕྱོགས་ཀྱི་ཁ་ཆེའི་ཡུལ་ན་གནས་སོ། །གནས་བརྟན་མི་ཕྱེད་པ་ནི་འཁོར་དགྲ་བཅོམ་པ་བདུན་སྟོང་དང་ལྷན་ཅིག་འཛམ་བུའི་གླིང་ན་གནས་སོ། །གནས་བརྟན་ཤིང་ཤུན་ཅན་ནི་འཁོར་དགྲ་བཅོམ་པ་དྲུག་སྟོང་དང་ལྷན་ཅིག་བྱང་གི་སྒྲ་མི་སྙན་གྱི་གླིང་ན་གནས་སོ། །གནས་བརྟན་བཟང་པོ་ནི་འཁོར་དགྲ་བཅོམ་པ་དགུ་སྟོང་དང་ལྷན་ཅིག་ཟངས་གླིང་ན་གནས་སོ། །གནས་བརྟན་ནག་པོ་ནི་འཁོར་དགྲ་བཅོམ་པ་ཁྲི་དང་ལྷན་ཅིག་སེང་ག་གླིང་ན་གནས་སོ། །གནས་བརྟན་བད་སའི་བུ་ནི་འཁོར་དགྲ་བཅོམ་པ་ཁྲི་ཆིག་སྟོང་དང་ལྷན་ཅིག་པན་སའི་གླིང་ན་གནས་སོ། །གནས་བརྟན་བ་ལང་ལང་སྐྱོང་ནི་འཁོར་དགྲ་བཅོམ་པ་བརྒྱད་སྟོང་དང་ལྷན་ཅིག་རི་བོ་སྤོས་ཀྱི་དང་ལྡང་ལ་གནས་སོ། །གནས་བརྟན་ལམ་པ་ནི་འཁོར་དགྲ་བཅོམ་པ་སྟོང་ཕྲག་བཅུ་གསུམ་དང་ལྷན་ཅིག་ལྷའི་གནས་སུམ་ཅུ་རྩ་གསུམ་ན་གནས་

སོ། །གནས་བརྟན་སྦྲ་གཅན་འཛིན་ནི་འཁོར་དགྲ་བཅོམ་པ་སྟོང་དང་ལྷན་ཅིག་ཕྱི་ཡང་ཀུའི་གླིང་ན་གནས་སོ། །གནས་བརྟན་ཀླུ་སྡེ་ནི་འཁོར་དགྲ་བཅོམ་པ་སྟོང་ཕྲག་བཅུ་གཉིས་དང་ལྷན་ཅིག་རི་བོ་སྐྱ་བོན་ན་བཞུགས་སོ། །གནས་བརྟན་ཐུར་གྱིས་ཤེས་ནི་འཁོར་དགྲ་བཅོམ་པ་སྟོང་ཕྲག་གསུམ་དང་ལྷན་ཅིག་ངོས་ཡངས་ན་གནས་སོ། །གནས་བརྟན་ནགས་ན་གནས་ནི་འཁོར་དགྲ་བཅོམ་པ་

241叶B面:

སྟོང་ཕྲག་བཅུ་བཞི་དང་ལྷན་ཅིག་ལུས་འཕགས་ཀྱི་རི་ལ་གནས། །གནས་བརྟན་མི་ཕམ་པ་ནི་འཁོར་དགྲ་བཅོམ་པ་སྟོང་ཕྲག་བཅོ་ལྔ་དང་ལྷན་ཅིག་རྒྱལ་པོའི་ཁབ་བྱ་རྒོད་ཕུང་པོའི་རི་ལ་གནས་སོ། །གནས་བརྟན་གཙུག་གི་ལམ་པ་ནི་འཁོར་དགྲ་བཅོམ་པ་སྟོང་ཕྲག་དྲུག་ཅུ་དང་ལྷན་ཅིག་རི་བོ་གཉའ་ཤིང་འཛིན་ན་གནས་སོ། །གནས་བརྟན་དེ་དག་གིས་ནི་མི་ཤེས་པའམ། མ་མཐོང་བའམ། མ་ཐོས་པའམ། མངོན་སུམ་དུ་མ་བྱས་པ་ནི་ཅུང་ཟད་ཀྱང་མེད་དོ། །དགེ་འདུན་གྱི་བཞེས་པའམ། སྤྱན་དྲངས་པའམ། བཅོ་ལྔ་སྟོན་ནམ། གཙུག་ལག་ཁང་འབུལ་བའམ། རབ་གནས་སམ། གང་ཅུང་ཟད་མི་ཤེས་པ་མེད་དོ། །དེ་དག་ཏུ་གནས་བརྟན་བཅུ་དྲུག་པོ་དེ་དག་ལ་འཁོར་དུ་མ་དང་བཅས་པ་ཆ་ལུགས་གཞན་དང་གཞན་གྱིས་དེ་དང་དེར་བྱོན་ཞིང་གནས་ཏེ། དེ་ལྟར་སྦྱིན་པ་ཡོངས་སུ་དག་པར་བྱེད་དོ། །མ་འོངས་པ་ན་མཚོན་གྱི་བསྐལ་པ་བྱུང་བ་འདས་ནས་མི་རྣམས་དགེ་བ་བཅུ་དང་ལྡན་པས་ཚེ་སྐར་འཕེལ་ཏེ། ལོ་བརྒྱད་ཅུ་ཐུབ་པ་ན་སྟོན་པའི་ཉན་ཐོས་དེ་དག་ཡང་ཕྱིར་ལ་འཛམ་བུའི་གླིང་དུ་བྱོན་ནས་དམ་པའི་ཆོས་ཡང་དག་པར་སྟོན་པར་བྱེད་ཅིང་རབ་ཏུ་འབྱིན་པར་བྱེད་དོ། །ཇི་སྲིད་སྐྱེ་དགུ་རྣམས་ཀྱི་ཚེ་ལོ་དྲུག་བརྒྱ་པར་གྱུར་པ་དེ་སྲིད་དུ་བཅོམ་ལྡན་འདས་ཤཱཀྱ་ཐུབ་པའི་བསྟན་པ་དམ་པའི་ཆོས་གནས་པར་གྱུར་ཏེ། མི་རྣམས་ཀྱི་ཚེ་ལོ་བདུན་བརྒྱ་པར་གྱུར་པ་ན་ཉན་ཐོས་དེ་དག་གིས་གང་སའི་སྙིང་འདི་ན་བཅོམ་ལྡན་འདས་ཤཱཀྱ་ཐུབ་པའི་བསྟན་པའི་ཚོགས་ཇི་སྙེད་པ་དེ་དག་གཅིག་ཏུ་བསྡུས་ནས་རིན་པོ་ཆེ་སྣ་བདུན་གྱི་མཆོད་རྟེན་གཅིག་བྱས་ཏེ་ཀུན་ནས་བསྐོར་ནས་སྐྱིལ་མོ་ཀྲུང་བཅས་ཏེ་འདུ་གནས་འདི་སྐད་ཅེས་བཅོམ་ལྡན་འདས་དེ་བཞིན་གཤེགས་པ་དགྲ་བཅོམ་པ་ཡང་དག་པར་རྫོགས་པའི་སངས་རྒྱས་ཤཱཀྱ་ཐུབ་པ་དེ་ལ་འདུད་པས་ཕྱག་འཚལ་ལོ་ཞེས་བརྗོད་དེ། ཕྱག་བྱས་ནས་ཕུང་པོ་ལྷག་མ་མེད་པའི་ཡོངས་སུ་མྱ་ངན་ལས་འདས་པའི་དབྱིངས་སུ་ཡོངས་སུ་མྱ་ངན་ལས་འདའ་བར་འགྱུར་རོ། །རིན་པོ་ཆེ་སྣ་བདུན་གྱི་མཆོད་རྟེན་དེ་ཡང་ནུབ་ནས་འོག་གི་གསེར་གྱི་ས་གཞི་གང་ཡིན་པ་དེ་ལ་གནས་སོ། །དེ་ནས་བཅོམ་ལྡན་འདས་ཤཱཀྱ་ཐུབ་པའི་བསྟན་པ་དམ་པའི་ཆོས་ནུབ་པར་

242叶A面:

འགྱུར་རོ། །དེ་ནས་དེའི་རྗེས་ལ་རང་སངས་རྒྱས་བྱེ་བ་ཕྲག་བདུན་འཇིག་རྟེན་དུ་འབྱུང་ངོ་། །དེ་ནས་མི་རྣམས་ཀྱི་ཚེ་ལོ་བརྒྱད་ཁྲི་པར་གྱུར་པ་ན་དེ་བཞིན་གཤེགས་པ་བྱམས་པ་ཞེས་བྱ་བ་འཇིག་རྟེན་དུ་འབྱུང་ངོ་། །དེའི་ཚེ་འཛམ་བུའི་གླིང་ནི་འབྱོར་བ་རྒྱས་པ། བདེ་བ། ལོ་ལེགས་པ། མི་དང་སྐྱེ་བོ་མང་པོས་ཡོངས་སུ་གང་ཞིང་། བྱ་གག་འཕུར་བ་ཙམ་ན་གྲོང་ཁྱེར་དང་། གྲོང་དང་། གྲོང་རྡལ་དང་། ལྗོངས་དང་། ཡུལ་འཁོར་དང་། རྒྱལ་པོའི་ཕོ་བྲང་ཡོད་པར་འགྱུར་རོ། །ལན་ཅིག་ས་བོན་བཏབ་པས་ལོ་བདུན་གྱི་བར་དུ་འབྲས་བུ་རྣམས་སྐྱེ་བར་འགྱུར་རོ། དེའི་ཉན་ཐོས་འདུས་པ་ཡང་གསུམ་དུ་འགྱུར་ཏེ། འདུས་པ་དང་པོ་ལ་ནི་ཉན་ཐོས་འདུས་པ་བྱེ་བ་ཕྲག་དགུ་བཅུ་རྩ་དྲུག་འབྱུང་བར་འགྱུར་རོ། །འདུས་པ་གཉིས་པ་ལ་ནི་ཉན་ཐོས་འདུས་པ་བྱེ་བ་ཕྲག་དགུ་བཅུ་རྩ་བཞི་འབྱུང་བར་འགྱུར་རོ། །འདུས་པ་གསུམ་པ་ལ་ནི་ཉན་ཐོས་བྱེ་བ་ཕྲག་དགུ་བཅུ་རྩ་གཉིས་ཀྱི་འདུས་པ་ཆེན་པོ་འབྱུང་བར་འགྱུར་བ་ཡིན་ཏེ། གང་འདི་དག་ནི་སྦྱིན་པ་པོ་དང་སྦྱིན་བདག་ཡིན་ཏེ། ཡང་དེ་དག་གིས་གཞན་དུ་བཅོམ་ལྡན་འདས་ཤཱཀྱ་ཐུབ་པའི་གསུང་རབ་ལ་སངས་རྒྱས་ལ་དགེ་བའི་རྩ་བ་བསྐྱེད་ཅིང་བྱ་བ་བྱས་པར་གྱུར་པ་ཡིན་ཏེ། འདི་ལྟ་སྟེ། གསེར་གྱི་རང་བཞིན་དང་དངུལ་གྱི་རང་བཞིན་དང་། བཻཌཱུརྱའི་རང་བཞིན་དང་། ཤེལ་གྱི་རང་བཞིན་དང་། རིན་པོ་ཆེའི་རང་བཞིན་དང་། ར་གན་གྱི་དངོས་པོ་དང་། ཁར་བའི་དངོས་པོ་དང་། མུ་ཏིག་དང་། ལྕགས་ཀྱི་རང་བཞིན་དང་། ཟངས་ཀྱི་དངོས་པོ་དང་། ཙན་

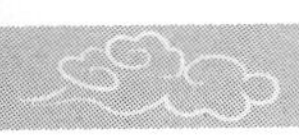

དན་གྱི་རང་བཞིན་དང་། ཨ་ག་རུའི་རང་བཞིན་དང་། དུང་གི་རང་བཞིན་དང་། ནའི་རང་བཞིན་དང་བ་སོའི་རང་བཞིན་དང་། སའི་རང་བཞིན་དང་། སྣ་ཚོགས་པའི་རང་བཞིན་དང་། རུས་པའི་རང་བཞིན་དང་ས་ལས་སྐུ་གཟུགས་སམ་མཆོད་རྟེན་བཞེངས་སུ་གསོལ་ཞིང་། ཐན་སོར་མོ་ཙམ་གྱི་སྐུའམ་མཆོད་རྟེན་བཞེངས་སུ་གསོལ་བས་དགེ་བའི་རྩ་བ་བསྐྱེད་པ་དེ་དག་ཐམས་ཅད་བཅོམ་ལྡན་འདས་དེ་བཞིན་གཤེགས་པ་དགྲ་བཅོམ་པ་ཡང་དག་པར་རྫོགས་པའི་སངས་རྒྱས་བྱམས་པའི་གསུང་རབ་ལ་མིའི་འཐོབ་པ་རབ་ཏུ་ཐོབ་ནས། འདུས་པ་དང་པོ་ལ་དང་བ་རང་དང་པ་དང་ལྡན་

242叶B面：

བས་རབ་ཏུ་བྱུང་ནས་སྐྲ་དང་ཁ་སྤུ་བྲེགས་ཏེ་ཆོས་གོས་བགོས་ནས་ཁྱིམ་ནས་ཁྱིམ་མེད་པར་རབ་ཏུ་བྱུང་སྟེ། སྨོན་ལམ་ཇི་ལྟ་བ་བཞིན་དུ་ཡོངས་སུ་མྱ་ངན་ལས་འདའོ། །ཚེ་དང་ལྡན་པ་དག་རེ་ཞིག་སངས་རྒྱས་ལ་དགེ་བའི་རྩ་བ་བསྐྱེད་པ་ཡིན་ནོ། །ཡང་གང་དག་སྟོང་བ་ཆོས་ཀྱི་ཕུང་པོ་བརྒྱད་ཁྲི་བོ་བཅོམ་ལྡན་འདས་ཤཱཀྱ་ཐུབ་པའི་ཆོས་ཀྱི་བདུད་རྩི་ལ་དགེ་བའི་རྩ་བ་བསྐྱེད་པར་གྱུར་ཅིང་། སྙིང་དུ་བཅུག་པ་དང་། བྲིས་པ་དང་། འབྲིར་བཅུག་པ་དང་། བཀླགས་པ་དང་། ཀློག་ཏུ་བཅུག་པ་དང་། གང་དག་ཐེག་པ་ཆེན་པོའི་མདོ་སྡེ་ཟབ་པ་ཟབ་པར་གྱུར་པ་སྟོང་པ་ཉིད་དང་ལྡན་པ་ནི་འདི་ལྟ་སྟེ། ཤེས་རབ་ཀྱི་ཕ་རོལ་ཏུ་ཕྱིན་པ་དང་། དམ་པའི་ཆོས་པདྨ་དཀར་པོ་དང་། རྒྱ་ཆེར་རོལ་པ་དང་། གསེར་འོད་དམ་པ་དང་། ཡོན་ཏན་འོད་མཆོག་དང་། སྟོང་པ་ཉིད་ཀྱི་འོད་མཆོག་དང་། ཕྱག་ན་རྡོ་རྗེ་གསང་བ་ལ་སོགས་པ་དང་སྒྱུ་མ་ལྟ་བུའི་ཏིང་ངེ་འཛིན་དང་། ཆོ་འཕྲུལ་ཆེན་པོའི་ཏིང་ངེ་འཛིན་དང་། བསོད་ནམས་ཐམས་ཅད་ལ་བསྡུས་པའི་ཏིང་ངེ་འཛིན་དང་། འཕགས་པ་ཟླ་བ་སྒྲོན་མའི་ཏིང་ངེ་འཛིན་དང་། དེ་བཞིན་གཤེགས་པའི་ཡེ་ཤེས་ཀྱི་ཏིང་ངེ་འཛིན་དང་། གཟི་བརྗིད་དང་ལྡན་པའི་ཏིང་ངེ་འཛིན་དང་། བྱང་ཆུབ་ཀྱི་ཏིང་ངེ་འཛིན་དང་། བྱང་ཆུབ་བསྡུས་པ་དང་། སངས་རྒྱས་ཐམས་ཅད་ཡོངས་སུ་འཛིན་པ་དང་། སྡོང་པོའི་རྒྱལ་དང་། སྤྲིན་ཆེན་པོ་དང་། སོར་མོའི་ཕྲེང་བ་དང་། ལང་ཀར་གཤེགས་པ་དང་། ཡོངས་སུ་མྱ་ངན་ལས་འདས་པ་ཆེན་པོ་དང་། ཟླ་བའི་སྙིང་པོ་དང་། ཉི་མའི་སྙིང་པོ་དང་། ནམ་མཁའི་སྙིང་པོ་དང་། སའི་སྙིང་པོ་དང་། བྱམས་པས་ཞུས་པ་དང་། ཚངས་པས་ཞུས་པ་དང་། ལེགས་པའི་མཚན་གྱིས་ཞུས་པ་དང་། དྲག་ཤུལ་ཅན་གྱིས་ཞུས་པ་དང་། དྲ་བ་ཅན་གྱིས་ཞུས་པ་དང་། ཀླུའི་རྒྱལ་པོ་རྒྱ་མཚོས་ཞུས་པ་དང་། དྲང་སྲོང་རྒྱས་པས་ཞུས་པ་དང་། བརྒྱ་བྱིན་གྱིས་ཞུས་པ་དང་། ལག་ན་རིན་ཆེན་གྱིས་ཞུས་པ་དང་། མིའམ་ཅིའི་རྒྱལ་པོ་ལྗོན་པས་ཞུས་པ་དང་། དཔའ་བོ་ནམ་མཁའི་ཞུས་པ་དང་། བུ་མོ་འོད་ལྡན་མས་ཞུས་པ་དང་། བུ་མོ་རིན་ཆེན་ལྡན་གྱིས་ཞུས་པ་དང་། བུ་མོ་གསེར་གྱི་འོད་མཆོག་གིས་ཞུས་པ་དང་། བད་སའི་

243叶A面：

རྒྱལ་པོ་འཆར་བྱེད་ཀྱིས་ཞུས་པ་དང་། དབང་ཕྱུག་ཆེན་པོས་ཞུས་པ་དང་། རྒྱལ་པོ་གཟུགས་ཅན་སྙིང་པོས་ཞུས་པ་དང་། དགེ་བ་བཟང་པོ་གང་གིས་ཞུས་པ་དང་། ལྷའི་བུ་མོ་ལེགས་པའི་མཚན་གྱིས་ཞུས་པ་དང་། ལྷའི་བུ་ཅན་དན་གྱིས་ཞུས་པ་དང་། ལྷའི་བུ་རང་གི་རྒྱན་གྱིས་ཞུས་པ་དང་། ལག་བཟངས་ཀྱིས་ཞུས་པ་དང་། སེང་གེས་ཞུས་པ་དང་། སེང་གེ་རྣམ་པ་རོལ་པས་ཞུས་པ་དང་། དཔས་བྱིན་གྱིས་ཞུས་པ་དང་། གཙུག་ན་རིན་ཆེན་གྱིས་ཞུས་པ་དང་། ཟུང་གི་མདོ་དང་། བྱང་ཆུབ་སེམས་དཔའི་ཀློས་གར་དང་། སྟག་ནའི་རྟོགས་པ་བརྗོད་པ་དང་། ལམ་རྣམ་པར་རབ་བྱེད་པ་དང་། བློ་གྲོས་མི་ཟད་པས་བསྟན་པ་དང་། བློ་གྲོས་རྒྱ་མཚོས་བསྟན་པ་དང་། དྲི་མ་མེད་པར་གྲགས་པས་བསྟན་པ་དང་། བདེན་པ་ལ་འཇུག་པ་དང་། མ་སྐྱེས་དགྲའི་འགྱུར་བ་དང་། སྲིད་མེད་ཀྱི་བུའི་འགྱུར་བ་དང་། སྟོང་འགྱུར་དང་། འཛམ་བུའི་གླིང་འགྱུར་བ་དང་། འདུས་པར་འགྱུར་བ་དང་། སངས་རྒྱས་ཀྱི་རྒྱན་དང་། ཐབས་ལ་མཁས་པ་དང་། ལག་ན་ཨུཏྤལ་དང་། སངས་རྒྱས་བཅུ་བ་དང་། ཆོས་བཅུ་བ་དང་། ས་བཅུ་བ་དང་། འོད་དཔག་མེད་ཀྱི་བཀོད་པ་དང་། བདེ་བ་ཅན་གྱི་བཀོད་པ་དང་། དམ་པའི་

ཆོས་ཀྱི་ཡོན་ཏན་བཀོད་པ་དང་། ཚོགས་ཀྱི་བཀོད་པ་དང་། རྣམ་དག་མི་རྟོག་བསྟུས་པ་དང་། འཇིག་རྟེན་དག་པས་བསྟུས་པ་དང་། བྱང་ཆུབ་སེམས་དཔའ་དག་པས་བསྟུས་པ་དང་། ཐམས་ཅད་ཕྱིགས་ལས་བབས་པ་དང་། དེ་བཞིན་གཤེགས་པ་ཐམས་ཅད་ལྷ་ལས་བབས་པ་དང་། རིན་པོ་ཆེའི་ཏོག་དང་། རིན་པོ་ཆེའི་ཕུང་པོ་དང་། རིན་པོ་ཆེའི་ཟ་མ་ཏོག་དང་། མཛེས་པ་བརྩེགས་པ་དང་། རིན་ཆེན་སྐར་མདའ་དང་། རིན་ཆེན་སྤྲིན་དང་། རིན་ཆེན་ལྡོན་པ་དང་། རིན་ཆེན་གཙུག་དང་། རིན་ཆེན་འབྱུང་གནས་དང་། ཙོད་པན་དྲ་བ་ཅན་དང་། སྡོང་པོ་བཀོད་པ་དང་། འདི་དག་ལ་སོགས་པ་བྱེ་བ་ཕྲག་བརྒྱ་ནི་ཐེག་པ་ཆེན་པོའི་སྡེ་སྣོད་ཡིན་ནོ། །དེ་བཞིན་དུ་ཉན་ཐོས་ཀྱི་སྡེ་སྣོད་དེ། མདོན་པའི་སྡེ་སྣོད་དང་། འདུལ་བའི་སྡེ་སྣོད་དང་། མདོ་སྡེའི་སྡེ་སྣོད་འདི་ལྟ་སྟེ། ལུང་རིང་པོ་དང་། ལུང་

243叶B面：

བར་མ་དང་། གཅིག་ལས་འཕྲོས་པའི་ལུང་དང་། ཡང་དག་པར་ལྡན་པའི་ལུང་དང་། ལུང་ཕྲ་མོའོ། །དེ་དག་ནི་མདོ་སྡེའི་སྡེ་སྣོད་ཅེས་བྱའོ། །མདོན་པའི་སྡེ་སྣོད་གང་ཞེ་ན། འདི་ལྟ་སྟེ། དྲི་བ་དྲུག་དང་ཡང་དག་པར་སྦྱར་བ་བསྡུས་པ་ལ་ནི་མདོན་པའི་སྡེ་སྣོད་ཅེས་བྱའོ། །འདུལ་བའི་སྡེ་སྣོད་གང་ཞེ་ན། འདི་ལྟ་སྟེ། དགེ་སློང་གི་འདུལ་བ་དང་། དགེ་སློང་མའི་འདུལ་བ་དང་། མ་མོའི་འདུལ་བ་དང་། འདུལ་བའི་མ་མོ་སྟེ། ཚེ་དང་ལྡན་པ་དག །དེ་དག་ལ་ནི་འདུལ་བའི་སྡེ་སྣོད་ཅེས་བྱའོ། །འདི་དག་ནི་སྐྱེས་པའི་རབས་ཏེ། རྟོགས་པ་བརྗོད་པའི་རབས་དང་། རང་སངས་རྒྱས་ཀྱི་རབས་དང་། སངས་རྒྱས་ཀྱིས་གསུངས་པ་དང་། རང་སངས་རྒྱས་ཀྱིས་བསྟན་པ་དང་། བྱང་ཆུབ་སེམས་དཔས་བསྟན་པ་དང་། ཉན་ཐོས་ཀྱིས་བསྟན་པ་དང་། ལྷས་བསྟན་པ་དང་། བྱུང་བ་བསྡུས་པ་དང་། ཆོས་ཉེ་བར་བསྡུས་པ་དང་། ཐ་ན་ཚིག་བཞི་པའི་ཚིགས་སུ་བཅད་པ། གཅིག་གསུང་པར་འགྱུར་བ་ཡང་བགླགས་པར་གྱུར་པ་དང་། བཟུང་བར་གྱུར་པ་དང་། གླེགས་བམ་དུ་བྲིས་པར་གྱུར་པ་དང་། ཆོས་སྨྲ་བ་ལ་མཆོད་པར་གྱུར་པ་དང་། དེ་དག་དང་། ནང་པ་སངས་རྒྱས་པ་ལ་མཆོད་པར་གྱུར་པ་དང་། དྲི་དང་། ཕྲེང་བ་དང་། བྱུག་པ་དང་། སྤོས་དང་། མར་མེ་དང་། གདུགས་དང་། རྒྱལ་མཚན་དང་། གླེགས་བམ་ལ་ཁ་དོག་སྣ་ཚོགས་པའི་གོས་རྣམས་གཡོགས་ཤིང་དཀྲིས་པ་དང་། གླེགས་ཤིང་མཆོག་བྱས་པར་གྱུར་པ་དང་། གླེགས་ཐག་ཁ་དོག་སྣ་ཚོགས་པས་གླེགས་བམ་བཅིངས་པར་གྱུར་པས་དགེ་བའི་རྩ་བ་བསྐྱེད་པ་དེ་དག་ཐམས་ཅད་ནི་བཅོམ་ལྡན་འདས་དེ་བཞིན་གཤེགས་པ་བྱམས་པའི་གསུང་རབ་ལ་མིའི་འཐོབ་པ་རབ་ཏུ་ཐོབ་ནས་དད་པས་ཁྱིམ་སྤངས་ཏེ། སྐྲ་དང་ཁ་སྤུ་བྲེགས་ནས་ཆོས་གོས་བགོས་ཏེ་ཁྱིམ་ནས་ཁྱིམ་མེད་པར་འདུས་པ་གཉིས་པ་ལ་རབ་ཏུ་དབྱུང་སྟེ། སྔོན་ལམ་ཇི་ལྟ་བ་བཞིན་དུ་ཡོངས་སུ་མྱ་ངན་ལས་འདའ་བར་འགྱུར་རོ། །ཚེ་དང་ལྡན་བདག་དེ་དག་ནི་རེ་ཞིག་ཆོས་ལ་དགེ་བའི་རྩ་བ་བསྐྲུན་པ་ཡིན་ནོ། །འདི་ལྟར་འདི་དག་ནི་སྦྱིན་པ་པོ་དང་སྦྱིན་བདག་ཡིན་ཏེ། དགེ་འདུན་ལ་དགེ་བའི་རྩ་བ་བསྐྲུན་པ་དང་། སྐྱིད་དུ་བཙུག་པ་ཡིན་ཏེ། འདི་ལྟར་འདི་

244叶A面：

དགེ་འདུན་སྤྱན་འདྲེན་པ་བསྒྲགས་པ་དང་། དགེ་བ་ལ་འཇུད་པ་དང་། བརྒྱད་སྟོན་བྱེད་པ་དང་། གསོ་སྦྱོད་བྱེད་པ་དང་། རབ་ཏུ་མགྲོན་དུ་འབོད་པ་དང་། དགེ་འདུན་ལ་མཆོད་སྟོན་གསོལ་བ་དང་། སྤྱན་འདྲེན་པ་དང་། ཞོ་ཕུར་དུ་སྤྱན་འདྲེན་པ་དང་། ཟླ་སྟོན་བྱེད་པ་དང་། ལྷས་རེས་སྐོར་བྱེད་པ་དང་། ཆོས་སྒྲོགས་པ་སྤྱན་འདྲེན་པ་དང་། ལོ་ལྔ་སྟོན་བྱེད་པ་དང་། གཙུག་ལག་ཁང་དབུལ་བ་དང་། མལ་སྟན་འདིངས་པ་དང་། ཆོས་གོས་འབུལ་བ་དང་། གཙུག་ལག་ཁང་གསར་པའི་རབ་གནས་བྱེད་པ་དང་། སྨན་འབུལ་བ་དང་། ཡོ་བྱད་འབུལ་བས་དགེ་བའི་རྩ་བ་བསྐྱེད་པ་དེ་དག་ཐམས་ཅད་ནི་བཅོམ་ལྡན་འདས་དེ་བཞིན་གཤེགས་པ་བྱམས་པའི་གསུང་རབ་ལ་མིའི་འཐོབ་པ་རབ་ཏུ་ཐོབ་ནས་འདུས་པ་གསུམ་པ་ལ་དད་པས་ཁྱིམ་སྤངས་ཏེ། སྐྲ་དང་ཁ་སྤུ་ཕྱི་ནས་ཆོས་གོས་བགོས་ཏེ། ཡང་དག་པའི་ཁྱིམ་ནས་ཁྱིམ་མེད་པར་རབ་ཏུ་བྱུང་སྟེ། སྔོན་ལམ་ཇི་ལྟ་བ་བཞིན་དུ་ཡོངས་སུ་མྱ་ངན་ལས་འདའ་བར་འགྱུར་རོ། །ཚེ་དང་ལྡན་པ་དེ་དག་ནི་རེ་ཞིག་དགེ་འདུན་ལ་དགེ

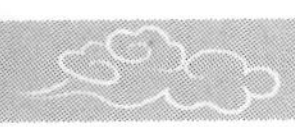

བའི་རྩ་བ་བསྐྱེད་པ་ཡིན་ནོ། །དེ་ནས་གནས་བརྟན་དགའ་བའི་བཤེས་གཉེན་གྱིས་རྣམ་པར་རྒྱ་ཆེར་བཤད་ནས། ཤིང་ཏལ་བདུན་སྲིད་ཙམ་དུ་ནམ་མཁའ་ལ་འཕགས་ནས་དགེ་འདུན་དེ་དག་གི་མདུན་དུ་ཅོ་འཕྲུལ་ཕམ་ཐུང་སྣ་ཚོགས་བསྟན་ཏོ། སྟེང་གི་ནམ་མཁའ་ལ་འདུག་ནས་ཚེའི་འདུ་བྱེད་དང་སྲོག་གི་འདུ་བྱེད་བཏང་སྟེ། ཡོངས་སུ་མྱ་ངན་ལས་འདས་སོ། །དེ་ནས་དགེ་སློང་དེ་དག་གིས་གནས་བརྟན་དགའ་བའི་བཤེས་གཉེན་ལ་ལུས་བསྲེགས་ནས་མཆོད་རྟེན་བྱས་ཏེ། དྲི་དང་། མེ་ཏོག་དང་། སྤོས་དང་། མར་མེ་དང་། གདུགས་དང་། རྒྱལ་མཚན་དང་། བ་དན་རྣམས་ཀྱིས་མཆོད་པར་བྱས་སོ། །རྣམ་པ་འདི་དག་འཕགས་པ་ནས་འཕགས་པར་བརྒྱུད་ནས་བཤད་དོ། །དེ་ཅིའི་ཕྱིར་ཞེ་ན། སྦྱིན་པ་པོ་དང་། སྦྱིན་བདག་གང་ཡིན་པ་རྣམས་བཅོམ་ལྡན་འདས་ཀྱི་གསུང་རབ་ཡུན་རིང་དུ་གནས་པར་གྱུར་ཏོ་སྙམ་ནས་དགའ་བ་རབ་ཏུ་བསྐྱེད་པའི་ཕྱིར་རྟོགས་པ་བརྗོད་པ་འདི་འཕགས་པ་དགའ་བའི་བཤེས་གཉེན་གྱིས་བཤད་དོ། །འཕགས་པ་དགའ་བའི་

244叶B面：

བཤེས་གཉེན་གྱི་རྟོགས་པ་བརྗོད་པ་ཞེས་བྱ་བ་རྫོགས་སོ། །

479

[illegible]

480

[illegible]

481

[illegible]

德格木刻板《善友传》(འཕགས་པ་དཀའ་བའི་བཤེས་གཉེན་གྱི་རྟོགས་པ་བརྗོད་པ་ཞེས་བྱ་བ།) 部分刻板

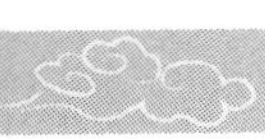

482

483

485

德格木刻板《善友传》(འཕགས་པ་དཀའ་བའི་བཤེས་གཉེན་གྱི་རྟོགས་པ་བརྗོད་པ་ཞེས་བྱ་བ།) 部分刻板

486

487

488

德格木刻板《善友传》(འཕགས་པ་དགའ་བའི་བཤེས་གཉེན་གྱི་རྟོགས་པ་བརྗོད་པ་ཞེས་བྱ་བ།) 部分刻板

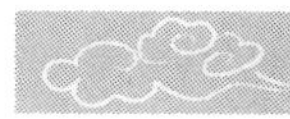

# 八、敦煌古藏文写卷 P.T.960《李域教法史》(ལི་ཡུལ་ལུང་བསྟན།) 译注

## 一、题 解

### （一）译者简介

据敦煌古藏文写卷 P.T.960《李域教法史》的题记记载，译者为堪布毛尔古岱谢（མཁན་པོ་མོ་རྒུ་བདེ་ཤེལ）。

### （二）文献出处

《李域教法史》又译为《于阗教法史》，藏文书面称“李域隆丹”（ལི་ཡུལ་ལུང་བསྟན།），俗称“李域却吉洛吉”（ལི་ཡུལ་ཆོས་ཀྱི་ལོ་རྒྱུས།），是敦煌古藏文文献中最著名的卷子之一。此卷子原编录在巴黎国立图书馆所藏伯希和搜集的藏文文书 P.T.960号中，由法国科学院西藏学研究中心和法国图书馆联合出版了他们收藏的敦煌藏文写卷，使世人能利用原卷进行研究。王尧先生和陈践老师根据原卷影印件，将《李域教法史》收录在《敦煌本藏文文献》中，由民族出版社于1983年8月第一次公开出版。其重要性正如王尧先生所说：“这一卷子与藏文大藏经《丹珠尔》部的《李域国授记》（ལི་ཡུལ་ལུང་བསྟན།）互盱印证，对于了解李域的历史和佛教史颇有价值。”[①] 此文问世后，托马斯于1935年曾将《于阗教法史》和《于阗国授记》译成英文并汇编在一起，以《关于新疆的藏文文献集》第一集出版。此后，埃默瑞克重新注释，命名为《关于李域的藏文文献》（Tibetan texts concerning khotan）于1967年作为敦煌东方丛书第19种在牛津大学重新出版。此前，

① 王尧、陈践践：《〈于阗教法史〉——敦煌古藏文写卷 P.T.960译解》，《西北史地》1982年第2期，第18页。

日本人寺本婉雅曾译成日文，以《李域国悬记和李域教史》为名，于1921年在日本出版。

就此文献的由来，国外学者更早就给予了的关注。正如王尧先生就《李域教法史》——敦煌古藏文写卷 P.T.960，译解中所写的，1979年，埃默瑞克在其新著《李域文学指南》一书中说：“据统计，我们得到的两份汉文文献和两份藏文文献来看，最早的文献是汉族佛教旅行家玄奘在他的《西域记》中，属于公元7世纪，藏文文献称之为《牛角预言》（Go'srnga vyakarana）者，可能是在同一时期。其后，《玄奘传》是其弟子慧立和彦悰所著，而藏文的《李域授记》也是这一时期的。因之，这些早期的文献能很好地反映出李域地区在7世纪的流行的传统。这些都在一千年以上。”就《李域教法史》产生的时间而言，根据国外研究的成果考订，王尧先生倾向于“定在公元八—九世纪之间”①。敦煌古藏文写卷 P.T.960的《李域教法史》最先由王尧先生做了翻译，刊布在《兰州大学学报》1982年第2期上。

以下藏文在翻译过程中，参照了陈践和王尧先生编注的《敦煌本藏文文献》② 中之“李域佛教弘传情况”和高瑞编著的《吐蕃古藏文文献诠释》③ 中收录的《李域授记》④ 而汉译。

敦煌古藏文写卷 P.T.960的《李域教法史》（ལི་ཡུལ་ལུང་བསྟན།）收录在《法藏敦煌古藏文文献题解目录》中，此卷子2叶，第1叶51行，第2页60行，总计有111行⑤。译文依据本卷翻译而成。卷子为影印本，保存完好，字体为草体，中间字体完好无损，四周局部模糊不清。

## 二、藏文原文及汉文译文

藏文原文：

ལི་ཡུལ་དུ་སངས་རྒྱས་ཆོས་ལུགས་དར་ཚུལ་སྐོར། ཆོས་བྱུང་ནས་ལོ་སྟོང་བདུན་བརྒྱ་སུམ་ཅུ་ཙ་གསུམ་ལོན། །རྒྱལ་པོ་ས་ནུ་ནས། །ལི་རྗེ་བཙན་ལེགས་ཀྱི་བར་དུ། རྒྱལ་པོ་རབས་ལྔ་བཅུ་ཙ་དྲུག །གིས་བསྒྲིས་དེ་ནས་བྱང་ཆུབ་སེམས་པ་བྱམས་པ་དང་། འཕགས་པ་འཇམ་དཔལ་གཉིས་ཀྱིས། །ལི་ཡུལ་འདི་དུས་གསུམ་གྱི་སངས་རྒྱས་ཀྱི་ཞིང་ཁུད་པ། ལགས(ལེགས)པར་ཐུགས་སུ་ཆུད་ནས། ལི་ཡུལ་དུ་གཤེགསྟེ(ལི)ཡུལ་ཀྱི་མི་རྣམས་ཀྱི་དགེ་བའི་བཤེས་ཉེན་མཛད་པའི་ཕྱིར། །དང་པོར་ཙར་མ་ཅུ་ལེ་ཞེས་བྱ་བའི་ཚལ་དུ་གཤེགས་སྟེ། །བྱང་ཆུབ་སེམས་པ་བྱམས་པ་ནི། རྒྱལ་པོ་བྱི་ཛ་ཡ་སམ་བྷ་བ(བི་ཛྱ་སམ་བྷ་བ)ཞེས་བྱ་བར། །མས་ཀྱི་རྒྱལ་པོ་མཛད། །འཕགས་པ་འཇམ་དཔལ་ནི། དགེ་སློན་བེ་རོ་ཙ་ནའི་ལུས་སུ་སྤྲུལ་ཏེ། །ཙར་མ་ཅུ་ལེའི་ཚལ་ན་བཞུ(ག)ས་ནས། །དང་པོ་བྱིས་པ་ཕྱུགས་རྫི་རྣམས་ལ། ཡི་གེ་དང་སྐད་བསྟན་དེ་ནས་ཆོས་བྱུང་

① 王尧、陈践践：《〈于阗教法史〉——敦煌古藏文写卷 P.T.960译解》，《西北史地》1982年第2期，第18页。

② 陈践、王尧：《敦煌本藏文文献》，民族出版社，1985年，第256~275页。

③ 高瑞编著：《吐蕃古藏文文献诠释》，甘肃民族出版社，2001年，第435~457页。

④ 本卷子王尧先生的《于阗教法史》命名较为确切，而高瑞编著《吐蕃古藏文文献诠释》中的藏文书写《李域授记》（ལི་ཡུལ་ལུང་བསྟན།）不准确，有可能编者将此文与藏文大藏经中的《李域授记》混为一谈。

⑤ 王尧先生的本子统计总计114行。其中有修改加字的半行计算为1行，也就是共计112行。

ཪོ། །དེ་ནས་རྒྱལ་པོ་བྱི་ཛ་ཡ་སམ་བྷ་བ(བི་ཛྱ་སམ་བྷ་བས)དགེ་བའི་བཤེས་ཉེན་འཕགས་པ་འཇམ་དཔལ་གྱིས་སྤྲུལད་པ། །དགེ་སློང་བེ་རོ་ཙ་ནའི་སྣད་དུ། །དང་པོ་ལི་ཡུལ་ཙར་མའི་གཙུག་ལག་ཁང་བརྩིག རྒྱལ་པོ་ས་ནུ་འི་ཚ་བོ། རྒྱལ་པོ་ཡེའུ་ལ་ཞེས་བགྱི་བས། །ལི་ཡུལ་ཨུ་ཏེན་གྱི་མཁར་དངར་ལྡན་གྱི་གྲོང་ཁྱེར་ཆེན་པོ་བརྩིགསོ།། །།དེ་ནས་རྒྱལ་པོ་བི་ཛ(ཛྱས)ཨུ་ཏེན་གྱི་མཁར་དངར་ལྡན་གྱི་སྟེང་། ཤར་ལྷོ་མཚམསུ་བྱུང་སྟེ་བལྟས་ན། །མཁར་གྱི་ཕྱི་རོལ་ན། ཤ་བ་སྤུ་གསེར་དང་ཧུལ་གྱི་ཁ་དོག་ལྟར་སྣང་བ་ཞིག་མཐོང་ནས། །རྒྱལ་པོ་འཁོར་དང་བཅས་པས་བསྙགས(བསྙིགས)པ་དང་། ད་ལྟར་འགེའུ་ཏེ་ཤན་ཤོད་ན། །འགུམ་ཏིར་གྱི་མཆོད་

汉文译文：

教法产生已逾一千七百三十三年①，自地乳王（རྒྱལ་པོ་ས་ནུ།）到李杰赞勒王（ལི་རྗེ་བཙན་ལེགས།）之间，王统传至五十六代。……此后，菩提心者弥勒（བྱང་ཆུབ་སེམས་པ་བྱམས་པ།）与殊圣文殊二者，悉知李域乃为三世佛（དུས་གསུམ་གྱི་སངས་རྒྱས་ཀྱི་ཞིང་།）福田，降生于李域并为了做李域众人之善知识，初次降世到被称作“赞摩居理”（ཙར་མ་ཆུ་ལི་ཞེས་བྱ་བའི་ཚལ།）之苑。菩提心者弥勒（化现）为称作国王尉迟桑巴瓦（རྒྱལ་པོ་བྱི་ཛ་ཡ་སམ་བྷ་བ།）……做了梅之国王。

殊圣文殊化现为比丘毗卢遮那（དགེ་སློན་བཻ་རོ་ཙ་ན།），驻锡在赞摩居理之苑，首先教牧童们文字和语言，于是出现了教法。后殊圣文殊菩萨化现为国王尉迟桑巴瓦，为比丘毗卢遮那首先修建李阗赞摩寺。

国王萨尼（རྒྱལ་པོ་ས་ནུའི་ཚ་བོ།）之孙，称作玉拉王（རྒྱལ་པོ་ཡེའུ་ལ།）者乃建起和田大育城（ལི་ཡུལ་ཨུ་ཐེན་གྱི་མཁར་དངར་ལྡན་གྱི་གྲོང་ཁྱེར་ཆེན་པོ།）②。

此后，国王尉迟森缚瓦（རྒྱལ་པོ་བི་ཛ（ཛྱས）།登上和田城楼，向东南方望去，见城外有一金银色麋鹿。国王遂与随从等追逐，至现在的桂戴香雪（འགེའུ་ཏེ་ཤན་ཤོད།）之瞿摩

藏文原文：

རྟེན་ཆེན་པོ་བཞུགས་པའི་སར་སླེབས་ནས། །བལྟས་ན། ཤྭ་བ་ནི་གནོད་སྦྱིན་གྱི་རྒྱལ་པོ་ཀུན་དུ་རྒྱལ་བར་གྱུར་ཏེ། །གནོད་སྦྱིན་གྱི་རྒྱལ་པོ་ཀུན་དུ་རྒྱལ་གྱིས། རྒྱལ་པོ་ལ་སྨྲས་པ། །ཀྱེ་རྒྱལ་པོ་ཆེན་པོ་ཁྱོད་ཀྱིས། ས་འདིར་མཆོག་རྟེན་གཙིག་བརྩིག་པའི་རིགས་སོ་ཞེས་བགྱིས་པ་དང་། རྒྱལ་པོས་སྨྲས་པ། སུའི་ཕྱིར་བརྩིག་ཅེས་བགྱིས་པ་དང་། སངས་རྒྱས་ཀྱི་ཕོ་ཉ་དགྲ་བཅོམ་པ། འབུ་ཏ་འདུ་ཏ། དང་། སང་ག་སྡ་དང་། སང་ག་པོ་ཡང་དང་། སང་ག་སྡ་ན་འདི་བཞི། ཁྱོད་ཀྱི་དགེ་བའི་བཤེས་ཉེན་དུ་འོང་གིས། དེ་དག་གི་ཕྱིར་རྩིག་ཤིག་ཅེས་བགྱིས་པ་དང་། །དེ་མ་ཐག་ཏུ་དགྲ་བཅོམ་པ་བཞི་ཡང་དེར་མངོན་དུ་གཤེགས་ནས། །ཆོས་བཤད་པས། རྒྱལ་པོ་ཡུ་དད་པའི་ཤུགས་ཆེན་པོ་སྐྱེས་སྟེ། །མཆོད་རྟེན་བརྩིག་པའི་ཕུར་བུ་ཡང་དེར་བཏབ་ནས། །དེའི་འོག་ཏུ་འགུམ་ཏིར་གྱི་གཙུག་ལག་ཁང་གི་མཆོད་རྟེན་ཆེན་པོ་བརྩིགས་སོ།། །།རྒྱལ་པོས་འགུམ་

① 王先生译本为一千七百三十年，应为一千七百三十三年。

② 和田大育城，古代于阗国旧都城，据《大唐西域记》作瞿萨旦那，《元史》作斡端，在今新疆和田。其都城唐以前在西城，故址在今和田县城东南24公里之什斯比尔，位于玉珑喀什河西岸；五代时，迁移至和田县西南。汉通西域后，属西域都护管辖。唐于其地置毗沙都督府，属安西都护府，为安西四镇之一。北宋时为回鹘黑韩王国（亦称黑汗王国，又称喀喇汗王国）所并。清代于阗则在克里雅河西岸，今称于田县，非古于阗城。

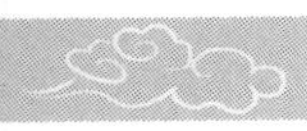

ཏིར་བརྩིགས་པའི་ཚེ། བུ་ཆུང་ཏུ་ཞིག་ཁྲིད་ཁྲིད་པ་ལས། །སྟོརད་པ་རྗེས་བཙང་དེ་བཙལ་ན། །ད་ལྟར་འགེའུ་ཏི་ཤན་གྱི་སྟེང་། འཇམ་དཔལ་གནས་པ་དང་གཉིས་ཀྱི་བར་ན། ལུང་བུ་ཕྲི་ཆེ་བ་ཞིག་གི་ནང་ནས་རྙེད་ནས། །རྒྱལ་པོས་བུ་རྙེད་པའི་སར། ལུང་བུ་འི་ནང་དུ་གཙུག་ལག་ཁང་གཅིག་བརྩིག་སྟེ། །རབས་བདུན་གྱི་སངས་རྒྱས་ཀྱི་ཤ་རི་རམ་ཡང་དེ་ན་བཞུགས་སྟེ། །དུས་གསུམ་གྱི་མཆོད་པའི་ས། གཙུག་ལག་ཁང་གི་མཚན་ཨ་རྱ་སྟ་ན་ཞེས་བགྱི་བ་ལགས་སྟེ། །རྒྱལ་པོས་བུ་ཆུང་ཏུ་དེ་ཡང་ཐར་པ་བཏང་སྟེ། །སོད་ལ་དགྲ་བཅོམ་པའི་འབྲས་བུ་ཐོབ་ནས། །དང་པོར་ལི་ཡུལ་དུ་དགྲ་བཅོམ་པའི་འབྲས་བུ་ཐོབ་པ་འདི་ལས་སྔ་བ་མ་བྱུང་། བས། འདི་ནི་ལམ

汉文译文：

大塔（མཆོད་རྟེན་ཆེན་པོ།）处，见彼麋鹿又变成夜叉王遍胜（གནོད་སྦྱིན་གྱི་རྒྱལ་པོ་ཀུན་ཏུ་རྒྱལ་བ།）。夜叉王遍胜向王说道："啊！大王，您在这里建一大塔很合适啊。"国王问："为谁而修？""为佛的使者阿罗汉布达度达（སངས་རྒྱས་ཀྱི་ཕོ་ཉ་དགྲ་བཅོམ་པ་འདུ་ཏ་འདུ་ཏ།）、僧格达（སང་ག་སྟ།）、僧格吾央（སང་ག་བོ་ཡང་།）、僧格达那（སང་ག་སྟ།）此四位他们将作为您的善知识者而来，是为他们而建塔呀！"四位阿罗汉果真立即至此，讲授经义，国王顿生敬信，在此地竖起建塔的橛子，在上面建起了瞿摩寺之大佛塔（འགུམ་ཏིར་གྱི་གཙུག་ལག་ཁང་གི་མཆོད་རྟེན་ཆེན་པོ།）。

当王建瞿摩寺时，常携身边之小儿走失，后怀念而寻找，在如今的桂迪山（འགེའུ་ཏི་ཤན་གྱི་སྟེང་།）以上和文殊菩萨住地之间的一小山沟里寻到。国王就在寻到王子之处的山沟修建一座寺院，安置七世佛之舍利子，供三世佛之地[①]，取名为"阿尔耶达那寺"（གཙུག་ལག་ཁང་གི་མཚན་ཨ་རྱ་སྟ་ན།）。

于是，国王不仅使王子出家，而且也证得阿罗汉果。第一个在李域证得阿罗汉果的除他之外再没有出现。于是起名为

藏文原文：

མ་ནོར་པར་སྟོན་པ་ཞེས་མཚན་མོར་གུ་བདེ་ཤིལ་དུ་བཏགས་སྟེ། །ཐོག་མ་མོར་གུ་བདེ་ཤིལ་ཞེས་བགྱི་བའི་གླིང་ཡང་དེ་ལས་བྱུང་སྟེ། །སླན་ཅད་མོར་གུ་བདེ་ཤིལ་ཡང་ཐུབ་ལྡན་གང་ཆེ་བ་དང་། བཀའ་ཐུབ་ཀྱི་མཆོག་ལས་བཏུས་སྟེ། །མོར་གུ་བདེ་ཤིལ་དུ་བསྒྲགས་པ་ལགས།། །།ལི་ཡུལ་མཆོར་མཆིས་པའི་ཚེ། །བཅོམ་ལྡན་འདས་ཀྱིས་བྱང་ཕྱོགས་ཀྱི་རྒྱལ་པོ། བེ་ཤ་ར་མ་ཎེ(བཻ་ཤྲ་མ་ཎ)དང་། །དགེ་སློང་ཤ་རི་འི་བུ་གཉིས་ལ་བཀའ་སྩལད་པ། །ད་ལྟར་མཚོ་མཆིས་པའི་འདི་དུས་གསུམ་གྱི་སངས་རྒྱས་ཀྱི་ཞིང་ཁྱད་པ་ལགས་སྟེ། །ཕྱིས་ཡུལ་དུ་གྱུར་ནས། །ད་ལྟར་པད་མོ་སྐྱེས་པའི་སར་ཡང་། གཙུག་ལག་ཁང་རེ་རེ་འབྱུང་། བྱང་ཆུབ་སེམས་དཔའ་ཡང་མང་དུ་འབྱུང་གིས། །མཚོ་འདི་ཁྱེད་ཀྱིས་གུ་དུ་(གུད་དུ)ཕོ་ལ། སླར་ཡུལ་དུ་སྒྱུར་ཅིག་ཅེས་བཀའ་···སྩལ་ནས། །བྱང་ཕྱོགས་ཀྱི་རྒྱལ་པོ་བེ་ཤ་ར་མ་ཎཻ(བཻ་ཤྲ་མ་ཎ)དང་། དགེ་སློང་ཤ་རི་འི་བུ་གཉིས་ཀྱིས་ཤིང་ཤན(གུན)དུ་སེག་ཅང(གསེག་ཤང)གི་རྩ་བ་དང་། མདུང་གི་མ་རྩེས་མཚོ་དྲལ་ཏེ། །མཚོ་ཡང་སྐམས་ནས། །སངས་རྒྱས་ཀྱང་མྱ་ངན་ལས་འདས་སྟེ། །ལོ་བརྒྱ་ལོན་ནས་ཡུལ་དུ་གྱུར་ཏོ།། །།ཐོག་མ་ཡུལ་དེའི་རྒྱལ་པོ་ས་ནུ་ཞེས་བགྱི་བ་ནི། །རྒྱ་གར་གྱི་རྒྱལ་པོ་ཨ་ཤོ་ཀ་འི་བུ་ལགས་སྟེ། །རྒྱ་གར་གྱི་རྒྱལ་པོ་ཨ་ཤོ་ཀ་སྤོངས་རྒྱུ་ཞིང་ཡུལ་ཚོལ་དུ། རྒྱ་གར་གྱི་དམག་མང་པོ་དང་། འཁོར་དུ་བཅས་ཏེ་མཆི་མཆི་བ་ལས། ལི་ཏིན་ས་འདི་ཙམ་ན་མཚོ་མཆིས་པ་ཡུལ་སྟོང་མཆིས་པར་སྙམ་ནས་བྲམ་ཟེ་དང་ལྟས་མཁན་རྣམས་བསྡོགས་ནས། །མཚན་ལྟར་སྩལད་པ་ལས། ལྟས་

① 在此句之后，原文中没有"一年中为纪念佛出生，入灭，讲经献供的寺庙"一句，而在王尧先生的译文中却有出现。

མཁན་གྱིས་བསྔས་ན་འཕགས་པར་མཚན་བཟང་པོ་དང་ལྡན་པ་ཞིག་སྟེ། །རྒྱལ་པོ་ཁྱོད་པས་ནི། བུ་རྒྱལ་བུ་འདི་མངའ་ཐང་ཆེ་ཞེས་བགྱིས་པ་དང་། རྒྱལ་པོ་ཕྲག་དོག

汉文译文：

“玛闹尔瓦尔懂巴”（མ་ནོར་པར་སྟོན་པ།），意为“无歧途释迦牟尼”，即毛尔古岱谢（མོར་གུ་བདེ་ཤེལ།），首次产生了毛尔古岱之名。后来，在毛尔古岱寺严守戒律，刻苦勤勉，被毛尔古岱寺任命为（堪布）。

当李域地方还是海子时，世尊向北方天王柏哈热玛鼐（即柏恰玛那）和比丘舍利子（དགེ་སློང་ཤ་རིའི་བུ།）二人授意：“目前此海子，作为三世佛的教化之地为佳，此后将变成陆地，莲花生长之处，将产生一座座寺院，亦会出现许多菩萨，你把海子蒸空，（使此海）变成陆地吧！”[①] 北方天王柏哈热玛鼐［བེ་ཤ་र་མ་ནེ（བཻ་ཤྲ་མ་ཎ།），柏恰玛那］和比丘舍利子在香相［ཤིག་ཅང（གཤིག་ཤང，或更］用禅杖的尖端和矛把海底刺穿，海水干涸，佛涅槃后，过一百年（此处）便成为陆地。

当初，当地的国王名叫萨尼（意为“地乳”），为印度国王阿肖嘎（阿育王）之子。印度国王阿肖嘎为寻地游方，率众多印度军及随从四处游走，抵达和田之地，想：有海子之处有绿洲[②] 吗？……见有占赛（བྲམ་ཟེ། 即“婆罗门”）及相士（ལྟས་མཁན།）会集。相士看（萨尼之）相后道：“具备殊胜之名，此王子将来比大王您的权势还要强大！”国王遂产生妒忌

藏文原文：

སྐྱེས་སྟེ། །ཁྲིས་ནས། །བུ་ཡང་དང་མོ་བཙས་པའི་སར་བོར་ཏེ། །རྒྱལ་པོས་བུ་བོར་བའི་ས་ནི། ད་ལྟར་ཨུ་ཏེན་བྱང་སྨོའི་ནང་ལོགས་ལྷ་གང་(ཁང)རིང་པོའི་དྲུང་ན། ཨ་རྟ་བ་ལོ་བཞུགས་པའི་རྒྱབ་ན། མགོན་པོའི་རྟེན་ཀང་(ཁང)བཞུགས་པ་ལགས། རྒྱལ་པོས་བུ་བོར་བའི་ཚེ། །བྱང་ཕྱོགས་ཀྱི་མགོན་པོ་བི་ཤ་र་མ་ནི་དང་། དཔལ་གྱི་ལྷ་མོས་སའི་ནང་ནས་ནུ་མ་བྱུང་སྟེ། །གསོས་ནས་བུ་ཡང་མ་ཤུམ་སྟེ། །ཕྱིང་ཡང་ས་ནུར་བཏགས་ཏེ། ཤ་ར་མ་ནིས་བླངས་ནས། །རྒྱ་རྗེ་ལ་བུ་སྟོང་དུ་གྲངས་གཅིག་གིས་མ་ཚང་བར། རྒྱ་རྗེའི་བུར་ཕུལ་ཏེ། །རྒྱ་རྗེའི(རྗེས)གནང་ཅེན་འཚལ་ཞིང་མཆིས་མཆིས་པ་ལས། །དུས་ཆེན་པོ་ཞིག་གི་ཚེ། རྒྱ་རྗེའི་བུ་རྣམས་རྩེ་རྩེ་བ་ལས། །ས་ནུ་དང་། རྒྱ་རྗེའི་བུ་གཞན་དུ། །འཐབས་སྟེ། །ཚིག་ལས་ངན་པ་ཁྱོད་རྒྱ་རྗེའི་བུ་མ་ཡིན་ཏེ། ཀྱི་ན་རྙེད་པ་དང་། ངེད་རྒྱལ་རིགས་ཐ་དད་ཅེས་བགྱིས་པ་དང་། རྒྱལ་བུ་ས་ནུ་སྨྱི་དགའ་ནས། མོད་ལ་རྒྱ་རྗེ་ལ་གསོལད་པ། བདག་ཅག་རྒྱ་རྗེའི་སྲས་རྣམས་དེ་རིང་རྩེ་རྩེ་བ་ལས། །སྲས་གཞན་གྱི་མཆིད་ནས། །ངན་པ་ཁྱོད་རྒྱ་རྗེའི་བུ་མ་ཡིན་ཏེ། ཀྱི་ན་རྙེད་པ་དང་། ངེད་རྒྱལ་རིགས་བུ་ཡང་དག་པ་ཡིན་ཏེ་ཐ་དད་ཅེས་མཆི་ན། །རྒྱ་རྗེའི་བུ་མ་ལགས་པར་གྱུར་ན། བདག་རྒྱ་རྗེའི་ཞམ་འབྲིང་ན་མཆིས་ན་ཅི་སླན། །བདག་ཡུལ་ཚོལ་ཞིང་ཕྱོགས་གཞན་དུ་མཆི་བར་ཅི་གནང་ཞེས་གསོལད་པ་ལས། །རྒྱ་རྗེས་ཀྱང་འཕྲུལ་

---

① 此句翻译也有大的出入，“目前的这个海子地方，是三世佛另外一个世界，以后将成为人众居住的睡所，现在生长莲花之处，以后将成为一座座寺庙，会出现许多菩萨，你去把海子淘净，使它以后成为人众居住的地方吧！”应为“目前此海子，作为三世佛的教化之地为佳，此后将变成陆地，莲花生长之处，将产生一座座寺院，亦会出现许多菩萨，你把海子蒸空，变成陆地吧！”

② 翻译也有出入，原译为“想：此地昔曾有人居住……见有印度军人、婆罗门及占卜相士多人会集一起”，实为想：“有海子之处有绿洲吗？……见有占赛（བྲམ་ཟེ་，婆罗门）及相士会集”。

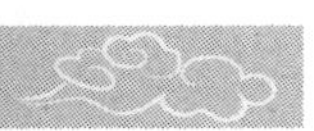

ཏུ···ཁྲོད་ངའི་བུ་ཡང་དག་པ་ཡིན་ཏེ། །བུ་གཞན་དེ་སྐད་ཟེར་བ་བརྫུན་གྱིས། འགྲོར་མི་གནང་ཞེས་མཆི་བ་ལས། །ཡང་ས་ནུ་གལ་གྱིས་གཙུས་སྟེ། །གསོལ་གསོལ་ནས། །རྒྱ་རྗེས་ཀྱང་ཤ་ར་མ་ཙེས་བུ་བྱིན་པ་འདི་འཕགས་པར་ཡང་སྡུག་ན། འདུག་ཏུ་མ་ཏུང་ཞེས་མི་དགའ་ནས། བུ་ས་ནུས་

汉文译文：

而恼怒，乃将其子扔在当初出生之地。国王弃子之地，就是现在和田北门内的长神殿附近，供奉阿尔雅瓦洛（ཨ་ཏྲ་བ་ལོ།，意即“观世音菩萨”）之后面的依怙护法殿。

国王弃子时，北方贡布柏哈热玛（བྱང་ཕྱོགས་ཀྱི་མགོན་པོ་བཻ་ཤ་ར་མ།）指示化吉拉毛（དཔལ་གྱི་ལྷ་མོ། 吉祥天女）使地中流出了乳汁，喂养王子使不死去，因而取名萨尼（ས་ནུ། 意为“地乳”）。夏热玛将王子献给（汉地）国王，因国王千子之数尚缺一子。国王非常宠爱王子，在一个盛大节日里，王子们在一起玩耍，萨尼与其他王子打架，（其他王子）恶语道：“你不是王子，是顺手捡来的，和我们王族不一样。”萨尼为之烦恼，即刻去向国王禀述并恳求：“我等王子们今天在一起玩耍，其他王子对我说：‘坏蛋，你不是国王之子，是拣来的。’我是真正王族之子，如果确实有别的话，我就成了假王子，我何必跟随国王您呢？何不让我寻找故乡到别处去吧！[①]”汉王也即刻回答：“你确实是我之子，其他王子所言为假，不能走！”萨尼固执己见，一再请求。国王大为不悦，言：“伤害了夏热玛尼（ཤ་ར་མ་ཙེ། 即贡布柏哈热玛）所赐之子的话，不便再留！”[②] 大为不悦。萨尼

藏文原文：

གསོལད་པ་བཞིན་གནང་སྟེ། །རྒྱའི་དམག་མང་པོ་དང་འཁོར་དུ་བཅས་སྟེ། །བརྫངས་ནས། ཡུལ་ཚོལ་ཞིང་ལི་ཡུལ་ཕྱོགས་སུ་མཆི་བ་དང་། རྒྱལ་བུ་ས་ནུའི་པ་རྒྱ་གར་གྱི་རྒྱལ་པོ་ཨ་ཤོ་ཀའི་བློན་པོ། ཆེན་པོ། ཨ་མ་ཙ་ཡ་ཤ་ནོངས་བྱུང་ནས། ཡུལ་ནས་བསྐྲད་དེ། རྒྱ་གར་གྱི་དམག་མང་པོ་དང་འཁོར་དུ་བཅས་སྟེ། ལི་ཡུལ་ཕྱོགས་སུ་མཆི་བ་དང་། །ཤེལ་ཆབ་གོང་མའི་ཏང་འགྲུ་འཛོར་མཇལ་ནས། དང་པོ་ནི་རྒྱུས་མ་འཚལ་ཏེ། །སོ་སོ་ནས་གཡུལ་བཤམས་སྟེ། ཐབ་མོ་བགྱི་བར། བགྱིས་པ་ལས། །མགོན་པོ་བཻ་ཤ་ར་མ་ནི(བཻ་ཤྲ་མ་ཎ)དང་། དཔལ་གྱི་ལྷ་མོ་དང་། སའི་ལྷ་མོ་ལས་སྩོགས་པ་དབུས་ནས་བྱུང་སྟེ། །དང་པའི་རྒྱུས་ཀྱང་ཞིབ་ཏུ་བཤད། །ཐྲན་དང་རྗེ་བོར་ཡང་ངོ་ཤེས་པར་བསྟནད། །སྨྲམས་བགྱིས་ནས། །དང་པོ་རྒྱལ་པོ་ས་ནུ་དང་། ཨ་མ་ཙ་ཡ་ཤ་རྗེ་གོལ(ཁོལ)མཇལ་ནས། །གཞི་འདི་གཉིས་ཀྱིས་བཟུང་སྟེ། ཨུ་ཏེན་གྱི་ཡུལ་ས་ནི། དེ་ལྟར་བཟུང་ཞིང་བཙུགས་སོ།། །།ལི་ཡུལ་དུ་དམ་པའི་ཆོས་ཀྱི་འཇིག་པ་དང་། ཡུལ་གྱི་སྲུངས་མ་ཆེན་པོ། བརྒྱད་བཞུགས་པ་ལ། །མགོན་པོ་ཆེན་པོ་བེ་ཤ་ར་མ་ནི་(བཻ་ཤྲ་མ་ཎ)། སྔི་དཔོན་ས་ཏེ། ཨ་པ་ར་ཛི་ཏ། སྐ་སྐ་ན་སྲ་ར། །སུ་གར་ན་མ་ལ། ཤུགས་ཀྱཱ། སྐ་ན་བ་ཏེ། ཀླུ་འི་རྒྱལ་པོ་འགྲ་ཏ་བད་ཏ་(ཤྲཱི་ཏ་དེ་ཝ་ཏ)ལ་སྩོགས་པ། དེ་དག་གི་འཁོར་དམ་ཚིག་ཅན། །ཕྱིར་སྲུང་བ་ནི་སུམ་ཁྲི། ལྷ་སྟོང་ལྔ་

① 此处翻译有出入，原译为“请让我自找地方到别处去吧！”实际应翻译为“何不让我寻找故乡到别处去吧！”

② 此处翻译有出入，原译为“因此，汉地国王越发喜爱北方天王赠他的这一儿子。”实际应翻译为：“‘伤害了对夏热玛尼所赐之子的话，不便再留！’大为不悦。”

བརྒྱ་ཙ་བདུན་སྲུང་ངོ།། །།ཀླུའི་རྒྱལ་པོ་བཞི་ཆོས་དང་ཡུལ་དུ་བཅས་པར་སྲུང་བའི་མཚན། །འདི་བཞི་སྲུང་། བྱང་ཆུབ་སེམས་དཔའ་ལྔ་བརྒྱ་ནི། རྟག་པར་བཞུགས་སྟེ། །ཉིས་བརྒྱ་ལྔ་བཅུ་ནི་དགེ་སློང་པོ་སློས་ཀྱི་ཚུལ་དུ་བཞུགས། །ཉིས་བརྒྱ་ལྔ་བཅུ་ནི་ཁྱིམ་པ་སྐྱ་བོ་པོ་སློས་ཀྱི་ཚུལ་དུ་བཞུགས་སོ།། །།མཚོ་འི་ནང་ནས་དང་པོ་པད་མོ་འབྱུང་བའི་སར། གཙུག་ལག་ཁང་རེ་རེ།

汉文译文：

叩谢，（国王）派许多汉地士兵和随从（跟随），寻找故里，向李域开拔。[①]（与此同时，）有阿肖嘎（即阿育王）指责他的大臣、群布、阿玛杂耶西（ཨ་མ་ཙ་ཡ་ཤི།）并将他们逐出。[②]

许多印度军队和随从也向李域进发，在上协洽布（“玉河”）的杭格觉（ཧང་འགུ་འཇོ།）（两队人马）相遇。开始双方并不相识，各自成阵，进行交兵。柏哈热玛鼐（柏恰玛那）和吉祥天女（དཔལ་གྱི་ལྷ་མོ།）及大地天女（སའི་ལྷ་མོ།）等出现，将当初经过详细叙述，让被流放的君臣相识，彼此联合。首先萨尼和阿玛杂耶西君臣相会，联手治理其地，和田之地便如此经营而建。

为使李域圣教永驻，有地方护法神八尊（ཡུལ་གྱི་སྲུངས་མ་ཆེན་པོ།），即贡布钦布柏哈热玛鼐（མགོན་པོ་ཆེན་པོ་བེ་ཤ་ར་མ་ནི།）、戴洪萨尼（སྡེ་དཔོན་ས་ཏེ།）、阿巴热孜达（ཨ་པ་ར་ཛི་ཏ།）、噶噶那萨若（ཧྲ་ཧྲ་ན་སུ་ར།）、苏格尔那玛拉（སུ་གར་ན་མ་ལ།）、嘉合吉（ཀྵགས་ཀྱུ།）、达那巴迪（སྟ་ན་པ་ཏི།）、龙王扎哈巴达（ཀླུའི་རྒྱལ་པོ་འགྲ་ཏ་བད་ཏ་［གྲི་ཏ་དེ་ཝ་ཏ།］，智哈戴瓦达）等，他们的从属发誓者等总计有三万，神五千五百零七位。[③]

四大龙王（ཀླུའི་རྒྱལ་པོ་བཞི་ཆོས།）保佑圣教及其地方，称之为“四护”。有五百尊菩萨安住，其中，二百五十位是比丘、比丘尼，二百五十位是善男信女（དགེ་སློང་པོ་སློས།）。[④]

海子里最初生长莲花之处，建立起一座座伽蓝。

藏文原文：

འབྱུང་སྟེ། །འགེའུ་ཏི་ཤན་དང་། འགུམ་ཏིར་དང་། འགུན་འཕང་དང་། ཚར་མ་དང་། འཛོ་ཏིར་དང་། དར་མ་ཏིར་དང་། སང་ཏིར་དང་། སྣོའི་ཐོང་ལ་སྒོགས་པ། གཙུག་ལག་ཁང་གཞན་པོ་སྤྱིར་སུམ་བརྒྱ་སུམ་ཅུ་ཙ་གསུམ་བཞུགས།། །།བྱང་ཆུབ་སེམས་དཔའ། རང་བྱུང་བ་བརྒྱད་ད་ལྟར་ལི་ཡུལ་ན་བཞུགས་པའི་མཚན། །ཕྱུག་ན་རྗེ་རྗེ་ནི་གསང་བའི་བདག་པོ་ལགས་སྟེ། །ད་ལྟར་ཡང་འགེའུ་ཏི་ཤན་གྱི་བང་རིམ་བླ་སྟེངས། ཤོང་ཕྱ་ན་བཞུགས་། །ཨ་རྱ་བ་ལོ་ནི་འཇུ་སྐ་ན། བཞུགས། །ནམ་ཀའི་སྙིང་པོ་ནི་སྣོའི་ཐོང་ན་བཞུགས། །འཇམ་དཔལ་དང་། མ་ནི་ཧྲ་བ་གཉིས་ནི་འགེའུ་ཏི་ཤན་ན་བཞུགས། །སའི་···སྙིང་པོ་ནི་འཛོ་ཏིར་ན་བཞུགས། །ཀུན་ཏུ་བཟང་པོ་ནི་ཧོ་ལའི་སང་ག་པོ་ལོང་ན་བཞུགས། །སྨན་གྱི་རྒྱལ་པོ་འབའ་ནོ་ཅོན་བཞུགས། །བྱམས་པ་ནི་འབས་ནོ་ཁ་ན་བཞུགས་སོ།། །དགེ་འདུན་སྡེ་གཉིས་ཀྱི་ལྷ་བ་ནི། དགེ་སློང་

① 此处翻译有出入，原译为：“由于他不肯留下，心中烦闷。故意下令装作要杀地乳的样子，打发许多汉兵和随从等游方往李域去。”

② 此处翻译有出入，原译为：“适当此时，其生父阿育王（阿输迦）的大臣，名叫阿玛扎耶舍的，因犯罪被逐。”应译为现译文。

③ 此处翻译有出入，原译为：“发誓追随其后之头眷属，计有三万五千五百零七桑护法神保护。”应译为现译文。

④ 此处翻译有出入，原译为：“五百尊菩萨常住彼处，二百五十位以比丘及比丘尼之身常在，二百五十位以优婆塞、优婆夷之身常在。”应译为现译文。

པོ་སློས་སྡེ་གཉིས་ལས། ཐེག་པ་ཆེན་པོ་པ་ནི། རྣམ་པར་མི་རྟོག་པ་དང་། དཔའ་བར་འགྲོ་བའི་ཏི་ངེ་འཛིན་གྱི་སྒོར་འཇུག། །ཉན་ཐོས་པ་ནི་བདེན་པ་བཞི་འི་སྒོར་འཇུག་སྟེ། །དགེ་འདུན་སྡེ་གཉིས་དང་། སྐྱ་བོ་ལས་ཐེག་པ་ཆེན་པོའི་སྒོར་འཇུག་པ་དང་། ཉན་ཐོས་ཀྱི་སྒོར་འཇུག་པ་མང་ཉུང་གི་ཚད་ནི། །ཐེག་པ་ཆེན་པོ་པ་ནི། རྟའི་ལུས་ཀྱི་སྤུ་ཙམ། ཐེག་པ་ཆུང་ངུ་པ་ནི་རྟའི་རྣ་བའི་སྤུ་ཙམ་སྟེ་མང་ཉུང་གི་ཚད་ནི་དེ་ཙམ་ཞིག་བཞུགས་སོ།། །།ལི་ཡུལ་ཨུ་ཏེན་སླར་འཐིག་ཙིང་མཚོར་འགྱུར་བའི་དུས་ནི། །ནམ་དགེ་བ་བཅུ་མི་སྤྱོད་པའི་དུས་ན། །ཡུལ་གྱི་སྲུངས་མ་མགོན་པོ་དམ་ཚིག་ཅན་རྣམས་དང་། སྲུངས་མ་ལྷ་ཀླུ་རྣམས་ཀྱིས། ཤིང་ཤན་(གུན)གྱི་རོང་ཡང་སླར་ཏུབ་པར་བགྱིས་ནས། །ཤེལ་ཆུ་ལྷག་འོག་གཉིས་ཀྱི་ཆབ་ཀྱང་། ཨུ་ཏེན་གྱི་མཁར་དངར་ལྷན་གྱི་ནང་ད་ལྟར་ཚོང་

汉文译文：

在瞿摩尔（འགེའུ་ཏེ་ཤན།）、更蚌（གུན་འབང་།）、赞摩（འཙར་མ།）、卓迪尔（འཛོ་ཏིར།）、达尔玛迪（དར་མ་ཏིར།）、桑迪尔（སང་ཏིར།）、桂仲（སྐའི་ཐོང་།）等地，应预灵验所建之寺总计三百三十三座。

八大菩萨[①]，现在还供奉在李域，名称是：金刚手即密教之主（ཕྱག་ན་རྡོ་རྗེ་ནི་གསང་བའི་བདག་པོ།），如今供奉[②]于桂迪山的山顶雄甲（འགེའུ་ཏེ་ཤན་གྱི་བང་རིམ་ བླ་སྟེངས།ཤོང་ཕྱ།）；阿尔雅瓦洛（ཨ་རྱ་བ་ལོ 观世音）供奉在居念（འཇུ་སྙི།）；地藏王供奉于桂仲（ནམ་ཀའི་སྙིང་པོ་ནི་སྐའི་ཐོང་།）；文殊和牟尼巴瓦（མ་ནི་བྷ་བ་གཉིས་ནི་འགེའུ་ཏེ་ཤན་ན་བཞུགས།）二者供奉于桂迪山；地藏王供奉于卓迪尔；普贤供奉于朵隆桑格保隆（ཏོ་ལའི་སང་ག་པོ་ལོང་།）；药王供奉于巴诺焦（སྨན་གྱི་རྒྱལ་པོ་འབའ་ནོ་ཅོན་བཞུགས།）；弥勒菩萨供奉于威诺聂（བྱམས་པ་ནི་འབས་ནོ་ཉ་ན་བཞུགས་སོ།།）。

按照佛僧伽蓝的执见：在比丘及比丘尼二部众，大乘为无分别、定持之见地；声闻乘是四圣谛之见地；（信仰）声闻乘之见地多少来衡量，（信仰）大乘（者）犹如马体之毛（རྟའི་ལུས་ཀྱི་སྤུ་ཙམ།），（信仰）小乘（者）犹如马耳朵而已。

李域和田复次变为海子时，未行十善时[③]，地方护法神宫布发誓者们和护法拉鲁们将香相（更）山谷再次堵塞，上、下协河水乃汇集在和田大城之内，如今的大集市

藏文原文：

དུས་ཆེན་པོའི་སྐད་ན། འགུམ་ཏིར་གྱི་གཙུག་ལག་ཁང་ཆེད་པོ་སྤྲ་བ་ཤ་བཞུགས་པའི་གཙུག་ལག་ཁང་། གི་སྒོར་འདུས་ནས། སླར་ཡང་མཚོར་འཁྱིལ་ཏེ། མཚོར་གྱུར་པ(འི)། ཚོ། །ཤ་རི་རམ་གཞན་ནི་ཀླུ་རྣམས་ཀྱིས་འཚལ་ད། ཏེ། །སོ་སོའི་གནས་ན་མཆོད་པ་བགྱིད། །སངས་རྒྱས་རབས་བདུན་གྱི་ཤ་རི་རམ་ཤས་ནི་ད་ལྟར་འགེའུ་ཏེ་ཤན་གྱི་སྟེང་འཇམ་དཔལ་གནས་པ་དང་གཉིས་ཀྱི་བར་ན། ལུང་བུ་མི་ཆེ་བ་ཞིག་གི་ནང་ན། །རྒྱལ་པོས་བུ་སྟོར་པ་རྙེད་པའི་སར་གཙུག་ལག་ཁང་གཅིག་བརྩིགས་པ་ལགས་སྟེ། །ད་ལྟར་དུས་གསུམ་གྱི་མཆོད་པའི་སའི་གཙུག་ལག་ཁང་མཚན་ཨ་རྱ་སྟ་ན་ཞེས་བགྱི་བ་དེ་ན་ཤ་རི་རམ་གྱི་ཤས་བཞུགས་སྟེ། །ལི་ཡུལ་སླར་མཚོར་གྱུར་ད་པའི་ཚེ་ནི། །ཨ་རྱ་སྟ་ནའི་གཙུག་ལག་

① 此处翻译有出入，原译为“八位天生的菩萨”，应翻译为“八大菩萨”。

② 原翻译有出入，原译为“现住”，应译为“供奉”。在藏文的行文当中，宗教术语“供奉”“安置”“敬奉”都为“西合”，是敬语。

③ 原翻译有出入，原译为“行十不善时”，应译为“未行十善时”，意思完全相反。

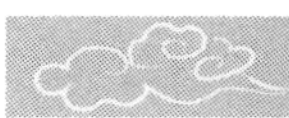

ཁང་བཞུགས་པའི་ལུང་བ་དེ་ཡང་། སླར་ཁ་རུབ་ནས། །ས་གཞི་དེ་ནས་ཤ་རི་རམ་སུས་ཀྱང་མི་འཚལ་བར་བཞུགས་སོ། །ནམ་སངས་རྒྱས་བྱམས་པ་འཇིག་རྟེན་དུ་མགོན་དུ་གཤེགས་པའི་དུས་ན། །ལི་ཡུལ་གྱི་མཚོ་ཡང་སླར་སྐམས་ནས། །ཡུལ་དུ་འགྱུར། །གཙུག་ལག་ཁང་ཤ་རི་རམ་བཞུགས་པའི་ལུང་བ་དེ་ཡང་། སླར་ཁ་བྱེ་ནས། །སངས་རྒྱས་བྱམས་པ་འཁོར་དང་བཅས་པའི་མཆོད་གནའས་སུ་འགྱུར་རོ།། །།བཅོམ་ལྡན་འདས་ཀྱིས་བཀའ་སྩལད་པ། །ཡུལ་ལི་ཡུལ་གྱི་ལུང་བསྟན་འདི་མི་ཕལ་གྱིས་བཙང་དུ་ཡང་མི་རུང་། ཐོས་པའི་བསོད་ནམས་ཀྱང་བསྐལ་པ་གཅིག་གི་སྡིག་འབྱང་། །ཀློགས་པའི་བསོད་ནམས་ནི། བསྐལ་པ་གྲངས་མེད་པའི་སྡུག་འབྱང་། །དགེ་སློང་ལས་སྩོགས་སྡེ་ཆོས་སྤྱོད་པ་རྣམས་ལ་འཆི་(མཆི་)ཞིང་སེམས་དཀྲུག་ཏུ་མི་རུང་། བླ་ན་མེད་པའི་ཆོས་ཡང་དག་པ་ཡིན་ནོ།། །།ལི་ཡུལ་དུ་ཐ་མ་དམ་པའི་ཆོས་འཇིག་པའི་དུས་ནི། །སྟོད་ཀྱི

汉文译文：

的上面，瞿摩尔大伽蓝之处即供奉扎瓦夏（འགྲུམ་ཏིར་གྱི་གཙུག་ལག་ཁང་ཆེད་པོ་སྤྲ་བ་ཤ）神之寺前，复次海浪翻滚，变成海子时，舍利和别的（供品）被鲁带去，供奉在各自驻地。

七世佛之一舍利佛的舍利子①（之处）和如今供奉文殊的桂迪香寺（འགེའུ་ཏི་ཤན།）两者之间，有一个小山沟内，国王道："找到王子之处修建的一座寺院为好！"如今供奉三世佛的寺院被命名为"阿尔雅达纳"（ཨ་རྱ་སྟ་ན།）②，在此也供奉舍利佛③的舍利子。李域复次变为海子时，修建阿尔雅达纳寺的山谷，复次堵塞，此地供奉之舍利便无人所知其踪。弥勒佛来到世间时④，李域之海子复次干枯成为大地，供奉舍利子的寺院的山谷，复次得到开启⑤，变成弥勒常转法轮等供奉的圣地⑥。

薄伽梵⑦告诫云：这《李域授记》凡人不能玷污。具福德的听者（听之），可消除一劫之罪；具福德的诵读者（诵之），可免除无数劫之罪。对众比丘等奉行佛教者⑧，不能扰乱他们的心境，至高无上之佛法乃是真谛。⑨

在李域，最后佛法毁灭时，上部

---

① 原翻译有出入，原译为"佛以前七代佛少量之舍利"，应译为"七世佛之一舍利佛的舍利子"。

② 原翻译有出入，原译为"如今仍为一年三供之寺宇，谓之圣教寺"，应译为"如今供奉三世佛的寺院被命名为'阿尔雅达纳'"。

③"舍利佛"，此处依原文翻译，非佛弟子"舍利弗"而为七世佛之一，但未知具体指那一世。

④ 原翻译有出入，原译为"一日，当慈悲之佛为保护世间，重又到来时"，应译为现译。

⑤ 原翻译有出入，原译为"李域之海子又会乾涸重新成为人能居住之地"，应译为现译。

⑥ 原翻译有出入，原译为"成为向佛及其眷属献供之地"，应译为现译。

⑦ 藏语称为"君木丹迪"，佛的别号，梵音译作"薄伽梵"，也称作"出有坏"："出"谓超出生死涅槃二边；"有"谓有六功德；"坏"谓坏灭四魔。

⑧ 原翻译有出入，原译为"念经之人"，应译为"奉行佛教者"，这是两个不同的概念。

⑨ 对此段的翻译也有发挥，原译为："对众比丘等念经之人宣讲授记，会使他们心慌意乱，均为不宜，以'授记'乃至高无上、最清净之经文也。"应译为现译。

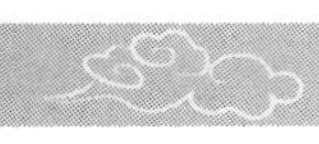

藏文原文：

མཁར་བཞིའི་དགེ་འདུན་རྣམས་རིལ་གྱིས་ཨུ་ཏེན་དུ་གཤེགས་སྟེ་འདུས་པ་ལས། །དེའི་ཚེ་ལི་རྣམས་བདུད་ཀྱིས་བསླུས་ནས། དམ་པའི་ཆོས་དང་དགེ་འདུན་ལ་མ་དད་པས། །དགེ་འདུན་ལ་སྨྲར་པ་འདེབས། །ནོར་རྫས་ལ་རྐུ་འཕྲོག51. བྱེད་ཅིང་། །དཀོན་མཆོག་གསུམ་གྱི་ནོར་རྫས་དང་། ཚ་ར་དང་རྐྱེན་རིས་རིལ་གྱིས་ཕྲོགས་ནས། །ལིས་ཀྱང་གཙགས་པ་མྱི་འདྲ་ནས། དེའི་འོག་ཏུ། །དགེ་འདུན་རིལ་གྱིས་གཤེགས་སྟེ། །གཙུག་ལག་ཁང་ཙར་མར་འདུས་ནས། །52. འདིར་ནི་ལིས་ཀྱང་མྱི་གཙགས་ན། གར་འདོང་བའི་རིགས་ཤེས་བཀའ་གྲོས་སུ་མཛད་པ་ལས། །དུས་དེ་ཙམ་ན་ཡང་བོད་ཀྱི་ལྷ་བཙན་པོ་ལས་དམ་པའི་ཆོས་ལ་དད་ལ། དགེ་འདུན་ལ་བཀུར་སྟི་རིམ་གྲོ་ཆེ་བས། །དེ་ནས་བོད་ཡུལ་དུ་གཤེགས་པར་ཆད་ནས། །དེའི་ཚེ་དགེ་འདུན་གྱི་འཕྲལ་གྱི་བཙོས་གསོལ་བ་ཡང་མ་མཆིས། །པར་ཕྱུར་ཏེ། །ཆད་པ་ལས། ཙར་མའི་གཙུག་ལག་ཁང་གི་འོག་ནས། གཏེར་སྒྲོམ་བུ་ཞིག་གི་ནང་ནས་གསེར་གྱི54. བཙོས་ཆ་བདུན་བྱུང་སྟེ། །དགུང་ཟླ་གསུམ་གྱི་བར་དུ་ནི་དགེ་འདུན་རིལ་གྱི་འཚོ་བ་ཡང་དེས་སྦྱརད། །དེ་ནས་དགུན་གྱི་དུས་ལ་བབ་ནས། དགེ་འདུན་རིལ་གྱིས་ཙར་མ་ནས་འཛྲོ་ཏིར་དུ་ཤུལ་བྱུང་སྟེ། །གཤེགས་ནས། །འཛྲོ་ཏིར་ན་བྱང་ཆུབ་སེམས་དཔའ་ས་འི་སྙིང་པོ་རང་བྱུང་བཞུགས་པའི་གཙུག་ལག་ཁང་གི་གོང་ན། །བོག་རི་མྱི་ཆེ་བ་ཞིག་མཆིས་པ་དེའི་ཚེ་ན་རང་ཞིག་སྟེ། དེའི་ནང་ནས་ཀྱང་མུ་ཏིག་བྲེ་གང་བྱུང་སྟེ། དེས་ཀྱང་དགུང་ཟླ་གསུམ་གྱི་འཚོ་བ་སྦྱརད་ཏེ་དེ་ནས་ཤུལ་དཔྱིད་ཟླ་ར་བ་ལ་ཤུལ་ཧྨེས་ཀར་དུ་བྱུང་སྟེ། གཤེགས་པ། །ཧྨེས་ཀར་དུ་ཡང་བྱང་ཕྱོགས་ཀྱི་རྒྱལ་པོ་རྣམ་ཐོས་ཀྱི་བུ་དང་། དཔལ་གྱི་ལྷ་མོ་ཆེན་མོས། མྱིའི་ལུས་སུ་སྤྲུལ་ཏེ། དཔྱིད་ཟླ་གསུམ་གྱི་འཚོ་བ་སྦྱར་ནས། །

汉文译文：

四城（མཁར་བཞི）之比丘们都来和阗集会。此时，李域人为魔所诱，不信圣教和比丘，凌辱比丘。（他们）抢劫财物，将三宝之物、食粮、条件（所有财物）①逐次抢走。李（域人们）也无同（法）安住，在此情况下，比丘逐次而来，汇集于赞摩尔寺（གཙུག་ལག་ཁང་ཙར་མ）而论："李（域）之地已无法安住，去往何处为好？按照（国王）指令吧！"此时，因吐蕃赞普笃信佛教，敬重比丘②。于是，一致商议前往吐蕃。

当时，比丘所需供养业已匮乏，口粮断绝，从赞摩寺库藏小匣里产生了七块金子③，三个月中，全体比丘就用此金来维持生活。后来，当冬季来临，全体比丘从赞摩出走，到卓迪尔。在卓迪尔，有一自然天成的地藏王菩萨寺院，其上，有一座小山，此时（小山）有一缝隙，从中产生七升珍珠，（众比丘）乃用它维持了冬季三个月生活。到了春季孟春之月出走，到喜梅噶尔（ཧྨེས་ཀ），在梅噶尔之北方多闻天王与吉祥天女（ལྷ་མོ་ཆེན་མོ）幻化为人，维持他们的春季三个月生活。

① 原翻译有出入，原译为："寺庙之土地、奴仆、牲畜等全部抢走。"应译为现译文。

② 文中没有"大施供养"之句。

③ 原翻译有出入，原译为"得到十四块金子做的供神食品"，应译为现译文。

藏文原文：

དེ་ནས་ཆ་རྫས་ཀྱང་ཟླ་ལ་བགྱིས་སྟེ། །དཔྱར་སླ་ར་བ་ལ་བོད་ཡུལ་དུ་གཤེགས་ནས། །དེའི་ཚེ་ན་སླར་སྐྱ་བོར་བབས་པ་དང་། ཤུལ་དུ་ཆབ་འཚོལད་པ་ཡང་མང་།། །དེས་དེ་ཙམ་ན། བོད་ཀྱི་ལྷ་བཙན་པོ་དང་། རྒྱ་རྗེར་ཡང་དབོན་ཞང་དུ་མཛད་ནས། །ཀོང་ཅོ་ཡང་ལྷ་བཙན་པོའི་ཁབ་ཏུ་བཞེས་སྟེ། །ཀོང་ཅོས་བོད་ཡུལ་དུ་གཙུག་ལག་ཁང་ཆེན་པོ་གཅིག་བརྩིགས་ནས། །རྐྱེན་རིས་ཀྱང་བཙད་དེ། །དགེ་འདུན་རིལ་གྱིས་ཀྱང་དེར་གཤེགས་ནས། འཚོ་བ་ཡང་ཀོང་ཅོས་སྦྱར་ཏེ། །བོད་ཡུལ་དུ་ཐེག་པ་ཆེན་པོའི་ཆོས་ཀྱང་རྒྱས་པར་བྱུང་ནས། །ལོ་བཅུ་གཉིས་ཀྱི་བར་དུ་ནི། དགེ་འདུན་དང་སྐྱ་བོ་ཕལ་ཡང་ཆོས་སྤྱོད་ཅིང་རབ་ཏུ་བདེ་སྐྱིད་པ་ལས། །དེར་ཡང་བདུད་ཀྱི་སྡེ་འཁྲུགས་སྟེ། །འབྲུམ་ནག་ལས་སྩོགས་པ། །ནད་ཀྱི་སྣ་མང་དུ་བདུད་ཀྱིས་བཏང་ནས། །ཀོང་ཅོ་ཡང་སྙིང་ཀར་འབྲུམ་ནག་བྱུང་ནས་གུམ། །དེ་ནས་སྐྱ་བོ་རྣམས་མ་དད་པ་སྐྱེས་སྟེ། །འབྲུམ་ནག་དང་ནད་སྣ་མང་པོ་བྱུང་བ་ཡང་། དགེ་འདུན་སྟེ། འདི་རྣམས་བོད་ཡུལ་དུ་ཕྱིན་པས། །ཉེས་ཤེས་མཆི་ནས། །བོད་ཡུལ་དུ་ཡང་དགེ་འདུན་གཅིག་ཀྱང་གནས་སུ་མི་གནང་ཞེས་མཆི་སྟེ། །སོ་སོར་བསྐྲད་པ་ལས། དེ་ནས···ཀྱང་དགེ་འདུན་རིལ་གྱིས། །རྒྱ་གར་ཡུལ་གྱི་གན་ཧྣ(ནྡ)་རར་གཤེགས། རྒྱ་གར་ཡུལ་ཕན་ཅད་ན། ཉེ་བར་བཞུགས་པའི་དགེ་འདུན་གྱི་རྣམས་ཀྱང་། །ཡུལ་གན་ད་(ནྡ)རར་དུས་གཅིག་ཏུ་འདུས་སྟེ་གཤེགས་ནས། །དེའི་ཚེ་རྒྱ་གར་གྱི་ཡུལ་ཀེའུ་ཤན་ཐྱིའུ(ཀོའུ་ཤམ་བྷིའི)མན་འདྲེ། སེང་གེའི་བུ་རྒྱལ་པོ་འཛྲ་སྤྱ་སད་ཅེས་བགྱི་བ། ཞིག་སྐྱེསྟེ། །དེའི་དུས་ན། ཀེའུ་ཤམ་འཕྱིར་(ཀོའུ་ཤམ་བྷིར)། རྒྱལ་པོ་ཆེན་པོ་ཆེན་པོ་གསུམ་ལ། རྒྱ་རྗེ་དང་། བོད་ཀྱི་རྒྱལ་པོ་དང་། ཧོར་གྱི་རྒྱལ་པོ་རྣམས་ཀྱིས་དམག་སྟོང་ཕྲག་བརྒྱ་དྲངས་ནས། །ཀེའུ་ཤམ་འཕྱིའི་(ཀོའུ་ཤམ་བྷིའི)རྒྱལ་པོ་འཛྲ་སྤྱི་སད་ཅེས་བགྱི་བ་ལ་བརྒལ་ཏེ། ལོ་བཅུ

汉文译文：

此后，物品也用以度日。（他们）初夏四月到达吐蕃。此时，复有（许多）变为俗人，在沟壑中寻水者居多。①

就在这时，汉王（རྒྱ་རྗེ།）做了吐蕃之神赞普（བོད་ཀྱི་ལྷ་བཙན་པོ།）的舅舅，（汉王）公主（ཀོང་ཅོ་ཡང་ལྷ་བཙན་པོའི་ཁབ།）也下嫁神圣赞普。②公主在吐蕃修建了一大型寺院，条件皆具备，比丘们来

---

① 原翻译有出入，原译为："有许多僧人还俗，有许多在路上饿死。"应译为现译文。

② 此处公主应指金城公主，部分藏文文献如《拔协》中写作 གྱིམ་ཤིང་ཀོང་ཇོ，藏文中还有几种拼写法等。藏文史料泛称文成公主、金城公主皆为唐朝皇帝之女，也未有她们的身世的描述和记载。文成公主唐书记载只知其为皇家宗室女，父母何人皆无从知晓。金城公主乃高宗皇帝之孙嗣雍王李守礼之女。李守礼之父为高宗皇帝第六子李贤（母为武后则天），为中宗皇帝之兄长。李贤早年被封雍王，曾立为皇太子。后被武后贬谪，失尊号，684年自杀身亡，李守礼为李贤的第二个儿子。李贤死后武后又为其昭雪，其子李守礼被册封为"嗣雍王"。李守礼之女金城公主本为中宗皇帝的侄孙女，后被收为皇帝之养女。(《资治通鉴》卷八六，第4页）自文成公主出嫁吐蕃后，吐蕃几代赞普多次派使者向唐朝求婚。赞普都松芒波杰隆囊在位时，679年前后曾向太平公主求婚。705年吐蕃摄政女后卓萨・赤玛罗又派使者为其孙子赤德祖赞请婚。根据《资治通鉴》卷二〇八（转引自《通鉴吐蕃史料》第48页）记载，707年，景龙元年中宗皇帝已决定金城公主出嫁吐蕃，为赞普之妻，但直到710年，景龙四年蕃唐第二次联姻才得以成婚。金城公主出嫁吐蕃前，离别唐朝时悲戚痛苦。中宗皇帝亲自送金城公主至始平县，设宴饯行，看到公主即将远离而去，悲痛难忍，泪流满面。为纪念公主出嫁，改始平县为金城县。(《新唐书》卷二一六、《旧唐书》卷一九六）金城公主嫁到吐蕃后其婚姻并不圆满。赤德祖赞赞普卒于755年。关于金城公主的卒年，汉文史籍有两种不同记载。《旧唐书・吐蕃传》作"（开元）二十九年（741年）春，金城公主卒"。《新唐书・吐蕃传》称"（开元）二十八年（740年）卒，吐蕃告丧"。《资治通鉴》作"（开元）二十八年卒，明年为之发哀"。按《敦煌本吐蕃历史文书》第28页记载，金城公主卒于739年，即唐开元二十七年。汉文史籍所载开元二十八年当是吐蕃使者来告丧之年；开元二十九年应是唐朝发哀之时间。

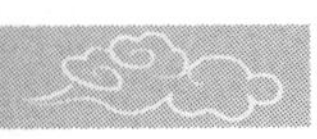

到这里，生活均由公主供养①，大乘教法在吐蕃之地广为弘扬。

十二年之间，比丘和俗人大都信教，生活幸福，正在彼时，群魔侵扰，黑痘等各种疾病四虐，为魔所侵。公主由于沾染黑痘之症，痘毒攻心而死。于是，俗人们对佛教顿起疑心，云："黑痘等各种疾病流行是由于比丘僧团来到吐蕃的报应。"又谓："不能让一个比丘留在吐蕃。"要把他们赶回各自住地。

于是，比丘们只好来到印度的刚达热〔རྒྱ་གར་ཡུལ་གྱི་གན་ད྅（ནྡྷ）་ར།，犍陀罗〕②。附近居住的比丘们也同时到达刚达热。此时，印度固香崎（ཀེའུ་ཤམ་འབྱིར།）（固香布，ཀོའུ་ཤམ་ཉིར།）的曼智（མན་འདྲེ།），桑盖之子（སེང་གེའི་བུ།）诞生，被称为卓波萨王（རྒྱལ་པོ་འདྲོ་སྤྱི་སད།）。当时，固香崎发动三个最大国即汉地、吐蕃、霍尔（རྒྱ་རྗེ་དང་། བོད་ཀྱི་རྒྱལ་པོ་དང་། ཧོར་གྱི་རྒྱལ་པོ།）之国王带领十多万大军进发，与彼此之卓波萨王交战，鏖战十

藏文原文：

གཉིས་ཀྱི་བར་དུ་བཀྱེ་བ་ལས། །རྒྱལ་པོ་གསུམ་གྱི་དམག་གིས་མ་ཐུབ་ནས། །དམག་ཀྱང་རིལ་གྱིས་ཟད་པ་དང་། ཀེའུ་ཤམ་བྱིའི་(ཀོའུ་ཤམ་ཉིའི་)རྒྱལ་པོ་འདྲོ་སྤྱི་སད་ཀྱིས་བསམས་པ། །བདག་གིས་ཚེ་འདི་ལ་འདི་སྙེད་ཀྱི་དམག་མྱི་ཞིག་བསད་པས། །མཚམས་མྱེད་པའི་སྡིག་པ་བྱས་ན། སྡིག་པ་ཅི་ལྟར་བྱས་ན་འབྱང་བར་འགྱུར་ཞེས། བསམས། གཅིག་ཏུ་སྨྲས་ཏེ་འགྱོད་པའི་སེམས་སྐྱེས་ནས། །འགྱོད་ཚངས་དང་། སྡིག་པ་སྦྱང་ཞིང་བཤགས་པར། བསམ་སྟེ། །ཕྱོགས་བཞིར་དགེ་འདུན་སྤྱན་འདྲེན་པའི་པོ་ཉ་བཀྱེ་སྟེ། །འཛམ་བུ་གླིང་གི་དགེ་འདུན་ལས་བབས་པ་དང་། ཤུལ་དུ་ཆབ་འཚལ་པའི་སྐད་མ། །དགེ་འདུན་སྟོང་ཕྲག་བརྒྱ་ཞིག་འདུས་པའི་ནང་ན། །དགྲ་བཅོམ་པ་གཅིག་དང་། སྡེ་སྣོད་གསུམ་དང་ལྡན་པ་ཡང་གཅིག་ལས། མྱི་བཞུགས་སྟེ། །དགེ་འདུན་སྤྱན་འདྲེནད་པོ་ཉས། དགེ་འདུན་རྣམས་གཤེགས་སུ་གནང་སྟེ། །འདིར་བྱོན་ལགས་ཤེས། །རྒྱལ་པོ་ལ་གསོལད་པ་དང་། །རྒྱལ་པོ་ཡང་འཕགས་པར་དགའ་ཆེས་སྟེ། །དད་པའི་ཤུགས་ཆེན་པོ་སྐྱེས་ནས། །དེ་ཙམ་ན་དུས་སླ་དོར་ཕྱུརད་པས། །ཅིག་ཅར་སང་གདུགས་ཚོད་ཀྱང་གསོལ། །ཕྱག་ཀྱང་འཚལ། །དགེ་འདུན་གྱི་ན་བཟའ་དང་། ཡོན་དུ་དབུལ་བུ་(བ)ཡང་སྣ་གོན་བཀྲི་ཞིང་བསར་ཞེས་བྱུང་བ་ལས། དེའི་ནུབ་མོ་དགུང་སླ་ཉའི་དུས་བབ་སྟེ། །དགེ་འདུན་གསོ་སྦྱིན་(སྦྱོང་)མཛད་པའི་ཚོ། ངོར་བ་ལི་སྡེ་གསུམ་དང་ལྡན་པ་ཞིར་ཞག(ཤྲི་ཤག)གི་སློབ་མ་ཨང་སྟན་དེས། །དགྲ་བཅོམ་བ་སུ་རག་བསད། །དགྲ་བཅོམ་པའི་སྲུངས་མ་གནོད་སྦྱིན། །འདྲ་ཛྙ་ཤུ་གས། ཤྲི་བ་ལི་ཤིར་ཞག་(ཤྲི་ཤག)བསད་དེ། །དེའི་ཚེ་དགེ་འདུན་ཡང་འཕྲུལ་ལ་སྡེ་གཉིས་སུ་ཆེད་དེ། ནང་འབྲུགས་ནས་མཚོན་ཀར་བཀྱེ་སྟེ། །དཀྲུང་མ་སངས་པར། དགེ་འདུན་གཅིག་ཀྱང་མ་ལུས་སྟེ། །ནང་པར་དཀོན་མཆོག

① 原翻译有出入，原译为"给寺庙献上土地与奴隶、牲畜。全体比丘来到这里，生活均由公主供养"，应译为现译文。

② 刚达热（རྒྱ་གར་ཡུལ་གྱི་གན་ད྅(ནྡྷ)་ར།）即犍陀罗。犍陀罗（Gāndhāra）又作乾陀罗或健驮逻，古印度地名，亦国名。相当今巴基斯坦之白沙瓦及其毗连的阿富汗东部一带。公元前4世纪末马其顿亚历山大入侵后，希腊文化艺术曾影响这一地区。公元前3世纪摩揭陀国（孔雀王朝）的阿育王，遣僧人来此传布佛教，渐形成犍陀罗式的佛教艺术。公元1世纪大月氏人主其地。公元2世纪初贵霜王国强盛时期，成为迦腻色迦王统治的中心；首都布路沙布罗（即富楼沙，今白沙瓦）当建于此时。后贵霜势衰，又为恹哒人（白匈奴）所据。玄奘《大唐西域记》称犍陀罗"东西千余里，南北八百余里"。犍陀罗为古代佛教雕刻艺术的一个流派。公元1—6世纪盛行于犍陀罗。此派吸取了古代希腊末期的雕刻手法，对东方雕刻艺术的发展曾有影响。（参见《辞海》（缩印本），上海辞书出版社，1980年，1449页）

汉文译文：

二年，三大国王不支，全军溃败。固香崎王卓波萨心想："我今生杀戮如此众多军人，铸成了无边大罪，怎样做才能消除罪孽？"自言自语，顿生悔恨之心。为能消弭罪孽，去除痛苦[①]，于是，派出使者到四方邀请比丘。

南赡部洲之僧众千辛万苦，忍饥挨渴，十万僧众汇聚，[②]其中只有一位阿罗汉和一位通晓三藏者，去邀请比丘。使者禀告："比丘们已来到，到此为佳！"朝拜了国王，国王大悦，大生敬仰。这时，气候变暖，一起来此的比丘得到了供养，（国王）敬礼膜拜，并筹备向比丘众布施袈裟和供养。[③]

就在当晚，恰逢十五，比丘行"长净戒"〔གསོ་སྦྱིན་（སྦྱོང་）མཛད་པ།〕时，迪尔瓦李（དིར་བ་ལི་སེ་གསུམ་དང་ལྡན་པ།）晓三藏者喜尔谢合〔ཤིར་ཞག（ཤྲི་ཤག），释利谢合〕之弟子阿纲迪（སློབ་མ་ཨང་ཀྱན་དེ།）杀死了阿罗汉苏若（དགྲ་བཅོམ་པ་སུ་རག）。阿罗汉的护法神夜叉扎达木噶（འདུ་ན་ཤུ་ཀ）便把迪尔瓦李之喜尔谢合杀掉。这时，比丘们立即分成两个集团，内乱蜂起，操戈交锋，在天未亮之前，众比丘所余者无几。能知佛教[④]

藏文原文：

གསུམ་གྱི་སྙིང་ཤེས་ཤིང་། འདོན་པ་སྨྱིད་པར་གྱུར་ནས། ནམ་ནངས་སྔེ་རྒྱལ་པོ་མལ་ནས་ལངས་ནས། དགེ་འདུན་ལ་ཕྱག་ཀྱང་འཚལ། སྤྱན་འདྲེན་ཅིང་མཆི་མཆི་བ་ལས། །དེའི་ནུབ་མོ་དགེ་འདུན་གཅིག་ཀྱང་མ་ལུས་ཤེས་ཐོས་ནས། །རྒྱལ་པོ་ཡང་སྨྱི་དགའ་བའི་ངུད་མོའི་སྣ་ཆེན་པོ་ཕྱུང་ནས། །སྡུག་བསྔལ་བའི་སྨྲེ་སྔགས་རྣམ་པ་མང་པོ་སྨྲེ་སྟེ། །ལུས་ས་ལ་བརྡབས་ནས། ཐུགས་རན་ཆེར་མཛད་དེ། །དེའི་ནུབ་མོ་དམ་པའི་ཆོས་ཀྱང་ནུབ་ནས། །ས་ཡང་ཆེར་གཡོས། །འཇིག་རྟེན་གྱི་ཐམས་ཀྱི་རི་རྣམ་པ་དྲུག་ཀྱང་ནུབ། །ནམ་ཀ་ལས་ཁྲག་གི་ཆར་པ་ཡང་བབ་ནས། །དེའི་ནུབ་མོ་སུམ་ཅུ་རྩ་གསུམ་གྱི་གནས་ནས། ཤག་ཀྱང་ཐུབ་པའི་ཡུམ་སྒྱུ་མའི་འཁོར་ལྷ་བརྒྱ་ཡང་སྣ་བཤིག་སྟེ་གཤེགས་ནས། །ནམ་ཀ་ལས་ངུད་མོའི་སྣ་ཆེན་པོ་ཕྱུང་སྟེ། །འཛམ་བུའི་གླིང་དུ་དམ་པའི་ཆོས་ནུབ་པའི་ཐུགས་རན་ཆེར་མཛད་ནས། །དགེ་འདུན་ཆེ་འདུས་པ་རྣམས་ཀྱི་སྣ་དང་། སེན་མོ་རྣམས་བཏུས་སྟེ། །སྣར་སུམ་ཅུ་རྩ་གསུམ་གྱི་གནས་སྟེང་དུ་བསྣམས་ནས། །མཆོད་རྟེན་ཆེད་པོ་གཅིག་བརྩིགས་སྟེ། །མཆོད་པ་མཛད་དོ། །དམ་པའི་ཆོས་ནུབ་ནས། ནི། །ད་ནས་ལོ་ཉིས་པ་དང་། ནད་སྣ་ཚོགས་འབྱུང་སྟེ། དུས་ཀྱང་ཕྱིར་ཞིང་ངན་པར་འགྱུར་རོ།། །།དེ་ནས་བཅོམ་ལྡན་འདས་ཀྱིས། །རྒྱལ་པོ་བི་ཤར་མ་ཎི(བི་ཤྲ་མ་ཧྣ)། དང་། ལྷ་ཀླུ་ལི་ཡུལ་གྱི་སྲུངས་མ་རྣམས་ལ། །ལི་ཡུལ་དུ་ཆོས་རིང་དུ་བཞུགས་པ་དང་། །བསྲུང་བར་གཏད་དེ། ལྷ་ཀླུ་རྣམས་ཀྱི་ཀྱང་ཞལ་གྱིས་བཞེས་ནས། །དེའི་ཚེ་སྲུངས་མ་རྒྱལ་པོ་ཆེན་པོ་དང་། ལྷ་ཀླུ་རྣམས་ཀྱིས། །སངས་རྒྱས་ལ་གསོལད་པ། བཅོམ་ལྡན་འདས་དུས་སྣར་མ་ལ། སེམས་ཅན་རྣམས་དད་པ་ཆུང་།

① 原翻译有出入，原译为："我要把悔恨当众说出，消弭罪孽，今后不再重犯。"应译为原译文。

② 原翻译有出入，原译为："比丘众除了已还俗者与在路上饿死者以外，余下聚集之比丘中。"应译为原译文。

③ 此段原翻译有出入，原译为，"比丘们答应前来，去邀请的使者回来向国王禀告：'比丘等要来这里。'国王非常高兴，大生信仰。这时，气候变暖，王答道：'明日同时宴请各地来此比丘，向他们敬礼膜拜。比丘众袈裟和供养也要筹备好，一齐布施。'"应译为原译文。

④ 佛教藏语称为"南瓦桑吉曲勒合"，"南瓦"为"内道"之义，佛教徒分宗教为内外两道，自称内道，佛教以外的为外道。

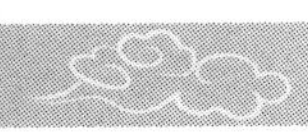

汉文译文：

三宝名字，且能说出者，竟无一人。

天亮后，国王起床，欲向比丘众顶礼，邀请走着走着，听到头天晚上比丘众所余无几，国王难过得号啕大哭，念颂了许多痛苦之咒，跌倒在地，痛不欲生。就在那天晚上，佛教毁灭，大地震动，世上珍馐“六味”（འཇིག་རྟེན་གྱི་ཟས་ཀྱི་རོ་རྣམ་པ་དྲུག）丧失尽净，天降血雨。那晚，三十三重天上释迦牟尼之母由五百随从（拥戴）披发降临，从天空发出号啕大哭之声。南赡部洲沉浸在佛法毁灭之悲痛中。（她把）死去比丘们的头发和指甲汇集在一起，带回三十三重天，建一大塔供养。从佛法毁灭后，灾荒连年，疾病丛生，世道变异，土地荒芜。

于是薄伽梵命令并托付，伯哈尔玛尼王（伯刹玛尼）[①] 与李域的“拉鲁”护法神众，要护佑李域的佛教永住，众“拉鲁”（ལྷ་ཀླུ）都应允了。

此时，长寿护法大天王（ཚེ་སྲུངས་མ་རྒྱལ་པོ་ཆེན་པོ།）[②] 和拉鲁们向佛祈祷：“世尊，未来的众生信仰浅露，

藏文原文：

དཀོན་མཆོག་གསུམ་ལ་བཀུར་སྟི་ཆུང་། །ཡུལ་དེའི་དབང་པོ་རྣམས་ཀྱང་ཡོ་གལ་བགྱིད་པ་འགྱུར་ཏེ། །དེའི་དུས་ན་ལྷ་ཀླུ་སྲུངས་མ་རྣམས་ཀྱི་མཐུ་སྟོབས་ཀྱང་། ཉམས་པར་འགྱུར་ན། །དེ་ལ་ཅི་ལྟར་བགྱི་ཞེས་གསོལད་པ་དང་། །སངས་རྒྱས་ཤག་ཀྱས་བཀའ་སྩལད་པ། །ཕྱི་མའི་དུས་ན་ཡུལ་སྐྱོབ་པ། །དང་། །དམ་པའི་ཆོས་རིང་དུ་བཞུགས་པའི་སླད་དུ། །ངས་བྱང་ཆུབ་སེམས་དཔའ་དང་། གཟུགས་བརྙན་དང་སྤྲུལ་པའི་སྐུ་གཟུགས་ཤེང་ཡོང་ཕུར་དང་། ལྷ་གང་(ཁང་)འཇོར་འཕྲི་ཞེས་བགྱི་བ་དང་། །ཨུ་ཏེན་གྱི་ཚོང་དུས་ཆེན་པོ་ན། ལྷ་གང(ཁང་)ཕྲ་བ་ཤ་ན་སྐུ་གཟུགས་ཀྱི་མཚན་རྡོ་རྗེ་གྲོ་མ་དང་། །གཙུག་ལག་ཁང་བཞ་སང་གྲེ་མ་ན་སྤྲུལད་པའི་སྐུ་གཟུགས་རྫོའུ་པ་ནི་དང་། །གཙུག་ལག་ཁང་ཙར་མ་འཛོ་ན། །སྐུ་གཟུགས་ཧོར་ཀོང་བཞུགས་པ་དང་། ཧོང་ཀན་སླད་ན་གཙུན་ལག་ཁང་རྙིང་པ་པོར་ར་ཞིག་ན། སྐུ་གཟུགས་ཤེན་འཇང་ཞེས་བགྱི་བ་དང་། སྐུ་གཟུགས་འདེར་ཧི་བ་ནི་དང་། ཧོ་ལ་ན་ལྷ་གང་ཀོང་ཤི་བི་ན། སྐུ་གཟུགས་གཅིག་བཞུགས་པ་དང་། དུ་ཏྲ་ན། རྒྱ་གར་ཡུལ་ནས་སྤྲུལ་ཏེ་གཤེགས་པའི་སྐུ་གཟུགས་གཅིག་བཞུགས་པ་དང་། ཀོ་ཤེང་གི་མཁར་སྔོ་ན། རྒྱ་གར་ཡུལ་ནས་གཤེགས་པའི་སྤྲུལ་པའི་སྐུ་གཟུགས་ལུག་ཕུར་དུག་བཞུགས་པ་འདི་རྣམས། ཡུལ་གྱི་མཚམས་སྲུང་བར་བཀའ་སྩལ་ཏོ། །ཁམ་ཤེང་ན་ཞུགས་ངམ་གྱི་དབུས་ན། ཡང་། །སྔོན་གྱི་སངས་རྒྱས་འོད་སྲུང་གི་ཤ་རི་རམ་གྱི་མཆོད་རྟེན་རང་བྱུང་ཞིག་བཞུགས་པའི་གཙུག་ལག་ཁང་གི་མཚན། སུ་སྐུ་ཞེས་བགྱི་བ་དང་། ཨ་ཤི་ཤན་ན། གང་ཞིག་བཞུགས་པ་ཡང་གཞན་རབ་སྟེ། མཆོད་རྟེན་འདི་རྣམས་ཀྱི་བྱིན་གྱི་རླབས་ཀྱིས་བྱིན་གྱིས་བརླབས་པ་ལགས་སྟེ། །ཡུལ་ཕྱོགས་དེ་དག་ཏུ་དགྲ། དང་འབྲུག་པའམ། ཕྱི་བདེ་བ་ནད་དང་། ལོ་ཉེས་ལྟོགས་

汉文译文：

对三宝不生敬崇，此地国王也会变得有所偏袒。那时，拉、鲁、护法神众之力量将变弱，如何

① 伯哈尔玛尼王（伯刹玛尼）为梵语，即多闻子，藏语称“纳木斯”（རྣམ་སྲས།），北方多闻天王。

② 长寿护法大天王（ཚེ་སྲུངས་མ་རྒྱལ་པོ་ཆེན་པོ།）即北方多闻天王。

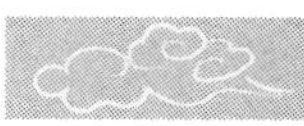

是好？”佛释迦（牟尼）授意：“今后，为了护佑此地、佛教永住，我将菩萨、塑像、化身、佛塔、合焦尔吉佛殿〔ལྷ་གང་（ཁང་）འཇོར་འཇི།〕等建立起。在和田的大集会场（ཙ་ཧེན་གྱི་ཚོང་དུས་ཆེན་པོ།）上扎瓦夏那佛殿（ཛ་བ་ཤ་ན་སྐུ་གཟུགས་ཀྱི་མཚན་རྡོ་རྗེ་སྒོ་མ་དང་གཙུག་ལག་ཁང་།），塑有佛像金刚度母；霞桑支玛佛殿（གཙུག་ལག་ཁང་བཞ་སང་གྲི་མ།）塑有化身相佐巴尼（ཀོང་ཤི་བི）；赞摩觉尔纳寺（གཙུག་ལག་ཁང་ཙར་མ་འཇོར་ན།）供奉有道尔贡塑像（སྐུ་གཟུགས་ཧོར་ཀོང་།）；在杜冈玛纳寺（ཧོང་ཀན་སྨད་ན་གཙུན་ལག་ཁང་།）的念巴博院（རྙིང་པ་བོར་ར།）供奉辛佳（སྐུ་གཟུགས་ཤེན་འཇལ།）像和代迪尔瓦尼（སྐུ་གཟུགས་འདིར་ཧྲི་བ་ནི།）塑像；多拉那佛殿（ཧོ་ལ་ན་ལྷ་ཁང་།）供奉着高喜瓦（ཀོང་ཤི་བི།）塑像一尊。迪尔纳亚（ད་ཙ་ན།）是从印度变幻而来的一尊塑像。在高香的城门内（ཀོ་ཤེང་གི་མཁར།），有从印度请来的六尊铸成的幻化佛像。你等都要护佑此地。”

在供奉康木香（塑像）之中，还供奉着原由来萨耶古寺（གཙུག་ལག་ཁང་གི་མཚན་སྒ་སྐྱ།）供奉的自然形成的佛迦叶舍利之宝塔。在阿喜香（ཨ་ཤི་ཤན།），供奉的任何佛像都很灵验，是因这些宝塔的加持力而得到了极佳的加持力。这些地方，若如产生敌人、战乱、疾病、灾年等，

藏文原文：

པ་བྱུང་ན། །ཡུལ་ཕྱོགས་དེར་མདོ་སྡེ་ས(སྡུ)ནྡྷ་རྨ་པུན་ད་རི་ཀ་དང་། བྱི་མ་ལ་པྲ་ཙ་འི་ནང་ནས། སྔགས་ཀྱི་སྙིང་པོ་བརྒྱ་རྩ་བརྒྱད། སངས་རྒྱས་ཀྱིས་ཞལ་ནས་གསུངས་པ་ཀློག་ཅིང་། བསོད་ནམས་སྤེལ་ཏེ། ལྷ་ཀླུ་སྲུངས་མ་རྣམས་ལ་རྟག་ཏུ་དམ་ཅིག་བསྒྲུལ་ན། །དམ་པའི་ཆོས་རིང་དུ་བཞུགས་ཤིང་། ཡུལ་ཕྱོགས་སུ་མྱི་དགེ་བ་ཐམས་ཅད་ཞི་བ་དང་། །ཡུལ་བརྟན་བར་འགྱུར་རོ།། །རྒྱ་གར་གྱི་ཡུལ་གྱི་རྒྱལ་པོ་སྙིང་འབལ་བུ་སོང་དར་གྱི་དཀོར་པ། ཤི་རི་དན་ཞེས་བགྱི་པ། འཕགས་པར་ཆོས་ལ་དད་པ་ཆོ། སྙིང་རྗེ་ཆེ། ནོར་ཕྱུགས་ཅི་མཆིས་པ། དཀོན་མཆོག་གསུམ་ལ། མཆོད་ཅིང་ཡོན་དུ་ཕུལ། །མ་རབས་ཕོངས་པ་ལ། སྦྱིན་གཏོང་བགྱིད། ནོར་ཕྱུགས་དང་བྲན་ཀོལ་ཡང་བས་ནས། དབུལ་བར་རྒྱལ་པོས་ཐོས་ནས། །བུལ་སོད་ཀུང་བྲན་དང་ནོར་ཕྱུགས་མང་མོ་ཞིག །རྒྱལ་པོས······སྩལད་པ་ལས། །དེ་ཡང་དཀོན་མཆོག་གསུམ་ལ་ཡོན་དུ་ཕུལ་བ་ལས། བར་སྐབས་དེར། སོག་དག་ཚོང་པ་མྱི་ལྔ་བརྒྱ་ཞིག །རྒྱལ་པོ་དེའི་ཡུལ་འདབ་དུ་མ་ཕྱིན་བར། །ཤུལ་འཁྱམས་སྟེ། །འགྲུམ་བ་ལ་ཐུག་པ་ལས། ལྷ་མ་སྲིན་ཨ་ག་སྟྲི་ལ་སྐྱབས་སུ་གསོལ་ཏེ། སྨོན་ལམ་བཏབ་པ་དང་། ཤུལ་རྙེད་ཅིང་མ་གྲུམ་སྟེ། །ཡུལ་དུ་ཕྱིན་ན། མྱི་གསོན་པོ་གཅིག་གིས་མཆོད་ཅིང་གསོལ་བར་བགྱིས་པ་ལས། ཤུལ་ཡང་སྣར་རྙེད་ནས། རྒྱལ་པོ་འབལ་བུ་སོང་དར་གྱི་ཡུལ་དུ་ཕྱིན་ནས། །ལྷ་མ་སྲིན་མཆོད་ཅིང་གསོལ་བའི་མྱི་དེ། མཛལ་བར་སྨས་པ། དཀོར་པ་ཤི་རི་དན་གྱིས་ཐོག་ནས། །ཤི་རི་དན་གྱིས་བསམས་པ། བདག་ཚེ་རབས་གྲངས་མྱེད་པ་ཙུན་ཅད། ཤིང་རྟའི་ཕང་ལོ་འཁོར་བ་བཞིན་དུ། འཇིག་རྟེན་ན་འཁོར་ཞིང་སྐྱེ་སྐྱེ་སྟེ། །དེ་ལྟ་བུ་ཤེ་དག་ལ་སྐྱོ་མ་ཤེས

汉文译文：

可从彼处之经藏《圣炒莲华经》(མདོ་སྡེ་ས(སྡུ)ནྡྷ་རྨ་པུན་ད་རི་ཀ)、《不空羂索经》(བྱི་མ་ལ་པྲ་ཙ།）里，念一百零八字心咒，诵念佛说之真言，福德增生；对拉、鲁、护法神众能托付誓言，佛教永住，

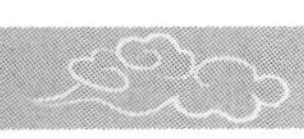

地方之不善熄灭，常宁安泰。[①]

印度国之国王名叫巴布松达尔（འབལ་བུ་སོང་དར།）的管家名叫西日丹（ཤི་རི་དན།），特别崇尚佛教，大慈大悲，其所有财福都供奉于三宝。对贫穷者发放布施。因此，将财产牲畜和奴仆献完后，成为乞丐。国王得知后救济他，又给了许多奴仆、财产、牲畜。这些，他又献给了三宝。正在那时，有五百索西（粟特）[②]商，前来国王这边，未能到达，迷失道路，行将死亡，祈请神玛斯阿噶智（ལྷ་མ་སྲིན་ཡ་ཀ་སྒྲི།），祈祷后，找到了道路而幸免于难，（众商人）说道："到达那里，我们要用一个活人供祭。"

于是，他们重新找到了道路。到了国王巴布松达尔的国度后，谓要去会见供祭之人。（这些）被管家西日丹听见，西日丹心想："我在无数辈以前，如同马车之轮，在世间生生死死地轮回流转，如此不知痛悔，

藏文原文：

ནས། རྒྱུན་ཆད་མ་མྱོང་ངོ། །ད་ངའི་ལུས་རན་པ་འདི་ལྟ་ཞིག་ལ་ཕངས་ཤིང་གཅེས་པ་ཡང་ཅི་ཡོད། །སེམས་ཤན་(ཅན)གཞན་གྱི་ལུས་ཕངས་པར་སེམས་ཤིང་། འཇིགས་པའི་སྐྱབས་ཀྱང་བྱ། སོག་དག་ཚོང་པ་སྒྱི་མང་པོ་ཞིག་གི་རེ་བ་ཡང་བསྐང་བར་སྙམ་ནས། སོག་དག་ལ་ལུས་བཙོངས་སྟེ། །ལུས་རིན་དུ་ནོར་བླངས་པའི་རྣམས་ཀྱང་། དཀོན་མཆོག་གསུམ་ལ་མཆོད་ཙིང་ཡོན་དུ་ཕུལ། །མ་རབས་ཟྲིལ་ཕོངས་པ་ལ་སྦྱིན་གཏོང་བགྱིས་ལགས་ནས། །སོག་དག་ལ་ཁྱིད་ཀྱིས་བཀའ་སྩལད་པ་ཙི་མཆིས། བཀའ་ལུང་ནོད་ཙིང་མཆིས་ཤེས་བགྱིས་པ་དང་། སོག་དག་གིས། ཤི་རི་དན་ལ་ཁྲུས་བགྱིད་དུ་སྩལ་ཏེ། །ལྟགས་ཐག་གིས་བཅིངས་ནས། ལྟགསླ་ཀྱི་ཕུར་པ་ལ་དཀྲིགསྟེ། །ཅི་ཤ་བཙོ་བ་བཞིན་དུ་ཞུགས་ལ་བསྲེགས་ནས། །ཤི་རི་དན་དད་པའི་ཤུགས་ཆེ་བའི་སྐད་དུ། །ལྷ་ཀླུ་རྣམས་ཀྱིས་བསྐྱབས་སྟེ། གནམ་ནས་ཀྱང་ཆར་པ་ཕབ། པས། མེ་ཚ་བས་ཀྱང་གནོད་པར་མ་གྱུར་ཏེ། །སོག་དག་གིས་ཀྱང་བཀྲོལ་ཏེ་བཏང་ནས། །ཤི་རི་དན་གྱིས་ཡང་བསམས་པ། འཛམ་བུ་གླིང་བཞིའི་…སེམས་ཅན་སྐྱེ་བ་རྣམ་བཞི་ལ་སྐྱེ་བ་ཐམས་ཅད། བཟའ་བ་དང་བཏུང་བས། ཚིམ་བར་བགྱིས་ན། བསོད་ནམས་ཆེ་སྟེ། བདག་གཙོད་བླ་ན་མེད་པའི་འབྲས་བུ་ཐོབ་ཡང་དག། བདག་ཚེ་འདི། འདས་ནས། །ཕྱོགས་ཤིག་ན། མཆོ་ཆེན་པོ་ཞིག་ཡོད་པར་དེའི་རྒྱལ་པོར་སྐྱེས་སྟེ། །ཕྱོགས་བཞིར་འཛམ་བུ་གླིང་བཞིར་ཆུ་འབེབས་པར་གྱུར་ཙིག་ཅེས་སྨོན་ལམ་བཏབ་པ་ལས། །མཆོ་དེར་ཀླུའི་རྒྱལ་པོར་གྱུར་ཏེ། །གླིང་ཨ་འདལ་བད་ཅེས་བགྱི། །ཡང་ཁམ་ཤེང་དུ་ཆོས་གཟུགས་ཤིང་སྤྱིལ་བ་དང་། །གཙུག་ལག་ཁང་བརྩིག་པར་

汉文译文：

从无休止，现在我这老朽有什么舍不得抛弃的。若为其他众生舍命，拯救恐惧者，这样也满足了许多蒙古商人的愿望。"（于是）把自己的身体卖给了索西人，拿了卖身的钱财向三宝供养、

① 此段原翻译有出入。原译为："对神、龙、护法神众能提醒其遵守誓言，圣教即能常在，地方上一切不善就会熄灭，地方变得常宁安泰。"应译为现译文。

② 藏语称蒙古为"索西"，在汉文文献中称为"粟特"。古代藏族文献中泛指吐蕃西方诸国。如大食粟特指今伊朗，粟特达日嘎指今土耳其。辽史金史称作"阻卜"。蒙古又分为"多索"（སྟོད་སོག，西蒙）、"玛索"（སྨད་སོག，东蒙）、"喜索"，（ཕྱི་སོག，外蒙古）、"囊索"（ནང་སོག，内蒙古）。还有称为"德斯索布"（སྟག་གཟིག་སོག་པོ།，大食蒙古）、"索布达日嘎"（སོག་པོ་དུ་རུ་ཀཿ，土耳其）者。

献供，向穷人放布施。

于是，他向索西人问道："你有什么吩咐？我愿意去完成。"索西人让西日丹洗净，用绳子捆绑后，拴在铁橛子上，像烤生肉一样烧，由于西日丹虔诚的力量、拉鲁们的保佑，天空下起雨来，大火没能损害他。索西人就把他放了。

西日丹又想："如果满足四大部洲'四生'（ཕྱོགས་བཞིར་འཛམ་བུ་གླིང་བཞིར་ཆུ་འབེབས་པར་གྱུར་ཅིག）所有众生的吃喝愿望，可获得更大福德，我也可得到至高无上的正果，我今生死后，要投生为他方一大湖中的国王，祈祷四方南赡部洲都变成水域[①]！"祈祷完毕，他变成那湖的龙王，名叫阿塔巴（ཨ་འདད་བད།）。又在康香地方（ཁམ་ཤེང་།），弘扬佛法，广建寺宇，

藏文原文：

དད་ནས། །སྨོན་ལམ་གྱི་དབང་གི་མཐུས། །ཁམ་ཤེང་གི་སྤྱ་འཛེ་ཡོས་ཀྱི་བུར་སྐྱེས་པ་ལས། །ཨུ་ཐེན་གྱི་གཙུག་ལག་ཁང་འཛྭ་ཧིར་དུ་ཐར་པར་ཞུགས་ནས། །འཕགས་པ་དགྲ་བཅོམ་པའི་མཐུ་ཐོབ་སྟེ། དགེ་སློང་འཕགས་པ་དགྲ་བཅོམ་པ་ཏི་མ་ཛྙ་ཀ་ཛེའུ་ཞེས་བགྱི་བར་མཆིས་པའི་ཕོ་བོ་ས་མས་ཀྱི་ནུ་འཕགས་པ་དགྲ་བཅོམ་པ་ས་ཁྱི་ཞེས་བགྱི་བ་དང་། ཕ་སྤུན་(སྤུད)པོ་གཉིས་གཙུག་ལག་ཁང་འཛྭ་ཧིར་ན་གནས་གནས་པ་ལས། །ཁམ་ཤེང་དུ་ཆས་སྟེ། དགེ་བའི་བཤེས་གཉེན་བགྱི་བའི་སླད་དུ། །ཨུ་ཐེན་ནས་ཤུལ་ཞྱེས་ཀར་དུ་བྱུང་སྟེ། །མཆིས་པ་ལས། །ཞྱེས་ཀར་དུ་ཕྱིན་ན། སྤྱ་ཞིག་གི་སྒོ་ན་ཤོལ་པོའི་སྐྱེད་ཤིང་བཟང་པོ་དག་ཅིག་མཐོང་ནས། །དེ་ནས་ཁམ་ཤེས་དུ་ཕྱིན་ནས། །འཕགས་པ་དེ་གཉིས་ནང་འགྲན་པར་ཆད་དེ། །གཙུག་ལག་ཁང་གང་སྤྱར་ལགས། འགན་དེ་བརྟུང་བ་གང་སྤྱ་ཞེས་འགྲན་བ་ལས། །འཕགས་པ་ས་ཁྱིས་གཙུག་ལག་ཁང་འགོ་བང་ཞེས་བགྱི་བ་དེ་ན། སྟོན་མཆོ་ཆེན་པོ་ཞིག་མཆིས་པ་དེར། །ཀླུ་ལས་གཙུག་ལག་ཁང་གི་ས་གཞི་བསླངས་ནས། མཚོ་ཐུར་དུ་བསྣུར་ཏེ། །ད་ལྟར་འདྲེའུ་སེ་རའི་མཚོ་ལགས། །འཕགས་པ་སཁྱིས་ནི་རན་ལས་རིངས་ཐབས་སུ་སྤྱིལ་བུ་གཅིག་བགྱིས་ནས། །དེ་མ་ཐག་ཏུ་འགན་དེ་བརྟུངས་སྟེ། །ལི་སྐད་དུ་སྤྱིལ་བུ་ལ་འགོ་བང་ཞེས་བགྱི། །འཕགས་པ་དགྲ་བཅོམ་པ་ཏི་ག་ཛེའུ་གིས་ཨོར་ཏྲོང་གི་གཙུག་ལག་ཁང་གི་དོག་ས་ཐོགམ། བརྟགས་ནས། །སླར་ཞྱེས་ཀར་དུ་མཆིས་སྟེ། །སྤྱ་དེ་ལ་བདག་ཁམ་ཤེང་དུ་གཙུག་ལག་ཁང་གཅིག་རྩིག་ན། སྐྱེད་ཤིང་འདི་ཀུན་བསླངས(སླས)པ་ལས། །སྤྱས་བསམས་པ་ཁམ་ཤེང་དུ། གཙུག་ལག་ཁང་རྩིག་པའི་ཤིང་འདི་ནས་སློང་བ་འདྲ། བདག་ལ་འགམ་འམ་ཅི་ཟེར་བ་ཞིག་སྙམ་ནས། འདོད་ན་རོལ་ཀྱིས···ཁྱེར་ཅིག་ཅེས་བགྱིས་པ་ལས། །འཕགས་པ་དགྲ་བཅོམ་པས་སྦྱིན་པའིཚོགས་བཤད་བགྱིས་ནས། །ཕྱུག་བརྣན།

汉文译文：

由于祈祷的威力，他投生为康香之巴吉尧（ཁམ་ཤེང་གི་སྤྱ་འཛེ་ཡོས་ཀྱི་བུ།）之子，在和田的卓迪尔寺解脱（得道），证得圣者阿罗汉果。

有名为比丘圣者阿罗汉迪玛保噶杰（དགྲ་བཅོམ་པ་ཏི་མ་ཛྙ་ཀ་ཛེའུ།）者……其兄长萨梅吉尼（ཕོ་བོ་ས་མས་ཀྱི་ནུ།）来自……称为圣者阿罗汉萨智（འཕགས་པ་དགྲ་བཅོམ་པ་ས་ཁྱི།）。父子俩常住卓迪尔寺，后去康香。为了做格西，从和田路经喜梅噶尔（ཞྱེས་ཀར།），动身来到喜梅噶尔，在一长老的门口，见

① 此段原翻译有出入，原译为"祈祷世上四方都下雨"，应译为"祈祷四方南赡部洲都变成水域"。

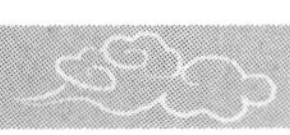

长满善好的柳蒲（སྐྱིད་ཤིང་བཟང་པོ།）。

于是，到了康香后，二位圣者比试（言：）“谁先把寺院建成谁就负责先敲（云板）。”圣者萨智讨来了称作“皋旺”的寺址，即先从一个大湖里，向鲁神讨来地基，湖水下流，就是如今的周色热湖（འབྲིའུ་སེ་རའི་མཚོ།），圣者萨智用草很快盖起了一麻茅草棚，立即敲打云板。李域语中称茅草棚为“皋旺”。

圣者阿罗汉闹噶杰（དགྲ་བཅོམ་པ་ནོ་གི་ཛེ།）把奥尔念寺（ཨོར་ཉོང་གི་གཙུག་ལག་ཁང་།）的地基首先定下来，又重返（喜）梅噶尔（མྱིས་ཀར།），对长者道：“我要在康香建一寺院，要把这些柳蒲都取走。”长者心想：“在康香建寺的木料从这儿取，这对我而言还有什么要说的？”答道：“你要的话拿走。”圣者阿罗汉作回向后，有七个仆从，

藏文原文：

བདུན་མཆིས་པས། །མཚན་གཅིག་ཏུ་ཤིང་ཀུན་རྩ་རྟོན་དུ་རང་བྱུང་སྟེ། །ལྔ་དྲུག་ཙམ་ཞིག་བམ་པོར་བསྡོགས་ནས། །ཁམ་ཤེང་ཕྱོགས་སུ་རང་མཆི་བ་མཐོང་ནས། །དེ་ནས་གཙུག་ལག་ཁང་བརྩིགས་སྟེ། །དེ་ནི་གཙུག་ལག་ཁང་ཨོར་ཉོང་ཞེས་བགྱི་བ་ལགས། །གཙུག་ལག་ཁང་དེ་ལགས་ནས། །སླར་ཀླུའི་རྒྱལ་པོར་གྱུར་ཏེ། །མྱིང་མ་དྲོས་ཀླུའི་རྒྱལ་པོ་ཞེས་བགྱི། །རྒྱ་གར་ཡུལ་གྱི་མྱིང་ནི་ནོ་ཛེ་གྲེ་ག་ན། བྱ་རྒོད་ཕུང་པོའི་རི་ལ། སངས་རྒྱས་ཤཱཀ་ཀྱ་ཐུབ་པ(པར)ཆོས་ཉན་དུ་མཆིས་པ་ལས། ཆོས་མཉན་ནས། །སངས་རྒྱས་ཀྱིས་ལུང་བསྟན་པ། །བསྐལ་པ་འདིའི་ཕྱེད་ཟད་ན། །སྲིད་(སྲིད)པའི་སངས་རྒྱས་སུ་གྲུབ་སྟེ། དུས་གསུམ་གྱི་སངས་རྒྱས་ཀྱིས། །སེམས་ཅན་རྣམས་ཀྱི་དོན་མཛད་དེ །།ཁམས་གསུམ་གྱི་སེམས་ཅན་ཅི་ལྟར་བསྒྲལ་བ་བཞིན་དུ། །མཐུ་ཡོད་པར་གྱུར་ཅིག་ཅེས་དབང་བསྐུར་ནས་ལུང་བསྟན་ཏོ། །ལི་ཡུལ་ཨུ་ཏེན་གྱི་དབུས་མཆོའི་མྱིག་ནི། །ཨུ་ཏེན་གྱི་མཁར་དངར་ལྡན་གྱི་ནང་ན། ཚོང་དུས་ཆེད་པོ་འི་གླད་ན། །འགྲུམ་ཏིར་གྱི་གཙུག་ལག་ཁང་སྤྲ་བ་ཤའི་སྐུ་གཟུགས་སྤྲུལ་བ་བཞུགས་པའི་ཞབས་ཀྱི་འོག་ལགས་སྟེ། །མཆོའི་མྱིག་ནི་ད་ལྟར་ཡང་། སྤྲ་བ་ཤའི་སྐུ་གཟུགས་སྤྲུལ་པའི་ཞབས་ཀྱིས་མནན་ཏེ་མཆིས་པ་ལགས།། །ལི་ཡུལ་ཨུ་ཏེན་ན། དགེ་འདུན་སྡེ་གཉིས་ཀྱི་གྲངས། །དགེ་འདུན་ཕོ་སློས་གཉིས་ལ། །བཞི་སྟོང་བདུན་བརྒྱ་ལྷག་ཙམ་བཞུགས། ཀྱིལ་ཡང་མན་ཅད། ཀོ་ཤེང་དང་། དུར་ཡ་ཡན་ཅད་ན། དགེ་འདུན་ཕོ་སློས་གཉིས་ལ། ལྔ་བརྒྱ་སུམ་ཅུ་ཙམ་བཞུགས། །ཀམ་ཤེང་ན་དགེ་འདུན་སྡེ་གཉིས་ལ་ཉིས་བརྒྱ་ལྔ་བཅུ་ཙམ་བཞུགས་སྟེ། །ཀྱིལ་ཡང་མན་ཅད། ཀོ་ཤེང་དང་། ཨུ་ཏེན་གཞི་མན་ཅ(ད)་དང་། ཀམ་ཤེང་ཡན་ཅད་ན། ཕྱིར་དགེ་འདུན་སྡེ་གཉིས་ལས། རྗེན་པ་དང་འཚོ་བ་སྙོམས་སྦྱོར་ཡན་ཅད་ལྔ་སྟོང་བཞི

汉文译文：

一夜之间，把树全部连根拔走，每五六根捆绑在一起，（人们）见到木头往康香方向自然走去，于是，就建成寺院，即“奥尔念寺”（གཙུག་ལག་ཁང་ཨོར་ཉོང་།）。寺建成后，（他）又变成鲁王，称为玛哲鲁王（མྱིང་མ་དྲོས་ཀླུའི་རྒྱལ་པོ།）[①]，梵语叫“若吉扎噶那”（རྒྱ་གར་ཡུལ་གྱི་མྱིང་ནི་ནོ་ཛེ་གྲེ་ག་ན།），至鹫峰山（བྱ་རྒོད་ཕུང་པོའི་རི།）听释迦牟尼佛讲经[②]，听完经后，佛授记：“到此劫一半时，（你将）成为世间佛，

① 玛哲鲁王，“玛哲”意即“无热”，“鲁”意即“龙”，可译为“无热龙王”。

② 此段原翻译有出入，原译为“至鹫峰山去听佛讲经”应译为“至鹫峰山听释迦牟尼佛讲经”。

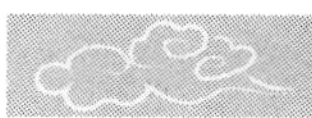

若具能力定如三世佛般为众生行善，拯救三界一切众生！”佛灌顶后预言。

李域和田中心即为海心，在和田城内，集会场的上方，瞿摩寺供奉扎瓦夏（འགུམ་ཏིར་ཀྱི་གཙུག་ལག་ཁང་ལྡ་བ་ཤའི་སྐུ་གཟུགས།）佛像的下面。海心处现在还有扎瓦夏化身佛的跏趺印。

在李域，比丘篮伽二部之数，比丘及比丘尼共有四千七百余人。在吉央（ཀྱིལ་ཡང་།）以下，高香（ཀོ་ཞེང）和度尔雅以上，有比丘及丘尼两者五百三十余人。在噶木香（གམ་ཤེང་།），比丘篮伽二部有二百五十余人。吉央以下，高香与和田以下和噶木香以上，总计比丘篮伽二部，因缘、生活私产以上的（比丘）共五千四

藏文原文：

བརྒྱ་བརྒྱད་ཙུ་ཙམ་བཞུགས་སྟེ། །ད་ལྟར་ཡང་དགེ་འདུན་དེ་དག་གི་ནང་ན་ཡང་། །བྱང་ཆུབ་སེམས་པ་ཐབས་ཀྱིས་རོལ་ཅིང་སེམས་ཤན(ཅན)ཀྱི་དོན་མཛད་ཅིང་སྤྲུལ་པ་ཡང་མང་དུ་གཞུགས་སོ། །དར་མ་མདོ་སྡེ་སུ་ཙྭ་ག་ཐ་དང་། ཙན་དྲ་ག་ཐ་དང་། བྱེ་མ་ལ་ཕྱི་ཙའི་གཞུང་ལས་མདོ་ཙམ་ཞིག །མཁན་པོ་མོ་རྒྱ་བདེ་ཤིལ་གྱིས། གསར་དུ་བསྒྱུར། །ལི་ཡུལ་ཆོས་ཀྱི་ལོ་རྒྱུས་ཀྱི་དཔེའོ། །ཞུས།

汉文译文：

百八十余人[①]。现在这些比丘里，化现为菩萨替众生行善者很多。

自经藏《日藏经》《月藏经》《不空羂索经》诸经论，由堪布毛尔古岱谢新译[②]。李域教法史圆满。

① 此段原翻译有出入，原译为：“总的比丘尼二部众，自己有土地、牲畜、奴仆的比丘和有施主的比丘共五千四百八十余人。”应译为“总计比丘篮伽二部，因缘、生活私产以上的（比丘）共五千四百八十余人。”

② 这句话原翻译有出入，原译为“重新翻译”，应译为“新译”。这是因重新翻译和新译是两个不同的概念：前者是别人翻译后，译者又做了翻译；新译是首次翻译。

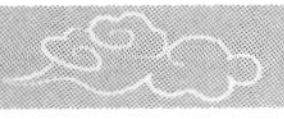

Pelliot tibétain
Touen-houang 960

法 Pel.tib. 0960 ལི་ཡུལ་གྱི་ཆོས་རྒྱུས་ཀྱི་དཔེའ།
于阗教法史 (2—1)

263

《李域教法史》(P.T.960号，2-1)

法 Pel.tib. 0960　ལི་ཡུལ་གྱི་ཆོས་རྒྱུས་ཀྱི་དཔེ།
于阗教法史　(2—2)
264

《李域教法史》(P.T.960号，2-2)

# 九、敦煌古藏文写卷 P.T.953、P.T.961《牛角山授记》(གླང་རུ་ལུང་བསྟན།) 译注

## 一、解　题

### （一）译者简介

根据敦煌古藏文写卷《牛角山授记》（གླང་རུ་ལུང་བསྟན།）的题记来看，译者不详，但审定者为比丘益西嘉瓦（བན་དེ་ཡེ་ཤེས་རྒྱལ་བ།），审定地点在李域。

### （二）文献出处

于阗是丝绸之路南道的主要枢纽，尉迟氏治下的于阗在传播佛教、促进东西方文化交流和文明传播中发挥了历史性作用。藏文大藏经《甘珠尔》中的《牛角山授记》，是研究古代于阗历史及佛教传播的重要史料。近年来，随着藏文文献的广泛收集，经过诸多研究者的艰苦求索，已将世界各地的藏文文献特别是流散在海外的敦煌古藏文历史文献基本收集齐全，以影印本的形式出版，这不得不说是一件有意义的学术贡献。令人欣喜的是《法藏敦煌古藏文文献》中也收录了《牛角山授记》残卷2件，通过比对、考释、翻译并证实，藏文大藏经《甘珠尔》中的《牛角山授记》并非后期翻译或藏文原创，应该说早在古代吐蕃时期已经在丝绸之路上广为流传。尽管是残卷，但整理者在整理的过程中将其当作《于阗授记》，在抄经尾题中记录了完整的经名及抄经题记，并在叶下再次题记为《于阗授记》，显然是判断有误。这个残卷对研究牛角山的取名，以及于阗历史、宗教的研究具有重要的价值。本残卷早年已经有人通过一定的途

径，收藏并馆藏在了北京大学图书馆[①]，笔者于2005年在北京大学外国语学院东方学研究院博士后工作站工作期间，也翻阅了此抄本。该抄本编号为北大D055。近年来也有人将这份残卷进行了有益的探索。朱丽双经过艰苦求索，从《法藏敦煌古藏文文献》中觅得2件残片，即P.T.953、P.T.961，并对其进行了翻译、考释，证明这两个写卷系《甘珠尔》所收《牛角山授记》的敦煌抄本。[②]后来，四川大学的张延清在北京大学图书馆同样找到了编号为D055抄本，参照抄本释读和汉译，并撰写文章[③]，这对进一步研究和考释起到了抛砖引玉的作用。据《法藏敦煌藏文文献解题目录》介绍：P.T.953佛经残卷（26厘米 ×42厘米），模糊不清，已撕破，并有一部分被擦掉，P.T.961号肯定是该卷文献的一个片段。[④]经考证，此为《于阗教法史》残卷，首部残缺，卷子31厘米 ×84厘米。〔据寺本婉雅考证谓《于阗悬记和于阗教史》，1921年，日本版。F.W.托马斯《关于新疆的藏文文献》（英文）第1集，1935年，英国版，第303页。埃默瑞克《关于于阗的藏文文献》（英文），牛津东方丛书第19种，1967年，英国版；《于阗文学指南》（英文），1979年，英国版。王尧先生《于阗教法史敦煌古藏文写卷第960号译解》，载《西北史地》1982年第3期。王尧、陈践《敦煌吐蕃文献选》，1983年，四川民族出版社，第148~158页。原田觉《吐蕃译经史》，载山口瑞凤主编讲座敦煌（6）《敦煌胡语文献》，1985年，东京大东出版社，第445页。〕[⑤]

本文依据《法藏敦煌古藏文文献》中的残卷即P.T.953、P.T.961，并对其进行了翻译、考释。在释读和汉译过程中，在D055背面的残缺内容参考德格版《甘珠尔》中的《牛角山授记》相应内容，并加以补充进行汉译。

**（三）版本介绍**

《牛角山授记》敦煌抄本残卷2页，第1页16行，第2页8行，总计24行。书写形式为正楷体，元音符号“i”均为反写。手抄本《牛角山授记》系北大图书馆藏敦煌古藏文文献，该抄本编号为北大D055，背面藏文部分为授记的结尾部分。北大D055号敦煌卷子为黄麻纸，卷轴装，卷子正面为《妙法莲华经》第20~21品内容，共56行，其中第1~35行为《妙法莲华经》第20品内容，首缺尾全，第36~56行为《妙法莲华经》第21品内容，首全尾缺。通过与《大正藏》鸠摩罗什《妙法莲华经》译本比对可知，北大D055号正面为鸠摩罗什所译《妙法莲华经》第20~21品内容。北大D055号背面藏文为《牛角山授记》的残本，首缺尾全，卷轴装，共3栏，栏书17行，尽管

①《牛角山授记》残卷，馆藏在北京大学图书馆，抄本编号为北大D055号。

② 朱丽双：《敦煌藏文文书〈牛角山授记〉残片的初步研究》，《西域文史》（第8辑）2014年，第23~38页。

③ 张延清：《北京大学图书馆藏敦煌藏文〈牛角山授记〉译解》，《中国藏学》2020年第3期，199~204页。张注17行，实为16行。

④ 王尧主编：《法藏敦煌藏文文献解题目录》，民族出版社，1999年，123页。

⑤ 王尧主编：《法藏敦煌藏文文献解题目录》，民族出版社，1999年，124页。

是残本，但其意义在于抄经尾题中记录了经名及抄经题记。这对研究牛角山的取名，以及于阗历史、宗教的研究，具有弥足珍贵的价值。[①]

**（四）文献说明**

符号与缩略语：1.[---] 原卷残缺；2.[ཀ་ཁ་ག] 前缺；3.[ཀ་ཁ་ག] 后缺；4.[ཀ་ཁ་ག] 原卷残损，根据前后文，依照德格版加以补充的内容；5.[ཀ་ཁ་ག] 原卷残损，根据前后文，参考德格版加以补充，但仍存疑；6.BU 表示北大版，BU1–1表示北大藏第1栏第1行，BU2–1表示北大藏第2栏第1行，依次类推。

## 二、藏文原文

北大 D055V 第一栏：

BU1–1.[སེམས་ཅན་ཡོངས་སུ་]སྨིན་པར་བྱེད་[པ་དང་]། དགེ་སློང་གི་འབྲས་བུ་[བཞི]་པོ། རྒྱུན་དུ་ཞུགས་པ་དང་། ལན་གཅིག་ཕྱིར་འོང་བ་དང་ཕྱི་འོང་བ་དང་དགྲ་བཅོམ་BU1–2. པ་དང་ཁམས་གསུམ་གྱི་སྲིད་པ་ལས་ངེས་པར་འབྱིན་པ་དང་རྣམ་པར་ཐར་པའི་སྒོ་གསུམ་དང་འདུ་བྱེད་འཇིགས་པ་དང་དྲན་པ་ཉེ་བར་བཞག་པ་དང་། འཕགས་པའི་བདེན་BU1–3. པ་དང་རྫུ་འཕྲུལ་གྱི་རྐང་བ་དང་བསམ་གཏན་དང་བསྡུ་བའི་དངོས་པོ་དང་། སོ་སོར་ཡང་དག་པའི་རིག་དང་། ཟུགས་མེད་པའི་སྙོམས་པར་འཇུག་པ་བཞི་དང་། BU1–4. དབང་པོ་ཡོངས་སུ་དག་པ་བྱང་ཆུབ་ཀྱི་ཕྱོགས་དང་། མཐུན་པའི་ཆོས་མཐའ་དག་གི་སྣ་འབྱིན་པར་འགྱུར་ཏོ། གཞན་སེམས་ཡོངས་སུ་དག་པ་དང་བྱང་ཆུབ་BU1–5. ཀྱི་ཡན་ལག་དང་འཕགས་པའི་ལམ་དང་སྙོམས་པར་འཇུག་པ་དང་ས་སྤོབས་དང་ཐུགས་རྗེ་དང་བྱམས་པ་ཆེན་པོ་དང་རྟེན་ཅིང་འབྲེལ་འབྱུང་བ་དང་ཞི་ཆོམ་.BU1–6. སེལ་བ་དང་སངས་རྒྱས་ཉིད་ལས་ཕྱིར་མི་ལྡོག་པ་དང་ཏིང་ངེ་འཛིན་དང་མངོན་པར་རྟོགས་པ་དང་མི་སྐྱེ་བའི་ཆོས་ཀུན་བསོད་པ་དང་མ་འདྲེས་པ་དང་། སངས་རྒྱས་BU1–7. ཉིད་དུ་[འགྱུར་]པ་དང་མི་རྟག་པ་དང་སྡུག་བསྔལ་བ་དང་བདག་མེད་པ་དང་སྟོང་པ་དང་མ་བྱས་པ་དང་མ་སྐྱེས་པ་དང་ཕྱིན་ཅི་མ་ལོག་པ་དང་ཡང་དག་པའི་མཐའ་BU1–8. དང་དེ་བཞིན་གཤེགས་པའི་སྙིང་པོའི་ཁུངས་སུ་གཏོགས་པའི་རྣམས། རྣམ་པར་མི་རྟོག་པའི་ཡེ་ཤེས་རྟོགས་པ་དང་རྣལ་འབྱོར་པ་རྣམས་ཀྱི་སོ་སོར་BU1–9. རང[གྲིས]། [རིག་པའི་]སྤྱོད་ཡུལ་དང་སྐྱེ་བ་སྡུག་བསྔལ་དང་ན་བ་དང་སྡུག་པ་དང་བྲལད་བ་དང་མི་སྡུག་པ་ཕྲད་པ་དང་འདོད་པ་བཚལད་ཏེ་མ་[རྙེད་]པའིBU1–10. ་སྡུག་བསྔལ་གྱི་སྣ་འབྱུང་བར་འགྱུར་ཏོ། གཞན་ཡང་ཕུང་པོ་ལྔ་པོ་དག་ལ་སེམས་མེད་པ་དང་བཟོད་པ་དང་གང་ཟག་དང་སྲོག་མེད་པ་དང་ཆོས་བདེན་པ་.BU1–11. སྐྱེ་ད་མེད་པ། འགག་པ་མེད་པ། རྟག་པ་མེད་པ། ཆགས་པ་མེད་པ་འོང་བ་མེད་པ་འགྲོ་མེད་པ། དཀོན་མཆོག་གསུམ་དང་གདུང་དང་བྱིན་གྱིས་རླབས་BU1–12. དང་འགྲོ་བ་ལྔ་པོ་དག་གི་འཕྲུལ་བ་རྒྱ་ལམ་ལྟ་བུ་དང་འཁོར་བའི་འདུ་བྱེད་བཙོན་པ་ལྟ་བུ་དང་སྒྱུ་མ་སྨྱུག་རྒྱུ་དང་ཆུ་ཟླ་དང་བྲག་ཆ་ལྟ་བུ་ཞེས་བྱ་བའི་BU1–13. སྣ་འབྱུང་བར་འགྱུར་ཏོ། གཞན་ཡང་དད་པ་དང་མངོན་པར་རྟོགས་པ་དང་། བརྩོན་འགྲུས་དང་། དགེ་བ་བཅུའི་ལས་ཀྱི་ལམ་དང་འཁོར་བས་སྐྱོ་བ་དང་། དེ་ལྟ་BU1–4. བུ་ལ་སྒོམས་པ་སྣ་བརྒྱ་སྟོང་དུ་མ་བྱུང་བར་གྱུར་ཏོ། འཁོར་འདས་པ་མང་པོ་དེ་དག་BU1—15. དང་། བྱང་ཆུབ་སེམས་དཔའ་ཕྱོགས་བཅུ་ནས། ལྷགས་པ་དེ་དག་ཐམས་ཅད། ས་ལ་གནས་པའི་ལྷ་ཀླུ་དང་ནམ་ཀ་ལ་གནའ་ལྷ་དང་གནོད་སྦྱིན་ཐམས་ཅད། སེམས་ངོ་མཚར་དུ་གྱུར་ནས། སངས་པ་སྐྱེས་

① 张延清：《北京大学图书馆藏敦煌藏文〈牛角山授记〉译解》,《中国藏学》2020年第3期，200页。

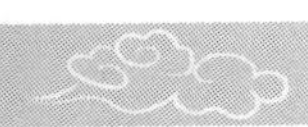

ཏེ། ཆོས་BU1–6. སྔོ་མོའི་སྨྲ་དེ་དག་ལ་ཡིད་ཀྱི་ཕྱིད་པ་འགྱུར་ཏོ། དེ་ནས་དེའི་ཚེ་འཁོར་དེ་དག་གིས་ཁོང་དུ་ཆུད་པར་བྱ་ཕྱིར། བྱང་ཆུབ་སེམས་དཔའ་སེམས་དཔའ་ཆེན་BU1–17. པོ་འཇམ་དཔལ་གཞོན་ནུ་གྱུར་པས་བཅོམ་ལྡན་འདས་ལ་འདི་སྐད་ཅེས་གསོལ་ཏོ། བཅོམ་ལྡན་འདས་ཅིའི་སླད་དུ་ཆོ་འཕྲུལ་ཆེན་པོ་འདི་ལྟར་

北大 D055V 第二栏：

BU2–1. བསྟན་ལགས། བཅོམ་ལྡན་འདས་ཀྱིས་ཚངས་པའི་དབྱངས་ཀྱིས་བཀའ་སྩལ་པའ། འཇམ་དཔལ་ཆོས་ཀྱི་སྔོ་མོ་འདི་དག་ནི། ཡུལ་དགེ་བའི་ནས་སྐྱེ་བའི་BU2–2. སེམས་ཅན་གྱི་ཆེད་དང་འཁོར་བཞི་པོ་རྣམས་ཀྱི་ཆེད་དུ་ཡང་ལྷག་པར་བྱིན་གྱིས་བརླབས་ནས་བསྟན་པ་ཡིན་ཏེ། ཆོས་ཀྱི་སྔོ་འདིས་ན་བྱང་ཆུབ་སེམས་དཔའ་BU2–3. རྣམས་ཚོགས་ཆུ་ང་དུ་དང་། འབད་པ་ཆུ་དུས་དབང་པོ་དང་། ཤེས་པ་ཡོངས་སུ་དག་པར་འགྱུར་ཞིང་། ཆོས་གི་སྔོ་མོའ་དེ་དང་དེ་དག་ཀྱང་། མངོན་པར་རྟོགས་པར་འགྱུར་BU2–4. རོ། མ་འོངས་པའི་སྐྱེ་བོ་དེ་དག་ནི་ཕྱིས་བ་ཆུང་དུ་ཡན་ཅན། ཆོས་གི་སྔོ་མོའ་དེ་དགའ་ཞིང་རྩེད་མོར་ཆོས་གི་སྔོ་མ་འདི་དག་སྨྲ་བར་འགྱུར་རོ། སེམས་BU2–5. ཅན་དེ་དག་དབང་པོ་ཡོངས་སུ་རྟས་ནས། ཆོས་གི་སྒྲིག་རྣམ་པར་དག་པས། དེ་བཞིན་གཤེགས་པའི་སྐུ་ཡང་མཐོང་བར་བར་འགྱུར། ཆོས་གི་རྣ་བར་དག་པས། BU2–6. ཆོས་ཡང་པ་མ་ནོར་བ་ཡང་ཐོབ་པར་འགྱུར། དེ་དག་འཁོར་བ་འདུ་བྱེད་དང་། ཆོས་ཐམས་ཅད་ལས་ཀྱང་སེམས་རྣམ་པར་གྲོག་བར་འགྱུར་ཏེ། སེམས་དེ་ལྟ་བུ་དེས་BU2–7. ནའ། ཡུལ་དགོན་པ་བྱིན་གྱིས་བརླབས་པ་འདིར། དགེ་བའི་ཕྱོགས་ལ་བརྩོན་པའམ། རི་གླང་རུ་ལ་དེ་དག་ཐམས་ཅད་དངོས་གྲུབ་ཐོབ་པར་འགྱུར་ཏེ། བདུད་སྡིག་ཅན་གྱིས་ཀྱང་BU2–8. གླགས་མི་རྙེད་ན། གཞན་དག་གིས་ལྟ་སྨོས་ཀྱང་ཅི་དགོས། འདི་ལྟ་སྟེ་ལྷ་རྣམས་ཀྱིས་འཁོར་གནོད་སྦྱིན་ནམ་དྲི་ཟའམ་མི་འམ་ཅི་ཆད་པས་བཅད་པར་གྱུར་ན་ཡང་། BU2–9. མཆོད་རྟེན་གོ་མ་ས་ལ་གན་དའམ། རི་གླང་རུ་ལ་འཕྲུས་ན། དེ་དག་གིས་མི་མཐོང་བར་འགྱུར་རོ། བརྒྱའ་ལ་མཐོང་ན་ཡང་སེམས་ཞི་བར་འགྱུར་ཏེ། རྒྱུ་དེས་ན་རི་གླང་རུ་BU2–10. དང་། མཆོད་རྟེན་གོ་མ་ས་ལ་གན་ནི། མཚམས་གཅད་པ་དང་། གཙང་བྱེད་དང་སྐྱབས་དང་། འཇིག་རྟེན་གི་ཁམས་གཞན་ན་གནས་པའི་སེམས་ཅན་རྣམས་གིས་BU2–11. ཀྱང་། ཕྱག་བྱ་བར་འོས་པ་ཡིན་ནོ། མཆོད་རྟེན་གོ་མ་ས་ལ་གན་ད་དང་། རི་གླང་རུ་དང་ཡུལ་དགེ་བ་དང་མཁར་དགེ་བ་ཅན་དང་། དགོན་པ་གིས་བརླབས་པའིBU2–12. ཕྱིང་ཐོས་ནས། དད་པ་སྐྱེས་པ་ཙམ་གིས་ཀྱང་སྡིག་པ་ཆེན་པོ་འབྱུང་བར་འགྱུར་རོ། དེ་ནས་དེའི་ཚེ་བཅོམ་ལྡན་འདས་ཀྱིས། ཚེ་དང་ལྡན་པའ་ཤ་རི་བུ་དང་BU2–13. རྣམ་ཐོས་གི་བུ་ལ་བཀའ་སྩལད་པ། རིགས་གི་བུ་ཁྱེད་གཉིས་སོང་ལ། མཚོ་ཆེན་པོ་འདི་ཤིང་ཤན་དུ་དྲོལ་ཏེ། བྱང་ཕྱོགས་ལོགས་སུ་ཀྱི་ཤོ་ཙང་BU2–14. པོའི་ནང་དུ་པོ་ལ་ཆུ་ལ་གནས་པའི་སེམས་ཅན་རྣམས་ལ། མི་གནོད་པར་བསྲུང་བ་དང་། ཡུལ་འདི་ས་མཚམས་མངོན་པར་ཀྱིས་ཤིག། དེ་ནས་BU2–15. ཉན་ཐོས་ཆེན་པོ་ཤ་རི་བུ་དང་། རྣམ་ཐོས་གི་བུས་དེ་བཞིན་འཚལ་ལོ་ཞེས་གསོལ་ནས། རྫུ་འཕྲུལ་གྱིས་ནམ་ཀ་ལས། ཤིང་ཤན་གང་ན་བ་དེ་ལོགས་BU2–16. སུ་ཆས་ཏེ། ཤ་རི་བུད་ནི་ལག་ན་ཁར་གསིལ་ཐོགས། རྣམ་ཐོས་གི་བུས་ནི་ལག་ན་མདུང་ཐོགས་ནས། ཤིང་ཤན་གི་རི་ཕྱེད་སྟམ་པས་བླ་BU2–17. ངས་ཏེ། ནུབ་མཕྱོགས་ལོགས་སུ་བཞག་ནས། ཆུ་སྲོལ་ཆེན་པོ་བཏོད་དེ། མཚོའི་སྲོག་ཆགས་དང་བཅས་པར་ཀྱི་ཤོ་ཙང་པོའི་ནང་དུ

北大 D055V 第三栏：

BU3–1. ཕོ་སྟེ། ཚུལ་དེ་ལྟ་བུས་མཆོད་རྟེན་གོ་མ་ས་ལ་གན་ད་དང་། རི་གླང་རུ་དང་ལི་ཡུལ་དེ་མངོན་པར་བྱས་སོ། དེ་ནས་བཅོམ་[ལྡན་འདས་ཀྱིས]། BU3–2. འཕགས་པ་སྤྱན་རས་གཟིགས་གི་དབང་ཕྱུག་དང་། བྱམས་པ་ལ་སྩོགས་པ་བྱང་ཆུབ་སེམས་དཔའ་སེམས་དཔའ་ཆེན་པོ་བརྒྱད་དང་། བྱང་ཆུབ་སེམས་BU3–3. དཔའ་ཉི་ཁྲི་དྲུང་སྟོང་དང་བཅས་པ་དང་། རྣམ་ཐོག་གི་བུ་དང་ཁྲིམ་འཚིག་ལས་སྩོགས་པ། ལྷ་ཆེན་པོ་བརྒྱད་འཁོར་སུམ་ཁྲི་ལྔ་སྟོང་ལྔ་བརྒྱ་དང་BU3–4. བཅས་པ་ལ། མཆོད་རྟེན་གོ་མ་ས་ལ་གན་ད་ལས་སྩོགས་པ

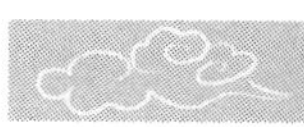

ཡོངས་སུ་གཏད་དེ། ལྷ་དེ་དག་གིས་ཀྱང་དེ་བཞིན་དུ་མནོས་སོ། BU3–5. བཅོམ་ལྡན་འདས་ཀྱིས་དེ་སྐད་བཀའ་ཙེས་བཀའ་སྩལད་པ་དང་། འཁོར་དེ་དག་ཐམས་ཅད། བཅོམ་ལྡན་འདས་ཀྱིས་གསུངས་པ་ལ་BU3–6. ཡི་རང་སྟེ། མངོན་པར་བསྟོད་དོ། ༄།། འཕགས་པ་རི་གླང་རུང་ལུང་བསྟན་པ་ཞེས་བྱ་བ་ཐེག་པ་ཆེན་པོའི་BU3–7. མདོ་རྫོགས་སྷོ། ཞུས། BU3–8. ༄།། བན་དེ་ཡེ་ཤེས་རྒྱལ་བས། ལི་ཡུལ་དུ་མཆིས། ས་ལི་ཡུལ་གྱི་ལུང་བསྟན་ཅི་འབྱུང་བའི་རྣམས་གཏན་ལ་འབེབས་པའོ། །

## 三、汉文译文

成熟众生，四沙门果之预流果、一来果、不还果和阿罗汉果，出离三界，三解脱门，诸行无常，正念安住，圣谛，根本定，三摩地，摄众生事，无碍解，四无色证入，诸根清净，如是诸法随顺菩提分各自扬声；复发如是音声：心遍清净，菩提支分，圣道，证入，地，力，悲悯，大慈悲，缘起，除遣疑惑，不退转佛性，三昧，觉，无生法忍，远离，成佛，无常，受苦，无我，空性，无做，无生，无虚妄，真实际，通达如来藏所摄了知无分别智，众观行者各于觉所行境，生苦、老苦、爱别离苦、怨憎会苦、求不得苦，如是悉皆发音声；复次，五蕴中，远离有情，安忍，众生，无寿，圣谛无生，无灭，无常，无染着，无来，无去，三宝之法统，加持，五趣之如梦幻惑，世间诸行虚幻如牢狱，如幻术，如阳焰，如水月，如回声，如是悉皆发出音声。复次，净信，证入现观，精进，十善业道，厌离轮回，由是如上悉皆发出百千音声。尔时，集会大众、各方云集众菩萨，地行天、龙，虚空诸天、夜叉悉皆称叹无尽，欢喜踊跃，对法门所发如是音声心不离乱。尔时，为使大众信解法义，菩萨摩诃萨文殊童子白佛言："世尊因何因缘示现如此神变？"薄伽梵以梵音告文殊童子："文殊童子！如是法门皆为善妙国土所生众生，尤为四众作加持而宣说。如是妙法可使众菩萨以轻微力得获根、慧圆满清净，如是法门亦可证入现观。尽未来际，众生自童稚起即乐闻妙法，证得法要，自在游戏中解说如是诸法门。如是众生诸根具足清净：法眼清净，可得亲见如来；耳根清净，得闻正法。此等众生于世间心即解脱于诸行及万法，以如是心于受加持之阿兰若处精勤善法者，或于牛角山修持者，悉皆得获悉地，凶魔且无机可乘，遑论其余。实则众天虽能摧伏药叉、乾闼婆、紧那罗等，然则仅依持窣堵波瞿摩娑罗乾陀及牛角山，恐众神难觅。或时见之，心境即可趣于寂静。以此因缘，牛角山及瞿摩娑罗乾陀乃结界、净化及皈依之所，亦为世间他处有情众生顶礼之所。窣堵波瞿摩娑罗乾陀、牛角山、善妙国土、具善妙城、阿兰若悉皆数数受加持，闻名即生净信，净除罪过。"尔时薄伽梵告舍利弗，声闻具寿二弟子："善男子，汝等二人前往，劈裂神山，将此海水引入北方之计首河中，切记不得伤害此海中众生，多加佑护，使此地显出边界！"尔时声闻与舍利弗告佛："如

是奉行！”言毕即示显神通，自虚空赴神山处，舍利弗持三叉戟，声闻持茅，依强力将神山一半，置于西方，开辟河道，将海中众生悉皆引入计首河中。如是神通，窣堵波矍摩娑罗乾陀、牛角山及于阗显露。尔时佛将窣堵波矍摩娑罗乾陀等地悉皆托付于圣观自在、弥勒等八大菩萨及余二万菩萨、众仙人、诸声闻等八天及三万五千五百眷属，如是众天如是领受，薄伽梵如是授记。众眷属悉皆欢喜踊跃，称叹无尽。

圣牛角山授记大乘经终了。校讫。

比丘益西嘉瓦（བན་དེ་ཡེ་ཤེས་རྒྱལ་བ།）赴于阗将此于阗一切授记做了审定。

《牛角山授记》P.T.953手抄本残卷

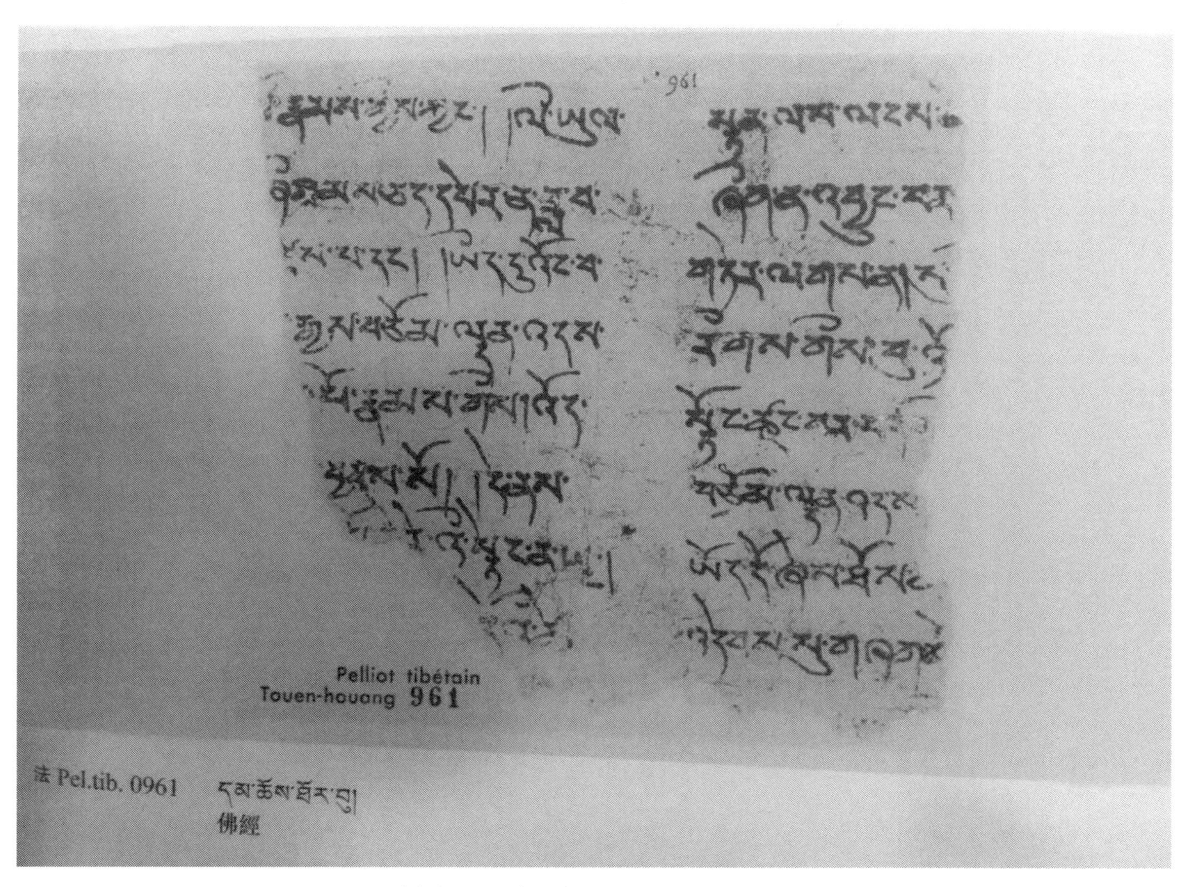


《牛角山授记》P.T.961手抄本残卷

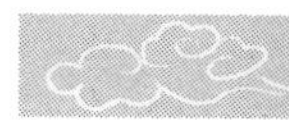

# 十、《李域文书》(ལི་ཡུལ་ཡིག་ཆ།) 译注

## 一、解　题

### （一）文书作者

《李域文书》（之前多称之为《于阗文书》）的作者署名是比丘布奈雅（དགེ་སློང་པུཎྱཱ་བ།）。“格隆“，比丘之义，系藏语，“布奈雅”系梵语，可译为藏语“索南”（བསོད་ནམས།），汉译即“福德”。抄本末尾落款是比丘布奈雅著，是献给施主郡王贡保坚赞（སྦྱིན་བདག་མགོན་པོ་རྒྱལ་མཚན།）的。据藏文文献考证，在藏族历史上，萨迦统治时期，有一著名的学者叫萨迦奥尔瓦·索南隆珠（ས་སྐྱ་ངོར་པ་མཁན་ཆེན་བསོད་ནམས་ལྷུན་གྲུབ།），他曾经在萨迦奥尔瓦寺院（ངོར་ཙ་དགོན་པ།）就任堪布，本文的作者是不是此人还有待考证。此人的生卒年不详，但其弟子也是历史上著名的萨迦派佛学大师，名为萨迦奥尔瓦·贡却乎隆珠（ས་སྐྱ་ངོར་པ་མཁན་ཆེན་དཀོན་མཆོག་ལྷུན་གྲུབ།），生于1497年，卒于1541年，也曾在萨迦奥尔瓦寺院就任堪布。如果《文书》的作者是索南隆珠的话，从弟子的生卒年可推测，布奈雅当生活在15世纪后半叶到16世纪初。文书中提到了遍知布敦（བུ་སྟོན།）的《大轮胜乐佛教史》（འཁོར་ལོ་བདེ་མཆོག་གི་ཆོས་འབྱུང་།），那么依布敦大师的生卒年（1290—1364年），从这一点也可以断定不早于14世纪下半叶。文书的上限年代有了，但文书可能写作年代当不会超过15世纪末，文书中使用大量古词推断呈相符的。所谓古词，不是现代意义上的藏文。历史上藏文进行了三次厘定，始于11世纪初，止于15世纪初，即15世纪以后，这些古词基本上规范化后就从此后的藏文书写中消失了。再则作者的弟子萨迦奥尔瓦·贡却乎隆珠的生卒年为1497年至1541年，那么，应该说下限不晚于16世纪初。故文书产生的年代应不晚于在16世纪初期。从作者及其弟子生活的地方来看，该文书出自萨迦寺的可能性很大。

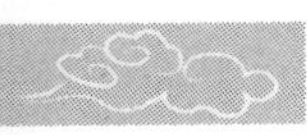

**（二）文献出处**

本文献为手抄本，馆藏在西藏自治区博物馆藏文部。据西藏图书馆的研究人员介绍，此抄本原馆藏在西藏自治区日喀则市的扎什伦布寺，“文化大革命”期间运至北京民族文化宫。2004年，北京民族文化宫将西藏自治区各大寺院运来的部分藏文经典返还给西藏，抄本就辗转运至坐落在西藏自治区拉萨市的西藏自治区博物馆。

**（三）文献现在的保存状况**

现保存基本完好，有个别地方字迹模糊不清，大部分字迹清晰，文中有部分错别字和异体字出现。该藏本纸质为灰白色，藏皮纸，页面整体无残损，只是页边稍有破损，整体保存完好。1叶 A1—6叶 A 为6行，6叶 B 面—7页 B 面均为7行，总计8叶14面，尺寸75厘米 ×35.9厘米，双面书写，总计86行。抄本为草写体（吾麦体，དབུ་མེད། 行书）写就，从风格上分析是介于“瓦尔知”（བར་འབྲི། 适中体）[①] 和“夏尔玛”（ཤར་མ། 行草体）[②] 之间的一种字体。

**（四）文本定名**

因经文封面缺失，因而存在定名问题。若要定名，还需对其内容加以分析。这是一篇关于澄清“李域”相关历史的文章，通过作者大量旁征博引，试图考证关于“李域”所处的地理位置。作者在谒子里，所写的“深经细史历久难分”“殊胜言教经典来分辨”，说明这是一篇解答李域疑难性质的文书。根据上述分析，我们考虑将文书定名为《答郡王贡保坚赞书》。但是，这里的郡王贡保坚赞又是以施主的身份来接受这份文书的，故我们不得不考虑其宗教成分，觉得不便以世俗文书的名称加以定名，根据文书内容，暂定其名为《李域文书》。

据东嘎·洛桑赤列先生（དུང་དཀར་བློ་བཟང་འཕྲིན་ལས།）主编的《东嘎藏学大辞典》[③]，“李域条”提示“可参见其著述《郡王贡布坚赞之问答·王子欢乐之花朵》（མིའི་དབང་པོ་མགོན་པོ་རྒྱལ་མཚན་གྱི་དྲི་ལན་རྒྱལ་སྲས་བཞད་པའི་མེ་ཏོག）（手抄本）”。这个名称给我们提供了两个信息：第一个信息，“郡王贡保坚赞”，可与《李域文书》中的相对应。第二个信息提到了他参考的资料名为《郡王贡布坚赞之问答·王子欢乐之花朵》，如果说参考文献就是上述无名文书的话，那么《李域文书》也很可能就是《郡王贡布坚赞之问答·王子欢乐之花朵》。

这里的施主贡保坚赞，无疑是一位藏族人，但目前名不见经传。而本文献落款中出现的“献

① 适中体藏语称为“瓦尔知”（བར་འབྲི།bar–vbri），这种字体是珠匝体的变异，字的基本结构还是基于珠匝体，力求缩小缩短字的大小长度，呈现出疏密合理、井然有序、经脉相连、全篇贯气。这种写法是僧侣抄录经典著作惯用的草体。（参见丹曲《安多地区藏族文化艺术》，甘肃民族出版社，1997年，第360页）

② 行草体藏语称“夏尔玛”（ཤར་མ།），这种字体笔法欢快，生动活泼，更富有实用性，在手抄经卷中也惯用此体，是练习草书的第五个阶段。（参见丹曲《安多地区藏族文化艺术》，甘肃民族出版社，1997年，第369页）

③ 东嘎·洛桑赤列主编：《东嘎藏学大辞典》，中国藏学出版社，2002年，第1956~1957页。

给施主某某人”的这种写作样式，在藏文经书中是极为罕见的，一般僧人写经，文末都会落上“在某某上师授意下写某某经”，或直接落名“某某译”。因此，这里的落款样式，似乎受到了一丝外来文化影响的气息，这种气息，带有汉传佛教回向文的一些特征。

《东嘎藏学大辞典》中提及的《郡王贡布坚赞之问答·王子欢乐之花朵》，出现了“牡安”（མིའི་དབང）或“牡安布”（མིའི་དབང་པོ།）即“郡王”，此名称一般是指清代西藏历史上重要的历史人物、民族英雄颇罗鼐。他对整顿藏政、训练西藏地方军队、维护祖国的统一和发展民族经济文化事业作出了重大贡献。他生活的年代正值五世达赖喇嘛和第司·桑吉嘉措时期。鉴于他是西藏历史上的重要历史人物，故有其传记《颇罗鼐传》留存于世。《颇罗鼐传》藏文中写作《དཔལ་མིའི་དབང་པོའི་རྟོགས་པར་བརྗོད་པ་འཇིག་རྟེན་ཀུན་ཏུ་དགའ་བའི་གཏམ་ཞེས་པ་བཞུགས་སོ།།》①，其中的“牡安布”（མིའི་དབང་པོ།）就指颇罗鼐，故颇罗鼐有时候称为“颇罗鼐牡安多杰”（ཕོ་ལྷ་བ་མི་དབང་རྡོ་རྗེ།）或“牡安多杰”。②如果说《东嘎藏学大辞典》中提及的书名为“牡安吾”即“郡王”就是指颇罗鼐的话，那就此文书所产生的下限年代便是颇罗鼐从政的18世纪。颇罗鼐既是藏族历史上知名的政治家，又是史学家和文学家，此文书的形成与其有关联也是有很大可能性的。

## 二、藏文原文及汉文译文

藏文原文（1叶A面）：

༄།། ན་མོ་བུདྡྷ་ཡ། སྔོན་གྱི་དུས་ན་དེང་བའི་ཆོས་བྱུང་པའི་བའི་ཡུལ་ཆེན་པོར་གཏོགས་པ་རབ་ཏུ་བྱུང་བ་མང་པོ་ཞིག་བྱུང་བ་ལ། ཡོངས་སུ་གྲགས་ཤིང་ཆོས་ཀྱི་ཚུལ་རྒྱ་ཆེར་དར་བའི་གནས་ཀྱི་ཡ་གྱལ་ཅིག་གཅིག་ནི་ལིའི་ཡུལ་ཡིན་ནོ་ཞེས་འབྱུང་བ་འདི་ལ། སྤྱིར་ལི་ཡུལ་དུ་མིང་བཏག་པ་བསྟན་བཅོས་དང་ཡིག་ཚང་རྣམས་ནས་ངོས་འཛིན་ཅི་རིགས་པར་བཤད་ཀྱང་། ཉི་མའི་སྙིང་པོའི་མདོ་དང་། ཟླ་བའི་སྙིང་པོའི་མདོ་དང་། གླང་རུ་ལུང་བསྟན། འཕགས་པའི་དགེ་འདུན་འཕེལ་གྱིས་ལུང་བསྟན་པ་དང་། དགའ་བའི་གཤེན་གྱི་རྟོགས་པ་བརྗོད་པ་དང་། ལིའི་ཡུལ་དུ་ལུང་བསྟན་པ་ཞེས་བྱ་བའི་གཞུང་རྣམས་ལས་འབྱུང་བའི་དོན་ནི་རྒྱལ་པོ་མྱ་ངན་མེད་ཀྱིས་འཛམ་བུ་གླིང་ན་སངས་རྒྱས་ཀྱི་བྱིན་གྱིས་བརླབས་པའི་མཆོད་རྟེན་ཐམས་ཅད་སྐོར་ཞིང་ཕྱིན་པའི་དུས། ལི་ཡུལ་དུ་ཡང་ཕྱིན་པ་ཡིན་ལ། དེའི་ལམ་བར་དུ་བཙུན་མོ་དམ་པ་ཞིག་ལ་རྣམ་ཐོས་སྲས་ཀྱི་བུ་ཤིན་ཏུ་དབང་ཐང་ཆེ་བ་ཞིག་བཙས་པ་ནི། རྒྱལ་པོ་ས་ནུ་ཞེས་གྲགས་ལ།

① 《颇罗鼐传》成书时间稍晚于颇罗鼐时代，此传可谓是研究颇罗鼐生平最重要的参考书，作者为卡夏仲·策仁旺杰，汤池安汉译后，由西藏人民出版社于2001年版。

② 颇罗鼐于藏历十二饶迥土蛇年（康熙二十八年，1689年）出生在日喀则白兰堆琼颇拉地方，由高僧持旺卓堆德钦法王为之取名为“索南多吉”，又以家族名冠其本名前，全称为颇罗鼐·索南多吉（ཕོ་ལྷ་བ་བསོད་ནམས་སྟོབས་རྒྱལ།），清代官方史料记载为颇罗鼐，后来扎什伦布寺僧大经师格勒热吉给他取名为贡嘉多杰。（མགོན་སྐྱབས་རྡོ་རྗེ།）（参见《颇罗鼎传》藏文，四川民族出版社，1981年，第64页）

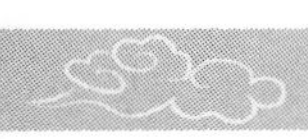

汉文译文：

南摩布达雅[①]！昔日佛法产生之大地出现过诸多出家人，其中闻名遐迩且佛法昌隆的福田之一被称作“李域”（ལིའི་ཡུལ། ）。总之，起名为“李域”，在佛经（བསྟན་ཆོས་བཅོས། ）和文献（ཡིག་ཚང་། ）中出现是合乎情理的。但是，在此《日藏经》（ཉི་མའི་སྙིང་པོའི་མདོ། ）、《月藏经》（ཟླ་བའི་སྙིང་པོའི་མདོ། ）、《牛角山授记》（གླང་རུ་ལུང་བསྟན། ）、《僧伽弹那授记》（འཕགས་པའི་དགེ་འདུན་འཕེལ་གྱིས་ལུང་བསྟན། ）、《善友传》（དགའ་བའི་གཤེན་གྱི་རྟོག་པ་བརྗོད་པ། ）、《李域授记》（ལིའི་ཡུལ་དུ་ལུང་བསྟན། ）等典籍中亦有出现的历史，阿育王（རྒྱལ་པོ་མྱ་ངན་མེད། ）[②]在赡部洲朝拜佛加持的所有佛塔时，也曾到达过李域。在此路途中，其中一贤妃丹巴（བཙུན་མོ་དམ་པ། ）得到多闻子（རྣམ་ཐོས་སྲས་ཀྱི་བུ། ）的加持生得英武之子，称为“地乳王”（རྒྱལ་པོ་ས་ནུ། ）。

藏文原文（1叶B面）：

དེ་རྒྱ་ནག་གི་རྒྱལ་པོ་བུ་སྟོང་དུ་གཅིག་གི་མ་ཚང་པ་ལ་རྣམ་ཐོས་སྲས་ཀྱིས་སྦྱིན་ནོ། །དེ་ཡང་ལིའི་ཡུལ་དུ་རྒྱལ་པོ་བྱེད་པར་མ་ཉན་ཏེ། དམག་དཔོན་སྟོང་ཕྲག་བཅུ་དང་སྦྲགས་ཏེ། ནུབ་ཕྱོགས་སུ་ཡུལ་ཚོལ་དུ་ཕྱིན་པ་ལས། རྒྱལ་པོ་མྱ་ངན་མེད་ཀྱི་བློན་པོ་ཡ་ཤ་ཞེས་བྱ་བ་དམག་མི་བདུན་སྟོང་རྒྱ་གར་ནས་ཡུལ་དུ་ཕྱུང་སྟེ། ནུབ་ཕྱོགས་ནས་ཤར་ཕྱོགས་སུ་ཡོངས་ཡོང་པ་དང་ཁུ་ཐེན་གྱི་ཤེལ་ཆབ་གོང་མར་འཛོམས། རྒྱལ་བློན་དེ་གཉིས་པོ་རིམ་གྱིས་གྲོས་མཐུན་སྟེ། ཤེལ་ཆུ་གོང་འོག་གཉིས་ཀྱི་བར་ཐམས་ཅད་བཟུང་ཞིང་། རྒྱ་གར་དང་རྒྱ་ནག་གི་མི་རྣམས་འདྲེས་པར་བཀོད་ནས་ཡུལ་བཙུགས་མཁར་རྩིག་སྟེ། འཕྲུལ་སྐད་ནི་རྒྱ་གར་དང་རྒྱ་ནག་གཉིས་འདྲེས་མར་ལབ། ཡི་གེ་ནི་རྒྱ་གར་དང་བ་མི་མཐུན། འཇིག་རྟེན་པའི་བྱ་བ་ནི་རྒྱ་ནག་དང་ཕལ་ཆེར་མཐུན། ཆོས་ལུགས་དང་ཆོས་སྐད་ནི་རྒྱ་ནག་དང་ཕལ་ཆེར་མཐུན། འདིའི་ཡི་གེ་དང་ཆོས་སྐད་ཀྱི་སློབ་མཁན་ནི་འཕགས་པ་འཇམ་དཔལ་ལ་དགེ་སློང

汉文译文：

尔时，汉地国王千子缺一，由多闻子将其（地乳王）施予。但是，他不肯在李域出任国王，率领万军赴西方寻找出生之地，阿育王之臣亚夏（སྣོན་པོ་ཡ་ཤ）率军七千从印度出发，由西向东苦苦行进，抵达了和田玉河上游（ཁུ་ཐེན་གྱི་ཤེལ་ཆབ་གོང་མ། ），在此与地乳王相逢。地乳王与大臣（亚夏）二人逐步达成协议，依上、下玉河之间全程为营，构成连接印度和汉地之通道，立国建城，语言以印度语和汉地语两种相糅而弘教。文字不同，而世间事大体类同，宗教和术语大体依汉地（2A）而行。传说，此文字和术语的教授者是尊者文殊菩萨（འཕགས་པ་འཇམ་དཔལ། ）化现的比丘

① 南摩布达雅，梵语，意为“向佛顶礼！”梵音作“南无佛陀耶”。这是撰写经典的一种格式，宗喀巴大师的《菩提道次第广论》解释道：“按照撰写经典的常规来讲，写经部的论著都必须向诸佛菩萨顶礼之词，其内容主要简介定学的道理；写律部的论著都必须向一切遍智佛作顶礼之词，其内容主要讲述戒学的道理；写论部的著作都必须有向文殊菩萨作顶礼之词，其中主要简介慧学的内容。”（宗喀巴大师《菩提道次第广论》，华锐·罗桑嘉措译，第1页）

② 念鄂麦系藏语，梵音译作“阿育”或“阿输迦”，是古印度一国王名，即“阿育王”。

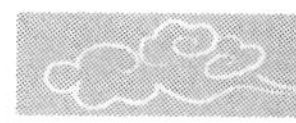

藏文原文（2叶A面）：

༄། །བཻ་རོ་ཙ་ན་ཞེས་བྱ་བར་སྤྲུལ་སྟེ་བསླབས་པ་ཡིན་པར་བཤད། ཡུལ་དེར་རྒྱལ་པོ་སོགས་བྱུང་བའི་དུས་ནི་སངས་རྒྱས་མྱ་ངན་ལས་འདས་ནས་ལོ་ཉིས་བརྒྱ་སུམ་བཅུ་རྩ་བཞི་ནས་བྱུང་། རྒྱལ་པོའི་ཐོག་མ་ནི་ས་ལ་ནུ་ཡིན། དེའི་བུ་ཡེའུ་ལ་ཞེས་བྱ་བས་དངར་ལྡན་གྱི་གྲོང་ཁྱེར་བརྩིགས། དེའི་བུ་རྒྱལ་པོ་བི་ཇ་ཡ་སམྦྷ་ཝ་ཞེས་བྱ་སྟེ་དེའི་རིང་ལ་དགེ་སློང་བཻ་རོ་ཙ་ན་དང་ཡོན་མཆོད་དུ་ཐེབས་ནས། ལི་ཡུལ་གྱི་ཚང་མཚན་ཙ་མ་ཞེས་བྱ་བར་གཙུག་ལག་ཁང་དང་མཆོད་རྟེན་མང་དུ་རྩིགས་ཤིང་དེ་རྣམས་ཀྱི་ནང་ན་དེ་བཞིན་གཤེགས་པའི་རིང་བསྲེལ་མེད་པ་གཅིག་ཀྱང་མེད་དོ། །ཡང་དེའི་དུས་སུ་དགེ་སློང་བཻ་རོ་ཙ་ན་ཐུབ་པའི་སྐུར་སྤྲུལ་ཞིང་གནས་བརྟན་བཅུ་དྲུག་དང་བཅས་པ་རྒྱལ་པོའི་མཆོད་གནས་སུ་གདན་དྲངས་སོ། །ཁ་ཆེའི་ཡུལ་ནས་དེ་བཞིན་གཤེགས་པ་བདུན་གྱི་སྐུ་གདུང་བཞུགས་པའི་མཆོད་རྟེན་ཡང་ནམ་མཁའ་ལས་སྤྱན་དྲངས་སྟེ་ཙར་མའི་གཙུག་ལག་ཁང་

汉文译文：

毗卢遮那（བཻ་རོ་ཙ་ན།）。

此地国王等出现的时间是从佛涅槃后的二百三十四年。第一个国王是地乳（ས་ལ་ནུ། 萨拉），其子称作玉拉（ཡེའུ་ལ།），建庄严城。其子尉迟桑巴国王（རྒྱལ་པོ་བི་ཇ་ཡ་སམྦྷ་ཝ།）时期，供养比丘毗卢遮那，在李域的仓参赞摩（ལི་ཡུལ་གྱི་ཚང་མཚན་ཙ་མ།）创建诸多佛殿和佛塔（མཆོད་རྟེན།），其中无一不供奉如来佛（དེ་བཞིན་གཤེགས་པ།）[1]之舍利。当时，比丘毗卢遮那化现为佛陀，将十六罗汉（གནས་བརྟན་བཅུ་དྲུག）请到了国王的圣地。征服卡切（ཁ་ཆེ།）并从天空中请来了装藏有如来佛（舍利）的七座佛塔，供奉在赞摩佛殿（ཙར་མའི་གཙུག་ལག་ཁང་།）。

藏文原文（2叶B面）：

ན་བཞུགས་སོ། །དེ་ནས་བྱམས་པའི་སྤྲུལ་པ་ལི་རྗེ་བི་ཇ་ཡ་ཀིར་མ་ཞེས་བྱ་བས། རྒྱ་གར་གྱི་དགྲ་བཅོམ་པ་བཞི་མཆོད་གནས་སུ་བཀུར་ཞིང་གེའུ་ཏོ་ཤན་གྱི་ལུང་བའི་ནང་ནས་སངས་རྒྱས་འོད་བསྲུངས་ཀྱི་སྐུ་གདུང་བཞུགས་པའི་མཆོད་རྟེན་ཡང་རྙེད་ནས། མཆོད་གནས་དགྲ་བཅོམ་པ་རྣམས་ལ་འདི་སུས་རྩིགས་ཞེས་གི་སྟེང་སྣང་གོ་ཙན་དན་ལས་བགྱིས་པའི་མཆོད་རྟེན་གྱི་ནང་ན་སངས་རྒྱས་རབས་བཞིའི་རིང་བསྲེལ་བཞུགས་ཏེ། དེ་ལས་དད་དྲིས་པས། འདི་སངས་རྒྱས་འོད་བསྲུངས་མྱ་ངན་ལས་འདས་པའི་ཚེ་བརྩིགས་ཏེ་སངས་རྒྱས་འོད་བསྲུངས་ཀྱི་སྐུ་གདུང་བཞུགས་སོ། །ལི་ཡུལ་སྟོན་མཚོར་གྱུར་པའི་དུས་ན། མཆོད་རྟེན་འདི་རིས་གཡོགས་ཏེ་རྐུས་མི་ཞིག་ལ། ཕྱིས་ཀྱང་ཡུལ་འདི་མཚོར་གྱུར་ཏེ། ཡང་མཆོད་རྟེན་འདི་རིས་གཡོགས་ཏེ་རྐུས་མི་འཇིག་སྟེ། སངས་རྒྱས་བྱམས་པ་འབྱོན་པའི་ཚེ་ཡང་འབྱུང་ངོ་ཞེས་ལུང་བསྟན་ནོ། །མཆོད་རྟེན་འདིའི་ནང་ན་རིང་བསྲེལ་བཞུགས་ཚུལ་ནི་ཤེལ་ལྡང་ཁུ་ལས་བྱས་པའི་ཕོ་བྲང་གི་སྟེང་སྣང་གོ་ཙན་ཏན་ལས་བགྱིས་པའི་མཆོད་རྟེན་གྱི་ནང་ན་སངས་རྒྱས་རབས་བཞིའི་རིང་བསྲེལ་བཞུགས་ཏེ། དེ་ལས་དད་

汉文译文：

之后，弥勒之化身李域王尉迟布尔玛（ལི་རྗེ་བི་ཇ་ཡ་ཀིར་མ།）供奉了天竺的四大罗汉，并在格

[1] 如来佛，梵音译作"多陀阿伽陀"。不住生死涅槃，由如实道来成大觉，故曰如来。

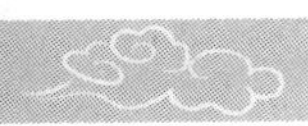



浩仙谷（གཞུ་རྟོ་ཤན་གྱི་ལུང་པ།）又发现了装藏有饮光佛[①]舍利子的佛塔。当供施处大罗汉们问道："此（塔）为何人所建？" 答曰："为饮光佛涅槃时而建，内供饮光佛的舍利子。" 据《授记》记载：李域最初变成海之时，此塔被海水环绕但未被侵蚀，后来此地又变成海洋，此塔依然如故，直到弥勒佛出世时（依然巍然）矗立。此塔所装藏，据说为翠玉（ཤེལ་ལྷང་ཁྲ།）制作的宫殿之上有牛头檀香（གླང་གོ་ཙན་དན།）制作的佛塔，内置四佛[②]舍利子（sangs–rgyas–rabs–bzhi）。因此

藏文原文（3叶A面）：

༄༅། །པས་མཆོད་པ་ཐམས་ཅད་ཕྱིར་མི་ལྡོག་པར་གསུངས་སོ། །སངས་རྒྱས་ཀྱི་བྱིན་གྱིས་བརླབས་པའི་རྟེན་ཉི་ཤུ་རྩ་གཅིག་ས་གོ་མ་ས་ལ་གནྡྷའི་མཆོད་རྟེན་འདི་ཉིད་ཡིན་ཏེ། གོ་མ་ས་ལ་ནི་ཙན་དན་བཟང་མཆོག་གམ་གླང་གོ་ཙན་དན་ཞེས་བྱ་ལ། གནྡྷ་ནི་དྲི་སྟེ་དྲིའི་ཙནྡན་ས་མཆོག་གི་མཆོད་རྟེན་ཞེས་པར་གྱུར་ཏོ། མདོ་ཉི་མའི་སྙིང་པོ་ལས། ཁ་ཤའི་ཡུལ་ས་ལ་ནུའི་གནས། རི་གླང་རུའི་དྲུང་ཆུ་བོ་གོ་མ་ཏིའི་ངོགས་ན། དྲང་སྲོང་ཐུབ་པའི་གནས་གོ་མ་ས་ལ་གནྡྷ་ཞེས་གསུང་པའི་ཁ་ཤའི་ཡུལ་ཡང་ལི་ཡུལ་གྱི་ནང་ཚན་འཛོན་ཏི་ཞེས་བྱ་བར་དགྲ་བཅོམ་པ་ཞིག་གིས་རི་དྭགས་ཁ་ཤ་གསེར་གྱི་མདོག་ལྟ་བུ་ཞིག་ཏུ་སྤྲུལ་བ་བསྟན་པ་ཡིན་པས། ཡུལ་གྱི་མིང་ཡང་དེ་སྐད་དུ་ཆགས་པར་སེམས་ལ། སྤྱིར་ཁ་ཤའི་ཡུལ་དང་ལིའི་ཡུལ་ནི་མི་གཅིག་སྟེ། ཆོས་རྗེ་ས་སྐྱ་པཎྜི་ཏས། སངས་རྒྱས་ཀྱི་ཞུ་ཕྲིན་ལས། ཁ་ཆེ་དང་ནི་ཁ་ཤ་སོགས། མ་ཁ་དང་ནི་ལིའི་ཡུལ། ཞེས་ཐ་དད་དུ་གསུངས་པའོ། །འོ་ན

汉文译文：

致使那些信徒们对所有的圣物流连忘返。这座塔就是佛（释迦牟尼）加持过的二十一圣地之一的"高玛萨拉干达"（གོ་མ་ས་ལ་གནྡྷའི་མཆོད་རྟེན།）塔。据说"高玛萨拉"是善好的檀香或牛头山檀香，"干达"是"香味"，"高玛萨拉干达塔"即檀香圣地所产檀香而制作的佛塔。《日藏经》（མདོ་ཉི་མའི་སྙིང་པོ།）载：喀夏[③]是地乳王之驻地（ཁ་ཤའི་ཡུལ་ས་ལ་ནུའི་གནས།），在牛头山脚下高玛达河岸（ཆུ་བོ་གོ་མ་ཏིའི་ངོགས།），称作仙人罗汉圣地的'高玛萨拉干达'，即喀夏地方与李域所属卓迪地方（འཛོན་ཏི།），因一阿罗汉幻化成为一匹金色的鹿羔，故也就形成如此名称的地名。总之，"喀夏"和"李域"不同。法王萨迦班智达（ཆོས་རྗེ་ས་སྐྱ་པཎྜི་ཏས།）[④]曰：在《佛的教问经》（སངས་རྒྱས་ཀྱི་ཞུ་ཕྲིན།）中，有"'卡切与卡夏''玛卡与李域'不同之说"。但又言各种圣迹存在

---

① 饮光佛，藏语称"桑吉奥松"（སངས་རྒྱས་འོད་སྲུང་།）、"奥松钦布"（འོད་སྲུང་ཆེན་པོ།），梵音译作迦叶波尊者、摩诃迦叶波。释迦牟尼佛十大弟子之一，为头陀第一，第一代付法藏师。根据佛教的说法，贤劫（即现劫）时依次已经出现过四个佛，现世为释迦牟尼佛时期，饮光佛在释迦牟尼佛前，为第三佛。饮光、释迦牟尼、弥勒合称三世佛。佛经通常所称的第七佛中饮光佛、释迦车尼佛依次位为第六、第七佛。

② 按照佛教的说法，初劫产生毗婆尸佛、尸弃佛、毗舍浮佛三佛，次劫产生的有拘留孙佛、迦那迦牟尼佛、迦叶佛和释迦牟尼佛四佛。这七佛称作过去七佛。文中所讲的是后四位佛。

③ 据《东嘎藏学大辞典》记载，喀夏是印度北方地区的一个村落。（参见《东嘎藏学大辞典》，中国藏学出版社，2002年，第294页）

④ 从这一信息告诉我们，如果说文中的"法王萨迦班智达"就是指元朝建国时期的萨迦四祖萨迦班智达·更噶坚赞的话，此作产生的上限是萨迦班智达·更噶坚赞时期，下限期或许更晚。

藏文原文（3叶B面）：

ཐམས་ཅད་རྩིས་ན་སྟོང་དྲུག་བརྒྱད་ཅུ་རྩ་བརྒྱད་བཞུགས་པར་བཤད་པ་ལ། བལ་པོ་ན་དེ་ལྟ་བུ་བྱུང་ས་དང་བྱུང་སའི་རྗེས་མེད་ཅིང་རྒྱལ་པོ་ཧྲི་ཛ་ཡ་ཀྲིར་མས་རི་གླང་མགོའི་སྟེང་དུ་ཡང་ཧྲི་ཧོ་ཧོ་ཤན་གྱི་གཙུག་ལག་ཁང་ཆེན་པོ་བརྩིགས་ཤིང་། དེ་ན་ད་ལྟ་སངས་རྒྱས་ཤཱཀྱ་ཐུབ་པའི་སྐུ་གཟུགས་ཆེན་པོ་བཞུགས་པར་གསུངས་པ་ཡང་བལ་པོ་ན་མེད་པ་དང་དེའི་མཆོད་རྟེན་དང་གཙུག་ལག་ཁང་གི་སྐྱེར་གྱི་སྲུང་མ་རྣམ་ཐོས་སྲས་དང་། གནོད་སྦྱིན་གྱི་དེད་དཔོན་ཆེན་པོ་ཡང་དག་ཤེས་དང་། ཀླུའི་རྒྱལ་པོ་མ་དྲོས་པ་རྣམས་ཡིན་པར་བཤད་ལ། བལ་པོ་ཤིང་ཀུན་གྱི་སྐྱེར་གྱི་སྲུང་མ་ནི། བགེགས་ཀྱི་རྒྱལ་པོ་བི་ན་ཡ་ག་ཡིན་པར་ཁས་ལེན་པས་ཀྱང་མ་ཅིག་པར་ཤེས་སོ། །ཡང་མཆོད་རྟེན་གོ་མ་ས་ལ་གནྡྷ་ནི་སངས་རྒྱས་འོད་བསྲུངས་ཀྱི་མཆོད་རྟེན་ཡིན་ལ། བལ་པོའི་ཤིང་ཀུན་ནི་རྒྱལ་པོ་འོད་ཟེར་གོ་ཆས་བལ་པོའི་གྲོང་ཁྱེར་

汉文译文：

共计有六千八百一十八年。在泥婆罗没有发现如此之多的遗迹，（4B）但是，国王尉迟布尔玛（རྒྱལ་པོ་ཧྲི་ཛ་ཡ་ཀྲིར་མ།）在牛头山上也□□□□□□建立了豪兜汗佛殿（ཧྲི་ཧོ་ཧོ་ཤན་གྱི་གཙུག་ལག་ཁང་ཆེན་པོ།），如今均供奉有佛陀释迦牟尼说法之大佛像，而泥婆罗就没有。据说此佛塔和佛寺的护法为多闻子、夜叉之掌托真巨智（གནོད་སྦྱིན་གྱི་དེད་དཔོན་ཆེན་པོ་ཡང་དག་ཤེས།）以及龙王玛哲巴（ཀླུའི་རྒྱལ་པོ་མ་དྲོས་པ།）。泥婆罗香更寺的护法据认为是魔王布纳雅嘎（བགེགས་ཀྱི་རྒྱལ་པོ་བི་ན་ཡ་ག）[①]，这一点，也能看出它们的不同之处。高玛萨拉干达（མཆོད་རྟེན་གོ་མ་ས་ལ་གནྡྷ།）是饮光佛之（舍利）塔。泥婆罗香更是国王奥瑟尔高恰（བལ་པོའི་ཤིང་ཀུན་ནི་རྒྱལ་པོ་འོད་ཟེར་གོ་ཆ།）在泥婆罗

藏文原文（4叶A面）：

༄༅། །ཆེན་པོ་བཞིའི་སྲང་ཁ་ནས་མཐོང་བའི་མཆོད་རྟེན་ཆེན་པོ་ཞིག་རྩིགས་ནས། རང་ཉིད་བལ་(པོའི)ཡུལ་དུ་འཇུག་ཏུ་རུང་ངོ་ཞེས་འཁོར་རྣམས་ཀྱིས་སླས་པའི་ཕྱིར་འཇིག་པ་སྐྱབས་པའི་ཕྱིར་བརྩིགས་པ་ཡིན་ཞེས་ལམ་འབྲས་ཞ་མ་ལུགས་ཀྱི་གཏམ་རྒྱུད་འགའ་ལས་འབྱུང་ངོ་། །ཡང་ལི་ཡུལ་གྱི་འཛོན་ཏིར་གྱི་གཙུག་ལག་ཁང་ཡོད་པའི་ས་ཕྱོགས་དེ་སྔོན་གྱི་དུས་ན་རྒྱལ་པོ་ཟླ་འོད་ཀྱི་དབུ་སྦྱིན་པར་བཏང་བའི་ས་ཡིན་ཞིང་། དེ་ལ་ཡོད་པའི་ན་མོ་བུདྡྷ་གདོང་བདེ་མཆོད་རྟེན་བརྩིགས་པའི་ས་དེ། རྒྱལ་པོ་ཐམས་ཅད་སྒྲོལ་གྱིས་བུ་དང་བུ་མོ་སྦྱིན་པར་བཏང་བའི་ས་ཡིན་པར་བཤད་ལ། བལ་པོ་ན་དེ་ལྟ་བུ་ཡོད་པར་བཤད་པ་ནི་ཁུངས་རྣམས་ན་ཡོད་པར་མ་མཐོང་ངོ་། གླང་རུ་ལུང་བསྟན་ལ་སོགས་པའི་མདོ་རྣམས་དང་། སྔར་སྨོས་པའི་བསྟན་བཅོས་དེ་རྣམས་ལས་ཀྱང་། བལ་པོ་ཞེས་མིང་སྨོས་པ་ནི་(གཅིག)ཀྱང་མེད་ཅིང་། གལ་ཏེ་ཡོད་དུ་ཆུག་ཀྱང་མིང

汉文译文：

四大王城街道（ཆེན་པོ་བཞིའི་སྲང་།）所见之处所创建的大佛塔之一。国王问道："允许进入泥婆罗（建塔）？"护臣们答："为了护佑可以建。"这在《道果夏玛派》（ལམ་འབྲས་ཞ་མ་ལུགས།）所述的几则故事中有记载。李域卓迪寺（ལི་ཡུལ་གྱི་འཛོན་ཏིར་གྱི་གཙུགས་ལག་ཁང་།）所在的此方土地，从前是月光王头颅施舍地，在此处建有南摩布达栋德佛塔（ན་མོ་བུདྡྷ་གདོང་བདེ་མཆོད་རྟེན།），此地据说是众月光王施

① 魔王布纳雅嘎是害人的魔鬼之王。

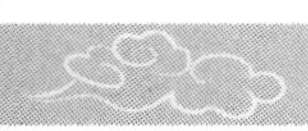



舍子女的地方，在泥婆罗有同样的说法，但未知出于何经典。

在《牛角山授记》(གླང་རུ་ལུང་བསྟན།）等授记祈愿经典（སྨོན་པའི་མདོ།）中，“泥婆罗”之名尚若有，

藏文原文（4叶B面）：

གཅིག་པ་ཙམ་གྱིས་ཡུལ་གཅིག་ཏུ་མི་འགྲུབ་སྟེ། ཀོ་ས་ལ་ཞེས་པས་ཡུལ་དགེ་བ་ཅན་ཞེས་པ་ཡིན་ལ། དེ་ལི་ཡུལ་དང་རྒྱལ་ས་ས་རྒྱལ་གྱི་ཡུལ་གཉིས་ཀ་ལ་མིང་གཅིག་པར་ཡོད་ཀྱང་དོན་(མི)གཅིག་པ་དང་། རྒྱ་གར་གྱི་ན་ལེནྡྲ་དང་བོད་ཀྱི་ན་ལེནྡྲ་བཞིན་ནོ། །འོ་ན་(སྔོན)ལིའི་ཡུལ་ཉིད་ས་ཕྱོགས་གང་གི་ཐད་ན་ཡོད་པར་ངེས་འཛིན་(ཞེ)ན། འདི་ནི་ལུང་ལས་རྗེས་སུ་དཔགས་ཏེ་ཤེས་དགོས་ཀྱི། དེང་སང་མིས་མཐོང་བ་ཞིག་ན་མེད་དོ། །འདི་ལྟ་བུ་ཞིག་འདུག་གོ་ཞེས་སྟོན་པར་དཀའ་ལ། ལུང་ལས་འབྱུང་བ་ལྟར་བཤད་ན། རྒྱ་ནག་དང་བོད་ཡུལ་དབུས་ནས་གཞལ་བའི་ནུབ་དང་། རྒྱ་གར་གྱི་ཡུལ་དབུས་ནས་གཞལ་བའི་ནུབ་བྱང་གི་མཚམས་ན་ཡོད་པར་གྲུབ་བོ། །དང་པོའི་རྒྱུ་མཚན་ནི་ལི་ཡུལ་ལུང་བསྟན་པ་ལས། དམག་སྟོང་ཕྲག་བཅུ་དང་བཅས་ཏེ་ནུབ་ཕྱོགས་སུ་ཡུལ་ཚོལ་དུ་ཕྱིན་ཏེ་(ཞེས)དང་། དེའི་ཚེ་ཡུལ་དེའི་དབང་པོས་དགེ་འདུན་མང་པོ

汉文译文：

却也不能成为同一地方的理由。“高萨拉”（ཀོ་ས་ལ།）是“盖瓦坚”（དགེ་བ་ཅན། 净善地），与李域国都萨杰（ལི་ཡུལ་དང་རྒྱལ་ས་ས་རྒྱལ་གྱི་ཡུལ།），两者同名而（6A）不同义，就像印度的那烂扎（ན་ལེནྡྲ།）[①]和吐蕃那烂扎（ན་ལེནྡྲ།）。先前，对李域所处之地的认知，仅是依照佛陀的授记，而非今人所见到（的情况）。所以，谁都难以断定这一地域所处的位置。在此，若依佛授记言，则李域坐落在汉地和吐蕃交界之北，印度地域中的西北交界。□□□□□□《李域授记》记载，“据说，一万大军寻找并抵达西方，（6B）当时，此地国王及诸多僧人

藏文原文（5叶A面）：

༄། །སྐད་ཀྱི་རིགས་ཀྱང་ལིའི་སྐད་ལ་རྒྱ་ནག་གི་སྐད་འདྲེས་མར་བྱུང་ལ། བལ་པོ་ལ་དེ་ལྟ་བུ་མེད་པ་རིགས་སོགས་རིག་པ་དང་འགལ་བ་དུ་མ་ཡོད་ཅིང་། ཤིང་ཀུན་གྱི་དཀར་ཆག་ལས། རྒྱལ་པོ་མ་ནྭ་དེ་པའི་བུ་སྟོང་རྩ་གཅིག་བྱུང་བའི་ཐ་ཆུང་གིས་ལིའི་རྒྱལ་པོ་ལི་ཞེས་ཟེར་པ་དེའི་མིང་གིས་ཡུལ་ལའང་ལི་ཡུལ་དུ་བཏགས་ཞེས་སོགས་འབྱུང་མོད། དེ་ནི་དུས་དེའི་ཚེ་ཡུལ་ལ་མིང་དེ་ལྟར་དུ་བཏགས་པ་བཀག་ཏུ་མེད་མོད། ད་ལྟའི་ཤིང་ཀུན་དཀར་ཆག་ཏུ་གྲགས་པ་འདི་ནི་ཆོས་རྒྱུས་ཆེར་མེད་པ་ཞིག་གི་གན་དད་པ་སྐྱེད་པའི་ཕྱིར་དུ་གླང་རུ་ལུང་བསྟན་ལ་སོགས་པའི་མདོ་དང་ཆ་མཐུན་སྦྲིགས་པ་ཙམ་དུ་སྣང་བས་ཁུངས་སུ་མི་སྣང་ངོ་། །གལ་ཏེ་བལ་ཡུལ་དང་ལི་ཡུལ་གཉིས་གཅིག་ན། གནོད་བྱེད་གན་ཡང་ལིའི་ཡུལ་ན་གཙུག་ལག་ཁང་ཆེན་པོ་དྲུག་བཅུ་རྩ་བརྒྱད། གཙུག་ལག་ཁང་འབྲིང་དགུ་བཅུ་རྩ་ལྔ། གཙུག་ལག་ཁང་ཆུང་ངུ་བརྒྱ་བཞི་བཅུ་ཞེ་བརྒྱད། ཕྱི་རོལ་གྱི་འཁོར་ཡུག

① 那烂陀寺，古印度一座著名佛寺，为众寺之首。著名佛学大师圣天、静命、月称皆出自该寺。玄奘于贞观七年（633年）留学那烂陀寺。他饱参博学，为当时佛学权威，在天竺声誉隆盛。据其名著《大唐西域记》载，时那烂陀寺僧徒主客常有万人以上。根敦群佩先生曾经巡礼那烂陀寺，其所著《印度圣迹游历》中对其有详细的描述。

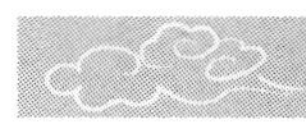

汉文译文：

语言也与李域语、汉语相融合，而在尼波罗（泥婆罗）却没有出现如此之情况。（否则）就违背了诸多理论依据。"《香更志》(ཤིང་ཀུན་གྱི་དཀར་ཆག）记载，国王玛哈德瓦（རྒྱལ་པོ་མ་ཧཱ་དེ་པ།）生有千子，其中最小者被唤作"李域王李"(ལིའི་རྒྱལ་པོ་ལི།)。其名也被冠于地名，故称之为"李域"，其为当时所起地名而无可非议。目前著称于世的《香更志》，似为不熟佛法者，为了使此地成为信仰佛教之地，以《牛角山授记》等作为蓝本而著，故可信度不高。如以尼波罗与李域两者相同，这就出现了很多矛盾之处。在李域所建的佛殿，大的68座，□□□□□□中等95座，小殿148座。所处外部环境（ཕྱི་རོལ་གྱི་འཁོར་ཡུག）

藏文原文（5叶B面）：

ལིའི་ཡུལ་དང་བལ་པོའི་གཅིག་གམ་མི་གཅིག་ཅེ་ན། འདི་གཉིས་ཀྱང་མི་གཅིག་སྟེ། སྒྲོལ་མ་རལ་པ་གྱེན་རྫེས་ཀྱི་བརྒྱུད་ལས། མཆོག་ཏུ་མངགས་པའི་གནས་འཆད་པའི་སྐབས་སུ་སྟོབས་བཅུ་པ་ཡིས་གསུང་པའི་ཞིང་། བྱང་ཕྱོགས་ལམ་མེད་རི་བོ་དང་། འདི་དག་ཆེ་ནི་རྒྱ་ཡུལ་དང་། བལ་ཡུལ་དེ་བཞིན་མང་ཡུལ་དང་། རྒྱ་ནག་ཆེ་དང་ལི་ཡུལ་ཉིད། དེ་དག་མ་ལུས་གྲུབ་པའི་ཞིང་། ཞེས་ཐ་དད་དུ་གསུངས་ཞིང་། རྫེ་བཙུན་རྩེ་མོས་ཆོས་ལ་འཇུག་པའི་སྒོ་ལས་ཀྱང་། དེ་ལྟར་བསྟན་བཅོས་མཁན་པོ་དེ་རྣམས་ཀྱིས་རྒྱ་གར་གྱི་ཡུལ་དང་། ཁ་ཆེ་དང་རྒྱ་ནག་དང་ལིའི་ཡུལ་དང་བལ་ཡུལ་ལ་སོགས་པ་རྣམས་སུ་སངས་རྒྱས་ཀྱི་བསྟན་པ་རྒྱས་པར་མཛད་པ་ཡིན་ནོ། །ཞེས་དེ་ཉིད་ཐ་དད་དུ་གསུངས་པའི་ལུང་དང་། ལི་ཡུལ་ལ་ནི་རྒྱ་གར་དང་རྒྱ་ནག་གི་མི་རིགས་འདྲེས་མར་ཡོད་ལ། བལ་པོ་ལ་དེ་ལྟ་བུ་མེད་པ་དང་། བལ་པོའི་རྒྱལ་རྒྱུད་རྣམས་དང་། ལིའི་རྒྱལ་རྒྱུད་རྣམས་མིང་བསྟན་མི་གཅིག་པར་བྱུང་བ་དང་།

汉文译文：

李域和尼波罗一样还是不一样呢？两者是不一样的。在《卓热萨景经》(སྒྲོལ་མ་རལ་པ་གྱེན།）中讲道，贤地时，具足十力者（སྟོབས་བཅུ་པ།）所指福田：[①]

"北方山多无人，此处大多属汉地，泥婆罗同芒域地（མང་ཡུལ།）。大汉地如同李域地，一切皆系圆满地。"

这里两地分别讲述。杰增泽摩（རྫེ་བཙུན་རྩེ་མོ།）[②]在《遍入佛法门》(འཇུག་པའི་སྒོ།）中云："如是高僧大德们在印度、卡切、汉地、李域以及泥婆罗等地，广传佛法"。李域人系印度和汉地之民族的融合体，而泥婆罗却无此种情况。记载中亦出现了泥婆罗王统（བལ་པོའི་རྒྱལ་བརྒྱུད།）和李域王统（ལིའི་རྒྱལ་རྒྱུད།）两种完全不同的名称。

① 十力者，佛的异名。

② 杰增（རྫེ་བཙུན།）中的"杰"(རྫེ），藏文书写有误，没有后加子"萨"(ས)。

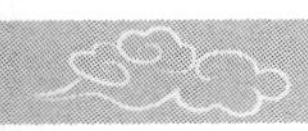

藏文原文（6叶A面）：

༄། །(འགའ)ཞིག་སྟོད་ཕྱོགས་ནས་ཡོན་ཏོ་ཞེས་རྒྱལ་པོ་ལ་སྤྱན་དྲངས་ཞེས་པས་གྲུབ་ལ། གཉིས་པའི་རྒྱུ་མཚན་ནི། ཀ་ལིང་ཀའི་ཡུལ་ལི་ཡུལ་ན་ཡོད་པར་བཤད་ཅིང་། ཀ་ལིང་ཀ་ནི་གུ་གེ་མང་ཡུལ་གྱི་རྒྱབ་རྡོ་རྗེ་གདན་ནས་དཔག་ཚད་བཅུ་གཉིས་ཀྱི་ས་ན་གླང་པོ་ཆེ་འཛིན་པའི་ས་ཞེས་བྱ་བའི་སྒྲུབ་གནས་ཡོད་དོ་ཞེས་ཐམས་ཅད་མཁྱེན་པ་བུ་སྟོན་གྱི་འཁོར་ལོ་བདེ་མཆོག་གི་ཆོས་འབྱུང་དུ་བཤད་ལ། དེ་དང་མཐུན་པར་འཁོར་ལོ་བདེ་མཆོག་གི་ཕྱིའི་ཡུལ་ཆེན་ངོས་འཛིན་པ་པོ་སྔ་མ་ཕལ་ཆེར་མཐུན་པར་གསུངས་པའི་ཕྱིར་རོ། །འོན་ཀྱང་རྡོ་རྗེ་གདན་ནས་དཔག་ཚད་བཅུ་གཉིས་ཚད་དུ་བྱས་པ་འདི་ཏ་ཅང་ཐག་ཉེ་དྲགས་པས། གཞུང་གཞན་ནས་དྲུག་ཅུ་རྩ་(༢)གཉིས་ཞེས་བཤད་པ་རིགས་བསམ་སྙམ་པ་ནི་ཁོ་བོའི་རྟོག་པའོ། །ཕྱོགས་དེ་ཙམ་གྱི་ཐད་ན་ཡོད་པར་གཏམ་རྒྱུད་ཀྱི་ཤུལ་ལས་ཀྱང་ཤེས་ཏེ། ལི་ཡུལ་ལུང་བསྟན་པ་ལས། ལི་ཡུལ་ནས་ཡོན་པའི་དགེ་སློང་རྣམས་ལ་ཁྱེད་

汉文译文：

问：“几人从上方而来？”答曰：“邀请了国王。”相同的缘由是据说噶朗噶之地在李域（ཀ་ལིང་ཀའི་ཡུལ་ལི་ཡུལ།）的说法。噶朗噶呢？自古格芒域（གུ་གེ་མང་ཡུལ།）之后方的金刚座（རྡོ་རྗེ་གདན།）①十二由旬（དཔག་ཚད་བཅུ་གཉིས།）②处，有称作大象把持地（གླང་པོ་ཆེ་འཛིན་པའི་ས།）的圣地。这些内容在遍知布敦的《大轮胜乐佛教史》（བུ་སྟོན་གྱི་འཁོར་ལོ་བདེ་མཆོག་གི་ཆོས་འབྱུང་།）中有记载。其认定的大轮胜乐之外围圣地三十五处（8B）大概相符。但是，从金刚座按十二由旬计算未免太近，所以在别的记载中有六十二（旬）之说，这在我看来比较符合逻辑。理由呢？从传说的痕迹中亦间接可知。《李域授记》记载，向从李域而来的比丘们问道：“您

藏文原文（6叶B面）：

ཀྱི་ཡུལ་ན་མཁས་པ་གཞན་ཇི་ལྟར་ཡོད་དྲིས་པའི་ལན་དུ། ཨན་པེ་དང་། ཤུ་ལིག་དང་། འབྲུ་ཤ་དང་། ཁ་ཆེ་ཞེས་བྱ་བའི་ཡུལ་ན་འདི་འདྲ་བའི་དགེ་འདུན་མང་དུ་ཡོད་དོ། །ཞེས་སྨྲས་པར་བཤད་པས་ནུབ་ཕྱོགས་ཀྱི་ཡུལ་དེ་དག་རང་གི་ཡུལ་ཕྱོགས་ཀྱང་ཡིན་པར་ཀྱང་གྲུབ་ཅིང་། དེ་དག་དང་ཉེ་བ་མ་ཡིན་ན་དེ་དག་གི་རྒྱུས་ཞིབ་མོ་ནས་སྨྲད་པར་ཡང་དཀའ་བའི་ཕྱིར་རོ། །རྒྱུ་མཚན་དེ་དག་གིས་ནི་བལ་ཡུལ་དང་ལི་ཡུལ་(གཅིག)་པར་འདོད་པ་བསྙོན་མེད་པར་ཁྲིགས་(ཁེགས)་སོ། ཞར་ལས་བྱུང་བ་རྒྱལ་པོ་མྱ་ངན་མེད་ཀྱིས་འཛམ་བུའི་གླིང་དུ་བསྟན་པ་ལ་བྱ་བ་མཛད་པའི་ཚུལ་ནི་འཕགས་པ་བྱང་ཆུབ་སེམས་དཔའི་སྤྱོད་ཡུལ་གྱི་ཐམས་ཅད་ཀྱི་ཡུལ་ལ་རྣམ་པར་འཕྲུལ་པ་བསྟན་པའི་མདོ་ལས། སངས་རྒྱས་མྱ་ངན་ལས་འདས་ནས་ལོ་བརྒྱ་ནས་རྒྱལ་པོ་དེ་བྱུང་སྟེ། ཡུལ་སྣ་ཚོགས་སུ་མཆོད་རྟེན་བརྒྱད་ཁྲི་༤(བཞི)་སྟོང་བྱེད་པར་བཤད་ལ། སྙན་ངག་ཆེན་པོའི་(འགྲེལ)་བ་དགའ་བའི་གོ་ཆས་མཛད་པ་ལས། རྒྱལ་པོ་འདིས་རང་གི་གྲོང་ཁྱེར་དུ་ཉི་མ་༡(གཅིག)་ལ་མཆོད་རྟེན་རིང་བསྲེལ་གྱི་སྙིང་པོ་སྟོང་དང་བརྒྱད་བཅུ་བྱས་པར་བཤད་ཅིང་། སློབ་དཔོན་དཔའ་བོའི་སྙན་ངག

① 金刚座，菩提道场，坚固永恒的地方。中印度伽耶地方一佛教主要圣地名，是释迦牟尼等三世诸佛成道处。

② 由旬，梵音译作“逾缮那”。印度长度单位名，五尺为弓，五百弓为一俱卢舍，八俱卢舍为一逾缮那，约合11公里许。此外，时轮派以二十四指节为一肘，四肘为一弓，二千弓为一俱卢舍，四俱卢舍为一由旬。

汉文译文：

的故乡像这样（有学识）的学者还有吗？”回答：“在安西（ཨན་སི།）、疏勒（ཤུ་ལིག）、勃律（འབྲུ་ཞ）、卡切（ཁ་ཆེ།）等地，像这样的高僧有很多。”依此之说，可以看出，他们视西方之地为自己的故乡，如若（李域）与此地不相接近的话，他们对历史是不会了解如此详细，也就不会道出对方的详细情况来。因此，他们认为泥婆罗和李域是一回事的想法无可辩驳地破灭。

下面阐述国王阿育王的诞生及其在南赡部洲弘扬佛法的情况。在殊胜菩萨所有教化之地，无比幻化之佛教《经藏》（མདོ།）记载：佛圆寂百年后此王出生。

关于在各地奉建8400座佛塔之说。噶维（དགའ་བ།）所著《大修辞注疏·喜悦之武器》（ཆེན་པོའི་འགྲེལ(འགྲེལ)་བ་དགའ་བའི་གོ་ཆ།）中云：此王在自己的都市中，于一天之内建了1080座舍利塔。在阿阇黎华吾之《修辞》（སློབ་དཔོན་དཔའ་བོའི་སྙན་ངག）

藏文原文（7叶A面）：

༄༅། །ལས་ཀྱང་། སྟོན་ཁའི་སྤྲིན་དང་མཚུངས་པའི་འོད་ཟེར་མཆོད་རྟེན་དང་། སྟོང་དང་བརྒྱད་བཅུ་དང་ལྡན་དུ་འདིས་༡(གཅིག)་གིས་མཛད། ཅེས་གསུངས་སོ། །གཞུང་ཕལ་ཆེ་བ་ལས་ནི། རྒྱལ་པོ་འདིས་འཛམ་པའི་གླིང་དུ་མཆོད་རྟེན་བྱེ་བ་བཞེངས་པར་གྲགས་སོ། །རྒྱལ་པོ་མྱ་ངན་མེད་ཀྱིས་བཞེངས་པའི་མཆོད་རྟེན་དེ་དག་མང་ཆེ་བ་ན་སངས་རྒྱས་ཀྱི་རིང་བསྲེལ་མི་བཞུགས་པ་མེད་ཅིང་། རིང་བསྲེལ་བཞུགས་པའི་མཆོད་རྟེན་རྣམས་ནས་ཀྱང་ཀྱུད་ཡུལ་གྱི་མཆོད་རྟེན་མ་གཏོགས་གཞན་རྣམས་ནས་རིང་བསྲེལ་བླང་པར་བཤད་དོ། །སྤྱིར་སངས་རྒྱས་ཀྱི་བྱིན་གྱིས་བརླབས་པའི་མཆོད་རྟེན་ནི། གནས་ཀྱི་མཆོད་རྟེན་བརྒྱད། སོལ་བའི་མཆོད་རྟེན་(གཅིག)་བུམ་པའི་མཆོད་རྟེན་རྣམས་ཡིན་ནོ། །ཞེས་སྙན་ངག་ཆེན་པོའི་(འགྲེལ)་བར་བཤད་ལ། བུམ་པའི་མཆོད་རྟེན་ནི། རིང་བསྲེལ་གྱི་སྣོད་བཞུགས་པའི་མཆོད་རྟེན་ཡིན་ཅིང་། ལས་ཤིང་སོལ་བའི་མཆོད་རྟེན་ནི་གདུང་བཞུ་བའི་སོལ་བ་རྣམས་སྤུངས་པ་ན་ཀ་ཊི་ཀ ཞེས་པ་སོལ་བ་སྤུངས་པའི་མཆོད་རྟེན་གྲགས་ཤིང་། འབྲས་ཀྱི་ཆར་ཕབ་མན་ཆད་དང་ལྡན་འབྲས་སྤུངས་(ཀྱི)མཆོད་རྟེན་དུ

汉文译文：

也记载：建立了如同秋天云彩的阳光之塔1080座。《华严经》（གཞུང་ཕལ་ཆེ་བ།）记载道：此王在南赡部洲建立万座佛塔。国王阿育王所建佛塔如此之多没有一个不置佛的舍利，据说从供奉的舍利塔中，除了有嘉域（ཀྱུད་ཡུལ）塔外，从别的地方也请来了舍利。

总之，佛所加持的佛塔有八大依止之塔（གནས་ཀྱི་མཆོད་རྟེན་བརྒྱད།）、炭之塔（སོལ་བའི་མཆོད་རྟེན།）和宝瓶之塔（བུམ་པའི་མཆོད་རྟེན།）。如是，在《大修辞注疏》（སྙན་ངག་ཆེན་པོའི་འགྲེལ་བ།）中有阐释：宝瓶之塔，是置有舍利之器皿的佛塔；炭之塔，是用由肉身融化堆积的（10B）“那噶知噶”（ན་ཀ་ཊི་ཀ）制作的佛塔，称作“萨骚哇伴卫却登”[①]（ལས་ཤིང་སོལ་བའི་མཆོད་རྟེན།），所降的米之雨，以“哲蚌之塔”

① “萨骚哇伴卫却登”，即“木炭堆积之塔”。

（ལྡན་འབྲས་སྤུངས་གི་(ཀྱི)མཆོད་རྟེན།）

藏文原文（7叶B面）：

་གྲགས་སོ། །ཞེས་བླ་མ་རྣམས་གསུང་ངོ་། །སྒྲོལ་མ་རལ་པ་གྱེན་(འདྲེན)རྫེན་གྱི་རྒྱུད་ལས། དཔལ་ལྡན་འབྲས་སྤུངས་མཆོད་རྟེན་ནི། ས་སྟེང་རྒྱལ་བའི་རིང་(བསྲེལ་)འཛིན། ཞེས་གསུངས་པ་ལས་དཔགས་ན་འདི་ཡང་རིང་བསྲེལ་གྱི་མཆོད་རྟེན་དུ་རིགས་སོ་སྙམ་དུ་ཁོ་བོས་སེམས་སོ། །དུས་ཀྱི་ཡོངས་བསྐལ་བཀའ་ཕྲ་བའི་(གནད)་དོན་ལ། །བློ་གྲོས་ཀླུ་དབང་གཉིད་ལོག་གྱུར་པའི་ཚེ། །བཀའ་ཡིག་ཕྲིན་གྱི་རྔ་ཆེན་གྱིས་(བསྒྲང)ནས། །རྒྱལ་སྲས་(བཞེས)་བཞད་པའི་མེ་ཏོག་འདི་འབུལ་གྱིས། །ཐོས་མང་བྲལ་བ་བྱིས་པའི་བློར་གྱུར་བ། །བདག་(འདྲས)་ཕྱོགས་ཙམ་མི་ཤེས་ཚད་མེད་པས། །གལ་ཏེ་འདི་ལ་དོན་མིན་ཡོད་གྱུར་ན། །རྣམ་དག་བཀའ་དང་གཞུང་གིས་སོ་སོར་ཕྱེ། །རྒྱལ་བའི་རིང་བསྲེལ་བཞུགས་གནས་ངོས་བཟུང་བ། །འདི་ལས་བྱུང་བའི་དགེ་བས་འགྲོ་བ་ཡང་། །ཐུབ་དབང་མཆོག་དེའི་གོ་འཕང་ལ་རེག་ནས། །རྒྱལ་བའི་མཛད་པས་གདུལ་བྱ་སྐྱོང་བར་ཤོག །ཅེས་དགེ་སློང་པུཎྱཱ་བས་བྲིས་ནས། མི་དབང་བསྟན་པའི་སྦྱིན་བདག་མགོན་པོ་རྒྱལ་མཚན་ལ་ཕུལ་བའོ།། །།

汉文译文：

著称等。诸多喇嘛如是讲述。据《卓玛热萨迎请经》（སྒྲོལ་མ་རལ་པ་གྱེན་(འདྲེན)རྫེན་གྱི་རྒྱུད།）载："吉祥哲蚌之佛塔，是装有地上佛之舍利之塔。"我相信，这也应该属于舍利之塔。

深经细史历久难分处，智慧龙王昏梦未醒时。

感念圣鼓宏音惊世醒（11a），奉献王子欢喜利乐花。

远离多闻童子善智慧，如我蒙昧愚钝智不化。

倘若此文尚有可用处，殊胜言教经典来分辨。

佛陀舍利依止之圣处，愿以辨识审慎结善果。

敬向释迦牟尼顶礼拜，谨以佛陀力量来调伏！

比丘布奈雅（དགེ་སློང་པུཎྱཱ་བས།）[①]著，献给佛法施主贡保坚赞（སྦྱིན་བདག་མགོན་པོ་རྒྱལ་མཚན།）。作者：比丘布奈雅（དགེ་སློང་པུཎྱཱ་བ།）

① 比丘布奈雅（དགེ་སློང་པུཎྱཱ་བ།），布奈雅系梵语，藏语意为"索南"（བསོད་ནམས།），意即"福德"。

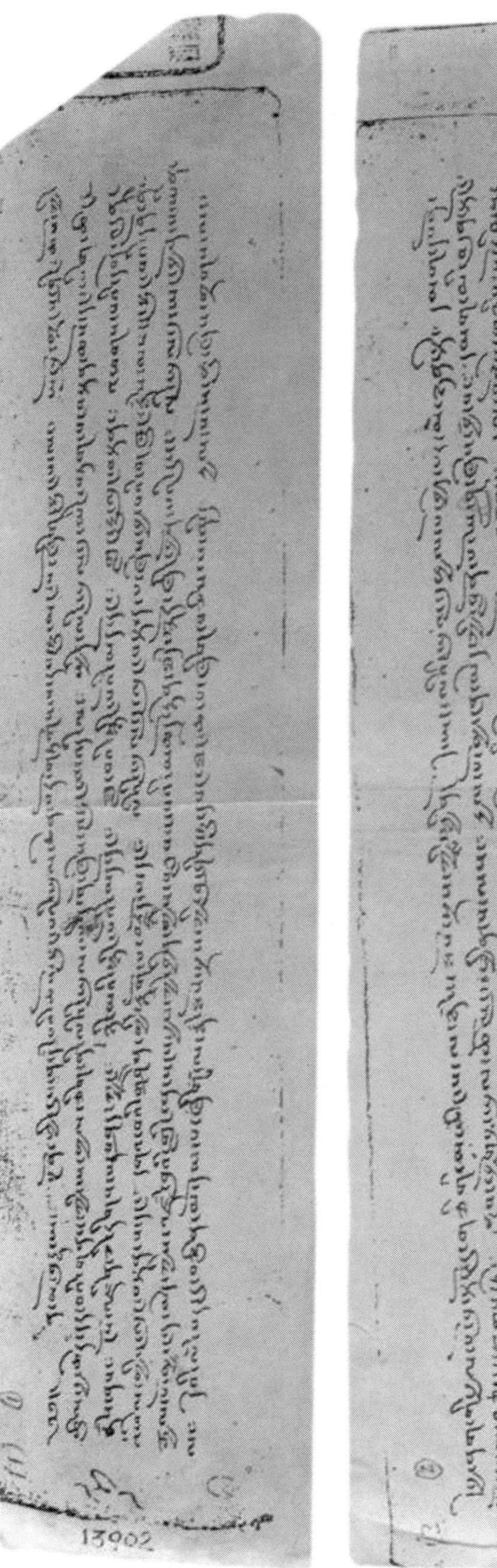

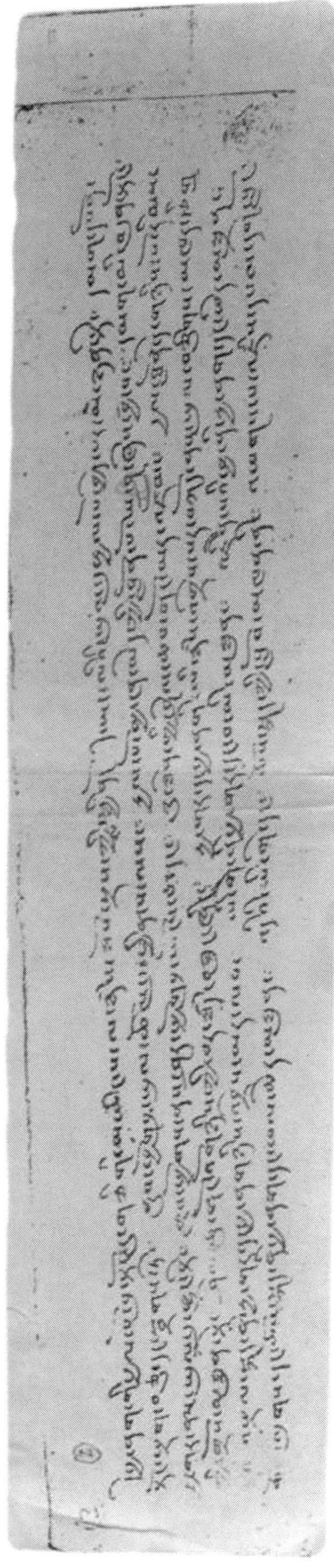

《李域文书》(ལི་ཡུལ་ཡིག་ཆ།) 第1叶

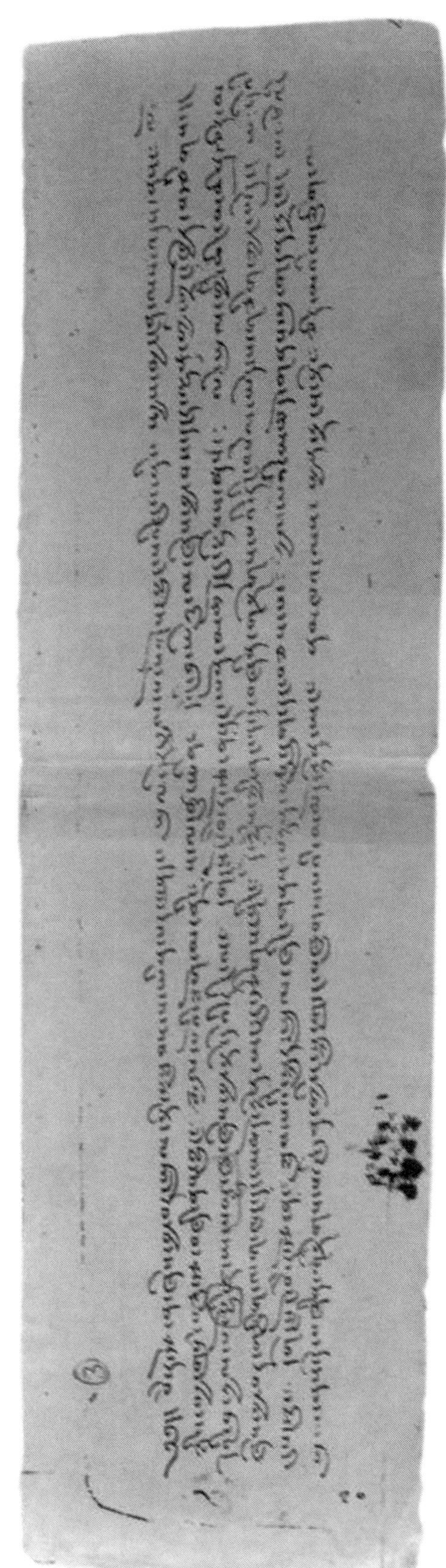

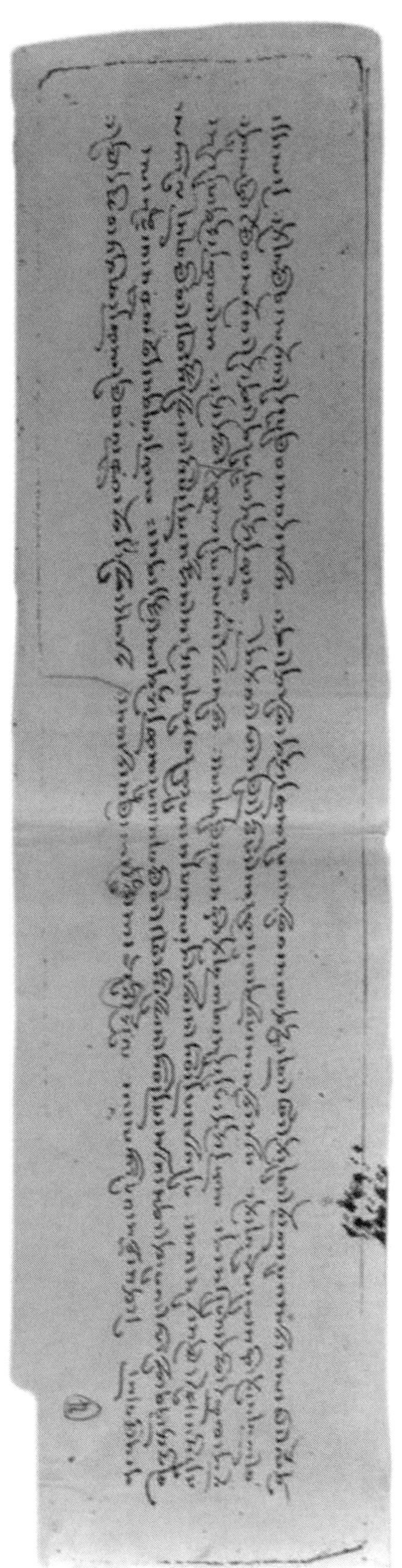

《李域文书》(ལི་ཡུལ་ཡིག་ཚ།) 第2叶

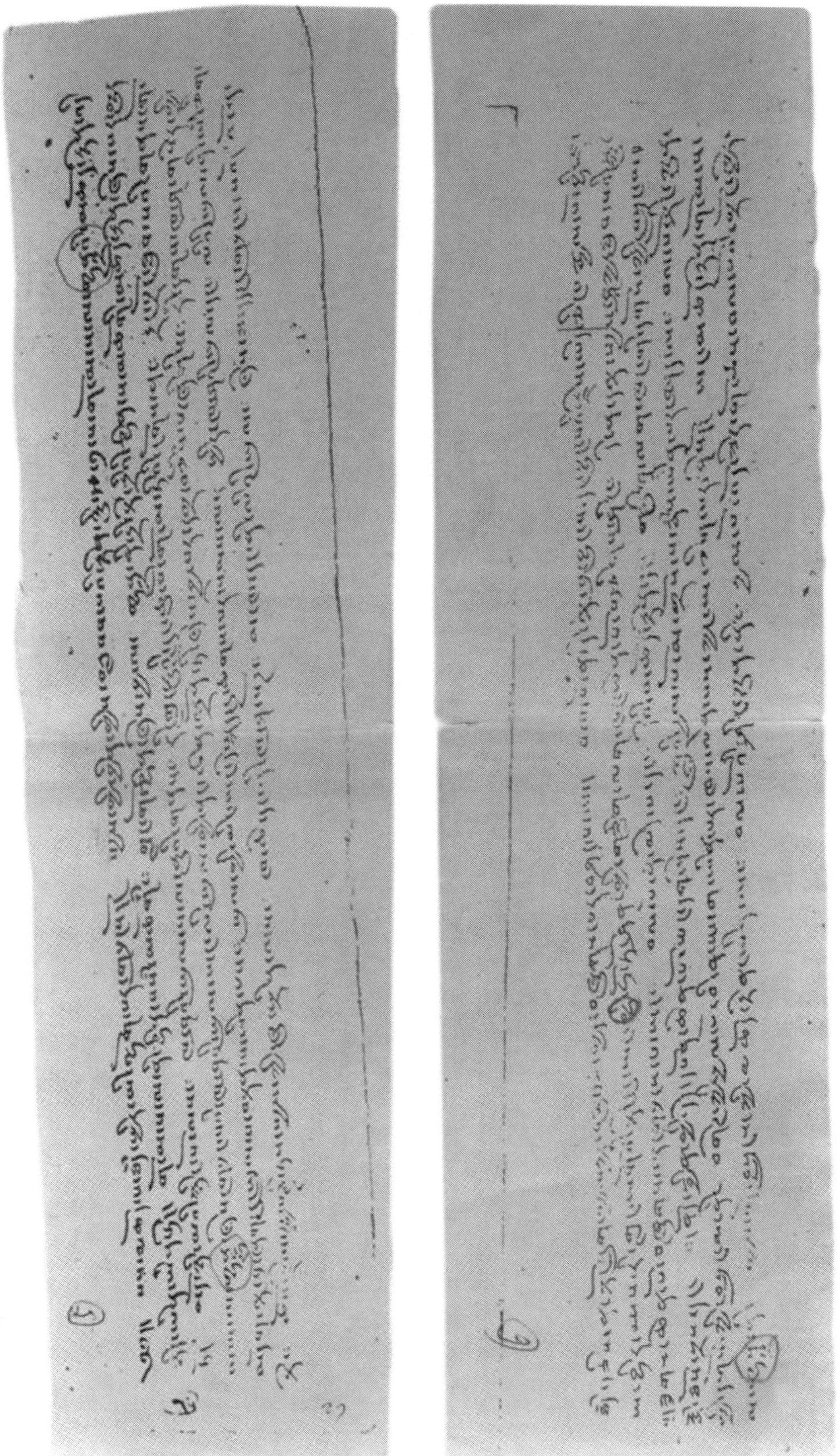

《李域文书》(ལི་ཡུལ་ཡིག་ཆ།) 第3叶

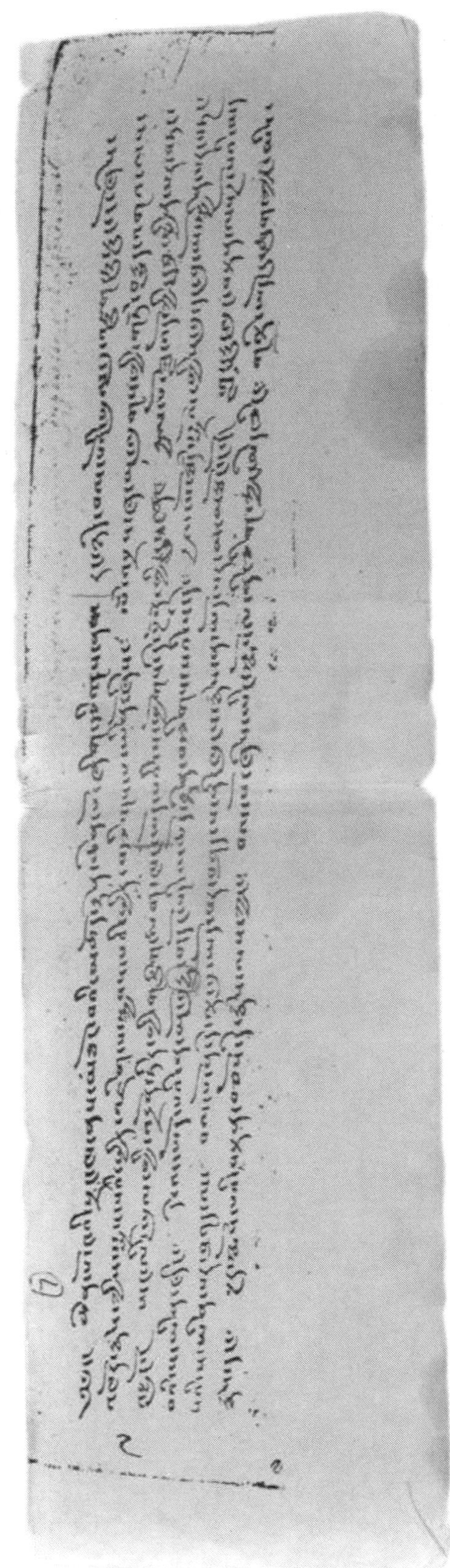

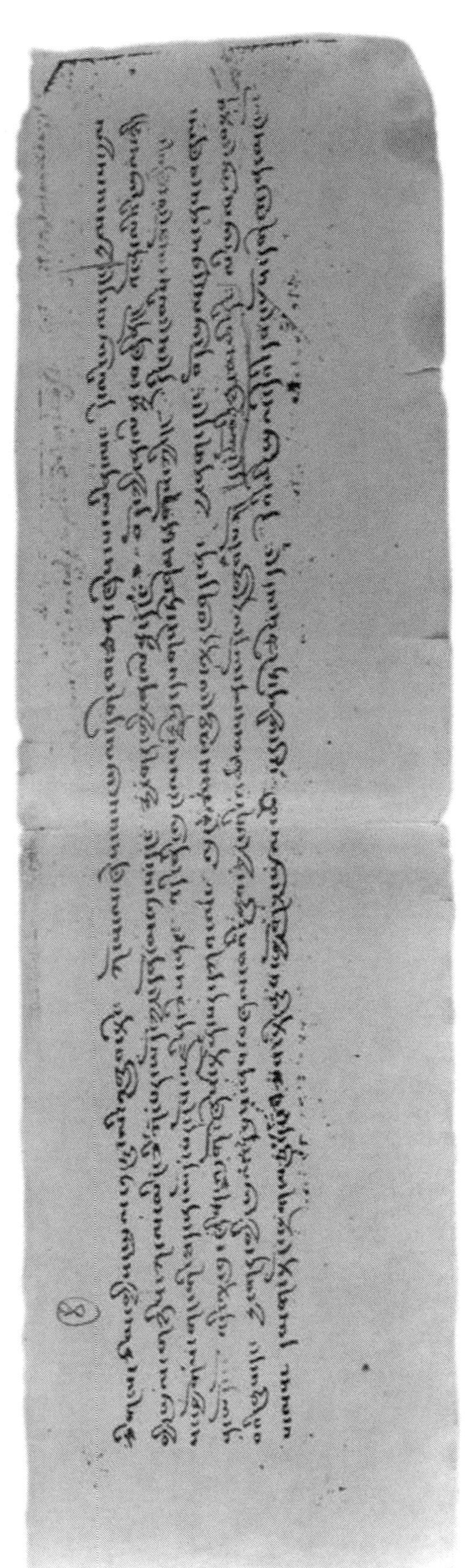

《李域文书》(ལི་ཡུལ་ཡིག་ཆ།) 第4叶

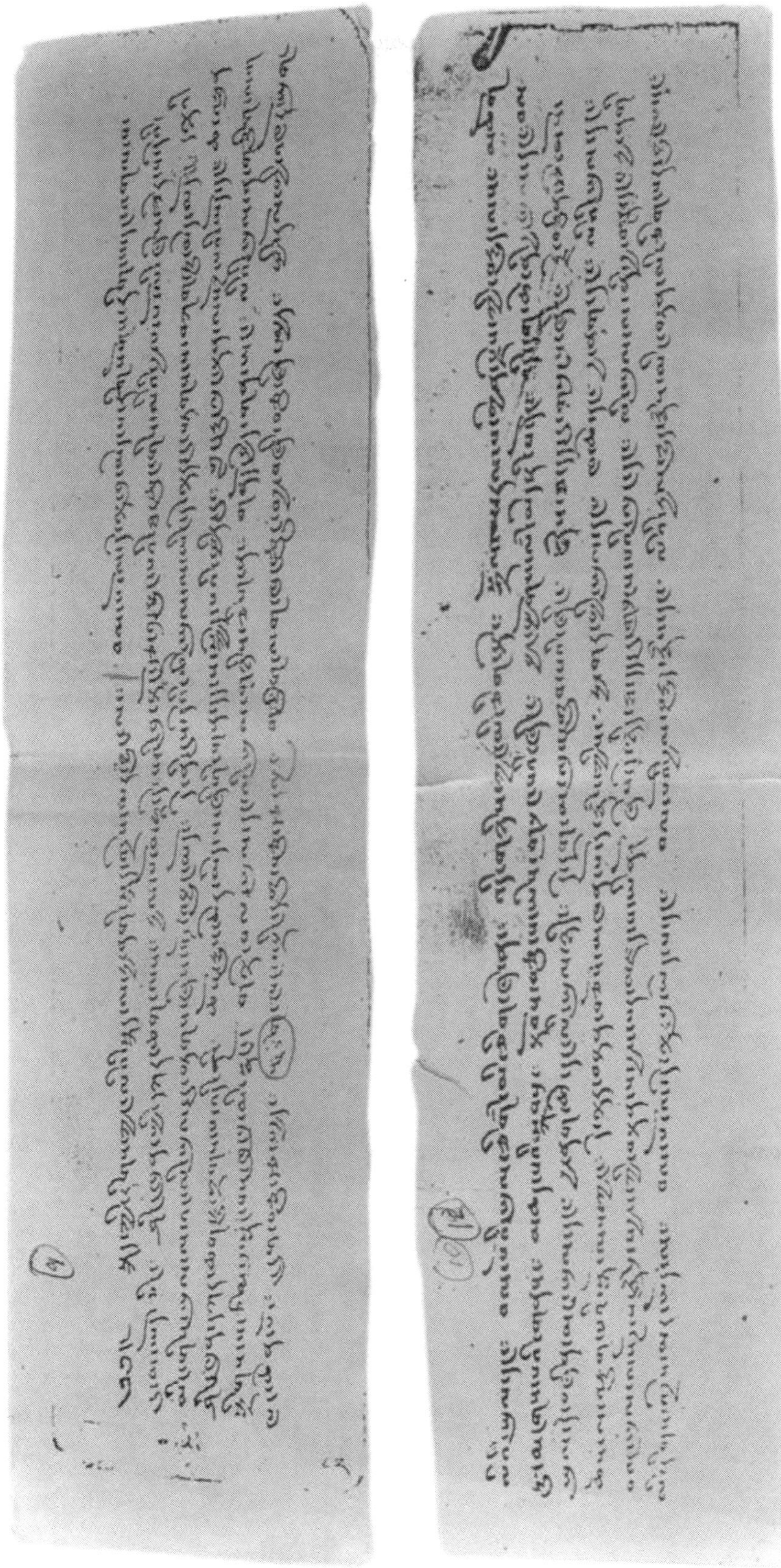

《李域文书》(ལི་ཡུལ་ཡིག་ཚ།) 第5叶

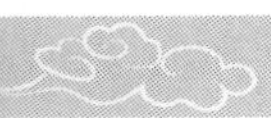

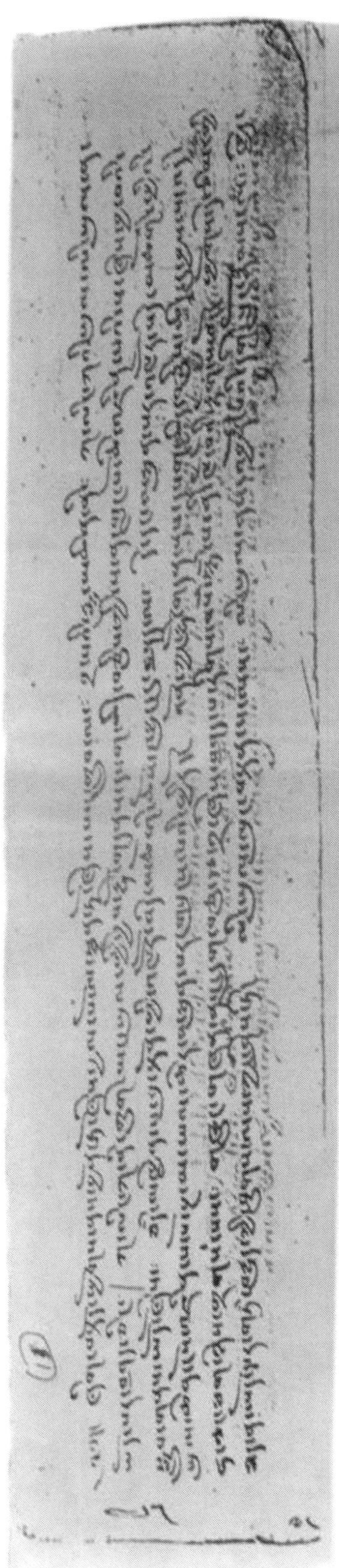

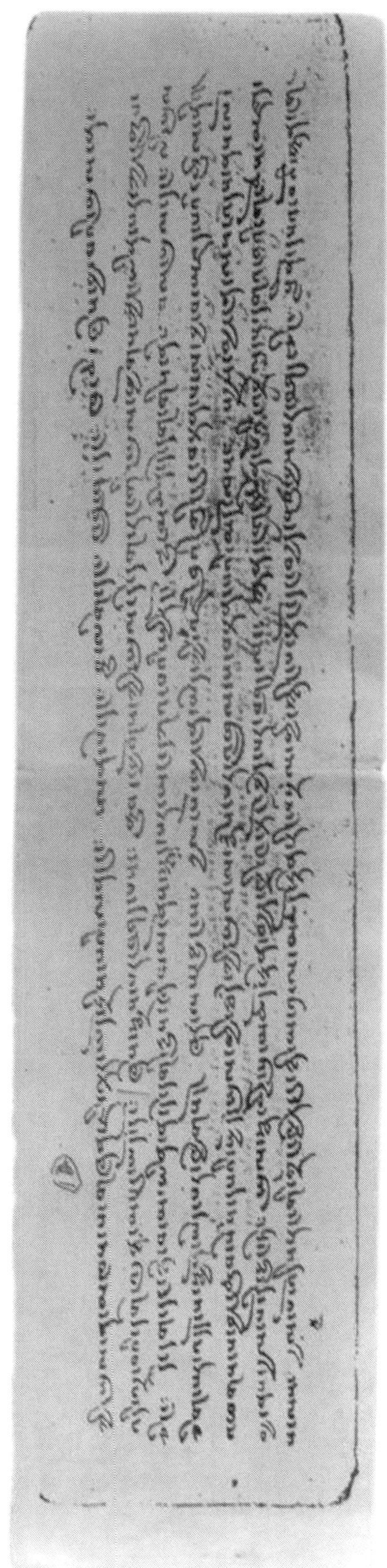

《李域文书》(ལི་ཡུལ་ཡིག་ཆ།) 第6叶

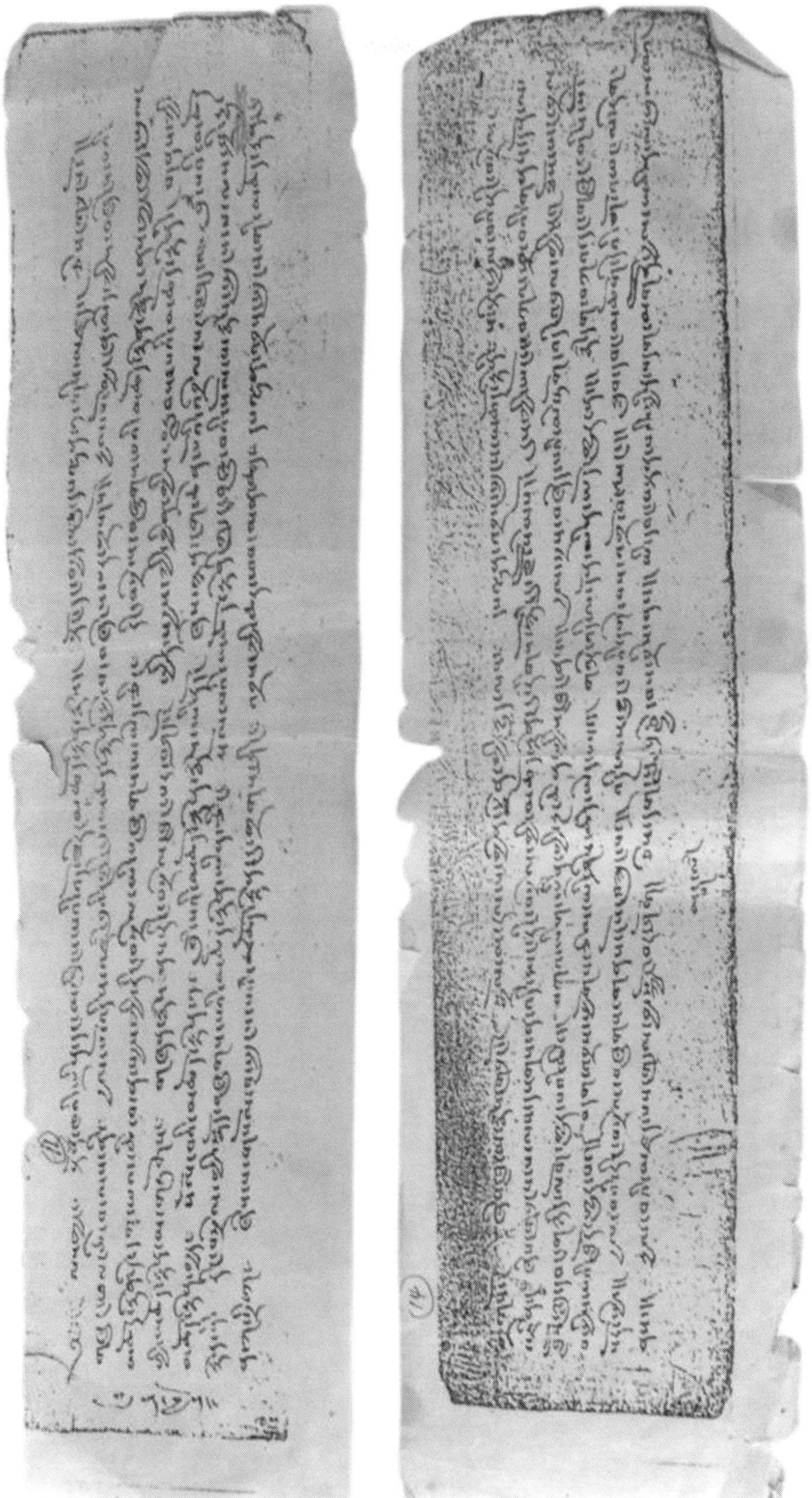

《李域文书》(ལི་ཡུལ་ཡིག་ཆ།) 第7叶

# 十一、敦煌古藏文写卷《拔协》(དབའ་བཞེད།) 李域部分译注

## 一、解　题

### （一）作者简介

《拔协》（དབའ་བཞེད།）的作者拔·塞囊（དབའ་གསལ་སྣང་།），系8世纪藏传佛教前弘期领袖之一，著名历史学家。关于拔·塞囊的具体生卒年不详，他自幼受到良好的教育，学识广博。据相关资料记载，他早年就侍奉在吐蕃赞普赤松德赞身边，颇受器重，崇信佛学理论，认为皈依佛教才能利益众生，维护赞普的统治。于是他与大臣说服赞普，在吐蕃大兴佛教。当时佛教在中原地区盛行，赤松德赞派拔·塞囊等人前往内地，千里迢迢抵达长安，受到唐朝君臣的欢迎。唐朝皇帝给赞普赏赐颇罗弥[①]帽子1顶、锦缎1万匹以及直径为1庹[②]的彩纹木盘。拔·塞囊也得到100两乌雀图案的金纸、500匹绸缎、1庹长的珍珠链10根，以及颇罗弥宝瓶、100两重颇罗弥盘各一。此次长安之行，对佛教在吐蕃的传播，各民族的交往、交流与交融发挥了重要作用。

当拔·塞囊等人回到吐蕃时，吐蕃内部大臣崇佛与佞佛的争斗激烈，到了炽热化阶段，苯教势力占了上风，拔·塞囊便被排挤贬到芒域（今吉隆一带）担任地方官。但他仍利用职权在当地兴修两座寺庙，引起了反佛势力的不满，逼迫赞普撤掉他的官职。拔·塞囊弃官前往天竺

① 颇罗弥即金裹银。

② 庹（tuǒ），长度单位，一度相当于成人两臂左右伸直的长度，约5尺。

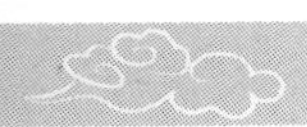

大菩提寺[①]和那烂陀寺[②]朝拜圣迹。在泥婆罗他遇到了著名佛学大师寂护。在他的一再请求下，寂护大师得到赤松德赞的邀请，前往吐蕃弘扬佛教。拔·塞囊旋即返回逻些（今拉萨），向赞普面陈与寂护大师会面情况。赤松德赞听后征求亲信大臣的意见，设计将代表苯教势力的大臣马尚仲巴结活埋，显赫一时的达札路恭亦被流放北方。

此后，拔·塞囊奉命前往泥婆罗迎接寂护大师。寂护抵藏后，向赞普讲解佛教的道德规范和基础理论，如"十善"[③]"十二因缘"[④]等。这时的吐蕃，灾荒瘟疫肆虐，苯教徒遂嫁祸于寂护，赤松德赞不得不把他送回泥婆罗。临别时寂护举荐了另一高僧莲花生大师，拔·塞囊再一次奉命前往邀请。莲花生在来吐蕃路上一路与苯教徒斗法，连获胜利，赞普遂率臣民亲往迎接到桑耶寺附近。不久，寂护也再次应邀到吐蕃，至此佛教势力大盛。拔·塞囊也随即从天竺高僧寂护大师出家成为首批被剃度的藏僧之一，取法名巴·意希旺波。

拔·塞囊聪慧过人，加之精进努力，深得赞普和高僧赏识。寂护大师圆寂后，赞普赤松德赞任命他为堪布，并赐其大金字告身，特许他参加吐蕃的小御前会议，地位高于其他大臣。当时虽僧人的生活来源主要是靠赞普府库供给，但数量不定，僧人无法生活。赤松德赞召见拔·塞囊，谈及献给寺庙300民户、每个僧人7户百姓的供养，拔·塞囊提出了自己的见解，诚恳地说服赞普，扬言此事与赞普奖予功臣900户百姓相比较，一点也不多。可是今后如遇到天灾人祸，恐不能保证这样的供给数量。所以，从长计议，还是给寺庙属民200户，每一僧人属民3户较为合适。[⑤]于是，赤松德赞采纳了他的建议，总计赐给桑耶寺和305名僧人寺属奴户1065户（约总计4260人），解决了僧侣的生活来源，自此藏传佛教有了较大的发展。

随着佛教在吐蕃传播和发展，吐蕃出现了有史以来的顿渐之争。[⑥]当时在吐蕃聚集了中原地区乃至天竺的大批僧人，佛教内部的纷争也随之而起。汉地佛教的顿门派[⑦]和天竺大乘佛教的渐门派[⑧]之间矛盾日趋明朗，赞普赤松德赞不好轻易表态，属天竺渐门派的拔·塞囊一气之下跑到吐蕃南部去坐静。两派互不相让，斗争达到白热化程度。赞普先后三次派人劝请拔·塞囊回逻些，但都被婉言谢绝。无奈之下赞普下令，拔·塞囊很难拒绝被迫返回逻些，便向赤松德赞灌输寂护大师所传之渐门教理才是佛教正宗的思想，极力劝他派人到天竺迎请寂护大师的

① 大菩提寺，古印度名寺。

② 那烂陀寺，古印度摩揭陀国王舍城东名寺，系古印度佛教最高学府。

③ 十善，佛教戒律，即不杀生、不偷盗、不邪淫、不妄语、不两舌、不恶口、不绮语、不贪欲、不瞋眭、不邪见。

④ 十二因缘，为佛教生死轮回的理论，包括无明、行、识、名色、六处、触受、爱、取、有、生、老、死等12个部分。

⑤ 巴卧·祖拉陈瓦著，黄颢、周润年译：《贤者喜宴·吐蕃史译注》，中央民族大学出版社，2010年，第222~223页。

⑥ 巴卧·祖拉陈瓦著，黄颢、周润年译：《贤者喜宴·吐蕃史译注》，中央民族大学出版社，2010年，第218页。

⑦ 顿门派：该派认为无须长期修习，一旦把握佛教"真理"，即可突然觉悟。

⑧ 渐门派：该派认为须经长期修习，方能达到佛教的觉悟。

亲传弟子噶玛拉锡拉[①]。拔·塞囊还就“顿渐之争”的实质等向赤松德赞做了详细的解释。赞普即向拔·塞囊顶礼，并言：“拔·塞囊是我的轨范师。”噶玛拉锡拉被赤松德赞请到吐蕃后，赞普亲自主持召集天竺佛教教派（以噶玛拉锡拉为首）和汉地佛教教派（以摩诃衍为首）的僧人们在桑耶寺举行辩论。赞普事先规定辩论中的败者必须离开吐蕃，否则严惩不贷。拔·塞囊等人完全支持噶玛拉锡拉的观点。经过紧张激烈的辩论，摩诃衍[②]等汉僧失败被迫返回中原。虽然佛教在吐蕃站住了脚跟，但它与苯教的斗争仍在继续。不久，噶玛拉锡拉被人刺死，拔·塞囊闻讯痛心不已，最终绝食而死。拔·塞囊对前弘期佛教作出了较大贡献，在历史文学上也成绩卓著。

《拔协》的作者是不是拔·塞囊，有不同的说法。拔·塞囊是吐蕃时期赤松德赞赞普（755—797年在位）的名臣、藏传佛教前弘期的重要开拓者。据松巴堪布·益喜班觉（1704—1788年）所著《如意宝树》（དཔག་བསམ་ལྗོན་བཟང་།）记载，《拔协》“此书是关于修建桑耶寺的著述，为塞囊和桑喜等人所著”[③]。这一记载如果属实，那么桑喜也是《拔协》的作者之一。[④]也有人认为《拔协》的作者是库敦·尊珠雍仲。库敦·尊珠雍仲（1011—1075年）是藏传佛教后弘期的重要人物，他的祖师就是山南桑耶寺主和该地区的统治者益希坚赞派往多康地区的钦·贡巴热赛。也有人说，库敦·尊珠雍仲只写了《拔协》的增补部分，它的正文还是拔·塞囊写的。

《〈拔协〉增广本》，写到1045年阿底峡入藏传教的情况，其成书年代自然应在1045年之后。作者自然不是拔·塞囊了。如果认为《〈拔协〉增广本》是库敦·尊珠雍仲所著，那么写作年

① 噶玛拉锡拉：当时印度杰出的佛教哲理学家，因给寂护大师著作做过注释而闻名。

② 摩诃衍那（约740—810年），亦称摩诃衍，大乘和尚之义，唐代沙门，本留居于沙州（即敦煌）一带倡导禅宗。唐德宗在位时（780—805年）沙州被吐蕃攻陷（约785年左右）后，摩诃衍由沙州入蕃弘法，宣说禅宗顿悟之法。禅宗顿悟学说或顿悟成佛一说源于南北朝时期竺道生（约355—434年）之说。竺道生提出涅槃佛性说和顿悟成佛说，其主旨是阐述佛教解脱的次第、方法和证悟境界的问题。涅槃佛性说的出发点是众生皆有佛性，或曰佛性人人“本有”，只因惑妄所迷而覆佛性，如除惑去迷，返本归真，即是成佛。顿悟成佛说是建立在涅槃佛性说的基础上，认为应把需要认识的主客体视作不可分割的统一整体，除去闻见言语等“彻悟”之外的环节，直觉体悟，即必须顿悟，不能渐次。东晋僧人慧远（334—417年）在《肇论疏》中对竺道生的顿悟做了简明的论述，他说：“竺道生大师大顿悟云，夫称顿者，明理不可分，悟解极照。以不二之悟，符不分之理，理智（悉）释，谓之顿悟。”这就是说，“理”即真理玄妙一体，不可分割。理在众生自身，理既不可分，悟也不能分。两者不能分割，悟理的智慧不能有差异，必须与理契合，也就是说必须顿悟，一下子得到整体或全体，不能分阶次或由部分到整体。“理不可分”是竺道生顿悟说的理论依据（参见《中国禅学通史》，第216~223页）。中国当代佛教研究者认为竺道生的顿悟成佛说中蕴含了一些重要的认识论观念，有许多值得认真研究的哲学问题。像如何理解直觉思维和理性思维的关系、长年的研修和顿然悟道的关系、认识过程中量的积累与质的飞跃的关系等。当然，具体到摩诃衍的禅宗思想，当代学者的看法不尽相同，但基本倾向于他是传承了神秀的思想，属于顿悟渐修派。

③ 松巴堪布著：《松巴佛教史》（藏文版），甘肃民族出版社，1992年，第334页。

④ 桑喜，也是协助赤松德赞倡行佛法的重臣。他的父亲是唐朝皇帝派往吐蕃向赞普献礼的使臣，名叫巴都，后来在吐蕃安了家。桑喜童年时的名号叫“甲楚呷堪”，意为“汉童舞者”。从小被分派给赤松德赞王子做游伴，长大备受重用，曾两次被派往中原地区求取佛经。赞普赤德祖赞去世后，赤松德赞年幼，玛尚握权灭佛，变大昭寺为屠宰场，桑喜将请回的经典在青浦的石崖下伏藏，拔·塞囊到芒康任职，等藏王长大成人后，桑喜取出伏藏的《金刚经》《十善经》《稻秆经》献给藏王，藏王十分欢嘉。（参见松巴堪布著：《松巴佛教史》（藏文版），甘肃民族出版社，1992年，第334页）

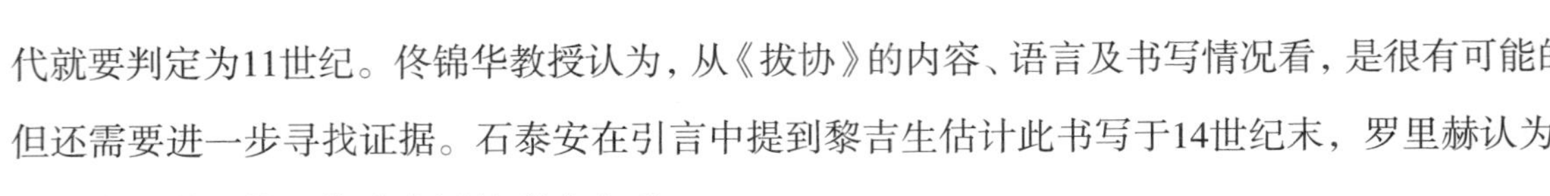


代就要判定为11世纪。佟锦华教授认为，从《拔协》的内容、语言及书写情况看，是很有可能的。但还需要进一步寻找证据。石泰安在引言中提到黎吉生估计此书写于14世纪末，罗里赫认为可能出自13世纪的一位噶当派的喇嘛之手。

### （二）版本介绍

据考证藏族古代历史名著《拔协》由拔·赛囊所著。这本书自赞普赤德祖赞（704—755年在位）兴佛说起，直到其子赤松德赞建成桑耶寺为止。最早的汉译本是由中央民族大学的佟锦华、黄布凡两位教授所译。在翻译的过程中，对译本也进行了介绍：《拔协》，在1980年6月民族出版社公开出版以前，一直以手抄本传世，所以异文本很多。据目前所知，其中有北京民族文化宫图书馆收藏的手抄本书名为《སྦ་བཞེད་ཅེས་བྱ་བ་ལས་སྦ་གསལ་སྣང་གི་མཛད་པ་བཞུགས།》、西藏自治区档案馆收存的手抄本、西藏师范学院彭措次仁收藏的手抄本以及《贤者喜宴》所引的本子。这几种本子的行文顺序及内容大体一致，都写到桑耶寺竣工开光庆典为止。北京民族出版社1980年出版的本子是以民族文化宫图书馆的手抄本为底本，参考西藏的两种本子校勘付印的。此外，尚有一种拉萨油印的增补本，书名为《སྦ་བཞེད་ཆོག་བྱུང་ངམ་ཞབས་བཏགས་མ་ཞུགས་སོ།།》和法国学者石泰安的1961年巴黎影印本。这两种本子都是增补本，内容和情节顺序大体一致，在写到修完桑耶寺开庆祝盛会后，注明“正文完，以下是增补”字样。增补部分写到阿底峡入藏弘法止。它们和前面所举的数种本子除增添了增补部分，在情节、叙述的顺序上也存在着较大的差异。①各类《拔协》版本中，除《韦协》外，书名也有衍化成《巴协》的，藏文写作“སྦ་བཞེད།”或“རྦ་བཞེད།”或“དབའ་བཞེད།”，汉文音译为《巴协》的写本传世最多。《拔协》又可分为诸如《〈拔协〉广本》（སྦ་བཞེད་རྒྱས་པ།）、《〈拔协〉中本》（སྦ་བཞེད་འབྲིང་པ།）、《〈拔协〉略本》（སྦ་བཞེད་བསྡུས་པ།）、《〈拔协〉增补本》（སྦ་བཞེད་ཞབས་བཏགས་མ།）。《拔协》写本的主要内容，是记述了8世纪后半叶吐蕃赞普赤松德赞时期佛教立足吐蕃及桑耶寺建成的过程，又称之为《桑耶寺志》（བསམ་ཡས་ཀྱི་བཀའ་གཙིགས་ཀྱི་ཡི་གེ）；又因为该写本是遵赤松德赞赞普之命，或者说依照赞普的旨意编写的，故又名为《赞普文书》“བཀའ་མཆིད་ཀྱི་ཡི་གེ”或“བཀའ་གཙིགས་ཀྱི་ཡི་གེ。

《〈拔协〉广本》则写到阿底峡大师入吐蕃（1038年）时为止。是书对唐朝金城公主入吐蕃、桑耶寺修建等记载颇详。其记叙史实较翔实，成为后世藏族史学家写史的依据。《拔协》产生的时代背景，是9世纪中叶，朗达玛灭佛，吐蕃灭亡，佛教也遭到了极大的破坏，相关记载佛教传播的历史文献也难逃厄运。10世纪后，佛教再度兴起，于是佛教徒开始对吐蕃时期流传下来的历史文献进行改写，试图以当时盛行的佛教史观来重述前弘期期佛教传播的历史。于是《拔

① 拔·塞囊著，佟锦华、黄布凡译：《拔协译注》，四川民族出版社，1990年，第1页。

协》首当其冲，从10世纪开始的几个世纪里，不断有人对《拔协》母本进行改动，其中所记述的重大历史事件也被改写，或被删减或被增补。还有人续写了赤松德赞以后的牟尼赞普、赤祖德赞、达摩、沃松等赞普的事迹，补写了后弘期佛教弘传的历史，以致从《拔协》派生出了基本构架类似，但内容详略不一、叙史各异、正伪混杂的多种不同写本。①

（1）敦煌古藏文写卷《拔协》。《拔协》是藏传佛教史上重要的历史文献，对后期的西藏历史编纂学有深刻的影响。通过我们研究发现，该文本的源流可能早在8世纪就已经成型。就目前研究表明,12世纪以后，以“续补版”为主体的《拔协》诸版本出世。《拔协》版本都以《吐蕃兴佛记》（སངས་རྒྱས་ཀྱི་ཆོས་བོད་ཁམས་སུ་ཇི་ལྟར་བྱུང་བའི་བཀའ་མཆིད་ཀྱི་ཡི་གེ）为蓝本。《拔协》在吐蕃晚期至归义军时期，在吐蕃腹心地区及敦煌一带就已传播。② 藏传佛教后弘期，西藏传统教法史对藏传佛教兴起的书写逐渐有了严格的叙述模式，即以桑耶寺古史为主叙述西藏佛教的起源及其传播。这时的史学家们对藏传佛教兴起的历史叙述均源自被冠以《拔协》之名的“桑耶寺古史”。《拔协》一书的名称意指“拔氏之见”，是藏传佛教徒根据自己上师或先贤的见解解释其著作或观点的书籍命名法。因藏语语音的变化，从后弘期开始“dbvs”氏这一名称在藏文传世史籍中出现了以“སྦ”或“ཟ”为主的不同写法。哲蚌寺罗汉殿所藏除外 ra.175号《韦协》以外，被世人所熟知的“桑耶寺古史”书名均被记为“དབའ་བཞེད།”“སྦ་བཞེད།”或“ཟ་བཞེད།”，汉文译称《拔协》《巴协》或《韦协》。自石泰安《拔协续补版》译注问世以后，范德康（Leonard W.J.van der Kuijp）③、费伯（Flamming Faber）④、巴桑旺堆 ⑤ 等国内外学者对《拔协》进行过不同维度的研究。《敦煌本〈拔协〉残卷》⑥ 一文无疑是《拔协》最具代表性的最新研究成果。敦煌文书 Or.8210/S.9498和 Or.8212/S.13683的新发现，意味着西藏传世史籍《拔协》诸版本的历史叙述，源自8世纪末至11世纪以前的某种桑耶寺古史。还可拟定从吐蕃统治河陇、西域时期到曹氏归义军晚期的某一时间段，除西藏腹地以外，这种桑耶寺古史在敦煌一带亦有所传播的假说。关于桑耶寺创建之古史，此书笔酣墨饱，绝无仅有。此书有广、中、简三种不同的版本，“广释”由注解“中释”而成。⑦ 据研究表明，根据《拔协》诸版本及其题记判断，以《拔协》为书名的多种桑耶

① 拔·囊赛著，巴擦·巴桑旺堆译：《〈韦协〉译注》，西藏人民出版社，2012年，第1~2页。

② 索南才旦：《〈拔协〉与〈吐蕃兴佛记〉关系解析》，《西藏大学学报》2021年第4期，第29页。

③ Leonard W.J.van der Kuijp.Miscellanea to a Recent Contribution on/to the Bsam-yas Debate[J]. Kailash, vol.11.nos.3-4, 1984: pp.149-184, at pp.176-180.

④ Flamming Faber.The Council of Tibet According to the Sba bzhed[J]. Acta Orientalia, vol.47, 1986: 33-61.

⑤ Pasang wangdu & Hildegard Diemberger.d Ba'bzhed: The Royal Narrative Concerning the Bringing of the Buddha's Doctrine to Tibet[M]. Wien: Verlag Der Osterreichischen Akademie Der Wissenschaften, 2000.

⑥ Sam van Schaik & Kazushi Iwao. Fragment of the' Testament of Ba' from Dunhuang[J]. Journal of the American Oriental Society. 2008（3/128）: 477~487.

⑦ 拔·赛囊：《拔协》，民族出版社，1980年，第82页。

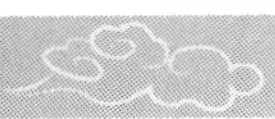

寺古史都与779年左右墀松德赞（742—800年）所颁布之三件敕文有密切的关系。这三件敕文在有些《拔协》中直接称作“桑耶敕文”。故《拔协》诸版本的抄写者认为，《拔协》是作者围绕三件敕文而阐述的桑耶寺古史。12世纪开始，出现的《拔协》诸版本，仅仅是后辈们阐述拔·塞囊对上述三件敕文的观点而已。《拔协》诸版本跋文中所说的三件敕文，均为墀松德赞于公元779年立佛教为吐蕃国教之后，为了保证吐蕃上层贵族对佛法的拥护而证盟并颁布的敕书。所幸这三件敕文均被巴卧·祖拉陈瓦（1504—1566年）收录于其《智者喜宴》（又名《贤者喜宴》[①]）中。根据《拔协》诸版本的记载，早期《拔协》[②]的历史叙述是以“传法与建寺”为主线的，这种叙述模式还涉及佛苯斗争、顿渐之争，后者在整个叙述中占很大的篇幅。“传法与建寺”，是早期西藏教法史的编纂格式。在某种程度上，是编纂者很虚伪地继承了桑耶寺古史的叙述模式，也就是说他们很难跳出以“传法与建寺”为历史叙述模式的桑耶寺古史框架。[③]虽也有人提出“桑耶寺碑文”为《拔协》诸版本的蓝本之说。[④]诸多《拔协》版本中，哲蚌寺罗汉殿现存三种《拔协》，分别为外 ra.175号、外 ra.75号以及外 ma.185号。《拔协》诸版本的史源与西藏传统教法史源都源自不同历史时期被冠以《佛法如何先后传入蕃域之敕文》《昔日佛法如何传入吐蕃之敕》《从古至今于吐蕃立三宝所依奉佛法之史记》《于墀松德赞赞普时期传入佛法之史记》，以及《佛法如何兴起之语录》等名称的《吐蕃兴佛记》，即《吐蕃第一兴佛证盟书》的附录。

《吐蕃兴佛记》现存两种版本，分别为洛扎木刻本和哲蚌寺罗汉殿写本，后者字体为无头字。据散·冯·谢克（Sam van Schaik）和岩尾一史（Kazushi Iwao）的对比研究，敦煌文书Or.8210/S.9498+Or.8212/S.13683号，在叙述方式和内容上都与哲蚌寺罗汉殿所藏外 ra.175号《韦协》相同。敦煌文书 Or.8210/S.9498+Or.8212/S.13683号虽然零落分散、断简残编，但观其叙述方式及所记历史事件的细致，敦煌本《拔协》的开头很有可能是“玄秘灵物”的故事。敦煌本《拔协》中似存“玄秘灵物”的假设也是来自敦煌的另一卷写本。这一写卷的旧编号为 Fragment 42–5，新编号是 IOL Tib J 370–5，现存18行，后缺。敦煌藏文 IOL Tib J 370–5号，除了瓦累·布散（Louis De La Vallee Poussin）、雅各布·道尔顿（Jacob Dalton）、散·冯·谢克（Sam van Schaik）等所编英藏敦煌藏文文献目录中提到过外[⑤]，黎吉生（Hugh Richardson）第一次对此卷

① 巴卧·祖拉陈瓦：《智者喜宴》，民族出版社，2006年，第195~198页。

② 收录于《智者喜宴》中的《桑耶寺碑文》可能是第一个有抄录者署名的传世吐蕃碑志文献。

③ 索南才旦：《〈拔协〉与〈吐蕃兴佛记〉关系解析》，《西藏大学学报》2021年第4期，第30页。

④ 华科加：《八世纪吐蕃古文献〈拔协〉再考》，《中国藏学》（藏文版），2015年第2期。

⑤ Louis De La Vallee Poussin.Catalogue of the Tibetan Manuscripts from Tun–Huang in the India Office Library.Oxford: Oxford University Press, 1962: 122.Jacob Dalton & Sam Van Schaik. Tibetan Tantric Manuscripts from Dunhuang: A Descriptive Catalogue of the Stein Collection at the British Library. Leiden: Brill, 2006: 105.

作过转录、翻译以及简述。① 黎吉生为了判断此卷的年代，用很大的篇幅来解释文中的“桑耶寺古史”“兴佛证盟”以及墀松德赞父子时期对外扩张的历史事件，以此提出公元782年至805年之间的某一时间段作为其年代。② 石泰安认为此卷年代应为公元800年至820年间。③

敦煌古藏文IOL Tib J 370–5号的发现，对吐蕃时期的佛教史研究带来了新的视角。其内容叙述了墀松赞（松赞干布）和墀松德赞时期，为供奉佛法而设盟立誓、立碑勒石、万古永传的偈颂。在文献学意义上，可以把它视作一种《吐蕃兴佛记》和《拔协》之间的过渡文本。在断代上，我们无法接受上述两位前辈基于历史事件而给出的参考年代，据其语言表述方式与字体，只能把它看作吐蕃末期到早期归义军时期的文本。IOL Tib J 370–5号给我们所带来的启发至少有以下三种：第一，在某种程度上以“玄秘灵物”以示吐蕃佛教史的开幕可能是其撰写者的创作理念，但他的实际叙述还是从墀松赞奉佛开始的，如同墀松德赞父子时期的文本一样。第二，“玄秘灵物”的故事，从吐蕃末期到早期归义军时期的某个时间段，不仅在吐蕃腹心地区甚至敦煌一带亦有所传播。第三，IOL Tib J 370–5的撰写时间不仅早于Or.8210/S.9498+Or.8212/S.13683号，而且如同《吐蕃第三兴佛证盟书》一样，成为《吐蕃兴佛记》逐渐变成《拔协》的另一个过渡期标志。

《拔协》作为11—12世纪的桑耶寺古史，其史源的演变极为复杂。《拔协》诸版本所主张的史源“桑耶寺‘三件’敕文”实为两件：一是兴佛证盟书，作为“三件敕文”之一的“桑耶寺碑文”只是它的简文；另一个则是《吐蕃兴佛记》又称《吐蕃第二兴佛证盟书》。因《拔协》的历史属性和10世纪以后的《韦协》（外ra.175号 & 外ra.75号）的叙述模式，我们已经有足够的理由认为《吐蕃兴佛记》才是《拔协》真正的蓝本。如前所述，虽然作为《拔协》蓝本的《吐蕃兴佛记》第一次被记载于《令永久不弃不毁三宝之敕文》中，但是我们不能把它视作文献学意义上的引用史料，因为两者作为同一时期的文本，存在互引现象。而《吐蕃兴佛记》作为文献学意义上的史料被引用在墀德松赞时期的《吐蕃第三兴佛证盟书》中，《拔协》史源演变的第一步也是在这一时期开始的。但可以确定的是，在墀德松赞执政初期，作为历史记忆的《吐蕃兴佛记》再次被人们关注时，至少有些“定见”可能把所谓的“吐蕃僧诤””与历史事件意义上的“吐蕃第二兴佛证盟”的部分内容给补进去了。因为，“《拔协》续补版”的历

① Hugh Richardson.” The Dharma that Came Down from Heaven A Tun–huang Fragment.” High Peaks, Pure Earth: Collected Writings on Tibetan History and Culture. London: Serindia Publication, 1998: 74–81.

② 石泰安（Rolf Alfred Stein, 1911—1999年）在研究吐蕃佛教时，曾对黎吉生译文中的“btsan–po”“gtsug–lag”“gzhung”等部分术语的英译提出过质疑，并列出了“玄秘灵物”的故事，从IOL Tib J 370–5号至16世纪中叶在西藏传世史籍中的演变过程。

③ Rolf A.Stein, translated and edited by Arthur P.Mckeown.” Tibetica Antiqua IV: The Tradition Relative to the Debut of Buddhism in Tibet.” Rolf Stein's Tibetica Antiqua with Additional Materials. Leiden: Brill, 2010: 197–225.

史叙述也是从后者开始的。《拔协》的整体内容是按照《吐蕃兴佛记》的年代和历史发展的脉络而叙述的。①

（2）两种汉译本。

佟锦华教授译本：《拔协译注》是佟锦华、黄布凡两位教授，依据中央民族学院少数民族语言文学系藏语文教研室根据石泰安影印本刻印的油印本译注的。翻译此本的原因是：①此本曾与数种本子比较过，是较正确可信的；②石泰安在他的影印本引言中说他曾参照黎吉生的一个草书本做了校订；③此本与民族出版社发行本子差异较大，有益于比较研究；④此本保存古词语较多，可能是在传抄中改动较少，保存原貌较多的本子，也就是较早的本子。鉴于此，1978年，佟锦华初步译注。1985年根据北京图书馆所藏石泰安影印本加以校勘修改。1987年，佟锦华和黄布凡又共同对译注做了全面修订而出版。在翻译过程中，东嘎·洛桑赤列、钦饶威色、贡布三位教授和中国社会科学院民族研究所的藏学专家王森教授帮助解决了不少疑难问题。在校订时，也参考了拉萨的油印本、民族出版社1980年本和民族文化宫图书馆藏手抄本，并根据上下文及前后情节判断原文抄错而注。《拔协》记载相关李域内容在第181~185页。②

巴桑旺堆译本：他将《拔协》译本称之为"《韦协》"，此书无处寻觅，学人无从知晓《韦协》是否留传于世。20世纪90年代初，恰白·次旦平措先生在一篇文章引用了一段史料弥足珍贵，仅在注释中说明"引自旧写本"，但未曾道出书名。后来，从恰白·次旦平措等编著的《西藏通史》一书中才知出自《韦协》写本。巴桑旺堆先生终于从拉萨市政协文史资料委员会找到此书。③1995年，巴桑旺堆先生借阅到了《韦协》原本，并拍照、复印，1996年他应邀到奥地利科学院藏学佛学研究所作访问，其间与迪姆伯格·希里格达博士合作把《韦协》译成了英文，2000年奥地利科学院出版社正式出版了《〈韦协〉译注》英文版。

英文版《〈韦协〉译注》正式出版前，以《韦协》书名著称的传世写本仅此一本。以《拔协》及《〈拔协〉增补本》为书名的写本有五六种，基本上是11世纪及其后问世的改写本。其中有两个写本是国内外藏学界广为熟知的参阅史料：一是1980年由民族出版社出版的《拔协》（又称《巴协》），据编者介绍此书是以北京民族文化宫、西藏档案馆的藏本和平措次仁先生所提供的底本相互校勘而编辑出版的，写本末尾记述的历史虽结束于牟尼赞普时期，但从内容、文字风格等来看应该是11世纪的作品。二是法国藏学家石泰安于1961年在法国刊布的巴黎版《〈拔协〉增补本》影印本。此外一些寺院如哲蚌寺、萨迦寺的藏本中也有《拔协》和《〈拔协〉增补本》

① 索南才旦：《〈拔协〉与〈吐蕃兴佛记〉关系解析》，《西藏大学学报》2021年第4期，第35页。

② 德吉编：《〈拔协〉汇编》，民族出版社，2009年，第181~185页。

③ 该写本原属拉萨哲蚌寺第五世达赖喇嘛阿旺·洛桑嘉措藏书殿，迄今珍藏有近300余年，20世纪80年代拉萨市政协文史资料委员会从哲蚌寺借出并保存至今。

的写本，其中巴桑旺堆所阅览的一本《拔协》写本属于拉萨哲蚌寺藏本，与《韦协》同出自第五世达赖喇嘛的藏书殿，其记述历史至13世纪末14世初。

长期以来，关于《韦协》成书于何时，作者是何人的问题一直众说纷纭，莫衷一是。译者确信《韦协》原始本，或最初的母本应同世于吐蕃时期，当在797年赤松德赞赞普驾崩前，是由韦·囊赛奉赤松德赞的敕令撰写的，或参与了编写，或在韦·囊赛指导下完成的（根据《韦协》记载，韦·囊赛去世于赤松德赞生前）。由于写本体现了韦·囊赛的观点、见地，或者说写本中很大一部分内容涉及8世纪后半叶佛教正式传入或立足于吐蕃的过程中韦·囊赛所作出的贡献，故写本称之为《韦协》，意即韦氏之见地，是合情合理的。可惜《韦协》原始本早已不可寻觅，我们难以知晓其总体叙事风格和文字特点。然而令人振奋的是，2008年英国国家图书馆东方与印度事务图书部藏文文献负责人桑姆·范·施艾克（Sam van Schaik）博士在整理敦煌文献时发现了一张藏文残页，其左下部分页面已残缺。仅以残存的文字（约97个字）判断，这是一张《韦协》的残页。残页的发现澄清了两个问题：一是证明了吐蕃时期确实存在《韦协》原始本；二是敦煌被吐蕃占领时期《韦协》曾在敦煌传抄或流传过。现今存世的佛教后弘期的《韦协》或各种《拔协》写本，是在《韦协》原始母本基本框架的基础上进行删减、增补、篡改的。因此这类《拔协》写本的改写者有多人，既不是成于一时，也非出于一人之手，难以把某某人视作其作者。①

**（三）《拔协》的主要内容**

《拔协》记述了赤德祖赞（776—815年）和赤松德赞（742—797年）父子两代的事迹，其中包括：赤德祖赞和唐朝的金城公主联姻；赤德祖赞派使者到中原向唐朝皇帝求取佛经；赤松德赞派使者到印度和中原去求取佛法并延请佛教大师到吐蕃传播佛法；修建桑耶寺；吐蕃第一批出家人和继后的出家者；建立翻译机构，大量翻译佛教经典；吐蕃原有的苯教与新传入的佛教的激烈斗争；佛教内部的顿悟派与渐悟派的尖锐矛盾等。在增补部分，简要地叙述了牟尼赞普三次平均贫富；牟迪赞普被害；赤德松赞修建呷琼寺；赤热巴坚（又名赤祖德赞）建寺、译经、厘定译语等事迹。记载了朗达玛（又名吾都木赞）灭法的经过。概述了藏传佛教后弘期开始时，卫藏地区的鲁梅等十人去多康地区学习佛法、律学，复回卫藏传扬佛法以及阿底峡尊者入藏弘法等史实。由于其中很多事情都是作者亲身经历或增补者的耳闻目睹，所以记述事实比较具体细致，翔实可信，从而成为后世藏族史学家写史时的重要依据。

《拔协》（佟锦华译本）语言简朴清新，情节生动，形象活泼，富有浓郁的文学情趣。如：

① 韦·囊赛著，巴擦·巴桑旺堆译：《〈韦协〉译注》，西藏人民出版社，2012年，第5页。

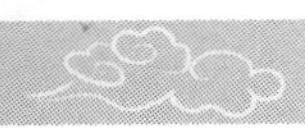

金城公主与纳囊氏喜登争夺王子一节，多采民间传说手法，情节委婉感人。桑喜去中原求取佛法、朝拜五台山寺庙的事迹，极富传奇色彩，情趣盎然。庆祝桑耶寺落成的描述，采用铺排笔法，写莲花生三次为佛像开光撒花，接受金粉为酬，神气十足；写众神像听任莲花生驱遣，出殿，绕塔，归殿，就座等，惟妙惟肖；写节目表演，各显奇能，惊险精彩，庄重之中有欢乐，重复里面有变化，写得场面宏大、层次分明。赤松德赞派骑兵到印度去取佛舍利以及派桑喜去阿里的山窟取财宝，富于神话色彩、浪漫气息，这些笔法的运用使《拔协》具有强烈的文学风采，成为藏族古代难得的文学珍品。①

《韦协》（巴桑旺堆译本）正文由三部分内容组成，书末有两部分补写内容，正文与书末两部分补写内容合成五个部分，主要包括：① 有关吐蕃赞普拉脱脱日年赞至赤德祖赞时期，佛教在吐蕃初传的历史。② 有关吐蕃赞普赤松德赞派使者赴唐朝引入佛经和从印度迎请菩提萨埵（寂护法师）和莲花生大师前来吐蕃传法的记载。记述8世纪，赤松德赞时期创建吐蕃第一座寺院桑耶寺建寺过程、佛经翻译，以及佛苯斗争的过程。③ 记述印度佛教中观渐门派和唐朝禅宗顿门派之争。④ 小段增补的内容，简略记述9世纪上半叶赤祖德赞时期的弘法业绩。⑤ 小段增补的内容，简略记述9世纪初牟尼赞普时期的佛苯之争。⑥ 描述文成公主下嫁吐蕃后，两位李域沙弥到吐蕃赞普的王城，后又返回于阗的历史。明确标注了这段历史为参考了《大授记》(《李域授记》) 所写。②

与《拔协》有渊源关系的《吐蕃兴佛记》，其内容由6个小自然段构成，实际分9个部分：第一部分，五代先祖奉佛事迹；第二部分，墀祖德赞升天至墀松德赞（赤松德赞）弱冠之间之禁佛事迹；第三部分，墀松德赞因遇恶兆而再奉佛之事；第四部分，墀松德赞聆听佛法，告知吐蕃旧法之诟病与众人之畏惧；第五部分，讲述了六道轮回与善恶因果之间的关系；第六部分，为十善恶、无记、出世间福德与智慧之所指与其果；第七部分，讲述了奉佛的具体方式；第八部分，论述善业与功德；第九部分，为兴佛而证盟之缘由及《令永久不弃不毁三宝之盟》的简要内容。

**（四）《拔协》在藏文文献中的引用**

《拔协》是西藏历史上一部重要的藏文历史文献。这部文献的重要价值在于其历史的真实性和原始性，有着重要的历史价值。《拔协》成书后，被后世学者广泛引用。有不少藏文文献明确说明引用了《拔协》一书的材料。如布顿·仁钦珠（1290—1364年）所著《布顿佛教史》、娘热·尼玛卧色（约为12世纪人）所著《佛教史花蜜精露》。两本书皆引用《拔协》文字多处。

① 拔·塞囊著，佟锦华、黄布凡译：《拔协译注》，四川民族出版社，1990年，第6页。

② 韦·囊赛著，巴擦·巴桑旺堆译：《〈韦协〉译注》，西藏人民出版社，2012年，第4页。

由此观之，《拔协》的著作年代当不晚于12世纪。可以说它是目前所见的比较早期的藏族古代历史著作。[①] 在蔡巴·贡噶多杰（1309—1364年）所著《红史》、索南坚赞所著《西藏王统记》（1388年成书）、五世达赖阿旺·洛桑嘉措（1617—1682年）所著《西藏王臣史》等书中，皆依据本书材料，记载赤松德赞父子两代及其后直到佛教后弘期开始阶段的史实。巴卧·祖拉陈瓦（1504—1566年）所著（贤者喜宴》一书，更将《拔协》全文引入。松巴堪布·益西班觉的《如意宝树》记载："拔·塞囊和巴·桑喜等人整理出的桑耶寺志分别置于僧伽、藏王、大臣那里，各有所加减，出现《喇协》《嘉协》和《拔协》三种本子，后来，人们对后来文字也屡作增删。因此，纯净的《拔协》虽然正确，但是在藏地莫说《拔协》，即便是佛语也有掺杂，讲着龙树等人的名号，对其能遮的文句以及松赞干布时期所伏藏后由阿底峡尊者挖掘的三部遗嘱等均敢于掺杂，这更不用说。"[②] 佟锦华、黄布凡两位教授也同意这种观点。[③] 还有诸如《雅隆觉沃教法史》《娘氏教法史》《青史》等史学名著的作者皆多次提到《拔协》中的相关史料。正因为如此，《拔协》成为研究藏族历史极其重要的文献。同时也是研究唐蕃关系史、吐蕃与邻近国家或地区政权交往史、藏传佛教史，以及藏族语言、艺术、绘画建筑等方面的可贵资料。因此可以说，《拔协》（增补本）、《韦协》是藏族早期文情并茂、亦史亦文、不可多得的长篇佳作。

## 二、藏文原文

### （一）《拔协》原文（增补部分）

དེའི་སྲས་ལྷ་སྲེ། ཁྲི་གཙུག་ལྡེ་བཙན། ལྷ་སྲས་གཙང་མ། ཁྲི་དར་མ་འུ་དུམ་བཙན། ལྷ་རྗེ་ལྷུན་གྲུབ། གཅེན་ཁྲི་གཙུག་ལྡེ་བཙན་ལ་ལོ་བཅུ་ལོན་པ་དང་དབང་བསྐུར་ནས་ཆབ་སྲིད་གཏད། གཙོ་བོ་གཟའ་དཔལ་གྱི་དང་ཚུལ་ཅན་ལ་སོགས་པ་བཙུན་མོ་ཁབ་ཏུ་བཞེས། ཐ་མང་རྗེ་ལྷ་ལོད་ཀྱི་ཕྱི་སློན་བྱས། བན་ཆེན་པོ་དཔལ་གྱི་ཡོན་ཏན་གྱིས་ཆོས་ཀྱི་སློན་པོ་བགྱིས་ཏེ། མེས་ཀྱི་བང་རྗམ་པོའི་ལྷ་ཁང་ལ་དཔེ་བྱས་ནས་ཐུགས་དམ་དབུ་བརྩིགས་བཞེངས་པ་ཆད་པའི་དུས་སུ། རྗེའི་ཞལ་ནས་ཡབ་མེས་ཀུན་གྱི་རིང་ལ་བཙན་པོ་ལ་བྱ་བ་རྣམ་པ་གསུམ་ཡིན་ཏེ། ཐུགས་དམ་དུ་གཙུག་ལག་ཁང་བཞེངས་པ་དང་། བོད་འབངས་བདེ་བ་ལ་འགོད་པ་དང་། སྐུ་ལ་ཇོ་བ་ལ་དམག་དྲངས་པའོ། །ཡབ་མེས་རྣམས་ཀྱིས་ལ་ལས་རེ་རེ་ཙམ་མཛད། ལ་ལས་གཉིས་གཉིས་མཛད། ལ་ལས་གསུམ་ཀ་མཛད་ནས་རིམ་པར་མཛད། ང་གསུམ་ག་དུས་གཅིག་ལ་བྱེད་དོ་ཅེས་བཀའ་སྩལ་ནས་ཐུགས་དམ་གཙུག་ལག་ཁང་གི་རྨང་སྡིངས་པར་བྱས་ཙ་ན། ལྷ་ས་མཁར་དང་འདྲ། བསམ་ཡས་གྱོང་དང་འདྲ། སྐར་ཆུང་འཆད་པ་དང་འདྲ། ང་ལྷ་ཁང་ཤ་མ་གཅིག་བྱེད་དོ་ཅེས་བཀའ་སྩལ་ནས། རྒྱ་དཀར་ནག་དང་བལ་པོ་དང་། ཁ་ཆེ་དང་ལི་ཡུལ་དང་། བོད་ཡུལ་གྱི་བཟོ་བོ་མཁས་པ་ཐམས་ཅད་བཀུག་སྟེ། རྒྱའི་ཧྭ་ཞག་མཁས་པ་གཅིག་གིས་ས་བཅལ་ནས་འོན་ཅང་རྡེའུ་ཡི་བཟོ་བོ་མཁས་པ་ཞིག་ལི་ཡུལ་

① 拔·塞囊著，佟锦华、黄布凡译：《拔协译注》，四川民族出版社，1990年，第2~3页。

② 松巴堪布著：《松巴佛教史》，甘肃民族出版社，1992年，第304~305页。

③ 拔·塞囊著，佟锦华、黄布凡译：《拔协译注》，四川民族出版社，1990年，第5~6页。

ཞུགས་ར་སྨུག་པོ་ན་ཡོད་པར་ཐོས་པས། གླ་བ་གཅིག་ཞུགས་ཀྱི་དྲུ་བར་བཙུག་ནས་འདི་བོད་བཙན་པོའི་སྤོས་ཀྱི་སྣང་པོ་ཡིན་པས་འདི་བཞེས་ལ། ལི་སྐྱོང་པའི་རྒྱལ་པོ་ཞེས་པ་བཟོ་བོ་མཁས་པ་ཞིག་ཡོད་ཟེར་བ་དེ་བོད་ཀྱི་བཙན་པོའི་ཐུགས་དམ་གྱི་ལྷ་ཁང་གི་བཟོ་བྱེད་པ་ལ་གནང་བར་ཞུ་བྱ་བ་དང་། དེ་མ་གནང་ན་བཙན་པོའི་ཐུགས་ཁྲོས་ནས་དམག་འདྲེན་ནོ་བྱ་བའི་སྙོམ་བུ་བསྐུར་ནས་པོ་ཉ་བཏང་། པོ་ཉ་བས་དེ་ལི་རྗེ་ལ་ཕུལ་བས། ལི་རྗེས་བཀའ་སྙོམ་གཟིགས་ནས། སྤོས་ཀྱི་སྣང་པོའི་ཆུ་དང་རྡུལ་མ་ཚུར་ཆད་སྤོས་སུ་བྱུང་བས་ཞུ་རྟེན་ལའང་མཉེས། བཙན་པོའི་བཀའ་མ་ཉན་ན་དམག་ལའང་འཇིགས་ནས། བཀའ་སྙོམ་ནས་བྱུང་བ་ལྟར་ཇོང་བར་ཆད་ནས་ལི་སྐྱོང་པའི་རྒྱལ་པོ་བོད་ཡུལ་དུ་མཆིས་འཚལ་བར་བསྒོ་བས། ང་རྣམས་པའི་བུ་གསུམ་བཙན་པོའི་ཕྱག་ཏུ་འབུལ་ལོ་མཆིས་པས། ལི་རྗེ་ན་རེ། ཁྱོད་རང་བཙན་པོ་དང་དབྱར་མ་མཇལ་ན་ལི་ཡུལ་དུ་བཙན་པོའི་དམག་འོང་། སྔོན་ཀྱང་བོད་ཀྱི་བཙན་པོས་ཧ་དམག་དྲངས་ནས་ལི་ཆམ་ལ་ཕབ་ཅེས་ཟེར་ནས་ཁོ་དེ། ལི་སྐྱོང་པའི་རྒྱལ་པོ་ལམ་དུ་གུམ་ཀྱང་མགོ་བཙན་པོའི་ཕྱག་ཏུ་ཕུལ་ཅིག་ཅེས། བུ་ལི་གསེར་གཟུང་། ལི་གསེར་འོད། ལི་གསེར་ཏོག་གསུམ་བོད་དུ་བཟོ་བྱེད་དུ་རྫངས། པོ་ཉ་ལ་སྐྱེས་སྐུར་ནས་ཡར་འོངས། ལི་སྐྱོང་པའི་རྒྱལ་པོ་མ་གུམ་པར་བཙན་པོ་དང་ཞལ་མཇལ། འཛམ་བུ་གླིང་ན་རྗེ་བཟོ་མཁས་པ་ལ་བལ་པོ་རྗེ་བཟོ་མཁས་ལ་སོགས་པས་བཟོ་བགྱིས་ཏེ། འོག་ཁང་གསུམ་སྣོའི་རིབ་ཆ་ཡན་ཆད་མན་ཆད་རྗེ་ལ་བྱས་ཏེ། རྗེ་བཟོ་ཁྲུད་པར་འཕགས་ཏེ། ཕུད་ར་སའི་གཙུག་ལག་ཁང་དུ་མེས་ཀྱི་ཆོས་སྲོལ་གཏོད་པས་བཀའ་དྲིན་ཆེ་བས། རྗེ་རིང་རྗེ་རྗེའི་ཚུལ་དུ་ཕུལ། རི་མོའི་ཕུད་དུ་དར་གྱི་བེ་བུམ་བརྒྱ་རྩ་བརྒྱད་ཕུལ། ལྷེར་བཟོ་ཕུད་དུ་ཚངས་པ་དང་བརྒྱ་བྱིན་གཉིས་བཞེངས་སུ་གསོལ། ལུགས་མའི་ཕུད་གཙོང་ཆེན་མོ་དྲིལ་བུའི་ཚུལ་དུ་ཕུལ། བར་ཁང་གསུམ་པོ་སོ་ཕག་ལས་བྱས། སྟེང་ཁང་གསུམ་ཤིང་དང་ཟངས་དང་ཀོ་བ་ལས་བྱས་ཏེ། དགུ་ཐོག་ཏུ་བྱས། རྒྱ་ཕིབ་ཀྱི་འོག་ནས་ཕར་རླུང་གིས་འཁོར་ལོ་སྐོར་ཏེ། རབ་ཏུ་བྱུང་བ་མང་པོ་སྐོར་བ་བྱེད། བྱ་འདབ་ལས་ཕྱོགས་བཞིར་ཞུགས་ཐག་བཞིས་མཆོད་རྟེན་ཆེན་པོ་བཞི་ལ་བསྟོད། རླུང་ཆེན་པོ་ནུབ་ནས་ལངས་པའི་ཚེ་ཤར་གྱི་ཞུགས་ཐག་ལྷོད་ལ་རྒྱ་ཕིབས་ཤར་དུ་ཡོ་ཙམ་འགྲོ། རླུང་ཤར་ནས་ལངས་ན་ནུབ་ཀྱི་ཞུགས་ཐག་ལྷོད་ལ། རྒྱ་ཕིབ་ནུབ་ཏུ་ཡོ་འགྲོ་བ། རི་ནག་གི་རྩེ་ལ་ན་བུན་བྱུང་བ་དང་། ལྷ་ཁང་གི་ཁྲུང་མགོ་ལའང་འོང་བའི་མཐོན་པོ་གཅིག་བཞེངས་སུ་གསོལ། འབངས་བདེ་བ་ལ་འགོད་པ་ཡང་ཟས་དང་གོས་ཙམ་གྱིས་བདེ་བ་ནི་འཕྲལ་དུ་བདེ་བར་བས་ལ། ཡུན་དུ་བདེ་བའི་ལྷ་ཆོས་ལ་འགོད་པའི་ཕྱིར་དེ་བཞིན་གཤེགས་པའི་གླེགས་བམ་མཆིས་པར་གཟིགས་པས། ཆོས་ལ་ལ་རྒྱ་ནག་པོའི་སྐད་དུ་སྒྲ། ཆོས་ལ་ལ་རྒྱ་དཀར་པོའི་སྐད་དུ་སྒྲ། ཆོས་ལ་ལ་བལ་པོ་དང་ཨོ་རྒྱན་གྱི་སྐད་དུ་སྒྲ་བས་མེས་ཀྱི་དམ་པའི་ལྷ་ཆོས་ལུགས་དང་ཆོས་སྐད་སྣ་ཚོགས་སུ་འབྱུང་བ་ནི་མ་ལེགས་ཏེ། སངས་རྒྱས་རྒྱ་དཀར་པོར་བྱོན་ནས། ཆོས་དང་པོ་རྒྱ་གར་དུ་གསུངས་པ་ཡིན་པས། ང་འང་ཆོས་རྒྱ་དཀར་པོའི་ལུགས་སུ་མགྲིན་གཅིག་ཏུ་བྱེད་ཅེས་བཀའ་སྩལ་ནས། བོད་ཕྲུག་བློ་ཆེ་བ་བཅུ་དྲུག་ལ་གསེར་བསྐུར་ནས་ལོ་ཙྪ་སློབ་ཏུ་བཏང་སྟེ། ལ་ལས་སྒྲ་མ་ཤེས། ལ་ལས་ཚ་བས་གུམ། ལ་ལས་ཐར་འདྲེ་རྣམ་གསུམ་ལ་བཏུག ཀ་བ་དཔལ་བརྩེགས་(འཕན་ཡུལ་བ)དང་། སྣ་ནམ་ཡེ་ཤེས་(ངམ་ཤོད་པ)སྡེ་དང་། ཅོག་རོ་ཀླུའི་རྒྱལ་མཚན་(ཡར་ལུང་པ)དང་གསུམ་གྱིས་ལོ་ཙྪ་མཁས་པར་སློབ་ནས། པཎྜི་ཏ་ཛི་ན་མི་ཏྲ་དང་། ཤྲི་ན་ལེན་ཏྲ་བོ་དྷི་དང་། དཱ་ན་ཤི་ལ་གསུམ་སྤྱན་དྲངས་ཏེ་སྒྲ་བསྒྱུར། རྒྱ་གར་གླིང་དུ་རྒྱེན་བླ་ནས་སྒྱུར་ནས། མེས་ཀྱི་ལྷ་ཁང་(བསམ་ཡས་)ན་བཞུགས་པ་དང་། བོད་ཀྱི་ཡུལ་ན་ཡོད་པའི་གསུང་རབ་ཀྱི་དཔེ་མ་ལུས་པ་སྤྱན་དྲངས་ཏེ། སྒྲ་བསྒྱུར་ཏེ་སྒྲ་ཐམས་ཅད་རྒྱ་དཀར་པོའི་འགྱུར་དུ་བཅོས། སྐད་གསར་བཅད་ཀྱིས་གཏན་ལ་ཕབ་ནས་ཆོས་ལུགས་བཟང་པོར་མཛད། ཐ་ན་བྲི་དང་སྲང་ཞོ་ལ་སོགས་པ་ཐམས་ཅད་ཀྱང་རྒྱ་གར་དང་བསྟུན་ན། སྲིད་ཤོད་ཤོང་མ་རར་གཏན་ལ་ཕབ། བཙན་པོ་དད་པ་ཆེ་བས་མདུན་ས་ཆུང་དུར་རབ་ཏུ་བྱུང་བ་ལ་ཕུལ་བས། ལོ་ཙྪ་བའི་ཞལ་ནས་བོད་འབངས་གདུལ་དཀའ་བས་ཆད་པ་ལ་བརྟེན་ནས་སྐྱོང་དགོས་པས། དེད་རབ་ཏུ་བྱུང་བ་སྟོན་པའི་བཀའ་བཞིན་དུ་བགྱིད་འཚལ་བས། ཆད་པའི་ལས་བགྱིད་མི་ནུང་ཞེས་གསོལ་

བས། གསུངས་བཞིན་མི་བགྱིད་པ་ལ་ངས་ཞང་བློན་རྣམས་བགྱིད་དུ་སྩལ་ཆབ་སྲིད་བཞེས་པར་ཞུ་ཞེས་ཕུལ། ①

## (二)《韦协》原文

སངས་རྒྱས་མྱ་ངན་ལས་འདས་ནས་ལོ་བརྒྱ་ན་ལི་ཡུལ་དུ་དམ་པའི་ཆོས་འབྱུང་། དེའི་ཚེ་ལིའི་བན་དེ་གཉིས་ཀྱིས་འཕགས་པ་སྤྱན་རས་གཟིགས་ཀྱི་ཞལ་མཐོང་བར་འཚལ་ཏེ། དགུང་ལོར་མཆོད་པ་དང་བསྙེན་པ་བགྱིས་པ་ལས། འཕགས་པ་འཇམ་དཔལ་བྱོན་ནས་རིགས་ཀྱི་བུ་དག་ཅི་འདོད་ཅེས་གསུང་ནས། བདག་ཅག་འཕགས་པ་སྤྱན་རས་གཟིགས་ཀྱི་ཞལ་མཐོང་བར་འཚལ་ལོ་ཞེས་གསོལ་པ་དང་། བཀའ་སྩལ་པ་བོད་ཀྱི་རྒྱལ་པོ་འཕགས་པ་སྤྱན་རས་གཟིགས་ཡིན་པས་བོད་ཡུལ་དུ་སོང་ཤིག་ཞལ་མཐོང་བར་འགྱུར་རོ་ཞེས་གསུང་ནས། མོད་ལ་གསེག་ཤང་རེ་རེ་ཐོགས་ནས་ཡས་ཀྱིས་མཆིས་ཏེ་བོད་ཡུལ་བཙན་པོའི་ཕོ་བྲང་དུ་མཆིས་ན། བཙན་པོའི་བཀའ་ཁྲིམས་དང་པོ་འཆའ་བའི་དུས་སུ་ཕྱིན་ཏེ་ལ་ལ་ནི་བཀུམ། ལ་ལ་ནི་སྤྱུགས། ལ་ལ་ནི་བཟུང་ནས་ཆེར་ཐགས་སུ་སྩལ། ལ་ལ་ནི་སྣ་མིག་ལ་ཕབ་པ་མཐོང་སྟེ། ལི་བན་དེ་གཉིས་ལ་མ་དད་པར་གྱུར་ཏེ་འདི་འཕགས་པ་སྤྱན་རས་གཟིགས་ཅང་མ་ཡིན་པས་སླར་འདོང་ཞེས་རང་ཡུལ་དུ་འགྲོ་བར་བགྱིས་པ་ལས། བཙན་པོས་དེ་མཁྱེན་ནས་བཀའ་ལུང་སྩལ་ཏེ་ཕོ་བྲང་གི་ཆབ་སྒོ་བཞི་ནས་བན་དེ་གཉིས་ལ་བོས་ནས་བཙན་པོའི་བཀའ་ཞལ་(ནས་)ཕོ་བྲང་གི་ནང་དུ་སྤྱན་སྔར་མཆི་ཞེས་ནང་དུ་བཀུག་ནས་སྤྱན་སྔར་ཕྱག་འཚལ་བ་དང་། ཁྱེད་འདིར་ཅི་ལ་འོངས་ཞེས་བཀས་སྨྲས་པ་དང་། བདག་ཅག་འཕགས་པ་སྤྱན་རས་གཟིགས་ཀྱི་ཞལ་མཐོང་བར་འཚལ་ཏེ་འདིར་མཆིས་པ་ལགས་ཅེས་གསོལ་པ་དང་། བཙན་པོ་བཞེངས་ནས་འདོད་ཞེས་གསུངས་པ་དང་། ལི་བན་དེ་གཉིས་ཁྲིད་དེ་གཤེགས་ནས་ཐང་དབེན་པ་ཞིག་ཏུ་བྱོན་ནས་འཕགས་པ་སྤྱན་རས་གཟིགས་ཀྱི་སྐུ་བསྟན་པ་དང་། དེ་གཉིས་དགའ་སྟེ་ཕྱག་འཚལ་བ་དང་། ད་ཁྱེད་ཅི་འདོད་ཅེས་བཀའ་སྩལ་པ་ན་བདག་ཅག་སླར་ལིའི་ཡུལ་དུ་ཕྱིན་པར་འཚལ་ལོ་ཞེས་གསོལ་པ་དང་། བཙན་པོའི་ཞབས་ལ་བཟུང་སྟེ་དུས་ནས་ཕོ་བྲང་དུ་གཉིད་ལོག་སྟེ་འདུག་པ་དང་ལྡན་པ་ལ་ཉི་མ་དྲོ་བགྱིད་དེ་སད་པ་དང་འཕགས་པ་ནི་མི་བཞུགས་བན་དེ་གཉིས་ནི་ལི་ཡུལ་ན་མཆིས་ནས་གདའ། སྔར་འཕགས་པ་སྤྱན་རས་གཟིགས་མ་ལགས་སྙམ་ནས་སླར་ལི་ཡུལ་དུ་འགྲོ་བ་འབའ་ཞིག་སེམས་པ་བལྟས་ནས་དངོས་གྲུབ་གཞན་མ་སྩོལ་བས་པ་ལས། ཐེ་ཚོམ་མ་མཆིས་པར་འཕགས་པ་སྤྱན་རས་གཟིགས་ལགས་ངེས་ཟེར་རོ། །ལུང་བསྟན་ཆེན་པོ་ལས་ཀྱང་ལེགས་པར་འབྱུང་ངོ་།②

སློབ་དཔོན་བཻ་རོ་ཙ་ནས་བསྐུག་ཞ་ཆེན་པོ་ཅིག་གསོལ། ཡ་གྲུག་རིང་པོ་བསྣམས། གསེར་ཕྱུལ་ཆེན་པོ་གཅིག་གསོལ་ནས། རྒྱལ་བུ་ལ་ཞེ་ས་གཞུ་བཞིན་དུ་ཕུལ་ནས། མངའ་བདག་གི་འོག་གཡས་གྲལ་དང་པོ་ན་མཆིམས་བཙན་བཞེར་ལེགས་གཟུགས་ཡོད་པའི་རྒྱབ་ཏུ་འཁར་བའི་ཨོཾ་ཚུགས་མཛད་ནས་བཞུགས་པས། བཙན་བཞེར་ལེགས་གཟུགས་ཉམས་ལ་མ་བདེ་ནས་ཕྱི་མིག་བལྟས་པས། བཻ་རོ་ཙ་ནའི་སྣ་རའི་གསེབ་ནས་ཁྲི་ཆུ་ཙུངས་དཀར་ཙམ་ཤིག་ཤིག་སྣང་བ་དང་། ཤིན་ཏུ་སྨྲག་ནས་ཀོག་གིས་ལངས་པའི་ཤུལ་དུ་བཻ་རོ་ཙ་ན་བཞུགས་པས་བན་དེ་ལ་གཡས་གྲལ་ཐོར་དེ་ལྟར་མདུན་སར་བགྲིགས་ཏེ་བཞུགས་པའི་དུས་སུ་རྒྱལ་བུའི་འཕྲིན་གྱི་བྱང་བསྐངས་སྨྲག་པར་གཟས་པ་དང་། ཞང་བཙན་བཞེར་ལེགས་གཟིགས་ཀྱིས་འདི་སྐད་སྨྲས་ཏེ། ཞུམ་ལགས་རིང་ལུགས་ཀྱི་བན་དེ་ཆེན་པོ་དང་། ཨ་ཙ་ར་དག་སྦྱིན་བདག་ཅག་གིས་གསལ་ནི་མི་འཚལ་ཞིང་། མཐའ་བཞི་ཉི་འོག་དང་བརྟའ་མཛལ་ཏེ་གསང་སྔོ་ཕྱི་ནའང་། འོ་སྐོལ་མངའ་རིས་བོད་ཀྱི་རྒྱལ་ཁམས་སུ། ཛེ་མི་ལྡེ། ལྷ་ལྡེ་སྤྱུ་རྒྱལ་གཉའ་ཁྲི་བཙན་པོ་ལྷ་བུ་ཞིག་འགྲིང་མགོ་ནག་གི་རྗེར་གཤེགས་པའི་ཚེ། ཡ་མཚན་ཅན་གྱི་ཀོང་དུ་དུང་དཀར་ཆེན་དཀར་ཚུང་། གཉན་གཡུ་རུ་ལྡེ་མདོངས། ཐོག་རྒྱ་ལུགས། རྒྱ་ཁྲབ་ཞོལ་མོ། གཞུ་རང་བརྟུངས། རྒྱ་མདུང་ཟང་ཡག རལ་གྲི་གཤེན་གྱི་ལྷ་མཆོ། དམུ་ཕུབ་གོང་ཁྲ

① 德吉编：《〈拔协〉汇编》，民族出版社，2009年，第60~63页。

② 德吉编：《〈拔协〉汇编》，民族出版社，2009年，第240~241页；巴桑旺堆汉译《〈韦协〉译注》藏文原文部分影印版模糊不清没能录入，此处是德吉编汇编本的部分藏文辑录供读者参考。

ལ་སོགས་པ་མང་པོ་ནི་མངའ། དེ་ཙ་ན་འཕགས་ཞབས་འབྲིང་བ་སྐུ་གཤེགས་ཚེ་ཆོག་དང་སྐབས་ཅིག་ཏུ་བཞུགས་ཏེ། ཤིང་སྟོང་པོ་ནི་སྐུ་དུང་དུད། གོར་ཕ་བོང་ནི་འཕར་ཐང་ཐང་། རྗུ་འཕྲུལ་དང་ཡ་མཚན་ཆེ་བའི་ཚར་གཅིག་མཆིས་སོ། །དུས་དེ་ཙམ་ན་མི་གུམ་ཀྱང་ས་ལ་འདད་གཏང་བ་དང་བང་སོ་བརྩིག་མི་འཚལ། དེ་ནས་སྲུས་ཆིབས་ཁ་ཐུབ་ནས་ཡབ་དགུང་དུ་གཤེགས་ཏེ་འདད་གཏང་བ་ཚུན་ཆད་དུ། ལྷ་བོ་བོ་རི་སྐན་ཤལ་དང་གྲང་ལུང་གི་གུང་སྐན་དུ་བཞོས་ཏེ། གཏོང་འདད་གདོང་བ་ཡང་གྲངས་ལུང་གི་གུང་སྐན་གྱིས་གཏོང་ངོ་། །ལྷ་ལ་ལྷ་འདུར་ཞེས་ཀྱང་བགྱི་སྟེ། རྗེའི་གཏོང་འདད་དང་། འཕགས་ཀྱི་འདུར་ལུགས་དེ་ཚུད་ཆད་དུ་བྱུང་བ་ལེགས་ཏེ། འདད་བཏང་ཚུན་ཆད་དུ་བཞུགས་ཀྱི་སྐུ་མཁར་ནི་བཙན་ཐང་སྒོ་བཞི་བརྩིགས་པས་བཀྲ་ཤིས་ཞིང་ཞལ་གྲོ་བ་ལགས། བསྟེན་པའི་སྐུ་ལྷ་ནི་ཡར་ལ་ཤམ་པོ། གྲོངས་ཀྱི་བང་སོ་ར་བ་ཐང་དུ་བཏབ་སྟེ། ཡར་ལ་ཤམ་པོ་ནི་གཉན་ཞིང་མཐུ་ཆེ། ཕྱི་ལུགས་ར་བ་ཐང་ནི་བཀྲ་ཤིས། དེ་ཙ་ན་གཡོ་ཏུ་སྣད་ནས་ཉུང་ཤས་ཙམ་གཅིག་ལས། ཁྲི་པོའི་རྗེ་ཁྲི་འཕང་གསུམ་དང་། ཞང་ཞུང་གི་རྒྱལ་པོ་གཉའ་ཞུར་ལག་མིག་ལ་སོགས་པ་རྒྱལ་རིགས་ཕྲ་མོ་མངའ་རིས་སུ་འདུས་པ་ལགས། མངའ་ཐང་ཆེ་བ་དང་ཆབ་སྲིད་མཐོ་བ་ནི་གཙུག་ལག་དང་ལྡན་པས་བྱུང་སྟེ། སྐུ་གཤེན་ཚེ་ཅིག་དག་གིས་ལྟོ་སྲུད་ཀྱང་ལེགས་པ་འདྲ། ཕ་བ་སྐུ་གཤེན་པ་དག་གི་སྟོང་འདད་ཆེ་ཞིང་ཞལ་གྲོ་བ་ལས། ད་འདི་ལས་བཟློག་སྟེ་འདད་བན་དེས་མཛད་དེ། རྒྱ་གར་གྱི་ཆོས་ལུགས་སམ་མཛད་སྦྱོད་ལྟར་བགྱིས་ནས། གལ་ཏེ་བཀྲ་མི་ཤིས་པ་དག་བྱུང་ན། བླ་སྒོ་གཉིས་ཀྱི་ཆབ་སྲིད་དམས་པར་ངེས་པས། རིང་ལུགས་ཀྱི་བན་དེ་ཆེན་པོ་དང་བློན་པོ་རྣམས་མཐུན་པར་གྱིས་ལ་འདད་བོན་ལུགས་སུ་བྱ་བར་རིགས་སོ་ཞེས་གླིངས་སོ། །དེ་ནས་པི་རོ་ཙ་ནའི་ཞལ་ནས་ཆོག་དེས་ལྟང་མི་ཆོད་པས། གཡས་བླ་པོའི་ཡི་གེ་ཀླག་པ་ཤོལ་ཅིག་གསུང་ནས་ལན་བཏབ་པ། ཞུམ་བྱང་ཆུབ་སེམས་དཔའི་གདུང་རྒྱུད། རིགས་གསུམ་མགོན་པོའི་སྤྲུལ་པ། ཐུགས་རྗེ་ཆེན་པོའི་མངའ་བདག། མི་རྗེ་ལྷའི་དཔོན་སྲས། རིན་པོ་ཆེ་གསེར་གྱི་གཉའ་ཤིང་ལྟ་བུ་དབུ་ལ་བཞུགས་ལགས། ཆབས་འོག་ན་མཆིས་པ་འབངས་ཀྱི་རད་པ་མང་ཞིག་མི་གསོལ། ཙུང་ཟད་ཞུ་པས་ས་ས་ནས་སྙན་གསན་པར་ཞུ་ལགས། དངོས་དན་པ་སུ་ལས་ཀྱི་སྐལ་བས་ལྷོ་བལ་གྱི་སྐད་བསླབས་ཏེ་མཐའ་བཞི་ཉེ་འོག་གི་རྒྱལ་རིགས་ཀུན་གྱི་ཁ་བརྒྱུད་ནས། ཤིག་དོང་དང་སྤྲུལ་གདུག་པ་ཙན་གྱི་དོང་དུ་སྐྱལ་བས་ཤ་སྲབ་ཙའི་དབང་པོ་མི་གསལ་བར་གྱུར་ཏེ་འཚལ་བའི་སྒོ་ཚུང་གིས་ཀྱང་ནི་ཐོས་པ་མང་པོའི་སྒོ་ནས་གཞི་བླངས་ཏེ། སྤྱི་ཆེད་ཉུང་ཤས་ཙམ་གཅིག་གསོལ་ན། ཡོང་འཛམ་བུའི་གླིང་གི་འཇིག་རྟེན་གྱི་ཁམས་ན་སྲིད་པ་ཇི་ལྟར་སྤྱོད་པ་ཅིག་ལགས་ཞེ་ན། དཔེར་ན་བར་སྣང་འདི་རྗོ་རྗེའི་ཕ་བོང་ཅིག་གིས་རང་གིས་རང་འཁྲིལ་ཏེ་ས་གཅིག་ནས་གཅིག་འདས་ཀྱང་མི་འགྱུར་བ་བཞིན་དུ། མི་གཅིག་ཁ་ཤར་ཕྱོགས་སུ་(བ)ལྟས་ཏེ་ལ་གཅིག་རྒལ། ཆུ་གཅིག་འདོགས་ཐང་གཅིག་རྒལ་ཏེ་ཚེའི་མཐར་ཐུག་པར་སོང་ཡང་མི་དང་ཡུལ་ལ་སྐྱད་པ་མ་མཆིས་སོ། །དེ་ལ་ཞང་བཙན་བཞེར་ན་རེ། བཞུགས་ཀྱི་སྐུ་མཁར་ནི་བཙན་ཐང་སྒོ་བཞི། རྟེན་གྱི་སྐུ་ལྷ་ནི་ཡར་ལྷ་ཤམ་པོ། གྲོངས་ཀྱི་བང་སོ་ནི་ར་བ་ཐང་དུ་བཏབ་པས་བཀྲ་ཤིས་བགྱི་བ་དེ་ཤོ་པེ་བ་ལགས་ཏེ། དེ་བས་བཀྲ་ཤིས་པ་རྒྱ་གར་གྱི་ཡུལ་ཤྲི་ན་ལེན་དྲའི་གཙུག་ལག་ཁང་ན། དམ་པའི་ཆོས་ལ་ཐུགས་ཆེ་ཤིང་དཀར་ཕྱོགས་ལ་མོས་པའི་བྱིན་རླབས་ཀྱིས་རྒྱལ་པོ་ད་ན་ཏ་པོ་ལ་སྲས་བུ་རེ་ཛ་ཏ་ཏི་དང་། སྲས་མོ་ས་ལ་ནི་ལ་སོགས་པ་པཎྜི་ཏ་ཉེར་ལྔས་པོ་སྟོང་ལྔ་བརྒྱ་དང་། པོ་སྟོང་སུམ་བརྒྱ་ལོན་པ་བཞུགས་སོ། །ཡང་རྒྱ་གར་གྱི་རྒྱལ་པོ་ཧྲཱ་ནྡ་ནྡྷ་དང་། ཨུ་རྒྱན་གྱི་རྒྱལ་པོ་ཨིན་དྲ་བྷུ་ཏི་ལ་མི་རབས་བཅུ་བཞིའི་བར་དུ་ཕ་ཁུ་ཡང་ཚེ་མི་རྗེ། བུ་ཚ་ཡང་རབས་མི་འཆད་ལེགས་པའི་ཡོན་ཏན་དུས་གཅིག་ལ་རྫོགས་པའི་སངས་རྒྱས་ཀྱི་ཞིང་གྲུད་པ་བ་ཞིག་ཀྱང་མཆིས་སོ། །ཡང་རི་རབ་ཀྱི་རྩེ་མོ་སུམ་ཅུ་རྩ་གསུམ་དགའ་ལྡན་ལྷའི་གནས་རྣམ་པར་རྒྱལ་བའི་ཁང་བཟང་(ཞེས་)བྱ་བ་ན། གུང་ལ་ལྷའི་དབང་པོ་བརྒྱ་བྱིན་བཞུགས། ཅོག་ཆེན་པོ་བཞི་ན་གནོད་སྦྱིན་བཞི་བཞུགས། བ་གམ་སུམ་བཅུ་རྩ་ལྔ་ན་འཁོར་ཉེ་དབང་སུམ་བཅུ་རྩ་གཉིས་བཞུགས་ཏེ་དགྱེས་པ་ལ་ལོངས་སྤྱོད་ཅིང་། རིན་པོ་ཆེའི་གཞལ་ཡས་ཁང་གདན་མནན་ན་ནེམ་(ཞེས་)བྱེད་ཅིང་། བརྟེག་ན་འཕར་བ་ལ་བཞུགས་པ་མཆིས་སོ། །ཡང་འོག་མིན་ཆོས་ཀྱི་དབྱིངས་ཀྱི་ཕོ་བྲང་དང་། སངས་རྒྱས་ཀྱི་ཞིང་ཡོངས་སུ་དག་པ་བདེ་བ་ཙན་ནས། པད་མ་ཙན་ཞེས་པ་ན། སྐྱེ་འཆི་དང་འདུ་འབྲལ་མེད་པ་བཀྲ་ཤིས་པ་བགྱི་བ་དེ་ལྟ་བུ་ལགས་སོ། །ཡར་ལྷ་ཤམ་པོ་གཉན་བགྱི་བ་དེ་ཤོ་པེ་བ་ལགས་

ཏེ། དེ་བས་གཉན་ཞིང་མཐུ་ཆེ་བ་རྒྱལ་པོ་ཆེན་པོ་བཞིའོ། མཐུ་སྟོབས་ཀྱི་བདག་པོ་ཕྱག་ན་རྡོ་རྗེ་ལ་སོགས་པ་རིགས་གསུམ་མགོན་པོའམ། ཐུགས་རྗེ་ཆེ་ལ་ཐབས་མཁས་པ་མཚོམ་ལྡན་འདས་རྣམ་པར་སྣང་མཛད་སྐུ་མདུན་རྒྱབ་མི་གསལ་བ། སྲིད་པའི་ཆོས་ཐམས་ཅད་ལ་དབང་སྒྱུར་བ་མཆིས་ཏེ། གཉན་ཞིང་མཐུ་ཆེ་བ་དེ་ལྟ་བུ་ལགས་སོ། །བོན་གྱི་ལྟོ་སྦྱུད་དང་གཙུག་ལག་ལེགས་བགྱི་བ་དེའང་ཤོ་པེ་བ་ལགས་ཏེ། ཟིང་པོའི་རྒྱལ་པོ། ཁྲི་འཕང་གསུམ་གྱིས་ལྷ་སྙིང་རྗེ་མེད་པའི་ཐང་ལྷ་ཡང་ལྷ་གསོལ། འཕན་ཡུལ་གྱི་ཨག་གཞེན་རྣམ་གཉིས་ཀྱིས་གནག་ལུག་དང་རྟ་ལ་སོགས་པ་དུད་འགྲོ་མང་པོ་ནི་བསད། འདྲེད་འགྲིན་དང་གཙོ་མེ་ལ་སོགས་པ་འདྲེ་གསུང་འདོད་དང་། བོན་ལྟུགས་འདོད་མང་པོ་བསགས། ཕྱིག་སྡུ་མའི་སྙིང་དུ་ཕྱི་མ་མནན་ཏེ་འཁྲུལ་པའི་ཆོས་ལ་སྤྱད་པས། ཁོའི་བྲན་གཉིས་འཕྲུལ་གནོན་དང་གསུམ། ཚེ་སྤོངས་འཕྲིན་དང་བཞི། མཁར་ཁྲུང་ལུང་རྒྱབ་བུ་སྣང་དང་ཆས་ནས་སྲུ་རྒྱལ་བོད་ཀྱི་མངའ་རིས་སུ་འདུས་པ་ལགས་ཏེ། དེ་ལྟོ་ཆེ་ཞིང་ཞལ་བསོད་པ་ལགས་སམ། ཞང་ཞུང་གི་རྒྱལ་པོ། གཉའ་ཞུར་ལག་མིག་གིས་ལྷ་སྙིང་རྗེ་མེད་པའི་གྱི་གདོང་དང་མུ་ཐུར་ནི་གསོལ། ཞང་ཞུང་གི་ཆོས་ལུགས་རྣམ་པ་བཞིར་བོན་ཤེད་བཏང་བས་ཞང་ཞུང་གི་རྒྱལ་སྲིད་(བ)རླག་ནས། འཁར་རྩེ་མཐོ་དང་། རྐོད་ལྟའི་ལ་སོགས་པ་སྲུ་རྒྱལ་གྱི་མངའ་རིས་སུ་འདུས་པ་ལགས་སོ། །དབོན་འ་ཞའི་རྒྱལ་པོས་ལྷ་སྙིང་རྗེ་མེད་པའི་སྲིབ་རི་དཀར་པོ་ནི་གསོལ། དབོན་འ་ཞ་རྗེ་ཉིད་ཀྱི་ལུགས་སུ་བོན་ཤེད་ནག་པོ་བཏབ་པས་འ་ཞའི་རྒྱལ་སྲིད་(བ)རླག་སྟེ་སྲུ་རྒྱལ་གྱི་མངའ་རིས་སུ་འདུས་པ་ལགས་སོ། །མཆིམས་དགས་པོའི་རྒྱལ་པོས་བོན་ཤེད་ནག་པོ་བཏང་བས་མཆིམས་ཀྱི་རྒྱལ་སྲིད་བརླག་སྟེ་ད་ལྟ་ཞང་བཙན་བཞིར་དག་ཀྱང་འབངས་ཚད་མར་གྱུར་བ་ལགས་སོ། །སྤུབས་རྗེ་སྲིབས་པོས་ལྷ་སྙིང་རྗེ་མེད་པའི་སྤུབས་ལྷ་མཐོན་དྲུག་ནི་གསོལ། བྱར་མི་བཏུབ་པའི་བོན་ཤེད་ནག་པོ་བཏང་བས། སྤུབས་ཀྱི་རྒྱལ་སྲིད་རླག་སྟེ་སྤུབས་མཁར་སྐྱི་མོ་དང་ཆས་ཏེ་བོད་ཀྱི་མངའ་རིས་སུ་འདུས་པ་ལགས་སོ། །དེ་ཙམ་དུ་ཉེས་པ་ཆེ་བའི་རྒྱུ་མཚན་གྱིས་ཤེད་བོན་ལུགས་སུ་བྱར་མི་བཏུབ་པ་འདུའོ། དམ་པའི་ཆོས་ནི་ལུང་ཚད་མས་ཟིན་ཏེ། དགེ་བ་བྱས་པས་མཐོ་རིས་དང་། སྲོག་གཅོད་སོགས་(པ་)མི་དགེ་བ་བྱས་པས་ངན་སོང་དུ་ལྟུང་ཞེས་འབྱུང་བས། འོ་སྐོལ་གྱི་རྗེ་ཁྲི་སྲོང་ལྡེ་བཙན་ལྟ་བུ་ཞིག་གཟུགས་ཕུང་སྐད་ཅིག་མའི་ལུས་བླངས་ཀྱིས་ཀྱང་དགོངས་པ་སངས་རྒྱས་སུ་བཞུགས་ཏེ་གཟུགས་བརྙན་གྱི་དཀྱིལ་འཁོར་བརྒྱ་རྩ་བརྒྱད་བཞེངས་པ་དང་། ཤེས་རབ་ཀྱི་ཕ་རོལ་ཏུ་ཕྱིན་པའི་མདོ་སྡེ་བརྒྱ་རྩ་བརྒྱད་བཞེངས་ཏེ་དགེ་བའི་འཛྲ་བཟང་བས་དེ་དང་རྗེས་སུ་འཐུན་པར་བགྱིད་འཚལ། འཁྲུལ་པའི་སྤྱོད་པ་ངན་པས་བསླུས་ན་དཔེར་ན་ཏ་དཀར་པོ་ལ་སྣུན་ནག་པོ་བསྣད་པ་ལྟར། ཐར་གྱི་སྒྲིབ་པ་དང་གེགས་སུ་འགྱུར་རིས་པས་ལྷ་སྲས་ཀྱི་གཏོང་འདད་འདི་ཆོས་ལུགས་སུ་བགྱིད་པར་ཞུ་ཞེས་གསུངས་པས། མཆིམས་བཙན་བཞེར་ལེགས་གཟིགས་ན་རེ། བན་དེ་དག་ཁྱེད་ཀྱི་མཆིད་ཤགས་དེ་ཁུངས་ནི་ནམ་མཁའ་སྟོང་པ་ལས་བྱུང་། དུས་ཚོད་ནི་ཚེ་ཕྱི་མ་ལ་བཏབ། ཁ་ཟིན་ནི་ལྷ་སྲས་ཀྱིས་མཛད། བདག་ཅག་གི་མཆིད་གྲོས་ལྟར་མི་འགྱུར་ན་ཅི་ལེགས་པར་མངའ་གསོལ། པོ་བྲང་གི་མདུན་ས་ཡང་བན་དེས་ཟུང་། རྗེའི་ཞབས་ཏོག་ཀྱང་བན་དེས་ཀྱིས། མཐའི་སོ་ཁ་ཡང་བན་དེས་སྲུང་ཟེར་ཏེ་ཕྱུགས་རྟབ་བྱས་སོང་བས། གཞན་ལུས་ཀྱང་མ་སྤོབས་ཏེ་སླ་བ་མ་བྱུང་བ་ལ། སློབ་དཔོན་བཻ་རོ་ཙ་ནས་སླར་གཉེར་རེད་རང་བན་དེས་བྱེད་ཅེས་གསུངས་པས་ལྷ་སྲས་ཀྱང་རབ་ཏུ་མཉེས་སོ། །དེ་ནས་བན་དེ་རྣམས་ཀྱིས་ལྷའི་བུ་དྲི་མ་མེད་པའི་མདོ་(གཙུག་ཏོར་དྲི་མེད་)ཀྱི་གཟུངས་ལ་བརྟེན་ནས་འདད་ཤིང་དཀར་ཆོས་སུ་མཛད་དོ། དེའི་དུས་སུ་རྡོ་རྗེ་དབྱིངས་ཀྱི་དཀྱིལ་འཁོར་བཞེངས་ཏེ་ལྷ་སྲས་ཁྲི་སྲོང་གི་འདད་བཏང་། བཻ་རོ་ཙ་ནས་ཐུགས་བདག་མཛད། གཡུ་སྒྲ་སྙིང་པོས་ཅོ་ག་མཛད། ངན་ལམ་རྒྱལ་བ་མཆོག་དབྱངས་དང་། འགོན་ཀླུའི་དབང་པོ་དང་། སྨམས་ནམ་མཁའ་སྙིང་པོ་ལ་སོགས་ཤེས་རབ་ཀྱི་ཕ་རོལ་ཏུ་ཕྱིན་པ་སྟུས་ཡུམ་མང་དུ་གླས་ཏེ་ལྷ་སྲས་ཀྱི་འདད་རྒྱལ་པར་བཏང་ངོ་། །དེ་ནས་མངའ་བདག་མུ་ནེ་བཙན་པོ་དང་། བཻ་རོ་ཙ་ན་དང་། རྒྱལ་མོ་གཡུ་སྒྲ་སྙིང་པོ་གསུམ་གྱིས་ལྷན་དཀར་ཏ་མོ་རར་བཀའ་རིས་པའི་ལུང་དོན་མན་ངག་རྣམས་རྒྱ་སྐད་ལས་བོད་སྐད་དུ་བསྒྱུར། སྲས་མུ་ནེ་བཙན་པོས་བཀའ་རིས་པའི་ལུང་དོན་མན་ངག་ཟབ་པ་རྣམས་སྟོད་དང་ལྡན་པ་ལ་གཏད། ལ་ལ་དབུ་རྩེ་ཟངས་ཁང་གི་བསེ་སྒྲོམ་ནག་པོར་སྲས་སྟེ་བཞག་གོ། དེ་ནས་གཡུ་སྒྲ་སྙིང་པོ་ཉིད་ཚ་བའི་ཡུལ་དུ་བཞུད། བཻ་རོ་ཙ་ན་ནུབ་ཕྱོགས་རྒྱུད་ཀྱི་ཡུལ་མ་ག་རྡའི་བྲག་ཕུག

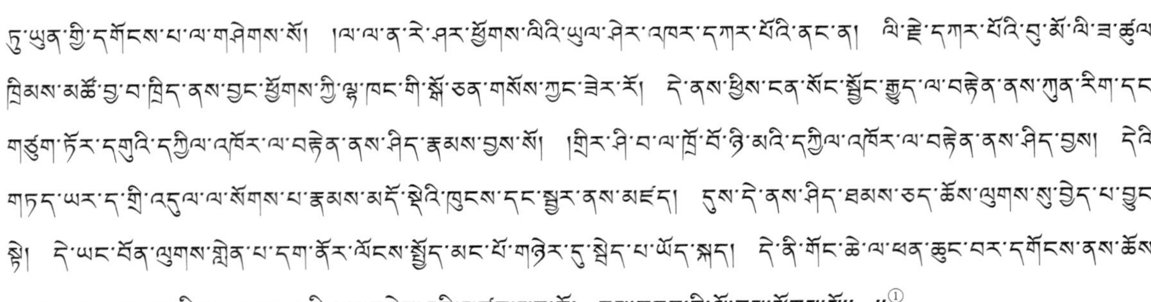
ཏུ་ཡུན་གྱི་དགོངས་པ་ལ་གཞིགས་སོ། །ལ་ལ་ན་རེ་ཤར་ཕྱོགས་ལིའི་ཡུལ་ཤེར་འཁར་དཀར་པོའི་ནང་ན། ལི་རྗེ་དཀར་པོའི་བུ་མོ་ལི་ཟ་རྒྱལ་ཁྲིམས་མཚོ་བྱ་བ་ཁྲིད་ནས་བྱང་ཕྱོགས་ཀྱི་ལྷ་ཁང་གི་སྒོ་ཅན་གསོས་ཀྱང་ཟེར་རོ། དེ་ནས་ཕྱིས་ངན་སོང་སྦྱོང་རྒྱུད་ལ་བརྟེན་ནས་ཀུན་རིག་དང་གཙུག་ཏོར་དགུའི་དཀྱིལ་འཁོར་ལ་བརྟེན་ནས་ཤིད་རྣམས་བྱས་སོ། །ཁྲིར་ཤི་བ་ལ་ཁྲོ་བོ་ཉི་མའི་དཀྱིལ་འཁོར་ལ་བརྟེན་ནས་ཤིད་བྱས། དེའི་གདང་ཡར་དུ་གྱི་འདུལ་ལ་སོགས་པ་རྣམས་མདོ་སྡེའི་ཁུངས་དང་སྦྱར་ནས་མཛད། དུས་དེ་ནས་ཤིད་ཐམས་ཅད་ཆོས་ལུགས་སུ་བྱེད་པ་བྱུང་སྟེ། དེ་ཡང་བོན་ལུགས་གླིན་པ་དག་ནོར་ལོངས་སྤྱོད་མང་པོ་གཉེར་དུ་སྲིད་པ་ཡོད་སྐད། དེ་ཉི་གོང་ཆེ་ལ་ཕན་ཆུང་བར་དགོངས་ནས་ཆོས་ལུགས་མཁས་པ་དག་གིས་ཟས་གཏད་ཀྱི་ཕྱག་བཞེས་འདི་མཛད་སྐད་དོ། ཟས་གཏད་ཀྱི་ལོ་རྒྱུས་རྫོགས་སོ།། ||[①]

## 三、汉文译文

### （一）《拔协》汉文译文

他（牟迪赞布）有五个王子，即赤祖德赞（ཁྲི་གཙུག་ལྡེ་བཙན།）、拉色藏玛（ལྷ་སྲས་གཙང་མ།）、赤达尔玛乌都赞（ཁྲི་དར་མ་འུ་དུམ་བཙན།）、拉杰（ལྷ་རྗེ།）和拉隆珠（ལྷུན་གྲུབ།）。长兄赤祖德赞十岁时，授权执政，娶觉如妃白吉昂慈坚（གཅོ་རོ་གཟའ་དཔལ་གྱི་ངང་ཚུལ་ཅན།）等为妃，以巴·芒吉拉罗（ཟ་མང་རྗེ་ལྷ་ལོད།）为外臣，钵阐布白吉云登（བན་ཆེན་པོ་དཔལ་གྱི་ཡོན་ཏན།）为佛法大臣。他召集臣属商议，以祖先的庄严寺庙为蓝图修建一坐九层高的本尊寺时，赞普道："按照惯例诸祖先当政时，赞普有三件大事要做：就是修建本尊寺庙、给吐蕃民众以安乐、对进犯者率军队予以反击。父祖辈有的只做了一件，有的只做了两件，有的依次先后做了三件。我要同时做成这三件事！"在给本尊佛寺奠基时，赞普下令："我要修建一坐如同拉萨的城堡、桑耶的村镇、呷琼寺那样小星坠落大地般的威严寺庙！"于是，召来了汉地、印度、泥婆罗、克什米尔、李域（于阗）、吐蕃等各地所有的能工巧匠，并请一位汉地的堪舆师察看地形。听说在李域的加诺木布（ལི་ཡུལ་ལྒགས་ར་སྨུག་པོ།）地方有一个巧匠，他是修建温姜德乌寺（འོན་ཅང་རྡེའུ།）的工匠。于是，赞普命人将一只獐子关在铁笼中，派使者带着獐子和一封信函。信中写道："笼中关的是吐蕃赞普的"香象"[②]，今派人送去，请收下。贵国有一个叫李觉白杰布（ལི་སྦྱོད་པའི་རྒྱལ་པོ།）的巧匠，请让他来修建吐蕃赞普的本尊寺庙。如果不肯赠予，赞普震怒，将陈兵相见！"使者到了李域，把信函献给李域君主。李域王看了函令，看见送来的礼物香象和尿。尿都散发香味，对之非常喜爱。又怕不遵从赞普命令会引起战祸，便商定遵命照办，吩咐李觉白杰布到吐蕃去。杰布言："我太老了，我有三子，将他们奉献给吐蕃赞普吧！"李域王道："你如果不去亲见赞普一面，赞普就会领兵来打李域。听说从前吐蕃赞普就曾率骑兵击败过李域。这次，你李觉白杰布一定要到吐蕃

① 德吉编：《〈拔协〉汇编》，民族出版社，2009年，275~281页。

② 象王，具有十头大象的气力。

去。哪怕死在途中也要将你的头颅献给赞普！”于是派李赛松（ལི་གསེར་གཟུང་།）、李赛奥（ལི་གསེར་འོད།）、李赛多（ལི་གསེར་རྡོག）等三子陪同父亲去吐蕃做工。让使者带着礼品返回吐蕃。李觉白杰布未死于途，平安到达吐蕃与赞普相见。他向赞普禀告修建寺庙的规划说：“应请赡部洲最好的石匠——泥婆罗石匠等来施工修建。下三殿的门框上下均用石头修砌。因石匠手艺高超，故按照祖辈在拉萨大昭寺首先立碑恩泽广被的规矩，此次石匠活也要以先立金刚杵形石碑开头作为献新。各种画图的献新部分，先在绸缎上画出草图，共要108张。塑像的献新部分，先从塑造梵天与遍入二神像着手。铸造物的献新部分以铸造铃状大钟为首。中三殿要用砖砌造；上三殿用木料、铜和皮革修筑，共是九层。殿顶之下绕以风轮，还要围塑很多僧人像。从飞檐向四方拉出四条铁链，连在四座大佛塔上。当大风从西边刮来时，东边的铁链松了，殿顶便略向东边倾斜；当风从东边刮来时，西边的铁链略松些，殿顶便略向西边倾斜。要像日纳山峰（རི་ནག་གི་རྩེ།）高耸入云一样，修建一坐殿顶上的大鹏鸟头也高入云霄的寺庙。”如此禀请后，便照着修起来了。赞普心想：要使百姓安乐，衣食温饱只是今生暂时的安乐。为了引导百姓信奉永世长久安乐的佛教，赞普详细阅读了佛教经典，下令道：“现在吐蕃的佛经，有些是从汉语转译过来的；有些是从印度转译过来的；有些是从泥婆罗语或乌仗那语转译过来的。祖辈传承的圣法来自各种派系和各种佛法语言，这样很不好。佛祖诞生于印度，首先在印度传法。我也要把佛法统一于印度的佛教。”于是，派遣16名聪慧的吐蕃青年，携带黄金前往印度学习翻译。到印度后，其中有的学不会语言，有的中暑死去，有的碰上边荒三鬼而亡，只有噶哇白泽（ཀ་བ་དཔལ་བརྩེགས།）[原注：彭域人]、纳那·耶喜德（སྣ་ནམ་ཡེ་ཤེས།）[原注：昂许人]、觉诺·鲁益坚赞（ཅོག་རོ་ཀླུའི་རྒྱལ་མཚན།）[原注：雅隆人]等三人学通翻译后，迎请了班智达孜那米扎（པཎྜི་ཏ་ཛི་ན་མི་ཏྲ་དང་།）、室利那嫩扎布迪哈（ཤྲི་ན་ལེན་ཏྲ་བོ་དྷི།）和达那喜拉（དྣ་ན་ཤི་ལ།）三人回到吐蕃，住在桑耶寺中印度翻译洲（殿）里，由王上供给费用，将祖父的寺庙[原注：桑耶寺]中和吐蕃境内所有的经书，毫无遗漏地收集聚拢来，委派他们全部按印度语加以翻译修改，厘定译语，建立完善法规。最后，在吉雪雄玛诺（སྐྱིད་ཤོད་ཤོང་མ་ར།）制定与印度相一致的升、两、钱等度量衡制度。①

**（二）《韦协》汉文译文**

佛陀示寂百年之后，于阗始有正法②，何以见得？于阗民众中曾纷纷传曰[蕃王]松赞干

① 德吉编：《〈拔协〉汇编》，民族出版社，2009年，第60~63页。参见佟锦华《拔协》汉译本，第60~62页，部分译文有所不同。

② 于阗始有正法：于阗，古西域之国，辖境在今新疆维吾尔自治区和田境内。于阗很早有佛法传播，4—5世纪之交，东晋高僧法显赴天竺求法时途经于阗，说其国民“尽皆奉法，以法乐相娱，众僧乃数万人，多大乘学”，最大佛寺瞿摩帝有3000多僧人，可见其佛法盛行之状（见《〈法显传〉校注》第13~14页）。唐玄奘归国时曾路过此国，称其国为瞿萨旦那国。根据《大唐西域记》卷一二的记载，佛寺瞿摩帝为于阗先国王毗卢折（遮）那所建，位于王城南十余里处，时其国有百余所佛寺，僧徒五千余人，兴大乘佛教（《大唐西域记》注释本，第402页）。藏文大藏经中亦收有有关于阗佛教史料的五部文献。

布乃是观世音（འཕགས་པ་སྤྱན་རས་གཟིགས།）再现。时有两名李域沙弥常年供奉、念修圣观世音，为的是一睹观世音的圣容。一日，至尊文殊显现于两人面前，说："善男子，有何祈求，一并告来！""祈求我之瞻仰圣观世音尊容的愿望能够得以实现。"文殊答曰："蕃地的国王正是至尊观世音的化身，尔等可前往吐蕃去瞻仰之。"于是两沙弥手握锡杖，背着经卷来到了吐蕃赞普的王城（བོད་ཡུལ་བཙན་པོའི་པོ་བྲང་།）。时恰逢蕃地赞普颁布第一部法令（བཙན་པོའི་བཀའ་ཁྲིམས་དང་པོ།）之时，只见违法者有人或被杀，或被流放，或被拘于刺篱，或被剐鼻挖眼。李域两沙弥（ལིའི་བན་དེ་༢）目睹惨状，顿时失去了对吐蕃国王的敬仰，"此王并非观音化身，我等不如即刻返回"。话语至此，即欲踏上回归之途。赞普闻之，即遣人从宫门传旨，宣两名沙弥进宫。两沙弥进宫谒见，赞普道："尔等何故来此？"沙弥答："我等特此前来，瞻仰圣观音的尊容。"赞普听后便曰："随我而来！"便起身离座，将两李域沙弥带到了一处僻静之地，即可幻变成至尊观世音，此二人见状欣喜若狂，遂叩头敬礼。赞普问："尔等还有何意愿？"答曰："一心只想尽快回到李域。"说着他俩抱着赞普之足泪流不已。随后，俩人跟随赞普回到了王宫，不多时便在宫中酣然入睡。待到次日天明日照身暖，醒来之时，两名沙弥发现已身处李域，却不见至尊观世音。二沙弥感叹道："先前道吐蕃王不是圣观世音，心生回归李域之念，故而未能得到成就。如今看来，吐蕃赞普实为至尊观世音的化身并非虚言。"此段文字如实取之于《大授记》[①]（ལུང་བསྟན་ཆེན་པོ།）也。

毗卢遮那（སློབ་དཔོན་བཻ་རོ་ཙ་ན།）答曰："[尔等所言]吉祥如意是妄语也。更为吉祥的是在天竺释利那烂陀寺。国王塔那达罗（ད་ན་ཏ་ལོ།）及王子图什杂哈迪（ཐུ་རི་ཛ་ཏ་ཧི།）、公主巴拉妮（པ་ལ་ནི།）等25名班智达因信奉妙法，心向善品的福力之故，享年一千五百岁或一千三百岁。又，天竺之王达摩热杂（དྷམ་ར་ཛྙ།）、邬仗那国王因陀菩提等人世系传承十四代，父王叔辈等王嗣后裔相续不绝，殊胜功德聚于一身，一时使圆满佛土亦安然失色也。又，在须弥山顶三十三天兜率天尊胜精舍里帝释天高居上座；四夜叉分居四大阁楼；三十二眷众居三十二天殿宇，受用所喜。无量宝宫所铺褥垫，坐上去柔软松绵，起身离座又复其原状。又，在色究竟天的法界，在无量光佛的刹土或莲花佛土，无生死离别也。道雅拉香波威严实为胡言，四大王天威猛神力有甚之。威势主金刚手等三怙主，既具大慈悲又善为方便。尊者大日如来不显身前身后，便掌控世间一

①《大授记》：全名《于阗授记》。指吐蕃时期一部藏文的有关于阗佛教的重要史料。大英图书馆东方与印度事务部图书馆所藏敦煌古藏文文献中也发现了两部《于阗授记》。2010年11月著者在英国剑桥大学作访问学者期间，有幸在大英图书馆查阅敦煌古藏文文书达半个月，其间仔细翻阅了编号为IOLTib J 597的《于阗授记》。该写本总计12叶，叶长55.5厘米，宽8.5厘米，每叶书写5行，字体为藏文楷体（珠尔体）也收有此书，名为《于阗授记》。诸多后期史籍诸如《娘氏宗教源流》皆从《于阗大授记》中转述于阗两比丘与松赞干布的故事。法藏敦煌古藏文文书中有一部《于阗教法史》，编号为P.T.960，专门记载于阗佛教传播史和于阗与吐蕃的佛教关系，与《于阗大授记》可互相参照。藏文参见德吉编《〈拔协〉汇编》，民族出版社，2009年，第240~241页，汉译参见巴桑旺堆《韦协》译本第3~5页。

切法。威猛具大神力者应是如此。声言什么苯教之“多皆”和法典善美，实为戏言。森波[①]王赤旁松祭祀无慈悲心之神唐拉亚拉，彭域之阿、辛苯教徒，滥杀牲畜诸如牛、羊、马等无数，“直珍”和“觉米”等以火焰多次举行“祭鬼”“苯甲堆”等仪式。前恶未尽又添新罪，执迷于错乱之教。其臣娘、拔、嫩和蔡邦称等四氏背主，献出城堡孔隆结布囊于悉博野治下。如此行事，何以言苯教徒聪睿好运？象雄[②]王涅秀拉米（གཉན་ཞུར་ལག་མིག）祭祀无慈悲心之神启库和穆突，象雄四教皆从苯教葬俗超荐仪轨，故象雄国政衰亡，其城堡孜脱和桂达被收于悉博野治下。外甥阿柴[③]王祭祀无慈悲心之神斯迟噶布，其俗为苯教超荐黑俗，故政衰国亡，终归于悉博野治下。钦塔布王也因事从苯教超荐之俗，导致国政衰亡，你等钦·赞协等人也早已成为悉博野的臣子。努王斯布祭祀无慈悲心之神吞楚，事从本应忌讳之苯教超荐黑俗，故国政衰亡，城堡嘉木等被收于悉博野治下。以此等事例，可知苯教超荐黑俗切不可行之。佛之妙法源于正宗，言从善者生于上界，事恶者下坠恶途。我之王赤松德赞虽一瞬间获人之身蕴，但其以觉者之心造百又八座坛城，书写《佛说般若波罗蜜多经》等经部一百零八部。此皆为从善之道也。如受恶行之诱惑，似同白马披上黑色马褥，必成魔障和灾难。故天神之子的超荐一事，应随佛法行事。”钦·赞协列斯答：“你等僧徒的辩词源于虚空之论，时光则寄托于来世。今如不依我等之言论，如何而做请由天神之子决断也。从此国政大事有请佛僧做主，国王服侍有劳佛僧操劳，保边守土之责有请佛僧担当。”说着便抖身离座，众人无言可对。毗卢遮那曰：“将由我等僧人来担当一切。”天神之子闻之亦大喜也。继而，僧人依佛经《天子无垢经》（ལྷ་བུ་དྲི་མེད་པའི་མདོ།）、《顶髻无垢经》（གཙུག་ཏོར་དྲི་མེད་ཀྱི་གཟུངས།）等所阐述的佛理，塑造金刚界坛城，为天神之子赤松修善超荐。时毗卢遮那为密法师，玉扎宁布则掌理仪式，额兰·杰瓦曲央（ངན་ལམ་རྒྱལ་བའི་མཆོག་དབྱངས།）、昆·鲁益旺波、努·南喀宁布（སྣུབས་ནམ་མཁའ་སྙིང་པོ།）等诵《佛说般若波罗蜜多经》母子部，天神之子

① 森波（zing–po），十二邦国之一，即额波查那。以今拉萨市林周县为中心，辖境包括今林周县、当雄县、达孜县和吉曲河（拉萨河）流域的一些地区。据巴桑旺堆介绍，在一些研究吐蕃的著作中把 zing–po 当成汉文文献中的苏毗来叙述是完全错误的。Zing–po 和 sum–po（孙波）又混为一谈也是错误的。

② 象雄（zhang–zhung），十二邦国之一。唐书称其为羊同国，有大、小羊同国之分别：“大羊同国，东接吐蕃，西接小羊同，北直于阗，东西千余里，胜兵八九万。”（《册府元龟》卷九五八，转引自《〈册府元龟〉吐蕃史料校证》第24页）象雄被松赞干布灭亡前曾拥有广阔的辖境，包括今阿里地区全部和那曲地区大部，日喀则地区西部吉隆、萨嘎、仲巴三县，以及今印度拉达克（la–dwags），尼泊尔的久木拉（wal–rtse）、托布（dol–po）、洛沃（glo–bo）等地。位于西藏昌都西部和青海玉树一带的孙波（恐）也在象雄治下。松赞干布灭象雄后把孙波划出象雄之外，单设孙波茹，辖十个千户府。

③ “阿柴”（v–zha）），又称为“阿夏”，即吐谷浑、吐浑或退浑，P.T.1263“汉照词汇”中只对应的便是退浑。唐初吐谷浑已是在青海湖一带建立300多年的小国。“外甥阿柴王”意即因吐谷浑与吐蕃联姻，吐谷浑王是蕃赞普的外甥。藏文史料记载早在松赞干布执政时期，有吐谷浑王女远嫁贡日贡赞（松赞干布的儿子）。唐太宗时期曾发兵吐谷浑，637年慕容伏允败死，太子达延芒波结投奔吐蕃。唐朝立慕容伏允的长子慕容顺可汗，慕容顺死后其子诺曷钵继位，国中发生内乱，大臣争权。从659起，吐蕃大相噶东赞（也写作噶尔东赞）乘吐谷浑内乱，亲率大兵，征战吐谷境内。663年吐谷浑大臣素和贵向吐蕃投奔，噶东赞大破吐谷浑，诺曷钵亡凉州，立国350年的吐谷浑国政衰亡，被吐蕃所征服。“神斯迟噶布（srib–dri–dkar–po）应指的是吐谷浑的氏族保护神。

的超荐佛事可谓隆盛也。此后，王牟尼赞普、毗卢遮那、杰莫·玉扎宁布三人齐聚兰噶尔达木热宫（ལྷན་དཀར་ཏ་མོ་ར།），把佛说经义秘诀从梵文译成藏文。牟尼赞普把部分经义秘诀的奥义传给有佛缘者，另一部分则装入漆木造的黑匣藏于乌孜殿。完毕，玉扎宁布奔回察瓦之地，毗卢遮那则赴西方“茄”之地摩揭陀，深居岩洞，长时修定。也有人传言他下东方李域之地，访白色水晶王宫，携黎域王噶布之女李萨·楚臣措（ལི་ཟ་ཚུལ་ཁྲིམས་མཚོ།）[①]修筑北方的佛堂之门。此后，修善超度仪式皆依据《净治恶趣密续》（ངན་སོང་སྦྱོང་རྒྱུད།）之义理，以“普明大日如来”和“顶髻忿怒九明王”之坛城仪轨来举行。毙命于刀下者，其修善超度仪式以“忿怒明王”坛城仪轨为准，配之《经藏》义理来举行。自那时以来，修善超度仪式皆按佛法行之。传言愚者如苯教徒把财宝用于殉葬，一是耗损，二是益处无多，故精于佛法者创立了“供食”仪轨也。此乃“供食”之缘由。终。[②]

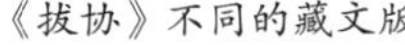

《拔协》不同的藏文版

《拔协》汉译本

① 李域王噶布之女李萨·楚臣措（li-za-tshul-khrims-mtsho），按文献资料记载，于阗王称之为“地乳”王，因其开国之王出生后吸“地乳”而得以成长，故得名。据《莲花苑·毗卢遮那传》（第328页）载，毗卢遮那晚年应李域公主强秋卓玛之邀请游历于阗，弘法利众。另《宁玛教法源流》（上卷，第291页）亦载，毗卢遮那在吐蕃收有一位来自李域的女弟子李萨·喜饶卓玛。李萨·楚臣措与强秋卓玛似乎指同一人，而李萨·喜饶卓玛是长期在吐蕃修法之人，可能另有其人。

② 藏文参见德吉编《〈拔协〉汇编》，民族出版社，2009年，第275~281页，汉译文巴桑旺堆《韦协》译本，第29~31页。

# 十二、《贤者喜宴》(མཁས་པའི་དགའ་སྟོན།) 李域部分译注

## 一、解　题

### （一）作者简介

《贤者喜宴》(མཁས་པའི་དགའ་སྟོན།)，藏文全称为"丹巴却吉考洛吉尔瓦那木吉央瓦萨瓦尔夏瓦科维噶东"(དམ་པའི་ཆོས་ཀྱི་འཁོར་ལོ་བསྒྱུར་བ་རྣམས་ཀྱི་བྱུང་བ་གསལ་བར་བྱེད་པ་མཁས་པའི་དགའ་སྟོན)，因为是在洛扎这个地方写成的，所以又叫《洛扎教法史》(ལྷོ་བྲག་ཆོས་འབྱུང་།)。该书作者为巴卧·祖拉陈瓦（又译为巴俄·祖拉陈瓦，1503—1565年），是藏族历史上著名的历史学家。藏历第八饶迥水猪年（明弘治十六年，公元1503年），巴卧·祖拉陈瓦出生在卫藏地区拉萨聂塘(སྙེ་ཐང་།)地方"尼牙"(གཉགས།)家族，乳名"顿珠"(དོན་གྲུབ།)，他很快便被认定为藏传佛教噶玛噶举派乃囊寺的巴卧第一世曲旺伦珠的转世，成为二世巴卧活佛，5岁时被认定后迎请至洛扎卓卧寺(ལྷོ་རྡོ་བ།)坐床、出家，嗣后随噶玛噶举派黑帽第八世活佛米觉多吉(མི་བསྐྱོད་རྡོ་རྗེ།)学习拼读、诵写及佛经。29岁时，他曾前往工布地方与第八世黑帽系大宝法王噶玛巴米觉多杰相会，并与之交好，从此得名"大德祖拉陈瓦"。[①] 在幽深闭塞的寺院里，清心寡欲，苦读10余年，终于通晓大小五明，一生著述颇丰，最具史学价值就是《贤者喜宴》。此后，巴卧一直驻锡洛扎拉隆寺，主持寺院政教事务，并继续修习不辍，终于通达佛教显密及藏族传统文化"大小五明"之学，成就为杰出的藏族大学者。《土观宗派源流》一书评价他能够"适应时代要求，专重研究五明者论"，"其

① 《贤者喜宴·噶玛噶仓史》中辟有专章论及八世噶玛巴米觉多杰，并记述了巴卧与之交往的过程。

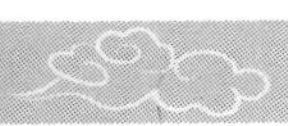

学问可入善巧之数，著有八行论大疏、历数学论、佛教史等”。[①] 据作者在《贤者喜宴》中自述，作者于42岁和60岁之时，曾先后两次编撰此书，并最后61岁之阳木鼠年（明嘉靖四十三年，1564年）终于完稿。除此之外，作者曾有多种著作面世，其中最为著名的有《入菩萨行论广释》《历算典籍》《金刚亥母广论》《四部医典释》《药学笔录——摄集精华》、《历算大宝库世藏》等。

《贤者喜宴》是一部内容广博而厚重的藏文历史著作。按照原书的编写体例，全书共分5编17章，内容包括世间形成、古印度简史、汉地的历史、佛教产生及发展简况、印度王统、吐蕃王统史、西藏佛教各教派的兴起、译师、论师史、噶玛噶举教派史等，涉及印度及我国中原地区、于阗、西夏、蒙古等的帝王世系和佛教历史，而全书叙述的重点在于藏传佛教史。《贤者喜宴》是作者的心血之作，凝聚着他研究藏传佛教史的智慧才能，也是他为后人留下的宝贵文化遗产。

当前国内学界翻译与使用此书的版本主要有两种：一种是藏文木刻板《贤者喜宴》，即洛扎版，乌梅体文字刻印；另一种系民族出版社在洛扎版基础之上，经过藏学家多吉杰博的悉心整理之后，于1986年出版的铅印本《贤者喜宴》，共计1527页。两种版本在内容上基本一致，但后者所用乌金体藏文与当代报刊的藏文书写方式基本一致，对于初通藏文者更易于辨识与查阅，且编排、印刷更符合现代出版规范，在文献引用时也有诸多便利。黄颢、周润年摘译《贤者喜宴》之《吐蕃史》部分，并出版过一些汉文译本，但所出均为《贤者喜宴》之一部，而非全部，是故《贤者喜宴》现行之各个汉文版本均为摘译。其中较大的汉文摘译本目前为《贤者喜宴·吐蕃史译注》[②]。2010年底，《贤者喜宴——吐蕃史译注》正式与读者见面。此书的节译由《西藏民族学院学报》刊登。《贤者喜宴》是一本藏族通史，在众多早期藏文史学著作中，该书广征博引，内容翔实，史料丰富，言之有据，以较为忠实于史实而著称，其史学价值早就受到藏学界的高度关注。著名藏学家王尧先生在为本书所写的序言中就回顾了20世纪50年代藏学前辈于道全先生和王森先生均与其结缘。近几十年来，随着藏学的不断升温和藏学研究的不断深入，《贤者喜宴》的史学价值更是受到越来越多专家学者的高度重视。后来，黄颢先生[③]于1980—1986年对《贤者喜宴》进行了部分汉译注，并连载于《西藏民族学院学报》，共19期（前8期为摘译，9~19期为全译），引起了史学界巨大反响。黄颢先生因病于2004年辞世，逝世前将

① 土观·罗桑却吉尼玛著、刘立千译：《土观宗教源流》，民族出版社，2000年，第66页。

② 巴卧·祖拉陈瓦著，黄颢、周润年译注：《贤者喜宴·吐蕃史译注》，中央民族大学出版社2010年。

③ 已故的黄灏先生，是我国著名藏学家、藏语言学家。黄先生毕生致力于藏学研究事业，对藏学研究颇有造诣，在中国藏学界有着广泛影响。他的著作颇丰，留有专著、合著、译著等多种，并参与《藏汉大辞典》等辞书的撰写，在藏汉文翻译方面经验极为丰富、颇具权威。

之后翻译的任务委托于周润年教授[①]。周教授利用4年多的时间，历经两代学人的不懈努力，这部藏文史学巨著的汉译本终于面世。《吐蕃史译注》提供了丰富的吐蕃史料。关于《贤者喜宴》原著中史料的准确性，是指这些史料能够和其他藏汉文史料相互印证，更加权威可信。比如在叙述重大历史事件时，该书突破了传统著作中的某些缺陷，引用了吐蕃以来大量的碑铭、诏令、书函、律令等原始文献，大多数材料与敦煌本藏文写卷和汉文史料都能互为印证，是研究西藏地方历史文化不可或缺的重要史籍。还有关于吐蕃早期十二小邦的记载，也与敦煌古藏文史料基本相合。《贤者喜宴》汉译本，译者对原文进行了精心梳理、归类和编排，使全书结构井然、层次清晰、中心明确，非常适合现代阅读习惯，便于读者理解、查阅和引用。译者按照时间顺序把吐蕃史划分为十九章，每章又划分为若干小节，使全书层次结构非常明晰。第一章简述了从西藏远古时期到囊日松赞这一漫长历史时期的历史；接下来的两章讲述的是松赞干布时期的历史；第四章写的是芒松芒赞和赤德祖赞；后面的七章基本上是围绕赤松德赞展开的，每章的内容又都集中于一个中心；第十二章写的是牟尼赞普和牟迪赞普的历史；第十三章是赤祖德赞时期的历史；第十四章讲的是朗达玛；以后的五章分别主要讲述了朗达玛之死及其两支后裔的情况、吐蕃后期的奴隶起义、吐蕃王族后裔的传承情况、阿底峡进藏前后的社会和佛教情况以及保护拉萨和佛教寺院等。综上所述，《贤者喜宴——吐蕃史译注》以翔实的史料和充实的注释为我们呈现了西藏地区吐蕃时期历史的全貌，以科学的编排和权威、准确的翻译为我们演绎了这一藏族历史文学名著的魅力，确实是不可多得的吐蕃历史权威著作，是藏族历史学习者的首选教材，是吐蕃历史研究工作者的必备参考书。[②]

**（二）版本介绍**

本书藏语称为“凯维噶东”（མཁས་པའི་དགའ་སྟོན།），可意译为《贤者喜宴》。这本书在他42岁时才动笔，于藏历第九饶迥木鼠年（1564年，明嘉靖四十三年）终于完成了这部名著。此书可以说凝结了他前半生的心血而成，他自己也颇为看重此书，于60岁时再次修改，于藏历木鼠年（明嘉靖四十三年，1564年），终于完成了这部名著。全书以藏文字母排列，共17函，有5大编，内分17章，木刻本有791页。《贤者喜宴》的史料价值及其在藏族文史著作中的地位，已经引起国内外藏学界人士的广泛重视。目前除有正版外，尚有打印、刻印等复印本。1987年，民族出版社出版了这本书，分上下两卷。1969年，国外有印度钱德拉·拉克拾（Chandna · Lokesh）的

① 周润年教授，中央民族大学教授，博士生导师。他早年毕业于藏语言文学专业，后长期从事“藏语语言”“藏文文献”等课程的教学工作，并潜心研究，笔耕不辍，积累了丰富的藏汉文翻译经验。他曾参与翻译了诸如《红史》《萨迦世系史》《藏族古代法典》等许多重要的藏文著作，受到学界的高度重视。今天，黄灏和周润年两位先生联袂翻译的《吐蕃史译注》，准确性和权威性得到了学界的肯定。正是因为本书准确详细的注释，为这一藏族历史文学名著锦上添花，编译体例科学规范，便于理解、查阅和引用，解决了原著结构凌乱、层次不清、晦涩难懂的难题。

② 黎同柏：《翔实权威的吐蕃史译注大作——〈贤者喜宴〉——吐蕃史译注》，《四川民族学院学报》2012年第4期，第107~126页。

手抄楷书兰杂本（其中ji函为原木刻板的影印本）。1986年民族出版社出版藏文本。之后，《贤者喜宴》由周润年先生再次精心译注，并补译了《噶玛岗仓史》，2017年由青海人民出版社出版发行，使这部上册称为《贤者喜宴》、下册称为《噶玛岗仓史》的史学著作完整地呈献给广大读者。

**（三）内容提要**

此书时空跨度很大，从远古时期到元明时期，从西藏及其周边到中原各地及印度、尼泊尔等周边国家均有涉及。分别围绕西藏政治、经济、法律、宗教、历史、文化、医学、音乐、建筑、绘画等主题，对明代以前的西藏社会进行了详尽的叙述。在某些重大历史事件的描述上克服了传统藏族学者著述中的缺陷，引用了吐蕃以来的大量碑铭、诏令、函件、律令等原始材料，且多数与敦煌本藏文写卷和汉文史料互为印证，内容翔实、旁征博引、忠实史料，是研究西藏地方历史文化及其与周边关系的珍贵典籍。

《贤者喜宴》主要谈论的是吐蕃王室的传承以及佛教在藏族地区传播、发展的历史。内容十分丰富，除乌思藏（དབུས་གཙང་།）本身外，还对汉地、突厥、苏毗、吐谷浑、于阗、南诏、西夏、蒙古，以及天竺、泥婆罗、克什米尔、勃律、大食等的历史情况也进行了描述，称得上是一部集政治、经济、宗教、历史、文化及自然科学之大成的重要典籍。它广征博引，注重史实，收集了大量今天难以见到的原始史料，尤其是书中ja字卷内的155页记录了许多极为珍贵的史料，与敦煌古藏文写卷大都可相互印证，书中还收录了数通古藏文碑铭石刻，吐蕃时期的赞普诏书、盟书。形成了自己以史料为主、以论为辅的史学风格。在著述中，从不拘泥于旧说，而是在掌握大量史料的基础上，小心求证，注重考据，潜心钩沉。如对“牟尼赞普一年内三次均贫富”等传统说法，大胆提出质疑。正是因为他目光犀利，提出了不少独特的，甚至“离经叛道”的观点，而为当时社会所不容，遭到一些人的非议，被斥为“异端”。今天看来这恰恰是《贤者喜宴》的价值所在。这本历史名著摆脱了传统藏族学者所著史书枯燥记录的旧法，生动地叙述了许多神话传说和历史故事。如猕猴与罗刹女的结合，吐蕃始祖聂墀赞普降为人主的神话，止贡赞普被杀，文成、金城两公主远嫁吐蕃的故事，以及大、小昭寺的传奇。通过作者的精心描述，这些语言生动、情节曲折的文学作品至今还广泛为人们传诵。①

《贤者喜宴》第四章的第一节中专门讲述了李域国的最初建立、佛教的弘传及王统的世系情况。《贤者喜宴》与其他教法史所不同的是对“李域”名称也做了考释，并就各《授记》做了对比，东嘎教授的辞典中也引用了其中的观点，故这部分内容值得研读推究。下面汉译是根据民族出版社出版下卷第1383~1388页翻译。

① 曾国庆、郭卫平编著：《历代藏族名人传》，西藏人民出版社，1996年，第212页。

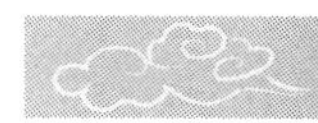

## 二、藏文原文及汉文译文

藏文原文（第1383页）：

ཡན་ལག་བཞི་པ་ལི་ཡུལ་དང་། རྒྱ་ནག་སྔ་མ། མི་ཉག ཧོར། རྒྱ་ནག་ཕྱི་མ་བཅས་ཀྱི་སྐབས།

ཆོས་འབྱུང་མཁས་པའི་དགའ་སྟོན་ལས་ཡན་ལག་བཞི་པ་ལ་ལི་ཡུལ། རྒྱ་ནག་སྔ་མ། མི་ཉག ཧོར། རྒྱ་ནག་ཕྱི་མ་རྣམས་སུ་རྒྱལ་པོ་དང་ཆོས་ཇི་ལྟར་བྱུང་བ་རྣམས་བཞུགས་སོ། །

ལེའུ་དང་པོ་ལི་ཡུལ་གྱི་རྒྱལ་པོ་དང་ཆོས་འབྱུང་།

ད་ནི་འཛམ་གླིང་གི་ཡུལ་གྲུ་གཞན་ལས་ཇི་ལྟར་རྙེད་པ་དག་གི་རྒྱལ་པོ་བྱུང་ཚུལ་རྣམས་གོ་སླ་བའི་ཕྱིར་ཚིག་ལྷུག་པས་བརྗོད་པར་བྱའོ། །འདི་ལ་ལྔ་སྟེ། ལི་ཡུལ། རྒྱ་ནག་སྔ་མ། མི་ཉག ཧོར་གྱི་རྒྱལ་པོ། རྒྱ་ནག་ཕྱི་མ་ཇི་ལྟར་བྱུང་བའོ། །

དང་པོ་ནི་སྔོན་སངས་རྒྱས་འོད་སྲུང་གི་དུས་ཡུལ་དུ་ཡོད་ཅིང་མྱ་ངན་ལས་འདས་ནས་སངས་རྒྱས་འོད་སྲུང་གི་མཆོད་རྟེན་ཡང་དེར་བརྩིགས་པ་ལས་ཕྱིས་མི་ཁ་ཅིག་གིས་དྲང་སྲོང་ལ་གནོད་པ་བྱས་པས་དྲང་སྲོང་གི་དམོད་པའབ་ཀླུ་ཁྲོས་པས་མཚོ་ཆེན་པོ་ཅིག་ཏུ་གྱུར། འོ་སྐོལ་གྱི་སྟོན་པ་དེར་གཤེགས་ཏེ་མཚོ་ལས་པདྨ་བྱུང་བའི་སྟེང་དུ་བཞུགས་ཏེ་གླང་རུ་ལུང་བསྟན་པ་དང་ལི་ཡུལ་ལུང་བསྟན་ནས་ལྷ་མོ་དྲི་མ་མེད་པའི་འོད་ལུང་བསྟན་པ་ཅེས་བྱ་བའི་མདོ་གསུངས། ད་ལྟ་ཆུ་འབབ་ཞིག་ཏུ་གདའ་ན་ཡུལ་ནས་འབྱུང་ཞུས་པས་མོའུ་འགལ་གྱི་བུ་དང་རྣམ་ཐོས་སྲས་གཉིས་ལ་ཁྱེད་གཉིས་ཀྱིས་ཆུ་དྲོལ་ཞིག་གསུངས་ཏེ་རྣམ་སྲས་ཀྱིས་བེ་ཅོན་གྱིས་རིའི་སྒྱུ་ཁྱུད་དྲལ། མོའུ་འགལ་གྱི་བུས་གསེག་ཤང་གིས་ཆུ་རྣམས་དཀྲུགས་ཏེ་ཕོ་བས་ཡུལ་གྱི་རྣམ་པ་དོད། རི་གླང་མགོའི་སྟེང་སྐུ་གཟུགས་ཆེན་པོ་བཞུགས་པའི་གཡོན་ཕྱོགས་ཀྱི་ལྷ་ཁང་ད་ལྟར་མཆོད་རྟེན་ཆུང་ངུ་ཡོད་སར་དགུང་བདུན་བཞུགས་ནས་འོད་ཟེར་ལན་བདུན་འཕོར་སར་ཕྱིས་འུ་ཐེན་གྱི་མཁར་དང་གྲོང་མདར་ལྡན་འབྱུང་། འོད་ཟེར་ནུབ་སར་ཙནྡན་གྱི་སྐུ་གཟུགས་ཅིག་རྒྱ་གར་ནས་ཕྱོན་ཏེ་བཞུགས་པར་འགྱུར། པདྨ་དང་མེ་མར་བྱུང་སར་ཐེག་ཆེན་གྱི་དགེ་སློང་ཕོ་མོའི་གཙུག་ལག་ཁང་སུམ་བརྒྱ་རེ་གསུམ་འབྱུང་སྟེ་བྱང་སེམས་ལྷ་བརྒྱ་རེ་རྟག་ཏུ་བཞུགས་སོ། །ང་མྱ་ངན་ལས་འདས་ནས་ལོ་བརྒྱ་ན་རྒྱའི་རྒྱལ་པོ་ཙི་ཏུ་ནུ་ལས་ལི་ཡུལ་འཛིན་པར་འགྱུར་རོ་

汉文译文：

**第四编　李域、原汉地、西夏、霍尔、后汉地时代**

《贤者喜宴》第四编李域、原汉地、西夏、霍尔、后汉地等地如何产生国王和佛教的。

### 第一章　李域的国王和教法源流的形成

在此，赡部洲别的地方所产生的无数王统以通俗的散文作为解释，分为五个方面：李域、原汉地、西夏、霍尔、后汉地等地之国王和佛教是如何产生的?

首先，先前迦叶佛（སངས་རྒྱས་འོད་སྲུང་།）[①] 时期就有此地，（迦叶佛）涅槃后他的佛塔也建于此。

① 迦叶佛，藏语称作“桑吉奥松”，也称饮光佛，梵文译作“迦叶波佛”，略作“迦叶”，贤劫第三佛或七佛中之第六佛。

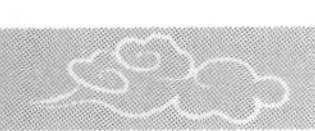

后来，由于有些恶语危害仙人（དྲང་སྲོང་།），仙人的诅咒或鲁神发怒使此地变成了一个大海。我佛释迦牟尼抵达此处，安坐在海中所生之莲花上，宣授了《牛角山授记》（གླང་རུ་ལུང་བསྟན་པ།）、《李域授记》（ལི་ཡུལ་ལུང་བསྟན།）、《天女无垢光授记》（ལྷ་མོ་དྲི་མ་མེད་པའི་འོད་ལུང་བསྟན་པ།）等经。若要问如今唯一有水之地何时产生？（释迦牟尼）对目犍连和多闻天王（རྣམ་ཐོས་སྲས།）两者吩咐道："您等把水退去！"多闻子用短橛退去山的外围之水，目犍连用禅杖搅动积水，陆地凸起，在牛头山（རི་གླང་མགོ།）① 顶供奉佛像的左侧佛殿（གཡོན་ལོགས་ཀྱི་ལྷ་ཁང་།）即今坐落的小塔处驻锡了一周，在七次发光处，后来产生了极具威严的和田大育城（ཨུ་ཐེན་གྱི་མཁར་དང་གྲོང་མངར་ལྷན།）。佛光泯灭处供奉的一尊檀木佛像来自印度。莲花和红火产生处，坐落着大乘比丘僧尼的佛殿三百六十三座，长期驻锡有五百菩萨。依照授记记载，（佛）灭寂百年，国王吉日尼（རྒྱལ་པོ་ཙི་རྡུ་ནུ་ལ།）统治李域（ལི་ཡུལ།）。

藏文原文（第1384页）：

ཞེས་ལུང་བསྟན་པ་ལྟར་ས་ཆུ་བྱུང་ཚུལ་ནི་སངས་རྒྱས་མྱ་ངན་ལས་འདས་ནས་ཕྱེད་ལོ་ལྟར་ན་ཉིས་བརྒྱ་སོ་བཞི་དང་ལོ་ལྔ་བརྒྱ་དང་བཅུ་བདུན་ལོན་པར་རྒྱལ་པོ་ཨ་ཤོ་ཀས་སྡིག་པ་མང་པོ་བྱས་པ་དགྲ་བཅོམ་པ་ཡ་ཤས་བཏུལ་ནས་འཛམ་གླིང་དུ་གཙུག་ལག་ཁང་དང་མཆོད་རྟེན་བརྒྱད་ཁྲི་བཞི་སྟོང་བྱེད་པའི་ཚེ་ལི་ཡུལ་ཡང་མཚོ་བསྐམས་ནས་སྟོང་པར་ཡོད། ཨུ་ཐེན་གྱི་མཁར་ཡོད་སར་རྣམ་ཨ་ཤོས་རྡོ་དགོངས་ཅིག་བཏབ་ཚེ་སྔར་བཙུན་མོ་དམ་པ་ཛིང་བུར་ཁྲུས་བྱེད་ཚེ་རྣམ་སྲས་ནམ་མཁའ་ལ་འགྲོ་བ་ལས་མར་གཅིག་གིས་གཅིག་མཐོང་ཞིང་ཆགས་པས་སེམས་ཀྱི་བུར་གྱུར་པ་བཙས་ཏེ་མཚན་མཁན་གྱིས་འདི་ནི་མཐུ་དཔལ་ཆེ་སྟེ་རྒྱལ་པོ་བཞུགས་བཞིན་དུ་རྒྱལ་སྲིད་བྱེད་པར་འགྱུར་རོ་ཞེས་སྨྲས་པས་རྒྱལ་པོ་ཁྲོས་ཏེ་ཁོ་དེ་ཙམ་དུ་དབང་ཐང་ཆེ་ན་ཁོ་བདག་ཉིད་འཚོ་གྲུང་ཟེར་ཏེ་དེ་ཉིད་དུ་བོར་རོ། །དེའི་ཚེ་ས་ལས་ནུ་མ་ཞིག་བྱུང་སྟེ་དེ་ལ་ནུས་པས་ས་ལས་ནུ་མ་ནུ་ཞེས་མིང་དུ་ཆགས་རྣམ་ཨ་ཤོས་ལོ་ང་ལྔར་རྒྱལ་པོ་བྱས་པ་ལས་དེའི་ཚེ་རྒྱལ་ལོ་སུམ་བཅུ་སོང་བར་བཤད། རྒྱ་ནག་གི་རྒྱལ་པོ་བུ་སྟོང་དབང་པ་རྣམ་སྲས་དང་གྲོགས་སུ་གྱུར་པ་ཅིག་ཡོད་པ་ལ་བུ་སྟོང་དུ་གཅིག་གིས་མ་ཚང་ནས་རྣམ་སྲས་ལ་བླངས་པས་ས་ནུ་བྱིན། ལོ་བཅུ་གཉིས་ལོན་ཚེ་རྒྱལ་པོ་དེས་རྒྱལ་ཐབས་དང་དམག་ཁྲི་བྱིན་ནས་ནུབ་ཕྱོགས་སུ་ཡུལ་ས་འཚོལ་དུ་བཏང་བས་ས་ནུས་བཅུ་དགུ་ལོན་ཚེ་ལི་ཡུལ་གྱི་མེ་སྐར་དུ་ཕྱིན་པ་དང་། རྣ་རྣམ་ཨ་ཤོའི་བློན་པོ་ཡ་ཤ་འཁོར་བདུན་སྟོང་དང་བཅས་པ་རྒྱལ་པོས་སྤྱུགས་ཏེ་ལི་ཡུལ་དུ་སླེབས་པ་འཛོམས། ས་ནུའི་འཁོར་ཤེར་དང་ཟང་གི་བ་སྨྲུམ་མ་ཐུབ་སོང་བ་ཞིག་ཡོད་པ་བུ་ནད་ལངས་ནས་བྲོས་པ་ཧོ་ལར་བེའུ་སྐྱེས་པས་འབྲུ་སོ་ལོ་ཤ་སྟེ་བེའུ་འགྲུངས་པའི་སར་བཏགས། ཞུགས་ངམ་མམ་ལམ་ལ་དུ་ཤེར་ཟང་ཞེས་བཏགས། རྒྱལ་བློན་དེ་གཉིས་འདུས་ཏེ་ཨུ་ཐེན་གྱི་ཤེལ་ཆུ་འོག་མ་མན་ཆད་མདོ་ལོ་མེས་སྐར་དང་བམ་ཤེ་ཡན་དུ་རྒྱ་ནག་བཀོད་ཤེལ་ཆུ་གོང་མ་ཡན་ཆད་དུ་རྒྱ་དང་གོང་ཤེལ་ལན་དུ་རྒྱ་སར་བཀོད། ཤེལ་ཆུ་དབུས་བློན་པོ་སྟོང་

汉文译文：

由陆地和水产生的情况，佛灭寂后区分之年来看，二百三十四年和整一百一十七年过后，

① 牛头山——关于"牛头山"的解释，在藏文文献中，有两种写法，如《贤者喜宴》（下册，第四编，第1383、1385、1386页）中写作 རི་གླང་མགོ། 山在牛头之前，而在其他文献中却写作 གླང་མགོ་རི།，山在牛头之后，按照藏文的语法构词规律，两种写法都符合藏文的语序。藏文大藏经的《牛角山授记》，在汉文文献中写作《牛头山授记》，这看来是一种误写，因为 གླང་མགོ་རི། 和 གླང་རུ། 不同，前者 རི 是"山"之义，后者 རུ 是角的意思。

阿育王（རྒྱལ་པོ་ཨ་ཤོ་ཀ）[①] 因罪孽深重，在罗汉亚夏（དགྲ་བཅོམ་པ་ཡ་ཤ）的教化下，在赡部洲建立寺院和佛塔八万四千时，李域之海也枯竭，变成陆地，在和田城（ཨུ་ཐེན་གྱི་མཁར།）之地阿育王（དྷརྨ་ཨ་ཤོས་ཏྲི།）旨意需向远处旅行之际，先前王妃丹巴（བཙུན་མོ་དམ་པ།）在小湖沐浴时，多闻天王在空中行走，相互看到，起贪爱心受孕而娩，相士言："此子威德兼备，就任帝王，护持国政。"国王大怒："他有如此大的威力，让他自谋出路吧！"将其抛弃。当时，地生一乳头，起名为"萨勒尼玛尼"（ས་ལས་ནུ་མ།）。据说自阿育王就任国王五十五年至此时王位已传三十年，汉地之王有千子，千子缺一，请求得到多闻天王帮助，由多闻天王取支施地乳，十二岁时，国王委以国政和万军，去西方寻找地方，十九岁时抵达李域的梅噶（ལི་ཡུལ་གྱི་མེ་སྐར།）[②]。时阿育王之大臣亚夏随从七千被国王流放，抵达并汇聚李域，地乳的属臣谢尔和桑（ཤེར་དང་ཟང་།）的普通孕妇，儿子生病，逃跑到朵拉（ཏོ་ལ།），生出小孩，到达了智索罗聂即威占巴之地（འབྲུ་སོ་ལོ་ཉ་སྙེ་བེའུ་འགྲུངས་པའི་ས།）。将悉合额穆玛穆拉度（ཞུགས་ངམ་མམ་ལམ་ལ་དུ་ཤེར་ཟང་།）起名为"谢桑"（ཤེར་ཟང་།），王臣会集在和田的下玉河（ཤེལ་ཆུ་འོག་མ།）[③] 以下；朵洛梅噶和旺木谢（མདོ་ལོ་མེས་སྐར་དང་བམ་ཤེ།）以上安置汉族人；上玉河（ཤེལ་ཆུ་གོང་མ།）[④] 以上，由印（度）人（安置），在贡谢朗（གོང་ཤེལ་ལན།）建立王都；在玉河中间（ཤེལ་ཆུ་དབུས།）[⑤] 会聚

藏文原文（第1385页）：

རིམས་འདྲིས་པར་བཀོད་དེ་མཁར་བརྩིགས་སོ། །ས་ནུས་ལི་ཡུལ་བཟུང་བ་ཡན་ལ་སྟོན་པ་འདས་ནས་ལོ་ཉིས་བརྒྱ་དང་སོ་བཞི་སོང་བར་ལི་ཡུལ་གྱི་ལོ་རྒྱུས་ལས་བྱུང་ཡང་མདོ་ལས་ལོ་བརྒྱད་ཡང་ཡང་ལུང་བསྟན་པས་འདི་ནི་ཕྱེད་ལོ་བརྩིས་པར་རིགས་སོ། །ས་ནུའི་བུ་ཡེའུ་ལས་གྲོང་མདར་ལྷན་བརྩིགས། །ལི་ཡུལ་བཙུགས་ནས་ལོ་བརྒྱ་རེ་ལྔ་ན་བྱམས་པས་རྒྱལ་པོ་ཡེའུ་ལའི་བུ་ལི་ཛ་ལས་སམ་ལྷ་ཕར་སྤྲུལ། འཇམ་དཔལ་གྱིས་དགེ་སློང་བཻ་རོ་ཙ་ནར་སྤྲུལ་ཏེ་བྱིས་པ་ཕྱུགས་རྫི་འཛོམས་དང་མུ་ལི་ལ་དང་པོར་ལི་སྐད་དང་ལི་ཡིག་བསླབས་ཏེ་ཀུན་ལ་དར། རྒྱལ་པོས་ལྷ་མའི་གཙུག་ཁང་བརྩིགས། དེར་གཙུག་ལག་ཁང་བརྩིགས་འདོད་མང་ཆེས་པས་རྒྱལ་པོས་སངས་རྒྱས་ཀྱི་རིང་བསྲེལ་སུ་ལ་ཡོད་པས་རྩིགས་ཤིག་ཅེས་བསྒྲགས་པས་གཙུག་ལག་ཁང་དང་མཆོད་རྟེན་ཀུན་ན་སྟོན་པའི་རིང་བསྲེལ་བཞུགས། རྒྱལ་པོ་དེ་དེ་བཞིན་གཤེགས་པ་ལྟ་བར་འདོད་པ་ན་དགེ་སློང་བཻ་རོས་སྟོན་པ་འཁོར་བཅས་སྤྲུལ་པ་དག་སྤྱན་དྲངས་ཏེ་རྒྱལ་པོས་མཆོད། དགེ་སློང་གིས་རྒྱལ་པོ་ལ་གཎྜི་བཏང་སྟེ་བརྡུང་དུ་བཙུག

① 阿育王（རྒྱལ་པོ་ཨ་ཤོ་ཀ），藏语称为"嘉布阿肖嘎"，"嘉布"汉语"王"或"国王"之义，"阿肖嘎"梵语，原本为"无忧树""阿输伽树""无忧树之花"。阿育王藏语中有时称作"达尔玛阿肖嘎"，"达尔玛"，梵语，汉语"法"的意思，梵音译作"达摩"。在此指"阿育王"。

② 梅噶（མེ་སྐར།），此处的 མེ 有误，应为 མེས，即 མེས་སྐར།，正确的写法如本文第1384页倒数第2行。

③ 下玉河，藏语称作"协洽布奥合玛"，"协洽布"之"协"，汉语意为"水晶石""玉"以及"琉璃"等，"恰布"，藏语中"水"的敬语，合起来汉语意为"玉河"；"奥合玛"，汉语意为"下"或"下面""下方"。根据托马斯的《敦煌西域古藏文社会历史文献》汉译本第147~150页中考释为西河，也即"喀拉喀什河"（Karakash）。

④ 上玉河，藏语称作"协洽布贡玛"，"贡玛"，"上方""上面"的意思，可合译为"上玉河"。根据托马斯的《敦煌西域古藏文社会历史文献》汉译本第147~150页中考释为东河，也即"玉龙喀什河"（Yurungkash）。

⑤ 玉河中间，藏语称之为"协洽布卫"。"卫"，汉语意为"中""中间"。实际上，指喀拉喀什河和玉龙喀什河两河流域之间。

པས་ཞག་བདུན་དུ་སྒྲ་མ་ཆད། སྟོན་པ་འཁོར་བཅས་ཀྱིས་ཞབས་རྗེས་བཞག འཁོར་གནས་བརྟན་བཅུ་དྲུག་པོ་ལ་རིན་པོ་ཆེའི་གསོལ་ཆ་རེ་ཕུལ་བ་གཏེར་དུ་སྦས་ཏེ་ལིའི་བསྟན་པ་ནུབ་ཀར་དགེ་འདུན་གྱི་ཆ་རྐྱེན་དུ་འགྱུར་བར་བྱས། ཀླུའི་རྒྱལ་པོ་ཧུ་ལོར་གྱིས་ཁ་ཆེ་ནས་དེ་བཞིན་གཤེགས་པ་བདུན་གྱི་གདུང་བཞུགས་པའི་མཆོད་རྟེན་ཞིག་སྤྱན་དྲངས་ཏེ་ཙ་རྨར་བཞུགས། དེ་ནས་རྒྱལ་རབས་བདུན་ན་བྱམས་པ་ལི་རྗེ་བི་ཛ་ཡ་ཝཱིཪྻར་སྤྲུལ་ཏེ་གནོད་སྦྱིན་ཡང་དག་བཤེས་ཀྱིས་ལུང་བསྟན་ནས་དགྲ་བཅོམ་པ་བཞི་རྒྱ་གར་ནས་བྱོན་པའི་ཕྱིར་དུ་གུམ་ཏིར་གྱི་ལྷ་ཁང་བརྩིགས། རྒྱལ་པོ་དེའི་བུ་ཆུང་དུ་ཞིག་གཏོར་བ་བེའུ་ཏོ་ཤན་གྱི་ལུང་ཕུ་ནས་རི་གླང་མགོའི་འོད་སྲུང་གི་མཆོད་རྟེན་གྱི་དྲུང་ན་འདུག་སྟེ་འོད་སྲུང་གི་མཆོད་རྟེན་དུ་དགྲ་བཅོམ་པས་བརྗ་སྒྲད། ལི་ཡུལ་ཆུས་གང་ཚེ་འདི་རིས་གཡོགས་ནས་མ་ཞིག་ལ་ཕྱིས་ཀྱང་རིས་གཡོགས་ནས་བྱམས་པའི་ཚེ་གསལ་བར་འགྱུར། བྱང་

汉文译文：

大臣千人而居，并建城。地乳统治李域之前，释迦牟尼圆寂已过二百三十四年，虽然在李域历史中有记载，但在经中反复授记为百年，此定为半年后算起。地乳之子岳吾（ཡེའུ།）建立极具威严之大育城（སྒོང་མཁར་ལྡན།）。李域建国一百六十五年后，弥勒佛化现为国王岳拉（ཡེའུ་ལའི་བུ།）之子李杂勒桑巴瓦（ལི་ཛ་ལས་སམྦྷ་ཝར།）[1]，文殊菩萨化现为比丘毗卢遮那（དགེ་སློང་བཻ་རོ་ཙ་ན།），牧童桔（ཕྱིས་པ་སྦུགས་རྗེ་འཛོམས།）和穆勒（སྨུ་ལེ།）首次授李语和李文（ལི་སྐད་དང་ལི་ཡིག），并使之普及。国王建赞摩寺（ཙ་རྨའི་གཙུག་ཁང་།），国王欲在此建多座寺院，宣布："供奉佛的舍利子！"于是，将寺院和佛塔普遍供奉了释迦牟尼的舍利子。该国王欲睹如来佛等（རྒྱལ་པོ་དེ་བཞིན་གཤེགས་པ།），比丘毗卢遮那就将释迦牟尼佛及其眷属诸化身迎请来，由国王供奉。比丘为国王敲击犍稚（གཎྜི།）[2]，七昼夜发出声响。供奉了释迦牟尼及弟子留了足印，对随从十六罗汉敬献了珍宝供品，并做了伏藏，李（域）灭佛时，变成了僧伽的必需品。龙王胡洛尔（ཀླུའི་རྒྱལ་པོ་ཧུ་ལོར།）从卡切洛泊[3]迎请了七座如来佛（དེ་བཞིན་གཤེགས་པ་བདུན་གྱི་གདུང་།）舍利宝塔，供奉在赞摩寺。此后，从七代王，弥勒化现为李王尉迟布尔雅（རྗེ་བི་ཛ་ཡ་ཝཱིཪྻ།），毗沙门天王授记后为四阿罗汉从印度抵达（李域）建格胡尔寺（གུམ་ཏིར་གྱི་ལྷ་ཁང་།）。国王之子幼时，丢失在卫多香之谷（བེའུ་ཏོ་ཤན་གྱི་ལུང་ཕུ།）的牛头山迦叶佛塔前。在迦叶佛塔处，阿罗汉授记，水充满李域时，山体覆盖，佛塔未毁，后来被山体覆盖后，在弥勒佛时期

① 桑巴瓦系藏语，意为"莲花生"。

② 犍稚，藏语称作"丹智"，汉语译作"打木""檀木"，梵音译作"犍稚"。意译"声鸣"。集合僧伽的响器之一。《律论》（འདུལ་བ།）中所说尺度，木质为旃檀、木瓜树、巴罗沙、紫檀、醋柳、桐树等，长八十四指，宽六指，削去四角成为八方，四角断口，各长二指，两端刻成蛤蟆头形。

③ 卡切（ཁ་ཆེ།），系藏语，又写作"喀其"，即指今克什米尔，汉文史籍称作箇失密、迦湿弥罗等。此词应是其地名或国名的头两个字的藏文音译。11世纪前其地盛行佛教，诞生过众多佛学大师。藏史中对来自喀其之地的佛学大师通常称之"喀其班智达"，如13世纪初为躲避伊斯兰教军队的迫害，携弟子到西藏的那烂陀末代主持释迦室利就出生于迦湿弥罗，故称其为喀其班智达。有时还有洛帕喀其（ཀློ་པོ་ཁ་ཆེ།）的说法。此处指吐蕃边缘地区卡切（喀其），即迦湿弥罗（今克什米尔）。"洛泊"有边鄙之地之义，与汉史中的"蛮貊"一词有相近的词意，但又不完全相同，有时指吐蕃周边的地区和国家（参见《唐蕃会盟碑》），与"日光所照诸国"（ཉི་འོད་ཀྱི་རྒྱལ་ཁབ།）一词意义相近。

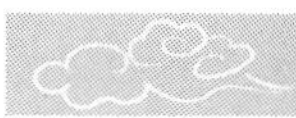

清晰地显示了。

藏文原文（第1386页）：

སེམས་ཉི་ཁྲི་ཡང་འདིར་རྟག་ཏུ་མཆོད་པ་མཛད་དོ་ཞེས་ལུང་བསྟན། རི་གླང་མགོའི་སྟེང་དུ་བེའུ་ཧོ་ཤན་གྱི་གཙུག་ལག་ཁང་བཙིགས་ཏེ་བུ་ཆུང་དུ་དེ་ཕྱིས་དགྲ་བཅོམ་ཐོབ་པས་ལི་ཡུལ་པའི་དགྲ་བཅོམ་སྔ་མ་ཡིན་པའི་ཕྱིར་ལམ་སྟོན་ནམ་མོ་གུ་དེ་ཤིར་བཏགས་ཏེ་ཕྱིས་འཕགས་པ་ཀུན་ལ་མཆན་དེར་གྲགས། དེ་ནས་རྒྱལ་རབས་གསུམ་པ་ལ་རྒྱལ་པོ་བི་ཛ་ལ་བྱ་བས་རྒྱ་རྗེའི་བུ་མོ་བུ་རྒྱ་ཤ་ནྟ་ཧླངས་ཏེ་དེས་དར་གྱི་སྲིན་བུའི་ས་བོན་འཚོལ་བ་བསོས་པས་བློན་པོས་ཕྲ་མ་བཙུག་སྟེ་སྲིན་བུའི་ཁང་པ་མེར་བཏང་། འགའ་ཞིག་གུད་དུ་བསོས་ནས་དར་དང་མེན་དྲི་བཏགས་ཏེ་རྒྱལ་པོ་ལ་བསྟན་པས་བསྒྲིགས་པས་འགྱོད་ནས་སྡིག་སྦྱོང་དུ་དགྲ་བཅོམ་པ་སངྒྷ་གོ་ཤ་སྤྱན་དྲངས་པོ་སྟ་ཏ་དང་མ་ཞའི་མཆོད་རྟེན་དང་གཙུག་ལག་ཁང་བཙིགས་ཏེ་དཔྱིད་ར་ལ་དུས་སྟོན་བགྱིད། རྒྱལ་པོ་དེ་ལ་བུ་སྤུན་གསུམ་གྱི་རབ་འདོན་རྒྱ་གར་དུ་ཆས། བར་མ་དགྲ་བཅོམ་ཐོབ། ཐ་ཆུང་བི་ཛ་ཡ་ཧྣམས་རྒྱལ་པོ་བྱས་ཏེ་ཡུལ་འཛོ་ཏ་རི་བྱ་བ་སྔོན་ཟླ་འོད་ཀྱིས་དབུ་བཏང་ཞིང་ལི་ཡུལ་ལུང་སྟོན་དུས་སྟོན་པ་དང་ས་སྙིང་གིས་བྱིན་གྱིས་བརླབས་པའི་ཁྲ་ཏ་ཤོ་ཀར་འཛོ་ཏིར་གྱི་གཙུག་ལག་ཁང་བཙིགས། དེའི་བུ་ཆེ་བ་འདོད་འགྲོས་རྒྱ་ཡུལ་དུ་བློན་པོ་གསོད་པ་ཅིག་གི་ཚབ་རང་གིས་བྱས་པས་ཁྲག་འོ་མར་བབ་ནས་གསོད་མ་ནུས་ཏེ་རྒྱལ་པོས་ནོར་ནང་དུ་བྱིན་པ་ལས་སང་ཏིར་གྱི་གཙུག་ལག་ཁང་བཙིགས། ལྷ་རྣམས་ཀྱིས་སྐྱེས་རབས་ཀྱི་ཟློས་གར་བྱས་ཏེ་དེང་སང་གི་བར་དུ་དར། བི་ཛ་ཡ་ཧྣམའི་སྲས་བི་ཛ་ཡ་སི་ཧྲིས་སོམ་ཉིའི་གཙུག་ལག་ཁང་བཙིགས། བི་ཛ་ཡ་ཀིརྟིས་བྲུ་ཉ་བཙིགས། བི་ཛ་ཡ་སངགྲ་མས་ཧྣམ་ཏི་ར་བཙིགས། བི་ཛ་ཡ་སིཧྣས་ཞ་སེར་མ་བཙིགས་ཏེ་བྱམས་པའི་དུས་སྟོན་བཙུགས། དེ་ནས་རྒྱལ་རབས་བདུན་པ་བི་ཛ་ཡ་སངགྲ་མས་སྐུ་གཟུགས་ནམ་མཁའ་ནས་བྱོན་པ་དང་འཇམ་དཔལ་དང་ས་སྙིང་གི་སྣང་དུ་མོ་ཧོ་རའི་མཆོད་པ་བཙུགས། དེ་ནས་རྒྱལ་རབས་ལྔ་པ་བི་ཛ་ཡ་ཀིརྟིས་ཧྣ་ཉི་བཙིགས། དེ་ནས་རྒྱལ་རབས་གསུམ་པ་བི་ཛ་ཡ་ཧྣ་ཀྲམས་བོད་མཁར་དུ་བྱམས་པ་བཞེངས་ཤིང་དེ་

汉文译文：

《菩萨般若二万颂》（བྱང་སེམས་ཉི་ཁྲི།）也常在此供奉。牛头山上建维多香寺（བེའུ་ཧོ་ཤན་གྱི་གཙུག་ལག་ཁང་།），其王子后来证得阿罗汉果，为了成为李域最早的阿罗汉，起名为“拉木敦那摩格尔戴希尔”（ལམ་སྟོན་ནམ་མོ་གུ་དེ་ཤི།），后来以“一切圣者”（འཕགས་པ་ཀུན་ལ་མཆན་དེར་གྲགས།）而著称。

尔后，到了第三代，称作国王尉迟的即汉王公主的儿子嘉夏热朗（རྒྱ་རྗེའི་བུ་མོ་བུ་རྒྱ་ཤ་ནྟ་ཧླངས།）寻找丝绸的蚕种，大臣进谗言后，火烧了蚕房，一部分在附近养殖而繁衍，起名为“明智”（མེན་དྲི།）。启白国王因烧毁（蚕房）痛悔，为洗此罪行，迎请了阿罗汉桑嘎皋夏（དགྲ་བཅོམ་པ་སངྒྷ་གོ་ཤ），建立了考达尔雅（པོ་སྟ་ཏ།）和麻射（མ་ཞའི།）佛塔和寺院。从春至冬，国王委派其三子抵达印度，次子证得罗汉果；幼子尉迟达玛（བི་ཛ་ཧྣམ།）为王。称作召达山（ཡུལ་འཛོ་ཏ་རི།）之地在先前月光王施舍头颅之地李域之谷，冬天在由释迦牟尼佛和地藏王菩萨加持的喀达肖噶尔建卓迪寺院（ཁྲ་ཏ་ཤོ་ཀར་འཛོ་ཏིར་གྱི་གཙུག་ལག་ཁང་།）；其长子道哲（འདོད་འགྲོ།）在印度成了一个被杀大臣的代表，由于自身的成就，血如奶流，未能杀成，国王就赐予许多珍宝，建立了桑迪寺院（སང་ཏིར་གྱི་གཙུག་ལག་ཁང）。诸神做了本生之法舞（སྐྱེས་རབས་ཀྱི་ཟློས་གར།），流传迄今。尉迟达玛之子尉迟斯哈（བི་ཛ་ཡ་ཧྣམའི་སྲས་བི་ཛ་ཡ་སི་ཧྲི།）建索穆尼寺（སོམ་ཉིའི་གཙུག་ལག་ཁང་།），尉迟格尔迪建智尼寺（བི་ཛ་ཡ་ཀིརྟིས་བྲུ་ཉ།），尉迟桑扎玛（བི་ཛ་ཡ་སངགྲ

ས།）尊体空中而来，为文殊菩萨和地藏王菩萨（ས་སྙིང་།）建摩浩热（མོ་ཧོ་ར།）之供。此后，第五代尉迟格尔迪建巴尼寺院（ཧྭ་ཤེ།）。之前，三代尉迟达尔玛在吐蕃城（བོད་མཁར།）建弥勒佛殿，此

藏文原文（第1387页）：

ཕྱིན་ལི་ཡུལ་བོད་ཀྱི་འོག་ཏུ་སོང་། སྤྱིར་ལིའི་རྒྱལ་པོ་བདུན་པ་བི་ཛ་ཡ་ཀིརྟིའི་ཚེ་དགྲ་བཅོམ་པ་དགེ་འདུན་འཕེལ་གྱིས་ལོ་ཉིས་སྟོང་ན་བསྟན་པ་ནུབ་པ་དང་དེའི་ཚེ་བོད་ཡུལ་དུ་རྒྱའི་ཀོང་ཇོ་ཞིག་དང་གཙུག་ལག་ཁང་བདུན་འབྱུང་ཞིང་རྒྱའི་རྒྱལ་པོས་ཏེའུ་ཤེའི་ཆོས་ལུགས་བཟུང་ནས་རྒྱ་ནག་གི་བསྟན་པ་ནུབ་པ་དང་གནྡྷའི་མདབ་ཏུ་ཀླུ་ཤེ་ལའི་མདབ་ཀྱིས་ལུས་གཏོང་བ་དང་ལི་དང་བོད་ཀྱི་རབ་བྱུང་ཐམས་ཅད་རྒྱ་གར་དུ་ཕྱིན་ཏེ་ཀཽ་ཤཱམྦིར་ཐམས་ཅད་ཕན་ཚུན་དུ་གསོད་ཅིང་དེའི་ཚེ་འཛམ་གླིང་ཀུན་ཏུ་བསྟན་པ་ཉམས་པར་ལུང་བསྟན་ལ། སྤྱིར་ལི་ཡུལ་འདི་སངས་རྒྱས་ཀྱི་ཕོ་བྲང་ཉེར་གཅིག་པ་ཡིན་ནོ་ཞེས་བསྟན་འགྱུར་ན་བཞུགས་པའི་(བསྟན་འགྱུར་དུ་བཞུགས་དགོས་རྒྱུ་ཡིན་ཡང་དེང་སང་སྣར་ཐང་བསྟན་འགྱུར་ན་མི་བཞུགས་མདོ་ནང་རྙིང་པ་ཁ་ཤས་ན་ཡོད) ལི་ཡུལ་གྱི་ལོ་རྒྱུས་ལས་གསུངས་པ་མདོར་བསྡུས་ནས་བྲིས་པའོ། ཡུལ་འདི་རྒྱ་ནག་གི་བྱང་ངོས་བོད་ནས་བྱང་ཤར་གྱི་མཚམས་ན་ཡོད་ཅེས་ཤམྦྷ་ལ་པས་ཁོང་རང་གིས་ཕྱིན་ཞིང་བོད་དུ་ཡུལ་འདི་ངོ་ཤེས་པ་རེད་མདའ་པ་དང་ང་ལས་མ་བྱུང་ཞེས་འཆད་པར་སྣང་།

རོང་སྟོན་ཤེས་བྱ་ཀུན་རིག་གིས་བལ་པོ་ཉིད་ལི་ཡུལ་ཡིན་པ་ལ་གྲོ་ལུང་པས། རྒྱ་གར་ཤར་ནུབ་ལི་དང་བལ་པོའི་ཡུལ། ཞེས་བྲིས་པ་··· ནོར་ཞེས་འཆད་པར་སྣང་ལ། སྤྱིར་ལི་ཡུལ་ལུང་བསྟན་གྱི་མདོར་མ་འོངས་པ་ན་འདིར་བོད་དང་སུམ་པ་དང་རྒྱ་རྣམས་ཀྱང་འབྱུང་ཞེས་བཤད་པ་སོགས་དང་སྦྱར་ན་བལ་ཡུལ་པ་རྣམས་རྣམ་སྲས་དང་མོའུ་འགལ་གྱི་བུས་ཆུ་དྲལ་བའི་ས་བལ་པོ་ཕམ་ཐིང་ཡིན་པ་དང་གོ་མ་ལ་སྣ་ལའི་མཆོད་རྟེན་འཕགས་པ་ཤིང་ཀུན་ཡིན་པར་འདོད་ཅིང་བོད་ཐང་དུ་བྱམས་པ་བཞེངས་པ་ཡང་བལ་པོའི་རྒྱལ་པོ་དེ་ཝ་ལྷ་འབམ་འོད་ཟེར་གོ་ཆའི་སྲས་མོ་བལ་བཟའ་ཁྲི་བཙུན་བོད་དུ་བྱོན་པའི་སྐབས་བར་ཐང་ཆེན་པོ་ཞིག་ཞིང་དུ་བྱས་ཏེ་བྱིན་པ་ད་ལྟ་བོད་ཐང་དུ་གྲགས་ཤིང་དེར་རྒྱལ་པོས་གཙུག་ལག་ཁང་བརྩིགས་པ་དེང་སང་ཞིག་ནས་མགོན་པོའི་རྗེ་སྐུ་ཞིག་ད་དུང་ཡོད་པ་ལ་བོད་ཐང་མགོན་པོ་ཞེས་མཆོད་

汉文译文：

后李域被纳入吐蕃治下。

总之，第七代李王尉迟格尔迪（བི་ཛ་ཡ་ཀིརྟི།）时，阿罗汉更顿培（དགྲ་བཅོམ་པ་དགེ་འདུན་འཕེལ།）授记：二千年时佛教毁灭，以及那时吐蕃一汉公主（བོད་ཡུལ་དུ་རྒྱའི་ཀོང་ཇོ།）建七座寺院，汉王信仰道士教（རྒྱའི་རྒྱལ་པོས་ཏེའུ་ཤེའི་ཆོས་ལུགས།）[1]，汉地灭佛，神殿旁鲁香叶树（གནྡྷའི་མདབ་ཏུ་ཀླུ་ཤེ་ལའི་མདབ།）旁舍身，李和吐蕃的所有出家人抵达印度，在憍赏弥（ཀཽ་ཤཱམྦཱི།）[2] 众僧相互争杀。当时，赡部洲普遍灭佛。总之，有此李域是佛的第二十一座宫殿之说，《丹珠尔》中（在《丹珠尔》中有，但是如今的纳唐版中不放，在几部古版经中有）[3] 简要记述了李域的历史。此地，所谓汉族的北方，即吐蕃东北地边界，称作“香巴拉”（ཤམྦྷ་ལ་པ།）。他讲述：抵达吐蕃，在藏地除了热达瓦（རེད་མདའ་པ།）

① 道士教，藏语称为“道西曲勒合”。在此，判断为道教，因为在汉族历史上，除了信仰佛教外，就是信仰原始宗教道教和儒教，并称为“儒释道”。至于基督教、耶稣教等教的信仰可说是较晚的事了，信仰的群众也为数甚少。

② 憍赏弥，亦译作憍闪弥，意译藏有，古中印度一国名。

③ 括号及其内文为原文注释。

和我知道此地以外，再无他人所知。由此做了简述。

《戎敦知识普明》（རོང་སྟོན་ཤེས་བྱ་ཀུན་རིག）记载：泥婆罗即是李域。卓隆巴误写："印度东西是李和尼。"总之，结合《李域授记》中简述，"未来在此吐蕃、松波和汉地产生"的说法，泥婆罗们，多闻子和目犍连搅水的地方是泥婆罗卧塘，与高玛拉萨拉佛塔（གོ་མ་ལ་སྦ་ལའི་མཆོད་རྟེན།）是香更（ཤིང་ཀུན།）的说法一致，并且在卧塘（འོད་ཐང་།）奉建弥勒佛，泥婆罗王戴瓦拉（བལ་པོའི་རྒྱལ་པོ་དེ་ཝ་ལྷ།）或光胄王[1]奥塞高恰（འོད་ཟེར་གོ་ཆ།）之女、泥婆罗赤尊公主（བལ་བཟའ་ཁྲི་བཙུན།）[2]抵达吐蕃的格瓦滩钦布（སྐལ་བར་ཐང་ཆེན་པོ།），今天以卧塘而称，在此藏王建寺，贡布的石刻像至今还留存，还被尊称为"卧塘贡布"（འོད་ཐང་མགོན་པོ།）。

藏文原文（第1388页）：

པ་བྱེད་པ་ཡོད་ལ་སྤྱིར་བལ་ཡུལ་ཉིད་ན་ཆུ་བོའི་ཕར་འགྲམ་གྱི་ངོས་ལ་བལ་ཡུལ་དང་ཚུར་ཕྱོགས་ལ་ལི་ཡུལ་ཞེས་འབོད་པར་བྱེད་དོ། །ཕལ་སྐད་ཀྱི་སྡེ་ཚན་བདུན་པ་བྱེད་པོས་བལ་ཡུལ་གྱི་སྐབས་སུ་ཡུལ་འདི་ཁ་ཅིག་ལི་ཡུལ་དུ་འདོད་ཁ་ཅིག་གླང་རུ་ལུང་བསྟན་པའི་ཡུལ་དེར་འདོད་ཀྱང་ཕྱི་མ་དཔྱད་པར་བྱ་ཞིང་འདི་ལི་ཡུལ་ནི་མ་ཡིན་ཏེ་གོ་མ་ལ་སྦལ་གནྡྷའི་མཆོད་རྟེན་མེད་པའི་ཕྱིར་ཞེས་བྲིས་ཀྱང་དེ་ནི་ཤིང་ཀུན་གྱི་མཆོད་རྟེན་ཉིད་ཀྱི་མིང་དུ་བལ་པོ་རྣམས་འདོད་ལ། རི་བོ་གླང་རུ་ཡང་འོད་སྲུང་མཆོད་རྟེན་གྱི་རྣང་གཞིའི་ཚུལ་དུ་རི་ཆུང་རྩེ་ཕྲ་བ་གླང་རུ་ཕྲེད་ལ་བཞག་པ་འདྲ་བ་ཞིག་ཡོད་པ་དེ་ཡིན་པར་བལ་པོ་རྣམས་འདོད་ཅིང་ཤིང་ཀུན་གྱི་མཆོད་རྟེན་འདི་སྔོན་དང་ཕྱི་མར་རི་གཡོགས་པ་ཡང་དེང་སང་བྱུམ་པ་མན་ལ་སེང་ལྡེང་གི་ནགས་ཚལ་སྐྱེས་པ་སོགས་གསལ་པོར་ཡོད་པ་ཡུལ་དེར་བགྲོད་པའི་མི་ལ་མངོན་སུམ་དུ་ཡོད་པའི་ཕྱིར་གླང་རུ་ལུང་བསྟན་དང་ལི་ཡུལ་ལུང་བསྟན་ནས་བཤད་པའི་ཆ་མཐུན་ནི་བལ་པོ་ལ་སྣང་བས་སྐབས་དེའི་ལི་ཡུལ་བལ་པོར་བྱས་ཀྱང་རུང་བར་སྣང་སོ། ཕྱི་ནང་གི་ཡུལ་བདུན་ཡུལ་དྲུག་གི་དུས་སྐོར་གྱི་ལི་ཡུལ་ནི་བལ་པོར་མི་རུང་སྟེ་དེ་བོད་ཀྱི་བྱང་དུ་དགོས་ལ་བལ་པོ་ནི་ལ་སྟོད་དང་མངའ་རིས་ཀྱི་བར་གྱི་ལྷོ་ན་ཡོད་པའི་ཕྱིར་རོ། །བཅོམ་རལ་བས་ཀྱང་། ས་ནུས་བཟུང་བའི་ལི་ཡུལ་ནི། །རྒྱ་བོད་མཚམས་ཀྱི་བལ་པོ་མིན། །ཞེས་འཆད་པར་སྣང་ལ་སྤྱིར་གླང་རུ་ལུང་བསྟན་དང་ལི་ཡུལ་ལུང་བསྟན་དུ་གྲགས་པ་ལྷ་མོ་དྲི་མ་མེད་པའི་འོད་ལུང་བསྟན་པ་ནི་རི་ལུང་བསྟན་པ་དང་ཡུལ་དུ་གང་ཟག་ལུང་བསྟན་པའི་བྱེད་པར་མ་གཏོགས་མཚན་གཞི་གཅིག་པར་སྣང་ངོ་། །ལི་ཡུལ་གྱི་སྐབས་བཤད་ཟིན་ཏོ། །

汉文译文：

总之，在泥婆罗地方河流对岸的称作"尼域"，彼岸的称作"李域"。《方言的第七种作者》（ཕལ་སྐད་ཀྱི་སྡེ་ཚན་བདུན་པ།）记载：尼域时期，此地有一种是称为李域，一种是《牛角山授记》（中）的此地，后来经研究不是李域，即因为没有高玛拉嘎干达佛塔（གོ་མ་ལ་སྦལ་གནྡྷའི་མཆོད་རྟེན།）。泥婆

① 光胄王，藏语称"奥塞高恰"或"戴瓦拉"。

② 泥婆罗公主，藏语称为"瓦萨赤尊"（bal-bza'-khri-btsun）、"瓦萨贡娇"（bal-bza'-gong-jo）或"婆摩萨"（bal-mo-bza'）。"瓦萨"有"尼妃"之义，"贡娇"汉语"公主"的汉语音译。泥婆罗赤尊公主于公元643年与吐蕃松赞干布联姻，将释迦牟尼佛八岁身量之不动金刚佛（jo-bo-mi-bskyod-rdo-rje），天生旃檀度母等珍贵佛像等带到吐蕃，并倡建大昭寺（lha-svi-ra-sa-vphrul-snang-gi-gtsug-lag-khang）。

罗（人）认为此为香更佛塔。此为在牛角山[①]迦叶佛塔之塔基小山包酷似横放置的一牛角。泥婆罗人们认可，此香更佛塔先前和后来被山体覆盖，如今的瓶颈下如还长满檀木林（སེང་ལྡེང་གི་ནགས་ཚལ།）等清晰的地方，为了行人现见。《牛角山授记》《李域授记》所载一致。在泥婆罗出现时期，不仅此李域被当作为泥婆罗，而且内外七地六尘[②]（ཕྱི་ནང་གི་ཡུལ་བདུན་ཡུལ་དྲུག）合时[③]（དུས་སྦྱོར།）的李域，不应是泥婆罗，即应在吐蕃北部，泥婆罗是拉堆[④]和阿里（ལ་སྟོད་དང་མངའ་རིས་ཀྱི་བར།）之间的南部。郡热巴也讲述：地乳所统治的李域，不是印藏交界的泥婆罗。总之，除了《牛角山授记》《李域授记》以及《天女污垢光授记》所述地域之补特伽罗不同外，均为一致。李域时期，讲述完毕。

① 牛角山，藏语称为“日卧朗日”。“日卧”汉语“山”，“朗日”汉语“牛角”的意思。这在《贤者喜宴》（下册，第四编，第1388页）中有记载。看来，牛头山和牛角山似不是一山。

② 六尘，藏语称“域珠”，指色尘、声尘、香尘、味尘、触尘、法尘。

③ 合时，藏语称为“迪焦尔”，观测日影长短变化和星宿变化以定季节，返回来又可以在任何季节，根据以测定的数据推算太阳入宫时刻和昼夜长短等的方法。在历算和占星术中都极关重要，因此有“合时之功，其用无穷”之说。一天分为多少段时间本是任意的，为了与十二宫配合，划分为十二个“合时”。每宫在周天1620弧度（度）中占135度，规定大致以其开始的5度中的数值代表该宫，在无钟表的时代，白天用七节圭表的影长，夜间用星宿的位置来测定。

④ 拉堆，藏语地名，在日喀则地区定日县境内。此外，还有拉堆降（la-stod-byang）和拉堆洛（la-stod-sho）地方，均在后藏的萨迦县境内，两地均为13世纪八思巴建立的十三万户之一。

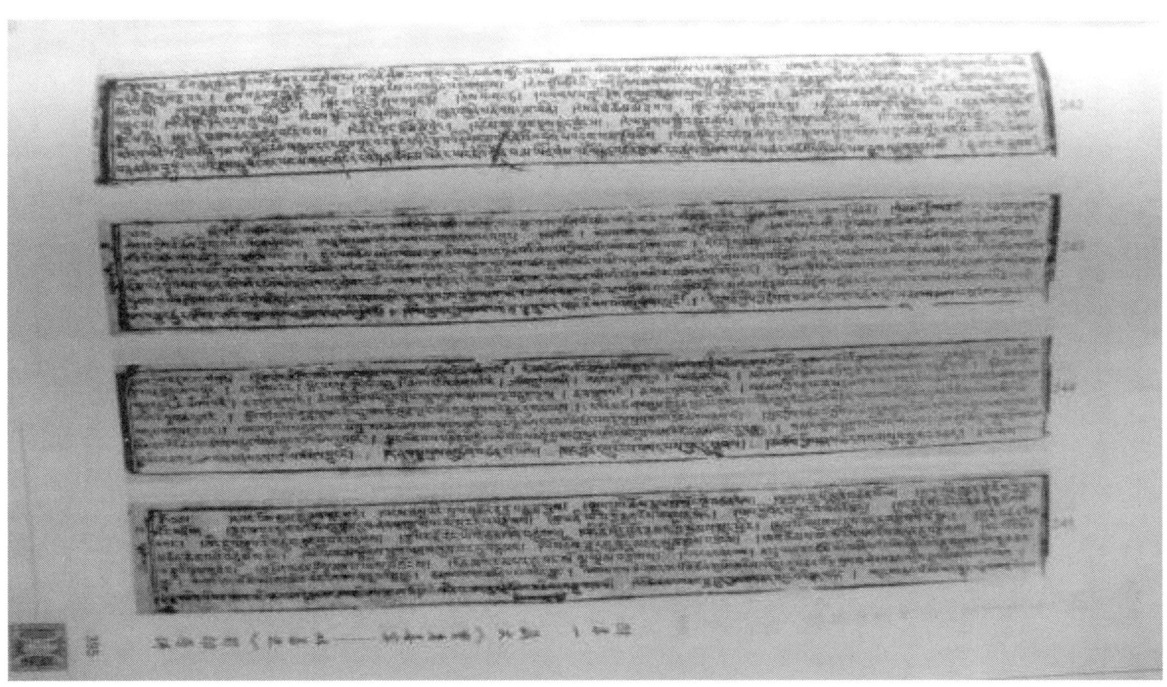

《贤者喜宴》(མཁས་པའི་དགའ་སྟོན།) 藏文木刻本部分原文

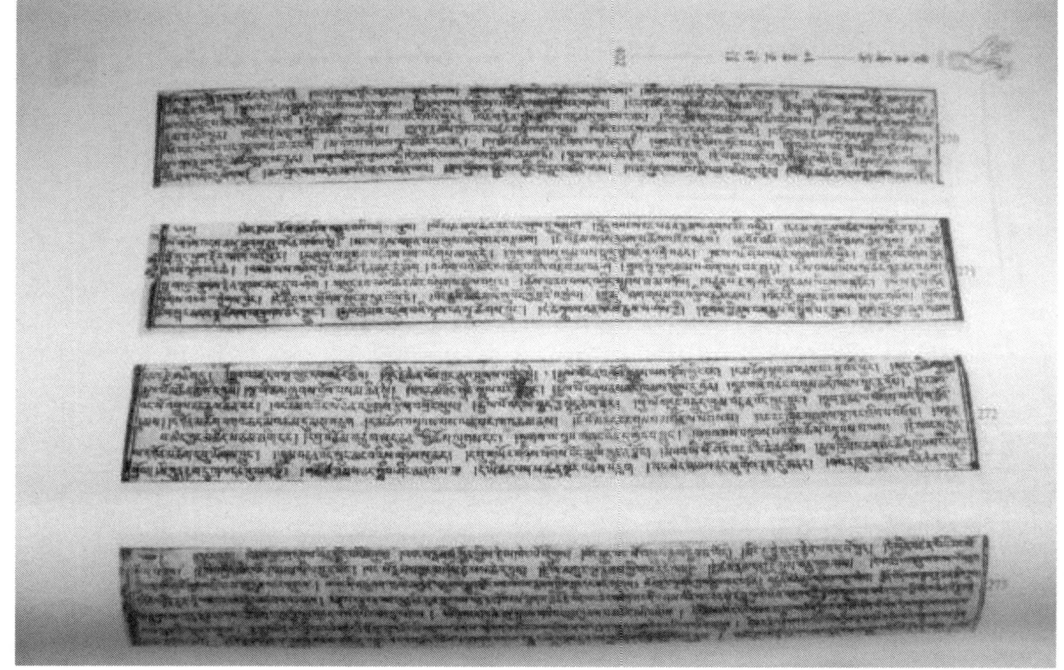

《贤者喜宴》(མཁས་པའི་དགའ་སྟོན།) 藏文木刻本部分原文

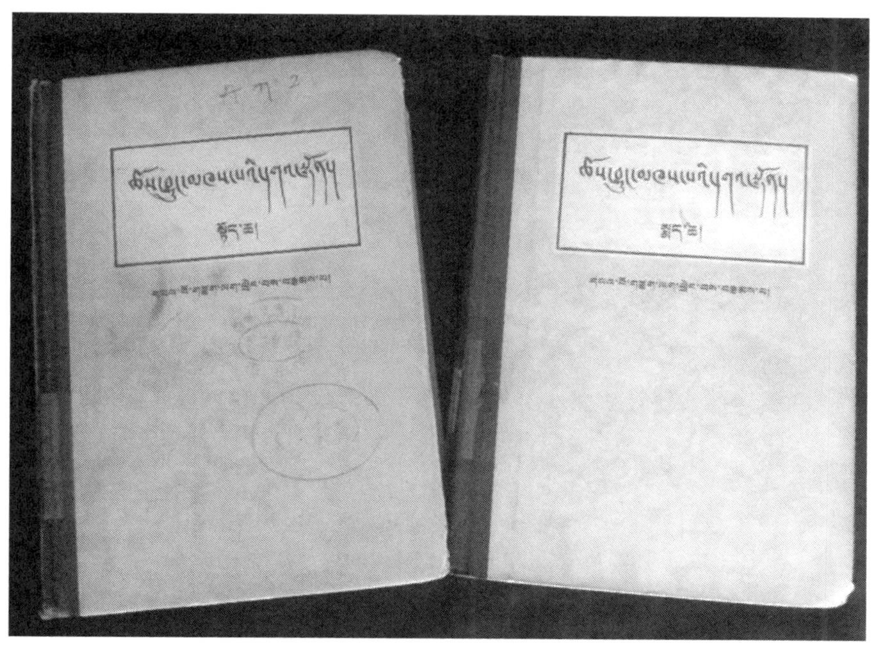

《贤者喜宴》藏文版

《贤者喜宴》汉译本

# 十三、《汉藏史集》(རྒྱ་བོད་ཡིག་ཚང་ཆེན་མོ།) 李域部分译注

## 一、解　题

### （一）作者简介

《汉藏史集》，作者是达仓宗巴・班觉桑布（སྟག་ཚང་རྫོང་པ་དཔལ་འབྱོར་བཟང་པོ།），他是15世纪初藏族著名的学者。他的生平事迹虽不见经传，但其著作成为西藏地方史书中的传世佳作。陈庆英先生曾撰文《关于〈汉藏史集〉的作者》①做了探讨。《汉藏史集》，是一部研究元代和明初西藏历史的重要藏文资料，但是关于该书的作者达仓宗巴・班觉桑布不为学术界所知，不得不说影响了对该书的深入研究。陈先生针对这一问题，专门通过对元末明初西藏地方政治和宗教状况的分析，探讨班觉桑布生活的历史环境，再结合藏文《至尊宗喀巴大师传》的记载，认为班觉桑布即是该书记载的嘉乔贝桑。他在宗喀巴推动宗教改革的初期，是宗喀巴的一个重要的合作者，对宗喀巴创立格鲁派的准备工作有相当的贡献，在当时的西藏佛教历史上应该占有一席之地。

1983年5月，《汉藏史集》（藏文版）出版之际，东嘎・洛桑赤列教授在当时写道："《汉藏史集》对于藏族历史研究是一份十分珍贵的资料，在国内属于珍奇史料之一，该书作者为达仓宗巴・班觉桑布，其事迹迄今未见记载，据该书上册57叶说'该书写于木虎年（甲寅），192叶说，从阳土猴年（戊申）公元1368年，汉地大明皇帝登基至今年之木虎年（甲寅）过了67年'，

① 陈庆英：《关于〈汉藏史集〉的作者》，《西藏民族学院学报》2004年第2期，第11~17页。

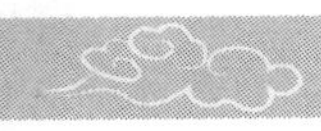

说明此书写于藏历第七饶迥木虎年（1430年）。”①

按照惯例，每本藏文典籍的后面，大多有作者或者委托完成的名字，在《汉藏史集》的文末也有所写的一段跋语：“按照佛陀教谕及执掌佛法之诸伟人之义愿，将此赡部洲大多数译师、班智达、贤哲、法王等人为弘扬佛法所建立的功业，汇编成这本《贤者喜乐文书》，这是《汉藏史集》的别称。笔者释迦牟尼之居士室利补特跋陀罗（ཤྲི་བྷུ་ཏི་བྷ་དྲ།）（其中的居士疑为比丘之误），即叶如达仓宗巴，于阳木虎年，在达那东孜写成。祝愿因此善业，清净无垢之佛法长久住世，使具缘之人读后心生欢乐。”②

在这里作者是把他的名字用梵文写出“室利”（ཤྲི།）意为“吉祥”“福运”，“补特”意为“充满”“普及”，“跋陀罗”（བྷ་དྲ།），意为“善”“好”“美丽”，藏文中与此相对应的人名即是班觉（དཔལ་འབྱོར།）桑布。班觉意为富足、吉利，“桑布”（བཟང་པོ།）意为善、好。正因为如此，大概是受旧时不丹王室崇奉的主巴噶举派的喇嘛在抄写《汉藏史集》以后所增加的一段祈愿词说：“再者，叶如达仓宗巴·班觉桑布所著之《汉藏史集》由各种王统、史籍中摘要汇集而成。其简明流畅之文字，在此幸福美妙之人世，犹如饥渴之中送来佳肴美食，祈愿因为写造此书之善业，佛法弘扬，长久住世，具吉祥主巴噶举派之政教权势坚固。由此法力，吾等众生享受康乐吉祥，获得正确的教法。以上是因助手邬仗那丹增之劝请而书写之祝愿词。”③

四川民族出版社在1985年出版《汉藏史集》藏文版时，将作者的名字直接写作“班觉桑布著”。但是，无论是室利补特跋陀罗还是叶如达仓宗巴·班觉桑布，在有关的藏文史籍中都无法找到进一步的记载，故即使是东嘎·洛桑赤列教授，也将此作为一个有待探讨的问题遗留下来。“叶如达仓宗巴·班觉桑布”，“叶如”是吐蕃的行政区划中吐蕃本部的四如之一，按敦煌古藏文文书的记载，是以襄南木林的雄巴蔡为中心，管辖后藏的雅鲁藏布江的北岸地区，包括今天的南木林县、谢通门县、昂仁县、萨嘎县和吉隆县等。达仓宗（སྐྱག་ཚང་རྫོང་།）的位置应该在今天吉隆县县城所在地宗嘎镇，是元朝后期萨迦派的都却拉章的人在宗嘎地方建立的一座城堡。

1434年达仓宗巴·班觉桑布写作完成《汉藏史集》时，南喀勒贝洛追坚赞贝桑布还以辅教王的职位统治着达仓宗的萨迦派的小政权。达仓宗所在的吉隆地方，在传统上被认为是阿里的一部分，被称为下部阿里。后来，陈先生在阅读王森先生的《宗喀巴年谱》时，发现宗喀巴大师其实到过达仓宗，并且与那里的萨迦派的一些僧人有过重要的交往。“1395庚午洪武二十三年，宗喀巴年三十四岁，春，为学密法及会见仁达瓦自觉摩垄赴后藏达仓（其地又称达仓宗喀，

① 达仓宗巴·班觉桑布：《汉藏史集》（藏文版），四川人民出版社，1985年，第1~2页。

② 达仓宗巴·班觉桑布：《汉藏史集》（藏文版），四川人民出版社，1985年，第608页。

③ 达仓宗巴·班觉桑布：《汉藏史集》（藏文版），四川人民出版社，1985年，第608页。

即旧地图上的宗喀，今已改名吉隆，当时此地是萨迦杜厥方丈后人所在地)。……次至达仓与译师扎巴坚赞、译师顿桑瓦、仁达瓦相会。互相讨论经教理论，并各为随来僧众及原住僧众讲显密经论。一切费用皆由嘉乔贝桑（此人又名室利跋陀罗）供给，这是一种小型法会。”①

《至尊宗喀巴大师传》中载："继后，宗喀巴大师来到'达仓'宗，那时，亲自来到这里的大德有：堪钦译师扎巴坚赞、至尊仁达哇大师、喇嘛译师邓桑哇和宗喀巴大师，以及为诸师服务的许多圆满受持三藏的善友们，加上原来住有的僧伽大众，成为殊胜对境的人众，得到现前齐集会合。他们所需用的各种生活资料、食物和住室卧具等，都由佛子大持律师博通经教愿一身负荷教法使其不衰，因而实行禁戒者——法王译师嘉却伯桑——主要负责供应，并由他从中联络，而使那些如鹅王般的最胜善巧诸师，在佛教莲池中发出欢畅的法音，饶益具有善缘的大众。那时，由扎巴坚赞大师讲说《现观庄严论》，由法王嘉却伯桑讲说《喜金刚第二品》，至尊仁达哇大师讲说他自己撰写的《量释论庄严注疏》的广大解说，宗喀巴大师听受了这一讲解，师徒二人并做了许多抉择诸难处和争辩的讲论。之后，师徒二人在法会的间隙时来到'坝乌坝业'寺院，宗喀巴大师在至尊仁达哇的近前，听受了一遍《密续之王吉祥密集金刚根本续》的解说。”② 陈先生从上述资料考证，文献中提到的嘉乔贝桑应当就是《汉藏史集》的作者达仓宗巴·班觉桑布，其缘由有三点：首先，身份相符。如前所述达仓宗巴是元末明初活跃在后藏达仓宗的一个萨迦派的僧人，而《至尊宗喀巴大师传》里的嘉乔贝桑在仁达哇、宗喀巴大师等人到达仓宗举行法会时提供参加法会的客人的饮食住宿和物资供应，还负责联络工作，同时他自己还讲说萨迦派的代表性经典《喜金刚第二品》，这说明他当时是达仓宗的一位有较高地位的萨迦派僧人，有可能是当地某个萨迦派僧团的执事僧人。其次，年代相符。举行达仓宗法会时嘉乔贝桑的年龄不会太大，与当时34岁的宗喀巴大师相差不多，所以虽然宗喀巴没有在法会上讲说经论，但是也没有专门向嘉乔贝桑学法听经的记录，而是仍然以自己的老师仁达哇为主，学习显密经论。如果以当时嘉乔贝桑也是三十来岁计算，到1434年他写作《汉藏史集》时，应当是七十多岁，这应当说是合乎情理的。另外，名字也相符。嘉乔贝桑在《至尊宗喀巴大师传》的藏文版中写作"རྒྱལ་མཆོག་བཟང་པོ།"，前两个字的意思是"殊胜的救护主"，这应当是一个别人对他表示尊敬的尊称，是一个加在名字前面的称号，他真正的名字应当是后面的两个字"贝桑"，前面我们已经提到，元末明初乌思藏地区的一些人的名字常常采用缩称，通常的做法是将四个音节的名字取第一和第三两个音节，组成一个名字。依据这种习惯，"དཔལ་བཟང་།"这个名字应当是从"དཔལ་འབྱོར་བཟང་པོ།"缩称而来，而"དཔལ་འབྱོར་བཟང་པོ།"正好就是达仓宗巴·班觉桑布的名

① 王森：《西藏佛教发展史略》，中国社会科学出版社，1987年，第300~301页。

② 法王周加巷：《至尊宗喀巴大师传》，青海民族出版社，1981年，第175~176页。

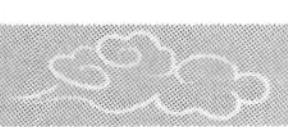

字班觉桑布。此外，依据藏文文献，班觉桑布在宗喀巴宗教改革的初期，确实是一位重要的参加者，后来被认为是格鲁派显宗方面根本经典的《菩提道次第广论》就是以他为首的几名高僧请求宗喀巴大师撰写的，宗喀巴的第一批密宗弟子先以他为师受戒接受灌顶，然后再由宗喀巴传戒授法。这期间他对宗喀巴大师的宗教理论和实践必然有重要的影响，可说班觉桑布和仁达哇、宗喀巴是这场西藏宗教改革运初期的三巨头。①

**（二）版本介绍**

《汉藏史集》，全称《汉藏史集·贤者喜乐赡部洲明鉴》（རྒྱ་བོད་ཀྱི་ཡིག་ཚང་མཁས་པ་དགའ་བྱེད་ཆེན་མོ་འཛམ་གླིང་གསལ་བའི་མེ་ལོང་ཞེས་བྱ་བ་བཞུགས་སོ།།），又称《贤者喜乐文书》，又译为《智者喜宴》又称《贤者喜乐文书》，作者是达仓宗巴·班觉桑布。该书成书于藏历第七饶迥木虎年（1434年，明宣德九年）。此书于1980年的春夏之交，王尧教授到美国参加藏学学术讨论会，带回一册在美国影印的源出于不丹王室图书馆的《汉藏史集》手抄本。这本藏文史料受到我国藏学界的高度重视，东嘎·洛桑赤列教授阅读后即将该书推荐给设在中央民族学院的全国少数民族古籍整理出版规划领导小组办公室，并以中央民族学院少数民族古籍整理出版规划领导小组的名义在1983年影印出版了《汉藏史集》。1985年，四川民族出版社出版了由王尧教授和东嘎·洛桑赤列教授审定过的、陈践教授清抄整理的《汉藏史集》（藏文版）。该书32开本，共计609页。当时，陈先生应西藏人民出版社汉文编辑室杨志国先生的约请，从1985年到1986年春根据中央民族学院少数民族古籍整理出版规划领导小组1983年7月北京影印本和四川民族出版社1985年6月铅印本翻译成册，于1986年12月由西藏人民出版社出版第一版，1999年3月西藏人民出版社第二次印刷。由于其史料价值和重要性，受到藏学界许多学者的重视和欢迎。

“泥婆罗（李域）国王统”在《汉藏史集》的第84~98页，是参照1985年6月由四川民族出版社出版的藏文本翻译而成。

**（三）内容提要**

在藏族文化史上，《汉藏史集·贤者喜乐赡部洲明鉴》是一部极为珍贵的藏文文献。该书分上、下两篇：上篇着重介绍了赡部洲重要王统、地域、民族类别、吐蕃的氏族、印度王统、

① 但是他们的这种亲密的合作在接近达到高潮却突然结束，仁达哇和班觉桑布返回后藏以后，再没有参与宗喀巴大师创立格鲁派活动的记载，后来的宗喀巴大师的追随者和合作者在格鲁派的史籍中被记载为同样是出身于萨迦派的，分别在1397年和1407年才首次拜见宗喀巴大师并在后来成为其主要弟子的贾曹杰·达玛仁钦（1364—1432年）和克珠杰·格勒贝桑（1349—1412年）。可能是因为年龄的关系，所以仁达哇·宣努洛追（1349—1412年），把整饬佛教的重任交给弟子宗喀巴，返回后藏静修密法，而且克珠杰·格勒贝桑还是他推荐给宗喀巴大师的。但是这位嘉乔贝桑即班觉桑布为什么后来没有参加轰轰烈烈的举行拉萨祈愿大法会和兴建拉萨三大寺的活动，从而与格鲁派脱离了关系，完全回到了一个萨迦派正统的高僧的立场，甚至在他晚年1434年所著的《汉藏史集》中完全没有提到当时已成为西藏的一个重要佛教教派的格鲁派及其创始人宗喀巴大师，回避了他自己与宗喀巴大师的这一段至少有10年之久的交往和合作，其原因需要进一步发掘资料，进行探讨。

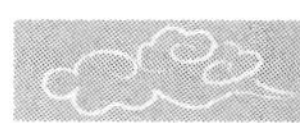

释迦牟尼的功业、佛法的分期、泥婆罗（李域）王统、汉地王统、木雅王统、吐蕃王统、赤德祖赞及赤松德赞的功绩、吐蕃医学、朗达玛灭佛、佛法后弘期、吐蕃七良臣、蒙古王统、卫藏地区驿站等内容；下篇重点介绍了萨迦王朝世系及历任本钦朗钦、夏鲁万户、江孜法王、达那宗巴、南杰林巴家族、密法在印度和吐蕃的传播、后弘期吐蕃的高僧和寺院、噶当派、塔波噶举、希解派传承、帕竹噶举和万户长、香巴噶举等历史。该书不仅具有重要的史学价值，而且具有一定的民俗学价值。例如书中还讲述了茶叶和碗在吐蕃的出现，刀剑在吐蕃的传播，如何鉴别碗、茶叶的种类等内容。该书成书于藏历第七饶迴木虎年（1434年，明宣德八年），鉴于该史料的珍奇，藏学界又称之为“耶合仓钦茂”（ཡིག་ཚང་ཆེན་མོ།），意为“藏汉史料文库大全”，这样的叫法是当之无愧的。该书下编23章，讲述了萨迦世系、各部弟子历史、历任本钦朗钦，以及其他各派世系及人物事迹等，详细记载了元明两代西藏历史、西藏与中央政府的关系史、中央治理西藏的各项政策与各种具体措施，是研究西藏古代历史、元明断代史的重要文献。

## 二、藏文原文及汉文译文

藏文原文（59叶B面）：

བལ་པོའི་རྒྱལ་རབས།

འཕགས་ཡུལ་བལ་པོའི་རྒྱལ་རབས་བཞུགས། ན་མོ་ཨཪྻ་མེ་ཏྲི་ཡེ། བྱམས་དང་ཐུགས་རྗེས་སྲིད་གསུམ་འགྲོ་བ་ཡི། །མགོན་གྱུར་ས་བཅུའི་དབང་ཕྱུག་ཞབས་བཏུད་ནས། །དེའི་སྤྲུལ་པས་བསྟན་པ་རྒྱས་མཛད་ཅིང་། །མི་ཡུལ་ཆགས་འཇིག་ཁྲིམས་གཉིས་གནས་ཚུལ་བཤད། །ལིའི་ཡུལ། བལ་པོར་གྲགས་པ་འདི་ར། སངས་རྒྱས་ཀྱི་བསྟན་པ་དང་། བསྟན་འཛིན་གྱི་གང་ཟག རྒྱལ་བློན་ཇི་ལྟར་བྱོན་ན། སྟོན་པ་ཤཱཀྱ་ཐུབ་པ། འགྲོ་བའི་དོན་ལ་སངས་རྒྱས་ནས་བཞུགས་པའི་ལོ་བྲང་ཉི་ཤུ་རྩ་གཅིག་ཡོད་པའི་རྗེང་མ་དེ། ལི་ཡུལ་འདི་ཡིན་པས། གཞན་ལས་ཀྱང་ཡོན་ཏན་ལྷག་པར་ཆེའོ། །དེའང་སྟོན་དང་པོ། སངས་རྒྱས་འོད་སྲུང་། འཇིག་རྟེན་དུ་བྱོན་དུས། ལི་ཡུལ་འདི་ལ་རྩ་དན་གྱི་ཡུལ་ཟེར། དམ་ཆོས་ཤིན་ཏུ་དར་རོ། །འོད་སྲུང་མྱ་ངན་ལས་འདས་（59.བ）

汉文译文：

圣域泥婆罗王统[①]

① 原文中名称为“圣地泥婆罗王统”（བལ་པོའི་རྒྱལ་རབས།），而实际内容却是写于阗国的王统世系。这并非笔误，历史上，的确有部分藏族学者将泥婆罗和于阗相混淆，此处就是一个典型的实例。大译师香巴拉言：“如今在藏地区对李域的认同者除了我和任达哇外再无他人。”卓隆哇认为：“印度东西是李和泥婆罗之地。”有许多李域和泥婆罗的说法。根敦群培：“李域是新疆的和田。”遍知隆庆巴认为：“是江热木布的后裔。”据巴桑旺堆先生研究，古代藏族对泥婆罗、印度、迦湿弥罗等地的称呼为“洛泊”（lho-bal），也更多的时候指泥婆罗、印度等地。“洛泊恶咒”（lho-bal-ngan-sngags）指盛行于古印度、泥婆罗等地印度教的神秘咒语。洛泊一词的延伸义是对吐蕃周边地区的一种贱称。这个解释是否合理，也还尚待进一步考证。有时将克什米尔称为“洛泊喀其”，这是指涉吐蕃边缘地区喀其，即迦湿弥罗（今克什米尔）。

南摩阿尔雅迈智耶！[①]

慈悲自现三界众生之怙主，谨向十地自在弥勒来顶礼！

尊者化身倡弘佛陀法，人间成灭两法来分说。

在这被称为“泥婆罗”（བལ་པོའི་རྒྱལ་རབས།）的“李域”（ལི་ཡུལ།）之地，佛教及执法大德、王臣有如下述：佛陀释迦牟尼为利乐众生而觉悟成佛后有二十一座宫殿，最后一座为李域国，故与别国相比功德更为广大。初时，迦叶佛[②]出世，李域被称为“杂丹吉域”（ཙ་དན་གྱི་ཡུལ།）[③]，佛教非常盛行。迦叶佛涅槃后，

藏文原文（60叶A面）：

ནས། དེའི་སྐུ་གདུང་བཞུགས་པའི། མཆོད་རྟེན་གོ་མ་ས་ལ་གན་དྷ་(ད་ལྟ་འཕགས་པ་ཤིང་ཀུན་གྱི་མཆོད་རྟེན་ཟེར་རོ།)ཕྱི་རྟེན་དུ་བཞེངས་ཅིང་། དྲང་སྲོང་ཁ་ར་ཤ་ལས་སོགས་པས་ཡུན་རིང་མོ་ཞིག ལི་ཡུལ་གྱི་རི་ལ་གནས་ནས། མཆོད་པའི་གནས་བྱེད་པ་ལ། མ་དད་པའི་མི་ངན་གྱིས་གཙེས་པས། དྲང་སྲོང་རྣམས་ནམ་མཁའ་ལ་ལྡིངས་ནས། ཡུལ་གཞན་དུ་སོང་། དེ་རྗེད། བསྟན་པ་ནུབ་པས། ལི་ཡུལ་མཚོར་གྱུར་ཏོ། །དེ་ནས་ཡུན་རིང་མོ་ཞིག་ནས། སངས་རྒྱས་ཤཱཀྱ་ཐུབ་པ་རྒྱ་གར་དུ་བྱོན། འགྲོ་དོན་མཛད་ནས། མྱ་ངན་ལས་འདའ་བར་ཉེ་བ་ན། ཡུལ་ཁམས་སོ་སོ་རྣམས། བསྲུང་མ་སོ་སོ་ལ་གཏོད་པའི་ཚེ། ལི་ཡུལ་ཡང་། རྣམ་སྲས། གནོད་སྦྱིན་ཡང་དག་གཤེད་ལ་སོགས་ལ་གཏད་ནས། སྟོན་པ་ཉིད་རང་ཀུང་། འཁོར་མང་པོ་དང་བཅས་ཏེ།ནམ་མཁའ་ལྡིངས་ནས། ལི

汉文译文：

修建了存放遗体的灵塔“高玛萨拉干达”（མཆོད་རྟེན་གོ་མ་ས་ལ་གན་དྷ།）〔原注：如今称为“帕巴香更塔”〕。仙人卡热夏（དྲང་སྲོང་ཁ་ར་ཤ）等人长期驻守李域之山，于灵塔供奉之时，因邪见之徒迫害，仙人飞上天空，去往别处。后来，由于佛法毁灭，李域变成汪洋。此后之长久时，佛陀释迦牟尼出世于印度，利乐众生。佛陀临近涅槃，于各个地方，托付诸护法（བསྲུང་མ།）护持。李域托付给多闻子（རྣམ་སྲས།）[④]、施碍正力（གནོད་སྦྱིན།）[⑤]。佛陀本人与诸弟子等飞上天界，抵达了变成沧海的李域，

藏文原文（60叶B面）：

ཡུལ་མཚོར་གྱུར་པ་དེར་བྱོན། ད་ལྟར། ཆུ་བོ་ཤེལ་ཆབ་གོང་མའི་འགྲམ། འཛུཾ་ཏིར་གྱི་མཆོད་རྟེན་གྱི་ཐད། སྙིང་གི་ནམ་མཁའ་ལ། པདྨའི་གདན་ལ་བཞུགས་ནས། བྱིན་གྱིས་རླབས། འོད་ཟེར་བཀྱེ། ཕྱོགས་བཅུའི་སངས་རྒྱས་དང་བྱང་སེམས་ཀྱིས། འོད་ཟེར་སྟོན་པའི་དབུ་ལ་

① 梵文注音，意译为“向圣弥勒佛顶礼！”

② 迦叶佛藏语称“桑吉奥顺”，梵音译作“迦叶波佛”，简称“迦叶”，贤劫第三佛或第六佛。

③ “杂丹域”中的“杂”（ཙ），本意为“脉”“根基”“大便”等，疑丢了“ཕྲ་ཟུར”，若加上 ཙ 可译为为“草垫之地”。

④ 多闻子，藏语称“南木贴斯”，简称“南木斯”，梵语译作“毗沙门”，佛书中所说北方一佛名。

⑤ 施碍，又称“勇健”，藏语称“闹景央德协”，梵语译作“药叉、夜叉”，佛书中所说一财神名。

ཐིམ། དགེའོ་ཞེས་པའི་སྒྲ་བྱུང་ངོ་། །དེ་ནས། ཕྱིས་བསྟན་པ་འབྱུང་པའི་རྣམ་སྤྲུལ་དང་། ལུང་བསྟན་མང་དུ་མཛད། བཅོམ་ལྡན་འདས་ཀྱིས། ཤཱ་རིའི་བུའི་སེག་ཤང་གི་རྩ་བ་དང་། རྣམ་ཐོས་ཀྱི་བུའི་མདུང་ཐུང་གིས། མང་པ་བ་ར་ན། པ་ར་བ་ཏ་ཞེས་པས། རི་རྣག་གི་ཁ་དོག་འདུ་བར། མཚོ་འདི་སྐྱོལ་ལས། ཀྱིམ་ཤང་རྩང་པོ་ལ་ཕོ་ཅིག་ཞེས། བཀའ་སྩལ་པ་བཞིན་ཁོང་གཉིས་ཀྱིས་བྱས་པས། སྟོན་པ་ཉིད་ཀྱང་། གླང་མགོ་རིའི་སྟེངས། སྐུ་གཟུགས་ཆེན་པོ་བཞུགས་པའི། གཡོན་ལོག་གི་ལྷ་ཁང་ན། ད་ལྟར་མཆོད་རྟེན་ཆུང་ངུ

汉文译文：

在如今上玉河（ཆུ་བོ་ཤེལ་ཆབ་གོང་མ།）俄乎木德之塔（འཕྲུ་དིར་ཀྱི་མཆོད་རྟེན།）前方之上空，坐于莲座，行加持、放光，十方佛和菩萨便以光明投入释迦牟尼的顶髻，发出“善哉！”之声。之后，做了产生佛法幻化和诸多预言。佛使舍利子的禅杖（ཤཱ་རིའི་བུའི་སེག་ཤང་གི་རྩ་བ།）和多闻子的短枪（རྣམ་ཐོས་ཀྱི་བུའི་མདུང་ཐུང་།）幻化作曼巴瓦热那（མང་པ་བ་ར་ན།）和巴热瓦达（པ་ར་བ་ཏ།），令之站在脓（རི་རྣག）山巅，将晶木香抛向藏布江（ཀྱིམ་ཤང་རྩང་པོ་ལ་ཕོ་ཅིག）中。二人遵命去做，释迦牟尼本人在牛头山（གླང་མགོ་རི།），曾下榻的左面佛殿，如今有一座小塔之地

藏文原文（61叶A面）：

གཅིག་ཡོད་པའི་སར། དགུང་ཞག་བདུན་གྱི་བར་ལ་བཞུགས། ཀུན་དགའ་བོས། སྔར་གྱི་རྒྱུ་རྐྱེན་དེ་རྣམས་ཅི་ལགས་གསོལ་བས། མཚོ་སྐྱོལ་བའི་བཀྲུལ་སྐམས་ནས། ང་མྱ་ངན་ལས་འདས་པའི་འོག་ཏུ། འདིར་ལི་ཡུལ་བྱ་བ་འབྱུང་སྟེ། ཝུ་ཐེན་གྱི་མཁར། ལྡི་ལྡན་ཞེས་པའི་གྲོང་ཁྱེར་ཆེན་པོ་དང་། དེ་བསྲུང་པའི། རཱ་ཛ་གྲྀ་མའི་དུས། སངས་རྒྱས་ཀྱི་སྐུ་གཟུགས། ཙནྡན་གྱི་ནང་དུ། སྐུའི་དྲི་མ་རང་ལ་ནུབ་པའི་ཞིག རྒྱ་གར་ནས་འཁྱོན། ཐེག་ཆེན་ལ་སྤྱོད་པའི། དགེ་སློང་ཕོ་མོ་གནས་པའི། གཙུག་ལག་ཁང་སུམ་བརྒྱ་དྲུག་ཅུ་རྩ་གསུམ། རྒྱལ་བློན་དད་པ་ཅན་རྣམས་ཀྱིས་བཞེངས་ནས། སྐུ་གདུང་ལ་མཆོད་པའི་བྱང་སེམས། དགེ་སློང་ཕོ་མོ་དང་། ཁྱིམ་པ་སྐྱེ་བོ་ཚུལ་དུ་གནས་པ། ཕྱེད་མའི་ལྔ་བརྒྱ་རྟག་ཏུ་གནས་སོ། །གཞན་ཡང་། ཕྱིར་མི་ལྡོག་པའི་བྱང་སེམས། ཐེག་ཆེན་ལ་སྤྱོད་པ（61.ན）

汉文译文：

住了七天七夜，阿难[1]问道：“何故如此？”答曰：“海竭之陆地，吾涅槃后，此地会称为李域，有称作和田五城（ལྡི་ལྡན་ཞེས་པའི་གྲོང་ཁྱེར་ཆེན་པོ།）的大城出现；热杂扎玛（རཱ་ཛ་གྲྀ་མ།）护卫时，有一旃檀佛像，能自除尘垢，自印度运来；信仰佛法的王臣建大乘佛法之比丘及比丘尼居住的寺院363座，供给敬奉灵塔的菩萨、比丘、比丘尼以及居士居住，各于五百人中的一半数人常住。此外，大概不复返的菩萨、修大乘者也在此安住。

藏文原文（61叶B面）：

པལ་ཆེར་གནས་ཏེ། འདི་ནི་དུས་གསུམ་དུ་གཤེགས་པའི། སངས་རྒྱས་ཀྱི་ཞིང་ཁྱད་པ་ཡིན་ནོ། །གསུངས། བསྲུང་མ་རྣམས་ཀྱིས་རྒྱུན་དུ

① 阿难，藏语称作“更嘎吾”（ཀུན་དགའ་བོ།），梵语译作“阿难陀”，简称“阿难”，释迦牟尼十大弟子之中，为多闻第一，第二代付法藏，第一次结集时，诵经藏之上座及佛说医明四续时内侍弟子之一。

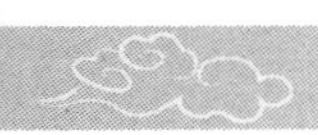

བསྲུངས་ཅིག་པར་བཀའ་བསྒོས་ཏེ་གཏད་དོ། །དེར་མཚོ་ཕོ་བ་དང་། སངས་རྒྱས་འོད་སྲུང་གི་ཕྱི་རྟེན། མཆོད་རྟེན་གོ་མ་ས་ལ་གན་དྷ་དང་། རི་གླང་རུ། མཁར་དགེ་བའི་བཤུལ་རྣམས་ཀྱང་། མངོན་པར་གྱུར་ཏོ། །དེ་ནས། སངས་རྒྱས་མྱ་ངན་ལས་འདས་ནས། ལོ་ཉིས་བརྒྱ་ལྔ་བཅུ་རྩ་བཞི་ལོན་པའི་དུས་སུ། །རྒྱ་གར་གྱི་རྒྱལ་པོ་དྷརྨ་ཨ་ཤོ་ཀས། སྡིག་ཆེན་པོ་བྱས། སླར་བཤགས་སྡོམ་ཕུལ། འཛམ་བུ་གླིང་དུ། གཙུག་ལག་ཁང་དང་། མཆོད་རྟེན་བརྒྱད་ཁྲི་བཞི་སྟོང་བཞེངས་པར་མ་བཅས་པའི་ཚེ། མཚོ་སྐམས། ལི་ཡུལ་སྟོང་པར་འདུག་པ། དེར་ཡོངས། ད་ཕྱི། ཨུ་ཐེན་གྱི་སྐུ་མཁར་ཡོད་པར། ནུབ་གཅིག་བཞུགས་པས། རྒྱལ་པོའི་བཙུན་མོ་ལ། ཁྱིའུ་མཚན་དང་ལྡན་ཅིག་བཙལ། 61.བ)

汉文译文：

此地成为三世佛之界。”吩咐并托付诸护法，长期护持。此后，海水退去，显露出了迦叶佛的高玛萨拉干达塔（མཆོད་རྟེན་གོ་མ་ས་ལ་གན་དྷ།）、牛头山盖瓦城（རི་གླང་རུ། མཁར་དགེ་བ།）模样。此后，自释迦牟尼涅槃后二百五十四年时，印度国王达尔玛阿育王（རྒྱལ་པོ་དྷརྨ་ཨ་ཤོ་ཀ）[①] 罪大恶极，后又悔过自新，在南赡部洲（འཛམ་བུ་གླིང་།）奉建佛寺、佛塔八万四千座，时海已干涸，李域成为空旷之地。此时，（国王）来到和田城（ཨུ་ཐེན་གྱི་སྐུ་མཁར།）[②]，下榻一宿，王妃生得一子，命相极佳。

藏文原文（62叶A面）：

མཚན་མཁན་ན་རེ། འདི་ནི་མཚན་བཟང་དབང་ཆེ་བས། ཡབ་སྐུ་ཚེ་མ་འཕོས་པ་ལ། འདིས། རྒྱལ་སྲིད་བགྱིད་པར་མཆིའོ། །ཟེར་བས། རྒྱལ་པོ་ཁྲོས་ནས། བུ་འདི་ནི། ང་ལ་མི་དགོས་ཀྱིས་བོར་ཅིག གསུངས་པ་དང་། མས་མི་ཕོད་ནའང་། བཀའ་མ་ཕྱོག་པར། ད་ས་དེར་བོར་བས། བུ་ཆུང་རང་གི་བསོད་ནམས་ལས། ས་ལ་ནུ་མ་གཅིག་བྱུང་པ་ནུ་པས་སྐྱེད་ཆེར་བྱུང་ངོ་། །དེ་ནི་དང་པོ། རྒྱལ་པོའི་བཙུན་མོ་དེས། སྐྱིད་མོས་ཚལ་དུ་ཁྲུས་བྱས་པའི་དུས། རྣམ་སྲས་ནམ་མཁའ་ལ་གཤེགས་པ། ཡར་མར་གཉིས་ཀས་གཟིགས། སེམས་ཆགས་པ་ལས་བྱུང་པའི་བུར་བྱེད་དོ། །དེའི་སྐབས་ན། རྒྱ་ནག་པོའི་རྒྱལ་པོ། ཅིའུ་ཕང་ཞེས་པའི་(ཞིང་ས་ཆ་ཡང་རྒྱལ་པོ)བྱང་སེམས་ཀྱི་སྤྲུལ་པ། བུ་སྟོང་ལ་དབང་རྒྱ། དགུ་བརྒྱ་དགུ་བཅུ་རྩ་དགུ་ཡོད་པ་གཅིག་བྱུང་པ། དེའི

汉文译文：

命相师（མཚན་མཁན།）[③] 道："此孩命相很好，父王尚未往生，就可执掌国政。"国王大怒，道："我不要此孩，可扔掉！"此母心中不忍，但又不敢违命，只好将小孩抛弃此地。也许是小孩的福分，地上生出一乳头，孩子得以长大。据说，最初，王妃在林苑中沐浴时，多闻天王从空中飞过，上下相见，心生爱欲，生得王子。那时，汉地国王周王（ཅིའུ་ཕང་།）〔原注：咸阳地方之王（ཞིང་ས་ཆ་ཡང་རྒྱལ་པོ།）〕，是菩萨的化身，命中拥有王子一千，已有九百九十九个。

① 阿育王藏语称"嘉布阿肖嘎"或"阿协哈"。

② "阿腾"可能是"和田"的对称。

③ 命相师藏语称"参迪康布"（མཚན་མཁན།），简称"参康"，是历史上的一种职业者，其中包括凭借人的面相、骨骼、气色，以及天文星象、梦境等来预测未来的祸福的相士、占卜师等。

藏文原文（62叶B面）：

བསམ་པ་ལ། ད་ང་ལ་བུ་གཅིག་བྱུང་ན། སངས་རྒྱས་ཀྱི་ཞབས་ཀྱིས་བཅགས་པའི་ལི་ཡུལ་ཞེས་བྱ་བའི་བཟང་མོ་གཅིག་ཡོད་འདུག་པ། དེ་འཛིན་དུ་འཇུག་གོ་སྙམ་ནས། རྣམ་སྲས་ལ་གསོལ་བ་བཏབ་པས། ས་ལ་བུ་བླང་ནས། འདི་ནི་ངའི་བུ་ཡིན་པས། ཁྱོད་ལ་སྦྱིན་པར་བྱའོ་ཟེར་ནས་སྦྱིན། མིང་ཡང་། རྒྱལ་པོ་ས་ལ་ནུར་བཏགས། དེ་ཆེར་སྐྱེད་པ་དང་། ལི་ཡུལ་འཚོལ་བ། རྒྱར་རྗེས་ཛངས། དམག་སྟོང་ཕྲག་བཅུ་དང་བཅས་ཏེ། ནུབ་ཕྱོགས་སུ་ཕྱིན། ལི་ཡུལ་མེས་སྐར་དུ་སླེབས་པའི་དུས་སུ། རྒྱ་གར་ནས། རྒྱལ་པོ་དྷརྨ་ཨ་ཤོ་ཀས། བློན་པོ་ཡཀྴ་བྱ་བ་ལ་ཉེས་པ་ཕབ་ནས། དེ་སྤུན་པའུ་ཉེ་འཁོར་དང་བཅས་པ། བདུན་བརྒྱ་ཙམ་སྤྱུགས། ཤར་ཕྱོགས་སུ་ཡུལ་འཚོལ་བ་ལ་ཡོངས། འུ་ཐེན་གྱི་ཤེལ་ཆབ་གོང་མ་ན་ཡོད་པ་དང་། ས་ལ་ནུའི་འཁོར་གཉིས། བ་སྨྱུམ་མ་བྲོས་པ་འཚོལ་ཡོངས་དང་

汉文译文：

国王心想：“如今我若再得一子，（便能）很好地驻守佛（释迦牟尼）足践履之地李域。”遂向多闻子祷告，多闻子领来一子道：“这就是我的儿子，将他施舍给你。”于是，起名为地乳王（རྒྱལ་པོ་ས་ལ་ནུ།）。此王长大，受汉王之命，率军一万，自西方来。当抵达李域的梅嘎尔（ལི་ཡུལ་མེས་སྐར།）地方时，印度的达尔玛阿育王治罪于大臣亚合恰，将亚合恰及其兄弟、仆从等七百人流放，到东方寻地安住，来到和田的上玉河（འུ་ཐེན་གྱི་ཤེལ་ཆབ་གོང་མ།），与阿育王寻找丢失黄乳牛的两随从（63A）

藏文原文（63叶A面）：

འཕྲད། རྒྱུ་མཚན་བརྙད་པས། ངེད་གཉིས། སྔར་ནས། རྒྱལ་བློན་གྱི་རྒྱུད་དུ་འདུག་པས། ད་འང་རྗེ་འབངས་བྱ་བར་རིགས་ལ། འུ་ཐེན་གྱི་གཞོངས་འདིར། ཡུལ་གསར་བཟུང་བར་བྱའོ། །ཟེར་ནས། གོ་ཉའི་འོག ཡུལ་ཧང་གུ་ཛོ་བྱ་བར་མཇལ། རྒྱལ་བློན་བྱེད་པར་བཤམ་པས། སྟོན་མ་ཡུལ་བགོས་ལ་མ་འཆམ། རྣམ་སྲས་དང་། དཔལ་ལྷ་མོས་གདུམས་བྱས་ཏེ། འུ་ཐེན་ཤེལ་ཆུ་འོག་མ་མན་ཆད། ཤོལ་ལོ་མེས་སྐར་དང་། སྐམ་ཤིང་ཡན་ཆད། ས་ནུའི་འཁོར། རྒྱ་ནག་པ་ལ་ཕྱེ། ཤེལ་ཆུང་གོང་མ་ཡན་ཆད། ཡཀྴའི་འཁོར་རྒྱ་གར་བ་ལ་ཕྱེ། ཤེལ་ཆུང་དབུས་ནི། རྒྱལ་བུ་རང་། རྒྱ་དཀར་ནག་གི་བློན་འབངས། བསྡོངས་རིམ་འདྲེས་མས་བཟུང་སྟེ། ཡུལ་བཏབ། མཁར་རྩིགས ། རྒྱ་དཀར་ནག་ཕྲད་པའི་དབུ་ནི་ཡིན་ཏེ། སྐད་ནི་གཉིས་ཀ་དང་མཐུན། ལི་སྐད་ཐོག་མ

汉文译文：

相遇，互问由来，地乳王道：“从前，我们两家是王臣的后代，如今也当属君臣关系，在此和田之地，新建一国。”于是，在高镍（གོ་ཉ།）下方的韩谷泽（ཡུལ་ཧང་གུ་ཛོ།）地方会晤，建立臣属关系。和田玉河（འུ་ཐེན་ཤེལ་ཆུ།）[①] 以下、朵洛梅噶尔（ཤོལ་ལོ་མེས་སྐར།）、岗香（སྐམ་ཤིང་།）之上，分给了地乳王的汉（族）人随从；上协曲河以上，分给了亚合恰的印度人；玉河中间，由王子、以及其印度、

① 协曲系藏语，“协”有“玻璃”“水晶”之义，“曲”是“水”的意思。上面出现的“协洽布”的“协”和“协曲”中的“协”同意，而“洽布”虽发音不同，其意与“曲”一样，是“水”和“河”的敬语。这就可判断“协曲”与上面的“协洽布”是同一条河。

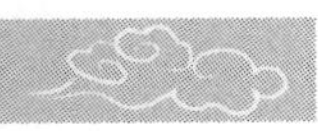

汉地臣民共同掌管。自两者融合后，立国建城，是印度、汉地交流之始，互通语言。李域语

藏文原文（63叶B面）：

འཇམ་དཔལ། དགེ་སློང་བཻ་རོ་ཙ་ནར་སྤྲུལ་ནས། བྱིས་པ་ལ་སླབས་པས། འཕགས་པའི་གསུང་ལས་ཆད་པའོ། །ཡི་གེ་དང་། ཆོས་ལུགས་ནི། རྒྱ་གར་བ་དང་བཤད་ཆེར་མཐུན་ལ། འཇིག་རྟེན་པའི་ལུགས་ནི། རྒྱ་ནག་པ་དང་བཤད་ཆེར་མཐུན་ནོ། །སངས་རྒྱས་འདས་ནས། རྒྱལ་པོ་ས་ནུ་ལོ་བཅུ་དགུ་པས། ལི་རྗེས་བྱས་པ་ཡན་ལ། ལི་ཉིས་བརྒྱ་ལྔ་བཅུ་རྩ་བཞི་སོང་ཙིང་། རྒྱལ་པོ་ས་ནུ་དང་། བློན་པོ་ཡཤྰ་ནི། ལིའི་རྒྱལ་བློན་གྱི་ཐོག་མའོ། །དེ་ནས་ས་ནུའི་བུ། ཡེའུ་ལས། ལྔ་ལྡན་གྱི་གྲོང་ཁྱེར་བཏབ་བོ། །ལི་ཡུལ་བྱུང་ནས། ལོ་དྲུག་ཅུ་རྩ་ལྔ་འདས་པའི་དུས། རྒྱལ་པོ་ཡེའུ་ལའི་བུ། རྒྱལ་པོ་བྱི་ཛ་ཡ་སམ་བྷ་ཝ་བྱུང་བ། རྒྱལ་སར་བཞུགས་ནས་ལོ་ལྔ་སོང་པ་དང་། ལི་ཡུལ་དུ་ཆོས་ཀྱི་ཐོག་མ་བྱུང་སྟེ། དེའང་། བྱམས་པ། རྒྱལ་པོ་བྱི་ཛ་ཡ་དང་། འཇམ་དཔལ། འཕགས་

汉文译文：

之始，是文殊菩萨（འཇམ་དཔལ།）之随从化现为比丘毗卢遮那（དགེ་སློང་བཻ་རོ་ཙ་ན།）[①]，授予小孩，故称为圣语[②]。文字、宗教与印度相同，习俗则与汉地相似。佛涅槃后，地乳王年方十九，就任李域之王。其间二百五十四年，地乳王、大臣亚合恰，是李域最早的国王和大臣。之后，地乳王之子玉拉（ཡེའུ་ལ།）建五殿之城。李域国产生后的六十五年，国王玉拉之子尉迟[③]桑布瓦王（རྒྱལ་པོ་བྱི་ཛ་ཡ་སམ་བྷ་ཝ།）生，执政五年后，李域初传佛法，这是弥勒菩萨化身为国王尉迟，文殊菩萨

藏文原文（64叶A面）：

པ་བཻ་རོ་ཙ་ནར་སྤྲུལ་ནས། སྟོན་ལ་ཕྱུགས་རྫིའི་བྱིས་པ་ལ་ཡི་གེ་དང་སྐད་སླབས། དེ་ནས། དམ་ཆོས་དབུ་རྙེད། རིམ་པར་བྱུང་ངོ་། །རྒྱལ་པོ་རིས་ཙར་མའི་གཙུག་ལག་ཁང་བཞེངས། འདིའི་ནང་ན། བླུ་རྒྱལ་དུ་ལོར་གྱིས་ཁ་ཆེ་ནས་ནམ་མཁའ་ལ་སྤྱན་དྲངས་པའི། མཆོད་རྟེན་བྱིན་

① 比丘毗卢遮那，8世纪吐蕃著名的佛学大师、翻译家，吐蕃“初试七人”之一，8世纪中叶出生在西藏尼恰河和恰卜河交汇处的巴阁滩地方（今尼木县所属），名为“甘佳坦达”（gan–jag–thang–ta），他出家弘法时被赐名为白绕杂纳，意为“遍照”“大光明”“大日如来”。

② 据何星亮先生解释，于阗文是古代新疆于阗地区使用的一种拼音文字。因人们认为古代于阗就是塞种（塞克人）的住地，故亦称“于阗塞克文”。有人认为，公元6世纪以前，于阗地区通行汉文和佉卢文，公元6世纪以后，则通行汉文和于阗文。佉卢文和于阗文都是传自印度，但文字渊源各不相同。佉卢文源自波斯的阿拉美文字，于阗文则源出印度婆罗米文字笈多正体。于阗文有楷书、草书和行书三种，字多合体连写。其字母与古藏文相似，两者的附加元音符号也相同。就字形比较而言，也许于阗文字就是古藏文文字之所本。最早记述于阗文的汉文文献是玄奘的《大唐西域记》（卷十二）。19世纪末以来，在今新疆和田、巴楚、图木舒克、木头沟和甘肃敦煌等地，发现大量的于阗文文献，年代约属6—10世纪。现存于阗文献多为佛教文献，较重要的有《金光明经》《妙法莲华经》《贤劫千佛名经》《维摩诘经》《首楞严三昧经》《赞巴斯塔书》《理趣经》《佛说无量寿经》《般若波罗蜜多经》《伽腻色迦传》等。非佛教文献则以欧洲梵文学家钢和泰所藏《于阗沙州纪行》最为著名。此外尚有《甘州突厥记事》《于阗王致曹元忠书》、《七王子书简》《于阗伽湿弥罗纪行》《致于阗王奏报和书信》《罗摩传》等。这些文献对研究古于阗的宗教和社会历史价值极大。有些文书掺用汉文，或用汉文和于阗文共同书写；有的还采用同庆、天兴、中兴、天寿等年号，或采用宰相、长史、节度使、都督等官称，说明古于阗人与中原王朝的政治、文化关系相当密切。于阗文文献现大多藏于英、法、苏、德、美、印度、瑞典等国。（参见余太山、陈高华、谢方主编：《新疆各族历史文化词典》，中华书局，1996年，第11页）

③ 藏语音“翁杂”，均冠于李域国王名称之首，这似乎是一个封号，一个氏族名称，或是姓氏。在汉文史料中多以“尉迟”出现。

རླབས་ཅན་ཡང་བཞུགས་ལ། ལི་ཡུལ་དུ་གཙུག་ལག་ཁང་དང་། རྟེན་གྱི་ཐོག་མ་འདིའོ། །དེ་ནས་རྒྱལ་རབས་བདུན་གྱི་བར་ལ། གཙུག་ལག་ཁང་མ་བརྩིགས་སོ། །ཡང་མས་པས་རྒྱལ་པོ་ཝི་ཛ་ཡ་བིརྱ་ཞེས་པར་སྤྲུལ་ནས། བསྟན་པའི་བྱ་བ་རྒྱ་ཆེར་བྱས་ཤིང་འཛུཾ་ཏིར་གྱི་གཙུག་ལག་ཁང་བཞེངས། མཆོད་རྟེན་གོ་མ་ས་ལ་གན་དྷའི་བསྔགས་པ་བརྗོད་པས། རྒྱལ་པོ་དད་དེ་གླང་མགོ་རིའི་སྟེང་ན། གྷིའུ་ཤན་གྱི་གཙུག་ལག་ཁང་བཞེངས་སོ། །དེ་ནས་རྒྱལ་རབས་

汉译文：

化身为尊者毗卢遮那，先教给牧童（ཕྱུགས་རྫིའི་བྱིས་པ།）文字和语言，然后佛法才逐步传播。国王建立了杂尔梅寺（ཙར་མའི་གཙུག་ལག་ཁང་།），殿内主供龙王胡洛尔（ཀླུ་རྒྱལ་ཧུ་ལོར།），又通过天空中从克什米尔（ཁ་ཆེ།）请来具有加持力的佛塔，这便是李域最早的寺院和依物。至此后的七代王统其间，从未建过寺院。弥勒菩萨化现为国王尉迟布尔雅（རྒྱལ་པོ་ཝི་ཛ་ཡ་བིརྱ།），广扬佛法，建俄乎木德寺（འཛུཾ་ཏིར་གྱི་གཙུག་ལག་ཁང་།）和令人称赞的高玛萨拉干达塔（མཆོད་རྟེན་གོ་མ་ས་ལ་གན་དྷ།）。国王敬仰佛法，又在牛头山上建造吉祥寺（གྷིའུ་ཤན་གྱི་གཙུག་ལག་ཁང་།）。此后两代王统再未建寺。

藏文原文（64叶B面）：

གཉིས་ཀྱི་བར་མ་གཙུག་ལག་ཁང་མ་བརྩིགས། དེ་རྗེང་། རྒྱལ་པོ་ཝི་ཛ་ཡ་ཛས། པོ་ཏ་ཏྲ་དང་མ་ཞའི་མཆོད་རྟེན་དང་། གཙུག་ལག་བྱིན་རླབས་ཅན་བཞེངས་སོ། །རྒྱལ་པོ་དེ་ལ་སྲས་གསུམ་བྱུང་པའི། ཆེ་བ་འདོན་འགྲོས་དང་། བར་པ། དར་མནན་ཏིར་གཉིས་རྒྱ་གར་ལ་ཆོས་སློབ་པར་ལ་བྱོན། ཆུང་བ། ཝི་ཛ་ཡ་དར་མས་རྒྱལ་སྲིད་བཟུང་། དཔའ་རྩལ་ཆེ་ཞིང་། གསོད་པ་ལ་རྐྱེན་པས། སྡིག་ཆེ། ཕོ་བོ་དར་མ་ནན་ཏིར་གྱིས། དགྲ་བཅོམ་པ་ཐོབ་ནས། ཐབས་ཀྱི་བསླུལ། སྡིག་བཤགས་བྱེད་དུ་བཙུག་སྟེ། ཛྷོ་ཕྱིར་གྱིས་ཕོངས་ནས། སྟོན་ཐུབ་པ་ཆེན་པོ་རྒྱལ་པོ་ཟླ་འོད་དུ་གྱུར་ཚེ། བྲམ་ཟེ་ལ། དབུ་བྱིན་པའི་ས་དང་། སངས་རྒྱས་ཀྱི་ཞབས་ཀྱིས་བཅགས་པའི་སྒྲེའུ་ཏོ་ཤན་དང་། སྤོ་ཧྲ་ལོང་གི་ཚལ་དུ། གཙུག་ལག་ཁང་དང་། མཆོད་རྟེན་ཆེན་པོ་རེ་བཞེངས་སོ། །དེའི་གཅེན། ཆེ་བ་འདོན་འཛོམས། རྒྱ་གར་ན་ཕེབས

汉文译文：

国王尉迟杂雅（རྒྱལ་པོ་ཝི་ཛ་ཡ་ཛ།）建布达雅（པོ་ཏ་ཏྲ།）、玛霞塔（མ་ཞའི་མཆོད་རྟེན།）和具加持力的寺院。此王生得三子，长子栋卓（འདོན་འགྲོས།）和仲子达尔玛南迪（དར་མནན་ཏིར།）两赴印学法，幼子尉迟达尔玛（ཝི་ཛ་ཡ་དར་མ།）执掌国政。此子武艺高强，嗜杀成性，罪孽深重。兄达玛尔玛南迪证得阿罗汉正果，设法规劝（其弟），（国王）为赎罪孽，在扎道尔盆地（ཛྷོ་ཕྱིར་གྱིས་ཕོངས།）先前释迦牟尼化身为月光王（རྒྱལ་པོ་ཟླ་འོད།）时，给婆罗门（བྲམ་ཟེ།）施舍头颅之地、佛驻锡过的盖道香（སྒྲེའུ་ཏོ་ཤན།）和波巴伦林苑（སྤོ་ཧྲ་ལོང་།）等地各建寺院和佛塔。其长兄栋卓自印度返回，

藏文原文（65叶A面）：

སྐུ་མཆེད་མཇལ་བར་འཇལ་མོ་ཀ་ཀོ་རོང་ངའི་ལྷ་ཁང་བཞེངས་ཤིང་། ནོར་གཙང་མས། སང་ཏིར་གྱི་གཙུག་ལག་ཁང་བཞེངས་སོ། །དེ་ནས། ཝི་ཛ་དར་མའི་བུ། རྒྱལ་པོ་ཝི་ཛ་ཡ་སིང་ཧས་སོམ་ཉིའི་གཙུག་ལག་ཁང་དང་། མཆོད་རྟེན་བཞེངས་སོ། །དེའི་འོག་ཏུ། རྒྱལ་པོ་ཝི་ཛ་

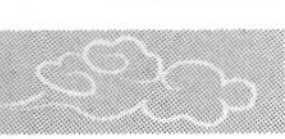

ཀི་རྗེས་སུ་ཉོ་གཙུག་ལག་ཁང་བཞེངས་ནས། དེང་སང་བར་དུ་ཆུའི་འཇིགས་པ་ཀླུས་བསྲུངས་པ་ཡོད་དོ། །དེའི་བུ་བྱི་ཛ་ཡ་སྲུང་གྲ་མས། དགྲ་བཅོམ་པ་རྫི་ན་ཡཀྵའི་བཀའ་བཞིན་དུ། དར་མ་ཏིར་གྱི་གཙུག་ལག་ཁང་བཞེངས། སྒྱ་ཞན་གྱི་གཙུག་ལག་ཁང་ཡང་བཞེངས་སོ། །དེའི་བུ་རྒྱལ་པོ་བྱི་ཛ་ཡ་སིང་ཧས། བྱམས་པའི་ཞལ་མཐོང་གཞའ་སེར་མའི་གཙུག་ལག་ཁང་བཞེངས་སོ། །དེའི་བུ། རྒྱལ་པོ་བྱི་ཛ་ཡ་བ་ལ་མན་ཆད། རྒྱལ་རབས་དྲུག་གི་བར་ལ། གཙུག་ལག་ཁང་གཞན་མ་བརྩིགས་སོ། །

汉文译文：

兄弟相晤，建迦茂嘎高戎鄂佛殿（འཇའ་མོ་ཀ་ཀོ་རོང་ངའི་ལྷ་ཁང་།），并耗巨资建桑戴尔寺（སང་ཏིར་གྱི་གཙུག་ལག་ཁང་།）。此后，尉迟达尔玛之子尉迟桑哈王（རྒྱལ་པོ་བྱི་ཛ་ཡ་སིང་ཧ།），建索木尼寺（སོམ་ཉིའི་གཙུག་ལག་ཁང་།）和佛塔。此王之后，尉迟格尔迪王（རྒྱལ་པོ་བྱི་ཛ་ཀི་རྟི།）建斯涅寺（སུ་ཉོ་གཙུག་ལག་ཁང་།）。迄今仍有水龙神护持。此王之子尉迟桑扎玛王（བྱི་ཛ་ཡ་སྲུང་གྲ་མ།）奉阿罗汉杂那亚合恰（དགྲ་བཅོམ་པ་རྫི་ན་ཡཀྵ）之旨意，建达尔玛迪寺（དར་མ་ཏིར་གྱི་གཙུག་ལག་ཁང་།），又建了固香寺（སྒྱ་ཞན་གྱི་གཙུག་ལག་ཁང་།）。此王之子尉迟桑哈王（རྒྱལ་པོ་བྱི་ཛ་ཡ་སིང་ཧ།）亲见弥勒菩萨，建夏赛尔玛寺（གཞའ་སེར་མའི་གཙུག་ལག་ཁང་།）。此王之子尉迟瓦拉（རྒྱལ་པོ་བྱི་ཛ་ཡ་བ།）以下六王，未建其他寺院。

藏文原文（65叶B面）：

དེ་ནས་རྒྱལ་པོ་བྱི་ཛ་ཡང་སམ་ཧྲི་མས། སངས་རྒྱས་ཀྱི་སྐུ་གཟུགས་ཙུ་གུ་སན་ནས། ལི་ཡུལ་དུ། ནམ་མཁའ་ལ་སྤྱན་དྲངས་པ། བཞུགས་པའི་གཙང་ཁང་དང་བཀྲ་ཤིས་སིལ་མའི་ཚལ་དུ། མཆོད་རྟེན་ཆེན་པོ་དང་། དགྲ་བཅོམ་པ་སུ་གུ་རྟེ་ཨ་བ་ཡ་ཏང་གི་བཀའ་བཞིན་དུ། གཞའ་སམ་མའི་གཙུག་ལག་ཁང་བཞེངས་སོ། །དེའི་བུ། རྒྱལ་པོ་བྱི་ཛ་ཡ་ཤ་ཏ་མན་ཆད། རྒྱལ་རབས་བཞིའི་བར་ལ་གཙུག་ལག་ཁང་གསར་པ་མ་བརྩིགས། དེ་ནས་རྒྱལ་པོ་བྱི་ཛ་ཀི་རྟི་ལ། ཀླུའི་རྒྱལ་པོས་བསྐུལ་ནས། ཧྲ་ཕ་ཉའི་གཙུག་ལག་ཁང་བཞེངས་ཤིང་། འདི་ནི་བོད་ཀྱི་རྒྱལ་པོས་ལི་ཡུལ་ལ་མངའ་མཛད། དེའི་བློན་པོས་གར་གདོང་བཙན་ལི་ཡུལ་དུ་ཡོངས་དུས་བཞེངས་པའོ། །རྒྱལ་པོ་དེ་དང་། སྲས་བྱི་ཛ་ཡ་གྲ་མ་ཐད་གཉིས། རྒྱ་ཡུལ་ལ་སྤྱོན་པའི་རིང་ལ། ལིའི་བློན་པོ་ཨ་མ་ཆ་གེ་མེག་བྱ་བས་ལོ་བཅུ་གཉིས་རྒྱལ་ཚབ་བྱས། དེ་དུས

汉文译文：

此后，国王尉迟央萨智玛（རྒྱལ་པོ་བྱི་ཛ་ཡང་སམ་ཧྲི་མ།）将佛像由吉谷桑（ཙུ་གུ་སན།）从空中运到李域，兴建佛殿，在扎西斯梅林苑（བཀྲ་ཤིས་སིལ་མའི་ཚལ།）修建了大佛塔，依照阿罗汉牡格黛阿瓦雅汗（སུ་གུ་རྟེ་ཨ་བ་ཡ་ཏང་།）的旨意，建雅萨玛寺（གཞའ་སམ་མའི་གཙུག་ལག་ཁང་།）。其子国王尉迟哈达（རྒྱལ་པོ་བྱི་ཛ་ཡ་ཤ་ཏ།）之后的四王间，未建新寺。之后国王尉迟格迪（རྒྱལ་པོ་བྱི་ཛ་ཀི་རྟི།），遵照龙王之命，建巴瓦涅寺（ཧྲ་ཕ་ཉའི་གཙུག་ལག་ཁང་།）。这时吐蕃王将李域纳入其治下，此寺是吐蕃的大相噶东赞（བློན་པོས་གར་གདོང་བཙན།）[1] 来到李域时修建的。国王尉迟格迪与王子尉迟扎玛卫（བྱི་ཛ་ཡ་གྲ་མ་ཐད།）两人来

① 吐蕃的大相噶东赞，出生在今西藏山南地区隆子县列麦乡冲萨地方，出生年代不详，676年卒，吐蕃贤相。噶东赞又称为“噶尔东赞，”全名为“噶尔·东赞宇松”（mgar-stong-btsan-yul-srungs，？—667年），汉文文献也记载不一，其中就有“薛噶东赞”“筑噶东赞”等写法，出生于王族家庭，松赞干布即位之初，他曾受命为大伦，辅佐赞普治理朝政，统一诸羌部落，开拓疆域，创法

到了汉地。其间，由李域大臣阿玛治盖梅（བློན་པོ་ཨ་མ་ཆ་གེ་མེག）代理国政十二年。当时，

藏文原文（66叶A面）：

མ་ན་ཧྲིའི་མཆོད་རྟེན་དང་། གཙུག་ལག་ཁང་བཞེངས་སོ། །དེ་ནས་རྒྱལ་པོ་བྱི་ཛ་ཡ་གྲ་མ་བྷད་ལི་ཡུལ་དུ་སླེབས་ནས་ཀྱི་ཞི་ཛྷ་བའི་གཙུག་ལག་ཁང་བཞེངས་སོ། །དེའི་འོག་ཏུ། རྒྱའི་སློན་པོ་སེར་ཐེ་ཤིས་བང་མཁར་གྱི། བྱམས་པ་མི་ཧྲིའི་གཙུག་ལག་ཁང་། རྒྱའི་སློན་པོ་ཀ་ཐེ་ཤིས། ཁེ་གན་རྩེའི་གཙུག་ལག་ཁང་བཞེངས་སོ། །སྔོན་འཕགས་པ་བཻ་རོ་ཙ་ནས། ཙལ་མའི་ཚལ་དུ། ཕྱུག་རྫི་ལ་སྐད་སླབ་པའི་སར་སུ་ཏོ་ཉའི་མཆོད་རྟེན་ཆེན་པོ་བཞེངས། རྗེང་ལ་དེ་ཞིག་པ་དང་། རྒྱལ་པོ་བྱི་ཛ་ཡ་ཧོ་ཏན་དང་། རྒྱའི་དགེ་སློང་པ་ལ་ཤིས་ས་དེར་གཙུག་ལག་ཁང་གཅིག་བཞེངས་སོ། །གཞན་ཡང་རྒྱལ་པོ་ན་རིམ་གྱིས་བཙུན་མོས་བཞེངས་པ་དང་། བཙུན་མོའི་སླད་དུ། གཙུག་ལག་ཁང་བཞེངས་པ་ནི། ནུ་པོ་ཉ་ཞེས་བྱ་བའི་གཙུག་ལག་ཁང་དང་། ཡོ་ཐི་འཇོའི་དང་། ཐེ་རོ་འཇོའི་དང་། པོ་ཡེན་རོའི་དང་། འདྲེ

汉文译文：

修建了玛纳迪佛塔（མ་ན་ཧྲིའི་མཆོད་རྟེན།）和寺院。其后，国王尉迟扎玛卫（རྒྱལ་པོ་བྱི་ཛ་ཡ་གྲ་མ་བྷད།）返回李域，建吉喜玛瓦寺（ཀྱི་ཞི་ཛྷ་བའི་གཙུག་ལག་ཁང་།）。此王之后，汉臣色尔太师[①]（རྒྱའི་སློན་པོ་སེར་ཐེ་ཤི།）在旺[②]城（བང་མཁར།）建弥勒佛殿（བྱམས་པ་མི་ཧྲིའི་གཙུག་ལག་ཁང་།）。汉臣高太师（རྒྱའི་སློན་པོ་ཀ་ཐེ་ཤི།）建可汗哉寺（ཁེ་གན་རྩེའི་གཙུག་ལག་ཁང་།）[③]。先前，圣者白绕杂纳在杂玛苑（ཙལ་མའི་ཚལ།）对牧童授语之地建斯多涅大佛塔（སུ་ཏོ་ཉའི་མཆོད་རྟེན་ཆེན་པོ།）。后来此塔被毁，国王尉迟胡汗（རྒྱལ་པོ་བྱི་ཛ་ཡ་ཧོ་ཏན།）和汉地比丘巴拉师（རྒྱའི་དགེ་སློང་པ་ལ་ཤི།）在此地建一寺院。此外，历代国王之王妃修建和（赞普）为了王妃而修建的寺院有怒吾涅寺（ནུ་པོ་ཉ་ཞེས་བྱ་བའི་གཙུག་ལག་ཁང་།）、耀斯觉（ཡོ་ཐི་འཇོ།）、瑟绕觉（ཐེ་རོ་

立制，巩固王权，参与军政大计。据《旧唐书·吐蕃传》(卷一六九记载）记载，噶东赞“虽不识文记，而性明毅严重。讲兵训师，雅有节制。吐蕃之并诸羌，雄霸本土，多其谋也”。唐贞观十三年（639年）、唐贞观十四年（640年），分别为赞布迎娶了尼泊尔公主赤尊和唐文成公主。松赞干布去世后，其孙执政，朝政继续由噶东赞摄理，与其子钦陵率兵进行了数次重大战役，东灭吐谷浑。后来，吐蕃势力渐大，“尽收羊同、党项及诸羌之地，东与凉、松、茂、嶲等州相接；南邻天竺；西又攻陷龟兹、疏勒等四镇；北抵突厥。地方万余里，自汉魏以来，西戎之盛未之有也。”(《册府元龟》卷一〇〇〇，外臣部）噶东赞去世后，次子钦陵于武则天垂拱元年（685年）出任大相，其家族遂形成了禄氏家族统治网。噶东赞650年起辅佐年幼的赞普达18年之久，667年去世。唐史称赞他“性明毅，用兵有节制，吐蕃倚之，遂为强国”。(《新唐书》二一六上，第6075页）噶东赞死后，其长子噶尔·赞聂懂、次子噶尔·赤震（mgar-khri-vbring-btsan-brod，书称论钦陵）先后为大相，兄弟长期专权用事，遂与赞普产生尖锐的矛盾。699年赞普赤都松芒布杰（唐书称作器弩悉弄）率兵赴多麦（mdo-smad,《唐书》作多弥）讨伐噶尔·赤震。噶尔·赤震兵败自杀（P.T.1287《敦煌本吐蕃历史文书》第53页），其弟赞婆（藏史中不见其对应名字，疑是 btsan-brod 的音译）率部众投唐朝。唐朝授其辅国大将军，封归德郡王。(《旧唐书》卷一九六，第5225~5226页，《新唐书》卷一二六，第6080页）吐蕃与李域的关系，始于唐太宗和松赞干布去世后不久，据《敦煌本吐蕃历史文书》大事纪年部分记载，噶东赞在松赞干布逝世后担任吐蕃大相期间，长期住在吐谷浑地区。《资治通鉴》唐高宗麟德二年（公元665年）三月条下记载：“疏勒、弓月引吐藩侵于阗，敕西州都督崔知辩、左武卫将军曹继叔将兵救之。”高宗咸亨元年（670年）夏四月条下又记：“吐蕃陷西域十八州，又与于阗袭龟兹拨换城，陷之、罢龟兹、于阗、焉耆、疏勒四镇。”俱与《汉藏史集》此处所记相符。

① 色尔太师，疑为“薛太师”。

② 旺城的“旺”系藏语，藏语称仓库为“旺佐”，“旺”有“库”或“仓库”之义，旺城疑为“库车”。

③ 可汗哉系藏语音译，疑是“可汗城”。

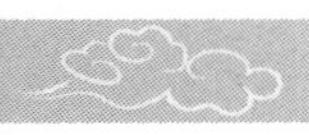

འཛོ། )、索阳绕（སོ་ཡེན་རོ། )、哲

藏文原文（66叶B面）：

མོ་ཇའི་དང་། ཀ་ཧྲོང་འཛོའི་དང་། ཧོ་རོན་འཛོའི་དང་། ཡེར་མོ་ནོའི་དང་། ཁོ་སོ་ནོ་ནོའི་དང་། གུ་ཏེ་རེ་མའི་དང་། ཨོ་ཀོ་ནོའི་དང་། ཀུས་སྲི་ཨོར་སྟོང་ནག་གི་དང་། ཅིའུ་ནོའི་དང་། ཁྱིའོ་ནོའི་དང་། ན་མོ་རྙོ་ཐོང་གི་དང་། འ་ནོ་ཡོ་ནོའི་གཙུག་ལག་ཁང་བྱ་བ་ལ་སོགས་མང་དུ་བཞེངས་སོ། །ཕྱིར་ཨུ་ཐེན་ན། གཙུག་ལག་ཁང་ཆེན་པོར་རྩི་བ། སྐུ་མཁར་གྱི་ཕྱི་ནང་ན། དྲུག་ཅུ་རྩ་བརྒྱད། འབྲིང་། དགུ་ཅུ་རྩ་ལྔ། ཆུང་ངུ་ན། བརྒྱ་བཞི་བཅུ་ཞེ་བརྒྱད། དགོས་ཀྱི་ལྷ་ཁང་ཆུང་ངུ་དང་། ཡོན་ཏན་བདག་མེད་པའི་ལྷ་དང་། མཆོད་རྟེན་ནི། སུམ་སྟོང་དྲུག་བརྒྱ་བརྒྱད་ཅུ་རྩ་བརྒྱད་བཞུགས། ཨུ་ཐེན་ན། དགེ་འདུན་དགོས་ཚེ་ཡན། ཕྱིན་པོ། བྱི་བ་ལོ་ལ་རྩིག་པས། ཁྲི་ཚོ་གཅིག་ཙམ་བཞུགས་སོ། །མདོ་ལོ་དང་། མེ་སྐར་ཕྱོགས་ན། གཙུག་ལག་ཁང་ཆེན་པོ་བཞི། ཆུང་ངུ་ན། བརྒྱ་ལྷག་ཙམ་དང་། དགེ་འདུན

汉文译文：

茂迦（མོ་ཇ）、噶顺觉（ཀ་ཧྲོང་འཛོ།）、胡戎觉（ཧོ་རོན་འཛོ།）、耶尔摩闹（ཡེར་མོ་ནོ།）、库索闹闹（ཁོ་སོ་ནོ་ནོ།）、格戴热玛（གུ་ཏེ་རེ་མ།）、奥高闹（ཨོ་ཀོ་ནོ།）、格斯奥尔东那合（ཀུས་སྲི་ཨོར་སྟོང་ནག）、吉闹（ཅིའུ་ནོ།）、曲闹（ཁྱིའོ་ནོ།）、南摩宝统格（ན་མོ་རྙོ་ཐོང་གི）、阿闹尧闹（འ་ནོ་ཡོ་ནོ།）等诸多佛寺。

总之，在和田城内外有大的佛寺68座，中等的95座，小的148座。佛像、佛塔总计3688座（尊）。据僧侣格措央（དགེ་འདུན་དགོས་ཚེ་ཡན།）、钦波（ཕྱིན་པོ།）于鼠年统计，在和田有僧伽万余。在多洛（མདོ་ལོ།）、梅噶尔（མེ་སྐར།）有大寺四座，小寺百余，住寺僧伽

藏文原文（67叶A面）：

བརྒྱ་ཉི་ཤུ་རྩ་བཞི་བཞུགས། ཀམ་ཤང་དང་། ཕ་ཉ་དང་། པེ་ཀ་འདྲ་དང་། ཨོ་ཀུ་ཡན་ཆད། ཛི་ལི་མན་ཆད་སྐུ་མཁར་ཕྱི་ནང་ན་གཙུག་ལག་ཁང་ཆེན་པོ་ཉི་ཤུ་རྩ་གསུམ། འབྲིང་པོ་ཉི་ཤུ་རྩ་གཅིག་ཆུང་ངུན་ཉི་ཤུ་རྩ་གསུམ་ཙམ་དང་། དགོས་ཀྱི་ལྷ་ཁང་ཆུང་ངུ་ན། མཆོད་རྟེན་སོགས། ཕྱིར་བརྒྱད་བརྒྱ་སུམ་ཅུ་རྩ་དགུ་བཞུགས། དགེ་འདུན་སྡེ་གཉིས་ནི། ལས་རྒྱན་དང་། དགོས་མཚོ་ཡན་ཆད་ན། ཕྱིར་བཞི་བརྒྱ་སུམ་ཅུ་རྩ་བརྒྱད་བཞུགས། གྱིམ་ཀུང་མན་ཆད་གེ་ཤེང་དང་དྟ་ཡན། སྐུ་མཁར་ཕྱི་ནང་། ཚར་མ་ཡན་ལ། གཙུག་ལག་ཁང་ཆེན་པོ་བཅོ་ལྔ་ཙམ་དང་། ལྷ་ཁང་ཆུང་ངུ་དང་། མཆོད་རྟེན་ཡང་མང་དུ་བཞུགས། དགེ་འདུན་སྡེ་གཉིས་ནི། ལས་རྒྱན་དང་དགོས་མཚོ་ཡན་ལ། ཕྱིར་དགུ་བརྒྱ་དྲུག་ཅུ་རྩ་གསུམ་བཞུགས། རྒྱལ་པོ་ས་ནུའི་ཚ་བོ། རྒྱལ་པོ་ཝི་ཛ་ཡ་སམ་བྷ་ཝའི་དུས་སུ། །

汉文译文：

124名。噶木香（ཀམ་ཤང་།）、帕涅（ཕ་ཉ།）、拜嘎扎（པེ་ཀ་འདྲ།）及奥古（ཨོ་ཀུ།）以上，孜拉（ཛི་ལི།）以下，在城内外有大的佛寺23座，中等的21座，小的23座，有佛塔等总计839座（尊），勒景（ལས་རྒྱན།）、格措（དགོས་མཚོ།）以上，特殊小佛殿里驻锡僧人438名。吉木坚（གྱིམ་ཀུ）以下，格香（གེ་ཤེང་།）和德尔雅央（དྟ་ཡན།）以上地区城内外有大寺15座，并有佛殿、佛塔多座。在勒景、格措以上，有僧侣963名驻锡。

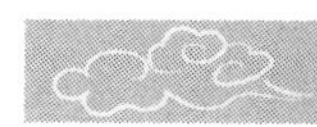

从萨尼王（རྒྱལ་པོ་ས་ནུའི་ཚ་བོ།）之孙、尉迟桑巴拉王（རྒྱལ་པོ་བྱི་ཛ་ཡ་སམ་བྷ་ཝ།）时期，

藏文原文（67叶B面）：

ལི་ཡུལ་དུ་ཆོས་བྱུང་བའི་ཐོག་མ་ཡིན་པ། དེ་ནས་རྩིས་པའི་ལོ་ཤོལ་བོར་བའི་ཁྱི་ལོ་སྟོན་ཟླ་ཐ་ཆུང་ཡན་ལ། ལོ་གྲངས་ནི་སྟོང་དང་ཉིས་བརྒྱ་ལྔ་བཅུ་ཙ་གསུམ་ཙམ་སོང་འདུག་གོ ། དང་པོ། རྒྱལ་པོ་ས་ནུས་ལི་རྗེ་བྱས་ནས་བཟང་བཙན་བཟང་ལ་བསྟན། ལི་རྗེ་བསྐོས་པ་ཡན་ལ། ལིའི་རྒྱལ་རབས་ལྔ་བཅུ་ཙ་དྲུག་དང་། ཚབ་གཅིག་བྱུང་གདའོ། །ལི་ཡུལ་དུ་རྒྱལ་རབས་བདུན་པ། རྒྱལ་པོ་བྱི་ཛ་ཡ་ཀིརྟི་ཞེས་པའི་རིང་ལ། ཕི་ཁ་ཡ་ས྄་ཧ་ནའི་གཙུག་ལག་ཁང་དང་ཉེ་བའི་ལུང་པ། སཾ་ག་ཡ་ཀྱི་དར་བྱ་བ་ན། སཾ་གྷ་བ་ཏ་ན་ཞེས་པའི་དགྲ་བཅོམ་པ་ཞིག་བཞུགས་ཏེ། དེའི་སློབ་མ་བཟླེ་ཞིག་གིས། འདུལ་བ་ཙཏྲ་གར་པ་དང་། འདུལ་མ་དར་མ། སངས་རྒྱས་ཀྱི་ལུང་བསྟན་པ་མཐོང་ནས། དགྲ་བཅོམ་པ་ལ་ཞུས་པས། ཐུབ་པ་ཐྱ་དན་ལས་འདས་ནས། ལོ་ཉིས་སྟོང་གི་བར་ལ། ལི་ཡུལ་འདིར། ཆོས་ཀྱི་གཟུགས་བརྙན་དང་། རིང་

汉文译文：

佛法从最初传入李域开始统计，舍掉闰年之后，到狗年秋九月，总计（弘传）过了1253年。从最初的国王萨尼（地乳）担任李域之王之时，到桑赞桑拉丹（བཟང་བཙན་བཟང་ལ་བསྟན།）任命为李域国王之间，李域王统历56代半。尉迟格尔迪时期（རྒྱལ་པོ་བྱི་ཛ་ཡ་ཀིརྟི།），离布嘎亚沙哈纳寺（ཕི་ཁ་ཡ་ས྄་ཧ་ནའི་གཙུག་ལག་ཁང་།）不远的桑木嘎亚基达尔山谷（སཾ་ག་ཡ་ཀྱི་དར།），有一位学僧发现佛陀预言《赞扎噶尔巴律》（འདུལ་བ་ཙཏྲ་གར་པ།）和《达玛律》（འདུལ་མ་དར་མ།），于是请教称作桑噶瓦达那（སཾ་གྷ་བ་ཏ་ན།）的阿罗汉师传，从中发现了佛之预言，阿罗汉就其叙述如下。

释迦牟尼涅槃后的两千年中，在李域有佛法和舍

藏文原文（68叶A面）：

བསྲེལ་གནས་པར་འགྱུར་ཏེ། དེ་ནས་ནུབ་པར་འགྱུར་ཞིང་། ལི་ཡུལ་དང་། ཤུ་ལིག ཨན་སེ་གསུམ་ཁ། རྒྱ་དང་། གདོང་དམར། སོ་བྱི། གྲུ་གུ། ཧོར་ལ་སོགས་པས་འཇོམ་པར་བྱེད་དོ། །དེའི་རྗེས་ལ། བྱང་སེམས་གཅིག གདོང་དམར་གྱི་རྒྱལ་པོར་སྐྱེ་བ་བླངས་ནས། བོད་ཁམས་སུ། དམ་ཆོས་འབྱུང་ཞིང་། གཙུག་ལག་ཁང་དང་། མཆོད་རྟེན་བརྩིག དགེ་འདུན་སྡེ་གཉིས་འཛུགས། རྒྱལ་བློན་རིམ་གྱི་ཆོས་ལ་སྤྱོད། ཡུལ་ཁམས་གཞན་གྱི་མཁན་པོ་དང་། གསུང་རབས་མང་པོ་གདན་འདྲེན། ལི་ཡུལ་འདིའང་། བོད་རྒྱལ་པོ་དེའི་མངའ་རིས་སུ་དབང་བྱེད་པར་འགྱུར། དེ་ནས། བོད་གདོང་དམར་དུ། རྒྱལ་རབས་བདུན་གྱི་བར་ལ། དམ་ཆོས་ལ་སྤྱོད་པར་འགྱུར་རོ། །དེའི་ཚེ་ལི་ཡུལ་འདིར། ཆོས་ནུབ་པར་ལ་ཉེ་བའི་སྐབས་སུ། དེའི་རྒྱལ་པོ་གཞོན་པ་ཅིག་ཆོས་ལ་གནག་པས།

汉文译文：

利，此后佛法将毁灭，李域、疏勒（ཤུ་ལིག）、安息（ཨན་སེ།）三地被汉（族）人、东玛尔[①]（གདོང་

① 东玛尔可能指当时游牧于西域一带的游牧民族。意为“赤面人”或“赭面人”。历史上，藏族也自称为“夏萨东瓦玛尔瓦”（sha-basa-gdong-ba-dmar-pa），意为“食肉赭面人”。赭面人，或曰赤面人地，即Gdong-dmar-gyi-yul,《唐书》曰吐蕃人有以赭涂面之习俗，而后期藏文史料中藏族人自称为“食肉赭面人”。此处引用了一个佛经预言，云佛法将传播于赭面人之地。很多佛教史家言把佛法传播于赭面人之地或佛法在赭面人之地兴起的预言解释为是佛法传入蕃地的预言。

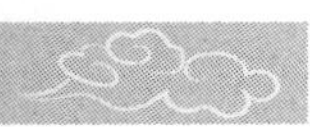

དམར།)、索西（སོ་བྱི།)[①]、朱固（གྲུ་གུ།)[②]、霍尔（ཧོར།)[③] 等所毁。此后，有一菩萨将转生赤面国王（གདོང་དམར་གྱི་རྒྱལ་པོ།)，吐蕃大地产生佛法，兴建寺塔，建立两部僧伽。王臣逐步尊崇佛法。从别国迎请堪布[④]佛经。这时的李域，亦被纳入吐蕃王治下。自此，赤面蕃在第七代王时，佛法昌隆。此时李域的佛法到了衰败的尾声，一年轻国王敌视佛法，

藏文原文（68叶B面）：

ལི་ཡུལ་གྱི་དགེ་འདུན་བསྐྲད་པས། ཙར་མ་དང་། འཕོང་དང་། མེ་སྐར། ཀོང་ཞེའི་ལྷ་ཁང་རྣམས་སུ། རིམ་བཞིན་བྱུད་ནས། གདོང་དམར་གྱི་ཡུལ་ལ་ཁ་བལྟས། གཡག་རྒྱལ་ཅན་གྱིས་ལམ་སྣ་བྱས་པ་ལྟར་ཕྱིན། བོད་ཡུལ་ཚལ་གྱི་བྱ་བར་སླེབས། དེའི་རྒན་པས། གདོང་དམར་རྒྱལ་པོ་ལ་བཤད་པ་དང་། བཙུན་མོ་བྱང་སེམས་སྤྲུལ་པ། རྒྱའི་ཀོ་ཇོ་གཅིག་ཡོད་པ་དེས། ལིའི་དགེ་འདུན་རྣམས་གདན་དྲངས་སྦྱིན་བདག་བྱས། ད་དགེ་འདུན་ཨེ་ཡོད་དྲིས་པས། དེའི་མཁན་པོ་ན་རེ། ཨན་སེ་དང་། ཤུ་ལིག་བྲུ་ཞ། ཁ་ཆེ་རྣམས་ན་མང་པོ་ཡོད་ཟེར་བ་ལྟར་ཕྱིན་ནས། དེ་རྣམས་ཀྱང་སྤྱན་དྲངས། གཙུག་ལག་ཁང་དུ་བཞུགས་སུ་བཅུག་ལོ་གསུམ་བཞིར་ཞབས་ཏོག་ལེགས་པོ་བསྒྲུབས། དེ་དུས་ཀོ་ཇོ་ལ་འབྲུམ་ནད་བྱུང་ནས་འདས། གཞན་ཡང་མང་རབས་ཤི་བས། བོད་བློན་པོ་རྣམས་བགྲོས་འཚམས་པར།

汉文译文：

驱逐李域之佛僧，僧众依次从杂玛（ཙར་མ།）、奔（འཕོང་།）、梅噶尔（མེ་སྐར།）、贡聂（ཀོང་ཞེའི་ལྷ་ཁང་།）等佛寺离去，逃向赤面国。此时，众僧由牦牛引路，抵达吐蕃的蔡吉（བོད་ཡུལ་ཚལ།），那里的长老对赤面国王报告，菩萨转世的汉地王妃，迎请李域僧众并担当施主。（王妃）问道："如今有无僧侣？" 那堪布回答："在安西、疏勒和勃律[⑤]（ཤུ་ལིག་བྲུ་ཞ།）、卡切[⑥]（ཁ་ཆེ།）等地还有诸多僧侣。"（于是王妃）将他们也迎请过来，安置在佛寺，供养了三四年。此后公主得天花而故，其他人也死去无数。吐蕃王臣（商议）：

藏文原文（69叶A面）：

ལྷ་བལ་གྱི་དགེ་འདུན་འབྲོམས་པོ། །འདི་རྣམས་བོས་པས་ལན་ཟེར། དེ་རྣམས་རྒྱའི་བརྙེ་བོས་པ་རྣམས་དང་བཅས་པ་ཐམས་ཅད་ནུབ་ཕྱོགས་སུ་བསྐྲད། དེ་རྣམས་ཐཧ་ར་ཆེན་པོར་ཆས་ནས་འགྲོ་བ་ལ། ལི་ཡུལ་དུ། ཀླུའི་རྒྱལ་པོ་ཨེ་ལ་པ་ཏྲས། སྤྲུལ་དུ་སྤྲུལ་ནས་མཚོ་ལ་ཟམ་པ་བྱས་སྒྲལ། སྤྲུལ་ཤི། དགའ་ལྡན་དུ་སྐྱེས། མཚོ་ཡང་སྐམས་སོ། །དེ་དུས་བོད་ཡུལ་ན་དགེ་འདུན་དང་། རིང་བསྲེལ། གསུང་རབས། མཆོད་པའི་ཡོ་བྱད་ཐམས་ཅད་གཅིག་ཀྱང་མ་ལུས་པར་བསྐྱལ་སོང་ངོ་། །དེར་འཛམ་གླིང་གི་དགེ་འདུན་ཐམས་ཅད་ཐཀྵ་ར་ཆེན་པོར་སླེབས། དེའི་རྒྱལ་པོས་ལོ་གཉིས་ཀྱི་བར་ལ་འཚོ་བ་སྦྱར། སོ་སོར་ཅི་བདེར་བཞག་གོ། དེ་མཚམས་རྒྱལ་པོ་དེ་འདས། དེའི་བུ་གཉིས་ཡོད་པའི། ཆོས་ལ་དང་

① 藏语中的索西指当时的"粟特"。

② 藏语中的朱固（亦写作"朱古"）可能是指当时的突厥。

③ 藏语中的霍尔可能是指当时的胡人。

④ 堪布系藏语，藏传佛教寺院的住持，相当于内地寺院的"方丈"或"法台"。

⑤ 智夏系藏语，藏文文献中指"勃律"。

⑥ 卡切系藏语，藏文文献中指"克什米尔"。

དེ། བརྡེས་བཀུམ་ནས་བརྡེས་རྒྱལ་པོ་བྱས་པ། རྒྱལ་བློན་འབངས་བྱིན་པོས།

汉文译文：

“这是因为召请了洛波[1]流僧所致。”于是将这些被召请来的汉（族）人学僧全部驱逐西方，他们途经噶沙那钦布（ཀ་ཤ་ར་ཆེན་པོ།）时（遇一大湖）。他们走过李域，龙王艾拉巴哲（ཀླུའི་རྒྱལ་པོ་ཨེ་ལ་པ་ཏྲས།）化作一条蛇搭建在湖中一桥后，巨蛇死去，转生兜率天宫（དགའ་ལྡན་དུ་སྐྱེས།），湖水干枯。那时，在吐蕃所有的僧众、舍利、佛经、供养的法器等均荡然无存。

此后，南赡部洲的僧伽全部抵达冈达热钦布（ཀནྡྷ་ར་ཆེན་པོ།），此国王供养了两年，各个如愿安住。此王过世，其有两子，尊信佛法，被僧人杀害，僧人为王。大臣民众，

藏文原文（69叶B面）：

བརྡེའི་རྒྱལ་པོ་བསད། དགེ་འདུན་བྱིན་པོ་འབྲོམས་བཅུག་པ། ཀེའུ་ཤ་གྱིའི་རྒྱལ་པོས་སྤྱན་དྲངས་ཏེ། ཡུལ་དེར། འཛམ་བུའི་གླིང་གི་དགེ་འདུན་རིལ་འདུས་པར་གྱུར་ཏོ། །ཞེས་གསུངས་སོ། །སངས་རྒྱས་ཞབས་བཅགས་ཡུལ་ཕྱོགས་ལུང་བསྟན་ནས། རྒྱལ་པོ་ས་ནུ་བློན་པོ་ཡཀྵ་གཉིས། ལས་ཀྱིས་འདུས་ནས་ཡུལ་ཁམས་གསར་དུ་བཟུང་། ས་ནུའི་ཚ་བོ་ཡི་ཛ་སི་ཧྲ་ཡ། བྱོན་རིང་བྱམས་དང་འཇམ་དཔལ་སྤྲུལ་པ་ཡིས། །ལི་ཡུལ་དམ་ཆོས་དར་བའི་དབུ་རྩེད་ནས། །ཆོས་རྒྱལ་མང་པོས་མཆོད་རྟེན་གཙུག་ལག་ཁང་། །བརྒྱ་སྟོང་དཔག་མེད་བཞེངས་ཤིང་བསྟན་པ་དར། །དགྲ་བཅོམ་ཕོ་མོ་ལོ་པཎ་མང་དུ་བྱོན། །སངས་རྒྱས་གཤེགས་ནས་ཉིས་བརྒྱ་ལྔ་བཅུའི་སྐོར། །ཆོས་བྱུང་ཟེ་བའི་ཉིས་སྟོང་ལོའི་བར། །ཡུལ་དེར་ཐུབ་བསྟན་དྲི་མེད་འབྱུང་བར་བཤད། །དེ་ནས་ད་ལྟར་ཡན་ལ་ལྟ་སྤྱོད་རྣམས། །ཕྱི་ནང་འདྲེས་མ་ཤས་ཆེར་ཕྱི（69.བ）

汉文译文：

将僧人国王杀死，驱逐僧众。（众僧）应古夏吉国王（ཀེའུ་ཤ་གྱིའི་རྒྱལ་པོ）之请而抵达。南赡部洲的僧众们，又汇集于此。

佛陀足住授记之地域，国王地乳大臣雅恰两；
因业而集经营新国土，地乳之孙翁杂斯巴时，
弥勒文殊化身亲临驾，开创李域弘法之先例，
诸多法王建塔又立寺，不计其数来把佛法弘。
罗汉僧尼译家诸多生，佛陀涅槃二百五十载，
教法弘传累计两千载，此地佛法无垢清净生，
迄至于今无数观行者，内外相混众人信外道。

藏文原文（70叶A面）：

རོལ་སྣང་། །རྒྱལ་བས་བསྔགས་པའི་འཕགས་ཡུལ་བལ་པོ་ཡི། །རྒྱལ་རབས་བྲིས་པའི་རྣམ་དཀར་དགེ་བ་དེས། །སྔར་ཡང་འཕགས་པའི་

① 洛波系藏语，意为“南方尼泊人”。历史上，藏文文献中又将李域人称之为“洛波”。

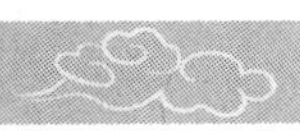

ཡུལ་དེར་ཆོས་དར་ཞིང་། །འགྲོ་ཀུན་བྱམས་པ་མགོན་པོའི་ས་ཐོབ་ཤོག། ༎

汉文译文：

佛陀赞诵圣地之瓦吾，书写王统殊胜善业建，

祝愿复次兴法圣地处，众生得到弥勒佛保佑！

《汉藏史集》藏文版与陈庆英汉译本

# 十四、《红史》(དེབ་ཐེར་དམར་པོ།) 李域部分译注

## 一、解　题

### （一）作者简介

《红史》作者是蔡巴・贡嘎多吉（1390—1364年），藏族著名史学家。

蔡巴・贡嘎多吉于藏历第五饶迥土鸡年（1309年，元至大二年）生于乌思藏，据说他是吐蕃名臣噶尔东赞域松（即噶东赞）之后裔。他的高曾祖父桑结额珠（སངས་རྒྱས་དངོས་གྲུབ།）在藏历木龙年（1268年，至元五年）被元世祖封为万户长，掌握了蔡巴地区（拉萨附近蔡公堂等地方）的政权。他的曾祖父仁钦坚赞（རིན་ཆེན་རྒྱལ་མཚན།）承袭职位后，曾赴京朝贡，深得元世祖欣赏，并赠封地、诰命金印，使蔡巴万户逐渐与帕木竹巴、止贡万户等相埒，成为势力较大的三个万户之一。到了他父亲仲钦・莫兰多吉（《元史》作擦里巴）这辈，蔡巴万户的势力更是显赫，其父曾任蔡巴万户长达13年之久。出生在世宦之家的蔡巴・贡嘎多吉，5岁启蒙，逐步精通了藏文拼写诵读，后精修蔡巴噶举派的教理和其他显密教籍，通达大小五明，声名远扬。

藏历木龙年（1323年，元至治三年），贡嘎多吉14岁时继任蔡巴万户长之位，由此开始了他的政治生涯。翌年，为稳固蔡巴万户的政权，加强自己的统治地位，蔡巴・贡嘎多吉赴元大都，朝觐元泰定帝也孙铁木儿。也孙铁木儿对聪明的贡嘎多吉颇有好感，特发敕文，封其为万户长，并颁赐银印。自得到中央王朝的正式封敕后，蔡巴・贡嘎多吉开始了他卓有成效的施政。在任万户长的10余年时间里，贡嘎多吉的一系列举措在政治、经济等方面取得了一定成效，他对发展藏族文化方面的贡献更令人瞩目。他特意邀请了著名的佛学大师布敦・仁钦朱校勘那塘版大藏经《甘珠尔》，编订了《甘珠尔》和《丹珠尔》的目录。并用金银汁书写蔡巴寺《甘珠尔》

260函，有书1108种（据德格版），主要都是译本。藏文大藏经收集了大量的译本，有的是原本已佚，所以这种译本成为原书的唯一珍本。其间，他还主持维修了贡塘寺、大昭寺、布达拉宫等许多著名的寺庙和宫殿，并利用闲余时间，发奋攻读，著书立说。

14世纪中叶，蔡巴·贡嘎多吉联合萨迦本钦甲瓦桑木（རྒྱལ་བ་བཟང་པོ།）和雅桑噶举派共同反对帕木竹巴的万户大司徒绛曲坚赞（བྱང་ཆུབ་རྒྱལ་མཚན།）。但事与愿违，帕竹军队粉碎了联军的进攻，给予蔡巴沉重打击，自此，蔡巴一蹶不振。蔡巴·贡嘎多吉丧失了继续从政的信心，遂于藏历第六饶迥水龙年（1352年，元至正十二年），将万户长之职让位于弟弟扎巴喜饶（གྲགས་པ་ཤེས་རབ།），自己则出家修行，遁入空门。他依止堪钦端季巴·桑杰仁钦（སངས་རྒྱས་རིན་ཆེན།），剃度出家，并受比丘戒，取法名格威罗哲（དགེ་བའི་བློ་གྲོས།）。贡嘎多吉出家为僧后，不问政事，埋头潜修，攻读经籍。在噶玛噶举派名僧若必多吉从内地返回西藏后，即被他迎请至蔡公堂寺（ཚལ་གུང་ཐང་།），奉为上师，学问大长。蔡巴·贡嘎多吉曾被元朝皇帝封为“司徒”，因此被尊称为“遍知一切大司徒”誉满各涉藏地区。藏历木蛇年（1364年，元至正二十四年），蔡巴·贡嘎多吉去世，时年56岁。

蔡巴·贡嘎多吉的一生虽坎坷颇多，但他以自己渊博的学识，赢得了后人的尊敬和钦佩。蔡巴·贡嘎多吉除著有《红史》，编定《甘珠尔》目录（此目录很著名，宗喀巴大师曾亲自前往蔡巴寺观瞻这部经书）外，还著有讲述蔡巴噶举派历史的《白史》（非根敦群培所著之《白史》），讲述王统传承的《斑斓史》《贡塘祥上师传》《先父莫兰多吉传》，以及《红史补——贤者意乐》。

**（二）文献出处**

早在20世纪60年代，《红史》就受到了国外学术界的极大重视，出版了日、英等译本。国内今有著名藏学家东嘎·洛桑赤列根据国内外众多版本进行了11次对比和校勘的最为完整的藏文本，由民族出版社于1981年正式出版。东嘎先生其中在补充了噶玛噶举、蔡巴噶举的史料，增加了680条注释。陈庆英、周润年据此翻译的汉译本已由民族出版社于1989年出版。以下李域部多是根据民族出版社1993年2月出版本的第12~17页翻译的。

**（三）《红史》内容提要**

蔡巴·贡嘎多吉著作颇丰，尤以《红史》最为著名。该书从至正六年（1346年）开始写作，到其圆寂前一年（1363年）完成，以手抄本传世，对这之前乌思藏的历史及宗教史做了系统的概括，它主要叙述从吐蕃到萨迦派掌握乌思藏地方政权时期的藏传佛教各派如萨迦、噶当、噶举、帕竹、止贡、蔡巴等各教派的源流、世系和有关历史，对释迦世系、古代印度和我国汉族各朝代王室、蒙古族的王室传承，也分别做了介绍。他在记述历史时，从佛教源流及其传扬这

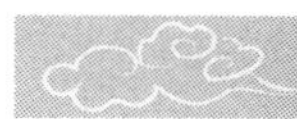

一角度入手，宣扬各派首领的家世、师传和业绩，为其罩上了一层朦胧的佛光，以论证其统治的合法性，这种修史方法，在后世藏文历史著作中较为多见。这本书引用了较多的藏汉文史料，且多系亲历耳闻，具有较高的研究价值。《红史》可说是西藏最早的一部史书，对后世影响很深。后来的藏族史学家，如大学者桂·熏奴贝、巴卧·祖拉陈瓦都在各自的著作中多收录《红史》的吐蕃部分。甚至一些蒙古史学家也给予高度重视，吸收和参考了该书的记载。明嘉靖十七年（1538年），班钦·索南扎巴[①]修改了此书，名《新红史》传世。《红史》一书因其对研究古代藏族文化、古代藏族与汉族及古时西藏与印度的文化交流，具有极为重要的意义，颇受国内外藏学界的重视。目前国外已有日文等多种译本及藏文排印本，国内亦有汉译本。

《红史》藏语称“德布特尔玛布”（དེབ་ཐེར་དམར་པོ།），该书从藏历火狗年（1346年，至正六年）提笔直至其圆寂前一年（1363年，元至正二十三年）完成，以手抄本传世。该书不仅是古代藏族历史名著，而且是藏族历史上第一部由私人撰写的历史著作，全称为 དེབ་ཐེར་དམར་པོ་རྣམས་ཀྱི་དང་པོ་ཧུ་ལན་དེབ་ཐེར་འདི་བཞུགས་སོ། །，结构完整，内容涵盖西藏、汉地、蒙古、西夏，及古印度历史，是具有固定体裁的划时代作品。

全书共四部分：第一部分三章，叙述印度王统和释迦世系；第二部分四章，为汉地历代皇帝事迹及西夏简述；第三部分仅一章为蒙古世系与王统；第四部分内容最为丰富，分18章，详述了吐蕃王统及萨迦、噶当、噶举、帕竹、止贡和蔡巴等各教派源流、世系和发展历史。

该书对乌思藏的历史及宗教史做了系统的概括。该书的突出特点，首先是史料方面广征博引，写作中参阅了大量藏文史籍和汉文典籍，尤其是引用了较多的藏汉文史料，且多系亲历耳闻，具有较高的研究价值。在描述汉地历史时，紧紧围绕祖国与西藏地方关系这一主题，详述汉藏关系，尤其重视对唐蕃关系的梳理和阐述。其中许多内容对后世藏文史著的编撰影响颇深，比如大学者桂·熏奴贝在《青史》中和巴卧·祖拉陈瓦在《贤者喜宴》中对汉藏关系的描述，大都沿袭了《红史》的说法。其次，该书开创了藏文文献以专章记述蒙古历史的体例，这一做法为后来的《汉藏史集》《贤者喜宴》《青史》《安多政教史》等众多史著效仿。该书还以专章记述历代达赖、班禅、章嘉、土观等活佛传记。

《红史》可说是西藏最早的一部史书，对后世影响很深。后来藏族史学家，甚至一些蒙古族史学家也给予高度重视，吸收和参考了该书的记载。藏历土狗年（1538年，明嘉靖十七年），班钦·索南扎巴修改了此书，名《新红史》传世。《红史》一书因其对研究古代藏族文化、古代藏族与汉族及古时西藏与印度的文化交流，具有极为重要的意义，颇受国内外藏学界的重视。

① 班钦·索南扎巴（1478—1554年），著有《新红史》等书，学识渊博，后人被誉为“布敦大师转世”。

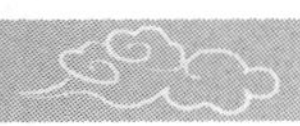

## 二、藏文原文及汉文译文

藏文原文：

བཞི་པ། རྒྱ་ནག་གི་ཀྲོའུ་རྒྱལ་རབས་ནས་ཐང་རྒྱལ་རབས་བར་གྱི་ལོ་རྒྱུས་མདོར་བསྡུས།

ཅེའུ་ལ་རྒྱལ་པོ་སུམ་ཅུ་སོ་དྲུག（98）བྱུང་། ལོ་བརྒྱར་སྲིད་བཟུང་། དེ་ནས་ཚིན་ཧྲི་ཧང（99）གི་རྒྱལ་པོ་གཉིས་བྱུང་། དེ་ནས་ཧན་ཀའོ་ཙུང（100）ཞེས་པ་ནས་བཟུང་སྟེ། མི་རབས་བཅུ་གཉིས་ཀྱི་བར་དུ་རྒྱལ་པོ་བྱུང་། བཅུ་གཉིས་པའི་དུས་དེར། ཡང་མང་ཞེས་པ་བློན་པོ་གཅིག་གིས་ཛ་ལོག་བྱས（101）ནས་ལོ་བཅོ་བརྒྱད་བཟུང་། ཕྱིས་ཧན་གྱི་བརྒྱུད་པ་གླིའུ་གོང་བུ（102）ཟེར་བ་བྱུང་། ཡང་མང་བསད་ནས་ཧན་གྱིས་རྒྱལ་སྲིད་བཟུང་། གླིའུ་གོང་བུ་ལ་བུ་ལྷ་སྐྱེས། བུ་ལྷ་པ་ཧན་མིན་ཏི（103）རྒྱལ་པོ་ཟེར་བའི་རྒྱལ་པོ་བྱུང་། དེའི་དུས་སུ་པཎྜི་ཏ་ཛུ་ཏ་ལཾ་ཟེར་བ་བདེན་པ་མཐོང་བ（104）གཉིས་ཀྱིས་རྟ་དཀར་པོ་གཅིག་ལ་ཐེག་པ་ཆུང་ངུའི་ཆོས་སྐལ(བཀལ)ནས་རྒྱ་ནག་གི་ཡུལ་དུ་འོང་། ཧོ་ནི་ཧུར། པའི་མའི་སིའི་ལྷ་ཁང（105）བཞེངས། ཆོས་བསྒྱུར། དེ་ནས་བཙམས་ཏེ་དེང་སང་གི་བར་དུ་སངས་རྒྱས་གྱི་བསྟན་པ་དར་བ་ཡིན། པཎྜི་ཏ་དེ་གཉིས་ཀྱིས་དགྲ་བཅོམ་པ（106）ཐོབ་པ། གཅིག་པའི་མའི་སའི་ལྷ་ཁང་གི་འོག་ཏུ་འགོག་པ་ལ་སྙོམས་པར་ཞུགས（107）ནས། བྱམས་པ་སྟོན་པའི་དུས（108）སུ་ཏིང་ངེ་འཛིན་ལས་ལངས་ནས་མྱ་ངན་ལས་འདས། གཅིག་རྫུ་འཕྲུལ་གྱིས་ནམ་མཁའ་ལ་འཕུར་ནས་རྒྱ་མཚོའི་གླིང་ཀའུ་ལི་དཀར་པོ（109）ཞེས་བྱ་བའི་རྒྱལ་ཁམས་སུ་སོང་ནས་མྱ་ངན་ལས་འདས། དེ་ནས་ཧན་གྱི་རྒྱལ་རབས་ཉི་ཤུ་རྩ་བཞི་པ་ཧན་ཧིན་ཏི་རྒྱལ་པོ（110）ཞེས་པའི་དུས་སུ། ཁོང་གི་བློན་པོ་ཚའོ་ཚའོ（111）ཟེར་བ་གཅིག་གིས་རྒྱལ་ས་ཕྲོགས་ནས། དེའི་བརྒྱུད་པ་མི་ལྔས་རྒྱལ་ས་བྱས། དེའི་བློན་པོ་ཝུམས（112）ཞེས་པས་ཡང་རྒྱལ་ས་ཕྲོགས། དེའི་རྗེས་སུ་ཏེའུ་ཅིང་གི་བརྒྱུད་པ་ལ་དྲུང་ཅིང་། གའི་ཅིང་ཚན་པ་གཉིས་སུ་བྱུང（113）བའི། གའི་ཅིང་རྒྱལ་པོའི་དུས་སུ། རྒྱ་གར་གྱི་པཎྜི་ཏ་རྟད་པོ་གཅིག་གིས། རྒྱལ་པོ་ལ། རྒྱ་གར་དང་ལྷོང་ཡུལ་གྱི་བར་རྒྱལ་ཁམས་ཆུང་ངུ་གཅིག་ན། སྔར་སངས་རྒྱས་ཤཱཀྱ་ཐུབ་པ་སུམ་ཅུ་རྩ་གསུམ་དུ་བྱོན་པའི་དུས་སུ་བཞེངས་པའི་ལྷ་སངས་རྒྱས་དགུང་ལོ་བཅུ་གཉིས་པའི་སྐུ་ཚད། ཇོ་བོ་ཤཱཀྱ་དང་། སངས་རྒྱས་ཀྱི་རིང་བསྲེལ། ཀུ་མ་ར་ཤྲི་ཞེས་པའི་པཎྜི་ཏ་མཁས་པ་གཅིག་ཡོད་པ་ལ། དེར་རྒྱལ་ཁམས་ཆུང་བས་འགྲོ་དོན་མི་འཕེལ་བར་འདུག། ཁྱེད་ཀྱིས་དམག་བཏང་ནས་བླངས་པར་སོང་ན་སེམས་ཅན་མང་པོ་ལ་ཕན་པ་རྒྱ་ཆེན་པོ་འབྱུང་ཟེར་བས། རྒྱལ་པོ་དེ་ལ་བློན་པོ་ཞིང་གི་ཚིངས་སང་གཅིག་དང་། ཆུ་མི་དཔེན་གྱི་དཔོན་གཅིག་ཡོད་པར་འདུག་པའི། དམག་དཔོན་དེ་ལ་དམག་ཁྲི་ཚོ་བཞི་བཅུ་ཐམ་པ་བསྐུར་ནས་ས་ཆ་དེར་བཏང་། ས་ཆ་དེར་སླེབས་པའི་དུས་སུ། དེའི་རྒྱལ་པོའི་ཚིག་ལ། ཁྱེད་དང་དེད་འཁོན་ནི་མེད། དམག་འདི་ཙམ་འོང་པ་ཅི་ཡིན་ཟེར་བ་ལ། ཇོ་བོ་ཤཱཀྱ་དང་། སངས་རྒྱས་རིང་བསྲེལ། པཎྜི་ཏ་གསུམ་འདོད། མི་སྐུར་ན་དམག་རྫིག་པ་ཡིན་བྱས་པས། ཇོ་བོ་ཤཱཀྱ་དང་རིང་བསྲེལ་དངོས་སུ་ཡོད་པས་བསྐུར། པཎྜི་ཏ་དེ་ན་ཉིང་འདས། དེའི་བུ་ལོ་བཅོ་བརྒྱད་འགྲོ་བ་ཀུ་མ་ར་ཆུང་བ་ཟེར་བ་གཅིག་བསྐུར་བ་ཡིན་ཟེར་ནས་བསྐུར། དེ་རྣམས་ཁྱེར་ནས་དམག་དཔོན་དེ་ཕྱིར་ལོག སངས་རྒྱས་ཀྱི་རིང་བསྲེལ་ཡང་ཨེ་ཡིན་མི་ཤེས། བྱིས་པ་འདི་ལའང་ཅི་ཡང་མི་ཉན་བསམས་ནས་བཀུར་སྟི་ཆེན་པོ་མ་བྱས་པ་ལ་ཉིན་གཅིག་ཁོང་པ་རྣམས་རྟ་ཞོན་ནས་ཡོང་གིན་ཡོད་པའི་ལམ་དུ། རྟ་རྐོད་མ་གཅིག་བྱུང་བའི་སྐད་གཅིག་སྟོན་པ་དང་། དམག་དཔོན་གྱིས་ཞོན་པའི་རྟ་དེས་ཀྱང་སྐད་གཅིག་སྟོན། དེ་ལ་པཎྜི་ཏ་གད་མོ་ཤོར་བས། དམག་དཔོན་གྱིས་ཅི་ཡིན་དྲིས་པས། རྐོད་མ་འདིའི་རྟེའུ་གཅིག་རྩྭ་ཟ་བ་དང་ཆུ་འཐུང་པ་ལ་འཁོར་ནས་ལུས་ཡོད། དམག་མང་པོ་ནང་དུ་ལམ་ནོར་དོགས་ཡོད། ང་འདི་ལ་སོང་བས་ལམ་མ་ནོར་བར་ཕྱི་ཟིན་པར་ཤོག་ཟེར་གྱི་འདུག་བྱས། དེ་ལའང་དམག་དཔོན་དེ་ཡིད་མ་ཆེས་པར་ཡོད་པ་ལ། ཡུད་ཙམ་ཞིག་ན། ལམ་གྱི་ལོགས་ན་རྟེའུ་གཅིག་རྩྭ་ཟ་ཡིན་

འདུག །དམག་དཔོན་གྱི་ཧ་དེས་སྐད་གཅིག་སྟོན་པ་དང་། ཐུ་རུས（114）ཀྱང་སྐད་ཅིག་སྟོན་ནས་དེ་མ་ཐག་བང་བཏང་སོང་། དེ་ལ་དམག་དཔོན་གྱིས་དམག་རྣམས་ལམ་འཁྱིད་དུ་བཅུག །མའི་མདུན་དུ་སླེབས་པས། དམག་དཔོན་དེར་ཡིད་ཆེས། དེ་ནས་ཉིན་གཅིག་རི་མཐོན་པོ་གཅིག་གི་མགུལ་དུ་ཞག་ས་བྱས་པ་ལ། པཎྜི་ཏའི་ཚིག་གིས། རང་རེ་འདིར་ཞག་ཏུ་སྡོད་མི་ཉན། དོ་ནུབ་ནམ་ཕྱེད་པ་ལ་ཆུ་ཐོག(ལོག)བྱུང་ནས་དམག་རྣམས་ཆུས་ཁྱེར་ཉེན་ཡོད་ཟེར་བས། དམག་ཐམས་ཅད་བཏེག་ནས་ས་ལེ་བར་བཙུ་ཙམ་གྱི་སྟར་བབས་པ་ལ། དོ་ནུབ་ཆུ་ཐོག(ལོག)བྱུང་ནས་རི་དེའི་ཉེ་འཁོར་ཐམས་ཅད་ཆུས་ནོན། ཐམས་ཅད་མཆོར་གྱུར། དེ་ནས་དམག་དཔོན་དེ། ཛ་པོ་ཤྲཱི། པཎྜི་ཏ་སངས་རྒྱས་ཀྱི་རིང་བསྲེལ་གསུམ་ལ་ཡིད་ཆེས་ཤིང་དད་པ་ཐོབ། དེ་ནས་དམག་དཔོན་རྒྱལ་པོའི་དྲུང་དུ་འགྲོ་བར་ཆས་པ་ན། གའི་ཙོན་རྒྱལ་པོ་སྐུ་གཤེགས། རྒྱུད་ཆད་ནས། སྔར་གྱི་ཞིང་གི་ཆིང་སང་དེས་རྒྱལ་པོ་བྱས་འདུག་ཟེར་པ་ཐོས་ནས། དམག་དཔོན་གྱིས་རང་གི་དམག་ཁྲི་ཚོ་བཞི་བཅུ་པོ་བསྡུས་ནས་སི་ཆོན（115）དང་། ཅེའུ་མཁར་ཉི་ཤུ་རྩ་བཞིའི་རྒྱལ་པོ་བྱས། དུས་ཕྱིས་དམག་དཔོན་རྒྱལ་པོ་དེའི་རྒྱུད་པའི་ལག་ནས། ཆིང་སང་རྒྱལ་པོ་དེའི་བརྒྱུད་པས་ཛ་པོ་ཤྲཱི་དང་རིང་བསྲེལ། པཎྜི་ཏ་རྣམས་ཀིང་ཅང་ཧུར（116）གདན་དྲངས། བཀུར་སྟི་བསམ་གྱིས་མི་ཁྱབ་པ་བྱས། པཎྜི་ཏ་དེ་ལ་བཙུན་མོ་བཅུ་ཡོད་པས་དགེ་འདུན་རྣམས་མ་སོས་པ་ལ། ཉིན་གཅིག་ཞྭན་རྗེ（117）བརྡུངས་ནས། དགེ་འདུན་རྣམས་ཆོས་སྟོན་ལ་ཚོགས（118）པའི་དུས་སུ། པཎྜི་ཏ་དེས། དགེ་འདུན་རྣམས་ལ་བྲོ་མ་དྲངས་པར། ཁབ་སྙེར་མ་རེ་བཀྱེ། དེ་དགེ་འདུན་རྣམས་ཀྱིས་ཟ་བར་མ་ནུས་པར་ལུས་པ་དང་། པཎྜི་ཏ་ན་རེ། ཁྱེད་དགེ་འདུན་གཙང་མ（119）རྣམས་ཀྱིས་ཁབ་ཟ་བར་མི་ནུས་ན། ང་བསླབ་པ་མི་གཙང་བས（120）བཟའ་བར་བྱ་ཟེར་ནས། ཁབ་ཐམས་ཅད་ཟོས་ནས་འཇུ་བས། དགེ་འདུན་རྣམས་ཀྱི་མ་དད་པ་བཟློག་ས། ཕྱིས་པཎྜི་ཏ་དེའི་སློབ་མ་ཅེའུ་ཧ་ཤང་ཞེས་པ་ཡོན་ཏན་ཅན་གཅིག་བྱུང་བ་ལ། རྒྱལ་པོ་ཧ་ཅང་དད་ཆེས་ནས། བཙུན་མོའི་འཁོར་ལས་གཡོལ་བར（121）གྱུར་པས། བཙུན་མོ་ཆེ་བ་ཁྲོས་ཏེ། མོ་རང་གི་ལྷམ་ཡ་གཅིག་ཅེའུ་ཧ་ཤང་གི་གདན་གྱི་འོག་ཏུ་བཅུག་ནས། རྒྱལ་པོའི་དྲུང་དུ་ངུ་ཞིང་ཕྱིན་ཏེ། པཎྜི་ཏ་འདི་བདག་ལ་སྤྱོད་དུ་བྱུང་བ་ལ་བདག་གིས་མ་ཉན་པས། བདག་གི་ལྷམ་ཐོགས་ཏེ་ཁྱེར་བྱས་པས། རྒྱལ་པོ་དེ་ལ་ཡིད་ཆེས་མ་སྐྱེས་ཀྱང་། བློན་པོ་རྣམས་ཀྱིས་ལྟར་ཕྱིན་པ་དང་། པཎྜི་ཏའི་གདན་གྱི་འོག་ནས་བཙུན་མོའི་ལྷམ་རྙེད། ཉེས་པ་ཅན་དུ་བྱས་ནས་པཎྜི་ཏའི་མགོ་བཅད་པ་ལས་ཁྲག་འོ་མར་གྱུར་ནས། པཎྜི་ཏ་རང་གི་ལག་པས་རང་གི་མགོ་བླངས་ཏེ་ཁེ་ལ་སྦྱར་ནས་གཙུག་ལག་ཁང་དུ་ཕྱིན། འཁོར་མང་པོ་ལ་ཆོས་བཤད། མགོ་རང་གི་པང་དུ་ལྷུང་ནས་ཆོའི་དུས་བྱས་སོ། །

汉文译文：

## 四、伽那[①]之[②]周至唐的历史简述

周（ཅེའུ།）有三十六个王，执政百年[③]。此后产生了称为秦始皇（ཆིན་ཧྲི་ཧང་།）的两个国王。而自汉高祖（ཧན་ཀའོ་ཙུང་།）始传十二代之间，帝王产生。在第十二代执政时，有一个名叫王莽的大臣（ཨང་མང་།）篡位，执政十八年。以后，有汉室后裔名叫刘光武（ལིའུ་གོང་བུ།）者，杀死王莽建立后汉。刘光武生五子，第五子叫作汉明帝（ཧན་མིན་ཏི།）的皇帝。当时，他在位时，有一位名

① 藏文文献和藏语中对汉地称为“伽那”（རྒྱ་ནག）。其义据《藏汉大辞典》532页解释为“汉地”或“内地”，又一名为“马哈孜那”主要指我国内地汉族聚居的地方。字面意谓幅员辽阔、衣着以黑色为主者。

② 此处原陈庆英、周润年译本有误，“伽那由周至唐的历史简述”应为“伽那之周至唐的历史简述”。

③ 此处原书作者有误，“执政百年”应为“执政八百年”。

叫班智达[①]竺法兰（པཎྜི་ཏ་རྫུ་ཏ་ལེ།）的见真谛者（བདེན་པ་མཐོང་བ།），（竺法兰他们）二人用一匹白马把小乘经典驮运到汉地，在河南府（ཧོ་ནེ་ཧུས།）建立白马寺（པའི་མའི་སིའི་ལྷ་ཁང་།）[②]，并翻译此经典。自此迄今，佛法在汉地弘扬。这两位班智达都证得阿罗汉果。他们中的一位在白马寺入灭定，直至弥勒出世时才出定圆寂；一位幻化升空，至大海中的白高丽国（གླིང་ཀའུ་ལི་དཀར་པོ།）涅槃。此后，汉朝传至第二十四代皇帝[③]汉献帝（ཧན་ཧེན་ཏེ་རྒྱལ་པོ།）时，有一大臣名叫曹操（བློན་པོ་ཚའོ་ཚའོ།）者篡帝位，其后裔五人称帝。其后，大臣名叫炎（བློན་པོ་ཝུམས།）者又篡帝位。此后，产生了西晋（ཧེའུ་ཅིང་།）的后裔西晋（གའི་ཅིང་།）和前秦两朝。前秦王时期，有一天竺的老班智达（པཎྜི་ཏ་རྒན་པོ།）对国王道："在印度和羌地（ལྗང་ཡུལ།）之间的一个小国里，有以前释迦牟尼上升三十三天后塑立建立的佛祖十二岁时之等身像即觉卧释迦牟尼像、佛舍利以及名叫鸠摩罗什（ཀུ་མ་ར་ཛི།）的班智达学者一人，因其国狭小，对众生不利，请陛下发兵取来，对广大众生大为有益。"此王驾前有一丞相及一统兵将军，将军领兵40万众前往彼地。到达该地时，此地国王问道："我与你等无冤无仇，大军为何来此。"（将军回答说：）"要取觉卧释迦牟尼像，佛祖舍利、班智达三者，若不与即行交兵。"（该地国王说道：）"觉卧释迦像和佛舍利确有之并奉上，但班智达去年已逝，其子18岁，名叫卓瓦格玛热琼哇，也可送上。"于是将此三者带上，将军返回。（途中将军想：）"佛祖舍利亦不知是真是假，带回小孩能否听话[④]？"（因此一路）没有当回事[⑤]。一日，他们骑马在路途中，一匹母马长嘶一声，将军所骑的战马也长嘶一声，此时班智达不禁失笑，将军问"为何发笑？"（班智达答道：）"此母马有一马驹因食草饮水滞留在后，（母马）在众军队列中恐迷路，（故唤道：）"我已至此，别迷路了，可速赶来！"将军对他所言疑惑不信，片刻之后，果见路边有一马驹正在吃草，将军之马长嘶一声，马驹也嘶鸣一声，立即奔跑过来，于是将军令众军让道，（马驹）跑到母马跟前，将军深信。于是一日，军队在一座高山的半山腰扎营，班智达道："我等不能在此扎营，今夜将发洪水，恐众军有被洪水冲走之险。"于是将全军移至约十里以外驻扎。当夜（果然）洪水暴发，山的四周全被水淹，变成一片汪洋。由此，将军对

---

① 班智达指精通五明的佛教徒。

② 白马寺，中国第一古刹，世界著名伽蓝。位于河南省洛阳市，始建于东汉永平十一年（68年），是佛教传入中国后兴建的第一座官办寺院，乃中国、越南、朝鲜、日本及欧美国家佛教的"释源"（释教发源地）和"祖庭"（祖师之庭）。白马寺把佛教传到了朝鲜、日本和东南亚，使佛教在亚洲得到普及，后来又进入欧美，成为世界各地佛教信徒参拜的圣地。因此19世纪末以来，日本捐资重修白马寺钟楼并立空海雕像；泰国、印度、缅甸政府相继出资于白马寺建造佛殿，使之成为全世界唯一拥有中、印、缅、泰四国风格佛殿的国际化寺院。作为国际化程度最高的寺院，白马寺可谓名副其实的"天下第一寺"。寺内"马寺钟声"象征吉祥如意，入列"洛阳八大景"。在海内外尤其日本享有很高的声誉，聆听钟声的游客绝大多数来自日本。

③ 第二十四代皇帝有误，应为第十四代。《红史注解》认为，在《红史》中说依《现代汉语词典》应为十二代。

④ 此处原陈庆英、周润年译本有误，"佛祖舍利亦不知真候，此小孩带回只恐也无多大益处"，应为"佛祖舍利亦不知是真是假，带回小孩能否听话？"

⑤ 此处原陈庆英、周润年译本有误，"不甚礼敬"应为"没有当回事"。

觉卧释迦像、班智达、佛祖舍利三者相信而产生信仰。此后，他们在返回国王都城的途中，听到了前秦国王（གཞི་ཅིན་རྒྱལ་པོ།）已死，后嗣断绝，先前的丞相当了国王。将军召集自己的四十万军队，当了四川和二十四座州城的国王。此后，当了国王的丞相的后裔从当了国王的将军后裔那里迎请觉卧像、佛祖舍利、班智达到长安（ཀིང་ཅང་དུར།）[①]，产生了无限敬仰[②]。因班智达有十位夫人，所以僧人们对他并不信服。有一天，当（寺院里）敲响檀板，召集僧众举行诵经法会时，班智达不给僧众供给斋饭，而是给每个僧人发一碟钢针，僧人们无法吃下，这时班智达道："你们这些洁净僧人不能食针，我这戒律不净的僧人却能吃下。"说完将所有的钢针吃下，众僧（对班智达）不尊者皆信服。后来，出现了一个名叫班智达的门徒周和尚（ཅེའུ་ཧ་ཤང་།），很有学识，国王十分崇信，他忘记顾及妃子们[③]，王后十分恼怒，于是将自己的一双鞋藏到周和尚的坐垫底下，然后哭着到国王跟前诉说："班智达调戏于我，我坚决不从，他将我的一双鞋夺去。"国王对此虽然不信，但众大臣前去验证，从班智达坐垫底下找出了王后的鞋子，由此蒙罪[④]，（国王）将班智达斩首，但流出之血变成了乳汁。班智达自己用手把斩落的头拿起，放到脖子上，并到寺院中向众人讲经，（讲毕）其头落到胸前方才去世。

藏文原文：

ཆིང་སང་གི་རྒྱལ་རྒྱུད（122）དེ་ཆད་ནས། སུའི་གཡང་ཧེ（123）ཟེར་བའི་རྒྱལ་པོ་ཕ་བུ་གཉིས་བྱུང་། དེའི་མངའ་འོག་ན། ཐང་ཀའུ་ཙུང（124）ཞེས་པ། ཐའི་ཡང་ཏུའི་གླེའུ་ཤུ（125）བྱེད་ཅིང་ཡོད་པས་ངོ་ལོག་བྱས་ནས་རྒྱལ་ས་ཕྲོགས་ཏེ། དེ་ནི་ཐང་གི་རྒྱལ་པོ་ལ་སྔ་བའི་ཐོག་མ་ཡིན། དེའི་བུ་གསུམ་ཡོད་པའི་འབྲིང་པོ་ཐང་ཐའི་ཙུང（126）རྒྱལ་པོ་དུས་སུ། ཐང་ཛམ་ཚང（127）ཞེས་པའི་ལོ་ཙཱ་བས་རྒྱ་གར་ནས་ཆོས་མང་པོ་བསྒྱུར། དེ་ཡན་ཆོད་ལ་བརྒྱའི་ལོ་ཙཱ་བ་ཉིས་བརྒྱ་བྱུང་། ཐང་ཛམ་ཚང་དེ་རྒྱ་གར་གྱི་སློབ་དཔོན་དབྱིག་གཉེན་གྱི་སློབ་མ་ཡིན། ཐང་གི་དུས་སུ་ཐོན་སླུ་སྲི་ཞེས་པ་འདུལ་བ་འཛིན་པ་ཆེན་པོ་གཅིག་ཡོད་པ། རི་མཐོན་པོའི་ཟུར་ནས་གཡང་དུ་ལྷུང་བ་ལས། ལྷའི་བུ་གཅིག་གིས་བར་སྣང་ནས་བཟུང་བས་གནོད་པར་མ་གྱུར། ལྷའི་བུ་དེ་སུ་ཡིན་དྲིས་པས། བདག་རྒྱལ་པོ་རྣམ་སྲས་ཀྱི་བུའི་བུ་གཉིས་པ་ཡིན། ངེད་སྤུན་བཅུ་གཉིས་ཀྱིས་དེ་བཞིན་གཤེགས་པའི་གསུང་རབ་ཡན་ལག་བཅུ་གཉིས་བསྲུང་བར་དམ་བཅས་པ་ལ། བདག་འདུལ་བའི་སྡེ་སྣོད་བསྲུང་བ་ཡིན་ཟེར། ཐོན་སླུའི་སྲི་ང་རྒྱལ་སྐྱེས་ནས། འཛམ་བུ་གླིང་ན་ང་དང་མཉམ་པའི་འདུལ་བ་འཛིན་པ་ཇི་སྙེད་གཅིག་ཡོད་དྲིས་པས། ཁྱོད་དང་མཉམ་པ་གང་གའི་ཀླུང་གི་བྱེ་མ་སྙེད་ཡོད་ཟེར། གསང་སྔགས་ཀྱི་ཆོས་འདི་ཡང་དག་པ་ཡིན་ནམ་མ་ཡིན་པ་དྲིས་པ་ལ། གསང་སྔགས་འདི་ཡང་དག་པ་ཡིན་ཞིང་། ལྕང་ལོ་ཅན་གྱི་ཕོ་བྲང་ན། གསང་སྔགས་ཀྱི་ཆོས་རྣམས་བཞུགས་པ་ལ། ངའི་ཕུ་བོ་ཛམྦྷ་ལ་ནག་པོས་བསྲུང་མ་བྱེད་ཅིང་ཡོད། ང་ཡང་ཕོ་བྲང་དེའི་ནང་དུ་འགྲོ་བར་མི་དབང་། གསང་སྔགས་ལ་མ་དད་ན་ཤིན་ཏུ་སྡིག་ཆེ་བས་བཤགས་

① 此句陈庆英、周润年译本有误，"当了国王的丞相的后裔从当了国王的将军那里迎请觉卧像，佛祖舍利，班智达到长安" 应译为"当了国王的丞相的后裔从当了国王的将军的后裔那里迎请觉卧释迦像、佛祖舍利、班智达到长安"。

② 此句陈庆英、周润年译本有误，"他对班智达十分优礼尊崇" 应译为"产生了无限敬仰"。

③ 此句陈庆英、周润年译本有误，"他避讳妃子们" 应译为"他忘记顾及妃子们"。

④ 此句陈庆英、周润年译本有误，"变成了罪人" 应译为"由此蒙罪"。

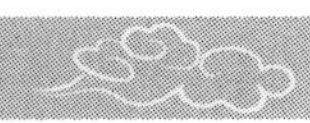

པ་གྱིས་ཟེར། པཎྜི་ཏ་ཀུ་མ་ར་ཤྲི་དེ་གང་ཟག་ཇི་ལྟ་བུ་ཡིན་དྲིས་པས། དེ་ནི་མཐོང་ལམ་ཐོབ་པའི་བྱང་ཆུབ་སེམས་དཔའ་ཡིན། ད་ལྟ་དགའ་ལྡན་དུ་པདྨའི་སྙིང་པོ་ལ་རྫེས་ཏེ་སྐྱེས་ནས་བྱམས་པ་ལ་ཆོས་ཉན་གྱིན་ཡོད་ཟེར། ཐང་ཛམ་ཚང་ཇི་འདྲ་ཡིན་དྲིས་པས། དེ་ནི་སྦྱོར་ལམ་ལ་གནས་པ་ཡིན་ཏེ། ད་ལྟ་དགའ་ལྡན་གྱི་ར་བའི་ཕྱི་རོལ་ན་བྱམས་པའི་གསུང་ཐོས་ཤིང་། སྐུ་མི་མཐོང་བར་ཡོད་ཟེར། ཐང་ཐའི་ཛུང་གི་སྲས་མོ་སྲུའི་གླེན་ཀོང་ཇོ（128）། བོད་སྐད་དུ་མཚོའི་ནང་གི་པདྨོ་ཞེས་པ་དེ་བོད་དུ་ཡོང་བའི་དུས་སུ། ཇོ་བོ་ཤཱཀྱ་བོད་དུ་ཁྱེར། དུས་དེ་ནས་ད་ལྟའི་བར་ལ་ལོ་བདུན་བརྒྱ་འགྲོ་ཞེས་པ། རྒྱའི་དེབ་ཐེར་རྙིང་པ་ལས་ཛམྦྷ་ལ་སྟོ་ཤྲི་མགོན་གྱིས་མཐོང་བ་ལྷ་སའི་གཙུག་ལག་ཁང་དུ་ཡི་གེར་བྲིས་པ་ཡིན་ནོ། །

汉文先译文：

丞相的王统断绝，有称作隋炀帝（སུའི་གཡང་ཏི།）的父子二王出世，在其治下有一名叫唐高祖（ཐང་ཀའུ་ཛུང་།）者，任太原府（ཐའི་ཡང་ཧུའི་གླེའུ་ཤུ།）留守之职，他反叛隋朝夺取帝位，他即是唐朝皇帝的先祖。在他的三个儿子中的第二子唐太宗（ཐང་ཐའི་ཛུང་།）在位之时，有一名叫唐三藏的译师从印度翻译了许多佛经，此后产生译师二百人。[①] 唐三藏是印度世亲论师（即世友）大师的门徒。唐朝时，有一名叫宋鲁师（ཟོན་ལུ་སྲི།）的僧人，持戒甚严。他从高山崖上跌入山涧，有一天神之子在空中将他接住因而未伤。（宋鲁师向天神之子问道：）“你是何人？”答道：“我是多闻天王的次子，我兄弟十二人负责守护如来佛的十二部经典，我是守护戒律经藏者。”宋鲁师心生傲慢，又问：“南赡部洲像我这样严格持戒者能找到多少？”（天神之子答道：）“像你一样者数目如同恒河沙粒。”（又问：）“密宗的经典是否真实？”（答曰：）“密宗经典真实，且在降劳坚（ལྕང་ལོ་ཅན་གྱི་ཕོ་བྲང་།，即金刚手菩萨）的宫殿中，安放有密宗经典，由我的哥哥赞巴拉那波（ཛམྦྷ་ལ་ནག་པོ།）守护，即便是我也不能随便进入，若不信仰密宗，罪过甚大，即须忏悔。”（又问：）“班智达鸠摩罗什（པཎྜི་ཏ་ཀུ་མ་ར་ཤྲི།）是何许人？”（答曰：）“他是获得正果的菩萨，此刻已转生于兜率天莲花瓣中，正听弥勒佛说法。”（又问：）“唐三藏何许人也？”（答曰：）“他是加行道弟子，此刻在兜率天宫院外听弥勒佛说法，却见不到其身。”

唐太宗的女儿睡莲公主（ཐང་ཐའི་ཛུང་གི་སྲས་མོ་སྲུའི་གླེན་ཀོང་ཇོ།）[②]，藏语称为“大海中的莲花”，她来吐蕃时，将觉卧释迦像带来吐蕃，至今已过七百年，如此之说是由上述从汉文古籍中之所见由赞巴拉栋释贡（ཛམྦྷ་ལ་སྟོ་ཤྲི་མགོན།）在拉萨的大昭寺（ལྷ་སའི་གཙུག་ལག་ཁང་།）写成文书。

① 此句陈庆英、周润年译本有误，“有一名叫唐三藏的译师将许多佛经从印度文译成汉文，协助他翻译的有一、二百译师”，应译为“有一名叫唐三藏的译师从印度翻译了许多佛经，此后产生译师二百人”。

② 睡莲公主：此公主也叫文成公主，唐宗室女。藏文史籍中文成公主一名有多种写法：སྲུམ་ཤང་ཀོང་ཇོ། སྲུན་ཤང་ཀོང་ཇོ། ཝུན་ཤིང་ཀུང་ཇོ། ཝུམ་ཤང་ཀོང་ཇོ། 等。641年（贞观十五年），文成公主远嫁吐蕃。松赞干布于藏历铁狗年（650年）逝世后，文成公主又活了30多年。《新唐书》卷二一六上和《通鉴》卷二〇二载其薨于680年。文成公主举行过葬礼，依据吐蕃传统，王室成员去世有2~3年匿丧之俗。如此看来，文成公主去世于680年之说是可信的。

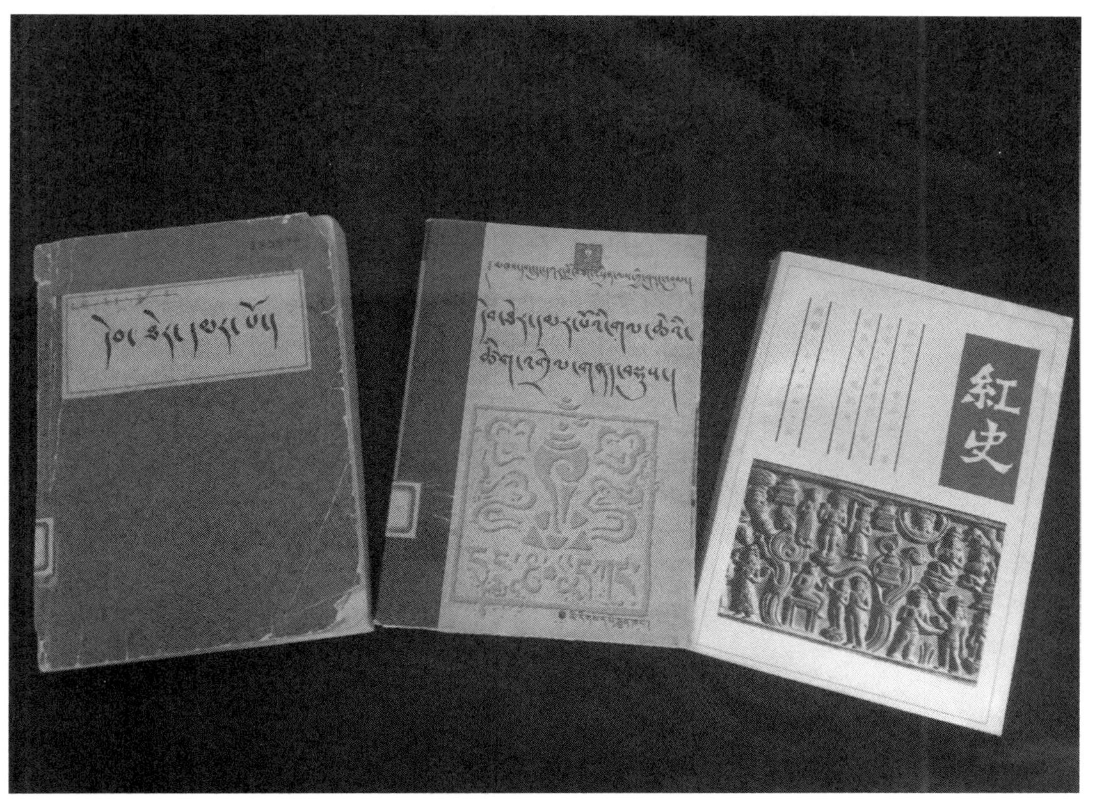


《红史》不同藏文版本(陈庆英、周润年汉译本)

# 十五、《土观宗派源流》(ཐུའུ་བཀྭན་གྲུབ་མཐའ།)李域部分译注

## 一、解　题

### （一）作者简介

《土观宗派源流》作者是土观·罗桑却吉尼玛（ཐུའུ་བཀྭན་ཆོས་ཀྱི་ཉི་མ།，1937—1801年），他是第三世土观活佛，是清代青海驻京的八大呼图克图之一[①]，著名佛学大师、宗教史学家、文学家。藏历第十二饶迥火蛇年（1737年，清乾隆十二年），他出生在安多华锐热朗朱地区的朗才彭措陇坝（即今甘肃省天祝藏族自治县松林乡）地方。罗桑却吉尼玛年仅6岁时，即被拉卜楞寺寺主第二世嘉木样活佛贡却久美昂吾认定为佑宁寺（དགོན་ལུང་དགོན་པ། 藏语称贡隆贡巴）土观呼图克图阿旺却吉嘉措的转世灵童，被迎请到佑宁寺坐床，成为三世土观活佛，并随著名学者松巴·堪布益西班觉出家受戒，取法名却吉尼玛。他的少年时代在佑宁寺度过，环境封闭，刻苦学习拼写诵读，大小五明等学科成绩显著，尤对因明学钻研较深。

藏历第十三饶迥木猪年（1755年，乾隆二十年），年仅19岁的土观·罗桑却吉尼玛离开佑宁寺，远赴西藏求法。他到拉萨后，先入哲蚌寺郭莽学院学经，曾聆听二世嘉木样活佛传授因明学理论，以后又向六世班禅、三世章嘉呼图克图等名师学习各种显密典籍。在拉萨的7年里，

① 土观呼图克图系清代青海著名转世活佛，为甘青涉藏地区八大驻京呼图克图之一。第一世土观呼图克图·罗桑拉丹，出身于今青海互助县李土司家，故其转世系统名为“土官”，后改为土观。第二世土观呼图克图·阿旺却吉嘉措（1680—1730年），藏历金虎年（1710年，康熙四十九年）任佑宁寺24任法台。藏历金鼠年（1720年，康熙五十九年），奉诏护送七世达赖喇嘛从青海塔尔寺去拉萨“坐床”，得到西藏和蒙古各部上层人士的敬重，藏历火蛇年（1737年，乾隆二年）被皇帝追封为“静修禅师”，并赐印信。

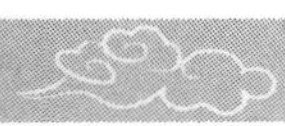

他依次修完五部大论，在佛学理论上达到了高深的层次。藏历金蛇年（1761年，乾隆二十六年），他返回佑宁寺，就任佑宁寺法台。至此，他渊博的学识享誉安多地区。

27岁时（1763年），土观·罗桑却吉尼玛奉诏入京。在京期间，他分别就任雍和宫的掌印喇嘛、御前常侍禅师等职，颇受乾隆皇帝垂青。在京，土观·罗桑却吉尼玛的才华得到充分展露，先后参与了《四体清文鉴》《满文大藏经》等的编纂工作，深得清廷和佛学界人士的敬重。

藏历火羊年（1787年，乾隆五十二年），他出任安多名寺夏琼寺（བྱ་ཁྱུང་དགོན་པ།）的堪布。其间他继续保持与中央政府的联系，并向朝廷呈报了该寺的情况。乾隆皇帝“龙心大悦”，赐其一幅汉、藏、满、蒙四体文字的“夏琼大乘功德昌盛洲”寺额，并每年拨给专款作为供养，使夏琼寺走向鼎盛。

乾隆五十四年至五十八年（1789—1793年）期间，土观·罗桑却吉尼玛担任了塔尔寺第35任法台，建立了土观公馆（噶尔哇），并修缮了密宗学院。以后，他再次回到佑宁寺，潜心著书立说。藏历水狗年（1802年，清嘉庆七年），土观·罗桑却吉尼玛圆寂，享年65岁。

土观·罗桑却吉尼玛是我国著名的佛学大师、宗教史学家和文学家。他“学通番汉，著作极丰”。有各种传记、故事、历算、诗词、文书、教派教义、密咒等方面的论著500余篇，辑成《罗桑却吉尼玛全集》，共计17函，5764页。著名的作品有《三世章嘉呼图克图若必多吉传》《佑宁寺志》《塔尔寺志》《贡巴饶萨传》《二世土观却吉嘉措传》《密宗经义》《自传》《诗集》等，其中影响最大的要数《土观宗派源流》。他写作此书期间，身染重病，行动不便，但仍以顽强的毅力，发奋笔耕，于去世前一年完成了《土观宗派源流》著作，翌年即刊版传播。

**（二）文献出处**

此书木刻印版原存佑宁寺，后下落不明，幸四川德格印经院尚有完整印版。土观·罗桑却吉尼玛的著作在国内外颇有名气，其《土观宗派源流》早在19世纪即由印度学者达斯译成英文，取名《关于西藏宗教、历史的文献》刊载于1881—1882年的《孟加拉亚洲学会会报》，国内有刘立千先生的汉译本。

**（三）内容提要**

本书对印度佛教及西藏佛教前弘期、后弘期流行的宁玛、噶当、噶举、萨迦、格鲁等大小教派，西藏苯教，汉地儒、道等派的历史和教义均有精辟的论述，其涉及面颇广，为研究佛教尤其是西藏佛教史的重要典籍。该书共12卷，300页左右。因成书时间较晚，且作者通晓汉、蒙、藏古诸语文，加之在京期间，条件优越，阅览了较多的资料，故书中叙事较为翔实，在藏文史籍中被列为上选，传诵士林，名扬中外。《土观宗教源流》（藏文版）根据木刻板整理，1984年由甘肃民族出版社出版，全书分5章，21节，485页。于阗内容记载于第四章第2节内，本文译

自甘肃民族出版社1984年4月出版本第460~461页。

## 二、藏文原文及汉文译文

藏文原文：

༢ ལི་ཡུལ་དུ་བསྟན་པ་དར་བའི་ཚུལ།

༄། །ལི་ཡུལ་ལུང་བསྟན་པ་དང་། གླང་རུ་ལུང་བསྟན་པའི་མདོ་སོགས་ལས་བཅོམ་ལྡན་འདས་ཀྱིས་ལུང་བསྟན་པ་ལྟར། ལི་ཡུལ་དུ་སྟོན་པ་འདས་ནས་ལོ་བརྒྱ་དང་བཅུ་བདུན་ན་ཆོས་རྒྱལ་མྱ་ངན་མེད་ཅེས་བྱ་བའི་བཙུན་མོ་ལ་རྣམ་ཐོས་སྲས་ཀྱིས་བསྐྱུན་པའི་བུ་ས་ལས་ནུ་མ་ནུ་བྱ་བ་ཞིག་བྱུང་བ་རྣམ་སྲས་ཀྱིས་རྒྱ་ནག་གི་རྒྱལ་པོ་ལ་བྱིན། དེ་དམག་ཁྲི་དང་བཅས་པ་འཚོལ་དུ་ཕྱིན་པ། རྒྱལ་པོ་དྷརྨ་ཨ་ཤོ་ཀའི་བློན་པོ་ཡ་ཤ་འཁོར་བདུན་སྟོང་དང་བཅས་པ་རྒྱལ་པོས་སྤྱུགས་པ་དང་གཉིས་ཀ་ལི་ཡུལ་དུ་འཛོམས་པས་ཡུལ་དེ་བཟུང་། དེའི་རྒྱུད་པ་བྱམས་པའི་སྤྲུལ་པ་ཛ་ཡ་སམྦྷ་ཝ་བྱ་བའི་དུས། འཇམ་དབྱངས་ཀྱིས་དགེ་སློང་བཻ་རོ་ཙ་ན་བྱ་བར་སྤྲུལ་ནས། དེས་ལི་ཡིག་བྱས་ཏེ་བསླབས། རྒྱལ་པོས་ཙཱོ་རྨའི་གཙུག་ལག་ཁང་བརྩིགས། ལྷ་ཁང་དང་མཆོད་རྟེན་བཞེངས་འདོད་མཁན་མང་བས་སངས་རྒྱས་ཀྱི་རིང་བསྲེལ་བྱུང་ཚད་ལ་གཙུག་ལག་ཁང་དང་མཆོད་རྟེན་བརྩིགས། རྒྱལ་པོས་བསྐུལ་ཏེ་དགེ་སློང་བཻ་རོས་གནས་བརྟན་བཅུ་དྲུག་སྤྱན་དྲངས་ཏེ་བསྙེན་བཀུར། དེ་ནས་རྒྱལ་རབས་བདུན་པ་ལི་རྗེ་ཛ་ཡ་བིཀྲའི་དུས་རྒྱ་གར་ནས་དགྲ་བཅོམ་པ་བཞི་བྱོན། སྟོན་པས་ལུང་བསྟན་པའི་འོད་སྲུང་གི་མཆོད་རྟེན་དང་། རི་གླང་མགོའི་སྙིང་དུ་གོའུ་ཏན་ཤན་གྱི་གཙུག་ལག་ཁང་བཞེངས། རྒྱལ་བུ་ཞིག་རབ་ཏུ་བྱུང་བས་དགྲ་བཅོམ་པ་ཐོབ། དེ་ནས་བརྩམས་ཏེ་ཡུལ་དེར་སངས་རྒྱས་ཀྱི་བསྟན་པ་ཆེར་དར། ཆོས་རྒྱལ་མང་དུ་བྱོན། གཙུག་ལག་ཁང་དང་མཆོད་རྟེན་མང་དུ་བཞེངས་སོ། །

汉文译文：

### 李域地区佛教兴起的情况

在《李域授记》(ལི་ཡུལ་ལུང་བསྟན།)、《牛角授记》(གླང་རུ་ལུང་བསྟན་པ།)等经中薄伽梵僧（བཅོམ་ལྡན་འདས།）授记，李域在佛涅槃后117年，法王阿育王（ཆོས་རྒྱལ་མྱ་ངན་མེད།）的王妃承蒙多闻子（རྣམ་ཐོས་སྲས།）赐给一子，名萨勒尼玛尼（ས་ལས་ནུ་མ་ནུ།）[1]。多闻子又将（他）授予汉皇帝。他率众万人欲寻找（本土）。正巧有达尔摩阿肖嘎（རྒྱལ་པོ་དྷརྨ་ཨ་ཤོ་ཀ）[2]的宰相耶舍（བློན་པོ་ཡ་ཤ）及其部众7000人，被王逐出，两人相会于李域，遂占有此地。其之后裔弥勒菩萨的化身尉迟桑巴瓦王（བྱམས་པའི་སྤྲུལ་པ་ཛ་ཡ་སམྦྷ་ཝ།）时，文殊菩萨化显为比丘毗卢遮那（དགེ་སློང་བཻ་རོ་ཙ་ན།），他创造了李域文字。王为此修建赞摩寺（ཙཱོ་རྨའི་གཙུག་ལག་ཁང་།）。当时欲建修寺庙和佛塔之人甚多，将佛的舍利子供奉在众多寺院和佛塔[3]中。王令毗卢遮那迎请十六尊者入李域供养。此后到了第七代李域王

① 在部分史料中称作"瞿萨旦那"，意译为"地乳"。

② "达尔摩阿肖嘎"或作"阿育王"，是印度孔雀王朝的一个拥护佛教的君主（约前303—前232年）。

③ 刘立千先生的汉译本将此句译的过程中有误，如"遂将所得到的佛的舍利子用来修建寺庙和佛塔"，应译为现译文。

尉迟布尔雅（ལི་རྗེ་བི་ཛྱ།）时，从天竺来了4位阿罗汉，遵从佛所授记，修建了迦叶舍利宝塔（འོད་སྲུང་གི་མཆོད་རྟེན།），并在牛角山（རི་གླང་མགོ།）[1]上建立桂德香寺（གོའུ་དན་ཤན་གྱི་གཙུག་ལག་ཁང་།）。一王子出家证得阿罗汉果，从此以后，此地佛法弘扬，诸多法王出世，广建寺院和佛塔。

《土观宗派源流》（刘立千汉译本，甘肃民族出版社藏文版）

① 牛角山：或译牛头山，在和阗西部。

# 十六、《卓尼〈甘珠尔〉目录》(ཅོ་ནེ་བསྟན་འགྱུར་དཀར་ཆག) 李域部分译注

## 一、解　题

### （一）作者简介

康熙四十八年（1709年）六月，嘉木样协巴带领弟子百余人东返。是年，一世嘉木样在拉卜楞寺根本施主察罕丹津夫妇及三百余骑兵的陪同下踏勘建寺地址，七月在河南亲王的全力扶持刨土竣工，标志着拉卜楞寺正式创建。第一代青海和硕特蒙古黄河南亲王察罕丹津病重期间，奏请福晋南杰卓玛办理游牧事宜，其福晋大力扩建寺院和额外施赠僧人贡品，使拉卜楞寺在甘青地区的声誉名扬诸方。一世嘉木样回归故里建寺之际，从拉萨带来了诸多弟子，其中就有赛·俄昂扎西和德哇·罗藏东珠两个得意门生。1721年，第一世嘉木样大师去世，就一世嘉木样是否已转世这一重大问题，管理拉卜楞寺政务的德哇·罗藏东珠和管理教务的赛·俄昂扎西意见存在分歧，致使嘉木样大师转世问题虚位长达数年。后，以德哇·罗藏东珠为首的一派和河南亲王府王妃南杰卓玛认定最终青海尖扎昂拉土官之子仁钦喀尔（རིན་ཆེན་མཁར།）为转世灵童，迎进了拉卜楞寺。

作者为第二世嘉木样活佛久美旺布（འཇིགས་མེད་དབང་པོ།），于藏历第十二绕迴之土猴年（1728年，清雍正六年）三月八日生于昂拉赛康（今青海省尖扎县昂拉）土官家里。父阿旺南嘉（ངག་དབང་རྣམ་རྒྱལ།），是尖扎地区的头人，母索南木吉（བསོད་ནམས་སྐྱིད།）。5岁时，从朵·诺布坚赞（ནོར་བུ་རྒྱལ་མཚན།）大师受居士戒，6岁从格西曲杰出家为僧。7岁始，随伯父东科尔索南嘉措活佛（སྟོང་

འཁོར་རིན་པོ་ཆེ།，住青海省湟源县东科尔寺）居住，取名郭拉（སྒོ་ལྷ།），并学习藏文写读。后从舅父罗哲嘉措（བློ་གྲོས་རྒྱ་མཚོ།）学习藏文。13岁时，由东科尔活佛授沙弥戒。16岁以前就撰写有《六庄严二胜》《文殊法师》《自罗法王》《道次讲记》等。这时他的聪明才智已远近闻名，各地僧众常引为美谈。藏历水猪年（1743年）七月十三日，曾主持拉卜楞寺嘉木样活佛转世事宜的德哇仓·罗桑东智大师（སྡེ་ཁྲི་བློ་བཟང་དོན་གྲུབ།）等认定他为第一世嘉木样转世被迎至拉卜楞寺坐床。随即拜江若阿旺丹增为师，学习《因明》《般若》等。22岁时，从章嘉呼图克图若白多吉大国师（ལྕང་སྐྱ་རོལ་པའི་རྡོ་རྗེ།）受比丘戒，赐号贡却久美·旺布益西·宗哲扎巴德（དཀོན་མཆོག་འཇིགས་མེད་དབང་པོ་ཡེ་ཤེས་བརྩོན་འགྲུས་གྲགས་པའི་སྡེ།）。后从隆务寺麦甘却杰等学习诗学、文法、音韵、声明等共通知识。25岁赴西藏学法，在哲蚌寺郭莽学院从桑杰多吉大师和鲁本格西洛桑达杰、嘉僧格等学习历算学、《中观》《般若》《律藏》等。还从七世达赖（སྐལ་བཟང་རྒྱ་མཚོ།）和六世班禅大师（དཔལ་ལྡན་ཡེ་ཤེས།）学习结合分解讲授及大威德二次第；并从萨迦等地的大师闻习了不少显密教诫。在西藏学习8年，由于他专心致志、刻苦学习，于是通达五论、四续要旨精神，获得“格西”学位。32岁时即1759年，完成学业，临行前西藏地方政府颁赐印信，赐封“具善明教班智达诺门汗”（དགེ་ལྡན་བསྟན་པའི་གསལ་བྱེད་པཎྜི་ཏ་ནོ་མོན་ཧན།）称号，并赠送服饰、伞盖、乐器、乘骑等堪布的全副用具及氆氇，遂于当年农历九月十五日返回拉卜楞寺。1760年，就任拉卜楞寺法台。之后，先后兼任青海佑宁寺、塔尔寺和夏琼寺法台。

藏历土鼠年（1768年），二世嘉木样大师42岁时，内蒙古乌都斯王派丹卓华贡赞波诺门汗（ཞུར་ཐུ་བའི་སི་བསྟན་འགྲོ་བའི་དཔལ་མགོན་བཙན་པོ་ནོ་མོན་ཧན།）和华曲吉丹增程列（དཔལ་ཆོས་ཀྱི་བསྟན་འཛིན་འཕྲིན་ལས།）来拉卜楞寺敦请，献银900两。次年，启程赴内蒙古东部四十九旗讲经传法。后取道北京，从在京的章嘉呼图克图学习集密、《五种次第明灯》；又从善巧密续之参卓堪钦学习《弥多罗修行百根灌顶法》。藏历水龙年（1772年），45岁时返回拉卜楞寺。同年，清乾隆皇帝敕封嘉木样二世为“护法禅师班智达额尔德尼诺门汗呼图克图”。

返拉卜楞寺后的十多年中，二世嘉木样大师在寺内修建了时轮经院和医药经院，并将原80根柱子的大经堂扩建为140根柱子的大经堂，可容纳3000僧人在内诵经。同时，在他执教时期，在辖区内普建寺院，后称“拉卜楞寺属下108寺”，拉卜楞寺发展成为诸寺之母寺。二世嘉木样还主持确立了以显密二宗教授为主，以医药、历算、声明、音韵、辞章、书法、雕版、印刷、绘画、歌舞等为辅的学习体系；建立了各个经院的考试制度，如在修习显宗的闻思经院建立了“多让巴”制度，每年规定考取“多让巴”两名，并设立13个学级；在下续部学院、时轮学院和医药学院，各设立3个学级，9个学期制度；并参考西藏各寺的规章制度，制定了本寺院各学院的规章制度。58岁时，二世嘉木样大师再次赴西藏，给以八世达赖、七世班禅为首的诸大活

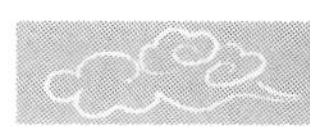

佛和哲蚌、色拉、甘丹、札什伦布、大小昭寺等寺院和僧人广施布施。在前后藏各寺广泛收集珍贵佛经，对稀有经卷进行抄写，共收集佛经万余部，于藏历火马年（1786年）全部带回藏于拉卜楞寺，并主持修建了弥勒佛殿（大金瓦寺）。藏历金猪年（1791年，清乾隆五十六年）十月二十七日由青海返回拉卜楞寺时，圆寂于青海甘都当麻昂寺（今青海化隆县境内），享年64岁。

二世嘉木样大师与二、三、四世河南亲王一直保持供施关系的根本，颇受民众和亲王的爱戴。同时二世嘉木样赴蒙古地区、新疆、青海各大寺院，出任法台、讲经说法，获得供施资金用于寺院的扩建，赢得了蒙藏民众的崇敬。至其晚年，拉卜楞寺拥有了100多座子寺。二世嘉木样继承一世的事业，终生跋涉，弘扬佛法，遍迹于前后藏、安多、康巴、内蒙古东部诸地，声誉甚高，弟子众多，如堪钦·格敦嘉措（མཁན་ཆེན་དགེ་འདུན་རྒྱ་མཚོ）、隆多智旺（ལུང་རྟོགས་གྲུབ་དབང་།）、阿里活佛（མངའ་རིས་སྤྲུལ་སྐུ）、三世土观·罗桑却吉尼玛（ཐུའུ་བཀྲན་ཆོས་ཀྱི་ཉི་མ）等知名高僧，皆出其门。

这本书成书于藏历第十三饶迥水蛇年（1773年，清乾隆三十八年）七月上旬，此书是受卓尼杨土司丹增仁钦曲杰（བསྟན་འཛིན་རིན་ཆེན་ཆོས་རྒྱལ）和土司夫人仁钦华宗的邀请和委托写作的。

**（二）版本介绍**

本书的藏语称为“卓尼丹珠尔噶恰合”（ཅོ་ནེ་བསྟན་འགྱུར་དཀར་ཆག），可意译为《卓尼〈甘珠尔〉目录》，藏语全称为“凯维却吉考洛吉尔瓦那木吉雄瓦萨瓦尔夏巴凯贝噶东”（དམ་པའི་ཆོས་ཀྱི་འཁོར་ལོ་བསྒྱུར་བ་རྣམས་ཀྱི་བྱུང་བ་གསལ་བར་བྱེད་པ་མཁས་པའི་དགའ་སྟོན།）。

《卓尼〈甘珠尔〉目录》一书，藏文木刻板由毛拉木嘉措[①]（སྨོན་ལམ་རྒྱ་མཚོ）整理，于1986年12月由甘肃民族出版社出版，精装32开本，全书共490页；此书藏文版出版后，引起社会各界的广泛关注，由杨世宏先生[②]汉译，汉译书名《卓尼版〈丹珠尔〉大藏经序目》，1995年5月由甘肃民族出版社出版发行，简装小32开本，271页；此后，汉译本又经过译者仔细校对，保持原来的内容，只是将书名更为《西藏的佛教》，由甘肃民族出版社于2008年5月再版，简装大32开本，6章19小节，215页。此书，如果按照内容准确定名，当属后者《西藏的佛教》，因为其主要内容讲述的就是佛教源流：

第一章，由书首礼赞、宇宙的形成、佛陀大发菩提愿心、释迦牟尼佛降世4节构成；第二章由佛说经教分类、佛语三次结集、古印度圣哲所著论典分类3节构成；第三章由诸圣哲弘法史略、护持密乘教法之大略、附述十明概要、古印度历代国王护持佛法之大略、雪域高原盛行佛教之大略、藏传佛教各教派的产生与发展、宗喀巴大师部分亲传弟子名目、其余别土佛教源

① 毛拉木嘉措教授，1949年前曾出家为僧，并因有深厚的佛学积淀，就任拉卜楞寺嘉木样佛宫的文书，1949年10月1日中华人民共和国成立后，曾就任甘南民族师范学校的教授等。

② 杨世宏，男，藏族，教授，1982年大学毕业于西北民族大学少数民族语言文学系藏文专业，曾任甘肃合作民族师范学院副校长等职务。

流（佛法在香跋拉的流传、佛法在于阗的流传、佛法在中原地区的流传、佛法在蒙古地区的流传）8节构成；第四章由刻印《丹珠尔》大藏经的施主及其先祖史、刻印《丹珠尔》的全部过程两节构成；第五章由刻印《丹珠尔》所参阅的蓝本及其目录一节构成；第六章由刻印《丹珠尔》的意愿、功德及回向、发愿和书跋一节构成。

**（三）内容提要**

此书与其说是以卓尼大藏经《丹珠尔》目录为内容的历史，还不如说是一部佛教源流史。汉译者也意识到了这一点，故再版时将书名改为《西藏的佛教》，这不是译者心血来潮，而是此书主要内容基本为佛教的源流，卓尼土司刊刻大藏经《丹珠尔》的历史，仅仅占了篇幅的五分之一。这是处于一种什么原因，我们也不得而知。从内容上看，就卓尼大藏经《丹珠尔》目录，在书中没有提及。

从本书内容看，佛祖释迦牟尼降世、传法，印度圣贤的弘法，佛教在雪域的传入及传播，藏传佛教的形成，佛教在于阗、中原地区以及蒙古地区的传播，虽设了三章的内容，着笔不多，但结构宏伟。后三章专门论述了与卓尼土司刊刻大藏经《丹珠尔》目录相关的一些内容。

在《卓尼〈甘珠尔〉目录》中，涉猎于阗的内容在3章8节“其余别土佛教源流”的第二部分“佛法在于阗的流传”部分。藏文版为第313页 ~317页，汉译本在第182页 ~184页。

## 二、藏文原文及汉文译文

藏文原文：

གཉིས་པ་ལིའི་ཡུལ་དུ་བསྟན་པ་ཇི་ལྟར་དར་བའི་ཚུལ། སྔོན་སངས་རྒྱས་འོད་སྲུང་འཇིག་རྟེན་དུ་བྱོན་པའི་དུས་སུ་ཡུལ་གྱི་ཚུལ་དུ་ཡོད་ཅིང་། མྱ་ངན་ལས་འདས་ནས་འོད་སྲུང་གི་རིང་བསྲེལ་གྱི་མཆོད་རྟེན་ཡང་ཡུལ་དེར་བརྩིགས་པ་ལས། ཕྱིས་མི་འགའ་ཞིག་གིས་དྲང་སྲོང་ལ་གནོད་པ་བྱས་པས། དྲང་སྲོང་གི་གནོད་པའམ། ཀླུ་གདུག་པ་ཅན་ཁྲོས་པས་ཡུལ་དེ་མཚོ་ཆེན་པོ་ཞིག་གྱུར། སླད་ནས་བདག་ཅག་གི་སྟོན་པ་གནས་དེར་བྱོན་ཏེ། མཚོ་ལས་བྱུང་བའི་པདྨའི་སྟེང་དུ་བཞུགས་ཏེ། གླང་རུ་ལུང་བསྟན་དང་། ལི་ཡུལ་ལུང་བསྟན་ནམ། ལྷ་མོ་དྲི་མ་མེད་པའི་འོད་ལུང་བསྟན་པ་ཞེས་བྱ་བའི་མདོ་གསུངས། འཁོར་རྣམས་ཀྱིས་གནས་འདིར་ཡུལ་ནམ་འབྱུང་ཞུས་པས། མོའུ་འགལ་གྱི་བུ་དང་། རྣམ་ཐོས་སྲས་གཉིས་ལ་ཁྱེད་གཉིས་ཀྱིས་ཆུ་དྲོལ་ཅིག་གསུངས་ཏེ། རྣམ་སྲས་ཀྱིས་བེ་ཅོན་གྱིས་རིའི་མུ་ཁྱུད་དྲལ། མོའུ་འགལ་གྱི་བུས་གསེར་ཤིང་གིས་ཆུ་རྣམས་དཀྲུགས་ཏེ་ཕོ་བས་ཡུལ་གྱི་རྣམ་པ་དོད་པར་གྱུར། རི་གླང་མགོའི་སྟེང་སྐུ་གཟུགས་ཆེན་པོ་བཞུགས་པའི་གཡོན་ཕྱོགས་ཀྱི་ལྷ་ཁང་། ད་ལྟ་མཆོད་རྟེན་ཆུང་དུ་ཡོད་སར་ཞག་བདུན་བཞུགས་ནས། འོད་ཟེར་ལན་བདུན་འཁོར་སར་ཕྱིས་འུ་ཐེན་གྱི་མཁར་དང་། གྲོང་མདར་ལྷན་བྱ་བ་འབྱུང་། འོད་ཟེར་ནུབ་སར་ཙནྡན་གྱི་སྐུ་གཟུགས་ཤིག་རྒྱ་གར་ནས་བྱོན་ཏེ་བཞུགས་པར་འགྱུར། པདྨ་དང་། མེ་མར་བྱུང་སར་ཐེག་ཆེན་གྱི་དགེ་སློང་ཕོ་མོའི་གཙུག་ལག་ཁང་སུམ་བརྒྱ་རེ་གསུམ་འབྱུང་། བྱང་སེམས་ལྔ་བརྒྱ་རེ་རྟག་ཏུ་བཞུགས་སོ། ང་མྱ་ལས་འདས་ནས་ལོ་བརྒྱ་ན་རྒྱའི་རྒྱལ་པོ་ཅིའུ་ནུ་ལས་ལི་ཡུལ་འཛིན་པར་འགྱུར་རོ། ཞེས་ལུང་བསྟན་པ་ལྟར། ས་ནུ་བྱུང་ཚུལ་ནི། སངས་རྒྱས་མྱ་ངན་ལས་འདས་ནས་ལོ་བརྒྱ་

དང་བཅུ་བདུན་ལོན་པ་ན། རྒྱལ་པོ་ཨ་ཤོ་ཀས་སྡིག་པ་མང་པོ་བྱས་པ་དགྲ་བཅོམ་པ་ཡ་ཤས་བཏུལ་ནས། འཛམ་བུའི་གླིང་དུ་གཙུག་ལག་ཁང་དང་། མཆོད་རྟེན་བརྒྱད་ཁྲི་བཞི་སྟོང་བྱེད་པའི་ཚེ། ལི་ཡུལ་ཡང་མཚོ་བསྐམས་ནས་སྟོང་པར་ཡོད། ཙ་ཐན་གྱི་མཁར་ཡོད་སར་རྣམ་ཤྲས་ཟྭ་དགོང་ཞིག་བཏང་པའི་ཚེ། སྟར་བཙུན་མོ་དམ་པས་ཐེང་བུར་ཁྲུས་བྱེད་པ་ན། རྒྱལ་པོ་ཆེན་པོ་ནམ་ཐོས་སྲས་ནམ་མཁའ་ལ་འགྲོ་བ་མཐོང་ནས། ཆགས་པ་སྐྱེས་པས་སེམས་ཀྱི་བུར་གྱུར་པ་དེ་བཙལ་ཏེ། མཚན་མཁན་ལ་བསྟན་པས། འདི་ནི་ཤིན་ཏུ་མཐུ་དཔལ་ཆེ་སྟེ། རྒྱལ་པོ་བཞུགས་བཞིན་དུ་རྒྱལ་སྲིད་བྱེད་པར་འགྱུར་རོ། ཞེས་སྨྲས་པས། རྒྱལ་པོ་ཁྲོས་ཏེ། ཁོ་དེ་ཙམ་དུ་དབང་ཐང་ཆེ་ན་རང་ཉིད་འཚོ་བར་ནུས་སོད་ཟེར་ནས་དེ་ཉིད་དུ་བོར་རོ། དེའི་ཚེ་ས་ལས་ནུ་མ་ཞིག་བྱུང་སྟེ། དེ་ལ་ཞིས་པ་དེས་ནུས་པས་ས་ལས་ནུ་མ་ནུ་ཞེས་མིང་དུ་ཆགས། རྒྱལ་པོ་རྣམ་ཤ་ཨོ་ཀས་ལོ་ལྔ་བཅུ་རྩ་ལྔར་རྒྱལ་སྲིད་བསྐྱངས་པ་ལས། དེའི་དུས་ན་ལོ་སོ་ཙུ་ཙམ་སོང་། རྒྱ་ནག་གི་རྒྱལ་པོ་བུ་སྟོང་གི་དབང་ཐང་དང་ལྡན་པ་ཞིག་ནམ་ཐོས་སྲས་དང་གྲོགས་སུ་གྱུར་ཏེ་ཡོད་པ་ལས། བུ་སྟོང་དུ་གཅིག་གིས་མ་ཚང་ནས། ནམ་སྲས་ལ་བུ་བསླངས་པས་སྟར་གྱིས་ལས་ནུ་བྱིན་ནོ། དེ་ལོ་བཅུ་གཉིས་ལོན་པ་ན། རྒྱའི་རྒྱལ་པོ་དེས་དམག་དཔོན་དུ་བསྐོས་ནས་ནུབ་ཕྱོགས་སུ་ཡུལ་ས་འཚོལ་དུ་བཏང་པས། ས་ལས་ནུས་ལོ་བཅུ་དགུ་ལོན་པའི་ཚེ་ལི་ཡུལ་དུ་ཕྱིན། རྣམ་ཤའི་བློན་པོ་ཡ་ཤ་འཁོར་བདུན་སྟོང་དང་བཅས་པ་རྒྱལ་པོས་སྤྱུགས་ཏེ། ལི་ཡུལ་དུ་སླེབས་པ་གཉིས་འཛོམས། དེར་རྒྱལ་བློན་གཉིས་འདུས་ཏེ། ཡུལ་དེ་ཐམས་ཅད་མངའ་འོག་ཏུ་བཙུག་ནས་རྒྱལ་སྲིད་བྱས། ས་ནུའི་བུ་ཡེ་ཙུ་ལས་གྲོང་ཁྱེར་མངར་ལྡན་བརྩིགས། ལི་ཡུལ་བཙུགས་ནས་ལོ་བརྒྱ་དང་དྲུག་ཅུ་རེ་ལྔ་སོང་བ་ན། རྒྱལ་པོ་དེ་ལ་བི་ཛ་ཡ་སམྦྷ་ཝ་ཞེས་པའི་སྲས་ཞིག་འཁྲུངས། རྗེ་བཙུན་འཇམ་དཔལ་གྱི་སྤྲུལ་པ་བཻ་རོ་ཙ་ནས་ལི་སྐད་དང་། ལི་ཡིག་བསླབ། རྒྱལ་པོས་ཙརྨའི་གཙུག་ལག་ཁང་བརྩིགས། རྒྱལ་པོ་དེས་དེ་བཞིགས་གཤེགས་པར་བལྟ་བར་འདོད་པ་ན། དགེ་སློང་བཻ་རོ་ཙ་ནས་སྟོན་པ་འཁོར་བཅས་སྤྲུལ་པའི་ཚེ། རྒྱལ་པོས་དད་པ་ཐོབ་སྟེ་ཡང་དག་པར་མཆོད། སྟོན་པ་འཁོར་བཅས་ཀྱི་ཞབས་རྗེས་ཡང་བཞག གནས་བརྟན་བཅུ་དྲུག་ལ་རིན་པོ་ཆེའི་བཤོས་ཆ་རེ་ཕུལ་བ་གཏེར་དུ་སྦས་ཏེ། ལི་ཡུལ་གྱི་བསྟན་པ་ནུབ་ཁར་དགེ་འདུན་གྱི་ཆ་རྐྱེན་དུ་འགྱུར་བར་བྱས། ཀླུའི་རྒྱལ་པོ་ཞིག་གིས་ཁ་ཆེ་ནས་དེ་བཞིན་གཤེགས་པ་བདུན་གྱི་རིང་བསྲེལ་བཞུགས་པའི་མཆོད་རྟེན་སྤྱན་དྲངས་ཏེ་ཙྪར་བཞུགས་སུ་བཅུག དེ་ནས་རྒྱལ་རབས་བདུན་ན་བྱམས་པའི་སྤྲུལ་པ་ལི་རྗེ་བི་ཛ་ཡ་བིཏྟ་ཞེས་བྱ་བ་བྱུང་སྟེ། དེས་དགྲ་བཅོམ་པ་བཞི་རྒྱ་གར་ནས་བྱོན་པའི་ཕྱིར་དུ་གུ་མ་ཏིར་གྱི་ལྷ་ཁང་བཞེངས། ཡང་རི་གླང་མགོའི་སྟེང་དུ་གེའུ་ཏོ་ཤན་གྱི་གཙུག་ལག་ཁང་བརྩིགས་ཏེ། རྒྱལ་པོའི་སྲས་ཞིག་ཕྱིས་དགྲ་བཅོམ་པ་ཐོབ་པས་ལི་ཡུལ་གྱི་དགྲ་བཅོམ་པ་སྔ་ཤོས་ཡིན་པའི་ཕྱིར་ལམ་སྟོན་ནམ། མོ་གུ་དེ་ཤིར་བཏགས་ཏེ། ཕྱིས་འཕགས་པ་ཀུན་ལ་མཚན་དེ་ཐོགས། དེ་ནས་རྒྱལ་རབས་གསུམ་པ་ལ་རྒྱལ་པོ་བི་ཡ་བྱ་བས། རྒྱ་རྒྱལ་གྱི་བུ་མོ་པུཉྫེ་ཤྭ་རི་བླངས། དགྲ་བཅོམ་པ་སཾ་ག་ཀོ་ཤ་སྤྱན་དྲངས་ཏེ་མཆོད་རྟེན་དང་གཙུག་ལག་ཁང་དུ་མ་བརྩིགས། རྒྱལ་པོ་དེ་བུ་གསུམ་ཡོད་པའི་ཆེ་བ་རྒྱ་གར་དུ་ཆས། བར་མའི་དགྲ་བཅོམ་པ་ཐོབ། ཐ་ཆུང་བི་ཛ་རྣམས་རྒྱལ་པོ་བྱས་ཏེ། ཡུལ་འདྲོ་ཏིར་བྱ་བ་སྟོན་རྒྱལ་པོ་ཟླ་འོད་ཀྱི་དབུ་སྦྱིན་པར་བཏང་ཞིང་། ལི་ཡུལ་ལུང་སྟོན་པའི་དུས་སུ་སྟོན་པ་དང་ས་སྙིང་གིས་བྱིན་གྱིས་བརླབས་པ་རཀྵ་ཏ་ཤོ་ཀར། འདྲོ་ཏིར་གྱི་གཙུག་ལག་ཁང་བརྩིགས། དེའི་སྲས་ཆེ་བ་འདོད་འགྲོས་རྒྱའི་ཡུལ་དུ་བློན་པོ་གསོད་པ་ཅིག་གི་འཚབ་རང་གིས་བྱས་ཁྲག་འོ་མར་བབས་ནས་གསོད་མ་ནུས་ཏེ། རྒྱལ་པོས་ནོར་མང་དུ་བྱིན་པ་ལས་སད་ཏིར་གྱི་གཙུག་ལག་ཁང་བརྩིགས། བི་ཛ་ཡ་ཀྲྀརྟིའི་སྲས་བི་ཛ་ཡ་སིདྡྷ་སོམ་ཉིའི་གཙུག་ལག་ཁང་བརྩིགས། བི་ཛ་ཡ་ཀཱིརྟིས་དྲུ་ཝ་བརྩིགས། བི་ཛ་ཡ་སཾ་གྲ་མས་ཧྲཱ་ཏིར་བརྩིགས། བི་ཛ་ཡ་སིདྡྷས་ཞུ་སེར་མ་བརྩིགས་ཏེ། བྱམས་པའི་དུས་སྟོན་བཙུགས། དེ་ནས་རྒྱལ་རབས་བདུན་པ་བི་ཛ་སཾ་བྷ་ཝས་སྐུ་གཟུགས་ནམ་མཁའ་ནས་བྱོན་པ་དང་། འཇམ་དཔལ་དང་། ས་སྙིང་གི་སྐད་དུ་མོ་ཧོ་རའི་མཆོད་པ་བཙུགས། དེ་ནས་རྒྱལ་རབས་ལྔ་པ་བི་ཛ་ཡ་ཀཱིརྟིས་ཧྲ་ཏི་བརྩིགས། དེ་ནས་རྒྱལ་རབས་གསུམ་པ་བི་ཛཱི་ཡ་རྣམས་ཁོང་མཁར་དུ་བྱམས་པ་བཞེངས་ཤིང་། དེ་ཕྱིན་ལི་ཡུལ་བོད་ཀྱི་འོག་ཏུ་སོང་། སྔོར་ལིའི་རྒྱལ་པོ་བདུན་པ་བི་ཛ་ཡ་ཀཱིརྟིའི་ཚེ་དགྲ་བཅོམ་པ་དགེ་འདུན་འཕེལ་གྱིས་ལོ་ཉིས་སྟོང་ན་བསྟན་པ་ནུབ་པ་དང་། དེའི་ཚེ་བོད་ཡུལ་དུ་རྒྱའི་ཀོང་ཇོ་ཞིག་དང་། གཙུག་ལག་ཁང་བདུན་འབྱུང་

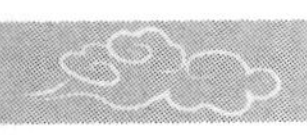

ཞིང་། རྒྱའི་རྒྱལ་པོས་ཏེའུ་ཤའི་ཆོས་ལུགས་བཟུང་ནས་རྒྱ་ནག་གི་བསྟན་པ་ནུབ་པ་དང་། གཉྫེ་ལའི་འདབ་ཏུ་སླུ་ཨེ་ལའི་འདབ་ཀྱིས་ལུས་གཏོང་བ་དང་། ལི་དང་བོད་ཀྱི་རབ་བྱུང་ཐམས་ཅད་རྒྱ་གར་དུ་ཕྱིན་ཏེ། ཀཽ་ཤམྦིར་ཐམས་ཅད་པན་ཚུན་དུ་གསོད་ཅིང་། དེའི་ཚེ་འཛམ་གླིང་ཀུན་ཏུ་བསྟན་པ་ཉམས་པར་ལུང་བསྟན་ལ། སྔོན་ལི་ཡུལ་ནི་སངས་རྒྱས་ཀྱི་ཕོ་བྲང་ཞེར་གཅིག་པ་ཡིན་ནོ་ཞེས་བཤད་དོ། །

汉文译文：

佛法在于阗的流传

李域的佛教传播情况如何呢，迦叶佛（སངས་རྒྱས་འོད་སྲུང་།）宿世时，于阗为城池。迦叶佛入灭后，于阗地建有边叶佛舍利塔。后因有人加害仙人，触怒了恶龙仙人难，使于阗变成一片汪洋大海。后来释迦牟尼佛亲临此土，坐在海中一朵莲花上宣说《牛头山授记》及《于阗授记》(或名《无垢光佛母授记》)。众随侍弟子问释迦牟尼佛此土何时成为城池，佛陀命目犍连和多闻子翻江倒海。多闻子用手杖捣毁海周围的山脉，目犍连用禅杖搅动湖海，将海水泼向别处，海底出现了原来的形状。佛陀于牛头山上那尊大佛像的左边神殿、而今有一小佛塔的地方安住七日，光晕绕现七次。后于此处出现了和阗域（འུ་ཐེན་གྱི་མཁར།）和具甘城（སྒོང་མཁར་ལྡན།）。光环落处便有来自印度的旃檀大佛像，莲花现处便有大乘比丘、比丘尼的寺庙三百六十三座，各寺均有五百名菩萨常住。根据“我入灭百年后由中原周王统治于阗”的授记，说瞿萨旦那（རྒྱའི་རྒྱལ་པོ་ཅིའུ་ཧྭ།）出世。

佛灭后一百一十七年顷，古印度阿育王（ཨ་ཤོ་ཀ）因为作恶而罪孽深重，被耶舍阿罗汉调伏后于赡部洲广修八万四千座寺庙和佛塔之时，于阗地方海水干枯，成为空旷的陆地。当阿育王投宿于阗城内时，其正妃在池中沐浴，见毗沙门天王空行，心生爱恋。依此因缘，正妃身怀一子，生后让观相师占相，说：“此子神通广大，勇武绝论，其父王未驾崩前将会掌握朝政。”阿育王听后非常生气，就说：“这小子果真那么厉害，还能独立生存。”遂将此婴儿遗弃在于阗城邑内。彼时，从地上长出一母乳，此婴儿叫此地乳，故得名“地乳”（ས་ལས་ནུ་མ་ནུ།）。阿育王（རྒྱལ་པོ་དྷརྨ་ཨ་ཤུས།）在位五十五年，彼时治政已过三十余年。当时，中国皇帝与毗沙门天王（རྣམ་སྲས།）为友。皇帝仅缺一子就有一千个太子，便向毗沙门天王讨一子，毗沙门天王将瞿萨旦那（地乳）赐给这位中国皇帝。瞿萨旦那长到十二岁时，被中国皇帝封为大将军遣往西域开拓疆域，十九岁时才抵达于阗。彼时，阿育王的大臣耶舍（བློན་པོ་ཡ་ཤ）被王逐出，于是率领七千人亦来到于阗。二人相会，遂据其地，治国理政。

瞿萨旦那之子玉拉（ཡེའུ་ལ།）建具甘城。自从建立于阗城一百六十五年后，由拉生一王子，名婆阁桑巴哇（ཛ་ཡ་སམྦྷ་ཝ།），文殊化身之比丘毗卢杂那（བཻ་རོ་ཙ་ན།）为其传授于阗语言[1]和文字。

① 于阗人所操语言，故又称“于阗塞语”。于阗语属印欧语系伊朗语族东伊朗语支。据研究，于阗语接近帕米尔语中的瓦罕语。操于阗语的塞种后裔，可能有一部分居住在帕米尔山区。根据文献资料研究，于阗语的词类可分为名词、代词、数词、形容词、动词、

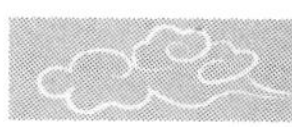

此王曾建杂尔玛寺（ཙརྨའི་གཙུག་ལག་ཁང་།）。王欲亲谒如来佛相，毗卢杂那依神通化现佛陀及其随侍相，王生信仰，遂顶礼供奉。佛陀及其随侍遂留印迹于彼处，王将献给十六尊者的神馐逐一伏藏，待于阗佛法衰亡时作为供养僧侣的顺缘。尔时，一龙王从克什米尔（ཁ་ཆེ།）请来一尊奉有七尊如来舍利子的佛塔，供奉在杂尔玛寺内。

此王的后裔传到第七代，有弥勒化身毗阇耶毗罗耶王（ལི་རྗེ་བི་ཛ་ཡ་བིརྱ།）出世尔。尔时，有四位阿罗汉来自天竺，王为其建都古玛底佛殿（གུ་མ་ཏིར་གྱི་ལྷ་ཁང་།），又于牛头山上建格托善寺（གེའུ་ཏོ་ཤན་གྱི་གཙུག་ལག་ཁང་།）。后来一王子出家得阿罗汉果，为于阗国最早一位阿罗汉，遂取名“引路”，梵音称作“摩古代希”（མོ་གུ་དེ་ཤི།）。自此以后，诸圣哲均得此名。此王的第三代毗阇耶王（རྒྱལ་པོ་བི་ཡ།）娶天竺王之女布奈耶肖日（རྒྱ་རྒྱལ་གྱི་བུ་མོ་པུཎྜེ་ཤ་རི།）为妃，迎请桑迦告夏阿罗汉（དགྲ་བཅོམ་པ་སཾ་གྷ་གོ་ཤ），建佛塔、寺庙数座。此王共有三子，长子去天竺，次子得阿罗汉果，三子婆阇达摩（བི་ཛ་དྷརྨ།）继承王位。月光法王曾在召底尔施舍头颅，遂以此地为寺名，在宣说于阗授记时释迦牟尼佛与地藏菩萨共同加被之地“日其达肖迦”（རཀྵ་ཏ་ཤོ་ཀར།）建仲迪尔寺（འཛོ་ཏིར་གྱི་གཙུག་ལག་ཁང་།）。

婆阇达摩王的长子“欲行”赴中国内地，替一位罪臣受刑，刀砍处流出乳汁，未能杀死。皇帝赐给他许多财物，依此修建萨底尔寺。

婆阇耶达摩王（བི་ཛ་ཡ་དྷརྨ།）之子婆阇耶悉达（བི་ཛ་ཡ་སིདྡྷ།）建松尼寺（སོམ་ཉེའི་གཙུག་ལག་ཁང་།）。婆阇耶桑札玛（བི་ཛ་ཡ་སཾ་གྲ་མ།）建达摩底尔寺（དྷརྨ་ཏིར།）。婆阇耶笈底（བི་ཛ་ཡ་ཀིརྟི།）建突涅寺（ཛྲ་ཏི།）。婆阇耶悉达（བི་ཛ་ཡ་སིདྡྷ།）建黄帽寺（ཞྭ་སེར་མ།），创立弥勒佛供养节。

此后第七代王婆阇耶桑扎玛为求空降佛身，为了文殊和地藏二菩萨，创立“摩和惹”大法供。此王后第五代王婆阇耶达摩（བི་ཛི་ཡ་དྷརྨ།）于驴城（བོང་མཁར།）造弥勒佛像。此后，于阗陷于吐蕃。总之，于阗国第七代王婆阇耶笈底（བི་ཛ་ཡ་ཀིརྟི།）时，《僧增阿罗汉授记》说：“二千年后佛教将会衰亡，那时吐蕃出现汉妃（指文成公主），并有七座寺庙。中国皇帝崇奉道教，大灭汉传佛教，佛殿左右恶龙出没作怪，于阗与吐蕃僧伽皆往天竺，于憍赏弥（ཀོ་ཤམྦི།）互相残杀。彼时，整个赡部洲佛教衰亡。”不管怎么说，据传于阗实为佛陀的第二十一个宫殿。①

副词、前置词、后置词、连接词等。名词分阴性和阳性、单数和复数，有六个格：主格、宾格、属格、用格、方位格、呼格。单数用格和复数属格的变格词尾与梵语很相近。代词有人称代词、物主代词、指示代词、疑问代词等类，都有数和格的变化；疑问代词和指示代词还有性的变化。数词分基数词和序数词两种，其性、数、格变化大致与名词变格相同。形容词与名词的界限不甚分明，其变格与名词相同；晚期于阗语的形容词不变格。形容词的比较级加后缀 -tarä，最高级加后缀 -tamä。动词有人称（单数和复数）、时（现在时和过去时）、式（陈述、命令、假定、希望）、态（主动、中动）四种语法范畴。过去时的变位还有阴阳性之分。动名词的后缀多用 -āna，现在分词的后缀多用 -andai（主动态）、-ānä（中动态），过去分词则与过去时动词词干相同，后缀多用 -ta。有人把于阗语分为三种：图木舒克语（古于阗语）、前期于阗语、后期于阗语。图木舒克语与前后期于阗语稍有差异。（见余太山、陈高华、谢芳主编：《新疆各族历史文化词典》，中华书局，1996年，第11页）

① 久美昂波著、杨世宏译：《卓尼版〈甘珠尔〉大藏经序目》，甘肃民族出版社，1995年，第182~184页；久美旺布：《卓尼〈丹珠尔〉目录》（藏文版），甘肃民族出版社，1986年，第313~317页。

《卓尼〈甘珠尔〉目录》藏文版

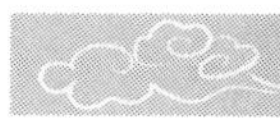

# 十七、《世界广说》(འཛམ་གླིང་རྒྱས་བཤད།) 李域部分译注

## 一、解　题

### （一）作者简介

《世界广说》的作者是四世敏珠尔呼图克图·坚贝却吉·丹增赤列（འཇམ་དཔལ་ཆོས་ཀྱི་བསྟན་འཛིན་འཕྲིན་ལས།），他是青海大通广惠寺（今青海省大通土族回族自治县所属）的活佛和住持。四世敏珠尔活佛，又称为喇嘛赞波。《世界广说》记载：“此寺有我的前世在位时，从西藏迎请的达孜觉沃等佛像，寺住僧众近两千人，从前言教较旺盛。”[①] 广惠寺又称赞布寺。历辈敏珠尔呼图克图作为清代驻京八大呼图克图之一，在北京有其驻锡地普静禅林寺（俗称东黄寺）。四世敏珠尔呼图克图，于藏历土鸡年（清乾隆五十四年，1789年），出生在乌兰木拉地方，自幼由三世土观活佛·洛桑却吉尼玛认定其为三世敏珠尔呼图克图的转世，在三世曲藏呼图克图·阿旺图丹旺秀座前出家并学习藏文经法。乾隆五十七年（1792年），被迎往广惠寺坐床。[②] 嘉庆四年（1799年）入觐供职，承袭呼图克图的名号。嘉庆十三年（1808年），四世敏珠尔赴西藏学习，曾经与拉卜楞寺三世嘉木样活佛一起在哲蚌寺郭莽学院学习，两人结下了深厚的情谊，学成后两人一同离开拉萨，回到各自的寺院。嘉庆十六年（1811年），四世敏珠尔向皇帝进献哈达、佛尊以及请安奏折。嘉庆二十五年（1820年），内阁、理藩院奏报多伦诺尔之扎萨克达喇嘛那

① 坚贝却吉·丹增赤列著，古格·其美多吉译：《世界广说》，西藏人民出版社，2017年，第73页。

②《广惠寺志》编纂组：《广惠寺志》，青海人民出版社，2008年，第29页。

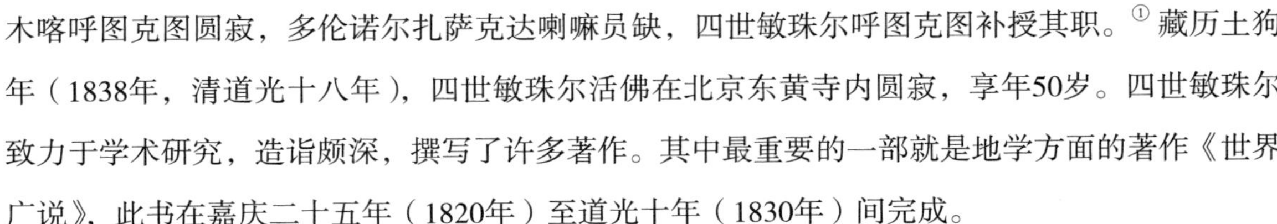

木喀呼图克图圆寂，多伦诺尔扎萨克达喇嘛员缺，四世敏珠尔呼图克图补授其职。[①] 藏历土狗年（1838年，清道光十八年），四世敏珠尔活佛在北京东黄寺内圆寂，享年50岁。四世敏珠尔致力于学术研究，造诣颇深，撰写了许多著作。其中最重要的一部就是地学方面的著作《世界广说》，此书在嘉庆二十五年（1820年）至道光十年（1830年）间完成。

**（二）版本介绍**

《世界广说》成书于清朝道光十年（1830年），详细记述了世界各地的地理概况。四世敏珠尔，曾去蒙古、西藏、中原等地游历、任职，也曾于19世纪20年代在北京担任驻京呼图克图，其间结识了同在北京的国外传教士，积累下了丰厚的资料。《世界广说》文本的外译情况，据不完全统计，迄今为止国内外主要有六位学者对此书进行过译注，分别是达斯（藏译英）、瓦西里耶夫（藏译俄）、威利（藏译英）、洛桑永丹（藏译英）、魏毅（藏译汉）、古格·其美多吉（藏译汉）。全译本由古格·其美多吉完成，并于2017年并出版。[②]

## 二、藏文原文

གོང་དུ་བཤད་པའི་ཧྭ་ཏ་ཀ་ཙན་ནས་བྱང་ཤར་དང་། ཁོ་ཁན་གྱི་ཤར་དུ་རི་བོ་གངས་ཅན་གྱི་རི་རྒྱུད་གངས་རི་ཆེན་པོ་ཡོད་པ་བརྒལ་བ་ན། ལྷ་ལ་ཡ་ཕོ་ཁར་རམ་ཕོ་ཁར་ཆུང་དུ་སྐྱེ་ལི་ཡུལ་ཡོད། དེང་སང་ཐལ་ཆེར་ལ་མི་ཡུལ་འདི་ཀླུང་ལྟར་གྲགས་ན་ཡང་ངོས་འཛིན་མི་འདྲ་བ་སྣ་ཚོགས་བྱེད་པ་ལས་མཇུག་མ་འཛུགས་ས་མི་འདུག བོད་སྤྱི་དུ་མས་བལ་ཡུལ་དང་། བོད་རང་གི་ཆ་ཤས་ཞིག་དང་། རྒྱ་ནག་གི་ཡུལ་ཕྲན་ཞིག་དང་། ཧོར་ཡུལ་སོགས་ལི་ཡུལ་དུ་ངོས་བཟུང་འདུག་ཀྱང་། དང་པོ་ལྟར་ན་དུས་ཀྱི་འཁོར་ལོའི་རྒྱུད་ལས་ལི་ཡུལ་བོད་ཀྱི་བྱང་ན་ཡོད་པར་གསུངས་པ་དང་འགལ། གཉིས་པ་ལྟར་ན་བོད་ཀྱི་ཁོངས་ན་ཡོད་པའི་ལི་ཡུལ་ངོས་འཛིན་རྒྱུ་མེད། ཕྱོགས་གསུམ་པ་དང་བཞི་པ་གང་ལྟར་བྱས་ན་ཡང་སྔང་ཏུ་ལུང་བསྟན་དང་མི་མཐུན་པས། ཐོ་དཀར་ཆུང་བ་འདི་བོད་ཀྱི་བྱང་གནས་ན་ཡོད་པ་དང་། རྒྱ་གར་ནག་དང་། ཏུ་རུཥྐ་དང་། ཧོར་དང་བོད་སོགས་ཀྱིས་ལན་མང་པོར་བཙོམ་པ་དང་། ཐང་ཟང་གི་ལམ་ཡིག་དང་། ཙནྡན་ཇོ་བོའི་ལོ་རྒྱུས་སོགས་ལས་བཤད་པའི་ལི་ཡུལ་འདི་ཡིན་པར་ངེས་པས་ཡུལ་འདི་ཉིད་ལི་ཡུལ་ལ་ངོས་བཟུང་ན་རུང་བ་ཡིན། ཡུལ་དེ་ལ་ནང་གསེས་ཀྱིས་དབྱེ་ན། ཀ་ཤི་ཀྲ་ར་སྐྱེ་བསྐོས་བྱེད་དམ་དེང་སང་ཏ་ཤི་ཏར་ཟེར་བ་སོགས་ཡུལ་ཐ་དད་པ་བརྒྱད་དམ་དགུ་ཙམ་དང་། ཡཾ་ཀ་ཤ་ར་སོགས་གྲོང་ཁྱེར་མང་པོ་དང་། ཡུལ་དེའི་ཆར་གཏོགས་པའི་ཧོར་དང་། རྒྱ་ནག་པོའི་ཡུལ་མང་ཙམ་ཡོད་པ་ལས། ཁོ་ཁྲན་དང་ཨན་གྱི་ཡན་སོགས་ཀྱི་ཤར་ཕྱོགས་གངས་རིའི་ཤར་གྱི་ཡུལ་ན་ཨོཾཀྲི་སྐྱེ་དེང་སང་ཀྲུ་ཤི་ཟེར་བའི་ཡུལ་ཡོད་པ་དེར་རི་བོ་ཨརྒྱུའམ་ངོ་མཚར་རྨད་བྱུང་བཀོད་པ་ཟེར་བ་ཞིག་ཡོད་པ་དེའི་བྲག་རྣམས་གཟུགས་ཡ་མཚན་ཅན་སྣ་ཚོགས་སུ་ཡོད་པ་དང་། དེར་འགོག་སྙོམས་པ་ཡང་འགའ་རེ་ཡོད་ཅེས་ཐང་ཟང་གིས་བཤད་འདུག དེའི་ཤར་སྔོ་གངས་ཅན་དང་ཉེ་བའི་ཤར་དུ་ཀ་ཤི་ཀྲ་ར་ཟེར་བའི་ཡུལ་ཆེན་པོ་ཡོད་པ་དེར་ཀ་ཤི་ཀྲ་ར་དང་། ཡཾ་ཀ་ཤར་ཟེར་བའི་མཁར་ཆེན་པོ་གཉིས་དང་མི་ཁྱིམ་ཁྲི་ཕྲག་མང་པོ་བཅས་ཡོད། ཡུལ་དེར་ཐང་ཟང་ཕེབས་སྐབས་སངས་རྒྱས་ཀྱི་བསྟན་པ་ཆེས་ཆེར་དར་ཡོད་པ། བར་སྐབས་སུ་གར་ལོག་

① 《清实录 · 宣宗成皇帝实录》（一）（第33册），中华书局，1986年，第220页。

② 坚贝却吉 · 丹增赤列著，古格 · 其美多吉译 :《世界广说》，西藏人民出版社，2017年。

གིས་བཟུང་བས་ཡུལ་མི་ཐམས་ཅད་ཀླ་ཀློའི་ཆོས་ལུགས་འཛིན་པ་ཡིན་ལ། སྔོན་ས་འབྲི་མ་འཆམ་པའི་སྐབས་ས་སྐྱར་རྒྱུག་པའི་སྡོད་རྟོར་ནི་དེ་དག་ཡིན། དེང་སང་རྒྱ་ནག་དང་ཏུ་རུཥྐའི་ས་མཚམས་སྲུང་མཁན་གྱི་རྒྱའི་སོ་པ་ཡུལ་དེར་སྡོད་བཞིན་ཡོད། ཡུལ་དེའི་ཤར་ལྷོར་ཡེརྐེ་ཏེ་ལེགས་སྦྱར་དུ་ཨཀྵཾ་ཟེར་བའི་ཡུལ་ཆེན་པོ་ཡོད་པ་དེར་ཕུ་ལ་ཟེར་བའི་ཆུ་མིག་ཡ་མཚན་ཅན་དང་། གཡང་ཏེའི་འབྱུང་ཁུངས་སོགས་ཡོད། འཛམ་གླིང་གི་ཆུ་བོ་ཆེན་པོ་བཞིའི་ནང་ཚན་ཆུ་བོ་ཤི་ཏ་སྟེ་དཀར་པོའམ་ཨཀྵཾ་སྟེ་མཆོད་ཡོན་ཟེར་བའི་འོ་མ་དང་ཆུ་བསྲེས་པའི་ཁ་དོག་ལྟར་དཀར་ལ་དྭངས་པ་ཞིག་རི་བོ་གངས་ཅན་ནས་ཐོན་ཏེ་ཡུལ་འབབ་བཞིན་ཡོད་པས་ཡུལ་དེའི་མིང་ལ་ཡང་ཨཀྵཾ་ཞེས་བཏགས་པ་ཡིན་ཚོད་སྣང་ངོ་། ཐང་ཟང་གི་ལམ་ཡིག་ལས་ཤ་ཀུ་ཀུའི་ཡུལ་ཞེས་བཤད་པ་ཡུལ་འདི་ཡིན། དེང་སང་གི་མཁས་པ་རྣམས་འབྲུངས་ཡུལ་གྱི་དབང་གིས་འཇམ་དཔལ་གྲགས་པ་ཡབ་སྲས་ལྷ་བུའི་མཁྱེན་རྒྱ་མེད་པས། སྒི་ཏ་དང་ཤི་ཏ་ཟེར་བ་མིང་སྡེ་ཕྱོགས་གཅིག་པའི་ཆུ་ཀླུང་འཛམ་བུའི་གླིང་ན་ཊེ་སླེད་ཡོད་པ་ཐམས་ཅད་གཅིག་ཏུ་བཟུང་ནས། མཁས་གྲུབ་སྨྲ་བའི་ཉི་མ་སོགས་ལ་དགག་པ་བྱེད་པ་བྱུང་བ་ཡིན། ཡུལ་དེ་ནས་ལྷོ་ནུབ་ཏུ་མྱུ་ངམ་གྱི་ཐང་ཞིག་ཡོད་པ་བརྒྱལ་བ་ན་གོ་ས་སྟན་དེ་ལི་ཡུལ་དགེ་བ་ཅན་ནམ་དེང་སང་ཧེ་ཐན་ཟེར་བའི་ཡུལ་ཡོད་པ་དེར་སྔང་ཏ་ལུང་བསྟན་གྱི་མདོ་ལས་གསུངས་པའི་རི་སྔང་ཏ་དང་མཆོད་རྟེན་གོ་མ་ས་ལ་གནྡྷ་དང་གཙུག་ལག་ཁང་སོགས་མང་པོ་ཡོད་ཅིང་། དེང་སང་ཀླ་ཀློས་བཟུང་སྐབས་གཙུག་ལག་ཁང་སོགས་མེད་ངེས་ཤིང་། རི་སྔང་ཏ་ཀླ་ཀློ་དག་གིས་གོ་ཏ་བེ་ཤེ་ཟེར་གྱིན་འདུག་པ་གོ་ཤྲུ་ཥ་ཟེར་རྒྱུ་ཡིན་ཚོད་སྣང་། ཨཱཀྵིན་དང་ཧྲུཐིན་སོགས་ནས་ཤར་ལྷོའི་ཕྱོགས་སུ་བོད་དང་ལྷོར་མི་རིང་པར་མངའ་རིས་ལ་དྭགས་སོགས་ཡོད་ཀྱང་། མྱུ་ངམ་གྱི་ཐང་ཆེན་པོ་དང་གངས་རི་ཆེན་པོས་བར་ཆོད་ཡོད་སྐབས་བགྲོད་པར་དཀའ། ཧྲུཐིན་ནས་ཤར་དུ་བྱེ་མའི་ཐང་ཆེན་པོ་ཞིག་དང་ཆུ་ཀླུང་ཞིག་ཡོད་པར་ཐང་ཟང་གིས་བཤད་འདུག་པ། ཐང་ཟང་གི་ལམ་ཡིག་བོད་ལ་སྒྱུར་བ་པོས་ཀྱང་ཉེར་ཤྭ་ན་རི་སྔང་ཏར་གྲགས་པ་ཞིག་ཡོད་ལ། ཀླ་མ་རེད་མདའ་བ་དང་། མན་ལུང་པ་སོགས་ཀྱིས་སྔང་ཏ་ལུང་བསྟན་པའི་མདོའི་དངོས་བསྟན་གྱི་སྔང་ཏར་གསུངས་འདུག་པས་འབྲེལ་ནས་ཆུ་དེ་ཟ་ཆུ་ཡིན་མིན་བརྟག་ཅེས་བཤད་འདུག་ཀྱང་ཆུ་ཀླུང་དེ་ནི་ཀླུང་གཱ་ཤ་སི་ཟེར་བ་ཡིན་ཞེས་པ་ར་སེ་སིའི་གོ་ལའི་ཁ་བྱང་ན་བཤད་འདུག ཡུལ་དེའི་ཤར་བོད་ཀྱི་ནག་ཚང་སོགས་དང་ཉེ་སར་ཕུ་ཡན་མཁར་སོགས་ཡོད། ཀ་སི་ཀཱ་རིའི་བྱང་ཤར་ཡི་ལི་དང་མི་རིང་པའི་ལྟོར་ཨཀྵུ་སྟེ་ཐང་ཟང་གི་ལམ་ཡིག་ལས་ཧྲ་རོ་ཞེས་བཤད་པའི་ཡུལ་དང་། དེ་དང་ཆེར་མི་རིང་བར་ཏ་ཤུ་ཏ་ཤ་ཟེར་བའི་གྲོང་ཁྱེར་བཅས་ཡོད། ཨཀྵུ་ནས་ཤར་དུ་ལི་ཡུལ་གུ་ཆོ་སྟེ་དེང་སང་ཁུ་ཆེན་ནམ་ཁྲི་ཞེར་བ་ཡོད་ཅིང་། རྒྱ་ནག་ན་བཞུགས་པའི་ཙན་དན་ཇོ་བོ་ནི་ཡུལ་དེ་ནས་རྒྱ་ནག་ཏུ་གདན་དྲངས་པར་ཙན་ཇོ་བོའི་ལོ་རྒྱུས་ན་གསུངས་འདུག ཡཀྵན་དང་ཁུ་ཆེན་སོགས་ཀྱི་ཡུལ་ནས་ཤར་དུ་གོ་ནྲ་ཤྲར་རམ་ཧ་ར་ཤར་ཞེར་བའི་ལྷ་ཀློའི་ཡུལ་ཡོད་པ་དེར་ཧ་ར་ཤར་ཞེར་བའི་མཁར་དང་། དེ་དང་མི་རིང་བར་ཨ་ཐྲ་ས་ར་དང་། གོཀ་དང་། ཏེ་ཐུ་དང་། ཐེ་ཅོན་དང་། ཁྲ་ཁྲད་ཞེར་བ་སོགས་མགོ་དཀར་གྱི་གྲོང་འགའ་རེ་དང་། དེ་དག་དང་མི་རིགས་སར་ཐོར་གྲོད་རྒྱལ་པོའི་དཔུང་ས་ཡོད། དེ་དག་ནས་ཤར་དུ་ཐུཙན་དང་ཨེ་ཤུ་ར་སྟེ་དེང་སང་ཨོཙྪ་ཞེར་བའི་ཡུལ་གཉིས་ཡོད་པ་བསྟོམས་པ་ལ་དེང་སང་ཨེ་ཤི་ཐུཙན་ཞེར་ཞིང་། ཨེ་ཤུ་རར་དགྲ་བཅོམ་པ་མང་པོའི་སྐུ་གདུང་དང་། སྐྱེས་བུ་དམ་པ་འགའ་ཞིག་འབྱུངས་པའི་གནས་སོགས་ཡོད་པར་གོ་ལའི་ཁ་བྱང་ལས་བཤད་འདུག་ལ། ཐུཙན་ནི་བྱང་གི་ལྷང་སླུག་སོགས་དང་མི་རིང་བར་ཡོད། ཡུལ་དེ་གཉིས་ནས་ཤར་དུ་ཆེན་མི་རིགས་སར་ཧ་མིལ་ལམ་ཀླ་ཀློ་ཁོང་ཇོས་ཁོ་མོལ་ཞེར་བའི་ཡུལ་ཡོད་པ་དེ་ནས་ཤར་དུ་མྱུ་ངམ་གྱི་ཐང་དང་རི་འགའ་ཞིག་འདས་པ་ན་རྒྱ་ནག་གི་ནུབ་བྱང་མཐའི་ལྕགས་རི་ལ་ཐུག་འགྲོ་བ་ཡིན་ལ། ཡུལ་མོང་སྐོས་དེ་རྣམས་དང་། རྒྱ་ནག་པོའི་གྲོང་ཁྱེར་ཤ་སྒྲུས་དང་། ལང་གྱུ། གན་སྒྲུ་སོགས་དང་། ཧོར་ཡུལ་ཡི་ལི་དང་། ཨུ་རུམ་ཆི་ཐར་པ་ཀ་ཐམ་སོགས་ཀྱང་ལི་ཡུལ་གྱི་ཁོངས་གཏོགས་ཡིན། སེ་མཆུན་ནས་ཧ་མིལ་ལ་ཐུག་གི་བར་གྱི་ཡུལ་ཐམས་ཅད་འཚོར་བ་ཆེ་ཞིང་སྐྱེ་བོ་ཧ་ཅང་མི་མང་བ། དབྱར་དུས་ཚ་ཞིང་དགུན་དུས་གྲང་དར་ཆེ་བ་ལ་ཡུལ་དུ་ཆར་ཆུ་དཀོན་པས་ཆུ་ཀླུང་དང་། གངས་ཞུ་བའི་ཆུ་དང་། ཁྲོན་པ་སོགས་ཀྱི་ཆུ་ཡུར་བུར་དྲངས་ཏེ་སྒོ་དང་། འབྲས་དཀར་དང་། ཤིང་ཤིང་དང་། སྒུན་འབྲུམ་སོགས་འབྲུ་རིགས་དང་། ལྷག་པར་ཀུ་ཤུ་དང་། ཀ་ར་ཀུ་ཤུ་དང་། ཁམ་བུ་དང་། ལོ་གསུམ་ཁམ་

བུ་དང་། འོལ་སེ་དང་། ཆེ་པ་ཀ་དང་། ཐོ་དཀར་རྒྱན་འབྱམ་དཀར་ནག་དང་། ཧྥ་ཤ་རྒྱན་འབྱམ་དང་། ཧེ་ར་པ་སོགས་ཤིང་ཏོག་རིགས་མི་གཅིག་པ་མང་པོ་དང་། ཧར་བུ་ཛ་དང་། ཁར་བུ་ཛ་དང་། ཀ་ཀ་ཏི་དང་། ཀ་ཙ་ཀླ་སོགས་རྩི་ཐོག་རིགས་མང་པོ་འདེབས་པར་བྱེད་ཅིང་མི་རྣམས་ཀྱི་ལོངས་སྤྱོད་ཀྱི་གཙོ་བོ་ཡང་དེ་དག་ལ་བྱེད་པ་ཡིན་ཏེ། ཐོ་དཀར་དང་ལི་ཡུལ་སོགས་ཀྱི་གཟུགས་དང་རྩལ་ཆེ་ཡང་སྔར་མའི་ཚུལ་ཅན། རིག་པ་གསལ་ཡང་བསླུ་བྲིད་ཆེ་ལ་ཚུགས་མི་ཐུབ་པ་དག་ཡིན་ལ། སུཧྲ་མཁན་ཆེན་གྱིས་ཧོ་ཐོན་དང་རྒྱ་གར་ཀླ་ཀློ་དག་ལ་ཁྱད་པར་ཆེན་པོ་ཡོད་ཅེས་གསུངས་འདུག་པ་དེ་ནི་ལེགས་པར་མ་བརྟགས་པའི་ཚིག་ཡིན་ལ་དེ་ཅིའི་ཕྱིར་ཞེ་ན། དེ་གཉིས་ཀ་མུ་སུལ་མན་ཡིན་པ་ནི་འདྲ་བ་ལ། ཆོས་ལུགས་ལ་བཟང་ངན་གྱི་ཁྱད་པར་མེད་པའི་ཕྱིར་རོ། འོན་ཀྱང་ཡུལ་གྱི་དབང་གིས་བྱ་སྤྱོད་དང་སེམས་རྒྱུད་འཇམ་རྩུབ་ཙུང་ཟད་རེ་ཡོད་ཚོད་འདུག་ལ། ཡུལ་དེ་དག་ཐམས་ཅད་དུ་སྟོན་སངས་རྒྱས་ཀྱི་བསྟན་པ་དར་བ་ཡིན་ཀྱང་། བར་སྐབས་ཤིག་ཏུ་ཏུ་རུཥྐས་བཟུང་བས་ཀླ་ཀློའི་ཆོས་ལུགས་ཅན་འབའ་ཞིག་ཡིན་སོད། ཨོ་སི་ཚུན་ཆད་གོང་མ་ཆེན་པོའི་མངའ་འོག་ཏུ་གཏོགས་པ་ཡིན། གོང་བཤད་ཁུར་ཁུར་གྱི་ཡུལ་དང་། ཧ་ར་མ་ནིའི་ཡུལ་དང་། ཨ་ར་སུ་དང་། སི་མཆན་སོགས་ཡུལ་འདི་བཞི་ཁ་ལ་ཏུ་རུཥྐའི་ཡུལ་ཟེར་བའི་སྲོལ་ཡོད། ཐོ་དཀར་གྱི་ཡུལ་དང་། ལི་ཡུལ་དང་། རྒྱ་ནག་གི་ཡུལ་དང་། ཐ་ལའི་ཡུལ་འདི་བཞི་ཁའི་བྱང་ཕྱོགས་སུ་འདབས་འབྲེལ་བར་འཕགས་ཡུལ་དག་གི་སུ་ཁ་སྟན་དང་། ཕེ་རང་གི་སོགས་ནུབ་ཕྱོགས་པ་ཡོངས་གྲགས་ལ་ཏྲ་ཊྲ་ནའམ་ཐ་ཐ་རེ་ཡར་གྲགས་པ་ཆེན་པོ་ཧོར་གྱི་ཡུལ་ཡོད། ཡུལ་དེ་ནི་ཤིན་ཏུ་རྒྱ་ཆེ་བ་ནུབ་མཚོ་མ་དྲོས་པ་དང་། ཤར་རྒྱ་མཚོ་ཆེན་པོ་ལ་ཐུག་པ་ས་གཞི་ཕལ་ཆེར་བྱེ་མ་མོད་ཅིང་། རི་དང་ནགས་ཚལ་ཆུ་ཀླུང་སོགས་ཉུང་བ། གྲང་ངར་ཆེ་བས་རྒྱ་ནག་ཐོད་དཀར་གྱི་ཡུལ་སོགས་དང་ཉེ་ས་མ་གཏོགས་པར་ཞིང་འདེབས་མི་ཏུང་བས་ཡུལ་མི་ཕལ་ཆེར་ཧ་ལུག་ཛ་མོང་སོགས་ཕྱུགས་ཀྱིས་འཚོ་བ་ཡིན།

## 三、汉文译文

### 李域

前面提及的巴达贤（ཧྥ་ཏ་ཀ་ཅན།）东北和阔坎东面，越过雪山（昆仑山山脉，རི་བོ་གངས་ཅན་གྱི་རི་བརྒྱུད།），经玛拉亚普卡尔（ན྄་ལ་ཡ་ཕོ་ཁར།）或小普卡尔（ཕོ་ཁར་ཆུང་ངུ་།）即李域。如今李域名声大噪，但是众说纷纭，因此无法确认。藏族历史上，先后把李域作为尼泊尔、西藏的一部分、汉地一小邦和霍域等地所属。按第一种说法与《时轮续部》中记载李域位于西藏北面的说法相矛盾；按第二种说法无法认定是西藏所属；按第三和第四种说法都与《牛角山授记》不相符。因此，此小托噶尔（李域）位于西藏北面，多次遭到汉地、印度、突厥、霍尔和吐蕃等的经营。在《大唐西域记》（ཐང་ཟང་གི་ལམ་ཡིག）和《檀香释尊历史》（ཙནྡན་ཇོ་བོའི་ལོ་རྒྱུས།）等书中记载的李域，定为该地，因此我们可以确认它为李域。该地可如为八九处不同地域，如噶斯噶热（ཀ་སི་ཀཱ་ར།）即如今名为“哈西哈尔”（ཧ་ཤི་ཧར།）等，境内有许多城市，如亚木噶夏热（ཡཾ་ཀ་ཤ་ར།）等。在霍尔和汉地也有许多其属地。其中，在阔坎和安吉延等地东面雪山沟壑中的欧齐（ཨོ་ཀྱི།），即今名为“乌西”的地方。境内有一座名为阿尔布山（ཨརྦུ།），或名为奇异造型的山，岩石造型奇形怪状。据

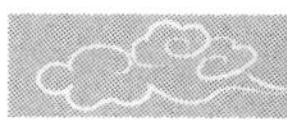

唐玄奘说，还有一些入定者[①]。在该地东南靠近雪域东面有名为“噶斯噶热”（ཀ་ཤི་ཀཱ་ར།）的大地。境内有名为“噶斯噶热”和“亚木夏尔”（ཡཾ་ཀ་ཤར།）的两座大城堡和数万名居民。在唐玄奘到该地时，佛教极为兴盛，后来被葛逻占领，将所有居民改宗为伊斯兰教。这就是从前萨（迦）直（贡）不和时跑到萨迦的堆霍尔部。如今汉地和突厥（ཏུ་རུཥྐ།）边界的汉地哨兵正驻扎在该地。其东南有名为“耶尔堪”（ཡེརྐེ་ཀེ།）的地方，梵语为“阿尔嘎”（ཨརྒྷཱ།）。境内有名为“布拉”的奇特泉眼和玉石产地等，还有赡部洲（འཛམ་བུའི་གླིང་།）四大河流之一的希达河即白色，或阿尔嘎即功德之水。它发源于大雪山（昆仑山脉），流入该地，水色如奶，清澈透明。由此可能取地名为“阿尔嘎”。《大唐西域记》中记载的瞿萨旦那（ཤ་ཀུ་ཀུའི་ཡུལ།），正是此地。如今一些学者因出生地之缘故，孤陋寡闻，没有像降边扎巴（འཇམ་དཔལ་གྲགས་པ།）父子那样知识渊博，认为斯达（སཱི་ཏཱ།）和希达（ཤི་ཏཱ།）为同一条河，赡部洲（འཛམ་བུའི་གླིང་།）所有河流认作一河，并以此批驳善言尼玛（མཁས་གྲུབ་སྨྲ་བའི་ཉི་མ།）等人。

从该地向西南越过一荒原，就到达了果萨坦（གོ་ས་སྟན།）——李域盖瓦坚（善地，ལི་ཡུལ་དགེ་བ་ཅན།），或者今为“和田”的地方。境内有《于阗授记》所记载的牛头山[②]、果玛萨拉岗达佛塔（མཆོད་རྟེན་གོ་མ་ས་ལ་གནྡྷ།）和众多寺院，如今因被穆斯林所占，寺院荡然无存。穆斯林称牛头山为“果如别协”（གོ་རུ་བེ་ཤེ།），可能是指“果布杂擦”（གོ་ཤྲུ་ཥྐ།）。

在耶尔堪（ཨརྐེན།）、和田（ཧོཏེན།）等地东南面有前后藏，南部稍不远处有阿里和拉达克（མངའ་རིས་ལ་དྭགས།）等地。由于其间被大漠和大雪山相隔，难以通行。《大唐西域记》记载，在和田东面有一片大沙漠和一条河流。《大唐西域记》的藏文译者也称在宁夏境内有一座牛头山（ཤྲ་ན་རི་གླང་རུ།），同时喇嘛仁达瓦（བླ་མ་རེད་མདའ་བ།）和曼隆巴（མན་ལུང་པ།）等所说的，“这就是《于阗授记》所记载的真正牛头山”，纯属误谈，还说此水是不是黄河有待考证。据法国人（ཕ་ར་སི་སི།）的《地球序言》（གོ་ལའི་ཁ་བྱང་།）记载，此水为“果夏斯”（གླང་གོ་ཤ་སི།）河。在该地东面与西藏那仓部落（ནག་ཚང་།）附近，有布延城堡（བུ་ཡན་མཁར།）。在噶斯噶热东北、距伊犁（ཡི་ལི།）南面不远处有阿噶苏斯（ཨཀྵུར་ཨསྲུ།），即《大唐西域记》中所说的“巴若”（བྷ་རོ།）。距该地不远处有哈徐哈夏城。在阿噶布（ཨཀྲུ།）东面有李域古城（ལི་ཡུལ་གུ་ཆོ།），即如今名为“库钦”或“库车”（ཁུ་ཆེན་ནམ་ཁེ་ཟེར་བ།）的地方。据《檀香觉沃史》（ཙནྡན་ཇོ་བོའི་ལོ་རྒྱུས།）记载，汉地的檀香觉沃像是从该地迎请到汉地的。在耶尔坎和库钦等地东面，有名为“果热夏尔”或“哈热夏”[③]的穆斯林（居住的）地方。境内有名为“哈热夏尔”的城堡。在距此不远处有阿塔夏热、果卡、霍图、特赞和查车[④]等白头（回族）

① 古格・其美多吉汉译《世界广说》将此误译为“入灭”，应为“入定者”。

② 古格・其美多吉汉译本《世界广说》中将此地名误译为“象山”，实为“牛角山”或“牛头山”。

③ 即焉耆，维吾尔文 Qarasahr，又称乌夷、阿耆尼，新疆塔里木盆地古国，在今新疆维吾尔自治区焉耆回族自治县附近。

④ 即莎车，位于新疆西南边陲、昆仑山北麓、帕米尔高原南面，地处塔克拉玛干沙漠和布古里沙漠之间的叶尔羌河冲积扇平原中上游。

的村落。距诸地不远处有托噶尔国王（ཐོར་གོད་རྒྱལ་པོ།）[1]的冬季牧场。其东面有吐鲁番（ཐུརྥན།）、俄夏热（ཨེ་ཤུ་ར།），如今名为“欧尔夏”（ཨོཤྲ།）。两地总称为俄希吐鲁番（ཨེ་ཤི་ཐུརྥན།）。据《地球序言》（གོ་ལའི་ཁ་བྱང་།）记载，在俄夏热有许多罗汉陵墓和一些贤哲的故地等。吐鲁番位于距北部“当扭”（ཐང་སྙུག）不远处。在两地东面不远处有哈密（ཧ་མིལ་ལམ།），穆斯林（ཀླ་ཀློ།）称为“阔莫”（ཁོ་མོལ།）。

从该地往东越过一些大漠和山峰，就抵达汉地西北边缘的长城（ལྕགས་རི།）。前述诸地和汉地城市沙洲[2]（ཤ་ཅུ།）、凉州（ལང་ཅུ།）、甘州（ཀན་ཅུ།）等和霍尔地伊犁、“乌如且塔尔巴噶塔”[3]（ཨུ་རུམ་ཆི་ཐར་པ་ཀ་ཐས།）等均属于李域的辖地。色玛拉堪（སེ་མལྷན།）至哈密山口（ཧ་མིལ་ལ་ཐུག）之间的所有地方都非常富裕，但人口不多；夏季炎热，冬季寒冷，雨水稀少；从河流、融水和水井等处修水渠引水灌溉，种植小麦、大米、棉花和小豆等农作物，尤其盛产苹果，甘蔗，三年桃，山桃，小叶莲子，“切把噶”（ཚེ་པ་ཀ），黑、白葡萄，巴夏葡萄和“核热巴”（ཧེ་ར་པ།）等多种水果；种植各种草果，如“哈尔布杂”（ཧར་བུ་ཛ།）、“喀尔布杂”（ཁར་བུ་ཛ།）、“嘎嘎直”（ཀ་ཀ་ཏི།）、“噶杂拉”（ཀ་ཙ་ཏྲ།）等。当地人们主要享用这些食物。

托噶尔（ཐོ་དཀར།）和于阗等地，人们身材高大，武艺高强且胆小，聪明狡猾，但不够坚定。这些地方都曾兴盛佛教，一段时期被突厥占领后，成为伊斯兰教信徒的天下。自欧斯（日本）以内都是大清皇帝的领土。据松巴堪钦（སུམ་པ་མཁན་ཆེན།）曾说，霍团（ཧོ་ཐོན།）和印度的穆斯林（མུ་སུལ་མན།）之间区别很大。但这是未观察之词。为何？两者皆为穆斯林，而宗教没有好坏之分。但是，由于地域不同，人们的行为和性格稍有差异。

习惯上把上属的空库尔[4]（ཁུར་ཁུར།）、哈热玛那（ཧ་ར་མ་ནིའི་ཡུལ།）、阿尔比亚[5]（ཨ་རི་སྦྱ།）和色

① 可能是指土尔扈特部，是我国卫拉特蒙古第一部落。

② 古格·其美多吉汉译本《世界广说》中将此地名误译为“夏州”，实为“沙洲”。沙洲即今甘肃省敦煌县，敦煌千佛洞以20世纪初发现大量写卷而闻名于世，据敦煌研究院考察，敦煌千佛洞现存的洞窟中可确认为吐蕃占领敦煌时期兴建的就有40多个，而且其中多数建于热巴巾在位时期。现在敦煌保存的数百卷《大乘无量寿经》据P.T.997号藏文写卷记载，就是由热巴巾出资抄写的。

③ 可能是乌鲁木齐（urumqi）和塔尔巴哈台。清政府平定准噶尔叛乱，在今乌鲁木齐九家湾一带筑垒屯兵，并将该地定名为“乌鲁木齐”。塔城即塔尔巴哈台城的简称。

④ 据古格·其美多吉汉译本考证，魏毅考证为“土耳其”，在《世界广说》中载，蒙古人称“土耳其”为khung khur（拉萨本作khu-ng，甘托克本作khur khur，新德里本作dbung khung，皆当为传抄之讹误；后文有“前述之khung khur之地”的记载，故应改之）；科瓦列夫斯基《蒙俄法词典》也将控噶尔（蒙语作künygar/gunggar）释为土耳其人（见J.E.Kowalewski: Dictionnairemongolrusse-fran ais》，Ⅲ, 2571b, kazan, 1849.）。关于“控噶尔”的词源，钟焓认为出自蒙古语，并对其在蒙古文文献与民间口传中的演变有较为详细的梳理（见钟焓：《控噶尔史料评注》，《民族史研究》第九辑，中央民族大学出版社，2010年，第46–91页）。但对于küngkü一词的两种含义——人名（ngker/kun，察合台的后裔）和族裔名，钟焓并未予以辨析。钟文所引之蒙古文史料，如《恒河之流》（1725年）、《金轮千辐》（1739年）、《水晶珠》（1775年）、《金鬘》（1817年）等，其中的küngkü皆为ngker/kür人名；唯一的例外为《水晶鉴》，该书是将küngkü首次表述为族裔名的蒙古文ngker/kür文献。钟焓推论《水晶鉴》相关记载参考了某种藏文文献，但未明具体出处。经文本比对，笔者确认其文献出处为松巴益西班觉的《世界总说》（1777年），其中“控噶尔”写作khungkhur/khung'ur（后者当为传抄讹误），《世界广说》亦有引录；此外，汉文文献《西域闻见录》（1777年）亦将“控噶尔”作国名处理。因此，“控噶尔”的词源如钟焓所述，当为蒙古文无疑；但其最初被用以表达族裔名或国名，指代土耳其或土耳其人，当始于汉、藏文文献。

⑤ 拉萨本和青海本写作ya–riv–sav，而甘托克本写作yrbi–ya，据古格·其美多吉汉译本考证可能后者正确。

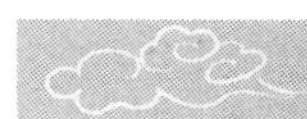

玛拉堪（མི་མཆན།）等四地统称为突厥地。而与托噶尔（ཏུརྐིའི་ཡུལ།）、李域（ལི་ཡུལ།）、汉地（རྒྱ་ནག་གི་ཡུལ།）和塔拉（ཐོ་དཀར་གྱི་ཡུལ།）[①]“四个地方的北部相连的是大霍尔地（ཐ་ལའི་ཡུལ།）[②]，印度人称作“苏卡巴纳”（འཕགས་ཡུལ་དག་གི་སུ་ཁ་པ་ན།），欧罗巴（ཡེ་རང་གི།）等西欧人通称“达达尔那或鞑靼[③]”（ཏཱ་ཏྲ་ནའམ་ཐ་ཐ་རེ་ཡར་གྲགས་པ་ཆེན་པོ་ཧོར་གྱི་ཡུལ།）。该地非常辽阔，西濒玛垂海（咸海），东临大海，多为沙漠，山地、森林和河流等少，气候寒冷，除了靠近汉地和托噶尔等地外，不能种植农作物。当地人以放牧马、绵羊和骆驼为生。

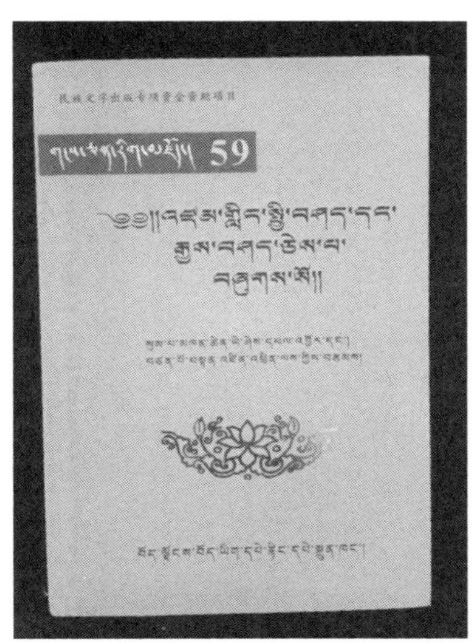


《世界广说》(西藏藏文古籍出版社藏文本)

《世界广说》(民族出版社藏文本、西藏人民出版社汉译本)

① 据古格·其美多吉汉译本考证可能是指塔拉斯。位于吉尔吉斯斯坦西北部，北与哈萨克斯坦交界，西与乌兹别克斯坦接壤。

② “大霍尔”可能指蒙古高原。

③ 鞑尔靼（Tartar）的音译，指蒙古人，泛指突厥人所成立的国家。原为8世纪漠北突厥汗国的一个部落名。《明史》作鞑靼，多指今内蒙古自治区和蒙古人民共和国的蒙古族。

# 十八、《白史》(དེབ་ཐེར་དཀར་པོ།) 李域部分译注

## 一、解　题

### （一）译者简介

《白史》的作者是根敦群培（དགེ་འདུན་ཆོས་འཕེལ། 1905—1951年）。根敦群培是20世纪我国藏族中的一位艺术大家、启蒙思想家、朴素的唯物主义者。他不仅是藏族中倜傥不拘、热情奔放的杰出诗人，还对藏族历史、佛教哲学、美术、逻辑学、语言学、地理学均有较高造诣，堪称一位学识渊博的学者。他的许多重要著作，在国内外享有盛名。根敦群培于1905年出生于安多地区热贡（今青海省同仁县）双朋西村，原名仁增南吉（རིག་འཛིན་རྣམ་རྒྱལ། 阿勒德扎），是一位学通藏、英，见闻广博的藏族历史学家、文学家，同时也是一位国内外学界公认的人文主义思想家。自幼好学，4岁时即能识藏文，9岁时已掌握了藏语文法，并学会作诗、绘画和写文章，13岁入热贡寺（隆务寺 རོང་པོ་དགོན་ཆེན།）出家为僧。在寺院里他学习了因明和其他佛教经典，几乎是一读即悟，过目不忘，一些著名的大活佛，对他表现出极大的兴趣，并给予他种种帮助，在热贡寺和德扎寺学完了初级经典，两年后转入拉卜楞寺继续学习深造，在寺院里系统学习了《因明》和其他佛教经典，并能释读大小五明经典，取得了可喜成绩，也为后来深入学习佛学知识打下了坚实基础。他是一位非常杰出的辩论者，后来由于他对经典的解释能提出自己不同的见解，公开否定学术权威的教义，在闻思学院的辩论会上，舌战群僧，应对了各方发难，赢得了众僧的尊敬和赞扬，但也遭到了寺院保守派的冷嘲热讽，甚至遭到了人身攻击，1927年（民国十六年），25岁的根敦群培远赴拉萨学经，入哲蚌寺郭莽学院拜喜饶嘉措大师为师，继续攻读佛学经典，学法长达7年之久。其间，虽然已经有很扎实的佛学功底，但仍然持之以恒，不断

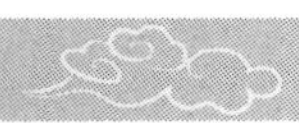

探索，苦苦思索。耿直的性格，使他总是掩饰不住自己的直言不讳，常常击败一些已经功成名就的格西学者，因而也时常遭到嘲笑和攻击，处境极为艰难。他为了能够获得生活费用，常常也作画出售，资助更多的贫困僧人。

1943年，印度学者、僧人拉胡勒·桑克洛特雅那访问西藏，目的是一些佛经梵文贝叶经原本在印度已经失传，他希望将藏文大藏经译成梵文，因此要聘请几位译师。恰巧有人给他推荐了根敦群培。两人相见，一见如故，根敦群培渊博的佛学知识深深打动了拉胡勒，根敦群培欣然接受了拉胡勒的邀请，放弃了一年一度在传召大法会上考取格西的机会匆匆上路。一路上，根敦群培取道山南，访问了许多名胜古迹，包括桑耶寺，一路抄写、绘图、拍照和收购了一些古籍和手抄本。几个月后，抵达印度的瓦拉纳斯，游览了佛教圣地，刻苦学习梵文，后转入锡兰（斯里兰卡）学习梵文，用了14个月的时间，学习成绩名列榜首，获得了“班智达”学位。后来他随一位著名的俄国藏学家罗列赫①到了印度西北部的库奴，与其合作用英语翻译《释量论疏》和《青史》（后一部主要是由根敦群培完成）两本重要的著作。并在瓦措纳西唯识学院学习巴利文，孟加拉国皇家亚细亚学会让他整理翻译他所搜集到的藏文资料，他也充当了班第达桑克拉提亚那在巴特那图书馆研究藏学的助手。他还师从库奴喇嘛丹津坚赞学习梵文。他日夜坚持学习，当看到敦煌资料的稿本后，更引起他对西藏古代史的浓厚兴趣，他与罗列赫及其他藏学者讨论这些文献资料，决定编写《白史》。

他在印度大约居住了11年，除了访遍印度和尼泊尔各圣地之外，还访问了锡兰和不丹。他在锡兰住了2年多，仔细地研究了锡兰的历史、地理和宗教制度，并把《法句经》从巴利文译为藏文。根敦群培一生学会了汉、梵、英、僧伽罗、印地、巴利等多种语言文字。此外，根敦群培还是一位出色的画家，他在拉萨时曾为帕邦喀活佛画过一幅肖像，高超的绘画技巧赢得了该活佛的大加赞赏，他将这些得意之作卖给权贵阶层，以救济、资助众多的贫困僧人。赴国外后，他继续施展自己的才华，无论是唐卡佛画人物肖像，还是山水风景、飞禽走兽，他都能画得神态逼真、栩栩如生。

国外期间，他生活十分清苦，常常接受朋友接济才可勉强度日。但他并不为之惧退，而是孜孜不倦地日夜刻苦攻读。通过接触到的敦煌资料和对藏族历史的研究学习，他深感有重新编撰一部完整的西藏历史的必要，随即他着手又搜集了有关资料，对从新疆和敦煌出土的一部分古藏文原始资料做了深入的研究，并与罗列赫和其他藏学学者讨论这些文献资料，决心编写《白

① 罗列赫（1902—1960年，英文名字 George N.Roerich），白俄罗斯画家之子。青年时随父旅行到过锡金（现印度锡金邦）、印度、克什米尔及国内新疆、青海和蒙古等地，长达5年之久，后侨居印度噶伦堡。他通晓多种文字，（今印度锡金邦）为著名的藏学学者，著有藏族语言、历史的著作多种。1957年，他返归故里，任职于苏联科学院中国学研究所西藏民族组及该院东方研究所印度哲学和宗教史组。

史》。为了生活上有所保障，他还曾到“英国皇家亚洲学会”工作，翻译有关西藏佛教和文化艺术方面的资料。正是通过对国际社会的深入接触，使根敦群培逐渐认清英帝国主义图谋西藏的野心，热爱中华民族、维护民族尊严的感情使他对英帝国无比痛恨。由于他较高的学术造诣，一些国家纷纷邀请他前往从事藏学研究工作，然英印当局百般阻挠，不予签发护照，根敦群培气愤之下，毅然离开印度。

根敦群培在印度结交了几位朋友，一个是罗列赫，一个是班智达桑克那拉特亚那，他们都是英国殖民当局的反对者。他和一些年轻的藏族人热烈讨论了西藏地方社会的改革问题。实际上他们已经形成了一个反对西藏地方政府的小集团。后来，根敦群培受到英国当局的警告而离开了印度。他取道门达旺错纳一线回到西藏。刚一进入纳错宗就被当地宗本拘留，押送拉萨。到拉萨后，噶厦并没有立即拘留他，只是暗中监视着。由于邦达饶噶由国民党政府驻藏办事处介绍，给他安排了一个专员虚职，每月有几百藏银的津贴。在这期间他着手编写《白史》。1947年，是西藏历史上动荡的一年，在这年春天发生了“热振事件”。这时国内其他主要地区正在进行解放战争，拉萨传出了有共产党活动的消息，而根敦群培是第一个被怀疑的人。大约1947年的七八月间，他被捕了。噶厦政府因为没有找到证据，只得释放了他。不久，他又被捕入布达拉山下的监狱。到了1951年11月，革命形势迫使摄政达扎退位，十四世达赖提前亲政，西藏的噶厦政府以此为由，宣布大赦，根敦群培也蒙赦出狱。3年的狱中生活，虽然摧毁了他的健康，但丝毫没有改变他的政治信念，那些利用他才华的“好心人”，希望他“改邪归正”，埋下头来写点东西。他却一笑置之。他吸烟饮酒，找寻麻醉，对西藏统治阶级的反感有增无减。因此，他们觉得他仍然是一个危险人物，于是噶厦政府用卑鄙的手段（在酥油茶里放毒）将他毒害死。他去世的时间是1951年12月18日，年仅46岁。

**（二）内容提要**

该书记述了松赞干布至芒松芒赞赞普时期的吐蕃历史，采用了与以往任何藏族史学家不同的写作方法，即将宗教和历史严格区分开来，与过去带有许多浓厚神话色彩的藏文史书截然相反。作者详细地考证了赞普们的年代，论述了他们各自的功绩和在藏族古代历史上所起的作用，对当时的重大历史问题做了恰如其分的结论。根敦群培是第一位运用敦煌古藏文文献考证西藏古代历史的藏族学者，他的这本书也因此而开创了藏族学者科学地利用古代文献资料的先河。该书的重大意义还在于作者将7世纪以来吐蕃在政治上同唐朝中央政府之间的密切联系做了正确的论述，为13世纪西藏正式纳入祖国版图这一历史事实提供了有力可靠的理论依据，所以受到了国内外学者的高度评价。

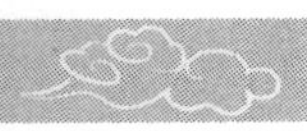

**（三）版本介绍**

1945年（民国三十四年），根敦群培返回西藏，为了继续写好他的那本著作，他四处拜师求教，亲自前往热玛岗、吴香多等吐蕃历史遗迹，如吐蕃牟地赞普（赤德松赞）时修建的“噶穷多吉因坛城”佛殿遗址和热巴巾（赤德祖赞）所建的吴香多佛殿遗址，进行实地考察和研究。经过3年努力，他终于编撰出为后人所颂扬的藏族著名史书《白史》[①]。根敦群培的重要著作有：

历史类：《白史》，拉萨刻本仅包括松赞干布以下历代赞普。目前国内外也只有此未完本。

哲学类：《动论》《智论》《中论要义》《唯识派论》《艰难之明路》《外道异见明析》《修行道论》《龙树教义饰》。

翻译类：《县钵偈》（译自巴利文）、《巴纳歌》（与印度学者普拉班达难答合译第十二章）、《瑜伽真信》（与同一学者合译，1941年在大吉岭出版）、《沙恭达拉》（剧本由噶世达原著，根教以诗歌体译出，译文极美）、《释量疏》（由藏文本译为英文本）、《青史》（他协助俄国学者罗列赫将藏文本译为英文本）、《军事操典》（由英文本译为藏文）、《罗摩衍那传》。

游记导游类：《江湖游览记》，《斯里兰卡记事》，《一位学者旅行家看图解的印度史》《草药及饮食之二十种滋味》（以上两书原稿可能存于拉卜楞寺），《印度圣地巡游记》（此书1939年由印度菩提学会出版），《从拉萨到大吉岭》（以通俗文字写成，极生动幽默），《喜马拉雅巡礼》（据说原稿现存不丹）。

评论类：《火堆之升起》（与阿布拉中合作编写，系讽刺作品）。

美术类有：《印度风土素描集》。

其他类有：《爱情之艺术》（其中一部分是印度古代著作）、《藏文字典》（与噶伦堡藏文报编辑塔钦合编）、《火堆之升起》、《莲玛鸟的故事》等。这些著作内容广泛，文笔畅达精练、词汇丰富、寓意深刻、通俗易懂，以极强的感染力和幽默、诙谐、风趣的词语，深深地吸引了众多的读者，也充分展现了他渊博的学识和才华，给丰富多彩的藏族文化宝库增添了晶莹耀眼的瑰宝。此外，他还写了不少诗歌，但由于作者经常流落不寓，诗稿多已失散，所存寥寥无几。[②]

法尊法师依据《白史》（藏文版），1954年4月23日翻译成汉文。1983年，西北民族学院根据翻译版，重新整理，以藏汉两文合璧的形式内部出版；2012年7月，中国藏学研究中心重新整理再版。

---

①《白史》：书名意为“无任何偏袒萨迦、格鲁、噶举、宁玛教派一方，完全出以公正之心”，可惜此书刚写至第46页，作者便被打入牢狱，终使这部名著惨遭厄运。

② 李有义：《藏族历史学家根敦群培传略》，《青海社会科学》1983年6期。

## 二、藏文原文

ལི་ཡུལ་བོད་ཀྱི་འབངས་སུ་ཚུད་དོ་བྱ་བའི་ལི་ཡུལ་དེ་ཕྱོགས་གར་ཡོད་སོགས་ཀྱང་བར་སྐབས་སུ་ཐམས་ཅད་ཀྱིས་བརྗེད་པ་ལྟར་གྱུར་ཏེ། ལོ་རྗེ་བརྒྱ་ཕྲག་དུ་མ་སོང་ཞིང་། དེའི་བར་ལ་འགའ་ཞིག་གིས་འོལ་ཚོད་བྱས་ཏེ། བལ་ཡུལ་དང་ལི་ཡུལ་དོན་གཅིག་པར་བྱས་ནས། གླང་རུ་ལུང་བསྟན་གྱི་གནས་ཐམས་ཅད་ཀྱང་དེ་ཕྱོགས་སུ་ངོས་འཛིན་པ་སོགས་བྱས་སོ། །དེས་ན་ལོ་ཙཱ་བ་ཤམྦྷ་ལ་པའི་ཞལ་ནས། དེང་སང་བོད་ན་ལི་ཡུལ་ངོས་ཟིན་མཁན་རེད་མདའ་བ་དང་ངེད་གཉིས་ལས་མེད་ཅེས་གསུངས་པར་གྲགས་པ་ཡང་ཕལ་ཆེར་དོན་ལ་གནས་པ་ཡིན་ལ། བལ་ཡུལ་དང་ལི་ཡུལ་མི་གཅིག་པ་ནི་གྲོ་ལུང་པས། རྒྱ་གར་ཤར་ནུབ་ལི་དང་བལ་པོའི་ཡུལ། ཞེས་དེ་གཉིས་ཡུལ་སོ་སོར་གསུངས་པས་ཀྱང་ཤེས་ལ། བཅོམ་ལྡན་རིག་རལ་གྱིས་ཀྱང་། ས་ནུས་བཟུང་བའི་ལི་ཡུལ་དེ། །རྒྱ་བོད་མཚམས་ཀྱི་བལ་པོ་མིན། །ཞེས་ཤིན་ཏུ་གསལ་བར་གསུངས་སོ། །དེས་ན་ལི་ཡུལ་དེ་ནི་བོད་ཀྱི་བྱང་རྒྱབ་དང་། ཨུ་རུ་སུའི་ལྷོ་མཐར་ཆགས་པའི་ཡུལ། །རྒྱ་གར་སྐད་དུ་གཾ་ས་དེ་ཤ། ཡུལ་གཞན་དུ་ཧུར་གི་སྣན་དང་། རྒྱ་ནག་པས་སིན་ཧང་དུ་འབོད་པ་འདི་ཡིན་ཏེ། འདིའི་ཤར་མཐའ་མཚོ་སྔོན་པོའི་བྱང་རྒྱབ་དང་འབྲེལ་ཞིང་། ནུབ་ཀྱི་མཐའ་ནི་མངའ་རིས་ལྷ་དྭགས་ཕྱོགས་དང་ཚོང་འགྲུལ་ཡོད་པའི་ཡར་ཀན་བྱ་བ་དེ་ཡིན་ལ། སྔར་ཕྱོགས་འདིར་བསྟན་པ་རྒྱ་ཆེར་དར་བ་ལས། སྤྱོང་བཙན་གྱི་སྐུ་དུས་ཙམ་ན་ཆོས་བསྣུབས་ཏེ། དགེ་སློང་རྣམས་བོད་དང་རྒྱ་གར་དུ་བྲོས། དེ་ནས་བཟུང་ཀླ་ཀློའི་རྒྱལ་ཁམས་ཀྱི་ལྟེ་བ་ལྟ་བུར་གྱུར་ཏེ་ཡོད་ཅིང་། ད་དུང་ཡང་གོ་ཤཱིརྵ་གླང་རུའི་གཙུག་ལག་ཁང་གི་ཤུལ་དང་། གཞན་ཡང་མཆོད་རྟེན་ཞིག་པོ་དང་སྟོན་གྱི་དགོན་རོ་ཤིན་ཏུ་མང་བ་ཡོད་འདུག ཡུལ་འདིའི་མི་རིགས་རྣམས་སོག་རྒྱུད་ཡིན་པས། ཀུན་མཁྱེན་ཀློང་ཆེན་པས། ཞུང་ར་སླུག་པོ་ལ་སོགས་པའི་སོག་ཡུལ་ཅེས་གསུངས་པ་ཡིན། ཡུལ་འདི་ལ་མདོ་སྨད་པ་རྣམས་ཡུལ་ལི་ཞེས་འབོད་པ་ཡང་། དོན་ལ་ལི་ཡུལ་བྱ་བའི་ཚིག་མགོ་མཇུག་ལྡོག་པའམ། ཡང་ན་རྒྱ་གར་ཡུལ་བྱ་བ་ལ་སྐབས་འགར་ཡུལ་རྒྱ་གར་ཞེས་བརྗོད་པ་དང་འདྲ། ཡུལ་འདི་ནི་བོད་ལས་ཤིན་ཏུ་ཁད་རིང་བའི་རྒྱུ་མཚན་གྱིས། སྔར་བོད་འབངས་སུ་འདུས་སོ་བྱ་བ་ཡང་ཡིད་ཆེས་དཀའ་བ་ཙམ་ཡིན་མོད། དགྲ་བཅོམ་དགེ་འདུན་འཕེལ་གྱི་ལི་ཡུལ་ལུང་བསྟན་དུ་ཡང་གསུངས་ཏེ། དེ་ལ་མང་པོ་ཞིག་ནི་བོད་ཀྱི་རྒྱལ་པོས་འཛིན་པར་འགྱུར་རོ། །ཞེས་དང་། གླང་རུ་ལུང་བསྟན་གྱི་མདོ་ལས་ཀྱང་། མ་འོངས་པ་ན་ལས་ཀྱི་དབང་གིས་ཡུལ་འདིར་བོད་དང་སུམ་པའི་དམག་རྣམས་ཀྱང་འོང་བར་འགྱུར་ཏེ། སོགས་གསུངས་སོ། །སུམ་པ་དེ་སྔར་བོད་ཁོངས་ཀྱི་རྒྱལ་ཕྲན་ཞིག་གི་ས་ཡིན་པ་ལ། ཁོང་ཚོའི་རིགས་དེ་དེང་སང་ཨ་མདོའི་ཁྲོད་དུ་འདྲེས་ནས་ཡོད། །

## 三、汉文译文

所谓“李域”(ལི་ཡུལ།)，归属藏（族）人之“于田”究在何方，在一段时间内，已被人们遗忘。其间经过数百年偶尔有人妄自猜度，谓“泊域”(བལ་ཡུལ། 尼泊尔）与“李域”是一处，在《牛角山授记》(གླང་རུ་ལུང་བསྟན།）等中，也认为在此[①]。香巴拉瓦译师说：“现在西藏能知李域者，唯我与仁达瓦（རེད་མདའ་བ།）两人而已，事实似乎亦如是。“泊域”与“李域”不是一处，如卓隆巴说：“印度东西之‘李’与‘泊波’（泊域）之‘域’两者亦并非一处。”迥敦日热（བཅོམ་ལྡན་

① 在法尊法师的汉译本中译作“便将‘朗如隆丹’（塔名）等一切圣迹，亦皆执为是在彼处”，应译作“在《牛角山授记》等中，也认为在此”。

རིག་རལ།）云：“土地肥沃李域国，不是汉藏交界的‘泊波’。”所说极为明确。为此，“李域”位于西藏以北，“俄罗斯”（ཨུ་རུ་སུ།）以南。印度称其为“冈木萨得夏”（ཀཾ་ས་དེ་ཤ），其他国家则称“土耳其斯坦”（ཏུར་ཀི་སྟན།），汉（族）人则称为“新疆”。此地之东界，与青海北部相连，西界则与阿里的拉达克（ལ་དྭགས།）方向有商旅来往的‘叶尔羌’（ཡར་ཀན།）[①]。此处古代盛行曾佛教，在“松赞”时期，佛法遭灭，众比丘逃往西藏和印度，从此以后，即变为拉鲁国（བྲ་གྲོའི་རྒྱལ་ཁམས་ཀྱི་ལྟེ་བ།）之中心，至今尚有许多郭香伽牛角山寺（གོ་ཤྲྀཥ་གླང་རུའི་གཙུག་ལག་ཁང་གི་ཤུལ།）之遗迹和其他佛塔、寺院之废墟。此地之民族为索布（སོག་རྒྱུད།）的后裔，更钦隆钦（ཀུན་མཁྱེན་གློང་ཆེན་པ།）说：“是‘绛热穆波’（ཞང་ར་སྨུག་པོ།）等蒙古地方。”此地安多人称之为“域李”（ཡུལ་ལི།），乃“李域”一名之颠倒。[②]此与称作“嘉嘎域”（རྒྱ་གར་ཡུལ། 印度国），有时亦称之为“域贾伽”（ཡུལ་རྒྱ་གར།）相同。由于此地距离吐蕃极为遥远，先前曾有吐蕃人统治也是很难想象的，而且在阿罗汉根敦群培的《李域授记》中也说，“此处更多之时间内被吐蕃藏王所统治。”《牛角山授记》也记载：“缘于业根，在未来，吐蕃和松波（སུམ་པ།）军队亦当来此国。”“松波”先前是隶属吐蕃的一个小国，其民族至今在安多境内杂居。[③]

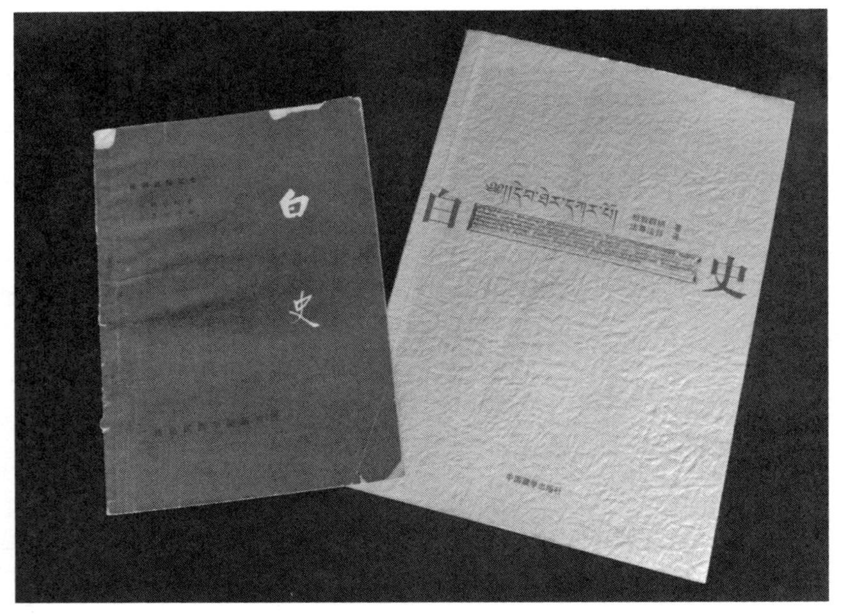


法尊法师汉译本《白史》，[西北民族学院（今西北民族大学）研究所本，中国藏学研究中心]

① 在法尊法师的汉译本中译作“西界则为与‘俄日喇达’有商旅往还之‘叶尔羌’也”，应译作“西界则为与阿里的拉达克方向有商旅来往的‘叶尔羌’”。

② 在法尊法师的汉译本中译作：“‘多梅巴’西藏青海处之人，呼此地名‘宇黎’，实则是将‘黎宇’一名颠倒。”应译作：“此地安多人称之为“域李”，乃“李域”一名之颠倒。”

③《根敦群培文选》(藏文版)，四川民族出版社，1988年1月，第50页。

# 十九、《东嘎藏学大辞典》(དུང་དཀར་ཚིག་མཛོད་ཆེན་མོ།) 李域词条译注

## 一、解　题

### （一）作者简介

《东嘎藏学大辞典》的作者东嘎·洛桑赤列先生（དུང་དཀར་བློ་བཟང་འཕྲིན་ལས།），原在中央民族学院藏学系任教，后调入西藏自治区拉萨市西藏大学藏学系任教，曾兼任甘肃省藏学研究所名誉所长。今西藏林芝市巴宜区人，自幼苦学藏传佛教学等，曾在哲蚌寺研学经论，1947年获格西拉然巴学位，后任东嘎寺活佛。1960年调至中央民族学院任教，担任1960年、1961年两届古藏文研究班主讲教师，并任历届本科生和进修藏文班的古藏文教师，藏学教授。后调至西藏自治区工作，任西藏社会科学院名誉院长、西藏大学教授，并任全国政协委员、西藏自治区政协常委，及中国历史研究所、宗教研究所、文学研究所，西南民族研究协会，西藏自治区教育研究机构等学术团体的顾问。长期给本科生和研究生班讲授藏文文法、诗镜学、古藏文等课程。1985年，曾赴德国参加国际藏族史学术讨论会。其主要学术论著、论述有：《汉藏历史词典》《汉藏历史年表》《布达拉宫和大昭寺历史介绍》《西藏政教合一的历史实现》《西藏目录学》（西藏自古以来就是中国领土的一部分），还编著了《西藏的教育发展概况》《拉萨志》《论西藏政教合一的封建农奴制度》等书，并注释了《西藏王臣论》《藏文文法》《颇罗鼐传》等，是国家级的著名藏族学者和知识渊博的教育家。东嘎·洛桑赤列生前编写的藏学辞典，原称《藏学大辞典》。就该辞典的编写时间来看，实际上作者从20世纪60年代便开始陆续搜集资料，摘录词条，

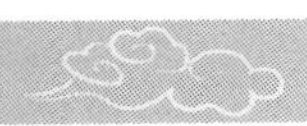

但直到1988年中国藏学研究中心将《藏学大辞典》列入重点科研计划后才得以专心写作，经过作者数年的精心写作，终于完成了这部辞典的编纂任务。但遗憾的是作者还没有看到这部著作的出版就离开了我们。

**（二）版本介绍**

《东嘎藏学大辞典》①，主要收录了以下几个方面的藏学词汇：关于藏族历史人物和历史事件；关于历代中央王朝与西藏地方政府之间的关系；关于藏族古代法律；关于原西藏地方政府机构及专用公文；关于涉藏地区名胜古迹和重点寺庙；关于藏族民俗与宗教；关于藏学基础知识等方面的词条。编选词汇丰富，内容解释翔实，分类科学合理，便于检索使用，是一部较全面的藏学百科性质的辞书。本辞典是以东嘎先生的名字命名的。该词典共有1.4万余条词目，280多万字，精装16开本，全书共2388页。李域词条是翻译自第1956~1957页，该词典于2002年4月由中国藏学出版社出版。

## 二、藏文原文

ལི་ཡུལ། འདི་དེང་སང་ཤིན་ཅང་དུ་འབོད་པ་དེ་ཡིན་ཅིང་། སྔར་བཙན་པོའི་དུས་སྐབས་ནས་ལི་ཡུལ་ཞེས་འབོད། བོད་ཀྱི་མཁས་པ་འགའ་ཞིག་གིས་བལ་ཡུལ་ལ་ངོས་འཛིན་མཛད་ཀྱང་། ཀུན་མཁྱེན་གྱོ་ལུང་པ་དང་། ས་སྐྱ་པཎ་ཆེན། བཅོམ་ལྡན་རིག་རལ། རྗེ་བཙུན་རེད་མདའ་བ་སོགས་མཁས་པ་མང་ཆེ་བས་བལ་ཡུལ་དང་ལི་ཡུལ་གཅིག་པ་མིན་པར་གསུངས་པ་མ་ཟད། ངོར་མཁན་ཆེན་བསོད་ནམས་ལྷུན་གྲུབ་ཀྱིས་བལ་ཡུལ་དང་ལི་ཡུལ་མི་གཅིག་པའི་རྒྱུ་མཚན་དངོས་ཡོད་མང་པོ་དྲངས་ནས་གསུངས་ཡོད་པ་དེའི་གསུང་རྩོམ《མིའི་དབང་པོ་མགོན་པོ་རྒྱལ་མཚན་གྱི་དྲི་ལན་རྒྱལ་སྲས་བཞད་པའི་མེ་ཏོག》ཞེས་མ་ལས་གསལ་ལ། ས་ཆ་འདི་ཕྱོགས་གང་དུ་ཡོད་པ་སོགས་དུས་ཡུན་རིང་པོ་ཞིག་གི་ནང་བཤད་ཚུལ་མི་འདྲ་བ་སྣ་ཚོགས་བྱུང་སྟེ། འགའ་ཞིག་གིས་བལ་ཡུལ་དང་ལི་ཡུལ་གཉིས་གཅིག་ཏུ་རྩིས་ནས་གླང་རུ་ལུང་བསྟན་གྱི་གནས་ཀྱང་བལ་ཡུལ་ལ་ཡོད་པར་ངོས་འཛིན་མཛད་ཡོད་ན་ཡང་བལ་ཡུལ་དང་ལི་ཡུལ་གཉིས་གཅིག་པ་མིན་པ་ནི་གྱོ་ལུང་པ་བློ་གྲོས་འབྱུང་གནས་ཀྱིས་རྒྱ་གར་ཤར་ནུབ་ལི་དང་བལ་པོའི་ཡུལ་ཞེས་བལ་ཡུལ་དང་ལི་ཡུལ་སོ་སོར་གསུངས་པ་དང་། དཔའ་བོ་གཙུག་ལག་ཕྲེང་བས《མཁས་པའི་དགའ་སྟོན》ནང་ལི་ཡུལ་གྱི་ལོ་རྒྱུས་གསུངས་སྐབས་རྒྱལ་པོ་མྱ་ངན་མེད་ཀྱི་བུ་ས་ནུས་བཟུང་བའི་ལི་ཡུལ་དང《གླང་རུ་ལུང་བསྟན་གྱི་མདོ》དང་《ལི་ཡུལ་ལུང་བསྟན་པའི་མདོ》གཉིས་ནས་རི་དང་མཆོད་རྟེན་སོགས་ནི་བལ་ཡུལ་ན་ཡོད་པའི་དེའི་སྐབས་ཀྱི་ལི་ཡུལ་ནི་བལ་ཡུལ་ཡིན་པའི་ཕྱོགས་དེ་འཐད་པ་དང་། 《དུས་འཁོར》གྱི་ནང་དུ་གསུངས་པའི་ཕྱི་ནང་གི་ཡུལ་བདུན་དང་། ཡུལ་དྲུག་གི་དུས་སྦྱོར་འཆད་པའི་སྐབས་ཀྱི་ལི་ཡུལ་ནི་བོད་ཀྱི་བྱང་དུ་ཡོད་པའི་ལི་ཡུལ་ལ་གོ་དགོས་པར་གསུངས། བཅོམ་ལྡན་རིག་པའི་རལ་གྲིས། ས་ནུས་བཟུང་བའི་ལི་ཡུལ་དེ། རྒྱ་བོད་མཚམས་ཀྱི་བལ་པོ་མིན། ཞེས་གསུངས་པ་ལྟར་མདོར་ན་ལི་ཡུལ་དེ་ནི་བོད་ཀྱི་བྱང་རྒྱབ་དང་། ཨུ་ཏུ་སུའི་ལྷོ་མཐར་ཆགས་པའི་ཡུལ། རྒྱ་གར་སྐད་དུ་ཀམ་ས་དེ་ཤ། ཡུལ་གཞན་དུ་ཁུར་ཀི་ཐྲིན། རྒྱ་ནག་གི་སྐད་དུ་ཤིན་ཅང་དུ་འབོད་པ་འདི་ཡིན་ཏེ། འདིའི་ཤར་མཐའ་མཚོ་སྔོན་ཞིང་ཆེན་གྱི་བྱང་

① 东嘎·洛桑赤列主编：《东嘎藏学大辞典》（藏文版），中国藏学出版社，2002年。

རྒྱབ་དང་འབྲེལ་ཞིང་ནུབ་མཐའ་ནི་མངའ་རིས་ལ་དྭགས་ཕྱོགས་དང་ཚོང་འགྲུལ་ཡོད་མཁན་ཡིར་ཁེན་ཟེར་བ་དེ་ཡིན། སྔར་ཡུལ་འདིར་ནང་པའི་ཆོས་ལུགས་དར་རྒྱས་ཆེ་བ་ལ། སྲོང་བཙན་སྒམ་པོའི་དུས་ཙམ་ནས་ནང་ཆོས་བསྒྱུབས་ཏེ། ཡུལ་དེའི་དགེ་སློང་རྣམས་བོད་དང་རྒྱ་གར་དུ་བྲོས། དེ་ནས་བཟུང་མུ་སྟེགས་པའི་ཆོས་ཀྱི་ལྟེ་བ་ལྟ་བུར་གྱུར། ད་དུང་ཡང་གོ་ཤྲྀངྒའི་སྒང་རུའི་གཙུག་ལག་ཁང་གི་ཤུལ་དང་། གཞན་ཡང་མཆོད་རྟེན་ཞིག་པོ་དང་། སྔོན་གྱི་དགོན་ཤུལ་ཤིན་ཏུ་མང་བ་ཡོད་འདུག ཡུལ་འདིའི་མི་རིགས་རྣམས་སོག་རྒྱུད་ཡིན་པས། ཀུན་མཁྱེན་ཀློང་ཆེན་པས། ལྷུང་ར་སྨུག་པོ་ལ་སོགས་པའི་སོག་ཡུལ་ཞེས་གསུངས་པ། ཡུལ་འདི་ལ་མདོ་སྔགས་པ་རྣམས་ཀྱིས་ཡུལ་ལི་ཞེས་འབོད་པ་ཡང་དོན་ལ་ལི་ཡུལ་ཟེར་བའི་ཚིག་མགོ་མཇུག་ཟློག་པའམ། ཡང་ན་རྒྱ་གར་ཡུལ་ཟེར་བ་ལ་ཡུལ་རྒྱ་གར་ཞེས་སྨྲས་པ་དང་འདྲ། ཡུལ་འདི་བོད་དང་ཤིན་ཏུ་ཐག་རིང་བའི་རྒྱུ་མཚན་གྱིས་སྔར་བོད་ཀྱི་འོག་ཏུ་འདུས་སྐྱོང་ཟེར་བར་ཡིད་ཆེས་དཀའ་ཙམ་ཡིན་མོད། བོད་ཕྱི་རབས་ཀྱི་མཁས་པ་མང་ཆེ་བས་ལི་ཡུལ་ནི་ཤིན་ཅང་དུ་འབོད་པ་དེ་ཡིན་པར་བཞེད་པ་མཐུན་ལ། མཁས་དབང་དགེ་འདུན་ཆོས་འཕེལ་གྱིས《དེབ་ཐེར་དཀར་པོ》ལས། བོད་བྱང་མཐར་ཡོད་པའི་ཤིན་ཅང་ནི་ལི་ཡུལ་ངོ་མ་ཡིན་པའི་མཚོན་རྟགས་སུ་ཡུལ་འདིའི་བྱེ་མའི་གསེབ་ནས་བོད་ཀྱི་རྫོང་སོག་མང་པོའི་ཤུལ་གསར་དུ་རྙེད་པ་ལས་སྔ་མོའི་བོད་ཀྱི་ཡི་བྱད་སྣ་ཚོགས་དང་། ཡུལ་མི་ལས་ཁྲལ་བསྡུས་པའི་བྱང་བུ་ཆེ་ཆུང་མང་པོ། དམག་དཔོན་སོགས་ཀྱིས་དཔོན་རིགས་རྣམས་ཕན་ཚུན་བཏང་བའི་ཡི་གེ་ལ་སོགས་པ་ཏ་ཙང་མང་པོ་ཐོན་ནས་རྒྱལ་ཁབ་མང་པོར་བགོས་ནས་ཁྱེར་ཏེ། ཁོང་ཚོའི་དཔེ་མཛོད་མང་བཤམས་སྟོན་ཁང་དུ་ཡོད་པར་གསུངས་འདུག

## 三、汉文译文

李域，在今天的新疆地区，从古代赞普时期（བཙན་པོའི་དུས་སྐབས།），就称作“李域”。有些藏族学者认定为尼波罗地区（泥婆罗，བལ་ཡུལ།）。更钦卓隆巴（ཀུན་མཁྱེན་གྲོ་ལུང་པ།）、萨迦班钦（ས་སྐྱ་པཎ་ཆེན།）、郡丹日热（བཅོམ་ལྡན་རིག་རལ།）、结尊热达瓦（རྗེ་བཙུན་རེད་མདའ་བ།）等大多学者不但认为“李域”与“泊域”（即泥婆罗）不同，而且奥堪钦索南隆珠（ངོར་མཁན་ཆེན་བསོད་ནམས་ལྷུན་གྲུབ།）提出了“泊域”与“李域”有许多不同的实例，可参见其著述《郡王贡布坚赞之问答·王子欢乐之花朵》（མིའི་དབང་པོ་མགོན་པོ་རྒྱལ་མཚན་གྱི་དྲི་ལན་རྒྱལ་སྲས་བཞད་པའི་མེ་ཏོག 手抄本）。究竟该地在何处，长期以来众说纷纭，有人说，“泊域”和“李域”两者算是一地，如果《牛头山授记》（གླང་རུ་ལུང་བསྟན།）中提出了对“泊域”的认识，“泊域＂和“李域＂两者为一，那么，卓隆巴罗哲迥纳（གྲོ་ལུང་པ་བློ་གྲོས་འབྱུང་གནས།）道：“在印度的东北部为‘李’和‘尼波罗’之域。‘泊域’和‘李域’各异。”巴吾祖勒昌哇（དཔའ་བོ་གཙུག་ལག་ཕྲེང་བ།）的《贤哲喜筵》（མཁས་པའི་དགའ་སྟོན།）中认为：“李域的历史，国王阿育王（རྒྱལ་པོ་མྱ་ངན་མེད།）之子地乳统治的李域和《牛头山授记》两者记载的山和佛塔等是在‘泊域’时期的‘李域’，属于‘泊域’地区。”《时轮》中所指的内外七域（ཕྱི་ནང་གི་ཡུལ་བདུན།）和六域（ཡུལ་དྲུག）时论说行时期的李域是坐落在吐蕃北方的李域。按照郡丹日贝热智（བཅོམ་ལྡན་རིག་པའི་རལ་གྲི།）所说的“地乳统治的李域，不是印藏交界的泊域”来看，李域在涉藏地区的北部，俄罗斯的南部地域，印度语称为“噶穆萨戴夏”（ཀམ་ས་དེ་ཤ），其他地方称“迪尔格斯坦”（ཏུར་ཀི་སྟན།），汉语称“新疆”。

此地的东部为青海省的北部，与其毗邻的是阿里与拉达克的商道，即称为“叶尔克”（ཡེར་ཁེན།）的地区。古代此地区佛教盛行，松赞干布时期，佛教渐衰，此地的僧人逃至吐蕃和印度。自此变为外道之中心。目前仍有高恰岗朗日佛殿的遗址（ས་ཕྲན་འི་སྣང་བའི་གཙུག་ལག་ཁང་གི་ཤུལ།），另外尚余一座佛塔，古代的寺院遗址也很多。此地的民族为蒙古后裔。更钦朗钦巴说“坚热穆保”（ཞྭང་ར་སྨུག་པོ།）等地的蒙古区。安多地区称此地为“域李”，是将“李域”之词的头尾相倒置，其意相同，也就如同所谓的“印度”的“印度之域”（རྒྱ་གར་ཡུལ།）。此地与吐蕃相隔甚远，难以置信的是历史上吐蕃曾经统治过，这与迄今许多藏族学者都承认“李域”是新疆地区所属相符。在知名学者根敦群培的《白史》（དེབ་ཐེར་དཀར་པོ།）中记载，吐蕃北部地区的新疆，的确是“李域”，此地被沙漠掩埋，除了新发现的很多藏族的聚落外，还有吐蕃的各种工具、不同地域汇聚的许多大小简牍（ཁྲལ་བསྡུས་པའི་བྱང་བུ་ཆེ་ཆུང་།）、将领散落的相互往来的书信等，各国瓜分而去，陈列在他们的博物馆内。

《东嘎藏学大辞典》（中国藏学出版社）

《东嘎藏学大辞典》中的李域词条

# 二十、敦煌汉文写卷 P.ch.2139《释迦牟尼如来像法灭尽之记》解读

## 一、解　题

### （一）译者简介

《释迦牟尼如来像法灭尽之记》汉译者是文献中提及的“大德三藏法师沙门法成”，实际上就是管·法成，他也被誉为“大校阅师三藏法师管·法成”，是汉藏佛教史上的重要人物，也是吐蕃著名的佛学家、佛经翻译大师、佛学教育家。管·法成大约生活公元8世纪末至9世纪中叶。这一时期，从政治上讲是吐蕃走向衰亡的时期；从宗教上讲，是吐蕃佛教继续发展的黄金时期，9世纪初叶也即赤祖德赞执政时期，吐蕃佛教迎来了又一次发展高峰，再次推动了吐蕃与周边地区各民族的文化交流，尤其是汉藏佛教文化的密切交流。吐蕃统治西域敦煌60多年的时间里，佛教更是汉藏文化交流的主要内容和途径。据相关文献记载，我国古代历史上至少出现了七个“法成”[①]。吐蕃的管·法成是唐代著名的高僧、佛学家、佛经翻译大师、佛学教育家和著名的汉藏佛教交流使者。法成为宣扬佛法、传播文化、促进民族融合、加强汉藏民族团结作出了卓越的贡献。更可贵的是他在汉藏佛教界的交流、汉藏佛经翻译方面留下了浓浓的一笔，可谓“前不见古人，后不见来者”。20世纪初，早最系统研究管·法成者推当的史学与国

①《中国佛教人名大辞典》编委会编：《中国佛教人名大辞典》，上海辞书出版社，1999年，第412页。据相关资料记载，在敦煌，大致相当于中唐的是吐蕃占领时期。755年，“安史之乱”爆发后，吐蕃趁机大举东进。至大历十一年（776年）已攻陷了除沙州以外的整个河西走廊地区，沙州敦煌便成为河西尚在抗蕃固守的唯一据点，至贞元二年（786年）才因外无救援、内无粮械而提出“勿徙他境”的条件与吐蕃议和。吐蕃占有敦煌60余年（786—848年），他们在这里强制推行吐蕃化政策，敦煌地区的佛教事业却得到吐蕃统治者的全力支持，僧侣地位提高，寺院经济发达，莫高窟的开凿也久盛不衰。

学大师陈寅恪先生；60年代，有学者陆续开展对法成的研究，影响较大的有日本上山大峻的《吐蕃国大德三藏法师沙门法成研究》[①]，80年代王尧先生的《藏族翻译家管·法成对民族文化交流的贡献》[②]。管·法成通达汉、梵、藏三种文字，并且达如此高的汉语水平，甚至有人也否定他是吐蕃人。王尧先生曾作过有益探索："日本上山大峻对于管·法成的事迹做了很多珍贵的工作，但是他认为管·法成就是p.4660号《吴和尚邈真赞》中的吴和尚……吴和尚是汉僧，原籍山西而流寓河西，与法成并非一人。"[③] 在藏文文献中，"管氏"（འགོས）是吐蕃著名的家族，位于后藏。8世纪管氏家族中曾出现过赫赫有名、协助赤松德赞倡佛的吐蕃大相管·元老即管·墀桑亚拉。由于家族特殊的身份，管·法成从小受到了良好的教育和佛教的熏陶，奠定了其擅长佛经翻译的内在基础和外部条件。由于他的影响和表率，管氏家族中曾出现了叱咤风云的管氏四大藏族翻译大师。管·法成（？—859年），又译为郭·法成或桂·法成（藏文 འགོས་ཆོས་གྲུབ།）等，是公元8—9世纪兼通梵、汉、藏三种语言文字的著名藏族翻译大师。他的汉族弟子把"འགོས"翻译成"吴"，故在汉文文献中也称作"管法成""吴法成"。《五部遗教》载："下茹拉部四个千户为，娘若支之千户也，赤塔琼部千户也，改章管之千户也，卡巴许布千户也。"[④] 管氏家族食邑领地在后藏"茹拉下部"改章千户所。管氏家族的另一分支又在"叶茹"（右翼）统领一个千户所。管氏在吐蕃61个千户里占了两个，可见其家族地位之显赫。管·法成原籍系今西藏日喀则谢通门县达那仁钦孜。管·法成具体的生卒年代迄今没有统一的说法，但根据有限的文献资料，基本可以推出其出生年代。据《莲花遗教》记载，赤松德赞时期选择译者的条件中规定：招收凡年满8–18岁、年轻有为、身体健康、诚信有才、思维敏捷者108位。根据列出的具体名单，有"慧佛郭卡管·法成"[⑤] 的记载，管·法成就在其中。如果此文献记载可靠，管·法成应该是8世纪末出生于后藏。由于汉藏文化交流进一步加强，833年管·法成辗转来到敦煌地区。自公元781年开始，敦煌被吐蕃统治，成为当时唐朝、吐蕃、回纥和西域之间的交通要塞。不仅使敦煌地区的佛教避免了会昌和达磨法难，而且使该地区的佛教事业得到了空前的发展，成为当时的佛教文化中心之一。法成来到敦煌后一直从事佛教的传播和译经活动，直至去世。9世纪中期，反佛势力暗杀热衷佛教的吐蕃赞普热巴巾后，拥立达磨即位，钵阐布僧相体制随即废除，尚论（俗论）等重新获得吐蕃政权。达磨即位后，任命结都那为吐蕃宰相最终酿成了历史上的达磨法难。公元842年，达磨赞普被佛教信徒刺杀。"会昌二年赞普死。……无子，以妃兄尚廷力子乞离胡为

① 上山大峻：《吐蕃国大德三藏法师沙门法成研究》（上、下），分载《东方学报》，东京版，第38期（1967年），第39期（1968年）。

② 王尧：《藏族翻译家管·法成对民族文化交流的贡献》，《文物》1980年第7期。

③ 王尧：《西藏文史考信集》，中国藏学出版社，1994年。

④ 邬坚领巴掘：《五部遗教》，西藏人民出版社，1986年，第438页。

⑤《莲花遗教》（藏文版），四川人民出版社，1996年，第415页。

赞普，始三岁，妃共治其国。大相结都那见乞离胡不拜……”[①] 乞离胡立位后内讧，吐蕃内部分成两派，发生了战争，史称“乌要之争”或“没庐、末氏之争”。其影响也波及守边将领，拥兵称雄，各据一方，相互混战二十余载。此时的唐朝，虽日渐衰弱，但仍趁此收复了河西陇右地区。848年，沙州人张议潮聚众起义成功，推翻了吐蕃在沙州一带的统治，唐朝自从8世纪后期陆续被吐蕃统治的地方，至此全部收复。张议潮是法成的弟子，对法成极为尊重，收复沙州之后竭力挽留，使他在敦煌继续传法译经，在开元寺开讲《瑜伽师地论》。法成晚年将注意力转向为弟子写作教理疏义，最后集成《瑜伽师地论》，分门记和手记。

我国是一个多民族的国家，促进民族之间的文化交流、加强民族之间的团结、谋求各民族共同发展，语言文字的互通显得极其重要，特别是当和平与发展成为时代主题，在世界多极化、全球一体化、共享人类文明的今天，更有着非常重要的现实意义。在我国古代历史上，佛教常常成为汉藏文化交流的重要载体，所以管·法成以佛教僧人的身份在汉藏文化之间发挥桥梁的作用。管·法成是汉藏佛教史上的重要人物，他为促进民族融合、加强汉藏民族团结及维护国家统一作出了杰出贡献。8世纪末，吐蕃统治河西走廊以来，大力弘扬佛法将敦煌作为又一个佛教中心、文化交流场所，并极力加以保护，使敦煌地区的佛教事业得到空前发展。管·法成在这个时期来到敦煌，从事佛教的传播和译经活动，具有极其重要的历史意义。大量的汉文佛经藏译、招收本地藏汉僧徒和传播汉藏佛教，既丰富了汉藏佛学，又为吐蕃佛教注入了汉传佛教的血液。从文化整合和传播的角度来讲，管·法成在这方面所起的作用也是值得肯定的。这是我国历史上汉藏文化交流的范例。在国家统一的历史长河中，各民族文化成为形成和丰富中华文明的重要源泉，也为铸牢中华民族共同体意识发挥了重要的作用。管·法成的传法、译经活动看似局限于宗教活动，但它潜在的功能和力量是不容低估的。随着唐王朝和吐蕃的相继灭亡，一度中断了汉藏佛教界的交流。但元朝建立以后，汉藏佛教界的交流得以继续，佛教僧人仍然在祖国统一和民族团结中发挥着一定作用，佛教仍然在发挥其潜在的凝聚作用。

法成所译汉文佛典多于藏文，有弥补失传汉文佛典的作用。根据史书记载，吐蕃时期基本上翻译了所有重要的佛典，并完整地保存下来。11世纪，阿底峡来到桑耶寺，看到如此浩繁的佛经翻译成果时，惊叹不已，感慨地说：“在印度也难以出现佛教在西藏弘扬的盛况……如此这般的经典想必是莲花生大师差遣非人去印度迎请过来的吧！”[②] 管·法成所译佛经也基本上保存于今天的藏文大藏经和敦煌文献中，而汉文译本失传的部分可以从法成所译藏文佛典中找到

---

①《新唐书》卷二一六《吐蕃下》，中华书局，1975年，第6105页。

② 恰白·次旦平措、诺章·吴坚、平措次仁著，陈庆英、格桑益西、何宗英、许德存译：《西藏通史——松石宝串》（上），西藏社会科学院、中国西藏杂志社、西藏古籍出版社，2004年，第304页。

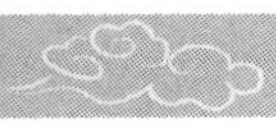

相应的文本，并可以还原成汉文。陈寅恪先生说："法成的历史地位当不在玄奘之下。如果说玄奘是中、印之间民族文化交流的使者，那么法成则主要是汉、藏之间民族文化交流的使者。"[①]管·法成也是汉藏翻译工作者学习的楷模。法成是汉藏翻译界乃至我国佛经翻译界的佼佼者，在我国佛经翻译史上实难找到像法成这样精通汉、梵、藏三种语言文字的翻译大师。也有人给予了他过高的评价，但他在那样艰苦的岁月里，取得如此令人瞠目结舌的巨大成就，给予我们太多的启示和鼓舞。如果没有法成的出现，汉藏佛教界的交流就缺少了重要的一环，将逊色很多。[②]总之，管·法成法师给我们留下了丰厚的文化遗产，具体表现在如下成就：

第一，由汉文译为藏文的佛经：①《金光明最胜王经》，汉文本系义净译。②《解深密经疏》，汉族大论师圆测（wnachig）造。汉文本已经佚失，所幸管·法成所译藏文本保存完整。③《楞伽阿波多宝经》(《入楞伽经》)。④《善恶因果经》。⑤《贤愚经》。⑥《大宝积经被甲庄严会第七》⑦《大宝积经佛为阿难说处胎会第十三》。⑧《大宝经净信童女会第四十》。⑨《佛说是非时经》。⑩《锡杖经》。⑪《执持锡杖普行轨则》。⑫《千手千眼陀罗尼经》。⑬《观音陀罗尼经》。⑭《十一面神咒心经》，玄奘译。⑮《百字论颂》。⑯《百字论释》。⑰《缘生三十颂》，汉本《缘生三十颂》，楞伽造，达磨笈多译。⑱《缘生三十颂释》，楞伽造，不空译。⑲《八转声颂》。此书见于《敦煌遗书》斯坦因劫经录藏文经卷。汉文本见于《敦煌遗书总目录》,P.2061号。又，汉文本"P.2061号"《八转声颂》题记"国大德三藏法师法成译"字样，似乎表明汉文本也是法成所译。但藏文尾题又作"法成译自汉本"。由此看来，汉本也有可能是"法成译自梵本"。这一推测是否可信，尚待证明。[③]

第二，由藏文译为汉文的佛经：①《般若波罗蜜多心经》1卷。②《诸星母陀罗尼经》。③《萨婆多宗五十论》。④《菩萨律仪二十颂》。⑤《释迦牟尼如来象法天尽之记》。⑥《大乘无量寿宗要经》。⑦《大乘四法经》1卷。⑧《大乘四法经释》（世亲菩萨作）1卷[④]。

第三，由梵文译为汉文的佛经：《八转声颂》。

第四，由梵文译为藏文的佛经：《善恶因果经》《贤愚因缘经》《大宝积经四十九会》等。

第五，由于阗文译为藏文的佛经：《大宝积经四十九会》等。

第六，汉文集录：《大乘四法经论及广释开决记》1卷、《大乘稻秆经随听手镜记》、P.2886

① 转引自郑炳林、樊锦诗、杨富学主编：《丝绸之路——民族古文字与文化学术讨论会文集》（下），三秦出版社，第670页。

② 旺多：《管·法成对汉藏佛经翻译的重大贡献》，《宗教学研究》2010年第2期，第134~136页。

③ 王尧：《西藏文史考信集》，中国藏学出版社，1994年。

④《大乘四法经》与《大乘四法经释》原文见于杨富学、李吉和辑校《敦煌汉文吐蕃史史料辑校》（第1辑），甘肃人民出版社，1999年。未见署名，从译风来看可能是法成译作。

号《叹诸佛如来无染着德赞》等3部[①]。

第七，藏文著述：《孟秋施物缘起要说》、《善恶业报要说》2种。

第八，讲义录：《瑜伽师地论》（讲义录）、《瑜伽论汉藏对照字汇》讲授笔记等[②]。法成的全部著作加起来有30多种，无论从质量、数量，还是从对汉藏文化的影响来看，都堪称我国汉藏佛学界的典范。

**（二）版本介绍**

《释迦牟尼如来像法灭尽因缘》一卷，收录在《大正新修大藏经》第51册 No.2090《释迦牟尼如来像法灭尽之记》，版本记录：CBETA 电子佛典 Rev.1.9（Big5），完成日期：2004/11/14/。编辑说明：本数据库由中华电子佛典协会（CBETA）依《大正新修大藏经》所编辑。原始资料：萧镇国大德提供，北美某大德提供。《释迦牟尼如来像法灭尽之记》中保存了于阗佛教与历史的信息。译者为吐蕃统治时期的敦煌僧人法成，他将《于阗国授记》（ལི་ཡུལ་ལུང་བསྟན།）的开头部分翻译成汉文，题为《释迦牟尼如来像法灭尽之记》。此后此篇文献在敦煌藏经洞中发现，编号为 P.ch.2139，并收录于大藏经之中。此外，《于阗教法史》（ལི་ཡུལ་ཆོས་ཀྱི་ལོ་རྒྱུས།）[③]，此篇文献在敦煌藏经洞亦有发现，标号为 P.T.960。11世纪初于阗被信奉伊斯兰教的喀喇汗国所灭之后，早期于阗的佛教典籍、历史文献都随黄沙湮没，这些用藏文记录下来的资料包括《释迦牟尼如来像法灭尽因缘》显得弥足珍贵。[④]

## 二、汉文原文

有于阗国来。六代王已过至第七代王。名曰毗左耶讫多。治国之时。彼国有寺。名萨迦般罗诃。去此寺不远有一山谷。名娑迦耶几。彼山谷中有一罗汉。彼有苾刍弟子。从其师所。以学律仪。后见月藏菩萨所问经。及圣教已。即问尊师罗汉曰。佛灭度后。于阗疏勒及与安息。如来像法窣睹波等。几时住世。谁当毁灭。究竟至其何所。愿为解说。时罗汉即□□日□□□□□□□□□释迦牟尼如来灭后。彼法影像及以塔庙。二千年在世。然后灭没。于阗等此三之国。汉与赤面、苏毗、突厥。回鹘等贼。动其干戈而来侵损。是故佛法以渐衰微。毁灭塔寺。众僧资具亦皆断绝。此三国中。安息疏勒不行法贼被侵。故扰塔寺。多分焚烧。毁灭

① 杨富学、李吉和辑校：《敦煌汉文吐蕃史史料辑校》（第1辑），甘肃人民出版社，1999年。

② 杨富学、李吉和辑校：《敦煌汉文吐蕃史史料辑校》（第1辑）、《布顿佛教史》、《西藏文史考信集》等。

③ 王尧、陈践译注：《敦煌吐蕃文献选》，四川民族出版社，1983年，第96~100页。

④ 陈粟裕：《从于阗到敦煌——以唐宋时期图像的东传为中心》，方志出版社，2014年，第91页。

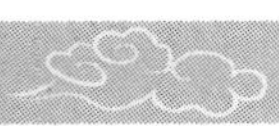

皆悉。空弃诸寺。众僧多分移从于阗国。于阗塔寺。五百菩萨常护持。故二百五十以出家仪。二百五十在于俗徒。受生护持。牛头山寺。贤劫一千五佛常当履践。以为宫殿。为诸贤圣威德慈悲加持于阗塔寺妙法。故行法人多于余国。久住于世。

尔时诸国王等。为欲取于阗国故斗诤纷纭。何王得者。即与于阗作大施主。不毁不灭。常当供养。当尔之时。赤面国王有大威势。多侵余国。以为自境。尔时有一菩萨。于赤面国受生。为王于自国内广行妙法。从于他国。请其法师及经论。赤面国中。建立精舍。造窣堵波。度□□众。国王大臣并诸国人。广行正法。

尔时于阗属彼赤面王。故广行正法。建立塔寺。置其三宝人户田园。兴大供养。赤面国王。七代已来以行妙。此七代王。于余国中所有三宝及塔寺处。不起恶心。亦不损害。

尔时于阗众僧。如月藏菩萨受记经中所说。多分信心渐薄。不于戒法。求世利誉。入于王臣谋密之事。令其正法渐渐衰秏。

尔时王臣及以子孙。退失净信。常住所有一切诸物。苾刍秏已用。故于阗塔寺正法常住所属诸物。不同往日。渐当衰秏。国王大臣。于出家众不生欢喜。后于异时有一菩萨。为赤面国第七代王。彼王纳汉菩萨公主以为妃。后将六百侍从至赤面国。时彼公主极信佛法。大具福德。赤面国王亦大净信。过于先代。广兴正法。如是之时。于阗国王年少不行佛之正法。先诸苾刍曰。不然归俗。不然随意。出向他处。以逼逐故。一切众僧集拶摩寺。评议是事。时寺内众前。忽现七分金宝之食。五千苾刍王断其食窘急之者。易彼金食为三月粮。当尔之时。或有归俗。有不归俗。往他方者。别离父母亲戚眷属及本生国。极生忧恼。放弃大哭。僧徒众会。进路往至牟吽寺中。彼处有一大窣堵波。有大净信□伯神王。开折彼塔。出一金碗盛满珠。以施众僧。复更有余净信施主。办众资具。以施其僧。如是次第众僧渐次至奴卢川。以彼珠为半月粮。尔时众僧至奴卢川。在宋多纥恭娘寺。时多闻天王及功德天变为夫妻。住在彼处。敬白僧言。我等作福。愿垂纳受。半月已来设大施会。恭养僧众。功德天女出一衣袖金宝之钱。以施众僧。是时僧众俱从赤面大番之国行至破山。遇守关人留难不放。而作是言。余处有路。一任当往。尔时多闻天王自变其身为一白牛有其脊疮并有綦纼。众僧见之互相谓曰。此脊疮牛是人之畜。此往何处。随后当行。时彼牛以引直路于四五间一切众僧至赤面国萨毗之境。时萨毗军当道节度多闻众僧从西来至。走白赤面王知。

尔时彼王夫人闻多众僧失土波迸。白其王曰。我办畜乘及以资具。愿请众僧。来至赤面国。王亦许之。以办畜乘。便迎众僧。至赤面国。时赤面国王公主侍从供养礼拜。问众僧中善解三藏诸大德曰。除汝更有波迸者不。诸三藏大德谨对之曰。安息、疏勒、勃律、加悉蜜国。有如是众多僧众。波迸流移现在彼处。即便发使迎请众僧至赤面国。时赤面国置七所寺。办诸供具。

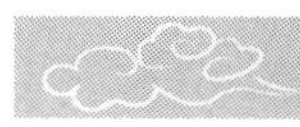

常住人户倍胜往曰。安置众僧住在七寺。后经三四年。公主心上有恶疮出。病苦之时。公主白王。妾因此疾终不得免。所有僮仆及以财物。愿施三宝。王亦许之。六百侍从悉放出家。然后公主命将终尽。公主终后。赤面国王境界之内。豆疮病起。大臣百官并诸子孙而死者众。时彼群臣而集会之白其王曰。王国界内。先无如是疮苦病恼。今诸波迸戎夷僧众来到此处。公主崩逝。大臣百官多有死者。是故此诸出家之众。不留王界。理合驱出。王先之日。合驱不驱。委细详之。群臣同心。乐驱众僧。以白王知。欲驱众僧出于王界。是时赤面国王境内旧住苾刍瞋恚而言。若以驱逐此诸僧。我等亦皆不住于此。诸臣恚言。汝等亦当随意而去。公主来至赤面国后。汉王兴崇道士法。故一切汉僧悉皆来至赤面国界。如是之时。彼界众僧。赤面国内所有舍利圣教经论供养诸具常住财物。尽皆赍持。往至于西大乾陀罗国。当尔之时。汉与赤面婆罗行国于阗国等直至恒河。像法灭没更无有余。恒河彼岸俱闪弥国像法三月住世。最后灭尽。一切僧众至乾陀罗界伊罗叶龙王所住海岸。三宝威力。彼海腾波。龙王思惟。我所住处何故腾波。以天眼观知释迦牟尼如来圣教像法近灭末后见僧之期。自变其身为一老人。从海而出。礼彼众僧。以问之曰。如是众僧从于何来。往至何所。众僧答曰。我等本居赤面国界。施主无信。毁灭常住及精舍。故我等往至大乾陀罗国。龙王问曰。众僧极广。有何粮食。大乾陀罗国绕海而去四十日余。始达彼处。今现众僧唯有二十日粮。云何达彼。众僧闻已。皆大啼哭。龙王见已。极生忧恼。语僧众曰。此有直路。有其蛇桥。能上往者速达彼处。作是语讫。老人不见。时彼龙王现一登山之路。自变其身为一大蛇。海上作桥。作是思惟。我今若度此诸僧众。先作恶业。今受傍生之身。亦可得脱。发是愿矣。便置蛇桥十五日余。众多人畜于上而过。蛇桥之上人畜过时。或有堕水而命终者。如是人畜往来去故。其蛇脊背破裂毁坏。血流而雨。海变为血。众多僧众于蛇桥上而往过。时末后余残赤面留难而不放过。然后大蛇堕于海中而命终已。得生兜率陀天。海亦枯竭。

尔时僧众到乾陀罗国。彼国之王具办供具。二年供养各令安乐。经二年已。彼王舍寿。王有二子。一信佛法。一行外道法。后争王位。其时僧众为信法王子作用侻。故彼得胜已而绍王位。彼王统治之时。加僧俸禄资缘具足。经半年已。有一苾刍。杀却彼王。自绍王位。乾陀罗国一切人众。一时而反杀苾刍王。诸余僧众尽皆驱逐。出王界外。故乾陀罗国像法亦灭。一切僧众波迸流离。向在余国。如是之时。西方国王.北方国王.叶婆那王等禄福胜前。此三国王会盟一家。时彼三王化治西方及北方等。时彼三王各将十万兵攻俱闪弥国。王以灭三十万兵及其王等一不余残。尔时俱闪弥王为欲忏除杀众兵罪。召请阎浮界内一切众僧。至俱闪弥国。后因众像自内斗诤。遂互相杀一无余残。故阎浮界佛之像法从兹灭尽。一一广明如月藏菩萨受记经说。释迦如来般涅槃后经五十七俱胝六兆年岁。慈氏世尊现娑婆界。化治有情。

释迦牟尼如来像法灭尽因缘一卷。

# 二十一、《于阗国行程记》解读

## 一、解　题

### （一）作者简介

《于阗国行程记》的作者为五代时期的平居海，这篇行记是研究五代时期西域地理和历史的重要文献。关于作者平居海的生平简介，没能找到相关资料。

### （二）版本介绍

关于作者历史文献中也有署名为高居诲者，有学者考证纯属讹误。据史料记载，早在后晋天福三年（938年），供奉官张匡邺假鸿胪卿出使于阗国，册封国王李圣天为大宝于阗国王，归来后其随行判官撰行程记一卷，记于阗国风土及沿途道里山川。欧阳修撰《新五代史》，其《四夷附录》于阗国部分即主要依据此书，同时并录有行记节文。欧氏在《新五代史》中谓作者为彰武军节度判官高居诲。在《文献通考》卷三三七同，清人编修《全唐文》时，亦归名于高氏。[①]据娄雨亭考证，钱辑宋《崇文总目》卷二著录此书作："《于阗国行程记》一卷，平居海撰。"《崇文总目》即欧阳修等奉敕编纂，此书欧公用力尤多，而竟与欧史异文歧出，自应充分重视。苏颂在《本草图经》[②]的序言中特别强调：若其药"生于外夷者，则据今传闻，或用书传所载。若玉屑、玉泉，今人但云玉出于阗，不究所得之因，乃用平居诲《行程记》为质"[③]。可以看出采用平居诲《行程记》，正是苏颂炫示于人的得意之笔。宋代《国史·艺文志》的《宋史·艺文志》，同样也是著录为"平居诲《于阗国行程录》一卷"。由此可见，欧阳修《新五代史》和马端临《文

①《全唐文》卷八五〇。

②《重修改和经史证类备用本草》卷三，人民卫生出版社影印，金平水本玉石部玉屑条引佚文。

③《重修政和经史证类备用本草》序例上引《本草图经序》。

献通考》所说《于阗国行程记》是有舛讹的，作者应当是平居诲。[①]

《于阗国行程记》有时还写作《使于阗记》。《使于阗记》后晋使臣高居诲所记出使于阗的行记。原名《于阗国行程录》，一卷，《宋史·艺文志》著录。原本已佚，现部分保存在《新五代史·四夷附录》、《重修政和经史证类备用本草》、程大昌《演繁露》、张世南《游宦纪闻》、马端临《文献通考·四裔考》等书中，通常用王国维《古行记校注》所用的《高居诲使于阗记》一名。后晋天福三年（938年），于阗国王李圣天[②]派遣使者马继荣、张再通、吴规顺等人入贡，晋高祖石敬瑭册封李圣天为大宝于阗国王，派遣供奉官张匡邺假鸿胪卿、彰武军节度判官高居诲为判官，前往于阗宣告册命。同年冬十二月从灵州出发，横越沙漠到凉州，经河西走廊，沿西域南道西行，经仲云界，至于阗，时为于阗同庆二十九年（940年）。又经两年，返回汴梁。《高居诲使于阗记》记录了沿途所经地名、里数、部落及其部分细节，对于此行的目的地于阗，所记尤详，对其物产、风俗、辖境，特别是于阗著名的玉石的出产地玉河，有较详细的记录，是研究10世纪河西和塔里木盆地的重要资料。目前此书还没有一个完整的辑校本。[③]本词条的撰写者系荣新江，显然荣先生也将原本是平居诲的作者误写为高居诲了。

《于阗国行程记》摘自《大正新修大藏经》第51册 No.2090《于阗国行程记》。版本记录：CBETA 电子佛典 Rev.1.9（Big5），完成日期：2004/11/14/，本数据库由中华电子佛典协会（CBETA）依《大正新修大藏经》所编辑。原始资料由萧镇国大德提供，后由北美某大德提供。《于阗国行程记》由（五代）的平居诲撰。《于阗国行程记》收录在《重修政和经史证类备用本草》卷三，总计有1004字。《于阗国行程记·附录》收录在《四库全书·史部·正史类·新五代史》卷七十四、《四库全书·史部·政书类·通制之属·文献通考》卷三百三十七，《于阗国行程记》一卷《四库全书·史部·目录类·经籍之属·崇文总目》卷四，《于阗国行程记一卷》（平居诲撰）《四库全书·史部·别史类·通志》卷六十六，《平居诲于阗国行程录》一卷，《四库全书·史部·正

① 娄雨亭：《后晋〈于阗国行程记〉作者订讹》，《中国历史地理论丛》1990年第4期，第114页。

② 李圣天，10世纪的于阗国王。本名尉迟僧乌波（Visa'Sambhava），出身于汉唐以来的于阗王族尉迟氏。李圣天是他的汉名。自称姓李，显然是慑于昔日唐朝的声威而冒姓唐朝皇室的李姓，把自己说成是唐之宗属。圣天一名，则来自于阗国王的一种常用称号，即于阗文的 misdāmgyastä，意为“神圣的天”。李圣天即位于912年，年号同庆。他积极加强与中原王朝的关系，特别是和敦煌的沙州归义军政权保持着十分密切的交往。931年前后，他娶归义军节度使曹议金的女儿为妻，封为皇后，用和亲巩固双方的联系。938年，他还进一步派使者马继荣等向中原后晋王朝入贡红盐、郁金、牦牛尾、玉氎等。晋高祖册封他为大宝于阗国王，并派遣张匡邺、高居诲等亲赴于阗宣命。李圣天对这一殊荣着力加以表彰，他特别在莫高窟归义军节度使曹议金的功德窟中，绘上他的高大形象，并榜题为“大朝大宝于阗国大圣大明天子”。终李圣天之世，于阗一直以大宝国为名，并不断遣使向中原入贡。李圣天衣冠服饰一如汉地，所居之金册殿面向东方，表明其归属。他信佛教，左右常有紫衣僧50人随侍参政。在他统治时期，于阗仍然是西域佛教中心之一，翻译、编撰了一些佛典，其中部分保存在敦煌莫高窟。他的统治延续到966年结束。（荣新江撰写，余太山、陈高华、谢芳主编：《新疆各族历史文化词典》，中华书局，1996年，第180页。）

③ 余太山、陈高华、谢芳主编：《新疆各族历史文化词典》，中华书局，1996年，第244~245页。

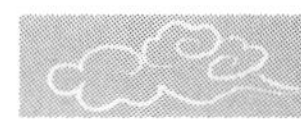

史类·宋史》卷二百四，附录总计2530字。

## 二、汉文原文

**《于阗国行程记》[五代]平居诲　撰**

自灵州过黄河，行三十里，始涉沙入党项界，曰细腰沙、神点沙。至三公沙，宿月支都督帐。自此沙行四百余里，至黑堡沙，沙尤广，遂登沙岭。沙岭，党项牙也，其酋曰捻崖天子。渡白亭河至凉州，自凉州西行五百里至甘州。甘州，回鹘牙也。其南，山百余里，汉小月支之故地也，有别族号鹿角山沙陀，云朱耶氏之遗族也。自甘州西，始涉碛，碛无水，载水以行。甘州人教晋使者作马蹄木涩，木涩四窍，马蹄亦凿四窍而缀之，驼蹄则包以氂（牦）皮乃可行。西北五百里至肃州，渡金河，西百里出天门关，又西百里出玉门关，经吐蕃界。吐蕃男子冠中国帽，妇人辫发，戴瑟瑟珠，云珠之好者，一珠易一良马。西至瓜州、沙州，二州多中国人，闻晋使者来，其刺史曹元深等郊迎，问使者天子起居。瓜州南十里鸣沙山，云冬夏殷殷有声如雷，云《禹贡》流沙也。又东南十里三危山，云三苗之所窜也。其西，渡都乡河曰阳关。沙州西曰仲云，其牙帐居胡卢碛。云仲云者，小月支之遗种也，其人勇而好战，瓜、沙之人皆惮之。胡卢碛，汉明帝时征匈奴，屯田于吾卢，盖其地也。地无水而尝寒多雪，每天暖雪销（消），乃得水。匡邺等西行入仲云界，至大屯城，仲云遣宰相四人、都督三十七人候晋使者，匡邺等以诏书慰谕之。皆东向拜。自仲云界西，始涉□（兼？）碛，无水，掘地得湿沙，人置之胸以止渴。又西，渡陷河，伐柽置水中乃渡，不然则陷。又西，至绀州，绀州，于阗所置也，在沙州西南，云去京师九千五百里矣。又行二日至安军州，遂至于阗。圣天衣冠如中国，其殿皆东向，曰金册殿，有楼曰七凤楼。以蒲桃为酒，又有紫酒、青酒，不知其所酿，而味尤美。其食，粳沃以蜜，粟沃以酪。其衣，布帛。有园圃花木。俗喜鬼神而好佛。圣天居处，尝认紫衣僧五十人列侍，其年号同庆二十九年。其国东南曰银州、卢州、湄州，其南千三百里曰玉州，云汉张骞所穷河源出于阗，而山多玉者此山也。其河源所出，至于阗分为三：东曰白玉河，西曰绿玉河，又西曰乌玉河。三河皆有五而色异，每岁秋水涸，国王捞玉于河，然后国人得捞玉。（《新五代史》卷七四）

玉河在于阗城外，其源出昆山，西流一千三百里至于阗界牛头山乃疏为三河，一曰白玉河，在城东三十里；二曰绿玉河，在城西二十里；三曰乌玉河，在绿玉河西七里。其源虽一，而其玉随地而变，故其色不同。每岁五六月大水暴涨，则玉随流而至，玉之多寡由水之大小。七八

月水退乃可取，彼人谓之捞玉。其国之法，官未采玉，禁人辄至河滨者。故其国中器用服饰往往用玉。今中国所有，多自彼来耳。(《重修政和经史证类备用本草》卷三)

**于阗国行程记·附录**

于阗国地君世物俗见于唐五代乱世中国多故不能抚来四夷其尝自通于中国者仅以名见其君世终始皆不可知而于阗尤远去京师万里外其国西南近葱岭与婆罗门为邻国而相去犹三千余里南接吐蕃西北至疏勒二千余里晋天福三年于阗国王李圣天遣使者马继荣来贡红盐郁金氂牛尾玉氎等晋遣供奉官张匡邺假鸿胪卿彰武军节度判官高居诲为判官册圣天为大宝于阗国王是岁冬十二月匡邺等自灵州行二岁至于阗至七年冬乃还而居诲颇记其往复所见山川诸国而不能道圣天世次也居诲记曰自灵州过黄河行三十里始涉沙入党项界曰细腰沙神树沙至三公沙宿月支都督帐自此沙行四百余里至黑堡沙沙尤广遂登沙岭沙岭党项牙也其酋曰捻崖天子渡白亭河至凉州自凉州西行五百里至甘州甘州回鹘牙也其南山百余里汉小月支之故地也有别族号鹿角山沙陀云朱耶氏之遗族也自甘州西始涉碛碛无水载水以行甘州人教晋使者作马蹄木涩木涩四窍马蹄亦凿四窍而缀之驼蹄则包以氂（牦）皮乃可行西北五百里至肃州渡金河西百里出天门关又西百里出玉门关经吐蕃界吐蕃男子冠中国帽妇人辫发戴瑟瑟珠云珠之好者一珠易一良马西至瓜州沙州二州俱中国人闻晋使者来其刺史曺元深等郊迎问使者天子起居瓜州南十里鸣沙山云冬夏殷殷有声如雷云禹贡流沙也又东南十里三危山云三苗之所窜也其西渡都乡河曰阳关沙州西曰仲云其牙帐居胡卢碛云仲云者小月支之遗种也其人勇而好战瓜沙之人皆惮之胡卢碛汉明帝时征匈奴屯田于吾卢盖其地也地无水而尝寒多雪每天暖雪销乃得水匡邺等西行入仲云界至大屯城仲云遣宰相四人都督三十七人候晋使者匡邺等以诏书慰谕之皆东向拜自仲云界西始涉□（兼？）碛无水掘地得湿沙人置之胸以止渴又西渡陷河伐柽置冰中乃渡不然则陷又西至绀州绀州于阗所置也在沙州西南云去京师九千五百里矣又行二日至安军州遂至于阗圣天衣冠如中国其殿皆东向曰金册殿有楼曰七凤楼以蒲桃为酒又有紫酒青酒不知其所酿而味尤美其食粳沃以蜜粟沃以酪其衣布帛有园圃花木俗喜鬼神而好佛圣天居处尝以紫衣僧五十人列侍其年号同庆二十九年其国东南曰银州卢州湄州其南千三百里曰玉州云汉张骞所穷河源出于阗而山多玉者此山也其河源所出至于阗分为三东曰白玉河西曰绿玉河又西曰乌玉河三河皆有玉而色异每岁秋水涸国王涝玉于河然后国人得涝玉自灵州渡黄河至于阗往往见吐蕃族帐而于阗常与吐蕃相攻劫匡邺等至于阗圣天颇责诮之以邀誓约匡邺等还圣天又遣都督刘再升献玉千斤及玉印降魔杵等汉乾祐元年又遣使者王知铎来（《四库全书·史部·正史类·新五代史》卷七十四）

于阗国玉晋金州防御判官平居诲天福中为鸿胪卿张邺本二名上一字犯太祖庙讳上字使于阗判官回作行程记载其国采玉之地云玉河在于阗城外其源出昆山西流一千三百里至子阗界牛头山

乃疏为三河一曰白玉河在城东三十里二曰绿玉河在城西二十里三曰乌玉河在绿玉河西七里其源虽一而其玉随地而变故其色不同每岁五六月大水暴涨则玉随流而至玉之多寡由水之大小七八月水退乃可取彼人谓之捞玉其国之法官未采玉禁人辄至河滨者故其国中器用服饰往往用玉今中国所有多自彼来耳（《四库全书·子部·医家类·证类本草》卷三）

玉出蓝田昆冈本草亦云好玉出蓝田及南阳徐善亭部界日南庐容水中外国于阗疏勒诸处皆善今蓝田南阳日南不闻有玉国朝礼器及乘舆服御多是于阗玉晋天福中高居诲从使于阗为判官作记纪其采玉处云玉河在国城外源出昆山西流千三百里至国界牛头山分为三曰白玉河在城东三十里曰绿玉河在城西二十里曰乌玉河在绿玉河西七里源虽一玉随地变故色不同每岁五六月水暴涨玉随流至多寡由水细大水退乃可取方言曰捞玉国主未采禁人至河滨大观中添创八宝从于阗国求大玉一日忽有国使奉表至故事下学士院召译表语而后答诏其表云日出东方赫赫大光照见西方五百国五百国条贯主师子黑汗王表上日出东方赫赫大光照见四天下四天下条贯主阿舅大官家你前时要者玉自家甚是用心力只为难得似你尺寸底自家已令人两河寻访才得似你尺寸底便奉上也当时传以为笑后果得之厚大踰二尺色如截肪昔未始有也大抵今世所宝多出西北部落西夏五台山于阗国玉分五色白如截肪黄如蒸栗黑如点漆红如鸡冠或如胭脂惟青碧一色高下最多端带白色者浆水又分九色上之上之中之下中之上之中之下下之上之中之下宣和殿有玉等子以诸色玉次第排定凡玉至则以等子比之高下自见今内帑有金等子亦此法（《四库全书·子部·杂家类·杂说之属·游宦纪闻》卷五）

于阗玉河其源出昆仑山西流一千三百里至于阗界牛头山乃疏三河一曰黄玉河在城东三十里二曰绿玉河在城西二十里三曰乌玉河在绿玉河西十里其源虽一玉则随地而变故其色不同每岁五六月大水暴涨则玉随流而至玉之多寡由水之大小八月水退乃可取彼人谓之捞玉其国之法官未采玉禁人辄至河滨故其国中器用服饰往往用玉见晋平居诲使于阗行程记（《四库全书·子部·杂家类·杂说之属·研北杂志》卷下）

居诲记曰自灵州过黄河行三十里始涉沙入党项界曰细腰沙神树沙至三公沙宿月支都督帐自此沙行四百余里至黑堡沙沙尤广遂登沙岭沙岭党项牙也其酋曰捻崖天子渡曰亭河至凉州凉州西行五百里至甘州甘州回鹘牙也其南山百余里汉小月支之故地也有别族号鹿角山沙陀云朱邪氏之遗族也自甘州西始涉碛碛无水载水以行甘州人教晋使者作马蹄木涩木涩四窍马蹄亦作四窍而缀之驼蹄则包以氂（牦）皮乃可行西北五百里至肃州渡金河西百里出天门关又西百里出玉门关经吐蕃男子冠中国帽妇人辫发戴瑟瑟珠云珠之好者一珠易一良马西至瓜州沙州二州多中国人闻晋使者来其刺史曹元深等郊迎问使者天子起居瓜州南十里鸣沙山云冬夏殷殷有声如雷云禹贡流沙也又东南十里三危山云三苗之所窜也其西渡都乡河曰阳关沙州西曰仲云族其牙帐居胡卢碛云仲

云者小月支之遗种也其人勇而好战瓜沙之人皆惮之胡卢碛汉明帝时征匈奴屯田于吾卢盖其地也地无水而常寒多雪每天暖雪销乃得水匡邺等西行入仲云界至大屯城仲云遣宰相四人都督三十七人候晋使者匡邺等以诏书慰谕之皆东向拜自仲云界西始涉□（兼？）碛无水掘地得湿沙人置之胸以止渴又复渡陷河伐柽置水中乃渡不然则陷又西至绀州绀州于阗所置也在沙州西南云去京师九千五百里矣又行二日至安军州遂至于阗圣天衣冠如中国其殿皆东向曰金册殿有楼曰七凤楼以葡萄为酒又有紫酒青酒不知其所酿而味尤美其食粳沃以蜜粟沃以酪其衣布帛有园圃花木俗喜鬼神而好佛圣天居处尝以紫衣僧五十人列侍其年号同庆二十九年其国东南曰银州卢州湄州其南千三百里曰玉州云汉张骞所穷河源出于阗而山多玉者此山也（《四库全书·史部·政书类·通制之属·文献通考》卷三百三十七）

于阗国行程记一卷（《四库全书·史部·目录类·经籍之属·崇文总目》卷四）

于阗国行程记一卷（平居诲撰）(《四库全书·史部·别史类·通志》卷六十六）

平居诲于阗国行程录一卷（《四库全书·史部·正史类·宋史》卷二百四）

# 参考文献

## 一、汉文古籍

[北魏]杨衒之著、范祥雍校注：《洛阳伽蓝记校注》，上海古籍出版社，1978年。

[唐]令狐德棻：《周书》，中华书局，1971年。

[唐]魏徵：《隋书》，中华书局标点本，1975年。

[唐]慧立、彦悰著：《大慈恩寺三藏法师传》，中华书局，1983年。

[唐]道定量：《释迦方志》，中华书局，1983年。

[唐]杜佑：《通典》，中华书局影印本，1984年。

[唐]吴兢：《贞观政要》，上海古籍出版社，1984年。

[唐]张说：《张说之文集》，四部丛刊影印本。

[唐]李德裕：《会昌一品集》，文渊阁四库全书本。

[唐]义净著、王邦维校注：《大唐西域求法高僧传校注》，中华书局，1988年。

[唐]释道世：《法苑珠林》，江苏广陵古籍刻印社，1990年。

[唐]玄奘、辩机著，季羡林等校注：《大唐西域记校注》，中华书局，2000年。

[后晋]刘昫等：《旧唐书》，中华书局标点本，1975年。

[宋]宋敏求：《唐大诏令集》，商务印书馆，1959年。

[宋]王钦若等编：《册府元龟》，中华书局影印本，1960年。

[宋]司马迁：《资治通鉴》，中华书局标点本，1963年。

[宋]欧阳修：《新五代史》，中华书局标点本，1974年。

［宋］欧阳修：《新唐书》，中华书局标点本，1975年。

［宋］薛居正：《旧五代史》，中华书局标点本，1976年。

［宋］王溥：《五代会要》，上海古籍出版社，1978年。

［宋］司马光：《资治通鉴考异》，江苏局仿胡刻本。

［宋］洪皓：《松漠纪闻》，《辽海丛书》第1册，辽沈书社，1985年。

［宋］王溥：《唐会要》，上海古籍出版社，1991年；中华书局排印本，1990年。

［宋］乐史：《太平寰宇记》，清光绪八年金陵书局刊本。

［宋］李昉待编：《文苑英华》，中华书局影印本，1990年。

［清］董诰等编：《全唐文》，中华书局影印本，1985年。

《吐鲁番出土文书》一至十册，文物出版社，1981—1991年。

王树枬等著，袁大化修：《新疆图志》，文海出版社影印本。

《西藏志·西藏通志》，西藏人民出版社，1982年。

《西招图略·西藏图考》，西藏人民出版社，1982年。

## 二、藏文文献

《无垢光经》，《甘珠尔》，德格木刻板。

《日藏经》，《甘珠尔》，德格木刻板。

《月藏经》，《甘珠尔》，德格木刻板。

《牛角山授记》，《甘珠尔》，德格木刻板。

《僧伽弹那授记》，《丹珠尔》，德格木刻板。

《善友传》，《丹珠尔》，德格木刻板。

《李域授记》，《丹珠尔》，德格木刻板。

王尧、陈践译注：《敦煌本吐蕃历史文书》（藏文版），民族出版社，1980年。

蔡巴·贡嘎多吉著：《红史》（藏文版），民族出版社，1981年。

萨迦·索南坚赞著：《西藏王统记》（藏文版），民族出版社，1981年。

拔·塞囊著：《拔协》（藏文版），民族出版社，1982年。

王尧编：《吐蕃金石录》，文物出版社，1982年。

王尧：《敦煌吐蕃文献选》，四川民族出版社，1983年。

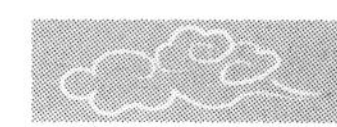

陈践、王尧：《吐蕃文献选读》（藏文版），民族出版社，1983年。

第五世达赖喇嘛著：《西藏王臣记》（藏文版），民族出版社，1983年

第五世达赖喇嘛著、郭和卿译：《西藏王臣记》，民族出版社，1983年

陈践注释：《吐蕃碑刻钟铭选》（藏文版），民族出版社，1984年。

土观·罗桑却吉尼玛：《宗教流源》（藏文版），甘肃民族出版社，1984年。

萨迦·索南坚赞著，陈庆英、仁庆扎西译注：《王统世系明鉴》，辽宁人民出版社，1985年。

桂·熏奴贝：《青史》（藏文版），四川民族出版社，1985年。

达仓宗巴·班觉桑布著：《汉藏史集》（藏文版），四川民族出版社，1985年

萨迦·索南坚赞著，刘立千译注：《西藏王统记》，西藏人民出版社，1985年。

王尧、陈践：《敦煌本藏文文献》（藏文版），民族出版社，1985年。

打热纳塔著：《印度佛教史》，四川民族出版社，1986年。

王尧：《吐蕃简牍综录》，文物出版社，1986年。

王尧译：《吐蕃大事纪年》，青海民族学院排印本。

达仓宗巴·班觉桑布著，陈庆英译：《汉藏史集》，西藏人民出版社，1986年。

巴卧·祖拉陈瓦著：《贤者喜宴》（藏文版），民族出版社，1986年。

布顿大师著，郭和卿译：《佛教史大宝藏论》，民族出版社，1986年。

《藏族史论文集》编辑组编：《藏族史论文集》，四川民族出版社，1988年。

蔡巴·贡嘎多吉著，东噶·洛桑赤列详注，陈庆英、周润年译：《红史》，西藏人民出版社，1988年。

王尧、陈践：《敦煌吐蕃文书论文集》（藏汉两文版），四川民族出版社，1988年。

班钦·索南札巴：《新红史》（藏文版），民族出版社，1989年。

南卡洛布著：《藏族远古史》（藏文版），四川民族出版社，1990年。

拔·塞囊著，佟锦华译：《拔协》（藏汉两文版），四川民族出版社，1990年。

德吉编：《〈巴协〉汇编》，民族出版社，2009年。

高瑞选编：《吐蕃古藏文文献诠释》（藏文版），甘肃民族出版社，2001年。

韦·囊赛著，巴擦·巴桑旺堆译：《韦协》（藏汉两文版），西藏人民出版社，2012年。

松巴·益西巴觉、坚贝却吉·丹增赤列著：《世界总论、世界广论》（藏文版），西藏藏文古籍出版社，2012年。

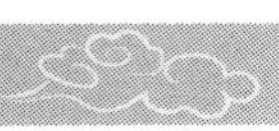

# 三、国内著作

黄文弼：《古代于阗国都之研究》，《史学季刊》（第1卷1期），1940年；又载氏著《西北史地论丛》，上海人民出版社，1984年。

黄文弼：《塔里木盆地考古记》（第5章），科学出版社，1958年。

王尧，陈践：《敦煌本吐蕃历史文书》，民族出版社，1980年。

岑仲勉：《汉书西域传地理校释》（上、下册），中华书局，1981年。

王尧：《吐蕃文献叙录》，《中国民族古文字研究》，中国社会科学出版社，1984年。

王尧、陈践：《新疆简牍综录》，文物出版社，1985年。

耿昇译：《国外藏学研究译文集》（第7辑），西藏人民出版社，1992年。

王尧：《西藏文史考信集》，中国藏学出版社，1994年。

张广达、荣新江：《于阗史丛考》，上海书店，1993年。

荣新江：《上古于阗的塞种居民》，《于阗史丛考》，上海书店，1993年。

牛汝辰：《新疆地名概说》，中央民族大学出版社，1994年。

陈国灿：《斯坦因所获吐鲁番文书研究》，武汉大学出版社，1995年。

余太山、陈高华、谢方主编：《新疆各族历史文化词典》，中华书局，1996年。

王尧主编：《法藏敦煌藏文文献解题目录》，民族出版社，1999年。

黄布凡、马德译注：《敦煌藏文吐蕃史文献译注》，甘肃教育出版社，2000年。

刘忠：《藏文文献：托马斯〈关于中国西域藏文文献与写本〉》，《英国收藏敦煌汉藏文献研究——纪念敦煌文献发现一百周年》，中国社会科学出版社，2000年。

刘忠：《敦煌藏文文献》，《英国收藏敦煌汉藏文献研究——纪念敦煌文献发现一百周年》，中国社会科学出版社，2000年。

郑炳林：《敦煌佛教文化论文集》，兰州大学出版社，2002年。

林冠群：《〈敦煌本吐蕃历史文书〉与唐代吐蕃史研究》，《新世纪敦煌学论集》，巴蜀书社，2003年。

齐美热达著，彭陟焱节译：《英国馆藏斯坦因集品以外的藏文献史料》，《国外藏学研究译文集》第7辑，西藏人民出版社，1990年。

黄颢：《敦煌莫高窟北区石窟出土藏文文献译释研究》（一），《敦煌莫高窟北区石窟》第1卷，文物出版社，2000年；《敦煌莫高窟北区出十藏文文献译释研究》（二），《敦煌莫高窟北区石窟》第2卷，文物出版社，2004年；《敦煌莫高窟北区石窟出土藏文文献译释研究》（三），《敦

煌莫高窟北区石窟》第3卷，文物出版社，2004年。

杨铭：《唐代吐蕃与西域诸族关系研究》，黑龙江教育出版社，2005年。

殷晴：《丝绸之路与西域经济》，中华书局，2007年。

樊锦诗主编：《石窟与藏传佛教艺术研究》，甘肃教育出版社，2012年。

## 四、期刊

芳村修基：《龙大西域资料中的藏语警觉文献残叶》，《印度学佛教学研究》第5卷1期，1957年。

王尧：《关于敦煌古藏文历史文书》，《中国史研究》1980年第3期。

李遇春：《新疆和田县买力克阿瓦提遗址的调查和试掘》，《文物》1981年第1期。

王尧、陈践践《〈于阗教法史〉——敦煌古藏文写卷 P.T.960译解》，《西北史地》1982年第2期。

褚俊杰：《羌人西迁与和阗起源》，《西藏民族学院学报》1982年第3期。

藤田卫疆：《简述伯希和氏对于古代于阗地名的研究》，《和田师专教学与研究》1983年第6期。

殷晴：《于阗古都及绿洲变迁之探讨》，《和田师专教学与研究》1983年第6期。

张广达、荣新江：《敦煌发现的中古于阗史料概述》，《新疆社会科学》1983年第4期。

陈践：《敦煌、新疆古藏文写本述略》，《甘肃民族研究》1983年第1~2期合刊。

王尧：《敦煌藏文写本手卷研究近况综述》，《中华文史论丛》1984年第2辑。

祝启源、黄颢：《敦煌古藏文文献研究（节录）》，《敦煌语言文学研究通讯》1986年第2期。

张广达、荣新江：《于阗佛寺志》，《世界宗教研究》1986年第3期。

巴桑旺堆：《藏文文献中的若干古于阗史料》，《敦煌学辑刊》1986年第1期。

黄盛璋：《于阗文〈使河西记〉的历史地理研究》，《敦煌学辑刊》1987年第1期。

王尧、陈践：《归义军曹氏与于阗之关系补正——P.T.1284号吐蕃文书译释》，《西北史地》1987年第2期。

邓锐龄：《1978—1985年国外关于藏族历史研究情况》，《藏族史论文集》，四川民族出版社，1988年。

杨铭：《吐蕃简牍中所见的西域地名》，《新疆社会科学》1989年第1期。

程溯洛：《〈宋史·于阗传〉中几个问题补证》，《西北史地》1990年第1期。

耿昇：《法国的藏学研究综述》，《中国藏学》1990年第3期。

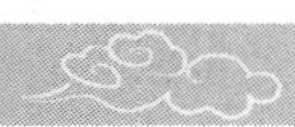

黄盛璋：《敦煌于阗文书中河西部族考证》，《敦煌学辑刊》1990年第1期。

姆·伊·沃罗比耶娃-杰夏托夫斯卡娅、勒·斯·萨维基著，尹伟先译，《苏联东方科学院列宁格勒分院的藏文文献收藏》，《甘肃民族研究》，1990年第3~4期合刊。

王冀青：《和阗语文书的历史价值》，《敦煌学辑刊》1990年第2期。

顾吉辰：《北宋时期吐蕃政权与周邻关系》，《西藏研究》1991年第1期。

王尧：《敦煌汉文吐蕃史料辑校·序》，《甘肃民族研究》1999年第2期；《贤者新宴》第2辑，中国藏学出版社，1991年。

晨曦：《"西域佛教与文化"学术讨论会述略》，《西域研究》1991年第1期。

高永久、王国华：《吐蕃统治下的于阗》，《西北民族研究》1991年第2期。

张广达：《欧美汉学论著选介·苏联科学院东方研究所收藏敦煌藏文写卷注记目录》，《汉学研究通讯》第10卷3期，1991年。

殷晴：《古代于阗的南北交通》，《历史研究》1992年第3期。

杨铭：《有关于阗地区的藏文文书》，《新疆文物》1992年第3期。

李吟屏：《于阗牛角山新考》，《新疆大学学报》1992年第3期。

顾祖成：《吐蕃简牍石刻钟铭档案综述》，《西藏研究》1993年第3期。

衡之：《大宝于阗王李圣天》，《西域研究》1993年第2期。

杨铭：《和田出土有关于阗王的藏文写卷研究》，《西域研究》1993年第4期。

段晴：《于阗语〈出生无边门陀罗尼经〉残片释读》，《西域研究》1993年第2期。

尕藏加：《藏文文献中所见西域佛教之比较研究》，《敦煌学辑刊》1993年第3期。

孟凡人：《汉魏于阗王统考》，《西域研究》1993年第4期。

王冀青：《古代和田派美术初探》，《敦煌学辑刊》1994年第2期。

孟凡人：《隋唐时期于阗王统考》，《西域研究》1994年第2期。

荣新江：《于阗国与瓜沙曹氏》，《敦煌研究》，1994年第2期。

陈庆英：《〈斯坦因劫经录〉〈伯希和劫经录〉所收汉文写卷中夹存的藏文写卷情况调查》，《敦煌学辑刊》1994年第2期。

黄盛璋：《敦煌汉文与于阗文书中之龙家及其相关问题》，《西域研究》1996年第1期。

李吟屏：《古代西域的自然崇拜》，《西域研究》1997年第1期。

杨铭：《英藏敦煌藏文写卷选介》（一），《敦煌学辑刊》1997年第1期。

任树民：《北宋时期的于阗》，《西域研究》1997年第1期。

王冀青：《〈英国博物院藏敦煌汉文写本注记目录〉中误收的斯坦因所获和阗文书辨释》，

《敦煌学辑刊》，1987年第2期。

殷晴：《3—8世纪新疆寺院经济的兴衰》，《西域研究》1997年第2期。

杨铭：《英藏敦煌藏文写卷选介（1~2）》，《敦煌学辑刊》1997年第1期、1998年第2期。

扎西才让、高瑞：《关于敦煌古藏文文献整理出版的初步设想》，《西北民族学院学报》增刊《海峡两岸藏学蒙古学维吾尔学论文集》，1997年。

邰惠莉，娜阁：《甘肃省图书馆收藏敦煌文献简介》，《敦煌学辑刊》1998年第2期。

李吟屏：《古代于阗国都再研究》，《新疆大学学报》1998年第3期。

张亚莎：《吐蕃与于阗关系考》，《西藏研究》1999年第1期。

林梅村：《从考古发现看隋末唐初于阗与中原的关系》，《西域研究》1999年第2期。

李德龙：《论日本学者对敦煌古藏文禅宗文献的研究》，《中央民族大学学报》2000年第6期。

张月芬：《试论敦煌吐蕃历史文献的文献学与历史学价值》，《西藏研究》2000年第2期。

王尧：《敦煌石窟里的吐蕃文书》，《中国西藏》2000年第5期。

尕藏加：《敦煌吐蕃藏文文献在藏学研究中的资料价值》，《戒幢佛学》第2卷，岳麓书社，2002年。

仲高：《转型时期的于阗》，《西域研究》2002年第1期。

尕藏加：《敦煌吐蕃藏文文献在藏学研究中的史料价值初探》，《中国藏学》2002年第4期。

荣新江：《21世纪敦煌学国际学术研讨会纪要》，《中国史研究动态》2002年第3期。

杨富学：《20世纪国内敦煌吐蕃历史文化研究述要》，《中国藏学》2002年第3期。

杨铭：《英藏新疆麻扎塔格、米兰出土藏文写本选介（二）——武内绍人》，《英国图书馆藏斯相因收集品中的新疆出土藏文写本》，《敦煌学辑刊》2003年第1期。

曾雪梅：《甘肃省图书馆藏敦煌藏文文献叙录》，《敦煌研究》2003年第5期。

贺灵：《西域地名的文化意义》，《西域研究》2003年第1期。

牛锐：《2002年西域史研究综述》，《西域研究》2003年第3期。

陈国光：《伊斯兰教传入新疆的时间问题》，《西域研究》2003年第4期。

傅立诚、杨俊：《敦煌市博物馆藏古藏文〈大乘无量寿经〉目录（一）》，《敦煌学辑刊》2004年第2期。

孙林：《汉藏史学的交流以及敦煌学术传统与吐蕃史学的关系》，《西北民族大学学报》2004年第4期。

霍灵：《西域历史地名浅论》，《西北民族研究》，2005年第1期。

马筑：《国外有关英藏敦煌、和田等地出土古藏文写本的研究》，《敦煌研究》2005年第2期。

丹曲、朱悦梅：《藏文文献中“李域”（Li-yul）的不同称谓》，《中国藏学》2007年第2期。

## 五、国外著作

［法］今枝由郎、麦克唐纳著，耿昇译：《〈敦煌吐蕃文献选〉第二辑序言及注记》，《国外藏学研究译文集》，（第3辑），西藏人民出版社，1987年。

［法］石泰安著、耿昇译：《敦煌藏文写本综述》，《国外藏学研究译文集》（第3辑），西藏人民出版社，1987年。

［法］A. 麦克唐纳著、耿昇译：《敦煌吐蕃历史文书考述》，青海人民出版社，1991年。

［法］麦克唐纳（A.W.Macdonald）：《关于伯希和1286，1287，1038.1047及1290号藏文卷子的解释》（Une lecture des Pelliot tibetain 1286，1287.1038，1047 et 1290.ETML 1971，pp.190–391

［法］石泰安著、耿昇译：《西藏诗史与说唱艺人的研究》，西藏人民出版社，1993年。

［西德］R.E. 埃默瑞克著、王冀青译：《和阗语言书的历史价值》，《敦煌学辑刊》1990年第2期。

［匈］乌瑞著、荣新江译、张广达校：《有关公元751年以前中亚史的古藏文史料概述》，《藏族研究译文集》，中央民族大学藏学研究所编，1983年；又载《国外藏学研究译文集》（第5辑），西藏人民出版社，1989年。

［英］洛克希尔（W.W.Rockhill）：《菩萨传及早期教规史》，伦敦·1884年。

［英］托马斯著、刘忠等译：《有关沙洲地区的藏文文书》，《敦煌研究》，1997年第3期。

［英］F.W. 托马斯编著、刘忠译注：《敦煌古藏文社会历史文献》，民族出版社，2003年3月。

［英］埃默瑞克著、荣新江译：《于阗语中的藏文借词和藏语中的于阗文借词》，《藏学研究译文集》，西藏人民出版社。

［意］伯戴克（L.Petech）：《敦煌纪年注释》（Glosse agli Annali di Tun–huang，rso xlii，1967，pp.241–279）。

［苏］M.И. 沃罗比耶蛙·杰夏托夫斯卡娅、Л.С. 萨维斯基著，何荣参、杨绍林译：《苏联科学院东方学研究所列宁格勒分所藏文藏书》，《国外藏学研究论文资料选编》，中国社会科学民族研究所《民族译从》编辑部编印，1991年。

［苏］沙维特斯基著、沈卫荣译：《列宁格勒东方研究院所藏敦煌吐蕃文献》，《国外敦煌

吐鲁番文书研究选译》，甘肃人民出版社，1992年。

［苏］勒·斯·萨维茨基著、张云译：《敦煌藏文早期写本传统》，《国外藏学研究译文集》第13辑，西藏人民出版社，1997年。

［奥地利］勒内·德·内贝斯基·沃杰科维茨著、谢继胜译：《西藏的神灵和鬼怪》，西藏人民出版社，1993年。

［瑞士］安·克丽丝蒂娜·谢勒·肖布著、王启龙译：《敦煌与塔波古藏文写本研究的方法论问题》，《法国汉学》第5辑（敦煌学专号），中华书局，2000年。

［日］腾田丰八：《于阗的树枝河与达利和西域研究》，《史学杂志》，1924年。

［日］白井长助：《关于昆沙都督府的名称》，《文学思潮研究》（第10期），1929年。

［日］羽溪了谛著、贺昌群译：《西域之佛教》，商务印书馆，1956年。

［日］山崎元一：《于阗建国传说成立之背影》，《国学院杂志》第73卷第3号，1972年。

［日］山崎元一：《于阗建国传说之一考察》，《山本博士还历纪念东洋史论丛》，东京，1972年。

［日］东洋文库西藏委员会编：《斯坦因搜集的藏语文献解题目录》1~5（未完稿），1977—1987年。

［日］长尾雅人：《日本的藏学研究》，《亚洲学报》1979年29卷。

［日］上山大峻著、关学新译：《学君校，敦煌资料与初期西藏佛教研究》，《西北史地》1984年第4期。

［日］山口瑞凤著、朴宽哲译：《吐蕃在敦煌统治形态的变迁》，《甘肃民族研究》1985年第1期。

［日］藤枝晃：《敦煌发现的藏文文书试释》，《敦煌学辑刊》1987年第2期。

［日］冲本克己著、李德龙译：《敦煌出土的藏文禅宗文献的内容》，《国外藏学研究译文集》（第8辑），西藏人民出版社，1992年。

［日］上山大峻著，杨富学、杨汉璋译：《敦煌吐蕃文禅写本研究的回顾与瞻望》，《西藏研究》1992年第3期。

［日］荒川正晴：《唐代于阗的“乌骆”》，《西域研究》1995年第1期。

［日］木村隆德著、李德龙译：《敦煌出土藏文禅宗文献的性质》，《国外藏学研究译文集》（第12辑），西藏人民出版社，1995年。

［日］木村隆德编、向红笳译：《敦煌藏文禅宗文献目录初稿》，《国外藏学研究译文集》（第13辑），西藏人民出版社，1997年。

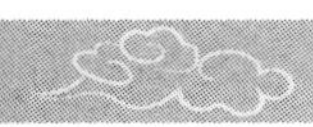

［日］白井长助：《关于上代于阗国都城的位置》，《市政论丛》。

［日］白鸟库吉著、王直古译：《塞外史地论文译丛》（第2辑）。

［日］高田时雄：《北京敦煌写卷中所包含的藏文文献》；《庆祝吴其昱先生八秩华诞敦煌学特刊》，台湾文津出版社，2000年。

［日］松本文三郎著、金申译：《兜跋毗沙门天王考》，《敦煌研究》2003年第5期。

［日］白井长助：《关于上代于阗国都城的位置》，《市政论丛》。

［日］白鸟库吉著、王直古译：《塞外史地论文译丛》（第2辑）。

［日］合阙谦德：《于阗考》，《史学杂志》，23–5，1912年。

A.Stein, Sand buried Ruius of Khptan: personal narrative of a journey of Archaeological and Geographical exploration in Chinese Turkestan, chapter XIV, London 1919.

A.Stein, Serindia, Detailed Report of Exploration in Central Asia and Western Most China. pp. 1475~1502; A.Stein, Innermost Asia, Detail Report of Explorations in Central–Asia, Kansu and Eastern Iran. pp. 1011~1117.1921.

Tibetische Hanschrftenfunde aus Turfan. Sitzungsber. Prenss. Akad.Wiss., Phi1— Hist. Kl. III, 1924.

F.W.Thomas, Tibet Literary Texts and Documents concerning Chinese Turkestan, I, London 1935.

W.W.Rockhill, The Early History of Li Country [Khotan], in The Life of the Buddha, chapter VIII, New York 1935.

Walters, On Yuan Chwang's Travels in India, vol.2.

Catalogue of the Tibetan manuscripts from Tun–huang in the India Office Library, London, Oxford University Press, 1962.

Tibetan Literary Texts and Documents Concerning Chinese Turkestan, I–IV, London1935, 1951, 1955, 1963.

R.E.Emmerick, Tibetan Texts concerning Khotan, London 1967.

G.Uray, The old Tibetan Sources of the History of Central Asia up to 751A.D.: A Survey, Prolegomena to the Sources on the History of Pre–Islamic central Asia, Budapest 1979.

Tibetan Documents from Chinese Turkestan; JRAS 1994.

# 后 记

回顾历史，20世纪初，斯坦因、伯希和等人先后潜入西域，并抵达敦煌，将我国不少千余年的地下文化宝藏席卷而去，遂使一大批瑰宝流失异邦，西方学者将其垄断把持。其中就有5000余卷的敦煌古藏文写卷流落巴黎、伦敦等地，我国学者鲜有知其内容者，即便知晓，也无法插手研究。

1918年，著名东方学家、汉学家、梵语学者钢和泰先生（1877—1937年）抵达北平，在国立北京大学任教，教授梵文、藏文和古印度宗教史等课程，著名学者陈寅恪与胡适都曾跟从钢和泰学习梵文。钢和泰与当时国内外学术界交往甚广，如著名汉学家高本汉、伯希和、戴密微等，与国内学者如陈寅恪、胡适、赵元任、王云五、汤用彤、吴宓等更是交情深厚。任教于国立北京大学的钢和泰曾获得一卷用藏文、于阗文写作的敦煌文献，也引起了国内学者对敦煌藏文文献的关注。此后，直至20世纪30年代初，负笈巴黎，就读于巴黎索邦大学，师从巴考（J.Bacot）研修藏文的我国从事藏学研究之先驱道泉教授（1900—1992年），深知敦煌藏文写卷之重要，且受北平图书馆之委托，谋求复制、摄影该批写本，准备携回国内供国人研究。当他转赴伦敦教书时，商之与大英图书馆印度事务部图书馆翟理斯（H.A.Giles，英国汉学名家），不期受到百般阻挠，夙愿未能实现。1949年，北平和平解放，他怀着满腔热血回到阔别了19年的祖国，立即与北京大学东方语文系主任季羡林教授合作，创设藏语组，实为国内高等学府开展藏学之始。大半个多世纪过去了，北京大学虽然中断了这门学科的研究与教学，然而人们却始终未能忘却该校为藏学事业发展所作出的贡献。

40多年前，季羡林和任继愈两位学界泰斗给中央领导同志的一封信中写道："到了今天，在国际上东方学的研究范围内，藏学已成为一门显学，与敦煌吐鲁番学成为双峰并峙的局面。""敦煌吐鲁番的研究已经在全世界范围内进行了将近一百年，给世界的学术研究增添了活

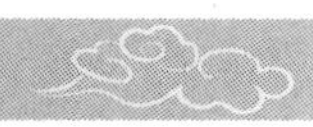

力，给世界文化增加了新内容。藏学研究，如果加以提倡，也将兴旺发达。”40多年后的今天，果然印证了两位前辈的预言，新时代，新气象，国内外掀起藏学事业发展的良好势头，加强和充实学科研究力量已被北京大学东方学研究院梵巴研究室列入计划之内。

自改革开放迄今，科研创新、争创“双一流”已成为各高学府奋斗的终极目标，北京大学也然。北大的传统和北大的精神，确实有一股气度恢宏的力量。它汇聚了一大批灿若群星的英才，拥有一流的师资队伍、一流的学术传统、一流的图书资源。它正以独特的音质，气宇轩昂地唱出新时代的最强音。深厚的学术积淀和优良的学术氛围，吸引着我，后终于圆了我北大深造的梦。2004年7月，我于中国社会科学院研究生院博士毕业后，9月又进入北京大学外国语学院东方学研究院博士后流动站从事梵文贝叶经校勘及古藏文文献的整理、释读、翻译与研究工作。

在北京大学期间，我获得了第三十六批中国博士后科学基金二等资助金资助。我的主要课题是专攻“藏文文献中的“李域”（于阗）研究”，并还担任“藏语文”和“古藏文文献选读”两门课程的教学工作。在教学期间，我体会到了教学相长的重要作用。随着藏学研究在国际上的升温和我国藏学研究的不断深入，与西藏历史文化和青藏高原相关的关键词成为北京大学各学院本科、硕士、博士生论文选题的热点。

《敦煌古藏文文献释读与研究——对中古时期于阗历史的解读》，是在我博士后出站报告《藏文文献中的“李域”（于阗）研究》的基础上完成的。这是对自己博士后工作的一个总结和交代，也是对在站工作承担相关课题研究的一个深化。从2007年1月出站迄今，已经有15个年头，这些年来，无论从事学科研究，还是教书育人，都有颇多收获。荣幸的是，2015年7月我调入西藏民族大学民族研究院从事教学工作，“敦煌古藏文文献释读与研究”被列入西藏民族大学中国史文献学专业研究生的必修课程。通过对研究生的授课，我对“李域”（ལི་ཡུལ། 于阗）的历史更加有一个新的认识。近年来，也充分利用暑期之便，到新疆南疆和田地区和巴音郭楞蒙古自治州进行考察，特别是对于阗的部分佛教遗迹进行了踏查，虽然充满了艰险，但不仅开阔了我的学术视野，而且也历练了我的人生。通过对新疆维吾尔自治区和田等地区的考察，对古代于阗的历史、地理有了一个整体的了解和认知，这为完成和深化此课题的研究创造了良好条件。

我在北大外国语学院东方学研究院博士后流动站工作期间，得到了荣新江教授、李孝聪教授、辛德勇教授的悉心指导和关心，他们还在出站报告的答辩会上提出了宝贵意见，让我终身受益；在释读和汉译过程中，得到了西北民族大学嘎藏陀美教授的帮助；此外，中央民族大学教授周润年先生、兰州大学教授郑炳林教授、西藏民族大学顾祖成先生也给予了鼓励和指导；特别提及的是甘肃人民出版社的李立青编辑作为本书的责编，将此书列为甘肃人民出版社的出版计划，并申请了国家出版基金，还对本书的体例编排、内容表述等给予多方面的指导；在藏

文资料查询过程中，得到了西藏民族大学图书馆的仁却老师，民族研究院的周加才让老师和索南朋措老师的支持；相关外文资料的查询和引用过程中，得到了外语学院研究生盛俊军等同学的支持；特别荣幸的是作为藏学家、翻译家的周润年先生写作了序言，为本书增色不少。本书得以完成和出版，凝聚了各位老师和朋友的支持和帮助，在此一并表示衷心的感谢。

丹曲于西藏民族大学北区书斋

2022年7月15月